U0920843

2014（首卷）

河北电子政务年鉴

HEBEI E-GOVERNMENT YEARBOOK

河北省电子政务研究会　编

河北人民出版社

图书在版编目(CIP)数据

河北电子政务年鉴. 2014. 首卷/河北省电子政务研究会编. —石家庄：河北人民出版社，2015. 5
ISBN 978-7-202-10169-8

Ⅰ. ①河… Ⅱ. ①河… Ⅲ. ①电子政务—河北省—2014—年鉴 Ⅳ. ①D672. 2-39

中国版本图书馆 CIP 数据核字(2015)第 078967 号

书　　名	**河北电子政务年鉴 2014(首卷)**
编　　者	河北省电子政务研究会
责任编辑	李　方　赵　蕊
美术编辑	于艳红
责任校对	张三铁
出版发行	河北人民出版社（石家庄市友谊北大街 330 号）
印　　刷	河北新华第二印刷有限责任公司
开　　本	889 毫米×1194 毫米　1/16
印　　张	39. 25
字　　数	1 331 000
版　　次	2015 年 5 月第 1 版　　2015 年 5 月第 1 次印刷
印　　数	1-3 000
书　　号	ISBN 978-7-202-10169-8/Z·194
定　　价	300. 00 元

《河北电子政务年鉴》编纂委员会

主　任：张杰辉（河北省政府副省长）

副主任：朱浩文（河北省政府秘书长）

王立杰（河北省委副秘书长）

那书晨（河北省政府副秘书长）

蒋春澜（河北师范大学校长、电子政务研究会理事长）

委　员：邹　平（河北省工业和信息化厅厅长）

杨智明（河北省环境保护厅副厅长）

刘凤庭（河北省林业厅副厅长）

史玉强（河北省商务厅巡视员）

刘骁悍（河北省食品药品监督管理局巡视员）

王　平（河北省国资委副主任）

李胜利（河北省教育厅副厅长）

梁洪杰（河北省司法厅副厅长）

杜彦卿（河北省财政厅副厅长）

桑卫京（河北省住房和城乡建设厅副厅长）

刘广海（河北省交通运输厅副厅长）

李永山（河北省农业厅副厅长）

裴亚宁（河北省新闻出版广电局副局长）

马建平（河北省审计厅副厅长）

王　布（河北省国家密码管理局局长）

简龙彪（河北省国家保密局局长）

许顺斗（河北省科学技术协会副主席）

张德强（河北省科学院副院长）

刘万岭（河北省经济信息中心主任）

檀献国（河北省盐务管理局局长）

王　跃（河北省邮政管理局局长）

殷志林（河北省统计局总经济师）

刘志勇（河北省粮食局副巡视员）

赵树堂（河北省法制办副主任）

任玉芳（河北省人民防空办公室副巡视员）

刘爱国（河北省无线电管理局副局长）

曹　立（河北省地理信息局副局长）

张　晶（河北省气象局副局长）

史育红（河北省国家税务局副局长）

李瑞起（河北省监狱管理局办公室主任）

王志恒（河北省残联副理事长）

姚荣智（中国联通河北分公司副总经理）

李　强（中国移动河北公司副总经理）

赵宏哲（中国电信河北分公司副总经理）

田金华（河北省省委办公厅信息办主任）

李书辰（河北省科学技术协会科普中心主任）

董振国（河北省政府网站管理中心主任）

杨洪进（河北省地方志办公室主任）

《河北电子政务年鉴》特邀编审

段国华（国务院办公厅政府信息公开办公室主任）

王国泰（国务院新闻办公室国际局原局长）

郝宗伟（中共中央办公厅信息中心专家）

吴亚非（国家电子政务外网管理中心电子认证办主任）

彭维民（国家电子政务理事会秘书长）

刘彦凯（天津市电子政务协会副会长、天津市政府办公厅原副主任）

王昆山（河北省电子政务研究会名誉理事长、原省信息产业厅党组书记）

刘志金（河北省电子政务研究会名誉理事长、省信息化办公室第一任主任）

陈致明（河北省电子政务研究会首席顾问、军械学院教授、博士生导师）

《河北电子政务年鉴》

总　　编：董振国

副 总 编：鲍秋芬　刘　利

《河北电子政务年鉴》编辑部

主　　任：刘　利

副 主 任：杨　毅

责任编辑：智　冰　高　见　张　莹　彭建坤　党　辉　崔晓娜

编　　务：宋海防　杨坤棉　朱伟民　濮永刚　储素敏　张绪东
刘志峰　欧阳文捷　刘建阳　杜　飞　张　喆　樊　慧
孙　超　梁永明　王　衍　刘　扬

特邀编辑：赵志敏　刘　辉　丰世敬　冯智勇　丁向平　姚会亭
李长春　林怀仁　程志刚　李大鹏　袁　莉　王梅林
巴晨锋　王立军　李　飞　苏桂敏　郑　丹　王贵欣
王吉学　窦军领

卷 首 语

我们正处在一个前所未有的迅速变革的年代，大数据、云计算、移动互联、社会化媒体等信息技术的涌现和实践，不断刷新着我们对信息社会的认知。人们不仅见证了信息技术与应用的日新月异，更加感受到了信息技术对经济社会生活所带来的深刻变革。

电子政务作为国家信息化发展的“核心元件”，也是政府信息化的重要支点，在新技术、新需求的双轮驱动下，正向着“一体化的顶层架构、平台化的服务模式、社会化的服务渠道、数据化的科学决策”方向持续迈进。电子政务在快速发展的同时，需要不断夯实基础，积累经验，探索规律。《河北电子政务年鉴》的编纂出版，意欲担负起这一重要使命，把电子政务发展进程记录下来，褒扬故人的励精图治，艰苦创业；鞭策今人再接再厉，奋进不已；激励后人继承传统，发扬光大。

《河北电子政务年鉴》是记录河北省电子政务发展历史进程的资料性文献。该年鉴详实汇集河北省委省政府、省直各部门以及各市（县、区）电子政务发展状况，客观反映全省电子政务建设工作的新举措、新成就和经验教训。它系统整理出反映河北省电子政务发展水平的基础资料，提供本行业最有价值的信息。

《河北电子政务年鉴》为各级领导和主管部门全面、准确地掌握全省电子政务发展历史和现状，指导电子政务工作和相关决策作参考；为电子政务建设单位、运维支撑单位、承建供应商以及广大用户了解河北省电子政务的发展状况提供全方位信息；通过介绍电子政务先进经验和优秀成果，促进网络和信息资源共享，推进部门之间业务协同，助力电子政务事业更好更快发展，为今后编纂电子政务史志积累资料。

编纂出版《河北电子政务年鉴》，无疑是一项艰巨而光荣的系统工程，涉及面广，时效性强，质量要求高。我们相信，《河北电子政务年鉴》通过不断汲取古今史鉴编纂精华，博采当代各种年鉴之长，紧密联系河北电子政务建设与实践，逐步完善，愈编愈好！

河北电子政务年鉴编纂委员会

2015 年 1 月

编辑说明

一、《河北电子政务年鉴》是一部大型专业资料性文献，由省政府办公厅技术处组织编纂，省地方志编纂委员会办公室业务指导，河北省电子政务研究会承编。

二、本年鉴坚持实事求是的原则，突出政策性、权威性、客观性和实用性。年鉴全面系统记录河北省电子政务建设进程，详实汇集河北省政府、省直各部门以及各地市电子政务重要情况，为社会各界人士全面准确了解全省电子政务发展的历史和现状提供参考，也为今后编纂河北电子政务史志积累资料。

三、《河北电子政务年鉴》（2014）为首卷，记述从电子政务起步至2013年底的河北电子政务发展情况，兼有电子政务历史文献辑录，以综合反映为主，注重宏观概括与重点记述相结合，完整地反映所记事项，以资读者了解河北电子政务发展整体脉络。

四、《河北电子政务年鉴》基本采用分类编纂法，个别相关或近似部类合并立目。大致分为类目、分目、条目三个层次。内容以综合反映为主，形式以条目为主。条目中宏观概括与重点记述相结合，以全方位立体展现所记载事项。

五、首卷依次设特载、大事记、河北电子政务发展概览、省直各部门电子政务建设、各市县政府电子政务建设、政府网站及精品栏目、典型电子政务工程建设案例、绩效评估报告及情况通报、法规规章及政策文件、人物、相关机构及IT企业共11个类目，卷末为附录。

六、《河北电子政务年鉴》文稿均由省、设区市、县（市、区）政府及省直各有关部门指定专人撰写，并经主管领导审定。

2011年11月，省长张庆伟一行到省科学院进行调研。

2011年1月，副省长张杰辉在全省通信工作会议上作重要讲话。

省政府秘书长朱浩文在办公厅组织的专题辅导讲座上进行总结讲话。

2013年9月，省政府副秘书长那书晨参加省抗震救灾指挥部应急演练。

2012年6月，“天地图河北”网站开通仪式在石家庄市举行。河北省省长张庆伟，国土资源部副部长、国家测绘地理信息局局长徐德明共同启动开通仪式。

2012年6月，省长张庆伟、副省长张杰辉一行参观国家地理信息应急监测车等现代应急测绘装备展。

2003年10月，常务副省长郭庚茂启动“中国河北”门户网站。

2001年，国务院副秘书长徐绍史和河北参会代表在一起。

2011年6月，省委常委、常务副省长赵勇到石家庄信息产业基地参观科研园区。

2011年3月，副省长宋恩华在河北省人才工作信息化建设工程启动仪式上。

2010年9月，河北省委常委、副省长杨崇勇和石家庄市市长艾文礼在河北国际信息产业周上。

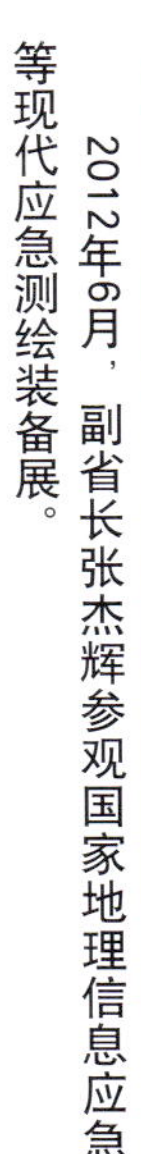

2012年6月，副省长张杰辉参观国家地理信息应急监测车等现代应急测绘装备展。

2000年7月，国务院副秘书长崔占福与河北参会代表亲切交谈。

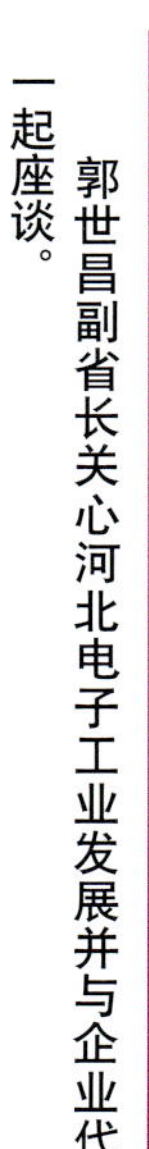

郭世昌副省长关心河北电子工业发展并与企业代表在一起座谈。

2002年1月，国务院办公厅秘书局陈拂晓局长被省政府办公厅聘为政府系统政务信息化技术顾问。图为李靖副秘书长向陈拂晓局长颁发聘书。

2010年11月，副省长龙庄伟到省科学院考察。

2002年12月，国务院信息化工作办公室在北京召开“2002中国电子政务技术与应用大会”。省政府办公厅领导赵国昌、张绍廉、李靖同志率团参加大会。

河北省电子政务研究会理事长、河北师范大学校长蒋春澜会见美国艾奥瓦大学代表团

河北省电子政务研究会理事长、河北师范大学校长蒋春澜出席协同创新中心学术专家委员聘任会

2012年6月，省政府副秘书长那书晨到河北科技大学调研。

2011年6月，河北省政府办公厅在河北会堂二楼电视电话会议厅召开全省政府系统电子公文网上传输工作会议。副秘书长李靖在作重要讲话。

2003年9月，在贵州召开的全国政府系统政务信息化工作会议上，副秘书长于万魁向国务院办公厅秘书局局长贾福兴汇报工作。

2012年5月，在全国政务外网电子认证应用推广培训会议上，我省建设的国家电子政务外网河北省RA系统，被授予“国家电子政务外网河北省电子认证注册服务中心”资质。

2000年6月27日至7月4日，河北省政府办公厅在省政府北戴河管理处举办“电子邮件使用和网络知识培训班”。

2001年4月，河北省国家卫生信息网建设项目启动和实施会议在石家庄召开，图为与会领导、专家和全体会议代表合影。

2002年4月，省政府办公厅技术处代表河北参加“全国政府系统政务信息化协作网络理事会”。即技术咨询组会议。

2002年6月，河北省政府系统信息化建设专家论证会在石家庄召开。会议聘请陈拂晓、刘彦凯等知名专家对省政府信息化建设模式总体规划设想及资金使用计划进行了专题论证。

2003 年 10 月，河北省政府门户网站“中国河北”的开通仪式在河北省廊坊市国际会展中心成功举办。河北省常务副省长郭庚茂启动并宣布“中国河北”门户网站正式开通。

国务院办公厅秘书局副局长万军为“中国河北”门户网站题词。

常务副省长郭庚茂、副省长付双建和国办副局长万军在开通仪式上。

开通仪式领导席

2003年7月，省政府副秘书长张绍廉带领河北省电子政务考察团一行7人赴黑龙江学习考察电子政务网络及应用工作。

2003年1月，“河北省电子政务与应用培训团”赴美国巴尔的摩大学参加电子政务知识培训，并先后访问美国信息技术协会、华盛顿IT管理局、弗吉尼亚信息署等政府信息管理机构，参观了美国硅谷信息产业联盟、苹果公司、WebEx、弗吉尼亚信息网络公司等信息技术企业。

2003年12月，在“中国政府信息主管年会”上，“中国河北”政府门户网站被授予优秀网站奖牌。

2004年3月，国务院办公厅秘书局调研组就门户网站建设来河北省进行专题调研，省政府办公厅技术处就“中国河北”门户网站建设情况进行了专题汇报。

2005年8月，河北省政府办公厅在石家庄市北方大厦举办“中国河北”门户网站系统管理员培训班，来自全省各级各部门主管政府网站的负责人和技术骨干240余人参加培训。

2006年11月，省政府办公厅在河北会堂举办电子政务知识讲座，聘请国家信息中心原副主任胡小明作《电子政务实务》专题讲座。省政府办公厅各处室、省直部门负责人等200余人听取讲座。图为工作人员与胡小明专家合影。

2004年2月，“河北省机关信息化工作会议”在白楼宾馆召开。

2004年10月，国务院办公厅在浙江省杭州市召开了“全国政务信息化工作会议暨第一届中国政府电子政务论坛”。河北省政府副秘书长于万魁带领技术处同志参加会议。

2006年9月，国务院办公厅秘书局在山东省青岛市召开了“中央政府门户网站内容保障工作会议暨第三届中国电子政务论坛”。国务院副秘书长徐绍史出席并讲话。河北省政府副秘书长于万魁带领技术处同志参加会议。

2008年4月，河北省电子政务研究会在河北宾馆召开第一次会员代表大会暨成立大会，来自全省各地的50余名代表参加会议。名誉理事长刘志金、省科协副主席许顺斗出席会议并讲话。

2009年4月，河北省参事室王钰青、李厚才参事等一行7人到省政府办公厅就大力推进电子政务工作进行专题调研。

2009年10月，在杭州举办的“中国电子政务优秀应用成果推选活动”和“中国电子政务发展十年优秀成果展”会议上，我省多个电子政务应用案例和解决方案获奖，图为与会代表。

2008年9月25日，在福建省厦门市由《信息化建设》杂志社主办的“全国政府系统政务信息化建设会议对2008年度信息化建设宣传工作先进单位和个人进行了表彰，河北省政府办公厅技术处被评为先进单位并获特等奖，董振国同志被评为先进个人。

2010年7月，由河北省政府办公厅、省工业与信息化厅、省电子政务研究会等单位组成的河北省电子政务考察组一行10人，围绕信息安全及电子政务工作赴陕西省进行了专题学习考察。

2011年11月，由河北省科学技术协会组团，河北省电子政务研究会承办的“河北省电子政务科技考察团”一行13人，赴澳大利亚墨尔本、悉尼等地实地学习交流考察。

2010年9月，沧州市政府办公室组织召开《沧州市电子政务“十二五”发展规划》《沧州市电子政务工程第一期项目设计方案》专家评审论证会。

2011年6月，唐山市电子政务管理办公室在北京组织召开由国家信息中心信息化部编制的《唐山市电子政务“十二五”发展规划》评审会议。

2011 年 6 月，河北省政府办公厅在河北会堂二楼电视电话会议厅召开全省政府系统电子公文网上传输工作会议。

省政府办公厅技术处处长董振国就“电子公文交换是电子政务核心应用”作专题发言。

省政府办公厅秘书一处处长刘志军主持会议并围绕“做好公文处理工作”专题发言。

2010 年 1 月，由省工业和信息化厅主办，河北省科学院承办，河北省电子政务研究会协办的“2010 年河北信息安全高峰论坛”在石家庄成功举行。

2010年1月7日，河北信息安全高峰论坛各领导合影。

2010年1月7日，河北信息安全高峰论坛会场。

河北省工信厅厅长王昌出席2010年1月河北信息安全高峰论坛。

省工信厅副厅长段润保出席河北信息安全高峰论坛并讲话。

中国工程院院士周仲义

中国工程院院士蔡吉人

中国工程院院士沈昌祥

2010年12月 ，河北省2010年度政府网站绩效测评专家评审会议在石家庄召开。评审会聘请国内知名信息化专家、中国工程院院士沈昌祥担任论证委员会主任委员。评审委员会由信息化推进联盟专家顾问委员会副主席、原国务院办公厅秘书局领导同志陈拂晓，天津市电子政务协会副会长、原天津市人民政府办公厅副主任刘彦凯，全国信息安全标准化技术委员会副主任崔书昆以及陈致明教授等人组成。

2012年3月，秦皇岛市政府系统网站管理暨“中国·秦皇岛”政府门户网站内容保障培训班举办。

2012年5月，由河北省政府办公厅、河北电子认证管理委员会承办的全国政务外网电子政务应用推广培训会议在河北省石家庄举行。

县处级公务员新形势下电子政务与政府管理创新专题培训班

2012.4于河北行政学院

2012年4月，河北省行政学院“新形势下电子政务与政府管理创新专题培训班”进行集中授课。

2012年6月，沧州市电子政务工程（第一期）项目最终验收会在市政府常务会议室召开。

2013年1月，河北省电子政务研究会第六次理事长与常务理事会议在石家庄召开。

2013年4月，省政府办公厅、省财政厅、省农业厅、省食安办、省工商局、省科学院及石家庄、唐山、廊坊、邢台市政府所属部门代表组成的河北省电子政务科技考察团，到深圳华为坂田基地考察学习。

2013年6月，河北省电子政务研究会第二次会员大会在石家庄召开。省科学技术协会、省科学院领导同志，省电子政务研究会理事长、副理事长、秘书长及各设区市分会负责同志及会员单位代表200余人参加大会。国家电子政务理事会彭维民秘书长、天津市电子政务协会刘彦凯副会长专程到会祝贺。

蔚县剪纸源于明代。2006 年 5 月，蔚县剪纸以剪纸项首位的身份入选第一批国家级非物质文化遗产，2009 年 10 月，蔚县剪纸又入选世界《人类非物质文化遗产代表名录》。周淑英，是该名录的国家级非物质文化遗产传承人。她毕业于中央美术学院，任河北省第九、第十、第十一届政协委员，被联合国教科文组织授予“中国民间工艺美术家”称号。周淑英从小受家庭艺术熏陶，酷爱剪纸艺术，师从其父，练就了剪纸艺术刻、画、染全套功夫，艺术风格与其父周永明一脉相承，而且她开创了 6 种新技法。是中国河北第三代剪纸艺术正宗传人。剪纸作品《清明上河图》、《百蝶图》、《生命树》、《农家乐》、《彩福图》、《牡丹》等被中央美院、中国美术馆收藏。

1995 年，周淑英应邀参加了“联合国第四次世界妇女代表大会”，第四次世妇会会徽即是她的设计杰作！她的作品曾被美国总统奥巴马、日本首相鸠山由纪夫等国家元首收藏。她曾赴法国、德国、西班牙等 20 多个国家和地区举办剪纸艺术展和交流。

她的作品被外交部定为指定礼品。周淑英近年来非常重视现在网络技术的应用，建立了门户网站、微平台，还建立了网上立体数字图书馆和网上剪纸艺术学院，通过现在网络技术，使她的作品插上了翅膀飞向世界。使这门古才能的文化遗产，通过互联网技术传向世界。

荣 誉 墙

二〇〇一年度

信息化推进先进单位

河北省国民经济和社会信息化领导小组办公室
河 北 省 信 息 产 业 厅
二 〇 〇 二 年 三 月

河北省人民政府网站：

在第四届中国特色政府网站评选活动中荣获"品牌栏目奖"。

荣 誉 证 书

中国河北 <http://www.hebei.gov.cn>网站在本次大会举办的"优秀政府门户网站调查"活动中名列全国省级网站第一，荣获"2004 中国优秀政府门户网站"称号，特发此证，以资鼓励！

第三届中国电子政务技术与应用大会秘书处
二〇〇四年八月

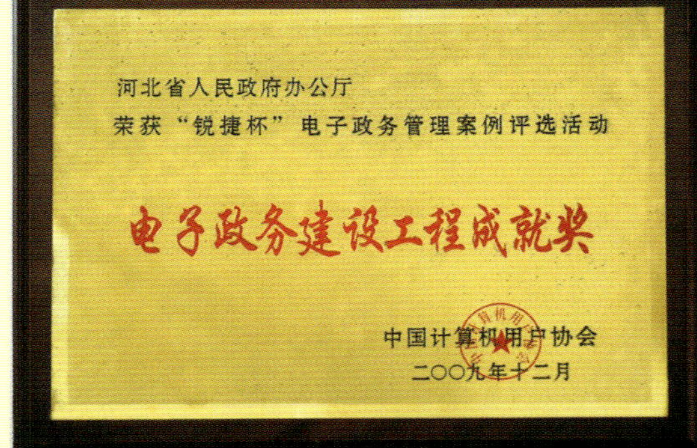

河北省人民政府办公厅

荣获"锐捷杯"电子政务管理案例评选活动

电子政务建设工程成就奖

中国计算机用户协会
二〇〇九年十二月

2011年政府网站网上办事类

精品栏目奖

获奖栏目：中国河北网络电视

获奖网站：河北省人民政府门户网站

荣 誉 墙

培训会议
河北省电子认证注册服务中心
国家电子政务外网
河北省

2004中国优秀政府门户网站
eGovChina 2004

eGovChina 2003
最佳社会公众服务政府网站调查
优秀社会公众服务政府网站
中国河北
www.hebei.gov.cn
2003 中国国际电子政务技术与应用大会
二零零三年十二月

荣誉墙

奖
2011年政府网站信息公开类
精品栏目奖

Ceirp.cn
2011年中国优秀政府网站推荐
及综合影响力评估
2011年度
中国政府网站优秀奖
获奖网站：河北省政府门户网站

奖
2012政府网站信息公开
精品栏目奖
获奖栏目：中国河北网络电视
获奖网站：河北省政府门户网站

奖
2013年政府网站信息公开
精品栏目奖

奖
2013电子政务
优秀案例奖
获奖项目：河北省政府门户网站智能搜索系统
获奖单位：河北省人民政府网站管理中心

荣誉墙

中国电子政务优秀应用成果推选活动
电子政务公共服务优秀应用案例（省级）

河北省政府办公厅：

贵单位推荐报送参加“中国电子政务优秀应用成果推选活动”的《河北省政府信息公开平台应用案例》，经大会公开投票推选，荣获“电子政务公共服务优秀应用案例（省级）”称号，特颁此证，以资鼓励！

中国电子政务优秀应用成果推选活动评委会
信息化建设杂志社（代章）
二〇〇九年十月三十日

荣誉证书

河北省人民政府办公厅技术处：

在二〇〇三年度《信息化建设》杂志宣传发行工作中成绩显著，荣获特等奖，得到国办秘书局的通报表彰。特发此证，以资鼓励！

《信息化建设》杂志社

中国电子政务优秀应用成果推选活动
电子政务效能管理优秀应用案例（省级）

河北省政府办公厅：

贵单位推荐报送参加“中国电子政务优秀应用成果推选活动”的《河北省政府电子公文交换系统》，经大会公开投票推选，荣获“电子政务效能管理优秀应用案例（省级）”称号，特颁此证，以资鼓励！

中国电子政务优秀应用成果推选活动评委会
信息化建设杂志社（代章）
二〇〇九年十月三十日

中国电子政务优秀应用成果推选活动
十佳电子政务公共服务优秀应用案例（省级）

河北省政府办公厅：

贵单位推荐报送参加“中国电子政务优秀应用成果推选活动”的《中国河北网络电视系统案例》，经大会公开投票推选，荣获“十佳电子政务公共服务优秀应用案例（省级）”称号，特颁此证，以资鼓励！

中国电子政务优秀应用成果推选活动评委会
信息化建设杂志社（代章）
二〇〇九年十月三十日

获奖证书

河北省政府门户网站：

贵单位的 中国河北网络电视 栏目被评为

2012年政府网站信息公开精品栏目

特发此证！

电子政务理事会

获奖证书

河北省人民政府网站管理中心：

贵单位的河北省政府门户网站智能搜索系统（项目名称）被评为

2013年电子政务优秀案例

电子政务理事会

目 录

特 载

大 事 记

河北电子政务发展概览

省直各部门电子政务建设

各市县政府电子政务建设

政府网站及精品栏目

典型电子政务工程建设案例

绩效评估报告及情况通报

法规·规章·政策文件

人　　物

相关机构及 IT 企业

附　　录

河北省电子政务“十二五”发展规划

电子政务是深化行政体制改革、建设服务型政府的一项重要战略举措，对提升执政能力具有重要意义。根据《2006—2020年国家信息化发展战略》和省委《关于制定国民经济和社会发展第十二个五年规划的建议》的总体部署，编制本规划。

一、发展现状和面临形势

（一）发展现状

“十一五”以来，省委、省政府高度重视电子政务建设，将其作为构建服务型政府、优化发展环境的重要举措。重点实施了以构建全省统一的电子政务网络、建设12个重点应用系统为主要内容的电子政务“112工程”，全省电子政务总体框架基本形成，部门核心业务实现了不同程度的信息化，网络化公共服务日益普及，促进了服务型政府建设和政府职能转变。

1. 电子政务基础设施初步完善。构建了覆盖省市县三级党政机关的全省统一电子政务网络，整合了26个部门纵向业务专网，支撑了31个纵向业务系统应用，与国家多个部委网络实现了对接，承载了网上审批、财政网上支付等多个跨部门应用，为河北省电子政务健康快速发展提供了基础支撑。建设了全省信息交换与共享平台，为跨部门信息共享和业务协同提供公共支撑，实现了人口、法人等系统的数据交换和共享。省市两级政府、92%的县级政府都建设了网站，全省政府门户网站体系日趋完善，网站已成为各级政府信息公开、网上服务和政民互动的重要载体。

2. 核心业务信息化应用逐步深入。省级49个部门448项非涉密行政许可事项全部实现网上审批和电子监察。2010年网上审批系统受理省本级行政许可项目121111项，网上办理率达到99.6%。国土、建设、卫生等部门实现了省市县三级远程报批和管理。呈报省政府文件全部实现网上传输。财政、税务、审计等部门核心业务实现了电子化处理和网络化服务，网上纳税人比例达到76%，建设了财政专项资金即时分析监控系统，实现了财政资金的即时监控、监测预警和绩效评价。环境自动监测系统基本实现了全省国控省控重点污染源自动监控，全省自动监测排污口达到1211个，视频监测重点污染源企业达到28家。全省企业养老保险监测数据库入库人数达到783.9万人，占全部参保人数的97.3%。住房保障系统实现了53.8万户住房低保家庭、1779个住房保障项目、8.3万套保障性房源的动态管理。新农合管理、妇幼卫生三网监测、出生医学证明、免疫规划网络管理、社区卫生服务等基本实现网络化管理和服务，提高了公共卫生服务与应急处置的能力。邯郸、唐山、石家庄入选中国城市信息化50强。全省11个设区市、部分扩权县建成数字化城市管理系统。邯郸市“居民卡”、唐山市“城通卡”、沧州市“一卡通”的民生保障卡应用得到进一步推广，方便了居民。

3. 基础信息资源开发和信息共享取得实质性进展。人口与人力资源库覆盖了全省7000万人口，公安、人力资源和社会保障、质监、计生等部门开展了人口相关数据的共享应用。法人基础信息库涵盖85万多家法人单位，为国税征管、“小金库”治理、事业登记以及社会治安等提供了共享服务。基础地理信息数据库不断完善，为主体功能区规划、减灾救灾、护城河安全保卫、反恐等应用提供了支撑。完成了7698万幅纸质档案数字化。实施了文化信息资源共享工程，资源总量超过777GB。农业信息服务体系进一步完善，建立了农经、农情、农价三级共建共享数据库，数据总量达3760 GB。依托全省信息交换与共享平台，建设了企业基础信息系统，实现了工商、国税、地税、质监等部门的信息交换、比对和共享，为加强市场监管，促进财税增收，提供了有效的信息支撑。

4. 电子政务信息安全保障体系初步建立。建立了省市两级信息安全应急协调机制，落实了信息安全责任制。规划建设了河北省信息安全测评中心和涉密信息系统安全保密测评分中心，完成了对全省55个重要信息系统的安全测评工作；建设了河北省电子政务数字证书认证中心，在全省网上审批系统开展了数字证书应用试点；建设和完善了省信息安全通报平台，省市县1074个单位实现了信息安全事件网上直报；加强了信息安全风险评估、等级保护、安全检查等基础性工作，制定了网络与信息安全应急预案，开展了信息安全风险评估和信息安全管理体系试点，完成了对965个单位的信息安全检查，保障了重大活动期间的网络信息安全。

5. 电子政务基础工作进一步加强。省委、省政府先后出台了《关于加强全省“十一五”期间电子政务建设的指导意见》《河北省电子认证服务管理办法（试行）》等一系列有关电子政务的政策性文件。制定了《河北省省级信息化建设资金管理办法》，组织开展了省级信息化建设专项资金绩效评价，规范了电子政务项目建设与资金管理。开展了信息资源规划，探索形成了河北省基于信息资源规划的信息化应用建设与管理模式。举办了信息化与电子政务高级研修班等多项培训，在省委党校建立了领导干部信息化与电子政务培训基地。召开了电子政务建设新闻发布会，开展了形式多样的信息化宣传活动，营造良好的发展氛围。

虽然河北省电子政务建设取得了新的成绩和进展，但仍然存在一些亟待解决的问题：一是电子政务建设管理的一些体制性和机制性障碍仍然存在，各自为政、多头管理的问题突出，网络整合、信息共享阻力大，法制建设有待加强。二是重硬件重网络、轻开发轻应用的现象仍然存在，电子政务与核心业务融合度不高，技术业务两张皮。有些单位仍热衷于建网买设备，忽视业务应用系统建设和信息资源开发利用，不仅造成了资源浪费，而且应用效果也未充分发挥。三是电子政务的项目管理机制不健全，项目立项、资金、建设、验收和运行维护缺乏统筹管理，资金浪费和投入不足并存，部门间电子政务发展不平衡，重复建设和信息孤岛现象普遍。已建电子政务系统缺乏运维资金保障。四是信息共享意识淡薄，部门本位思想严重，大部分单位希望共享其他部门信息，而不愿提供本部门的信息资源，信息共享缺乏政策性约束，制约了政府宏观决策、协同监管和公共服务水平的提高。五是基层电子政务发展滞后，全省性电子政务应用系统缺乏基层数据支撑，直接面向公众服务的电子政务应用系统有待普及。

（二）面临形势

1. 电子政务已经成为信息时代治国理政的重要支撑。互联网的快速发展进一步改变了人们的工作、学习和生活方式，越来越多的人民群众通过网络来表情达意、提出诉求，民众通过网络直接问政正在成为我国政治生活中不可忽视的重要环节。网络虚拟社会、网络民主和网络监督对社会管理产生了越来越广泛的影响，党的十七大明确提出要推行电子政务，强化社会管理和公共服务。十七届五中全会要求“以信息共享、互联互通为重点，大力推进国家电子政务网络建设，整合提升政府公共服务和管理能力”。政府工作要适应信息技术快速发展的形势，就必须加快推进电子政务建设，以信息化推进社会管理创新，规范和创新政府工作流程，构建网络化、扁平化的政府组织管理模式，为社会提供高效、便捷的服务。

2. 科学发展与富民强省建设赋予电子政务新的历史使命。河北省是传统产业大省，资源依赖型的发展特征比较明显，面临着日益严重的资源、能源、环境和区域竞争压力，产业结构调整压力加大，转变发展方式更加迫切。必须紧紧围绕人民群众最关心、最直接、最现实的利益问题，以电子政务优化资源配置，进一步提升政府的管理和服务能力，统筹协调环境保护和社会稳定等问题，全面促进河北省科学发展和富民强省建设。

3. 政府职能转变和自身建设对电子政务提出了迫切要求。“十二五”时期，体制改革进入攻坚阶段，城乡一体化、公共服务均等化等领域改革将进一步深化。电子政务作为服务型政府建设的重要推动力，已经进入了一个全新的战略发展机遇期，成为推动政府职能转变、行政体制改革和廉政建设的重要手段。只有大力推进电子政务建设，推动电子政务建设重心下移，以电子政务改进、完善政府传统管理手段和方法，才能有效促进政府职能创新和管理创新，服务全省经济社会发展。

二、总体思路、基本原则和发展目标

（一）总体思路

以邓小平理论和“三个代表”重要思想为指导，全面贯彻落实科学发展观，围绕全省中心工作和社会公众需求，以提升公共服务和管理能力为目标，坚持统筹协调、集约建设、深化应用、注重成效。进一步完善电子政务设施，加强核心业务信息化，建立信息共享和业务协同机制，大力推进政务信息资源开发和共享，切实提高安全保障能力，探索基层电子政务“低成本、集约化、见实效”的应用模式，促进政务管理创新和服务型政府建设，为全省经济和社会又好又快发展提供支撑。

（二）基本原则

1. 统筹规划，集约建设。从全省电子政务应用大局出发，实行统一规划、分工建设，统筹管理、集约建设核心业务应用系统和信息资源开发利用与共享工作，充分利用已有的各种软硬件资源和公共设施，避免重复建设。

2. 延伸应用，惠及公众。围绕管理重心下移，重点建设以公众为中心、以服务基层为重点的应用系统，探索面向社区、面向弱势群体的政府服务模式，促进便民服务的泛在化、个性化、多样化，使广大群众用得上、用得起、用得好。

3. 协同共享，注重绩效。建立协调工作机制，结合政务工作重点，推动跨部门、跨地区的信息共享和业务协同，把各级各部门电子政务建设与应用情况纳入绩效考核体系，提高电子政务综合效益。

4. 完善机制，确保安全。完善电子政务协同推进机制，探索电子政务服务外包模式，加强相关标准和规范建设，正确处理发展与安全的关系，坚持防管结合，管理与技术并重，确保电子政务安全。

（三）发展目标

到2015年，电子政务对政府公共服务和管理能力的支撑显著增强，重要信息系统应用水平大幅提升，政务信息资源目录体系与交换体系基本建立，政务信息资源开发共享水平显著提高，门户网站体系成为政务信息公开的主渠道，网上办事能力达到较高水平，支撑电子政务发展的基础设施、网络和信息安全保障体系进一步完善。

具体目标是：

全省党政机关核心业务信息化覆盖率省级达到85%，市级达到70%以上，县级达到50%以上，省级电子公文发文比率达到50%以上。

所有行政许可事项、80%的非行政许可和公共服务事项实现在线办理。

政务信息资源开发利用水平显著提高，在社会管理、民生服务、市场监管、应急管理等重要领域信息共享达到较高水平，省级部门信息共享度达到60%。

县级以上政府网站开通率、政府信息网上发布率达到100%。

基础设施、安全保障体系满足电子政务发展的需要。

三、主要任务

（一）加强重要信息系统建设，提升政务部门管理社会、服务社会的能力和水平

按照集约化、一体化、协同化的要求，建设一批重要信息系统，提高政府服务水平和办事效率。

1. 在公共服务方面。突出基本公共服务均等化，进一步加强医疗、教育、社保、就业、住房、人口、社区等领域电子政务建设，推行网上行政服务。通过试点示范，以点带面，提高广大社区、乡镇和区县等基层单位的电子政务应用水平。探索推进党委人大、政协系统网站建设，进一步完善政府网站体系，紧跟下一代移动通信、三网融合等信息技术发展趋势，为公众提供电脑、手机、电视等多种终端服务方式，大幅提升政府为公众服务的能力和水平。

2. 在宏观调控和市场监管方面。建设和完善经济运行监测预测、能源资源监测、环境保护监控、食品药品安全监管等方面的信息系统，提高政府经济调节能力和水平。充分利用人口和法人基础信息资源，推进各部门监管信息共享和业务协同，加快金融、环保、工商、税务、政法、商务、中小企业等部门和行业的信用系统建设，加强市场监管，提高各类市场主体开展经济活动的效率。

3. 在社会管理方面。突出社会管理创新，进一步加强和完善信访、应急联动、公共安全、司法管理等系统应用，增强对各种突发性事件的监控、决策和应急处置能力，提高政府社会管理能力和水平。探索城乡电子政务一体化应用模式，做好已建、在建和新建系统的衔接，实现全省电子政务应用上下贯通，支撑城乡一体化发展。

4. 在机关办公和管理方面。组织开展网上办公推进工程，建设机关办公公共服务平台，积极推进视频会议、会议管理、电子公文交换、网上辅助办公等应用，推广移动电子政务应用，建设公务员办公门户，统一身份认证，实现各种办公业务的综合集成应用。强化党委、人大、政协、法院、检察院的核心业务系统建设，加强行政电子监察、财政资金监管、联网审计等系统建设，提高党政机关办公效率和服务水平。

（二）推进重要信息资源开发和共享，提升政务部门协同履职能力

按照需求导向、统一标准、授权共享、资产化管理的思路，加快基础信息资源开发和重要业务应用共享数据库建设。

1. 强化基础信息资源开发利用。进一步完善人口、法人、宏观经济、地理信息等基础数据库，引导有关部门按照“一数一源”的原则，严格履行信息采集职责，确保基础信息的准确、完整和及时更新，避免重复采集。结合业务活动的开展，实行分别建设、统一管理、共享共用，探索形成基础信息资源建设、管理和应用模式。

2. 加强重要业务共享数据库建设。按照需求迫切、效益明显、协同共享的原则，以基础数据库为依托，围绕社会保障、劳动就业、食品药品监管、环境保护、综合治税、社会信用、应急指挥、住房管理、流动人口监管、经济运行、科技创新等重点跨部门业务应用，加强相关业务共享数据库建设，为跨部门业务协同提供支撑。

3. 加强政务信息资源管理和应用服务。继续开展信息资源规划，组织各级各部门，梳理和编制履行职责产生和需要的政务信息资源目录，制定统一的信息资源基础编码交换共享标准规范；建立和完善相关制度，明确信息共享的内容、方式、责任、更新频率和机制，确保数据更新的有效性、准确性和实时性；依托全省信息交换与共享平台，逐步建立政务信息资源目录体系和服务体系，实现政务信息资源的快速发现、准确定位和方便查询，为加强政务信息资源资产化管理，提升政务部

门社会管理、公共服务和科学决策水平提供服务。

（三）建设和完善电子政务基础设施，提升电子政务应用的保障能力

按照满足应用、共建共享、确保安全的原则，建设和完善电子政务网络、信息交换与共享、安全保障等三大支撑体系。

1. 整合完善电子政务网络体系。依托公共通信基础设施，加强与国家电子政务网络互联互通，扩大网络覆盖面，继续完善全省统一电子政务公务内网、公务外网、安全设施的网络架构，提供移动电子政务接入功能，全面推进政务部门互联网安全接入，推进基于互联网的电子政务应用。

2. 建立健全信息交换与共享体系。进一步完善全省信息交换与共享平台，建设覆盖省市两级、连通所有省直部门的信息交换与共享体系，以各类政务信息资源为基础，构建逻辑集中、物理分散的政务信息资源管理和服务框架，加强对全省政务信息资源的统筹管理，尽快建立政务部门信息交换与共享长效机制，切实为跨部门、跨地区政务信息共享和业务协同提供支撑。

3. 完善电子政务安全保障体系。整合现有资源，建设省级电子政务灾备中心，实现电子政务数据的异地备份和恢复，完善电子政务数字认证中心，扩大数字证书在电子政务中的应用。实施政府部门互联网安全接入，加强互联网信息安全管理。进一步落实好信息安全等级保护制度，建立信息安全测评体系，扩大测评范围，逐步开展信息安全风险评估工作和信息安全管理体系建设。

四、重点工程

“十二五”期间是电子政务建设进入“深化应用、全面推进”的重要时期，任务艰巨，需要扎实推进以下五个方面的二十项重点工程。

（一）提升公共服务方面

1. 河北省网上行政服务中心建设工程

在现有网上审批和电子监察系统的基础上，完善和提升系统功能，构建“河北省网上行政服务中心”，逐步实现所有行政服务事项网上集中管理和“一站式”办理，规范行政权力、提高行政效能、优化发展环境。建立联合审批系统，在省级推行行政审批事项网上统一受理，实现“一门受理、抄报相关、信息共享、同步审查”的一站式办理服务。推进市县行政服务信息化建设，基本实现省市县三级行政服务事项的网上一体化办理和电子监察。开展跨地域帮办代办试点，逐步实现异地办理。以现有的网上审批系统网站，建设河北省网上行政服务大厅网站，并纳入“中国河北”门户网站体系，使之成为全省面向公众的网上行政服务的统一窗口。推广数字证书、电子印章和电子文件归档应用，加快建设数字档案馆，逐步实现行政审批事项电子文件在线实时归档和综合利用。

2. 数字信访和网络问政工程

推进网上信访、民意诉求、社会矛盾预警系统等信息系统建设，完善各级政府门户网站互动功能，设立和完善政务论坛、省市长信箱、网上留言等互动栏目，推广市长热线电话，搭建集网络、电话、短信、邮件等多种渠道为一体的信访和便民服务处理平台，推进信访职能部门间互联互通和信息共享，建立信访案件交办、考核、投诉等处理机制，为群众信访和便民服务提供高效便捷的渠道。探索设立网络新闻发言人制度，在各级各部门设立办理机构，及时回应网民留言，积极主动地与网民实现互动交流，促进网络问政的常态化。大力推进各级政府部门网站建设，把握下一代移动通信、三网融合等信息技术发展形势，适时开通政府网站手机版，综合运用互联网、手机、电视等多种方式，不断为丰富电子政务公共服务提供手段。改善整合链接政府各部门公众服务资源，通过政府网站实现跨地区、跨部门的“一站式”服务，使政府门户网站真正成为政府信息公开和服务民众的第一窗口。

3. 社会保障与就业服务系统建设工程

加快建设统一的社会保险、保险关系转移、公共就业服务、劳动关系管理、公务员管理、最低生活保障、优抚安置、社会救助、个人住房、房地产市场管理、保障性住房等重要信息系统，提高行业管理和社会服务水平。推广电话咨询服务、人力资源和社会保障自助服务一体机，形成多形式、多渠道、多层次的人力资源和社会保障公共服务体系。以推进社会保障卡发行和应用为契机，统一规划民生保障卡，建立共享机制，依托全省统一信息交换共享平台，实现劳动就业、社会保险、民政、卫生、公积金、住房保障等领域信息系统的互联互通和信息共享，实现一卡多用。推进民生保障卡异地联网应用，实现异地养老、医疗就诊、公积金异地缴存和使用、社会保险关系异地转移、住房保障、小额支付等业务跨域一卡通。

4. 公共卫生管理和服务提升工程

围绕医改五项重点工作，构建系统整合、信息共享的省市县三级卫生信息服务平台，着力推进公共卫生、医疗服务、医疗保障、新型农村合作医疗、基本药物、综合卫生管理等业务信息系统建设；建设和完善全省卫生信息资源数据库，重点建设健康档案、电子病历、卫生机构和人员、药品及医疗器械、新农合、疾病控制、妇幼等数据库，满足医疗卫生服务机构间业务协同和卫生管理服务决策的需要，逐步实现跨区域的业务协同和信息共享，不断提高河北省综合卫生管理水平。推进居民健康档案数字化工程，以民生保障卡基础信息为指引，充分利用公安部门人口信息、人社部门医保信息，整合卫生系统的相关信息资源，建立全省居民健康档案数据库，依托省市县三级区域信息服务平台，为公共卫

生管理、医院医疗提供共享服务，逐步实现健康档案与临床信息的一体化。

（二）创新社会管理方面

5. 社会管理综合治理信息系统建设工程

围绕社会矛盾化解、社会管理创新、公正廉洁执法三项重点工作，推行数字执法。依托现有基础，推进网上协同办案系统建设，规范网上办案流程，逐步实现案件从立案、侦查、批捕、审判、服刑等全过程一体化办理，提高政法机关办案水平。继续推进公安执法办案信息化，依托网上办案与监督信息系统，实现立案网上核实、证据网上展示、监督网上进行、审批网上办理、结果网上公开，实行执法过程网上实时监督。完善人口基础数据建设，加强流动人员管理。推进“天平工程”建设，在全省推行“数字法庭”、法院裁判文书辅助校对系统及应用，加快“远程提讯系统”建设及应用，提高司法效率、保证司法公正。积极推进“电子检务”，加快职务犯罪侦查与预防信息系统建设，建立职务犯罪案件审查逮捕远程提讯系统，进一步完善多媒体示证系统，逐步实现检察讯问、监控和指挥一体化。继续完善律师、公证、人民调解、司法鉴定、法律援助、监狱管理、罪犯和劳教人员管理等应用系统建设，加快社区矫正管理信息系统建设。积极推进政法系统信息共享、行政执法机关与政法机关间信息共享，依托全省统一信息交换与共享平台，建立行政执法与刑事司法信息对接系统，在安全保密的前提下，逐步实现行政执法机关与政法机关间执法信息和案件信息的互通共享，提高各级政府社会治安综合治理水平。

6. 应急指挥信息系统建设工程

加强交通应急指挥、环境事故应急处理、安全生产应急、重大事故隐患及重大危险源监控、突发卫生公共事件应急指挥、防汛指挥、气象灾害预警和应急、食品药品应急、森林灾害监控和应急、粮食安全、口岸疫病疫情应急、民政救灾等信息系统建设。建立危险化学品、民爆器材的生产、储运、经营、使用等环节的实时监控和全生命周期监管体系；推进平安城市信息化建设。以平安城市报警与监控系统为基础，建设视频监控通用服务平台，实现交通、水利设施、农产品、公共场所、特殊区域等视频资源共享，构建指挥调度、接处警、监控、信息管理、地理信息等系统有效融合，覆盖公安、城管、交通、消防、安全生产、公共卫生、环境保护、能源资源、食品、水利和通信等多个部门的安全联合工作平台，形成统一的公共安全防控体系，确保城市生活的安全和谐。加快省政府应急指挥信息平台建设，依托全省统一电子政务网络和部门业务系统，充分利用现有基础，整合各部门应急指挥资源，通过应急指挥信息的互联互通和共享，实现预警信息规范发布、统一指挥、联合行动，对突发事件和应急事件做出快速联动反应，为广大群众提供相应的紧急救援服务，为社会公共安全提供强有力的保障。

7. 住房和城乡建设管理信息系统建设工程

推进城乡数字规划，以实体建筑、房屋权属和城乡公共设施三类基本公共管理对象为主线，建设和完善涵盖大比例尺基础地形图、市政管线、规划成果、产权产籍、城市管理、住房保障等信息资源库，建立住房城乡建设数字化平台，通过网格化巡查和定期遥感监测等手段，逐步形成省市县完整的城乡规划动态监管体系，提高城乡规划管理效能。推进数字住房管理，建设数字住房保障系统，动态掌握保障性住房建设项目、房源、被保人员和保障资金的运行情况，实现廉租住房、经济适用住房、公共租赁住房、限价商品住房、五类棚户区改造及农村危房十种住房保障业务的信息化管理，推进住房保障家庭人口、户籍、财产、收入等跨部门信息共享，为住房保障决策提供信息支持；继续完善个人住房系统建设，建立覆盖省市县三级的个人住房信息数据库，全面掌握个人住房基础信息及动态变化情况，实现全省个人住房信息共享和统计，为实施房地产市场宏观调控政策提供支持。推进数字化城市管理，推广唐山城乡一体化服务管理模式，在对各设区市数字城管系统运行情况进行全面评估的基础上，大力推进数字城管系统在供水、排水、燃气、供热、道路桥梁、公共交通、园林绿化、综合管网、风景名胜等方面的应用，建设省级数字化城管系统，推动系统向县乡延伸，全面提升城乡综合管理服务能力。

8. 基层电子政务试点示范工程

围绕环首都经济圈行政环境的优化，按照统一网络平台、统一数据中心、统一运维服务队伍、统一办公平台的集约化建设模式，在环首都 14 个县（市）开展县级电子政务建设模式试点，支持县级网上行政服务、互联网电子政务、移动电子政务、电子政务服务外包等电子政务服务和建设模式创新，探索形成符合河北省实际的县级电子政务模式。按照城乡一体化的建设模式，加快电子政务应用向基层的延伸，推进社区和乡镇综合管理信息系统建设，实现就医、社会保障、培训、就业、家政、出行、婚姻登记、社会组织管理等社区综合管理和服务。

（三）强化综合监管方面

9. 经济运行监测系统建设工程

结合“企业一套表”统计制度改革，加快企业统计数据直报系统和统一的统计业务处理平台建设，推进统计业务处理的网络化、电子化，建设统计数据中心，整合统计数据资源，建立健全面向统计业务、宏观决策和公共服务的统计数据库体系，为政府部门和社会公众提供“一站式”统计信息服务。进一步加强工业经济运行、重要生产资料市场、农产品市场监测预警、商品流通市场运行监测与调控、粮食储备与流通、价格监测、能源综合管理、交通运输等重点领域经济运行信息系统建设，建立与重要市场、重点企业、交易系统、运营系统的实时数据接口，实现经济运行中煤、电、油、运、气、热、水资源、粮油、农产品、宏观经济等信息的源头和实时采集，以及对经济运行数据的及时、快速和准确的监测。按照“一数一源、共享多用”的原则，建立全省经济运行信息目录，推进经济运行数据的信息共享，开发经济运行决策和预测预警信息系统，通过有关表格和图形加以展现，为各级政府宏观经济决策提供便捷、直观的数据支持。

10. 信息综合治税工程

完善纳税服务平台，推进网上税务局建设，实现网上开票、网上申报缴税、网上认证、网上抄报税等在线办税，逐步实现税务机关从“以票控税”向“信息管税”的转变。依托全省统一电子政务网络和信息交换与共享平台，集约建设综合治税信息共享系统，实现税务、财政、工商、质监、海关、金融、发改、统计、商务、国资、农业、教育、科技、文化、卫生、人社、住建、工信、国土、交通、民政、政法等部门信息资源的自动汇总、交换、分析比对，推进相关部门的信息共享与业务协同，有效地实现对税源的全方位控管，促进财税增收。

11. 农产品及食品药品安全监管信息系统建设工程

加快农产品质量安全追溯系统建设，推进生产档案数字化管理，统一编码，建立源头数据库，推行农产品数字标识，有效监测产品运行轨迹，逐步实现农产品全程监管。加快动物标识及疫病可追溯信息系统建设，建立奶站网络监控系统，推行牲畜二维码标识，实现动物养殖、运输、屠宰、流通等环节监控和疫病可追溯。建立和完善食品、基本药物、医疗器械、化妆品、药品企业、医疗机构、餐饮业、食品医药从业人员等数据库，建立餐饮药品企业非现场监控系统，对全省128家基本药物生产企业和餐饮企业关键岗位实时监控，实现药品生产质量和餐饮服务安全的可追溯。建设食品药品流通实时监控系统和基本药物质量管理系统，实现对进入河北省的食品药品从购进、库存到销售、使用的全程追溯和实时监控。完善食品药品诚信管理系统，并实现与全国企业和个人征信系统的对接和信息共享，开展食品药品企业和从业人员的信用评价，完善奖惩制度，逐步建立起食品药品行业的失信惩戒、守信激励的信用评价机制。

12. 国有资源监测与管理信息系统建设工程

推进国土资源“一张图”工程建设，完善土地、矿产、海洋和环境等资源数据库，建设和完善国土资源综合监管平台，以“一张图”为基础，实时在线获取管理各个环节的信息，强化综合分析，实现对全省土地的“批、供、用、补、查”和矿产的审批、勘查、开采等实时全程动态监测与监管。建立全省国土资源卫星遥感动态监测体系，加强耕地监管，实现对土地资源利用的直接监测，开展土地卫片执法监察。建设全省森林资源基础数据库和林业产业数据库，以空间地理基础库为基础，加载和完善林业资源空间分布数据，实现对森林资源和重点林产品的监测分析；以营造林业为重点，建设全省森林资源管理信息系统，完善林权、林地等林政管理系统，掌握森林资源消长动态。建设和完善全省水资源实时监控与管理系统，以水源、取水、输水、供水、用水、耗水和排水等水资源开发利用主要环节的监测为重点，广泛采用物联网技术，动态掌握河北省主要水资源及其开发利用总体状况，为实行最严格水资源管理制度，实现全省水资源的优化配置和科学开发利用提供技术保障。

13. 协同监管与征信系统建设工程

以工商企业数据库为基础，建设完善市场主体数据库。以网络经济市场监管、国有企业监管、特种设备监管、打假治假监管、文化市场监管、出版物市场监管、扫黄打非、网吧市场监管、食品药品监管、口岸协同监管、建筑市场监管、工程建设领域突出问题治理等重要监管业务为主题，推进跨部门的监管信息共享，提高政府部门的监管水平；推进公安、人口计生、民政、教育、社保等部门基于人的信息共享，促进全员人口统筹管理、流动人口监管等信息系统的建设，提高社会管理能力；推进证照信息共享，创新建立证照信息共享服务机制，实现证照信息科学管理、有效共享和高效应用；以现有个人和企业信用信息系统为基础，依托全省统一信息交换与共享平台，充分整合金融、工商、税务、质监、建设和公安等多部门征信系统，建设全省社会信用信息系统，完善企业和个人综合信用档案，为社会公众依法提供信用信息查询、披露服务，创造诚实守信、规范运作的良好社会环境。

14. 环境保护监管系统建设工程

继续完善重点污染源自动监控系统，在现有国控、省控重点污染源自动监控系统建设基础上，建设重点行业和重点区域污染源在线视频监控和工况监控，建设污染防治管理系统，对全省饮用水源地环境状况、重点流域水污染状况、城市区域空气质量等进行动态监控。建立辐射环境基础数据库，实现对放射源、射线装置和电磁辐射设施监管，提高河北省辐射安全监管和应急能力。建设河北省环境监控综合平台，集成污染源在线设备、视频监控设备、大气质量监控自动站、地表水质监控自动站等监控系统，整合土壤、噪声、生态环境质量数据、各项环境业务数据和应急相关资源数据，建立有机统一的环境监控与应急指挥综合应用平台，提高环境违法案件处理效率和突发环境事件的应急处置能力。继续完善建筑能耗监测平台，在国家机关办公建筑和大型公共建筑安装用电分项计量装置，实现全省建筑能耗动态监测。

（四）改善机关自身建设方面

15. 机关办公信息化推进工程

组织实施电子公文普及应用工程，在市级以上和有条件的县推动公文的在线起草、网络批核和传输，推动全省电子公文应用。完善全省电子公文交换系统功能，制定电子公文标准，健全电子公文管理相关的规章制度和标准化体系，实现各级党政机关上报文和下发文件的电子化和网络化，建设电子公文中心，实时收录各级党政机关制发的电子公文，建设公务员通用阅文系统，通过集中管理、集中存储、部门授权提供查询等服务。积极推进视频会议和会议无纸化应用，建设机关通用办公平台和公务员办公门户，以全省组织机构资源数据为基础，按照公务员本人岗位职责要求，以统一门户、统一认证、统一通信为手段，融合会议管理、消息传送、值班、视频交流等基本应用系统，对用户权限进行细化管理，业务应用与信息资源进行深度融合，为党政机关工作人员提供虚拟化的办公和协作平台，优化业务协同流程，提高工作效率，从而提高行政管理和服务水平。

16. 行政监察与监管系统建设工程

建设和完善电子监察系统，扩大电子监察的范围，逐步由行政审批事项监察扩展到全部行政权力运行监察，实现对行政权力运行的事前、事中、事后全过程监督。完善异构数据交换平台，统一数据交换标准和规范，自动采集各部门行政权力运行数据，对业务运行流程实现自动监控。推进视频监控系统建设，加强对窗口工作人员的行为规范、仪容仪表、工作作风、工作效率等进行监督，充分发挥视频监控系统的实时监控、证据保全和威慑作用。完善干部数据库和考核管理等业务系统建设，加强对干部的绩效管理。按照“横向到边、纵向到底”的建设目标，建设完善财政专项资金即时分析监控系统，实现对各类财政资金的运行全景展现、在线实时监控和自动预警，强化财政资金的监管。完善审计业务联网监督管理系统，扩大联网审计业务的范围，全面提高信息化环境下的审计监督能力。

（五）提高电子政务基础保障能力方面

17. 政务信息资源交换共享与综合利用工程

围绕部门履行职能的需要，逐步规范重点领域政务信息的采集和共享应用，根据业务应用主题，明确信息共享的内容、方式和责任，按照统一的标准和规范，依托全省信息交换与共享平台，建立和完善跨部门的信息资源交换与共享体系，编制政务信息共享目录和服务体系，逐步实现跨地区、跨部门的政务信息按需共享。以跨部门重大应用、主题应用、基础信息资源共享等为重点，围绕实现“一数一源，一源多用”，以业务流为主线，编制共享数据流，推进人口、法人、地理等基础信息的共享应用，为工程领域信息公开和诚信体系建设、食品药品监管、环境保护、应急指挥、综合治税、社会保障和就业、住房管理、流动人口监管等方面业务的协同提供基础支撑，不断扩大信息共享和业务协同的应用成果。

18. 基础地理信息公共服务平台建设工程

根据政府各部门所建设的地理信息平台和对数据格式的需求，进一步完善基础地理信息共享数据库，完成剩余的7821幅1∶1万基础地理信息数据的转化工作，完成29幅1∶25万、592幅1∶5万、5100幅1∶1万的基础地理信息数据更新工作，为政府各部门的应急信息系统的建设提供数据保障，及时满足各单位对基础地理信息数据的需求。建设基础地理信息公共服务平台，建立和完善公益性测绘的信息共建共享机制，积极推进测绘、国土资源、交通、水利、农业、气象、民政、林业等部门公益性测绘信息的交流、交换与整合，充分发挥基础地理信息在信息化建设中的基础作用。积极推进基础地理信息系统在工商市场主体、质监监管、城市设施、数字城市建设和管理、多维人口信息决策等方面的应用，提高综合管理和服务水平。

19. 公益性信息资源开发服务工程

加强农业、科技、教育、人才与就业、文化和宣传等领域的信息资源开发利用，加大向农村、欠发达地区和社会困难群体提供公益性信息服务的力度，增强信息资源的公益性服务能力。加快推进新农村热线和“千万农民短信服务工程”建设，发展农村信息服务站，集成电话、电视、互联网和短信等多种信息服务方式，开展粮食生产、菜篮子产品、农资、农业专家、农民合作社等“五群”综合信息服务。加强各类科技信息资源数据库建设，搭建河北省科技信息共享服务平台，为提升河北科技创新能力提供支撑。大力开发优质教育资源和网络学习课程，建立全省教育资源库、数字图书馆和虚拟实验室，搭建教育资源公共服务平台，推进远程教育，促进教育公平和均衡发展。逐步建立与促进就业相适应的全省人力资源供求信息、高级人才、流动人才等数据库，完善就业信息交流发布与管理平台，促进就业和优秀人才引进。继续推进以数字图书馆、数字档案馆、数字博物馆、数字美术馆、数字民间文艺馆、数字文物、非物质文化遗产档案数据库为重点的文化信息资源共享工程，建设宣传文化云资源中心，整合全省音视频、文化、图书出版、报刊等资源，不断满足人民群众日益增长的精神文化需求。

20. 电子政务信息安全保障工程

利用现有基础，整合资源，建设省级电子政务容灾备份中心，为河北省电子政务和重要应用系统提供数据备份服务，确保数据安全。充分利用现有资源，建设政府部门互联网安全接入监控中心，在全省公务外网出口设置监测设施，对网络流量、网络攻击行为等进行实时监测，定期对党政机关门户网站进行技术性测试，查找存在的安全隐患和漏洞，及时采取有力措施，避免重大信息安全事件的发生。健全信息安全应急支援平台，建设信息安全应急基础数据库，完善应急决策辅助系统，为全省重大信息安全事件提供应急指挥辅助决策功能。进一步完善信息安全通报平台，扩展通报平台的功能，实现对全社会信息安全的在线交流、专家答疑、信息互动、短信实时报警。探索推进电子政务涉密信息系统建设模式。建立网络信任体系，完善数字证书认证系统，优化升级密钥系统，普及数字证书在电子政务中的应用，建立授权管理和责任认定平台，实现全省电子政务系统统一身份认证，并做到权限明确、责任可查。加强对全省电子政务重要信息系统的定期信息安全测评，查找存在的漏洞和安全隐患，提高电子政务系统防范水平。开展信息安全风险评估和可靠性评估，通过检查评估和自评估，加强对电子政务重要系统的风险管理，提高系统规避风险的能力。

五、保障措施

（一）完善电子政务管理和推进机制

把电子政务建设和转变政府职能与创新政府管理紧密结合起来，逐步形成电子政务建设与行政管理体制改革相互促进、共同发展的体制机制。

在省信息化工作领导小组统一领导下，进一步健全各级各部门信息化组织领导机构，各级各部门信息化机构要强化对电子政务建设的统筹协调和管理，逐步实现由技术支持和服务向电子政务综合管理转变，切实推动电子政务向深度应用发展。

建立电子政务规划、预算、审批、验收和评估综合协调机制，研究制定电子政务建设统筹管理办法，电子政务项目须经过同级信息化主管部门的把关后，由财政部门统筹考虑资金安排，确保项目建设符合规划和标准要求，能够利用已有资源集约建设，确保已建、在建及新建项目的关系和业务衔接，保障跨部门电子政务应用项目建设以及基础性、公共性信息资源的开发和共享。

建立电子政务联席会议制度，由领导小组办公室牵头组织每年召开一到两次电子政务总结交流大会，研究解决电子政务建设中的重大问题，加强项目调度和经验交流，展示应用成效。逐步建立业务协同工作推进机制，协调部门应用对共享信息的需求。

建立电子政务绩效考评工作制度，研究制定电子政务建设绩效考核办法，把各级各部门电子政务建设与应用、信息共享和业务协同等纳入政府绩效考核体系，增强电子政务发展的外部动力，形成良性发展的长效机制。

（二）加强电子政务建设和运维机制建设

创新电子政务建设和运维模式，提高其规范化、专业化和社会化服务水平。

强化建设项目的招标、监理、验收和审计，加强对建设项目的督导和协调。推行软件正版化，对全省政务机关共性、通用软件、通用的运维服务开展集中采购，共同享有知识产权，降低资金投入。

各级财政要加大对电子政务建设的投入力度，重点支持公共服务、跨部门应用、公共信息资源开发等项目建设。逐步扩大省级信息化专项资金预算规模，形成与财政收入同步增长机制。

规范和保障电子政务运维经费，由财政部门会同信息化主管部门研究提出电子政务运行维护资金管理办法及运行维护资金标准，将电子政务运维资金纳入预算体系，保障电子政务系统的正常运行。

探索建立规范的电子政务运维服务外包模式，开展电子政务运维外包服务试点，整合、利用社会资源，更加专业化、高质量的服务，同时促进服务业发展，有效解决电子政务发展中的体制机构问题，进一步提高电子政务发展质量和综合效益。

（三）建立健全电子政务保障服务体系

充分发挥省内外专家学者和专业咨询服务机构的作用，加强对电子政务建设重大问题和标准规范的研究，建立完善河北省电子政务建设和运维的支撑体系。

加强电子政务相关课题研究，跟踪电子政务发展进程，适应服务型政府建设和政府职能转变的需要，研究探索符合行政体制改革方向、分工合理、责任明确的电子政务推进协调机制。研究制定电子政务建设、运维管理等方面规章制度，强化信息共享和绩效评估。

完善电子政务标准体系，研究制定电子政务发展中急需的、基础性的标准，强化已有标准在电子政务各个环节中的应用，在与国家标准相衔接的基础上，加快制定基础信息资源、网络管理、政府网站管理、电子运维等方面的相关标准和技术规范，促进网络互联互通、系统互为操作和信息共享。研究制定电子公文的处理和存储规范，逐步取消电子、手工的双轨制，提高公文电子化处理水平。加大行业电子政务业务系统和信息资源标准规范建设，努力形成行业应用规范。

完善电子政务咨询和技术服务体系，充分发挥信息化专家委员会的决策参谋作用，发挥科研院所、行业协会的专业水平，培育提升网络管理与服务、信息化和安全测评以及信息资源管理等相关技术机构的实力和服务能力，逐步完善电子政务决策咨询、技术服务体系，为全省电子政务健康发展提供支撑。

（四）营造良好的电子政务发展环境

进一步加大法制、宣传和培训等基础工作力度，逐步形成适应电子政务建设需要的发展环境。

积极贯彻落实《电子签名法》和《政府信息公开条例》，做好《河北省信息化条例》立法和宣贯工作，推动电子政务管理、信息资源开发、网络信息安全、个人信息保护等相关政策法规的制定工作，完善相关配套措施，为电子政务创造良好的法制环境。

加大电子政务从业人员的引进和培养，积极探索建立政府信息主管（CIO）制度。结合事业单位绩效工资改革，推行电子政务技术和管理人员岗位聘任制，在事业、待遇、环境等方面创造条件来吸引和留住人才。加强高校电子政务相关学科和专业建设，积极培育电子政务专业人才；充分发挥各类教育培训机构作用，积极开展电子政务相关从业人员的知识与技能培训，培养既懂专业技术又熟悉政府管理和业务流程的复合型人才，促进信息技术和政务业务的高度融合，为电子政务可持续发展提供人才支持和队伍保障。

注重电子政务宣传和培训，加大各种媒体对电子政务应用的宣传力度，通过生动的案例提高社会对电子政务应用的认识水平。以党校、行政学院和各类教育培训机构为依托，开展全省各级公务员电子政务培训，特别是要加强各级领导干部的电子政务应用培训，提高公务员对电子政务发展战略意义的认识和信息技术应用的能力。

（五）加强规划实施的监督和检查

在省信息化工作领导小组的领导下，省工业和信息化厅要切实履行领导小组办公室的职责，会同有关部门，建立规划实施的动态评估、滚动调整和监督考核机制，按照部门职责分工，将规划的主要任务和重大工程落实到部门和责任人，强化重大工程的组织协调和调度，加强规划实施的动态评估和监督检查工作，及时发现规划实施中存在的问题，不断完善和优化规划实施方案。各地区、各部门要依据本规划的总体要求，做好与相关领域发展规划的统筹协调和衔接工作，要切实加强年度计划的制定和实施，确保河北省规划的各项任务和工程建设落到实处。

河北省政府系统电子政务2011—2015年发展规划

为贯彻落实《中共中央关于制定国民经济和社会发展第十二个五年规划的建议》和《国务院办公厅电子政务2009—2013年发展规划》精神，围绕建设“阳光政府、服务型政府”目标，以信息共享、互联互通为重点，实现我省政府系统电子政务又好又快发展，结合我省实际，制定本规划。

一、现状及面临的挑战

电子政务网络覆盖范围逐步扩大。联接省政府各部门及直属机构、各设区市政府的政府专网已基本建成，其中直接接入省级专网的省直部门136个、各设区市直部门196个，并实现了与省委、省人大常委会、省政协公务内网的互联互通。联接省、市、县三级政府的电子政务外网基础架构现已竣工，横向联接60个省政府部门，纵向联接11个设区市政府和140个县（市、区）政府，并实现了与7个市级外网和10个国家有关部门外网的对接，其中审计、安监、国土资源、统计等多个省直部门还完成了对口44个市级部门和360多个县（区、市）级部门的联接，基本具备了网上办公的通信能力。

电子政务应用领域不断拓展。省政府电子公文交换系统建设已基本完成，公文交换系统包括省、市二级交换中心，90个省直部门、11个设区市政府、22个扩权县（市）已经联入省级电子公文交换平台，大部分设区市建成二级交换中心，联通单位的上报公文实现了网络化，部分设区市政府实现了上报公文和下发公文的网络化。省政府应急指挥、网上审批、住房和城乡建设、财政、商务、农业、林业、防汛抗旱、环保、安全生产、国土资源、地税、人口普查、审计、食品药品监督、质量技术监督等一大批电子政务应用已初具规模。伴随着各地各部门电子政务应用系统的建设，形成了一批政府信息资源库。

政府网站公共服务初具规模。以省政府门户网站“中国河北”为枢纽，以省、市、县政府门户网站为骨干，各级政府部门网站节点的多级树型网站群基本实现，各级政府及部门网站越来越引起公众的关注，成为宣传河北和服务河北的重要窗口。

我省政府系统电子政务建设仍然面临着许多挑战。跨部门、跨地区的电子政务应用少，系统资源利用率低；个别设区市政府专网建设滞后；“信息孤岛”问题未得到有效解决，没有实现真正意义的信息资源共享；安全体系建设不完善；存在重建设轻管理的问题；少数政府网站更新不及时等。

二、总体目标

按照“加快行政管理体制改革，建设服务型政府”的总体要求，以“系统整合、互联互通、资源共享、业务协同”为主线，到2015年，基本实现以政府信息资源共享为基础、现代信息技术作支撑、面向科学决策、面向公众和社会服务的跨地区跨部门的网上协同办公和不间断“一站式”服务，全面提升政府效能，为构建人民满意的服务型政府和创建和谐社会发挥重要作用。

整合网络资源，以互联互通为重点，建设全省统一、高效、安全可靠的电子政务网络平台；以信息资源共享建设为基础，以通用办公平台为手段，深入发展跨部门跨地区的电子政务应用和工作协同，重构事关民生、事关全局的重大综合应用项目；不断加强政府网站服务功能，提高绩效，使之成为宣传河北、服务社会、沟通民众、信息公开的重要窗口。

三、主要任务

（一）整合现有资源，完善网络平台建设。充分利用省级公务内网资源，建设政府系统统一的电子政务内网网络平台，承载政府系统内部办公、管理、协调、监督和决策等业务。电子政务内网和因特网物理隔离。对原省政府专网纵向网进行升级改造，建设政府电子政务内网省级骨干网；建设政府电子政务内网信任体系，强化身份认证、授权管理和审计管理；建设政府电子政务内网安全防护体系，提高对运行故障和安全事件的防范预警及处置能力。

以“应用主导、需求推进”为原则，建设完善电子政务外网平台建设。按照“统一安全、统一运行与管理、统一数据中心”的要求，以互联互通为重点，最大限度地提高电子政务外网的覆盖范围。目前，没有完成电子政务外网建设的单位将采用VPN技术进行联网。同时推动移动互联网在电子政务外网平台的应用，通过移动联网融合其他通信方式，为多种工作环境提供丰富的接入手段和交互方式。

为提高省政府电子政务网络平台管理水平，省政务将建设覆盖网络、主机、应用、信息资源等方面的缝合管理系统。完善现有电子政务网络规划，贯彻落实IP地址和域名规划等基础标准规范，加快组织编写网络互联、数据交换、信息安全、运维管理和服务等一批急需的标准规范。

依托全省网络信息安全基础设施，加强和规范电子政务网络信任体系建设，进行我省政府密钥管理和数字认证中心建设，建立起有效的身份认证、授权管理和责任认定机制。电子政务内网CA认证中心按照国务院办公厅统一要求进行统一建设和管理。

贯彻落实国家信息安全等级保护制度，定期对我省政府系统电子政务网络及应用、政府网站的信息安全进行评测等；加强全省电子政务网络终端的安全性，进行政务终端安全标准建设，实行政务终端接入安全准入制度；归并各部门互联网出口，形成全省政府系统互联网统一出口；建设网络和应用安全保护及信息安全审计系统，实现业务应用、介质管理、系统操作、访问认证等方面的安全审计和责任认定；进行省政府中心结点灾备中心建设，确保省政府重要信息系统和数据安全。

（二）启动电子政务数据资源和决策支持中心建设，促进政府信息资源共享。政府信息资源共享是指行政机关之间在一定条件下政府信息资源的共同利用。省政府将根据实际情况，按照国家对信息资源的安全保密要求，组织建立政府信息资源共享目录和交换体系并制定有关信息资源共享的规定。列入政府信息资源共享目录体系的政府信息资源，必须进行共享。行政机关之间无偿共享政府信息资源。依托省统一信息交换与共享平台，省政府将建设省政府信息资源库，主要包括基础数据库、综合数据库和重大专业数据库等。

以信息资源共享和业务协同为目标，依托省电子政务网络平台，进行省政府电子政务数据资源和决策支持中心建设。结合省政府数据资源和决策支持中心建设，将适时进行省政府中心机房的改扩建、迁移以及灾备中心建设等工作。省政府电子政务数据资源和决策支持中心是我省实现政府信息资源共享的基础设施，不仅为我省政府信息资源库提供技术和物理支撑，还将为政府决策提供科学依据，为我省电子政务重要应用系统提供灾备支持。新开工建设并列入省统一规划的电子政务系统将由省政府电子政务数据资源中心统一提供灾备支持，已建成的关系民生和国民经济的重要电子政务网络应用系统的灾备支持也要逐步转移到省政府电子政务数据资源和决策支持中心上来。

电子政务数据资源和决策支持中心Ⅰ期将重点建设全省电子公文中心。电子公文中心是电子政务数据资源和决策支持中心的重要组成部分。按照统一部署，电子公文中心将依托省政府电子公文交换系统，实时收录各级政府及部门制发的电子公文，并通过集中管理、集中存储、部门授权等手段提供查询等服务，同时制定全省电子公文标准，推动与电子公文管理相关的规章制度和标准化体系建设。

（三）建设机关办公平台，推进电子政务应用。建设河北省机关办公公共平台。按照新一代综合门户平台的技术标准，以全省组织机构资源数据为基础，按照公务员本人岗位职责要求，以统一门户、统一认证、统一通信、统一消息为手段，融合会议管理、信息传送、值班等基本应用系统，进行电子政务统一办公服务平台建设。对用户权限进行细化管理，业务应用与信息资源进行深度整合，为全省政府提供门户建设、知识管理、协同办公、信息发布、应用整合等业务功能。为政府工作人员提供虚拟化的办公和协作平台，优化业务协同流程，提高工作效率，从而提高行政管理和服务水平。

依托省电子政务网络平台，建设省政府应急平台。省政府应急平台主要包括应急指挥场所、应急通信系统、现场图像接入系统、视频会议系统、应急资源数据库及移动应急平台等，实现综合协调、监测监控、信息报告、综合研判、调度指挥、异地会商和现场图像采集等功能。省政府应急平台在满足省政府应急管理工作需要的基础上，实现与国务院应急平台、部门应急平台、市县级应急平台的互联互通。

推动跨部门跨地区电子政务应用。大力推进河北省网上行政服务中心等重要电子政务应用工程建设；发挥省内科研院所和高校的人才、区位优势、充分利用物联网、宽带网、云计算和三网融合等先进技术，统一建设基层政府数据采集平台，推动城乡一体化管理信息系统建设，提高我省城乡综合管理的智能化、泛端化和可视化水平；完善视频会议系统及其管理规章制度建设，推进网上视频会议在日常办公中的应用；完善省政府建议提案督办系统、安全电子邮件、政府专网办公业务资源系统等。

（四）深化政府网站公共服务功能，完善政府网站建设。提供"一站式"服务。利用网络信息技术，整合网站信息资源，简化公共服务程序，优化业务流程，提高行政管理效能，服务广大公众；把面向社会公众的业务，逐步通过政府网站提供跨地区、跨部门的"一站式"电子化服务，着力改进以公众为中心的网上服务，切实促进政府向主动服务型转变。到"十二五"末，县级以上政府网站开通率、政府信息网上发布率要达到100%，70%行政许可实现"网上受理、状态查询、结果公示"深层次服务。

充分利用先进信息技术手段，通过资源整合、信息共享、业务协同等手段，加快政府网站群建设，适时开通政府网站手机版，通过广电网络进入家庭电视，丰富、方便公众获取政府服务的途径和渠道，逐步提升网站为公众的服务能力。

按照国务院和省政府有关标准和要求，制定和完善政府网站在信息资源共享、网络绩效评估、网络信息目录体系规范，信息更新、审核、发布机制等方面的政策法规和管理办法，使政府网站建设逐步进入规范化、法制化的轨道。

四、保障措施

（一）强化管理。逐步建立和理顺全省电子政务管理体制。各级政府办公室（厅）要参照国务院办公厅电子政务管理机构设置要求，加强管理机构建设。落实领导责任制，定期研究电子政务建设的重大事项，及时解决工作中的问题；建立科学合理的标准规范，不断提高政府信息化管理工作的科学化、制度化、规范化水平；加强电子政务管理机构与各部门的协调、沟通和配合，形成各司其职、共建共管、通力合作的工作机制；以提高政府行政效能和公共服务水平为目的，建立社会评议、专家评审、专业机构测评相结合的电子政务评价体系等。

（二）队伍建设。重视电子政务人才引进和培养工作，加强信息技术管理人员培训，强化队伍管理，建立一支政治坚定、业务精湛、作风过硬和富于创新的政府系统信息化工作队伍。加强电子政务知识的宣传和科普工作，强化各级领导的信息化意识，多层次、多形式地开展电子政务知识培训，并使之规范化、制度化。

（三）经费保障。我省电子政务建设所需资金将采取政府投入和市场化运作相结合的方式解决。电子政务建设所需财政性资金由各级财政分级负担。各级财政部门要确保投入，重点保障统一平台、跨部门跨地区电子政务应用系统和重大基础信息资源库等建设。已建成的电子政务应用系统运行维护经费要纳入各级政府财政年度预算。多方筹集电子政务建设资金，积极建立社会投资的市场化运作补偿机制。

（四）运维服务。高度重视电子政务应用系统的运行维护服务，各地各部门要结合实际，制定系统化和规范化的运行管理规范和技术标准，按照电子政务工作的实际需求和市场化要求，保障运行维护资金的落实，并积极探索和推行服务外分、外包模式，充分调动通信运营商、系统集成商和信息技术产品提供商等各方的积极性，在整合现有资源的基础上，统一规划、统一服务标准、协同推进，建立可持续发展和稳定的运行维护机制。

（五）机制创新。充分发挥省电子政务研究会及专家委员会等社会团体的作用。协助电子政务管理机构及时研究电子政务工作中出现的新情况、新问题，统一思想，形成共识；举办高层论坛，扩大交流，加强宣传，增加电子政务的影响力；组织有关人员进行培训和考察，总结国内外电子政务的经验和教训；充分发挥专家在电子政务建设项目可行性分析、评审论证、技术鉴定、咨询服务、竣工验收等工作中的咨询和参谋作用；充分调动各方面的积极性，引领各行各业积极参与政务信息化，形成全社会共同推进电子政务建设的局面。

附：河北省政府系统电子政务重点工程

河北省政府系统电子政务重点工程

序号	项目名称	现状	项目内容	目标	备注
1	电子政务内网	联接省政府各部门及直属机构、各设区市政府的政府专网已基本建成，直接接入省级专网的省直部门136个、各设区市直部门196个，并实现了与省委、省人大常委会、省政协公务内网的互联互通	对原省政府专网纵向网进行升级改造，建设全省政府系统电子政务内网骨干网，省到市带宽为2155M，市到县为1155M；省级部门横向城域光纤网；省政府办公厅及所属部门局域网升级改造；运维平台，实现电子政务内网远程运维和应用展示；对省级部门和各地的电子政务内网进行整合和互联互通	2011年完成骨干网建设，完善省级横向网建设，完成省政府办公厅及所属部门局域网升级改造；2012－2013年电子政务内网运维平台建设；2015年基本建成政府系统统一的电子政务内网网络平台，承载政府系统内部办公、管理、协调、监督和决策等业务	电子政务内网建设按照国务院办公厅统一要求建设

续表

序号	项目名称	现状	项目内容	目标	备注
2	电子政务外网整合	联接省、市、县三级政府的电子政务外网基础架构现已竣工，横向联接60个省政府部门，纵向联接11个设区市政府和140个县（市、区）政府，并实现了与7个市级外网和10个国家有关部门外网的对接	最大限度地提高电子政务外网的覆盖范围。没有完成电子政务外网建设的部门将采用VPN技术进行联网；推动移动互联网在电子政务外网平台的应用；运维平台，外网平台远程运维和应用展示；对省级部门和各地的电子政务外网进行整合和互联互通	2012—2013年完成电子政务外网运维平台建设；以“应用主导，需求推进”为原则，建设完善电子政务外网平台建设	
3	电子政务网络信任体系和安全防护体系	已进行防病毒、防火墙等部分安全基本设施建设	实现身份认证（CA中心）、授权管理和审计管理的信任体系建设；防止违规内外联、病毒侵入和网络攻击的安全防护体系建设；政务终端安全标准建设，实行政务终端接入安全准入制度；全省政府系统统一互联网出口建设	2015年初步建立健全电子政务网络信任体系和安全防护体系	电子政务内网的信任体系和安全防护体系按照国务院办公厅统一要求建设
4	电子政务数据资源和决策支持中心	省政府部分公文数字化存贮	政府信息资源共享目录和交换体系；电子公文中心及电子公文管理相关的规章制度和标准化体系建设；省政府信息资源库，主要包括基础数据库、综合数据库和重大专业数据库等；灾备中心；信息资源应用和决策支持系统建设等	2011年启动并完成电子公文中心基础设施建设；2012年实现省政府及部门电子公文收录；2013年实现设区市及其部门电子公文收录；2015年实现县级政府及部门电子公文收录；2011—2012年进行政府信息资源共享目录和交换体系建设；2015年基本实现省政府信息资源库及其应用和决策支持系统、灾备中心等	省政府办公厅会同省工业和信息化厅等有关部门共同完成
5	政府机关办公公共平台	正在进行系统初期预研工作	全省组织机构资源数据为基础，统一门户、统一认证、统一通信、统一消息为手段，融合会议管理、信息传送、值班等基本应用系统，进行电子政务统一办公服务平台建设	2011年完成开发工作；2012年在省政府及其各部门试运行和推广；2013—2015年在全省各地进行推广	

续表

序号	项目名称	现状	项目内容	目标	备注
6	政府网站群建设	以省政府门户网站“中国河北”为枢纽，以省、市、县政府门户网站为骨干，各级政府部门网站节点的多级树型网站群已基本实现；已实现信息公开网上发布；政府网站公共服务初具规模	1. 网站群开发平台建设：按照统一规划、集中与分布结合、集约建设的原则，构建省政府门户网站群，提供统一的用户名访问入口、统一的信息安全防护机制，通过提供支持大规模、开放的核心管理系统与技术支撑架构，实现智能建站，使内容、技术以及用户体验得到升级； 2. 信息公开和网站信息资源整合：通过网站信息资源整合系统整合全省政府网站信息，实现信息发布、信息公开、信息检索等功能的一站式服务；对全省政府信息进行数据挖掘，提供舆情、决策支持、信息重构；构建全省政府信息整合门户，提升用户访问体验； 3. 网站综合服务系统：充分利用各级、各部门电子政务建设的成果，通过先进的网络和信息技术手段，重点做好网上并联审批系统接入、政府网站手机版、政府公开信息进入家庭电视、移动终端可视化监控等，不断深化网站的服务功能，拓展网站的服务领域	2011—2012年完成网站群开发平台；2012—2013年完成信息公开和网站信息资源整合系统开发；2015年县级以上政府网站开通率达到100%，政府信息网上公布率达到100%，70%左右的行政许可实现“网上受理、状态查询、结果公示”等深层次服务	
7	省政府应急平台	已建成部分项目	依托电子政务系统，进行省政府应急平台建设，主要包括应急指挥场所、应急通信系统、现场图像接入系统、视频会议系统、应急资源数据库及移动应急平台等	形成联接各地区和各专业应急指挥机构、统一高效的应急平台体系	
8	河北省网上行政服务中心	该项目在网上审批系统基础上进行建设，已实现了省本级所有适合网上办理的行政许可事项的网上审批和电子监察，32个部门使用统一开发的网上审批办理平台，与14个部门自建审批系统实施数据交换	充分利用全省电子政务网络平台，以我省现有网上审批和电子监察系统为基础，大力推进系统应用，完善和提升系统功能，构建“河北省网上行政服务中心”；不断扩大网上服务事项，积极推进省、市、县三级行政服务事项网上一体化办理和电子监察，逐步实现所有行政服务事项网上集中管理和“一站式”办理	到2011年6月底，搭建“河北省网上行政服务大厅”，形成集行政服务事项信息服务、事项受理和在线咨询于一体的行政服务网络门户，并纳入“中国河北”门户网站框架体系；在省本级实现所有行政审批事项（行政许可和非行政许可）的网上办理和联合审批，初步实现省、市、县三级电子监察；到2013年底，基本实现省、市、县三级行政服务事项的网上一体化办理和电子监察	
9	省政府中心机房、灾备机房和视频会议室建设	约200平方米机房	满足省政府电子政务应用所需设备的安放和省政府视频会议要求	省政府新建大楼中心机房面积约1000平方米、500平方米异地灾备机房和500平方米视频会议室	

1986 年

10 月 22 日，河北省政府向国家计划经济委员会报送《河北省人民政府关于申报河北省人民政府办公信息自动化系统（第一期工程）项目建议书的函》。

12 月 2 日，由河北省政府办公厅和河北省计划经济委员会共同组成的省政府办公厅办公自动化试验筹备组一行五人相继到国务院办公厅秘书局、国家计划经济委员会信息中心、新华通讯社、黑龙江省政府办公厅、江苏省政府办公厅和南京市政府办公厅进行调研。

1987 年

1 月 20 日，河北省政府办公厅向国家经济信息中心上报《河北省人民政府办公厅关于送审办公自动化一期工程总体设计方案（征求意见稿）的函》。

8 月 23 日至 26 日，“全国政府办公厅系统第一届软件交流会”在河北省秦皇岛市北戴河举行，会议由国务院办公厅秘书局主办，国务院副秘书长张文寿出席会议，河北省副省长洪毅到会并讲话。

11 月 3 日，河北省政府办公厅信息处与河北省微机中心签订订货合同，购买五台 IBMPC/XT 增强型微机、二台 OKI—8320C 打印机和三台 M1724 打印机。

1988 年

5 月，河北省科学技术委员会在北京组织召开河北省省长办公信息系统方案的评审会。

12 月 10 日至 15 日，国务院办公厅秘书一局在福州市召开第一次政府办公厅办公自动化工作指导协调小组年会，河北省政府办公厅信息处冯友梅、韩兰昌参加。

1989 年

5 月 5 日，《省长批文管理系统》项目鉴定会在河北省政府招待处举行。

7 月 15 日，河北省副省长叶连松、宋叔华视察河北省政府与国务院办公厅之间进行计算机远程通讯联网。

8 月 8 日至 13 日，河北省政府办公厅信息处冯友梅、黄金来作为河北代表参加国务院办公厅秘书局在长春市召开的“六省区计算机远程文件传输工作和政府办公厅办公自动化建设规划问题讨论会”。

1990 年

2 月 13 日至 17 日，河北省政府办公厅信息处白桦、冯友梅参加国务院办公厅秘书局在上海市召开的“政府办公厅办公自动化工作指导协调小组第二次年会”，全国 9 个省（市）政府办公厅的代表参加了会议。会上创办刊物《办公自动化工作通讯》，试编工作由河北省政府办公厅和国务院办公厅秘书局共同承担；设立“政府办公厅办公自动化系统建设技术咨询组”，国务院办公厅秘书局陈拂晓任组长，河北省政府办公厅冯友梅为咨询组成员。

5 月 10 日至 14 日，河北省政府办公厅副主任李曙光与信息处冯友梅、马峻岭参加由国务院办公厅秘书局组织的第二届全国政府办公厅办公自动化软件交流会。学习办公自动化软件先进经验，指导办公自动化建设。

1991 年

11 月 7 日至 12 日，国务院办公厅秘书局在北京密云举行“政府办公厅系统电子排版与汉字录入比赛”。参赛的有国务院办公厅、26 个省（区、市）政府办公厅及 7 个国家部委办公厅，共计 34 个单位。河北省政府办公厅信息处冯友梅为专家顾问组成员，省政府印刷厂代表河北省参加此次比赛。

1992 年

7 月 6 日，河北省机构编制委员会印发《河北省机构编制委员会关于设置河北省委办公厅、河北省人民政府办公厅办公自动化技术处的通知》。省委办公厅、省政府办公厅办公自动化技术处挂靠在省政府办公厅，定编 12 名，其中由两厅各调剂 3 名。处级职数按冀发〔1986〕16 号文规定设置，工作人员按专业要求从省直机关调配。

10 月 4 日，河北省政府办公厅人事处向厅属各单位下发《关于设置办公自动化技术处的通知》，河北省政府办公厅办公自动化技术处设立。

1994 年

4 月，按照国务院办公厅要求，河北省政府办公厅牵头组织河北省计划经济委员会、河北省统计局等相关部门编写综合国情地理信息系统数据，并上报国务院办公厅秘书局。

1998 年

8 月 26 日，河北省政府办公厅下发《关于印发〈河北省行政机关数据通信网工作站管理规定（试行）〉的通知》。

2000 年

6 月 27 日至 7 月 4 日，河北省政府办公厅在省政府北戴河管理处举办“电子邮件使用和网络知识培训班”。

8 月 2 日，河北省政府办公厅印发《关于加强全省政府系统办公自动化建设和应用工作的通知》。

8 月 6 日至 9 日，河北省政府办公厅在承德市召开由 11 个设区市政府和部分省直部门参加的全省政府系统推进办公自动化建设和应用工作会议，与会代表 40 余人。国务院办公厅秘书局副局长陈拂晓及省政府办公厅副主任田野分别做了讲话。

8 月 21 日，国务院办公厅秘书局在北京召开《信息化建设》杂志第二次编委会暨 2001 年发行工作会议。会议增补河北省政府办公厅董振国为全国政府系统办公自动化协作网技术（专家）咨询组成员；另有省政府办公厅技术处朱伟民、刘志峰参加会议。

9 月 6 日，河北省被国务院办公厅确定为中国城市经济资源网试点省份。

10 月 9 日，河北省人民政府办公厅印发《关于调查了解办公自动化建设有关情况的通知》和《关于报送〈中国城市经济资源网〉应用系统有关数据的通知》。

2001 年

1 月 18 日，河北省政府办公厅印发《关于表彰 2000 年度办公自动化工作先进单位的通报》。

2 月 7 日，国务院办公厅秘书局在《关于在部分省开展公文无纸化传输试点工作的函》中确定河北省为试点单位。

4 月 3 日，河北省政府办公厅印发《河北省政府信息化建设 2001—2005 年规划纲要》。

4 月 10 日至 11 日，经河北省政府主管领导同意，在邯郸市由省政府办公厅、省信息产业厅和邯郸市政府联合召开“全省推进政府信息化暨政务网络建设工作会议”。这次会议主要由 11 个设区市政府和省政府近 30 个部门的主管领导和工作人员参加，会议正式代表 80 多人。

4 月 26 日，河北省政府办公厅印发《关于成立河北省政府系统信息化建设领导小组的通知》。河北省政府系统信息化领导小组成立，负责政府系统信息化建设的协调、指导工作。由河北省政府副秘书长赵国昌担任领导小组组长。

5 月 14 日，河北省政府办公厅组织召开由省信息产业厅、省计划经济委员会、省公安厅等部门参加的协调会议。会议围绕保护网络安全问题进行了讨论，并就网络安全防护具体措施进行了专题研究。

6 月 10 日至 12 日，河北省政府办公厅召开关于河北省政府系统信息化建设模式总体规划设想及资金使用计划专家论证会。论证会聘请了国务院办公厅秘书局陈拂晓任论证委员会主任并主持论证，北京和省内的专家为论证委员会成员，讨论并通过了信息化建设模式总体规划及资金使用计划。

7 月 28 日，河北省省直电视电话会议室工程电子设备系统经过 2 个多月的试运行，通过了由省直采购办组织的工程验收小组的初步验收，并出具验收报告。

8 月 6 日至 17 日，根据河北省政府信息化建设“三网一库”系统工程的要求，由省政府办公厅和省信息产业厅组成联合考察组，对甘肃省、浙江省、吉林省、上海市和杭州市等三省两市的政府信息化建设工作进行了考察。

11 月 1 日至 3 日，国务院办公厅秘书局在山西省太原市召开的全国政府系统信息化软件交流会上，河北省政府办公厅组织开发的统计软件被国务院办公厅评为优秀应用软件，并获得全国政府系统政务信息化应用软件奖奖牌。河北省政府副秘书长李靖带技术处董振国、杨坤棉、朱伟民、储素敏、张绪东、欧阳文捷参加会议。

12 月 4 日，河北省政府办公厅办理了英文域名“hebei. gov. cn”，中文域名“河北省人民政府”“中国河北”“河北热线”的登记注册。

12 月 25 日，河北省政府聘请国务院办公厅秘书局陈拂晓局长、天津市政府办公厅副主任刘彦凯和国务院办公厅秘书局技术处王吉军处长为河北省政府系统政务信息化建设技术顾问。

2002 年

1 月 9 日，河北省政府办公厅就省政府网站建设情况到北京市政府信息中心考察了北京市首信公用信息平台。

1 月 29 日，河北省政府办公厅针对全省政府系统办公自动化工作的情况，开展了2001年全省办公自动化工作争先创优活动的评选，下发《河北省人民政府办公厅关于表彰2001年度全省政府系统办公自动化工作争先创优活动先进单位、先进个人的通报》，有21个单位被评为先进单位，60名同志被评为先进个人。

2月3日，河北省政府办公厅在北京组织河北省电子政务工程建设方案论证会，邀请了国家、省电子政务方面的领导和专家，对《河北省电子政务建设规划方案》进行了论证，经过专家讨论通过了论证。

3月，河北省政府办公厅技术处被河北省国民经济和信息化领导小组办公室、河北省信息产业厅授予“2001年度信息化推进先进单位”。

4月1日，河北省政府值班室成功安装了与国务院值班室联网的微机。

4月5日至6日，国务院办公厅秘书局在北京召开“全国政府系统政务信息化协作网络理事会暨技术咨询组会议”。河北省政府副秘书长李靖与技术处董振国、欧阳文捷、刘志峰参加会议。

4月11日，河北省政府副秘书长、办公厅主任兼省政府系统信息化建设领导小组组长赵国昌主持召开了省政府系统信息化建设领导小组第一次会议。省政府办公厅、省计委、省信息产业厅、省财政厅、省科技厅、省统计局、省保密局、省通信管理局等单位的领导小组成员或委派代表出席了会议。

5月22日，河北省政府办公厅印发《河北省政府系统政务信息化2002年度建设和应用任务书》。

6月1日至6日，河北省政府办公厅组成专题考察小组到上海市就省政府公众信息网建设有关问题进行学习考察。重点围绕外网网站建设的管理机构、运行机制及主设备选型等问题，先后考察了东方网、海通证券网站及IBM、HP、SUN驻上海办事处。

7月18日，河北省政府办公厅印发《关于试行非密级公文网上传输的通知》。

7月21日，《信息化建设》杂志第四次编委会暨2003年发行工作会议在新疆维吾尔族自治区乌鲁木齐市召开。河北省政府办公厅董振国、刘利参加会议。

8月5日，河北省信息化工作座谈会在承德召开，河北省副省长付双建出席会议并讲话。会议主要内容：推进河北省信息化建设要充分发挥基础优势、区位优势、资源优势和环境优势，重点推进电子政务、企业信息化和网络教育三项工作。

9月23日，河北省政府办公厅印发《河北省人民政府公众信息网建设和管理实施意见》。

10月17日，河北省政府办公厅印发《河北省政府系统电子公文传输管理暂行办法》。

11月6日，河北省政府办公厅成立“中国河北”网站编辑部，具体负责“中国河北”网站的日常维护、运行和管理，以及与各地、各部门分站点的业务联系。

11月8日至12日，河北省政府办公厅在上海河北饭店举办省政府系统办公业务资源网高速网络平台（专网）培训班。培训班邀请河北科技大学副校长、博士生导师刘教民教授，燕山大学信息科学与工程学院院长、博士生导师孔令富教授，中国网通集团河北通信公司信息技术部陈灿强博士等专家就电子政务发展方向、网络技术发展趋势等问题进行了讲授。

12月10日至13日，国务院信息化工作办公室在北京召开“2002中国电子政务技术与应用大会”。河北省政府副秘书长办公厅主任赵国昌、副秘书长张绍廉、李靖等参加了会议。

河北省国土资源厅网站于2002年建成，并挂接于“中国河北”省政府网站。

2003年

1月13日—2月4日，由省发展计划委员会副主任王爱臣担任团长，省政府办公厅董振国、刘志峰及省直部门共计22人组成的“河北省电子政务与应用培训团”启程赴美国巴尔的摩大学参加电子政务相关知识培训。培训期间，先后访问美国信息技术协会、华盛顿IT管理局、弗吉尼亚信息署等政府信息管理机构，参观了美国硅谷信息产业联盟、苹果公司、WebEx、弗吉尼亚信息网络公司等信息技术企业。

1月19日，河北省政府办公厅印发《关于表彰2002年度全省政府系统政务信息化工作争先创优活动先进单位、先进个人的通报》，共评选出2002年度全省政府系统政务信息化工作先进单位16个，先进个人58名。

2月19日，河北省政府办公厅印发《关于加快全省政府系统专用宽带网络平台建设的通知》。

3月16日，河北省政府办公厅举办第一期河北省政府公众信息网培训班，此次培训由省政府办公厅技术处和“中国河北”网站编辑部共同组织，由公众信息网承建商国能科诺公司石家庄分公司的技术人员负责授课。

5月8日，为更好地配合防治非典中心工作，河北省政府门户网站“中国河北”开通“防治非典专题”。

5月8日，河北省政府办公厅印发《关于确保省政府系统专网和电子公文传输畅通的通知》。

5月11日，河北省政府办公厅印发《关于在防治非典工作中充分发挥信息技术和网络作用保障全省经济正常运行的通知》。

6月20日，中共河北省委办公厅、河北省政府办公厅《关于转发〈河北省信息化领导小组关于我省电子政务建设的指导意见〉的通知》。

6月29日，香河县政府门户网站“中国香河”正式开通。

7月5日，衡水市政府办公室在市迎宾馆召开《衡水市信息化规划》专家论证会，论证委员会主任由人民大学陈禹教授担任并主持论证，会议一致同意该规划通过论证。衡水市市长冀纯堂出席并讲话。

7月20日至25日，河北省政府办公厅在承德举办“全省视频指挥系统技术培训班”。

8月19日，由河北省政府系统信息化建设领导小组主办，“中国河北”网站编辑部、河北经济日报社承办的“河北省首届政府系统国际互联网网站评比活动”正式启幕。

8月20日，河北省政府门户网站“中国河北”选定网标方案。

9月，河北省政府办公厅技术处在2003年度《信息化建设》杂志宣传发行工作中成绩显著，荣获特等奖，得到国务院办公厅秘书局通报表彰。

9月24日，河北省政府办公厅印发《河北省政府系统门户网站管理规定》。

10月18日，河北省政府门户网站“中国河北”的开通仪式在河北省廊坊市国际会展中心成功举办。河北省常务副省长郭庚茂启动并宣布“中国河北”门户网站正式开通。会上，国务院办公厅秘书局副局长万军、河北省副省长付双建作了重要讲话，省政府秘书长尹亚力主持会议并介绍网站建设情况。开通仪式上收到来自国务院办公厅秘书局、新疆维吾尔自治区政府、天津市政府办公厅、江苏省政府办公厅、吉林省政府办公厅、湖北省政府办公厅、贵州省政府办公厅、陕西省政府办公厅、河南省政府办公厅、福建省政府办公厅、四川省政府办公厅、安徽省政府办公厅、湖南省政府办公厅、云南省政府办公厅、辽宁省政府办公厅、中国网通集团河北省通信公司等多个省、市及单位的贺信、贺电。

11月3日，河北省政府办公厅召开“全省政府系统电子政务工作网上座谈会”，省直40多个厅局主管电子政务工作的处室负责人及相关技术人员，共计100余人参加了本次会议。

11月25日至28日，河北省政府办公厅和河北省通信公司在廊坊市联合召开“全省政府系统电子政务网络建设工作调度会”，围绕提交省政府常务会研究的《河北省电子政务建设总体规划（2003—2007）》和推进电子政务网络建设进行了广泛讨论和专题研讨。

12月2日，中共河北省委办公厅、河北省政府办公厅下发《关于印发〈河北省电子政务建设总体规划（2003—2007）〉的通知》。

12月17日至20日，“2003中国国际电子政务技术与应用大会”在上海召开。“中国河北”获全国优秀社会公众服务政府网站奖。参加本次活动的政府门户网站共有254家，“中国河北”门户网站在此次活动中以14033票排在第十一位，省级网站排名第二（天津第一），邯郸市政府公众信息网以8568票排在第三十一名。

12月23日至27日，河北省作为第一期培训单位，参加了国务院办公厅专网网站培训班，进行了封闭培训。培训结束后，河北省专网网站于12月24日在国务院办公业务资源网上开通试运行，是全国第一批提前完成投入试运行的4个省份之一。河北省专网建设得到了省政府领导的高度重视和大力支持，省政府秘书长尹亚力、常务副秘书长赵国昌、主管副秘书长于万魁对我省的专网工作专门作出批示。

2004年

2月18日，“河北省机关信息化工作会议”在白楼宾馆召开，省委常务副秘书长侯志奎、副秘书长刘志信、省政府副秘书长于万魁、省政府信息化办公室和省信息产业厅陈国鹰、王福强分别出席并讲话。

3月5日，国务院办公厅秘书局调研组就门户网站建设来河北省进行专题调研，省政府办公厅技术处就“中国河北”门户网站建设情况进行了专题汇报。

3月9日，河北省政府办公厅在河北会堂二楼电视电话会议厅召开全省政府系统信息化工作会议，省政府秘书长尹亚力、副秘书长宋振华出席并讲话。

4月7日，河北省政府办公厅下发《关于进一步加强电子政务工作的通知》，附全省政府系统电子政务工作2004年度建设任务书。

4月8日，国务院信息化工作办公室在北京举行“2003年政府门户网站发展状况调查座谈会”。河北省政府门户网站此次综合得分排在全国省级政府门户网站的第四位。

4月13日，张家口市在专网高速平台上召开了市电子政务建设情况汇报电视电话会议，市政府秘书长张世林、常务副秘书长陈建军、副秘书长郭云出席会议并讲话，参会单位还有市信息化办公室、各县市区政府办、市网通公司、市联通公司。会议部署了2004年电子政务建设任务及下一步工作重点。

4月14日，河北省纪委办公厅在省委大楼16楼会议室召开有关职能部门和重点网站反腐倡廉网络宣传联席会议。

4月21日，河北省纪委办公厅印发《河北省有关单位职能部门和重点网站反腐倡廉网络宣传工作联席会议制度（试行）》，并成立河北省反腐倡廉网络宣传工作领导小组。

5月13日，中共河北省委办公厅河北省政府办公厅下发《关于加快全省“公务内网”建设及应用的通知》。

6月8日，“河北省首届政府系

统国际互联网网站评比活动”评比结果初步揭晓。参加此次评选的各类网站共有350家，投票参与人数80万人次以上。获最佳组织奖的单位：“中国河北”网站编辑部、河北经济日报社、省农业厅、廊坊市政府、邢台市政府、保定市政府；获最佳创意奖的单位：省环保局、香河县信息中心、唐山市环保局；获最佳建设奖的单位：省教育厅、沧州市计生委、玉田县政府。

8月17日，河北省信息化领导小组下发《关于成立河北省电子政务“112工程”项目组的通知》，宣告河北省电子政务“112工程”项目组成立。项目组主要职责：制定项目工作计划；组织应用系统业务需求分析和系统建模工作；研究提出系统网络整合、业务协同和信息资源共享规划的建设方案；组织协调系统建设方案的论证、评估、修改完善工作；协调解决系统网络整合、业务协同和信息资源共享规划和项目建设过程中的问题；实行项目建设月报制度；及时提出全省电子政务建设方案的意见和建议等。

8月25日，河北省工业和信息化厅组织的河北省厅（局）级干部信息资源规划培训班开班，河北省政府副省长付双建出席并讲话。

10月26日，河北移动通信有限责任公司在石家庄召开移动通信助力电子政务信息化建设研讨会。这次会议的主要任务是移动通信商与党政机关交流沟通，探讨在新形势下移动通信如何助力电子政务，展示移动通信业务在电子政务领域的应用，找出双方合作共赢的切入点，更好地促进河北电子政务的发展。

11月5日，中共河北省委办公厅在省委办公楼东503会议室召开河北省公务内网整合项目组第二次会议。会议主要议题：一是通报河北省公务内网整合方案编制进展情况；二是明确公务内网整合建设下一步要点。

12月9日，中共河北省委办公厅、河北省政府办公厅下发《关于加快公务内网整合确保年内实现互联互通的通知》。

12月13日，河北省省长、省信息化领导小组组长季允石主持召开省信息化领导小组第二次会议，传达国家信息化领导小组第四次会议精神，安排部署我省信息化建设工作。省委常委、宣传部长张群生，省委常委、常务副省长郭庚茂，副省长付双建出席会议。省政府秘书长尹亚力和各设区市市长及省直有关部门负责同志参加会议。

12月16日至18日，河北省政府办公厅在石家庄举行“中国河北”门户网站总结研讨会暨第三次系统管理员培训班。各市政府办公厅（室）、省直50多个部门的代表133人参加了此次培训。省政府副秘书长于万魁出席并讲话。

2005年

2月26日，中共河北省委办公厅在省委办公楼一楼多功能厅召开河北省机关信息化工作（网络视频）会议。会议内容：总结2004年全省党委系统机关信息化工作，安排部署2005年全省机关信息化工作。

3月8日，国务院信息化工作办公室召开新闻发布会。发布了《2004年中国政府网站绩效评估结果》。“中国河北”门户网站在省级门户绩效排名第7，石家庄市在地级门户绩效排名中进入前50名，排名第42。

3月29日，河北省政府颁布2005第5号政府令《河北省政府信息公开规定》。

5月9日至10日，国务院信息化领导小组办公室副主任陈大卫一行来河北省考察调研信息化工作。省政府副省长付双建、省委副秘书长刘志信、省政府副秘书长于万魁和省信息化工作领导小组办公室主任陈国鹰等部门领导同志陪同参加了考察调研活动。在河北省考察调研期间，与副省长付双建就信息化工作交换了意见，分别听取了我省信息化建设及工作情况、电子政务信息资源规划试点工作、公务内网平台建设整合工作和农业信息化工作情况的汇报，实地考察了藁城市农业信息化建设情况。

7月15日至18日，河北省信息化工作领导小组办公室在承德市举办“信息化与电子政务高级研修班”。培训内容：公共管理与电子政务，国外电子政务现状及发展趋势，我国电子政务建设基本思路，公共危机管理、信息资源开发利用，网络与信息安全问题及对策等。

7月19日，河北省政府系统信息化建设领导小组办公室在河北会堂议政厅召开“中国河北”门户网站座谈会。省军械工程学院教授陈致明、省信息办周军堂及省财政厅、省商务厅、省建设厅、省广播电视局等20多个部门的信息中心主任参加研究座谈。

9月12日，河北省政府办公厅下发《关于利用省政府门户网站加强政府文件上网工作的实施细则的通知》。

9月23日，在河北省政府10号楼101会议室召开“中国河北”门户网站互动功能数据上网工作协调调度会，就省政府部署的830项行政许可项目数据上网工作进行督导协调。

9月26日，河北省委办公厅、河北省政府办公厅联合印发《关于做好全省电子政务网络建设整合工作的意见》，全省电子政务网络建设整合工作提出了总的指导原则，标志着全省电子政务网络建设整合工作正式启动实施。

9月27日，2005（第四届）中国电子政务技术与应用大会上，“中国河北”门户网站进入全国政府省级门户网站评比前10名，荣获“2005中国优秀政府门户网站”称号。

10月16日至21日，河北省政

府信息化工作办公室河北省网络与信息安全协调小组办公室在石家庄举办“河北省网络与信息安全知识培训班”，培训合格后核发“ISEC信息安全管理工程师”证书。

11月7日，河北省信息化领导小组下发《关于全省电子政务网络建设整合工作有关问题的通知》。

12月6日，廊坊市政府办公室召开全市政府系统电子政务工作会议，会议传达了省、市电子政务工作和门户网站建设有关文件精神，聘请专家讲授了政府门户网站网络平台建设相关知识。

2006年

3月6日，河北省政府办公厅下发《关于做好政府系统电子公文交换应用推广工作的通知》。

7日，中共河北省委办公厅在省委办公楼一楼多功能厅召开河北省机关信息化工作会议。

4月5日，省政府办公厅在河北会堂召开“河北省公务外网项目招标方案论证评审会议”。评审委员会主任由何义大担任并主持论证，副主任由刘彦凯担任。省政府副秘书长李靖会见了各位专家。

4月10日，河北省信息化工作领导小组在省财政厅会议室召开了全省信息化暨信息产业工作电视电话会议。河北省省长、省信息化领导小组组长季允石出席并讲话。

7月15日，河北省信息化工作领导小组办公室下发《关于印发〈2007年河北省信息化建设专项资金项目指南〉的通知》。

7月17日至20日，河北省政府办公厅在石家庄举办全省政府系统公文交换和门户网站安全培训班。培训内容：公文交换系统、政府门户网站安全防护等有关办公业务知识。

8月9日，河北省环境信息化工作会议暨环保电子政务研讨班在张家口召开。

10月9日，河北省政府信息化工作领导小组办公室在加拿大举办“政务应用系统整合与信息共享高级培训班”。

10月16日，河北省政府办公厅下发《关于2006年第3季度“中国河北”门户网站信息维护工作情况的通报》。

11月7日，河北省政府办公厅印发《关于做好“河北省行政权力公开透明运行网”信息维护更新工作的暂行办法》。

11月，河北省信息化工作领导小组办公室召开河北省信息化工作领导小组成员单位联席会议第一次会议。

2007年

1月15日，河北省政府办公厅下发《关于2006年度省政府门户网站建设维护情况的总结通报》。

1月22日至24日，河北省政府办公厅在石家庄西山宾馆举办“中国河北”网站第6期系统管理员培训班。培训班上通报了省政府系统门户网站建设情况，并对“中国河北”门户网站内容管理系统、数据整合、网上办事、互动交流和视频发布系统的使用操作进行了培训。

1月26日，河北省城市信息化工作座谈会在石家庄召开，座谈会总结了全省信息化工作情况，交流了城市信息化建设和应用的经验，研究部署了下一阶段城市信息化工作的重点。

2月10日，河北省信息化工作领导小组印发《2007年河北省信息化工作要点》。

2月27日，河北省党委系统信息化中心召开河北省公务内网建设安全保密工作会议，会议采用网络视频会议方式召开，主会场在省委办公厅5楼信息中心会议室。

3月26日，河北省政府副省长付双建深入省政府办公厅各处室考察政府系统电子政务建设情况。此前，还先后考察了省信息办、省教育厅、省公安厅、省商务厅、省通信管理局、省委办公厅、省财政厅、省安全厅、省卫生厅、省经济信息中心以及省网通公司等单位的信息化建设情况。

4月18日，河北省信息化工作领导小组下发《关于开展全省电子政务检查工作的通知》。

5月11日，河北省政府办公厅印发《关于加强省政府门户网站建设与管理工作的意见》，确定成立省政府网站建设协调小组，协调小组办公室设在省政府办公厅技术处。省政府副秘书长于万魁、省政府办公厅副巡视员应急办主任李琛、省信息化办副巡视员周军堂、省经济信息中心主任王书利为协调小组召集人。

5月31日，河北省政府办公厅下发《关于通过电子公文交换系统传输电子公文的通知》。

6月5日，河北省使用正版软件工作领导小组办公室在石家庄举办“服务器操作系统”软件培训班。

7月，河北省电子政务研究会筹备组正式组建并开始工作。由河北省政府网站管理中心”和“河北省科学技术普及服务中心”共同发起成立河北省电子政务研究会，河北省科学技术协会作为业务主管，由筹备组向河北省民政厅申请成立河北省电子政务研究会。

7月4日，河北省机构编制委员会办公室《关于河北省政府办公厅办公自动化技术处清理整顿方案的批复》同意河北省政府办公厅办公自动化技术处加挂河北省政府网站管理中心牌子，同时增加一名副处长领导职数。

7月24日，河北省政府办公厅下发《关于明确厅内保障政府门户网站内容分工的通知》。

8月15日至17日，河北省政府信息化工作办公室、河北省公安厅、河北省保密局、河北省国家密码管理委员会办公室在石家庄联合举办“河北省信息安全与安全保密知识培训班”。

9月20日，河北省政府办公厅在河北会堂电视电话会议室举办“中国河北”门户网站第七期培训班。培训内容：通报省政府门户网站建设情况及下一步工作安排；部署新版维护任务并讨论网站维护工作考核标准；培训后台信息发布系统和视频系统使用；培训网上咨询、监督投诉等政民互动功能的使用；培训网上办事功能的使用。

10月10日，河北省政府办公厅印发《省政府门户网站内容保障工作考核标准（试行）》。

10月11日，河北省网络与信息安全协调小组办公室在石家庄召开十七大期间网络与信息安全保障工作专题会议。

10月23日至27日，河北省政府信息化工作办公室在石家庄举办“河北省信息资源开发利用工作研修班”。

10月31日，河北省网络与信息安全协调小组办公室下发《关于河北省重点部门（单位）信息安全主管领导、责任部门和责任人的通知》。

12月10日，河北省政府信息化工作办公室在石家庄举办“中欧信息社会—政府信息公开与个人数据保护”培训。培训班对欧盟政务信息公开和个人数据保护方面的实践做法进行了介绍。

12月14日，河北省信息化工作领导小组下发《关于印发〈全省信息化建设情况通报〉的通知》。

12月17日至18日，河北省政府信息化工作领导小组办公室在石家庄召开河北省信息化工作领导小组成员单位联席会议第二次会议。会议传达省信息化工作领导小组第三次会议精神；总结一年来信息化工作，交流工作经验；研究谋划下年度全省信息化工作思路和重点任务。

12月19日至21日，国家商务部与河北省商务厅在石家庄联合举办“河北省电子商务高级培训班”。

2008年

1月22日，河北省政府办公厅《关于印发〈河北省政府信息公开指南和公开目录编制方案〉》。

2月2日，河北省信息化工作领导小组下发《关于印发〈2008年全省信息化工作要点〉的通知》。

4月16日，河北省电子政务研究会在河北宾馆召开第一次会员代表大会暨成立大会。会议选出河北省电子政务研究会常务理事20人、理事69人，推选蒋春澜为理事长、张荣科为常务副理事长、于俊民为秘书长。

4月23日，河北省测绘局等8部门联合印发《关于加强互联网地图和地理信息服务网站监管的实施意见》。

5月16日，河北省政府办公厅下发《关于印发〈河北省人民政府办公厅政府信息公开工作暂行办法（试行）〉的通知》。

6月25日至27日，河北省政府信息化工作办公室在衡水市举办“河北省奥运期间网络与信息安全保障培训班”。

7月7日，河北省政府办公厅印发《关于2008年上半年省政府门户网站内容保障工作的通报》。

8月6日，河北省网络与信息安全协调小组办公室下发《关于成立河北省网络与信息安全应急专家组的通知》。

8月15日，河北省网络与信息安全协调小组办公室下发《关于确定河北省网络与信息安全应急支撑单位的通知》。

8月26日，河北省政府办公厅下发《关于调整河北省网络与信息安全协调小组组成人员的通知》。

9月22日，河北省网络与信息安全协调小组下发《关于调整河北省网络与信息安全协调小组办公室组成人员的通知》。

25日，在《信息化建设》杂志社主办的“全国政府系统政务信息化建设宣传推广座谈会”上，对2008年度信息化建设宣传工作先进单位和个人进行了表彰，河北省政府办公厅技术处被评为先进单位并获特等奖，董振国被评为先进个人。

12月，河北省信息化工作领导小组办公室召开河北省信息化工作领导小组成员单位联席会议第二次会议。

2009年

1月，河北省信息化工作领导小组办公室召开河北省信息化工作领导小组成员单位联席会议第三次会议。

4月15日，河北省政府办公厅下发《关于印发河北省政府信息公开系统实施导引（试行）的通知》。

5月21日，河北省政府办公厅在河北会堂电视电话会议厅举办业务知识讲座。省政府秘书长尹亚力通报省政府办公厅机关干部业务技能测试考核情况；李琛、杨国占、于清华、董振国分别就应急管理、文件起草、信息公开、电子政务等内容进行专题讲座。

5月25日至27日，河北省政府办公厅在石家庄植物园举办河北省政府信息公开平台应用暨门户网站第九期培训班。

6月，河北省信息产业厅举办“数据存储与恢复管理技术高级研修班”。

9月24日至25日，国家保密局检查组一行9人在河北省保密局局长孙福全陪同下，到省政府办公厅检查保密工作。国家保密局检查组听取了省政府办公厅的汇报，并对全厅保密工作进行检查，后交换意见并部署整改工作。

9月，河北省网络与信息安全协调小组办公室召开国庆期间我省网络与信息安全保障工作专题会议。

9月，河北省工业和信息化厅举办“国庆期间全省网络与信息安全保障培训班”。

2010 年

1 月 7 日，由河北省工业和信息化厅主办、河北省科学院承办、河北省电子政务研究会协办的“2010 年河北信息安全高峰论坛”在石成功举行。省政府副省长孙瑞彬，省政协副主席、省科学院院长王刚出席论坛并致辞。中国工程院周仲义院士、沈昌祥院士、蔡吉人院士等十余名国内知名信息安全专家受邀做专题演讲。

1 月 13 日，河北省信息化工作领导小组办公室在石家庄召开河北省信息化工作领导小组成员单位联席会议全体会议。会议总结一年来信息化工作，交流工作经验；研究讨论 2010 年全省信息化工作思路和重点任务；会商河北省“十二五”期间信息化发展的对策、意见和建议。

3 月 26 日，河北省电子政务研究会第二次理事长全体会议在石家庄市温塘召开，会议主要围绕研究会年度工作以及河北省电子政务发展方向展开讨论。

6 月 11 日，河北省政府网站建设协调小组、河北省政府网站管理中心下发《关于印发〈河北省政府网站绩效评估指标体系〉和〈2010 年度河北省政府网站绩效评估工作调查表〉的通知》。

7 月 26 日，河北省财政厅、河北省信息化工作领导小组办公室下发《关于开展 2009 年度省级信息化建设专项资金项目绩效评价的通知》。

8 月 26 日，河北省信息化工作领导小组办公室在石家庄召开河北省信息化与电子政务“十二五”规划编制工作座谈会。

9 月 7 日，河北省网络与信息安全协调小组下发《关于印发〈河北省政府部门互联网安全接入试点工作实施方案〉的通知》。

9 月 13 日，河北省政府办公厅下发《关于省政府暨省政府办公厅文件实行网上传输有关问题的通知》。

9 月 20 日，沧州市政府办公室组织召开《沧州市电子政务“十二五”发展规划》《沧州市电子政务工程第一期项目设计方案》专家评审论证会。专家组同意通过评审，并提出修改完善的意见和建议。

9 月 28 日，河北省网络与信息安全协调小组办公室印发《关于成立河北省第二届网络与信息安全应急专家组的通知》。

10 月 10 日，河北省网络与信息安全协调小组印发《关于成立河北省电子认证管理委员会的通知》。

10 月 12 日，河北省政府办公厅在石家庄举办了省政府文件网上传输培训班。会上，对省政府公文运转程序和要求、电子公文交换系统的使用、短信提醒系统和专用手机的使用进行了培训。对下一阶段政府网上文件传输工作进行了部署；传达了全国电子政务内网网络架构方案征求意见座谈会会议精神；省政府办公厅、河北省电子政务研究会就《河北省政府系统电子政务 2011—2015 年发展规划（征求意见稿）》征求了 11 个设区市政府的意见。

11 月 1 日，河北省网络与信息安全协调小组办公室下发《关于确定第二届河北省网络与信息安全应急支撑单位的通知》。

11 月 2 日，河北省信息化工作领导小组办公室下发《关于总结 2010 年信息化工作和谋划 2011 年信息化工作思路的通知》。

12 月，河北省政府网站管理中心委托电子政务研究会、国家信息化测评中心河北省中心组织召开 2010 年度全省政府网站绩效测评专家评审会议。

12 月 6 日，《河北省政府系统电子政务 2011—2015 年发展规划》专家论证会在石家庄召开，由国内知名信息化专家、中国工程院院士沈昌祥担任论证委员会主任委员，论证委员会由信息化推进联盟专家顾问委员会副主席、国务院办公厅秘书局原领导陈拂晓，天津市电子政务协会副会长、天津市政府办公厅原副主任刘彦凯，全国信息安全标准化技术委员会副主任崔书昆以及陈致明教授等人组成专家组，经过讨论一致同意通过规划的论证。河北省 2010 年度政府网站绩效测评专家评审会议同时召开并顺利通过评审。河北省政府副省长龙庄伟、副秘书长李靖会见论证评审委员会全体成员。

2011 年

1 月 4 日，河北省政府办公厅技术处上报《关于进一步加强省政府门户网站对政府工作宣传的汇报》，河北省政府常务副省长赵勇作出重要批示：“（1）加强专业队伍建设；（2）加强设备等基础设施建设；（3）每天更新信息，能公开的讲话、文件要公开（程序规范）；（4）适时开通外文网站。”

1 月 18 日，河北省信息化工作领导小组成员单位联席会议暨信息化建设经验交流会在石家庄召开。会议内容：总结一年来信息化工作，交流全省信息化建设典型经验；研究讨论河北省国民经济和社会信息化“十二五”规划、河北省电子政务“十二五”发展规划、2011 年河北省信息化工作要点及分工。

1 月 20 日，河北省政府办公厅下发《关于印发〈河北省政府系统电子政务 2011—2015 发展规划〉的通知》。

2 月 11 日，河北省信息化工作领导小组办公室下发《关于印发〈2010 年全省信息化工作情况的报告〉的通知》。

3 月 23 日，张家口市政府门户网站完成升级改造，“中国张家口”新版开通试运行。

4 月 29 日，河北省政府办公厅召开全省政府网站建设暨评估结果发布电视电话会议。会议总结全省政府网站建设管理工作，发布首届河北省政府网站绩效评估结果。省政府副省长张杰辉、省政协副主席王刚、省政府副秘书长于万魁出席会议并讲话。

6月5日，唐山市电子政务管理办公室在北京组织召开了由国家信息中心信息化部编制的《唐山市电子政务“十二五”发展规划》评审会议，会议聘请中国互联网协会常务副理事长兼国家信息化专家咨询委员会专家委员高新民、国家行政学院电子政务专家委员会专家委员陈玉龙、工业和信息化部电子政务处处长章晓杭、河北省工信厅副厅长段润保、河北省政府网站管理中心主任董振国5位专家组成专家组，经过专家组讨论一致同意《规划》通过评审。

6月22日，河北省政府办公厅在河北会堂二楼电视电话会议厅召开全省政府系统电子公文网上传输工作会议。

7月1日，新版张家口市政府门户网站、市政府各部门网站进入正式运行，全市各县区网站完成改版升级进入测试运行。

7月25日，国家测绘地理信息局、河北省测绘局、邯郸市政府在邯郸市签署数字邯郸地理空间框架建设合作协议书，“数字邯郸”项目建设全面启动。国家测绘地理信息局副局长李维森、河北省测绘局局长高献计、邯郸市市长郑雪碧出席签字仪式并讲话。

8月13日，由河北省科学院和河北省科协主办，河北省计算机学会、河北省电子政务研究会、自动化学会等8家协会共同举办的2011年河北省大型学术活动《河北省物联网技术和产业发展高峰论坛》在河北省科学院召开。

9月2日，由河北省工信厅主办、省工经联（省经团联）承办的冀展网（www.hebexpo.com）——河北产品网上（常年）展示展销中心开通仪式在河北会堂隆重举行。河北省政府副省长张杰辉、省工经联（省经团联）会长郭世昌、省政府副秘书长于万魁、省政府督查专员杨国占、省工信厅厅长王昌、国家广电总局广播科学研究院互联网研究所所长袁敏、国家虚拟现实重点实验室副主任沈旭昆出席开通仪式，并为冀展网正式开通启动装置。

9月19日，国家行政学院在北京举办“政府网站管理专题交流培训班”，河北省政府网站管理中心主任董振国参加培训。

10月12日，河北省信息化工作领导小组印发《河北省电子政务“十二五”发展规划》。

11月24日至29日，由河北省科学技术协会组团，河北省电子政务研究会承办的“河北省电子政务科技考察团”一行13人，赴澳大利亚墨尔本、悉尼等地实地学习交流考察。考察团由王培悦任团长，主要成员有范福洲、刘树立、王振东、董振国、马永祥、李振锁、康文杰等。

11月29日，在全国政府网站集约化建设与精品栏目管理经验交流大会上，河北省政府门户网站“中国河北”两个栏目“河北省政府信息公开平台”“中国河北网络电视”分别荣获2011年度中国政府网站信息公开类、网上办事类精品栏目。

2012年

1月6日，河北省信息化工作领导小组办公室召开河北省信息化工作领导小组成员单位联席会议暨全省信息化工作经验交流会。

1月16日，河北省政府网站管理中心印发《关于2011年政府门户网站建设及内容保障工作的通报》。

2月21日至22日，河北省信息化工作领导小组办公室在石家庄召开信息化和电子政务“十二五”规划贯彻落实座谈会暨全省统一电子政务网络应用需求调研会。

3月2日，山西省政府办公厅翟发法一行3人来河北省政府办公厅考察交流电子政务工作，参观信息采编系统、省政府中心机房。

3月5日，河北省信息化工作领导小组关于印发《2012年河北省信息化工作要点及任务分工》的通知。

3月30日，秦皇岛市政府系统网站管理暨“中国·秦皇岛”政府门户网站内容保障培训班开班。秦皇岛市政府副秘书长刘辉出席并讲话；培训班聘请省政府网站管理中心董政国、秦皇岛市保密局专家赵荣智授课。

4月13日，河北省首届电子政务沙龙暨政府网站交流座谈会在石家庄召开，10个设区市政府和10余个省政府部门40余人参加座谈，本次活动由河北省政府网站管理中心发起，河北省电子政务研究会承办。

4月17日至20日，河北省行政学院“新形势下电子政务与政府管理创新专题培训班”进行集中授课。

4月21日到28日，河北省行政学院新形势下电子政务与政府管理创新专题培训班赴江浙学习考察圆满成功。

5月20日，河北省直机关事务管理局下发《关于印发〈河北省省直机关软件资产管理暂行办法〉的通知》。

5月24日，河北省建设的国家电子政务外网河北省RA系统，被授予“国家电子政务外网河北省电子认证注册服务中心”资质。

5月24日至26日，国家电子政务外网管理中心在河北省石家庄市召开全国政务外网电子认证应用推广培训会议，国家外网管理中心副主任沈大风、河北省政府副秘书长杨国占出席并讲话。河北省工业和信息化厅副厅长段润保、省密码管理局局长王立杰、省保密局副局长姜砚平出席会议。会议期间，国家电子政务外网管理中心副主任沈大风、吴亚非等在市政府办公厅负责同志的陪同下先后赴涿州、晋州等市考察指导电子政务工作。

5月25日，河北省使用正版软件工作领导小组召开省直单位软件正版化工作协调会，杨汭副省长主持并讲话。

6月，河北省使用正版软件工作领导小组办公室组织的软件安装培训，按培训要求通知厅内各处室并协助做好盗版软件删除和正版软件安装使用培训工作。

6月4日，“天地图河北”网站（www.maphebei.com）开通仪式在河北省会石家庄市举行。河北省委副书记、省长张庆伟，国土资源部党组副书记、副部长、国家土地副总督察、国家测绘地理信息局党组书记、局长徐德明共同启动开通仪式。

6月5日，由中国电子商会物联网技术产品应用专业委员会、河北省工业和信息化厅、石家庄市政府共同主办的“中国电子商会物联网技术产品应用专业委员会二维码专项工作组成立启动仪式”在石家庄举行。石家庄市副市长刘明轩、河北省工业和信息化厅副厅长段润保等领导同志出席仪式并致辞。

6月13日，2012年度全国政务外网工作会议在江西省南昌市召开，10个中央部委、31个省区市和新疆生产建设兵团、部分副省级城市政务外网建设运维单位负责人和专家参加了会议。国家电子政务外网管理中心副主任沈大风作了专题报告。河北省政府办公厅董振国、宋海防参加会议。

6月20日，河北省政府办公厅在河北会堂举办“河北省政府公文短信提醒培训班”。

6月21日，河北省电子政务研究会组织会员单位赴新疆自治区政府办公厅参观机房并座谈交流电子政务工作。

6月26日至27日，河北省政府办公厅就盗版软件卸载情况，正版软件安装情况，软件资产管理制度及账目建立情况，软件管理长效机制建设情况等方面对省直机关督导检查。

6月30日，沧州市电子政务工程（第一期）项目最终验收会在市政府常务会议室召开，由来自国务院电子政务办公室、国家信息中心等单位7名权威专家组成的项目专家评审委员会刘彦凯主任委员听取了项目建设及系统运行情况的汇报，观看了相关系统演示，审阅了有关项目文档，经过质询、实地察看和认真讨论，一致同意沧州市电子政务工程（第一期）项目通过最终功能验收。

7月11日，河北省省级政府机关软件正版化座谈会在河北会堂召开，会上国务院督查组听取了部分河北省政府机关关于软件正版化的汇报。

8月3日至13日，河北省电子政务研究会组织省直部门及张家口、承德、唐山等地会员单位赴西藏自治区政府办公厅参观机房，并座谈交流电子政务工作。

8月21日，河北省政府办公厅在河北会堂召开标准化建设大会。

8月27日，河北省政府网站管理中心印发《关于委托电子政务研究会成立国家信息中心软件评测中心河北分中心的通知》。

8月31日至9月2日，“2012年全国电子政务应用发展研讨会暨全国政务服务类电子政务优秀应用案例结果发布会”在广西南宁举行，“中国河北网络电视”荣获全国政务服务类电子政务应用优秀案例奖。河北省政府办公厅董振国、刘利参加会议并领奖。

9月8日，第十四届中国科技协会年会“技术创新与智慧河北”专题论坛在石家庄举办。会议邀请中国工程院院士邬贺铨、孙玉围绕加强技术创新，促进智慧河北建设，分别进行“物联网的基础与应用”“数字家庭研究进展”主题报告。中国科学技术协会副主席赵沁平、河北省政府副省长张杰辉出席论坛并讲话，工业和信息化部软件服务业司巡视员李颖到会解读国家软件和信息技术服务业相关政策、规划并致辞，省工业和信息化厅厅长王昌主持论坛。

9月12日，河北省工业和信息化厅、省保密局、省国家密码管理局在石家庄联合组织召开2012年河北省网络与信息安全保障培训会议。

9月26日，河北省第十一届人民代表大会常务委员会第三十二次会议通过《河北省信息化条例》。

10月29日，河北省政府门户网站“喜迎十八大河北图片展播”专题上线。

11月13日，在河北省交通运输厅召开交通远程指挥系统验收会议。

11月15日，河北省政府新大楼建设方案专家论证会在翠屏山迎宾馆召开，省政府秘书长尹亚力出席并主持会议。

12月25日，河北省工业和信息化厅召开电子政务网络建设座谈会，省委办公厅、省政府办公厅、省工信厅、省财政厅派相关同志参加。

2013年

1月6日，河北省政府与中国联合网络通信集团有限公司签署“智慧河北”建设战略合作协议。省委书记张庆黎、省长张庆伟、省政府特邀咨询张和等省领导会见中国联通董事长常小兵、高级副总裁姜正新一行，双方围绕河北省信息化发展及智慧城市建设等内容进行深入座谈。

1月18日，河北省工业和信息化厅召开信息化成员单位工作会议。

1月，河北省政府门户网站“中国河北”在2012年中国优秀政府网站推荐及综合影响力评估荣获省级政府网站优秀奖，秦皇岛市政府网站荣获地市级政府网站优秀奖，武安市政府网站荣获区县级政府网站优秀奖；邯郸市政府网站荣获2012年度管理创新型政府网站称号。

2月19日，河北省省长张庆伟

主持召开省信息化工作领导小组会议，贯彻落实全国工业和信息化工作会议精神，总结全省信息化发展情况，研究安排2013年信息化工作。省委常委、常务副省长杨崇勇，省委常委、宣传部长艾文礼，副省长张杰辉，省长助理、省政府秘书长尹亚力参加会议。

2月18日，河北省政府网站管理中心印发《2012年政府门户网站建设及内容保障工作的通报》。

2月26日，根据《河北省电子政务研究会关于设立各设区市电子政务研究分会的通知》精神，在有关设区市自行申报的基础上，经河北省电子政务研究会理事会研究决定，在石家庄、秦皇岛、保定、邯郸、衡水、邢台等6个设区市设立河北省电子政务研究会分会。

3月7日，河北省互联网宣传管理领导小组扩大会议在河北省委一楼大会议厅举行。会议由张杰辉副省长主持；省委常委、宣传部长艾文礼出席会议并讲话。

3月22日，由中国通信工业协会、河北省工业和信息化厅、河北省住房和城乡建设厅联合主办的2013年河北省智慧城市建设研讨会在石家庄召开。

3月28日，河北省政府办公厅召开处级以上干部会议，欢迎省政府新任秘书长朱浩文到任。省委组织部常务副部长张古江宣布省委决定并讲话。

4月20日，河北省电子政务科技考察团一行24人赴深圳华为坂田基地考察学习，此次考察参观了华为展厅、华为大学、研发和数据中心等。华为公司针对电子政务领域涉及的网络、统一通信、IT和云计算等解决方案进行了汇报。

4月21日，由河北省科学技术协会组团，河北省电子政务研究会承办的河北省电子政务科技考察团一行24人，在团长李书辰、秘书长杨铁带领下由深圳赴台湾进行电子政务考察交流。考察团出行前，省科学技术协会副主席杨金深、省台湾事务办公室副主任郭若定为考察团赴台举办说明会。

5月23日，河北省政府办公厅在太行国宾馆召开省政府应急平台方案论证会。会议由省政府副秘书长那书晨主持；范维澄院士担任专家组组长主持论证。省发展改革委副主任赵春华、省财政厅副厅长高云霄等参加会议。

6月21日，河北省电子政务研究会第二次会员代表大会在河北会堂二楼电视电话会议厅召开。省科学技术协会、省科学院领导同志，省电子政务研究会理事长、副理事长、秘书长及各设区市分会负责同志及会员单位代表200余人参加了此次大会。大会由河北省政府网站管理中心主任、研究会副理事长董振国主持。会议总结了五年以来的工作，选举产生了新一届理事会，完成了换届工作。

6月25日至28日，国家2013电子政务理事会年鉴工作会议在宁夏银川召开。此次会议上，河北省政府门户网站“中国河北网络电视”栏目被评为“2012年政府网站信息公开精品栏目”。河北省政府办公厅董振国、张莹，省地方志办公室鲍秋芬参加会议。

7月8日，河北省政府办公厅印发《办公厅内网网站上半年总结通报》和《关于2013年上半年政府门户网站建设及内容保障工作的通报》。

7月16日，河北省政府办公厅下发《关于做好全省电子政务内网政府系统业务网建设和管理工作的通知》。

7月25日至26日，河北省政府办公厅、省公安厅一行10人赴公安部参观考察，先后到装备局、科技信息局、信息中心考察座谈，并参观了办公区机房、电视电话会议厅等区域。

9月3日，河北省政府网站管理中心下发《关于切实加强政府网站管理保障政府网站正常运行的通知》。

9月26日，河北省政府门户网站软硬件升级改造项目通过省级政府采购中心公开招标并公示，最终确定北京中科汇联信息技术有限公司为中标单位，“中国河北”门户网站系统软硬件升级改造项目正式启动。

10月，河北省政府门户网站“中国河北网络电视”栏目荣获“2013年政府网站信息公开精品栏目奖”；省政府网站管理中心主任董振国入选全国2013电子政务年度人物并由国家电子政务理事会颁发奖牌、奖杯。

10月11日，河北省政府网站管理中心下发《关于推进政府网站信息交流无障碍建设的通知》，开始在全省有序推进政府网站信息交流无障碍建设工作。

10月12日，河北省电子政务研究会、河北省信息协会在石家庄召开第二次电子政务与信息化建设企业座谈会，省直部门电子政务与信息化机构主管领导及IT企业负责人等参加了会议。

10月14日，河北省政府网站管理中心组织省电子政务研究会、省政府门户网站维护单位等一行6人到石家庄市信息中心，就政府网站建设管理工作进行调研。

11月5日，河北省政府网站管理中心印发《全省政府门户网站测评方案及指标体系》。

11月18日，河北省政府网站管理中心与河北省通信局联合印发《关于督促各级政府网站进行备案、变更和真实性核验工作的紧急通知》。

12月9日，河北省政府办公厅储素敏、智冰同志到唐山调研，并作为专家组成员参加唐山市政府网站测评。

12月18日，河北省电子政务研究会在中国移动河北分公司召开第七次理事长工作会议暨2013年度电子政务工作先进单位评委会议。

（高见）

综述

河北省委、省政府高度重视电子政务建设，将其作为构建服务型政府、优化发展环境的重要举措。全省电子政务总体框架基本形成，部门核心业务实现不同程度的信息化，电子政务公共服务日益普及，促进了服务型政府建设和政府职能转变。

一、电子政务发展历程

（一）办公自动化阶段

河北省电子政务建设起步于20世纪80年代，1986年10月，以河北省人民政府向国家计划经济委员会报送《申报河北省人民政府办公信息自动化系统（第一期工程）项目建议书的函》为标志，河北省电子政务建设进入起步阶段。当时，对办公自动化的认识还处在初级阶段，主要是办公设备的引用、解决汉字输入输出以及应用软件的汉化，到80年代后期，随着各种应用技术的成熟，《河北省人民政府办公厅关于送审办公自动化一期工程总体设计方案》《河北省省长办公信息系统方案》和《省长批文管理系统》等项目鉴定获得通过，办公自动化系统开始发展并初步实现了单项业务的自动化。90年代初期，河北省办公自动化工作开始加快发展，计算机信息网络建设随着通信事业的发展逐步展开；90年代中期，随着远程计算机信息网络迅速发展，行业系统应用成为办公自动化发展的领头羊；90年代后期，河北省办公自动化工作开始登上一个新台阶。

办公自动化以政府机关办公手段的改进为主要特征，直接目的是提高政府机关的工作效率和质量。办公自动化阶段的基础设施（硬件）以点对点的局域网、小型机、单机以及电话机、传真机、复印机、扫描仪、投影仪、碎纸机等办公自动化设备的添置使用为特征；应用系统（软件）以单机应用、点对点应用为主，且由机关部分技术人员会使用为其基本特征。办公自动化阶段的管理方式主要以静态管理为主；工作任务要求缺乏统一性；不同行业、不同地区的办公自动化进程普遍存在不平衡现象。办公自动化阶段的主要目标是使政府机关办公业务工作通过采用现代办公设备和手段，提高办公效率和质量，实现办公业务工作运转的科学化、系统化、自动化。

办公自动化是当前政务信息化和未来中国电子政府建设不可或缺的必要基础。

（二）政务信息化阶段

世纪交替之初，以国务院办公厅《关于推进全国政府系统办公自动化建设和应用工作的通知》《关于印发全国政府系统政务信息化建设2001—2005年规划纲要的通知》和《关于我国电子政务建设的指导意见》文件的下发为标志，河北省办公自动化工作从整体上进入了一个崭新的发展阶段——即政务信息化阶段。所谓政务信息化，就是指政府行政事务管理方式、内容和手段的电子化、网络化和现代化。

政务信息化阶段是电子政务建设的启动与展开阶段。政务信息化以当前政府机关工作方式的变革为主要特征，其本质是采用世界信息技术前沿的最新成果，并将其广泛应用于政府工作领域的一种创新和变革。其直接目的是通过减少审批环节，简化办事程序，整合工作流程，促进政府机关工作作风、工作方式和工作职能转变。

政务信息化所依托的是一个综合的、复杂的、高效率的、较为完善的决策支持和信息处理系统。它可对文字、数据、图像、语音等各种信息进行快速的一体化加工处理，并可承担新形势下政府决策、管理及公众服务等多方面的职能。

政务信息化阶段的基础设施（硬件）以互通互联的广域网、宽带网以及高性能的网络传输、终端设备和网络安全设备配备为特征；应用系统（软件）以广域网应用为主体，通过采用网络软件和系统平台，实现信息资源共享，促进科学决策、网上办事等项应用。本阶段通过培训，应在全体公务员队伍中普及应用。

政务信息化阶段的管理方式主要以动态跟踪、自动控制为主；工作任务要求逐步实现“几个统一”：如统一规划、统一平台、统一标准、统一技术规范等等；本阶段不同行业、不同地区的政务信息化进程不平衡状态虽仍将存在但有明显缓解。

政务信息化阶段基础设施建设：2001—2005年，建立以“三网一库”为基本内容的政务网络应用架构。即：政府机关内部的办公业务网（内网），与各地区、各部门联接的办公业务资源网（专网），以internet为依托的政府公众信息网（外网），政府系统共接共享的电子信息资源库；大力推进网络应用水平不断提高，使全国政务信息化建设和应用水平登上新台阶。2002—2010年，在“三网一库”架构的基础上，构建以“2网1站4库12金”为核心内容的未来中国电子政府大厦的枢纽框架。即：2网（政务内网、政务外网），1站（政府门户网站）；4库（人口基础信息库、法人单位基础信息库、自然资源和空间地理信息库、宏观经济数据库）；12个重要业务系统或称12金（办公业务资源系统，宏观经济管理系统，社会保障系统和金关、金税、金财、金融监管、金审、金盾、金质、金农、金水工程）；使全国电子政务建设和应用整体水平再上一个新的台阶。

政务信息化是国民经济和社会信息化的重要基础和核心；是办公自动化工作的进一步延伸、扩展和升华；是新形势下实现政府职能转变的重要途径。

（三）政府电子化阶段

未来电子政府尚处于观念形态，政府电子化阶段的到来还有一段路程。在西方发达国家，正式提出电子政府概念也是进入世纪之交以来的事：英国首相布莱尔提出并修订全面开通电子政府的时间表是在2000年3月；美国副总统戈尔正式宣布要实施电子政府工程是在2000年6月6日，这些国家的电子政府建设也处于启动和展开的阶段。因此，这里对于政府电子化阶段特征的描述只能是粗线条的。政府电子化阶段是电子政务建设的未来展望。

二、电子政务发展概况

（一）电子政务基础设施初步完善

联接省政府各部门级直属机构、各设区市政府的政府专网基本建成，其中直接接入省级专网的省直部门136个、各设区市直部门196个，并实现与省委、省人大常委会、省政协公务内网的互联互通。构建了覆盖省市县三级党政机关的全省统一电子政务网络，横向联接60个省政府部门，纵向联接11个设区市政府和140个县（市、区）政府，并实现与7个市级外网和10个国家有关部门外网的对接，其中审计、安监、国土资源、统计等多个省直部门还完成对口44个市级部门的360多个县（区、市）级部门的联接，基本具备网上办公的通信能力。整合26个部门纵向业务专网，支撑31个纵向业务系统应用，与国家多个部委网络实现对接，承载网上审批、财政网上支付等多个跨部门应用，为全省电子政务健康快速发展提供基础支撑。建设全省信息交换与共享平台，为跨部门信息共享和业务协同提供公共支撑，实现人口、法人等系统的数据交换和共享。省市两级政府、92%的县级政府都建了网站，全省政府门户网站体系日趋完善，网站成为各级政府信息公开、网上服务和政民互动的重要载体。

（二）核心业务信息化应用逐步深入

省政府电子公文交换系统建设基本完成，公文交换系统包括省、市二级交换中心，90个省直部门、11个设区市政府、22个扩权县（市）已经联入省级电子公文交换平台，大部分设区市建成二级交换中心，联通单位的上报公文实现网络化，部分设区市政府实现上报公文和下发公文的网络化。省级49个部门448项非涉密行政许可事项全部实现网上审批和电子监察。2010年网上审批系统受理省本级行政许可项目12.11万项，网上办理率99.6%。国土、建设、卫生等部门实现省市县三级远程报批和管理。呈报省政府文件全部实现网上传输。财政、税务、审计等部门核心业务实现电子化处理和网络化服务，网上纳税人比例76%，建设了财政专项资金即时分析监控系统，实现财政资金的即时监控、监测预警和绩效评价。环境自动监测系统基本实现全省国控省控重点污染源自动监控，全省自动监测排污口1211个，视频监测重点污染源企业28家。全省企业养老保险监测数据库入库人数783.9万人，占全部参保人数的97.3%。住房保障系统实现53.8万户住房低保家庭、1779个住房保障项目、8.3万套保障性房源的动态管理。新农合管理、妇幼卫生三网监测、出生医学证明、免疫规划网络管理、社区卫生服务等基本实现网络化管理和服务，提高公共卫生服务与应急处置的能力。邯郸、唐山、石家庄入选中国城市信息化50强。全省11个设区市、部分扩权县建成数字化城市管理系统。邯郸市“居民卡”、唐山市“城通卡”、沧州市“一卡通”的民生保障卡应用得到进一步推广，方便居民。

（三）基础信息资源开发和信息共享取得实质性进展

人口与人力资源库覆盖全省7000万人口，公安、人力资源和社会保障、质监、计生等部门开展人口相关数据的共享应用。法人基础信息库涵盖85万多家法人单位，为国税征管、“小金库”治理、事业登记以及社会治安等提供共享服务。基础地理信息数据库不断完善，为主体功能区规划、减灾救灾、护城河安全保卫、反恐等应用提供了支撑。完成7698万幅纸质档案数字化。实施文化信息资源共享工程，资源总量超过777GB。农业信息服务体系进一步完善，建立农经、农情、农价三级共建共享数据库，数据总量 3760 GB。依托全省信息交换与共享平台，建设企业基础信息系统，实现工商、国税、地税、质监等部门的信息交换、比对和共享，为加强市场监管，促进财税增收，提供有效信息支撑。

（四）电子政务信息安全保障体系初步建立

建立省市两级信息安全应急协调机制，落实信息安全责任制。规划建设河北省信息安全测评中心和涉密信息系统安全保密测评分中心，完成对全省 55 个重要信息系统的安全测评工作；建设河北省电子政务数字证书认证中心，在全省网上审批系统开展数字证书应用试点；建设和完善省信息安全通报平台，省市县 1074 个单位实现信息安全事件网上直报；加强信息安全风险评估、等级保护、安全检查等基础性工作，制定网络与信息安全应急预案，开展信息安全风险评估和信息安全管理体系试点，完成对 965 个单位的信息安全检查，保障重大活动期间的网络信息安全。

（五）电子政务基础工作进一步加强

省委、省政府先后出台《关于加强全省“十一五”期间电子政务建设的指导意见》《河北省政府系统电子政务 2011—2015 年发展规划》《河北省电子认证服务管理办法（试行）》等一系列有关电子政务的政策性文件。制定《河北省省级信息化建设资金管理办法》，组织开展省级信息化建设专项资金绩效评价，规范电子政务项目建设与资金管理。开展信息资源规划，探索形成河北省基于信息资源规划的信息化应用建设与管理模式。举办信息化与电子政务高级研修班等多项培训，在省委党校建立领导干部信息化与电子政务培训基地。召开电子政务建设新闻发布会，开展形式多样的信息化宣传活动，营造良好的发展氛围。

三、政府网站发展概况

十二五期间，河北省政府网站的建设和应用已取得良好成效，信息公开力度不断加大，规范性显著增强；办事资源逐步整合，在线服务水平不断提高；互动栏目日趋丰富，公众参政议政的积极性逐步提高，政府网站正不断向规范化、实用化、人性化方向发展。全省政府系统省市县三级网站体系已基本形成，省直部门的网站拥有率在 98% 以上，设区市、县（市、区）政府门户网站达到了 100%，政府网站在信息公开、在线服务、与公众互动等方面取得了明显成效，在促进信息资源共享，推进政务协同，提高行政效率，改善公共服务等方面发挥了一定的作用。

（一）信息公开工作不断完善，内容不断丰富，信息量不断加大，80%左右的政府网站建设了信息公开平台，其中设区市达到了 100%。总计发布的信息条数在 5 万条以上。依据《政府信息公开条例》的要求，平均公开范围率 65%，其中设区市为 87%。各级各部门按照信息公开条例和《河北省政府信息公开系统实施导引》等文件的要求，认真做好信息公开工作，加强教育、医疗、社会公益等民生领域和财务信息等深度政府信息的公开工作，建立信息更新常态机制，及时、准确、完整地做好信息更新工作。

（二）在线服务功能不断完善，服务水平不断提高，所有政府网站都不同程度地提供了在线服务，73%的网站还提供了特色服务或便民服务；40%左右的网站对服务资源进行了初步整合；58%的网站提供了办事指南，36%的网站提供了表格下载功能，11%的网站提供了在线申请服务。

（三）互动渠道普及率较高，部分单位能够针对公众提问给予相应的答复，80%以上的政府网站都建有互动交流渠道，其中设区市达到了 100%。设区市政府网站对公众提问的答复率在 80%左右。各级各部门不断加强互动渠道的维护工作，构建多样化的参与渠道，建立健全互动保障机制，确实发挥互动渠道的沟通作用，提高公众参与积极性，逐步带动网站互动效果的提升。

（四）网站性能整体情况良好，大部分网站都能提供相对稳定的服务，网站的响应速度较快，无明显的等待时间。各级各部门不断加强网站的日常维护工作，结合实际情况，改善软硬件环境，保障不间断服务的提供，减少空链、死链现象。以方便用户使用为出发点，逐步增加站内搜索、网站地图、使用帮助等功能。

（五）大部分网站安全防范能力进一步提升。各级各部门制定和完善安全应急预案和各项安全管理制度，开展应急演练；指派专人负责网站安全维护工作，加强日常安全检查措施的力度和检查频度，及时处理已发生的安全事件，减少或避免因安全问题带来的损失。

四、保障措施和主要做法

（一）完善电子政务管理和推进机制

把电子政务建设和转变政府职能与创新政府管理紧密结合起来，逐步形成电子政务建设与行政管理体制改革相互促进、共同发展的体制机制。

在省信息化工作领导小组统一领导下，进一步健全各级各部门信息化组织领导机构，各级各部门信息化机构要强化对电子政务建设的统筹协调和管理，逐步实现由技术支持和服务向电子政务综合管理转变，切实推动电子政务向深度应用发展。

建立电子政务规划、预算、审批、验收和评估综合协调机制，研究制定电子政务建设统筹管理办法，电子政务项目须经过同级信息化主管部门的把关后，由财政部门统筹考虑资金安排，确保项目建设符合规划和标准要求，能够利用已有资源集约建设，确保已建、在建及新建项目的关系和业务衔接，保障跨部门电子政务应用项目建设以及基础性、公共性信息资源的开发和共享。

建立电子政务联席会议制度，由领导小组办公室牵头组织每年召开一到两次电子政务总结交流大会，研究解决电子政务建设中的重大问题，加强项目调度和经验交流，展示应用成效。逐步建立业务协同工作推进机制，协调部门应用对共享信息的需求。

建立电子政务绩效考评工作制度，研究制定电子政务建设绩效考核办法，把各级各部门电子政务建设与应用、信息共享和业务协同等纳入政府绩效考核体系，增强电子政务发展的外部动力，形成良性发展的长效机制。

（二）加强电子政务建设和运维机制建设

创新电子政务建设和运维模式，提高其规范化、专业化和社会化服务水平。

强化建设项目的招标、监理、验收和审计，加强对建设项目的督导和协调。推行软件正版化，对全省政务机关共性、通用软件、通用的运维服务开展集中采购，共同享有知识产权，降低资金投入。

各级财政加大对电子政务建设的投入力度，重点支持公共服务、跨部门应用、公共信息资源开发等项目建设。逐步扩大省级信息化专项资金预算规模，形成与财政收入同步增长机制。规范和保障电子政务运维经费，将电子政务运维资金纳入预算体系，保障电子政务系统的正常运行。

探索建立规范的电子政务运维服务外包模式，开展电子政务运维外包服务试点，整合、利用社会资源，更加专业化、高质量的服务，同时促进服务业发展，有效解决电子政务发展中的体制机构问题，进一步提高电子政务发展质量和综合效益。

（三）建立健全电子政务保障服务体系

充分发挥省内外专家学者和专业咨询服务机构的作用，加强对电子政务建设重大问题和标准规范的研究，建立完善河北省电子政务建设和运维的支撑体系。

加强电子政务相关课题研究，跟踪电子政务发展进程，适应服务型政府建设和政府职能转变的需要，研究探索符合行政体制改革方向、分工合理、责任明确的电子政务推进协调机制。研究制定电子政务建设、运维管理等方面规章制度，强化信息共享和绩效评估。

完善电子政务标准体系，研究制定电子政务发展中急需的、基础性的标准，强化已有标准在电子政务各个环节中的应用，在与国家标准相衔接的基础上，加快制定基础信息资源、网络管理、政府网站管理、电子运维等方面的相关标准和技术规范，促进网络互联互通、系统互为操作和信息共享。研究制定电子公文的处理和存储规范，逐步取消电子、手工的双轨制，提高公文电子化处理水平。加大行业电子政务业务系统和信息资源标准规范建设，努力形成行业应用规范。

完善电子政务咨询和技术服务体系，充分发挥信息化专家委员会的决策参谋作用，发挥科研院所、行业协会的专业水平，培育提升网络管理与服务、信息化和安全测评以及信息资源管理等相关技术机构的实力和服务能力，逐步完善电子政务决策咨询、技术服务体系，为全省电子政务健康发展提供支撑。

（四）营造良好的电子政务发展环境

进一步加大法制、宣传和培训等基础工作力度，逐步形成适应电子政务建设需要的发展环境。

积极贯彻落实《电子签名法》和《政府信息公开条例》，做好《河北省信息化条例》立法和宣贯工作，推动电子政务管理、信息资源开发、网络信息安全、个人信息保护等相关政策法规的制定工作，完善相关配套措施，为电子政务创造良好的法制环境。

加大电子政务从业人员的引进和培养，探索建立政府信息主管（CIO）制度。结合事业单位绩效工资改革，推行电子政务技术和管理人员岗位聘任制，在事业、待遇、环境等方面创造条件来吸引和留住人才。加强高校电子政务相关学科和专业建设，积极培育电子政务专业人才；充分发挥各类教育培训机构作用，积极开展电子政务相关从业人员的知识与技能培训，培养既懂专业技术又熟悉政府管理和业务流程的复合型人才，促进信息技术和政务业务的高度融合，为电子政务可持续发展提供人才支持和队伍保障。

注重电子政务宣传和培训，加大各种媒体对电子政务应用的宣传力度，通过生动的案例提高社会对电子政务应用的认识水平。以党校、行政学院和各类教育培训机构为依托，开展全省各级公务员电子政务培训，特别是要加强各级领导干部的电子政务应用培训，提高公务员对电子政务发展战略意义的认识和信息技术应用的能力。

（五）加强规划实施的监督和检查

在省信息化工作领导小组的领导下，建立规划实施的动态评估、滚动调整和监督考核机制，按照部门职责分工，将规划的主要任务和重大工程落实到部门和责任人，强化重大工程的组织协调和调度，加强规划实施的动态评估和监督检查工作，及时发现规划实施中存在的问题，不断完善和优化规划实施方案。各地区、各部门要依据本规划的总体要求，做好与相关领域发展规划的统筹协调和衔接工作，要切实加强年度计划的制定和实施，确保河北省规划的各项任务和工程建设落到实处。

（董振国　刘利）

河北省科学技术厅

【概况】 河北省科技厅立足实际，统筹规划，突出重点，加强电子政务建设，提升科技服务能力。自2003年特别是“十一五”以来，省科技厅电子政务建设取得明显成效，并具备了良好的发展基础。

自2003年以来，省科技厅启动了信息化建设专项，建成了100多平方米的网络中心机房，完成了动力配电、UPS电源、空调、消防报警、监控、综合布线和防静电等系统建设。厅外网：2008年出口带宽由15M升至50M，2009年在原网通接入的基础上，增加电信接入，实现“双网”接入，2011年实现联通、电信、教育、公务外网“四网”接入和线路智能负载均衡，出口总带宽240Mbps，网络畅通率99.99%。截至2013年底，全厅已建网站15个，基本完成厅属单位网站服务器的物理集中和统一托管；与11个市科技局门户网站建立双向链接，实现资源共享。厅内网：实现与省委、省政府公务内网的互联互通，并通过公务内网联通11个设区市科技局、覆盖所有厅属单位，基本实现网上办公和信息共享。

【电子政务应用】 一是推行网上无纸化办公，着力做好机关标准化管理与OA办公系统的衔接，在省直部门率先建成内网标准化办公平台。2013年11月，省科技厅标准化办公平台（V8.0版）正式开通运行。新平台响应速度快，系统稳定性、扩展性和集成性强，人性化设计界面整洁、明快，操作便捷。二是完成内网移动OA办公系统建设。首次实现基于移动网络和移动终端的远程在线办公；首次使用虚拟桌面技术，确保了网络与信息安全；利用定制3G无线上网卡，实现“一卡两用”（既可登录内网，又可登录互联网）。三是建成全省科技管理部门视频会议系统，在远程会议、远程培训、远程办公方面发挥了重要作用。多次圆满完成视频会议的技术保障工作，视频会议图像清晰、声音流畅、效果良好。四是建成国家科技项目网络视频答辩室。全力做好国家科技项目网络视频答辩技术支撑和服务保障工作，截至2013年底，已完成194场次各类国家科技项目视频答辩保障，配合了河北省参与的国家科研项目申报及成果评审工作。五是启动实施“河北省科技业务管理应用系统”省级信息化建设专项，实现项目管理、专家征集、专家评审、成果管理等各子系统间的业务协同和跨部门、跨领域的信息共享。六是精心打造多媒体数据中心。2013年，省科技厅图片资料管理平台正式上线运行，实现图片视频资源管理的科学化、数字化、规范化。截至2013年底，入库图片累计1868张；启动省科技厅视频资料库建设，该平台建成后，能够提供完善的视频管理服务，包括上传、审核、发布、点播、下载以及视频资料的档案式存储、管理和查阅。七是开通即时数据传输服务。积极推广和拓展厅外网腾讯通业务，增强河北省科技系统内部信息共享和沟通能力。八是加强网上信息宣传和舆论引导工作。安装部署舆情监测系统，提高网络舆情管理的科学化、规范化水平，做到重大舆情早发现、早报告、早处置。

【门户网站建设】 河北省科技厅门户网站主要由省科技管理信息中心建设运行维护，厅办公室进行协调管理。科技厅党组高度重视网站建设，将其纳入科技工作的重要内容，不断提升网站建设水平。一是日点击率和信息发布量逐年提高。近几年来，省科技厅门户网站点击率持续上升，从2008年日均点击612次，到2010年最高日点击突破1万次大关，2011年1.9万次，2012年2.3万次，2013年再创新高3.5万次。点击率的节节上升离不开网站信息内容的有力支撑，2013年科技厅门户网站全年信息发布量6217条，是2008年信息发布量的3倍。二是网站管理进一步规范化、制度化。先后研究制定了《省科技厅网站管理暂行办法》《省科技厅门户网站专题栏目建设规范》《省科技厅门户网站视频信息报送及采编规范》《省科技厅门户网站栏目信息发布规范》等一系列规章制度，实现了网站管理科学化、规范化、标准化。三是网站影响力逐年提升。随着省科技厅网站建设与管理水平的不断提升，网站的影响范围和知名度正在日益扩大，在百度、谷歌等大型搜索引擎中的信誉度排名以及被收录网页数量也取得较大突破。在2010年度河北省政府网站绩效测评中，省科技厅取得省直部门网站性能指标第二名、组织管理指标第9名的成绩。2012年10月，在由省互联网协会、省信息产业与信息化协会组织开展的河北省优秀网站评估活动中，省科技厅门户网站荣获2012年度河北省优秀网站第一名。省科技厅连续五年（2008—2012年）荣获“省政府网站建设和内容保障工作先进单位”荣誉称号。

【网络安全防御体系】 基础环境：中心机房具备恒温、恒湿、防雷和不间断电源保障等功能，实现万兆核心交换。系统层：对所有服务器进行操作系统升级，并及时修补系统和应用软件漏洞；为服务器及所有终端安装最新网络版杀毒软件；在厅内、外网分别部署了业务应急保护系统，实现内、外网重要应用系统的实时备份与应急容灾。技术层面：在网关处部署了双机热备硬件防火墙、防病毒墙、入侵检测等；优化网络结构，开通后端局域网；合理划分VLAN，重要信息系统采用VPN安全加密通道传输；为加强网站防护，部署了硬件Web应用防火墙和防篡改系统。

（省科技厅）

河北省财政厅

【概况】 财政电子政务建设是财政改革和管理工作的重要技术支撑。随着全国财政体制改革的深入开展，河北省财政电子政务建设全面实施，逐步实现财政管理与信息化的深度融合。信息化已经成为促进河北省财政管理科学化、精细化和公共财政运行机制规范化的基本技术保障。河北财政电子政务建设总结起来，大体经历了三个阶段：

第一阶段：1998年至2001年。1998年，河北省财政厅在全国率先开展了以部门预算为主要内容的预算管理改革，为确保改革顺利推进，自主开发专门为改革定制的预算编审管理系统，搭建省市县三级财政网络，实现部门预算的早编、细编，保障了预算管理改革的顺利实施。

第二阶段：2002年至2006年。河北省财政厅以2002年正式启动“金财工程”建设为契机，逐步扩大信息技术在财政业务工作中的应用范围和深度，相继开发指标管理、国库支付等多套业务系统。同时，建成连接省直一级预算单位的城域网，完善扩容省市县三级网络，搭建了网络安全防御体系。

第三阶段：2007年至2013年。从2007年起，河北省财政厅按照财政部“金财工程”建设要求，对预算编制、预算执行、预算收入环节的软件系统进行升级完善，着力构建横向连接财政内部部门和本级预算单位的省级财政信息管理系统，保障各项财政改革的顺利开展。

河北省财政部门依靠自身技术力量，以构建完善政府财政管理系统为主线，通过自主研发、自主建设，研发并应用了一系列业务软件，逐步实现财政核心业务全覆盖，不断夯实网络基础，积极构建技术运行维护体系，深入开发信息资源，全面提升技术服务水平，推动全省财政信息化建设实现跨越式发展，支撑财政改革，促进全省财政管理方式的转变和管理水平的提高。

坚持遵从“资源共享、利益共赢”的理念，采取多种措施努力调动各方力量，形成了各级财政领导和业务部门齐抓共管、合力共建的工作局面。在财力、人力、物力上创造有利条件，采取多种措施保证信息化建设的顺利推进。建立“金财工程”建设的统一协调机制，明确要求每个项目的实施由业务处室与信息中心主要负责同志共同参与。同时，定期或不定期召开工作协调会，研究协调“金财工程”建设中的重点和难点工作，使重大问题得到及时有效的解决和落实。采取多种措施，在信息中心与业务部门间建立了和谐的工作关系，形成了信息中心与业务处室和谐共建的良好局面。

在全省建立技术与业务一体化工作机制。将财政业务与信息技术同步推进，打破信息化建设只局限于信息技术单一层面的传统观念，将业务与技术捆绑在一起，实施“一体化”推进。把信息技术作为推进财政改革的重要手段。信息技术为财政改革提供强大的自动化处理手段和业务流程优化管理支持，有效提高财政工作效率，成为推进财政改革的重要手段之一。用信息技术推动财政改革与发展。在河北省各项财政改革中，信息技术应用从简单支撑财政业务流程，到深度融入业务各个环节，再到逐步规范业务流程以及渐渐影响和改变业务管理的手段和方式，促进各项财政改革的同步推进。

河北省紧扣财政改革与发展主题，科学制定财政电子政务建设发展战略。一是制定财政信息化建设总体目标：在圆满完成“金财工程”建设各项具体任务的基础上，将信息中心逐步建成“五大中心”，即财政网络中心、业务计算中心、财政数据中心、系统运行中心及决策信息中心，使信息中心成为财政改革的技术枢纽和财政系统中不可或缺的关键部门。二是设计三步走战略：第一步，搭建以“三网、两频、一中心”为基本架构的全省网络枢纽框架；第二步，构建覆盖预算编制、执行、监督全过程的财政业务应用系统；第三步，完善决策支持系统，为领导提供决策支持。三是认真谋划“金财工程”年度工作计划，每年确定一项具有创新性和突破性的业务工作，作为当年“金财工程”建设的主要任务。先后确定2006年为“制度建设年”，2007年为“标准化建设年”，2008年为“县级应用年”，2009年为“数据深度整合年”，2010年为“一体化建设年”，实现一年一个新台阶的稳步发展。

立足创新，将信息化建设向纵深推进。不断推进信息化建设管理方式方法的科学性和高效性。遵循技术与业务并重、服务与管理并重、省级建设与市县建设并重、本部门建设和其他部门建设监管并重的“四并重”原则，整体推进信息化建设工作。立足河北省实际，从无到有，探索建立了一套适应财政信息化建设要求的管理办法、运行制度与标准体系，确保财政信息化建设的有章可循。

坚持“应用为先”，始终与财政改革同步推进。网络建设坚持与业务应用水平相一致，改革延伸到哪个范围，网络就拓展到哪里；业务的应用需要什么档次，网络就建成什么程度，不贪大求洋、不盲目扩面、不盲目提升标准。坚持“适用就是最好”的原则，对整体财政信息化的建设追求最高性价比。

财政信息化建设过程中，始终坚持以科学、规范为准则，立足规范求发展。一是开展制度规范建设。通过制定财政信息化建设的各种制度，把整体建设工作纳入制度化的管理轨道。二是开展技术标准规范建设。制定各种技术标准，使全省各市县的局域网综合布线、机房、网络配置、软件系统应用等方面全部实现统一，实现了省、市、县三级财政信息化技术标准的一致性。三是开展组织管理规范建设。坚持“五统一”原则，牢固树立“全省一盘棋”思想，实现了“金财工程”建设的统一部署、统一组织、统一调度和统一实施。

【政府财政管理信息系统】 配合各项财政管理改革的推进，自主开发并推广应用预算编审、预算项目库管理、预算执行、工资统发等16套软件系统，部署应用了财政部的地方财政运行评价管理系统、总决算系统、预算执行报表系统等5套软件，基本搭建起覆盖预算编制、预算执行、收入管理与财政监督全过程的政府财政管理信息系统。其中，预算编审系统按照零基预算、综合预算、项目预算、绩效预算等预算编制要求，科学规范地编制预算单位的部门预算方案、功能预算方案和政府采购预算方案，并自动生成报送人大的预算文本；预算项目库管理系统能够依据预算单位报送的项目信息，对项目进行分类、论证、实施监督及项目后评估，减少预算项目申报的随意性，提高预算项目决策科学性；预算执行系统涵盖了预算指标、国库支付、总预算会计等财政核心业务，涉及所有财政性资金，厅内连接各业务处室，横向连接各省直部门、各代理银行、人民银行，纵向连接各市、直管县财政局，通过内部机制产生预算指标台账，自动生成完整的各类会计账，并为业务人员和领导提供预算执行数据分析服务；工资统发系统为机关事业单位工资审批、工资审核、数据在线报送提供了技术平台，实现了全省人员编制、工资发放的信息化管理，确保全省公教人员工资按时足额发放；政府财政信息管理系统县级版软件涉及县级财政收支管理全过程，涵盖指标管理、支付管理、专户收支管理、财政代管资金管理以及账务管理等功能内容；财政财会信息管理系统建立财政部门、主管部门、预算单位、代理银行间以及财政上下级之间资金支付和使用信息的综合管理平台，规范各行政事业单位会计记账模式；财政补贴资金管理系统实现了对涉农补贴、低保补贴和计划生育补贴等16项各类财政性补贴资金的统一管理。农业综合开发管理系统初步实现农业综合开发项目的信息化管理。同时，不断加大系统整合力度，全面贯通省市县三级财政业务链条，建起核心业务管理高度集成的一体化财政业务系统，实现了各业务环节的无缝衔接。

【建成国库无纸化电子支付系统】

2013年，财政部全面推行国库支付电子化管理，河北省作为首批试点省份，全程参与改革过程。在充分调研、反复研究论证的基础上，省财政厅制定可行性较强的技术方案和实施办法，信息中心研发了国库集中支付电子化管理系统，全面统一全省业务系统底层数据标准、业务标准和技术标准，完成预算执行系统底层技术平台的整体性升级，整合生成新版预算执行系统，进而成功完成国库无纸化电子支付系统的开发工作。系统于2014年初正式上线运行。后期专门成立技术攻关小组，采取封闭开发的形式集中攻坚，有效解决了试运行和上线初期显现的一些问题，真正实现国库支付业务全过程的电子化处理，开创全国财政系统的先河。先后有河南、山东、浙江等多个省市来河北省财政厅参观学习，财政部国库司司长翟刚先后三次到河北省财政厅指导工作，副部长刘昆也专程来河北省财政厅调研指导，给予充分肯定。

【非税收入管理系统】 为进一步规范政府非税收入管理，2009年起，全面启动非税收入管理系统建设工作，经过三个阶段的开发和应用，采用全省大集中模式，成功搭建起了覆盖征收管理、票据管理、收入核算等非税收入征缴的全过程，满足执收单位、主管部门、代理银行、财政部门在资金收缴、信息查询、统计报表等方面要求的非税收入征管系统。2012年建设完成非税收入网上缴费系统，实现了缴款书、交通罚没、大中专缴费等收费项目的网上缴费，并为人事考试、学历考试、会计考试、旅游考试等收费项目的网上缴费提供相应技术平台，有效拓宽非税收入管理系统覆盖范围，初步实现全省非税收入收缴工作的电子化、规范化管理，推动河北省非税收入管理工作走在全国前列。

【涉税信息共享与统计分析平台】 根据综合治税业务管理需要，依托纵向财政内网和横向政府专网，开发完成河北省综合治税信息共享系统，系统包括基础资料、信息采集、数据比对、税收分析等多项功能，实现了省、市、县三级财政部门之间的数据共享，以及涉税信息的有效整合和深度应用，为全省综合治税大格局的构建夯实了技术基础。

【基层财政业务管理系统】 在广泛调研的基础上，设计开发了基层财政业务管理系统，系统包括项目管理、补贴管理、公示管理、收支台账、账务处理等模块，有效实现基层部门尤其是乡镇财政补贴发放与查询、账务核算、资金监管等工作的自动化处理，并实现财政业务数据“纵向到底”的大贯通，为提升基层财政的资金管理水平提供了技术平台。

【市县财政运行分析管理系统】 充分利用现有财政业务数据，建设完成市县财政运行分析管理系统，该系统包括市县基础信息、市县监控、综合查询、统计分析等功能模块，实现了对市县财政运行情况的实时监控和风险预警，能够利用高级分析模型等技术手段归纳出财政运行规律，为领导决策提供了准确可靠的依据。

【全省财政专项资金即时分析监控体系】 为更好地利用技术手段强化资金监管，河北省财政厅开发建设了覆盖所有财政性资金和财政运行全过程的专项资金监控体系。能够以全景沙盘形式对上级财政专款、本级专项资金、专户资金等专项资金进行全程管理、跟踪挖掘和即时监控，每一笔资金从下达、分配、调整、使用支出的各环节信息都得到清晰展现，实现资金运行事前、事中、事后的动态式、过程式监管和多视角分析。

【高效便捷的办公自动化平台】 根据财政办公流程规范，依托全省财政信息网络系统，开发应用了全面支撑机关收发文管理、督查督办、信息共享及公文运转网络远程收发查询的办公自动化系统，基本实现公文办理网上运转和一站式审批。开发建设了个人网上办公平台，将网上办公平台由传统的面向事务型模式升级为面向用户型模式，定制了厅长和一般干部个人办公主页，建立督查督办管理、新增领导交办等功能模块。同时，将农业发展办公室作为二级单位纳入系统管理，进一步拓宽了系统覆盖范围。到2013年底，该系统已在省级财政、11个设区市及180余个县区成功上线运行。2013年，依托现有办公自动化系统，经过两个月的紧张开发，已基本完成省财政厅财政移动办公平台的研发工作。该平台包含四大类（事项管理、公文办理、重点事务、数据展示），九部分（待办事项实时同步、电子公文手机推送、手机上文件签批、手机公文流转、手机文件查询、厅内重点事务管理、手机通知公告、财政宏观数据展现、远程电子签章）功能，系统上线后将使财政干部能够随时随地开展办公，切实提升行政办公效能。

【省、市、县、乡四级财政部门的计算机网络体系】 以“三网、两频、一中心”为基本架构的全省财政信息网络枢纽基本建成，网络基础设施实现了跨越式发展。“三网”即连接省市县本级财政部门的局域网，连接省、市、县、乡四级财政部门的广域网和连接同级政府职能部门的财政城域网，到2013年底，全省11个市、197个县及2072个乡已成功实现财政网络贯通，并搭建全方位、多层次的网络安全防护体系。“两频”即覆盖省市县三级财政部门的视频会议系统和音频电话系统。全省网络电视会议可直接开到县，IP电话为零资费。成功建成视讯、语音的视频会议系统，有效提升各级部门间的沟通与办公效率。充分利用财政网络资源，逐步建成覆盖省市县乡四级部门，高稳定性、高可靠性、高图像质量的视频会议系统，并全面应用部署了桌面软件会议系统，到2013年，每年召开省市县三级会议及省部级会议30余次，有效节约了行政成本，提高了部门之间协作能力和管理效率。“一中心”即全省财政数据中心，该中心集中存储了全省核心业务数据，并实现数据的安全存储和策略备份，保存了全省工资监控系统、预算编审、预算指标等财政核心业务数据，还搭建了包括全省省级财政基础资料、财政政策法规、河北宏观经济资料、电子图书馆、国家财经资料等内容的大型资料库。财政信息网络体系的建成，为深入开展业务应用，提供先进稳固的硬件基础环境。

【财政网站和运维体系】 网站建设方面，内网网站已建成60多个主栏目，涉及财政业务、行政管理、财经资料、新闻、文化教育、文化休闲、交互交流及日常服务8大类信息；专网网站覆盖100多个省直部门，成为财政部门与其他省直部门间业务办理与沟通的桥梁；外网网站已实现财政工作宣传、政策咨询、公共服务等多种功能，成为社会了解财政工作和财政部门展示良好公众形象的重要窗口。运行维护方面，研究制定全省运维体系总体方案，全面细化软件技术支持、设备维修、网站管理服务流程；建立全省运维服务台、软件技术支持与网络维护知识数据库，开发维修服务软件，相继开通软件技术支持热线和维修维护热线，提高软件技术支持效率和维修维护工作的快速反应能力，在省内率先建起跨省市县三级部门的功能完善、响应迅速的综合服务平台。

【财政信息化建设制度保障体系】 从业务管理层面入手，相继制定了《“金财工程”建设实施方案》《“金财工程”建设管理办法》《财政系统业务软件管理办法》《“金财工程”信息网站管理办法》《财政数据中心运行管理办法》《“金财工程”标准化建设规范》等管理制度，对“金财工程”的组织实施进行规范；从技术标准层面入手，相继制定《软件技术规范》《编程代码标准》《业务流程代码标准》《基础信息代码标准》等标准制度，设计建立了财政综合统计分析指标体系，不断规范基础标准，强化流程控制；从行政管理层面入手，相继制定《“金财工程”建设考核办法》《信息中心岗位规范》等制度，推动“金财工程”建设逐步走上制度化和科学化轨道。

【组织机构和队伍建设】 省市两级和全部县级部门已成立信息化机构，全省财政系统从事信息化建设的干部职工总数达到了462人。配合信息化建设的深入开展，不断加大培训力度，在信息化建设一线，已拥有一批既精通信息技术又熟悉财政业务的技术干部，培养造就了一支“技术强、业务精、作风硬”的专业队伍，为财政信息化的深入推进奠定了坚实的人力基础。

（省财政厅）

河北省国土资源厅

【概况】 2001年11月国土资源部在深圳召开第一次全国国土资源信息化工作会议，确定了国土资源信息化“十五”建设目标。会后，河北省国土资源厅落实会议精神，开始电子政务建设工作，并成立了以厅主要领导为组长，主管厅长为副组长，相关处室负责人为成员的河北省国土资源厅信息化工作领导小组，着手进行省国土资源厅的电子政务建设工作。

2001年7月厅办公楼的局域网建设起步，购置了路由器、交换机、防火墙、服务器、UPS等设备，初步组建成省厅机房。2002年，针对省国土资源厅行政管理职能，利用局域网网络技术、结合综合事务管理，基于Lotus Notes/Domino平台开发了河北省国土资源厅公文流转信息系统，并对厅全体工作人员进行全脱产封闭培训。2002年6月正式投入使用，初步实现了省国土资源厅政务信息管理，实现文件起草、核稿、审核、会签、签发、编号、打印、文件归档的网上管理。随着政务管理信息系统的逐步应用，河北省国土资源管理工作开始向政务管理公开化、规范化、科学化和现代化发展。同年9月利用互联网和相关信息技术，建立了河北省国土资源厅门户网站，在保证信息安全的前提下，向社会提供方便快捷、形式多样、内容丰富的信息服务，初步形成河北省国土资源信息的社会化服务体系，增进了社会公众对国土资源工作的了解和支持，充分发挥起国土资源信息的基础性、公益性作用。

2003年，面对河北省国土资源管理数据种类多、管理的信息量大、行政审批权限相对集中的特点，厅领导提出要在全省国土资源系统大力推进以“窗口办文”为主要形式，以信息网络为基础，建设达到依法行政、政务公开和行风建设高标准要求的国土资源电子政务系统，实现国土资源管理方式的根本转变。在对省本级行政许可、非行政许可审批、行政监管“三类事项”进行全面清理后，重新梳理涉及土地、矿产和海洋的各类行政审批流程，通过一年的系统开发和测试，初步建成统一地政、矿政、海政和行政办公自动化的河北省国土资源行政审批管理系统。为配合该系统的运行，于2004年初对机房进行升级改造，购置服务器、小型机、核心网络交换设备，搭建起行政审批管理运行平台；收集各类国土资源基础数据50Gb，建立起行政审批管理系统的数据支撑系统；购置存储、磁带库和存储备份管理软件，建立起应用系统及业务数据的存储备份管理系统，使机房转变成为能够承载业务应用的数据中心。更新厅机关各处室工作人员的计算机终端及打印机等办公设备，为行政审批管理系统提供良好的应用运行环境。

2004年6月，经过测试运行的河北省国土资源行政审批管理系统正式上线运行，标志着河北省国土资源厅电子政务进入一个全新阶段。

随着信息化技术的不断发展，网络资源环境的日趋成熟，省国土资源厅制定了河北省国土资源信息化建设“十一五”规划，提出在“十一五”期间建设以部—省—市三级数据交换体系为基础，以数据管理为核心，以动态监测体系为手段，以应用系统为支撑，以安全体系为保障的河北省国土资源电子政务技术体系。

在网络体系建设方面，伴随着国土资源部“金土工程”项目的不断深入开展，省国土资源厅与国土资源部建立连接部、省的国土资源纵向网络，同时基于河北省电子公务内网实现省厅与市局的纵向延伸，形成贯穿部、省、市三级的基础信息网络。在应用系统建设方面，狠抓审批系统、业务系统、信息服务系统建设，构建了全省电子政务的主要应用体系。在数据库建设方面，采用统一的数据库管理方式，依照规划，按照管理需求，统筹安排，分步实施。在数据交换体系建设中，坚持稳步推进的原则，先集中精力抓省、市数据中心建设，然后结合审批系统的推广、依法行政和行政权力公开运行等工作的推进逐步建设县级数据中心，并本着先易后难的原则，在现有消息传输技术上逐渐向数据库复制技术过渡。在遥感动态监测体系建设中，利用航天、航空遥感资料对平原地区每年一次、山区每二年一次进行土地利用的动态监测，加强对土地开发利用情况的监管。在安全体系建设方面，按照"分等定级、区域保护"的原则，与应用系统建设同步进行。

截至2006年，省国土资源厅已基本建立比较完备、较为先进的国土资源电子政务技术体系。与国土资源部实现了部-省级数据交换体系，选择耕地保护、矿产资源管理、地质灾害防治等重要业务，在流程梳理、整合的基础上，建立业务应用系统和相应的信息服务系统，形成边界清晰的政务信息系统。

2007年6月，为了进一步加快省厅电子政务建设的发展，基于河北省电子政务内网和厅局域网的信息发布及集成的河北省国土资源行政审批管理系统（含收发文）、省政府电子公文交换、地质资料目录查询、省财政数据交换平台等应用系统得到正式应用；土地利用现状、土地规划、矿产资源规划、探矿权、采矿权、矿产资源储量（含空间、国家出资）、地质灾害、矿山环境等基础数据库建设已完成或部分完成入库，在此基础上开发的相关业务系统也基本完成；省厅门户网站对外服务能力进一步加强；与部同时开展的视频会议系统也正式启用。同时，省国土资源厅一大批数据库及系统建设开始分阶段启动，其中土地调查、海域管理等系统、矿产储量登记、矿产地出资界定等数据库及系统建设进展顺利。省、市、县三级基础数据交换、网站建设及政务审批系统完成部署。整体安全保障体系初步成形。为保证这些系统的正常、安全运行，对数据中心进行了升级改造，增添了一批服务器、存储、备份、安全管理设备，使得数据中心的应用支撑服务能力得到进一步加强。

数据中心改造后，又对河北省国土资源行政审批管理系统进行了升级改造，进一步规范审批流程，减少审批环节，细化审批职责，使国土资源行政审批管理事项网络化、信息化、规范化，最大限度消除了人为因素，提高了办事效率。在持续抓好11个设区市国土资源局数据中心建设的同时，省厅投资690万元，支持49个县级国土资源局建设了网络办公系统。全省11个设区市国土资源局全部实行网上办公，与省国土资源厅实行了远程网络连接。省厅重点支持的49个县级国土资源局的网络办公系统也已经启用，全系统电子政务水平大大提升。至2007年底，全省11个设区市和1/3以上的县级国土资源局建立了政务大厅，实现了"一门受理"、"一个窗口对外。"各级政务大厅的建立，按照窗口接待、封闭运行、接办分离、限时办结的要求，开展优质服务，积极采取各种便民措施，在方便群众、依法告知、提高效能等方面发挥了重要作用。

2008年，省国土资源厅着重从三个方面健全电子政务建设机制。一是建立稳定的国土资源信息化投入机制。把信息化经费纳入年度预算，每年从新增建设用地有偿使用费和矿产资源补偿费中拿出一部分，专项用于国土资源信息化建设，为推进信息化提供了资金保障。二是建立科学合理的信息化项目管理机制。围绕信息化建设的重点任务，由业务处室根据需求提出信息化建设项目并编制方案，经厅信息办审核报厅党组审定后，有计划地抓好实施。在项目的谋划和实施中，注重工作衔接和配合，信息办、信息中心和业务处室各司其职，密切配合，合力推进，确保项目的顺利实施。三是建立有效推进电子政务的运行机制。紧密结合推进政务公开和便民行政，严格实行大厅受理、网上运行，严格实行网上审批、过程公开，电子政务系统得到充分应用，在创新管理方式、提升管理和服务水平中发挥了重要作用。

为推进全系统电子政务，厅党组提出2008年底实现省、市、县三级网上审批的工作目标。为实现这个目标，省国土资源厅与各市国土资源局签订了目标责任书，明确建设电子政务分阶段的工作任务，强化各级国土资源部门推进电子政务的责任。加大培训力度，每年对全系统相关技术人员进行培训，开展了3个轮次的培训，促进了各地电子政务系统的建设和应用。强化工作指导和督促检查，向各地派驻技术人员，指导和帮助市、县应用电子政务系统，并督导检查各地目标责任制的落实情况，确保各项工作扎实推进、顺利完成。在推广应用电子政务系统的过程中，始终注重推进电子政务与实行阳光行政和权力公开透明运行的结合，通过运用电子政务，改进管理方式，为实现权力公开透明运行提供技术平台和支撑。

2008年7月，完成河北省国土资源厅新数据中心机房的搬迁工作，新数据中心机房占地面积320平方米，集成了装修装饰、供配电UPS系统、综合布线系统、空调新风系统、门禁及视频监控系统、环境监控系统、防雷等电位接地系统、指挥监控区显示音响系统，使数据中心承载的河北省国土资源行政审批（含公文）管理系统，土地、矿产、海洋、环境、规划等专项业务系统，对外信息服务发布系统，相关的数据存储、数据备份、数据灾备、应急系统，基于网络开展的与部相关土地（矿产）业务系统的数据交换、与省政府公文数据交换，与国土资源部、国家海洋局视频会议等系统能够在一个正常、稳定、安全的环境中运行。

在新数据中心机房启用后，进行了增强专项业务系统功能，加强数据生产、应用、更新和维护工作。并开展身份认证系统和电子印章系统建设，为全省统一使用电子政务系统建立安全可靠的身份认证机制。继续优化交换体系结构，通过分布式数据库部署实现省、市两级数据库的实时备份交换，实现与部系统及国家海洋局系统的信息交换。同时利用遥感动态监测成果，逐步建立起具有快速反应能力、功能齐全、与审批系统相结合的国土资源执法监察管理系统，为国土资源执法监察工作提供客观真实的数据信息。

2009 年，省国土资源厅在前期电子政务建设的基础上，广泛应用信息技术，进一步提高国土资源管理和服务水平、强化国土资源监管、有效落实行政为民与政务公开。结合业务应用，针对前期开发的河北省国土资源行政审批管理系统在建设广度和应用深度上存在的业务覆盖面小、业务应用浅、信息处理细度差、数据结构不清晰等问题，提出河北省国土资源行政审批系统进行重新构建的设想。经过近两年的调研和探索，制作了规范严格的电子政务流程建模图，形成了建模文档，为工作人员和软件开发人员提供清晰的业务流程。

“十一五”期间，河北省国土资源电子政务建设取得了良好进展。一是网络支撑能力逐步提高。省国土资源厅、设区市国土资源局及半数以上的县（市）国土资源局建立了内部局域网，省国土资源厅与国土资源部、省政府、11 个市局及部分县国土资源局的政务网络已经联通。二是专项业务系统建设取得较好成果。完成了包括地质灾害、土地利用现状、矿产资源储量在内的十多个专项业务系统的建设。三是数据库建设取得阶段性进展。完成了 2 个基础地理数据库、6 个土地类数据库、5 个矿产类数据库、2 个海洋类数据库以及 2 个环境类数据库的建设。四是信息交换体系框架基本形成。建成了省、市两级数据中心，基本满足了本级数据管理、系统运行的要求。县级数据中心建设也已全面启动。审批系统、专项业务系统和信息服务系统都统一纳入到各级数据中心管理，省、市分布式数据库构架基本确定，技术体系逐步完善。五是审批系统建设、应用和推广取得显著成效。省市两级都建立了政务大厅，依托电子政务系统实行窗口办文、接办分离、网上办公。11 个设区市局和部分县局实现了与省厅联网审批。六是信息服务能力不断增强。建立了省市两级外网网站和服务热线，并与审批系统衔接，实现了政务信息的及时发布，信息服务能力和水平明显提高。

根据新形势对国土资源管理提出的新要求，在国家、省、部规划的指导下，编制了全省国土资源“十二五”信息化规划，提出了“十二五”期间电子政务建设的主要目标任务：整合土地、矿产、海洋和地质环境调查评价和管理信息，形成基础数据支撑体系，完成“一张图”核心数据库建设，加大各级各类数据库建设、整合、应用和更新力度，实现对全省国土资源及其开发利用状况的全面掌握；完成国土资源电子政务业务流程设计工作，加快政务系统重构步伐，早日实现省市县三级国土资源管理全业务流程的网上运行和互联互通，规范审批管理；在政务信息系统平台上，整合相关业务系统，探索和建立贯穿全省各级国土资源管理业务、覆盖管理各环节的综合监管平台；利用国土资源“一张图”核心数据库和综合监管平台，加强数据管理和信息挖掘，做好信息分析、统计、汇总和监测，提高各级信息化队伍参与本级国土资源管理的能力和水平；充分发挥网络和数据优势，积极推进土地、海洋、矿业权市场网络体系建设，提高全省各级信息化队伍的技术保障能力；加强门户网站建设，将全省各级国土资源门户网站建设成为本地区本部门政府信息公开的主要渠道，按要求做好政府信息网上公开，重视网站的管理和维护工作，提高社会化服务能力和水平；充分利用现有网络和视频会议系统，加大网络应用的深度和广度，加强对地质及海洋环境和灾害的日常监控，提高应急响应质量和效率；继续加强省市县三级信息化队伍和信息化基础设施建设，做好人才培养和技术培训工作，营造信息化建设的良好氛围，全力做好技术保障、业务支撑和信息安全等工作。

随着信息技术的迅速发展与大规模的普及应用，电子政务正在成为工作和生活正常运转不可缺少的重要组成部分。省国土资源厅电子政务的另一个工作重点是在保障各业务应用系统及对外服务系统正常稳定运行的基础上，构建一套科学、有效、合理的信息安全体系。

2010 年，在完成省国土资源厅重要信息系统定级备案的基础上，从加强整体网络安全防护和应急系统、建立同城异地灾备中心、建立网络信息安全的管理和监督机制等几个方面入手，建立起身份认证管理系统、入侵防御系统、WEB 防护系统、网页防篡改系统、漏洞扫描系统、数据存储备份管理系统、网络及数据库审计系统、基础物理安全保障系统、核心网络冗余系统、终端安全管理系统、异地灾备系统及应急物资储备库等，起草及修订了《河北省国土资源厅数据中心管理规定》《河北省国土资源厅网络与信息安全应急处置预案》《河北省国土资源厅计算机网络设备管理规定》等十多项制度和管理规定，同时安排专项资金进行了省国土资源厅应用软件及数据库软件的正版化工作，从真正意义上建立起了业务应用及数据的安全保护屏障。

2011 年，为加强海洋应急管理工作，全面提升河北省的海洋防灾减灾能力，开始建立全省沿海海洋灾害预警预报远程监视和应急会商系统管理平台，通过在沧州、唐山、秦皇岛沿海海洋灾害易发地段安装视频监控点，将监控画面传输至各海洋灾害监测单位和远程应急视频会商系统，灵活掌握各沿海海洋灾害的发生状况，从而最大限度地减少因发生突发海洋灾害事件而带来的负面影响，保障沿海人民群众的生命财产安全。伴随着河北省"908"数字海洋项目和海域使用动态监视监测平台的建立，将河北省海洋资源管理工作推向一个新的高度。

2012年，省国土资源厅把"一张图"和综合监管平台建设与应用纳入重点工作。"一张图"是加强国土资源动态监管的科技管理创新举措，是国土资源多源信息的集合。与国土资源的计划、审批、供应、补充、开发、执法等行政监管系统集成，共同构建统一的综合监管平台，实现资源开发利用的"天上看、网上管、地上查"，从而实现资源动态监管的目标。根据部署，省厅成立了以主管厅长为组长的项目领导小组，按照全省"数据大集中、应用一体化"的设计模式，以实现"以图管地、以图管矿、以图管海、以图防灾"为目标，按照"一年开发，两年运行，三年完善"的进度要求，制定了详细的项目工作计划和年度进度目标，并按计划开展了各项工作。

到2013年底，项目完成了国土资源地政业务流程的梳理分析和业务组件设计，形成了20余项地政业务的流程模型和业务组件模型；设计了整个河北省国土资源业务应用平台的框架，设计了数据与服务管理、业务综合应用、信息服务以及基础支撑四大平台；按照数据库、数据实体、数据元素和空间数据、属性数据"三层两类"的划分方式，对国土资源业务流程中所涉及的数据进行了全面归纳和梳理；对"一张图"和综合监管平台的系统、硬件、软件技术实现途径进行了统一的规划。IT架构从顶层上规定了系统组成及实现的技术路线和方法，能够有效地规范和限制系统后续的设计与实施，确保系统设计和实施过程不漏项、无偏差，符合既定的技术路线；以单独选址业务为例，实现了业务流程、岗位协同的两级定制和办理过程的图形辅助审查，一方面验证了省市县三级联动、两级定制和图形与业务流程结合等关键技术和创新点实现的可行性，另一方面验证了系统使用的可操作性和便利性。

通过不断努力，到2013年底河北省国土资源电子政务整体构架已初步形成，基本解决了现行国土资源管理模式和管理体制下存在的关键性问题，电子政务各项工作不断推进，技术体系逐渐完善。以数据库、业务系统为基础，支持网上受理、网上发布、网上查询、全业务过程在线办理的政务审批系统，实现了窗口办文、接办分离；以网站、热线为主体，大屏幕、触摸屏、信息分发等多种形式并存的信息服务体系正在逐步完善，国土资源信息服务能力和水平有了明显提高；各级数据中心的建设，为切实推行依法行政与行政为民提供了强有力的技术支撑和信息保障。随着"一张图"和综合监管平台的建设与应用，河北省国土资源管理信息化、科学化与社会服务化水平必将得到进一步提升。

2007年4月初，原中共中央政治局常委、中纪委书记吴官正莅临省国土资源厅视察工作时，对省国土资源厅的政务公开工作给予了肯定；2007年9月初，省国土资源厅被全国政务公开领导小组评为全国政务公开工作先进单位。《人民日报》、中央电视台、《中国国土资源报》《中国纪检监察报》等新闻媒体先后报道了省国土资源厅推进电子政务、实行阳光行政的做法。2008年5月中共中央政治局原常委、中纪委书记贺国强莅临省国土资源厅视察工作，察看了行政权力公开透明运行及监督流程，并指出权力运行公开透明是有效的"防腐剂"，要依靠人民群众的监督来促进政风行风建设。国土资源部、河北省委、省政府领导也曾多次莅临省国土资源厅检查指导国土资源电子政务工作。

（省国土资源厅）

河北省环境保护厅

【概况】 河北省环境保护厅电子政务建设从九十年代初起步，1993年成立河北省环境信息中心，"九五"期间通过利用原国家环保总局世行贷款环境技援B-1项目，完成省级环境信息中心起步建设，经过"十五""十一五"建设，尤其是"十一五"以后实施了环境信息与统计能力建设项目、全省污染源自动监控系统建设、视频会议系统、网上审批系统等一系列重大电子政务建设项目，积极推进环境信息化进程，机构队伍建设、环境信息网络建设、环保门户网站建设、环境信息资源建设及业务系统开发应用等电子政务建设取得突破性进展。到2013年底，基本建立适应环境保护工作需要的环境信息化管理工作体制，环境信息网络系统覆盖全省，环境信息化与环保业务紧密融合，环境信息资源得到合理开发和共享，初步构建了河北"数字环保"体系，进一步提升了信息化技术支撑和服务能力，提高了环境监管能力和促进了环境管理工作创新。

【环保电子政务基础能力建设】 全省环境信息网络覆盖面不断扩展，全省各级环保广域网络、局域网络和污染源监控网络的建成，奠定了环境信息远程交换和共享的基础，形成了全省高效便捷的环境监控决策指挥信息传输系统。网络安全防护体系逐渐加强，网络性能不断提高。基础设施建设实现跨越式发展，计算机机房，服务器、交换机、杀毒软件、入侵检测等信息化软硬件设施初具规模。环保电子政务基础设施、安全保障体系基本满足电子政务发展的需要。

网络建设方面：全省环保电子政务网络逐步完善。1996 年通过 X.25 专线与原国家环保总局及各省环保局联网。2000 年原国家环保总局实施了卫星通信专用网项目，实现环保总局信息中心和 30 个省（市）环境信息中心局域网互联、省级环保局间计算机局域网互联、国家环境监测网的数据传输。2005 年，原河北省环保局依托省政府系统“公务外网”建设完成省、市两级 2M 环境保护“公务专网”。2011 年，通过环保部国家环境信息与统计能力建设项目，完成了部、省、市、县四级环境保护业务专网和安全系统建设，完成了省市两级数据传输与交换平台，具备了全省各级环保部门网络通信及数据传输和交换能力。2012 年，在国家项目建设全省环境保护业务专网的基础上，将省环保厅到 11 个市环保局的 2M 光纤升级为 4M 光纤，将 172 个县（市）区的 2M ADSL+VPN 模式升级为 2M 光纤，以此网络为基础，实现了全省视频会议系统、全省公文传输系统、排污申报系统、企业环境信用系统等多项省、市、县三级的信息化应用。

安全建设方面：电子政务安全保障体系逐步加强。加强网络与信息安全工作，构筑信息安全保障体系。省环保厅先后安装了安全网关、网页防篡改系统、网闸系统、IDS 系统、IPS 入侵监测与防御系统、机房环境监控系统、网络版杀毒软件、流量控制器、负载均衡器、上网审计系统、网管等软硬件系统，网络安全系统得到进一步完善。加强网络监管，开展全面信息安全检查，制定印发了《网络与信息安全实件应急处置预案》。2011 年通过国家环境信息与统计能力建设项目，省、市两级环保部门配备了入侵检测、网络与数据库审计系统、漏洞扫描系统、防病毒服务器等安全设备和系统。2012 年省环保厅采购了正版 windows 7 操作系统和 wps office 软件，厅机关各处室全部实现软件正版化。启动网络与信息系统安全等级保护测评工作，开展了对省级环保业务专网和省环保厅政府网站两个系统信息安全保护等级测评，达到三级等保要求。

污染源数据采集方面：建成全省重点污染源自动监控系统。2008 年建设完成省、市两级 12 个污染源监控中心和重点污染源自动监控传输平台，重点污染源现场端至各级监控中心通过 GPRS APN 网络连接各设区市监控中心或省监控中心，GPRS APN 网络由各设区市移动公司铺设专线至各设区市监控中心或省监控中心机房，各级监控中心之间通过环保公务专网进行数据传输。到 2013 年底全省环境监控中心 14 个，其中省级监控中心 1 个、设区市及定州、辛集市监控中心 13 个。通过自动监控传输系统，省级监控中心可实现对全省国控、省控重点监控企业自动监控，国控企业与环保部监控中心联网；市级监控中心可实现对辖区的国、省、市控重点污染源的日常监控。迁安市、武安市等部分有条件的县区也建有自己的监控中心，监控自己辖区的重点企业。

基础设施方面：软硬件设备配置能力大幅度提升。全省各级环境信息中心网络设备、存储设备、安全设备、系统软件、视频设备等软硬件设施持续更新和增加，省、市环境信息中心软硬件设备配置基本达到国家标准。省、市环保部门均建成计算机机房、监控大厅和视频会议室、DLP 大屏幕显示系统等。网络与通信设备基本满足现有网络管理需求，省环保厅因特网接入达到 200M。各市软硬件设备配置基本达到国家标准。全省各级环境信息中心基础办公条件有所提高，省信息中心用房面积达到 600 平方米，有 3 市的业务用房超过 200 平方米，张家口市达到 600 平方米。

【环保电子政务应用】 组织开展网上办公推进工程，建设办公自动化系统、视频会议、电子公文交换、网上辅助办公等应用，推广移动电子政务应用，实现各种办公业务的综合集成应用，提高机关办公效率和服务水平。

办公自动化系统建设：2000 年 11 月，建立了领导办公工作信息支持系统，发布内容包括局督查督办件、局长办公会文件、局党组会议纪要、信访和各处室工作动态、重大工作进展等，实现政务办公信息共享。2001 年 11 月省环保局安装使用国家环保总局推广使用的 OA 软件，拉开了省环保局第一次应用办公自动化系统的序幕，在省环保局内部办公网运行，同时可链接国家环保总局卫星网。2003 年对 OA 软件进行了修改完善，省环保局无纸化办公初见成效，通知、公告、重要文件、重点工作动态等在机关大院基本实现内网发布。2006 年在办公自动化系统基础上开发建设“河北省环保系统电子政务综合平台”，在一个统一的平台上实现省环保局的政务办公、数据管理、即时通讯、公文流转、项目审批等功能。2008 年以后升级完善综合平台门户及办公 OA 系统开发研制，整合了部分业务应用系统，包括 OA 综合办公系统、视频点播系统、短信平台、门户管理系统、通讯录查询系统、放射源监管信息系统、污染源在线监控系统、数字期刊查询系统等。2013 年充分利用省环保厅机关标准化建设成果，加快网上办公系统建设，规范运转流程，建立和完善公文流转、政务督办、信息报送、档案管理等办公业务的网上运行，利用手机智能客户端等，创建移动办公模式，提高办公效率。

视频会议系统建设：2005 年省

环保局完成与国家环保总局广域网络及视频会议系统的连通，建设视频会议室，实现与国家环保总局视频会议系统联通。2006年建设完成“全省环境应急视频会议调度系统”，依托省市环保公务专网和22个扩权县VPN专网，建设省、11个设区市、22个扩权县的环保应急视频会议系统，并与国家环保总局视频会议系统即联，形成全省统一的环境保护应急指挥、工作协调的多媒体网络平台。2012年升级完善视频会议系统，完成全省环保高清视频会议系统一期建设，省—市高清视频会议系统以及市—县（市、区）高清视频会议核心设备（MCU）建设，投入运行。2013年开展全省环保视频会议系统二期建设，二期开展设区市—县（市、区）环保高清视频会议系统建设，实现省、市、县三级环保高清视频会议系统的全面开通。该系统建成后，用于视频会议、应急指挥、业务会商、视频培训等，是环境管理的视频支撑平台。

电子公文传输系统建设：2001年国家环保总局实施了卫星通信专用网电子公文远程传输系统建设项目，2002年7月省环保局通过卫星网络正式开通与国家环保总局的远程电子公文传输。2011年启动建设省、市、县三级环保系统电子公文传输系统，省市两级环保系统投入应用。2012年开展了设区市到县级环保电子公文传输系统的安装部署和全面启用，全省省、市、县三级环保系统全部实现电子公文传输，推进各级环保部门的应用水平和普及应用率，提高公文运转效率。

环境信息技术支持与服务：以服务为宗旨充分发挥为环境管理服务的职能，围绕环境保护重点工作，发挥信息技术优势，完成大量环保重点工作技术支持工作，收到良好效果，对环境信息化发展产生了积极的推动作用。河北省环境信息中心参与了河北省七次大规模污染源调查等环保重点工作的信息技术支持工作，分别为1996年全省乡镇企业污染调查、1998年全省排污申报登记、2000年全省畜禽养殖污染调查、2001年全省排污申报登记、2002年全省生态环境遥感调查、2002年全省水环境功能区划汇总工作和2008年开始历时三年的河北省第一次全国污染源普查工作。原国家环保总局于2008年开展第一次全国污染源普查，河北省环境信息中心主要承担污染源普查信息网络建设和数据处理工作，为普查工作提供信息技术保障，开发完成全省污染源动态管理信息系统，搭建了普查的服务器存储系统，建立了全省污染源基础数据库，开发出全省普查数据服务平台和地理信息系统平台，供各有关单位查询，为污染源普查提供了高层次的数据分析和决策参考，编写技术报告，汇总出各种图表200余幅，利用数据处理平台和GIS技术编写了《河北省第一次全国污染源普查数据集》和《河北省第一次全国污染源普查数据图集》。通过这次普查，建立了全省覆盖工业、农业、生活和集中治污设施等共40多万家污染源的基础数据库，信息化工作在污染源普查中所提供的技术支持力度和工作效果受到国家验收组的好评。

【环保业务应用系统】 到2013年底，全省市级以上环保部门正常运行的各类业务应用系统50多套，应用范围覆盖了环境管理和业务的多个方面，为各项环境管理业务工作和政务办公提供技术支持和服务，提高环境保护业务管理工作效率和现代化水平。

全省环保系统业务应用情况：省环保厅建设的省、市、县三级应用的系统有企业环保信用系统、排污申报系统、环保行政审批系统、自动监控传输平台、环境监察直报系统、畜禽养殖直报系统、河北省电厂脱硫投运率直报系统等。

河北省排污申报管理信息系统：该系统实现省、市、县、企业四级联动的排污申报工作综合管理信息平台，通过污染源信息的过程管理和数据质量控制，为环保部门有效掌握污染源信息、科学进行管理决策提供有力的支持和保障。2012年底，系统在省、市、县、企业四级应用。

河北省环保网上行政服务中心：建立“网上行政服务大厅”，整合各部门网上服务事项，逐步实现所有行政服务事项网上集中办理，提供“一门受理、抄报相关、信息共享、同步审查”的一站式管理服务，实现行政服务事项的网上一体化办理和电子监察。2012年开发全省环保网上行政服务中心标准版，完成设区市内网办理平台的安装部署，实现设区市环保局6项许可事项、县（市、区）环保局4项许可事项的外网受理、内网办理、外网反馈，提高各级环保部门行政服务水平。

企业环境信用体系电子平台建设：该系统基于省、市、县三级用户进行建设，主要实现环境保护部门企业信用信息的采集、录入、汇总、审核、报表输出、信息存储及查询，为各级环保部门建立“企（事）业环境保护信用信息指标评价体系”和深入贯彻落实“绿色信贷”政策、完善与银行金融部门信息共享等工作提供技术支持和决策依据。2010年建设完成，投入使用。

河北省主要污染物减排管理信息系统和河北省重点企业污染减排监管决策系统：针对总量减排实际工作中所涉及的大量管理流程和业务需要，提供了智能化、自动化的全流程减排工作管理支持，包括减排潜力识别、减排目标制定与分配、减排数据在线获取及智能自动校核、减排项目实施进度监控、减排项目督查与核查、重要事件自动警报通知、减排总量自动核算、减排档案自动汇总输出、减排效果追踪评估等各个环节。通过多用户、多流程的在线办公支持，结合信息化的档案管理模式、智能化的办公自动化辅助手段，整合优化总量减排各项业务流程，最大程度地提高总量减排工作的信息化水平、管理能力和工作效率。为全省污染物总量减排工作提供了省、市、县三级联动的综合管理平台。2009—2010年建设运行。

省环保厅业务应用情况：省级应用的系统有网上审批系统、环保移动执法通、建设项目管理系统、饮用水环境管理信息系统、固体废物监管系统、环保产业调查系统、企业基础信息平台等。

省环保厅行政许可事项网上审批系统：该系统实现了省环保厅13项行政许可审批事项的外网受理、内网办理、外网反馈。外网受理服务平台提供给公众用户填报事项和查询的统一入口，窗口受理服务平台实现网上、人工办理项目的受理、反馈，内部审批平台为环保厅内部业务部门工作人员及领导提供流转审批办公平台，监察统计系统和数据交换系统实现与省效能网的数据交换。2009年3月系统建设完成正式投入运行。

河北省饮用水源地污染防治监管系统：通过对饮用水源地环境状况数据进行动态采集和汇总，建立饮用水源地环境保护状况基础数据库；建立全省饮用水源地动态监管信息系统，为水源地范围内的环境污染控制和生态保护综合管理提供支持；建立饮用水源地污染预警与应急管理系统，对实时监测数据信息进行分析和预测，定期发布饮用水源地水质监测信息，为饮用水源地保护工作的发展提供技术支持。2012-2013年完成系统设计，收集资料信息，开发建设饮用水源地基础信息管理子系统、88个饮用水源地保护区划管理子系统、实现饮用水源地信息化管理基础功能。

河北省固体废物智能监管及交易平台：实现对全省固废产生、处理、运输单位的统一管理，为固废产生、运输处理单位之间建立了网上交易平台。2013年建设完成，2013年底实现了全省100多家固废处理单位的统一监管，对固体废物的处理交易实现了网上信息发布。

【环境信息资源建设】 省环保厅以第一次全国污染源普查为契机，结合业务系统的推广应用，逐步开展环境基础数据库建设，并建设了环境数据中心，为环境信息资源建设利用和共享奠定基础。

环境信息资源库建设情况：到2013年底，已建立的环境信息资源库主要有：1. 全省污染源普查数据库：已建立全省覆盖工业、农业、生活和集中治污设施等共40多万家污染源的基础数据库。为编写技术报告汇总出各种图表200余幅，利用数据处理平台和GIS技术编写了《河北省第一次全国污染源普查数据集》和《河北省第一次全国污染源普查数据图集》。2. 全省排污申报数据库：全省纳入排污申报管理的约3万家污染源排污申报数据。3. 省环保厅网上审批数据库：省环保厅13项环保行政许可审批项目数据，到2013年底，已通过网上受理行政许可近万件。4. 全省污染源自动监控数据库：全省联网企业污染源自动监控数据，到2013年底，全省省级可监控国控、省控企业790家、1838个排污口。

省级环境数据中心建设：整合污染源普查、环境统计、排污申报、排污收费、污染源在线监测、大气自动站、地表水站自动监测、环保信访、固废管理、行政处罚等已有系统的数据，通过污染源管理系统形成全省统一的动态的污染源台帐，加强对污染源的管理；同时通过对环境质量监测数据的整合，形成环境质量数据库，强化对环境质量的管理。建设环境数据元和代码库，完成1000多个环境基础数据元信息，整理国标、行标、省标代码标准、规范50多项，形成省级数据中心主题数据库，建立Web GIS服务平台。2010年开始建设，逐年完善补充，基本形成省级环境数据中心。

【创新环境管理电子政务应用】 突出环境管理创新，进一步加强和完善信访、执法监督、污染源管理等系统应用，建设完善了全省重点污染源自动监控系统、移动执法监控系统、排污费征收、污染举报系统等，提高环境管理能力和水平，环境监管信息化能力不断增强。

重点污染源自动监控系统建设：重点污染源自动监控系统建设是国家污染减排“三大体系”能力建设重点项目之一，也是河北省环境保护工作的重要内容之一。2007年启动建设全省重点污染源自动监控系统，建设省、市两级12个污染源监控中心和自动监控传输系统，所有国控省控重点污染源实现自动监控，并与各级环保部门联网，为环境监督执法提供服务。到2013年底，全省已有790家企业、1838个排污口实现与环保部门自动监控系统联网，自动监控因子水污染源包括流量、化学需氧量、氨氮，气污染源包括烟尘、二氧化硫、氮氧化物、氧量、流速、温度、湿度、压力，部分污水处理厂开展视频监控。自动监控数据在环境执法、排污收费、总量减排、环境决策支持等方面得到应用，为环境监督执法提供服务。

省环保厅国控省控重点污染源移动执法监控系统：2010年省环保厅开发建设了国控省控重点污染源移动执法监控系统和重点污染行业现场核查系统，用于重点污染行业现场核查、排污收费现场核定、辅助现场执法、环境管理资料查询等方面，提高了办公效率，规范了执法行为，提升了环境监管水平。该系统包括四大类应用：一是业务应用，如电厂现场核查、排污收费现场核定等；二是现场执法辅助系统，如重点污染源自动监控实时数据查询、建设项目“三同时”查询与统计、网上审批查询与统计、空气质量查询与统计；三是环境管理资料查询，如应急手册、危险品名录、标准规范、法律法规等；四是个人办公，如通讯录查询、会议通知、文件查询等功能。其中，电厂核查和排污收费核算两部分应用良好，已成为环境执法人员必不可少的执法工具。该系统于2010年初在省环保厅推广应用，中国环境报于2010年5月26日头版刊登了题为《河北利用环保执法通进行现场执法与核查，移动执法系统省时省力》的文章。系统的使用规范了现场执法程序，提升了环境监管能力。

省级12369污染举报平台建设：2013年建设省本级12369环境投诉受理中心，构建现代化的环境举报信息管理系统，建设内容包括12369环保举报热线受理系统、信访工作平台、投诉现场移动执法平台，外网投诉举报系统、污染源管理等应用系统。

河北省排污收费征收管理系统建设：按照《排污费征收使用管理条例》及其配套规章规定的排污费征收申报、申报变更、审核、核定、计算、开单、汇总报告等法定程序建设系统，在满足排污费征收工作需要的同时强化查询、统计、分析等管理功能。系统实现了与排污申报的连接，二者共用一套排污单位基础信息。该系统采用全省各市、县（区）共用一个信息平台，通过全省环保专网实现排污收费数据的录入、审核、出票，减少了基层使用人员的维护任务。提高排污费征收工作效率，规范排污费征收执法行为，强化监督管理，提高环境监察工作的信息化水平，实现全省排污费征收统一管理。该系统于2013年开发投入运行。

【环保电子政务信息服务建设】 全省环保系统网站体系基本形成，省环保厅网站建设连续多年获环保部和省政府办公厅表彰。省环保厅13个行政许可事项、10个非行政审批事项、市级环保局6项、县级环保局4项许可事项实现网上审批，每年网上办理事项近2000件。开展了环保网络舆情信息服务。

全省各级环保部门政府网站建设：河北省环境保护厅网站始建于1997年，期间历经6次改版升级，逐步实现了从“信息发布”到“服务办事”的转变。到2013年底网站设置一级栏目46个，二级栏目199个，网站信息总量16000余条。栏目设置齐全，信息公开、宣传环保、公众互动、在线办事等栏目得到不断丰富和加强。

全省环保行政服务事项网上审批系统逐步完善：省环保厅13个行政许可事项、10个非行政审批事项、市级环保局6项、县级环保局4项许可事项实现网上审批，每年网上办理事项近2000件。开通网上许可审批大厅，将省环保厅13个行政许可事项的办事指南、表格下载、在线申报、结果反馈等进行整合，用户注册登录一次，即可申报省环保厅所有行政审批事项、查询办理状态，提供一站式服务。并在省环保厅审批大厅制作了触摸屏查询系统。

网络信息上报：为加强环境信息对环境管理工作的支持力度，充分发挥信息网络在环境宣传和信息传输中的作用，2001年12月在“河北省环境保护局”门户网站开通了全省环境信息网络上报系统，各市通过网络上报环境信息。2003年10月起，全省各设区市、县（市）、区的非涉密政务信息全部实现通过省环保局门户网站进行信息报送，提高了信息传递效率和利用价值。

环境信息公开平台：按照《环境信息公开办法（试行）》和《河北省政府信息公开条例》要求，省环保厅门户网站制作了“环境信息公开平台”，全面公开概况信息、计划总结、法规公文、财政信息、行政许可、行政事业收费等六大类信息，保障信息的全面、准确、及时，同时编制并在网站发布《河北省环境保护局信息公开目录》《河北省环境保护局信息公开指南》，开通河北省环保厅信息公开邮箱，扩大公众知情权。

环境信息服务：开展环保网络舆情信息服务，搭建河北环保舆情监控系统，加强环保舆情网络信息的收集、分析和处置，编发《互联网环保舆情》300多期，编发环境信息快报100多期，为领导决策和应对突发事件提供决策参考。

【环保电子政务机制建设】 河北省环保厅高度重视环保电子政务工作，理顺机制，健全体制，明确职能职责，电子政务建设逐步科学化、制度化、规范化。

体制机制建设：“十五”“十一五”以来，河北省环保电子政务工作以污染减排“三大体系”建设为契机，以信息化工作与环保业务紧密结合为重点，承接着政府信息公开、网上审批等工作任务，河北省环境信息中心相继承担了厅重点工作任务污染源在线监控、污染源普查、污染减排、网上审批等业务信息化工作，充实了信息中心工作职能，电子政务工作逐步融入环保核心业务。进一步理顺电子政务工作机制，河北省环境保护厅电子政务工作遵循“统一规划建设、统一标准规范、统一归口管理”的原则，健全组织机构和统一管理、统一建设的运行模式，确保环保电子政务建设的科学发展。开展多项全省环保系统信息化项目建设，全省环保业务专网、全省视频会议系统、全省电子公文传输系统、环保行政审批系统、企业环境信用信息系统等涉及全省各级环保系统应用的信息化建设项目，这些项目都由省环保厅统一投资，以项目为拉动，推动各级环保部门信息化建设和应用水平，同时为市、县级环保部门节约资金投入，有利于资源共享和统一规范。

规划制度建设：编制了河北省

环境信息化“十五”“十一五”“十二五”发展规划，全省环境信息化发展战略及目标进一步明确，2013年启动“智慧环保”建设工程，编制完成《河北省智慧环保建设方案》，用现代化信息技术手段，提高环境监管水平，加快建设环境要素齐全、技术设备先进、基础数据完备、应用系统信息集成度高的全省环境监控平台，优化环保工作统筹力和指挥力，服务于全省经济建设和生态文明建设。为加快全省环境信息化建设步伐，省环保厅先后出台了《河北省环境保护厅关于进一步加强环境信息化工作的意见》《河北省环境保护厅信息化工作管理办法》《河北省市级环保局政府网站绩效评估办法》《关于全面加强环境信息基础能力规范化建设的意见》等规范性文件，进一步明确了河北省环境信息化工作的指导思想、基本原则、发展目标、主要任务、工作机制和保障措施，成为当前和今后一个时期河北省环境信息化的工作纲领和奋斗目标。到2013年底，河北省环保厅出台了《河北省环境保护厅计算机网络管理办法》《河北省环境保护厅门户网站管理办法》《河北省环保视频会议系统管理办法》《河北省环境保护系统门户网站建设管理办法》《河北省环境保护厅信息化工作管理办法》《河北省市级环保局政府网站绩效评估办法》《河北省重点污染源自动监控系统数据传输与联网实施办法》和《河北省环境保护厅网站安全管理制度》等工作制度，强化和规范了环境信息化建设与管理。

工作考核建设：加强信息化各项工作考核，促进信息化持续发展。2005年信息化建设第一次列入全省环保系统环保专项工作考核之一，每年年底开展对各市环境信息化工作考核，并评选出全省环境信息化先进单位和个人。自2009年开始，在每年召开的全省环境保护工作会议上，对全省环境信息化建设情况进行通报，督促各市对环境信息化建设工作给予重视。自2011年开始，在每年河北省环保工作领导小组办公室印发的“年度环境保护目标管理考核责任指标及计分细则”中增加“环境信息机构规范化建设”等环境信息化工作考核指标，提升了信息化工作地位。2012年河北省环保厅首次组织开展了2012年度设区市级环境信息化发展水平测评工作，印发了《2012年度设区市级环境信息化发展水平测评报告》，测评结果通报全省，对全省信息化建设起到很大的促进作用。

【环保电子政务队伍建设】 全省环境信息机构队伍建设进一步加强。2004年，为加强对环境信息化建设的领导，推进全省环境信息化建设，原河北省环保局成立了河北省环境保护局环境信息化建设与应用工作领导小组，统一领导全省环保系统信息化建设工作，领导小组下设办公室，办公室设在省环境信息中心，负责具体工作的落实，办公室成员由省环保局各处室、各直属事业单位一把手组成。河北省环境信息中心成立于1993年12月13日，为省环保厅直属处级事业单位，单位性质为财政性资金基本保证事业单位，编制12人，主要职责：负责搜集、存储、加工和传输全省环境质量状况、主要污染物排放情况、自然生态保护、环境管理等重要信息；负责全省重点污染源在线监控工作；负责全省环境信息网络的建设和维护。到2013年底，全省11个设区市均成立独立环境信息中心，全省环保系统县（市、区）级环保局有52个成立独立（或内设）环境信息机构，全省市级以上专职环境信息工作人员102人，石家庄、承德、张家口3个市信息中心人员超过10人。自2008年开始，已召开全省环境信息化工作会议5次，共举办各种类型的信息化专题会议和技术与应用培训班50余次，培训人员3000余人次，有效提升了专业队伍整体素质，也大大促进了全系统信息化应用水平的提高。

（曹利荣）

河北省住房和城乡建设厅

【概况】 河北省住房城乡建设电子政务积极探索适合自身发展特点的信息化建设模式，走过了以下几个阶段：

第一阶段（2000—2005年）是起步阶段，主要特点是以单个业务系统开发应用为主，实现对传统业务工作的复制。如组建了机关内部工作网，建立了机关发文管理系统、门户网站、建筑业企业资质管理系统。

第二阶段（2006—2009年）是拓展阶段，主要特点是以应用集成为主，实现业务流程优化再造和面向业务的行业内部应用整合。如行政审批、建筑市场监管系统。

第三阶段（2010年至2013年底）是发展阶段，主要特点是基于地理信息系统，实现综合展示和统计分析，为科学决策提供参考。如数字规划、数字住房、数字城管。

坚持统筹规划，分步推进实施。加强信息化工作的统一管理和规划，先后出台了《河北省住房城乡建设信息化“十二五”规划》《河北省住房和城乡建设电子政务总体框架》等文件，确定中长期目标任务，提出“研究一批、开发一批、推广一批、运维一批”的工作思路。在省政府《河北省城镇化发展“十二五”规划》和《河北省住房和城乡建设事业发展第十二个五年规划纲要》中也单列了信息化工作内容。自2009年起，每年制定《全省住房城乡建设信息化工作要点》，并印发至机关各处室、厅属各单位和各市住房城乡建设部门执行。自2011年起，每年制定《信息化建设项目库》，有重点、分批次推进厅机关和行业信息化建设；年终组织召开厅信息化领导小组专题会议，评估信息化建设项目库执行落实情况。

坚持顶层设计，标准规范先行。在制定信息化项目建设具体决策时，努力跳出局部环境的束缚和影响，站在整体和全局高度，充分分析业务间的相互联系及业务可行性和技术可行性，形成河北住房城乡建设电子政务“1135”总体框架，减少了信息化建设中存在的盲目建设、重复建设、信息孤岛、绩效失控、投资黑洞等问题。在推进中，按照先理顺工作机制，再规范业务操作，最后研发信息系统的思路，研究制定了《河北省住房保障业务管理操作规范》《河北省数字规划建设技术导引》《河北省县级数字化城市管理新模式平台建设要点及技术导引》等一批业务操作规范和数据标准。

引进平台理念，提高系统研发效率。积极探讨系统集成平台化，打造电子政务、空间信息、网站管理三大平台，逐步形成“三位一体”的研发模式，发挥集成倍增作用，解决了传统开发模式所面临的开发周期长、成本高、业务需求应变能力差、业务承载能力弱、运行维护繁琐等一系列问题，不仅开发部署快，推广迅速，融合方便，而且提高了信息化应用的主动性。如基于电子政务平台定制研发了行政审批系统、建筑业企业管理系统、建筑业企业信用综合评价系统，将建筑业企业管理的各项业务集成在一个平台上，实现人员查重、业绩核查等，健全了业务联动管理机制。

统筹协调，资源整合。在行业信息化推进过程中，坚持统一规划管理、省市合理分工协同推进。对于重要的信息化项目，省级统一制定推进计划，统一信息化标准，统一项目建设管理，统筹协调各部门工作；各市住房城乡建设部门使用统一开发的系统软件，统筹指导协调和监督管理所辖县建设部门的信息化建设，上下联动、齐推共进。对于各市独立开发的项目，同样分工明确。在全省范围内形成标准统一、数据互通、资源共享、上下一盘棋的局面。

标准化理念，促进信息化建设。省住房和城乡建设厅2004年开始贯彻ISO9000国际质量管理体系、实施办公标准化建设，规范机关办公程序，按照管理程序化、程序标准化、标准电子化的方法，以信息化手段固化标准化的成果。“两化”互相促进、共同进步模式，充分体现了信息化不仅靠技术驱动，更要靠政务创新、政务应用驱动。自2011年开始在全省范围内，推广省住房和城乡建设厅做法。

【住房和城乡建设顶层设计】 河北省住房和城乡建设电子政务顶层设计包括“1135”，即一套保障体系、一个数据中心、三个基础平台、五方面数字化应用，如下图所示。

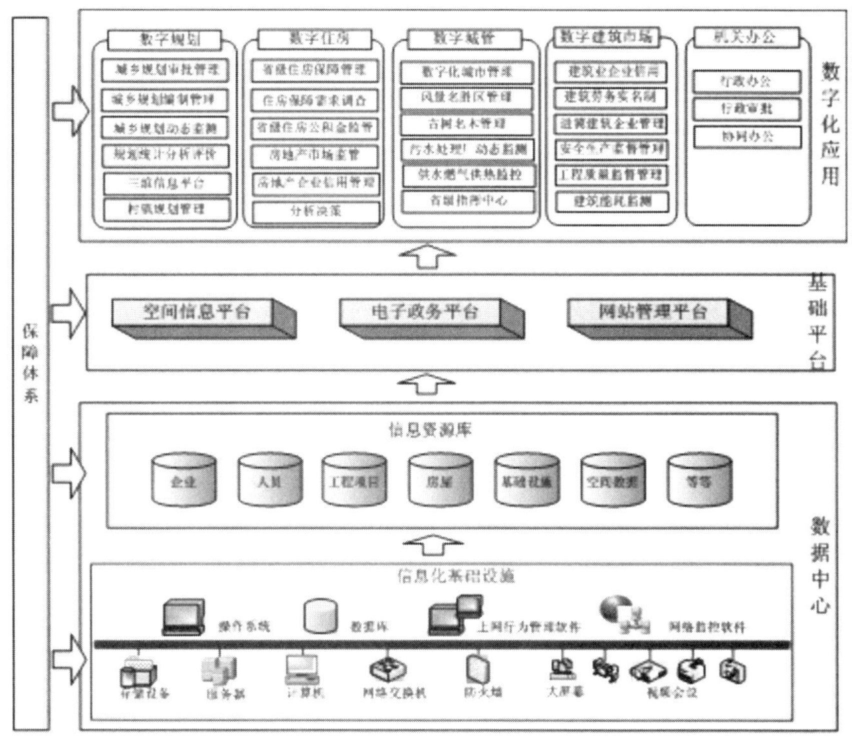

河北省住房和城乡建设电子政务顶层设计图

一套保障体系是电子政务建设、更新、运行、维护和管理的保障体系，包括制度建设和标准规范建设。一个数据中心是电子政务建设的数据基础，包括信息化基础设施和信息资源库。三个基础平台包括空间信息平台、电子政务平台和网站管理平台。五方面应用包括数字规划、数字住房、数字城管、数字建筑市场及机关办公。

【数字规划建设】 一是保障体系不断完善。印发《河北省城市控制性详细规划成果空间数据标准》《河北省县级数字规划建设技术导引》等10余个全省统一的标准规范。各市在全省标准规范的基础上先后出台当地相关制度标准100余项。二是信息资源库逐步充实。按照全省统一数据标准，建立起涵盖基础地形、城市总体规划、城市控制性详细规划、城市遥感影像、城市风貌特色近期建设规划、历史建筑空间布局及住房保障专项规划等城乡规划信息资源库。各市结合当地实际，建立涵盖现状数据、规划数据、业务数据、文档资料数据、共享数据、其他数据六大类数据的信息资源库。三是遥感技术辅助城乡规划监测。制定利用遥感影像实施城乡规划动态监测技术规程，规范了城乡规划动态监测遥感影像数据收集分辨率、格式等，提出数据预处理、图斑提取和报告编写等工作过程的参数配置和相关软件操作步骤及使用要求。搭建软硬件和数据处理专业技术环境，每年采集11个设区市和2个省管县2期遥感影像数据，对比提取年度变化图斑，叠加城市总体规划图，筛查判断用地性质不符合规划要求的地块，形成遥感监测变化图斑电子专题图，为城乡规划实施管理执法专项检查提供基础数据支撑。四是创新理念提升规划审批效能。石家庄、邢台、邯郸等市引入“大项目”管理模式，以建设工程项目生命周期为主线进行规划审批，实现审批地块从选址、用地、建筑工程到批后的一体化管理，各相关部门并联审批，综合查询申请资料和档案，提高了审批效率和科学性。五是数字规划范围拓展。全省50余个县（市）启动数字规划建设，其中，统筹管理的县和县级市全部启动数字规划建设。

【数字住房系统】 住房保障方面。一是强化住房保障业务管理规范化。编制保障性安居工程项目、房源、准入退出管理等7类百余张业务表单，形成全省统一的《全省住房保障信息公开标准》《全省住房保障电子档案数据标准》等。二是建立住房困难家庭电子档案。针对全省低收入住房困难家庭、棚户区居民、外来务工人员、新就业职工等，3次开展全省范围内的住房困难家庭基本情况和需求调查，实现了各类住房困难家庭一户一表、各类住房保障家庭一户一档。三是住房保障规划成果实现电子化。将住房保障规划分解到各年度、各市（县），做到规划落实到项目，项目落实到地块，地块落实到地图。依托地理信息系统，综合展示住房保障现状与规划，通过与城市基础地图、总体规划、控制性详细规划等空间信息的叠加，为规划的科学“落地”、项目的科学布局，提供参考。四是动态监管保障性住房项目建设。各市、县（区）定期报送项目建设计划、建设进度和形象进度图片，细化到每栋单体建筑，系统自动统计各地保障性安居工程目标任务完成情况，作为督导调度各地工作的参考依据。五是全面公开住房保障信息。建立“河北住房保障”网站群，实时公开全省保障性住房建设项目、房源和已保障家庭信息，及时发布各类政策信息，随时接受社会公众监督。

住房公积金方面。建成全省统一的住房公积金业务管理信息系统，实现部、省、市、县四级联网，部、省两级监管，提升了住房公积金管理制度化、规范化、标准化和信息化水平。

房地产市场方面。各设区市全部建立房地产市场信息系统建设，石家庄、承德、廊坊、衡水等市完成房地产纸质档案数字化。石家庄、秦皇岛、唐山建立个人住房信息系统，实现与住建部联网监测。

【数字城管】 一是设区市数字化城管全覆盖。2010年，11个设区市数字化城市管理系统全部建成并投入运行，受理城市供水、燃气、供热、环卫等问题的政策咨询及投诉举报，服务于民、方便于民。河北省成为全国首个设区市数字化城管系统全覆盖省份。二是搭建省级数字城管系统框架。制定了《省市数字城管系统数据共享交换技术要求》等，将各设区市部件、事件、案件城市管理及街道办事处、社区、单元网格、部件空间数据定时采集至省级数据库，能够按照问题来源、事件发生频率、部件发生频率等综合评价城市运行状况。三是古树名木和风景名胜区资源实现数字化管理。完成古树名木保护管理系统和风景名胜资源管理信息系统研发，建立起4400余株古树名木、170余个古树群及1200余个风景名胜区电子档案，实现了古树名木资源和风景名胜区资源在电子地图上的定位与查询。四是数字化城市管理向县级延伸。全省共有40余个县级城市（含县城）建成并投入运行。

【数字建筑市场系统】 一是建筑业企业信用综合评价。统一信用评价标准、统一信用征信机制、统一信用评价方法，建成全省建筑业企业信用综合评价系统，实现在冀建筑业企业全域覆盖的实时动态评价，打造公开、公平、公正的信用环境。二是建筑企业劳务用工实行实名制管理。建成全省统一的建筑劳务实名制管理系统，实现了建筑劳务人员的备案、派遣考勤和工资发放管理。到2013年底，全省备案人员50万人，发放建工灵通卡17万多张。三是规范进冀建筑业企业管理。开发应用进冀建筑业企业管理信息系统，实现进冀建筑业企业准入备案、项目备案的网上办理及证书打印等，建立1500多家进冀建筑业企业的电子档案。四是企业、人员、项目网上审批。建筑施工、勘察设计、监理、招标代理等企业的资质管理、监督检查、统计调查等业务实现网上审批；建造师、结构师等10余类16万从业人员实现网上注册；招投标管理、施工许可、质量监督、安全监督等业务环节实现了网上办理。五是施工图审查网上办理。研发完成施工图审查系统，实现审图机构内部业务的网上管理，全省施工图审查机构使用系统审查勘察设计文件，加强了对建设工程项目的实时动态监管。

【机关信息化建设】 一是机关办公实现标准化、规范化。2002年建成厅机关办公系统。2006年结合机关办公标准化建设要求，对厅机关工作过程和记录表单进行全面梳理，对厅机关办公系统进行了优化升级，做到了收发文、信访、建议提案、情况报告、工作请示、会议纪要、督查督办等网上流转，实现了办公介质从有纸到无纸、工作过程从无形到有形、业务流程从人工传递到网上传输的转变。截止到2013年底，通过系统办理收发文3万件，人大建议政协提案1000余件，信访600余件，会议纪要600余件，发布工作动态、内部通知等信息4万多条，有效保障了机关办公标准化运行。二是行政审批实现网络化、电子化。结合厅行政审批制度改革和效能监察要求，2003年建成行政审批系统。经过3次系统升级，系统应用不断拓展，实现厅所有行政审批、非行政许可事项全程网上受理、审批、公示，每一个环节按时限完成，各环节“闭合式”联接和高效运转，同时，做到了申报和审批材料全部电子化。机关各处室每年办理案卷达6万余件，每件案卷平均办理时间从10个工作日缩短为4.5个工作日，工作效率提高50%。

（吴玉玲）

河北省交通运输厅

【概况】 河北省交通运输系统电子政务建设于90年代初起步，无论是从硬件还是软件都经历了从单机到网络的发展历程。随着信息化技术的快速发展，河北省交通运输厅信息化以及电子政务工作均取得长足发展，全省交通运输行业信息化、智能化水平大幅提升，电子政务建设迈上了一个新台阶。全省交通运输系统电子政务建设对转变政府职能、提高行政效能发挥了重要作用。但是，在电子政务建设过程中，各自为政、分散建设、信息孤岛等问题依然存在，既阻碍了当前电子政务应用效能的发挥，又给系统规范、整合带来了巨大困难。为适应信息化智能化以及政府职能转变需要，加大电子政务统筹协调力度，加强电子政务顶层设计，及早建立、健全电子政务建设管理体制、机制，探索统一组织、集中运维、适度服务外包的电子政务常态化工作机制，势在必行。

1996年，省交通运输厅成立了由主要负责同志任组长的信息化工作领导小组，负责制定信息化方针、政策和有关文件，审定交通运输行业信息化发展战略、总体规划，统筹协调全省交通运输行业重大信息化建设、电子政务建设项目。领导小组下设办公室，具体负责方针政策、规划制度的落实，以及交通运输行业重大信息化建设项目的监督和管理。近几年，省交通运输厅陆续制定出台《河北省交通运输信息化建设管理办法》《河北省智能交通发展战略（2013—2020）》等一系列制度、办法，用于指导全省交通运输信息化智能化建设。

从整体上看，河北省交通运输行业电子政务已经具备了进一步整合资源、促进电子政务绩效整体提升的条件。

交通运输行业在深入推进电子政务建设更好、更快发展的同时，所需的技术、资金、发展环境等硬件条件都已逐步具备并比较成熟，亟待解决和需要加强的是电子政务专业人才队伍建设问题。全省交通运输行业在电子政务（信息化）队伍建设方面一直比较欠缺，省交通运输厅和全省交通运输行业努力培养一批精通业务、精通信息化技术和懂得管理的高素质、高能力的复合型人才，尽快满足和适应交通运输行业电子政务（信息化）发展的需要。

【电子公文系统建设】 河北省交通运输厅电子公文系统开发经历过三个版本（1997年、2002年、2010年）。前两个版本由于各级电子公文系统应用的大环境不成熟，以及当时计算机操作、使用不熟练等原因没有得到较好应用和推广。

随着信息技术的飞速发展，国内信息技术应用水平普遍提高，在公文处理过程中，传统的工作方式、审批模式难以满足新形势需要，电子公文成为提高政府机关办公效率、规范管理的必然趋势。2010年，河北省交通运输厅在交通运输部、省政府电子政务建设的推动、促进下，与石家庄希望计算机有限公司、河北中信联信息技术有限公司、河北CA公司共同合作开发，建设完成了河北省交通运输厅电子公文流转交换系统（电子公文系统），实现了与设区市交通运输局、厅直单位的电子公文流转与交换，同时，实现与省政府的电子公文交换。在使用过程中，通过对系统进行修改、完善，系统的稳定性、科学性不断提高，提高了机关的工作效率和信息综合利用能力，降低了工作成本。

多数设区市交通运输局和厅直单位在省交通运输厅电子政务工作的引导下，建立本单位电子公文系统，进而形成全省交通运输系统电子公文系统网络。通过电子公文系统建设，减少重复劳动，提高工作效率和信息综合利用能力，增强电子公文系统的综合分析能力。同时，实现工作程序流程化，内部文档流转无纸化，加快电子公文的流转、处理速度，降低文档传递中的失误率，使各项工作基本达到规范化、标准化。同时，电子公文系统通过对文档流转过程的监控，及时发现、掌握工作环节中的瓶颈，为领导科学管理和决策提供可靠保障。

【门户网站建设】 1999年，河北省交通厅按照交通运输部有关要求，建设完成了静态的河北省交通厅门户网站；2002年，建设完成了动态的河北省交通厅门户网站；2008年，按照《河北省交通电子政务总体设计方案》提出的“河北交通政府门户采用集成的解决方案，在河北省交通政务外网中心构建网站群共享的软硬件平台，通过对软硬件资源集中建设和管理的方式，实现网站资源的整合、统一”的要求和“集中存储、统一网管、资源整合、门户展现”的建设理念，建成了河北省交通运输厅网站群系统。2008年至今，网站群在政务公开、互动交流、在线访谈等方面不断提升功能，提高了为社会、公众服务的能力。河北省交通运输厅网站群采用了以交通运输厅为主网站，各厅直单位网站、设区市交通局网站为子网站的网站群建设模式。主子网站具有统一的站群标识，站点形象、页面效果都保持统一的风格。整个网站群集中使用一套管理系统，各厅直单位的信息管理员使用中心管理员统一分配的权限，分别管理各自的子站内容和栏目，达到“统一标准、统一形象、整合资源、信息共享、集中展现、节省投资”目的。上线以来，网站群为交通行业的从业人员、企业和社会公众提供政务信息公开、在线办事等“一站式”服务。

【电子政务应用系统建设】 从90年代初DOS操作系统下的单机版应用软件逐步发展到Windows操作系统下的应用软件，后来，随着计算机、网络的普及，互联网技术的广泛应用，开发建设的应用软件逐渐普及到C/S、B/S等网络版的应用软件上来。现在，全省交通运输行业普遍使用的是网络版的管理、服务类应用软件。

省交通运输厅的行政审批工作是依托省纪委效能办统一开发的行政审批电子政务平台，通过对交通运输行业行政审批事项清理、规范以及优化再造，对行政许可事项工作流程重新梳理、优化，实现行政审批事项的网络化管理。通过行政许可的网上审批，确保了流程固化、责任到人、明确时限、全程留痕，形成了标准化的业务流程，对于实现行政许可的公开、公平、公正原则、便民原则，提高行政效率，具有重要作用。

根据《河北省交通运输信息化“十一五”发展规划修编》《河北省交通运输信息化“十二五”发展规划》组织完成了远程指挥调度系统一期和二期建设。2010年6月建设完成了远程指挥调度系统一期，实现省交通运输厅和11个设区市交通运输局的远程视频指挥调度；2012年8月建设完成了远程指挥调度系统二期，二期建设主要包括石家庄、保定、唐山、秦皇岛、廊坊、张家口、承德7个设区市交通运输局，及其所辖的102个县（市、区）交通运输局、省水运工程监督局等四个驻天津厅直单位（在天津设一分会场），实现了石家庄以北（包括石家庄）交通运输系统省、市、县三级远程指挥调度。2013年1月，省交通运输厅启动了远程指挥调度系统三期项目建设，包括邯郸、邢台、衡水、沧州四个设区市交通运输局及其所辖县（市、区）交通运输局。通过三期建设，依托河北交通政务网络平台，实现了河北交通运输系统省交通运输厅与11个市及163个县三级的远程指挥调度、视频、会商及应急管理，提高了交通运输系统对突发公共事件的应急处置能力，对保障交通运输系统安全运行，减少突发公共事件造成的损失具有重要意义。远程指挥调度系统作为交通运输应急指挥调度平台最重要的支撑系统之一，能起到减少硬件投入、充分利用资源、有效分享信息和快速决策、处理重大事件的作用，进一步提升了公路水路交通运输行业的信息传递能力和应急处理能力。

交通应急指挥调度平台涵盖省交通运输厅、公路、港航、运输、铁路、城市客运等业务单位的日常监管与应急处置。2013年10月，交通应急指挥总中心建设完成，满足了全省交通行业应急日常值守和应急处置的需要，各业务单位进行日常值守与监控，应急处置、协调联动或根据政府指令进行应急事件的处置。该中心还可扩展为社会公众提供出行信息服务。平台上接交通运输部、河北省人民政府，下连公路局、高管局、运管局、港航局等业务局应急分平台，以及各设区市交通应急平台，形成上下贯通、左右衔接、互联互通、信息共享、互有侧重、互为支撑、安全畅通的交通应急平台体系，提升了省交通运输厅对交通系统突发公共事件的控制能力，提高了应急管理水平。

【全省高速公路信息化、智能化建设】 高速公路在出现突发、异常事件时，河北省高速公路应急指挥调度系统能及时启动相应应急处置预案，做好应急指挥调度，为领导决策提供支持。“河北省高速公路出行信息服务网”可以更好地向社会公众提供优质的信息服务，实时将全省高速公路路况信息在电子地图上展示，采用不同颜色表示道路的拥堵、缓慢、顺畅等路况，同时为方便公众查看，增加了路径规划、出行指南等功能，贴合社会公众高速出行实际情况，快捷方便查询相应高速信息。推广3G移动通信平台，实现了省管高速公路全覆盖，各单位之间通过3G移动通信平台进行实时语音沟通、调度，同时还具备移动OA办公、远程查看高速公路视频监控图像等多种应用；三维TGIS综合交通管理系统于2013年3月初在省监控中心和16条省属路段进行系统试运行；全省建成ETC车道124条，实现了军车通行ETC车道的需求；实现了山东、山西两省与京津冀区域联网电子收费。

按照省交通运输厅党组提出的“率先建设交通强省、率先建设现代交通、搞好和谐交通建设”的总体目标，2013年高管局积极开展以京秦、黄石、京衡、衡大高速公路为试点的智能化示范工程建设。智能化示范工程建设内容有：全程监控系统、气象监测系统、动态交通事件检测系统、智能情报板诱导系统、高速公路热点区域wifi交通信息服务系统、电子收费自助服务及智能管理系统、收费站拥堵预警与监测系统、ETC车道状态与监测系统。整个示范工程建设内容涉及面广，技术标准高，石黄、京衡段智能化示范工程已建成。

河北省高速公路（省管）三维TGIS综合交通管理系统（简称三维TGIS系统），是一个以多维地理信息技术、数字测绘和数据库管理技术为基础，融合卫星及航空影像、数字高程、实景影像、二维电子地图、三维矢量电子地图、高速公路设施设备数据、动态路况数据、预警事件信息、监控视频图像等多维数据信息为一体的综合业务管理平台。系统建设主要内容包括：路网管理、公路设施管理、综合业务管理。

路网管理。一是路网整体展示。省监控中心具备对省管路段进行统一管理的能力，在三维TGIS系统的数字地图界面上，可以清晰地看到全省高速公路路网结构图。点击其中某条路段，就可以快速进入到该路段的三维矢量电子地图系统中，进行相应的业务管理，如查询该路段收费站、服务区、管养所等详细基础信息，进行模拟网上巡路，以及其他业务管理等等。二是网上巡路。三维TGIS系统通过结合视频监控、卫星定位（GPS）、第三代移动通信（3G）等技术，可以实现网上巡路功能。管理者可以模拟车辆、人物等对象，对感兴趣的路段进行全路段巡视。在网上巡视的过程中，可以随时查看路上构造物、交通设施及机电设施的属性数据、实景图片等信息，并且系统会自动传送附近的实时视频图像到调度指挥中心；另外，当路上发生拥塞、撞车等事故的时候，网上模拟巡视的车辆或人物会自动停止，并弹出相应的事件信息。通过网上巡路，管理者可以真正实现“足不出户而知天下事”。

公路设施管理。管理者除了需要了解高速公路的整体情况外，还需要对收费站、服务区、桥梁等构造物进行精细化业务管理。当管理者需要对某个收费站进行管理时，可以通过路网管理或者模糊查找功能自动定位到该收费站的三维矢量电子地图上，并查询该收费站的详细数据信息，包括基本情况、人员信息、统计信息等，还可以对周边机电设备信息进行查询。如果需要了解收费站亭内、车道以及广场实时情况，可以点击对应摄像头调取现场视频进行查看。服务区和收费站业务管理类似，管理者进入服务区管理界面，可以查看整个服务区的实景三维地图，查询服务区的基本数据信息，还可以浏览停车场、超市、餐厅、卫生间等构造物，并且对这些构造物进行空间属性测量，比如房子高度，建筑物之间的距离等。管理者甚至还可以到超市和餐厅内部去一探究竟，去体会下“一目了然”的感觉。桥梁管理对于高速公路安全通行至关重要。三维TGIS系统可以实现对桥梁信息的统一管理，系统通过对桥梁运行数据进行挖掘和智能分析，能为管理者对桥梁健康侦测提供决策依据。

综合业务管理。河北高速TGIS采用面向服务的架构，除具备卓越的展示功能，还能实现各功能模块与省监控中心现有业务管理系统融合（如应急指挥调度、视频监控、信息发布、机电设备养护管理、路况监控、车辆监控等），实现业务数据的共享。一是应急指挥调度。该模块可以针对应急事件和突发情况，从事件登记、方案制定和评估、审核确认、指挥调度、事件撤除到最后的管理和统计分析都通过网络化完成，并且流程处理的所有过程都会在TGIS系统中展现，这样可以全面提高河北高速公路路网指挥调度应急处置能力的准确度和速度，实现高速公路“快速一畅通”的运营目标。二是综合视频监控。该模块可以对全省高速3000多个内外场摄像头进行统一管理，包括查询设备的详细数据信息、调用实时视频。三是信息发布。该模块可以对情报板进行统一管理和信息发布，屏蔽了由于不同设备厂家之间需要采用不同发布程序的问题。凭借多维地理信息技术形象直观的优点，管理者可以预览信息发布后的模拟结果，进行灵活调整和更改，简化了信息发布的审核和确认过程。四是机电设备养护管理。该模块可以对河北全省各路段的机电设备进行统一的设备资产管理、动态预警管理和维修维护流程管理。管理者可以查询全部机电设备的详细数据信息、历史养护等信息，并对机电养护管理工作提供辅助决策分析，保障机电系统的正常运行，为高速公路畅通运行而服务。五是GPS车辆管理。该模块可以对安装有GPS设备的路政车辆情况进行集中实时监控，使管理者能够对路政车辆进行统一的管理和控制，提高应对突发事件的处理能力。

系统于2013年3月初在省监控中心和16条省属路段（京石、石安、石太、唐津、保津、保沧、廊涿、石黄、沿海、衡大、京衡、京张、宣大、京沪、京秦、青银）进行系统试运行，试运行期间，系统运行稳定，达到了预期使用效果。

高速公路不停车收费（ETC）系统是车辆在通过收费站时，通过车载设备实现车辆识别、信息写入（入口）并自动从预先绑定的IC卡或银行卡帐户上扣除相应资金（出口），是一种用于道路、大桥、隧道和车场管理的电子收费系统。整个过程只需要二三秒钟，大大减少了车辆的等候时间，其通行能力是人工收费的5倍。2013年全省建成ETC车道124条，实现了军车通行ETC车道的需求，实现了山东、山西两省与京津冀区域联网电子收费。随着ETC的推广和普及，ETC系统必将有效缓解高速公路收费站拥堵问题。

【地理信息系统GIS平台】 为准确、全面了解全省公路基本情况，加强公路行业的管理，提高公众出行信息服务，满足各级政府和交通管理部门制定行业政策、发展规划的需要，以GIS（地理信息系统）技术为依托的可视化、网络化的应用实现了对公路数据的可视化展现，更好地为全省公路发展、信息化管理提供实时、准确的数据支撑。

系统基于业界开放式标准，对系统中各种网络协议、硬件接口、数据接口等进行全省统一规划，为未来系统扩展奠定基础。系统完成了基础空间属性数据采集、基础数据库建立工作，数据指标采集和建库管理范围为全省国、省、县、乡、专、村各级路网及其沿线构造物、交通附属设施，以及全省范围内的全部乡镇、建制村，并对包括路线建设历史状况、各种构造物及附属设施的多媒体信息进行了同步采集。通过项目应用已经形成了完善的路网数据更新机制，建立了1：5万全省公路地理信息图库，建立了《河北省公路GPS数据采集维护系统》和《河北省公路基础数据库系统》。省公路局每年对全省公路基础数据的属性数据和影像数据进行采集更新、维护和审核工作。为全省公路管理和信息化建设提供统一、详实、实时的公路基础数据和GIS共享平台。

（李士良　石晓峰）

河北省工业和信息化厅

【概况】 河北省工业和信息化厅按照科学统筹、统一规划、突出重点、注重实效原则，分批次逐步进行建设，建设了厅机关办公自动化系统升级改造、行政事业单位资产管理信息系统、年营业收入超1000万元的规模以下成长型企业数据库系统、通用专家评审管理系统、厅机关邮件系统和网站系统升级等项目。

厅机关办公自动化系统升级后，形成了综合性的办公平台。厅机关、厅直属单位、各地市工信局登录各自的工作台，实现省市工信部门之间的公文传输。按照授权管理权限，实现省市工信部门公文查看、编辑、上传、重要文件加密处理等功能。

行政事业单位资产管理信息系统将财务管理、实物管理、价值管理、预算管理和集中支付、政府采购有机地结合到一体，并通过对资产配置、使用、处置、维护、申报、审批等多个环节的全程跟踪，实现针对资产的全生命周期的管理。实现了合理分配、有效使用国有资产，维护国有资产完整，为行政事业单位履行社会职能提供有力保障。

年营业收入超1000万元的规模以下成长型企业数据库系统在依托现有的工业经济运行系统的基础上，利用工业经济运行系统的相关软硬件和数据填报渠道，建设全省年主营业务收入超1000万元的规模以下成长型企业经济运行数据报送和分析系统，建立相应工业企业动态的经济运行数据库，通过共享现有系统中相关数据库的数据以及各种工业经济运行分析数据，进行多角度的综合统计分析，实现对全省规模以下企业相关指标的动态监测以及重点建设项目的动态跟踪管理，并为相关企业的成长情况进行分析提供数据基础，为有针对性地出台对全省规模以下成长型企业的培育政策，监测分析全省规模以下工业运行态势，进行预测预警和信息引导提供支撑。

全省信息化项目管理系统包括项目管理子系统和信息通报子系统，建设了项目管理数据库、信息管理数据库、综合管理数据库等4个数据库。覆盖省市县三级信息化主管部门，实现信息化项目的网上申报和全流程管理、文件申报下发和信息通报管理等功能。通过该系统提高信息化管理部门的办事效率，节约时间，方便企业和群众。

通用专家评审管理系统实现专家申报、评选、抽取、日常管理以及相关的文件、信息的上传下达，专家在互联网上对项目盲评等功能，为河北省相关项目的评审提供支撑，实现项目评审的公开、公平、公正。

省工业和信息化厅邮件系统于2003年组织建设，只具有邮件收发、附件下载、个性化设置等简单功能，且存在部分安全漏洞，无法进行垃圾邮件过滤，不支持电子证书安全认证服务，无法实现加密邮件等功能。为落实省委保密委《关于加强党政机关互联网办公电子邮箱保密管理的紧急通知》文件精神，需对省工业和信息化厅的邮件系统进行修改升级，实现邮件系统安全传输、存储。

省工业和信息化厅网站2003年开通，为全省的公众提供了大量信息服务，在历年全省网站绩效考核中均名列前茅。为加强对网站的管理，需对厅网站管理后台进行升级，实现对网站系统的安全管理，更好地为群众服务。

（省工业和信息化厅）

河北省水利厅

【概况】 随着信息技术的迅猛发展和水利事业的全面推进，水利信息化工作逐步深入开展。特别是2005年第一次全省水利信息化工作会议以来，全省水利系统坚持以防汛抗旱指挥系统带动水利信息化，以水利信息化带动水利现代化，围绕水利中心工作，组织实施全省水利信息化规划，初步形成由基础设施、应用系统和保障环境组成的水利信息化综合体系，推动传统水利向现代水利可持续发展转变。

水利厅党组确定“以防汛抗旱指挥系统建设为龙头，带动水利信息化发展”的思路，提出“水利信息化是水利现代化的基础和重要标志”，并将水利信息化工作列入水利工作发展的重要内容。全省水利系统越来越认识到信息化工作的重要性，不断加大工作力度，使水利信息化建设步入“快车道”。

为加强信息化工作的组织领导，水利厅于2003年成立信息化工作领导小组，组长由水利厅厅长李清林担任，成员由各处室一把手组成，办公室挂靠在省防办，省防办主任兼办公室主任，办公室负责日常工作，并明确了水利厅信息化办公室的职能。全省各市水利行政主管部门基本上都成立了信息化领导小组和办公室，厅直有关单位也相应成立了信息化领导小组，并明确专人负责此项工作。到2013年底，基本上理顺了信息化工作管理体制，行业管理职能得到进一步加强，为水利信息化的规划、设计、项目建设、系统运行管理等工作提供了组织保障。

在防汛抗旱指挥系统建设的带动下，全省水利信息化建设投入逐年增加，近年来省政府对防汛抗旱指挥系统建设拨付专项建设资金达3000多万元，使河北省的水利信息化建设步伐逐步加快，省水利信息化办公室每年都能争取到省财政的支持，并拨付一定资金作为运转经费，保证信息网络系统正常运转。

河北省制定《水利信息化管理办法》《水利厅门户网站管理办法》《水利厅机关局域网管理办法》《防汛抗旱指挥系统建设管理办法》《防汛抗旱计算机网络管理办法》等，各市和厅直有关单位也制定了一些信息化建设管理、信息发布、网络与网站管理、资源整合与共享、安全保障等方面的规章制度。这些办法和规章制度的出台，强化和规范了全省水利信息化建设与管理工作。

省水利厅先后接入省政府公文交换系统、党委信息报送系统、省政府电子邮件系统，提高了省水利机关公文报送效率，同时也提高了公文上报质量。在水利部及省委、省政府的要求下，水利厅建成了厅机关行政权力公开透明运行系统，主要包括工作动态、网上审批、过程公开、政策法规、投诉监督、资政论坛等栏目内容，公开水利厅行政权力运行情况及重要事项的办理结果、重要社会管理事项公告通告，以及行使或出台的有关政策法规，并出台了《河北省水利厅行政权力公开透明运行管理试行办法》。要求各处室明确一名主管领导负责，并指定专职人员负责发布，更新本部门网上信息，并将其列入年终处室考评的重要内容。2008年8月建成了“水利厅网上审批信息系统”，该系统包括全厅21项行政许可事项的网上申请、受理、审查、办结等全部流程，并由电子监察系统全程进行跟踪监督。平台建成后，将完善公文运转流程，明确工作人员责任，减少纸质文件的传送数量，公文传阅更加及时，有利于行政权力公开透明，有利于行政效率的提高。省水利厅先后开通了“河北水利网”“河北防汛抗旱网”“河北省水库移民网”和“河北水土保持网”“河北水文水资源信息网”等省级国际互联网站，各水利网站相互联接、信息共享，形成了面向社会公众提供服务的水利门户网站集群平台。制定了《网站管理暂行办法》，规定了发布信息的审签制度和程序，确保网站安全、高效运行。

水利信息化工作仍然存在不少困难和问题，突出表现在以下几个方面：一是对信息化工作认识还没有到位。有些机关单位的同志特别是领导对信息化工作认识淡薄，对加快推进水利信息化工作的重要性和紧迫性认识不够。二是信息化工作的体制还没有健全。个别机关单位到2013年底还没有成立信息化工作机构，信息化工作管理部门职能不强，体制不顺，职责不到位，任务不明确；行业管理力度不够，统一协调困难，各自为政进行项目建设的现象依然存在，造成低水平的重复建设，无法适应水利信息化发展的需要。三是信息资源共享难度较大。由于信息化项目分散建设、规范标准不统一、部门成果保护、全局意识不强，造成了信息化资源难于整合，信息化资源难于共享，软件硬件环境得不到高效利用，管理制度也不健全，开发利用效益不高，信息化建设的整体优势和效益难以充分发挥。四是信息化建设资金投入严重不足。水利信息化建设与管理资金难以落实，资金渠道不畅通，没有列入年度财政预算，资金投入分散，难以集中干大项目，特别是信息化工作运行经费难以保障，使运行管理单位背上了较重的包袱，导致系统不能发挥应有的效益，不利于信息化工作的健康发展。五是信息化技术人员相对短缺。河北省水利系统信息化现在的人才与信息化建设管理任务的要求存在着很大差距，特别是水利信息化专业技术人员相对缺少，如果没有一些懂管理、懂技术的高尖人才，很难建设和管理信息化工作，特别是既熟悉水利业务又懂信息化技术的复合性人才更加短缺，有的专业技术骨干人才流失严重，难以满足水利信息化实际工作的需要。

【防汛抗旱指挥系统】 河北省初步建成了以信息采集为基础，以通信传输为保障，以计算机网络为依托，以决策支持系统为核心，以信息显示发布系统为成果的先进、实用、高效、可靠的河北省防汛抗旱指挥系统。

省级防汛抗旱指挥系统一期工程建设情况。一是信息采集系统。全省500个报汛雨量站全部实现测报传输自动化，河北省雨水情数据收集由3个多小时缩短到20分钟，大大提高了时效性；建成5个水情分中心，提高了水文部门雨水情的测报能力；建成6个旱情分中心和175处墒情监测站，及时掌握全省旱情，为指导抗旱提供重要依据；建成17座大型水库及6座大型闸涵枢纽重要部位的远程工情图像传输系统，监控点130多处，实现工情的实时传输；建成一部通信卫星移动车和便携式图像采集传输设备，一旦发生洪灾，可到现场采集、转发图像，为防汛调度提供实时现场动态情况；建成利用亚洲2号卫星发送的气象云图采集系统，该系统直接传输到河北省防汛抗旱指挥决策支持系统的主页上，直观看到和预测未来天气变化趋势，特别是大的降雨过程和台风的形成及发展，为提前做好防汛准备提供可靠信息。

二是通信传输系统。建成山区8个市、大中型水库及重要控制水文站的短波、超短波通信网；建成国家防总至海委、廊坊市、保定市、石家庄市和省防办到岗南、黄壁庄水库的微波通信专网；在边远山区的大中型水库和重点报汛站安装卫星电话；在全省蓄滞洪区、小型水库、山洪泥石流易发区建成通信预警反馈系统专网。同时利用现有公网和已建的专网相结合，保证汛期全省通信畅通无阻，遇到突发事件可以及时预警，为群众及时安全转移和采取其他应急安全措施，提供信息保障。

三是计算机网络系统。建成与国家防总、海河水利委员会、省和市三级计算机网络系统，并分为内网和外网，实现了全省水利系统的计算机联网；建成了与11个设区市和3个省直属水库、4个河务处（局）、省水文局的视频会议系统，视频联接单位20多个，为全省水利信息化提供平台；省水利厅还建成“河北水利网站”“河北防汛抗旱”等门户网站，利用这些网站，宣传了河北水利和防汛抗旱工作。

四是决策支持系统。开发了防汛抗旱指挥决策支持系统，可在1：5万三维电子沙盘地图上进行气象云图、雨水情、工程、旱情、灾情、防汛物资储备、抢险队伍、各类预案、政策法规等情况查询和进行洪水预报调度等内容。以图、文、声、像等方式提供水情、雨情、工情、旱情和灾情的背景资料及历史资料等信息查询服务，为防汛抗旱科学调度提供了决策支持。

开发实用软件情况。防汛抗旱指挥系统建成后，河北省重点抓实用软件的开发，先后完成全省各类水库信息管理、大型水库洪水调度、大清河与子牙河洪水调度、抗旱信息管理、防汛值班管理、洪水灾情评估、蓄滞洪区信息管理等系统和防洪数据库。这些实用软件的开发，为防汛抗旱调度提供了决策支撑。

市级防汛抗旱指挥系统建设情况。在省一级加快防汛抗旱指挥系统建设的同时，各市对市级防汛抗旱指挥系统建设也加大投资力度，到2013年底，全省都已建成防汛抗旱指挥系统基本框架，但发展不平衡。石家庄、唐山、承德、邯郸市因领导重视、有规划、投入大，建设得比较好。特别是石家庄市有机构、有规划、有投入、有人才，建成了基本满足全市防汛抗旱工作需要的先进的防汛抗旱指挥系统，走在全省前列。

【水资源管理信息系统建设】 2007年初，河北省编制了《河北省水资源管理信息系统建设实施方案》，2008年编制完成《河北省水资源管理信息系统初步设计报告》，并上报水利部，按照设计报告的要求，从2010年开始，用3—6年的时间完成全部建设任务。建成后，将实现对全省县级以上城市和重点城镇集中供水水源地占已发取水许可证取水量的75%取用水量，各市行政分区边界河流控制断面占入河排污总量70%的规模以上入河排污口，市级和县级城区及地下水超采区的重点地下水位的实时在线监控，利用防汛抗旱指挥系统的骨干网实现省、市、县三级水资源管理机构间的主要业务网络办公，为对全省推行以供定需、总量控制和定额管理、对水安全突发事件的应急响应、对全省水资源的优化配置和科学开发利用等水资源管理工作提供及时、科学的信息服务和技术支撑。承德市以水资源管理信息系统建设带动全市水利信息化发展，为全省带了一个好头。廊坊市在节水型社会试点中，将水资源远程实施监控作为重点项目，初步建成市级水资源远程实时监控系统，对市区80多家取水单位、140多眼取水井的取水量、取水时间等进行实时监控，现正在完成二期建设工程。

【水土保持监测网络和管理系统】 根据水利部的要求，河北省利用地理信息系统开发了《河北省水土保持管理信息系统》，该系统对全省水土保持有关数据进行管理，可方便快捷地实现网上查询、检索和统计。同时建成水土保持数据库，完成部分开展治理小流域位置图和开发建设项目的位置图。从2007年开始二期工程建设，规划河北省建一个省级监测总站和6个监测分站及12个监测站点，要求站点代表不同的水土流失类型，水土保持的各类数据，实现信息实时传输。

【农村水利管理信息系统】 按照水利部的要求，农村水利管理信息系统建设主要包括：农村饮水安全管理、小型农田水利、节水灌溉、大型泵站管理和大型灌区管理信息系统。在灌区信息化建设方面：河北省石津、滦下、冶河三个灌区被水利部定为试点建设单位，河北省先后编制完成三个灌区信息化试点实施方案，总投资3800多万元。省水利厅成立了信息化试点领导小组，建立健全了一套管理办法和规章制度，并完善灌区信息化项目运行管理与维护机制，在提高灌区建设管理水平方面发挥了重要作用。如滦下灌区信息试点建设按照经济实用、运行稳定、技术先进，随时升级的原则，进行自动化系统建设。在灌区闸、站、所、处设四个管理层面，对输水干渠70多座闸门、60多座泵站和五大枢纽工程全部安装了自动化管理设施，实现了自动采集数据、遥控启闭闸门、远程屏幕监控、智能磁卡收费的功能。在农村饮水安全管理信息系统建设方面：该系统是解决农村饮水安全项目管理的重要手段，可实现农村饮水安全行业管理数据信息的统一管理，并能实现中央、省、市、县四级水利行政主管部门依据不同的权限在互联网上统一管理和项目建设管理信息资源的共享与服务。到2013年底，该项目已完成系统软件开发、数据库建设和网络建设。

【水库移民管理信息系统】 根据国务院全国水库移民后期扶持政策实施工作会议要求，水利部积极推动全国水库移民管理信息系统建设工作。河北省先后建设完成大中型水库移民人口登记管理系统、水库移民信访管理系统、水库移民文档管理三个系统，同时还开发了河北省水库移民网站，该网站主要功能是发布移民政策、通知公告信息，动态消息和图片、音频和视频，文件和统计，实施项目管理，接收各地信息、检索站内信息、下载软件和文件等。水库移民信息化建设取得有益的尝试，解决了后期水库移民扶持政策实施中的一些实际问题。

【水利数据库建设】 为加强水利信息资源的开发利用，河北省加强了数据库建设步伐，先后完成水文数据库、防洪工程数据库、水资源管理数据库、水土保持管理数据库、农村水利管理数据库、水利人才管理数据库、水利财务管理数据库、水库移民管理数据库等一大批数据库建设项目，这些数据库还处在初级和专项建设阶段，按照水利部提出的建立省水利数据中心的要求，河北省正积极筹备建设省水利数据中心的前期工作，省水利数据中心建成后，基本实现水利数据资源的整合和资源共享，为水利工作发展提供有力的支撑。

【水利网络与信息安全保障系统】 省水利厅计算机中心网络系统建设逐年完善。河北省防汛调度中心大楼的网络系统采用千兆以太网技术，2002年投入使用。2003年又完成内外网物理隔离的局域网体系的建设任务，分别安装了内、外网防火墙和网络防病毒软件系统。防汛骨干网安装了入侵检测系统、漏洞扫描系统，建成了数据冷、热备份系统，初步具备防御病毒、网络攻击的能力，保证了近500台计算机正常安全运行。

（省水利厅）

河北省农业厅

【概况】 1995年，河北省农业厅成立市场与经济信息处。1998年6月，经省编委批准成立了河北省农业信息网络服务中心，主要负责农业信息网络的建设、维护、软件开发、信息资源的开发和利用。2003年1月更名为河北省农业信息中心。2000年3月20日，河北省人民政府办公厅印发《河北省人民政府办公厅关于加强农业信息服务工作的通知》，成立了由主管副省长任主任，省农业厅、省科技厅、省水利厅、省林业局、省畜牧局、省水产局、省农垦局、省乡镇企业局、省气象局、省供销社、省外经贸厅、省粮食局等省直14个部门负责同志为成员的河北省农业信息指导委员会。农业信息指导委员会办公室设在省农业厅。2003年成立了全省农业信息网络工程建设领导小组，指导全省农业信息网络工程建设工作。

1997年，省农业厅结合机关大楼建设，进行大楼网络结构化布线，建立40平方米的机房，购置服务器等硬件设备。1998年7月，省农业厅门户网站“河北农业信息网”正式开通，成为河北互联网首批14个省直部门节点之一。省农业厅电子政务开始起步。

最初的“河北农业信息网”只设置了农业要闻、农业政策法规、农业产业化等14个栏目，主要是厅内政务信息动态，信息更新周期在一周左右。

2001年，省政府启动河北省农业信息网络工程，并确定为“十五”期间农业重点工程之一，由省农业厅组织实施。按照“高质量、高标准、低投入、快使用”的原则，采用统一方案、统一标准、统一集成、分级实施的“三统一分”的工程建设办法，克服困难，齐心协力，扎实工作，千方百计加快工程实施进度，提前两年建成开通了全省农业信息网络。2003年12月，全省农业信息网络工程正式建成开通。建成了以省农业信息中心为中枢，宽带连接省农业厅、省水利厅、省林业局、省扶贫办、省中小企业局、省畜牧局、省水产局、省农业产业化办公室、省粮食局、省气象局、省供销社、省农科院、河北农大、省社科院等14个省直农口部门、11个地级市、138个县，利用农技服务和计划生育等网络连接所有乡镇，通过“电波入户”、语音电话等多种渠道，基本覆盖到村的农业信息网络体系。

2003年12月31日，河北省政府在石家庄举行河北农业信息网开通暨全省农业信息化工作电视电话会议，省政府副省长宋恩华出席会议并讲话，省委副书记冯文海宣布河北农业信息网开通并按下启动键，标志着全省农业信息化工作迈出了重要一步。

在全省农业信息网络工程建设中，省直部门按照“统一窗口，部门设站，共用通道，共享资源”的要求，开通了12个省直部门网站，11个市和138个县建立了综合或特色农业网站和数据采集中心。省级初步建成全省农业信息交换中心、数据中心和多媒体服务中心，省、市、县三级共开发农业网站163个，设立为农民服务的市场供求、专家咨询等特色栏目近万个，建立了农业技术、农产品市场、致富典型等12个全省共建共享数据库，整合集成农民急需的各类涉农信息，与农业部、省外农业部门建立了信息交流渠道，拓宽了信息来源渠道。

2002年，按照农业部统一要求，河北省农业厅建立农业部指挥调度卫星通信系统河北省省级卫星小站，接入农业部指挥调度卫星通信专用网。2003年，省农业厅配备视频会议终端，加入农业部卫星网络视频会议系统。2005年，省农业厅依托河北省农业信息网络，建成开通了全省农业多媒体视频会议系统，实现省农业厅和11个设区市农业局间的双向语音视频传输。

由于河北省农业信息化工作成绩突出，2004年5月农业部在石家庄市召开全国农业信息化工作会议，全国各省（区、市）、计划单列市和部分地市、县农业部门有关负责同志参加，推广河北藁城“三电一厅”农业信息服务模式。先后有20多个省到藁城参观学习。

根据《河北省电子政务建设总体规划实施意见》要求，作为河北省电子政务112工程的农业信息发布及服务系统于2005年启动。该系统重点建设和完善农业科技服务信息、农副产品供求和价格信息实时发布、重要农产品市场预警等三个子系统，切实解决信息服务“最后一公里”问题，采取多种方式促进农业信息进村入户。该系统由省农业厅牵头，组织省畜牧局、水产局、粮食局、农科院等单位共同进行信息资源规划，初步形成涉农信息数据库框架体系，建立信息资源分类指标体系，以此为基础，制订河北省地方标准《农业信息网站信息采集编辑发布管理规范》，为全省涉农信息共建共享奠定基础；合理调整涉农信息采集点布局及数量，开发完善应用系统40多个，充实各类数据库信息800多万条，进一步丰富了为三农服务的各类信息资源，促进了涉农信息共建共享。

河北省于2002年底开始建设农业电话语音服务平台，通过电话为农民提供信息服务。2003年首先开通了石家庄市及所辖17个县（市、区）的农业电话语音服务平台，全市统一特服号“96356”。在此基础上，以县级为单位，分别在其余10个地级市建设了平山县、兴隆县、赤城县、抚宁县、遵化市、香河县、唐县、黄骅市、冀州市、巨鹿县等10个试点县（市），承担各市电话语音服务。2005年，河北省申请了全省统一农业特服号“96356”，农业电话语音服务基本覆盖全省。2006年，按照农业部要求，将全省统一农业特服号“96356”调整为全国统一的农业特服号“12316”，统称为12316三农服务热线。2007年，对该系统进行了升级，增加了农资打假举报和质量安全投诉功能。2009年，与省联通公司合作建立了全省统一的12316三农综合信息服务平台，全省调配专家资源和信息资源为三农服务。平台具备农产品质量安全、农资打假举报投诉，语音服务和短信服务三大功能，其中语音服务为全人工服务，可实现专家与农户一对一服务；短信服务分为种植技术、养殖技术、市场动态、政策法规4大板块，为订制用户每周提供不少于3条短信服务。同时，为提升全国农业系统公益服务统一专用号码“12316”热线服务水平，2010年1月5日，省农业厅印发《河北省农业厅关于组建全省农业咨询专家团的通知》，从全省范围内筛选了468名专家组成河北农业专家咨询团，分设粮、棉、油、菜、果、畜禽、水产等22个专家组，通过12316等农业综合信息服务平台，让专家随时随地为农民在种植、养殖、产品销售、权益保护和政策咨询等方面提供及时、准确、权威的信息服务。为专家配备12316专家手机200部，随时随地为农民服务。据不完全统计：2009年至2013年10月，平均接打量为4.3万次/月，其中转接专家有效记录为3000次/月；平均短信量为21万条/月；2013年1—10月总接听量为1.9万次，其中转接专家有效记录为1.05万次，2013年短信总量288万条，短信开通以来的总量为464万条。

在利用传统媒体开展信息服务的基础上，组织动员各地农业部门，积极探索多种形式的信息服务方式，把互联网与电信、电视等现代媒体相结合，拓宽了信息覆盖范围，提高了信息的时效性和实用性。服务模式包括：利用互联网络直接为农民提供技术和市场信息服务，实现“网上看信息、网上学技术、网上做交易”；将信息网络与农技“电波入户”工程结合，把计算机网络信息量大、电视普及率高的优势结合起来，把信息直观迅速地传送到千家万户；运用电话语音服务平台，为农民提供信息咨询服务；依托中介服务组织、协会和经销商，为龙头企业、农产品市场、种养经营大户等提供信息服务和产品展示平台；通过科技进村服务站等方式，把信息服务和物资技术服务结合起来；对特色龙头企业和规模农户实行信息定制服务，增强服务的针对性，实现了农产品和市场的有效对接。

到2013年底，全省11个地级市都设有市场信息科或信息中心，其中有9个市（石家庄、承德、张家口、秦皇岛、唐山、廊坊、沧州、衡水、邯郸）的信息中心经编委批准为全额拨款事业单位，有2/3以上的县（市）成立了农业信息中心，明确了机构和编制；有近1/2的乡镇按照农业部“五个一”的标准（即有一间房子、一台微机、一部电话、一套放像设备、一名技术人员）依托乡农办、农经站或农技站成立了信息服务站。全省形成了省级60人、市级220人、县级1400多人、农村信息员9200多人的专兼职农业信息服务队伍。

（省农业厅）

河北省林业厅

【概况】 河北省林业厅电子政务工作始终坚持以满足造林绿化、资源管护等林业核心业务需求引领信息化，坚持以满足政务公开、互动交流、在线办事等社会需求引领信息化，坚持求真务实、自主创新的科学发展模式，充分利用现代信息技术促进和保障林业的改革和发展，建立现代林业服务、管理和监督的技术保障体系与决策支持体系，加快了河北林业现代化步伐。林业信息化在提高行政管理能力，服务生态民生等方面发挥了重要作用。

围绕推进林业信息化和电子政务建设，河北省林业厅加强了组织机构、政策法规、人才培养等方面的基础工作。成立了由厅党组书记、厅长任组长的河北省林业信息化和电子政务工作领导小组，制定十一五、十二五全省林业信息化和电子政务发展规划，并不定期召开专门会议，研究解决当前全省林业信息化发展中存在的问题，部署信息化和电子政务工作。成立了省林业信息中心，具体负责全省林业信息化和电子政务建设工作的管理和实施。每年对全省林业信息化和电子政务工作进行督导检查，开展2-3次网络与信息安全检查和电子政务应用培训，林业系统干部职工的信息安全意识和电子政务应用水平明显提升。省林业厅先后制定了《河北省林业门户网站专栏信息更新维护考核办法》《河北省林业厅视频会议系统管理办法》《河北省林业厅计算机信息网络系统安全管理办法》《河北省林业厅中心机房管理办法》《河北林业网站管理办法》等制度，保障信息化发展更加规范。为进一步保障电子政务系统的稳定运行，省林业信息中心制订并不断完善技术防护策略。网闸、网络杀毒软件、上网行为管理等措施有机结合，坚持对新建应用系统开展信息安全测评，提升了系统运行的指标和性能；定期检测网络及应用系统状态，加强设备、网络、数据等全方位管理；定期检查计算机软件、存储介质、网站信息等终端应用，排除安全隐患、增强责任意识。关键时期24小时值守，保障了网络运行零事故。

到2013年底，省林业厅已建成标准化中控机房2处，机房供配电、空调系统、监控系统等辅助设施保障齐全。机关局域网与先后接入厅机关的省政府政务内网、政务外网，国家林业局专网，金盾网，省财务专网纵横联通，电子政务信息系统全方位覆盖省级林业部门办公、办文、办事流程；网闸、防火墙、网络杀毒软件等形成比较完善的网络安全体系，保障了电子政务网络的安全和稳定运行。

河北林业信息化和电子政务工作致力于加强信息资源开发利用的深度和广度，立足林业核心业务需求，向公共服务领域、资源监管领域、林业监测领域拓展。河北林业网、河北省林业视频会议系统、河北省林权管理系统、河北省森林公安网上执法办案系统、河北省森林资源数据库、河北省森林防火应急指挥系统等重点项目建设成效显著，信息化和电子政务在加强生态建设、改善公共服务、提高行政效能等方面发挥了重要作用。

【网络和基础设施建设】 省林业厅机关局域网2000年建成使用。当时利用光纤通信技术，楼层间通过主干光纤连通交换机，楼层内采用星型拓扑至各房间，连接终端微机100多台，初步实现网上资源共享。2003年6月，省林业厅接入国家林业局内部专网，运行国家林业局内部文件传输系统和国家林业局网络视频会议传输系统。2004年6月，接入省政府政务内网，实现了与省委、省政府的文件专网交换。2006年，借助省政府政务内网资源建成河北省林业视频会议专网。2013年互联网接口并入省政府政务外网。同时，逐年稳步加强机房消防、防雷、隔离等环境建设，增加交换机、服务器、网闸、防毒软件、数据库软件等软硬件设施，为网络和信息系统安全稳定运行提供了保障。

【门户网站建设】 河北林业网始建于1999“政府上网年”。至2013年，河北林业网经过5次改版不断充实完善，发展成为一个集文字、图片、视频即时发布为一体的，管理技术比较成熟、内容比较完备、拓展性较强的省级政府部门门户网站，成为林业政务公开、信息发布、政策宣传、成就展示的主渠道。网站内容包括新闻、专题、专栏、交互式论坛等四大类 24 个子栏目，信息总量达到 13.6G。网站开设了 60 多个业务专区，充分发挥了网络宣传、信息公开、在线办事、互动交流功能。近 5 年来，信息更新量以每年约 20%的速度递增，年均点击率超过 100 万次，先后荣获河北省政府网站内容保障先进单位、“全国林业十大优秀网站”、“河北省文明网站”等荣誉称号。网站建设紧紧围绕全局工作，适时开发上线各类专题、应用。同时，按照资源整合、信息共享的思路，稳步推进网站群建设，到 2013 年底河北林业网站群已拥有 6 家子站，涉及市级林业网站、直属单位网站、专业网站等类型。

【数据库与应用系统研建】 全省视频会议系统。2006 年建成全省林业视频会议系统，连接 11 个设区市林业局及 4 个驻外直属单位，并可转接国家林业局视频会议系统，支持会议互动和远程多媒体培训。2013 年新建防火指挥室控制节点，完成视频会议系统新旧网络设备集成和功能并转，实现防火期内全省 14 个节点全天候在线会商。视频会议系统的应用提高了工作效率，平均每年召开视频会议约 15 次，节约经费开支约 100 万元。

行政许可事项网上受理系统。2008 年，完成了林业行政审批系统网络建设工作。到 2013 年底，省林业厅 23 项行政许可事项已全部实行网上“一站式”申报和办理，并执行首问负责、一次性告知、限时办结等网上监督制度，减少了办事人员和材料的往返，年均办理许可事项约 450 件，100%实现在线办理，进一步规范审批流程，提高办事效率和服务水平。

全省林权管理信息系统。2007 年由省林业信息中心自主研发成功并在全省 11 个设区市和 172 个县（市、区）推广应用，是当时全国唯一的网络版林权业务管理软件，研究成果位居国内领先水平。两次在国家林业局有关林权改革政策研讨会上应邀进行软件演示，得到业内专家的一致好评。该系统创建了统一的数据中心，实现了登记、发证、注销、建档、查询等功能，每年审核、登记、发证面积 10 万亩以上，提高效率 4 倍以上。到 2013 年底，全省林权数据库备份总量达 300 万条，其中宗地 81.8 万条。

全省征占用林地管理信息系统。2008 年，全省征占用林地管理信息系统研建成功并投入应用，实现了省、市、县征占用林地审批业务的分层级管理，优化了申请人报送工程建设占用征收林地申请程序，林地定额精细化管理提高了林地资源的利用效率，提高行政审批效率 4 倍以上。

全省森林资源地理信息数据库。自 2009 年起，自主设计建设全省森林资源地理信息数据库，以解决“林子长在哪里，造林造在哪里”的问题。以塞罕坝、塞北等大型林场二类调查数据为基础，在小班边界底图上，加载二类资源调查小班属性信息和“再造三个塞罕坝林场”历年造林工程数据；完成了木兰林管局、塞罕坝林场、御道口林场、千松坝林场以及万全、赤城、崇礼、沽源等 10 个单位的 51 万个小班资源数据整理，将现状地类、土壤质地、植被结构等 30 多项因子数据标准化转换、入库。借助开源公共软件平台设计开发了网络结构森林资源地理信息系统，首次通过互联网实现“再造三个塞罕坝林场”工程项目申报、造林审核、进度检查等环节的图文、图表和数据共享一体化管理。

全省林业基本情况数据库。2012 年将 172 个县（市、区）、11 个设区市及全省行政区划，土地面积，林业用地面积，宜林地面积，有林地面积，森林覆盖率，林木蓄积量，林业产值等森林资源数据，各级林业管理机构名称、编制数、实有人员数，人员类别等各类涉林主要指标数据分类整理，完成 184 张（JPG 格式）资源分布图的拼接制作，建成迄今为止最完整、详实的全省林业基本情况数据库。实现全省林业基本数据的在线查询和浏览。

河北省森林防火应急指挥系统集火情监测、扑火指挥、防火管理于一体，充分体现了信息化对林业发展的巨大支撑作用。图为河北省政府副省长沈小平（左）、省林业厅厅长王海洋通过该系统的移动卫星即时图像研究扑火方案。

河北省森林防火应急指挥系统将单兵图像采集与 VSAT 卫星小站连接，及时回传现场图片和视频资料。

河北省林业信息化基础设施不断加强，科学规范的管理确保重要信息系统持续稳定运行。

全省林权交易系统。2012年，全省林权改革主体工作基本完成，根据林权交易活跃的实际情况，分别建成塞罕坝机械林场木材网上竞价系统和保定林权交易网。并以此为基础，搭建全省林产品交易平台构架，实现河北省林业电子商务“零”的突破。该系统开设了免费的浏览和发布专区，设有供求信息版块和自由交易版块，为林果农搭建自由交易的商务平台；同时，宣传相关政策法规及相关资讯，并面向有其他相关需求的个人、企业提供网络服务，进行网上挂牌、竞价和交易，在盘活林业资源，增加农民收入方面显示出独特优势。

全省林业系统办公系统一体化平台。2013年，在厅机关内部文件流转的基础上延伸应用，更新优化内部文件流转系统（OA），完成系统功能定制；调整网络参数和设备，完成12个厅直属事业单位的网络链接。厅机关各处室和直属事业单位互联互通，建成了网上传送文件、发布通知公告的一体化办公系统，与国家林业局文件传输系统、河北省政府公文传输系统互为补充，形成了协同、共享、高效的信息交流平台，每年传送文件、通知、资料5000多件。

全省森林防火指挥信息系统。积极开展国家林业局批复的河北北部和燕山太行山森林防火信息指挥系统示范项目建设。到2013年底，省级专线中8个有防火任务的设区市，5个省厅直属事业单位的网络已开通，市到县专线正陆续开通中。依托全省森林防火网络平台建设，全省视讯调度指挥系统已接入8个有防火任务的设区市和5个省厅直属事业单位。项目的建成，实现全省火灾扑救的直接指挥与调度，实现火灾指挥扑救数字化、直观化和全省防扑火资源的应急指挥联动。

全省森林公安执法信息化。全省森林公安机关接入公安专网终端164个，配备公安数字身份证738个。启动了森林公安网上执法办案系统建设，2013年6月正式实行网上办案，所有刑事、治安案件实行网上录入、网上审批，网上监督、网上考评。开展网上协同办公，提升办案效率和工作水平。

（张翠欣）

河北省商务厅

【概况】　省商务厅坚持电子政务建设与商务行政职能、中心工作和重点工程业务相融合，充分发挥信息技术在商务工作和社会发展中的重要作用。有力地促进了商务工作的发展，提高了依法行政的工作效能。

省商务厅高度重视网站建设工作，一是成立了厅信息化工作领导小组，厅主要领导亲自担任组长。二是在厅机关内设机构中专门设立信息化处，负责厅机关和系统内的电子政务建设工作。三是河北国际商务信息中心作为厅直属事业单位，负责电子政务项目开发设计和信息维护。健全的组织机构奠定了商务厅电子政务建设快速发展的基础。每个重大项目都是“一把手”亲自谋划，组织考察，制定方案，专题研究，协调部门关系，解决实际问题，鼎力推进。商务厅十分重视厅信息中心技术队伍的人才培养和管理建设，到2013年底该中心具有计算机技术、网络技术和网络系统开发应用人员33人（其中博士研究生2名、硕士研究生3名、电子工程专业高级工程师1名、网络集成项目管理师8名），形成了一支既精通信息化技术又熟悉商务业务的专业人才队伍，为省商务厅电子政务建设提供了人才和技术保障。

为了全面贯彻落实《政府信息公开条例》要求，省商务厅制定并下发了政府信息公开实施办法，成立工作办公室，抽调专门人员负责政府信息公开工作，把中国河北商务网作为实施政府信息公开的重要平台。在网站公布河北省商务厅政府信息公开指南和政府信息公开目录，开辟文件汇编、通知文告、政策法规、政务公开等栏目，及时准确地向社会公开政府商务信息，努力为人民群众提供更加方便快捷的信息服务，不断提高省商务厅工作的透明度。对社会普遍关注的进出口配额分配、广交会摊位分配、加油站审批、典当拍卖审批、酒类经营许可等事项，开设了动态公开栏目，坚持实时向社会公示重要事项情况，公开征求各方面意见，保障公民对商务工作的知情权、参与权、表达权、监督权。按照省政府办公厅要求，省商务厅网站建立了规范的政府信息公开平台，按照主题分类设置了14个栏目，按照机构分类设置了25个栏目，按照信息分类设置了24个栏目。每年政府信息公开栏目发布信息都在千条以上。

2009年6月，省商务厅成立“电子政务服务大厅”。电子政务服务大厅采用在线审批与线下审批相结合的方式，除在大厅设置面对面服务窗口之外，还专门设有电子政务服务“一台两窗口、四系统”：一台是电子触摸屏导引服务台；两窗口分别是电子大屏幕公示窗口、审批事项告知窗口；四系统为：客户咨询反馈服务系统、外贸企业登记备案系统、外资企业注册备案系统和外经企业登记备案系统。有效减少了审批环节，缩短了审批时限，提高了审批工作的透明度。

2008年，省商务厅筹资开通省、市商务视频会议系统，该系统具有5项基本的音视频通信功能，11项实时交互功能。有效减少了会议开支，降低了行政成本，提高了工作效率。

开发建设了省商务厅网上阅览室。阅览室包括：工作动态、重大事项办理、商务要情、商务短讯、商务参阅、投资参考、文件通知等信息电子刊物，厅机关人员均能以个人的身份密码登录该系统进行阅览，各相关处室可根据各自管理的信息和资料及时上传该网，实现厅内部各类文件、资料网上共享和授权阅览。

传统的公文运转效率低、成本高，并且规范性差、随意性强。厅办公自动化系统将标准化的理念融入其中，它的应用充分体现了标准化的可识别、可追溯、可约束性，体现了用程序规范工作行为。用信息化固化工作流程，提高行政效率、降低行政成本、减少环境污染、优化公务人员办公环境。

实现全省商务系统电子公文交换。公文传输一直是保证政务正常运转、信息互传的法定方式。省商务厅与各设区市、省级开发区以及区县之间一直保持着传统的纸质邮寄的方式来实现公文交换传递。传统的纸质文件传输时间长、成本高。2013年3月，省商务厅安装了全省电子商务电子公文交换系统，实现了电子公文交换。“电子公文交换系统”以其传输速度快、易于存档、方便交流等技术特点，有效地提高了文件交换传递的效率。

全力做好网站安全保障。政府门户网站代表的是“网上政府”的形象，网站的安全保障是政府门户网站的生命。因此，在网站建设和管理过程中，省商务厅强化安全意识，制定了安全管理制度，加强安全技术和手段的应用，提高了应对网络攻击、病毒入侵、系统故障等风险的安全防范和应急处置能力。一是健全规章制度，完善工作规范。根据省商务厅的实际情况，先后制定《网络信息发布管理办法》《网络机房管理规定》《网络安全管理员职责》《网络技术保障人员安全管理》等十三项规章制度，并印制成册，下发厅机关。对工作人员的职责义务以及网站规划建设与管理运行，信息发布、维护与更新，保密审查与安全保障等方面，作了全面规定和要求。坚持用制度规范工作行为，用制度细化网络与信息安全工作的管理和责任，有效促进了网站建设管理的规范化。二是从技术层面防范病毒侵扰和黑客攻击。为了切实加强网络信息安全技术防范，从源头做好防范工作，省商务厅先后投入100多万元购置网络安全设备，更新了网络防火墙和防病毒软件，以控制静态病毒和不良信息的攻击，实现了从服务器到单机的整套防病毒体系，防止病毒入侵终端并扩散到主网，实现全网的病毒安全防护。

（省商务厅）

河北省卫生厅

【概况】 1996—2003年，随着互联网的接入，网络逐渐普及，电子邮件开始取代传统纸质通信方法，信息获取变得随时可及，社会开始步入网络化时代，互联网与企业内部网的概念也开始进入河北省卫生系统。河北省卫生系统的计算机应用起步较早，主要应用在卫生统计、医院财务管理及医学文献检索等方面。2000年，根据《国家卫生信息网项目建设方案》要求，河北省卫生厅启动了全省卫生防疫网建设；2001年建立了卫生厅机关局域网、办公专用电子邮件系统和门户网站；2002年完成了全省省、市、县三级疾病预防控制机构基础网络环境建设，并依托互联网实现了与国家卫生部、国家疾病预防控制中心的网络连接。而整体规划并全面启动全省卫生信息化建设工作，则是在抗击非典型性肺炎（简称“非典”）斗争后期，特别是2005年作为省政府电子政务“112工程”三个试点之一，开展公共卫生信息系统信息资源规划之后。

从2002年5月起，按照国家卫生部的要求，河北省卫生厅正式启用了“国家疾病报告管理信息系统”，通过计算机联网进行疫情数据传输上报，实现了县→市→省→国家的每月上、中、下旬三次旬报和每月一次的月报目标。“国家疾病报告管理信息系统”的启用，不仅缩短了疫情报告的周期，而且还可随时根据需要，对疫情动态展开分析，特别是突发公共卫生事件或重大疫情灾害时，系统还可提供历史相关数据查询，并分析疫情走势，对可能出现的重大疫情进行预测，为科学决策提供参考数据，大幅提升了全省疫情报告的管理水平。同时，为保证全省传染病及突发公共卫生事件网络直报系统应用及进一步推进和优化，根据业务工作需要和卫生部要求，还相继增加了十几个专病专题应用报告系统，包括传染病报告信息管理系统、救灾防疫报告系统、传染病自动预警信息系统、死因登记报告系统、鼠疫防治管理信息系统、结核病管理信息系统、HIV/AIDS 专报系统、流感监测信息报告管理系统、麻疹监测信息报告管理系统、症状监测直报系统、健康危险因素报告系统、儿童免疫接种信息管理系统、高温中暑报告系统、疾病预防控制基本信息管理信息系统等。

2003 年，针对信息反馈渠道不畅，数据不准，给控制“非典”蔓延造成的被动局面，卫生部就加强卫生信息化建设工作做出全面部署，并从公共卫生管理入手，编制印发了《国家公共卫生信息系统建设方案》，同步安排启动了公共卫生信息系统建设。

“非典”过后，省委办公厅、省政府办公厅在《河北省电子政务建设总体规划实施意见》中，将“公共卫生信息系统”列入河北省电子政务 12 个重点应用系统，并作为 12 个重点应用系统中的 3 个试点项目之一。省卫生厅进一步调整充实厅信息化工作领导小组和领导小组办公室力量，安排资金 3000 万元，启动了河北省公共卫生信息系统建设，并以公共卫生信息资源规划为契机，加快了全省卫生信息化的建设步伐。

2005 年是全省卫生信息化发展的基础年。在“全国卫生信息化发展规划纲要（2003-2010 年）”和“河北省电子政务建设总体规划实施意见”的指导下，省卫生厅按照“统筹规划、分步实施；突出重点、平战结合；统一标准、资源共享；多方投资、分级负责；保证安全、注重实效”的建设原则，以公共卫生信息系统建设为主线，重点进行了省市两级网络支撑平台、卫生厅协同办公平台和公共卫生信息资源规划及建设方案编制工作，特别是公共卫生信息资源规划，为下一步应用系统开发及卫生信息化建设的全面推进打下了良好的基础。

2006 年，按照河北省电子政务“112”工程项目建设和卫生部关于突发公共卫生事件应急指挥与决策系统建设的要求，省卫生厅围绕省级突发公共卫生事件应急指挥与决策系统建设，建立起全省卫生资源、传染性疾病、突发公共卫生事件、食品卫生许可数据库管理系统及卫生 GIS 展示系统，初步实现重大传染病疫情和突发公共卫生事件的动态信息采集、统计分析、预测预警功能及医疗救治体系信息化支持功能和突发公共卫生事件的科学决策与应急指挥功能，并在此基础上提出市级系统建设建议方案。遵循河北省电子政务“112”工程网络平台建设要求，在省市两级网络支撑平台建设基础上，整合、规划全省卫生系统网络支撑平台建设，实现县级卫生行政部门及相关卫生事业单位的网络接入及部分医疗机构的 VPN 接入，逐步形成河北省卫生信息虚拟专网。启动了省级数据中心、省级突发公共卫生事件应急指挥与决策系统、全省卫生行政审批系统建设。

2008 年以来，省卫生厅还相继启动了全省妇幼卫生综合管理信息系统、卫生科教信息管理系统、新型农村合作医疗省级平台、河北省免疫规划网络管理系统和卫生行政处罚网上管理系统等应用系统建设。

2013 年组织力量编制印发了《河北省卫生信息化建设发展规划（2013—2015 年）》。围绕医改大局和卫生业务应用、社会公众需求，以提升公共服务和管理能力为目标，在搭建省、市、县三级卫生数据中心的基础上，加快建设省、市、县三级卫生信息平台，进一步加强和整合公共卫生、医疗服务、基层卫生和医疗保障等各项业务应用系统，积极推进居民电子健康档案、电子病历等两个数据库，建立健全覆盖全行业的业务信息网络。逐步建立统一高效、资源整合、互联互通、信息共享，与社会经济发展相适应、实用共享的卫生信息系统，打造具有河北特色的“数字卫生”工程。

遵循“政府急需优先、涉及全局优先、简单易行优先”的原则，省卫生厅先后启动了公共卫生信息系统、全省卫生信息化共享基础平台、省级突发公共卫生事件应急指挥与决策系统、卫生行政网上审批系统、妇幼卫生综合管理信息系统、卫生科教信息管理系统、新型农村合作医疗省级平台等应用系统建设。

【公共卫生信息系统】 公共卫生信息系统建设是国家公共卫生体系建设的重要组成部分，也是全省卫生信息化建设的重要内容。包括疾病预防控制、医疗救治、卫生执法监督、突发公共卫生事件应急指挥与决策等业务，是一个涵盖面广而复杂的信息系统。省委、省政府高度重视公共卫生信息系统建设，将其列入 2004 年河北省电子政务“112”工程重点建设项目（全省 1 个统一的电子政务平台，12 个重点应用系统），并确定为信息资源规划 3 个试点项目之一。2005 年 1—4 月开展了河北省公共卫生信息系统的信息资源规划。在信息资源规划的基础上，编制了《河北省公共卫生信息系统建设方案》，提出“以需求为导向、以数据为中心、以应用为目的”的指导思想和统一规划、分步实施的建设原则，确立全省公共卫生信息系统建设“一个网络平台、两级数据中心、一个信息门户、四大应用系统”的总体架构。本次资源规划提出的电子政务信息资源管理基础标准为信息资源整合与共享提供了先决条件和基础支持，对规范和约束卫生信息化软件的开发和市场运作具有重要意义。

【全省卫生信息化共享基础平台】

省卫生厅按照《河北省公共卫

生信息系统建设方案》提出的指导思想和建设原则，结合全省卫生工作实际和需求，认真分析卫生信息化建设的内涵与外延关系，进一步确立了全省卫生信息化建设的基本思路，即将整个卫生信息化建设分为共享基础平台和业务应用系统两个部分。共享基础平台，作为全省卫生信息化的基础支撑平台，主要包括网络平台、数据标准、数据中心。按照顶层设计、统一规划、资源共享的建设理念和原则制定了相应的管理规范和数据交换标准，要求应用系统开发要统一在共享基础平台框架内，严格按照统一的规范和标准进行，决不允许另起炉灶，制造新的“信息孤岛”。

【省级突发公共卫生事件应急指挥与决策系统】 省卫生厅将传染病疫情报告、预测、分析、预警、应急指挥集成在一起开发，形成一套完整的报告、分析、预测、预警、应急处置系统。该系统实现的主要功能有：一是实时获取疾病控制、卫生监督部门提供的疫情监测、突发公共卫生事件报告，进行传染病疫情分析、预测、预警；二是提供大屏幕显示系统、地理信息系统、决策支持系统、综合信息门户等现代化、智能化手段；三是根据预案，适时启动卫生应急机制，快速处置突发公共卫生事件，合理调配卫生应急资源，最大程度地控制事态，力争将突发公共卫生事件给人民群众造成的损失降到最低点。

【卫生行政网上审批系统】 卫生行政网上审批系统主要是依托互联网平台开发的全省统一的网上申请和行政审批系统，设计功能包括实时信息采集、数据统计、信息发布、自动生成或套打各种文书、证件等。通过审批工作全过程的网络化操作，实现了全省卫生行政许可和非行政许可项目网上审批，严格了审批流程，规范了审批行为，制约了审批权力，缩短了审批时间，提高了工作效率。特别是对推进行政权力公开透明运行，强化廉政风险预防，建立健全权力运行监控机制以及优化发展环境都发挥了重要作用。审批过程产生的数据集中存储到省级数据中心，逐步形成全省统一的卫生行政许可信息动态数据库。社会公众可以通过互联网查阅卫生法律法规、卫生许可事项申报指南、需要提交资料目录及要求等，实时查询审批事项办理状态和结果及全省卫生许可证发放信息，增加了卫生行政审批工作的透明度，满足了各级卫生部门和社会各界对卫生许可信息资源共享的需求。根据网上审批事项的平均用时和绩效评估结果，省卫生厅向社会公开承诺，卫生许可审批时间由原来的20个工作日缩短为10个工作日。

【传染病网络直报系统建设】 2003年1月1日，省卫生厅在全省范围内正式启用“国家救灾防病与突发公共卫生事件报告管理信息系统”。12月31日，全省700所县及县以上医疗机构全部实现网络直报，省内2172所乡镇卫生院，有2164所实现网络报告，网络直报率99.63%，为全国网络直报率最高的省份。2004年全省正式启动传染病及突发公共卫生事件网络直报系统。全省的传染病疫情及突发公共卫生事件信息监测报告管理工作，从部门分散管理到统一归口集中管理，从逐级报告、层层汇总到基于互联网的横向到边、纵向到底，无论形式上还是内涵上，都发生了质的变化。全省疫情监测报告系统的敏感性、有效性和及时性大幅度提高，疫情报告质量达到历史最好水平。

【视频会议系统】 2004年中期，省卫生厅开通了与11个设区市卫生局的专线网络，建立了全省卫生应急视频会议系统，实现了上接卫生部，下连11个设区市卫生局视频会议系统的贯联。2012年，又启动了高清视频会议系统建设，对现有系统全部进行了升级改造，到2013年底已完成了省级和11个设区市及定州、辛集市卫生局的设备安装和网络联调工作，所有视频设备全部升级为高清设备，网络带宽由4兆扩充到10兆。

【远程会诊和预约挂号系统】 2010年，启动河北省远程会诊系统试点建设项目，通过在河北医科大学第二医院与丰宁满族自治县、康保县、易县、南皮县、涉县5所县级医院部署相应的软硬件设备，开展远程会诊系统试点建设，实现了远程会诊、远程教育、远程数字资源共享、视频会议、双向转诊、远程预约及影像、心电的远程诊断等功能。2012年，在试点成功的基础上，扩大了远程会诊系统的建设范围，到2013年底，全省5所三级专家级医院和43所县级医院已全部联通。远程会诊系统的建立，让偏远贫困地区广大患者在家门口享受到大医院专家一流的诊疗服务，同时减轻了群众医药费用负担。预约挂号是省卫生厅近两年来在全省三级医院开展的一项便民就医服务，旨在缩短看病流程，节约患者时间。“河北卫生信息网”和“12580”健康呼叫中心作为提供预约挂号及相关服务的平台，用户可通过多种途径享受到网上预约挂号、电话人工预约挂号、电话自助语音挂号和手机预约挂号等服务。

【居民健康卡建设】 居民健康卡基于区域卫生信息平台、居民电子健康档案和医疗机构电子病历，是居民身份识别、个人基本健康信息存储、实现跨区域跨机构就医数据交换、费用结算的重要介质，实现标准统一、开放兼容、全国通用，并逐步实现与公安、人社、计生等信息系统的数据共享，方便居民看病就医和进行个人健康管理。到2013年底，河北省在石家庄市启动居民健康卡试点工作。2013年12

月30日，国家居民健康卡试点城市石家庄市首发暨推进会在鹿泉市人民医院举行。到2013年底，石家庄市基本实现全覆盖，全省居民健康卡发卡率75%以上，初步实现辖区内跨机构、跨地区就医“一卡通”。

【新型农村合作医疗省级平台】 2008年7月，省卫生厅启动河北省新型农村合作医疗省级平台建设。2012年，作为省级平台的延伸，卫生厅又建立省级定点医疗机构即时结报平台，实现6个省级定点医疗机构与石家庄市2县区、邯郸市8县区的即时结报。2013年12月31日，河北新农合省级平台实施与国家新农合平台的数据链路互联互通，实现数据定时、准确地上传下载。新农合信息系统有效推动了全省新农合事业的健康发展，推进了新医改制度的落实，为全省近5200万参合农民带来实惠。到2013年底，河北省新农合信息系统已基本实现“三横两纵”的阶段目标。“三横”是指省、市、县三级管理平台，满足了费用网上监控、基金预警、统计与决策分析等要求，“两纵”是指省级定点医院及区域内市级定点医院的跨域转诊系统，方便参合患者即时结报。2014年，河北省将充分利用与国家平台对接后的有利条件，实现跨省费用的核查及费用分析。

【社区卫生服务系统】 社区卫生服务机构作为公共卫生服务网络的网底，也是卫生相关信息的重要采集源头，是实现建立居民健康档案的起点。2009年，省卫生厅启动社区卫生服务信息系统建设，包括相关统计数据的网络直报及健康档案管理信息系统、健康体检管理系统、孕产妇健康管理系统、0—36个月儿童健康管理系统、老年人健康管理系统、重性精神疾病管理系统、健康教育管理系统、传染病报告及处理等服务管理系统。到2013年底，这些系统已在全省11个设区市投入运行，为省、市、区（县、市）卫生行政主管部门加强对社区卫生服务机构的监督管理、公共卫生服务绩效考核评估、各社区卫生服务机构的现代化管理，提供了有力的信息化支持。

【行政权力监控机制系统建设】 省卫生厅作为建立行政权力运行监控机制试点单位，高度重视行政权力运行监控机制建设，通过信息技术手段开展岗位廉政风险教育，积极组织专题培训，提高全厅干部的监控意识，营造浓厚的监控氛围。通过借鉴管理学中的内部控制、风险管理、绩效管理和决策管理中的理念及做法，结合卫生实际，构建了一套较为完善的制度加科技的卫生行政权力运行监控机制。省卫生厅以信息化手段强化社会管理功能，探索研发了患者满意度评价系统。该系统不仅能够客观反映患者的真实意见，保障人民群众的民主权利，而且还能够客观反映医院管理中存在的各类问题，把每一名医护人员的真实状态透视出来，为实现医院管理“直接到人”创造了条件。在试点基础上，该系统已在全省130多家医院推开，收到明显成效。

【机关办公自动化系统与内网网站建设】 2004年，省卫生厅启动并完成机关办公自动化系统及内网网站建设。办公自动化系统与内、外网是一个集成体，即从公文起草到签发、归档，再到内、外网发布的审批与发布，是一个全计算机化的过程。每个公务员的计算机终端上均安装了物理隔离卡和双硬盘，访问内、外网通过隔离卡切换功能实现。系统涵盖了公文处理、信息管理、内部事务管理、资源共享及行政权力公开透明运行等内容，包括了个人工作台、公文管理、档案管理、政务信息、值班管理、会议管理、信息发布、短信管理、传真管理、网络寻呼、通知通告管理、通讯录、日程安排、系统管理等各项功能。

内网网站是卫生厅机关各处室发布相关内部信息的网络平台，集成了公文流转等相关应用功能。以机关效能建设为主题，并与办公自动化系统集成，尽可能地通过信息化手段实现内部政务公开透明，简化办事流程，提高工作效率。内网网站现已具备四方面功能：一是管理网。在网上公布了厅领导班子和各处室的工作分工、工作职责，并通过在网上制定工作计划、明确责任人和承办人、规定工作时限、公布完成时间和办理情况，对全厅工作实施计划管理。二是学习网。及时发布重要新闻、卫生信息和重要文件，开辟了学习园地和经验交流栏目，建立了学习资料库、网上图书馆，保证了学习和工作所需。三是效能网。开展了重点工作网上督办，对行政许可实行了网上审批，建立了人大代表建议、政协委员提案承办工作督办专栏，提高了机关工作效率。四是廉洁网。全厅每人都建立了个人网页，公布自己的基本情况、座右铭、廉政格言、党风廉政建设责任书等等。特别是利用信息技术开展了行政权力运行监控机制建设工作，使内网成为全厅预防行政权力廉政风险的主阵地。

（程颖　祁海霞）

河北省人口和计划生育委员会

【概况】 河北省人口和计划生育电子政务建设起步较早。1988年1月河北省计划生育计算中心成立，为处级事业单位，承担计划生育系统数据汇总、计算机硬件设备配备（维护、维修）及软件开发培训等计算机技术在计划生育工作中的开发和应用工作，是人口和计划生育电子政务应用的雏形阶段。2004年

6月，“河北省计划生育计算中心”更名为“河北省人口和计划生育信息中心”。

1989—1993年，河北省计划生育计算中心开发了河北省计划生育年报、月报、报表分析软件，在河北省的省、市、县级单位使用。1988—2005年完成了河北省人口计生委各种抽样调查、年终考核的数据录入、汇总和分析工作。1994年10月河北省计划生育计算中心承担开发了由国家计生委组织的《基层育龄妇女信息管理软件包（账卡管理部分）》，国家计生委计划生育应用推广领导小组要求在全国计划生育系统推广使用该软件。1995—1999年，河北省人口和计划生育电子政务工作处于探索、推广、打基础阶段。1999年将《基层育龄妇女信息管理软件》升级为《育龄妇女信息管理软件——账卡2000》。进入“十五”期间，河北省人口和计划生育电子政务建设速度明显加快，2003年7月河北省计生委下发《关于加快信息化建设步伐的实施意见》，开通了河北省人口计生委社会公众网，建成OA办公系统，《育龄妇女信息管理软件——账卡2000》由单机版升级为网络版，建立了人口计生系统数据传输系统。“十一五”时期，河北省人口和计划生育电子政务信息化建设进入了深化应用、整合资源、全面推进的新阶段。按照国家人口计生委《关于加快推进人口和计划生育信息化建设的指导意见》文件精神和全国人口宏观管理与决策信息系统建设（PADIS）一期项目建设的总体要求，2008年河北省人口计生委启动《河北省人口和计划生育宏观管理与决策支持系统》项目建设工作，重点对育龄妇女信息管理系统进行升级改造并逐步实现全员人口管理，建立流动人口管理信息系统和计划生育药具管理服务平台，建成全员人口个案数据库，覆盖河北全省7000多万户籍和流动人口，初步建成了人口宏观发展决策模型系统和人口多维辅助决策系统。利用电子政务平台，积极推进人口计生信息与其他部门的人口信息共享、比对工作，2011年与省住房和城乡建设厅就河北省家庭户情况进行共享和对比，与公安厅共享全员人口数据库，与省国家安全厅实现全员人口数据库实时共享。按照国家人口计生委《关于开展“金人工程”可行性研究报告编制工作的通知》和建设要求，2012年12月河北省人口计生委组织编写了《河北省全员人口统筹管理信息系统可行性研究报告》。

各级领导非常重视人口和计划生育电子政务建设。省市县计划生育部门分别成立了信息化领导小组，下设办公室。把计划生育电子政务信息化建设工作纳入目标管理责任制。省级在综合分析全省各市的具体情况下，抓好试点，积极推动工作开展。市县仿照省里做法，利用抓试点、用典型示范、以点带面的办法，边实践，边总结，边推广，有力地推动了全省人口和计划生育电子政务建设工作。

建立和完善一整套的管理制度，如人员管理制度、逐级备案制度、工作日志制度、信息变更制度、信息上报制度、信息反馈制度、数据备份制度、微机机房管理制度等。为保证数据源头真实准确，注意把好五个关（即把好信息收集关，把好信息汇审关，把好信息传输关，把好信息引导服务关，把好信息工作落实关），环环相扣，各负其责，保证数据的真实可靠。

计划生育信息资源不但要省级使用，还要供同级单位、上级单位、下级单位使用，系统之间的接口必须兼容。为实现高效、透明、规范、统一的业务管理和对外服务，计划生育电子政务建设从开始建设，就坚持顶层设计统筹推进的原则，对事关全省的基础性应用软件，坚持全省统一，各地可以在基础性业务使用的基础上开展一些特色应用。自1994年开发《基层育龄妇女管理信息软件包（账卡管理部分）》以来，业务架构、数据架构、应用架构不断完善。

各地人口和计划生育部门在本级人口和计划生育电子政务建设时，都将方案报省信息化领导小组办公室，由办公室组织聘请有关专家对方案进行评估，确保系统建设可行、安全。

【育龄妇女管理系统】 计划生育工作的主要业务是围绕着育龄妇女的服务和管理，做好稳定低生育水平工作。为利用信息化手段加强育龄妇女管理，1994年10月河北省计划生育计算中心承担开发由国家计生委组织的《基层育龄妇女信息管理软件包（账卡管理部分）》ZK1.0 DOS版，此软件是“八五”国家“攻关”专题《计算机在基层计划生育管理应用中的可行性研究》的内容之一，国家计生委计划生育应用推广领导小组要求在全国计划生育系统推广使用该软件。1995年2月完成开发任务，1995年3月该软件通过国家计生委的测试。原国家计生委副主任蒋正华对软件给予充分肯定。该软件最大的特点是通用、灵活，可用于不同的计划生育管理模式，具有广泛的适用性。它引入国家计生委编制的计划生育管理信息系统指标体系，各地计生部门可根据自身的管理模式定制具有个性特点的应用系统，以适应对育龄妇女管理和服务的需要，避免了各地重复开发软件。

1995年5月在北戴河进行全国范围的试点培训。经过改进和试点后，国家计生委计划生育应用推广领导小组要求在全国计划生育系统推广使用该软件。

2003年7月河北省计生委以公开招标的形式，与开发公司合作开发《HBWIS2004育龄妇女信息管理系统》，可适用省、市、县、乡、村五级用户，不同的用户可根据管理工作的差异通过设定不同的项目、查询条件及报表模板满足个性化的管理需求，结合数据传送系统，可实现全辖区数据的即时更新；充分继承了通用性、可扩展性的设计特点，全面提升了软件的功能；采用了国家WIS标准（中华人民共和国国家标准GB/T 18848—2002)，为育龄妇女信息共享和构建全省育龄妇女数据库奠定了基础。

2005年1月，河北省育龄妇女信息管理系统（HBWIS2004）经过两个市11个县的试点，功能逐步完善，举办了应用师资培训班，为全省试用奠定了基础。2005年3月开始在河北省各市、县（市、区）及2200多个乡镇（部分村）推广试用，全省95%以上的已婚育龄妇女信息纳入了HBWIS2004系统管理，效果良好。2005年6月底，河北省各市、县全部构建了育龄妇女数据库，在此基础上，又将各市数据集中到河北省人口和计划生育信息中心，初步构建成河北省育龄妇女数据库。2005年底，“民心工程”补丁程序通过试点，下发全省使用。实现全省范围内的网上育龄妇女抽样调查、人口研究、育龄妇女生殖健康研究等深层次的数据分析，为进行更深层次的数据挖掘和决策支持系统的建立奠定了基础。

【河北省全员人口统筹管理信息系统】 2008年1月，河北省作为国家《人口宏观管理与决策信息系统（PADIS）》的试点省，正式启动了《河北省人口和计划生育宏观管理与决策支持系统（PADIS）》项目建设。2008年7月《河北省人口和计划生育宏观管理与决策支持系统》项目建设方案（代可行性研究报告）通过专家论证。2009年河北省人口计生委与河北师范大学合作开发河北省全员人口和计划生育信息系统、河北省流动人口管理信息系统。2011年1月，河北省人口计生委启动“河北省全员人口数据库升级改造工程”，研发“河北省全员人口统筹管理信息系统”。经过各级人口计生部门的共同努力，开发团队先后完成基层调研、问题收集、试点运行和程序完善等工作，有效管理全员、流动人口的相关信息，包括基础信息、婚姻信息、妊娠信息、避孕信息、家庭子女信息等。不断完善人口基础信息自主采集功能，并逐步开发办事采集和共享采集模块，提高人口基础信息采集效率，降低基层工作强度。“河北省全员人口统筹管理信息系统”将全员人口和流动人口2个数据库融合为一个，实现信息共享，建立覆盖全省的人口资源库，实现了河北省省级全员人口信息大集中，成为覆盖7000多万人口、人口信息量大、更新时效快的人口信息公共服务平台。“河北省全员人口统筹管理信息系统”是包括“人口信息采集、人口计划生育服务管理、人口统计分析、人口宏观决策”四大功能的统一信息平台，是推动新时期人口和计划生育工作的跨越式发展的有力抓手。

【计划生育药具管理服务平台】 2009年3月，河北省在全国率先开发应用计划生育药具管理服务平台，实现对计划生育药具进销存管理和药具发放的全程信息化管理，可对药具批号跟踪管理、随访服务、信息上报汇总以及宫内节育器使用情况跟踪分析，实现“以药找人”和“以人查药”的双向核查，为药具发放提供精准的公共服务。2010年11月4日，原国家人口计生委副主任江帆在全国PADIS一期建设成果应用现场会上对该系统给予高度评价，认为“基层的实践是伟大的、生动的，要及时总结，建议尽快在全国推广”。

【人口宏观发展决策模型系统】 2010年9月在中国人口与发展研究中心的支持下，结合国家人口宏观管理与决策信息系统（PADIS）一期建设成果，利用全员人口数据库数据，形成了河北PADIS决策支持省级应用版本，丰富和发展了以往主要依靠专家进行人口规划编制的做法，解决了传统的人口预测方法只能对人口的数量和结构进行简单的趋势预测，而无法对预测结果进行评估的问题。

PADIS一期开发的人口决策支持模型，能够提供丰富的人口及相关信息，结合河北省全员人口数据库数据，既可以对未来的人口数量、结构、分布等进行预测，又可以预测与未来人口规模相匹配的家庭规模、结构和分布等数据，还可以提供未来劳动力供给和奖励扶助资金规模等信息。该模型不仅为全省“十二五”人口发展规划编制提供了关键性数据，也为相关经济社会预测奠定了基础，较好地发挥了宏观决策支持作用。2010年11月在石家庄市召开的“全国人口宏观管理与决策信息系统一期成果应用现场会”上，该系统得到国家人口计生委副主任江帆的高度评价。

【出生人口信息监测平台】 2012年5月，在邢台任县开发的出生人口性别比软件的基础上，河北省人口和计划生育信息中心进行完善升级，建立河北省出生人口信息监测平台，并在全省出生性别比重点治理县及部分市推广应用。通过建立出生人口信息实时监测机制，初步实现计生、卫生等部门出生人口信息共享。到2013年底已经在32个重点治理县和唐山、邢台两市全市推广应用。

【计划生育电子政务队伍建设】 为推进人口和计划生育电子政务建设，1988年1月成立河北省计划生育计算中心，2004年6月更名为河北省人口和计划生育信息中心，全面负责全省人口和计划生育电子政务工作的实施。根据工作任务和实际需要，二十多年来，省、市、县人口计生部门每年都组织开展计算机、网络、信息安全、业务应用系统等电子政务相关知识培训班。2000年省计生委对河北省计划生育系统从事电子政务工作的微机操作人员的配备作出明确要求：市级计划生育部门要配备2—3名大专以上学历的计算机专业技术人员，负责网络建设、信息库资源管理，指导基层电子政务应用并为基层解决使用中出现的问题；县级计划生育部门要配备1—2名大专以上学历的计算机专业技术人员，负责计划生育信息资源管理，能够独立解决基层电子政务应用中出现的一些问题；乡级要配备1名中专以上学历的计算机专业技术人员，并能独立解决常见的技术问题；各级人员必须经过培训，合格后持证上岗；对市、县、乡级人员经常进行计算机基础知识和软件操作以及其他电子政务知识更新培训，积极开展行业练兵和评比，提高电子政务队伍的操作技能、业务能力和工作水平。全省各地都按照省里的要求，认真抓好落实。河北省人口和计划生育信息中心是河北省人口计划生育系统软件开发部门，也是河北省人口计划生育系统电子政务队伍的培训基地，组织培训，收到良好效果。

（张喜瑞　李术君）

河北省审计厅

【概况】 2008年以来，全省各级审计机关高度重视电子政务建设，不断加大硬件资金投入，在基础设施建设、软件系统开发、信息技术参与管理、计算机审计、信息化队伍建设等方面都取得了显著进步。2012年作为全国审计工作座谈会14家先进单位之一，省审计厅在全国审计工作座谈会上布置了河北省审计信息化建设展台、展板，展示河北省审计信息化建设成果。2012年省审计厅计算机信息审计中心获评“全国社会保障资金审计先进保障团队”。2013年省厅开发实施的“基于五项基本功能的统一组织审计项目管理方式及应用效果”（基于统一组织审计项目管理系统）获评“2012年度中国信息化（审计领域）成果三等奖”。

基础设施建设初步完善。一是审计专网建设已经完成。2011年全省已完成了省、市、县三级审计机关的审计专网建设任务。省审计厅统一组织施工建设了省、市、县三级审计专网广域网络，实现了全省审计机关专网互联互通。依托审计专网，建立了全省视频会议、网站、邮件、公文等信息的共享通道。2012、2013年部分市审计机关还将市县广域网络改造为高速网络。全省审计专网与省政府政务网和审计署审计专网进行了对接，建设了比较完善的广域网网络体系。二是视频会议系统覆盖省市县三级。省审计厅于2009年统一组织建设了省、市两级视频会议系统；截至2013年6月，11个市级审计机关也全部完成了市、县视频会议系统建设。全省视频会议系统已实现与审计署对接。全省三级审计机关已多次参加审计署视频会议、培训。视频会议系统已成为河北省召开重要会议、协调工作、议事活动的平台。三是全面部署了OA和AO系统。OA和AO系统是“金审工程”建设的核心内容。截至2010年底，省审计厅本级和全省11个市、172个县全部完成OA系统部署，部署率100%。省审计厅、廊坊、石家庄均通过OA系统全面加强了审计项目管理。廊坊、石家庄运用OA系统开展无纸化办公也走在了全省前列。全省审计机关已推广AO系统3440套，审计业务人员人均1套，AO系统已成为审计人员不可或缺的通用审计工具。四是组建了全省邮件系统。依托审计专网广域网，省审计厅统一组建了全省邮件系统。全省审计机关工作人员都可通过省、市两级邮件中心进行相互通信，方便快捷地进行文件、资料的上传下达，加强了省、市、县三级审计机关的沟通与交流。五是数据中心初步建成。数据中心是“金审工程”建设的重点，是审计机关信息数据的传输中心、处理中心和存储中心。通过“金审工程”建设，省审计厅和11个市全部建设了专业机房，建设了应用系统和各类数据库，省市数据中心已初步建成。2013年省审计厅对审计过程中采集的被审计单位电子数据进行了较为全面的归集，到2013年底已收集整理了省审计厅审计中涉及的66个主要单位的710套财务、业务数据。数据中心为网络和数据核心设备提供安全、可靠的空间环境，为各应用系统提供海量的数据支持，为审计实施提供完备的服务支撑。

2013年省审计厅组织成立了全省“金审工程”河北省服务中心。“金审工程”河北省服务中心通过电话、E-Mail、在线答疑等方式共受理全省审计机关各类计算机审计工作中遇到的技术问题433个，进行现场审计技术支持服务148次，对全省各市审计管理系统远程检查78次；配合厅机关各业务处采集转换了92个被审单位的1045套财务、业务数据；派出13名技术支持人员到省审计厅各审计组，配合政府性债务审计工作，开展计算机辅助审计、信息传输和技术支持工作。“金审工程”河北省服务中心成立以来已经发挥出很大效益，在全省计算机审计支持和服务及审计信息系统运维等方面发挥了巨大作用，全省审计信息系统运维已进入规范化、专业化阶段。

【软件系统开发全面突破】 省审计厅开发了“十大应用系统”。一是无纸化办公系统实现公文传阅、审批、办理信息化。公文收、发、批、传、阅、存各个环节全部信息化，规范公文办理流程，提高办理效率，节省办公成本。截至2013年10月，公文流转系统入库各类公文4100余篇。厅机关公文、信息、简报等文件材料全部通过审计专网发布，市、县审计机关可第一时间接收、查阅。结合公文办理短信提醒功能，现在公文办理时间较实行无纸化办公前节省80%以上。二是会议管理系统实现会议管理无纸化。厅机关召开的各种会议，从议题收集到演示汇报，全过程无纸化，减轻了会前准备工作量，节约了办公成本，增强了会议效果。三是短信平台系统，实现了办公系统短信提醒。办公系统各子系统、各环节的办理事项，均可及时、快捷、准确地短信通知到人，减少事项办理过程中出现遗漏，增强事项办理的时效性，提高办公效率。截至2013年10月，短信平台发出短信提醒33899条。四是审计业务联网监督管理系统实现全省项目监督管理。加强审计现场与审计机关间的协作，加强审计项目统一组织和协调，实现对全省性大项目和授权项目的监督管理。通过该系统，厅领导和法规审理部门还可以对市级审计项目进行浏览和批示，全过程监管市级审计项目。五是法律法规系统实现法规网络化管理。省审计厅建设了法规库、法规应用库、审计案例库，方便审计人员在审计现场查询，促进了各级审计机关间的业务交流。地方法规库入库法规111条，法规应用库入库应用747项，审计案例库入库案例合集5套。六是任务交办系统实现任务全程监控。厅领导可以直接交办工作任务，办理环节自动短信提醒，实时监控，增强工作办理时效。七是考勤管理系统实现机关人员出勤动态管理。对机关工作人员出勤、外出审计、公务外出、请假、休假、迟到、旷工等情况实行动态管理，简化出勤情况的登记、查询和统计，促进了机关管理水平的提高。八是重大审计线索直报系统实现重大审计问题跟踪指导。审计人员在审计现场发现重大审计线索，可以第一时间直报厅领导。厅领导可以直接批示，指导审计现场继续跟踪重大线索，深入审计，提高了重大审计问题的监管水平。九是综合审计项目信息管理系统实现审计管理全过程数字化。该系统已成为全省大型审计项目信息传递沟通的通道，在地债、高中债务、社保审计、农村中小学调查、2013年地债审计等全国组织的大型审计项目和张家口、唐山、衡水综合审计等全省组织的大型审计项目中均发挥了重大作用。十是人事信息管理系统实现人事管理信息化。厅机关人事信息的录入、编辑、查询，以及人员资料表格生成、组织人员管理等，全部实现信息化。人事信息管理系统提高了人事管理的效率和规范性，促进人事信息与其他信息系统资源共享。

通过应用系统的开发，省审计厅机关已基本实现无纸化办公，在降低行政成本、提高工作效率、提升管理水平和审计质量方面发挥了突出作用。

【信息技术全方位参与审计管理和实施】 一是信息技术全方位参与审计机关管理。将信息化技术参与到机关日常办公、行政事务、决策管理中，建立了八个系统一个专网信息平台，即：无纸化办公系统、视频会议系统、全省邮件系统、机关考勤管理系统、任务直接交办系统、办公短信提醒系统、会议管理系统、数字媒体发布和公共广播系统，建立面向省市县三级的审计专网信息平台。“八个系统”和“一个专网”的建立，实现全省审计机关审计信息有效传递与共享，提高了审计机关管理水平和效率。

二是信息技术全方位融入审计业务管理。信息技术只有与审计业务有机融合，审计业务管理才能实现科学化。认真研究审计业务流程每个环节，由各业务处提出管理应用需求，计算机中心组织人员开发，到2013年底，全省基本实现了审计业务流程电子化。在全力推广审计署的OA和AO系统的同时，开发应用了以综合审计项目信息管理系统为核心的一系列应用系统，探索了信息化条件下审计组织、管理的新模式。

三是信息技术全方位支持审计实施。对所有审计项目，都配备了必要的信息化设备、软件；对信息化需求较高的项目，都配备计算机专业技术人员；对大型审计项目，都配备信息技术支持组，全方位提供技术支持。省本级利用计算机技术开展的审计项目，已经达到100%；市级和区县审计机关达到70%。到2013年底省审计厅几乎全部审计项目中都应用了AO系统开展财务数据审计，并在金融审计、社保审计、地税审计、企业审计、行政事业审计等领域，运用信息技术开展业务系统数据审计。信息技术的全方位应用，增强了审计人员揭示问题、发现重大案件线索的能力，提高了审计质量。盘点近几年的审计实践，很多隐患是靠计算机审计揭示的，很多大要案线索是靠高技术手段查实的。

2011年的全国地债审计工作，省审计厅自主开发了《河北省地方政府性债务审计报表校验汇总软件》，解决了报表校验汇总任务重、问题不容易发现的困难，保证了债务数据与审计署汇总软件的对接。2012年的全国社保资金审计中，省审计厅又自主开发了《河北省社会保障资金审计报表工具软件》，该软件上报署社保办后，署社保办认为该软件总体上功能比较丰富，操作性较强，有一定的推广意义，于4月11日以全国社会保障资金审计工作五十七期经验交流方式，推广全国审计机关使用。2013年的全国政府性债务审计中，省审计厅受审计署债务办委托开发了《全国政府性债务审计电子数据审核表（地方版）自动填报软件》。2013年9月6日，审计署债务办以《关于下发〈全国政府性债务审计数据检查脚本（地方版）〉和〈全国政府性债务审计电子数据审核表（地方版）自动填报软件〉的通知》（全国政府性债务审计工作动态第20期）的形式，下发全国推广《全国政府性债务审计电子数据审核表（地方版）自动填报软件》。省审计厅自主开发了《河北省政府性债务审计报表汇总软件》，经审计署社保办审核，2013年8月21日，审计署债务办以全国政府性债务审计经验交流（七）的方式，向全国推介河北省开发的《河北省政府性债务审计报表汇总软件》。该软件全国推广后，各省、市和特派办都使用了该软件。省审计厅汲取省审计厅衡水组和廊坊市审计局审计报告工具经验，开发了《河北省审计厅县级债务审计报告自动取数工具》。2013年9月6日，审计署债务办在对贵州省审计厅、江苏省审计厅、甘肃省审计厅、湖南省审计厅、沈阳办、兰州办等单位的同类型工具提取数据的可靠性、使用程序和环境的难易程度、工具的稳定性进行了测试和评估后，以全国政府性债务审计经验交流（十二）的方式，向全国推介河北省开发的《河北省审计厅县级债务审计报告自动取数工具》。

2013年，省审计厅又在大型企业ERP（企业资源计划）系统审计和卫生厅信息系统建设资金使用和运维情况专项信息系统审计调查等计算机审计的高端领域中取得重大突破，获得明显审计效益。

信息技术全方位参与审计管理与实施，成效显著，在审计署开展的计算机审计专家经验、审计方法和AO应用实例征集活动中取得可喜成绩。截至2012年底，共征集审计方法293篇，入选审计署审计方法库98篇，其中获审计署优秀奖4篇；共征集AO应用实例282篇，获奖183篇，其中审计署优秀奖10篇。

【审计信息化队伍建设】 省审计厅一方面加大了审计人员培训力度，另一方面通过招聘等方式引进外部信息化专业人员，通过培训使之成长为兼备审计技能的审计信息化人才。省审计厅进行了多层次、多形式的教育培训。全省组织各类较大规模计算机审计培训近二十次，培训人员三千余人次。自2006年开始，省审计厅每年采用与河北师范大学联合举办的方式，组织为期两个月的封闭式计算机审计中级培训班。到2013年底，中级培训班已经举办过七期，累计培训675人次，参训学员大部分已成为各单位审计信息化工作骨干。经过AO认证培训，全省审计机关已有2697人通过审计署统一组织的AO认证考试，审计人员的信息技术水平得到了普遍地提升。每年利用视频会议系统，省审计厅还对全省审计业务人员集中进行计算机专项培训，强化信息技术在审计实施和管理中的应用。

（姚泽泓　王晓峰）

河北省国资委

【概况】 2003年8月27日，河北省人民政府国有资产监督管理委员会（简称省国资委）正式挂牌成立。省国资委的成立，改变了过去国有资产管理条块分割、部门分割、效益低下、人人有责最终无人负责的旧体制，第一次在政府机构设置上实现了政府公共管理职能与所有者职能的分离，实现了国资资产产权的集中统一管理。国资委信息化发展在优化资源配置、加强集团管控等方面发挥了重要作用。为此，省国资委也专门成立了信息化管理机构。

2004年7月30日，省国资委信息中心成立，为处级事业单位，编制11名，领导职数2名，经费形式为财政性资金基本保证。主要职责是负责省国资委电子政务建设，为监管企业提供信息服务，指导监管企业信息化工作。2009年12月21日，省国资委信息中心加挂新闻中心牌子，增加“对外宣传组织联络、新闻发布、政务信息编报”职能。2005年10月，省国资委信息化领导小组成立，办公室设在信息中心。随着信息社会的向前发展，省国资委紧紧围绕电子政务和推进企业信息化两项重点，深化应用信息技术，服务国企改革发展大局，充分发挥信息技术的引领、带动作用，助推监管企业调结构、转方式、促发展、增效益。在委信息化领导小组带领下，省国资委电子政务建设得到了巩固和发展，电子政务应用领域也不断扩大。

省国资委信息化网络依托原河北省经贸委计算机网络建设，当时由于办公地点分散，两地三楼，虽然各自都有局域网，但不能实现互联互通，信息化程度比较低，也直接制约了电子政务的发展。2008年10月至2009年9月，在省委、省政府“三年大变样”号召下，按照委领导提出信息化网络搬迁“10年不落后”要求，省国资委信息化网络随委机关搬迁至河北国资大厦，信息系统同期迁移。新机房不仅配备了门禁、防火设施等，还架设了较为先进的防火墙、入侵检测等设备，服务器采用了双机热备方式。2009年5月22日，省国资委主任周杰在委机关搬迁揭牌仪式上指出“拥有了一个优美、整洁、高度智能化、信息化的办公场所”，标志着河北国资信息化建设进入了一个新的发展阶段。随着信息化建设和发展，省国资委电子政务也得到了快速发展，建成的电子政务应用平台多达十几个，网络覆盖委机关、监管企业和部分事业单位。

到2013年底，省国资委机关网络基本构成可以概括为“三网两站一平台”。三网是指外网、企业专网、逻辑隔离内网；两站为省国资委内网站、外网站；一平台为由企业专网、逻辑隔离内网组成的河北国资专网电子政务平台。

2008年省国资委在搬迁至新办公大楼之前，对机房建设线路设计进行了重新定位，中心机房到各楼层交换机的主干线路使用的都是光纤，保证了数据的有效传输，楼层交换机到终端节点使用的是六类双绞线，基本满足省国资委的局域网线路传输带宽需求，保障了内部网络应用的传输安全。

为确保网站数据安全，2012 年之前，服务器采用了双机热备方案，防止设备发生故障而造成应用停止，数据的丢失。之后，在此基础上对网络结构布局进行了优化，采用虚拟化管理软件，便于日常管理和维护；安装了网络审计设备，加强对用户上网行为的管理；启用环境监测管理工具，实现温、湿度等机房环境的全天候管理。

省国资委视频会议主会场采用硬件视频会议系统，由 MCU、终端设备和相关的网络管理设备组成。系统经过两次大的升级改造，可扩展性强。该系统分为三级结构，省国资委主会场为一级中心会场，各监管企业和部分重要二级子公司为二级分会场，其他为三级分会场。省国资委负责整体管理和运行，并连接各级视频会议系统，形成统一的调度和指挥中心，二级分会场可管理其下的三级分会场，并可对系统作进一步的扩充和完善。

【河北国资网站建设】 在省国资委即将组建之时，按照省领导的指示，成功注册“河北国资”中文域名及其英文的国内顶级域名、国际二级域名。同年，启用 www.hbsa.gov.cn 和 www.hbsa.cn 网络域名，在省国资委成立的同时，河北国资网站正式上线运行，在全国国资监管系统中率先建成了有地方特色的国资委门户网站。2006 年 4 月，省国资委开通河北国资、河北国资委、河北省国资委等通用网址以及 www.hebgzw.gov.cn 网站域名。

河北国资网站开通运行以来，在宣传国资形象、展示国企风采等方面发挥了重要作用。河北国资网站分为内网站和外网站，内网站主要用于办公，外网站是全省国资委系统的门户网站。主要是宣传国资政策，服务国资监管，向社会提供信息服务，开辟网上办公窗口。2005 年 3 月 10 日，《河北国资网站管理办法》实施；6 月 27 日，河北国资内外网站第一次进行改版升级；9 月 16 日，河北国资徽标、网标启用（徽标为浅蓝色，分别由长城、齿轮、眼睛、“HBSA”、地球和河北省区域轮廓图形组成。整体形象是个眼睛，寓意监督和管理，寓意国资监管事业对国民经济具有影响力、控制力和带动力，发挥着支撑和导向作用。徽标荣获“2005 中国之星设计艺术大奖”）。2008 年 1 月、2011 年 6 月，河北国资网站分别进行了两次改版和升级工作。2008 年 2 月 21 日，印发《河北国资网站信息管理维护考核评比办法》，科学规范网站管理维护评价标准。河北国资网站先后设置“国企先进基层党组织”“优秀共产党员风采录”“国企党建风采录”“节能减排”“政务公开”“学习实践科学发展观”“干部作风建设年”“改革开放 30 周年暨国资委成立 5 周年”等近 20 个专栏。截至 2013 年底，河北国资网站注册用户 150 多个，网站发布各类信息近 20 万条，日均点击几千次，年访问量 100 万多人次，在全省网站总排名列前 50 位，在省直网站排名列前三位。

【国资监管企业专网建设】 省国资委成立之初，由于委机关与监管企业之间没有独立的网络联系，省委、省政府的重要决策部署不能及时传达到企业；企业关于资产、人员和重大事项等工作也不能及时向省国资委报告；国资监管中大量的业务工作还不能在网上进行。省国资委的信息资源企业不能共享，特别是内网上的许多信息，企业看不到，用不上。为此，从 2004 年开始，集中精力抓了国资监管专网建设。

按照省委、省政府《河北省电子政务建设总体规划实施意见》确定，“省国资委负责建设国有资产监管系统”，参与建设企业“信用信息服务系统”。根据这一要求，省国资委对专网建设进行了规划，分两期进行。第一期建设网络布线，开发一般性网络应用。主要内容包括：确定网络结构、联网方式、配置服务器、铺设光纤、调试设备等。一期工程结束后，使省国资委与所出资企业实现专线连通，形成内部网络，国资委内部两地三楼的各办公室都达到上专网的条件，接通计算机后即可进行网络应用，可以向监管企业发布信息，开展改革改组、财务统计、经济运行和目标考核、产权管理等网上办公，并可开通邮箱。第二期工程主要是增加和扩展网络应用功能，包括建立网站、建立公文交换系统、视频协同办公系统、值班系统、安全系统等，这些系统将在网络正常运行后逐步建设。整个工程从 2004 年初开始，到 9 月中旬正式运行。

专网的建成构成了省国资委与履行出资人职责企业之间、企业与企业之间进行国资监管信息传输与交换的高速专用公务内网。覆盖省国资委所有处室（部）、纪委、监事会各办事处和省国资委履行出资人职责企业。

【国资委电子政务应用】 省国资委先后制定出台《省国资委电子政务工作意见》《河北国资非涉密电子公文传输系统管理暂行办法》《河北国资视频会议系统管理暂行办法》等一系列规章制度，先后建成并启用电子公文传输、视频会议、辅助办公、效能督办、企业财务快报系统、企业经济信息平台、电子邮件等 10 多个电子政务系统。

省国资委非涉密公文传输系统（简称 HBSA-EATS）。主要是通过网络传送红头红章电子公文，以电子文档形式通过计算机网络发送、接收并打印，改革了公文存储、检索、查阅的传统方式。2005 年 12 月 29 日，系统建成试用。2006 年 9

月 1 日，系统正式启用。建设启用以来，系统成功传输公文近 3000 份，成功率 100%。

河北国资视频会议系统。2006 年初开始筹建，6 月 16 日上线运行；6 月 19 日，《河北国资视频会议系统管理暂行办法》实施；8 月 28 日，首次运用视频会议系统召开了企业监督检查工作会议。2008 年 10 月，视频会议系统整体搬迁至河北国资大厦，同时进行改建升级，主会场和分会场由原来的 12 个增加到 20 多个。到 2013 年底，召开视频会议百余场次，节约了成本、节省了时间。

辅助办公系统。2007 年 3 月 20 日开通运行。主要是通过计算机网络发送文字短信和语音信息，组织召开电话会议，发送网络传真。2008 年，搭建“空中课堂”，新华社以《河北省国资委搭建科学发展观学习“空中课堂”》为题，报道省国资委深入学习实践科学发展观活动开办空中课堂的做法。

效能督办系统。2007 年 7 月启用。系统是省国资委党委 2007 年确定的效能建设信息化重点工作，主要对进入省国资委机要室的公文和领导督办事项进行跟踪，用红、黄、绿灯方式提示和督促有关处室取件、办理、办结。

企业财务快报系统于 2004 年启用，实现了对国有监管企业经济运行数据的汇总、统计，该系统的上线对省国资委即时了解掌握国资运营情况，有效开展监管决策提供了数据依据。

企业经济信息平台在对国有监管企业经济运行数据的汇总、统计的基础上，增加了分析功能，为辅助监管和决策提供了平台和工具。

电子邮件系统。2003 年 8 月改建后启用。用户近 300 个。2007 年 3 月，电子信箱升级，系统由 50M 扩充至 100M，新增 100M 网络存储空间。2013 年 9 月完成了第二次升级改造。

会议室预订系统。服务对象为委机关处室。主要是方便承办处室浏览查询、预定会议室，便于工作人员提前进行会议准备。2007 年 6 月启用，2008 年因搬迁改造升级。系统累计预定会议室近 600 次。

河北国资招商信息平台。主要发布和收集招商项目、产品信息、需求信息和企业信息，服务对象为全省国有企事业单位。2008 年 3 月 10 日，系统启用；4 月 8 日，《河北国资招商信息平台管理暂行办法》实施。

信息化设备维修服务系统。主要是规范管理机关办公设备的维修流程，方便机关人员提交维修需求意见，维修人员合理分配维修时间、及时反馈维修进度。2009 年 6 月 19 日运行，填报需求服务信息 130 余人次。

双月刊电子浏览系统。主要是方便用户查询、浏览《河北国资》双月刊。2008 年 4 月，系统上线运行。主要收录了《河北国资》2007 年至 2009 年期刊内容。

【国资委信息公开建设】 2007 年 2 月，按照《省国资委 2007 年度重点工作及目标分解》，在河北国资网站开设了《信息公开》栏目。2012 年以来，因机关工作需要，在门户网站先后开设了“深入学习实践科学发展观”和“党的群众路线教育实践活动”等专题专栏。几年来，省国资委在深化信息公开内容、完善信息公开配套工作、加强信息公开基础性工作等方面取得新的进展。

深化信息公开内容，指定专人配合各业务处室完成网站信息更新和纸质文件电子化工作，进一步加大信息公开力度，及时发布各类政府信息，提高工作的透明度。省国资委门户网站作为信息公开的主要渠道，及时、准确、全面地发布我委工作动态和委领导的主要活动，提供河北省国有资产监管信息，展示国企风采，提供国有企业改革发展的动态和相关法律法规，最大限度推进信息资源共享。

为加强信息公开工作制度化、规范化建设，省国资委制定了《信息公开工作暂行规定》和《关于切实抓好政府信息公开工作的通知》，从组织管理、工作程序、具体要求等方面对信息报送和公开内容都作了明确规定，为信息公开工作的顺利开展提供了制度保障。2007 年以来，仅在信息公开专栏公开信息达数百条。

【制度建设】 信息化建设关键在于顶层设计，统筹规划。

印发《省政府国资委推动履行出资人职责企业信息化工作的指导意见》。为贯彻落实党的十六大关于信息化的战略部署，河北省委、省政府提出“以信息产业为先导，促进河北省产业结构优化升级”“以电子政务为突破口，加快河北省经济和社会信息化进程”“以信息化和制造业的紧密结合为切入点，大力提高河北省制造业的跨越式发展”。省政府国资委按照履行出资人职责要求，积极指导推进监管企业信息化建设，绝大多数企业认识到了信息化对企业未来发展起着至关重要的作用，高度重视信息化建设，信息化基础设施具备了一定规模，一些监管企业已经从信息化建设应用中获益。但由于发展不平衡，信息化建设投入不足，缺乏统一规划和标准，信息化建设总体进展缓慢。为此，依据《河北省人民政府印发关于优先发展信息产业的若干政策规定的通知》和《河北省人民政府转发〈关于利用信息技术改造提升传统产业的指导意见〉的通知》的要求，制定了《省政府国资委推动履行出资人职责企业信息化工作的指导意见》，以此加快推进监管企业信息建设步伐。

出台《省政府国资委电子政务工作意见》。做好电子政务工作，充分利用信息技术，是推动国有资产依法监管、科学监管、民主监管的有效手段，有利于提速工作过程，提高工作质量，加强机关效能建设，进一步促进建设行为规范、运转协调、公正透明、廉洁高效的国资监管体系。2005 年，依据《河北省电子政务建设总体规划（2003—2007）》，省国资委及时制定并出台《省政府国资委电子政务工作意见》，从指导思想、工作目标、工作原则等几个方面明确了省国资委电子政务发展方向，为更好地建设电子政务提供了依据和保障。在《意见》的指导下，省政府国资委电子政务建设在经费保障、项目管理方面有了科学的规划和依据，建立了一支技术过硬、管理高效、服务优良和保障有力的信息化工作队伍。

指导监管企业制定信息化发展规划。2010 年组织专门力量，根据《2006—2020 国家信息化发展战略》，结合实际，指导各监管企业完成《“十二五”信息化发展规划》，编撰期间各单位充分发挥专家智囊作用，广泛征求意见，提高规划编制水平，按时高质量完成了此项工作，成为今后一个时期推动监管企业信息化健康快速发展的重要依据。

【网络信息安全】 省国资委始终重视网络信息安全工作，坚持“人防、物防和技防”相结合，加大资金投入，先后购置了安全设备和审计监控等网络边界安全设备。主要通过以下方式来实现保障：一是合理规划网络结构布局，网络拓扑采用了机房到楼层交换机的主干线路使用光纤，楼层交换机到终端节点使用六类双绞线，满足了国资委局域网线路传输带宽需求，保障了内部网络应用的传输安全。通过对整个网络进行 VLAN 划分，利用三层交换机使每一个楼层形成一个局域网，达到楼层网络之间的相对安全。在终端使用上对 PC 机上网卡物理地址和网络 IP 地址进行绑定。有效保障了网络传输畅通，减少了病毒攻击和破坏。二是通过加装防火墙和防毒墙等安全设备来对网络进行隔离，内网和外网采用逻辑隔离，禁止内部用户直接接入外部互联网，减少网络攻击。三是加装旁路监控设备，实时掌握网络行为动态。

制定出台了《计算机网络系统及网络信息安全保密文件选编》《计算机信息安全保密管理办法》《提交计算机网络信息管理办法》《计算机网络管理规定》《电子信息保密管理办法》等规章制度和文件。2007 年 4 月至 9 月，完成了信息系统安全测评和定级工作。修定完善了应急处置预案，制定安全事件报告和处置管理制度，明确安全事件类型，规定安全事件的现场处理、事故报告和后期恢复的管理职责。加强对应急预案的演练，设备和线缆全部加装标签，确保出现问题时能够及时做出处理。

认真落实网络网站值班制度，组织开展网络信息安全检查工作，保证了重大节假日期间省国资委网络网站信息安全。2008 年，省国资委被河北省网络与信息安全协调小组授予“北京奥运会和残奥会期间河北省网络与信息安全保障工作先进单位”。

（杨丁凯）

河北省统计局

【概况】 电子政务是提高政府管理水平和服务水平、提高国家竞争力的有力工具，更是带动全社会信息化的龙头，具有重大的意义。统计部门由于其自身专业的特点，在政府部门的信息化建设中一直走在前列。统计部门在电子政务工程方面已基本建立一个集资源和服务于一体的电子统计系统个体和群体网络，在一定程度上实现资源数字化和服务网络化。随着信息技术的发展，互联网的普及，利用网络为政府部门和人民群众提供更优质的服务成为当今各级统计部门的共识。

河北省统计电子政务建设，从二十世纪八十年代开始起步，三十多年来，建成上联国家统计局，下联市、县统计局功能比较完善的网络基础环境，实现了国家、省、市、县四级统计部门网络系统互联互通，建立河北省统计信息内、外网网站，建立了企业联网直报平台和数据采集处理平台。

1979 年电子计算站成立。省革命委员会机构编制委员会通知，定名“河北省计划经济委员会、统计局电子计算站”，由统计局管理，计划经济委员会、统计局共同使用，编制定员 55 人，机房面积 1600 平方米，同时将 C4 计算机安装入机房，开始正常工作。到 1980 年底，省计划经济委员会将计算站划归省统计局领导，更名为“河北省统计局电子计算站”。

1985 年 9 月省计划经济委员会向省政府提出《关于请将省统计局计算站划归省计划经济委员会领导的报告》，之后，省统计局向省政府提出报告，说明计算技术在统计工作中的地位和加强信息传递的重要性，建议计算站仍归统计局直接领导。11 月，省政府向省计划经济委员会、经济贸易委员会、统计局、财政厅和机构编制委员会发出《关于将计算站划归省计划经济委员会领导的通知》，决定将计算站由统计局划归省计划经济委员会领导，计划经济委员会、经济贸易委员会和统计局共同使用。

1986 年 6 月，成立河北省统计局微机室，承担各专业统计报表的数据处理任务。

1987 年，省统计局向省政府提出《关于购买小型计算机经费的请示报告》。经批准，省财政拨款 60 万元，国家统计局补助 30 万元，由国家统计局计算中心进口一台 3B15 超小型计算机。主机内存 4 兆，配有 6 台终端，使统计工作中的计算机应用开始使用小型机。

1989年省统计局拥有的个人计算机数量达到20台，完成了3B15小型计算机配套设备的配备，计算机专业人员11人。

1990年为适应工作的需要，先后由地方投资建立符合河北省第四次全国人口普查数据处理要求的计算机设备专用机房，省统计局计算室专业技术人员由11人增加到16人。

1990年10月，河北省统计局计算室更名为河北省统计局计算中心。河北省统计局计算中心为正处级全额拨款事业单位。

1992年，省统计局计算中心共有小型计算机和微机20多台。

2001年，省统计局有小型服务器2台，主要配置为HPL100和HP9000，主要用于数据存储及网站；PC服务器7台，主要用于数据处理；计算机外设（打印机、磁带机、光盘刻录机）169台，主要用于数据处理。

2009年，经河北省机构编制委员会办公室批准，河北省统计局计算中心更名为河北省统计局数据管理中心。

至2013年底，河北省统计局专用机房面积为160平方米，市级统计部门专用机房面积为665平方米，市级平均60.5平方米，县（区）级统计部门专用机房面积平均13.4平方米。省统计局拥有小型机服务器6台，微机服务器69台，个人微机218台，笔记本电脑161台，打印机190台，网络交换机27台，路由器6台，防火墙及网络安全设备15套。

河北省统计局顺利完成“八五”“九五”“十五”“十一五”统计信息工程建设任务，全面实现了统计数据处理计算机化、数据传输网络化、信息交流网站化，极大地促进了统计改革、创新和发展。近年来，河北省统计系统电子政务建设水平有了显著提高。统计系统电子政务建设已经从以前的辅助性工作渗透到统计业务的核心工作中，成为统计业务流程中的重要组成部分。以统计信息网络、核心应用系统和数据库体系为核心的统计电子政务应用系统正成为先进统计生产力的集中代表，推动统计事业迈上新的台阶，为全省经济社会发展提供更优质的服务。

随着统计信息化程度的提高，以计算机为代表的信息技术在统计工作中发挥了越来越重要的作用。各级统计部门利用计算机设备完成大量统计数据处理工作，实现了统计定期报表、年度报表、大型普查和专项调查数据的计算机处理，利用计算机远程通信技术，实现统计数据的远程传输。

【统计信息传输与计算机通讯网络建设】 一是统计信息传输由人工报送向计算机远程通讯迈进。1979年前统计信息依靠人工使用纸介质传输或电话报送，至80年代初期，传真通讯设备逐步普及至县（市、区），但也只有少量统计信息能通过传真及时、快速、准确地传输。1984年，微型计算机在统计部门投入使用并逐步普及后，不断改变统计信息的传统采集、处理、存储、传输及使用的方式方法。一般流程是：根据统计报表数据处理要求编制统计应用软件，录入统计报表数据并使用软件（程序）处理加工，最后把加工好的统计信息输出到纸介质或磁介质上保存，以便进行深加工利用，或报送有关部门。1987年12月，国家统计局推广TCRTC汉字远程点对点通讯软件，省统计局安装了第一台调制解调器，开始利用计算机远程通讯向国家统计局报送工业电讯月报，标志着远程通讯网络顺利开通。1988年8月，通过公用电话线路，采用点对点通讯软件，进行了省统计局与各地、市统计局工业月报的微机联网传输试验，国家、省、地三级统计数据点对点的远程传输获得成功。9月份，工业月报采用远程传输和电话报送同步进行，取得较好效果。

二是远程数据通讯向县级延伸。1989年，河北省开发研制了一套适合省、地、县三级应用的工业总产值及主要产品产量电讯月报数据处理程序，首先实现了工业月报远程数据传输，代替了电话口头报数，有效地提高了数据传送、处理的速度和精度。同年，能源统计和物资统计也部分地使用了远程数据传输，远程数据传输的业务范围不断扩大。为进一步延伸远程通讯网络，在秦皇岛市进行了市对县区的联网试点，开通了秦皇岛市对所属4县3区的远程通讯，为实现省、地、县三级远程数据通讯取得了经验。年底全省18个地市统计局的远程数据传输网正式试运行。

1990年，发展远程数据通讯并逐步扩大通讯网络。河北省远程数据通讯逐步扩大至物资、能源、财贸部分定期报表。同时，一些重要文件、明传电报等也使用了远程通讯，提高了数据传送、处理的速度和精度，方便了统计人员的工作。

为进一步延伸远程通讯网络，在秦皇岛市实现所属4县3区的远程通讯试点基础上，廊坊市也开通了市与县（区）级的远程通讯，促进了省、地（市）、县三级远程通讯的开展。

三是计算机网络系统初具规模。统计工作计算机化并进行联网，是统计工作发展的必然趋势。按照国家统计局统计信息自动化系统“八五”建设规划要求，国家统计局和省统计局以及有条件的地（市）统计局要建设计算机局域网。“八五”期间，通过实施统计信息工程计划，全省统计部门信息自动化系统的规模逐步扩大，开通了国家—省—市—县四级统计局的微机对点通讯，提高了统计信息传递效率，形成了以小型机为主的UNIX、DOS、NOVELL、Windows多系统互联的网络系统。1993年，省统计局建成了以小型机为核心基于TCP/IP协议的以太网，以省统计局各专业处室为节点的Novell网（局域网），统计年报“7+1”基层一套表数据处理工作开始在网络环境下完成。

1994年，多方筹集资金，为市、县配备调制解调器，用于解决各县（区）与市（地）的数据远程传输问题；为市（地）配备传真机和一台高档微机（DEC496、66XLSEVER），同时还配备了磁带机的两台终端，用于解决市（地）的文件传输和数据处理，市、县年报数据处理环境得到优化。1995年，启动全省统计系统局域网建设。局域网建设由省统计局计算中心统一组织实施，各地必须在具备建网条件后，向省统计局提出建网申请，验收通过后，安排实施建网工作。

四是广域网全面开通，统计信息自动化水平登上新台阶。1996年，省统计局与省数据通信管理局签定了X.25租用协议，全面开通使用省市广域网。为适应不断发展的新形势要求，1997年，全省统计工作会议提出把加快统计信息工程建设，提高统计信息自动化水平作为全省统计工作的三个重点之一。为保证信息工程建设的实际效果，确定把“建库联网”作为突破口，成立了攻关小组，实施重点突破。省统计局以数据库建设为重点，各市统计局以建设局域网为重点，经过一年的艰苦努力，省统计局局域网进一步完善，实现了与国家广域网的连接；联通了中国互联网；开通了与国家统计局和省政府办公厅的电子邮件系统。同时，全省11个设区市统计局全部建成了局域网，与省统计局广域网联接已开始启动，标志着河北统计信息自动化水平登上了一个新台阶。1998年，提出了全省实现现代化建设的具体实施方案，调整和充实了信息化建设领导小组，并召开全省统计信息化建设工作会议，进行了工作部署。各设区市、县（市、区）统计部门按照省局提出的建设目标，积极开展工作，实现了11个设区市局与省统计局广域网的连接。省统计局综合数据库和各专业数据库进一步完善，部分市建库联网也取得了明显进展。

五是统计信息网络建设取得跨跃式的发展。“九五”期间，全省统计信息化网络建设与系统开发，基本完成了预定的设计目标。主要标志：完成了国家统计局到省统计局，省统计局到三支调查队和到地市统计局的统计信息内部网的网络建设，统计信息内部网成为统计系统内部交换信息的主渠道，为全省统计工作的正常运行提供了基础和保障。建成覆盖县（区）、市、省的电子邮件系统，实现了全部报表的网上电子报送和信息反馈。建设了河北省统计信息网站（内网）和地市级网站，网上信息逐渐增多。系统装备水平有了很大提高，省和市（地）配备了路由器、交换机、服务器等一批设备。部分市（地）开展了企业联网直报的试点。1999年，国家统计信息工程建设全面启动，为全省统计信息化系统提供了前所未有的发展机遇。为了保证河北省与国家统计信息工程同步协调建设，确保配套工程项目按期建设投入使用，发挥工程的投资效益，省统计局向省计划经济委员会申请《国家统计信息工程配套工程》立项，解决困扰多年的信息化建设资金匮乏的问题。资金到位：2000年600万元，2001年300万元，2002年300万元。1999年4月，为配合工业财务月报超级汇总的实施，省统计局和各设区市统计局的调制解调器统一由2.4K更新为56K，传输的时间和费用大大减少。为充分利用现有设备，提高效率，方便使用，经研究，决定采用通用的电子邮件通信方式代替原有的点对点通信传输系统，开通河北省统计系统内部电子邮件通信传输系统。省、市之间的通讯线路既可以使用X.25专线，也可以使用调制解调器通过普通电话拨号方式连接。为了完成国家统计信息主体工程到河北省和11个设区市的以帧中继和DDN专线为基础的中速广域网骨干传输系统的建设，与电信部门取得联系，在中国电信帧中继/DDN通信网的基础上，建成了与国家统计局、三支调查队之间的统计信息骨干网。省统计局与国家统计局之间的统计信息网络骨干网安装的广域网设备为7206系列路由器；省统计局与三支调查队之间采用256K的DDN专线。2000年，省统计局确定了以统计信息网络建设为重点的工作思路。完成了河北省《国家统计信息工程配套工程》申请立项，争取到了建设资金；采用先进的综合布线技术，完成了省统计局局域网扩容提速和电子邮件系统的改造工程。为加快全省统计信息工程建设步伐，推动省统计局局域网建设进程，建立了河北省统计局信息网。网站主要内容为统计公报、统计报告、统计分析、统计月报、统计法规、工作动态、通知、重要统计信息发布、重要新闻等。省统计局制定了《河北省统计局内部信息网建设方案》《河北省统计信息化2000年建设方案》《河北省统计局计算机设备管理办法》《河北省统计局信息上网管理办法》等一系列制度，为使省统计信息网真正成为各级领导掌握经济信息的窗口提供了有力保障。根据国家统计局2000年6月份下发的关于抓紧进行网络建设的通知，省统计局加紧进行了省以下统计部门的广域网建设，为各设区市配备了路由器，省统计局增加X.25线路租用条数，实现省到市广域网升级提速。国家统计局统一购置的邮件服务器HP9000安装成功，电子邮件系统HP OpenMail正式运行。省局建立了域名服务器并开始运行。

六是“九五”工程验收通过，全面提升统计信息化水平。随着网络的建成，基于网络的各种应用也随之展开。省局的OA办公自动化系统初步应用；电子邮件系统和BQQ已经成为日常传送数据资料、互相联系的重要媒体和途径；工业5000家、房地产3000家企业直报开展顺利；到互联网查询资料、浏览信息已成为人们工作中不可或缺的重要手段；利用统计信息网平台已成为全省广大统计工作者日常统计工作的重要组成部分。2001 年，在国家统计局组织的“九五”规划验收中，河北省统计信息化工程顺利地通过了验收。实现了 2M SDH 线路与各市的连接，圆满完成广域网提速工作；省统计局内部网改版初步完成，新版投入测试运行，各设区市和部分县也开通了统计信息网，进一步扩大了网络应用新的统计工作模式；开展了第五次人口普查编码、光电录入和网上数据处理工作；省统计局与国家统计局之间开通应用了 OA 办公自动化系统，日常办公的自动化和网络化开始起步；建立了防病毒网站，省统计局已有 165 台计算机通过防病毒网站安装了 VRV 防病毒软件，有效地防止了病毒通过网络进行蔓延，确保计算机安全运行。2002 年，完成了《河北省统计信息工程 2002 年建设方案》的制订，确定了广域网提速方案，将 10 个设区市（不含石家庄市）共享两条 64KX.25 数据专线提速为 11 个设区市每市独享 2M 数字电路，9 月与省电信公司签订线路租用合同，签订广域网提速设备采购合同，12 月广域网提速工作在最短时间内完成，实现 2M SDH 线路与各市的连接。2003 年，加快统计信息向社会公众开放步伐，开通了河北统计信息网外网网站，制定了《河北省统计局信息网网站管理办法》，安装了技术防范措施更加严密的防火墙，完成了 OPENMAIL 邮件网关改造，提高了电子邮件的安全性。7 月份为加强信息交流，方便文件传送和数据交换，省统计局安装了“网络会议视频交流系统”（BQQ），并在省统计局内部和廊坊市统计局进行了语音对话、视频交流、网络会议等项功能测试和试运行，取得了满意效果。2004 年，市、县联网作为近三年信息化建设的重点工作，全省共有 81 个县（市、区）实现了统计信息网络互联。到 2004 年底，大部分市进行了局域网的全面改造，实现了主干千兆，一百兆到桌面，完全满足了各种网络应用；全省有 109 个县（市、区）统计局建成了局域网；省统计局到 11 个设区市，实现了两兆的光纤连接，省统计局到三个调查队、粮农中心也实现了 2M 宽带接入。2005 年，全省系统内部 IP 电话系统全面开通，IP 电话系统使用新扩容的计算机网络线路，省统计局可容纳 256 线，各市的 IP 电话最少配备了 32 线的容量，省统计局原来的所有内线电话均无缝改造为 IP 电话。

七是开拓创新，信息化建设登上新台阶。2008 年，为确保统计系统信息网络安全，本着“变被动防御为主动防御”的思想，对省统计局的“统计信息网站系统”进行了信息安全风险评估。通过本次评估锻炼了队伍，提升了自身的风险评估能力。2009 年，河北省统计局视频会议系统建成并投入使用，制订了《视频会议系统建设方案》和《河北省统计局视频会议系统管理规定》，保证了视频会议系统的建设质量和视频会议系统的正常使用。2010 年省统计局对局域网网络的总体架构进行了重新设计规划，核心交换机由单核心更新为双核心实现了核心交换机互为备份，提高了网络可靠性；完成了广域网扩容一期工程；建成了国家、省、地市、县的三级管理四级部署的客户端安全管理体系。河北省统计局基于邮件和即时消息的数据传输系统正式投入使用。至 2013 年底，省统计局完成省到国家统计局一级骨干网、省到 11 个设区市统计局的二级骨干网的结构调整，实现全网络的“双链路、双核心”星型结构布局，完成市县三级骨干网扩容，实现了双链路备份和 6—12 兆光纤专线互联，全面提高了广域网的可靠性，推动了基层安全系统建设。

【国家统计数据库的建设、维护和应用】 1989 年，利用在磁介质上存储的最近三年来的 2 万多个工业企业的基层数据、固定资产投资项目的基层数据和 1989 年的 390 个建筑企业的基层数据及各种综合、分组报表数据资料，进行建立数据库的试点，通过数据库提供数据查询和分析功能，使统计数据信息由单纯使用开始向数据管理、综合分析和对外提供更多信息的方向发展。

1990 年，做好数据库的建设和统计资料的开发利用工作。为利用现有的统计数据建立综合数据库，向社会各界提供咨询服务，制定了建立综合数据库的总体方案并着手实施。在“四普”全面数据处理工作开展后，最大限度地利用人口普查数据，对河北省人口进行分析和预测工作，为各级领导进行决策服务。人口数据库的建设是管理和充分利用人口普查资料的一项重要的基础工作。它使电子计算机在统计系统的应用从事务性处理系统向管理信息系统发展。19000 多个工业企业的基层数据全部输入微机，为建立工业数据库打下基础。

1991 年，国务院颁发的“第四次全国人口普查办法”中明确规定，这次人口普查的第三项任务是建立人口数据库。省统计局在完成“四普”数据处理的同时，还要做好人口数据库建设的各项准备工作，并通过国家统计局计算中心购买小型机 ORACLE 数据库管理软件，为全省 18 个地（市）统计局计算站订购了 HP386 微机 XENIX 操作系统的 ORACLE 数据库管理软件，参加了国家组织的 ORACLE 数据库培训工作，为人口数据库建设和人口普查数据资料的进一步开发利用，在技术和物质方面奠定了基础。

1992 年，数据库建设初见成效。为适应数据库建设需要，全省统计系统统一购买了 ORACLE 数据库管理系统软件，组织全省各地（市）有关技术人员进行培训，完成 XENIX 操作系统下的 ORACLE 数据库管理系统软件的安装。省、地（市）分别建成以“第四次全国人口普查”资料为基础的人口综合数据库，省级库存储了全省和各地（市）“四普”两级综合数据，地（市）级库存贮了地（市）和县“四普”两级综合数据；建成河北省统计月报数据库，存贮了工业、企业效益、商业、社会、财政金融、居民生活等方面的统计信息，可用于及时提供全省统计月报的数据，以及全国及各省和河北各地市的有关数据。

1992年，省、地（市）两级数据库建设开始起步。省、地（市）两级建立了人口综合数据库，省统计局还建立了综合统计月报数据库。

2005年，自行设计开发了人事编制年报网络处理软件，实现了人事编制数据库一库在线运行，省、市、县三级人事编制信息的实时维护和动态管理。到2013年底，河北省统计机构人员信息库中包含省市县三级202个统计机构一万余名统计人事信息。

【大型普查数据处理】 普查数据处理是普查工作的重要环节，既要对普查环节的工作质量进行检验，找出所有存在的数据错误，又要对找出的错误数据进行修正，还要对修正后的数据进行加工整理，汇总形成数量众多的各种普查综合数据，供人们使用。

1982年开始的第三次人口普查工作是我国统计系统首次运用电子计算机处理数据。这次普查在国际上影响很大，得到了联合国有关机构的赞助，是中国第一次真正的现代化人口普查工作。1987年全国1%人口抽样调查数据处理，河北省决定利用微机进行超级汇总，仅用27天就完成全省人口抽样调查的数据处理任务。1987年省统计局和省投入产出办公室完成了投入产出调查工作。省投入产出办公室编制了河北省投入产出抽样调查大型数据处理程序，计算中心负责投入产出抽样调查数据处理工作，完成抽样调查数据的录入，采用超级汇总模式进行数据汇总和出表，及时上报国家统计局计算中心。1988年荣获全国1987年投入产出调查数据处理二等奖。第四次全国人口普查数据处理采用了“微机录入、三级汇总、四步处理”的工作模式，以国家统计信息化系统为主，采用以地（市）为基础、分散录入、分级汇总的方式进行，各地市统计局计算站负责人口普查数据的录入和整理，再将数据软盘报省统计局计算中心进行汇总处理。通过“四普”数据处理促进了地市统计局现代化建设。

按照国务院统一部署，河北省1996年开始组织实施基本单位普查，河北省统计局于1997年4月30日，按时将全省基本单位普查简易综合数据通过E-mail方式及邮寄方式上报给国家统计局，这是河北省第一次通过网络方式报送普查数据。

在第一次全国农业普查数据处理工作中，全省首次采用光电录入技术进行数据录入，数据扫描录入全部在网络环境下进行。第五次全国人口普查数据处理，河北省确定了“光电录入、图像存储、建立网站、三级处理”的工作模式。数据处理系统安装在省级，通过网络在线处理全省及各市、县数据。

2004年第一次经济普查全面采用网络版软件进行了网络模式的数据处理，数据处理工作方式逐步改变。2008年第二经济普查采用B/S架构的网络版数据处理程序，数据处理工作模式完全进入了网络化。第六次全国人口普查数据处理工作按照“统一组织、光电录入、分级处理”的原则组织实施，在地市级集中组织光电录入，国家、省、地市三级处理。

2013年第三次全国经济普查数据处理工作采取普查员通过手持电子终端（PDA）“现场数据采集、定位、拍照、识别转换，通过广域或无线网络进行数据传送，进入全国统一数据中心，统计人员五级在线审核处理”的组织模式进行。普查员运用PDA对企业进行GPS定位，核查底册信息，对数据进行登记并由企业签字确认，对单位营业执照、税务登记证、组织机构代码证等相关证照拍照，最后网络传输普查登记数据。此次普查全程实现电子信息化，首次采用电子数据采集终端（PDA），充分利用统计电子地理信息系统，巩固和拓展统计联网直报系统成果，提高了普查工作的信息化水平和效率，减轻了基层普查人员的工作负担。

【月报、季报、年报等定期报表数据处理】 1986年省统计局成立微机室，从1987年开始，由微机室（计算中心前身）进行年报数据处理程序的培训，并与各专业处室合作，共同进行年报、季报、月报的数据处理工作。1986年，应用微机COBOL语言编写的超级汇总程序第一次完成了固定资产统计年报。1987年，在正常的定期统计工作中，多数专业的月、季、年报已全部利用微机处理。1989年，省统计局90%以上的定期报表都使用微机进行处理。各地市统计局基本实现用微机处理日常统计报表，并开发和积累了一批应用程序。县级的应用工作也正在逐步开展，在省局和部分地市为县举办各种类型培训的基础上组织开发了部分县级应用程序。1990年，部分专业指标实现在地市统计局直接汇总基层单位统计数据，向省统计局报送基层数据磁盘，改变了传统的报送纸介质报表的方式，提高了数据的准确性。人口变动抽样调查采用了微机录入并进行超级汇总处理的工作模式，取得了显著成绩。

县（区）级计算机的应用工作实现重大突破性进展，计算机专业人员素质不断提高，开发了一些县（区）级计算机应用程序，全省县级统计局基本实现统计数据处理计算机化。

1993年，根据全国统计方法制度改革的总体要求和河北省实际情况，1993年年报开始全面实施“7+

1”基层一套表全新的年报制度，年报数据处理模式发生了重大转变，改变了各专业用各自软件进行分散式数据处理方式，使用统一的年报数据处理程序，统计年报数据处理由计算中心集中处理，使年报数据处理工作从此迈上了新的台阶。河北省获全国统计年报数据处理工作二等奖。1995 年到 2005 年，统一布置年报数据处理工作，统一采用 SARP2000（2.0 版）软件。计算中心每年组织年报程序培训，并在技术上、设备上继续为各专业处室提供支持与服务，完成各专业年报程序的二次开发工作。2012 年河北省开始全面实施企业一套表联网直报，河北省使用国家统计局组织开发的企业一套表软件，构建了河北省数据联网直报平台和数据采集处理平台，是全国 14 个自建节点的省份之一。为提高平台应用水平保障企业顺利报送数据，河北省不断加强一套表平台建设，建立备份数据库及磁带备份系统，确保数据安全；建立具备 5 万发证能力的 CA 安全认证系统，确保数据安全传输；不断优化平台结构，提高平台运行效率。全面实施企业一套表联网直报，对于有效提高统计能力、统计数据质量和政府统计公信力，加快统计工作现代化进程，意义重大，影响深远。

（省统计局）

河北省工商行政管理局

【概况】 河北省工商行政管理局党组十分重视信息化工作，将数字工商与法制工商、和谐工商一起列为“三型工商”的重要建设内容，通过建立健全信息化工作体系和保障机制，全面实施“整合、融合、一体化”工程，各项信息化建设和应用工作都取得了突破性进展。

为了加强对全省工商行政管理系统信息化工作的统一领导，省工商行政管理局党组成立了河北省工商行政管理系统信息化领导小组，领导小组办公室设在信息中心，承担着全省工商系统信息化工作的组织协调、监督管理、督导检查、宣传交流、情况通报和工作考核等工作职能。省工商局信息中心为全额拨款的事业单位，编制 16 人，现有人员 15 人。负责拟定全省工商行政管理系统信息化发展规划；制定技术规范和技术标准并组织实施；负责全省工商行政管理各项业务数据建设和统计工作，并对相关信息进行分析及预测；负责全省工商行政管理系统的信息化基础建设、软件开发、系统运行维护工作。

自 1997 年成立以来，信息中心在省工商行政管理局党组的直接领导和大力支持下，紧紧围绕工商行政管理中心工作，充分发挥了引领和支撑业务的作用，连续制定并组织实施了信息化发展专项规划和建设，推动工商系统信息化发展进程。连接省、市、县局至各基层分局的四级网络已全面开通运行，先后组织推广十几套工商信息化系统，在工商行政管理工作各方面得到推广应用，积累了 400 多万户各类市场主体信息、监管和执法信息，形成了全省工商业务数据库，为省委、省政府以及省直有关部门提供大量权威性基础信息和决策分析信息。信息化已成为工商系统各项工作的重要技术支撑，在拓展和促进监管执法职能到位、提高工作效率、规范业务流程、引领监管创新、树立政府部门良好形象等方面发挥了重要的作用，推动了规范河北市场秩序、强化企业信用体系、保护消费者合法权益等建设工作。

作为全省信息化“十二五”规划的重要内容，河北省工商行政管理局实施了信息化整合暨河北经济户籍管理系统建设工程，已上线运行，全省工商信息化各项工作取得了跨越性发展。以“整合、融合、一体化”为目标，实现了工商业务应用系统和数据的大整合、大集中，形成“一库、一平台、一站式、一体系”工商信息化新格局。

【工商业务数据库信息建设】 以市场主体信息为核心和主线，建立各类工商业务信息之间的关联关系，实现市场主体信息、监管信息、执法信息、信用分类信息等深度整合。各级工商部门在全省一体化平台上处理，各类业务信息数据实时进入河北经济户籍库，实现“一数一源”和工商部门、业务间的共享与应用，从根本上保证数据的完整性、一致性、实时性。到 2013 年底河北经济户籍库中市场主体总量 4240586 户，其中内资企业 928865 户、外资企业 17304 户、个体户 3219551 户、农民专业合作社 74866 户。全省各级工商部门每日日均登录 11 次，697 人登录使用河北经济户籍管理系统，各类型的市场主体登记业务日增总量 3000 多户（含内资企业、外资企业、农民专业合作社、个体工商户），还有相关业务如案件管理、法规业务、综合监管及信用管理、网络监管以及年检验照等大量信息，各类工商业务数据随着业务的日常处理及时动态更新。

【全省各级工商业务统一应用平台】 从工商信息化整体建设规划出发，分析和建立各类工商业务之间的内在关系，整合所有工商行政管理业务，彻底打破分散、独立的工商应用系统造成的不良限制，实现业务流程再造与创新，以工作的规范化、标准化实现工商工作的大整合，满足“全面、全员、全过程”的高标准需要，全面提高系统之间的关联度、业务与技术之间的融合度。河北经济户籍管理系统从整体功能上分为许可登记、综合监管、消保维权、执法办案、政务办公、决策分析、效能监察等七大业务模块。其中，许可登记包含名称登记、内资登记、外资登记、个体登记和广告登记等业务应用；综合监管包含信用管理、市场管理、商标管理、网络市场监管等业务应用；消保维权包含商品质量监督、12315等业务应用；执法办案包含案件管理和政策法规等业务应用；政务办公包含办公OA、人事教育管理、档案管理、应用支撑、技术支持、统计报表管理、业务数据质量和知识库等应用；决策分析包含业务数据综合分析等应用；效能监察包含信息发布与展示、惩防体系、行政监察信访举报等应用。

【业务内网管理和外网服务统一门户】 业务内网门户为各级工商系统工作人员访问系统提供统一入口，实现单点登录、身份认证、访问控制、个性化桌面以及移动工商应用等功能。针对不同层级、不同业务领域、不同业务分工的工作人员，依据权限呈现出不同的业务工作台界面。作为全面整合的应用门户，提供了安全身份验证、应用访问设置、待办事务整合、个性功能配置、日常工作交流等功能，满足省、市、县、分局四级机构不同用户的使用要求，达到整合系统内部管理和业务处理有序、高效的目的。河北工商门户网站为社会公众与企业用户浏览工商公示内容、使用网上工商功能提供了统一入口，实现用户注册、单点登录、身份认证、访问控制等功能，并实现市场主体信用信息公示、网上登记、网上查询、网上年报、网上咨询、投诉举报、信息备案等应用及服务。

【工商信息化标准规范、网络运行环境和安全管理体系】 针对重复建设、分散建设、缺乏统一规划问题，本着“整合、融合、一体化”的总体要求，对全省各级工商信息化应用系统和网络硬件系统进行整体重构和升级改造。在应用系统建设过程中，采用系统工程的科学方法，严格遵循国家和行业有关法律法规、技术规范和开发建设要求，从总体业务及数据规划和设计上保证工商信息化建设的标准化、规范化。在网络方面，按照大整合、大集中的总体要求，实施了“省、市、县、分局”的网络升级，省—市20M、市—县4M、县—分局2M。在数据中心核心设备方面，引进了两台高性能小型机P750担负全省的业务数据处理和分析、高配置应用服务器运行各类业务应用系统、大容量磁盘阵列存储河北经济户籍库等。在安全方面，按照信息化系统安全等级保护要求，建立了本地、异地数据容灾备份机制，配备了网络监控和检测技术等设备，对省工商局机房服务器的安全补丁、系统接口等功能进行了清理，对业务内网网络进行了全面病毒扫描等工作。强化了工商业务内网日常安全检查，并加强了制度机制建设，保障了全省信息化系统的稳定运行。

（省工商局）

河北省新闻出版广电局

【概况】 省新闻出版广电局一直以来高度重视机关电子政务建设，按照《河北省国民经济和社会发展信息化“十二五”规划》《河北省电子政务“十二五”发展规划》提出的目标、任务和重点工程，不断加大工作力度，电子政务工作取得了新进展、新成效。2013年省新闻出版广电局办公室被河北省电子政务研究会评为河北省电子政务先进单位。

河北省新闻出版广电局于2013年11月25日正式挂牌成立，此前分别以河北省新闻出版局和河北省广播电影电视局的名义开展和推进电子政务工作。河北省广播电影电视局电子政务平台始建于2001年4月，2001年9月28日正式对外发布，2004年6月获得由国务院新闻办公室颁发的从事登载新闻业务资质，2005年4月获得由国家广电总局颁发的“信息网络传播视听节目许可证”。河北省新闻出版局电子政务平台建设于2005年，2008年进行了升级改造。

为有效加强对电子政务建设工作的组织领导，省新闻出版广电局成立了由主管局领导为组长，办公室、法规处、监察室等部门为成员单位的信息化建设领导小组，将电子政务建设作为一项中心工作切实抓紧抓实。在历年召开的全省新闻出版广电局长会议上，均明确提出全年电子政务建设的目标和任务，并层层分解，纳入年终考核。加强了对全行业电子政务建设的指导力度，积极制定扶持政策，鼓励支持广电、出版、发行、印刷等行业运用数字化技术，进行数字化改造，通过全行业的信息化建设，努力打造新型的出版业态，培育新的经济增长点。

2008年原省新闻出版局以办公楼搬迁为契机，着力开展机关信息化基础设施建设，建成了专用机房，安装部署了服务器、路由器、防火墙、交换机等网络设备，在机关内部部署了局机关内外网线路，并按照省政府有关要求，部署了河北省电子政务内网、保密专网等专用网络，在机关一楼大厅和行政审批大厅安装电子大屏幕，为日常电子政务建设打下坚实基础。河北广电网于2001年9月28日正式对外发布，承担着宣传河北、服务河北、传播精神文明、丰富人民文化生活、展示河北风貌的使命。河北广播电视网站于2001年4月正式成立，在编人员8名，负责河北广电网站建设、维护，网上宣传及运营工作，负责省政务公开网和局政务网的信息维护以及局办公自动化网络管理和协调工作，为广电电子政务事业做出了应有的贡献。2013年

11月两局合并后，局领导积极谋划两局政务网合并改造方案，正在实施。

原河北省新闻出版局政务网站始建于2005年，至2013年8月1日，共发布信息1800余条，解答群众咨询2000余条，受理群众投诉举报300余条，创办了16个专题栏目，网站点击量达58万余次，在提升管理水平、服务基层群众、实现政务公开方面发挥了重要作用，在2011年省政府组织的政府系统网站绩效评估中，省新闻出版局网站位列全省宣传文化系统第一名。按照《河北省新闻出版局2013年信息化建设工作方案》，2013年，省新闻出版广电局实施了局政务网站改版升级工程，投资7.9万元建设了新版局政务网站，新改版政务网站遵循《河北省政府网站绩效测评指标体系》的设计要求，应用最新技术，对网站功能和栏目进行了全新设计，自8月1日上线以来社会反映良好。结合新版网站建设，省新闻出版广电局修订了《河北省新闻出版（版权）局政务网站管理办法》，制定了《河北省新闻出版（版权）局政务网站安全应急预案》，并组织机关各处室主要负责人和各处室网站管理员学习新版网站使用方法，通过局政务网站发布各类政务信息，向各业务处室移交网上咨询、投诉举报。原河北省广播电影电视局网站有30余个频道，包括：新闻、精品电视、精品广播、网络电视、主持人在线、今日资讯、阳光热线、警方报道、天下故事会、动漫、书画、论坛等，集新闻宣传、娱乐休闲于一体，承担着宣传河北、服务河北、传播精神文明、丰富人民文化生活、展示河北风貌的使命。每天更新文字新闻约500条、其他800余条、图片约50张、编辑两台音视频新闻4个多小时，到2013年底，网站信息总量约为100万余条。现有服务器10台，数据库采用SQL server2003，网络出口为50M独享带宽。有比较完善的安全设施，配有防火墙、防篡改系统、数据备份系统、严格的后台程序管理。

电子政务安全保障工作稳步推进。一是按照《关于加强政务部门办公电子邮箱安全的通知》要求，对各处室办公用电子邮箱进行了集中清理，强化了邮箱口令设置。二是按照省工信厅和省保密局《关于对省政府部门互联网接入口进行归并割接的通知》要求，省新闻出版广电局对局机关接入互联网进行了归并割接，对重要数据进行了本地备份。三是制定《河北省新闻出版广电局政务网站应急管理预案》，修订《网络机房管理办法》，进一步规范局政务网站实时监控制度，省新闻出版广电局网络与信息安全工作规章制度更加完善。四是购置安装了Windows Sever 2012操作系统和“InforGuard网页防篡改系统”，部署了局政务网站备机，实现对局政务网站24小时防篡改监控。

以抓好数字化应用为重点，着力推动产业融合。加强信息技术与新闻出版广电业的深入融合，是当前新闻出版广电信息化建设的重点和方向。省新闻出版广电局转变发展思路，以实施“数字化引领，结构化升级工程”为抓手，加强与相关领域的战略合作，鼓励支持指导企业发展数字出版、网络出版、手机出版等以数字化内容、数字化生产和数字化传输为主要特征的战略性新兴新闻出版业态，信息化与新闻出版产业融合呈现了蓬勃发展的良好态势。以河北出版传媒集团为龙头，推进了出版资源数据库建设、数字出版电子商务平台建设、中国数字出版物网络出口阅读平台建设、移动多媒体和电子阅读器建设、中国特色文化产品交易网建设等重点项目，信息化与产业融合的效益逐步显现。

为了贯彻落实好《中华人民共和国政府信息公开条例》精神，规范省新闻出版广电局政府信息公开工作，提高工作质量和效率。省新闻出版广电局结合新闻出版广电工作实际，依照《河北省实施〈中华人民共和国政府信息公开条例〉办法》，制定出台了《河北省新闻出版广电局政府信息公开工作实施办法》和《河北省新闻出版广电局政府信息公开保密审查办法（试行）》，明确规定了省新闻出版广电局政府信息公开工作的责任处室、公开内容、公开方式、公开程序、责任追究及有关要求。至2013年12月底，省新闻出版广电局在河北省政府信息公开平台共主动公开政府信息1591条。省新闻出版广电局每季度编制信息公开目录、信息公开指南和信息公开资料，并按照办法要求及时向省档案馆和省图书馆报送信息公开材料和电子文档，认真履行信息公开交接程序，及时归档保存。

进一步完善“网上审批”工作。在省发改委和省经济技术信息中心的支持下，省新闻出版广电局34项行政许可事项按省政府要求全部实现网上审批，已在“河北省网上审批系统”平台上投入使用。为配合网上审批系统的使用，省新闻出版广电局及时对全局干部职工进行了集中培训，收到了良好的效果。特别是按照国家新闻出版广电总局的统一部署，省新闻出版广电局在全国率先实现了书号网上申领，将原来办理一项作品书号申领的时间由1个月缩短为5分钟。到2013年底，通过网上审批系统完成审批事项596项，法定时限办结率100%。

省新闻出版广电局紧密结合新闻出版工作实际，先后制定《河北省新闻出版广电局政务网站安全应急预案》《河北省新闻出版广电局电子政务内网使用管理暂行规定》《涉密计算机及网络管理规定》《涉密移动存储介质管理规定》《涉密计算机维修、更换、报废管理规定》《河北省新闻出版广电局保密制度》等一系列规章办法，建立涉密计算机及移动存储介质登记备案制度、计算机机房管理制度等若干管理制度，建立涉密计算机及移动存储介质保密管理档案，对所有涉密计算机安装了“三合一”防护系统。

（省新闻出版广电局）

河北省安全生产监督管理局

【概况】 河北省安全生产电子政务建设是搭建和拓宽安全生产监督管理部门和社会各方面交流沟通的通道。为了充分发挥安全生产信息和电子政务对推进安全生产工作的积极作用，河北省安全生产监督管理电子政务系统建设自2006年全面实施以来，大体经历了三个阶段：

第一阶段：2006年至2007年，河北省安全生产监督管理局按照《安全生产“十一五”规划》和《河北省电子政务建设总体规划实施意见》的通知要求，以新迁办公楼为契机，建设了局办公业务局域网的网络系统平台，多媒体会议室、门户网站、应急救援指挥平台（2006年至2013年）。

第二阶段：2008年至2010年，以“金安”工程一期项目建设为契机，按照“完善办公网络、确保信息安全”的原则及国家有关保密技术标准和要求，对局计算机信息系统网络结构进行改造，完善了局网络安全系统，相继开发并全部实现了河北省网上审批系统（省电子政务“112”工程重点应用系统之一）、安全生产网络培训考试系统。同时，完成了国家、省、市视频会议系统的改造。

第三阶段：2010年至2013年。从2010年起，按照国家安全生产信息化的要求，对视频会议系统、门户网站、网络安全系统等系统进行升级完善，保障安全生产信息化管理。

河北省安全生产监督管理电子政务于2006年全面实施。围绕“十二五”规划，深入实施城乡统筹、“四位一体”科学发展战略，以打造“数字安监”为切入点，坚持统筹规划、资源共享、深化应用、务求实效、立足创新的方针，加快安全生产监督管理信息化。充分利用计算机网络平台，实施电子政务，推进政务信息公开，加强办公自动化，信息基础设施迅速发展、信息技术应用成效显著、信息化发展环境不断完善，有力地促进了安全生产监管工作又好又快发展。

安全生产信息化组织保障体系逐步完善。为加强对全省安全生产信息化建设工作的领导，加快安全监管工作信息化建设步伐，协调组织信息化建设项目的实施工作，设置了信息化建设两层组织结构体系：

第一层是全省安全监管系统层面上的信息化领导组织。2007年成立以省安全生产监督管理局“一把手”为组长，分管副局长、纪检组长为副组长，各市安全监管局“一把手”、省安全生产监督管理局有关处室负责人为成员的省安全生产信息化领导小组，负责对全省安全生产信息化建设项目进行规划和决策，审定信息化建设项目，协调建设资金的筹集与管理。

第二层是省安全生产监督管理局层面上的信息化领导小组。成立了以分管局长为组长、机关主要处室负责人为成员的信息化推进组。推进组贯彻局信息化工作领导小组的决定、负责落实本级信息化建设项目重大事项，督促、协调局机关有关各处室、各直属单位按照职责分工完成项目建设任务。

为加快省安全生产监督管理局信息化工作建设和应用水平，提高工作效率，省安全生产监督管理局每年定期举办信息化培训讲座，并总结各地信息化建设的经验和教训，采取走访重点单位、召开座谈会、向各市、县局发放调查表和赴外地学习考察等方法，走出去，请进来，深入了解情况，广泛听取意见，进行信息化工作调研。

自2006年以来，省安全生产监督管理局相继建设完成“金安”工程一期建设、门户网站、视频会议系统、安全生产培训考试系统、应急救援平台。

河北省安全监管系统按照国家安监总局实施“金安”工程的要求，不断加大信息化基础设施建设力度，全面改善信息化硬件设施条件。一是全省大部分市以上安全监管机构都构建了局域网。二是全省有石家庄、唐山、保定、秦皇岛、廊坊、邢台、沧州、衡水、承德、邯郸、张家口、定州、辛集13个市、县局的节点已与全省电子政务网接通，“金安”工程中的视频会议系统的主要设备已配备到位。三是加大计算机机房建设，2008年初，省安全生产监督管理局按照国家总局的有关要求，对计算机信息系统网络结构进行改造，更换了防火墙，添加了入侵检测系统、防病毒系统、内网安全管理系统、互联网控制网关，完善了局网络安全系统，有力地支撑了办公自动化OA系统和网上审批系统的开展。

【“金安”工程一期建设】 国家安全生产信息系统（“金安”工程一期项目）应用系统主要包括：安全生产监督管理及行政执法系统：包括煤矿安全监察、伤亡事故管理、危险化学品安全监管、烟花爆竹安全监管、非煤矿山安全监管、重大危险源监管和监察子系统。安全生产调度与统计系统：包括事故调度快报、事故统计、行政执法统计、作业场所职业卫生统计、煤炭经济运行统计和安全生产辅助决策支持等子系统。安全生产应急救援信息管理系统。建立重点监管企业安全生产基本情况、重大危险源监管和预案、重大安全生产隐患、危险化学品、行政执法、行政法规、重特大事故档案、事故统计、抢险救灾资源、安全生产专家等基础资源数据库。地理信息系统及其与应用系统、数据库结合所做的二次开发。系统软件定制：电子邮件、数据交换平台、工作流引擎、安全及身份管理、消息中间件、报表生成器、门户系统（专网、外网）、网上直播软件、笔记本采集及网络传输系统、采编发系统及全文检索系统、搜索引擎系统、远程培训平台、远程网络同步直播培训系统、多媒体课件制作系统。

在上述国家安全生产信息系统"金安"工程一期项目建设中，河北省安监局依托省政府外网和已有的局网络基础设施，构建"金安"工程安全生产信息网络平台。2008年10月底前，根据安监总厅要求，进行了线路切换，利用河北省政务外网完成了国家安全监管总局到河北省安全生产监督管理局节点的数据、语音、视频的开通。

2009年3月依据《国家安全监管总局办公厅关于国家安全生产信息系统（"金安"工程）一期设备采购等若干实施事项的补充通知》要求，参照调整后的《各级节点软硬件清单》，对用于"金安"工程的相关设备做了相应的调整。结合实际，本着节约的原则，因地制宜，整合资源，经过与承担系统集成任务的中国电信集团系统集成有限责任公司（"金安"工程总集成商）多次反复的技术商讨，在不影响工程建设和应用系统安装实施的前提下，注重高效实用，防止重复建设，对能够利用的设备仍旧使用，对需要调整增加的设备进行统一采购。到7月底，全部设备已到位，服务器操作系统软件按照"金安"工程整体要求安装，网络环境已备好，业务系统与局现有业务系统已进行逻辑隔离。实现了通过互联网+VPN终端方式访问或使用本地或总局的"金安"工程应用系统，基本保障了"金安"工程运行的安全和运行维护管理。

【门户网站建设】 随着安全生产信息化的发展，公众对安全生产监督管理透明度要求不断加大，2006年12月建设了河北省安全生产监督管理局门户网站（www.hebsafety.gov.cn）。局领导高度重视网站建设工作，把建设门户网站作为安全生产监督管理对外开放的一个重要窗口，采取了积极有效的措施，加快门户网站建设进程。2013年9月，改版建立了局门户网站框架。为加快网站的建设步伐，省安全生产监督管理局成立了以主管局长为组长，各处室负责人为成员的门户网站领导小组，明确了网站建设的基本思路、保证措施和绩效考评内容，为网站的建设指明了方向、明确了任务。

【视频会议系统】 随着政务网络电子信息化的普及，安监系统内部的网络通信需求越来越重要、越来越频繁，具体需求表现在省安全生产监督管理局和市局内网的互相通信；市局和各县局内网间的互相通信；以及安监局省级和各下级（包括但不限于市级、县级、乡级）单位的办公局域网的跨专网、跨internet网的互相通信。2009年对视频会议系统进行改造，将依托河北省公务外网线路及网络平台，建立纵向四级（即：国家总局、省、市、县（区））的视频传输系统。该系统满足主会场和分会场双向交互视频会议功能，它对上可以作为分会场，对下可以作为主会场，全系统进行无缝融合，这样既能够实现独立召开会议，又能够加入国家总局、省视频会议。全省11个地市、2个直管县级市已全部开通，还有部分县也已经开通。

【安全生产培训考试系统】 为解决传统考试方式存在的周期长、工作量大、成本高的状况，2009年省安全生产监督管理局将安全生产培训考核信息化建设提上重要议事日程，决定从2010年开始进行培训考试的信息化建设。2010年经在全国公开招标，由华夏明科（北京）数字有限公司负责河北省安全生产培训考试系统软件开发工作。2011年8月，系统软件通过专家验收。9月开始在试点单位组织试运行工作。12月对试运行情况进行了总结。2012年5月，在石家庄市召开了有200多人参加的全省安全生产培训考试试点建设推进会议，对全省安全生产培训考试系统运行情况进行整体部署安排。

整个培训考核管理系统包括六个子系统，即培训管理系统、题库管理系统、考试管理系统、证书管理系统、档案管理系统和综合分析系统。

全省安全培训考核管理系统共有十大功能，即网上培训信息发布、学员网上报名（网上学员资源整合）、培训考核计划网上申报和审批、网上出题和考试（随机组卷、自动阅卷与成绩生成、考试结果智能分析）、考试远程监控、网上行政审批、证书制作、个人资料网上查询、培训信息统计、执法服务等。全省已建成考试点111个，已有80家安全培训考试点实现了网上视频监控。非煤矿山，危化生产、经营、加油站等高危企业主要负责人、安全管理人员100%实现了计算机考试，电工作业、焊接与热切割作业、高处作业、冶金（有色）生产安全作业等所有特种作业工种人员全部实现了计算机考试。

【网上审批系统】 由"省发改委牵头、会同省直有关部门共同完成"的网上审批系统是省委、省政府确定建设的河北省电子政务"112"工程重点应用系统之一，也是省政府确定的"干部作风建设年"活动12件大事之一。

2008年，由河北中信联信息技术有限公司负责河北省安全生产监督管理局网上审批系统项目的开发。在项目建设过程中，局领导高度重视，成立了网上审批系统建设工作小组，定期召开会议，及时研究和协调解决建设过程中遇到的人员、技术、经费等问题，确保系统按期上线完成。

此系统采用先进的信息网络技术、系统工程方法，构建了一个多功能、大容量、安全高效的项目审批管理服务平台。它主要是通过建设内部办理平台，将河北省安全生产监督管理局的11个行政许可项目（25个细项）全部实现网上审批。此系统运行状况良好。

【应急救援平台】 省安全生产监督管理局党组始终把加快河北省安全生产应急平台建设作为一项重要工作，进行研究部署，着重明确应急平台的功能定位。把省级应急平台定位为：全省安全监管局实施应急管理与救援协调指挥业务的信息系统；省政府应急平台的重要组成部分；国家安全生产应急平台体系的省级节点；平战结合的信息平台。在具体功能上，省级平台主要侧重于对特大事故的应急救援指挥调度和全省应急管理工作的综合监管、专项监管与宏观调控，并具备对11个设区市级平台的实时查询和调度、指挥功能。按照这个定位组织开展应急平台体系建设。

以国务院发布的《国家突发公共事件总体应急预案》和国家安全生产信息系统规范为指针，遵循“三网一库”标准，整体规划、分步实施，建立“统一指挥、反应灵敏、协调有序、运转高效”的安全生产应急平台；建立集安全生产应急救援管理、决策、指挥、响应机制为一体的安全生产应急平台，能实现从国家到省、市、县四级政府和各部门之间的协调联动功能。

按照上述总目标，结合工作实际自上而下启动、分步实施：

第一阶段（2006年3月至2010年5月），基本完成省、市两级安全生产综合监管应急救援指挥系统的建设工作，并实现省、市联网。这个阶段，省政府将安全生产信息化建设列为“十一五”期间重点建设项目，到2013年底，省安全生产监督管理局网络建设、应急指挥中心、应急平台建设和应急装备采购，省级应急平台一期建设已完工，完成网络系统、视频会议系统、应急指挥系统和移动应急平台系统等，到2013年底系统运行稳定。

第二阶段（2010年6至2012年12月），基本完成省级、11个设区市、56个安全生产重点县（市、区）三级安全生产综合监管应急救援指挥系统的建设工作，并与6个省级应急救援基地和20支省级骨干专业救援队和部分高危行业试点企业组网，初步形成上下联通、信息共享、各有侧重、互为支撑的全省安全生产应急平台体系；完成应急平台应用系统的建设；实现对试点企业的实时监控；积极组织实施“河北省安全生产应急救援指挥中心（河北省安全生产应急救援训练基地）”项目开工建设。

第三阶段（2013年1月至十二五末）完成省、市、县（市、区）和重点监控企业四级安全生产综合监管应急救援指挥平台的建设工作；建立起完善的企业基本信息库；实现重大危险源单位的实时监控；省应急指挥中心投入使用并正常运行。

依托Internet网络，实现省、市、县安监局和重点企业的互联互通、数据接入、信息共享。Internet接入使用联通30M光纤专线。固定采用有线和无线（联通MACD）相结合的方式。移动应急平台采用卫星通信车载方式，由一个车载站和一个固定站组成，与卫星一起构成一个IP数据传输网络，在此网络上开展视频、语音和网络互连业务，同时，围绕车载站，展开更多层次的视频和无线通话业务，可以实现数据通信、视频采编、信号传送、视频会议、卫星电话、计算机网络和现场办公等功能。采用由1个视频矩阵、2个音频矩阵、2个投影和6块屏组成的视频会议系统，与应急指挥通信车能实现音视频的互联互通。与“金安工程”建设的视频会议系统能够相互切换。

省级安全生产综合监管应急救援指挥平台主要由5个子系统组成：基础数据库系统，基本涵盖了职能处室和应急救援全部工作内容。主要是：非煤矿山、尾矿库、危险化学品生产经营、烟花爆竹生产销售等单位的基本情况；企业周边情况；应急救援预案、应急救援队伍及资源等情况；重大危险源备案和管理信息系统；法律法规和标准规范等。

应急救援决策支持系统，主要是利用GIS地理信息系统和GPS定位系统，为应急决策提供充分的信息支持。一是应急救援信息支持系统。在接到事故报告后，能迅速确定事发企业的准确位置，为事故应急救援提供事发企业基本情况及事发装置的详细信息、应急救援预案、危险物质的安全技术说明书、救援组织机构各组的具体负责人及其联系信息。二是应急救援资源调度系统。在电子地图上展现应急资源及救援机构、队伍、力量的地理分布；结合电子地图的道路交通图层提供消防车、急救车等救援力量和救援资源的调度最佳路线；结合当时气象条件及电子地图确定事故现场人员疏散路线及安全集合点、安全急救点。三是应急救援指挥系统。利用移动视频采集与传输系统，实现在指挥车上能够显示事故现场的详细动态情况，为事故救援决策指挥提供实时信息；利用车载式无线通讯系统，实现在事故现场快速建立事故调度对讲系统，提高事故调度和指挥效率。

远程实时动态监控系统。通过在重点生产经营单位选择适当位置装配视频摄像和传感设备，将文字、视频信号及重大危险源的各种物理参数（温度、浓度、压力）的变化传输到企业监管终端，由企业进行实时监控，同时各级安监部门可以通过网络对其随机进行监督，并可从信息监控室大屏幕上直观地看到被监控的重大隐患整改和重大危险源监控情况。

省、市、县三级视频调度系统。通过视频调度系统和移动视频技术实现重大安全生产事故应急救援指挥，对重大安全生产问题实现专家远程会商。安委会主要成员单位实现资源共享、应急联动系统。省级安全生产综合监管应急救援指挥平台于2010年开发建设，历时四年，完成项目验收，其中重大危险源管理系统、应急预案管理系统等2012年投入使用。

（徐　欣）

河北省粮食局

【概况】 河北省粮食局计算机网络始建于1996年，至2013年经过17年的发展建设，已形成覆盖全局的办公网络，能上连国家粮食局，横连省直有关部门，实现了全省粮食信息网络的互联互通。先后接入了国家粮食纵向网、省政府公务内网、省政府公务外网；依托国际互联网建立了与各设区市粮食局的虚拟专用网络，通过该网络实现省、市两级粮食行政管理部门的公文传输和信息交流。

省粮食局门户网站——“燕赵粮网”1998年建站，一直运行良好，经过数次改版和升级，网站服务内容日趋完善，形成了以省粮食局门户网站为“主站”、以市、县级粮食行政管理部门网站为“子站”的三级门户网站群，在促进政务公开、信息共享和加强民众监督方面起了重要作用。

2001年河北省粮食局电子邮件系统和2013年电子政务协同办公系统的运行，提高了工作效率，促进了全省粮食系统相关业务的开展。2012年开发建设了河北省粮油市场价格报送系统和粮食市场监测预警系统，进一步加强了粮食价格监测工作，完善了粮食市场监测体系，实现了监测价格网上直报。2013年1月开始发布全省粮食价格指数，提升了河北省粮食市场的监测预警能力，为政府的宏观调控和应急工作提供了可靠依据。

【协同电子政务系统】 2013年1月1日，河北省粮食局协同电子政务系统正式启动运行，实现河北省粮食局各类非涉密文件的网上流转，构建河北省粮食局电子政务的“五个统一平台”，即统一的办公平台、统一的流程管理平台、统一的信息发布平台、统一的集成平台和统一的信息共享平台，搭建起省、市两级粮食行政管理部门之间的信息传输渠道。系统投入运行后，各处室、各单位逐步适应了公文的网上流转，并切实感受到系统带来的方便和快捷；特别是公文从网上流转发送替代传统印刷、邮递或传真后，提高了工作效率，节约了行政成本。河北省粮食局公文从起草、审核到签发、分发实现了网上流转。2013年河北省粮食局共通过系统制发文件202个，发送范围覆盖了11个设区市粮食局、2个扩权县（市）、省粮食产业集团和河北省粮食局机关各处室、直属单位。

【粮食市场监测预警能力建设】 2012年，河北省粮食部门开发建设了河北省粮油市场价格报送系统，全省粮食市场价格监测点增加到283个，实现了全部监测点的网络系统直报，市场监测数据更加贴近市场，更加全面、准确与及时，为宏观调控和市场分析提供更好的价格基础。依托河北省粮油市场价格报送系统，河北省粮食局又开发建设了河北省粮油价格监测预警系统，并于2013年1月15日开始对外发布全省粮食价格指数。该系统主要包括价格指数、现货价格、指数查询、价格查询和市场分析等栏目。价格指数发布时间为每周发布一次周指数，每月发布一次月指数。指数体系分为原粮和成品粮两方面。原粮价格指数包括小麦、玉米2个单品种指数和1个综合指数；成品粮批发价格指数包括面粉、大米2个单品种指数和1个综合指数；成品油批发价格指数包括花生油、豆油2个单品种指数和1个综合指数。河北省粮油价格指数的对外发布预示着河北省具有了及时客观反映粮食市场价格的标尺，也标志着河北省粮油产业从此有了属于自己的“晴雨表”和“风向标”。

【省粮食局电子邮件系统运行】 2001年，河北省粮食局建立河北省粮食局电子邮件系统，为全省粮食系统设立电子信箱，机关内的电子文件传递由电子邮件替代经常出问题的软盘，各地的统计报表也实现了通过电子邮件进行报送，替代了传统点对点通讯，局机关和全省粮食系统工作效率得到很大提高。2011年，河北省粮食局购置了正版的快客电子邮件系统。新系统采用10种安全策略，多重安全防护，对访问系统的客户连接和进入系统的邮件进行层层保护和过滤，确保了系统的安全、稳定运行，有效屏蔽垃圾邮件，并对原有邮件账户进行整理，到2013年底邮件系统共有200多个用户。建立全省粮食财务系统用户组、全省粮食购销调控用户组，方便了全省粮食系统相关业务的开展。

【政务公开和信息服务工作】 “燕赵粮网”是政府联系群众、服务公众和企业的桥梁，河北省粮食局积极依托网站加强政务公开和服务工作。一是设立政府信息公开、机构职能、河北省粮食局动态、新闻中心和专题专栏等栏目，由专人负责维护栏目内容，及时更新发布可公开的政务信息。二是2008年在网站建立了地方频道，实现全省所有市、县信息的互联互通，实现了省市县三级与社会各界利用网络信息平台充分进行信息共享，加强了群众监督，促进了政务公开。三是积极增设了公众参与、网上办事和数据中心等服务栏目。在公众参与栏目中设立了局长信箱、公众咨询等内容，及时解答公众的咨询；结合省政府的要求，将粮食收购资格审核公布在网站上，详细列出了审批程序、申请要求、办事流程，有关申请表等可在网上下载，并提供了河北省网上审批系统的接口，及时将全省具有粮食收购资格的经营者情况和粮食收购资格审批“零障碍”服务全程协办人员情况上网公示，方便了办事群众，提高了工作效率。数据中心提供了生产种植数据、收购资格数据、价格行情数据、质量标准数据、职业技能资格等8种数据的图表和查询，为政府部门和公众提供更精确、可信赖的信息服务。

【粮食系统信息化建设】 1997年，经省编办批准，河北省粮油信息中心正式成立，主要负责全省粮食系统信息化建设工作和粮油市场监测工作。信息中心始终以服务为宗旨，经历了粮食电子政务事业从无到有、从起步发展到完善升级的全过程。经过多年的锻炼，信息中心计算机技术水平不断提高，建立了一支作风顽强、技术过硬的专业队伍，有着强烈的事业心、责任感和硬朗的工作作风，保障了电子政务的建设与发展。为了推动全省粮食行业信息化建设，河北省粮食局先后举办3期国家粮食储备库主任计算机应用培训班，6期市、县粮食局长计算机应用培训班，8期粮食台帐管理软件培训班，参加培训人员达700多人，大大提高了基层粮食行政管理部门和企业的信息技术应用水平，有力地推动了粮食行业信息化建设的进程。

（张燕昆）

河北省人民政府法制办公室

【概况】 河北省人民政府法制办公室的电子政务和信息化建设始于2002年底。在《国务院法制办公室关于实施建立和完善政府法制信息网络系统项目的通知》印发后，2003年4月，在国法办信息中心的直接帮助指导下，选派专业技术人员为省法制办布设内网办公系统线路，配备了服务器、路由器、交换机等设备。由机关秘书处牵头，与中国网通石家庄分公司签订了外网服务协议，开通了一条6兆的宽带，正式启动了省法制办的网络建设工作。由于资金、技术等原因，省法制办的网站是在省政府门户网站“中国河北”下设了一个网页，进行时政新闻、法制动态等栏目的维护更新，因没有后台服务器，不能自主更换栏目，所以网站栏目和内容相对比较简单。软件方面，除了国务院法制办实施项目时安装的软件及省政府要求安装的公文收发软件外，没有自主开发软件。2009年，在办公经费紧张的情况下，省法制办向省信息办申请了部分网络硬件和软件开发经费，筹集资金加强网站建设。办领导指示，要按国务院法制办相关文件通知要求，对河北省网络进行科学规划，尽快建立起河北省自己的政府法制信息门户网站。根据办领导要求，以国务院法制办政府法制信息网为参考，学习借鉴全国政府法制先进省份的作法和经验，提出并制定了省法制办的网络建设目标的具体方案，通过公开招标的形式开发建立了“河北政府法制信息网”，网站于2009年10月正式运行。2010年，在全国政府法制系统网站的评估中，省法制办的“河北政府法制信息网”综合评估成绩位列全国第一。2010年省法制办着手对全省行政执法人员和执法依据工作进行梳理，制定了行政执法人员和执法依据数据库建设方案，经专家评审和公开招投标，确定了建设单位，并组织开展了项目建设。初步建立行政执法人员和执法依据数据库。2013年，制订“河北政府法制信息网”改版升级的建设方案，经省工信厅组织专家评审，通过了省法制办的建设方案。

为加强电子政务机制建设，省法制办成立领导小组，由一名主管副主任任组长，秘书处处长任副组长，各处和中心的一名处级干部为成员，日常工作由秘书处主管信息化的副处长负责。为进一步做好组织协调工作，建立健全有关信息化和网站管理的制度。制定了省法制办政府信息公开实施细则、河北政府法制信息网运行管理规定等制度，严格落实网管和机房有关制度，坚持做到用制度管人管事，定期对网站维护情况进行讲评，促进各兼职人员做好信息维护工作，保证了网站信息量的稳定增长。

按照《河北省人民政府关于机构设置的通知》的“三定”规定，省法制办负责网络和信息化工作的内设机构为秘书处，电子政务工作由秘书处具体负责。秘书处责成一名主管网络和信息化的副处长具体负责。“河北政府法制信息网”建成后，从省法制办研究中心抽调一名副主任和一名工作人员具体负责网站的日常管理和维护。机关内部的信息和网页有关栏目的维护，主要由各处和中心的一名信息员具体负责。

【电子政务应用】 省政府法制办的电子政务应用主要依托“河北政府法制信息网”的管理和应用。河北政府法制信息网立足于服务政府法制建设、服务于全面推进依法行政和建设法治政府的宗旨，紧密结合河北省实际情况，突出政府法制网站的个性和特色，运行顺畅，管理规范。到2013年底，河北政府法制信息网已经成为宣传河北省推进依法行政和法治政府建设，展示河北省政府法制工作成果的一个重要窗口。网站在软件方面，主要包括地方性法规和政府规章草案的公众意见征集、行政复议网上咨询、省直行政执法人员信息查询、规范性文件备案、法律法规和规章查询等软件。另外，省法制办还承担着维护河北省网络问政平台、“中国河北”门户网站政策出台、地方法规规章、部门规范性文件备案、网上咨询受理等栏目和信息公开系统的维护任务。在硬件方面，省法制先后增加了内、外网运行的服务器各一台、防火墙、网页防篡改、交换机、机柜及机房防雷等设施。在使用上，省法制办在网络布线分别进行了内外网单独布线。外网主要在河北政府法制信息网进行对外信息发布，内网虽然已经布线，但没有开通运行。

【政务公开和服务】 自2009年10月正式开通“河北政府法制信息网”以来，网站信息量和访问量稳步增加。网站总访问量100万人次以上。网上公开发布信息6万多条，网上公开征求河北省地方性法规和政府规章草案公众意见54件，在涉及民生较多内容的国有土地上房屋征收和补偿、燃气管理、餐厨废弃物管理和机动车排气污染防治的立法过程中，及时将草案通过网站等新闻媒体公开征求公众意见，让更多的群众参与政府立法，公众通过网站踊跃提出意见和建议，其中共收到反馈意见1000多条，同时将合理的意见建议吸收到草案中，使政府立法更加贴近百姓，让百姓直接参与到政府立法工作中来。通过行政复议网上咨询系统对政府行政复议工作进行网上咨询，共回复信息300多条。通过网站相关系统的应用，为政府法制工作人员与公众交流搭建一个良好的互动平台。

【河北政府法制信息网】 河北政府法制信息网（网址：http://www.hebfzb.gov.cn）立足于服务政府法制建设、服务于全面推进依法行政和建设法治政府的宗旨，紧密结合河北省实际情况，突出政府法制网站的个性和特色，力求做到页面新颖，内容丰富，更新及时，保障安全，运行顺畅，管理规范。在网站工作人员的努力下，网站内容不断丰富完善，网站开通以来，日访问量不断攀升。到2013年底，河北政府法制信息网已经成为宣传河北省推进依法行政和法治政府建设，弘扬法制文化、传播法律知识，交流法制经验，推进各地做好依法行政工作，展示河北省政府法制工作成果的一个重要窗口，为河北省的法制宣传工作注入了新的活力。网站在软件方面，主要包括地方性法规规章草案公众意见征集系统、行政复议网上咨询系统、省直行政执法人员信息查询系统、规范性文件备案系统、法律法规和规章查询系统等软件。网站设置栏目为：领导讲话、政府立法、执法监督、行政复议、备案审查、宣传教育、信息公开、法治研究、法治周刊、工作动态、法治文化等多个栏目。在硬件方面，在国务院法制办为省法制办配备的硬件设备基础上，先后增加了内、外网运行的服务器各一台、防火墙、网页防篡改、交换机、机柜及机房防雷等设施。

充分运用网站平台及时发布河北省政府法制工作信息。如省政府领导到省法制办调研座谈、河北省承办第九次全国政府法制监督协作会议、河北省举办纪念《行政复议法》实施11周年宣传活动等一些重要活动都是第一时间在网站上发布，增加了河北政府法制信息网的社会影响和知名度。根据工作需要，及时更新网站栏目和功能。配合机关开展群众路线教育实践活动和解放思想大讨论活动，设置专栏对活动情况进行报道。每年制定立法计划前都专门在网站上向社会公开征集立法项目建议。充分运用好地方性法规和政府规章草案公众意见征集、行政执法证件管理查询、行政复议网上咨询等软件，使网站更好地服务政府法制工作。通过网站开设的法治研究栏目，定期更新最新的政府法制理论研究动态，促进全省政府法制机构开展理论研究，形成了很好的精品栏目，有力地促进了政府法制工作开展。

（省法制办）

河北省地理信息局

【概况】 省地理信息局（原省测绘局）按照《河北省电子政务建设总体规划》和《河北省电子政务建设总体规划实施意见》的要求，围绕社会经济建设的工作重点和地理信息工作发展实际，开拓进取，加强服务，电子政务工作取得了一定成绩。

2004年，成立信息化领导小组，统一领导全局系统的信息化工作，负责制定全局系统信息化建设规划，研究决定局系统信息化建设中的重大问题。领导小组办公室设在省基础地理信息中心，具体承办全局系统信息化建设中课题研发、项目管理和系统维护等日常工作。局各直属单位都明确了电子政务（信息化）方面的分管领导。

1997年11月11日，经省编委办公室批准，河北省测绘局成立河北省基础地理信息中心。职责为负责全省基础地理信息计算机网络中央节点的建设；向社会提供地理信息服务；承担与业务相关的开发应用、信息收集、处理、分析和技术咨询、培训等。12月29日，省基础地理信息中心揭牌。

2007年，省测绘局确定基础地理信息涉密网络系统所处理信息的最高密级为秘密级，确定系统保护等级为秘密级，采用秘密级增强保护要求进行保护。2010 年 10 月，《河北省基础地理涉密信息系统整改设计方案》通过专家评审，2010 年 11 月开始施工。2011 年 3 月 30，河北省基础地理涉密信息系统改造完成，通过国家保密局涉密信息系统安全保密测评中心系统测评（河北省）分中心的涉密信息系统分级保护安全测评。

2002 年，省测绘局按照省政府要求，顺应信息化发展趋势，由省基础地理信息中心组织技术人员，开发建设了省测绘局网站（www. hebsm. gov. cn），用于宣传测绘工作，介绍测绘工作职责，规范测绘行政管理。网站管理部门为省测绘局办公室，运行维护职能归信息中心，网站服务器安装在信息中心机房。

随着信息技术尤其是网站建设技术的快速进步，2009 年，省测绘局网站进行改版升级。在继承原来网站主要功能基础上，充分衔接省政府、国家测绘地理信息局关于网站建设的相关要求。3 月份，完成网站建设方案并通过专家论证，确立网站建设技术、版面设计、功能设计等内容。2009 年 9 月，网站建成并上线试运行。网站实现了政府网站要求的“政务公开、办事服务、互动交流、特色栏目”的主要功能。一是建设了省测绘局政府信息公开平台，并与省政府门户网信息公开平台链接，方便了社会公众的查询和使用。二是突出测绘工作特点，增设“地图服务”、“应急保障”等专栏，及时为经济发展和社会各界提供保障服务。三是侧重办事服务，增设“省测绘局网上审批系统”，安装了“河北省测绘资质管理系统”和“河北省地图远程审查系统”等行政许可事项办事程序，并公布办事流程，方便社会公众使用和监督。四是拓宽互动交流渠道，开设局长信箱、监督投诉、网上咨询等栏目，社会公众可通过这些渠道反映问题。同时明确专人负责这些栏目的管理，对于群众反映的问题，按程序报送领导、分送相关处室，在规定时间予以答复解决，并追踪问题处理结果情况。网站年访问量 90 万余次，收到良好的社会效益。五是扩充现势性工作专栏，对全系统重点工作进行及时宣传报道，扩大测绘工作社会影响力。网站在 2009 年的全国测绘系统网站综合测评中各项指标都名列前茅，受到表彰。2010 年到 2013 年，网站围绕测绘地理信息中心工作，及时进行版面调整和功能增强，发挥了网站窗口的展示作用。多次受到国家测绘地理信息局的表彰。

2003 至 2013 年，省测绘局开展了“河北省省级基础信息数据库建设”项目，研建了数据库库体，完成河北省行政区域范围内 1∶1 万、1∶5万、1∶25万基础地理信息数据的整理、编辑与入库工作，提升省级基础地理信息数据的提供服务能力，加强对省直部门和社会行业的测绘数据服务，推动河北省基础地理信息数据共享建设和信息化河北的建设。

2008 至 2009 年，由省信息化工作领导小组办公室牵头，省测绘局开展“河北省基础地理信息共享数据库建设”项目，将 3 种常用的国家基本比例尺数字地形图转化为 3 种常用数据格式，分别为：ESRI 公司的 *. shape 格式；MAPINFO 公司的 *. tab 格式；ESRI 公司的 *. E00 格式。项目建设目标是：开发相应软件，将全省 29 幅1∶25万比例尺基础地理信息数据、592 幅1∶5万比例尺基础地理信息数据、8108 幅 1∶1万比例尺基础地理信息数据转换为统一的 3 种数据格式，建设河北省基础地理信息共享数据库，为政府各部门提供基础地理信息数据分发服务。

通过两年建设，完成了：全省 1∶25万基础地理信息数据 29 幅转换为 3 种数据格式，全省1∶5万基础地理信息数据 592 幅转换为 3 种数据格式；部分1∶1万基础地理信息数据 287 幅转换为 2 种数据格式（现有数据为 E00 格式，故只需转化两种格式）。

河北省元数据目录发布系统的建设。元数据目录发布系统是国家基础地理信息中心元数据发布服务系统的省级节点，2008 年 6 月开始建设，用于发布、存储河北省局测绘成果元数据。元数据由省测绘局局属测绘院生产，经过省测绘产品检验站检验合格，省基础地理信息中心负责数字成果元数据的整理上传，省测绘资料馆负责其他介质测绘成果元数据整理上传。服务器建在省地理信息中心机房内。系统已发布上传 1∶1 万 DLG5154 幅、DOM7527 幅、DEM5269 幅的数据。

2004 年 8 月，按照省信息办要求，省测绘局启动建设覆盖全省的 1∶10万的基础地理平台。2004 年底，完成基础资料的准备工作，2005 年平台建设完成。该平台为电子政务建设提供一个法定的、标准的、统一的空间定位基础，实现涵盖水利、矿产、土地、森林、农业、海洋、人口、环保、交通、电力等经济建设部门的基础地理信息库交换的共享机制，为各级各部门提供基础地理信息服务。

【测绘行政许可网上办公系统】 省测绘局涉及“国家基础测绘成果资料提供、使用审批”“建立相对独立的平面坐标系统审批”“测绘资质审批”“永久性测量标志拆迁审批”“测绘计量检定人员资格审批”“地图审核”“对外提供属于国家秘密的测绘成果审批”等 8 项行政许可。根据省政府要求，省测绘局将八项行政职能的审批程序进行梳理，组织开发了“行政许可网上办公系统”。该系统将传统需要手工办理的审批业务计算机化，并优化办事程序，提高政府的办事效率和服务质量，增加政府办公的透明度。2006 年 4 月，省测绘局向省基础地理信息中心下达建设河北省测绘行政许可网上办公系统的任务。信息中心成立专门的项目组对该系统进行研制和开发，历经前期调研阶段、学习研究和设计阶段和具体实施阶段等环节，11月份进入系统的集成、测试阶段，12月实现系统的网上试运行。

根据政务外网和互联网严格物理隔离的保密原则，系统搭建了内、外两台服务器，确立申请用户在互联网上提出申请、提交申请资料，办公人员在互联网上接件，转入内网启动审批流程，最后将审批结果公布到互联网上的工作机制。

在政务外网的办公系统中，系统实现了基于Web的操作界面；在主操作区上列出常用的办公功能，使用户一登录便可迅速地查看公告通知、个人行程安排，消息、论坛，进行待办事宜的处理等，非常方便办公事务的进行；按照预先设定的流程、表单和权限进行业务的生成、处理、提交和传递，并且实现了附件资料的自动传阅；工作人员可以自定义业务流程和业务表单格式；可设定多个组织、部门，定义人员信息和权限，全面支持单位倒树型的管理机制；并且可根据流程名称、流程启动方式、日期以及办理业务内容中的关键字查询各项业务。

互联网系统除了对各行政许可进行详细介绍、公布各项许可审批的流程、提供各种申请表格的下载外，还提供了提交申请的接口，并可以上传相关的附件，对已经提出的申请业务进行查询等功能。

系统自建成至今，由于行政许可的项目变化及流程变动进行了数次改造。2008年、2009年，配合监察厅的数据传输要求，该系统多次的升级，添加了与监察厅的系统进行数据实时传输的功能，使得监察部门对测绘局的每项行政许可的每个审批环节流程都一目了然，受到主管部门的一致好评。

【地理信息局协同办公系统】 2013年，省地理信息局委托河北冠图电子科技有限公司建设河北省地理信息局协同办公系统。系统自3月开工建设，通过对全局工作流程逻辑进行详细分析、提取，对各项业务无缝整合，10月开发完成了局协同办公系统并上线正式运行。该系统操作简便，能够完成地理信息局全部非涉密网上行政审批和公文管理（阅文、办文、发文、签报），以及档案管理、信息发布、财务报表管理等。系统分为公文管理、会议管理、日常事务三个部分，包含收文管理、发文管理、信息简报、签报、情况报告、机关党委办公、人事工作、会议纪要、会议室管理、行政许可审批流程（国家基础测绘成果资料提供使用审批表、测绘单位补领证书审批表、测绘单位名称、地址、法定代表人变更审批表、对外提供属于国家秘密的测绘成果审批表、国家涉密基础测绘成果提供使用审批表、永久性测量标志拆迁审批意见书、建立相对独立的平面坐标系统审批表、测绘计量检定人员资格审批表、地图审核决定审批表、地图审核决定审批表、行政许可延期审批表、测绘资质审批表）、行政许可审批及用印管理、会议记录、督查督办等13个流程管理。协同办公系统提供统一的安全动态环境，可实现人员、信息及业务流程的全程可控，它以高效稳定的流程引擎为核心，基于角色权限的设定控制对文件的操作，实时的显示流转状态，记录整个文件流转过程，形成了一个可快速实施和部署，灵活调整、自由扩展，全面集成和协作化的信息应用环境。在充分满足单位复杂多变的业务需求的同时，极大地降低信息化的总体成本。

【测绘资质管理信息系统】 2007年，河北省作为首批应用试点省份协助国家测绘地理信息局完成测绘资质管理信息系统试运行的评估工作，并在《关于实行测绘资质行政许可在线办理的通知》发布后，率先在全国测绘系统推广应用了测绘资质管理信息系统。该系统以asp.net为开发工具，采用面向对象的编程技术、模块化的编程结构、成熟的计算机网络技术，按照《测绘资质管理规定》的有关要求，将测绘资质审批所需的申请材料、审批程序等完全融入系统之中。相对人只需将单位基本信息、人员和设备、图表、文档及证照等实现数字化生成规范的上报数据，即可通过互联网以在线、电子邮件等形式完成申请测绘资质、测绘资质年度注册和申请测绘作业证等操作。同时，由于该系统支持跨平台移植，可实现国家测绘地理信息局与全国省级测绘地理信息行政主管部门之间测绘资质管理信息共享，构建覆盖全行业的动态数据库，形成覆盖测绘行业的数字化、网络化管理信息体系。至2013年底，该系统运行版本为2.0，即将升级为3.0版本。

【GPS综合服务系统】 河北省卫星定位综合服务系统是由河北省测绘局负责，与河北省气象局、河北省环境地质勘察院等单位本着降低系统建设成本、资源互补、共建共享的原则合作建设的重点项目。该系统是将空间技术、现代通信技术、计算机技术、测绘技术与国土资源管理、规划、气象预测、防灾减灾等相结合、相融合的实用化系统，满足各类不同行业、不同用户对精密定位、快速和实时定位、测速、测方位、测量位移及测量气象参数的要求。项目的建成极大提高了测绘服务保障能力，提高了为政府决策和为经济发展服务的能力。

系统一期工程是在“十一五”期间利用北欧投资银行贷款进行建设的，于2008年10月开始在河北全省范围内安装GNSS（Global Navigation Satellite System，全球导航卫星系统）连续运行参考站接收机、天线、UPS等设备，总共完成新建站27个，利用原有参考站5个，形成由32个参考站组成的统一网络，同时完成了控制中心（数据处理中心）的服务器架设、GNSS 数据管理、分析计算、基准站与国际 IGS 站联合解算、对外播发软件的安装测试、防火墙、磁带库、磁盘阵列的安装调试等包括网络在内的一系列工作，开发了河北省卫星定位服务收费软件及基于 Web 的 Internet 公众服务应用软件等。系统于 2009 年试运行，2010 年 4 月正式投入使用，在基础测绘、气象、环境保护、土地资源管理等方面得到了广泛的应用。

由于现有基准站主要分布在河北省平原地区，北部和西部山区点位较少、间距较大、精度较低，部分地区还存在信号盲区，根据河北省人民政府批准实施的《河北省省级基础测绘"十二五"发展规划》提出的要求，省地理信息局于 2011 年启动系统二期扩展加密建设工程，在现有系统的基础上，对该系统进行扩展和加密，同时对现有数据处理中心的数据处理能力和服务能力进行升级。系统二期建设工程主要由河北省测绘资料档案馆承担，于 2011 年 6 月正式启动，于 11 月下旬开始进行基准站观测墩的土建验收，同时进行 GNSS 等设备安装与调试。整个二期工程项目于 2011 年底完工。系统站点分布彻底覆盖河北全省，提升原有系统的定位精度以及运行的可靠性与完备性。为河北省的测绘、国土资源管理、城市规划、市政建设、交通管理、气象预报、地面沉降、灾害监测、精细农业等提供全省范围的高精度动态定位服务和其他空间信息服务。

该系统所建设的覆盖全省的连续运行 GNSS 参考站系统是"数字河北"和"地理国情监测"空间数据基础设施重要组成部分，同时可用于工程测量、城市规划、航空摄影测量、地籍和房地产测量、建设用地勘测定界测量、土地利用动态检测、车辆管理系统建设、公交、交通系统中的导航监控、港口管理和进港引导、GNSS 精确授时、GNSS 大气参数测定、农业生产管理等多个行业领域。

至 2013 年底，河北省卫星定位综合服务系统用户单位总共 300 家左右，开放帐户 1500 个左右，用户遍及河北省 11 个地市，覆盖了测绘、土地管理、规划、交通、水利、气象、电力、石油、勘察、天然气、国防等多个行业。同时，本系统在中国测绘科学研究院、河北理工大学的科研项目中也得到了应用。

【城市管理地理信息系统项目】 2001 年 6 月，省地理信息局与瑞典测量公司签订建立河北省城市管理地理信息系统项目的合同。项目共利用瑞典政府无息贷款 1200 万克朗，赠款 1125 万克朗，在河北省秦皇岛、邯郸和保定三市建立基础地理信息系统。项目于 2005 年 4 月底完成。河北省城市管理地理信息系统建设项目在河北省秦皇岛、保定、邯郸三市开发建立了基础地理信息数据库和前台应用系统。该项目引进了面向对象数据库 Oracle 空间数据的存储技术、数据互操作技术，完成了规划管理系统、基于 MapInfo 的数据库管理系统和 AutoDesk Map 的数据库管理系统，为政府的规划决策提供了科学依据，实现了政务公开，增强了政府部门的工作质量、工作效率和透明度。

【国民经济动员管理信息系统】 《河北省国民经济动员管理信息系统》由省发改委国民经济动员办公室委托省基础地理信息中心建设，项目于 2005 年 10 月建设完成后在日常的国民经济动员工作中一直发挥着重要的辅助决策作用。随着经济社会的发展，2013 年对系统进行了相应的升级改造。系统升级改造项目紧密结合河北省国民经济动员工作的实际情况，以更加丰富的国民经济动员指标数据为基础，制定了一套完善的经济动员指标数据分类字典体系。经济动员指标数据包括学校、建筑业、城市基础设施、医疗卫生、餐饮、工业制造、仓储等大类，上百种细分小类，动员物资涉及品种约千余个，基本覆盖了国民经济动员的各行各业；同时项目在基础地理信息数据方面辅以河北省 1∶1 万基础地理数据和全省 0.5 米分辨率的影像数据，充分运用成熟的实施经验和先进的计算机网络技术，建成高效快速的国民经济动员管理信息系统，为领导决策提供必要的支持，对于充分发挥经济动员系统的职能作用，合理调节资源配置，制定快速动员预案，提高动员效率，确保打赢高技术条件下的局部战争、应付各种突发事件和灾害都具有非常重要的意义。

【新民居建设用地多维动态管理系统】 为满足河北省国土资源厅土地利用处增减挂钩项目审批、监督和管理工作的需要，2011 年省测绘局开展"河北省新民居建设用地多维动态管理系统"建设。项目建设工期从 2012 年 1 月到 2013 年 12 月，为期两年。

河北省新民居建设用地多维动态管理系统是利用地理信息系统技术、遥感技术、计算机技术、网络技术、数据传输技术等多种信息化技术手段，依托现有基础测绘成果，运用相关的编程技术，将土地利用管理平台构建于河北省三维地理信息平台之上。该系统结合新民居建设用地和增减挂钩项目审批、监督和管理的特点，开发出项目管理、录入、查询、统计与分析、数据输出等功能，可快速、方便地对城乡建设用地情况进行统计、分析和监管，辅助项目的审批与决策。2013 年 8 月 11 日该项目通过河北省国土资源厅组织的验收，提高了国土资源管理效率和信息化水平。

【矿业权实地核查成果开发与应用】 2011 年 4 月，省第二测绘院受河北省国土资源厅委托，开展河北省三维矿产资源网络管理系统的建设工作。该系统采用先进的计算机技术、虚拟现实技术、计算机网络技术、影像处理、数据融合技术等先进技术手段，实现河北省矿业权的虚拟现实三维管理，为河北省矿产资源管理提供先进的全新技术手段。

2011 年 5 月，省第二测绘院开始搜集本项目已有资料，6 月初开始以各地市为单位同时开展了内业数据采集与外业纹理照片采集工作，6 月 20 日开始进行各矿业权三维模型的建模工作，10 月开始进行三维资源网络管理系统的开发工作，10 月 5 日至 2011 年 11 月 10 日进行系统开发，完成技术开发 11 项，包括系统配置开发、登录管理开发、搜索显示功能开发、数据库 ARCSDE 数据挂接开发、条件查询功能开发、查询结果显示功能开发、统计功能开发、统计结果显示功能开发、统计结果输出功能开发、坐标输入功能开发、空间分析功能开发等。

项目集成了高分辨率遥感影像、DEM 数据、矿产资源储量核查、矿业权登记等数据。通过网络服务发布的三维矿产资源管理系统，建设了满足各级矿政部门的矿业权审批、查询统计、矿业权监管等需求的矿政管理信息化系统，并实现了省、市、县三级矿政数据的动态共享和应用。同时，形成了矿政管理规范化、信息化管理体系，规范和提升了矿政管理水平，为全省矿政管理信息化系统建设提供经验与技术保障。12 月 8 日由省国土资源厅组织有关人员和专家组成验收委员会对本项目进行了验收。项目分别获得 2013 年中国测绘学会科技进步奖三等奖，2013 年河北省测绘学会“河北省测绘学会科学技术奖”一等奖。

【数字城市建设】 2011 年 5 月，省政府办公厅印发了《关于加快推进全省数字城市基础建设工作的通知》，对全省数字城市建设工作进行全面部署。文件要求所有设区市在 2011 年底前立项启动，22 个扩权县（市）在 2013 年底前立项启动，全省各县在 2015 年底前立项启动。同时文件还明确：省测绘局要切实加强对数字城市基础建设的督促指导；设区市及县（市）人民政府为数字城市建设的主体，要成立领导小组，并确保项目建设的专项经费；市国土资源局为数字城市建设的牵头单位。

省测绘局积极协调发展改革、工业和信息化、财政、住房和城乡建设、公安等部门，推进全省数字城市建设步伐。2009 年，石家庄市被列为全国数字城市建设试点城市，并于 2011 年 12 月建设完成，通过由国家测绘地理信息局组织的成果验收；2011 年，邯郸和廊坊两市被列为全国数字城市建设试点城市，保定市等 8 个设区市被列为全国数字城市建设推广城市，石家庄栾城县被列为河北省数字城市建设试点县。除承德和沧州外，各设区市先后在 2011 年底完成数字城市建设的启动工作。2012 年，承德和沧州两市数字城市建设相继启动。数字石家庄在原有 8 个应用示范的基础上，新增 2 个应用系统，拓展了服务领域。数字栾城、数字霸州先后立项启动。2013 年，省地理信息局进一步推进全省数字城市建设，数字石家庄在原有 10 个应用示范的基础上又增加了 2 个应用系统。数字邯郸完成了预验收，数字秦皇岛建成验收并举行了发布与推广仪式，全省有 26 个县（市）启动了数字城市建设。

【制定出台《河北省地理信息交换共享管理办法》】 2013 年 11 月 19 日，省政府第 12 次常务会审查通过了《河北省地理信息交换共享管理办法》（简称《办法》），2014 年 1 月 1 日实施。《办法》明确了地理信息交换平台的建设。第七条规定，各级地理信息工作主管部门应当依托全省统一的电子政务网络和信息交换共享平台，建设、管理本级的地理信息公共服务平台，实现地理信息资源的共享。县级以上人民政府应当将地理信息公共服务平台及相关应用系统的建设、运行和维护纳入本级基础测绘规划和信息化发展规划。第十条规定，省工业和信息化主管部门应当将《河北省地理信息交换共享目录》纳入全省政务信息资源目录。《办法》明确了到 2013 年底参与地理信息交换共享的政府有关部门为 30 个，并详细列举了有关部门需要进行交换共享的信息类别及具体内容。

（王军国）

河北省国家税务局

【概况】 税务系统电子政务建设与我国 20 世纪 80 年代的办公自动化、90 年代末的政府上网工程、“九五”时期的政府大变革和“十五”期间的电子行政化密不可分。

1982 年河北省税务局购进了一台 Z80 计算机，用于对部分税收计会统报表的初步处理，这是河北省税务系统购进的第一台计算机，也成为税务系统信息化建设萌芽阶段的重要标志。此后，各地税务机关也逐渐将计算机引入计会工作，计算机强大的处理能力被越来越多的税务技术人员所认识。在这个阶段，河北税务局（当时国、地税尚未分设）和其他省、市绝大多数税务局一样，资金、技术严重不足，在总局、省委省政府的大力支持和各级税务部门的共同努力下，积极创造条件，开始了计算机在税收领域应用的尝试，重点在计会部门使用和开发了一些较实用的软件，对计算机的远程传输也进行了一些有益的探索。到 1989 年底，河北税务系统已经有了独立的计算机管理机构，河北税务系统县局计算机也都有了配备，会统报表处理、票证管理、征收管理、税收法规查询、人事档案管理等应用软件，也不同程度地开始推广和应用。

1990年，河北税务系统计算机硬件有了进一步提升，计算机配备数量进一步增加，根据国家税务局《税收征管软件业务规范》《税务系统计算机应用工作规则（试行）》等一系列制度提出的加强应用系统管理的要求，进一步加强税务系统计算机应用管理，这一阶段仍以国家税务局应用系统为主。

1994年，河北国、地税分设，成为两个部门。在这一时期，伴随着全国税务系统网络、设备等大规模的基础建设，金税工程建设开始实施。以"金税工程"为先导，电子政务建设逐步深入到税收征管、出口退税、办公自动化、财务、监察、反避税、数据分析、系统监控等领域。

河北省国税于1996年和中软公司合作开发了基于征收单位数据集中的征管软件，1997年基本完成全省范围的推广。该软件应用经过几次较大规模的修改，基于该征管软件又拓展开发了征管质量管理考核软件、个体定额管理软件、普通发票管理软件、多元化报税软件等。但在金税工程一期时，河北省和绝大多数省市面临的问题一样：由于依靠人工录入专用发票数据，所以工作量很大，工作强度很高，而且数据采集难以全面，存在大量人为错误；加之全国只有50个城市建立稽核网络，没有办法进行交叉稽核。1998年，总局开始对"金税工程"重新进行了总体设计，着重解决了信息的真实性问题和将"金税工程"覆盖到全国所有地区的增值税一般纳税人。在这一建设要求下，河北省国税系统开始投身于总局、省、市和县局四级稽核系统建设。

2000年10月，总局办公会议确定了"一个网络、一个平台、四个系统"的税务信息一体化建设方针。经过近一年的论证、修改、完善、补充，总局于2001年10月19日正式印发了《税务管理信息系统一体化建设总方案》，正式确立了税收信息一体化建设战略思想，是我国税务电子政务建设的又一个重要里程碑。从这一时期开始，河北省国税电子政务建设迈上了快车道。至"十五"末，已经建成了省、市、县（市、区）、所的四级骨干网和省到市、县（市、区）的备份网络。

"十一五"以来，河北省国家税务局信息化建设工作坚持统筹规划、分层建设、需求推动、应用主导、重点突破、整体推进，紧扣税收管理三年规划及转变服务发展方式主线，围绕税收征管和纳税服务核心业务的主题，以信息管税为突破口，引导和推动税收信息化应用，信息化建设得到全面、快速发展，税收信息化应用与服务协调发展，为强化税收管理、提高服务水平提供有力的支撑。至"十一五"末，已建成一个覆盖省、市、县（区）局和税务分局4级共771个节点（其中，省级1个，包括省税校和税票印刷厂在内市级13个，县级218个，分局级539个）的综合通信平台。2012年6月18日，省国家税务局正式上线运行新版税务综合办公信息系统。

构建完成"门户网站、服务热线、短信服务"三位一体的信息服务体系。信息技术应用平台的推广应用，极大地提升了信息管税和纳税服务水平。信息技术应用平台的推广应用，已经成为广大纳税人办理涉税事务，税务干部处理日常工作的重要技术支撑。

加强安全防护体系建设，强化信息安全，完善监控体系，保障税收信息系统安全、稳定运行。各级均设立了信息安全领导小组及办公室，信息安全管理组织体系初步建立，为信息安全工作的深入开展提供了组织保障。

【全省国税系统的广域网建设】 河北省国税系统的省、市、县三级广域网于1998年开始建设，经过多次升级改造，截至"十五"末，已经建成了省、市、县（市、区）、所（分局）的四级广域网。在全省实现省局与市局4兆ATM+4兆SDH双线路链接；市到县实现了2兆SDH+256KFR双线路链接；县到税务所（分局）部分采用128K的DDN方式，对于部分业务量大或与县区局异址办公的办税服务厅实现了光纤连接或2兆SDH线路连接。全省共有市级网络节点11个，县级网络节点196个，所级网络节点593个。河北省四级高质量信息网络的建设与运行，为顺利实现税收管理的信息化提供了重要依托。

【省级集中多元化申报纳税综合服务平台】 河北省国税系统多元化申报纳税综合服务平台从2003年11月份开始建设，2004年3月份建成并试运行。平台网上申报系统同时支持在线和离线申报，共有单用户版、多用户版、代理版、介质申报大厅版、远程申报版等。业务涵盖国税管辖的所有税种，同时满足征管软件和"金税工程"的需要，满足"一窗式"管理的要求。2005年省国税局又集中力量，将电话报税、短信报税、简易报税系统与网上报税系统进行了整合，真正实现了全省集中的集多种电子报税方式为一体的综合报税服务平台，为纳税人办理网上、电话等申报纳税和其他业务，创造了更加便利的条件。"十五"末，河北省国税系统管辖的16万户个体双定户实现了简易报税，银行划缴税款；近4万户核实定率征收的小规模纳税人实行了电话报税银行划缴税款；6.5万户增值税一般纳税人实现了网上申报。

【省级集中综合征管软件建设】 根据省级数据集中的原则，河北省国税系统2005年重点进行了总局综合征管软件的推广工作。推行总局统一的综合征管软件，是河北省征管信息化建设的一项重要工作，是提高河北省征管工作水平的重要措施，省局及各级领导对此都非常重视。2004年10月开始，省局成立推行办，从各市抽调30多名业务技术骨干制定方案。随后省局又进行了全面动员部署，经过全省广大税务干部的艰苦努力，圆满完成了前期准备、数据清理、数据准备、数据录入和动态数据的跟踪补录等阶段工作，综合征管软件于2005年3月1日在河北省9市成功上线。上线后经过一个月的运行，4月底又完成了石家庄市与省局数据的并库工作。唐山市局与省局的并库工作也于7月份完成，这标志着河北省实现了全部征管数据的省级集中，河北省的税收信息化水平有了一个全新的质的飞跃，为深化数据应用，科学化、精细化管理搭建了更高的技术业务应用平台。

【四级信息高速公路】 至“十一五”末，已建成一个覆盖省、市、县（市、区）局和税务分局4级共771个节点（其中，省级1个，包括省税校和税票印刷厂在内市级13个，县级218个，分局级539个）的综合通信平台。主要指标：省、市级骨干网10+10兆以上SDH双线路接入（其中石家庄、唐山、保定、邢台、邯郸和沧州共6市达到20+20兆）；市、县（区）级网4+4兆SDH双线路接入；税务分局均为2兆SDH。视频会议系统已经覆盖全省196个县（区），实现了省、市、县区三级视频会议系统。基础设施的高标准建设基本满足了总局金税三期的技术要求及未来几年内全省信息化的发展需要，为信息管税和优化纳税服务提供了基础保证。

【“门户网站、服务热线、短信服务”三位一体的信息服务体系】 按照统一的标准体系、安全认证和内容管理的原则，成功实现了“一个门户、一个技术支撑平台、两个应用平台、五个外网应用、四个内网应用”的河北国税系统门户网站，构建了集税收宣传、信息传播、资源查询、税务咨询、网上办公、网上办税等于一体的“网上河北国税”。

一个门户：突出纳税服务特色，展现河北国税形象的综合税收门户网站（含内网和外网）。

一个技术支撑平台：以省级集中方式，通过数据交换平台实现内外网交互，拓展网上办税和办公管理。

两个应用平台：面向税务人员的税收业务处理平台；面向纳税人的税收业务受理和服务平台。纳税人通过门户网站可完成涉税业务的提交、查询，接收反馈信息，快速完成网上办税、实现在线参与。

五个外网应用：建成含12366热线服务、短信服务、多媒体信息发布、法规库查询和涉税业务办理的纳税服务体系。

四个内网应用：内容管理、邮件管理、文件管理和综合信息查询。

“门户网站、服务热线、短信服务”三位一体的现代信息服务体系构建的完成，展现了河北国税形象，提升了纳税服务水平。

【外部信息采集与数据交换综合服务平台】 成功构建了外部信息采集与数据交换综合服务平台，实现了各税种网上电子报税及“一窗式”管理监控为一体的综合报税服务与外部门数据交换平台，极大地方便了纳税人办理涉税事宜，实现了财税库银横向联网缴税新模式和外部门涉税信息的网上交换。2010年底，32万户使用该平台申报纳税，其中12万双定户实现了简易报税，自动划缴税款；14万户增值税一般纳税人和4万多户小规模纳税人实现了网上申报网上自行缴税，占全部纳税人的76%，电子缴税11625544万元，占99.6%。外部信息采集与交换综合服务平台上实现了全国首创的覆盖所有纳税人、全税种、全部税款征收入库的横向联网全新模式，使河北省真正步入了集网上申报、电子征收、联网入库于一体的电子化税款征收入库的新时代，特别是全面引入银联划卡缴税模式后，全面告别传统的现金征收历史。其中的网上认证系统，包括受理子系统和处理子系统。通过互联网，一般纳税人可进行身份校验、增值税专用发票抵扣联扫描录入、数据加密解密处理、专用发票网上认证等。该系统为一般纳税人提供了安全、方便、快捷的增值税专用发票认证手段。

【税源管理平台】 依托综合征管软件和相关税收管理系统，搭建了基于省局集中的以税收管理员工作任务为中心，以实现税源监控和为纳税人提供优质高效服务为目的，同时实现对税收管理员绩效考核的税源管理平台。该平台把风险管理纳入日常税收征管，通过预测分析税源管理中存在的问题，有效地开展纳税评估、税源监控和税务稽查，实现了预警告示、协调联动、规避风险和决策指导。

【税收管理智能支持系统】 该系统提高了综合征管软件的数据质量，丰富了监控手段，变单一的“事后监控模式”为“事中监控并指导操作与事后监控并重模式”，对数据质量进行前台监控管理，减少错误数据的发生，更好地为税收分析、税源管理、纳税评估提供服务；将事后处罚改为事前预防，规范了执法行为、堵塞了税收漏洞，并减少了税收执法风险。

【河北国税计算机类设备管理系统】 采用信息化手段，在全国率先实现全省计算机类设备统一规范管理，解决了多年来设备配备、使用状况、运行状态和运行费用谁也说不清的棘手问题，使全系统设备管理工作达到了新的高度。管理由过去的无序管理变为有序管理，使各环节管理更加清晰，审批更加科学、管理更加规范、投入更加有效、资源利用更加充分；由结果管理变为流程与结果并重的管理，由宏观管理变为微观（精细化）管理；在信息化资金投入上，减少了盲目性，增强了计划性；在设备配备上，避免了随意性，增强了针对性；同时对设备运行状况、售后服务和设备选型做到了心中有数。

【安全防护体系建设】 税务系统首期、二期、三期安全防护体系建设，广泛使用防火墙、防病毒等安全产品，信息安全技术防护能力得到加强。主要部署了：瑞星防病毒系统、防火墙、入侵检测、安全审计、桌面安全系统、数据库审计系统、网络准入控制系统、上网行为管理系统、安全基线管理系统、WEB应用安全评估系统。解决了内网计算机安全管理、安全监控、病毒防护、访问控制问题，实现了对终端计算机安全配置的检查和数据库、互联网行为的审计功能，为网络和信息安全提供了更加安全可靠的防护措施。

【省级监控体系建设】 依托省级监控平台，对综合征管、防伪税控系统、稽核系统和税源管理平台等10大应用系统的主机、数据库、中间件以及省、市、县三级网络运行状况进行实时有效的监控，掌握了资源分配的第一手技术情况，保障了税收信息系统稳定运行。

【税务信息采集管理】 进一步拓展信息采集范围。在现有资源基础上，通过制度、业务和技术创新，在省局建立并逐步完善纳税人涉税数据库、发票数据库、第三方信息数据库、税收风险管理数据库、税务机构数据库（包括财务、固定资产等）和人力资源数据库、税收法规数据库（包括文件、档案等）等七个数据库，进行数据的集中存储和处理。建立第三方信息共享机制，先行实现国地税信息共享和联合办税，逐步实现与工商、质检、金融、海关、公安、司法等部门和社会组织的协作，努力解决征纳双方信息不对称问题，提高税务部门对经济税源的分析能力和监控水平，为税源管理提供有效的信息支撑。到2013年底已实现与海关、工商和质检信息共享，与地税联合税务登记系统的测试和试点工作已全面启动。

进行应用系统整合。按照一体化的要求，对现有应用系统的信息资源进行集中和整合，探索数据整合和流程整合的途径，消除信息孤岛，实现部门之间信息共享，提高资源利用效率，为深入开展数据分析工作创造必要的基础条件。2012年6月18日，省国家税务局正式上线运行新版税务综合办公信息系统。该系统是由国家税务总局按照税务行政管理规范化、制度化、科学化的要求和“一体化”的设计原则组织开发的。该系统包含了文件管理、信息服务、工作安排、信访管理、督查督办、会议管理、信息采编和宣传管理八个业务模块，其功能全面、实用性强、操作方便的特点，大大提高了税务机关行政效率和机关服务效能，实现了办公流程有效跟踪和监控，充分发挥了行政管理的整体效益。

积极探索“同城通办”。依托信息技术，打破办税属地管理界限，积极整合各业务应用系统资源，优化调整业务流程，探索实现纳税申报、税务登记、普通发票发售、报税认证等涉税业务的“同城通办”，进一步完善服务机制，创新服务手段，切实提高纳税服务质量与水平。到2013年底，“同城通办”在全省11个市和2个省直管县已全部实现。

【税收数据分析利用】 构建税收监控层级管理体系。按照省局分析宏观、市局分析微观、县区局落实与反馈的工作思路，设立专门的信息分析机构，基于统一的业务流程、统一的业务规则、统一的标准规范、统一的技术体系，建设一体化的数据分析平台。建立健全涉税数据分析机制和税收风险预警指标体系，对采集的有关数据进行加工、分析、比对和处理，全面开展对税源的监控分析，通过税收风险识别、分析和处理结果反馈，堵塞税收漏洞，及时规避管理风险，提高税源管理的质量和效率。

建立基层级分类式的数据处理体系。加强基层级数据处理分析工作，建立包括税收管理员和县区局在内的纳税评估和重点税源分析体系，根据科学的评估指标体系，采用计算机和人工分析的方法，对纳税人纳税情况进行纵向和横向比较，分析测算纳税人实际纳税额与应纳税额的差距，对纳税申报的真实性、准确性进行定性与定量的分析。建立重点税源分析体系，开展审核评税，应用行业数据报告、数据分析报告等数据及各应用系统数据对重点税源同等规模、经营形式、生产环境等综合数据分析，对重点税源进行科学管理。

【税源管理】 健全纳税评估和税务稽查体系。强化行业税收管理，根据不同行业企业的经营和核算特点，细化各行业管理的特殊要求，总结分行业管理的方法和规律，建立综合与分行业纳税评估模型和指标体系，全面推行纳税评估建模软件，深入开展综合与分行业纳税评估工作。开展纳税主体信用等级评价，建立长效约束机制。

健全纳税信息归集比对体系。外部健全与纳税人相关第三方信息归集体系，实现对税源信息数据全面控制。内部建立完整的财务指标、征管指标、涉税信息数据库，实现对纳税人经营过程全面控管。并运用这些信息对纳税人申报数据真实性进行评价，及时发现并采取有针对性措施，促进纳税人提高纳税遵从度。

加强普通发票管理，推行普通发票网络开具。创新发票管理方式，推行网络发票管理。通过发票的网络开具和信息的实时传送、清分、比对，快速实现发票真伪性查询和比对；通过发票电子信息和纳税申报信息对比，验证申报的真实性，达到信息管税的目的；借助网络发票的实施，降低纳税人的办税成本和税务机关的征收成本，已在邯郸市和邢台市试点运行。

【网上办税】 加强纳税服务应用技术的开发运用，拓展现有网上办税功能，建设网上税务局，大力推行网上申报缴税、网上开票、网上认证、网上文书受理等办税方式，建立一个面向纳税人的综合性、集成化、个性化的一站式办税服务平台，逐步为纳税人提供优质、便捷、全方位的服务。整合纳税服务平台，推进以税务网站、服务热线和短信服务为主体的综合纳税服务平台建设。拓展纳税服务渠道，创新服务手段，并将政策执行与纳税服务信息系统同步升级，避免系统升级滞后于政策变化给基层税务机关具体操作、纳税人办税带来的麻烦，进一步提高纳税服务的质量和效益。开发了出口退税远程申报系统、网上抄报税系统，推行了所得税汇总纳税管理系统、网上开具缴款凭证系统，开发并推行了普通发票管理系统、海关缴款书采集模块、车购税划卡缴税系统和车购税征管档案电子管理系统。2011 年 11 月，省国家税务局启动车辆购置税网上办税项目，并于 2012 年 12 月推行车购税自助办税终端。该终端具备税收申报、税款计算、POS 机刷卡缴税、票证打印、完税证明打印等功能，纳税人可按语音提示一次完成从纳税申报到领取完税证明全部缴税过程，打破了办税空间和时间的限制，为纳税人提供全新办税服务。车购税自助办税终端体积较小，外观如商业银行 ATM 机，被形象地称为“车购税 ATM 机”。系统的成功上线，真正意义上实现了消费者购车、保险、缴税、上牌的“一条龙”服务。

（秦建光　王　威）

河北省气象局

【概况】 2003 年河北省气象局政务信息网经过两期的建设，已建立了较为全面的功能，其中包含督查督办、全文检索、台站风貌、科研管理、宣传管理、县局动态、监测、预报、预警产品、公共信息等模块。

随着电子信息技术、网络通信技术的快速发展，旧版的政务信息网已经不能适应工作的需求。中国气象局在 2009 年制订了《中国气象局综合管理信息系统建设规划（2009-2013 年）》，河北省气象局综合管理信息系统的建设按照中国气象局综合管理信息系统建设规划要求，作为综合管理信息系统建设的一部分，主要建立涵盖省级以及延伸应用到市县级气象部门的管理信息，实现统一信息发布标准，规范信息使用权限，完善信息管理制度，进一步提高管理效率，为实现全国气象部门综合管理信息资源的高度共享提供有力的信息和技术支撑。

根据中国气象局的规划 2009—2010 年完成综合管理信息系统（一期）建设，在河北省气象局、石家庄市气象局、保定市气象局、秦皇岛市气象局开展省、地市综合管理信息系统试点工作，启动综合管理信息数据库系统建设。并于 2010 年 4 月底完成对内设单位、直属单位和地市的培训工作。2010 年 7 月投入试运行，经过 1 个月的试用，于 2010 年 8 月开始正式使用。2011—2012 年：为加强鉴别用户身份可靠性，提高综合管理信息系统安全性，开始启用用户身份认证系统。通过 4 个月的试用，全省气象部门都已正式启用身份认证系统。为方便气象部门的通讯，在启用身份认证系统的同时，启用了即时通软件。2013 年：河北省气象局综合管理信息系统实现了省、地、县三级气象部门的统一门户、分站管理的网站群。实现全省气象部门综合管理功能比较齐全的、信息高度共享的、互联互通的综合管理信息系统。该系统包括首页定制、公文管理、档案管理、出差管理、周重点工作、个人办公、全文检索、督查督办、信息发布、目标管理、邮件管理以及系统管理等 27 个模块。

河北省气象局综合管理信息系统结合气象部门业务应用的特点，为使整个信息系统规范化、系统化、整体化，增加综合管理信息系统共享性、可扩展性，降低其相互之间的耦合度，提高数据资源的利用率，通过采用最新的网络通信技术、信息安全技术，采用面向构件的思想、面向服务（SOA）的架构、面向对象的方法，自顶向下的分层结构化方法进行设计。

综合管理信息系统以其多功能、开放性、时效性、适应性等诸多优点，得到迅速发展，成为气象系统创新管理模式、提高工作效率、改进工作方法、实现资源共享、加强上下沟通交流的一个重要途径和载体。

2010 年 7 月，河北省气象局综合管理信息系统投入试运行，经过一个月试运行，2010 年 8 月开始正式使用。至 2013 年底实现了省、市、县三级互通，共上线公文管理、档案管理、督办管理、出差管理等 27 个功能模块。通过政务办公系统运行，梳理了办公流程，减少了人际间主观干扰，提高了工作效率，实现了办公规范化、信息化。

公文管理：公文系统不仅作为一个单独的模块独立存在，还可以与档案管理、个人办公 8 模块等进行紧密集成，为用户建立全方位的解决方案。公文管理的流程控制依据预先在工作中设置好的流程进行，公文办理完成后通过接口进入档案模块，归档以后的文件在档案管理系统中编号、查询、统计、打印等。该系统将公文办理和个人办公模块紧密结合，给用户提供个性化的门户入口，用户只需要检查自己的待办事宜便很清楚每天的工作任务。

档案管理：档案管理实现公文档案的归档、查询、鉴定、销毁及借阅等功能。公文档案可以来自于公文管理流转数据，也可以手工录入档案数据。来自于公文的数据，当公文流转结束流程后，自动进入预归档库，由档案管理员统一进行归档管理。档案管理系统按照我国标准的档案管理模式，对档案进行各个环节的管理。实现公文预归档、归档、档案检索、历史档案销毁等功能，减轻档案管理人员手工抄写、手工归档、手工销毁的工作。

督办管理：督办管理实现系统中重要业务的催办，是用户对督办工作全过程进行控制和协调的工具，如收文管理中的重要来文可以转入督办流程进行督办审批，并进行网上督办，包括进展情况的填写。要求各协办单位单独设置办理时限，分别办结。当业务流程需要督办处理时，可在指定的节点转为督办流程，填写督办单，通过督办流程各相关节点填写督办意见和办理情况。也可以不由其他流程转入而是直接起草督办单。

出差管理：出差管理包括处级领导出差和科级领导出差，主要完成出差申请的填报、审批以及查看功能。领导出差前使用该模块来起草出差申请，并通过审批流程进行审批，一般需要提前四天提交申请，经审批后申请人会收到待阅文件，通过待阅文件来查看申请是否通过。

在运行过程中，规范了出差管理、目标管理等模块的申请、填报流程。结合 NOTES 公文传输系统，集成书生公文加密、电子印章系统，省、市、县三级可以同时完成公文流转与收发。省级和地市均定制了首页。省、市、县均能发布信息，市、县将信息发布到市局首页，市局把关然后推送到省气象局，实现了信息发布的分级管理，信息发布更加规范。至 2013 年 12 月 31 日，发文 5266 条、收文 31668 条，发布信息 51145 条，办理出差审批 1343 人次，开办专栏 62 次。

（甘文倩）

河北出入境检验检疫局

【概况】 河北检验检疫系统的电子政务开始于 20 世纪 80 年代中期，大致分为 3 个阶段。1985—1988 年在微型计算机普及推广阶段，应用范围主要为单机处理公文等。1989—2003 年从微机向小型机和微机网络发展，引进了服务器，建立了从河北检验检疫局到各分支机构的局域网络，实现了办公自动化。2003 年底，河北检验检疫广域网建设正式启动。经过多年的努力，河北检验检疫局不断优化完善网络平台建设，形成政务内网、政务外网、互联网、移动互联网、物联网等“五网”支撑的布局模式；建立可视化、自动化、智能化、全覆盖的网络与信息系统运维监控平台，严格实行国家电子政务内网与国家电子政务外网、互联网物理隔离；充分利用虚拟化、云计算等技术，有力地推动了河北检验检疫工作的开展，提高了河北检验检疫服务全省经济社会发展的有效性。

【电子检验检疫系统应用】 至 1986 年 10 月，河北商检局已经应用《工资管理程序》《普惠制管理系统》《出口棉花检验管理》《进口金属材料管理》和《出口机电仪统计》等 5 个应用软件，同时还引进了《人事管理系统》《图书标准资料管理系统》《通用文件档案管理程序》和《进口化纤检验管理程序》。

1989 年 1 月，河北商检局和国家商检局、北京商检局联合开发的“人事档案计算机辅助管理系统”在广西南宁通过终期测试鉴定，4 月通过课题鉴定并获国家商检局科技进步三等奖。同年，在河北商检局首次科技进步奖评奖获得二等奖。

1989 年，河北商检局开始研制国家商检局课题“商检劳动工资微机辅助管理系统”，1991 年完成并推广试用，1993 年通过国家商检局鉴定，1994 年被评为国家商检局科技进步三等奖、河北商检局科技进步二等奖。

截止到 1989 年，河北商检局共有 12 个应用系统，包括统计、人事、普惠制、工资、仪器设备等管理程序，木材、棉花、化纤、煤炭、金属材料、农产品和精密度试验分析数据等专业程序。

1997 年河北商检局研制的“河北商检局检验业务信息网络管理系统”在全省商检系统推广使用，1998 年该系统获得河北商检局科学技术进步一等奖。

2000 年河北检验检疫局成立了“CIQ2000 综合业务管理系统”推广应用实施小组，举办了两期技术培训并搭建了模拟环境，制定了有关管理制度和业务流程，8 月 17 日省局进行模拟运行，8 月 18 日正式运行，9 月中旬开始在分支机构进行推广应用，10 月底完成全部推广应用工作。2007 年建立了 CIQ2000 数据中心，实现全省检验检疫业务数据大集中管理。2009 年，CIQ2000 统计数据日报送系统和检验检疫电子证书信息交换核查系统上线推广。

2000 年 9 月，河北检验检疫局在全省范围内正式推广产地证电子签证和电子报检软件。2002 年实施了以“电子申报、电子监管、电子放行”为内容的“三电工程”，加快了口岸通关速度，为进出口企业提高效率、降低成本创造了有利的条件。2003 年 3 月 1 日全面实现电子报检。2007 年，根据国家质检总局的统一部署，全省进出口企业可以实施远程报检及进出口货物的电子通关、电子转单，通关效率明显提高，逐步形成了“对口岸和进口敏感货物以视频监控为主、数据监管为辅，对出口货物以数据监管为主、视频监控为辅”的检验检疫执法把关电子监控体系。

2003 年，河北检验检疫局自主开发的“健康体检证书管理系统”正式上线运行。2004 年开通河北检验检疫局电子邮件系统。2011 年，河北检验检疫局新版电子邮件系统正式启用。新邮件系统提供了收发邮件、公共通讯录、公告板、网络硬盘和在线书签等功能。2004 年 3 月，“进出口货物电子审单快速核放系统”在河北检验检疫局机关和各分支机构推广使用。2006 年，“进口棉花质量信用管理系统”获得国家质检总局科研立项，并于 2008 年申请科技成果鉴定。

2006 年，河北检验检疫局开发了“进境动物产品审批统计系统”“认证监管工作管理系统”及“业务统计信息网”，同年，“出口货物电子监管系统”“入境货物口岸内地联合执法系统”在河北检验检疫系统上线运行。2007 年，河北国际旅行卫生保健中心引入了《国际旅行人员健康体检综合业务管理系统》，业务流程纳入数字管理。该软件利用现代信息化技术，结合保健中心的工作实际，体检项目和收费全部纳入计算机管理，有效杜绝了假证、错证及其他问题的出现。同年，河北检验检疫系统启用“实验室资源管理系统”；根据质检总局要求，安装“通关单联网核查系统”，自 2008 年 1 月 1 日起实施。

2008 年，“检验检疫电子身份认证管理系统”和“进出口企业诚信管理系统”在河北检验检疫系统完成平台搭建和推广使用。同年，完成了“进出口企业质量电子档案应用系统”和“机关职工考勤管理系统”的开发及使用推广工作。

2009 年，《检验检疫现场执法流程管理系统》开发完成并在全系统检验检疫一线开始推广试运行。2010 年全局通过本系统从 CIQ2000 业务管理系统提取报检单 148970 批，全局业务人员使用系统接单数量 115811 批，系统使用率为 77.73%。2009 年，河北检验检疫视频会议系统建设完成，设 16 个视频点，覆盖省局和所有分支机构，并实现与国家质检总局视频会议系统无缝对接。2010 年，在“检验检疫标准化管理信息系统”启用检验检疫行业标准制标需求上报功能。

2010 年，在廊坊检验检疫局试点使用“出口企业 ERP 数据采集监管系统”。2011 年，河北检验检疫局开发完成“检企信息服务平台”（简称 CIS），2012 年通过国家质检总局科技司组织的成果鉴定，进入全面推广使用阶段。同年，获得国家实用新型专利 1 项。2011 年，“检验检疫决策支持系统”正式上线运行。2012 年，河北检验检疫局“数字图书馆”正式开通上线。

2013 年，“集中审单管理系统”和“中国检验检疫电子监管系统”在河北检验检疫局全面推广应用，实现了“自动抽批、自动布控、自动拦截”，有效地规范和统一了检验检疫执法标准和口径。同年，又引进了“电子缴费系统”，实现了进出口企业网上自动缴费。“离退休干部管理系统”在河北检验检疫局也上线运行，实现全省系统离退休干部信息网络化管理。2013 年，河北检验检疫局自主开发的“基于终端准入机制的网络资源管理平台”全面运行，实现了内网终端准入控制和全局系统信息化资产的统一管理。同年，河北检验检疫局自主研发的内网门户——“综合行政管理平台”全面启用，对信息系统进行整合，实现了内网一站式办公。

2013 年 12 月，“电子监察系统”在河北检验检疫局上线运行，通过设置风险监控点，自动生成风险信息，实现纪检监察与业务工作的有机结合，达到防控廉政风险的目的。

【办公自动化系统】 2001 年 1 月，河北检验检疫局成立办公自动化建设领导小组，2002 年第 1 季度，办公自动化系统在河北检验检疫局机关各处室全面试运行，同年，举办了两期办公自动化培训班，15 个处室 80 余人次参加了办公自动化系统应用培训，并在全局 70 余台微机上安装了办公自动化软件。2005 年 9 月，办公自动化系统改版升级后在河北检验检疫局机关运行。2006 年，正式开展公文电子传输和通知公告、资料交换等部分行政事务处理的电子化。2007 年 2 月，办公自动化系统在分支机构试运行，4 月在全省检验检疫机构正式运行，出台了《河北检验检疫办公自动化系统使用管理规定》，规范办公自动化工作程序。

2008 年河北检验检疫局将秦皇岛检验检疫局办公自动化系统并入全局统一的办公自动化平台，实现与全局系统公文和信息的共享，从而实现全省系统内办公自动化系统省局与分支机构大集中管理，简化公文与政务信息处理流程，提高内部办公效率。

2009 年，河北检验检疫局下发《关于加强办公自动化使用管理的通知》，确保办公自动化系统正常运转。同年，利用 3G 通信技术和 VPN 加密技术，河北检验检疫局建立了移动办公平台，提高了办公效率。2010 年 4 月，完成办公自动化系统新版本升级工作，对系统功能进行完善和优化。升级后系统速度明显提高，运行更加稳定。同年，河北检验检疫局扩大移动办公使用范围，并下发《关于进一步加强移动办公使用和管理的通知》，加强了移动办公的使用管理。

2013 年，河北检验检疫局开发

了手机移动办公系统和短信服务系统，并在全系统推广使用，大大提高了行政办公效率。

【检验检疫网络建设】 1991年，河北商检局举办全省商检系统远程通信培训班，实现了国家局、直属局和分支局三级远程通信网络。1992年，河北商检局购进NOVELL网专用服务器SYSGEN（386/33双340MB硬盘一个250MB磁带机），安装100用户的NetWare 3.11网络软件，并在机房安装调试成功，拓扑结构为总线结构，工作站5个。1993年，河北商检局实行检验业务一条龙，为强化检验业务管理，计算机由集中使用变为各处室分散使用，并将各处室微机连网，在网上安装《商检综合业务管理信息系统》（ICI程序）和《计算机制证网络系统》，实现检验业务网络化管理。1994年，分别在秦皇岛商检局和河北商检局局机关第二检验处建立了NOVELL局域网络，拓扑结构为总线结构，操作系统为NetWare 3.11，工作站点数分别为17个和9个。同时对河北商检局计算机网络进行升级改造，将服务器由原来的386/33换为586/66，硬盘也由340MB扩为1GB，提高了网络处理速度和存储能力。1997年分别在河北商检局和秦皇岛、邯郸、张家口、沧州等4个地区商检局建立了NOVELL局域网络，网络操作系统为NetWare 3.11或3.12。2000年，河北检验检疫局全部完成对国家质检总局配备的11套网络服务器、10套网络交换机和数据库软件系统的验收、测试和系统集成，更新了271个工作站PC机，对10个网络布线系统进行了改造。并通过128K DDN专线，接入海关的国家口岸专用网。河北检验检疫局局机关两地办公，通过带宽为256K的DDN连通。2000年，河北检验检疫局局机关，邢台、沧州、唐山、张家口、承德、廊坊、京唐港等检验检疫机构的计算机房进行了装修改造，全部配备了APC三千伏安四小时或五千瓦四小时的智能化管理的UPS电源，装备了空调等设备。河北检验检疫局中心机房重点安装了独立的供电系统和独立的计算机地线保护系统，重新调整了机房内的网络布线，以提高网络系统的安全性和可靠性。邯郸、沧州、张家口等检验检疫局完成了网络布线由原来的三类双纹线更换为五类双纹线的改造工作。统一配置56K MODEM，各地区检验检疫局在当地电信部门申请因特网账号。2002年11月，在河北检验检疫局系统全面开通互联网应用。

2003年4月，完成了河北检验检疫局到国家质检总局质检骨干网络联网工程，线路由原有的128K DDN专线升级到2M SDH线路，大大提高了河北检验检疫局与国家质检总局和其他直属检验检疫局的信息传输速度。2003年10月，河北检验检疫广域网建设正式启动。同年12月，河北检验检疫局统一组织建设河北检验检疫广域网，2004年2月建成并投入使用。2003年，河北检验检疫局安装了通信光缆及通信设备，完成了河北省政府电子政务网络100M VPN通信线路的铺设工作，使河北检验检疫局与省政府部门间建立了高速的通信平台。

2004年，河北检验检疫局成立信息安全工作领导小组，领导小组下设办公室，设在河北检验检疫局科技处。

2007年3月，河北检验检疫系统启用IBM P570小型机双机系统，实现核心业务数据全省大集中管理。2008年10月，河北检验检疫局制定了省局机关VLAN划分和优化配置的技术方案，分期分批地对网络交换设备和各部门连网计算机配置进行调整。2008年，河北检验检疫充分利用视频会议通信线路和广域网设备，完成了省局到11个分支机构广域网线路扩容工作，线路带宽由原来的单路2M扩到双路4M，实现了互联网数据和业务数据分开传输，提高了通信速度和视频专线的使用效率。2009年，河北检验检疫启用了内部域名系统（DNS）。建立域名与IP地址的对应与解析关系，并与国家质检总局DNS互认解析，实现域名访问。

2010年，河北检验检疫局到国家质检总局广州数据中心通信链路建设完成；同年，到国家质检总局新增MSTP专用链路的扩容改造工作完成，接入国家质检总局骨干网链路达到2条，带宽为4M。同年，河北检验检疫局局机关到13个分支机构广域网线路全面升级，128K DDN备份线路全部升级为2M的SDH数字电路，实现对所有分支机构23个工作点的全光纤覆盖，通信专线达到50条，主干通信带宽达6M。

2012年建立河北检验检疫局固移集团网和远程办公宽带网，开通集团网用户323个，远程办公专线282条；进一步完善全省广域网系统，完成曹妃甸办事处、黄骅港局和衡水局枣强办事处新大楼的网络建设和广域网扩容工作。

2012年7月，搭建河北检验检疫局服务器虚拟化平台，将13个业务系统顺利迁移到虚拟平台；2013年8月，对该虚拟化平台进行扩容与优化，规模扩展到8台主机、3套盘阵，安装部署虚拟机86套。

2013年新增河北检验检疫局到国家质检总局主干网络备份线路，建立了从互联网到河北检验检疫局内网之间的VPDN安全通道，并对河北检验检疫局业务专网路由器广域网端口进行扩容。根据河北检验检疫局管检分离工作需要，完成了省局机关西配楼、国际旅行卫生保健中心、石家庄办事处、内陆港办事处和黄骅港局的网络建设。

【检验检疫系统安全】 “十五”期间，河北检验检疫局信息化和电子政务建设得到长足发展，累计投入3000余万元资金，建成连接国家质检总局、覆盖全省各分支机构、沟通互联网的网络体系，建立以省局为核心、辐射各单位的计算机的病毒防护体系以及省局网络安全防护中心与各分支机构硬件防火墙互动的网络安全防护体系。

2007年9月，河北检验检疫局开展重要信息系统安全等级保护定级工作，最终确定河北检验检疫局网络系统和CIQ2000综合业务管理系统2个二级系统，报河北省公安厅备案。2008年6月，河北检验检疫局开展信息网络安全保密的专项检查，加强对涉密计算机和移动存储介质的保密管理，堵塞漏洞，消除隐患，确保国家秘密安全。同年，河北检验检疫局在全国检验检疫系统内率先以“两地三中心”模式建立异地异构灾备系统，该系统于2009年2月建设完成，并获得2012年中国信息化（质检领域）成果评选三等奖。

“十一五”期间，河北检验检疫局信息化建设总投入2785万元，信息化资产总值达4120万。全局系统计算机和网络设备数量为2686台，其中各类路由器、交换机等联网设备达200余台，硬件防火墙18台。2011年，建立了河北检验检疫局信息系统综合运维管理平台，实现网络故障信息自动采集监控，提高河北检验检疫局信息化运维服务水平和管理能力。

2012年，河北检验检疫局进一步完善安全保障技术措施，安装部署了防垃圾邮件系统、网页防篡改系统、上网行为管理、网络隔离闸、威胁发现侦测系统（TDA）和微软补丁分发系统等安全管理系统。2013年，利用先进技术提高河北检验检疫局网络系统安全防护等级，安装部署了网站防火墙、入侵防御系统、信息交换系统和漏洞扫描系统等，开发了“基于终端准入机制的网络资源管理平台”，加强内网安全控制，并实现信息化资产的电子化管理；开展信息系统等保测评工作，对河北检验检疫局门户网站按照二级要求开展测评，并获得河北省公安厅颁发的备案证明。

【检验检疫管理培训及制度建设】

1990年，为加强商检系统计算机应用和管理水平，充分发挥计算机在商检工作中的作用，河北商检局转发国家商检局《商检系统计算机应用管理办法》。1993年，为了适应河北商检局机构改革形势的需要，在统一管理、分散使用的原则下，制定了《河北商检局计算机应用管理办法的补充规定》。

1995年，《河北商检局电子信息传输实施办法》在河北商检系统正式实施。该办法对河北商检局电子信息传输管理委员会构成、职责、安全保密工作、电子信息传输岗位职责及操作流程做出了明确的规定。1998年6月，为了加强河北商检局使用国际互联网络工作的管理，正确使用和充分利用好国际互联网络的信息资源为商检工作服务，制定了《河北商检局关于加强和使用国际互联网络的管理办法》。

1999年，河北“三检”临时协调小组将《国家出入境检验检疫局计算机信息网络安全保密管理暂行规定》和《国家出入境检验检疫局涉密计算机信息系统保密工作管理规定》转发至河北“三检”各单位，并针对信息网络的应用情况提出具体工作要求。同年，该小组下发《关于在机构改革期间切实加强设备管理工作的紧急通知》，成立河北“三检”设备管理领导小组，要求认真做好2000元以上设备的清产核资工作和设备档案管理工作。

2000年，为加强计算机与网络系统管理，确保综合业务管理系统正常运行，河北检验检疫局印发《关于加强计算机与网络系统管理的通知》。同年，国家保密局制定的《计算机信息系统国际联网保密管理规定》在河北检验检疫局正式执行。2001年，为了规范管理，保证网络系统安全运行，河北检验检疫局制定了《河北检验检疫局计算机网络信息系统管理办法》《河北检验检疫局计算机信息系统安全保密管理规定》《河北检验检疫局主机系统管理规程》《河北检验检疫局计算机机房管理规定》《河北检验检疫局关于加强计算机软件资料管理的规定》和《河北检验检疫局关于加强国际互联网使用管理的规定》等6个规定和《计算机信息系统安全保密措施》。

2003年，河北检验检疫局下发《关于加强计算机机房及服务器管理的通知》，对各分支机构的机房及服务器管理提出明确要求。2004年，为加强河北检验检疫广域网系统的维护管理，确保广域网长期稳定运行，下发了《关于加强广域网维护管理有关工作的通知》。

2005年6月，河北检验检疫局下发《关于进一步加强局机关计算机设备及网络使用管理的通知》，进一步加强计算机设备及网络系统和网络应用的管理工作，对计算机设备的领用、调拨、报废及设备档案的建立管理工作和计算机设备日常使用管理提出了具体的要求。同时为规范电化教室的管理、充分发挥现代化教育技术在干部培训工作中的作用，制定并下发了《河北检验检疫局办公楼电化教室管理使用办法》。2006年，河北检验检疫局下发《关于加强网络安全管理的通知》，要求各单位各部门开发或使用的新应用软件联网要经科技处批准，不得随意改动IP地址，服务器和网络设备的更新及调整要向科技处提出申请。同年，河北检验检疫局下发《关于进一步加强互联网网络使用管理的通知》，进一步规范了职工的上网行为。

2007年3月，下发《河北出入境检验检疫电子邮箱使用管理办法》。同年，为规范各单位、各部门使用各种网络设备，加强计算机信息系统及国际互联网使用的保密管理，分别制定下发《河北检验检疫局关于进一步规范网络使用管理的通知》和《河北出入境检验检疫局计算机信息系统及互联网使用安全保密管理规定》。

2008年，制定《河北检验检疫局网络与信息系统应急响应预案》，结合《河北检验检疫局网络与信息安全响应预案》，又细化制订了《机房停电主机系统应急预案》《网站和电子邮件系统应急预案》《检验检疫业务应用系统应急预案》。同年，为了加强笔记本电脑、照相机等公用物品的管理，保证公用物品的安全和正确使用，制定《笔记本电脑、照相机等公务物品使用管理规定》。2008年6月，中共河北省委保密委员会办公室河北省保密局《关于严禁计算机信息系统违规互联及移动存储介质违规交叉使用的通知》在河北检验检疫局全面执行。

2009年4月，为加强信息化建设与管理工作，确保网络和各应用系统的安全运行，河北检验检疫局制定了《河北出入境检验检疫局信息化工作管理办法（试行）》。该办法于2012年12月进行了修订。2010年，根据ISO/IEC 17020导入工作要求，河北检验检疫局下发了《关于加强计算机信息系统使用管理的通知》。

2013年，河北检验检疫局制定了《河北出入境检验检疫局信息化成果评选管理办法（试行）》，建立信息化工作激励机制，出台《河北出入境检验检疫局移动办公终端使用管理规定》，规范移动办公终端的使用和管理。同年，修订了《河北检验检疫局网络与信息系统应急响应预案》。

【检验检疫队伍建设】 河北检验检疫局高度重视人才队伍的建设，不断加大培训的力度，举办多个学习培训班提高检验检疫工作人员信息化应用水平。

1986年10月，河北商检局与广东商检局共同筹办了全国商检系统的进口金属材料检验微机应用软件学习班。1987年4月，在石家庄举办了为期12天的“微机应用培训”。1990年6月12日至22日举办河北商位微型机技术培训。1995年8月16日至23日，河北商检局在秦皇岛举办全省商检系统微型机应用技术培训。以普及计算机基础知识为原则，重点学习计算机的硬件构成、磁盘操作系统的基本命令（DOS）、汉字系统（CCDOS）、文字处理系统（WPS）和汉字制表软件（CCED）、数据库部分命令（FOXBASS）、计算机故障排除和疑难问题的解决以及计算机病毒防治与安全保护等七个方面的内容。

1997年9月18日至24日，河北商检局在唐山举办“河北商检局检验业务信息网络管理系统”应用培训。2002年9月，河北检验检疫局在石家庄举办计算机系统维护培训，培训计算机硬件设备使用及维护、WINDOWS操作系统的使用及维护等，省局机关各单位与分支机构的网络管理员参加本次培训。10月，针对河北检验检疫局系统检验检疫工作中计算机应用与维护的实际需要，编写了涵盖计算机系统维护、WINDOWS操作系统的应用、互联网应用以及常用客户端应用软件的安装与使用共四部分8万余字的《计算机应用培训教材》，组织全省系统的计算机系统管理员培训。

2008年，河北检验检疫局针对信息化一些重点工作或重要应用系统的推广，组织了相关培训，包括：网络与信息系统应急预案培训、办公自动化培训、“检验检疫电子身份认证系统”和“诚信管理系统”应用培训等。

2010年9月，河北检验检疫局分两次举办“网络维护操作与安全管理培训班”。第一次介绍全局信息化建设与管理工作要求、网络与信息系统建设情况、信息安全形势与管理要求等内容，省局机关各处室、直属单位的网络系统管理员参加了培训。第二次介绍“现场业务流程管理系统”“企业质量档案”“企业诚信系统”等业务系统的使用与维护、重要网络与安全设备的配置和维护方法及模拟演练、计算机常见故障的排除方法及安全防护策略、讨论交流日常维护管理工作中遇到的各种问题等内容，分支机构和办事处的网络系统管理员共40人参加了培训。

2011年，搭建河北检验检疫局电子教育网络平台，并在全省系统正式使用。2011年4月至11月，河北检验检疫局创新培训模式，安排“计算机网络跟班作业”培训。一是学习信息化管理要求，二是对各业务系统和电子政务系统的使用和维护、重要网络设备的配置和维护、计算机日常维护等方面内容进行实际操作。每个学员培训时间不少于10个工作日。分支机构共17人分8期参加了培训。

2013年，河北检验检疫局先后对各分支机构和省局机关各部门公文管理员和网络系统管理员进行了“河北检验检疫综合行政管理平台”和“基于终端准入机制的网络资源管理平台”操作培训。

（河北检验检疫局）

河北省邮政管理局

【概况】 省邮政管理局从2006年9月5日正式成立以来，围绕贯彻国家信息化战略之电子政务战略行动计划和电子政务总体框架，结合监管部门管理水平和能力提升的要求，突出电子政务体系建设，强化资源整合、信息共享和业务协同，增强电子政务整体效能。实现从省邮政管理局至11个市邮政管理局的网络信息全覆盖。省邮政管理局现有计算机34台，打印机26台，网络路由器1台，网络防火墙2台，网络交换机4台，协同办公系统4个（办公自动化系统、即时通讯系统、邮件系统和门户网站系统）。

省邮政管理局成立信息化建设领导小组，制定具体工作计划，为开展好信息化建设奠定了组织基础，建立专业工作队伍，专人负责信息化建设的管理和日常维护工作。

2013 年年初，11 个地市邮政管理局陆续成立。为满足需求，在国家邮政局的大力扶持下，市邮政管理局的网络铺设工作全面开展，在两个月的信息化建设中，市邮政管理局克服种种困难，在 2013 年 5 月之前，11 个市邮政管理局已全部完成国家邮政局——省邮政管理局——市邮政管理局的网络全覆盖，同时完成了网络交换机及网络防火墙的安装调试工作，使得市邮政管理局能够通过内网访问省邮政管理局及国家邮政局。

为加强系统建设，完善平台应用，2013 年 9 月底之前，11 个市邮政管理局全部开通了即时通讯软件 RTX、办公自动化平台（OA 平台）、邮件系统、网站群等 4 大系统，各市邮政管理局门户网站全部上线应用，通过网络平台使工作更加快捷、方便。制定并落实信息系统使用管理制度，网络安全保密制度，网络数据备份和故障应急处理制度，设备管理登记、使用、检查，网站信息发布管理制度。政务信息报送流畅，网站管理和信息发布规范。内网管理和内部软件应用均有严格规章制度，保障省邮政管理局各项网络信息安全工作。

由于省邮政管理局网络面向对象的层次性、多样性、安全性等特点，要求选取传输频带宽、信号接收强、保密性好的传输介质，通过交换机设备建立虚拟链路，加快数据信息的传递。推广使用国产应用软件，提高网络的安全性。从而使网络中的终端工作站都能建立起安全有效的“防火墙”。同时进一步完善机关网络的规章制度，对上网信息进行严格分类，特别是注重网络上传信息审批流程，加强网络信息安全管理，努力创造良好的网络环境。

省邮政管理局历来高度重视涉密设备和载体的管理，强化宣传教育，落实工作责任，加强日常监督检查。对于计算机磁介质的管理，采取专人保管、涉密文件单独存放，严禁在上网的计算机上使用涉密磁介质加工、储存、传递处理文件，形成良好的安全保密环境。对涉密计算机实行与互联网及其他公共信息网物理隔离，并按照有关规定落实了保密措施，到 2013 年底，未发生一起计算机失密、泄密事故；其他非涉密计算机（含笔记本电脑）及网络使用，也严格按照局计算机保密信息系统管理办法落实了有关措施，确保机关信息安全。

省邮政管理局组织全局工作人员进行网络基础知识、内部邮件收发、内部人员信息交流、内部文件流转、本地计算机病毒查杀和个人病毒防护等相关电脑技术培训。通过不断学习与交流，工作人员的计算机使用能力显著提升，提高了省邮政管理局办公自动化水平。

（省邮政管理局）

河北省监狱管理局

【概况】 2010 年以来，省监狱管理局牢牢抓住司法部大力推进全国监狱信息化一期工程建设的契机，依托河北政法综合信息网络平台，全省通盘考虑，统一部署，加大投入，全力推进。利用不到四年时间，通过一系列工程，在全省建设完成一套功能完备、覆盖广泛的监狱监控安防体系，初步建成集协同办公、公文交换、内网门户、电子邮件等多种功能于一体的监狱办公网络系统；河北省监狱信息化以超快的节奏实现了从无到有、从简到优的迅猛发展。

实行“一把手”负责制，省监狱管理局成立全省监狱信息化建设领导小组，省司法厅副厅长、监狱管理局局长许新军同志亲自挂帅任组长，设置了局信息化办公室，负责全省监狱信息化建设的规划、实施、督导工作。各监狱也相应成立信息化建设领导小组，监狱一把手任组长，为本单位信息化建设的第一责任人。为了确保全省监狱信息化工程建设的质量、进度和兼容问题，坚持由省监狱管理局统一规划、统一标准、统一部署、统一实施；调配精干力量，统一对市场进行深入细致的考察调研，力求设备选型“先进、实用、可靠、经济、科学”；统一制定全省监狱信息化工程建设方案，保障工程建设的先进性、可扩展性、开放性、兼容性，做到性价比的最优；统一工程招投标，统一组织实施，全面掌控工程质量和进度，有效避免由各个单位分别建设造成的设备不兼容、工程质量参差不齐、工程进度先后不一等一系列问题。监狱信息化不可一蹴而就，在形势逼人却又资金有限的情况下，为突出安全稳定在监狱监管工作的核心地位，按照四防一体化要求，优先对安防系统进行建设，夯实监狱安全稳定的基石，再层层扩展，逐步提高，最终使监狱信息化达到较高水平。

2009 年 11 月，新石家庄监狱建成，启动新石家庄监狱监控系统设备采购及安装工程（一期），总投资 500 余万元，2010 年 1 月 29 日建设完工。

2010 年 10 月，启动全省监狱安防系统工程（一期），在全省范围内建立三级构架的网络监控体系，集视频监控、门禁、报警、对讲等多种功能，建设全省监狱视频会议系统，共计投资 6000 万元，2012 年 8 月项目整体竣工。

2010 年 10 月，启动石家庄监狱安防系统二期工程建设，投资 800 余万元，2011 年 8 月 3 日正式竣工。

2010 年 12 月，编印《全省监狱安防工程方案和机房、视频会议室建设标准》，并发放到全省各监狱。

2010 年 12 月，组织首次全省监狱信息技术骨干培训班，主要针对监狱安防系统和视频会议系统工程进行了详细的讲解和专业化的演示，全省各狱所信息技术科科长、技术人员共58人参加。

2011年8月，启动深州监狱迁建项目监控系统工程建设，总投资1100万元，2012年7月通过竣工验收。

2011年9月，启动保定监狱改建项目信息化建设一期工程建设，投资2200万元，2012年10月通过竣工验收。

2011年9月，全省监狱视频会议系统建成并正式投入使用，该系统包括省监狱管理局和23个监狱单位的高清视频终端，最高支持1080P高清视频会议，支持E1和IP双路备份，主、辅流双路传输，能够满足全省监狱系统视频会议、远程培训等多方面需求。

2011年9月30日，省监狱管理局指挥中心建成并正式运行，之后全省各监狱（所）指挥中心、监区分控中心全部建成并与省监狱管理局互联，形成三级架构的网络监控和应急指挥体系。省监狱管理局指挥中心具有警务督察、狱情抽查、应急指挥、信息汇总等重要职能，已逐渐成为领导决策指挥和狱政警务管理的重要平台和保障。

2012年2月，启动全省监狱安防系统二期工程建设，在一期的基础上，进一步完善安防系统功能，扩大监控范围，突出安防智能化、数字化，总投资4500万元，2013年8月项目整体竣工。

2012年5月，省监狱管理局在杭州华三培训基地举办全省监狱安防信息化培训班。对视频监控系统的组成、软件平台、设备配置以及在二期工程中安装的终端准入（EAD）系统进行了系统培训。全省监狱的信息技术科科长、副科长共计34人参加了培训。

2012年6月，启动石家庄出监监狱信息化安防工程建设，投资800万元。

2012年10月，启动石家庄监狱搬迁合并工程项目信息化工程建设，总投资近4000万元，2013年9月通过竣工验收。

2012年12月，启动全省监狱信息化一期办公网络系统工程建设，建设内容包括全省监狱办公内网、办公自动化（OA）系统和内网门户等，总投资2010万元。这是省监狱管理局首个软件应用类信息化项目，标志着河北监狱电子政务的新起点。

2012年12月，省监狱管理局在平山组织完成全省监狱信息化一期办公网络系统培训班，对全省监狱信息化一期办公网络系统工程进行了全面讲解，明确各单位所需做好的前期准备以及施工中的配合工作，为工程的顺利开展提供技术保障。

2013年1月，启动冀东分局第五监狱安防系统工程建设，投资800余万元，2013年7月通过竣工验收。

2013年7月，省监狱管理局在沽源监狱举办全省监狱信息化技术骨干培训班，对全省监狱办公网络系统的软硬件配置、构架及维护管理进行讲解，着重培训门户网站、协同OA系统的日常应用和后台管理，有效强化了监狱信息化技术服务力量，推进了监狱办公自动化进程。

2013年10月，启动全省监狱安防系统三期工程建设，投资3000万元，在一期、二期的基础上，对二期工程未涉及的监狱进行扩充建设，提高覆盖范围，提升智能化水平，建成后监狱重点部位基本实现安防监控全覆盖。

2013年10月，在省监狱管理局和石家庄监狱试部署生活卫生管理系统软件，投资63万元。此套软件是司法部监狱管理局统一开发的14套应用软件之一，待试用结束后，视情况全省推广。

2013年11月，启动冀东分局第二监狱安防系统二期工程建设，投资500余万元。

【监狱安防系统】 从2010年开始，省监狱管理局先后启动了全省监狱安防系统一期、二期、三期以及冀东分局、石家庄、保定、深州、石家庄出监等监狱的一系列安防系统工程，累计投资近2.75亿元，建成了省监狱管理局、监狱和监区三级架构的网络监控和应急指挥体系，集成监控、报警、对讲、监听、门禁等多种功能于一体，覆盖监舍、厂房、教学楼、禁闭室、医院、会见室等重要场所，并与报警系统联动，与驻狱武警联网，形成信息通讯快捷、指挥协调有力、反应处置迅速的监管安全体系。

省监狱管理局与直属押犯单位均设立监控指挥中心，基本实现安防监控重点部位全覆盖。监狱信息化安防系统建设有效强化监狱的监管指挥体系，提升监狱整体运行的支撑能力和突发事件的处置能力。

【办公网络建设】 继河北省政法综合信息网建成后，依托此网络平台，2011年省监狱管理局建设完成全省监狱高清视频会议系统。该系统最高支持1080P高清视频格式，支持双线路备份，主、辅流双路视频传输，上联省司法厅，下联各监狱，充分满足系统日常办公、视频会议、远程培训等需求。

2013年，省监狱管理局通过全省监狱办公网络系统工程，在省局与23个直属押犯单位建设完成了办公局域网，并实现全系统的广域互联，真正形成了集监控、数据、视频和语音四网合一的专网通道。

全省监狱办公网络系统工程2012年12月正式启动实施，该工程为全省监狱系统各单位建设了协同办公（OA）系统、公文交换系统、内网门户网站和电子邮件系统。到2013年底各系统应用已全面投入试运行，2014年将彻底停发纸质文件，全面实现省局与监狱公文交换的电子化、无纸化。

【监狱指挥中心】 省监狱管理局指挥中心于2011年9月30日建设完成并投入运行。由局领导任指挥长、处级干部任副指挥长、机关干警担任值班员，指挥中心工作人员负责日常工作，24小时不间断值班，分工明确、责任到位。指挥中心的运行使全省监狱的安全防范、应急处突能力有了质的飞越，为狱政监管、狱内侦查、警务督察等工作提供便捷、高效的手段，为领导的决策指挥提供强有力的信息保障。

【队伍建设】 2010年9月为满足监狱信息化建设的需要，全省各监狱（所）均成立了信息技术科，精选信息化专业人才，充实信息化建设队伍。2012年10月，各监狱信息技术科并入监狱指挥中心；2013年11月，省监狱管理局办公室信息技术科与局指挥中心合并，成立局信息指挥中心，明确了信息指挥中心的核心职能是监狱信息化建设和指挥中心的运转及维护，进一步规范指挥中心值班方式。信息指挥中心的成立，突显了监狱信息化的首要任务，即服务监狱的安全稳定。

（秦喜顺）

河北省残疾人联合会

【概况】 随着残疾人事业的不断发展，中国残联于2000年5月成立了中国残联办公厅信息处，对外称中国残联信息中心，信息处为正处级单位，定编4人。2002年2月1日，中央编办下发《关于中国残疾人联合会所属事业单位调整的批复》，同意成立中国残联直属事业单位——中国残疾人联合会信息中心，核定财政补贴事业编制20名。

按照中国残联要求，经省残联党组、理事会批准，河北省残疾人联合会于2001年3月在机关内设了信息中心，隶属机关办公室。

信息中心的具体职责是：立足残联“代表、服务、管理”职能，为河北省残联系统业务信息交流提供网络支持，汇集河北省残联系统业务信息，完成信息的整理与加工，对外发布河北省残联综合信息；建立残疾人就业信息数据库；为残疾人事业服务，为领导决策服务，为残疾人服务；沟通政府、社会与残疾人之间的联系，在残疾人康复、教育、就业、文化生活等方面提供帮助；协调推进残联系统办公自动化建设。

为充分展示河北省残疾人事业发展成就，反映残疾人事业发展趋势，经省残联党组、理事会批准，2003年年初开始筹备建设河北省残疾人联合会门户网站，经过半年多的紧张筹备，河北省残疾人联合会门户网站于当年6月建成并开通。省残联门户网站的建成开通，为更好地宣传河北省残疾人事业和残疾人工作提供了一个重要窗口；为残联与社会、残联与广大残疾人进行沟通搭起了一座重要桥梁；为各级残联提供了方便、快捷、准确、全面的信息服务。

2008年3月，省残联机关办公地点变更，借此，对信息中心机房主要设施进行更新和完善，共投入经费52万元，其中硬件设施投入48.8万元，软件设施投入3.2万元，信息网络安全设施投入8.4万元。进一步完善信息网络运行环境，提升了省残联信息化工作水平。

2008年9月，省残联启动第二次网站的全面改版工作。此次改版旨在优化网站系统平台，提升网站管理模式，扩展网站服务功能。

根据省政府办公厅《关于进一步加强和规范政府网站建设与管理的通知》、中国残联对河北省2012年度网站评测分析报告提出的修改意见和《无障碍环境建设条例》规定，2012年12月，省残联启动网站全新改版和无障碍改造工作；2013年5月，完成网站改版和无障碍改造的初步设计方案，并由中残联信息中心对设计方案进行了审查，中国残联信息中心技术人员对河北省设计方案提出修改意见；2013年9月确定了省残联网站改版和无障碍改造设计方案；2013年12月，正式实施省残联网站改版和无障碍改造工作。

全省各级残联积极筹备建设自己的门户网站。至2013年底，全省共建成各级残联门户网站38个，其中省级1个，市级11个，县级26个。

（刘焕瑞）

石家庄市

【概况】　石家庄市委、市政府认真贯彻落实国家和省大力推行电子政务建设的方针政策，高度重视电子政务建设工作，坚持“以需求为导向，以应用促发展”的原则，稳步推进电子政务发展，全市的电子政务基础设施和基本应用建设取得长足进展，有些工作还进入全省乃至全国先进行列。

市政府政务办公系统自2004年8月份正式启用，经过几年的升级改造，到2013年底已具有公文管理、传阅件管理、督查管理、日程管理、通知管理、提案管理、信息采编、电子公文交换，以及短信平台和内网门户等项功能，实现内网门户系统和各办公功能系统后台一体化。这一系统在网络中心部署，各县（市）区、市直部门均能使用，并支持横向部门与部门之间，纵向市县两级对口及非对口部门之间互联互通，同时系统用户不受限制，可迅速便捷地填加。办公自动化应用已取得较大进展，办公厅各处室人员已基本实现无纸化办公，大大提高了工作效率，降低了行政成本。一是会议通知的发送、接收全部在网上实现，办公厅通过系统下发通知1.1万余件。二是取消了纸质公文。从2008年9月1日起，办公厅停止所有下发的纸质公文，一律通过网上发送、接收；2009年3月1日起，停止接收纸质请示报告件，一律网上报送。三是通过系统传递信息资料3.2万余条，改变了以往传真、人送等方式。四是各县（市）区报送信息，查看期刊都通过办公系统完成，已完全实现了内刊从信息报送、编辑、审核到合成期刊的无纸化。五是提案建议、督查管理、值班管理可实现网上交办、办理。六是发送通知时，利用系统的短信平台进行短信提醒，提高了时效性；紧急情况通过短信及时上报领导，以作出准确决策。仅2013年利用系统下发公文354余件，常务会议纪要13期，上报请示报告870余件；通过办公系统下发通知4000余件；通过信息采编功能对各县（市）区政府、市政府各部门上报的信息7000余条，合成期刊171多期；通过专送传阅功能传阅信息2万多条；建议提案管理完成网上交办接收承办事项384件。随着应用的深入，到2013年底，政务办公系统的应用已成为机关人员自觉的、必需的日常办公手段。

在石家庄市41个市直部门中，28个部门建有单位局域网，19个的部门开通了办公自动化系统，16个部门使用办公自动化系统进行电子公文信息交换，4个部门还实现了移动办公；网上审批已经起步，8个部门内部实现了联合审批；应用系统有了一定发展，18个部门使用了国家和省业务管理系统，18个部门建立了诚信系统；政府信息公开进展明显，有86.49%的部门采用动态发布系统更新网站信息。

各县（市）区、乡镇（街道）党政机关一把手负责信息化的达42.48%；96.96%的单位具备了上互联网条件，67.92%的单位实现了宽带接入，62.73%的单位建有内部局域网；42.86%单位开始应用办公自动化系统，30.12%的单位建立了电子公文信息交换系统；计算机普及率较高，97.49%的单位使用计算机，77.21%的单位有电子邮箱应用；网站应用有了一定基础，58.47%的机关建立了门户网站，其中有40.17%的网站实现了动态信息发布。

2003年11月至2004年6月，石家庄市按照“建强中心、强辐射、统一网络、避免重复”的原则，完成了网络中心机房、政务内外网核心系统和骨干网络建设，建立了电子政务核心骨干网，上联省政府、下联24个县（市）区政府，横向连接市委、市人大、市政协和市政府各部门，实现了物理链路的互联互通；建成面积270平方米，包括强电配电系统，空调新风，UPS电源，门禁、安全监控，场地环境监控，综合布线，消防等十几个子系统的高标准核心机房；并同步实施了网络与信息安全保障工程，建立起了统一的网络安全屏障。

网络平台和核心机房建成并投入使用以来，为政府东、西两院及部分院外单位2500个客户端提供了互联网统一接入服务；为市县两级政府及部门提供了方便快捷、畅通无阻的政务办公电子信息通道，对改变传统办公方式发挥了重要作用；承载着大量业务应用，其中政务办公系统、政府门户网站群系统、审计、国土、计生、住房公积金、医保、诚信、人事管理等60多个部门和单位不同程度地共享公用网络资源；并为市商务局电子商务平台、市招商局招商网、市旅游局旅游网、市供销社信息网、市档案局档案信息网、桥东区政府网站等10余个单位网站或信息系统提供服务器设备托管服务。

通过集中统一的网络与信息安全建设及管理，既解决了政府部门分散接入互联网、安全管理和防护措施参差不齐、安全隐患日益突出等问题，又大大提高了网络资源的使用效率，节省了建设资金、建设用房和维护管理成本，受到各级政府、部门单位及业内专家的一致肯定和好评。

石家庄市是较早利用“网站群”模式建设门户网站的城市，按照“集中建设、分布应用、强辐射、资源共享”的集群化建设模式，2004年仅用半年多时间，就新建了市政府、市人大和工商、财政、税务、劳动、城管、妇联等60多个网站，这些网站均统一软硬件系统、统一安全保障系统、统一信息存储备份系统、统一维护，大大节约了人力物力，在当时被国家信息化协会称为“地方政府网站建设的成功模式”，授予“政府信息化建设管理创新奖”，被《互联网周刊》誉为“堪称国内第一个真正的统一内容平台”。石家庄23个县（市）区及所有政府部门均已建立自己的网站。

石家庄市政府门户网站涵盖了G2B、G2C和政务信息公开等电子政务建设的主要内容。这些栏目在建设透明、服务、高效政府方面取得一定的成效，特别是政府网站已成为百姓参政议政的重要平台。

【政民互动应用】 推进政府与市民互动交流应用工作，一是积极开展以“政府信箱”为重点，包括“意见征集”“在线访谈”“网上调查”等多种形式的政民互动交流，充分畅通民意表达渠道，尽力为市民解疑释惑，解决实际问题，取得良好的效果。仅2013年，“政府信箱”收到公共留言18641条，有效留言16413条，处理答复16293条，处理答复率99.3%。各部门对群众反映的意见和问题，做到了件件有答复，事事有回音，许多单位对群众咨询的问题，即问即答，当天回复，助力了政府工作，便利了百姓生活。二是积极开展网上听政活动。市政府及各部门就市区停车场设置、出租车运价调整、城乡规划、重污染天气应急预案、冬季取暖等20多项涉及群众利益的决策，都通过政府网站征集吸纳群众意见建议，完善修定政策，提高民主决策水平，使决策更加符合实际。

【网上办事服务扎实推进】 一是指导政府部门认真做好网上办事服务工作。到2013年底，各部门网上办事指南、办事表格、在线查询、在线申请数量明显增多。二是对政府门户网站原来网上办事服务频道进行了完善调整。将市政府各部门负责的行政管理审批业务事项的办事指南、办事表格全部组织上网发布。到2013年底，网上有各类办事指南982项，办事表格744项，业务查询69项，结果查阅22项，在线申报49项。还组织一批与市民生活密切相关的政府业务信息资源实现上网查询，极大便利了广大市民的工作生活。

【政府信息公开平台维护】 石家庄市各级各部门充分利用市政府信息公开平台，及时发布政府文件、工作动态等各类信息，主动公开的信息内容不断丰富，发挥了政府网站作为信息公开第一平台的作用。2013年，全市通过政府门户网站政府信息公开平台主动公开信息26174条，其中，各县（市）区政府公开14423条，市政府各部门及有关单位公开11751条。信息中心负责维护办公厅信息公开专版的工作动态、政策法规、公示公告等栏目，信息维护及时规范，2013年共发布信息7690条。对政府文件实现按时间、文号、文种、内容多形式查阅，政府信息公开工作面貌焕然一新。

【实施统一的互联网接入工程】 2012年实施了石家庄市政府部门统一互联网安全接入项目。实现网络的整合归并，规范、减少了互联网出口数量，实现政府机关互联网的集中接入，并确保网络服务的高可用性，提升了网络整体安全防护能力，实现对来自互联网攻击的统一防范，有效抵御病毒感染、木马植入、黑客攻击，敏感信息的泄漏。项目实施后，互联网统一接入市直单位51家、3500余客户端。通过集中统一的网络与信息安全建设及管理，既解决了政府部门分散接入互联网、安全管理和防护措施参差不齐、安全隐患日益突出等问题，又大大提高了网络资源的使用效率，节省了近千万的建设资金、建设用房和维护管理成本。

【公共服务领域信息化】 为了提高公共服务的水平，加快建设服务型政府，近年来，石家庄市各级政府先后建立了便民服务机构、便民信息亭、社区服务点，利用多种方式和多种渠道开展公共服务。在所辖的23个县（市）区和开发区中，有裕华区、新华区、辛集市、新乐市、藁城市、晋州市、平山县、赵县、行唐县、赞皇县等16个县（市）区建立了便民服务大厅（或类似机构）。一些乡镇如藁城市的岗上镇、一些社区如桥东区的元村社区，建立了便民服务站（点）。其中以信息化手段为支撑的晋州市行政服务中心在公共服务供给、反腐倡廉等方面发挥了积极的作用，处于国内领先水平。同时，在总结近两年实践和借鉴先进城市经验的基础上建设了行政服务中心，大力推进网上审批。

为了向公众提供更加便捷的服务，石家庄市先后开通了12345市长公开电话、市长短信、12319市城管热线、12315市工商局热线、12369市环保局热线、85810市电视台热线、110省会公安热线、12333劳动保障热线等与市民生产、生活密切相关的热线电话。其中110省会公安热线、12319市城管热线等热线电话在应用系统建设和服务水平等方面走在了全省的前列。

社区服务试点工作探索出将政府服务延伸到街道、社区的新模式，受到了省、市有关领导的高度关注和广大社区居民的广泛欢迎。桥东电子社区被民政部、中残联列为示范项目，得到了国信办、信息产业部的充分肯定，并在中央电视台新闻联播中两次播出，河北省电视台的“阳光访谈”栏目也做了专访。“石家庄市桥东区社区服务综合呼叫中心”项目被列为河北省信息化试点示范项目。除此之外，石家庄市社区的就业咨询培训站、爱心超市、求助服务“一键通”等便民服务也取得明显的成效。

【社会管理信息化建设】 建立了城市基础地理信息系统、数字城管系统、数字房产系统、社会诚信系统及110系统，为进一步建设社会管理和应急体系奠定了基础。

城市基础地理信息系统通过“规划管理系统”“综合管线系统”“卫星影像系统”“基础地质系统”“辅助审批系统”“城市仿真系统”“地形图管理系统”等子系统，实现了对地形图、规划图、管线图、卫星影像图、地质资料、规划审批的用地数据、建筑数据、道路红线、绿化数据及控制点、高程等城市基础空间数据及其属性进行科学挖掘、提取、组织、管理及应用。

数字城管建立了全球卫星定位、城管便民服务热线和市政公用管理三大系统，通过热线电话、70多个电视监控点、GPS系统和数十个电子显示屏，对涉及市民工作和生活的市政、公用、市容、环卫等城市管理方面的热点、难点问题和突发事件，实行统一调度、协调、指挥和督察，实现了市内重要路段汛期积水、冬季降雪、占道经营、市容市貌等情况的视频监控，提高了快速响应和处置城市管理问题的能力。

数字房产建成了房产测绘和信息系统两大应用系统，使城市房地产的宏观信息、地理基础信息与房产自然信息、权属信息、交易信息以及蕴藏在房产中的其他社会人文信息得以有效结合，全面提升了城市房产管理的技术手段，提高了城市管理的效率和水平。

社会治安防控系统以重点单位、要害部位为主进行监控，强化安全防范技术建设，对维护社会治安、预防犯罪工作发挥了重要作用。

省会110系统以处理公众紧急情况为核心，到2013年底接警量每天约4000件，实现110、112和119热线的三台合一，在应急与求助方面发挥了积极的作用。

石家庄市金保工程规划了社会保险和劳动力市场两大系统，以信息化为手段对劳动保障各项任务进行综合处理，支持劳动就业和社会保险业务经办、公共服务、基金监管和宏观决策等核心应用，实现业务的网上办理。

【信息资源管理体系】 石家庄市通过法人单位数据库、自然资源和地理空间基础信息库、政府信息资源库等基础数据库建设、诚信数据库等专业数据库的建立，以及数据交换平台的使用，初步形成信息资源管理体系。

自然资源和地理空间基础信息库的建设取得较大的成绩。市国土资源局和规划局等分别建立各自的数据库，全市960平方公里的矢量地形图已入库，并开始初步使用。市政府在政府门户网站上也开通了电子地图功能，并建立了商场分布、学校分布、医院分布、交通管制等空间数据点。

（安才良　常春秀）

石家庄高新区

石家庄高新区自1998年5月开始进行办公网络建设，相继购置了一批计算机，制作了一批专业软件和系统软件。2000年11月，根据高新区信息化建设需要，又专门设立了机房，购置全套网络设备，初步形成了涵盖区内机关各部门的计算机局域网。

在2003年成立了以区工委副书记、纪工委书记为组长、机关各部门一把手为组员的石家庄高新区数字园区工作领导小组并下设领导小组办公室，负责数字园区建设日常工作。在2003年底完成了对高新区门户网站的全面改版工作。改版后的网站栏目内容及功能进一步完善，主要在设计开发管理便捷、功能齐全的系统管理平台的基础上，增加了全文检索系统、电子邮件系统、视频点播系统，增设了领导信箱、网上投诉、网上咨询、表格下载等服务栏目。高新区门户网站划分为主页、政务e线通、商机无限、企业在线、产业园地、园区生活六大频道，共有新闻公告、产经动态、政策法规、办事信息、政务信息、招商引资、公众监督、政务公开等60多个栏目。

2007年初到2013年底陆续完成了高新区网络的升级改造，购买了新的功能更强大的交换机，以部门为单位划分vlan，通过三口绑定真正实现了一人一口一机相对应，使高新区外网局域网真正作到了可管、可控，网络故障率大幅下降，网络速度进一步提高。另外，对高新区门户网站服务器加装了硬盘部署磁盘阵列系统，不但提高了门户网站服务器的空间，而且进一步确保了数据的安全性。

信息标准和网络管理制度建设是电子政务建设的重要保证。高新区在认真执行省、市关于信息化建设的各项制度的基础之上，依据国家有关法律法规和上级部门的技术要求，结合高新区的实际情况，逐步制定和完善网络管理、数据库管理、设备管理、安全保密等有关工作程序、工作制度、技术规范，使高新区电子政务建设工作逐步走上科学化、规范化、制度化的轨道。高新区先后制定、出台了《信息站岗位职责制》《计算机操作规程》《计算机培训制度》《计算机安全制度》《机房管理办法》《局网络运行管理办法》《信息报送统计制度》《网络安全管理办法》等一系列制度，并在工作中把各项制度落到实处，责任到人，做到制度规范，操作严密。

（张　科）

井陉县

井陉县自2003年起，响应石家庄市委、市政府信息化建设的要求，以基础设施建设为重点，以公务内网和政府门户网站建设为核心，加强领导，加大投入，强化队伍。成立了县信息化管理中心，负责全县信息化规划、建设、运维工作。先后投资500余万元，建成了覆盖全县、专线连接的公务内网网络体系；自己动手设计制作了县政府门户网站（井陉县政务网）；安装了硬件防火墙；建立修订了20余项规章制度，规范操作流程；完善了办公自动化网络体系，电子政务平台在建设省会西部生态经济强县进程中发挥了重要的作用，井陉政务网、井陉党政信息网规范健全，已成为宣传井陉，服务发展的重要载体。井陉县政府网站建设走在了石家庄市的前列，被列为全市信息化建设试点县，2007年、2008年被市信息中心评为优秀网站。

2007年，成立了县信息化管理中心，为副科级财政基本保证事业单位，新增事业编制5人，承担全县信息化规划、建设工作，具体负责公务内网规划管理、政府门户网站建设维护、政务平台应用开发推广等工作，协调处置信息化建设中的各种问题，为全县信息化健康快速发展提供了坚强的组织保障。在组建县信息化管理中心时，坚持德才兼备的原则，面向县内外公开招录，经层层选拔，从社会公开招聘了5名计算机专业毕业、技术水平过硬的大学生充实信息化建设队伍。信息化发展奠定了坚实的队伍保障。

2004年5月建成了以县委网络中心为枢纽，省、市、县、乡四级联通的公务内网网络，光纤专线覆盖全县17个乡镇和25个县直单位，独立建成了第一个公务内网网站——井陉县党政信息网，网站整合了电子公文传输系统，实现了县委、县政府与乡镇间公文的电子传输。2007年着手建设连通县直单位的公务内网网络，至2008年下半年，经过多方沟通协调，并对70个县直单位分批逐个现场布线、调试，完成公务内网在县直单位的全覆盖，建成上联省市、下联乡镇、横联部门的公务内网网络体系，实现县域公文网上传输，县内信息实时上传，视频新闻在线点播功能。

井陉县立足实际，着眼长远，2007年自己动手设计制作了县政府门户网站——井陉县政务网，并于2008年、2009年进行了多次改版升级，网站功能不断完善，涵盖内容不断丰富，到2013年底井陉政务网网站包括走进井陉、政府信息公开、网上办事、民生关注等12大版块，62个栏目，139个子栏目，功能完善，界面美观，安全系数高，在宣传井陉、服务发展方面发挥了重要作用。

经过发展完善，井陉县形成了依托井陉县政务办公信息网络平台，纵连17个乡镇，12个基层站所，横连80余个县直单位，接入用户达200余个的办公自动化网络体系，网络架构、设备配置等硬件基础设施建设日趋完善，信息发布、公文传输、电子期刊、通知邮件、信息在线编审等办公自动化应用日渐成熟，提高了机关办公效率。

（张晶伟　李永志）

栾城县

栾城县政府信息中心成立于1999年，为县政府办公室直属单位。主要职责是：负责全县电子政务的统筹、管理和县政府门户网站建设、管理工作，指导、协调县直部门、乡镇信息化建设和电子政务等工作。

政府网站公共服务初具规模。以县政府门户网站“中国栾城”为枢纽，以部门网站为骨干，成为宣传栾城和服务栾城的重要窗口。栾城县政府门户网站建于1999年，现共设综合版、县情版、政务版、服务版、政府机构版五个综合版面，36个主栏目、115个二级子栏目，共包含1万余个网页，3千余幅图片（图标），文字500万余字。

做好电子政务办公网建设，提高办公自动化水平。全县电子政务办公网系统基本建成。以2M数字专线方式和2M光纤方式将全县90多个部门和乡镇全部实现了与县电子政务办公网联网工作，全县党政机关联网率达100%。建成了以市县乡三级政府部门为应用主体的政务办公信息系统，基本具备了网上办公的通信能力。下发《栾城县政府办公室关于加快建设政务内网有关事宜的通知》，为加快实现无纸化办公创造条件。加强县政务办公信息网系统软件建设。县信息中心克服种种困难建成了以市县乡三级政府部门为应用主体的政务办公信息系统，政务办公信息系统是一个以行政事务管理为核心、以电子公文传递为载体、以系统内部有效沟通与合作为手段，实现市县乡三级各部门内部以及部门之间业务人员、工作流程、管理机制协调统一，打破部门分隔、提高办事效率的综合性应用系统。加强电子公文传输工作，确保传输工作正常运行。

做好信息化建设工作，加强信息安全管理。下发《栾城县人民政府办公室关于加强政府网站管理工作的紧急通知》。配合县保密局对全县党政机关在实施电子政务建设过程中，各类涉密计算机系统和涉密信息资源要与因特网实现严格物理隔离进行了检查。

全县建有网络平台的乡镇和单位共计22个，网络平台主要分为两大类：办公内网和办公外网。办公内网又分为专线内网和单位内网。专线内网主要有政法委、检察院、地税局、国税局、公安局、供电局、工商局、环保局、信访局、统计局，主要用途是垂直部门内部数据整合、报送和共享。单位办公内网。主要用途是单位内部办公及向上级管理进行内部数据报送，如规划局、信访局、法院、民政局、国土局、教育局、装管办、卫生局。办公外网分为部门业务网站和基于互联网专业网络平台。部门业务网站。主要用途是部门动态、政策法规、供求信息、技术指导、办事指南、公告公示等信息的发布，如公安局、团委、装管办、计生局、气象局、环保局、西营乡、农牧局、科技局、爱卫办等单位建有互联网网站。基于互联网网络的专业网络平台。主要用途是全县系统内部业务交流，如教育局的网络教育和教研平台网、卫生局的区域卫生平台网。

电子政务应用领域不断拓展。县政府电子公文交换系统建设已基本完成。先后下发了《栾城县人民政府办公室关于县政务办公信息网电子印章系统使用管理暂行办法》和《栾城县人民政府办公室关于通过电子公文交换系统传输电子公文的通知》。公文交换系统包括二级交换中心，80多个县直部门、7个乡镇已经联入县级电子公文交换平台，实现了大部分单位下发公文和上报公文信息的网络化。财政、农业、环保、国土资源、工商、地税、人口普查等一批电子政务应用已初具成效。

（田　锐）

平山县

平山县电子政务工作全面贯彻“信息畅通、务求实效、服务群众、提高效能”的工作方针，创新工作思路，扎实推进，提高政府公共服务水平，电子政务工作呈现出良好的发展局面。

平山县把软硬件建设作为一项重要的基础工作，加强队伍建设，完善信息网络，加大硬件投入，提高业务水平。一是夯实专业队伍。针对网站工作的特殊性，在县领导的关心下，政府信息中心的队伍进一步年轻化，并通过“传帮带、学比超”，使工作人员都能熟练掌握计算机操作的基本技能，都能灵活运用信息网络知识，进而充实了信息中心力量，提高了业务水平，更好地服务全县中心工作。二是完善信息网络。为进一步畅通信息渠道，加强信息沟通，在全县23个乡镇和政府部门设立了专职信息员，并明确其职责，建立了规章制度，完善了考核体系。政府信息中心定期检查指导基层信息工作，很好的实现了政府、部门、乡镇信息畅通、网络一体化。三是强化学习培训。针对各乡镇、各部门信息人员素质参差不齐、专业技术薄弱等现实问题，聘请有关专家，开展了全方位、经常化、多层次的学习培训，内容涉及计算机技术、网络知识、网站管理、信息安全等多个方面，为推进网站建设工作奠定了坚实基础。四是夯实网站基础。2013年在县财政资金紧张的情况下，平山县依然加大资金投入，加强机房建设，购置网站服务器、防火墙、网页防篡改系统等，进一步对政府网站进行了改版升级，有力保障了内、外网安全快速运行，为更好的建设政府网站提供了有力的保障。

推进办公自动化。2009年平山县正式接入河北省公文交换系统、石家庄市政务办公网，实现了与省、市互联互通。为保障网络的畅通，办公系统的正常运行，政府信息中心安排专人24小时值班，并制定了《机房管理制度》《信息安全保密制度》《电子公文交换制度》《信息资源采集发布制度》等，实现了电子政务工作规范化、制度化。2008年平山县构建了网上行政审批公共服务系统，实现了审批业务的网上办理。行政审批系统包括内网审批和外网公示两个部分，主要侧重于办证过程中发生的审批信息和收费信息的管理以及为各单位之间数据共享和联合办证提供统一友好的平台。内网审批。在软件中对整个审批流程主要分为收件、办件、收费、取件这四大步，在收件中严格按照行政许可法的规定，把办件分成了即办件、承诺件、上报件和退回件四大办件类型，围绕着四大步和四种办件类型实施了网上跟踪，全面了解办件的办理情况，真正的实现网上办公和信息化管理。外网公示。通过数据交换平台把内网审批数据交换到外网的网站中，及时把已经办理的服务事项在网站中公示，在网站中设置网上预审、办件查询，同时还提供表格下载、政策公示、业务咨询等辅助功能。

对网上审批事项的办理过程还实行了电子预警和电子监察，电子预警系统能及时对办件进行超时提醒和督办，提醒部门人员及时的处理好自己的业务。电子监察系统可以使中心办公室的管理人员及时掌握和了解各类事项的办结情况。

政府门户网站建设。平山县政府网站“西柏坡之窗”始建于2001年，经过多次改版升级，2009年9

月更名为“中国平山”。一是突出平山特色，打造一流媒体。平山是革命老区，是省市重要的对外窗口，各级领导和社会各界广泛关注。基于平山特殊的政治地位，明确了“第一媒体”的功能定位，从版面设计、公开内容、交流形式、网络功能等方面高标准、严要求，全力打造县级一流网络平台。县政府在经费投入、人员力量、设施配套等方面给予重点倾斜，全力保障网站的安全、高效运转。二是创新版面形式，完善网络功能。聘请专业网络技术人员，以科学、合理、庄重为原则，定期对政府网站进行改版升级，不断对网站内容管理系统进行更新，全面提升了各种管理功能，“信息公开”“在线办事”“公众参与”三大功能得到了进一步完善。三是提高网站的易用性、实效性、服务性。2013年，共发布文字信息2000余条，其中自采文字信息600余条（图片500余幅），头条新闻260余条；政府信息400余条；部门动态信息350余条；县区动态信息600余条；实现了410余项办事项目的网上办理。领导信箱信件等政府网站公众参与栏目，实行限时办结制度，明确专人管理，即收即办。此外，配合县委、县政府中心工作，适时开辟“县城环境综合整治、中国核桃之乡”等专栏，增设“平山招商引资网”，为招商引资工作提供新的窗口。四是加强日常维护，保障网络安全。把网络和信息安全放在首要位置，强化安全意识，建立了严密可靠的安全保障机制，加强安全技术和手段的应用，提高对网络攻击、病毒入侵、系统故障等风险的安全防范和应急处置能力。五是规范公开，畅通沟通渠道。为增进政府与群众的沟通联系，按照上级精神，2009年率先建设了县级政府信息公开平台，按照“以公开为原则，不公开为例外”的要求，将政务活动、经济建设、社会发展和公共服务相关的政府信息，通过网站主动向社会进行公开。实现了省、市、县、乡镇、部门信息资源共享，在政府与群众之间架起信息桥梁。加强各乡镇和全县政府信息公开主体单位技术培训，内容包括政府网站政府信息公开栏目维护、动态信息报送等，共培训120余人。为保证政府信息公开工作质量，建立健全领导和工作机构，制定了主动公开、社会评议、内部考核和责任追究等工作制度，2013年，严格按照上级要求，主动公开政府信息1500多条。

（曹彦鹏　盖建波）

新乐市

新乐市把电子政务建设作为提高政府工作效率的首要任务，加大财政投入，努力建设公开、透明、高效的服务型政府。至2013年底，平山县以互联网为载体，建成了“政府门户网站、行政办公网、行政审批网”三大网络系统，逐步健全完善了“政务信息公开、便民服务、网上审批、办公自动化”四大功能，基本构建起行政效率快捷、便民服务的电子政务网络。

新乐市政府门户网站始建于2005年12月，建站以来，始终把最大限度地“为民众服务”作为网站建设的首要目标，努力打造一流的政务公开和公共服务窗口。市政府门户网站基本实现“政务公开、网上办事、政民互动”功能。结合市政府中心工作组织网站内容。以全市项目建设、招商引资、城市建设、新农村建设、伏羲文化、诚信体系建设、食品安全整治、安全生产等工作为重点，加强网络宣传，推动各项工作开展。政府门户网站开设多个政务公开专题栏目，建成政府信息公开平台，实现与省、石家庄市政府信息平台互联互通，做到内容每日更新，及时跟踪报道市内重大事件与活动，及时发布政府文件、公告、政府工作动态等政务信息，逐步使政府门户网站成为政务信息公开的主渠道。依托网络优势服务经济发展。为新乐特色产品，特色企业、特色市场搭建网络宣传平台。先后开辟了“投资新乐”、“特色经济”等栏目，对全市招商项目、优惠政策以及工业园区进行详细介绍；宣传推介新乐石雕、电热毯、灯具、塑料加工、防水材料等特色产业、骨干企业和花生米、装饰建材等特色市场。

坚持便民原则开辟特色栏目。先后开设了“在线办事”“百件实事网上办”　“公共服务信息”和“网上监督”等栏目，设置了网上审批登陆窗口，方便市民查询审批情况，使政府门户网站成为便民、利民的重要网络平台。

打造政民互动交流平台。在网站首页开设“市长公开信箱”，受理人民群众反映的在生产生活中遇到的各种问题，积极听取群众意见和建议。开设“公众参与”论坛，在网络上给公众提供一个参政议政平台，让人民群众真正参与到政府工作中来。

经过持续不断的建设和完善，新乐市政府门户网站的社会关注度越来越高，到2013年底，新乐市政府门户网站首页访问量累计达到80万次，百度搜索“新乐”排位第一。网站在对外宣传新乐、实现政务公开、架起政府与群众沟通的桥梁等方面发挥了重要作用。

提高行政效率，强化党政办公网络建设。新乐市党政办公网始建于2007年，2008年1月1日正式启用，利用网通公司ADSL专线作为网络架构基础，使用网通公司“信息魅力”办公软件，党政办公网连接的所有终端计算机与互联网物理隔离，确保网络运行安全，到2013年底，党政办公网纵向覆盖12个乡镇（街道办事处）、45个政府部门、28个党群及市直事业单位，横向覆盖市四大班子及其办公室，实现机关之间协同办公、信息共享、公文网络化传输，以及各类会议、通知的集中呼叫，行政效率实现质的飞跃。

强化行政审批网络建设。新乐市行政服务中心建成于2007年8月，总投资330多万元，使用面积850平米，可以容纳80人同时办公。到2013年底已有30个行政机关进入大厅集中办公。与杭州新伟业软件公司共同开发了《新乐市行政服务中心网上申报审批系统》，到2013年底实现了网上咨询、网上申报、网上公开、办件结果查询、表格下载等服务功能。按照“外网受理、内网审批、外网公示”的工作流程，个人及企业可以通过市政府门户网站设置的网上申报平台提交审批事项，审批事项通过内外网数据交换发送到内网数据库中，经行政服务中心管理后台审核后发往大厅相应窗口单位，各单位通过内网独立办结或经由互联审批系统次序办结审批事项，办结的审批事项实时在行政服务中心网站进行公告，同时通知申办人；需要提供资料原件的，由申办人在服务大厅申报，实行“一门受理、转告相关、互联审批”，办事人只在一个窗口递交资料、查询结果即可。

（刘　森）

元氏县

元氏县电子政务网络建设始建于2003年，根据省、市政府对信息化工作的要求，2003年开通了“石家庄市政务办公信息内网”，线路利用联通公司ADSL专线。2003年以来，按照省、市政府办公厅《关于加快建设河北省政务专网的通知》文件要求，元氏县在2003年底全面完成石家庄市政务办公信息内网的建设任务，建立了县级政务专网中心机房。元氏县政府门户网站2008年建成开通以后，2010年重新进行改版，为加强对外宣传、沟通信息、服务群众起到了重要作用。

自2008年省、市电子政务建设工作会议以来，元氏县高度重视电子政务建设，及时调整充实信息化工作领导小组成员，研究确定全县信息化建设阶段性目标任务和工作重点，并根据注重门户网站建设的紧迫性，组织成立由县政府常务副县长为组长的网站建设领导小组，确定专门的工作人员，具体负责门户网站建设和管理工作，对电子政务工作做了全面规划和部署。

元氏县政府门户网站始建于2008年5月，建站以来，始终把最大限度地“便民服务”作为网站建设的首要目标，努力打造一流的政务公开和公共服务窗口。县政府门户网站基本实现“政务公开、网上办事、政民互动”功能。以全县领导活动、招商引资、城市建设、食品安全整治、安全生产等工作为重点，加强网络宣传，推动各项工作开展。政府门户网站开设了多个政务公开专题栏目，建成政府信息公开平台，实现与省、市政府信息平台互联互通，做到内容及时更新，及时跟踪报道县内重大事件与活动，及时发布政府文件、公告、工作动态等政务信息，逐步使政府门户网站成为政务信息公开的主渠道。在网站首页开设了“县长信箱”“在线留言”和“网上咨询”等栏目，受理人民群众反映的在生产生活中遇到的各种问题，积极听取群众意见和建议。

2010年对门户网站进行了1次改版升级，网站内容和功能建设不断深化，网上服务和互动栏目逐步增加。到2013年底，网站总访问量已突破65万人次，日均访问量在300人以上。网站已成为元氏信息化建设的一面旗帜，成为推进政府信息公开工作的重要载体和展示政府形象的主要窗口，社会影响力稳步提高。2012年3月，根据《中华人民共和国政府信息公开条例》，开通了元氏县政府信息公开平台。2012年3月底，县政府信息公开平台建成投用，向上与省、石家庄市政府信息公开平台互联，向下延伸至15个乡镇（街道办事处）、56个政府部门，实现了县、乡级政府信息同省、市级政府信息的聚合、资源共享和信息检索。按照“合法、全面、准确、及时”的要求公开政府信息，并对已公开的政府信息发生变化或失效时及时进行更新或删除。全县各级政府和部门以及公共事业单位统一在“元氏县政府信息公开平台”发布、更新本单位产生的信息。到2013年底，全县各级政府及部门和乡镇通过政府信息公开平台主动公开政府信息3600余条。

经过不断建设和完善，元氏县政府门户网站的社会关注度越来越高，至2013年底，元氏县政府门户网站首页访问量累计65万次。网站在对外宣传元氏、实现政务公开、架起政府与群众沟通的桥梁等方面发挥了重要作用。

（王　腾）

高邑县

高邑县电子政务工作2004年起步，按照市委、市政府加强电子政务的工作要求，结合提高办公效率和实现无纸化办公工作需要，积极谋划电子政务发展思路，坚持从实际出发、量力而行、合理实用的原则，循序渐进地推进电子政务建设。

加强组织领导，成立了由县政府主要领导任组长，县委、县政府主管领导任副组长，县直有关部门负责同志和各乡（镇）长为成员的信息化建设工作领导小组，政府办公室具体负责日常工作的组织开展。建设工作从建立全市政府信息办公统一平台入手，明确专人负责、专机专用，以光纤专线方式接入市政府办公信息网，实现各类文件、通知、内刊和专送件的查收以及县级文件、信息的上报和反馈功能。通过精心管理维护，严格查收上报制度，较好的保证了网络畅通和信息的上传下达。2007年，由于人事变动和工作需要，县委县政府及时对信息化建设领导小组人员进行了进一步调整充实。根据工作需要，经过多方考察，决定依托县网通公司信息魅力技术支持，组建全县党政信息办公网络，2007 年 9 月，与县网通公司签订《高邑县党政办公网合作协议》，并开始实施光纤接入、综合布线和设备安装等工程。2008 年 1 月 1 日，网络建设和信息魅力工程施工工作全面完成投用。党政办公网络采用父子域方式，共开通用户 205 个，连通县四大班子和县相关部门。2009 年，石家庄市政府办公厅《关于整合建设市县两乡政府部门之间互联互通平台通知》要求，经过多次与市信息中心技术咨询和兄弟县市沟通交流，本着节俭、实用的原则，与河北电信设计咨询有限公司和县联通公司合作，在综合办公大楼主楼三楼建设中心机房，购置服务器、交换机等相应设备，并对原有信息系统的线路进行改造，给全县相关部门和单位分配用户帐号，建立市县两级统一信息办公平台，院内各单位以局域网方式进行连接，实现市县部门之间信息文件互相发送接收功能。

为提高办事效率、优化发展环境，设立县行政服务中心，实行一站式网上办公，为全县公民、法人和社会各界人士提供优质、快捷的服务。2009 年 11 月，在南星路与中兴大街交叉口处建设行政服务中心，投资 40 余万元与河北电信设计咨询有限公司合作，搭建行政服务中心办公网络，与河北力人科贸有限公司合作，开发行政服务中心行政审批软件平台，包括“审批中心管理系统”“财政局数据管理系统”“银行收缴管理系统”“窗口单位审批操作管理系统”，同时通过光纤将县行政服务中心网络接入县党政办公网，实现行政服务中心与县信息办公系统协同办公。2010 年 2 月，县行政服务中心办公网络建设调试及办公软件人员培训完毕，网络正式投入使用，入驻单位 20 个，开展业务办理 105 项。2011 年，由于原行政服务中心由于受场所、设施等客观条件所限，不能适应新形势下中心工作的发展要求，县委、县政府决定易地新建行政服务中心，经过几个月的紧张筹备，包括中心机房建设、布线、办公平台软件的安装调试及培训和中心网站建设等工作，2011 年 10 月，行政服务中心新址正式启用办公，中心一层综合办事大厅面积 800 平米，容纳办事窗口 50 个，安排入驻窗口单位 34 个，与工业区管委会合署办公，为投资者咨询办理办务尽可能的提供各种方便。

结合 2008 年 5 月 1 日《信息公开条例》的颁布实施，县政府以加强政府信息公开，推进行政权力的公开透明运行为突破口，组建高邑县人民政府门户网站，本着“实用、好用、够用”的原则，确定与县网通公司合作，2008 年 3 月 31 日，签订了高邑县人民政府网站项目合作协议，经过 3 个多月的紧张筹备，6 月 30 日，高邑县人民政府门户网站上线运行，网站建设采用虚拟主机方式，全称为“高邑县人民政府网站”，网站地址 http://www.gaoyi.gov.cn，由县联通公司负责技术维护。网站分为 9 个大版块，89 个小栏目，对重要的政府信息、关乎民生的重大事项和工程以及热点问题办理情况进行公开。为拓宽信息搜集渠道，丰富栏目内容，网站采取由政府办公室牵头，县政府有关部门共同维护，最后由办公室统一把关发布的方式。县政府办公室专门下发了《关于政府门户网站运行和维护管理有关事项的通知》，对栏目内容对行细化分解，保证了网站信息量和更新速度。网站自上线运行以来，年发布各类信息数量均在 600 余条，公众点击浏览量 30000 次以上。2012 年，由于旧版网站从网站架构、功能和安全方面已不能适应新形势发展要求，经县委县政府研究，决定新建“中国高邑”党政门户网站，2012 年 6 月，“中国高邑”党政信息网正式开通上线，由县委、县政府两办共同联合主办，对网站内容进行了进一步的科学划分，更加突出信息公开、在线办事和政民互动特点，使公众更加方便的查询各类公开信息，在线查询事项办理进度情况和查询在线咨询投诉答复办理情况。2013 年公开县政府各类文件、讲话和重大决策、重要活动和重点工作各类信息 412 条，各类特色栏目如经济建设、城市建设、招商引资、服务三农等公开各类信息 922 条，处理答复公众咨询信访 27 条，组织“高邑英才”网上投票 1 次，收到了良好的社会效果。

（张今一）

藁城市

藁城市信息中心以“推行透明政务，打造阳光政府，服务经济建设，方便群众生活”为宗旨，按照“扎实、有效、创新、提高”的工作思路，实施“建好网络、搞好服务”战略部署，开拓进取，全市机关信息化水平不断提高。

藁城市人民政府门户网站即“藁城之窗”，是藁城市在互联网上对外宣传、开展网上服务的主要平台，也是对外沟通的重要窗口。市信息中心按照“政务公开、网上办事和网上互动”三大功能定位，把服务各级政府、服务经济建设、服务社会公众“三服务”作为工作重点，突出强化服务型政府的职能。2007 年年初和 2010 年 9 月份，分别对网站进行全面升级改版，新版网站充分参考国内优秀政府网站的建设经验，结合实际，从网站的整体结构到主页的布局和色调搭配，从网站的导航到网站信息内容的方便查找等各方面都进行设计。一是把网站划分为四个版面，即综合版、公众参与版、网上办事版、办事审批版。在各板块的栏目设置上，进行系统整合，功能区分更加合理，风格更加趋于统一。二是增加统计公报、政府信息公开平台、办事审批、结果公示、人事任免、电子地图等一些企业和公众比较关心的栏目，更加注重政务公开和政府服务的功能。三是在时政要闻栏目中，新增图片新闻和视频新闻。图片新闻采用了动态 Flash 切换技术，交换显示 5 幅最新新闻图片，既改善了视角效果，又方便了读者浏览。四是丰富招商引资栏目内容。改版之后的招商引资栏目下设投资环境、投资政策、招商项目、发展规划、重点项目等子栏目。五是加强公众参与的力度。把公众参与作为一个独立的版面，开辟“市长信箱”“来信回复”和“市长公开电话”等栏目，密切党群、干群、政企关系，增强了与群众、企业的互动性，为服务企业、服务群众搭建了良好的平台。网站每天总访问量上千人次，群众对市政府网站的认可度、满意度不断提高。2007 年 11 月 30 日，《石家庄日报》在头版对藁城市网上服务群众的经验做法进行了大篇幅报道，新华网等国内知名网站亦进行了转载。2008 年河北省信息化工作领导小组办公室组织的“百件实事网上办”活动中，藁城市获先进县（市）一等奖。在 2009 年全国区县级政府网站绩效测评中，藁城市名列全国第 305 名，在全省名列前茅。在 2010 年全省政府网站绩效测评中，藁城市位列全省第 14 名。

加强政府内网建设。依托网络办公系统平台建成了政务办公自动化系统，通过网上办公系统基本实现了全市各乡镇、市直部门之间公文无纸化传递，信息上报、信息发布、办公事项查询跟踪等多项应用。全市乡镇、市直单位都配备了专职“电子政务信息员”，责任落实到人，形成体系完备、结构合理、制度严密的网络办公系统，实现了政务工作流程化、文档管理电子化、公文传输网络化。各单位无论是发送通知、还是传送电子文稿，只要打开电脑便可查阅文件内容，发个“帖子”便可完成会议通知。推进政府信息公开。指导各乡镇、市直单位建立自己的部门网站，形成联结上下、贯通左右的全市政府网站群。在政府信息公开方面，市信息中心配合法制局认真落实《政府信息公开条例》，建立本级政府信息公开网络平台，指导各单位在本部门网站上公开政府信息。至 2010 年，市政府本级 67 个部门及乡镇均在政府信息公开网络平台建立接口，为各部门的政府信息及时、有效公开提供技术支撑。

市长公开电话办公室是代表市长和市政府受理公民、法人和其他组织反映的投诉、举报、建议、咨询、求助等问题的机构，包括市长公开电话、市长短信、市长信箱以及石家庄公开电话办公室电话、政府信箱交办的各类问题，实现网上受理、短信受理和电话受理“三网联动”，最大限度地满足人民群众日益多样化、个性化的生活服务需求。对群众反映的问题分类整理并转交到相关部门进行处理，对超过规定处理时间的部门或回复不到位的部门进行督办或要求重新回复。及时将“市长信箱”办理结果通过信箱、电话或短信形式回复给群众，并在政府门户网站上开辟“来信回复”栏目对群众反映的问题及回复结果进行公示。每周将汇总结果通过“市长信箱周报”的形式直接报有关市长。通过“市长信箱”领导可以更直接更真实地了解百姓的心声，提高政府为民服务的水平和办事效率。市长公开电话工作以市民群众满意为第一标准，积极协调解决问题，努力做到“事事有着落、件件有回音”。2007 年后，市长公开电话办理情况都能及时向群众反馈，按时答复率 100%，群众满意度在 98% 以上。市长公开电话办理工作得到了广大群众的赞许，树立了政府的良好形象，同时也深受人民群众欢迎，多次得到领导的表扬，河北日报、石家庄日报、燕赵晚报、人民邮电报以及一些政府网站亦对此进行了相关报道。在 2008 年 9 月 3 日《石家庄日报》头版刊登的《藁城广纳民意解决热点问题》一文中，市长公开电话被誉为沟通民政的“连心桥”。

（陈　宁）

晋州市

晋州市的电子政务从 2006 年开始建设，通过“一门受理、转告相关、互联审批、统一收费、限时办结、集中管理、分业行政、效能监督”的运行模式，投资 360 万元，自主开发了一整套网络化办公软件，全面推行网上办公、网上审批、网上监督，运用先进的电子网络技术，破解政府服务中的难题。到 2013 年底，全市 9 镇 1 乡 2 个工业园区和市直各部门共 124 个办事单位近 3000 台微机全部通过光纤和数字电路实现联网，实现了全市一个网络平台上同步办公，形成了具备网上咨询、网上申报、网上传递、网上办公、网上审批、网上公示、网上监督和“云”服务八大服务功能的电子政务平台。

网上咨询：晋州通过电子政务平台将服务窗口延伸到了网上，随着电脑和互联网的普及，办事群众可随时通过互联网进行事项咨询、查询进展和了解办理流程。

网上申报：办事群众经过简单认证就可以直接在网上进行申报，部门窗口收到网上申报材料预审合格后，即通过短信通知办事群众直接到窗口来办理，办事群众没有了奔波之苦。

网上传递：部门驻中心窗口对初审合格的申请材料，完成电子转化后，网上传递给下个审批环节，同时通过系统短信自动提醒下一个办事环节，各个环节审批通过后，最终审批意见网络传回受理窗口，审批效率提高了 70%。

网上办公：电子政务平台在涵盖网上行政服务的同时，还延伸到了办公领域，实现了政府机关无纸化办公。通过《晋州市网上办公自动化系统》，实现了材料的起草、传递、批阅、下发等办公环节的电子化，使政府的文件、通知、信息、简报下发，部门信息、资料报送，部门内部之间的公文签批、文件传递，全部通过网络进行，信息反馈、查询等也全部在网络上完成。为了使网上办公、网上审批更加传统、更加人性化、更加容易操作，晋州在网上办公和网上审批系统又集成了身份认证、电子签章和手写批注等先进技术。

网上审批：自主开发的《晋州市网上互联审批系统》，按照“一门受理、转告相关、互联审批、统一收费、限时办结、集中管理、分业行政、效能监督”的模式设计，根据部门授权界定责任人，各环节网上完成审批过程传回窗口，窗口据此为办事群众出具证照或退（补）办通知书。

网上公示：通过互联网深化政务公开，在对政府各部门、各乡镇的行政职权和便民服务事项进行全面清理和梳理分类的基础上，依法确定全市政务服务事项有 15 大类 2440 项，其中行政职权 2415 项、便民服务事项 25 项，所有这些事项都在市政府和中心网站进行了公开。同时，通过技术手段实现了办公内网和互联网进行实时数据交换，将各服务项目受理办理情况随时公布，方便了办事群众网上查询相关政策、审批事项进程及收费等情况。

网上监督：开通运行了独立的电子监察系统，对在网上开展行政审批业务的 37 个部门 2424 个行政服务事项，不仅明确权力运行各环节的岗位职责，而且，针对重点行政审批事项容易产生权力诱惑的环节，确定廉政风险点 442 个，审批过程中每遇到风险环节，系统会自动弹出警示信号，提醒审批人员风险警示内容和预控措施，在很大程度上避免了行政审批的随意性，有效遏制了“暗箱操作”、“权力寻租”等腐败现象。

“云”服务：2012 年，晋州又投资 40 万元使电子政务平台具备“云”服务功能，随着移动终端设备的不断普及，今后，办事人员外出还可以通过手机、平板电脑、上网本等上网设备浏览、签批文件和视频监控窗口服务状态，行政服务时效将大为改观。

（董任强）

灵寿县

2002 年，灵寿县政府信息中心成立，在多年的发展中，灵寿县电子政务建设实现从无到有、从小到大、从起步向深化应用的跨越式发展，促进服务型政府建设。

电子政务网络平台基本形成。按照石家庄市“统一网络、避免重复”的原则，2007 年初步完成了骨干网络建设，经过调整和整合，2009 年灵寿县电子政务县、乡（镇）两级统一网络平台基本建成，形成了统一的网络管理、病毒防护和信息安全系统。按照党政两网并存的要求，纵向连接各个乡（镇）对应节点，横向覆盖了灵寿县党政机关所有部门和人大、政协。

党政机关 OA 办公系统进展显著。按照节约和高效的原则，2009 年 4 月灵寿县政府采用了党政机关 OA 办公系统，并在全县机关统一推广使用，形成了县、乡（镇）两级机关的一网式协同办公环境，政府的非涉密文件、政务内刊、会议通知等实现了网上传输。截至 2013 年底，全县 70 多个党政机关和 15 个乡（镇）进行公文、信息传递和业务流转达 2 万余件次，不仅提高了行政机关的工作效率，而且大大降低了办公经费支出。

政府门户网站建设成效突出。2004 年，灵寿县政府门户网站进行了初步规划建设，网站采用了动态程序设计。2008 年，政府门户网站再次更新，并增加了在线咨询和政府信息公开栏目。2009 年 11 月，根据省、市要求，建成灵寿县政府信息公开平台，为 15 个乡镇（区）和 50 多个政府部门设立了政府信息公开专版，在石家庄市率先实现了省、市、县、乡（镇）四级政府信息公开平台数据的自动报送和纵向聚合。

2010 年 9 月，政府门户网站全面改版升级，新版网站有效整合了信息公开平台、网上办事、公众留言，形成了以政府门户网站为主要宣传渠道，面向社会开展政务公开、在线办事和网上互动，提供“一站式”服务的综合平台。截至 2013 年底，政府网站点击率超过 50 余万人次，发布各类信息 2 万多条，通过网站答复群众各类咨询、投诉等回复率 100%。

政府信息公开成效明显。灵寿县自 2008 年开展政府信息公开工作以来，严格按照省、市关于政府信息公开工作的总体要求，紧紧围绕县政府中心工作，切实加强政府信息公开工作的组织建设和宣传管理，进一步提高政府工作的透明度，扩大群众的舆论监督范围和力度，为创建高效廉洁的政府创造了良好的环境。2011 年灵寿县政府信息公开工作在石家庄市政府网站绩效考核评比中位列全市二十四个县、市（区）第一名，2012 年位列全市第二名。

（刘军然　崔力鹏）

鹿泉市

1994 年，鹿泉市经济信息中心成立，在二十年的发展过程中，鹿泉市电子政务建设从起步向深化应用的跨越式发展，有力促进了鹿泉服务型政府建设。

电子政务网络平台基本形成。按照石家庄市“统一网络、避免重复”的原则，2007 年初步完成了骨干网络建设，经过调整和整合，2009 年 4 月鹿泉市电子政务市、县、乡镇（区）三级统一网络平台基本建成，形成了统一的网络管理、病毒防护和信息安全系统。按照党政两网并存的要求，政府网络中心向上连接到石家庄市政府网络中心，向下连接各个乡镇（区）对应节点，横向覆盖了鹿泉市党政机关所有部门和人大、政协；以市委网络中心为主要节点，向上连接到石家庄市委网络中心，并且连通了鹿泉市有业务需求的党委部门，两个中心共用同一个机房。

党政机关协同办公系统取得显著进展。按照节约和高效的原则，2009年4月鹿泉市政府采用了石家庄市统一的党政机关协同办公系统，并在全市机关统一推广应用，形成了市、县、乡镇（区）三级机关大一统的一网式协同办公环境，政府的非涉密文件、政务内刊、会议通知等实现了网上传输。2012年1月，实现了鹿泉市委、纪检委非涉密公文、内刊的无纸化传输。截至2013年底，全市74个党政机关和14个乡镇（区）进行公文、信息传递和业务流转达8000余件次，不仅提高了行政机关的工作效率，而且大大降低了办公经费支出。

政府门户网站建设成效突出。随着1999年政府上网工程启动，由鹿泉市发展改革局（原计划委员会）建设的政府门户网站“鹿泉信息”正式开通，成为鹿泉市政府在互联网上发布政务信息、招商引资、宣传鹿泉的平台，网站全部为静态页面。2003年，网站全面改版，更名为“河北鹿泉”，并且在编码上采用了动态程序设计。2008年，网站再一次改版。2009年10月政府办公室接管政府门户网站，同年11月，根据省、市要求，建成鹿泉市政府信息公开平台，为14个乡镇（区）和49个政府部门设立了政府信息公开专版，实现了省、市、县、乡镇（区）四级政府信息公开平台数据的纵向聚合。

2011年5月，市政府门户网站全面改版升级，新版网站有效整合了信息公开平台、行政审批系统，形成了以政府门户网站为主站，各乡镇（区）、部门为子网站的网站群体系，在信息公开、在线办事和公众参与等方面发挥了积极作用。从2011年5月至2013年底，政府网站点击率38万余人次，发布各类信息6200多条，其中汇聚各乡镇（区）、部门政府公开平台信息3800多条，公开审批项目信息3万余件，通过网站答复群众各类咨询、投诉等1300多件。在省、市政府网站评估中，鹿泉市政府门户网站均名列前茅。

电子政务应用系统效果明显。鹿泉市政府大力推行电子政务，已经在行政审批、数字城管等多项系统建设方面积累了丰富的成果。

鹿泉市行政审批系统。鹿泉市政务服务中心于2008年10月29日正式运营，行政审批系统是基于中心工作需求的业务管理软件，包括网上公共服务平台、网上审批业务平台、电子监察平台。公众办事者利用网上公共服务平台可实现网上申报和结果查询，各部门公务人员可以通过网上审批业务平台办理行政审批业务，监察部门通过电子监察平台可对行政审批事项的办理情况进行实时全过程监察。截至2013年底，政务服务中心入驻单位33个，入驻“三类”事项253项，利用行政审批系统审批项目3万余件。

数字化城市管理系统。鹿泉市数字城管系统是依托石家庄市一级平台，启动的二级指挥平台，于2013年6月份投入试运行，10月中旬通过省住建厅验收。系统对主城区约10平方公里进行了三维实景影像数据的采集，并将城区划分为5个责任网格，通过热线电话、电子显示屏、移动视频设备车辆等对涉及市民工作和生活的市政、公用、市容、环卫等问题和突发事件，实行统一调度和指挥。截至2013年12月底，指挥中心共计接收石家庄市监督指挥中心批转案卷7167件，结案案卷7120件，受理热线电话57件，实现了全方位、精细化、常态化城市管理新模式。

（桂　敏）

桥东区

桥东区电子政务工作遵循“统一规划、加强领导，需求主导、突出重点，市场运作、联合建设，统一标准、互联互通，防范为主、保障安全”的工作思路，高起点搞好统筹规划，研发和完善系统平台，全力提高全区电子政务建设整体水平。

2005年正式启动“桥东区数字化社区建设工程”，社区信息化建设呈现快速发展趋势，高效、健康、便捷的“数字社区”格局基本形成。至2012年底，纵横贯穿全区的数字化社区网络已经初步建成，全区各部门通过网络发布办事服务信息达5万余条，各类生活服务信息12万余条，网站浏览人数突破500万人次，全区基本建成了以信息中心为管理核心，以数字化社区网站为统一综合服务平台，由区、街道、社区、居民组成四级为民便民服务网络。成立了以区政府主要领导为组长的数字化社区建设领导小组，多次召开会议进行专题研究部署，做到常抓常议；加强与省、市信息化部门的沟通与联系，邀请领导多次到社区实地考察指导工作，听取和解决建设过程中遇到的困难和问题，保障了数字化社区工作的顺利进行。同时，高标准成立了桥东区信息中心，调整充实了信息化专业人才队伍，做到机构、人员、制度“三落实”。区委、区政府印发了《关于印发桥东区数字化社区网暨电子政务网管理规定的通知》等文件，明确了数字化社区建设的具体任务和工作要求，将数字化社区明确为“一把手”工程，使广大干部从深化行政体制改革、优化发展环境的高度认识到此项工作的重要性和紧迫性，自觉把思想统一到全区总体安排部署上来，切实提高全区广大干部职工的思想认识。积极争取省、市支持，使此项工作列入省城市信息化建设重点工程示范项目、省社区综合服务系统建设项目和市“17189”工程示范项目。同时，通过项目合作、融资等方式，积极探索多元投资方式，拓宽投入渠道，为数字化社区建设提供了有力的资金保障。

数字化社区网站特别开辟了区内导航栏目，对事关人民群众日常生活的主要工作和办事流程都进行了全过程公开，居民可以登录网站直接查询。进一步深化政务公开工作，在主网站建成了“政府信息公开”专栏，全区 60 余个部门和 9 办 1 镇所有信息按照上级规定全部上网。使居民群众及时准确了解到区各级、各部门的工作职责、办事程序及主要工作进展情况。到 2013 年底，共刊登各类公开、办事服务信息 6530 余条。同时，通过在线申请，居民和法人单位还可以依法向政府有关部门和单位申请有关信息，其中：机构职能类信息 630 条；政策、规范性文件类信息 1565 条；为民办实事类信息 1775 条；其他政务类信息 2560 条。

2006 年 11 月，时任河北省省长郭庚茂到桥东区指导数字化社区工作；2006 年 5 月，时任国家信息产业部信息推进司司长陈伟陈伟亲临桥东区调研数字化社区建设；2006 年 11 月 27 日，中央电视台新闻联播节目专门播发了桥东区数字化社区建设成果；2007 年 1 月，时任国家信息化办公室副主任杨学山亲临社区实地考察调研数字化社区建设情况；河北电视台、石家庄电视台、河北日报、石家庄日报、燕赵晚报等媒体以及新浪、搜狐等 11 家知名网站都曾专门刊发桥东区的数字化社区建设成果。桥东区连续三年被市政府评为信息化产业暨信息化工作先进单位。2009 年被省人事厅、省信息产业厅、省工会等评为“河北省信息化建设先进区”。2010—2012 年连续三年被国家工信部等部委评为“中国政府网站优秀奖”。

为方便居民和企业办事，桥东区在政府网站特别设立“政民互动栏目”，办事人可以通过数字化社区网站直接登录系统进行查询相关政策和办事流程，方便群众提前做好资料准备工作，缩短办事时间。同时，居民还可以通过“便民直通车”栏目填写提交想要了解的事项、投诉或建议，信息中心会及时将问题转交到相关部门，再由相关部门按照“一般性问题 24 小时内回复，非特殊情况 3 日办结”的要求进行承办。至 2012 年底，共受理群众各类咨询、投诉和意见 1000 余条，按时回复率 100%，办结率均 96.83%，深受居民和办事群众的欢迎。如遇到居民举报投诉的事件需要多个部门协同处理的，可将事件转移至机关政务内网平台，通过“桥东区内部专网电子政务处理平台”，实现了公务的即时受理，联合处理，最后在外网上公布处理结果。

为多个部门和单位开通了二级网站，形成主网覆盖，附网为辅，相互补充的网站群。2013 年，为加大社区服务力度，打造便民服务社区，推广“金钥匙”社区服务模式，创新开设“棉花团社区服务网”，在社区群众自发团购活动基础上，建立起了一个社区公益性团购网站，主要团购同群众生活密切相关的农副产品和日用品，进一步降低了生活成本，减少了家庭开支，受到居民欢迎。到 2013 年底，该系统已在棉七社区、平北社区投入使用，并在全区进行推广。

立足于区情实际，从建设和谐社会和可持续发展的高度出发，逐步建立起“一个中心”（集互联网、热线电话、短信互动平台等为一体的社区综合服务呼叫中心），“两套系统”（社区内部综合信息服务系统和机关内部电子政务处理系统），“三大功能”（社区便民服务、电子商务应用、机关政务处理），“四级体系”（区、街道、社区、居民）为主要内容的数字化社区服务网络，努力为广大群众提供快捷、优质的服务。

对全区所有计算机硬件设备和网络资源进行了统一摸底调查，将统计网、计划生育网、残疾人信息网等统一纳入数字化社区网络体系，统筹管理，避免重复建设和分散建设。同时，采取了“先布点、后配机，先选联、后统联，选典型、上规模”的工作方式，全面连通了区内所有部门、9 办 1 镇和全部 69 个社区，为数字化社区建设向纵深发展提供了有力的硬件保障。

全区所有部门和单位都设立了专职信息员，具体负责网络系统的正常运转和管理工作。信息发布实行备查责任制度，管理人员对所有上报、发布信息的内容、来源、提供者及发布去向实行实名登记，对公开的信息实行分层次、分权限动态管理，严把信息审核关，确保发布准确无误。根据部门性质和人员具体情况实行分类造册，动态管理。制定了详实完备的培训计划和培训教案，通过专家授课、专题研讨、交流培训等多种形式，定期对专职信息员人员和社区干部进行重点培训。累计培训区各级干部和职工 4500 余人。制定《桥东区网络信息安全管理规定》，新增网络入侵检测拦截系统（ips）、上网行为管理软件、流量控制设备、抗 dDos 攻击系统；反垃圾邮件网关系统；更新了千兆防火墙；对防病毒软件用户数进行扩容，并且定期对操作系统进行补丁安装。

区信息中心与行政效能监察中心建立了协同合作关系，实行网络督查追究制度，对于在数字化社区网中涉及到关系群众切身利益的事件和问题，各部门和单位都必须认真解决答复，对于发现的推诿扯皮等现象，发现一起，查处一起，确保各项工作真正落到实处。

（马　力　杜建业）

新华区

新华区电子政务建设由区政府

信息中心具体负责。区信息中心成立于1999年，当时隶属区计划局，后于2004年底整体移交由区政府办公室管理，编制5人。2007年、2008年、2009年全市政府系统电子政务工作会议上，区政府信息中心被评为“全市电子政务先进单位”，新华区政府网站连续被评为“市政府系统优秀网站”，在2010年全省政府网站绩效测评中取得了第16名的较好成绩。

区信息中心按照市信息中心要求，把抓好政务内网平台建设作为首要任务，拓宽办公自动化渠道和加大网络化办公步伐，逐步实现横向覆盖区政府各部门，进一步推动电子政务建设。

推广网络化办公的应用。积极落实市政府办公厅《关于整合建设市县两级政府部门间互联互通办公平台的通知》精神，整合统一政务内网办公平台，区政府办公室已与区机关院内20个政府部门相连接，正加紧连接院外的政府部门，建设纵向到各乡镇和街道办事处的网络架构。逐步实现政府各部门及乡镇街道之间的公文交换平台，实现各类文件、通知、信息、督办件、承办件逐步在内网工作平台上交互、上传下发，促进信息资源共享，加快信息流转，为全面推行政务办公电子化和政务管理数字化做好准备。

加强网络和信息安全管理。一是加强网络管理制度建设，规范网络管理行为。建立并严格落实了网络与信息安全管理的各项制度，完善网络运行机制，确保网络和信息安全；二是切实加强网络管理。积极提高自身素质，紧密跟踪网络技术发展，加强技术建设，提高对网络的应急处理能力；三是建立网络管理分级负责机制，加强各项工作的协调配合，形成分级负责、协调联动的管理机制，确保网络信息的安全。

完善政府局域网络建设。自政府办公网络平台建成以来，区政府各部门、各单位共同研讨协商区政府办公网络平台的建设与完善。确定全区各乡镇街道、区直机关和垂直单位的电子政务联系人和计算机配备情况，收集意见、建议并及时进行分析研讨，并为有关单位开通宽带网，为全区进一步开展和完善网上办公提供先进、完善的建设基础打下坚实的基础。

新华区政府门户网站自2005年5月建成，至2013年底，历经4次重大改版，版面、栏目微调100多次，成为区政府在国际互联网上对外发布各类信息的一个窗口，而且是区政府各部门对外发布信息、提供便民服务、扩大对外交流的政务公用信息平台。为充分发挥网站的优势，信息中心根据网站运行情况和各级领导要求不断完善网站的功能及应用内容。网站栏目13个，月更新信息量200余条。

网站凸显新华区域特色。新华区政府门户网站到2013年底分为包括魅力新华、政务信息公开、政务服务中心等三3大板块。魅力新华页面主要功能为宣传、新闻和便民，政务信息公开页面主要功能为区政府各部门各项信息公开，政务服务中心页面主要功能为网上审批、网上办公、网上监督。网站三个页面颜色由不同的色调组成，添加“魅力新华”的logo，视觉效果美观；网站由现在的租用空间托管移植到新加服务器的运行方式，维护更加方便快捷，安全性大大提高；栏目设置紧密结合区政府日常工作和阶段性热点工作；群众登陆网站后，可方便下载、填写并申报办事表格，切实发挥政府门户网站在展示政府形象、提高工作效率、推动经济发展方面的突出作用。

加大力度推进网上政民互动交流。进一步拓宽公众参与的渠道，积极开展公众网上参政议政，通过在线反馈、政务留言板、区长信箱、区长公开电话等栏目积极与群众互动，及时对群众通过这些栏目反映提出的各类问题进行处理，并争取在最短时间在网上进行在线反馈。公众关注和参与度日益增高，月答复群众咨询反映的问题约80条，及时答复反馈率100%，暂时无法答复或不在管辖范围的问题也耐心向群众做了解释，群众满意度100%。政民互动栏目进一步拓宽了公众参与渠道。

配合政府各项工作。利用网站一切可用资源紧贴和配合政府工作，“三年大变样”“深入学习实践科学发展观，扎实开展干部作风建设”“两个环境建设”、党的十七大、十八大等各类主题教育活动精心建设专题栏目，及时发布各项热点工作动态，让群众第一时间了解工作，提出意见和建议。

丰富网站栏目内容。网站建设工作中，加大公开与群众生活息息相关的各项事务力度，积极筹划与群众联系比较密切的事项的上网运行工作，加大政务信息的公开面，进一步提高网站的内容更新速度，增多信息来源和更新量，加速门户网站全面实施网上服务和办事的步伐，让群众足不出户就可以了解各项办事流程，做到心中有数，少跑冤枉路，多办实在事。

网上政府信息公开。一是加强与信息源的沟通，全面充实各栏目内容。制定严格的维护制度，保证日常上报资料的完整性，上报数据的准确性；二是对于有条件上网的部门、单位，继续推进任务分解的步伐，做到责任到人，由各部门、各单位自行负责发布、更新相关内容，进一步提高了网站的内容更新速度，加大了政务信息的公开面；三是加强网站的自身宣传，不断对网站栏目进行充实和完善，使网站的访问量实现了新的突破，更多的人能够足不出户就了解情况，咨询反映相关问题。四是严格审查制度，确保把好信息安全关。先后建立政府信息公开主动公开制度、政府信息发布协调制度、政府信息发布保密审查制度等一系列配套保障制度。在公开政府信息前，首先由具体经办人提出是否公开的初步意见，再由部门领导对初步意见进行审核，最后由区主管领导决定是否公开，对违规发布涉密信息的，依据有关规定，视情节追究责任人的相应责任。到 2013 年底，在政府信息公开发布平台上，主动公开信息 1300 多条，在公开发布的信息中，没有出现涉密内容和不宜公开的政府信息，也没有发生任何泄密事件。

区政务服务中心网络化建设。通过建设区政务服务中心，利用完善的网络和系统平台技术，完善目录管理、制定业务手册、编制办事指南、实施网上审批、实现数据共享、加强电子监察等行之有效的科学举措，大大提升了行政审批效率，有效制约了自由裁量权，主动加强了群众监督，从而有力地促进了行政审批服务的公开透明、高效优质和惠民便民。一是“虚拟”与“实体”相结合。到 2013 年底重点打造“虚拟大厅”的网上受理和“实体大厅”窗口受理相结合，“虚拟大厅”服务系统开始试运行，该系统运用数字证书、电子印章、表单共享、程序流转等技术，实现项目申报、审核、审批、行文、反馈等全过程网络化办理。申报人可以通过网络申办有关审批服务事项，部门通过网络受理审核、签署意见、拟发批文，审批后盖上电子印章，同时通过手机或电话告知申报人，申报人通过相关设备远程输出审批结果，实现行政审批“外网受理、内网办理、外网反馈”全程网络化，企业和群众足不出户，就可以通过网络申办有关审批服务事项。网上审批系统试运行以来，事项受理速度大大提高，办结时限大大缩短，最大程度的体现出了现代化网络办公的优势。二是电子监察系统全方位监督。电子监察系统是保证网上审批顺畅运行、有效加强事中监督的重要载体，系统集“实时监控、预警纠错、绩效评估、统计分析、公共服务”五大功能于一体，实现权力运作网上公开、网上监管。将网络监控和视频监控有机结合，一方面启动“红、黄、绿”三色警示功能，通过电子监察网络自动、实时、全面采集办理过程信息；另一方面启动在所有办事服务窗口设置的远程视频监控“电子眼”，对现场工作人员的办事效率、服务态度等进行实时监督，实现数据、视频全程、实时、同步监督。三是网络资源进一步整合。通过网上审批和电子监察系统与新华区政府门户网的良好互动、资源共享，实现行政审批事项的全程网上公开，使行政权力在运行过程中公开化、透明化、规范化。各相关职能部门办理审批服务事项的流程、时限、收费标准等信息全部通过网上即时、同步、全程公开，所有有关举报投诉，办理情况都在网上公开，接受监督。

（李　伟）

无极县

无极县信息中心成立于 2005 年，为正科级全额事业单位，编制 8 人，挂靠政府办公室。投资 87.6 万元，购置了服务器、交换机等网络设备，完成了县委、人大、政府、政协四大班子及所属南北两院共 35 个单位的综合布线系统，开通了互联网，建成了门户网站——无极县政府网。信息中心主要职能：贯彻落实国家、省、市电子政务建设的方针、政策和法律法规；统筹协调县委、县人大、县政府、县政协机关和县直各部门电子政务网络的建设和整合；负责县级电子政务网络平台和网控中心的建设及管理；负责县政府门户网站建设和管理；负责组织机关办公业务网络化应用；会同有关部门做好信息业务知识与技能培训工作。

信息中心成立以来，按照“政策规划、统一网络、构建平台、注重应用”的原则，电子政务建设工作整体推进，政府门户网站建设不断完善，网络维护运转正常，推动了高效服务型政府的建设，提高了政府办事效率，方便了群众办事，带动了社会各领域信息化工作的发展。

组织召开整合建设电子政务内网办公平台的动员大会，决定对政务内网办公平台进行整合建设，确定了政务内网建设的目标和原则，政务内网的基本功能、政务内网的网络连接方法等，要求各乡镇和部门要高度重视，实行目标责任制度，主要领导要亲自过问，并确定一名分管领导抓好工作落实。各单位办公室作为具体责任科室，要指定专人做好具体工作的实施。全县 11 个乡镇，55 个县直单位已开通了电子政务内网，实现了互联互通，推动了此项工作的开展。

在推进电子政务内网整合建设过程中，以点带面，即通过个性化信息平台的建成使用带动其他办公自动化应用业务的开展。电子政务建设初期，开通短信平台群发业务，遇有重大或紧急突发情况时，就会通过短信群发平台，及时召集或通知到各有关乡镇或个人。

为使电子政务整合建设工作得到有效的推动开展，加大对各乡镇、县直各单位计算机专职人员的专业技术培训，聘请了省、市知名专家，多次开展具有针对性的专业技术培训，参加培训人员达到 200 余人次，同时，对机关全体工作人员加强电子政务基本应用技能的培训工作，为无极县电子政务建设工作顺利开展提供保障。

进一步完善县政府门户网站建设，推进政务公开。一是加大政务信息公开的力度。政府门户网站始终围绕县委、县政府的中心工作，认真宣传、贯彻党的方针政策，不断充实完善政务公开内容，提高政府工作的透明度。及时将县政府出台的政策文件、会议精神、人事任免、政府采购、招标中标、重大项目完成情况等信息第一时间在政府网站上发布。二是网站栏目设置贴近群众，界面设计更具亲和力。2009年对县政府门户网站进行了改版，注重开辟领导关心、公众关注、内容权威的栏目，从网站构架、栏目内容、信息发布、界面风格等方面进行了整合和优化，力求实现政府网站“政务公开”“便民服务”“公众参与”等功能。网站新开设了“快速服务通道”“办事大厅”等栏目，针对不同人群，设置了企业、三农、旅游、投资等子栏目，对“无极视频”“古今名人”等栏目进行改进，网上办事服务栏目得到有效整合。2013年继续对网站栏目进行整合和优化，网站内容更加丰富多彩、贴近群众，新增加的大气环保等专题，受到了公众的好评。三是坚持抓好“县长信箱”名牌栏目建设。“县长信箱”作为政府联系群众、为民排忧解难的便捷渠道，备受政府领导和社会各界关注。为确保群众诉求得到及时快速办理，抽调专人负责网友的留言处理工作，建立健全“县长信箱”办理通报制度，承办部门信件答复率和答复质量有了明显提高，事关群众难点、热点问题得到及时解决。四是进一步规范各种信息采集录用渠道。在对县政府门户网站进行改版的同时，对各种信息的采集和录用不断规范，信息收集发布实行专人负责制，对各类信息逐一进行筛选、汇总，编辑后经主管主任审核把关方可上网发布。全县各种大型会议及招商洽谈活动，能够及时通知信息中心人员参加，信息中心专职人员负责到现场采录各种信息，经整理后及时上网发布。同时，加强与县电视台的联系沟通，实现资源共享，确保快捷、准确、及时地掌握全县最新的各种信息。

做好服务保障，确保网络安全运行。从2005年开始，无极县围绕整体规划，全面加快网络工程的实施，全县电子政务网络初具规模。已建成了上联市政府，横向联接县委、县人大、县政协及县政府大部分部门的电子政务内外网系统平台，联网户数达55个，网络应用效果明显，已成为公务人员日常工作的重要工具。为了确保网络安全畅通，建立并严格落实网站、网络等信息安全管理各项制度，完善了网络运行管理制度、故障处理及报告制度、机房管理制度等一系列管理制度。2009年在信息化与电子政务建设中更加注重网络安全工作，对内外网的硬件防火墙、网络版杀毒软件、网络架构进行了重点升级改造，形成了较为完善的网络和信息安全防护体系。同时，做好县委政府机关、县人大政协机关等办公楼的网络和200多台计算机的维护管理工作，发现问题及时处理，保证了四大班子网络安全、稳定、有序的运行。2013年为改善办公环境，适应机房建设要求，县财政投资5万余元对中心机房进行了整体改造，结束了人机（服务器）同屋的历史。同时，对老化的防静电地板进行更换，购置计算机、照相机等办公设备，信息中心服务能力得到增强。门户网站为网通、电信双光纤接入，下半年把电信光纤带宽从8兆提升为20兆，到2013年底总带宽达到28兆，为网站更好、更快的提供服务打下坚实基础。

（张　波）

正定县

正定县的电子政务建设起步于1998年。按照上级部门要求，正定县于1998年成立了正定县信息中心，为县科技局下属的股级事业单位，负责全县信息化及政府网站建设。1998年7月，信息中心组建了中心机房，采购了路由器、交换机、服务器等网络设备，租用了DDN专线，并首次开通了正定县政府门户网站“正定信息港”，由信息中心负责日常的制作、更新、维护。该网站面向社会，公开发布正定县全方位的信息，成为了宣传推介正定的一个重要窗口，也标志着正定县信息化建设的正式启动。

随着信息化建设的逐步推进、深入以及“政府上网工程”的实施，信息中心的重要性日益显现。为适应新形势的发展，2001年，对信息中心机构、职能重新进行划分，由隶属科技局转为县政府办下属的正科级事业单位，名称为正定县信息化办公室。充分发挥了信息化办公室在组织、规划、指导全县信息化建设等方面的指导、协调作用，为正定县信息化建设进一步发展提供了有力的组织保障。正定县信息化办公室成立后，加大信息化建设步伐。一是组建全县网络管理中心并升级拓宽网络专线，将原有的64 K DDN专线升级为100M光纤专线。二是组建县政府大院局域外网，将县四大机关及大院内所有部门的电脑接入因特网，收发邮件、查询信息，极大方便了日常办公。三是继续做好政府门户网站日常维护管理工作，对网站栏目多次进行优化、调整。

信息办经过大量的准备、规划，在各级领导及主管部门的大力支持下，于2004年建成覆盖全县的OA办公自动化网络应用平台。信息办升级了中心机房的网络设备，购置了专业的OA服务器和OA自动化办公软件，初步实现网上收发文、信息报送、电子内刊、收发邮件等无纸化办公功能。2007年对OA办公自动化系统进行升级，正定县的信息化、电子政务水平得到很大提高。

2009年底，经县政府研究，决定撤销正定县信息化办公室，成立正定县行政服务中心，将原信息办职能中的政府网站维护、管理职能保留到行政服务中心，将全县信息化发展、组织指导等职能划转到工业和信息化局。

行政服务中心成立后不久，新组建了全县网络管理中心机房和县政府大楼分中心机房，并对两个机房的设备进行了升级改造。2012年，又对维护管理的县政府门户网站进行了全新改版。网站名称由之前的“正定信息港”改为“中国·正定”，并对网站栏目进行了优化调整，重点突出了政府信息公开、便民服务、政民互动、在线办事四大版块，及时更新“在线办事”“正定要闻”“视频新闻”“部门动态”“乡镇动态”等栏目，网站内容更加充实、完善界面更加美观，进一步增强了政府门户网站宣传、推介正定，服务群众的功能。

（秦　鹏）

承德市

【概况】 2008年5月，承德市公务外网建设和管理职能由市信息产业局调至政府办。为做好公务外网联网前期准备工作，编写并下发了《关于做好全市电子政务网络建设整合工作的意见》《关于做好连通市级公务外网前期准备工作的通知》两份文件，就承德市公务外网整体构架、整体规划、实施方式及方法、联网前期工作等方面做了详细阐述。8月20日市政府办公室同市网通公司签订了《承德市公务外网市到县传输通道和市级横向网运行服务协议书》。

2008年5月23日，信息中心召开内网网站改版研究会，会上提出了政府办内网网站情况说明及改版意见。按照会议精神，在原内网基础上增加了“领导活动”专栏，在“视频点播”栏目中增设“领导活动”子栏目，增加了“三年大变样专栏”。经过反复征求意见和改进，历经5次大修改，内网网站改版基本完成，并于11月11日，放置内网服务器上进行测试。经测试，该网站运行稳定、功能齐全、操作简单，为办公室信息化建设增添了新的亮点。到2013年底，发布政务信息280篇。维护政府办公室内网新闻发布系统，从各大新闻网站采集各类新闻2650条。维护并完善政府办公室视频点播系统，建立4大类，21小类，共1500多项的视频资料。维护并完善政府办公室电子邮件系统，共收发电子邮件28000多封。随着人员的不断增加，办公室计算机用户也不断增多，绝大多数的计算机接入内、外网物理隔离。在用户不断增加、网络应用逐步开展的同时，维护的工作重点相继也转移到网络维护上，2008年解决各类计算机软、硬件故障600多次，保证了办公室日常工作的顺利进行。在为新行政中心各房间规划铺设网线、电话线的同时，还联系市移动公司、市联通公司、市电信公司，在新行政中心内铺设无线电话信号分布系统，确保搬入新行政中心后无线电话稳定、高效使用。协助市机关事务管理局，对新行政中心会议室进行统计，并多次对会议室的电子信息系统进行规划、设计。

为加强政府专网、公务外网建设，做好电子公文交换系统的前期准备工作，2009年初，信息网络管理办公室对各县（区）电子政务建设和应用情况进行了详细调研。为各县（区）配发了专网联网设备，并对各县（区）专网建设提供了大量技术支持，使政府专网建设提前完工并进入试运行阶段。在近半年的试运行阶段，政府专网稳定、安全的特性得到了一致认可，经领导批准已经在2009年9月30日转入正式运行。到2013年底，在政府专网上开展了电子公文交换、信息报送及利用政府专网平台搭建的政府办内网三大应用服务。

为加快承德市电子公文交换系统建设速度，政府专网建设工作与电子公文交换设备配发、电子印章系统建模、系统培训三项工作同时启动。分别在八县三区建设了电子公文交换分中心，省、市、县三级电子公文交换体系初步建成。

政府办内部办公网的工作分两部分：一是旧版内网网站的日常维护。先后维护并完善了视频点播系统；维护了内网新闻发布系统，扩充内网新闻信息；维护并完善了内网电子邮件系统。到2013年底，内网网站共发布政务信息420条（篇）；从各大新闻网站采集各类新闻3850条；建立了4大类、21小类、共1600多项的视频资料；共收发电子邮件32000多封。二是对原政府办内网网站进行了全新改版。历经5次大改版，最终确定了由工作动态、工作日志、责任目标等动态栏目为主体栏目，以政府发文、政府办发文、领导讲话等栏目为辅助栏目的网站风格。改版后的内网网站经测试，稳定、高效、操作简单。

承德市公务外网建设在吸收外地先进经验的基础上，结合承德市的实际，采用了“共建、共用、共管”的建设模式，探索了一条电子政务建设的新思路。

市政府办公室与市联通公司、网络设备集成商多次协商、探讨，提出《承德市电子政务外网建设整合方案》（以下简称《方案》），该设计满足了到2013年底承德市电子政务的基本需求，为将来发展预留了空间。按照《方案》中的规划，承德市市本级公务外网建设分为三期：第一期为新行政中心内各部门，通过行政中心局域网接入市级核心节点；第二期为各县、区核心节点以及新行政中心外财政供养部门，通过统一租赁运营商信道接入市级核心节点；第三期为新行政中心外非市财政供养部门。并参照市级公务外网建设方案，为各县（区）制定切实可行的《承德市公务外网县（区）级建设方案》。整体规划使承德市公务外网建设形成了统一标准、统一建设、统一应用、统一管理的局面，全市上下一盘棋，改变了分散建设、分散管理和分散运维的现状，提高了公务外网建设效率。

为帮助市直机关事务管理局建设F座视频会议室，信息网络管理办公室经过与市联通公司充分沟通，针对承德市视频会议的实际需求，对F座视频会议室进行了设计，确定了采用在F座建设市联通公司视频会议分会场的形式，并为市直机关事务管理局提出了视频会议系统建设方案。

承德市门户网站的管理体制是市政府办公室为门户网站主办单位，承德日报社为承办单位，具体工作由市政府信息网络管理办公室进行监督、管理。

信息网络管理办公室通过多次与门户网站编辑部同志商讨，并认真向省内外先进政府网站学习，几次进行改版，在改版中突出“以人为本、服务大众”的理念，整合栏目资源，实现栏目、内容、服务的和谐统一。网站先后增加了《关注干部作风年建设年》、《一年一大步三年大变样》、《诚信承德》、《关注十一黄金周》、《60年巨变看承德》《科学发展观在承德》《重点领域》《城市生活向导》《政府采购》《应急管理》《承德旅游》《承德风采》等专栏，既全面报道市委、市政府的中心工作，又系统地呈现承德的进步与发展。市政府门户网站进一步加强政府与群众互动，主动接受社会的监督。制定了《市政府与市政府门户网站网友互动工作方案》，在市政府门户网站上开辟《议政信箱》和《市长信箱》栏目，加强政府领导与群众的互动，让群众更好地了解政府的执政理念、工作态度、工作重点和工作落实情况，也使政府更多地了解群众的所想、所盼、所需。市政府办公室定期将网友留言和建议呈报市政府领导参阅，为领导决策提供参考依据。此栏目成为政府与百姓沟通的很好桥梁和纽带，有效地化解矛盾，促进工作。

2009年年初，唐山、秦皇岛、承德三市签订冀东区域信息网建设合作框架协议，以推进三市之间经济、信息交流，打造冀东经济圈。框架协议中议定由唐山市政府办公厅负责建设冀东区域信息网框架，三市分别通过各自后台发布本市信息。该网站包括时事经济、企业之窗、三农天地、招商引资、百姓生活、综合新闻等栏目，全方位地宣传了三市的政治、经济、文化生活，既有利于三市企业、民众之间信息沟通，又加强了三市之间的交流与融合。该网站于2013年8月份正式开通，按三市之间的分工，承德市将网站栏目的更新列入日常工作，每日对网站栏目进行更新，到2013年底，网站已发布信息3600多条。

到2013年底，承德市市本级公务外网建设基本完成，市行政中心院内63家单位、院外49家市财政供养单位及各县（区）核心节点已经全部接入了市级公务外网。3月初召开了市本级非财政供养单位联网工作会议，印发《承德市人民政府办公室关于做好市公务外网第三期连通工作的通知》，积极筹备市本级非财政供养部门和中省直驻承德市企事业单位的公务外网接入工作。

2009年年底对门户网站进行了大改版，新版网站于2010年1月1日正式开通。在此次改版中增加了多个便民类栏目，不断充实网站信息，努力将信息逐步涵盖政府公共管理的各个领域和老百姓生活的各个方面。另外，在原版网站《议政信箱》和《市长信箱》栏目的基础上，新开辟了《民意征集》《信件反馈》等栏目，拓宽了与网民互动的渠道。2013年，此类栏目收到了网民包括建议、投诉、问题、咨询等共800余条信息，剔除部分无联系方式、重复咨询等无用信息，共受理并回复300余条，得到了广大网民的认可。

为进一步加强政府与群众互动，主动接受社会监督，制定了《市政府与市政府门户网站网友互动工作方案》。针对一个时期群众反映的热点问题，由市直有关部门领导参与与网民互动，当场解答网民提出的问题，提高政务服务的实效性和公信力。

针对各县（区）电子政务工作人员技术水平参差不齐，特别是新启用的电子公文交换系统、电子信息报送系统以及应急指挥系统急需培训的情况，于2011年3月开展了电子政务培训工作。此次培训重点讲解了电子公文交换系统及电子信息报送系统的使用方法、注意事项、电子公文格式、电子印章制发、电子公文的存档和公务外网及应急指挥系统的简单维护。

2011年1月10日至25日，电子政务办公室组织有关人员对县区级公务外网项目的建设情况进行了初验。2011年1月14日至28日，市政府电子政务办公室组织承德市信息化领域专家并会同各县区政府办公室对各县区公务外网项目逐一进行了终验。市政府门户网站立足于“宣传承德、政务公开、公众服务、公众参与”的四大功能定位，整合栏目资源，新增了行政服务平台、诚信承德、工程建设领域项目信息公开专栏、学习贯彻胡锦涛总书记“七一”讲话精神等十余项栏目。2011年共发布各类信息3.3万余条，全年互动栏目共收到市民建议、留言1180余条，对市民建议均及时在网页中呈现，对留有联系方式的市民所反映问题及时进行了回复，“中国·承德”门户网站已经成为政府与民众联系的重要桥梁和纽带。

按照原省长胡春华指示及九市一盟峰会会议纪要，分别建设了冀东区域信息网和九市一盟区域合作网站，意在推进区域之间政治、经济、信息交流。网站包括时事经济、企业之窗、三农天地、招商引资、百姓生活、综合新闻等栏目，全方位地宣传合作城市的政治、经济、文化生活。

2009年，承德市借助行政中心搬迁的有利契机，全力推进公务外网建设。2010年年底承德市公务外网基本建设完成，2011年底全面通过验收。形成了向上联通省政府，横向联通市直各部门，向下联通八县三区政府及所属部门和乡镇的统一骨干网络平台。到2013年底，市级公务外网入网单位150余家，县区级公务外网平台入网单位超过900家，联网终端总数超过30000台，承德市公务外网已经成为到2013年底河北省网络规模最大，首家实现市、县、乡三级网络覆盖的政务网络，由昔日的网络建设相对滞后跃升为全省先进行列，实现了跨越式发展。

承德市公务外网“以应用促建设”的模式日趋完善，各级有信息化系统建设需求的部门迅速增加，公务外网支撑作用日益突显。为进一步提升政府办公信息化应用水平，全面提升工作效能，方便政府机关日常办公所需，承德市政府办公资源中心已经基本建设完成，包含：7个主要业务系统和7个支撑系统，每个业务系统根据业务种类不同又分为多个子系统，包括文件签批流转、会议管理、督办落实、科室业务、网络学习以及信息门户等多方面多层次的应用。各个业务系统和支撑系统相互支撑、相辅相成，共同组成一个完整的办公资源中心。同时，系统具有卓越的扩展性，能够最大程度的满足政府办公过程中的业务变化需求。全市公务外网建设实现了五个统一，即“统一规划、统一建设标准、统一管理、统一推广应用、统一安全策略”，对承德市公务外网建设管理模式，省政府、省工业和信息化厅给予了充分肯定也得到兄弟市的认同。

公务外网信息网络安全体系是承德市公务外网的安全屏障，承德市电子政务办公室统一为各县区公务外网出口配备了入侵检测设备、网络接入防火墙以及网络版防病毒软件；还为市县两级公务外网出口部署网络审计设备，为市核心机房加装了漏洞扫描设备，统筹利用防火墙、入侵检测、网络监控、物理隔离、VPN加密等技术手段，初步建立起了市、县（区）两级公务外网安全中心雏形。实现直达用户桌面的安全防御及完善、可信的网络准入，为网络承载的应用系统与数据提供可靠的安全保障。真正做到网络安全事件“事前防范、事中控制、事后查处”。

【公务外网建设与管理】 电子政务成为各级政府提高工作效能、加强社会管理创新、促进经济社会发展的一个重要途径。承德市公务外网建设与应用形成向上联通省政府，横向联通市直各部门，向下联通八县三区政府及所属部门和乡镇的统一骨干网络平台。到2013年底，市级公务外网入网单位150余家，县区级公务外网平台入网单位超过900家，联网终端总数超过30000台，承德市公务外网已经成为到2013年底河北省网络规模最大，首家实现市、县、乡三级网络覆盖的政务网络。2012年，在由国家发改委、工业和信息化部、中编办等9部委组织的“中国信息化（国家政务外网领域）成果”评选中荣获三等奖，是河北省唯一获奖项目。

【门户网站建设】 由市政府主办、承德日报社承办、电子政务办公室主管的市政府门户网站“中国承德”，立足于“宣传承德、政务公开、服务社会、公众参与”的四大功能定位，配合各部门的职能要求，整合栏目资源。发布各类信息14万余条，互动栏目共收到市民建议、留言2300余条，对于市民的建议意见，形成了接受、落实、回复的有效办理机制。在2013年全国政府网站评比中，“中国·承德”门户网站排名比上一年稳中有升。经过几年的努力，“中国·承德”门户网站已经成为有影响力的对外宣传窗口，政府与百姓沟通的桥梁和纽带。全市大多数县区政府、市直大多数部门门户网站管理工作日趋规范，宣传、服务、互动方面的作用日益彰显。

【公务外网安全中心】 公务外网信息网络安全体系是承德市公务外网的安全屏障，承德市为各县区公务外网出口配备了入侵检测设备、网络接入防火墙以及网络版防病毒软件；协调承德联通的出资300万元为市县两级公务外网出口部署网络审计设备，为市核心机房加装了漏洞扫描设备，统筹利用防火墙、入侵检测、网络监控、物理隔离、VPN加密等技术手段，初步建立起了市、县（区）两级公务外网安全中心雏形。实现了直达用户桌面的安全防御及完善、可信的网络准入，为网络承载的应用系统与数据提供可靠的安全保障。真正做到网络安全事件“事前防范、事中控制、事后查处”。

【市政府办公平台】 为进一步推进承德市的电子政务应用，提高行政效能和服务能力，承德市采取“市场化运作”的方式，由承德移动公司投资288万元，根据市政府办公室各科室工作流程进行量身定做，统一规划了承德市政府办公平台。承德市政府网上办公平台于2013年4月下旬投入试运行，经过几个月的试运行，系统各项功能运行稳定，该平台已经纵向连接8县4区，横向连接市直各部门，入网PC端办公系统105家，市县两级入网手机端办公系统手机数超过1000部。市政府办公平台为承德市建立统一的政务资源汇集和管理平台打下了坚实的基础，实现了办公流程和公文处理的标准化、规范化，实现了各类政务资源共享、提高办公效率、方便政府机关日常办公、节省财政开支的目的。2013年12月，在由河北省电子政务研究会、河北移动举办的“中国移动政府行业信息化推介会”上，作为唯一典型，做经验介绍，得到与会的省委办公厅、省政府办公厅、工业和信息厅等单位领导的一致好评。

【数据中心建设】 作为承德市公

务外网核心节点的中心机房，每日有大量数据进行存储、交换。建设涵盖公安、劳动、社保（医保）、人事、计生、住房公积金、民政等信息的数据中心的基础已经初步具备。为配合“智慧承德”建设总体规划，承德市电子政务办公室协调市联通公司投资990余万元，建设承德市公务外网数据中心。公务外网数据中心建成后，将实现数据中心与各行业、各部门应用系统的在线互联，实现分散信息资源的一体化整合存储、管理与在线服务。

【技术支持与服务工作】 从培养工作人员服务意识、提高技术水平入手，强化队伍建设。一是做好公务外网机房精细化管理。加强公务外网机房管理员责任制的建设，制定《承德市公务外网机房管理规定》《公务外网机房值班制度》《承德市公务外网管理员守则》等规章制度，对机房所有设备进行逐台标示，管理制度公开上墙；对机房的运行与维护做到严格要求、严格管理，并认真做好管理员日志。二是做好政府办公室计算机维护。提倡“快速、准确”的工作作风，定期组织工作人员交流经验心得，采取有效的办法处理计算机故障，尽可能地为各科室节约工作时间，提供又快又好的技术支持与服务。2013年为政府办各科室解决计算机软硬件故障670多起。三是做好安全制度建设。在采取硬件设施加固网络的同时，加强制度建设和网络安全检查的力度，着手制定《承德市公务外网信息及网络安全管理办法》《承德市政府系统门户网站管理规定》《承德市计算机信息系统安全保护管理办法》《关于加强行政中心内部公务外网信息网络安全的通知》等文件，严格按照“涉密信息不上网，上网信息不涉密”的原则，把好安全关口，防止失密、窃密事件发生。

（市电子政务外网管理中心）

双桥区

2012年11月，双桥区政务服务中心开始筹建，2013年5月20日，区政务服务中心正式运行。中心主要职能是为企业、个体工商户和广大人民群众提供运行规范、公平公开、廉洁高效、惠企利民的行政审批服务。中心的落成及运行进一步强化了“行政审批、电子政务、社会服务、效能监察”四个平台作用，成为了展示政府为民服务的一个重要窗口。

中心进驻部门19个，设立服务窗口28个，分别为地税、工商、发改、住建、城管、环卫、环保、国土资源、规划、民政、卫生、文体、计生、林业以及由安监、工信、农牧、人社、水务组成的综合窗口，同时设立了首问登记窗口，方便群众咨询，帮助群众顺利办理事项。进驻的行政许可、非行政许可和行政监管事项达到193项，基本上涵盖了全区各项审批职能。截止到2013年12月31日，中心共受理各类审批事项7072件，办结6812件，办结率96.30%，提前办结率94.89%，提速率65.65%，平均每日办件量在60件左右，平均每日接待群众100余人次。

为进一步提高行政审批工作效能、优化发展环境，本着“便民、高效、廉洁、规范”的服务宗旨，中心与区相关部门共同努力，采取多项措施积极推进行政审批工作向规范化、标准化发展。

认真清理“三类事项”，强化审批管理。一是对全区行政许可事项及非行政许可审批项目进一步梳理，依法合理界定范围和清理标准，逐项进行审核论证；对市里新下放的审批事项，做好接收和管理，快速开展相关工作。二是规范项目下放和监督管理方式，对法律法规规章没有明确规定必须由区级审批、监管和通过授权委托下级实施更便于管理、方便基层的项目，能够下放下级部门或委托实施的，坚决下移审批和监管层级，尤其对国土、林业、农牧、民政等具有基层所站的部门，认真研究具体下放方式，统一规范下放权力，及时做好业务指导工作。另外对区直有关部门历年取消、下放项目进行汇总，将项目落实情况作为日常监督检查工作的一项重点内容，进行常态化监督检查，有效杜绝前清后立、违规审批、变相审批和下放项目不到位、通过备案或限定下级许可证件领取数量等方式变相上收审批权等问题。三是全面公开保留实施的行政审批事项。各部门对保留实施的行政许可、非行政许可审批、行政监管事项列出了详细目录，并在承德市双桥区政府门户网站公开，除政策规定不宜公开的外，都要在新闻媒体、部门网站、政务服务窗口等进行公开，不公开的不得实施。公开内容包括项目名称、实施主体、设定依据、办理条件、办理流程、办理时限、收费依据、收费标准等，并自觉接受各方监督。

优化审批流程，缩短审批时限。一是优化多部门审批流程。对于涉及多部门的审批事项，着力推行并联审批、联合审查，切实解决互为前置、循环审批等问题。二是优化多层级审批流程。各部门对本系统各级审批环节进行了统一规范，明确需多层级审核事项的名称、各级侧重审核的内容、实施依据、材料呈报衔接的程序和时限等。2013年11月底前，具有最终审批权的区直部门，编制完成“多层级审核事项流程时限表”和“取消多层级审批环节目录”，报区政府法制部门、纪检监察机关备案，并向社会公开。三是优化部门内部审批流程。按照要求，及时规范了部门内部审批环节，建立了两岗审核终结制度，同一内容最多由两个岗位审核把关，实行一口对外、内部流转、并联审批。同时，编制完成了“部门内部审批流程图”和

“取消部门内部审批环节目录”。

科学制定运行机制，实行规范化管理。一是确定运行原则。中心窗口单位依法依规对相关事项履行行政许可、公共服务等职能。实行“进一道门办好，交规定费用办成，在承诺时限办结”的一站式服务。凡进入中心的行政事业单位，其执法主体资格不变，法定办事程序不变，既定利益格局不变，窗口工作人员身份和隶属关系不变。中心将服务项目办事程序、政策依据、办事时限、收费标准等，统一向社会公开，窗口集中对外，杜绝暗箱操作和体外循环，提高工作效率和工作透明度。二是确定服务范围。受理和办理投资者申请投资生产性、非生产性、经营性项目等需要报经各行政机关审批、核准、核发的各项批文、证照；受理和办理区内建筑工程项目规划、施工等需要报经各行政机关审批、核发的各项批文、证照；受理和办理土地征占、环境保护、医疗卫生、农业发展、工商登记与检验等方面的审批；受理和办理各类组织和城乡居民申报的有关证照；受理各类投资、税收政策及各种证照申领的咨询、信息发布等事项；受理与企业和人民群众密切相关的其他审批和行政监管事项；受理和处理服务中心工作范围内的投诉等。三是确定运行模式。依托区政务网络，积极搭建电子政务服务平台，实施电子政务和电子监察管理运行模式。通过固化行政审批服务事项流程，实现网上审批、并联审批、统计查询、统一收费等功能，实行电子政务系统化。在行政服务事项的各个环节，根据实际情况预设监察指标，进行事前、事中、事后的全方位监察，通过实时监控、预警纠错，超前防范、动态监管、硬性约束和跟踪问效等目的，促进行政权力公开、透明、优质、高效运行，实行电子监察系统化。

严格规定中心管理权限。在人员管理方面，由政务服务中心与职能单位共同管理窗口工作人员，政务服务中心负责考勤、考核，提供相关服务，职能单位负责业务把关、指导。政务服务中心对各职能单位办事成效进行监督；涉及多单位审批的事项，由政务服务中心牵头，综合窗口单位集中受理，明确牵头审批单位及办结时限。

加强硬件设施的标准化建设。办事企业、群众一入门就能对中心布局和各窗口设置一目了然，通过首问窗口问询解答和阅读明白卡对事项办理流程和所需材料迅速了解，在体现一致性、整体化和标准化的同时彰显中心人性化的服务理念。

加强监督检查，探索长效机制。监督检查是推动中心规范化、标准化建设的重要措施。一方面通过实地检查的方式，对进驻部门和项目、充分授权、办事流程、工作作风等进行监督检查，着力加强对重点领域、重要权力、重点部位和关键环节的廉政风险防控，有针对性地制定防范措施，及时发现和纠正各类问题。另一方面在全面掌握情况和加强理论思考的基础上，积极探索工作规律，总结经验，积极推进长效机制建设。

（张春光　田园　剧岩）

鹰手营子矿区

2010年，按照承德市政府的统一安排，建设了鹰手营子矿区政府的核心机房，铺设了区政府办公楼的公务网络和区中心至各镇、各单位部门的网络线路，实现了区政府办公中心向四个镇及各单位部门的全方位辐射覆盖，实现了政府公务外网的省、市、区、镇四级贯通。2012年11月，按照市政府的统一安排，安装了公务外网网络审计系统，加强对公务外网网络行为的监督和管理。强化管理。一是明确制度。制定了《信息公开》《中心机房管理》《网络计算机使用人员职责》等制度，落实专人负责外网网络维护管理、公文收发、信息报送、政府信息公开等工作，做到网络办公及时有效。二是严守规定。严格按照政务公开和安全保密的有关规定，建立健全网络发布信息审查及安全、保密制度，做到“谁主管、谁审核、谁发布、谁负责”，杜绝“不及时”“不规范”等问题的发生。三是认真值守。将区政府值班与机房值班工作机制相衔接，由值班人员做好工作日以外的值机工作，发现问题后及时通知区联通公司派修处理，确保核心机房和公务外网的正常运转。

区政府门户网站由区纪委下设的政府门户网站信息中心负责建设并进行管理，2012年6月8日正式开通运行。在网站规划设计中主要体现了宣传和服务两大功能，并设置了区四大班子政务公开专版。围绕区委、区政府中心工作，宣传经济、社会发展状况，对各项政府工作动态、政策法规等事项进行信息公开，服务功能主要坚持以公众为中心，以公众需求为导向，积极开设服务模块。

营子区设有政务服务中心1个，审批单位（包括垂管单位）27个，分中心4个，受理区内的各类审批服务事项。到2013年底，网上受理行政审批服务事项18174件，按时办结率100%。审批工作向基层延伸，建成镇级便民服务中心4个，全部连接政务外网，纳入视频监控，实现一站式服务、一地办结，区本级行政服务事项168项在政府网站公开。

营子区的政府信息公开工作通过市政府门户网站的承德市政府信息公开平台营子区专版进行公开，2008年按照省市政府的统一安排，安装了政府信息公开平台的客户端软件。工作中严格按照《信息公开条例》的要求，建立完善信息发布管理制度，明确专职工作人员，严格遵守先审查，再公开。

（区政府办）

双滦区

2010年底，在区委、区政府的高度重视下，围绕网络拓展、强化应用、提高效率、适度超前等原则，积极推进电子政务建设。建设完成双滦区政务外网。网络50兆带宽上连市政府，1000兆带宽横连区直各部门，10兆带宽下连6个乡镇和2个街道，2兆带宽连接18个社区和63个行政村，10兆带宽连接14个学校和8个医院，形成覆盖全区的统一网络系统。全区共享500兆出口，实现互联网信息浏览，各单位不再租用运营商线路。到2013年底，政务外网主要运行几方面的应用：应急指挥视频会议系统；电子监察和行政审批系统；区委区政府和部门网站；区政府信息公开平台；党政网络办公系统；乡镇（街道）村（社区）视频监察系统；重要会议活动网络直播系统；重点项目监督管理系统；农村三资监管系统；数字城管系统。

落实网络信息系统安全机制，强化信息技术的安全管理和保障，加强对网络安全、设备安全、数据安全等管理。成立网络与信息安全工作协调领导小组，由常务副区长任组长，各部门主要负责同志为成员，办公室设在区工信局。小组办公室经常性开展网络安全督导和检查。制订完善《机房安全管理制度》《机房值班制度》《机房服务器托管安全承诺制度》《互联网发布服务和端口安全承诺制度》《外部人员出入机房登记制度》等，下发了《关于规范区级政务外网IP地址管理的通知》《关于加强政务外网信息与网络安全管理工作的通知》《关于政务外网必须安装防病毒及防木马软件的通知》等文件，把网络与信息安全要求传达到每一个工作人员。强化安全人人有责、违规必究的责任意识，禁止在政务外网上编辑、存储、传送涉密信息，做到上网不涉密、涉密不上网。全区政务外网接入计算机3000台，已实现IP地址绑定，禁止未经检查和授权接入政务外网。要求所有联网计算机均安装防病毒和防木马软件，软件要及时更新，定期进行全盘扫描查杀病毒，及时更新系统补丁。增添主动安全设备和软件，安装网络行为管理和安全审计设备。服务器采用RAID方式存储，对重要数据，每周进行一次全部备份，每天进行一次增量备份。

党政网络办公系统应用情况。为提高工作效率、共享数据，购置OA服务器、数据库服务器、网络办公系统软件等设备，开通区党政网络办公系统，主要功能有微讯、内部电子邮件、日程安排、个人文件柜、公共文件柜、网络硬盘、图片共享、公告通知、新闻信息等功能。覆盖全区所有党政部门、乡镇街道、学校医院、村和社区。通过一段时间的应用，党政网络办公系统方便了工作人员之间传输信息、共享信息，提高了大文件传送速度，提高了通知、信息等的发布效率。

（区政府办）

隆化县

隆化县以应用需求为导向，以资源整合为重点，围绕增强服务能力、提高办事效率、加强社会管理、强化综合监管等中心工作，推进电子政务建设。隆化县委、县政府坚持高起点、高标准对电子政务建设进行科学规划和整合。主要领导多次对项目建设、资源整合及电子政务长远发展提出明确要求。

门户网站和信息公开平台建设。隆化县人民政府门户网站于2008年正式上线运行，页面板块设计、栏目设置不断完善，整体运行效果良好，累计发布各类信息3.3万余条，网站点击量88万余次。政府网站利用传播面广、更新及时的特点，对全县重点工作、项目建设、经济社会发展等工作及时准确进行宣传报道，第一时间为作风建设年、三年大变样、学习实践科学发展观、四创联动、百日下基层等活动开设专题专栏，为活动深入开展起到了积极的推动作用。开通了县长信箱，畅通民意诉求渠道，及时受理群众投诉，解决群众反映的问题，累计回复各类咨询、投诉和建议543条。基于政府门户网站，隆化县建设了覆盖全县25个乡镇和39个部门的政府信息公开平台，着力推进行政审批、财政预算决算、保障性住房、食品药品安全、环境保护、安全生产、价格和收费、征地拆迁和以教育为重点的公共企事业单位等九项重点领域信息公开工作。

行政审批和电子监察系统建设。电子监察系统建设和行政服务中心工作取得突破性进展。全县涉及行政许可职权单位全部进驻行政审批中心，纳入电子政务审批系统事项446项，实现“一门受理、封闭运行、限时办结”的网上办理模式。通过电子监察系统对全县行政事项网上运行情况进行监督、控制和综合分析，做到“黄灯必督查、红灯必调查、违规必追查”，实现对各部门所有行政事项“事前、事中、事后”的全面监督。

综合治税金鹰税源信息化管理工程。为完善税源控管机制，全面动态的掌握全县税源底数、税源分布和纳税情况，对税源进行科学化、精细化管理，根据国务院关于实施“金财工程”和“金税工程”工作的安排部署以及省政府《关于建立综合治税大格局的实施意见》，县综合治税领导小组统一安排部署，隆化县综合治税办公室与国、地税及相关协税单位密切联系沟通，与河南省郑州大羿计算机科技发展有限公司合作开发综合治税金鹰税源信息化管理工程。逐步建立起了以“政府领导、财政牵头、税务主管、部门配合、司法保障、社会参与”为主要特征的综合治税体系，依托科技支撑，借助社会力量，推动税收综合治理。“金鹰工程”

的核心功用是“社会参与、科技支撑、掌握税源、摸清家底、督导征管、应收尽收”。动态掌控税源，可分辖区、分行业、分企业、分部门多层次掌控纳税人纳税情况，税源管理实现工商、税务全覆盖。五大系统共同管税。从村（社区）、乡镇到县直各部门的三层网络体系，实现全县涉税信息一体化信息共享。实现乡镇、税务部门、财政、县直各部门及其内部管理机关广泛的协税护税体系，对税源及时跟进治理，做到应收尽收。

数字隆化项目。该项目于2012年正式启动，已完成基础数据采集、部分数据库建设和三维建模，地理信息公共服务平台建设正在积极推进。该项目以城市大比例尺基础地理信息数据和城市三维地理空间数据为主，其他部门专项信息为辅形成的空间数据库；以满足城市管理和决策需求为出发点的地理信息公共服务平台，包括空间数据平台、专题信息集成平台等管理和服务平台；根据城市管理和决策的具体要求，多个政府部门根据各自需要开发典型应用示范工程，可在国土、住建、城管、交通、公安、消防、旅游、卫生、电力等诸多部门得到广泛的开发和应用。

强化信息安全保障。建立了政府公务外网巡查制度，定期检查网络设备运行情况，认真落实值班制度，对核心机房进行24小时视频监控及启动防火预警系统装置，确保网络安全稳定运行。严格上网信息的审核和监督，坚持“谁发布、谁审核、谁负责”和“涉密信息不上网、上网信息不涉密”的原则，对信息发布、信息报送进行审核管理，确保信息安全。

基础设施和人才队伍建设。隆化县政府公务外网平台2010年底建成开通，覆盖全县25个乡镇和86个部门单位，形成向上联通省市，向下联通各乡镇，横向联通各部门的网络构架。全县实现了统一中心机房，统一互联网出口，互联网出口带宽达到500M。2011年，在政府门户网站管理服务中心基础上，成立隆化县网络管理中心，机构规格由股级升格为副科级，为两办双重管理的事业机构，主要负责全县电子政务建设，内外网络的综合协调、运行管理和维护建设等工作。组建了信息员和政府公务外网管理员队伍，在全县建立一个上下沟通、左右贯通的工作网络。

（县政府办）

滦平县

滦平县委、县政府将电子政务建设作为构建服务型政府、优化发展环境的重要举措。2008—2013年，重点实施了以构建全县统一的电子政务网络、建设健全县级门户网站、建设政务服务中心及政务公开平台等重点应用系统为主要内容的电子政务建设工程，全县电子政务总体框架基本形成，县内部门核心业务实现不同程度的信息化，网络化公共服务日益普及，促进服务型政府建设和政府职能转变。

电子政务基础设施初步完善。连接县政府各部门及各乡镇（街道）政府的政府专网基本建成，其中直接接入县级专网的县直部门135个、乡镇（街道）21个；构建了覆盖县、乡两级党政机关的全县统一网络，横向连接68个县政府部门，纵向连接21个乡镇（街道）政府，其中审计、安监、国土、统计、地税等多个县直部门还完成对口市级部门的连接，基本具备网上办公的通信能力；政务服务中心承载了网上审批等多个跨部门应用，为全县电子政务健康快速发展提供基础支撑；县级门户网站体系日趋完善，网站成为政府信息公开、网上服务、政民互动及对外宣传的重要载体；实现与县委及县委部门政务内网的互联互通，开通市县公文、值班、会议及信息交换与共享平台。

政务公开和政务服务的经验做法。一是营造政务公开环境。加大宣传力度，强调政务公开的必要性及其重要意义，从大局出发，查源补漏，主动查找本部门工作中的薄弱环节，加大群众监督力度，增强政府工作透明度，加强政府同群众的联系，兴利除弊，有效地履行人民政府为人民服务的根本宗旨。使各部门及其干部职工认识到公开是责任、是义务，促使各部门由不愿公开转变为自觉公开，在全社会营造出政务公开的良好环境。二是为政务公开提供组织保证。政务公开工作政策性强，涉及面广，工作量大，建立政务公开工作领导责任制度，建立起县委统一领导、政府主抓、部门各负其责、纪检监察组织负责协调的领导机制，各单位各部门的主要领导负总责，班子成员分工负责，抓好分管工作的政务公开，一级抓一级，层层抓落实。三是建立政务公开保障机制。采取群众评议、电话举报等多种形式收集群众对政务公开的意见，征询群众的建议，对不切合实际的做法及时纠正，对违反公开制度的行为进行调查处理。发挥纪检监察组织的监督职能作用。建立定期监督检查制度，组织人员对各单位、各部门政务公开情况进行检查，对公开过程、公开内容实施监督，保证政务公开的规范性。发挥媒体的宣传作用和舆论监督作用，组织新闻单位报道政务公开工作进展情况，宣传好的典型和好的做法，推动政务公开工作更好地开展。四是保证政务公开效率和质量。政务公开要深入、健康、持久发展，管理是关键。在政务公开过程中，凡需要群众知道的，涉及到群众切身利益的都要实实在在地公开，不能强调单位和特殊性，不能藏头露尾，含含糊糊，更不能搞假公开。坚持形式和内容的统一，探索行之有效的公开形式，逐步扩大公开领域。在政务公开中，从完善管理体制、约束行政行为、企业行为和市场行为入手，通过制度和管理上的创新，铲除滋生腐败的土壤和条件，从源头上遏制腐败。

电子政务公开平台建设和应用情况。2013年在改版升级政府门户网站的同时重建了政府信息公开平台，从而以最低成本，实现了信息公开平台的改版升级。此平台与原版平台相比，管理更规范，操作更简便，与县门户网站紧密结合，同省、市的聚合度更高。同时，县信息中心开展多次培训活动，对各单位具体负责人员进行系统化培训。自2013年9月平台正式运行以来，共更新各类信息公开条目500余条。

基础信息资源开发和信息共享取得实质性进展。人口与人力资源库、法人基础信息库、基础地理信息数据库等与上级工联共享的资源库不断完善充实，为数据使用电子化提供了支撑；实施文化信息资源共享工程，农业信息服务体系进一步完善，同时党建远教网络支农富农作用日益明显；依托全省信息交换与共享平台，实现工商、国税、地税、质监等部门的信息交换、比对和共享；同时视频会议系统、电子监察系统逐步建立，并在实际应用中不断完善。

电子政务信息安全保障体系初步建立。建立县、乡两级信息安全应急协调机制，落实信息安全责任制。加强信息安全风险评估、等级保护、安全检查等基础性工作，制定网络与信息安全应急预案及值班制度，保障重大节庆、会议、活动期间的网络信息安全。

完善电子政务管理和推进机制。把电子政务建设和转变政府职能与创新政府管理紧密结合起来，逐步形成电子政务建设与行政管理体制改革相互促进、共同发展的体制机制。在县信息化工作领导小组统一领导下，完成县信息中心职能整合工作，进一步健全各级各部门信息化组织领导机构，各级各部门信息化机构逐步强化对电子政务建设的统筹协调和管理，逐步实现由技术支持和服务向电子政务综合管理转变，切实推动电子政务向深度应用发展。研究制定电子政务建设统筹管理办法，电子政务项目须经过同级信息化主管部门的把关后，由财政部门统筹考虑资金安排，确保项目建设符合规划和标准要求，能够利用已有资源集约建设，确保已建、在建及新建项目的关系和业务衔接，保障跨部门电子政务应用项目建设以及基础性、公共性信息资源的开发和共享。

加强电子政务建设和运维机制建设。创新电子政务建设和运维模式，提高其规范化、专业化和社会化服务水平。强化建设项目的招标、监理、验收和审计。推行软件正版化，对全县政务机关共性、通用软件、通用的运维服务开展集中采购，共同享有知识产权，降低资金投入。各级财政加大对电子政务建设的投入力度。重点支持公共服务、跨部门应用、公共信息资源开发等项目建设。逐步扩大县级信息化专项资金预算规模，形成与财政收入同步增长机制。规范和保障电子政务运维经费。由财政部门会同信息化主管部门研究提出电子政务运行维护资金管理办法及运行维护资金标准，将电子政务运维资金纳入预算体系，保障电子政务系统的正常运行。探索建立规范的电子政务运维服务外包模式。开展电子政务运维外包服务，整合、利用社会资源，更加专业化、高质量的服务，有效解决了电子政务发展中的体制机构问题，提高了电子政务发展质量和综合效益。

建立健全电子政务保障服务体系。充分发挥县内外专家学者和专业咨询服务机构的作用，加强对电子政务建设重大问题和标准规范的研究，建立完善电子政务建设和运维的支撑体系。加强电子政务相关课题研究。跟踪电子政务发展进程，适应服务型政府建设和政府职能转变的需要，研究探索符合行政体制改革方向、分工合理、责任明确的电子政务推进协调机制。研究制定电子政务建设、运维管理等方面规章制度，强化信息共享和绩效评估。落实电子政务标准体系。强化已有标准在各个环节中的应用，在与国家标准相衔接的基础上，加快落实基础信息资源、网络管理、政府网站管理、电子运维等方面的相关标准和技术规范，促进网络互联互通、系统互为操作和信息共享。规范开展电子公文的处理和存储，逐步取消电子、手工的“双轨制”，提高公文电子化处理水平。

营造良好的电子政务发展环境。加大法制宣传和培训等基础工作力度，逐步形成适应电子政务建设需要的发展环境。贯彻落实《中华人民共和国保密法》和《中华人民共和国政府信息公开条例》。推动电子政务管理、信息资源开发、网络信息安全、个人信息保护等相关政策法规的落实工作，完善相关配套措施，为电子政务创造良好的法制环境。加大各种媒体对电子政务应用的宣传力度，通过生动的案例提高社会对电子政务应用的认识水平。以党校和各类教育培训为依托，开展全县各级公务员电子政务培训，特别是要加强各级领导干部的电子政务应用培训，提高公务员对电子政务发展战略意义的认识和信息技术应用的能力。

加强规划实施的监督和检查。在县信息化工作领导小组的领导下，县工业和信息化局要切实履行领导小组办公室的职责，会同有关部门，建立规划实施的动态评估、滚动调整和监督考核机制，按照部门职责分工，将规划的主要任务和重大工程落实到部门和责任人，强化重大工程的组织协调和调度，加强规划实施的动态评估和监督检查工作，及时发现规划实施中存在的问题，完善和优化规划实施方案。

（县政府办）

平泉县

平泉县电子政务建设工作自开

展以来，围绕县委、县政府中心工作，积极适应新的形势发展需要，创新工作思路，以提高应用水平为重点，扎实推进电子政务进程。

基础设施建设逐步完善。以资源整合为中心，以需求为向导，加强安全管理，推进公务内网建设及应用，建成连接74个党政群部门、1个城区街道办事处及19个乡镇的县乡公务内网；根据省、市政府对电子政务的统一要求，利用统一标准开展公务外网建设，上联至市网络中心节点，整合各乡镇、部门已有的局域网络资源，建成通畅的公务外网平台，先后通过市初验、终验。至2013年底共开通数字信道59条，连接单位97个；核心机房组建视频监控系统、新风换气系统、全自动消防系统，配置核心策略路由器、流量控制上网行为管理设备、上网行为审计设备、入侵防御系统、防病毒服务器及相关杀毒软件。

政府门户网站群功能不断加强。政府门户网站紧紧围绕县委、县政府中心工作，坚持服务百姓、关注民生的工作理念，充分发挥政府网站“政务公开、政民互动、网上办事、信息发布”四大功能，成为乡镇部门的“宣传阵地”和“形象舞台”、领导的“百科全书”、群众解读政策、获取资讯、开阔视野、品味发展的“万花筒”。政府门户网站经过多次改版升级网站栏目设置更为科学，内容更加丰富。改版后的网站分为今日平泉、投资平泉、文化平泉、图片平泉、专题栏目、信息公开、网上办事、政民互动、政务服务等方面，宣传、推介平泉。对新建部门、乡镇网站进行统一规划、统一建设，对现有部门、乡镇网站逐步整合，建立健全全县信息资源库和信息交换机制，依托公共管理平台统一维护。林业局子站、北五十家子镇子站、政务服务中心子站、督查考核网、纠风网、农产品交易网已经成功上线运行，子站与主站之间可以通过栏目汇聚、信息推送实现数据交换和管理。

电子政务应用稳步推进。2009年9月应急指挥系统及政府视频会议系统完成与市级联接，并投入使用；全县各乡镇财经统计所全面实施会计电算化，用财政软件代替原来的手工记账方式。2010年省市县三级政府系统信息专网建成投入使用，实现政府上下行文和信息报送数字化传输；政府多功能会议室建成投入使用，推进办公室自动化进程；全县机关事业保险所启用社会保险信息管理系统，机关事业养老保险工作数据化、信息化，处理流程化。2011年短信会议通知系统建设完成投入使用。2012年电子监察、数字城管切割至外网运行。2013年“平泉县政府办公自动化平台”试运行，依据“简洁大方、易于操作、便于维护、安全可靠”的设计理念，以协同办公为核心，开发收文办理、发文办理、会议管理、活动通知、领导活动、个人办公等多方面多层次的应用。

网络与信息安全管理流程逐步规范。严格遵循“涉密不上网，上网不涉密”的原则，以防攻击、防瘫痪、防病毒、防窃密为重点做好网络信息安全工作。重视公务外网及网站安全，坚持不定期巡网工作，及时处理排除网络软、硬件故障；提升安全手段，不定期进行杀毒和软件升级，保证机房设备稳定运行；开展安全专项检查，对计算机进行涉密检查；严把信息发布关，杜绝涉密、敏感信息上网。

2006年6月，为切实做好信息化建设工作，进一步加强全县信息化建设工作的领导，成立县长为组长的平泉县信息化工作领导小组。

2007年，平泉县加快县乡局域网建设，制订《平泉县县级办公局域网实施意见》，荣获“河北省党委办公厅（室）系统信息化工作优胜单位”称号。

2008年5月，“中国·平泉”政府门户网站正式开通运行，网站包含“政务”“经济”“社会”“人文”四大版块，“咨询”“互动”“办事”三大平台，总计85个栏目。

2009年6月，为充分发挥政府门户网站、政府信息公开平台、公务内网网站宣传平泉、服务公众的作用，经县委县政府领导审核同意，印发《平泉县网络信息工作考核评比办法》。本着“公开、公平、公正”、“质量并重”的原则，注重工作实际，将网站信息纳入县委、县政府年度目标综合考核。

“中国·平泉”政府门户网站增设“专题专栏”，先后开通“深入学习实践科学发展观活动”“干部作风建设年活动”“网上世博平泉馆”“深入开展创先争优活动专栏”“首界中华菌文化节”“2011‘平泉杯’跳伞锦标赛”“建设中等城市”“风物平泉”“建党90周年”“两会”“着力改善发展环境着力改善生态环境”“学习贯彻党的十八届三中全会精神”“党的群众路线教育实践活动”等专题，较为全面的反映了全县各项工作动态。

政府门户网站充分发挥“政务公开、政民互动、网上办事、信息发布”四大功能，打造政府网站三大品牌：一是打造新闻报道品牌。网站累计发布信息46150条，公开平台发布信息17406条，视频新闻日更新。坚持新闻的纪律性、权威性、及时性、准确性，遵守信息审核发布制度，每天由专人负责审核修改，分管领导把关，对各单位信息报送及内容维护情况采取定期书面通报的方式进行督导。二是打造政民互动品牌。印发《关于进一步做好“中国·平泉”政府门户网站互动交流栏目在线回复工作的通知》，增强乡镇部门意识，健全工作机制，为公众提供咨询投诉渠道。遵循倾听民声、广纳民意、集中民智的宗旨，由专人将公众诉求、意见、建议进行收集整理后转交相关部门办理，保证公众诉求及时得到处理、回复，成为公众联系党和政府又一便捷的“信访”渠道。回复公众诉求424件。三是打造在线办事品牌。在政府门户网站首页增加办事大厅，其中包括市民服务、企业服务、投资服务、三农服务等四大类，同时设有场景式服务，包括上学、找工作、看病、买房、养老、出行、办企业、纳税、资质申请等关系公众生活需求的各个方面。

2009年，平泉县电子监察系统（即一期工程）行政处罚和行政事业性收费系统（即二期工程）分两期建设完成，并切入公务外网运行。系统一期将全县31个行政审批职能部门依法设立的352项行政许可业务事项及非行政许可事项全部纳入电子政务系统，完成行政许可审批从申请到受理、审批、补正、办结、查询、申诉等全过程的网上办理、在线审批、统计分析、实时监察、预警纠错、绩效评估和信息服务。系统二期在行政许可事项审批管理的基础上，把全县21个部门单位的101项行政事业性收费项目全部纳入行政事业性收费系统，把37个部门依法设立的1984项行政处罚项目，全部纳入行政处罚电子监察系统，形成电子政务中心数据库。电子政务和电子监察系统整体实现了行政审批由“集中办公”向“联网办公”，“串联审批”向“并联审批”的转变。

为使城市坏损部件能及时维护，突发事件能及时处置，投资800余万元，于2010年建成了集“12319”城管便民服务热线、县纪委监察网、政务信息网、城区电子地理信息和城区视频监督系统于一体的数字化城管监督指挥平台，以信息化手段和移动通信技术手段处理、分析和管理整个城市的所有部件和事件信息，促进城市人流、物流、资金流、信息流、交通流的通畅与协调。

2009年，运行政府信息公开平台，通过信息化手段，加强政府信息公开工作的建设和管理，实现内容高度整合，表现方式统一，资源全面共享，从源头上保障信息公开的规范、有效和及时，形成上下同步，规范统一的政府信息公开监管体系，保障公民、法人及其他组织依法获取政府信息，提高政府工作的透明度。

2010年县政府与联通公司签订公务外网传输及运行服务协议，依托公务外网开通运行统一出口访问互联网，并于2011年通过市初验、终验。

2011年10月，平泉县被确定为“依托电子政务平台加强县级政府政务公开和政务服务试点县”，成立政务公开和政务服务试点领导小组、乡镇村电子政务运行维护小组，制定出台试点工作实施方案、工作计划、工作领导制度、工作协调制度和电子政务建设管理制度。对全县网络资源、信息公开、政府门户网站、电子政务监察系统进行整合，构建全县统一的电子政务平台，并于2012年5月通过市工信局组织的电子政务平台整合方案专家论证。确定行政审批事项414项，便民服务事项从25项增至28项，把1984项行政处罚事项按自由裁量幅度分级细化为3699项，结合实际对行政审批和服务事项法定时限从22.5天缩短至10.98天。在政务服务中心、部分乡镇、村安装监控探头41个，音频采集器96个，音视频监控声像直接显示在县效能监控中心液晶拼接屏上，行政审批系统平均提速率88.6%，提前办结率98.7%，处罚规范率98.6%。

（县政府办）

张家口市

【概况】 张家口市委、市政府高度重视电子政务建设，认真贯彻执行国家和省关于电子政务发展的决策、要求和部署，坚持“以需求为导向，以应用促发展”的原则，以“服务政府，服务社会”为宗旨，切实完善电子政务基础条件，深化电子政务应用，有效整合电子政务资源，积极创新电子政务模式，电子政务各领域实现了跨越式发展，各项工作取得了明显成效，成为优化政务环境、创新政务模式的重要动力，有力推动了高效、廉洁、服务型机关建设。

全市建立了统一的政务内网和政务外网，为电子政务健康快速发展提供了基础支撑。多数政府部门与对应省级部门互联，建成业务信息系统，覆盖本部门业务应用；个别部门建成内部办公网络，实现内部信息共享与办公自动化。市级政府部门和县区级政府全部建设了政府网站，构成了以“中国·张家口”市政府门户网站为中心的政府门户网站群。政府通过门户网站发布政府信息，为公众提供服务，与公众进行沟通，门户网站已成为各级政府信息公开、网上服务和政民互动的重要载体。

【政府网站建设】 “中国·张家口”市政府门户网站始建于1999年，经过4次改版，不断进行优化调整和完善。到2013年底网站主要包括走进张家口、信息公开平台、民生服务平台、公众参与平台、投资指南、旅游服务等六大版块以及“贯彻落实党的十八届三中全会精神”、“工程建设领域信息公开”、“文明办网”等多项大型专题，被评为2012年度河北省文明网站。2013年，开通了移动版政府门户网站。公众参与平台是网站的一大特色，包括市长信箱、政策问答、咨询投诉、建言献策、在线访谈和征集调查等栏目，畅通了公众与政府之间的交流渠道，架起了百姓与政府之间的桥梁。2011年网站改版，至2013年底，市长信箱办理信件4107封，政策问答办理信件698封，咨询投诉办理信件336封。民生服务平台是网站的另一特色。2013年，张家口市政府网站紧密围绕民生需求，在原有办事平台的基础上建设民生服务平台，进一步理顺工作机制，在深化服务、完善机制等方面取得显著进展。截至2013年底，网站发布办事事项2592项，同时整合市政府服务中心在线办事事项，公众可以通过民生服务平台方便快捷地办理事项，对深化政务公开、加强政务服务起到重要的载体作用。

2011年，为加强网站群建设的协调和管理，市政府成立了以常务副市长为组长，市政府秘书长和主管副秘书长为副组长，市政府组成部门及相关单位主管领导为成员的“张家口市政府门户网站建设和管理领导小组”，负责市政府门户网站群的建设管理工作和全市政府系统网站宣传与服务工作的组织推进。制定下发了《张家口市政府系统门户网站建设和管理规定》，明确了政府门户网站的组织领导、网站建设标准、网站信息员队伍建设、信息维护要求、信息发布审核、安全保密和监督检查等规定。制定了《“中国·张家口”政府门户网站内容保障工作考核办法》、《“中国·张家口”政府门户网站内容保障工作责任分工》，建立并实行了日巡查、周报告、月通报、季调度、年考核等网站管理办法，并将网站建设列入了市政府对县区和部门的督查考核内容。通过通报、考核、调度、培训等多种方式，保障网站安全稳定高效运行。

【政府信息公开平台】 2008年根据《政府信息公开条例》要求，开通了市政府信息公开平台和20个县区的政府信息公开平台，主要依托政府门户网站，“合法、全面、准确、及时”地公开政府信息。2010年，市政府及20个县区的政府信息公开平台进行全面整合，平台向下延伸到乡镇一级，建立了覆盖市、县区、乡镇的全市统一的政府信息公开平台，形成规范统一的政府信息公开目录编制体系、信息公开发布体系、依申请公开办理体系和监督保障体系，有效地保障了全市政府信息公开工作的规范、有序开展。到2013年底面向社会公众总计发布428285条信息，在张家口市的政府信息公开工作中发挥了重要作用。

【网上审批和电子监察平台】 张家口市政务服务中心网上审批和电子监察工作依据《关于加快推进全市网上审批工作的实施方案》的工作部署，充分利用现有电子网络平台，升级网络系统功能，统筹各级各部门行政服务资源，扩大网上政务服务领域，全面提升行政审批效率和公共服务水平。2012年，正式成立推进网上审批领导小组，下发《关于加快推进全市网上审批工作的实施方案》，编制完成市政务服务中心《网上审批和电子监察需求方案》。网上审批平台为：集信息服务、网上审批、电子监察于一体，主要包括完善门户网站信息服务、内网审批平台（涵盖市中心、分中心办公局域网）和电子监察系统。至2013年底已完成软硬件公开招标工作。新建的网上审批和电子监察系统依托市“中心”现有办公局域网和门户网站，采取“外网申报、内网审批”的模式，实现外网申报——内网预审——申办人持原件赴窗口复核——现场即时办结的网上审批平台启动运行。同时将“一口受理”功能纳入网上审批系统，从源头创新规范审批程序。

【安全保障】 张家口市在加强电子政务系统建设的同时，高度重视电子政务安全保障建设，牢固树立抓建设与保安全相结合的指导思想，不断加大电子政务安全基础设施建设资金投入，开展经常性的安全检查，确保了张家口市电子政务系统安全运行。严格涉密载体和计算机系统保密管理，坚持“涉密不上网，上网不涉密”的规定，定期对计算机上网情况、保密安全、病毒防范情况进行检查。根据国家对电子政务网络与信息安全保障的要求，采取防篡改、防病毒、防攻击、防瘫痪、防泄密等技术措施，安装了防火墙、防病毒软件、网络入侵保护、安全审计、内网安全管理等软件，对计算机、移动存储设备、电子文档等实行严密的安全防护措施，有效地保障了网络和系统安全。加强安全隐患排查，每年都定期开展电子政务安全大检查，对各单位落实信息安全措施的情况进行集中排查，并针对排查出来的问题整改落实。

【队伍建设】 张家口市电子政务外网管理处作为全市电子政务外网统一的规划、设计、建设和管理机构，主要负责电子政务外网的系统支撑体系、应用服务体系、安全保障体系的建设、运行、管理和维护，同时负责市政府门户网站群的规划和管理。县区和大多数部门都成立了电子政务专门机构。市电子政务外网管理处每年定期对县区和部门的工作人员进行相关培训，提高电子政务人员队伍的工作水平，保证全市电子政务的稳步发展。2012年张家口市电子政务外网管理处被河北省电子政务研究会评为电子政务工作先进单位。

（李大鹏 赵红梅）

张北县

张北县网络管理服务中心2013年2月划归政府办公室负责电子政务工作。网管中心主要承担政府门户网站的管理、维护和信息的采编、发布、数据更新等工作；负责规划和组织全县互联网资源的整合工作，承担统一信息平台的建设、运行和管理工作。承担全县电子政务网控中心和内、外网系统的建设、运行、维护和管理；负责全县党政机关信息网络建设方案的审核和技术指导工作。负责全县电子政务应用系统建设和组织实施，推进电子信息技术在党政机关的应用。科室人员共计 4 人，科长 1 人，科员 3 人。

2011 年，按照市政府的要求，张北县政府门户网站进行了改版，全体工作人员在领导的关心和支持下，通过两年的建设和优化，网站以公共服务、公众参与的基本服务功能为导向，进一步规范栏目设置，使各版块功能更加清晰，栏目设置更加有序，网站整体结构、页面布局、栏目设置水平不断提升，服务功能进一步增强。一是做好信息采编。把信息采编工作作为维护网站的首要任务，网站中的动态栏目和重要版块每天都有新内容，而且信息发布是随采随发。2013 年，政府网站共采发各类信息 4111 条，平均每天 27 条。分为张北要闻、图片新闻、视频新闻、部门工作、乡镇动态等五个栏目，全面及时地对全县的重要工作、领导活动、项目建设、工作动态等进行了大量的报道。为广大群众特别是中青年群体和外地群众了解张北建设成就提供了一个最好最快最全的途径。为民服务类信息 220 条。为了方便百姓网上办事，充实“网上办事”的内容，包括政策法规、办事指南，表格下载等，许多信息深受百姓欢迎，不出家门即可知道相关事情的办理法规和办理程序等难题，也不用到有关部门领取各种表格，直接上网下载，非常快捷省事。二是互动平台建设日益完善。互动平台中的书记信箱、县长信箱、建言献策和投诉举报四个栏目真正实现了群众与政府之间的沟通。安排两人分别负责书记、县长信箱，并制定了严格的信箱办理程序，为了及时办理信件，对信箱实行无间断管理，保证第一时间处理。

政府大楼电脑的联网类型为网通光纤接入，带宽为 1000 兆。机房铺设静电地板，空调运行正常，网络设备安装在专用机柜内，分别为服务器 2 台、蓝盾防火墙 1 台、深信服监控设备 1 台、T-Link 机房交换机 1 台、web 应用防护设备 1 台。为了保障网络的安全，张北县始终坚持“积极预防、严格控制、防控并重的原则”，认真做好安全检查工作。始终坚持全天候 24 小时密切监控网站，主要包括病毒库的更新和病毒的查杀，全天候密切监控病毒扫描日志；对网站安全问题能够做到早发现，早处理。对服务器进行周密的安全性能设置。如对用户访问权限及病毒防护均做了严格处理，对操作系统和网站潜在的漏洞和安全问题进行修补，对网站程序和数据库进行 7 天的完全备份。2012 年，购置了 WEB 应用防护设备，该设备能够针对 Web 应用攻击提供更全面、更精准的防护，尤其对一些可以"绕过"传统防火墙和 IPS 的攻击方法，可以精准地阻断。正因如此，可以对数据盗窃、网页篡改、网站挂马、虚假信息传播、针对客户端的攻击等行为，提供完善的解决方案。该设备的安装进一步保障了张北政府网站安全运行。通过抓包等软件，不但能准确分析网内外 IP 的流量、带宽占用情况，而且还能及时分析攻击者攻击方式、攻击手段和攻击来源，迅速将被攻击的服务器从网络中隔离出来，通过删除后门程序、被上传网页等任何非法文件，并查找上传漏洞及时修补，必要时通过备份覆盖恢复，及时将网站重新投入使用。

（彭　莹）

怀来县

怀来县政府信息中心围绕工作目标，强化责任意识，创新工作方式，圆满完成了各项工作。特别是政府网站内容保障、县长信箱办理、政府信息公开等工作在全市综合测评中均名列前茅，为建设服务政府、责任政府、法治政府和效能政府发挥了积极的推动作用。

强力推进，网站建设进度迅速。县政府领导高度重视网站建设工作，将网站建设工作作为政府重点工作之一，在组织升级建设过程中，有关领导经常对网站栏目、布局、色调等方面提出改进思路和详细意见。网站运行后，县委常委、常务副县长王建军作出重要批示：政府部门和乡镇通过政府网站及时发布工作政务信息将成为越来越重要的沟通联系渠道，要重视这项工作，对信息发布工作完成不力的要改进，县政府将按制度考核追究责任。为提高各级部门对门户网站建设的重要性和必要性的认识，前期，县政府办公室专门召开了县级信息日常维护工作推进会，县政府召开了关于政府门户网站建设和内容保障工作会议，按月通报网站运行情况，听取网站建设建议，讨论维护更新具体措施，调动各级部门参与、配合政府网站建设的积极性和主动性。县政府专门成立县政府信息中心，办公室下设在县政府办，负责网站建设推进工作，并明确一名主管领导，负责网站建设的总体协调工作；建立 150 余人网站运行和维护工作组，由县直各部门、各乡镇确立一名主管领导和一名工作人员组成，专门负责网站的日常监管、维护和更新工作。在资料征集阶段，前期把县级目标任务分解到 17 个部门，推动网站主框架建立，试运行后将 56 个部门和 17 个乡镇任务完全分解，广泛征集，全员共建，网站共征集各类文字资料 1000 余篇，图片资料 200 余幅，确保了网站基色协调、内容充实、浏览便捷。至 2013 年底，网站访问量 459971 次，共发布各类信息 59910 条，信息总量位居全市前列。

规范程序，网站建设标准严格。一是严把网站建设规划关。县政府办公室严格按照《2010 年政府网站绩效评估指标体系》，充分借鉴外地县市政府网站建设经验，结合实际，拟定怀来政府网站升级规划，征求领导建议和意见，确保了网站的定位高、标准严。二是严把资料征集审核关。根据网站升级需要，制订资料提纲，提供资料范文，要求各部门、各单位严格按照标准提供资料，确保资料格式统一和内容规范。实行上传信息层层审核把关制，如有上传资料需要进行涉密、泄密判定，由保密局和法制办共同鉴定，有效保证了上传信息资料的质量和安全。三是严把网站日常维护关。网站建成后，对网站资料的具体更新工作进行了安排部署，明确了责任单位、维护内容、更新周期等。同时，县政府信息中心加大日常监管力度，坚持每天监控网站，重点对新上传资料和网站框架、链接等进行监控，发现存在问题及时修改。

加强监控，网站运行维护及时。针对网站升级后存在个别网页打不开、个别链接不准确等问题，县政府办公室实行了多方位日常监管制，县政府信息中心全体人员每天浏览网站，各乡镇各部门网站管理人员全天日常监测，并且每天配合管理，发现问题及时报送县政府信息中心管理人员，直至报送怀来县政府门户网站建设维护公司及时解决处理。针对网站运行后存在各乡镇、各部门上传信息内容不统一、文字排版不规范等问题，县政府信息中心在注重加强信息资料征集、不断更新网站内容的同时，还特别要求网站管理人员对所有网页进行维护完善，先后多次进行调整，坚持做到“季有新变化、日有新内容”，及时维护更新网站信息内容。为提高怀来县政府门户网站品位，县政府信息中心在政府办公室主要领导的指导下对网站板块栏目不断进行创新调整，先后增设了“视频新闻、公示公告、专题专栏”，提供了怀来县新闻联播、文件公告下载，专题专栏链接了“怀来县审批服务中心”“怀来县公安交警网”“怀来县行政权力公开透明运行网”和“中国农民网”，设置了“创建国家园林县城”“工程领域信息公开”和“提升效能优化环境”，增加了办事大厅县长信箱、建言献策、办事咨询等栏目，首页功能不断完善，初步形成怀来县政府门户网站鲜明的特色。

注重创新，网站运行作用明显。一是坚持资源整合原则。在怀来县政府门户网站设立了“怀来要闻”“图片新闻”“部门工作”“乡镇动态”等一级栏目，按照县中心工作分别报道县四大班子领导动态新闻、相关活动图片新闻和县政府各部门落实工作动态及各乡镇推进工作信息，充分发挥了政府网站的宣传引导作用；设立了“公示公告”栏目，及时公布对外信息，例如 2012 年 8 月 17 日对“怀来县 2012 年廉租住房实物配租分配结果公示表”的信息点击次数达到 800 多次；设立了“葡萄和葡萄酒之乡”栏目，将栏目分为动态信息、历史文化、企业产品、技术服务，极大的为网民提供了解读怀来葡萄种植和葡萄酒酿造的历史资料，为企业展示了创新研发的终端消费产品，为农户提供了科学耕作的技术指导，充分发挥了网站的信息统一共享核心作用。二是坚持公众参与原则。在怀来县政府门户网站开设了“县长信息”“建言献策”“办事咨询”等栏目，进一步畅通了广大干部群众的渠道，县长信箱开通以来收到有效来信 1004 封，回复 942 封，公开 317 封，办结率 94%；建言献策收到来稿 37 件，借鉴采用 21 件；办事咨询收到来信 35 封，答复 33 封。自怀来县政府门户网站开通公众参与以来，充分发挥了监管参与平台作用，促进怀来县政府服务水平再上新台阶，同时为怀来“绿色发展、和谐发展、率先发展”提供强有力的信息化保障。

（柴杰博）

宣化县

2011 年以来，宣化县政府门户网站经过改版、充实，得到进一步的完善，网上审批系统顺利上线运行，办公自动化 OA 系统应用范围进一步扩大。到 2013 年底搭建起了三大平台：网络平台、网站平台、应用平台。重点加强项目的规划与管理，深入推进电子政务建设与应用，大力推动公共管理和社会服务的信息资源共享，努力发挥信息技术对区域经济和社会发展的支撑作用，较好地完成年度工作目标。

明确责任，保证投入，建立高效稳定平台。明确县政府办公室为政府电子政务工作的主管部门，负责指导、协调、推进、监督全县的政府电子政务工作。同时，为了理顺工作关系，专门成立了“网络信息管理办公室”，具体负责电子政务工作。为促进电子政务和政府网站工作顺利实施，2009 年，斥资 150 多万元，建设了网络信息平台，将政府信息公开、政府门户网站、网上审批系统、内网办公全部移植到信息平台上，并做到办公室内网、外网物理隔离，为电子政务和政府网站提供安全、高效的运作平台。

加强软件建设，完善平台各项应用。为更好的满足政府网站信息公开、公共服务和公众参与三大功能要求，我们加强了“中国·宣化”网站建设。完善“中国·宣化”网站的各项功能。有效的整合网站栏目，将政务信息公开、网上审批系统、行政权力动态运行链接集合到政府门户网站，简化网站的访问方式。完善全文检索系统，使用户能方便地检索到各类信息。继续推进网上办公 OA 系统。在成功运行网上 OA 系统的基础上，积极推广 OA 系统的使用，OA 系统相对以前开通初期，内容越来越丰富，功能越来越多。网上审批系统顺利实施。在县领导的高度重视下，2011 年网上审批系统上线工作，初步实现审批事项网上统一办理，方便了群众办事。强化了网站内容保障和安全运行管理工作。指定专人具体负责日常信息审核，保证网站内容及时更新，指定专人不定时对网站内容进行查阅，防止网站被篡改。对网站安全进行了全面检测，做好系统数据备份、安全补丁升级等各项安全措施，大大地提升了网站的安全性。

（李建华）

赤城县

赤城县政府办电子政务科是专门负责政府门户网站和政府信息公开平台建设的专职机构。从2010到2012年，每年的电子政务专项资金投入约3万元，其中包括网站每年的维护费、域名费、服务器托管费等相关费用，到2013年底此项资金还未纳入财政预算，由办公室财务列支。制度建设方面，结合实际制定《政府信息公开八项制度》《赤城县政府门户网站和政府信息公开工作考核办法》《赤城县政府系统网络保密相关规定》《中国赤城政府门户网站信息审核发布相关规定》等文件。2010年以来，电子政务建设在经济和社会发展中的作用日益增强。“中国・赤城”政府门户网站、政府信息公开平台投入并正常运营，初步建立起覆盖44个部门和18个乡镇的政府电子政务信息发布系统。政府公办室、编委办、残联、扶贫办四部门已经实现了与省政府公务内网的光纤互联。政府各部门办公自动化和网络化程度不断提高，面向公众的网络应用系统不断扩展，电子政务应用系统建设取得一定成效。

“中国・赤城”政府门户网站和政府信息公开平台采取部分外包方式管理，即：客户端软件系统由公司进行制作维护，服务器委托张家口市网通公司托管，政府办各乡镇、各部门负责信息发布工作。硬件设备配备情况：自行采购专门从事电子政务工作的IBM服务器一台，24口交换机两台，外网10M光纤接入，台式电脑三台，正版软件10套。政府办所有工作电脑采用内部交换机互联，无专业内网，外网采用10M光纤接入。与省政府公务内网相连的计算机专机专用、专线接入，采用光纤接入技术，技术服务由县网通公司支持。安全保障方面，委托市网通管理的服务器，安全方面由市网通进行保障，办公室内部计算机分为上网和公文专用机两类，公文专用机与互联网物理隔离，移动存储介质及网络使用方面严格按照保密规章制度相关规定执行。网站建设方面，“中国・赤城”是政府门户网站，从2003年政府网站成立至2013年底，几经改版，已发展成为涵盖政治、经济、文化等方面的综合政务平台。主要栏目有赤城要闻、视频新闻、乡镇动态、部门动态、办事大厅、政民互动、旅游、投资、信息公开、专题专栏等。本着“宣传赤城、服务百姓”的宗旨，提升办网水平，加大信息公开力度，完善办事机制，让“中国・赤城”政府门户网站更好地为政治、经济发展服务。

（刘进春）

崇礼县

崇礼县紧密结合实际，把政府网站作为电子政务建设的核心任务来抓，以“巩固完善、创新提高、争创一流”的工作理念和“推进依法行政，推行电子政务、提高政府工作透明度和公信力”的原则，抢抓机遇，乘势而上，在实践中不断探索电子政务工作，强力推进政府门户网站、政府信息公开、崇礼旅游网站等电子政务工程建设，有效推动了政府职能转变和行政效率提升，促进了全县电子政务工作的稳步发展。

加强组织领导，高度重视电子政务建设工作。自2008年国务院和省、市电子政务建设工作会议以来，崇礼县高度重视此项工作，组织成立了由政府常务副县长任组长，相关单位为成员的政府网站建设和管理工作领导小组，对全县政府网站等政务信息化工作进行统一领导，并将县政府电子政务管理中心作为领导小组下设办公室，具体负责全县的电子政务建设和管理工作。制定《崇礼县政府系统门户网站建设和管理规定》《崇礼县实施<中华人民共和国政府信息公开条例>细则》，并制定完善了有关政府信息网络系统安全运行管理、信息审查发布、账号使用管理、信息保密、责任追究、年终考核等10多项工作制度，指导全县政府网站等电子政务化建设发展。2010年，投资60多万元，对电子政务管理中心机房进行改造升级，对机房和办公大楼布线进行统一规划，增加防火墙、UPS电源等网络设备，搭建了互联网、政府局域网、政府内网等电子平台，为全县电子政务发展奠定基础。2011年，投资10万多元对政府门户网站、政府信息公开平台进行了改版升级，改版后的政府网站结合政府信息公开平台，实现“两网合一”，全面提升政府网站的各项功能。2012年，投资3万多元购置了政府网站独立服务器（在市联通机房托管），使政府门户网站及政府信息公开平台的空间和功能进一步扩大和增强。

注重平台建设，积极开展电子政务建设和应用系统推广。2010年以来，在电子政务工作中，先后将全县50多个部门、单位纳入政府网站管理系统，安装了政府网站和信息公开平台软件，不仅达到了各单位共同管理维护的目的，增加了政府网站信息发布的及时性、准确性、全面性，同时也实现了信息资源共享等功能。在上级相关部门的安排部署下，通过政府内网建立政务信息管理与报送系统，成为崇礼县与省、市实现信息传递的重要平台，降低行政成本，实现便捷、高效和环保。同时，配合省、市，进一步做好电子公文传输、网络视频等电子政务工作，初步实现办公网络化、公文无纸化、资源共享化、视音频传输网络化，提高办公自动化程度。

发挥窗口作用，不断完善政府网站和政府信息公开系统。在政府网站创建和维护管理工作中，遵循“透明、服务、民主”的原则，把网站定位为“政务公开的窗口、服务社会的平台、提高效能的工具”，着力突出“信息公开、在线办事、公众参与”三大功能，使政府网站服务进一步贴近公众需求，为广大群众开辟了方便快捷的新的服务窗口，成为全天候职守的“网上政府”。一是实施政务信息公开，进一步提升政务网站公共服务水平。按照《中华人民共和国政府信息公开条例》和省、市电子政务信息建设相关工作要求，通过政务信息的及时上网发布，不断宣传崇礼，推进政务公开，进一步加强政府与人民群众间的沟通与互动，推动“阳光政府”建设。尤其是对“工作动态”栏目每天都能够做到及时发布，包括政府领导每日工作动态在内的政务信息每个工作日都进行更新；“资金信息”栏目及时发布财政预算执行情况等财政信息；“人事任免”栏目及时准确发布任命干部文件，便于公众掌握和监督人事变动情况。通过政务信息的多角度发布，逐步实现了政府财权、事权、人事权的公开。近年来，通过政府网站公开信息每年均在10000余条，较好地实现了公开信息、联系群众、为民服务的网站功能。网站已成为崇礼信息化建设的一面旗帜，成为推进政府信息公开工作的重要载体和展示政府形象的主要窗口，有力地促进了地方经济和社会事业的快速发展。二是推进政府网上办事，提高门户网站公共服务能力。政府网站的在线办事功能，是反映政府网站功能定位的重要组成部分，更是政府网站建设的核心内容。为使社会公众能够通过政府门户网站，更方便地享受到各种公共服务，不断强化政府网站的在线办事功能。其中“办事大厅”栏目中的办事信息包括事项名称、办事程序、办理机构、联系方式、办理时限、收费标准等，基本涵盖企业和群众生产生活的方方面面，方便了社会公众。三是深化网上政民互动，进一步畅通门户网站沟通交流渠道。建立健全政府网站的政民互动渠道是电子政务建设中的一项重要任务，同时也是政府网站的重要功能定位之一。因此，在网站上设立“县长信箱、政策问答、建言献策、办事咨询”等栏目，在政府和群众之间搭建双向交流的平台，增强政府行政工作的透明度，保证人民群众的知情权、参与权、监督权。在具体工作中，针对网站栏目中的群众来信，统一由县电子政务管理中心牵头受理，并根据来信的所属栏目和内容，通过及时向政府主要领导和相关单位发放“领导信箱督办卡和群众来信答复卡”等形式，限期予以处理和答复，并由县电子政务管理中心统一收集梳理受理结果，及时进行发布。

强化培训考核，进一步提高工作人员应用水平。培训是电子政务应用的基础，先后召开了政府信息公开网站拓展延伸、政府门户网站推进等相关电子政务工作会议，切实提高了各乡镇、各部门对电子政务工作的重视程度。同时，采取“走出去、请进来”等多种方式，学习借鉴先进经验，并举办了多期信息员培训班，手把手交，面对面学，确保信息员熟练应用，提高了干部队伍的素质，保障了电子政务系统应用的技术支撑和效益的发挥。县电子政务管理中心、政府督查室、监察局采取定期和抽查的方式，针对政府网站建设、政府信息发布等工作内容，到各乡镇和县直部门开展督查，同时，由县电子政务管理中心对各乡镇各部门所承办政府网站栏目的工作效果和自身政务信息公开情况统一考核，实行季度通报，年终考评，提高政府网站建设的规范化程度。

加大安全防范工作，确保网络公共服务安全。安全体系是电子政务正常运行的重要保障。在加强电子政务系统建设的同时，高度重视电子政务安全保障建设，牢固树立抓建设与保安全相结合的指导思想，建立并完善了电子政务网络管理制度、信息网络安全保密规章制度和上网信息保密审查等相关规章制度。指定专人负责政府网站的信息更新维护和安全保密工作，及时组织县保密局等相关部门对全县重要部门和重要信息系统进行了网络信息安全专项检查，强化了对涉密场所和涉密载体管理，并严格按照“控制源头、加强检查、明确责任、落实制度”和“谁上网，谁负责”的原则，坚持做到“涉密不上网，上网不涉密”，确保了网络与信息安全工作的平稳有序运行。

（董树军）

怀安县

怀安县政府成立由县长任组长，分管县长任副组长，各单位负责人为成员的电子政务工作领导小组，成立专门的工作机构——网络信息中心，派2名工作人员负责具体工作的电子政务工作体系，保证了电子政务工作的有序进行。“中国·怀安”政府门户网站、政府信息公开平台已投入并正常运营，初步建立起覆盖39个部门和11个乡镇的政府电子政务信息发布系统。从2010-2012年每年的电子政务专项资金投入约3万元，其中包括网站每年的维护费，域名费、服务器托管费等相关费用。制度建设方面，根据省市有关文件要求，结合本县实际制定了《怀安县政府门户网站和政府信息公开工作考核办法》、《政府信息公开八项制度》等文件。政府各部门办公自动化和网络化程度不断提高，面向公众的网络应用系统不断扩展。

“中国·怀安”政府网站于2007年2月在国务院办公厅的帮扶下创办，几经改版，到2013年底已发展成为涵盖政治、经济、文化等方面的综合政务平台。主要栏目有怀安要闻、乡镇动态、部门动态、办事大厅、旅游服务、投资指南、信息公开、专题专栏等。本着“宣传怀安、服务百姓”的宗旨，不断提升办网水平，加大信息公开力度，完善办事机制，让“中国怀安”政府门户网站更好地为政治、经济发展服务。“中国怀安”政府门户网站和政府信息公开平台采取部分外包方式管理，即：客户端软件系统由公司进行制作维护，服务器委托张家口市网通公司托管，政府办与各乡镇、各部门负责信息发布工作。硬件设备配备情况，自行配备路由器一台，24 口交换机两台，外网 100M 光纤接入，台式电脑二台。政府办工作电脑采用内部交换机互联，与市政府公务内网相连的计算机专机专用、专线接入，采用光纤接入技术，技术服务由县网通公司支持。安全保障方面，服务器委托市网通管理，安全方面由市网通进行保障，办公室内部计算机分为联网和公文专用机两类，公文专用机与互联网物理隔离，移动存储介质及网络使用方面严格按照保密规章制度相关规定执行。

（张宏亮）

涿鹿县

涿鹿县立足于提高政府办公效率，扩大对外形象推介和宣传力度，积极推进电子政务和政府门户网站建设，经过几年的不懈努力，收到了良好效果。全县的电子政务建设工作正逐渐规范化、制度化，促进了县政府职能的转变，创新县政府管理形式，提升涿鹿县的形象和影响。统筹规划，建立电子政务工作专业机构。2007 年，把加快全县信息化建设确定为促进全县经济快速发展的战略措施，为做好这项工作，县政府领导高度重视，积极谋划，通过多次会议研究决定，由县政府主要领导负责全县电子政务的开展工作，并由政府办专门抽调了 2 名工作人员成立了县政府信息中心，具体负责全县的电子政务建设工作。同时确定县政府信息中心属于全县电子政务建设和开展的领导机构，对县内工作实行统一管理，协调各乡镇、各部门的电子政务建设工作，制定全县的发展规划和实施方案。

以政府门户网站为载体，打造电子政务新平台。2010 年开始，政府门户网站开始升级改版，加大了政务公开、在线办事和公众参与的力度，门户网站初步成为政府对外发布信息的主渠道，成为政府联系人民群众的桥梁和纽带。经过几年来的探索和努力，到 2013 年底网站已由最初的形式死板、功能简单，提升为现在的形式更为灵活多样、功能更加强大与丰富，成为了沟通政民、展现透明阳光政府的新平台。现在网站主要包括新闻动态、县域动态等新闻类栏目，还包括媒体看涿鹿、涿鹿艺苑等一批极富地方特色的精品栏目，这些栏目的更新设置，使政府门户网站在提供最新、最快县内新闻发布的同时，也吸引了各界有意来涿鹿发展的朋友，能从多方面更加丰富、立体的展示涿鹿面貌。同时开通网上办事、政策咨询、县长信箱、政务公开等系统，实现了宣传、办公、办事的多功能电子政务平台，网站的功能丰富、便民利民，网站得到大众的更多关注，网站点击率稳步提升，每日网站的点击率从最初建站时的每日几十人次增加到 2013 年每日的 700 余人次。到 2013 年底网站上发布各类信息 40931 条，办事大厅发布办理事件共计 1286 条，政民互动共计办理事件 583 件。

依托新技术，高效实用建设自动化办公网络。2009 年开始，为进一步推进电子政务建设进程，逐步探索办公专网、无纸化 OA 系统的建设。在建立电子政务专网建设过程中，县政府办聘请原网通公司和市网通公司的专家进行网络结构设计，并多方咨询，反复论证，优中选优。电子政务专网的部门、单位均可在基础软硬件平台上开展信息化应用，能够实现行文流转、文件传输、会议通知、多方通话等专业 OA 的各种功能。一是高标准建设网络基础设施和服务器中心控制机房。引入先进的网络模式，采取主机托管的方式，与县联通公司签订了 IDC 主机托管协议，实地安装一套功能强大的网站服务器和完整的安全防火墙设备，全面保证网站的病毒防控与各类木马的侵入。二是加快机关内部信息化建设。建立信息魅力办公专网，全县的机关单位均已接入网络，初步实现网络化、无纸化的现代化电子政务办公方式。到 2013 年底全县的各部门间传送非涉密文件，以及下发的各类行文均可通过信息魅力进行实时传送和接收，极大的改善了传统的纸质行文的不足。到 2013 年底，全县政府部门及各镇已经基本实现无纸质公文传输，OA 办公系统已经收发电子公文 1200 余件，会议通知 530 次，在提高行政办公效率，节约办公支出方面效果显著。

（温枢江）

蔚　县

蔚县政府以办好政府门户网站和政府信息公开平台为己任，推进政务公开为重点，做好政务信息化工作。2010 年政府门户网站改版工作顺利完成。2011 年，政府门户网站进行了再次改版并与政府信息公开平台进行了充分整合。2012 年 11 月购置了门户网站服务器并托管到市联通公司。网站运行以来，及时为各部门及各乡镇分配了用户名和密码、网站后台维护程序，并下发了栏目维护分工表。逐步增加《交通违法行为曝光台》《蔚县文化经纬在线》《剪纸艺术节专栏》《行政权力公开》《解放思想大讨论专栏》等栏目，实现与《创先争优专题》《工程建设领域信息公开专栏》《冀展网》《专项资金公开网》的链接。逐步完成政府信息公开八项制度，即蔚县政府信息公开保密审查制度（试行）、蔚县政府信息公开工作年度报告制度（试行）、蔚县人民政府信息公开工作责任追究办法（试行）、蔚县政府信息主动公开工作制度（试行）、蔚县政府信息依申请公开工作制度（试行）、蔚县政府信息澄清制度（试行）、蔚县政府信息发布协调制度（试行）、蔚县政府信息公开工作考核办法（试行）。2011 年，门户网站与政府信息公开平台整合后，下发了《关于成立政府门户网站建设和管理领导小组的通知》、《蔚县政府门户网站内容保障工作考核办法》及《蔚县政府门户网站内容保障工作责任分工的通知》。

加大政务信息公开的力度。门户网站围绕县委、县政府的中心工作，认真宣传、贯彻党的方针政策，不断充实公开内容，提高工作的透明度，及时将产生的各类信息第一时间在政府网站上发布。

狠抓政务信息报送工作。根据信息工作的特点，多方捕捉信息，精心筛选加工，正确处理好数量与质量的关系，做到一事一报，简明扼要。截至 2013 年 6 月 5 日，门户网站发布，信息 15150 条、政务信息公开平台发布信息 10959 条。为领导掌握信息、正确决策、推动工作提供了可靠依据，为各部门协调沟通、相互交流搭建良好平台。

加强组织领导，夯实政务信息工作基础。把政务信息工作列入了重要议事日程，根据各科室工作的特点，将具体的政务信息工作任务细化分解，责任到人。做到人人有任务，个个有指标，营造人人搜集信息、编写信息的工作氛围。在政务信息工作的管理上，用制度去管人，靠制度来促进工作，制定政务信息撰写制度、信息通报制度、信息报送奖惩制度及重大信息报送工作机制，健全了管理体系，形成了政务信息工作与其他工作齐头并进、协调联动的工作局面。通过电话、电子邮件、QQ 群等方式与各部门、各乡镇信息员进行联系和指导，先后制定出台了两次《政府门户网站工作人员轮训的通知》，对全县的 70 个维护部门信息员进行了轮训。2012 年 10 月，下乡镇、走部门对网站维护单位进行督导，强化各部门、各乡镇的一把手对网站信息发布工作的重视，同时要求各单位的信息员对主管领导签发的信息及时、准确上报。同时采用一季一通报方式对各部门报送信息进行督促，激发各单位报送信息资料的积极性，拓宽信息收集渠道，提高政务信息工作水平。

（卢有青）

阳原县

为全力推进政府门户网站建设工作，阳原县政府专门成立了由常务副县长任组长的“政府门户网站建设和管理领导小组”，负责全县政府系统门户网站的建设和管理工作。2013 年 4 月经县编委会研究，县政府办成立电子政务科，专门负责政府门户网站的建设、维护、管理以及政务信息公开工作。科室人员共计 3 人，科长 1 人，科员 2 人。为保障网站健康持续发展，出台 8 项制度，分别是《阳原县政府信息主动公开工作制度（试行）》《阳原县政府信息依申请公开工作制度（试行）》《阳原县政府信息澄清制度（试行）》《阳原县政府信息发布协调制度（试行）》《阳原县政府信息公开保密审查制度（试行）》《阳原县政府信息公开工作年度报告制度（试行）》《阳原县政府信息公开工作责任追究办法（试行）》《阳原县政府信息公开考核办法（试行）》，这些制度有力保证了网站的安全运行和有序管理。同时加强网站建设督导检查，定期对各乡镇、各部门网站信息更新、维护情况进行通报。2013 年 1-6 月份共发布阳原要闻及各类信息 2540 条，同比增长 20%。

按照省、市关于政府门户网站升级改版工作的相关要求，在 2011 年 6 月底完成网站改版的全部工作。加大了政务公开、在线办事和公众参与的力度，门户网站初步成为政府对外发布信息的主渠道，成为政府联系人民群众的桥梁和纽带。通过两年的建设和优化，网站以公共服务、公众参与的基本服务功能为导向，进一步规范栏目设置，使各版块功能更加清晰，栏目设置更加有序，网站整体结构、页面布局、栏目设置水平不断提升，服务功能进一步增强。网站主要包括新闻动态、县域动态等新闻类栏目，同时投资近 8 万元购置了视频服务器各类专业软件，开辟“阳原新闻”“探秘泥河湾”等视频栏目，这些栏目的更新设置，使政府门户网站在提供最新、最快县内新闻发布的同时，也能从多方面更加丰富、立体的展示阳原新面貌。同时开通了网上办事、政策咨询、县长信箱、政务公开等系统，实现了宣传、办公、办事的多功能电子政务平台，由于网站的功能丰富、便民利民，得到大众更多关注，点击率稳步提升。

（张海波）

万全县

万全县坚持电子政务建设为先导，以应用促发展的指导原则，立足县情，超前规划，突出电子政务建设的适用性和实效性。通过抓建设重应用，抓规范重实效，抓完善重创新，大力提升信息资源的应用水平，全县电子政务建设发展态势良好。

突出重点，注重实效，政务网络建设步伐进一步加快。门户网站于 2011 年 4 月进行了改版升级，到 2013 年底，点击率已达 40 余万次，累计发布信息 8000 余条，调查处理“县长信箱”群众来信 60 余件，承办市信访局转交的“市长信箱”群众来信 50 余件，办结率 100%。除此之外，逐步将更多条件具备的行政许可事项添加到网上办公栏目中，根据服务对象的类型调整信息服务的结构，达到使用网站更加方便，获取信息更加简单的目的，从而有效增强政府网站的公开、服务能力。

突出应用，注重效率，提高网络开发利用程度。按照国家、省、市关于开展依托电子政务平台加强县级政府政务公开和政务服务试点工作的安排部署，万全县被列为全省8个省级试点单位之一。2013年底，以网上审批和电子监察为主要内容的电子政务系统开始实施，并开始软件安装。还有公共资源交易中心的建设，全方位、多层面提供工程建设、政府采购、产权交易、国有土地使用权和探矿权采矿权招拍挂、交通公路、水利工程、农业综合开发、林权流转、医疗药品等综合性招投标信息发布、中标公示和招投标网上咨询服务。

突出培训，注重提高，信息化知识普及面不断扩大。在电子政务建设工作中，把信息化知识培训和技术骨干队伍建设，作为电子政务建设的头道关口，通过选调、派送学习和集中培训，不断扩大范围，提升层次，提高政务信息化建设技术队伍的整体素质。

突出质效，注重完善，加强对政府及各部门业务网站的管理与维护。电子政务搭建在基于互联网技术的网络平台上，自身缺少设防，安全隐患较多。因而在推进电子政务建设过程中，高度重视信息安全保障体系建设，使用了防火墙、安全网闸与入侵检测系统，有效保护了信息系统安全。同时，制定了日常安全管理四项制度、岗位信息安全责任制度及网络信息安全应急预案，进一步提高预防和控制网络突发事件的能力和水平，减轻或消除突发事件的危害和影响，确保网络与信息安全。

（何　佳）

尚义县

为切实推进信息化工作建设进程，尚义县政府专门成立了县信息化工作领导小组，下设内网（设在县政府办信息科）和外网（设在县政府办信息管理中心）建设办公室，具体负责县电子政务建设和管理工作。为保障全县政府信息公开工作规范、有序开展，制定并印发了《尚义县人民政府信息公开保密审查制度（试行）》《尚义县人民政府信息澄清制度（试行）》《尚义县人民政府信息主动公开工作制度（试行）》《尚义县人民政府信息依申请公开制度（试行）》《尚义县人民政府信息发布协调制度（试行）》《尚义县人民政府信息公开工作年度报告制度（试行）》《尚义县人民政府信息公开工作考核办法（试行）》、《尚义县人民政府信息公开责任追究制度》等八项制度，从政府信息的搜集、整理、审查到发布等各个环节进行了明确的规定，确保了政府信息制作规范、责任到位、审查严格。在政府网站建设方面，专门配置了两台电脑，用于政府信息公开和网上信息发布，并明确了专门的人员负责网站日常管理与维护。在政府内网建设方面，专门配置了一台电脑，用于信息报送和信息管理，并明确了专门的人员负责日常维护与信息报送。同时，还对网络线路、交换机等设备进行了更换，专门配置了网络督察安全系统，购买了正版瑞星杀毒软件。

为更好的做好电子政务各项建设工作，2011年5月，完成了新版“中国·尚义”政府网站及政府信息公开平台整合建设，实现了政府部门通过统一的窗口，及时发布各类政策法规和政务信息，公开办事程序，提高办公透明度，开展了信息查询、县长信箱等交互式互动栏目，沟通政府与群众的交流，为社会公众提供方便、快捷、高效的政府公共服务。

县政府高度重视网站建设工作，把建设政府门户网站作为对外开放的一个重要窗口，采取有效的措施，加快政府门户网站建设进程。成立领导小组，明确工作责任和职责，把建设政府门户网站，纳入政府工作重要日程来抓，有效地调动了工作力量。县政府先后投入资金10万余元，用于政务内网和政府门户网站建设。在机构人员上，成立了信息科和信息管理中心，由3名人员负责日常维护与信息报送以及网站日常管理与维护工作。强化了队伍建设，提高了业务工作水平，为电子政务建设提供了人员和资金保障。

加强服务，努力维护网络顺畅运行为保证政府门户网站安全、有序运转。一方面，加大网络平台、管理平台、安全平台和培训平台的建设力度，在“硬件”上保证网络的安全有序运行。另一方面，加强管理人员的培训与教育，提高相关人员的思想和业务素质，在“软件”上保证网络的安全有序运行。一是增强服务意识，提供有效便捷服务。开展信息发布、网上互动、网上监督等服务，为确保网络畅通，针对网站运行过程中出现的问题，举办了防病毒知识培训班，介绍正版的杀毒软件，提高了各部门的网络防护能力。二是加强人员培训，提高栏目保障质量。结合机关工作的实际，采取以会代训的方式，强化了对有关部门网站栏目保障人员的业务培训。在政府门户网站建设之初，就召开了加强县政府门户网站建设工作会议，由主管领导亲自作动员讲话，要求有关部门要进一步明确搞好政府门户网站建设的重大意义，以高度的政治责任感抓好政府门户网站的建设工作。之后，对网站栏目保障人员进行了网络安全和信息管理业务知识培训，加大宣传教育力度，增强安全意识，提高防范能力，有力的提高了网站栏目保障员的业务能力。

整合政府信息资源，提高网站公共服务能力政府门户网站不仅是政府对外宣传的窗口，也是全县人民政治活动、经济活动和文化活动信息共享的网络平台。网络的公益性决定了高水平建设政府综合门户网站，提高其浏览、查询等使用率是检验政府门户网站应用效果的唯一标准。按照这一标准，加强对各栏目的工作指导，确保把政府门户网站办成一个实用、高效、有益、共享的网站。充分发挥网络广泛、迅捷的优势。在政府门户网站上公布了县政府领导和各部门主要领导的工作简历、分工、职责等情况，增强了政务的透明、公开；开设了政府信息公开专栏，重大项目实施、重要决策出台等情况全部在网上进行公开，方便群众监督；开设了县级政府、乡镇、部门政府信息公开网上发布专栏，把与群众切身利益密切相关的政策、法律、法规挂在网上，方便群众查询，维护广大群众的根本利益。加强网上宣传。开设走进尚义、互动交流、投资指南等栏目，积极宣传人文地理、风俗人情、城镇建设、旅游风光，有力的提高了知名度。公布招商引资项目，加快招商引资步伐，促进经济发展。

按照政府信息公开“应公开、尽公开”的原则，建立了政府信息公开工作与政府公文制作和运转流程相结合的工作机制。对制作的各类政府文件，在起草阶段由文件主办科室或部门在文件签发单上标注是否公开意见，经分管领导审核后，由县政府办公室法制科、县委保密局对文件规范性和保密性进行审查，由县政府办公室信息管理中心上网公开，从而保障了政府信息公开的及时、主动、全面和安全。

按照政府信息公开“先审查、后公开，涉密信息不上网、上网信息不涉密”的原则，发布的涉及经济社会发展、民生等各类其他政府信息，由专门的信息公开工作人员搜集整理，审查阶段坚持“一事一审”的原则由分管领导初审，经县政府办公室法制科、县委保密局进行规范性审查和保密性审查后，由政府办公室信息管理中心进行发布。各乡镇、各部门发布的信息，由本单位主管领导审核后，再由县政府办公室信息管理中心审核才可发布。同时，对所有发布的政府信息进行备案存档，确保了政府信息发布流程规范，有据可查。

认真做好已公开政府信息的监管。为确保政府门户网站安全、规范、有序运行，建立了一支由政府各部门、各乡镇相关人员组成的51人网络监督员队伍，按照值班读网制度规定，每日上午8：30、下午2：30登录县政府网站读网，对上传的各类信息进行检查、监督，及时发现政府网运行过程中存在的问题和安全隐患，不断加强和改进工作中的薄弱环节。

（王彦红）

康保县

康保县电子政务工作开展以来，县政府及时成立了由县长任组长，分管县长任副组长，各单位负责人为成员的康保县电子政务工作领导小组，成立专门的工作机构——政府办信息中心，实有工作人员六名，其中：两名工作人员负责政府门户网站“中国·康保”的内容保障和更新工作，两名工作人员负责政府信息公开平台工作，两名工作人员负责网络舆情工作。2010年以来，电子政务建设取得了一定成效，在经济和社会发展中的作用日益增强。“中国·康保”政府门户网站、政府信息公开平台已投入并正常运营，初步建立起覆盖40个部门和15个乡镇的政府电子政务信息发布系统。政府各部门办公自动化和网络化程度不断提高，面向公众的网络应用系统不断扩展，电子政务应用系统建设取得了一定成效。从2010—2012年每年的电子政务专项资金投入约3万元，其中包括网站每年的维护费，域名费、服务器托管费等相关费用。制度建设方面，根据省市有关文件要求，结合本县实际制定了《康保县政府门户网站和政府信息公开工作考核办法》、《政府信息公开八项制度》等文件。

“中国·康保”政府网站于2007年2月在国务院办公厅的帮扶下成立，几经改版，到2013年底已发展成为涵盖政治、经济、文化等方面的综合政务平台。主要栏目有康保要闻、乡镇动态、部门动态、办事大厅、旅游服务、投资指南、信息公开、专题专栏等。本着“宣传康保、服务百姓”的宗旨，不断提升办网水平，加大信息公开力度，完善办事机制，让“中国·康保”政府门户网站更好地为政治、经济发展服务。“中国·康保”政府门户网站和政府信息公开平台采取部分外包方式管理，即：客户端软件系统由公司进行制作维护，服务器委托张家口市网通公司托管，政府办和各乡镇、各部门负责信息发布工作。硬件设备配备情况，独立服务器一台，硬件防火墙一台，路由器一台，24口交换机两台，外网100M光纤接入，台式电脑六台。政府办所有工作电脑采用内部交换机互联，与市政府公务内网相连的计算机专机专用、专线接入，采用光纤接入技术，技术服务由县网通公司支持。安全保障方面，服务器委托市网通管理，安全方面由市网通进行保障，办公室内部计算机分为联网和公文专用机两类，公文专用机与互联网物理隔离，移动存储介质及网络使用方面严格按照保密规章制度相关规定执行。

（代建军）

沽源县

沽源县精心组织、规范操作、突出成效，在实际工作中严格要求、规范程序，电子政务建设工作逐步走上规范化、法制化、日常化的轨道。县政府门户网站和政府信息公开平台建设由政府办信息科负责，现有专职工作人员2人，均为本科以上学历。2010年投入资金6

万元，建设了县政务信息公开平台，2011年投入资金8万元对“中国沽源”政府门户网站进行了改版升级，2012年投入资金5万元购买了政府门户网站专用服务器并托管到张家口市网通公司。财政从2011年开始将网络维护经费5万元列入财政预算，其中包括网站每年的维护费，域名费、服务器托管费等相关费用。制度建设方面，根据省市有关文件要求，结合本县实际制定了《政府信息公开八项制度》、《沽源县政府门户网站信息发布管理办法》等文件。

2010年以来，扎实推进信息公开工作，不断加强政府网站建设，完善网站各项功能，电子政务建设均取得一定成效，实现了较大的跨越。2010年8月底，县政府筹措资金6万元，完成了本级网站的政府信息公开平台建设，为全县40个部门、14个乡镇，共54个单位开通了政府信息公开平台，实现了与省市平台的有效聚合。2011年7月，县政府筹措资金8万元完成了“中国·沽源”门户网站的改版更新。政府公办室、编办、残联、扶贫办四部门已经实现了与省政府公务内网的光纤互联。

硬件设备配备情况，2012年10月自行采购专门从事电子政务工作的IBM服务器一台，办公室内部每人配备电脑一台，外网10M光纤接入。外网采用10M光纤接入，所有工作电脑采用内部交换机互联，无专业内网。与省政府公务内网相连的计算机专机专用、专线接入，采用光纤接入技术，技术服务由县网通公司支持。

安全保障方面，委托市网通管理服务器，安全方面由市网通进行保障。办公室内部计算机分为外网和内网专用机两类，内网专用机与互联网物理隔离，移动存储介质及网络使用方面严格按照保密规章制度相关规定执行。

网站建设方面，“中国·沽源”政府门户网站和政府信息公开平台采取部分外包方式管理，即：客户端软件系统由公司进行制作维护，服务器委托张家口市网通公司托管，各乡镇、各部门负责信息发布工作。到2013年底，网站运行正常，主要栏目有沽源要闻、视频新闻、乡镇动态、部门动态、办事大厅、政民互动、旅游、投资、信息公开、专题专栏等。

（席跃军　张丽娜）

宣化区

宣化区政府贯彻落实省市政府关于电子政务建设、政府信息公开及安全等工作的各项规定，加强电子政务建设工作。宣化区电子政务工作主要围绕张家口市宣化区政府门户网站开展。网站工作在张家口市委、市政府的指导下，整体运行平稳。区门户网站主要硬件设施为IBM服务器一台，在市联通公司委托管理。另外，为了方便内务工作，建立了内网工作平台G6系统。该系统为全内网式系统，与互联网完全隔离，系统内终端全部采用正版操作系统。

领导高度重视，认真部署网站建设工作。宣化区对政府门户网站工作高度重视，成立了由区政府常务副区长为组长的领导小组，主要负责指导网站运行维护工作。宣化区政府门户网站多年来一直稳定运行，2011年，在市政府外网管理处的支持和帮助下，对网站进行了全面改版升级，6月底，网站完成改版升级，进入试运行阶段，9月正式运行，升级后的网站结构更加合理，界面更具亲和力，增加了许多更加亲民的板块，方便人民群众浏览。

加强制度保障，增强网站日常维护力度。一是健全组织领导，完善工作制度。成立了由主管副区长为组长的领导小组，安排专人具体负责网站维护管理、信息公开、互动平台等日常工作，做到了机构健全，分工明确。印发了《张家口市宣化区政府网络信息中心管理手册》等有关文件，明确网站信息发布、审核的职责分工和审查程序。二是做好门户网站维护工作。对政府门户网站进行升级改版，在原有的基础上，新增板块、更新页面、丰富内容，到2013年底网站建设工作已经全部完成。三是做好网站内容更新工作。加大对各部门、各单位管理力度，保证网站信息更新质量及速度；统一组织协调各单位和各部门根据栏目体系分工，维护、更新网站及政务公开信息平台内容。四是做好与群众互动栏目工作。2013年上半年，答复市长信箱、区长信箱信件共86件，答复率为100%。为保障互动栏目的时效性，安排专人具体负责，随时关注市长信箱、区长信箱动态，确保做到第一时间答复群众，不拖沓，不敷衍，确保让群众得到满意答复。

（谢　飞）

下花园区

下花园区自门户网站建设工作开展以来，区领导多次召开会议对此项工作进行安排部署，投资7.5万元对原有系统进行升级改版，于2011年8月份正式投入使用。在改版过程中领导多次强调要广泛征求意见，拓展思路，学习兄弟县区保障措施和宝贵经验，确保网站建设工作重点，力争打造一个人民群众喜闻乐见的政府门户网站。

加强制度保障，增强网站日常维护力度。一是健全组织领导，完善工作制度。成立了由主管副区长为组长的电子政务和信息公开工作领导小组，安排专人具体负责网上公文收发、信息公开、互动平台、网站维护管理等日常工作，做到了机构健全，分工明确。印发了《张家口市下花园区政府系统门户网站建设和管理规定》等有关文件，明确网站信息发布、审核的职责分工和审查程序。二是做好门户网站改版升级工作。对政府门户网站进行升级改版，按照体现花园人文城市特色的原则，在原有的基础上，新增板块、更新页面、丰富内容，到2013年底网站建设工作已经全部完成。三是维护网站正常运行。加大对各单位部门管理力度，保证网站信息更新速度及质量；统一组织协调各乡人民政府、区直各单位和区政府各部门根据栏目体系分工，维护、更新网站及政务公开信息平台内容。四是有力维护与群众互动栏目。2013年上半年，答复市长信箱、区长信箱信件共8件，答复率为100%。为保障互动栏目的时效性，安排专人具体负责，随时关注市长信箱动态，确保做到第一时间答复群众，不拖沓，不敷衍，确保让群众得到满意答复。

（董　泽）

桥东区

张家口市桥东区信息中心紧紧围绕市、区政府的重点工作，以服务领导决策为宗旨，适应新形势发展的需要，创新工作思路，提高信息工作质量和服务水平，在为本级搞好服务的同时，加强电子政务建设工作，区政府电子政务建设呈现出良好的发展局面。

为全面贯彻落实《条例》，桥东区成立了由区长担任组长，常务副区长担任副组长的桥东区政府信息公开工作领导小组。领导小组下设办公室，办公室主任由区政府办公室主任兼任，主要职责是推进、指导、协调、督促全区各单位开展政府信息公开工作。

完善制度建设，保障信息公开的有效落实。认真抓好落实《桥东区政府信息主动公开工作制度》，明确专人负责政府信息公开工作，按照“谁主管、谁负责，谁公开、谁审查”的原则，对公开的政府信息是否涉及国家机密、商业机密、个人隐私及其他敏感信息进行严格审查，为政府信息公开工作顺利推进提供了强有力的保障。加强基层队伍建设，各单位确定专人担任信息员，负责网站信息的采编工作，在2011年、2012年对全区三十多个部门信息员进行了3期业务培训，同时要求各单位信息员对主管领导签发的信息及时、准确上报。

在原有网站稳定运行的基础上，2011年完成了新版桥东区门户网站需求调研、栏目树整理、基础资料整理等工作，并对区原版门户网站已发布的全部信息进行了资料整理，顺利进行了区政府门户网站的全新改版，由信息发布型网站逐步转型为政民互动型网站。针对各单位信息报送人员的实际情况，以实例操作演示为主，以能操作、会运用为目的组织了信息工作业务培训会。

2011—2013年，区政府门户网站新增信息9738条，开通和更新专栏17个，区信息公开平台新增公开信息12451条（按著录日期统计），较好的完成了区政府门户网站的日常维护工作；及时做好政府公开信息（触摸式）查询终端的日常维护，保障查询终端与区政府公开信息数据库同步更新；按时完成历年公开指南、目录和概况信息的编制更新工作；搜集整理区信息公开纸质资料，向区档案局整理和移交政府信息公开资料1700余件；在市政府门户网站“县区动态”栏目发布信息6431条，在市政府信息公开平台发布信息9337条（按生成日期统计）；及时维护区政府门户网站“办事大厅”部分；每年撰写一篇区计算机网络应用及政府电子政务建设调研文章；做好网上舆情监测工作。

为保障区政府内部网络和门户网站的安全、稳定运行，防止黑客攻击事件的发生，在重要节日期间对区政府内部网络和门户网站进行全程安全监测。

加大政务信息公开的力度，三年来，围绕区委、区政府的中心工作，认真宣传、贯彻党的方针政策，不断充实公开内容，提高工作的透明度，做到主动公开信息主动发布，并及时处理社会公众提交的政府信息公开申请。狠抓政务信息报送工作，根据信息工作的特点，多方捕捉信息，精心筛选加工，正确处理好数量与质量的关系，做到一事一报，简明扼要，为领导掌握信息、正确决策、推动工作提供了可靠依据，为各部门协调沟通、相互交流搭建了良好平台。

（费晓明）

桥西区

桥西区政府门户网站是政府公开的重要平台，是加强政府自身建设的重要载体，是连接群众的重要纽带。为进一步加强门户网站建设和管理，充分发挥门户网站在全区经济社会发展中的重要作用，积极开展各项工作，确保网站正常运行。一是领导重视，成立工作小组。成立了由常务副区长担任组长，各单位、部门一把手任组员的区政府门户网站建设和管理领导小组。二是精心部署，做到专人专干。抽调专职人员对信息公开、区长信箱和动态信息进行维护，制定了《信息公开流程图》，要求月初上报审核，月末完成发布，确保信息公开内容发布的准确及时；执行《区长信箱办理流程》，按照主管主任签发、承报区长批示、政府办公室转办、各有关单位承办、政府办公室办结答复的责任分工，明确规定了5个工作日办结制度，保证区长信箱按时办理；出台了《动态信息审核发布制度》，要求各部门积极上报部门动态信息，经主管主任审阅再发布的工作程序，做到动态信息保质保量发布。三是加强认识，开展各类培训。为确保政府信息公开准确、及时、规范，提高政府信息公开工作整体水平，通过以会代训的形式，定期组织全区各级各部门负责政府信息公开的同志进行培训。

发挥门户网站“宣传桥西、推介桥西”的主流媒体作用，着力创新网络服务新内容。自政府门户网站建立以来，积极谋划网站内容，本着“宣传桥西、推介桥西”的原则，结合工作实际开办各种特色专题。堡子里旅游节是2013年文化旅游的“重头戏”，利用网络宣传速度快、传播范围广的特点，在门户网站设立专题专栏，宣传张家口堡的历史渊源、文化特色、旅游特点、堡子里大型文艺晚会等活动。并且以“堡子里文化旅游节”为契机，积极参加“山西旅博会”“天津旅交会”等大型活动，使外地游客加深对旅游景点的认知度，并结合全市旅游资源，设立大篇幅的“旅游景区路线专题”版块，为游客提供了住宿咨询、票价咨询、出行咨询、景区特点等多方面服务，从而加深旅游景区在外地游客中的认可度。为烘托建党90周年的喜庆气氛，门户网站还刊登了“彩色周末”“党史知识竞答”“红歌会”等形式多样的、群众喜闻乐见建党90周年特色活动。为了更好的为群众服务，不断开创网络问政新方法。在积极办理区长信箱的同时，桥西区建立了网络BBS帖子承办制度，将该项工作作为“区长信箱”职能的拓展和延伸，明确专人每天上网搜集、转办、督办网络舆情，一经发现问题立即处理，做到专人负责、快速反应。建设和管理好政府门户网站对进一步优化发展环境，促进政府自身建设，保障公众知情权、参与权和监督权，提高社会管理和公共服务水平有着重要意义。

创新思路，积极谋划，努力提升门户网站建设水平。一是加大硬件建设投入，保障网站安全运行。整合现有网络设备资源，根据实际情况，对基础设施进行必要的升级，根据实际情况加大网站的资金投入。二是探索信息公开审核、发布新方法。进一步做好公开和免予公开两类政府信息的界定，完善主动公开的政府信息目录，重点加强乡镇政府信息和对公众关注度高的国土资源、环保、医疗卫生、城乡建设、征地拆迁等方面的政府信息公开。把政府信息公开工作纳入绩效考评的内容，促进信息公开工作制度化、规范化发展，深入、持续、高效地开展政府信息公开工作。三是努力提高网站的吸引力。加强网站信息的时效性和新颖性，加大对信息质量的审核力度，确保信息的质量和数量，不断提高门户网站在干部、群众中的作用，提高网站自身魅力，加强对读者的吸引力。四是加大创新力度。结合“十二五”规划和省提出的“坚持科学发展，建设经济强省、和谐河北”，在新时期张家口市人文精神“包容开放、重信尚德、勤劳淳厚、自强向上”的指导下，全力打造特色鲜明的政府网站。

（张　线）

察北管理区

察北管理区做好区门户网站建设和维护工作。区政府网站的主要组成部分为：常规栏目、办事大厅和互动模块。根据市政府网站信息结构及维护责任分工表并结合区实际，明确责任，细化了分工，落实到单位及信息员。明确日常维护的内容、标准、时限要求，共同做好内容保障工作。在具体工作中采取具体的措施：县区动态及有效信息及时做好上传，对于办事大厅中涉及教育、社保、医疗、交通、住房、就业、企业开办、证件办理、资质认定以及其他10个子栏目的管理及维护在区管委会统筹，相关局室协调做好维护及办理。对于群众互动栏目的内容，做到交办当日能答复的一定答复，不能当日答复的实行限时答复，各局室在限定时间内办理并答复完毕；对于专题专栏等栏目信息均实行了限时提供。此项工作已列入区年终考核范围，采取奖罚制度。加大信息量及效率的保障。各局室负责人及信息员协调两办负责人及相关工作人员共同做好区政府网站内容保障。

（龚学磊）

塞北管理区

塞北管理区电子政务建设紧紧围绕全区的中心任务，以建设阳光政府为目标，强化领导，创新机制，狠抓落实，坚持把电子政务作为加强网络信息化、自动化、无纸化政府建设，作为全区工作效率的重要措施。逐步实现政务公开的规范化、制度化和法制化。从2010—2012年每年的电子政务专项资金投入约3.4万元，其中包括网站每年的维护费、域名费、服务器托管费等相关费用，到2013年底此项资金均已纳入财政预算。区政府办公楼6条光纤通信，保证了政府内网、外网通信畅通。制度建设方面，结合实际，制定了《政府信息公开八项制度》《塞北管理区政府门户网站和政府信息公开工作考核办法》《塞北管理区管委系统网络保密相关规定》《张家口·塞北政府门户网站信息审核发布相关规定》等文件。

电子政务建设现状：“张家口·塞北”政府门户网站和政府信息公开平台采取部分外包方式管理，即：客户端软件系统由公司进行制作维护，服务器委托张家口市网通公司托管，我办和区直各部门负责信息发布工作。硬件设备配备情况，自行采购的服务器专门从事电子政务工作的IBM一台，24口交换机两台，外网50M光纤接入。我办所有工作电脑采用内部交换机互联，无专业内网，外网采用50M光纤接入。与省政府公务内网相连的计算机专机专用、专线接入，采用光纤接入技术，技术服务由沽源县网通公司支持。办公室内部计算机分为外网、内网和涉密三类，内网、涉密机与互联网物理隔离，移动存储介质及网络使用方面严格按照保密规章制度相关规定执行。

政府网站建设情况：“张家口·塞北”政府门户网站从2011年改版升级以来，结合实际，对网站栏目和信息内容的表现方式进行重新规划设计，设置了动态信息、概况信息、政务公开（含政府信息公开）、网上办事、政民互动（主任信箱、政策问答、建言献策、办事咨询）、投资服务、专题专栏等栏目，网站整体功能得到明显提升，更好地为区政治、经济发展提供服务。

（杜丽丽）

高新区

高新区积极开展电子政务建设工作，各项工作运转有序，完成了上级安排的各项工作。2011 年经过精心谋划，对政府门户网站进行升级改版，新增板块、更新页面、丰富内容。按照市政府关于门户网站建设和升级改造有关文件精神及要求，高新区高度重视，成立了由区党工委委员、管委会常务副主任任组长，相关部门为成员的高新区门户网站建设领导小组，领导小组办公室设在区党政办，负责全区门户网站建设及维护、协调工作。严格按照有关文件规定，积极做好信息上传及发布工作。为做好政府门户网站信息上报工作，经领导小组研究，指定专人负责，所报信息需由本单位主管领导审核同意后上传发布，确保信息安全、及时、准确，加快了信息上报时限，大大提高了信息的实效性。

（郝　伟）

秦皇岛市

【概况】 秦皇岛市电子政务建设始于上世纪 90 年代末，在市委、市政府的正确领导下，全市各级政府部门按照电子政务总体规划的要求，开展电子政务建设和应用，从最初的政务专线到党政内、外网建设，从开办政府门户网站到各类业务平台扩展，经过了由简单粗放到系统严密、由内部应用到服务公众、由单向运行到互动交流的发展历程。至 2013 年底，全市电子政务网络基本建成，应用系统和办公自动化建设初具规模，一大批社会公共信息服务综合应用项目陆续投入使用，在全省率先步入“智慧城市”时代。

“中国·秦皇岛”市政府门户网站（http://www.qhd.gov.cn）由秦皇岛市人民政府主办，采用政府主导、服务外包的模式建设管理，已建成繁体中文版、英文版、手机版，开通政府频道、公民频道、投资频道、旅游频道和三农频道，拥有 1 个主网站、7 个子网站，分设 22 个一级栏目，450 个二级栏目。政府网站围绕政府信息公开、为民办事服务、政民互动交流三大功能，着力提升便民服务水平。除不适宜公开的信息外，网站及时将政府决策、总体部署、保障民生、社会法制等信息通过网站向社会公布，力求公开力度大，公开信息涉及面广。特别是政府动态栏目，安排专人每日更新，市政府重要工作安排、领导活动、全局性工作部署等信息都在第一时间通过市政府门户网站对外发布，信息的及时性、真实性、准确性受到市领导好评，《秦皇岛日报》也曾多次报道。各县区、各部门不断加大对县区动态、部门动态等栏目的保障力度，严格按照《秦皇岛市人民政府门户网站栏目责任分工表》，明确专人负责网站信息报送工作，办公厅电子政务处严格审核把关，做到信息发布及时、准确、权威。

截至 2013 年 12 月 31 日，市政府门户网站共发布各类信息 17 万余条，点击率突破 2939 万人次。2010 年 4 月，在全省政府网站绩效评估中，市政府门户网站获得 2010 年度全省第二名。2012—2013 年，市政府门户网站先后荣获“中国政务专用中文域名应用优秀奖”“服务创新型政务网站优秀奖”“中国政务网站优秀奖”等荣誉。

2012 年 9 月，被河北省外宣局、文明办等八家单位授予“河北省文明网站”称号；同年 12 月，被市委宣传部评为“秦皇岛市十佳文明网站”。在 2013 年 10 月结束的“网民最喜欢的河北省十大网站”评比活动中，“中国·秦皇岛”市政府门户网站成为全省唯一一家入选的政府类网站。

为进一步加大市政府门户网站宣传力度，展示全市经济社会发展和电子政务成果，于 2007 年 7 月在京秦高速公路上设置了两块宣传秦皇岛市门户网站的广告牌。利用户外大型广告牌宣传推广政府网站，在全省开创了先例，同年网站点击率和浏览量显著攀升。

【政府网站平台建设】 市政府信息公开平台。2009 年 9 月，市本级政府信息公开平台依托“中国·秦皇岛”门户网站建成，并同步培训了全市 120 名操作员。2010 年，四县三区相继建成本级信息公开平台，在全省率先实现市县、乡镇三级公开平台的全覆盖，并逐步实现与省政府信息公开平台的技术聚合和信息共享。平台维护单位包括四县三区以及开发区、北戴河新区，市级工作部门 33 个，直属事业单位 4 个，其他部门 18 个。平台的体裁分类包括概况信息、政策法规、规划总结、工作动态、行政执法、财政财务、统计信息、办事指南及其他。平台的主题内容包括组织机构、综合政务、工业交通、科技教育等 22 项。到 2013 年底，秦皇岛市政府信息公开平台累计发布各类政府信息超过 5 万条，涵盖全市经济社会各个方面，有效发挥了政府信息对人民群众生产、生活和经济社会活动的服务作用。

每日工作报告平台。2008 年 5 月，市政府系统实行“日报告、周例会、月调度”三项制度，市政府门户网站随之开设了每日工作报告平台，各县区政府、开发区管委、北戴河新区管委及市政府各部门的

图为：位于卢龙高速服务区内的政府门户网站宣传牌

主要领导通过政府门户网站报送每天的工作情况，主动接受社会监督。为规范“日报告”的上传格式和主要内容，市政府办公厅印发《关于“每日工作报告”栏目有关问题的通知》，举办“日报告”平台培训班。采取现场督导、文件通报、电话催报等方式，对“日报告”工作进行督导和规范。各上报单位充分认识“日报告”的重要性和必要性，责成专人负责“日报告”工作，部分单位主要领导亲自上网报告。“日报告”平台开通以来，保证了每日及时发布市政府系统当天的工作情况和热点大事，全面、及时、准确地反映了全市政府系统工作动态，为领导科学决策提供了可靠依据，推动了政府工作公开、透明、高效运转。

互动交流平台。市政府门户网站的“12345市长热线”，“网上办事”系统已成为公众了解咨询政府信息、申请办理各类服务事项的重要渠道。场景模式、表格下载、在线查询、在线访谈等栏目方便了市民查询办事，成为政民互动的信息交流平台。

三维地图平台。2012年，“数字秦皇岛”三维公众信息服务平台（http：//3d.3dqhd.com/）落户“中国·秦皇岛”政府门户网站“电子地图”栏目。“数字秦皇岛”通过三维模拟实景，展示城市街道、商业区、居民区、商店、景点等立体影像，使网友如同身临其境，也为广大游客和投资者提供了一个直观了解秦皇岛城市面貌的展示平台。该平台可以提供二维地图、三维地图、卫星地图、地理编码和数据应用分析等基本服务，不仅填补了没有三维地图的空白，而且使秦皇岛市政府门户网站成为全省首家拥有三维地图的政府门户网站。

公共服务平台。围绕保障和改善民生应用的各类办事业务和公共事业服务，以政府门户网站为窗口，强化政府网站应用服务，整合各单位审批职能，突出人性化的建设理念，提供一站式、场景式服务，充分满足公众办事需求。开设了“公民版”子站，下设办事指南、办事流程、表格下载、在线查询、在线办理五个栏目，同时开设投资版、旅游版、三农版，使个人办事、企业办事、投资者和旅游者办事等主题分类更加清晰，充分体现围绕企业和个人生产生活提供服务的理念。网站还针对特殊人群设置了更具人性化特色的“绿色通道”，为儿童、妇女、残疾人、低保户、失业人员、退伍军人等开设快速办事服务窗口。全市网站紧跟国内外政府网站的先进理念，不断拓展公共服务提供模式，整合各部门服务资源，提供各种主题的场景式服务。通过准确分析、对比公众需求，先后开设了出入境管理、医保办理、婚姻登记、生育办理、住房办理、劳动就业等8个主题的场景式服务，内容涉及公安、社保、民政、计生、房产、教育、税务等众多政府部门，体现了按流程、跨部门整合资源的服务理念。

工程建设领域信息公开平台。主要包括工程建设领域监理和建设工程质量检测等方面的内容。在工程建设监理方面，对全市监理单位在资质级别、从业人员、机械设备、经营场所等各方面信息进行动态监管，对全市建设行政区域内的在监工程及全市监理企业承揽的外地在监工程进行实时监管。严格外埠进秦监理企业备案管理，严格控制施工现场监理人员变更、保证现场人员到岗到位。通过监管系统的应用，实现实时数据上传，推动全市工程监理工作信息化、透明化、规范化。在建设工程质量检测方面，结合实际，依据行政法律、法规，国家规范标准，利用 Internet 技术和分布式数据库技术开发工程检测监管服务平台系统。该系统主要是由建设工程质量检测见证取样送检监督管理信息系统、工程质量检测信息服务平台系统、工程质量检测监督管理信息系统等三部分组成，分别安装和运行在市建设行政主管部门、工程质量检测机构及工程参建各责任主体单位（建设、施工、监理），形成一个覆盖全市范围的工程质量见证检测监管与服务的网络体系。

图为：三维地图——全景模拟效果（地点：海港区人民广场）

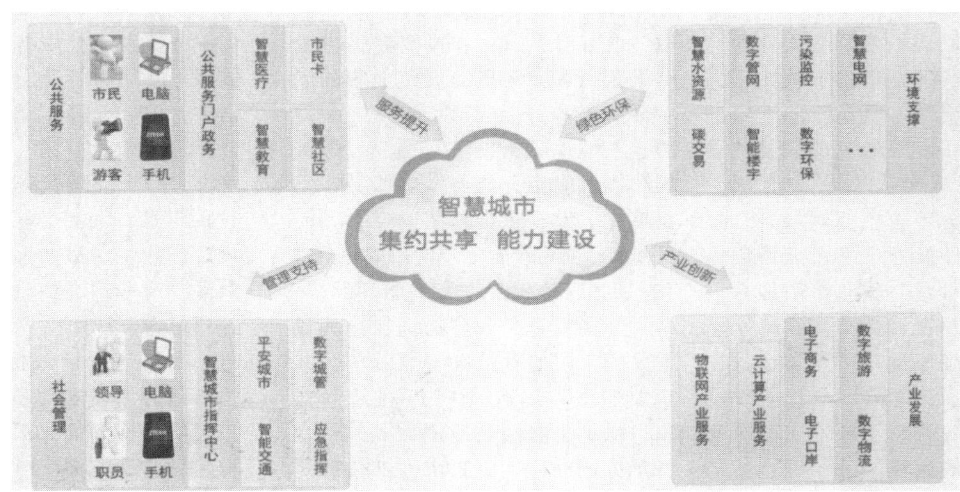

【智慧城市建设】 在秦皇岛市“十二五”规划中，秦皇岛市提出了利用网络技术、整合资源，推进城市管理系统化、智能化建设，打造“宜居、宜业、宜游”城市的构想。意在以服务民生为宗旨，科学构建数字城市的建设、管理、监督、应急指挥体系，全面提升城市社会管理和公共服务水平和应急能力，为秦皇岛市经济社会全面协调可持续发展提供良好的城市环境。2012 年 8 月 12 日，中兴网信与秦皇岛经济技术开发区签署合作协议，双方将共同建设“智慧城市”秦皇岛北方基地。河北省政府省长张庆伟、中兴通讯股份有限公司董事长侯为贵出席签约仪式。2013 年 1 月 15 日，秦皇岛市成为国家智慧旅游试点城市。2013 年 1 月 28 日，秦皇岛市成为国家智慧城市首批试点城市。2013 年 5 月 16 日，秦皇岛智慧城市项目合同成功签署。2013 年 8 月，秦皇岛市成为住房和城乡建设部云平台规范唯一试点城市。2013 年 9 月 30 日，平安城市项目基本实现视频监控全覆盖。2013 年 11 月 4 日，河北省委常委、秦皇岛市委书记田向利参观考察智慧城市项目。2013 年 11 月 20 日，秦皇岛市获得“2013 创新型智慧城市”称号。2013 年 12 月 17 日，秦皇岛市成为首批国家信息消费试点城市。

秦皇岛智慧城市一期建设以社会管理和民生服务为主题，重点建设一个平台——智慧城市云平台，四个核心项目——平安城市、智能交通、智慧医疗、智慧旅游，以加强城市管理和服务民生的角度实现资源整合和智能管理。

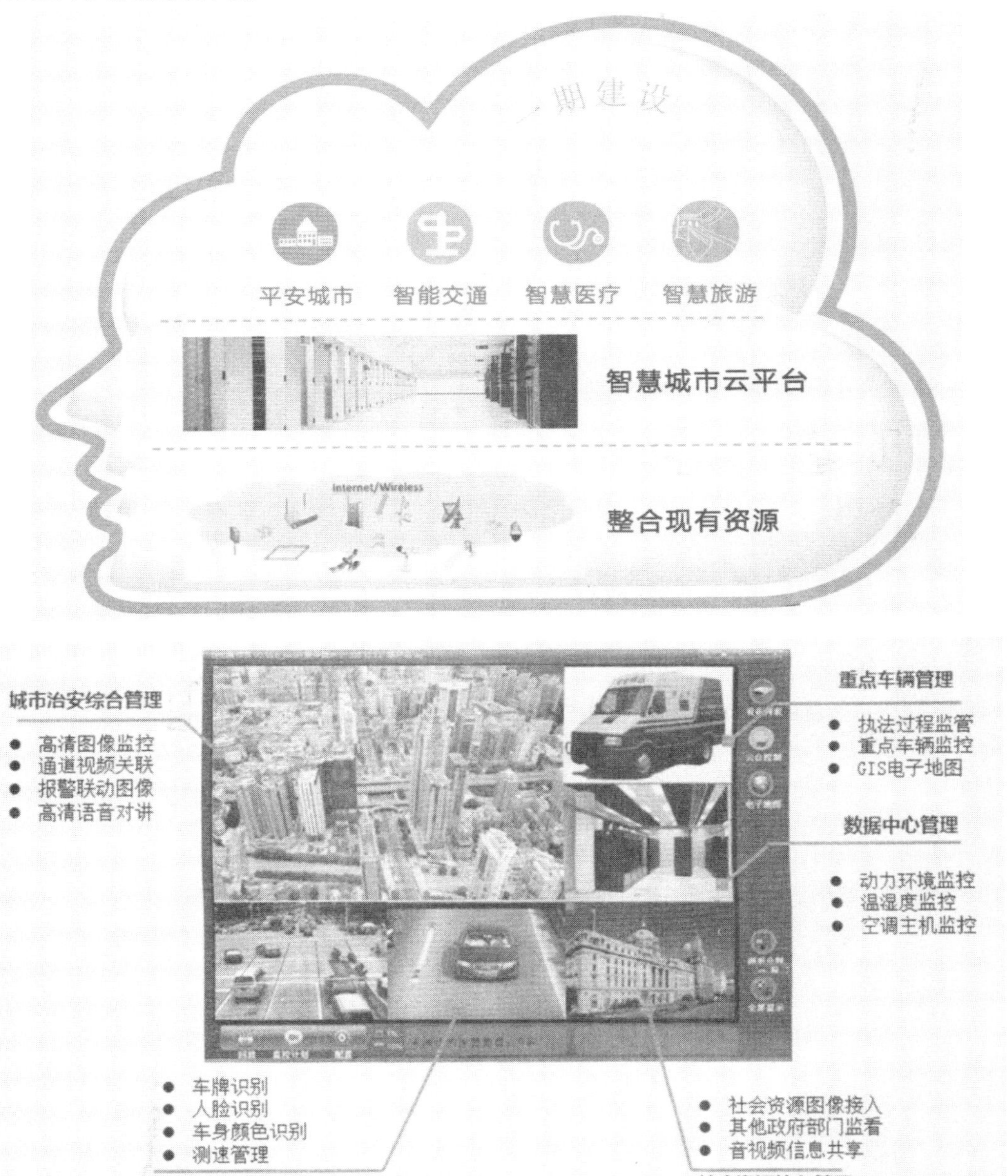

图为：平安城市综合管理示意图

智慧城市云平台。云平台是基于云计算架构的大数据平台，包括共享交换、能力支撑、基础数据，可快速搭建定制化的智慧城市运营管理中心。2013 年，秦皇岛市建立统一数据管理平台和运营中心，建筑面积为 1000 平方米，实现 IT 基础资源云化，实现计算资源池、存储资源池、网络资源池的统一管理、按需分配部署和资源动态调度。建设公共基础数据库，实现对地理信息、法人等基础数据的统一访问；建设应用支撑共享平台，实现资源的集约共享和应用的互联互通，满足未来统一支撑的业务系统建设需求。

平安城市。2013 年 5 月项目启动，同年 9 月全部接入市区监控点位，全市监控覆盖率 47%，重点监控城市出入口、重点交通道路口、党政机关、公共复杂场所、企事业单位、居民小区、重点单位、要害部位。新建市、县、乡镇三级监控平台，整合并充实监控数据，在数据平台之上构建视频业务系统。兼顾数据、平台、应用、网络各方面，保障秦皇岛的和谐发展和社会稳定。建设内容包括现有的三级监控平台的升级（扩容一个市级平台、改造 9 个县级平台、新建 14 个派出所平台、改造 56 个派出所平台），提高现有监控点的覆盖率（新建 1000 个前端点位、改造 200 个前端点位、新建后台支持系统 30 套），新建公安管理平台（1 套涉案视频管理中心、1 套视频侦查工作室、1 套视频侦查车辆系统、1 套人脸采集对比系统、1 套人脸检索系统）。

智能交通。2013 年 5 月项目启动，结合秦皇岛本地交通状况以及特勤保障需求，总体规划建设一个城市交通指挥中心，包括中心内的监控大屏、服务器、信号监控系统、电子地图处理系统、信息发布系统、综合业务处理系统等。涉及 103 个路口的信号监控及线路改造，新建 15 套交通诱导屏，15 套路段监控抓拍设备，306 套路段车流量采集，7 套高点监控设备。

智慧旅游。2013 年正式启动智慧旅游建设，共分 3 期建设，重点打造智慧旅游云平台和公众服务体系、行业服务体系、管理服务体系，围绕游前、游中、游后的旅游全过程，为游客提供多功能、全方位、标准化和智慧化的优质服务。打造包括旅游信息网、旅游政务网和电子商务网的“爱游秦皇岛（http://iuqhd.com）”系列网站，3 个子网站数据互通、信息共享，市民和游客可以按照个人意愿规划行程，预订相关服务。在 3A 级以上景区、重点旅行社、星级酒店、游客咨询中心以及火车站、机场和部分大型商场等人流集中区域布设了 100 台智慧旅游多媒体查询大屏幕，可为广大市民和游客提供实时的信息查询，实现各类票务的预订服务，市民和游客还可以通过语音对讲系统与呼叫中心实时对讲，及时反映和解决问题。在重要景观节点、旅游咨询服务中心、旅游商业街区、火车站等地设置 427 个无线热点。北戴河区 27 个无线热点现已投入使用。在 A 级以上景区布设 181 处视频监控点位。智慧旅游监控信号与平安城市、智慧交通的监控信号实现互联互通，通过应急指挥监控大屏幕及语言对讲系统，工作人员可以对可能发生的景区人流过载和道路拥塞等重大突发事件进行及时的预警并采取有效应对措施。根据市民及游客的需求，研发了既能满足秦皇岛本地人生活需要，又可为游客提供导游等服务的手机软件。该软件集查询、预订、评论、分享、导游、导航等功能为一体，为市民和游客提供了便利。

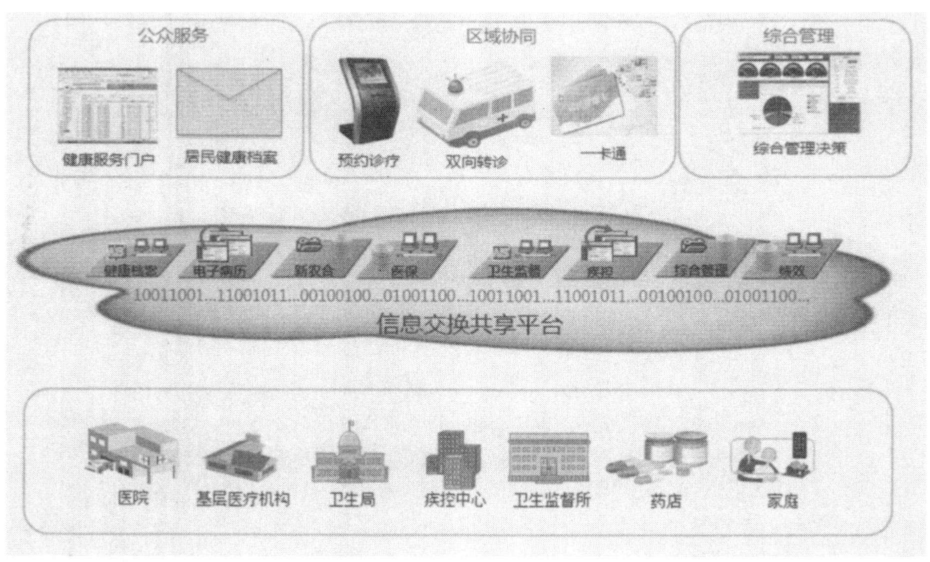

图为：医疗信息交换与共享平台

智慧医疗。2013 年，智慧医疗项目建设电子健康档案、电子病历和全国人口数据资源库三个基础数据库；逐步建设信息安全体系和信息标准体系。通过健康卡实现医疗卫生服务跨系统、跨机构、跨地域互联互通和信息共享所必须依赖的个人信息基础载体。智慧医疗项目体现以患者为中心、以居民为根本和以行政为支撑的医疗卫生理念，通过更深入的智能化、更全面的互联互通，实现居民与医务人员、医疗机构之间的互动，构建基于全生命周期医疗服务与公共卫生服务的健康体系。截至 2013 年末，秦皇岛智慧医疗信息交换共享平台覆盖全市 14 家直属医院，具备全市总计 31 家医院的接入管理能力。新建社区综合卫生管理系统，实现全市 85 家社区卫生中心的全面信息化。新建居民健康档案系统、双向转诊系统、诊疗预约系统、居民健康服务门户，服务全市 85 万人，整合现有的新农合系统、服务器资源到统一的医疗平台中。

【网上审批系统】 秦皇岛市网上行政审批系统于2006年5月投入运行，主要用于部门驻厅窗口办理进厅业务以及政务服务中心对进厅事项办理情况进行监管，同时为市纪委、监察局开展电子监察提供数据支撑。2011年5月对网上行政审批系统进行了升级改造，增加了面向社会公众的网上审批功能。主要开通了面向社会公众的网上申报、部门进厅事项的全过程网上审批、与各部门办公专网的数据交换以及政务服务中心对进厅事项的监督管理四大模块，共同保证全领域、全过程网上行政审批的顺利开展。网上行政审批系统运行后，提高了网上审批覆盖率，解决了企业和群众往返奔波问题。2013年末，已开通159个行政许可、非行政许可审批和公共服务事项的网上申报功能，占进厅事项总数的63.6%。在乡（镇、街道）政务服务中心和村（社区）便民服务室设立网上审批代办点，为群众提供电脑、扫描仪等设备并安排专人指导，消除了网络设备制约基层群众网上申报的瓶颈。

开放面向社会公众的互联网网上申报模块。在市政务服务中心门户网站（http://www.qhdzw.gov.cn）上设置了网上申报入口，申请人首先在网上注册身份，登录后即可进入网上申报界面提交电子版申报材料。相关部门驻厅窗口工作人员登录网上行政审批系统后，对网上申报的材料进行预审，预审合格的进入下一个审批环节，不合格的提出补正意见。申请人可以在网上查阅审批结果以及补正意见，网上审批合格的，窗口工作人员将纸质材料与网上受理材料核实无误后发放批件。提出补正意见的，申请人按要求补充更正申请材料后重新申报。

各部门进厅事项的全过程网上审批模块。对于所在系统没有配发网上办公系统的部门，办理进厅事项时使用网上行政审批系统在内网进行网上审批。初审合格的系统自动生成打印受理通知书和送达回证，在网上提交窗口首席代表审核并签署意见后，提交部门领导审签，层级审批结束后系统自动回传到窗口，窗口工作人员使用系统自动生成打印批件送达申请人。通过全过程网上审批，有效杜绝了厅外签发、转传等循环行为，提高了办事效率。为确保按时办结，网上审批系统设置了超时预警和默许功能，受理事项临近承诺时限时，系统自动预警提示驻厅窗口抓紧办理，超过承诺时限的事项系统自动默认通过，驻厅窗口据此印发批件送达申请人，市纪委、监察局依据相关规定对责任人进行责任追究。

与各部门办公专网的数据交换模块。对于使用所在系统配发的网上办公系统的部门，秦皇岛市网上行政审批系统设置了专门接口，上述部门协调上级机关同意后，可将系统配发的网上办公系统与秦皇岛市网上行政审批系统互联互通，办理业务时在本系统配发的网上办公系统操作，数据与秦皇岛市网上行政审批系统共享，既避免了二次录入造成的重复劳动，也保证了秦皇岛市网上行政审批系统和电子监察系统数据的真实可靠。

对进厅事项的监督管理模块。为确保网上行政审批系统正常运行和进厅事项规范高效办理，秦皇岛市网上行政审批系统为市政务服务中心设置了系统管理员功能。系统管理员可以使用网上行政审批系统设置进厅部门、进厅事项和工作人员，逐项录入进厅事项的审批依据、审批程序、审批标准、申报材料清单、承诺时限和收费标准，逐项设定内部工作流程并逐个环节设定部门领导和窗口工作人员身份和权限，预先设定行政执法文书并与事项类别（行政许可、非行政许可）和工作环节建立一一对应的关系，实现对驻厅窗口录入的信息查询、数据统计、人工纠错以及超时办理的监督。

【环保监测平台】 2013年，秦皇岛市投入1000多万元，建成秦皇岛市环境监控指挥中心，项目遵循大环境下利用国内外先进的信息技术，集便携移动化、覆盖全面化、综合查询化、高效管理化于一体，并结合到2013年底最为先进的环境EGIS技术“以业务带图，以图管环境”新的模式，为环境管理提供高效、便捷、科学的管理与决策支持，创建一套统一的、通用的、共享的全方位环境监管平台，充分发挥信息化的支撑作用，从而提升环境管理的工作效能。该项目实现了全市一个数据中心、一张图的管理模式，各类环境信息和环境资源得到有效优化和整合，环境管理特别是环境监控能力得到大幅提高，环境执法更加便捷高效，环境突发事件处理更加及时有序，环境保护信息化和环境管理精细化水平达到新的高度，为确保环境安全提供了坚实的保障。

【人口信息管理平台】 充分利用“河北省全员人口统筹管理信息系统”，将全市全员人口管理和流动人口管理两个子系统融入其中。该系统投入使用后，有效管理全员及流动人口的相关信息，建立覆盖全市的人口资源信息库，把统筹系统建设成为包括“人口信息采集、人口计划生育服务管理、人口统计分析、人口宏观决策”四大功能的统一信息平台。开发建设“流动人口工作即时通讯平台”。该平台具有文字、语音、视频、群组会话及远程协作等功能，在流动人口服务管理工作中具有不可替代的作用，并在省、市、县（区）、乡（镇）四个层面上推广应用。

【食品安全监控平台】 为建设功能完善、互联互通、资源共享的食品安全信息网络，2013年10月，秦皇岛市开发建设了食品安全信息报送与移动监督平台，包括食品安全基本信息数据库，市、县区两级管理平台，手持移动监督终端等三大部分。全市9个县区和107个乡镇（街道）配置食品安全移动监督终端设施后，基本实现市、县区、乡镇的食品安全日常监督、协助执法、宣传教育、信息报送、风险预警、舆情动态等功能，为加强基层食品安全网格化监管发挥了重要作用。

【农业信息资源利用】 秦皇岛农业信息网建于2002年，是集政务与服务一体的涉农综合网站，设35个大类、175个小类和335个栏目，是“三农”服务的重要平台，也是秦皇岛市农业信息宣传的重要窗口。自“村村通”农业信息网工程启动以来，已建成乡村级农业特色网站457个，初步形成了秦皇岛农业信息网站集群。

高标准农业应急视频指挥中心建成。实现省市县三级联动，具备专家在线诊断、视频培训和农业应急指挥等功能，实现了与农业部指挥调度系统的对接。

“一站通”农产品供求信息系统进村入户率提高。2007年到2013年底，应用农户逐步递增，全市898个直接用户和2500个间接用户通过“一站通”商机服务系统发布农业供求信息2132条，实现网上交易额600多万元。

农业短信订制发布系统广泛应用。2013年，新开通了移动MAS短信系统和联通e信通短信系统，扩大信息推送量和发送范围。

物联网技术应用，推动了农业生产智能化。在抚宁、昌黎、卢龙、山海关实施了物联网远程专家诊断及指导系统建设。该系统利用无线网络将分散的农业设施纳入精细化管理，使影响农作物的生长过程中的关键要素（温度、湿度、光照、病虫害等）和畜离养殖过程中的关键要素（温度、湿度、气体等）处于实时监测之下。农民可以使用手机或电脑在该系统平台上查询生产情况，超过或达不到正常状况时，会有短信预警提示，专家系统对环境因子进行分析预测，提醒农户采取必要的措施，受到农民朋友好评。

【电子公文交换】 秦皇岛市是全省政府系统首批电子公文交换试点城市。2009年6月15日，全市正式启用河北省政府电子公文交换系统。通过河北省政府电子公文交换系统传输并加盖电子公章的电子公文，一律视为正式公文，与相同内容的纸质公文具有同等的法律效力。到2013年底，系统工作稳定，运转情况良好，除涉密文件仍按原规定流程办理，不允许在网上传输外，其他均通过电子公文交换系统收发，提高了政府行政效率和工作水平。

【协同办公系统】 秦皇岛市协同办公系统是实现政府各部门之间以及政府内、外部之间办公信息的收集处理、流转共享的系统。主要为机关办公和领导决策提供服务，实现秦皇岛市政府机关办公现代化、资源信息化、传输网络化和决策科学化。对于“加快转变行政体制改革，建设服务型政府，全面推行政务公开，加快电子政务建设，提高行政效率，降低行政成本，改进行政质量”是一种有效途径和实践形式。

2002年，开始建立以市政府办公厅为中心，上连省政府、横连市委、市人大、市政协，下连各县、区及市直单位、重点企业、大中专院校等240个节点的省、市、县（区）三级电子政务网络平台，同时在市政府电子政务中心机房设置了行之有效的安全保障设备，如：防火墙、网络防病毒系统、防入侵、防篡改系统等。

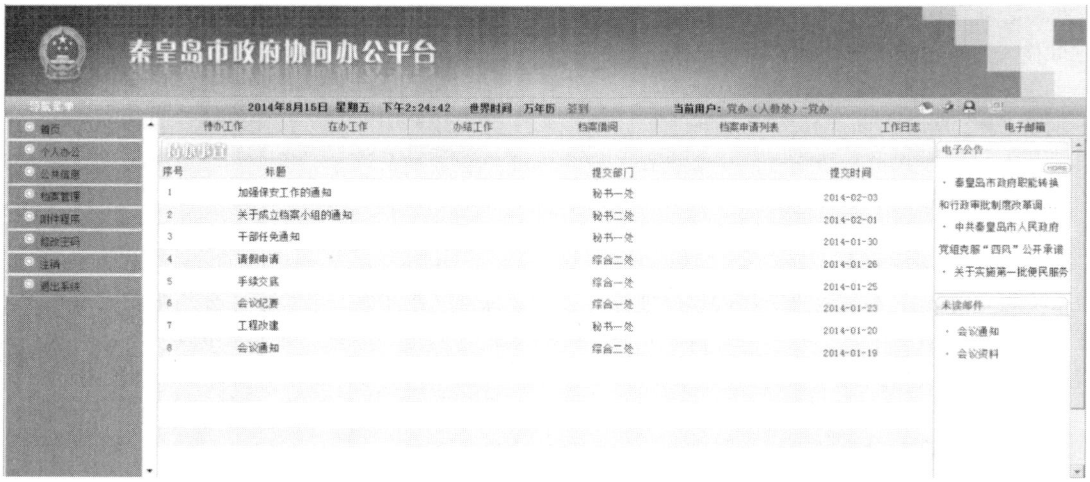

2004年，开发建设协同办公系统。经过系统可行性分析、系统论证、系统调研、整体需求分析、系统总体设计、系统数据库设计、系统研发等阶段。2005年，研发完成“协同办公系统”。2006年，进入正式运行，实现了办公厅内部公文流转无纸化、领导签批数字化、公文收发电子化、信息采编和发布一体化。

2009年，协同办公系统全面推广，辐射到全市各县区、各企事业及大中专院校等240多家单位，用可视化电子流程再现人工流程，实现了文件传输电子化、无纸化，领导审批数字化，保证内部信息的及时获取，提高了工作效率，降低了印刷费、交通费、计算机耗材等办公支出，使工作更加精准、快捷、方便，部门之间联系更加通畅。协同办公系统经过多年的发展已趋于成熟，由原来的单纯服务于行政办公系统逐步延伸到行政管理的各个环节，成为秦皇岛市电子政务建设的重要组织部分。2009年，在“中国电子政务优秀应用成果推选活动”中，“秦皇岛市政府协同办公平台”荣获“中国电子政务效能管理优秀应用案例（地市级）”称号。2013年，秦皇岛市政府协同办公平台荣获“中国城市信息化发展大会优秀方案”。

【网络建设】 秦皇岛市电子政务统一传输网络是河北省统一电子政务网络的组成部分，由电子政务内网和外网组成，包括市、县两级城域网和省到市、市到县两级广域网。按照市委、市政府网络整合方案，组织搭建了纵向连接省、市、县三级的公务内网和外网，横向连接市直各部门，包括市级112个部门、9个县区（含开发区和北戴河新区），截至2013年12月底，电子政务网络平台共74个接入点入网。网络资源整合重点是对在建、已建的业务专用传输网进行整合，使其有序接入全市电子政务统一传输网络。各县（区）、各部门依托全市统一电子政务网络开展业务系统应用。

电子政务内网。已建成上联至省政府，下联各县区，横联市政府各部门的政务内网，并实现与市委公务内网的互联互通。市政府系统绝大多数单位已基本具备了网上办公的通信能力。涉及电子监察建设单位内网光纤线路接通并可实现电子数据交换。市建设局等11个节点的内网光纤线路连接基本完成。在内网与互联网实行物理隔离的基础上，划分涉密区、非涉密区和数据交换区。建设政府电子政务内网信任体系，开发身份认证、授权管理和审计管理等功能。完善内网安全体系建设，提高运行故障、安全事件的预警、应对和处置能力。

电子政务外网。有80多个单位、43个接入点入网，全市接入外网的终端PC机有4000多台，经常在网用户达到3500台以上，提供联通200M、电信10M带宽的互联网接入服务。2009年下半年，市电子公务外网纵向连接省公务外网的光纤已经开通，至各县区的光纤正陆续接入。

【网络信息安全保障】 秦皇岛市健全组织机构，制定保障方案，积极做好网络和信息安全的保障工作。各县区、各部门按照属地化管理原则，加强领导，严格落实信息安全责任制，健全工作机制，完善规章制度，强化技术防范措施，制定应急预案并注重开展演练，做到了领导到位、机构到位、人员到位、责任到位、措施到位，确保基础信息网络和重要信息系统运行安全。

完善政策措施，提升信息系统安全防护水平。贯彻落实《国务院大力推进信息化发展和切实保障信息安全的若干意见》和《河北省信息化条例》，研究制定了《秦皇岛市个人信息保护信息系统建设、检查检测和监督管理规范》《个人信息保护信息系统评测标准》，开发了“秦皇岛市信息安全举报平台”，推进了信息安全管理体系在基础信息网络和重要信息系统的建立和应用，实现全市信息安全管理的科学化、制度化。

健全基础设施，增强网络信息安全支撑能力。依据全省和全市信息安全发展战略，坚持“统筹规划、资源共享、平战结合”的原则，以重点政务信息系统灾难备份为突破口，按照统建共用、统一运维、规范化、社会化、专业化和可持续发展的思路，充分运用云计算、云存储技术和已有基础，统筹智慧城市项目，完成了市级政府部门互联网安全接入工作，逐步实现政务网络和政府信息系统与互联网接入的安全可控。

（刘　辉　巴晨锋）

唐山市

【概况】 2009年11月底，整合原市政府办公厅所属市长公开电话服务中心、原市电子政务中心，电子政务管理办公室正式成立。2013年3月1日，市编办印发《关于市政府电子政务管理办公室设立规划管理部的批复》，同意将综合部“负责研究提出市政府政务信息化规划，编制政务信息化工程建设计划并监督实施”职能剥离，增设规划管理部。设5个部，正式在编人员26人。2011年11月，明确为参照公务员管理单位。

制定实施了《唐山市电子政务“十二五”规划》《唐山市电子政务建设项目管理办法》，编制完成《唐山市电子政务顶层设计》，《唐山市电子政务标准规范》编制工作取得阶段性成果。加快推进管理机制建设，构建一套科学有效的决策、执行和监督评估机制。电子政务网络体系日趋完善，主要电子政务应用逐步深入。

政务外网建成运行。按照省、市电子政务外网建设发展规划，以权力运行电子监控体系建设为契机，强力推进覆盖市、县、乡三级的政务外网建设，实现了向上与省政务外网、向下与20个县（市）

区政府的纵向互联；市政府办公厅、发改委等37个市直部门（单位）实现了与政务外网平台的横向互联，共连通60余个节点和2121个终端；承载着社会治安科技防范和城乡一体化等6个业务应用系统，初步搭建起提供技术支撑和安全防御的基础政务外网网络平台。

政府内网进一步优化升级。按照“边建设边应用、边应用边完善”的原则，加快完善政府内网建设，至2013年底，通过政府内网与政府核心机房联网的县（市）区和市直部门已79个、节点131个，为实现政府内网网络架构和安全优化升级奠定了基础。

【城乡一体化服务管理信息系统】 该系统主要承载着市民公共服务热线12345的受理承办工作和各县（市）区的数字城管工作，已形成覆盖城乡的网络。2010年1月31日，由中国工程院院士倪光南、国家信息化专家咨询委员会委员宁家骏等9名专家组成的专家鉴定委员会，对城乡一体化服务管理信息系统进行了技术鉴定，认为该系统建设切实提高了唐山市城乡服务与管理的能力和水平，在推进城乡一体化服务与管理方面具有创新性，在该领域达到了国内领先水平。2010年5月，唐山市城乡一体化服务管理信息系统被住房和城乡建设部列入信息化研究开发和城市数字化工程示范项目，其《基于九九制网格管理的数字化城市管理创新应用》论文，被《数字城市》杂志刊登，多个城市采用该方法进行系统建设。国家工信部将该系统列为“两化融合”试验区实施的重点工程。因该系统运行情况良好，效果突出，且可复制，推广性强，被河北省纳入2010年重点推广项目，同时也被40余家网络媒体进行了广泛的宣传报道。系统中采用的“九九制网格编码”技术已被国家专利局授予专利号。

【唐山市政府办公系统基本建成】 按照唐山市“十二五”电子政务规划“统筹规划、整合资源、集约使用、分步建设”的原则，于2012年4月开发建设“唐山市政府办公系统”，2013年8月在市政府办公厅内部正式使用，11月在市直各机关单位以及各县市区推广使用。该办公系统具备公文管理、后勤事务管理、公共事务管理、个人事务管理、信息交流五大基本功能，已在全市200多家公文交换单位应用并实现网上发文和文件查询，提高了市直各部门和各县（市）区整体的办公自动化水平和信息资源共享水平。

【唐山市政府数据中心建设有序推进】 依据《唐山市“十二五”电子政务发展规划》目标，2013年初开始编制“唐山市政府数据中心”项目建设方案，并进行招投标工作，9月进入软件开发阶段，同时进行硬件设备安装调试工作。该项目建设内容主要包括政务基础信息数据库（人口、法人等）、一个全市共用的信息共享交换平台和一套政务信息资源管理体系。数据中心建成后，将实现政务资源共享和部门间业务协同，为综合治税、企业与个人征信、社会治安综合防范等系统提供数据支撑，将给政府管理和社会公共服务带来深远影响。

【“中国·唐山”建设发展情况】 第一次重新制作：2010年3月开始对网站进行多年来的第一次全新建设，围绕提升政府网站信息公开、公共服务和公众参与三大服务功能进行改版。改版后的“中国·唐山”首次在中国政府网站绩效测评排名实现突破，在全国300个地市级网站排名由2009年第258名升至第160名。

第二次改版升级：2011年为进一步提升网站的服务功能，结合网站测评指标要求，增加场景式服务、互动栏目等建设。在2011年中国政府网站绩效测评的排名提前了52名，位列第108名；被河北省人民政府评为2011年度“网站建设管理先进单位”。

“中国·唐山”英文版正式上线运行。

第三次改版升级：2012年，为提升网站整体服务水平，对网站进行了大的调整，并引进无障碍语音版。在2012年中国政府网站绩效测评，“中国·唐山”首次跨入全国百名行列，位列第94名。因工作突出，网站部被唐山市妇联评为“巾帼文明岗”。

第四次改版升级：2013年，网站更多地将新技术引入网站建设中，手机版正式上线，升级了语音版，网上办事功能得到提升。经过连续4次改版升级，在2013年中国政府网站绩效测评中，“中国·唐山”排名为第56名。网站部被河北省妇联授予“巾帼文明岗”称号。

“中国·唐山”公共服务栏目荣获电子政务研究会评定的“精品栏目”奖。

网站评估方面，2013年，唐山市电子政务管理办公室制定了“唐山市县区网站绩效评估指标体系”，首次对县区网站进行绩效评估。

（市电子政务管理办公室）

【房产管理信息化系统】 2008年以来，依据《房地产市场信息系统技术规范》，基于楼盘表先后建立、健全了登记管理系统、测绘及成果管理系统、新建商品房网上备案系统、从业主体管理系统、住房保障管理系统、公房管理系统、个人住房信息系统等业务系统。逐渐形成了以楼盘表、地理信息、电子档案为核心数据，以房产交易、业务办理、行业监管为管理主线的房产管理信息格局。

一是登记管理系统。登记管理系统以房产坐落体系为基础提取项目测绘成果数据建立楼盘表，在楼盘表基础上实现房地产登记业务，以建立、管理登记簿为核心，通过设定不同的收件类型及其相关业务操作信息，完成业务的受理、审核、记载登记簿、归档等控制流程，并生成及维护房屋的权益属性及相关信息，提供与测绘及成果管理系统、新建商品房网上备案系统、存量房网上备案系统等的无缝对接，实现了登记业务管理的无纸化、网络化及智能化的一站式服务管理模式。

二是测绘及成果管理系统。测绘成果及应用系统实现了对房产测绘图形及数据进行采集绘制，成果的计算和管理维护，为其他房产系统提供基础的数据支持。实现了以编制房产坐落体系为核心，以房产GIS和房产项目测绘管理为手段，对房产测绘数据进行登记、审核、修编、绘图、整合及归档等管理，通过对房产空间数据、测绘数据实施整合衔接，为房产登记管理及其他房产业务提供真实、准确、唯一的房屋坐落信息，为“以图建表、以表管房”提供了基础数据支持。

三是新建商品房网上备案系统。新建商品房网上备案系统依托预售许可管理业务建立，采用在线方式实现新建商品房预售、销售申请、发证和相应的合同备案功能。

四是从业主体管理系统。从业主体管理系统完成了“房地产经纪机构”、“房地产开发企业”、“房地产评估机构”、“测绘机构”等企业和从业销售人员、房地产估价师、房地产经纪人、测绘人员的信息和变更、年检、注销、诚信、曝光、投诉等管理。制定了严格的审批流程，并在房产信息网上公布企业及人员相关信息。

五是住房保障管理系统。住房保障管理系统通过本地化的调整定制，配置了本地化数据库，将现有省级系统中的保障性安居工程项目、住房困难家庭调查、房源、保障对象、资金土地落实数据移植入本地市级系统；根据唐山市住房保障业务制定相应业务流程、岗位设置，使住房保障项目管理、审核分配工作全部实现信息化；建立了地理信息子系统，完成了保障性住房项目的标点落图；实现省市系统的对接，确保了省市住房保障数据安全、稳定、定时的传输。

六是住宅专项维修资金管理系统。住宅专项维修资金管理系统分为资金归集、使用、财务核算、管理等模块，并建立了与银行业务/数据的实时整合机制，实现了维修资金内部管理业务与银行帐户数据的无缝衔接。同时对外实现了业主在中心收费窗口一站式服务。业主只需携带商品房买卖合同及银行卡即可完成专项维修资金缴纳，打印专用票据等内容，大大提高了工作效率，同时也免去了业主来回奔走的烦恼。

七是公房管理系统。公房管理系统结合公房管理实际情况，在消化吸收传统公房管理的宝贵经验的过程中，有机的融入了信息化管理的先进模式，以小区楼盘为基础，涉及到系统设置、房源管理、合同管理、租金管理、维修费管理、报表管理及相关的业务模块，完全适用于现有体制下的公有住房管理，并能与产权登记等房产业务系统实现数据共享，真实的反映辖区内房屋状况和实时情况。

八是个人住房信息系统。个人住房信息系统在于进一步强化房产信息的整合力度，提升住房城乡建设局在微观及宏观层面上对房产市场及相关信息的掌控能力，实现全市房屋登记信息的市局中心整合及存储，形成全市统一的个人住房信息数据库。

【工程建设管理信息系统逐步应用】 一是工程项目电子交易平台。工程项目电子交易平台包含交易网站、远程评标子系统、专家抽取语音通知子系统、远程门禁子系统、工程项目交易管理系统等内容。涵盖了交易活动的各个环节，在交易过程中，依托网络信息技术，减少人为因素干扰，有效实现了工程项目的“阳光”交易，有力地维护了招投标“三公”原则。

二是建筑安全监督管理系统。建筑安全监督管理系统搭建了建设行政主管部门与建筑施工企业、监理企业之间畅通、统一的网络信息管理平台，实现各级建筑安全监督管理机构之间的信息共享，实现各级建筑安全监督管理机构与企业之间的电子化办公模式，为企业网上申报提供方便、快捷的服务。

三是工程建设造价管理系统。工程建设造价管理系统集造价信息发布，清单及控制价、施工合同、竣工结算网上备案，规费费率初审，安措费测定，咨询企业及造价员日常监管，诚信平台，视频教学等功能，实现了对整个工程建设造价的有效监管，提升了管理水平。

四是大型公共建筑能耗监测平台。大型公共建筑能耗监测平台对部分政府机关办公建筑和大型公共建筑的水、电、热、气等能耗实现了实时监测。其中，对用电实现了分项监测，可以有效地指导政府办公建筑和大型公共建筑业主零投入的行为节能，低投入的技改节能。

（市住房城乡建设局）

【道路养护管理系统】 公路养护管理系统，路面管理系统应用。该系统可以提供公路路面所需的各种数据报表和评价、决策报表，为公路管理提供辅助决策的数据支持。公路桥梁动态信息管理系统。该系统为省交通厅统一配发，可以提供公路桥梁所需的各种数据报表和评价、决策报表，为公路管理提供辅助决策的数据支持。全国公路基础数据库系统。该系统由交通运输部下发，包括七大指标集。公路工程项目动态管理系统。该系统为省厅统一配发，由项目管理、施工进展、数据查询统计报表等模块组成。公路交通量调查系统。建立了交通量连续式观测数据站，应用计算机技术进行交通量计算及报表分析处理，实现自动读取观测的原始数据，并能汇总产生分析图表及生成报表用的结果数据。财会系统。应用单机版计算机财会管理系统，实现了财务总账管理、报表管理、固定资产管理等功能。

【高速公路管理系统】 一是唐港高速系统。包括：公众出行信息服务系统。唐港高速设有 7 块 F 式情报板，2 个门架情报板，发布内容包括收费站通行状况、恶劣天气预警信息、高速公路封闭信息、高速公路施工作业信息、公路交通突发事件等。监控视频图像系统。唐港高速下设 6 座收费站，有车道监控、亭内、广场、外场监控共计 168 个点，能见度检测器、气象检测器各 1 台。不停车收费系统（ETC）。唐港高速现已建成 2 条 ETC 专用车道。OA 系统。建设了内部 OA 网络，实现了收费站、养护工区及处机关办公网络联网。

二是承唐高速系统。包括：公众信息服务系统。承唐一期高速 53 公里 6 个收费站，共有 9 块情报板（其中 4 个门架型、5 个 F 型）。承唐二期高速 43 公里 5 个收费站，共 13 块情报板（其中 3 个门架型、10 个 F 型）。监控视频图像系统。承唐一期高速尚未建设全程监控设备，在互通区安装了 4 套监控系统。承唐二期高速有全程监控系统，共有 68 部全程监控摄像机。智通 ETC 车道建设情况。承唐处现已建设 6 条 ETC 车道。

三是农村公路管理。应用省厅统一配发的“GPS 数据库管理系统与桥梁动态信息管理系统”，实现全市农村公路重点桥梁和重要路段管理，共设交调点 79 个，全部采用人工采集交通量数据，没有相关仪器设备。

四是路政管理。建设唐山市级路政数据管理中心及超限检测站不停车检测及超限执法管理信息系统。该系统是河北省公路路政管理与车辆超限管理系统的重要组成部分。通过光纤专线，建设了唐山市交通运输局公路路政子网，对 16 个市、县超限检测站进行统一管理，实现了市级治超管理机构对各治超检测站现场执法人员的执法情况、工作情况、道路通行情况、车辆检测情况、卸料场情况的视频监控管理。

五是运输管理。包括：运政管理系统。实现了货运管理、客运管理、机务管理、稽查管理、维修管理、驾培管理、从业无纸化考试、车队管理、维修企业管理、行政审批、出租管理等功能。驾驶员 IC 卡学时管理系统。全市已有 51 家驾校及各级运管部门使用驾校网上报名管理系统联网办公，实现驾校网上报名管理系统与学时记录仪管理系统数据共享，启用驾校学员 IC 卡学时管理，有效保障了学时制的落实。货运联合车队管理系统。包括车辆年审、检测、维护预警，业户、车辆数据信息打印、统计、上传、下载等功能，实现了车队管理与运管系统联网，信息资源共享。

六是公路建设项目管理。应用同望 wecost 公路工程造价管理系统、行政事业单位资产管理信息系统、用友中小企业管理软件、河北省部门预算编报系统等，同时，实现了网上办事、政务公开。

七是城市客运交通管理。沿用运管处的运政管理系统实现出租汽车管理、证照处理和稽查管理等工作。

八是港航管理。建设了唐山市港口联网监控系统。该系统是河北省交通运输厅港航管理局交通信息化项目一期工程的重要组成部分。在系统设计上，以京唐港和曹妃甸两个港区十四家重点港口企业为监控端，以唐山港引航站为监控信号汇聚中心，以市交通局为管理中心、通过光纤专线，上联省交通厅港航局，形成了省、市、港口企业的三级统一管理。系统通过对各港口企业码头前沿、前沿水域、码头作业区、堆场等重要场所以及设施的 302 路视频信号的接入与管理，保障各系统的有序衔接，提高运转效率。

九是引航管理。建设了 OA 系统，实现申请引航作业、调度排班作业、财务结款三大主要业务流程完全无纸化操作（发票打印除外）。建设了引航管理系统，配备高频对讲机、测风仪、测流仪等设备，实现航道信息的实时掌握。

十是应急管理。2009 年 10 月，交通应急指挥中心正式启用，建设了应急指挥系统，实现信息接报、事件处置、预案处理等功能，并将全市重要路段、重点桥梁、高速公路收费站、引航、机场、客运场站、执法车辆、及部分长途客运和危险品运输车辆等各类信息实时传递到应急指挥中心。

十一是对公众服务。依托应急指挥中心，设立了 24 小时交通服务热线 96303，面向社会提供路况信息（包括沿海、京沈、唐承、唐港、唐曹五条高速公路动态路况信息服务）、汽车救援、票务咨询（包括城市客运、高速客运、列车时刻、航班班次等）、政策解答、公路气象等信息查询以及出租车投诉举报等服务，为广大市民安全、快捷出行提供了便利。

【交通应急指挥中心平台】 唐山市交通应急指挥调度中心始建于 2009 年，是河北省首家综合性的应急指挥调度中心，它的建成和应用使唐山市跻身于北京、成都、济南、杭州等拥有此类现代化的应急指挥中心的先进城市之列。中心接入了高速公路、客运站、机场、治超点、等场所的视频监控信息，实现了覆盖全市交通行业的日常值守、预警处理、辅助决策、后期处置、预案资源管理等功能。另外，指挥中心还安装了唐山港引航站船舶引航调度监控系统，可以看到港口情况以及船舶进出停靠等信息。2013 年指挥中心还接入了 205 国道滦县段的监控图像。除了定点监控，指挥中心还引入了移动监控方式，为执法车辆安装移动视频传输设备及卫星定位系统，监控图像直接传送到指挥中心，既能掌握执法车辆运行方位，又能记录执法人员的执法行为。另外，还引入了单兵系统，工作人员在执法的过程中把它拿在手中，指挥中心可以很清楚的了解现场的情况，对工作人员的执法进行有效监督。

中心运行的卫星定位系统以出租车、客运车辆、物流车辆为服务对象，系统能够容纳10万台设备的运行，至2013年底入网用户车辆4000余辆，通过GPS卫星定位系统，可以实现对车辆的定位跟踪、轨迹回放、车内监听、图像抓拍、反劫防盗、信息发布、电话约车等功能。车辆的实时路线信息，可以看到它的运行轨迹，对车内图像的抓拍。这样做可以增强车辆与场站指挥中心的沟通联系，便于加强日常管理和安全监管，还可以震慑盗窃抢劫，有效保障车辆在行驶过程中的安全性，保证公众出行安全。

中心整合了唐山市交通系统已有的、分散的公众信息，建立了一个面向社会公众的交通信息服务中心，设立23个坐席，开通了24小时运行的交通热线，热线电话是96303。为群众提供有关交通业务办理、客货运站点、班线、班次、驾培以及路况信息等方面的咨询服务，并受理投诉和建议。还设立了一个实时高速路况信息短信平台，已经建设完成，投入了使用，为有需求的公众提供全方位的交通信息服务。

【出租车电召系统】 电召系统采用呼叫中心接单调度和空车司机电召抢答的方式实现电召。利用出租车安装的GPS定位系统和电招车载终端，采集空车数据，通过交通热线96303，实现对出租车的动态监控、调度管理和电召服务。乘客需电召服务时，致电交通热线，由空闲坐席接听电话，接线员询问详细的出发地点、出发时间以及目的地等基本信息，在电召平台录入电召地点。通过电召平台，根据电召地点坐标，按搜索半径对电召点范围内的出租车发送电召抢答信息。抢答信息通过电召平台、GPS定位系统、移动通信网络下发到出租车的车载终端。终端的调度显示屏可显示和语音播报抢答信息，司机可以按调度屏上的抢答键进行抢答。抢答应答通过网络回传到电召平台。按照抢答情况，对最先抢答的车辆下发电招乘客的联系方式，该信息同样在对应车辆的车载终端显示，通知司机为乘客提供电召服务，电召完成。乘客到达目的地后，除支付计价器显示车费外，需另外支付2元的电召服务费。

【智能公交电子站牌】 智能化公交电子站牌运用GPS全球定位系统，通过其内置计算机及远程控制软件，接收和处理有关信息，并通过LED电子显示屏，准确显示该站台上所有车辆的实时动态信息，包括该路线公交车发车时间、收车时间、车辆的位置、距本站的距离及下部车辆距离本站的距离等信息。无论是白天或者夜晚，电子公交站牌都可以准确无误、一目了然地为乘客提供所需信息。同时还可及时发布、传送交通道路路况信息和天气预报信息。2013年底，唐山市已在西山道、建设路、北新道、新华道、长宁道等重点路段安装公交智能化电子站牌152块，并已投入运营。公交智能化电子站牌的实施，使乘客乘坐公交车出行做到心中有数，等车不再是件烦心事，极大地方便了百姓出行，电子公交站牌的使用，也大大地提升了城市品味。

（市交通运输局）

【污染源自动监控系统】 2007年，国家环保部下发《国控重点污染源自动监控能力建设项目方案》，提出全国各级环保部门要建设国控重点污染源自动监控系统，通过自动化、信息化等技术手段更加科学、准确、实时地掌握重点污染源的主要污染物排放数据、污染治理设施运行情况等与污染物排放相关的各类信息。2008年，国家环保部在全国范围开展国控重点污染源安装在线监测、监控设备，并实现国家、省、市三级联网。

2008年9月18日，按照环保部《污染源监控中心建设规范》要求，唐山环保局建设环境监控中心通过专家组验收，正式投入运行，开展管理工作，对企业污染物排放情况实施在线24小时监控，使环保管理人员能够及时掌握企业废水、废气等污染治理设施的运行情况，及时发现并查处违法排污行为。截至2013年底，共完成210家重点污染源企业505台（套）监测设备的联网工作。

2009年3月，制定下发《唐山市污染源自动监控设施社会化运营管理方案（试行）》《唐山市污染源自动监控设施运营考核办法（试行）》和《唐山市污染源自动监控设施社会化运行管理市场准入实施意见》。在全国范围内公开招聘运营公司，下发《关于污染源自动设施社会化运营的函》，正式在全市范围内启动污染源自动监控设施三方运营工作。

2010年5月1日开始，利用在线监测管理平台，以重点污染源企业为基础，以提高“数据传输有效率”为目标，组织开展在线监测设备三方运营管理考核工作，加大对监测数据的管理力度，每月通报运营情况，每年对运营公司进行全面考核，并通报考核结果，通过在线监测，一方面促进企业加强治理设施的日常管理，保障治理设施正常运转；另一方面有效减少污染物排放，改善环境质量。

【烟气黑度视频监控系统】 2009年针对当时部分钢铁企业超标排放、偷排偷放问题比较严重的情况，在对企业实施污染源在线监测监控的基础上，建设烟气黑度视频监控系统，共安装42套视频监控设备，监控34家钢铁、16家焦化、4家电力、2个重点区域，共监控56家企业，对企业的实时排污行为进行监控，及时记录企业无组织排放、冒黑烟、黄烟、红烟等违法排污行为。2010年对烟气黑度视频监控系统进行了优化，同时增加了6套视频监控设备。2012年，新安装40套视频监控设备，2013年4月安装完成全部投入运行，全市共安装视频监控设备88套，对全市51家钢铁企业、26家焦化企业、6家电力企业、4个重点区域进行监控，起到了应有的环境管理作用。

（市环境保护局）

【“中国·唐山”网】 为提高网站服务能力，树立对外窗口良好形象，唐山市围绕提升政府网站信息公开、公共服务和公众参与三大功能进行改版升级，完成手机版、无障碍版建设，增设“政务微博”群，实现网站界面更加美观，资源更加丰富，功能更加强大，政务公开更加透明，运行保障更加安全，努力朝着“信息公开最大化、政民互动多样化、网上办事全程化”的目标迈进。

特别是2013年，依据国家和省对政府门户网站的考核指标体系，对“中国·唐山”进行了全面改版，在展现形式上，为了提升公众对网站的浏览体验，以用户需求为中心，以方便用户使用为着眼点，以解决实际问题为导向，对“中国·唐山”的各级页面进行了重新设计与制作，将网站内容以“唐山动态、政务公开、公共服务、政民互动、魅力唐山”五个模块进行了归类划分，以更为简洁大方、清晰易用的页面布局形式方便公众浏览应用，使网站内容展示更为美观，更为人性化。2013年，在全国地方政府网站绩效评估中，“中国·唐山”在全国297个地市中名列第56位，较去年上升了38个位次，位列全省第一。2013年，“中国·唐山”公共服务栏目荣获电子政务研究会评定的“精品栏目”奖。

信息公开方面，围绕唐山市在政治、经济、社会生活等各个领域的时事热点，先后建设了五个专题，“春节专题”“党的十八大精神”学习专题、“两会专题”“感动中国高淑珍”专题、“优化发展环境公开承诺”专题。在专栏建设方面，在保持已有的“食品安全”、“服务三农”和“文明风尚”等特色专栏的基础上，为配合唐山市产业结构调整、经济转型发展以及文明城市建设，又推出了“沿海城市发展之窗”“唐山金融”“唐山信用平台”和“唐山政务监控”四个专栏。坚持节假日不间断的每日更新制度，“中国·唐山”每年累计更新各类信息约4万条。

网站服务内容和功能建设方面，对网站的公共服务信息进行了深入细致的梳理，对主题服务进行了分类，由原来的八类主题细化为十二类，并对原有的服务信息进行了更新和补充，同时，改版后的“中国·唐山”增设了“办事大厅”，将唐山市各类审批事项进行了整合，针对每一个具体事项，设置了办事指南、表格下载、咨询投诉，并预设了“在线受理”功能，以上措施，大幅提升了“中国·唐山”公共服务的能力。

以“中国·唐山”为核心的政府网站群建设方面，2013年上半年，拟定了“唐山市政府网站群建设方案”，并规划设计了市直部门和各县（市）区政府的网站群页面模板，有针对性地与需求单位对接，了解需求，个性定制，逐步推进“中国·唐山”政府网站群的建设工作。

网站评估方面，2013年，唐山市电子政务管理办公室制定了“唐山市县区网站绩效评估指标体系”，开展首次网站绩效评估。自10月1日起至11月30日进行各种数据的采集工作，12月初聘请了有关专家进行综合评审，并于12月底前发布了评估报告。

（市电子政务办公室）

【唐山市人力资源和社会保障网】 唐山市人力资源和社会保障网是全市人社系统的门户网站，于2011年上线运行。网站采用J2EE技术开发，信息发布及展示功能完全基于Web，集成了JAVA、XML、Web Service、JSP、Servlet等互联网应用开发主流技术，适用于Linux、Windows、Unix等主流操作系统，运行稳定、维护方便。网站涵盖图片新闻、信息简报、公示公告、机构设置、人事任免信息、政策法规、新闻聚焦、县区动态、职考动态、服务事项、大学生就业、职业能力建设、维权案例、资料下载14个栏目，下设党务公开、政务公开、医疗保险经办、社保保障卡、党的群众路线教育实践活动5个专题子网，提供局长信箱、12333热点解答、咨询留言等互动交流服务。

【唐山市公务员在线】 为贯彻落实中央《2010—2020年干部教育培训改革纲要》要求，从2011年开始，唐山市依托中国国家人事人才培训网，搭建了“唐山市公务员在线”网络平台，以国内顶级的师资资源、先进的网络技术支持和科学的管理模式，满足公务员多元化、个性化、高层次的培训需求。“唐山市公务员在线”的开通，突破了公务员培训的发展“瓶颈”，实现了质的飞跃。2013年，全市5000多名公务员注册参加网上培训，市公务员局被中国高级公务员培训中心、中国国家人事人才培训网评为“网络培训工作先进单位”。

【唐山就业网】 唐山就业网（www. hets. lm. gov. cn）于2005年建成上线，网站内容涵盖“就业工作动态”、“招聘/求职信息发布”“政策法规宣传”“职业指导”“创业项目库”“创业促就业”“公共就业服务”“基层劳动保障平台建设”“职业技能培训”“就业扶持政策”“业务经办流程公示”“小额担保贷款”“县（市）、区多级管理”等功能模块。网站应用国际流行的LAMP技术，既保证网站访问顺畅自如，又方便基本功能的延伸扩展。网站自上线以来，共为5600余家用人单位发布招聘信息，提供用工岗位3.2万个，为2.1万名求职者发布求职信息；累计访问量20万人次，每日平均接受访问500人次。创业项目库发布平台内容翔实，及时准确，已发布有效创业项目信息1200余条。

【唐山市社会保险协会网】 依托省金保网，连通各县区街道，能及时使用管理电子数据，建立了一整套业务管理系统，服务于社保业务的开展。

一是城镇职工养老、失业、工伤三险合一信息管理系统。唐山市社会保险（企业养老保险、工伤保险、失业保险）信息化建设自启动以来在网络平台建设、数据中心建设、应用系统建设、信息化人才队伍建设等方面取得了显著成效。

二是档案管理系统。根据《关于印发河北省社会保险业务档案管理办法（试行）的通知》文件要求和参照省社保局《社会保险业务材料分类归档范围与保管期限》《档案收集整理办法及整理规则》文件业务规则和操作规范，全市社保业务档案管理系统辅助业务进行材料档案电子化，档案影像化后的电子文件集中存储、管理，业务系统中的数据可以归档到档案系统中，业务系统可以调阅相应的档案影像资料。

三是社保网上业务服务管理系统。系统主要用于参保单位网上业务处理，每月参保单位可以随时处理单位人员的增减变化，月底进行下月的养老保险、失业保险、工伤保险的缴费申报。简化了业务流程，方便了广大参保单位、参保人。

四是城乡居民养老保险管理系统。连通全市各乡镇街道，数据省级集中，村（社区）录入人员增减和基本信息变化申请，上一级审核。形成了一套完整的城乡居民养老保险人员信息管理、缴费管理、财务管理、核定管理、账户管理、待遇发放管理、转移管理、生存认证管理、统计查询等业务功能管理系统。

【唐山人才网】 唐山人才网隶属唐山市人力资源和社会保障局，由唐山市人才交流中心主办，承担着每年唐山市事业单位招考网上报名和信息发布、唐山市毕业生就业见习网上宣传报名、唐山市高校毕业生就业报到、唐山市职称评审政策信息发布和人事人才相关政策信息发布任务。同时，唐山人才网还承担唐山市高层次人才信息发布和人才引进引进工作，各类企业会员总量3万余家，提供有效就业岗位6.8万余个，个人简历总量46万余份，为企业和个人搭建了高校便捷的人力资源服务信息平台。

2013年共组织和参与10场网络招聘大会。累计2000余家次招聘企业参与网络大会活动，发布唐山地区招聘职位2.3万余个，达成就业意向7625余人。为部门发布各类招聘启事、公告、通知信息等共197条。分别组织了迁西县事业单位公开招聘编外聘用制人员网上报名、2013年唐山市事业单位网上报名和为部分市属医疗卫生事业单位公开招（考）聘就业见习报名活动，报名人数1.3万余人。

（市人力资源和社会保障局）

乐亭县

全县有18个部门和单位开通网站，网站功能不断完善，成为政府推进信息公开、政民互动、政务服务的重要渠道。2013年，中国乐亭网在唐山各县（市）区政府网站绩效评估中位列第4名。

至2013年底，全县通过政府信息公开平台主动公开政府信息939条，全文电子化率100%，涉及经济社会发展、财政预算公开、教育医疗卫生、房屋土地城建、社保就业、民政救助等群众关注度较高的政府信息。自《中华人民共和国政府信息公开条例》施行以来，全县利用各种电子政务平台累计主动公开政府信息7317条，全文电子化率100%。

至2013年底，公众通过中国乐亭网及部门网站咨询建议和投诉举报等各类问题4143个，涉及经济发展、机关作风、公共设施、环境卫生、金融服务、交通管理、社会保障、新民居建设等诸多方面。其中，给予答复的2678个，在服务经济发展、密切干群关系、促进社会和谐、推动行风建设等方面发挥了积极作用。

数字智能交通管控系统。该系统总投资320万元，于2010年10月开工建设，同年12底正式投入使用。主要具有交通动态监控、交通稽查防控、交通信号控制、交通信息服务、交通业务管理、IP可寻址广播、音视频远程3G无线传输等七大功能。2011年9月28日，乐亭县数字智能交通管控系统顺利通过专家组检查验收，专家一致认定乐亭县公安交警大队在管理模式创新、科技建设应用水平以及业务集成应用等方面在县级已达到国内领先水平。系统投入使用以来，直接为警卫任务提供可视化指挥调度近400次，非现场采集交通违法行为证据20余万条，使乐亭县公安交警大队非现场处罚量在全市遥遥领先，为破获各类案件提供了大量有价值信息、线索。2009年，乐亭县被确定为全国平安畅通县。

乐亭县城乡一体化信息服务中心主要负责市民公共服务热线、县长公开电话办理和城乡精细化管理。2013年，城乡一体化信息服务中心共办理市、县两级群众诉求

7371件。其中，唐山市中心交办477件，乐亭县热线电话6894件（市民公共服务热线5101件，县长公开电话1793件，现场解答4898件，落实交办事项2002件），按期结案率100%，抽查回访群众满意率90%，收到群众感谢电话34个，其热线工作经验被唐山市电子政务中心《电子政务管理信息》刊发。

乐亭县政务服务中心于2010年11月完成了“行政审批暨电子监察系统”建设，系统采用.NET技术架构，易于使用与维护。截至2013年底，入驻中心的21家窗口单位共办结审批事项2.7万件，办结率100%，审批项目全部实现了电子化。

河北乐亭冀东果菜批发市场网站。冀东果菜批发市场网站成立于1999年，同年与农业部信息中心、河北省农业信息网、省级以上农业科研单位、12个涉农网站以及全国150多家大型农贸市场进行了光纤联网，拓宽了信息来源渠道。冀东果菜批发市场信息中心每天通过批发市场门户网站，利用互联网向国内外发布市场交易果菜的品种、数量、价格、质量以及行情分析、市场动态、交易广告、质量安全检测信息等。同时，通过24小时服务的800自动电话语音查询系统和每天3次在县电视台播报冀东果菜批发市场果菜行情专题节目，向县内外不同服务对象发布果菜价格交易信息。同时，市场信息中心利用市场网站搜集整理果菜标准化生产的新品种、新技术、新政策，及时发布到该网站，为广大果菜农、客商、经纪人提供免费信息服务。市场网站设有市场供求、特色农产品栏目，自网站成立以来，信息中心工作人员利用网络帮助广大果菜农进行网上销售和特色农产品网上展示，不仅极大地宣传推介了市场，扩大了冀东果菜批发市场的知名度，更是吸引了全国各地客商前来交易。至2013年底，市场汇集了上万客商，形成了买全国、卖全国的大流通格局。

乐亭民生监察网。乐亭民生监察网由乐亭县监察局于2010年6月创办，组织政府部门、服务机构、乡镇机关共78家单位参与，突出网上反映、在线受理、即时督办的功能，使人民群众足不出户即可提出咨询建议和投诉举报。至2013年底，网站访问量达33.5万人次，群众通过网站提出咨询建议和投诉举报等各类问题3365个，解决民生问题538个，成为政民互动、为民解忧的重要渠道。

电子政务信息安全保障体系。中国乐亭网站于2006年11月上线运行，2012年12月全新升级改版，采用动易SmartGov Professional系统，该系统针对跨站脚本、注入漏洞、跨站请求伪造、信息泄露等新型主流攻击方式制定了特别的防御方案，并且借助微软Asp.Net的安全特性和功能对各种攻击方式进行全方位防范，极大提升了系统的安全性能。在省有关部门组织的政府网站信息安全检测中，中国乐亭网站安全性位居前列。目前网站网络带宽由原来的10M升级为100M，服务器3台，网络安全设备3台，由县政府办公室技术科负责日常维护。在运维工作中，以保障网络系统安全、稳定、高效运行为目的，实行技术与管理相结合，逐年对网站系统的软件、硬件进行有针对性的升级改造。

（县政府办）

滦南县

滦南县电子政务中心前身为城乡一体化信息管理服务中心，于2009年4月6日正式开通运行。同年5月15日，开通市民服务热线“12345”。2011年1月1日，明确责任单位负责人，受理事件专人盯办，实现受理事件自动传真接收，提高办理效率。2011年7月24日，建立滦南县电子政务中心。2013年12月23日，将“961890”与“12345”整合，对群众诉求进行统一调度，协调处理。

2011年7月24日，建立滦南县电子政务中心，同时挂滦南县城乡一体化信息服务中心的牌子，为县政府办公室所属事业单位。主要职责是研究提出县政府政务信息化规划，编制政务信息化工程建设计划并监督实施；负责信息资源开发利用与共享及信息安全协调工作；负责组织开展县政府门户网站、城乡一体化便民服务网和政务内外网建设、运行、维护和管理工作；负责县城乡一体化信息网络平台建设及软件开发、应用、推广；负责居民公共服务热线和城乡一体化信息收集、整理、交办、督办、考核；负责数据库建设与管理；完成县领导和主管部门交办的其他事项。

电子政务中心先后配备专线连接市中心电脑5台，互联网连接电脑3台，实现了市委、市政府，县委、县政府，17个乡镇、街道办，70余家县直单位网络互通，构建了市、县、镇（街道办、县直）三级信息交换与共享平台，为文件传输、事项办理等多项工作提供了强大的基础支撑。

（县政府办）

迁西县

迁西县电子政务工作开展以来，各个项目逐步落实。一是抓好电子政务重点工程，重点协调做好依托电子政务全面建设权力运行电子监控体系工作，起草了《迁西县依托电子政务全面建设权力运行电子监控体系的实施方案》，并按照市政府要求做好调研、培训等相关工作；二是抓好电子政务基础网络建设工作，开展基层政府网络检查，对县内专用网络办公系统使用情况调研摸底，做好电子政务网络建设工作；三是抓好电子政务网络安全管理，依据省政府信息系统安全检查实施方案和网络与信息安全保障工作要点，进一步强化网络安全防护措施，定期进行网络安全维护。同时安装了非经营性互联网上网服务场所安全管理系统等安全设备，全面提升了网络安全防范能力。

迁西县政府网站主要包括网站系统和信息公开平台。迁西县人民政府网站是发布政务信息的权威网站，是增强政府与公众交流、扩大公众知情权和参与权、展示政府执政为民和亲民爱民形象的重要载体。网站建设围绕县委、县政府中心工作，先后增设《开启滦河时代》《双城同创》等6个专栏，及时更新迁西概况、招商引资等栏目信息。同时加强与其他网站交流与合作，增加了新华网、河北日报等网络链接，聚合唐山市工程建设领域项目信息和信用信息公开共享平台等系统。

（县政府办）

玉田县

玉田县政府领导高度重视电子政务工作，成立了由县委常委、常务副县长周庆岩任组长的玉田县电子政务工作领导小组，负责全县电子政务工作的组织协调。县政府门户网站在进行了第4次改版的基础上，进一步完善了网站的栏目设置，加强了与政府信息公开平台的结合。在内容更新上，加强了与县委信息中心、宣传部等部门的联系，畅通了信息渠道，及时更新政务公开文件，制作专题栏目，适时发布政府工作报告、为民办实事工程等重要信息。网站主要功能有政务宣传、政府信息公开、民生舆情收集等。网站开设了玉田概况、玉田政务、社会服务、政民互动、玉田论坛、玉田视频、专题报道等板块10余个，网站注册会员5万余人，日点击PV2.5万次，IP3000余个。网站后台使用的是phpcms网站管理系统，mysql数据库存储，网站由县政府信息中心技术人员自行开发与维护，避免了外包公司升级不及时，改版不灵活的弊端。玉田县政府网站2004年荣获省政府“双奖”，2007年获全市政府系统网站建设第一名，2009年荣获“唐山市十大文明网站”称号。玉田县政府网站已经成为政务宣传的窗口，服务百姓的桥梁，促进发展的载体。

玉田论坛是玉田县政府网站的重要组成部分，于2005年正式建立，由县政府信息中心负责。玉田论坛经过近4年的发展，一手抓管理，一手抓建设，成功地破解了政府论坛想建不敢建、好建不好管的难题。论坛开设了“道德建设”“玉田情怀”“文学地带”“音乐地带”“摄影地带”等9大类40个板块。论坛的建立与发展，一方面实现了群众与政府的网上对话，是领导倾听民生、了解民意的重要渠道，是群众参政议政的重要场所；另一方面积极引导网民健康上网，是网民展示才艺、结交朋友的重要平台。

为保证政府门户网站、政府信息公开平台等系统安全运行，在安装部署了硬件防火墙的基础上，又在服务器操作系统上安装了服务器安全狗、网站安全狗等安全软件，网站安全性提高。同时，加大专业技术人员的培训，提高专业技术人员的业务水平。此外，按照全市统一安排部署，与县监察局、行政审批中心、联通公司一起完成权力运行电子监控体系建设有关任务，推进了全县电子政务工作的有效开展。

城乡一体化管理服务信息系统高效规范运行。实现了县政府督查室承办的市长公开电话12345与分中心的系统整合，形成了处置问题的工作合力，有效保障了系统高效规范运行。

（县政府办）

迁安市

迁安市政府门户网站（网址：www.qianan.gov.cn）由迁安市政府办公室管理并负责组织网站信息内容的更新；技术维护由石家庄同维同创公司负责。网站在功能定位上主要是三个方面：政务信息公开功能、政民互动功能、网上办事功能。栏目设计大体包括七大类：一是政务工作类栏目，二是反映全市经济社会发展类栏目，三是网上办事类栏目，四是交互沟通类栏目，五是招商引资类栏目，六是实时动态类栏目，七是便民服务类栏目。网站维护单位88家，通过政府门户网站上传信息24000余条，访问地址178.95万个。日浏览量1000多人次，并于2012年11月获得了“唐山市十大文明网站”荣誉称号。

依托“中国·迁安”政府门户网站，在网站首页设置了“迁安市政府信息公开平台”专栏标识与入口链接，同时整合和链接了各镇（乡）、市政府部门政府信息公开相关内容。同时，按要求建立了网上政府信息依申请公开受理平台。为使公众更方便地检索和查找自己需要的信息内容，2009年11月27日，在“中国·迁安”政府门户网站设置了“政府信息公开统计”，对各责任单位发布的信息进行自动统计显示，方便社会监督。

唐山市民公共服务热线迁安分中心准确把握“群众第一”“求真务实”的原则，始终坚持“全心全意为人民服务”的宗旨，真心实意地帮助群众排忧解难，着实解决了一些群众生产、生活中的具体问题。唐山市民公共服务热线迁安分中心日均受理群众来电、来信40余件，实现承办件按时办结率、满意率双100%，并获锦旗8面，广泛赢得了群众的信任、领导的肯定、社会的好评。

在唐山市政府门户网站首页设有县区动态栏目，要求各县（市、区）及时发布本行政区域内的重大活动和重要信息情况，已累计发布动态信息4000余条。

2011年底，唐山市召开依托电

子政务全面建设权力运行电子监控体系动员大会，会后对全市范围内具有审批权限的单位进行权力事项清理确认及软件系统配置培训和软件系统培训等专题培训，并购买了服务器、交换机等硬件设备，连通了网络。

迁安市同唐山公务信息网以专线的形式联接，并开通了OA办公系统、唐山市城乡一体化服务管理信息系统等，实现了与市委办公厅、市政府办公厅数字化办公。

《中华人民共和国政府信息公开条例》颁布施行后，迁安市把加强政府信息公开保密审查工作作为一项政治任务来抓，成立由市委常委、常务副市长任组长，政府办公室主任和监察局局长任副组长，政府办公室、法制办、保密办、督查室等有关部门负责同志为成员的政府信息公开工作领导小组，并责成市委保密办对全市政府信息公开保密审查工作进行指导和监督管理，做到审查机制健全，组织领导、审查职责到位。

（市政府办）

遵化市

2012年4月，遵化市常委会、编委会研究同意市政府办公室成立副科级下属事业单位：遵化市电子政务管理办公室（同时挂唐山市城乡一体化遵化分中心的牌子）负责研究提出政府信息化规划，编制政务信息化工程建设计划并监督实施；负责信息资源开发利用与共享及信息安全协调工作；负责组织开展市政府门户网站和唐山市政府政务内网遵化局域网、遵化市政务外网的建设、运行、维护和管理工作；负责省、唐山政府网站以及城乡一体化便民服务网的内容保障与管理工作；负责城乡一体化信息网络平台建设与管理；负责市民公共服务热线（含市长公开电话）和城乡一体化信息收集、整理、交办、督办、考核；负责数据库建设与管理，实现与国内及省内外数据库资源的共享；完成市领导和主管部门交办的其他事项。

遵化市政府门户网站2003年8月正式上线，域名http://www.zunhua.gov.cn。2005年政府网站第一次改版，网站内容不断丰富，重点加入了本地新闻类信息和网上与网友交流互动的bbs（遵化论坛）。网站也由静态程序改成了coldfusion开发的动态管理程序。2008年9月政府网站进行了大规模改版，共设今日动态、最新公告、市长之窗、走进遵化、政务公开、专题栏目、办事指南、供求信息、遵化旅游、投资遵化、互动空间、发展论坛等12个一级栏目。此次改版重点加强了群众服务性栏目，比如：办事指南、市长信箱、监督投诉、网上调查、在线访谈、百家讲坛、遵化尖兵、发展论坛等栏目。技术科设管理人员3人，网站管理力量不断壮大，管理的精细度不断深化。自2009年开始，政府门户网站已添加和更新信息6000余条，点击量达161万余人次，日均点击量达2500余人次，在百度、google等著名搜索网站上搜索遵化，政府门户网站信息都位于第一位。

2011年，按照《唐山市依托电子政务全面建设权力运行电子监控体系项目建设方案》的统一部署，遵化市推进小组于12月2日召集3个具体推进小组成员进行了紧急调度，按照工作表要求的时间节点实行集中办公，逐个单位调度，指导行政许可、非行政许可和行政监管三类事项填报。按照《关于对依托电子政务全面建设权力运行电子监控体系项目建设机房硬件及环境软件配置标准的通知》要求，由电政办牵头，行政服务中心、政府办技术科配合，结合唐山市的专业技术人员，多次协调唐山及遵化两家联通公司，已完成遵化市政府、行政服务中心、监察局的外围光纤架设。线路已经铺设到政府机房、行政服务中心机房、监察局效能室，三处光端机已经安装完毕。评价器、条码扫描枪等室内设备联系唐山及丰润电政办，已落实款式型号，初步达到与唐山联网运行的要求。由遵化市电政办牵头，清权确权工作中针对行政许可、非行政许可、行政监管三类事项以外的其他事项进行全面的清理，邀请唐山专家到现场进行办公指导，多次对进驻行政服务中心各窗口单位系统管理员进行培训。已经形成囊括十五类行政权力监管事项的权力运行流程数据信息，全部录入到电子政务外网权力运行监控平台中。待支持该系统机房建设的软、硬件设备到位后，唐山市权力运行电子监控系统将在遵化市全面使用。

运行及安全保障。一是落实专人负责外网网络维护管理，公文收发、信息报送、政府信息公开等工作，做到网络办公及时有效。二是严格按照政务公开和安全保密的有关规定，建立健全网络发布信息审查及安全、保密制度，做到“谁主管、谁审核，谁发布、谁负责”。建立网络安全管理制度，防患于未然。杜绝和避免安全事故的发生：一是规范遵化市各部门入网登记手续，签署相应的信息安全协议。二是对所有网络内的计算机安装防火墙、硬件入侵防御系统、查杀病毒工具，防止信息资料遭到破坏、盗用和其他意外损失。三是严格落实保密规定，对互联网与党政内网实施专机联接，严格禁止“一机双网”，确保信息安全。

（市政府办）

路南区

2008年，路南区建立了“唐山市路南区人民政府”网站（www.lunanqu.gov.cn），通过多年的维护建设，网站内容不断充实。截至2013年底，已形成一个比较完整的政府信息资源共享与交流平台。网站下设网站首页、路南概况、今日路南、路南风光、发展规划、信息公开、社会服务、招商引资、政策法规、城乡建设、乡街信息等多个栏目，网站的页面质量也得到了进一步提高，版面更紧凑，结构更清晰，内容特色更鲜明，为深化政务公开和政务服务工作奠定了坚实基础。在今日路南栏目中，详细公开了政府正在进行的各项工作，如城市建设、道路规划、医疗保健措施、事务处理等，公民可以通过此栏目对政府工作进行监督，使得权力完全在阳光下运行。2013 年，共刊发政务信息 392 条。

2014 年，路南区政府网站将迎来大幅度改版，改版后的网站内容更丰富，政民互动更方便，网上办事效率也将得到进一步提高。

坚持在唐山市政府信息公开平台路南区信息公开聚合栏目发布公开信息。2013 年，通过信息公开平台发布信息 132 条。

路南区宣传部与环渤海新闻网合作，建设了“唐山路南”网站，拓展了路南区信息传播渠道，2013 年累计编辑发送信息 500 余篇。民政工作和人民群众的利益息息相关，更需要社会各界和广大人民群众的关心、理解和支持。路南区民政局的网站为群众提供了更为直接的信息服务。路南区政协网充分发挥着人民政协作为协商民主重要渠道作用。

（区政府办）

路北区

路北区政府门户网站“唐山·路北”，主要栏目包括 10 项常规栏目，面向社会和公众发布政务信息，部分栏目根据相关单位、部门职责特点下设了子栏目，确保栏目内容翔实、准确，各责任单位负责栏目的维护更新。一是路北新视野栏目。即时发布全区性的政务新闻和境内发生的大事要闻（责任单位：宣传部外宣局）。二是路北法制栏目。即时发布路北区各项依法行政的工作内容、动态（责任单位：政府法制办）。三是社会事业栏目。即时发布涉及人民生活、文化体育、社会保障、医疗卫生等方面的内容，下设 5 个子栏目，即社区服务、文化体育、社会保障、医疗卫生、实事工程，由 5 个相关部门根据工作实际发布与各子栏目对应的信息（责任单位：民政局、文体局、人事劳动和社会保障局、卫生局、区委区政府督查室）。四是招商引资栏目。即时发布投资政策、投资热点和重点、招商项目等方面的信息，向社会展示良好的投资环境。其下设 3 个子目录，即招商政策、招商项目、工作动态（责任单位：招商局）。五是项目建设栏目。即时发布在境内的已完工项目、在建项目、谋划项目的情况，下设 2 个子栏目，即总体概况、重点项目动态（责任单位：发改局、重点办）。六是城乡建设与管理栏目。即时发布在城市建设、市政设施维护、既有建筑、危旧房改造等工作的开展情况，下设 6 个子栏目，即城市建设与绿化、既有建筑改造、危房改造、爱国卫生、综合执法、市场建设（责任单位：、社区办、爱卫办、综合执法大队、商务局）。七是政务公开栏目。即时发布区直各部门政务公开内容（责任单位：人事劳动和社会保障局）。八是镇乡街动态栏目。即时发布反映镇、乡、各街道办事处特色、重点工作，下设 13 个子栏目，每个子栏目包括基层概况和工作动态两项内容（责任单位：韩城镇、果园乡、各街道办事处）。九是精神文明建设栏目。即时发布在思想道德建设、文化建设领域取得的各项成果及重点工作进展（责任单位：宣传部文明办）。十是社会服务栏目。即时发布相关重点工作及民生服务类性信息，下设教育领域、社保领域、就业领域、医疗领域、婚育收养、药具服务平台 6 个子栏目，责任单位是教育局、人事劳动和社会保障局、卫生局、人口和计划生育局。

网站的更新和维护实行分级负责制。区直相关单位、部门按职能分工负责相应栏目的更新维护工作，对所分工负责的栏目应及时更新，信息的采集、审核和发布由各单位负责。建立严格的信息审核把关制度，相关单位、部门的主要行政主要领导为信息发布的第一责任人，对所发栏目内容负全责。信息审核内容包括：应该上网公布的信息是否上网；上网信息有无涉密问题；上网信息是否有不适宜对外发布的内容；上网信息中的统计数字是否准确等。

在信息发布实行层级审核把关的基础上，进一步建立健全信息发布台帐制度，做到每一条信息的发布需由经办人、主管领导、主要领导三级签字备案建档，确保所发布信息的及时性、准确性、保密性。

遵守《中华人民共和国计算机信息安全保护条例》《中华人民共和国计算机信息网络国际联网管理暂行规定》和国家有关的法律、行政法规的规定，按照“谁主管，谁负责”的原则落实安全保密工作责任制，落实各项安全管理和技术措施。对在门户网站上发布的信息要严格审核把关，做到“上网不涉密，涉密不上网”，确保党和国家秘密的绝对安全。保证信息公开的数量和质量，主动、及时、全面地做好信息公开工作，根据相关单位、部门职责特点在相应栏目面向社会和公众发布政务信息，区政府办在每月定期通报信息公开发布情况并报区委、区政府主要领导。

（区政府办）

开平区

2012 年 3 月，开平区电子政务中心搭建区、镇（街）、村（居）“三级”社会管理服务平台，实施网格化社会管理。2012 年 7 月，先后制定《开平区电子政务中心建设规划》、《唐山市开平区社会管理综合服务系统建设项目设计方案》，将区电子政务中心与社会管理服务系统进行有效的融合，应用现代的信息和通讯技术，在集成的信息网络上为政府、企业、公众提供高效、全方面和规范而透明的管理和服务。2013 年，对开平区依托电子政务全面建设权力运行电子监控体系，进行了硬件采买和网络架设工作。截至 2013 年底，组织实施的权力运行电子监控体系的网络建设已基本完成，区行政审批服务中心各办事窗口已经调试完成并开始使用，其他 18 家区直单位设备和线路已经安装到位。

开平区公众信息网站是区政府公开政府信息的主要载体，而政府信息公开是政府各部门、各镇街发布政府信息和政务公开的重要平台，是百姓了解党和政府管理和服务的快捷渠道。便民服务是政府网站非常重要的部分，它体现的是一个政府对公众的关心情况，以及对公众应负的责任。从便民、为民角度出发，网站设置了“政府服务”、“办事指南”栏目，栏目内容主要涵盖教育事业、社会医疗、社会保障、生育服务、劳动就业、户籍办理、车辆管理等方面，不仅提供了大量办事指南、办事程序、审批事项等信息，还提供了办理流程、申办条件、办理期限、办事地点及联系方式等。极大地方便了市民办事，让人民群众切实体会到政府网站服务的实用性和便捷性，更加贴近公众需求，提高了便民服务水平。

为保障网站安全运行，在技术层面上采用软硬件结合的综合方案，防范病毒侵扰和黑客攻击。在网站服务器网络环境维护上，邀请省信息安全测评中心唐山分中心的专业人员对网络环境进行测评，排查了政府网站的程序升级、软件补丁、账户安全、病毒查杀、网站运行等方面，对网站的网络环境进行了加固，并安装了防篡改、防漏洞的专业软件，进一步加强了安全防范措施。与此同时，建立网站数据备份系统，定期备份网站重要数据，进一步保障政府网站的安全。

（区政府办）

丰润区

2009 年，丰润区规划建设了“丰润区行政权力公开透明网”。该网站是集网上办公、电子监察和公开透明三个平台为一体的电子政务平台。权力运行电子监控系统主要分为专网和外网两部分：权力运行电子监控专网是通过租用联通公司丰润区分公司城域网光纤 VPN 电路，与 42 个区直单位和 23 个乡镇、街道实现互联互通，实现全区行政权力网上办公、电子监察；权力运行电子监控外网是通过租用联通公司丰润区分公司一条带宽为 4M 的互联网光纤电路保障公开透明平台运行，实现权力运行电子监控系统政务公开、政务服务、权力公开、外网申报、投诉举报和业务查询等相应功能。

2011 年 11 月，丰润区被确定为依托电子政务加强县级政府政务公开和政务服务的全国试点。2012 年，全市推行依托电子政务加强县级政府政务公开和政务服务工作，要求建立全区统一的电子政务外网。经研究，决定依托“唐山·丰润”网站，将“公开透明网”“信息公开平台”“工程建设领域信息公开”等网站整合，形成电子政务外网。2013 年初，按照“国标”要求，对原“唐山·丰润”网站进行全面改版，设计突出“政务公开”“政务服务”及“便民服务”功能。

“唐山·丰润”和“权力公开透明网”两网站设为电子政务外网，两网站侧重工作有所不同。“唐山·丰润”作为政府对外宣传的窗口、公开信息的渠道、服务公众的平台、公众参与政务桥梁，侧重宣传丰润，包括发布工作动态、政府信息公开、规范性文件等功能。“权力公开透明网”侧重政务服务功能，群众和企业可以在网上办理相关事项，对政府部门行政职权进行监控、监察。两网站建设时在满足自身功能要求的基础上，将“信息公开、政务服务、便民服务”等功能采用嵌入技术融合在一起，相互补充，节俭人力、物力和财力。

电子政务平台建设和应用情况。通过统一优化、整合现有网站和业务办理系统网络，形成全区统一的电子政务内网与政务外网，实现政务公开、政务服务、电子监察两网全纳入、全办理。政务公开和政务服务系统覆盖 42 个区直部门、23 个乡镇（街道）。区直部门、乡镇（街道）建立了互联互通的电子政务平台，将国标规定的 385 项政务公开、政务服务和便民服务事项区属事项全部纳入，并做好与省、市部门网络及数据的对接预留工作。

丰润区依托电子政务平台加强政府政务公开和政务服务工作起步较早，按工作要求已覆盖 42 个区直部门、23 个乡镇（街道）。政府信息公开工作方面，各地各单位按要求，通过全省信息公开平台的终端（用户名、密码）自行上传政务信息。

经过对比梳理，国家《基本目录》65 项政府信息公开事项中，已有 64 项政府信息公开事项在丰润区政府信息公开平台、丰润医保信息网、丰润农业信息网、丰润教育信息网等不同的网站、不同的栏目公开，只有 1 项（西部地区“少生快富”工程专项资金管理和使用情况）因为政府信息公开事项不涉及，所以未公开。该平台已接入政府门户网站。政府信息公开信息由政府部门依据职能通过管理后台自行上传，基于互联网通过政府网站发布，向社会公众提供政府信息公开服务。政府信息公开信息项已包含索引号、信息标题、发布日期、发布部门等。

国家政务服务事项目录 295 项行政职权事项中 229 项已通过电子政务系统办理，同时，还在国标基础上进行了拓展。到2013年底，在网运行的事项包括行政许可、非行政许可审批、行政处罚、行政强制、行政监管、行政征收、行政事业性收费、监督检查、行政给付、行政确认、行政裁决、三重一大、其他权力、内部管理和公共资源交易等15类1400多项；职权目录、流程图、自由裁量基准等信息全部在网公开。对行政许可、非行政许可类审批、行政处罚、行政征收、行政强制、行政裁决、“三重一大”等共410个事项的廉政风险点自动监控，并能够对廉政风险点进行自动提醒。

根据“公开信息不涉密、涉密信息不公开”原则，电子政务信息安全工作主要有政府信息公开工作信息管理、业务数据信息管理等内容。根据实际，已经从管理机构和人员、教育培训、增添网络信息安全设备、健全完善相关制度等方面对信息安全的人员、资产、运行和维护管理进行了落实。网络与信息技术外包服务机构资质健全合法，签订了服务合同及安全保密协议，安全责任清晰。办公用软件、公文处理软件、信息安全设备、服务器等使用设备安全可控。

丰润区政府门户网站“唐山·丰润”，于2008年5月正式开通。网站由唐山时空网络信息工程有限公司制作，租用联通公司的服务器，注册了域名，并在公安部和工信部备案。网站采用技术外包技术服务，由政府办公室负责网站信息的更新。网站主要栏目包括：丰润要讯、政策法规、今日丰润、政府信息公开平台和互动交流等模块。丰润要讯：以政府工作动态为主要内容，充分发挥喉舌作用，坚持正确的舆论导向，传播先进文化，维护社会稳定。政策法规：立足于透明化、动态化的政策公开，及时发布丰润区重大行政决策、法律规章和政策性文件等重要政策信息。今日丰润：全面展示丰润区的各项发展与整体情况。政府信息公开平台：接入全省统一信息公开平台系统，由政府部门依据职能通过管理后台自行上传，基于互联网通过政府网站发布，向社会公众提供政府信息公开服务。互动交流：立足于政民交流，政府人员受理服务，听取百姓声音，主要包括区长信箱、区长公开电话、公共热线QQ等互动平台。

2011年11月，丰润区被确定为依托电子政务加强县级政府政务公开和政务服务的全国试点。2012年，全市推行依托电子政务加强县级政府政务公开和政务服务工作，要求建立全区统一的电子政务外网。经区纪委监察局、政府办、工信局、网络公司等单位几次研究，决定依托“唐山·丰润”网站，将“公开透明网”“信息公开平台”“工程建设领域信息公开”等网站整合，形成电子政务外网。2013年初，按照“国标”要求，由时空网络公司设计制作，对原“唐山·丰润”网站进行全面改版，设计突出了“政务公开”“政务服务”及“便民服务”功能。2013年底该网站测试运行，暂时使用时空网络公司的服务器。基于网络信息安全的考虑，改版后网站安装了“加密狗”，这需要单独的服务器、安全审计设备等。按照“方便工作、节约资金、节省资源”的原则，经区纪委监察局、政府办、行政服务中心、工信局研究，拟将服务网使用统一机房及必要的软硬件设备。

新版政府门户网站建立了政府信息公开专栏，包括政府信息公开、政务服务事项信息公开、审批类事项动态公开、政务服务、政民互动等栏目，强化政务信息分类、申请、查询、审核及电子监察功能。网站内容采用全动态管理，由政府部门依据职能通过管理后台，对网站内的栏目、事项信息、动态信息等进行编辑和发布等。各单位行政职权、办事指南、办事流程图、投诉电话等政事信息全部在网上公开，满足群众和企业办理事项需要，实现“公权公示”，强化了“公权监督”。另外，对公开信息及文件进行自查，做到只公开本级政府和政府部门文件、信息等内容。

按照《政府信息公开条例》规定和试点工作有关要求，将“国标”规定的65类政府信息公开事项全部纳入公开范围，通过政府门户网站和政府信息公开平台及时更新信息内容，满足群众的知情权。新版政府门户网站测试运行以来，配合区政府法制办、纪委监察局、国土分局、气象局、消防大队等部门，通过政府门户网站上传和公开信息（文件）1315条，有效地利用了政府网站实现信息资源共享。

政府网站服务保障和运维保障情况。结合本地实际，主要采用网络服务外包和系统自主维护的方式提供技术保证。一是提供技术保障措施。与网络服务商和软件研发公司签订技术保障协议，提供7×24小时热线电话和远程维护，并提供电子邮件和即时消息等远程维护及现场支援等技术保障措施。二是建立运行报告制度。与软件研发公司签订技术保障协议，软件研发公司定期向政府部门报送运行情况报告，主要内容包括系统使用情况、业务量统计、故障处理情况和服务请求响应等情况报告。三是建立故障分级响应机制。与网络服务商和软件研发公司签订技术保障协议，根据故障严重程度将系统故障划分为A、B、C三个等级。A级故障为特大故障，对系统运行有严重影响，导致系统无法运行时，技术工程师在2小时内对问题予以远程响应，并于30－60分钟到达现场处理；B级故障为重大故障，限制了部分系统运行，技术工程师在3小时内对问题予以远程响应；C级故障为一般故障，对系统运行产生轻微影响，大部分系统仍可运行，技术工程师在8小时内对问题予以远程响应。并启动丰润区的《唐山市丰润区网络与信息安全应急预案》。四是建立服务质量考核机制。与网络服务商和软件研发公司签订技术保障协议，明确服务质量考核指标和评估方法，从服务满意度、平均响应时间和投诉发生率等方面对服务质量进行评估，并根据评估结果对技术保障服务机构和服务人员进行奖惩。

（区政府办）

丰南区

丰南区电子政务平台建设按照省网络管理模式，由政务内网和政务外网组成。政务内网：用于党政机关内部文件、通知、数据及各部门内办公业务等信息的交换传输，政务内网和政务外网、互联网实行物理隔离，内网承载传输涉密数据的职能，内网传输不涉及国家秘密的内部工作信息。政务外网：主要承担全区公务信息交换和业务互动，支持各部门的公共服务和业务办公，政务外网与互联网实行逻辑隔离，外网承载传输非涉密数据。政务内网建设由区委办网络中心负责，政务外网网站管理和应用由政府办督查室负责，建有统一的计算机网络机房，占地60平方米，安装了机房专用空调、气体消防、刷卡门禁、摄像头监控、温湿度报警等先进设施，符合机房防火、防盗、防雷、防静电等国家标准。多年来，电子政务累计投入资金2000多万元。

丰南区政务内网始建于1999年底，2004年10月网络建成并开通运行，实现“省—市—县”三级互连互通，网络属星形结构，骨干网络采用H3C公司网络设备，光纤连接、双机冗余、千兆交换、百兆到桌面，上联市委、市政府，横向联接区直各单位。到2013年底，公务内网共接入单位103家，计算机终端168台，路由器1台，防火墙2台，三层交换机2台，二层交换机43台，服务器6台，商用密码机113台，安全办公VPN网关1台，4口短信发送猫池1台，数据存储备份器2台。

建立主网站和子网站，实现与OA数据信息联动，及时丰富网络功能和信息服务，网站年均访问量达30万次。普及推广网络办公（包括收发电子公文、查询公文、信息报送与采编、手机短信提醒、来文电子登记、来文自动打印传阅卡、签收情况月通报、站内公告及短信息、值班信息提醒等）、商用密码加密电子邮件、VPN网络安全办公等系统。到2013年底，电子公文收发系统传递公文1.2万个、69万份，手机公文短信提醒发送13万条，电子期刊发布668份。建立文件数据库、视频和图片数据库、电子期刊数据库。建成区到乡镇网络视频会议系统，每年召开各类电视电话会议50多次。整合网络资源，依托公务内网，开通商用密码通信网、信访网、防范办信息网、组工网、纪检网和涉法涉诉信访网。

网络设备采用上海北塔网络运维管理软件进行智能监管；建立内网日志、数据备份和趋势网络版杀毒服务器；区与市、乡两级网络线路上部署内网防火墙，根据应用需求作相应策略配置，实现网络资源分组可控，采取IP与MAV地址绑定方式控制网络接入，严格落实网络接入审批制度；采取安全网关保护OA服务器，终端用户必须使用商密机认证才能进行网络办公；所有接入计算机终端统一安装联软科技桌面安全统一管理软件，实现全网计算机统一安全管理。

从2004年初开始，丰南区电子政务政务外网与政务内网同时建设，目标是建设一个结构合理、高速宽带、互联互通、安全高效畅通的电子政务外网平台。到2013年底，区行政办公中心公务外网平台已经建成，实现骨干网络光纤连接、交换设备双机冗余、千兆交换、百兆到桌面高标准网络结构，采取双百兆专线光纤接入互联网，并在路由出口部署启明星辰USG-4000D型一体化安全网关和深信服M5900-AC-D型上网行为管理等设备，实现了网络防火墙、IDS/IPS、网关杀毒、上网日志审计、上网行为管理等功能。公务外网平台共连接楼内35家单位624台计算机，实现了各级领导和部门登录互联网查找各类信息，部门间信息资源的无纸化传输、共享，基层单位的网络信息报送、信息提醒，政府网站WEB服务、维护管理和信息发布等工作，也为开展互联互通、网上应用、统一安全防护打下了良好的网络基础。

建立丰南区政府WEB服务器，部署防火墙设备，专人负责管理维护。区政府官方网站（http://www.fengnan.gov.cn）一直抓住“宣传、服务”这两个关键点，打造公开、服务型政府网站。网站共设有新闻动态，走进丰南、招商引资、人才招聘、情况反馈、便民服务，健康丰南、应急管理、行政服务、政务公开、文明城市等内容，并设有区长民情信箱、区长公开电话、政民互联QQ、政府短信平台、纪检监察在线投诉等公众参与栏目。网站内容丰富、更新及时，网上意见和建议处理反馈迅速，民众反映较好，网站服务功能得以体现，并通过互联网向国内外展示了良好的投资环境和独具特色的城区形象，成为丰南区对外宣传的重要窗口之一。

为充分发挥网站的资源优势，全面配合政务公开工作，开通政府信息公开平台，大力推行网上政务公开。按照《信息公开条例》和省、市相关工作要求，对属于主动公开范围的政府文件、政务信息、计划总结等信息通过政府信息公开平台及时、全面公开；2011年，通过政府信息公开平台共向社会公开发布信息428条，其中机构职能类信息15条，政策法规类信息45条，规划计划类信息10条，本部门业务类的信息90条，统计数据类信息12条，其他类信息256条，无涉密信息。

丰南区行政服务中心建筑面积2000平方米，进驻单位23个，设审批、审核、服务事项145项。为充分发挥电子政务的应用优势，创新服务模式，提高行政效率，更好地服务于民，紧紧把握需求导向，先后投入150多万元，购置服务器、联想网御防火墙和网康上网行为管理等设备，与北京大地在线科技发展有限公司合作开发软件，建成行政审批大厅电子政务平台，成功开通行政服务中心网站。依托行政服务中心这个平台，以应用促发展，紧密结合政府职能转变和管理体制改革，着眼于政府的服务和群众的需求，把网上办事作为重点，对面向公众服务的办事项目，大力进行网上行政审批大厅建设，规范服务流程，简化工作环节，让企业和群众享受到电子政务的便利，进一步完善了网上申报和预审批系统，让更多的项目可以通过网上进行。同时改进行政服务中心办证监控系统，不但让管理人员更好地管理办证情况，而且让民众也可以通过网站了解到证件办理的进度。行政服务中心网络应用建设的开展切实地体现了电子政务的服务价值，受到了群众的普遍欢迎，获得了省、市有关领导的充分肯定。

丰南区各级党政机关根据实际工作需要，从服务民众、方便民众出发，相继开通了教育信息网、人才网、中小企业网、水务信息网、商务之窗、农业信息网、社区信息网、科技信息网、党员电教网、会计信息网、图书馆等行业网站，人大、环保局、气象局、工商局、丰南建设局、丰南镇人民政府、小集镇人民政府、大新庄镇人民政府等部门网站。通过网站建设与应用，以及图书馆、城乡一体化、平安城市等信息化建设项目的规划和实施，极大地促进了各级单位电子政务工作发展，有力地推动了全区电子政务建设的前进步伐。

丰南区以规范权力公开透明运行为目标，推进权力运行电子监控体系建设。一是加大投入，推进系统建设进程。按照《唐山市依托电子政务全面建设权力运行电子监控体系项目建设方案》部署和要求，结合区党政网络中心和区政务服务中心，投资200多万元，完成区主机房和系统软硬件建设，并实现与市中心机房的联网对接；同时，依托电子政务平台，推进各乡镇、街道、区直相关职能部门以及区政务服务中心等96个单位与区主机房电子政务外网实现联网对接。二是清权确权，夯实基础。2012年12月份，组织全区各地各有关单位完成对本单位行政职权的清理确权工作，并对职权事项信息及流程进行了录入。三是严格培训，提供支撑。2013年6月份和11月份，分别组织各乡镇、街道及区直相关职能部门共56个单位的网络系统管理员，进行了系统操作的集中培训和一对一培训，并对录入事项信息、岗位设定和流程等进行了修改完善和重新确认；2013年10月份，组织各单位的系统应用人员进行了系统办公应用的培训，并同步推进系统试运行，为实现行政许可、非行政许可审批、行政监管、行政处罚等13类行政权力和事项网上运转、电子监察的目标奠定了坚实基础。

丰南区政府门户网站“中国·丰南”，于2006年12月正式开通。当时的网站由政府聘请专业人员制作，自备服务器并开通专用网络线路，注册了域名，并在公安部和工信部备案，由政府办公室负责网站信息的更新。网站主要栏目包括：新闻动态、走进丰南、招商引资、人才招聘、情况反馈、便民服务、健康丰南、应急管理、行政服务、政府信息公开平台等模块。以新闻动态下设的本埠动态为主要内容，及时发布丰南区的重大新闻事项、政策法规，充分发挥互联网宣传优势，坚持正确的舆论导向，维护社会稳定，向全世界展示美丽丰南。政府信息公开平台接入全省统一信息公开平台系统，由政府部门依据职能通过管理后台自行上传，基于互联网通过政府网站发布，向社会公众提供政府信息公开服务。设立多种政民互动渠道，听取民众声音，主要包括：区长民情信箱、区长公开电话、政民互联QQ、区政府短信平台、纪检监察在线投诉。

2010年5月24日，丰南区人民政府办公室专门印发了《唐山市丰南区政府门户网站管理制度（试行）》，明确了网站的功能定位为政务公开、为民服务、政民互动。对区内各部门单位负责更新维护的相应栏目进行了规范，并设立了监督考核机制。区政府办公室负责对各地各单位的网站信息资源采集发布进行监督考核。考核实行季通报制度。区政府办公室负责对各地各单位上网信息数量、信息时效性、网上办事率，政务公开度、诉求互动量及答复率、网络与信息进行统计汇总，通报全区。实行年终考评制度。根据各季度考核情况，采取各乡镇和区直部门两类进行量化赋分，评出优秀单位和先进单位，并予以表彰。出现信息安全事件的实行评选一票否决。

2011年9月，政府办聘请专业人员对丰南区政府门户网站进行了第一次改版，将网站各个栏目整合为五大版块：新闻动态、政务版、经济版、社会版、文化版。

2013年6月区委办和政府办协调成立网站建设办公室的临时机构，抽调人员负责丰南区政府门户网站的改版和运维保障工作。与广东动易网络科技有限公司签订合同购买动易SmartGov政府网站管理系统和相关的模板定制项目，协调区委网络中心，调整服务器，历时一个多月对丰南区政府门户网站进行了迁移和改版。

此次改版对网站栏目进行了调整，将原来的新闻动态、政务版、经济版、社会版、文化版调整为新闻时事、政务信息、招商引资、旅游观光、走进丰南、网上服务、专题专栏等栏目，重点突出了招商引资和旅游观光栏目。

网站改版后在安全性上有了非常大的提高，一是网站被分为前台网站和后台网站分别放置到外网和内网的两台服务器上，所有文章发布、文件上传、模版修改、管理员管理等操作都在内网的后台服务器上进行，再由同步软件传输到外网的前台服务器上对因特网发布。在因特网上没有对网站服务器的后台访问的权限，大大加强了网站的安全性，同时前台服务器出现损坏无法访问时也可以及时启动备用服务器，具有很好的容灾备份能力。二是区委办和政府办协助抽调人员专门针对网站进行管理和维护。制定了《丰南区互联网门户网站管理办法》《丰南区政府门户网站安全责任制度》《丰南区政府门户网站信息维护及安全管理制度》《唐山市丰南区政府门户网站安全应急工作预案》等管理办法。每天对网站进行数据备份，每周对网站进行漏洞检测，发现问题及时维护。定期进行安全演练，加强应对突发事件的处理能力，一旦发生安全事故，迅速按《唐山市丰南区政府门户网站安全应急工作预案》启动相应的应急处理程序，视事件严重程度上报主管领导，组织技术人员立即检查处理，事件处理完毕后依据原因及调查结果，由主管部门做出事故调查报告。三是网站信息发布采用二级审核方式，各单位安排一名主管领导和一名信息管理员负责本单位的信息审核，审核无误后发布到网站后台或传送到网站建设办邮箱；网站建设办的管理人员每天在一定的时间对各单位发布的信息进行终审，对邮箱中上报的信息也要由管理人员上传到网站后台进行终审发布。上网信息坚持“上网信息不涉密，涉密信息不上网”和“谁发布谁负责”的原则。凡未经主管领导审批擅自发布到网上，泄露国家和单位秘密，给国家、单位造成损失的，依法依规追究相关人员责任。

（区政府办）

曹妃甸区

2012 年 7 月份以前，未设立唐山市曹妃甸区，电子政务发展情况主要为原唐海县电子政务情况。2006 年初，原唐海县电子政务已形成基本框架，各场镇、各单位都进行了政务内网、互联网的连接，政务内网与省市都有接入点，原唐海门户网站建立。

2006 年至 2012 年，原唐海县的电子政务建设主要是进行设备的完善，加强相关的技术应用。一是对政府门户网站建设进行全面加强。原唐海县政府门户网站建设最初是租用空间的方式，2007 年，政府办相继购置服务器、防火墙硬件设施，铺设专用光纤，形成相对独立的系统。同时，不断拓展网站建设内容，栏目增加到 20 个，部分政府组成部门也建立了自己网站，到 2013 年底全县已开通网站的部门 16 家。二是建立市民公共服务热线系统。2008 年，按照市政府相关要求，建立唐山市城乡一体化服务管理信息系统唐海分中心，中心办公室地点设在唐海县行政服务中心四层，招聘 4 名坐席人员，16 名巡查人员，巡查人员 24 小时不间断对城市进行巡查，有问题及时反馈坐席人员，坐席人员协调相关部门进行处理。2009 年，系统又整合了 12345 市民公共服务热线，增加接听公众咨询、投诉、建议等。2009 年，利用政务内网，安装了河北省政府公文交换系统，省、市发文逐步由纸制过渡到电子化。同年，由原唐海县机要局组织，利用政务内网在全县统一安装信息魅力系统，县委、县政府发文全部转换为电子化。

2012 年 7 月撤县设区后，对原唐海县、曹妃甸工业区、南堡、生态城四大板块的电子政务进行部分整合，将曹妃甸工业区与原唐海县的网站合并改版为曹妃甸区门户网站，并对功能进行完善。为充分利用资源，南堡、生态城两大版块网站进行保留，电子政务发展相对比较独立。

唐山市曹妃甸区政府网站由曹妃甸工业区网站与原唐海县网站合并改版形成，到 2013 年底经历数次改版，秉承“方便、实用、便民”的办站宗旨，始终做到“贴近政府、贴近用户”，得到广大民众的好评。网站整合了行政权力公开运行系统、行政服务审批系统及协同办公 OA 系统，政府信息公开平台、在线访谈平台、信箱平台、网络投票平台和问卷调查平台实现单点登录多平台维护，并在内容和形式上进行创新突破。曹妃甸区政府门户网站到 2013 年底访问量 306 万余人次，成为推进政务公开、展示曹妃甸形象的重要窗口。网站设立网站栏目 26 个，其中区长信箱、服务三农、政务公开、便民服务、投资指南等已成为深受市民群众好评的热门栏目。

另外，电子政务建设不断加强组织领导，制定信息发布流程，细化政务上网信息的分类、更新与报送工作，实行“日更新、月总结、年改版”制度，从事大量的信息处理工作，已在全区形成了政务信息资源的整合与应用的态势。

加强网络安全管理，落实办公室各项网络安全管理制度，为防止政府网站被攻击篡改，坚持每天观察维护，发现异常及时排查。

政务公开是政府信息公开的主要模块，主要包括通知通告、政策法规、党建工作、领导介绍、住房保障和机构设置等栏目。每个栏目都从多个方面对栏目内容进行细化。政府信息公开包括区政府信息公开目录，政务动态（包括政务要闻、部门动态、场镇动态），区政府工作部门公开目录，公示公告，政府采购，财政信息，城乡建设，区政府直属事业单位公开目录，政府其他机构公开目录，企业单位公开目录，场镇公开目录，人事任免应急管理，重大项目，社会公益（统计数据）工作报告等。

曹妃甸区依托电子政务推进数字中心，立足于城乡管理，依托现代信息技术，整合多方资源，建立起沟通快捷、分工明确、责任到位、反应快速、处置及时、运转高效的管理平台，努力形成城乡管理、社会综合治理、应急处置、交通调控、城乡信息服务为一体的数字化管理体系，实现应急指挥、城乡管理、便民服务三位一体，从而增强政府应对突发事件、统筹城乡精细化服务和管理的能力，提高政府社会管理和公共服务水平。

数字中心包括应急指挥、公安科技防范、城乡一体化服务管理、数据共享等四大平台，涉及应急指挥和突发事件处置系统、治安防控和电子警察系统、城市精细化管理系统、日常应急值班综合系统、公共服务平台整合系统、行政办公快速辅助系统、市民生活服务系统和城乡一体化信息管理系统八大系统，兼具常态管理和应急指挥双重功能，能够满足日常城市管理、为民服务需要，同时具有随时处置突发公共事件的需要，提供7×24小时值守应急和指挥会商的基本条件。

（区政府办）

高新区

1999年，唐山高新区启动政府上网工程，高新区电子政务建设和应用正式起步。成立以管委会主管主任为组长，管委会办公室、发改局、财政局等相关单位为组成单位的高新区信息化建设领导小组，负责领导高新区信息化工作。领导小组办公室设在管委会办公室，负责统筹协调高新区电子政务工作，制定高新区信息化工作规划和实施方案，建立各项规章制度。同年，高新区管委会成立办公室信息中心，由2名工作人员组成，专职负责高新区网络规划建设、网络管理、网络维护、网络安全、网站建设、信息维护、技术培训等信息化建设相关工作。经过十多年的建设，高新区建成标准的网络机房，网络环境安全可靠，管委会网络通过光纤或综合布线连接30多家直属单位、分局和办事处，建成高新区门户网站、信息公开平台等系统，管委会各单位可以通过互联网、党政内网、专网等实现在线办公。

1999年10月，高新区与唐山市信息发展公司签订政府上网工程合作协议，投资购置了服务器、路由器、交换机等设备，使用DDN专线连接互联网，高新区电子政务工作起步。2001年，高新区管委会搬迁到火炬大厦办公后，追加投资建设了网络机房，购买了UPS电源，服务器、核心交换机、分布交换机、集线器等设备，拓展电子政务服务功能。使用10M（2003年升级为30M）光纤接入互联网，使用10M光纤专线与唐山市党政内网连接，同时将管委会机关与外围办事机构、国税局、地税局、街道办事处等单位连接在一起，组成集中统一的办公网络，高新区机关各单位均能接入互联网和内网进行办公。2008年，管委会搬迁到火炬大厦附楼办公后，为适应网络办公的需要，再次投资对中心机房进行升级改造，更换、新购了防火墙、路由器、交换机等网络设备。互联网带宽升级到100M。经过十多年建设，高新区网络平台已经能很好满足电子政务工作需求，管委会近30家单位300多用户实现互联网及党政内网办公，提升办公环境，提高工作效率。2013年，按照市纪委关于依托电子政务系统建设权力运行电子监控体系要求，组建高新区行政服务中心，投资对高新区机房进行了改造和升级，更换部分网络设备。按照上级关于电子政务系统的软硬件配置要求，购置服务器、交换机、操作系统软件、数据库软件等设备和系统，购买北京邮电大学开发的电子政务应用软件，已经完成网络连接和系统部署工作，具备了试运行条件。该系统能使高新区80多项审批事项实现网上办理，并能对办理过程实行电子监控和在互联网公开办理结果。

高新区开展政府上网工程后，一直在加强网络安全保密工作，为应对互联网高速发展带来的各种安全隐患，先后投资安装网络防火墙、入侵检测系统、互联网审计系统、网络安全风险管理系统、网络版杀毒软件等网络安全设备和系统，加强管委会网络安全防护能力，提高对网络的管理和维护水平；制定有关网络安全保密管理的规章制度，禁止在互联网计算机上存储、处理、传输涉密信息和敏感信息，禁止违规使用移动存储介质和无线网络系统。每年不定期对单位计算机进行保密检查，发现违规现象及时处理。每年组织相关工作人员进行网络安全保密知识培训，提高保密防范意识。

2000年，唐山高新区门户网站（www.tsgxq.gov.cn）正式上线运行，网站由唐山高新区管委会主办，管委会办公室管理，办公室信息中心负责网站建设、管理和内容维护。网站主要包括政务公开、宣传报道、招商引资等方面的功能。管委会办公室为规范网站管理，制定了网站内容发布、安全保密管理等规章制度，网站所发布的内容经相关领导审核后，由办公室信息中心统一发布，严禁发布任何涉密信息。高新区门户网站全力做好对外宣传高新区的工作。主要设计了以下几类栏目：一是区情概况。包括高新区概况、环境优势、唐山概况、城市环境、社会环境、图片展示等内容。二是党务公开。包括领导信息、工作动态、工作流程、公开内容、组织机构、制度建设、组织工作、干部任免、基层建设、读史鉴政等内容。三是政务公开。包括通知公告、区内动态、领导班子、机构设置、大事记、政府采购、调查研究等内容。四是招商引资。包括机构设置、投资程序、投资成本、优惠政策、重点项目等内容。五是特色园区。主要介绍优惠政策、高新创业园、日资工业园、留学生创业园、焊接产业基地、汽车零部件基地等内容。六是企业园地。主要介绍高新区内的企业动态、明星企业、重点产品、科技成果等内容。网站开设了这些栏目，为高新区招商引资、对外宣传做出了贡献。同时在网站上开展网上办事和政民互动，公开领导信箱、便民电话、纪检监察、信访举报等信息。

2006年，高新区依托门户网站，搭建了信息公开平台，并在网站首页设置了信息公开平台的文字和图片链接，高新区严格按照省、市关于政府信息公开工作的总体要求，围绕高新区中心工作，切实加强政府信息公开工作的组织建设和宣传管理，设置的栏目和发布的内容符合省市政府信息公开网页内容规范。按要求建立网上信息依申请公开受理平台。信息公开平台整合了高新区直属局办、分局、办事处等单位的信息公开内容，提高了高新区信息公开的水平和质量。到2013年底，累计公开各类信息2000余条，在唐山市政府门户网站高新区频道发布信息近1000条，在信息公开平台公开各类信息近1000条，保障了公众的知情权，为高新区内企业生产、人民群众生活提供了便利。

（区管委会办公室）

海港开发区

2011年11月，海港经济开发区机构调整，党政综合办公室下设电子政务办公室，前身为网络信息科，设立后明确机构规格为股级，设电子政务办公室主任一名，科员2名，归党政综合办公室分管副主任领导，分管副主任为开发区信息化领导小组成员。主要工作职能为：负责开发区管委会门户网站www.tshg.gov.cn的维护工作，中国唐山-县区动态-海港开发区栏目的建设维护工作；开发区政务信息公开平台维护工作；城乡一体化信息管理服务系统维护管理工作以及市民公共服务热线相关事务；网络舆情监控工作；管委会机关网络（中心机房、互联网、政务内网）维护及网络安全管理；开发区党工委、管委会领导及党政综合办公室电子办公设备的维护工作。

2003年河北唐山海港经济开发区门户网站www.tshg.gov.cn建成开始运行，并在公安部门备案，网站设有本地要闻、政务动态、企业动态、党务公开、招商引资、政府公文、产业动态等数十个模块，内容信息由开发区各部门和单位报送并进行自主信息收集，有完整的稿件发布审批流程和保密审查，2003年以来共发布各类信息5600余条，成为开发区党工委管委会党务公开、政务公开的重要窗口，互动交流模块中开设领导信箱并包含效能举报、公众留言、网上信访、网上调查、领导信箱、联系方式等内容。2007年以来，海港开发区在中国唐山上发布信息数量连年迅猛增长、质量不断提高，被评为2012唐山市电子政务建设管理先进单位。

依托河北省政府信息公开系统，2009年唐山海港经济开发区政务信息公开平台开始运行，主要发布关系开发区各类政务信息，截至2013年底发布信息3000余条。

2003年按照唐山市统一安排，建设政务内网，2003年8月投入使用，与河北省政务内网互联，覆盖开发区党工委、管委会各部门。唐山市有5个部门在政务内网上加载办公系统：市委办公厅OA办公系统（用于与各县区、市直各部门的信息交换）、市财政局业务办公系统（用于市直部门向市财政局网上申报、市财政局网上办公）、市人行支付结算系统（用于各商业银行每天交换数据）、市发改委内部办公系统、市民政局内部办公系统，其中，市委办公厅OA办公系统2013年开始使用金政公文收发系统。

2009年下半年，按唐山市政府要求，依托政务内网，建立唐山市城乡一体化海港分中心，接受唐山市政府电子政务办公室业务指导，承办城乡一体化信息管理服务系统和市民公共服务热线业务。2012年底，按照唐山市政府电子政务办公室开始使用依托互联网的新系统，海港分中心建立。海港开发区市民公共服务热线办理情况在唐山市的评比中名列前茅，解决了一大批群众关心的热点问题，得到群众一致好评。

2011年，为加强网络信息安全，在中心机房安装山石网科安全网关，并实现了办公网络按楼层管理。2013年上半年，将机关互联网带宽从50M提升到100M，大幅提高了网速，协同财政局、联通公司等单位对机房内的线路进行整理、标记，保障机房正常运转，加强对机关机房各内网专线的管理。召开加强机关网络管理工作会议，摸清机关联网计算机底数，确保机关网络安全、快速运行。10—11月对机关网络进行优化调整，剔除冗余线路，提高了机关网络的稳定性和运行效率。制定实施《河北唐山海港经济开发区管理委员会机关机房管理人员岗位职责》和《河北唐山海港经济开发区管理委员会机关机房管理制度》，严格机房进出登记制度和机房卫生管理，补充必要的防火、温湿监控设备，添置上网行为监控系统，安装最新版的瑞星防毒墙，提高了机房安全标准和管理水平，在2013年11月21日市重点领域网络和信息安全检查中得到检查组的一致肯定。参与开发区发改局牵头的开发区重点领域信息安全大检查，对开发区各部门和单位的网络信息安全状况进行细致的检查，并提出整改意见。

（区管委会办公室）

芦台经济开发区

芦台经济开发区门户网站（www.lutai.gov.cn）于2012年5月

筹备建设，11月建成试运行，2013年1月正式运行。共设立《区域概况》《今日芦台》《图片新闻》《政务公开》《部门动态》《公示公告》《防灾减灾》《党建工作》《招商引资》《未来规划》《住房保障》《工程建设》《学习园地》《政府电话》《建言献策》《便民服务》《企业博览》《友情链接》等17个版块栏目，年发布信息200余条，拓展了群众了解开发区的渠道，极大地促进了政务公开。门户网站按照专人负责、专人维护的原则，指派专业人员定时对网站内容进行更新，保证网站内容的时效性。

开发区门户网站涉及信息公开栏目共8个，包括《图片新闻》《今日芦台》《部门动态》《政务公开》《公示公告》《住房保障》《工程建设》和《政府电话》。其中《政务公开》链接到市政府信息公开平台，《工程建设》链接到唐山市工程建设领域项目信息和信用信息公开共享平台，这两个栏目由开发区办公室信息中心负责维护。《部门动态》已下放维护权限，由各区直机关和驻区单位办公室负责维护。其他栏目由开发区办公室信息中心负责维护。

《今日芦台》栏目主要向公众公布影响经济生活发展的重大事件，与《图片新闻》相结合，用文字、图片、视频等多种形式来记录开发区的发展。《部门动态》是区直各部门和驻区单位展示自我的平台，管理权限下放，由各个局进行独自维护，区办公室信息中心审核，发布各个部门所举办的活动、信息等。《公示公告》主要发布对外公开的正式文件与公告，具有权威性。

开发区门户网站设有《建言献策》栏目，以公开建言献策邮箱—接收群众来信—网站发布解答的形式发布信息。保证民意得到迅速有效传达，使公众参与到开发区经济生活建设中，确保执政为民、立党为公。开发区门户网站共设有《防灾减灾》《便民服务》《企业博览》《友情链接》《学习园地》等5个栏目，为公众提供日常服务小知识、基本服务信息和实用网站链接等，方便群众学习和使用。

（区管委会办公室）

汉沽管理区

汉沽管理区管委会重视加强政府门户网站管护和建设，设专人对网站定期进行维护，安装杀毒软件，保证了政务网的安全，减少发生因中毒、下载等造成的网络中断。网站建设初期没有自己的服务器地址，租用北京万网公司服务器地址，存在易用性差、易受攻击等问题。为从根本上解决以上问题，汉沽管理区与市电子政务技术部门沟通，拟将汉沽管理区门户网站服务器地址挂靠于市政府服务器，对门户网站系统进行重新编写，汉沽管理区的信息公开平台已进行升级改造，将开通区直各部门节点并进行升级培训，实现汉沽管理区与省市平台的聚合。

汉沽管理区通过光纤接入实现与唐山公务信息网的链接，并安装了智通OA办公系统、唐山市综合督导局数字化督办系统、河北省政府电子公文交换系统等，实现了与市委办公厅、市政府办公厅数字化办公。

汉沽管理区按要求更新《汉沽管理区政府信息公开指南》，以多种形式公开政府信息，扩大政府信息公开的覆盖面。2013年，编制管区要情，通过政府网站、政府信息公开平台、电子屏发布信息。在政府信息公开平台上发布政府各类信息。

汉沽管理区已完成区本级政府信息公开平台搭建工作，区直部门节点也已开通，将尽快实现与省市平台聚合。

（区管委会办公室）

廊坊市

【概况】 廊坊市按照打造“京津冀电子信息走廊、环渤海休闲商务中心”的总体工作部署，围绕打造“实力廊坊、效率廊坊、和谐廊坊”的发展目标，以“提速、提质、为人民、促发展”为主旨，以公务网络平台整合为重点，不断优化发展环境，完善信息化基础设施，推动电子政务快速发展，加大智慧城市建设步伐。

2004年，廊坊市调整市信息化工作领导小组，将日常办事机构市政府信息化工作办公室（科级机构）设在原市信息产业局，并从发改委信息中心整体划转7名专业人员承办信息办的日常工作。2007年，调整市信息办机构设置，与原市信息产业局一套人马两块牌子，信息办由原来科级事业机构升格为正处级机构，并设推进科和信息资源管理办公室两个科室专职推进电子政务建设，从事电子政务工作的专职人员由原来的7人增加到20人，加强了电子政务队伍的建设。

为加强对廊坊“智慧城市”建设工作的领导，2012年初专门成立以常务副市长为组长，相关部门为成员单位的廊坊市智慧城市建设试点工作领导小组，领导小组办公室设在市工信局，具体负责智慧城市建设的综合协调、工作推进、规划编制、项目审批、资金管理和监督验收等工作。

2005年，廊坊市按照《河北省电子政务网络平台建设方案》要求，编制《廊坊市公务网络平台建设方案》，方案中明确提出“四统一”的网络整合建设思路：即统一公务网络平台、统一互联网出口、统一线路通道、统一管理。通过采用光纤复用技术实现一线多用、一网多用，并逐步实现硬件、软件和信息资源共享。2006年6月1日，该方案经市政府常务会审议通过，开始建设廊坊公务网络基础平台，2007年7月正式投入运行。随着应用的不断增加，2012年初步建成廊坊市公务云计算中心，中心机房面积400平方米，传输机房面积60平方米，配电机房20平方米，后备电源机房30平方米，中心采用双回路、后备电源和发电机三种供电方式。云计算中心安装有传输、网络、安全、存储和应用服务器等设备1895台套，安装有服务器操作系统、数据库系统、网管软件、备份软件、网络杀毒软件、数字认证软件、地理信息系统和各专业应用软件等160套，核心网络交换容量1.2Tbps，存储容量900TB；市本级横向网连通108个政府部门、110个街道社区和6个城市基础设施相关企业；省市县纵向网，通过155M线路上联到省，622M光纤环下联到县（市、区）；互联网出口600M，分别连接中国电信、中国移动、中国联通三个运营商。

廊坊市公务云计算中心以公务网络平台为基础，承担全市公务内网、公务外网、部门专网和市直部门统一互联网出口的网络职能，主要承载行政审批电子监察、数字化城市管理、平安廊坊动态视频监控指挥和药品电子监管、市直工委创建“双星”品牌工程管理、市法院执行诚信联动信息管理、市委组织部基层党建现代管控、财政专项资金监控、工业和民营经济数据库、工信系统OA协同办公、流动人口房屋租赁管理等应用系统，还负责廊坊政务网、行政权力公开透明运行网、市政府督查网、工程建设领域项目信息和信用信息公开共享专栏以及农业局、国资委、规划局等21个市直部门50个网站的托管、运行和维护。

廊坊市公务网络平台实现“平台、通道、出口、管理”的四统一，满足全市党政机关及市直各部门连接互联网、信息交换、信息发布和安全防范等方面的需求；实现了部门间信息在同城交换，为全市各党政机关、市直各部门协同办公、领导决策、公共服务、灾难备份、应急指挥提供强有力的技术支持，公务网络平台在整个信息化建设发展中起到了促进作用。以廊坊市公务网络平台为基础，使行政审批电子监察、数字化城市管理、平安廊坊视频监控和药品电子监管等系统在资金紧张的情况下，短时间建设完成，在全国第一个真正实现其中各个应用系统的资源共享。

【廊坊市行政审批电子监察系统】 2007年3月投资290万元筹建廊坊市行政审批电子监察系统，主要包括行政审批、电子监察和视频监控三个子系统。到2013年底，该系统实现了对市行政审批服务中心、国土局等8个单位13个审批服务大厅的视频监控无死角全覆盖；实现49个政府部门338项行政审批事项的网上审批和电子监察。2011年，该系统继续向各县（市、区）延伸，进行市、县两级行政审批电子监察平台的对接工作。

廊坊市行政审批电子监察系统利用信息技术手段，使用“电子眼”对全市所有行政审批事项的实施情况（每个审批事项的受理、承办、审核、批准、办结）和各个办事大厅进行实时电子监控，对违反审批条件或审批程序、超过审批时限等情况进行提醒警告，对每个审批部门和审批人员进行绩效评估和排名，实现了行政审批实施过程“看得见，管得住”。该系统具有实时监控、预警纠错、绩效评估、信息服务四大功能。系统通过视频监控可及时发现和纠正违法、违规行为；通过电子监察平台和市直各部门行政审批业务系统直接对接，自动实时采集每一项行政审批办理过程的信息，实行同步全程监控；通过对行政审批超时限违规收费、违反审批程序等违规行为发出预警信号、黄牌和红牌信号，加强对各部门违规行为的督促整改和责任追究；通过自动对各部门各岗位的行政效能进行自动打分、考核和排名，每月定期向各级领导和社会公布结果，接受群众的监督，促进行政效能的提高；通过向群众、各级领导、各部门提供行政审批的各种信息，便于群众随时查询办理事项实施情况和结果，增加了工作透明度。

行政审批电子监察系统建成和正式启用后，对政府审批权力的运行方式产生重大影响。一是催生新的审批业务模式，推动审批跨部门、甚至跨地域的“一站式服务”。在横向上优化、重组业务流程，提高工作质量和工作效率；在纵向上减少管理层次，推动权力下放和审批窗口前移，方便基层群众办事，从而减少政府内部管理上的繁文缛节和资源耗费，实现管理的高效化。二是创新政府管理。建立电子监察系统的前提是行政管理程序的标准化、规范化。通过对行政审批行为以及相关岗位、职责的规范管理，将法律法规及有关规章制度纳入信息系统中，对企业注册、项目审批、税务申报等日常行政管理业务流程进行规范和整合，并在业务流程的关键环节上设置不同的权限管理，使业务流程中权责明确，在程序上不可逆，有效减少行政审批工作中的随意性。三是促进透明行政，实现阳光政务。实现行政审批业务的公开化，打造“阳光政务”，真正把政府行政行为和服务管理，置于充分的社会监督、严格的内部监控和政府监察部门的有效监督之下，促进了政府行政的民主管理、科学管理和依法管理。四是带动和影响其他非行政审批管理工作升级。结合电子政务建设的成果，通过行政审批电子监察系统与发展电子政务互相兼容、互相支持，逐步实现政府其他信息网络平台在信息资源上的整合，为政府决策、管理提供信息依据，进一步提高行政机关管理和决策水平。该系统是河北省第一个建成的地市级行政审批电子监察系统，标志着廊坊市推进电子政务建设、创新行政监察工作迈上了新台阶，经市级专家鉴定，为国内领先，并得到省监察厅的肯定。

【数字化城市管理信息系统】 2007 年 12 月依托公务网络平台，按照“一级监督、二级指挥、三级管理”的市、区联动模式建设廊坊市数字化城市管理信息系统。到 2013 年底已建成市本级平台 1 个，广阳区、安次区区级平台 2 个，霸州市、三河市、大厂县、固安县、香河县、永清县、文安县、大城县县（市）级平台 8 个，廊坊开发区、燕郊高新区园区平台 2 个，共计 13 个数字城管系统平台。系统覆盖总面积达到 308.8 平方公里，基本实现了全市域覆盖建设目标。市级系统平台开通运行以来，受理各类城市问题 945392 件，结案率 99.89%，按期结案率 92.35%。2013 年以来，紧紧围绕“环境治理百日行动”和“大气污染治理百日行动”等中心工作，共发现和解决了 181027 个城市突出问题，充分发挥了数字城管系统作用。

数字城管系统不仅可以通过监督员及时有效地发现和解决市区主次干道、支路、街巷、城市出入口内的城市部件、事件等城市管理问题；还能通过“12319”热线，将市民反映的问题及时反馈到监督、指挥中心进行迅速处理。数字城管系统的建成使廊坊市的城市管理由粗放转向精准，从静态转向动态，从被动转向主动，从分散转向综合，从而实现城市管理的精确、敏捷、高效、全过程、全覆盖，大幅度提高城市管理水平。

为达到提高城市服务质量和城市管理水平，拉近公用事业服务单位与市民间的距离，2013 年重点启动建设公用事业服务质量监管系统和数字城管视频监控子系统建设。首先选择 20 个有一定规模的、封闭式的、物业管理完善的居民小区作为公用事业服务质量监管系统试点，利用数字化城市管理系统成功经验，采用物联网、无线数据传输、工程过程实时在线检测等技术手段，实现对廊坊市包括供水、供电、供气、供热等服务质量监管。通过实时监测、自动报警等功能，第一时间发现问题，自动生成事件案卷，进入数字化城市管理监管流程，形成闭环管理，通过数字城管的统一协调、高位监督机制，实现快速响应、及时处置，对提供服务的企事业单位进行监督、评价、考核，并与消费者权益监督部门联动，以此达到提高服务质量和城市管理水平的目的。为防治城区大气污染，加强对施工工地现场和渣土运输车辆的管理，整合闲置资源，启动建设数字城管视频监控子系统。将原“平安廊坊”监控系统部分监控设备迁移到市区在建建设施工现场出入口，在 69 个施工工地出入口设置 102 个监控摄像头。安排专人负责，通过终端显示屏幕对施工工地进行日常监控，实现对违法建设、建设施工现场外围环境和出入车辆超载、苫盖、遗撒、带泥上路等情况的 24 小时全方位动态监管。将进一步整合公安和交警的 2000 多个摄像头资源，形成全时段、全方位、无盲点的数字城管视频监控网络。在进行日常数字城管问题上报的同时，城管监督员深入社区、背街小巷、城乡结合部，将一些历年积存堆积的建筑垃圾、生活垃圾、工业垃圾、以及隐蔽在阴暗处的一些卫生死角及时上报，使得过去忽视的问题一一予以清理、清查，市区卫生保洁状况明显改善。原来较普遍的卫生死角、垃圾桶满溢、桥下废弃物等得到清理，乱设摊、乱张贴、乱停放等“三乱”问题也得到有效遏制。

为加强数字化城市管理绩效考评工作，全面提升城市管理工作质量和水平，紧密结合数字化城管业务，重新修订《廊坊市数字化城市管理综合绩效考核办法（试行）》，制定《县（市）综合绩效考评办法（试行）》，制定《廊坊市井盖设施管理办法》，将对井盖安全管理工作进行督查并纳入省级人居环境奖考核标准及数字化城市管理考核中。研究并制定《关于拓展 12319 城建服务热线范围的意见（草案）》，完善城市服务功能构建，提高城市精细化管理水平，实现政府管理部门由管理型向服务型转变，切实解决百姓生活中的热点、难点问题。利用简报、十天通报的形式反馈信息，及时联系通报案件处置情况，累计共编发 11 期《数字城管简报》，31 期《数字城管十天通报》。通过多渠道的宣传，提高了广大市民对数字城管的认知度和参与度。同时，为进一步强化高位监督，将考核结果直接纳入市委市政府对有关部门单位的年度目标考核，并作为文明单位评选的重要依据。

【平安廊坊动态监控系统】 为进一步巩固和深化平安创建成果，着力提高预防、控制和打击犯罪的能力，全面提升廊坊市治安防控水平，2008年，在市内各社区、商业中心、娱乐场所、主干道、治安敏感地区等区域安装配备监控摄像机，以廊坊市公务网络平台资源和已有监控资源为基础，借助现代科技手段与产品，建设了平安廊坊动态监控系统。该系统以技术成熟、系统安全、运行稳定、易于扩展、操作简便、易于维护为建设原则，以追求图像高质量，系统运行可靠、安全、稳定为建设目标。平安廊坊监控共享平台建成了交换容量128GB的核心网络，至少可满足3000个监控点和40个使用单位核心数据交换要求；经几年整合，到2013年底建成了数据容量673TB的数据存储阵列，可承载车牌识别、身份认证、预报警等功能的高性能服务器集群。一期安装调试市区前端视频监控点179个，其中市区主要路口和治安敏感地区155个，3个出城卡口24个，18个使用单位包括市公安局、市区4个公安分局、13个派出所。2011年，新整合商场、超市门前监控点41个，一大街新建监控点29个。2013年，整合交警指挥系统、治安综合指挥系统的视频资源。下一步，将逐步整合公安平安城市二期工程和水务、建设、交通、安监、药监、教育等部门视频资源，建设全市统一的公共视频监控系统，满足政府各部门在应急指挥、救灾抢险和城市建设、管理等方面需求。

该系统在运行后，全面提升廊坊市治安防控水平，逐渐显现出在提高预防、控制和打击犯罪方面的作用，为治安案件、刑事案件、交通事故等提供了线索和依据，促进现场勘查、指挥处置、证据采集、探测监控等相关技术的综合应用，最大限度地发挥有限警力的作用。自投入运行至2013年底完成取证500余次，为办案单位固定证据刻录DVD视频光盘1200余张。

【二三维地理空间资源信息共享服务平台】 为避免资源浪费、减少重复建设、消除信息孤岛、实现数据共享，为“智慧廊坊”提供地理空间数据支撑，建立廊坊市具有权威性和唯一性的地理信息共享服务平台是最为有效的方法和手段。“廊坊市二三维地理空间资源信息共享服务平台”2010年经市政府批准由廊坊市城乡规划局组织建设，按照市政府信息办关于智慧城市顶层设计及统一标准的要求，平台以地理空间信息共享数据库建设为基础，依托市公务云计算中心政务内网平台稳定的网络传输，在有关政策法规规章、管理制度、技术标准规范及信息安全措施的约束和指导下，提供地理空间信息或者其他政务信息的元数据查询，使各政府职能部门根据自身的业务需求，获取不同格式、不同要素及不同属性的地理信息或政务信息，并可以将自身拥有的空间或政务信息在平台上进行加载、上传，实现地理空间信息或政务信息的在线共享应用。

廊坊市二三维地理空间资源信息共享服务平台是基于“一张图、一库一平台、一套机制、N个应用”的智慧城市建设模式。依托市公务云计算中心政务内网平台稳定的网络传输，在有关政策法规、管理制度、技术标准规范及信息安全措施的约束和指导下，市政府各职能部门根据自身业务需求，获取不同格式、不同图层、不同要素及不同属性的政务信息或地理空间信息，同时各部门将根据自己的业务不断更新丰富平台内容，实现地理信息或政务信息的在线共享应用。廊坊市二三维地理空间资源信息共享服务平台基于“一张图”的信息资源承载形式，实现发布人口、法人、宏观经济等数据，最终逐步实现政府数据资源整合，通过建立统一的数据中心，实现基于地理空间框架的城市信息资源数据库，真正建立廊坊市政务信息资源的“一张图”，为廊坊市由“数字城市”向“智慧城市”转变打下基础。

二三维地理空间资源信息共享平台已镜像于市公务云计算中心，实现了平台数据的同城备份，所有采用市云计算中心政务内网的委办局均可通过内网进行授权访问二三维平台，并支持各职能部门利用二、三维基础数据进行二次开发和授权发布。平台前期已与公安、交警、数字城管等部门进行了系统对接，到2013年底，根据委办局的实际需求，已成功实现了为交警和数字城管提供三维场景服务，为公安系统提供地理信息电子底图服务，获得了相关委办局的肯定和好评。

【药品监督管理系统】 廊坊市药品监督管理系统主要由五个中心（数据中心、办公中心、业务中心、监管中心、服务中心）和十五个子系统组成。系统重点建设药械远程实时监管系统，实现全流程、全环节、全要素的对行政相对人的药品验收、药品销售、药品库存、库房温湿度等情况实施实时在线监控，可实时、全面、准确地了解与掌握辖区内所有药品、医疗器械在流通、使用过程中的即时详细信息，并在此基础上可以实时形成各类监管报表及敏感数据的监管结果，对各项重要敏感数据进行实时监控、综合分析，建设药械突发事件管理基础框架，提高执法主体的突发事件管理能力。廊坊市“智慧药监”系统已建成集行政办公、网上监管和在线服务为一体的综合平台，实现了对全市33家药品批发企业、市区321家药品零售企业的在线实时监控，药品监管效率得到明显提高，药品监管效能得到显著提升。

通过建立标准统一、功能完善、安全可靠的食品药品监督管理信息平台，实现食品药品监督管理局内部信息资源共享，建立“信息沟通、信息管理、信息综合利用”的行政体系与技术机制，提高监督管理能力、决策能力、应急处理能力、公共服务能力。一是卡住“进口”，杜绝了问题药品流入。为将事后监管转变为事前防范，系统对企业首次录入的药品品种，自动与假劣药品数据库进行链接比对，如与数据库的信息吻合，系统会弹出警示，提示该药品为假劣品种，并不予审核通过。在无相关匹配数据的基础上，经管理人员核实产品合格后，系统方可通过产品信息录入，从源头上杜绝了假劣药品流入正规渠道经营销售。二是把住“出口”，规范了处方药销售。为破解药师不在岗、不凭处方销售处方药等监管难题，系统要求企业在销售药品时，必须经药师通过指纹仪录入指纹后，打印出带有特殊监管码的销售票据，药品方能出库销售。否则药品无法通过该系统进行出库销售，从根本上解决药师不在岗、处方药不凭处方、体外循环、挂靠走票等“顽疾”。同时，系统在采集药师指纹时，要求每家药店都必须配备至少1名药师，且任意两家的药师不能为同一人，否则无法通过系统指纹录入，有效防止了药师串岗、多岗的现象发生。三是监控“现场”，严格了药品储存环境。药品储存是保证药品质量的一个重要环节。为了防止企业节约经营成本，擅自降低药品储存条件，致使产品质量发生变化，在全市所有药品批发企业的库房安装了温湿度监控仪，并将温湿度数据以手机信号的方式实时传入系统，进行在线监控。一旦某企业库房的温度或湿度出现异常，不符合储存标准，系统自动报警，从而提高了企业药品储存管理水平，保证了药品质量。四是网上“稽查”，提高了监督执法效能。配备专人负责在线实时监控企业上传数据，从中查找违法行为线索，严格开展网上“稽查”，打击违法违规行为，有效缓解了执法力量不足，提高监督执法效率。同时通过该系统，对药品突发事件迅速反应，第一时间查控问题药品，提高了监督检查的针对性、靶向性、时效性，最大程度地减轻或降低社会危害。如2012年4月份在全国范围内发生的“铬超标药用胶囊”事件，廊坊市通过系统对全市批发企业、市区零售药店进行快速筛查，迅速锁定相关企业、药品品种、购销数量等，在最短的时间内完成了铬超标药用胶囊及药品的清查工作，监管效率和监管效能显著提升。

【市直机关“双星”品牌创建软件管理系统】 “双星”品牌创建工程是通过创建星级机关和星级“窗口”单位活动，提升机关党的科学化水平，引领全市机关和窗口单位优化职能，完善机制，转变作风，提高效能。创建工程通过资格认定、项目立项、项目推进及调度、项目考核及验收、项目跟踪与提高等五个步骤，采取听取汇报、查阅资料、实地考察、群众座谈、市委市政府分管领导评价、相关部门评价、单位互评、群众议评等方法进行横向交叉考核，实行百分制考核评价，年度动态管理和逐年考核，每年按新评定的结果重新授星挂牌或撤星摘牌。为实现对“双星”品牌创建工程科学化、常态化管理，开发“双星”品牌创建软件管理系统，对创建工作实行网络化动态管理、全程跟踪，增强“双星”品牌创建工程实施、评定等工作的透明度，实现考核评定和授星挂牌的公开、公平、公正。既保证了评星定级客观公正、科学合理，工作扎实有效、不走过场，又避免了给各单位形成“材料负担”。该系统既为各单位搭建起了一个比拼和创争平台，也是各部门学习交流展示平台和网上信息传递平台，提高了机关党建工作效能。

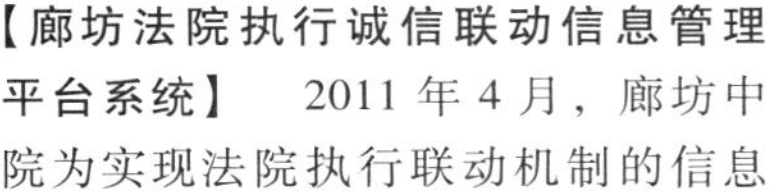

【廊坊法院执行诚信联动信息管理平台系统】 2011年4月，廊坊中院为实现法院执行联动机制的信息化运行和管理，经与市监察局协调，以市监察局的行政审批电子监察系统为平台，开发法院执行诚信联动管理平台。平台的成员单位包括了全市43个有行政审批权的部门，平台的运行方式是由法院对符

合一定条件的被执行人在平台上予以记录，有关行政部门对被记录者停止行政审批的方式运行。平台有三个主要功能：一是制约功能。一经记录，被执行人在廊坊市行政审批机关的申请将被禁止办理，从而形成对被执行人在融资、投资、经营、置产、消费及出境等方面活动的有效制约，不但大幅增加其失信成本，同时也节约了大量司法资源。二是信息反馈功能。即被执行人在报请行政审批的同时，平台会将其报请的内容自动反馈到法院的信息库，大大方便了法院及时掌握被执行人的财产线索，对被执行人形成无形的压力。三是监督功能。为保证平台的正常运行，防止被执行人通过非正常方式逃避平台的控制，平台的运行由市纪委、监察局负责监督，对不按要求进行操作的单位和个人将追究相关责任。

【专项资金联动监控系统】 该系统整合了行政监察、财政、审计监管职能，具备专项资金信息公开、资金追踪、监管联动、自动汇总、状态监测、信访处理六大功能，对资金的分配、拨付、使用、验收、审计等环节进行全过程、全方位的监控。该系统具有集成性、开放性、便捷性、安全性、实时性、智能性的特点，有利于专项资金监管由被动的事后检查处理，向事前、事中、实时、动态监控转变。系统的成功运行架起了政府与百姓沟通的桥梁，实现了对专项资金监管从传统的监管手段向现代科技手段的转变，能够有效解决专项资金监管工作中信息壁垒、事后纠责、监管分散等工作难点问题。该系统依托公务云中心的设备和网络建设，正在调试运行中。

【基层党建现代管控系统】 为进一步适应当前基层党建工作快速发展的新形势，推动全市基层党建工作向纵深发展，进一步强化党员管理、深化党员服务、加强党员教育，2012 年市委组织部依托公务云计算中心的网络和设备平台，通过整合现有基层党建工作的网页、网站、系统资源，建设全市基层党建现代管控系统。系统网站主要包括：时事与政策、党建动态、争先创优、理论探索、党建概况、党员天地等栏目。系统借助精细管理思想和信息化管理手段，充分利用网络平台，实时更新数据，全面掌控全市基层党建的工作情况，为各级领导决策提供第一手正式、准确、系统数据，便于党组织领导和党务工作者全面掌握基层党建工作情况，有效推动工作开展。各级党员可以随时浏览最新党内新闻、时事动态，不受时间、地点限制在线学习，充分调动党员自主学习的积极性和主动性，同时党员可以在线留言提出意见建议和诉求，有效加强党员与党组织之间的沟通与联系。通过全市基层党建现代管控系统建设和使用，全面推进廊坊市基层党建工作的规范化、信息化、系统化。该系统正在建设和调试运行中。

【工业和民营经济数据库系统】
工业和民营经济数据库系统的建设旨在通过对各县（市、区）民营及工业经济的基本情况以及生产经营情况的信息采集、整理，形成统一的企业中心数据库，并在此基础上产生大量的民营及工业经济信息，为各级政府和行业管理部门制定政策和规划，进行经济管理和宏观调控提供科学的依据。系统主要包括工业企业数据库系统、数据直报平台系统、监测分析平台系统、资料共享平台系统。系统的建设和应用将以信息化的统计手段，提高统计的准确性和及时性，是对传统数据统计的创新应用，从而加强对企业，尤其是规模以上工业企业生产运行情况监测，科学预警，及时帮助企业解决实际问题，确保廊坊市经济平稳运行。工业和民营经济数据库系统是在网络环境下实现各种报表输入、审核、上报及分析，和企业基本情况及生产经营情况的信息采集、处理、管理和信息服务等功能而开发的自动化信息处理系统。系统要求基于 Internet/Intranet 平台，采用 B/S（浏览器/服务器）结构模式。

【流动人口房屋租赁管理平台】
廊坊市流动人口房屋租赁综合管理平台是基于居住证管理和社会化信息采集模式，实现流动人口居住证业务管理和服务体系、动态信息采集和长效管理及交换共享机制而建立的。在全市构建统一的流动人口出租房屋及居住证服务管理网络系统，实现市级建立数据库，全市实现联网运行，逐步建成纵向贯通，横向互联，数据集中，信息共享的综合信息服务管理平台；通过公安内网情报平台对流动人口信息进行比对报警和分析研判，充分挖掘利用，夯实流动人口治安管理基础；

强化流动人口中重点人口和重点人群的防控管理和服务责任制，做到"早发现、早预警、早核实、早管控、早服务"。实现流动人口"实时录入、实时关联、自动比对、自动提醒、自动报警，动态管理、精确打击和主动服务"，为开创流动人口服务和管理工作新局面、提升政府服务效能、加强和创新社会管理工作做出应有的贡献。

【住房保障业务管理系统】 2013年10月，依托廊坊市公务网络平台，房管局建设市级住房保障业务管理系统，实现了对市、县保障性安居工程建设项目过程管理、保障性住房准入退出全程信息化管理、住房保障档案电子化管理、统计分析管理以及基于地理信息系统综合展示等5大功能，市县两级及街道办、居委会等住房保障业务审批部门通过互联网VPN通道完成相应业务操作，省市两级系统通过VPN连接，实现任务下达和数据上报工作。

通过廊坊市公务网络平台建设住房保障业务管理系统，实现了业务系统快速搭建、节省建设资金、减少维护成本，共计节约服务器、windows2008服务器版操作系统、sqlserver2008数据库（标准版）、ArcGis地理信息系统软件、防火墙及磁盘整列、机房、互联网光纤接入、系统维护备份等资金90万元。

【智能办公软件系统】 2013年，为加快廊坊市智慧城市建设步伐，保障绩效管理工作顺利开展，以现代信息技术手段促进行政管理体制创新，提高机关办公效率和质量、规范行政流程、降低行政成本、增强政府执行力和公信力，编制了《廊坊市绩效管理与考评系统智能办公软件建设方案》和《廊坊市绩效管理与考评系统智能办公软件需求说明书》，依托廊坊市公务网络平台，建立全市统一、实用、先进、安全的智能办公系统平台，按计划、分步骤在市直各部门推进智能办公软件系统应用。

智能办公软件系统建设遵循"统一平台、分级管理，顶层规划、突出重点，贯彻标准、兼顾部门，灵活实用、保障安全，分步实施、全面推进"的原则。坚持以应用需求为导向，以公文办理和流转为主线，依托全市公务网络平台，以信息资源为载体，实现市级党政机关内部、各部门之间、市县（市、区）两级的公文（非机要、非涉密）数字化传输，以及网上办理和流转，大力提升网上智能办公的效率和水平。

智能办公软件以实时协同为核心、以公文流转为技术支撑手段、以统一的协同办公门户方式满足党政机关的日常办公要求，实现市级党政机关各部门与各县（市、区）之间的智能办公网络化、公文传输数字化、协同办公远程化、桌面处理移动化。

2013年8月，对智能办公软件进行了招标，经过激烈竞争，最后北京致远协创有限公司中标，9月底双方签订合同。到2013年底，协同办公软件平台安装完成，组织架构搭建基本完毕，正在进行与短信提醒、CA认证、电子印章、外部第三方邮件系统的对接工作；下一步，将按照计划和部门需求，在市直各部门推广应用。

【廊坊市智慧城市建设】 廊坊市智慧城市建设起步较早、推进迅速。2011年，廊坊市启动"智能城市"的建设工作，聘请赛迪顾问开展智慧城市建设调查研究，制定《"智能廊坊"发展规划》。2012年，廊坊市被河北省政府确定为全省智慧城市建设试点市。廊坊市紧紧抓住这一难得机遇，强力推进智慧城市建设，专门成立了以常务副市长为组长，相关部门为成员单位的廊坊市智慧城市建设试点工作领导小组；制定了《智慧廊坊建设工作计划（2012—2014）》和《智慧廊坊2012年工作方案》；启动了公务云计算中心、无线城市、"光网廊坊""平安廊坊"数字化城管、智慧交通、智能公交亭、行政审批电子监察、药品电子监管和智慧住房信息管理等十大系统工程。智慧城市建设基础牢固，智慧应用与发展稳步起航。2012年底，住建部提出国家智慧城市试点创建工作，经过申报和专家评审，廊坊市成为首批国家智慧城市试点城市。

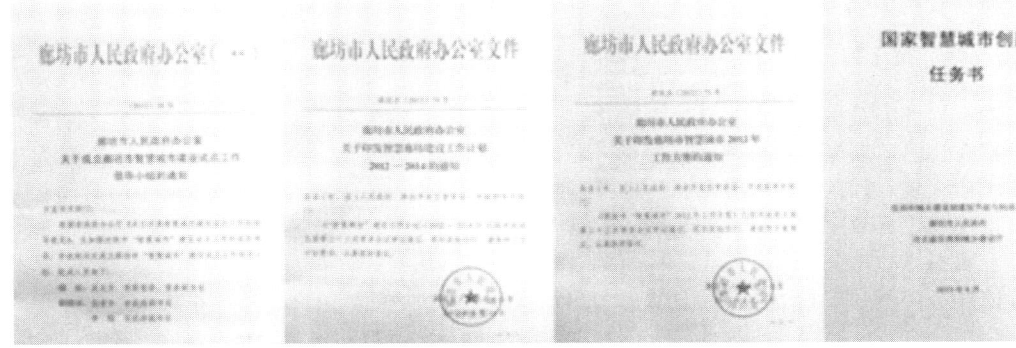

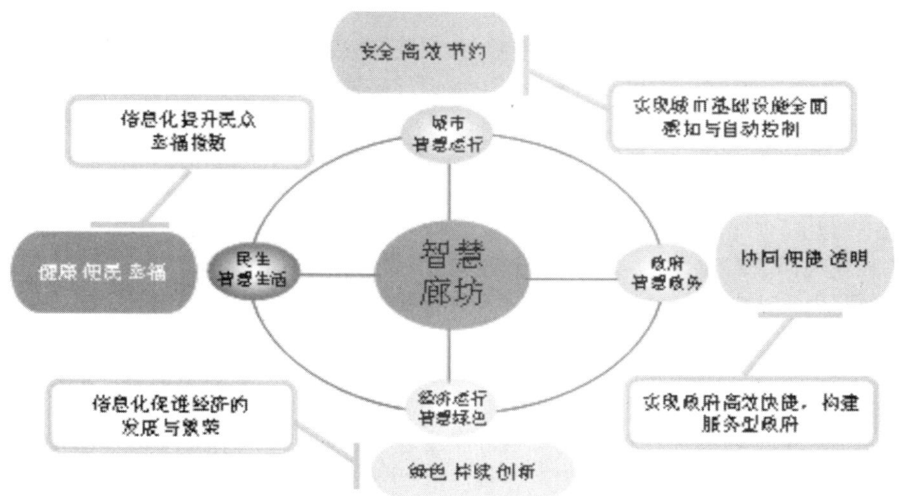

【网络信息安全管理】 廊坊市建立健全了网络与信息安全的组织管理体系，初步形成全市信息安全相关部门密切配合的工作机制。制定了《廊坊市政府部门互联网安全接入技术方案》，出台《关于落实非经营性上网服务场所安全保护技术措施的意见》，确保廊坊市公务网络平台的安全接入，并积极推动各县市区政府部门互联网安全接入工作。制订全市网络信息安全应急预案和信息安全事件处置措施，规定信息安全事件处置的流程。到 2013 年底，全市没有发生大规模的病毒传播、严重的网上犯罪事件及失泄密事件，重要信息系统都保证安全可靠运行。对一些热点和焦点问题也及时采取有效防范措施，确保全市信息安全形势总体平稳。

2004 年，成立廊坊市网络与信息安全协调领导小组，综合协调和领导全市网络与信息安全保障工作，办公室设在原信息产业局，负责日常工作。推进政府部门互联网安全接入，提升安全防护水平。全市公务网络平台既有内部办公网又有公务外网。内部办公网与互联网物理隔离，配备了防火墙、网闸等安全设备，内网使用单位为数字城管办公室、市城乡规划局和市公安局，各业务系统的接入访问都配置了各自的账号和权限。所有计算机都安装了杀毒软件。明确非涉密计算机不得处理涉密信息。在网站发布审核上，网站内容采取“谁主管、谁负责”的原则，在廊坊市公务网络平台上各局网站的信息内容审核由各局负责。为了处理突发事件，从重要数据的安全入手，做好数据备份，每天进行检查，凡是重要的数据，都进行严格管理。外网层层防护，防火墙、防毒墙、入侵检测设备等都使用国产高端设备，重要服务器不使用微软的操作系统，而使用 LINUX 操作系统，以避免绝大多数的针对微软系统的攻击和病毒。

2011 年初制定《廊坊市政府部门互联网安全接入技术方案》，并通过了由国家和省内专家组成的评委会的评审。9、10 月份分批进行了安全设备的招标采购及安装部署。廊坊市政府部门互联网安全接入单位由原先的 69 个扩展到 125 个，到 2013 年底正在实施环网改造工程。互联网出口供联通、电信、移动三条互为备份，出口带宽由 300M 拓展到 600M，已经实现 622M 光纤环网到各县（市、区）。随着网络信息安全要求与各单位信息安全意识的不断提高，各部门的业务系统和网站不断向廊坊市公务网络平台迁移。同时根据廊坊市的实际情况，增加必要的安全防护设备，提升廊坊市公务网络平台安全防护水平。增加上网行为实时监控、网页行为管理、文件行为管理、邮件行为管理、应用行为管理、上网权限管理、上网行为审计、上网日志管理等功能。廊坊市各级党政机关防火墙类产品配备率 90%，病毒防范类产品配备率 98%，安全审计类产品配备率 30%，入侵检测类产品配备率 70%。

廊坊市制订全市网络信息安全应急预案，部分单位和公司也制定了部门网络与信息安全应急管理处置预案和信息安全事件处置措施，规定信息安全事件处置的流程，发生事件后的记录、逐级上报，并采取积极合理的措施进行处置。大部分单位能认真做好网络与信息安全应急与通报工作。

按照全省统一要求，廊坊市积极开展重点领域网络与信息安全检查工作，要求各单位加强组织领导，落实信息安全责任制；建立健全各项安全管理制度；强化信息安全情况通报机制。按照“谁主管谁负责、谁运营谁负责、谁使用谁负责”的原则，由单位主要领导亲自过问信息安全工作，明确信息安全主管领导、责任人和信息安全管理人员，对本单位网络与信息安全情况进行全面自查，并以此为契机对本单位网络与信息安全进行规范化、制度化建设。每年对两家及以上单位网络与信息安全进行抽查，听取被检查单位网络与信息安全有关情况的汇报，对机房、安全防护设施等重要部位进行实地检查，对网络及设备进行必要的技术网络信息安全检测。

每年省网络与信息安全协调小组办公室都对廊坊市及县（市、区）重点政府门户网站进行外部技术性测试，廊坊市每年在测试结果公布后，都召集全市相关单位召开政府门户网站安全建设整改工作会议，对网站安全建设整改工作做具体部署，下达整改通知，提出明确要求，同时分析网站安全工作的形势。全市各相关单位（含10个县市区）网站及时进行整改。

（李建新）

保定市

【概况】 保定市委、市政府高度重视电子政务建设，将其作为构建服务型政府、优化发展环境的重要举措。2006—2013年，重点实施以构建全市统一的电子政务网络、“市长短信”平台、“中国保定”政府门户网站、三级联动三网并轨的电子政务服务平台、“微博保定”网络问政服务平台为主的电子政府建设，促进了服务型政府建设和政府职能的转变。

2006年6月，保定市委办公厅和市政府办公厅联合出台《关于保定市电子政务网络建设整合的实施意见》，旨在加速推进全市电子政务网络建设。总体目标是理顺全市电子政务网络管理体制，组建统一的信息网络管理中心，实现电子政务统一平台、统一通道、统一出口、统一标准、统一管理、统一运营。主要任务是将市委公务内网系统、市政府公务内网系统、市经济信息中心网络系统合理连接，横向联通市委、人大、政府、政协、军分区、法院、检察院及市直各部门，形成全市统一的电子政务网络。与此同时，各县（市、区）加快建设统一的信息网络管理中心，纵向接入市电子政务网络核心节点，横向接入本级党委、人大、政府、政协、武装部、法院、检察院等系统及县（市）直各部门，逐步构建省、市、县统一的电子政务网络。

保定市市级电子政务公务内网、公务外网建设工作于2006年12月25日完成并全面开通，共涉及市直85个部门、单位。市级电子政务网络建设工作的完成，标志着市级电子政务统一网络平台的建立。该网络建设坚持统一组织领导、统一规划实施，规范、统一网络平台、统一安全管理。其特点是：采用一条专用光纤，同时传输公务内网、公务外网（各部门、单位可通过公务外网访问互联网），节约大量建设和运行费用；带宽大（100M），运行稳定、速度快，能够充分满足公务内网、公务外网工作需求；网络结构合理，易扩展，形成全市统一的电子政务网络管理中心，便于统一管理，便于安全防范。

随着网络的开通，实现了部门间互联互通、信息资源共享。公务内网的市委办公厅、市政府办公厅信息上报系统、财政网上支付系统开始全面使用，市直单位财政资金支付申请全部实行网上报送。同时，市级电子政务网的开通为“市长短信”平台的开通、“中国保定”政府门户网站建设与维护、公文交换、督察督办、应急平台等电子政务应用系统的建设奠定了基础。从长远看，市电子政务统一网络平台的建立，为全市电子政务的全面发展，为建立高效又透明的阳光政府，为带动全市信息化建设具有十分重要的意义。在继续优化、完善、整合市级电子政务网络的同时，推进县级电子政务网络建设工作，形成县级统一电子政务网络平台，最终建成了省、市、县统一的电子政务网络平台。

2013年，保定市政府门户网站“中国保定”以及时发布政务信息、提供网上服务、扩大与公众互动交流渠道为功能定位，在市政府领导的支持下，政府网站工作不断向深度和广度开展，取得了巨大进步。网站发布信息22336条，图片520余张、视频资料620余个，收到公众留言、建议等13556条，政府网站日均访问量12000余人次，点击量5万余次，为树立政府形象，提高政府公信力发挥了重大作用。

为全面加强电子政务建设，提高行政效能，规范行政行为，强化行政权力运行的监督管理，2010年7月30日，保定市制定《建设全市电子政务服务平台推进网上审批实施方案》。依托市电子政务服务平台，按照统一设计、统一建设、统一定制原则，以网上审批为核心，建立横向联通市直部门、县直部门，纵向联通市、县（市、区）行政服务中心、乡（镇）便民服务站的市、县、乡三级联动、三网并轨运行的电子政务服务平台网络，实现电子政务服务网络全境式覆盖、行政审批及服务信息全程公开、工作流程全部定制、办理过程全部网上运行，切实提高审批效率，降低运行成本，全面加强行政权力运行的有效监控。

【电子政务服务平台网络】 保定市电子政务服务平台网络由市、县（市、区）电子政务服务平台（三网并轨）、远程终端、异构系统数据交换平台、证照共享平台、数据中心等系统平台组成。市、县（市、区）行政服务中心通过电子政务服务平台实现联动；各级领导、监察部门、没有审批系统的市（县）直部门、乡（镇）便民服务站通过市（县）电子政务服务平台提供的远程终端实现联通；具有异构审批系统的市（县）直部门通过数据交换平台实现联通；企业和社会公众通过各级行政服务中心网站，实现信息对接和网上申报，形成“党政领导有终端、部门有窗口、企业有通道、基层有平台”三级联动全境式覆盖网络系统。其中，市电子政务服务平台建设全市行政权力运行监控中心、全市政务服务信息共享数据中心、全市证照共享数据中心，推进部门内局域网、跨部门的城域网以及互联网等网上行政审批的整合进程，深化网上审批应用，提升系统功能。在现有“三网”并轨电子政务服务平台的基础上，新建设以下功能模块：证照共享平台，用于部门间各类证照的比对、确认及查询（如：营业执照、卫生许可证、烟草经营许可证、各类批文等），相关部门可通过该系统调取行政审批所需证照的信息进行比对、确认和查询，提高办事效率，减少办事成本；异构系统数据交换平台，用于与市（县）直部门异构系统资源共享及数据交换，实现整合信息资源，减少公众往返次数，加强权力运行的监督监控；全市政务服务信息共享数据中心，建设全市电子政务服务平台各类信息数据的存储库，用于领导决策、信息管理、监督管理，以及为企业和社会公众提供一个强大的综合服务数据平台；条码防伪系统，为彻底杜绝厅外审批、体外循环现象，在现有行政审批系统基础上开发条码防伪系统，用于规范事项的办理流程，增强整个信息化系统的严谨性，保证办理文件的真实有效，杜绝任何弄虚作假行为；CA 发证平台，对使用 CA 证书登录电子政务服务平台的人员，实现现场发证，保障系统安全和正常工作；行政执法系统，对行政执法机关的执法过程进行监控，为行政权力运行的有效监控提供保障；公共资源交易系统，对经营性土地出让、政府采购等与群众利益密切相关的公共资源交易事项进行统一管理。县（市）电子政务服务平台建设，按照“三网并轨”，市、县、乡三级联动运行要求，建设县（市）电子政务服务平台，统一建设标准、统一软件应用，做到“栏目对应一致、业务数据同步、升级改造同步、监督管理同步”。栏目对应一致指各县（市）电子政务服务平台与市电子政务服务平台的三套软件系统的栏目及功能设置对应一致，实现市、县之间的稳定交互；业务数据同步指各县（市）电子政务服务平台与市电子政务服务平台业务数据保持一致，并同步更新；升级改造同步指县（市）电子政务服务平台根据应用需求统一进行改造升级，并保持同步一致；监督管理同步指各级领导和监督管理部门通过“三级联动”网络，实现对各级电子政务服务平台的同步监督和管理。

【政务微博建设】 为及时发布权威信息，妥善回应群众关切，进一步密切政府与群众联系，拓宽社情民意表达渠道，服务百姓生活，市委、市政府将政务微博建设纳入惠民实事中。2013 年初开始，按照市政府主要领导要求，市政府办公厅就开通政府官方微博的必要性、重要性、风险等方面，开展了大量的学习调研，工作人员先后到新浪总部、“平安北京”等地进行深度沟通调研，在认真研究论证的基础上，撰写了《关于开通市政府官方微博的调研报告》。参考外地经验，结合实际，制定完善了《微博信息发布制度》《网民留言回复办理制度》《微博发布审批程序》《微博发布时间表》等规章制度。设立“微博管理中心”，从全市范围内抽调拔尖业务人才参与开展微博工作，明确工作人员岗位及职责。

“微博保定”以丰富贴切的栏目设置，满足不同网民群体的关注需求，开设有“聚焦保定”“数据保定”“人文保定”“早安保定”“保定微提示”“乐活保定”“身边保定”“历史上的今天”“微直播”“保定微两会”“市长说”等栏目。“聚焦保定”栏目每日发布最新最重大的政务类、时事类消息；“保定微提示”栏目及时发布便民生活信息；“身边保定”栏目积极宣传好人好事，弘扬保定正能量。同时，“微博保定”还积极开展线下活动，组织热心网友深入孤儿院、学校开展送温暖献爱心活动，密切与网民之间的互动交流，展示“微博保定”的权威、善美形象。“微博保定”发布内容侧重于政务政策公开、城市形象宣传、提供便民信息、互动交流回复。权威发布市政府的重大决策、重点工作、重要规定；保定市发生的重大事项事实情况和市政府的处置措施；市政府对社会热点问题的态度及处理意见；对新闻媒体有关报道的回应和澄清；围绕市委、市政府各阶段工作重点，以微博话题的方式，加强政府与网民的沟通；发布交通、旅游、卫生、教育、气象等各类民生信息；推荐保定旅游、特色产业、地方特产、人文、生态等优势品牌；转发有关保定的微博信息。

2013 年 11 月 18 日，保定市正式开通市政府官方微博“微博保定”，创全省设区市之首。各单位微博将与市政府新浪官方微博“微博保定”实现在线衔接和工作互动。各县（市、区）政府、开发区管委会、政府各部门和有关单位共 92 家全部开通了本单位官方微博，构建了市、县（市）区（市直部门）、乡镇（辖区及下属部门）三级政务微博平台组织体系和水、电、暖、燃气、公交等关系民生的公共服务体系，并形成了规模化、系统化运行的工作机制，政务微博服务平台正式构建完成。

【门户网站建设保障措施】 市政府领导高度重视网站建设工作，把建设政府门户网站纳入政府工作重要日程，市政府领导亲自过问，提建议、定目标，强化责任，形成合力，狠抓落实，确保网站建设工作有序进行，网站改版顺利实现。整合资源，加大投入，划拨专项经费，用于政府网站建设，抽调专业人才，充实网站建设管理队伍。

借助政府门户网站，整合现有资源，提高公共服务的质量和公众的满意度。一是大力推进政务公开建设。保定市按照省政府要求建设完成省、市、县三级政府信息公开平台，覆盖65个市直部门和26个县市区，为保定市政务公开工作的顺利开展提供基础保障。保定市各级政府及其工作部门认真贯彻实施《条例》，层层分解落实2013年重点工作安排，加强领导、明确责任，及时部署、积极推动，健全制度、拓展形式，加强检查、抓好监督，平稳、有序地推进政府信息公开工作。政府信息公开工作在服务经济社会发展、转变政府职能、保证行政权力公开透明运行和保障公民知情权、参与权、表达权、监督权等方面发挥了积极作用。二是逐步完善网上办事功能。市政府门户网站按照“以人为本，服务公众与企业”的用户定位，开设个人办事和企业办事栏目，为进一步深化政府网站网上服务能力，结合实际状况，与行政大厅网站办事服务做了链接，对政府网站网上办事栏目优化和完善，网站可以实现办理结果公示、表格下载，在线办事等服务功能，更贴近百姓生活，方便群众。提升了网站的整体服务质量和服务水平。依托市行政服务中心网站，市级43个部门385个进驻事项实现网上审批，全年网上审批系统受理行政审批项目1324456项，办结1324151项，办结率99.98%。三是加强政民互动栏目建设。为进一步扩大公众参政议政范围，保障公众参与权、监督权，更好地做好网上政民互动工作，市政府门户网站现设市长信箱、公众留言、建言献策、监督投诉、排忧解难、意见征集等互动交流栏目。保定市政府主要领导对市长信箱等互动栏目非常重视，市政府市长、各副市长分别开辟个人专属电子信箱。广大群众可以对照市长工作分工，将自己对政府相关工作的建议、意见以及生产生活中遇到的困难问题，通过电子信箱反映给主管副市长、市长。市长专线办对市长信箱内容汇总、整理，待主管副市长审批后，责成有关部门和县（市、区）政府办理，并及时将办理结果回复发信人。为确保电子信箱快捷、高效运转，市政府制定工作规则，并建立相关奖惩机制，要求件件有落实、件件有回音，并根据公众知情权和隐私权对可以公开的信息内容在网站公布，得到了广大公众的积极参与和认可，对市长信箱为群众办实事表示赞誉和感谢。四是确保网站安全运行。为确保政府门户网站安全运行，对政府门户网站采取防攻击、防篡改、防病毒等安全防护措施，购买了防火墙、防篡改、入侵检测等设备，并制订了应急处置预案，定期对网站口令进行修改、对系统漏洞进行检测、对数据库进行备份。建立每日读网制度，确保上网信息准确、真实，不发生失泄密问题，确保公众能够及时获取政府信息、获得便利的在线服务，确保链接正确有效、网站安全平稳运行。

坚持政府门户网站建设和管理并重。完善信息采集、审核、发布制度。对各类上网信息实现从源头到发布各环节的严格审核，确保上网信息准确、及时、可靠。建立健全互动保障制度。建立健全在线办事、互动交流类栏目的工作流程，明确责任单位、时限要求、答复质量，确保公众的申请、问题和建议得到有效回应，提高网上办事效率和质量。建立督导检查制度。加强对全市政府网站建设管理的督促检查。2013年，市政府对市直各部门各县市区网站建设情况进行督导，由市政府办公厅督查室和信息技术处组成两个督导组，对各县市区政府、市政府各部门的网站建设情况进行督导，对睡眠网站，信息更新不及时等情况进行通报批评。参照省政府办公厅制定的网站绩效评估细则，制定保定市政府网站评估考核细则，定期对全市政府网站进行绩效考评。市政府部门网站和县级网站运转良好，促进了全市政府网站的建设和应用。

（市政府办）

容城县

容城县政务服务中心于2010年4月1日建成运行。政务服务中心是集审批与收费、管理与协调、服务与咨询、投诉与监督于一体的综合性行政服务机构，25个职能部门依法实施的审批、审核、核准、备案、审定、认证、资质评定、登记等事项和与之相关的服务事项进驻中心办理。政务服务中心组建了局域网，创建并开通了中心网站（容城县行政审批服务网），建立并完善了集行政审批系统、电子公务监察系统、行政权力运行监控系统为一体的电子政务平台，实现“三网并轨”运行，并积极向乡、村延伸，实现“三级联动”，做到了市、县、乡（镇）一体化办理和电子监察全覆盖，构建起党政领导有终端、部门有窗口、企业有通道、基层有平台的“四点对接”体系。

按照中央、省市关于建设政府门户网站的要求，容城县于2009年架设了“中国·容城”政府门户网站（http：//www.hbrc.gov.cn），配置了专业服务器、硬件防火墙及相关办公设备，开辟了快速便捷的公众服务平台和对外宣传的重要窗口，进一步推动了全县招商引资工作，取得了良好的政治、经济和社会效果。

“中国·容城”政府门户网站设有走进容城、新闻中心、政务公开等11个大版块，下设容城概况、服装产业、经济发展等28个小版块，累计发布信息326条。其中，“走进容城”版块包括容城概况、经济发展、服装产业、城市建设、社会民生等五个版块；“新闻动态栏”包括外宣之窗、部门动态和乡镇动态等三个版块；“政务公开栏”包括各职能部门基本情况介绍、现行的政策法规等；“招商引资栏”介绍了项目建设的基本情况等；“乡镇风采栏”介绍了各乡镇基本情况等；“古邑拾趣栏”介绍了的人文风土和历史沿革；“公示公告栏”主要用于发布广大群众最关心的服务资金公示、气象相关信息等与群众息息相关的上级文件，方便了群众的生产生活。

根据《中华人民共和国政府信息公开条例》及省、市政府相关规定，容城县政府致力于建设人民满意的服务型政府。自2008年以来，设立了容城县政府信息公开平台（http：//rcxxpt.cn），扎实推行政务公开，加快转变政府职能，实现管理创新。2013年，容城县政府在深化政府信息公开工作公开内容、建立和完善各项制度、规范公开载体形式、加强基础性建设工作等方面取得了一定进展，共主动公开政府信息102条，并按信息公开政策规定将资料移交档案馆、行政服务大厅。未收到通过政府信息公开平台发送的要求公开政府信息的申请，未发生针对有关政府信息公开事务的行政复议申请、行政诉讼案件、申诉（包括信访、举控）和电话投诉。自2008年以来，累计公开政府信息463条，未收到要求公开政府信息的申请，未发生政府信息失泄密事件。

（县政务服务中心）

安新县

安新县政府电子政务始建于2006年，设立专门的电子政务网络机房，严格落实上级电子政务网络的有关要求，高标准、高水平完善全县电子政务网络工作，并得到上级的肯定。以建成全县电子政务统一平台、统一通道、统一出口、统一标准、统一运营为目标，理顺全县电子政务网络管理体制，实现63个单位接入电子政务网。并根据工作需要，通过县信息中心实现了县审计局、发改局、国土资源局与上级局的互联互通，实现了省、市、县三级网络平台相互联通。对各入网单位计算机的IP地址和网卡MAC地址进行绑定，杜绝了外部计算机接入电子政务网络，及时处理出现的问题，确保县电子政务网络的安全稳定运行。

县政府始终高度重视县政府门户网站建设，成立由县委常委、常务副县长张虎林为组长，政府办主任刘军强为常务副组长，办公室相关科室负责人为成员的县政府门户网站建设领导小组。县政府办信息科具体负责县政府门户网站的运行管理，为网站的建设提供强有力的组织保障。同时，聘用专门的技术人员对县政府门户网站进行技术维护，保证了县政府门户网站的正常安全运行。2013年10月，对县政府门户网站进行升级改造，设走进安新、新闻资讯、政务公开、网上办事、招商引资、旅游观光6个大栏目，并下设30余个小栏目，极大地丰富网站内容，提升网站建设整体水平。同时，完成县政府门户网站与县行政服务中心的电子政务平台和县信息公开平台连接，方便群众查询，促进政务交流与互动。

为确保政务应用工作收到实效，在政务应用建设上采取多种形式：一是网上能“办”。在县政府门户网站设立县长信箱、白洋淀论坛、实事网上办等交流平台，由专人负责，进行互动交流。二是电话能“说”。在政府办设立了县长热线、专线办等，接受群众的咨询、投诉、举报。三是大事能“看”。制作县政府政务公开栏，对县政府确定的重大事项和涉及广大群众的民心工程进展情况，面向社会公开。同时，公布热线电话，接受群众的咨询。四是信息能“查”。设立政府“信息公开”版块，及时整理各类政务信息，在市政府及县政府信息公开平台予以公开，方便群众查询。到2013年底，政府信息网和行政服务中心的电子政务平台进行对接，实现网上办公、信息共享和信息互动。

按照《中华人民共和国政府信息公开条例》的要求，增强依法公开、主动公开意识，丰富网站信息公开内容，完善信息公开目录，创新公开形式，使公开的信息更贴近公众、方便群众。加强信息内容更新，明确专人全面广泛搜集整理全县经济社会发展中各方面的政务信息，经严格审查后及时在县政府门户网站公开发布，有力地推进了政务公开的深入开展，保障了群众的知情权、参与权和监督权，有效地促进了“阳光”政府建设。

制定完善《政府信息公开保密审查制度》《计算机信息系统保密管理制度》和《涉密文件信息资料管理制度》等制度，加强了政府门户网站发布信息的审查审核，做到了涉密文件不上网，上网文件不涉密，确保了网络信息安全。实行县信息和网络日检查制度，特别在全国“两会”等重大关键时期，明确专人每日浏览监管网络信息内容，保证信息和网络安全。

（县信息中心）

北市区

北市区政府门户网站是区政府及其部门在互联网上发布政务信息、提供在线服务、与公众互动交流的重要平台，2013年1月改版，区长多次召开专题调度会进行安排部署。区政府门户网站囊括9大板块、34个栏目，以政务公开、区长信箱、互动平台为亮点，坚持促进依法行政，提高社会管理和公共服务水平，保障公众知情权、参与权和监督权，从而进一步加强政府自身建设和推进行政管理体制改革。

区政府门户网站公布了50余项行政审批事项，涉及行政许可名称、编号、类别、依据、法定承诺办理期限、申报材料、收费标准、承办科室、联系电话等内容，进一步减少了审批环节、简化了办事流程，增加了办事效率。

区政府门户网站区长信箱栏目2013年共受理群众反映问题300余件，办结率98%，充分实现与居民的衔接互动，进一步畅通了民意渠道。

市长专线（含市长热线电话、市长短信平台、市长网络信箱）工作高效有序运转。北市区为实现市长专线办理工作规范化、程序化和制度化，及时为民排忧解难，真正把市长专线办成政府和群众的连心线，区政府成立以张少轩区长为组长、各副区长为副组长、区政府各部门一把手为成员的领导小组，从工作职责、工作程序、工作制度等方面制定完善市长专线工作规则，设立专门机构，配备专职工作人员，做好市长专线日常受理工作。

全年共受理热线电话交办事项800余项，网络、短信平台交办事项450余项，办结率100%。

（区政府办）

博野县

博野县成立了信息化工作领导小组，抽调6名专业电子政务人才组成电子政务小组，负责县政府电子政务平台的建设和维护，及时研究电子政务工作中出现的新情况、新问题。

博野县以县政府门户网站“中国博野”为主站，以各乡镇、县政府各部门政府门户网站为骨干的县、乡二级树型网站群基本实现，并实现了与县委、县人大、县政协公务内外网的横向互联互通以及7个乡镇政府的纵向连接，基本具备了网上办公的通信能力。政府网站公共服务初具规模，各乡镇、县政府各部门网站越来越引起公众的关注，成为宣传博野和服务博野的重要窗口。政府系统电子政务建设仍然面临着许多挑战，跨乡镇、跨部门的电子政务应用少，系统资源利用率低，没有实现真正意义上的信息资源共享；安全体系建设不完善，少数政府网站更新不及时，存在重建设轻管理的问题。

按照“加快行政管理体制改革，建设服务型政府”的总体要求，以“系统整合、互联互通、资源共享、业务协同”为主线，到2013年底，基本实现以政府信息资源共享为基础、现代信息技术作支撑、面向科学决策、面向公众和社会服务的跨乡镇、跨部门的网上协同办公和不间断“一站式”服务，全面提升政府效能，为构建人民满意的服务型政府和创建和谐社会发挥重要作用。整合网络资源，以互联互通为重点，建设全县统一、高效、安全可靠的电子政务网络平台；以信息资源共享建设为基础，以通用办公平台为手段，深入发展跨乡镇、跨部门的电子政务应用和业务协同，重构事关民生、事关全局的重大综合应用项目；不断加强政府网站服务功能，提高绩效，使之成为宣传博野、服务社会、沟通民众、信息公开的重要窗口。

充分利用县电子政务网资源，建设政府系统统一的电子政务网络平台，承载政府系统内部办公、管理、协调、监督和决策等业务。电子政务内网和因特网物理隔离。对原部门纵向专网进行升级改造，建设政府电子政务内网县级骨干网；建设政府电子政务内网信任体系，强化身份认证、授权管理和审计管理；建设政府电子政务内网安全防护体系，提高对运行故障和安全事件的防范预警及处置能力。以“应用主导，需求推进”为原则，建设完善电子政务外网平台建设。按照“统一安全、统一运行与管理、统一数据中心”的要求，以互联互通为重点，最大限度地提高电子政务外网的覆盖范围。同时，推动移动互联网在电子政务外网平台的应用，通过移动互联网融合其他通信方式，为多种工作环境提供丰富的接入手段和交互方式。为提高县政府电子政务网络平台管理水平，县政府将建设覆盖网络、主机、应用、信息资源等方面的综合管理系统。完善现有电子政务网络规划，贯彻落实IP地址和域名规划等基础标准规范。研究制定县级网络互联、数据交换、信息安全、运维管理和服务等标准规范。依托全县网络信息安全基础设施，加强和规范电子政务网络信任体系建设，进行政府系统密钥管理和数字认证中心建设，建立起有效的身份认证、授权管理和责任认定机制。电子政务内网CA认证中心按照国家相关部门统一要求进行统一建设和管理。贯彻落实国家信息安全等级保护制度，定期对政府系统电子政务网络及应用、政府网站的信息安全进行评测等；加强全县电子政务网络终端的安全性，进行政务终端安全标准建设，实行政务终端接入安全准入制度；归并各部门互联网出口，形成全县政府系统互联网统一出口；建设网络和应用安全保护及信息安全审计系统，实现业务应用、介质管理、系统操作、访问认证等方面的安全审计和责任认定；进行县政府中心结点灾备中心建设，确保县政府重要信息系统和数据安全。

启动电子政务数据资源和决策支持中心建设，促进政府信息资源共享。政府信息资源共享是指行政机关之间在一定条件下对政府信息资源的共同利用。县政府根据实际情况，按照国家对信息资源的安全保密要求，组织建立政府信息资源共享目录和交换体系并制定有关信息资源共享的规定，列入政府信息资源共享目录体系的政府信息资源，必须进行共享。行政机关之间无偿共享政府信息资源。依托县统一信息交换与共享平台，建设县政府信息资源库，主要包括基础数据库、综合数据库和重大专业数据库等。以信息资源共享和业务协同为目标，依托县电子政务网络平台，进行县政府电子政务数据资源和决策支持中心建设。县政府电子政务数据资源和决策支持中心是实现政府信息资源共享的基础设施，不仅为政府信息资源库提供技术和物理支撑，还为政府决策提供科学依据，为电子政务重要应用系统提供灾备支持。新开工建设并列入县统一规划的电子政务系统由县政府电子政务数据资源中心统一提供灾备支持。电子政务数据资源和决策支持中心Ⅰ期重点建设全县电子公文中心。电子公文中心是电子政务数据资源和决策支持中心的重要组成部分。按照统一部署，电子公文中心将依托县政府电子公文交换系统，实时收录各级政府及部门制发的电子公文，并通过集中管理、集中存储、部门授权等手段提供查询等服务，同时制定全县电子公文标准，推动与电子公文管理相关的规章制度和标准化体系建设。

按照新一代综合门户平台的技术标准，以全县组织机构资源数据为基础，以统一门户、统一认证、统一通信、统一消息为手段，融合会议管理、信息传送、值班等基本应用系统，进行电子政务统一办公服务平台及电子印章平台建设。对用户权限进行细化管理，业务应用与信息资源进行深度整合，为全县政府系统提供门户建设、知识管理、协同办公、信息发布、应用整合等业务功能。为政府工作人员提供虚拟化的办公和协作平台，优化业务协同流程，提高工作效率，从而提高行政管理和服务水平。依托县电子政务网络平台，建设县政府应急平台。县政府应急平台主要包括应急指挥场所、应急通信系统、现场图像接入系统、视频会议系统、应急资源数据库及移动应急平台等，实现综合协调、监测监控、信息报告、综合研判、调度指挥、异地会商和现场图像采集等功能。县政府应急平台在满足县政府应急管理工作需要的基础上，实现与市政府应急平台、部门应急平台、乡镇应急平台的互联互通。推动跨乡镇、跨部门电子政务应用。大力推进博野网上行政服务中心等重点电子政务应用工程建设；充分利用物联网、宽带网、云计算和三网融合等先进技术，统一建设基层政府数据采集平台，推动城乡一体化管理信息系统建设，提高博野县城乡综合管理的智能化、泛端化和可视化水平；完善视频会议系统及其管理规章制度建设，推进网上视频会议在日常办公中的应用；完善县政府建议提案督办系统、安全电子邮件、政府专网办公业务资源系统等。

通过“一站式”服务，利用网络信息技术，整合网站信息资源，简化公共服务程序，优化业务流程，提高行政管理效能，服务广大公众；把面向社会公众的业务，逐步通过政府网站提供跨乡镇、跨部门的“一站式”电子化服务，着力改进以公众为中心的网上服务，切实促进政府向主动服务型转变。充分利用先进信息技术手段通过广电网络进入家庭电视，丰富、方便公众获取政府服务的途径和渠道，逐步提升网站为公众的服务能力。按照国家有关标准和要求，制定和完善政府网站在信息资源共享、网站绩效评估、网站信息目录体系规范及信息更新、审核、发布机制等方面的管理办法，使政府网站建设逐步进入规范化、法制化的轨道。

（县政府办）

定兴县

定兴县电子政务网于2006年开始筹划建设，于2007年底全部建设完成并投入使用，电子政务网分为电子政务内网与电子政务外网，已连续六年实现稳定运行。

电子政务内网与电子政务外网实现物理隔离，以保障电子政务内网的安全。依照上级要求，纵向线路省市县三级已经联通，根据统一部署，政府办、编办、县国土资源局和检察院、法院、司法局、政法委等涉法涉诉系统陆续接入电子政务内网，并正常使用。县电子政务外网与互联网实现了逻辑隔离，互联网出口的带宽为100M，全县县直机关66个单位共租用37条线路；16个乡镇党委政府共租用16条线路。全县共82个单位，约有1400个终端接入电子政务网。为了保障网络安全，定兴县电子政务网在网络中安装有硬件防火墙，防止非法用户的访问和非法IP数据包的通过。在软件方面，整个局域网统一安装网络版杀毒软件，防止网络病毒的威胁。

倾力打造“第一窗口”门户网站。定兴县的政府门户网站（http：//www.dingxing.gov.cn）于2006年开始建设运行，2008年进行了第一次改版和技术升级，并购置了服务器、防火墙等硬件设施。2011年底，注册了中文域名“定兴县人民政府．政务”。2013年8月进行了第二次改版升级，进一步完善网站功能，充实网站内容，打造成宣传推介定兴的“第一窗口”。建立健全门户网站管理运行制度，制定《定兴县人民政府门户网站管理暂行办法》，细化组织领导，明确保障内容，健全网站运行管理评测体系。全县80余个相关单位均配备了信息保障主管领导及专门信息员，多次开展专业技术培训，有效保障了电子政务日常工作顺利进行。门户网站信息发布坚持“公正、公平、便民”和“时效性、权威性、互动性、丰富性”的原则，由县政府各职能部门、各乡镇共同建设，共设置走进定兴、信息公开、办事指南、互动交流、专题专栏等5大类65小项栏目，充分发挥各乡镇和各部门的积极性，促进全县政府网站体系建设和信息资源共享与利用。2011年，开办县长信箱版块，2013年门户网站新改版后增加了公众互动版面所占比例和后台服务功能，来信或留言更直观，办理回复更高效。2011年、2012年，分别办理群众来信26件、68件。2013年，利用改版后更为便捷的留言平台，接收群众来信或留言131件，针对每一封来信，严格按照流程办理，第一时间作出回应，化解了一批关系群众切身利益的热点难点问题。挖掘定兴历史及当代文化，共梳理出与定兴相关的名人、典故、传说、文物古迹、非物质文化遗产等79条，全部实现了数字化，以图文并茂的方式，在门户网站特色版块发布。

深入贯彻落实《中华人民共和国政府信息公开条例》，自2008年8月至2013年底，全县累计主动公开政府信息5898条，内容涉及概况信息、政策法规、规划总结、工作动态、行政执法、财政财务及统计信息、办事指南、其他信息等，政府信息公开工作持续健康开展。于2012年7月建成工程建设领域项目信息和信用信息公开共享平台，对项目所涉及的个人及企业基本信息、项目审批信息进行公开，促进了公开透明、诚信健康的市场环境的建设。

深入推进电子政务应用工作。2008年年底定兴县开通了办公自动化系统（信息魅力）。办公自动化系统（信息魅力）依托电子政务外网先后开通了公文流转、网络U盘、下载中心等功能模块。通过这些功能模块实现了电子公文网络传递，全县各乡镇、各部门、各单位公文“无纸化”快速传递、处理，提高了办公效率，降低了办公成本，每年节省交通费、纸张费和打印费等合计50余万元。

2007年，定兴县自新农合制度实施之初，即筹备建立覆盖全县的新农合网络信息平台。2007年4月，购置网络信息平台硬件设施，完成建立新农合计算机管理信息系统，实现业务处理信息化。与县内定点医疗机构建立网络联结，实现参合农民在县内住院出院即时结算报销。2009年对信息系统网络服务器进行升级改造，提高运行效率。2011年新农合信息网络系统平台与市级定点医疗机构完成对接，参合农民在市级定点医疗机构住院实现了出院即报。到2013年底由省卫生计生委统一安排的省级新农合网络信息平台联接工作正在筹备，2014年基本能够实现新农合网络信息平台与省级定点医疗机构的对接，将为广大参合农民提供进一步的高效服务。

稳步推动全县税收管理电子化进程。通过税收征管信息系统、综合治税系统、“e税366”软件等应用，实现网上办税、征收监控、税务稽查、项目上报等功能，为全县税收征管工作提供了有力支持。

2010年，定兴县在保定市统计信息网上搭建了“定兴统计”门户网站，范围覆盖统计系统内部及各乡镇统计机构，提供信息查询和数据分析工作。2013年下半年，搭建“定兴统计信息网”门户网站，主要通过互联网为各级党政领导和公众提供统计服务，到2013年底正处于调试阶段。

定兴县积极探索电子政务在社会各项领域的应用，教育、司法、公安、住建、规划、商务、聚集区管委会等单位均开通了部门网站，部分单位开通微博，实现信息发布、网上办事等功能，方便了网民及企业信息获取和网上办事。

（县政府办）

阜平县

阜平县电子政务网是为县委、县人大、县政府、县政协以及各乡镇和县直各部门、各人民团体提供办公服务，提高办公效率，实现信息资源共享而建设的电子政务网络。

阜平县贯彻落实省、市相关指导意见和总体要求，县信息办与县联通公司于2007年12月30日正式签订《阜平县电子政务网租用合同书》，阜平县电子政务网建设正式启动。2008年，县电子政务网首批54个单位的网络建设完成，经过试运行和整改，9月27日通过专家组验收，12月31日正式投入使用。阜平县电子政务网络由电子政务内网、电子政务外网两部分组成，根据保密及工作实际需要，通过技术隔离实现内外网的安全切换。电子政务内网是涉密网，与互联网物理隔离，主要用于承载各级政务部门的内部办公、管理、协调、监督和决策等业务信息系统，并实现安全互联互通、资源共享和业务协同。电子政务外网是非涉密网，与互联网逻辑隔离，主要为各级政务部门履行职能提供服务，为面向公众、服务民生的业务应用系统以及国家基础信息资源的开放共享提供信息支持。阜平县电子政务系统开通运行以来，在提高公共行政绩效、降低公共行政成本、促进政府职能转变、提高公共决策质量、增加公共管理透明度、促进经济和社会快速发展等方面取得明显成效。

阜平县制定《阜平县电子政务网暂行管理办法》，明确由阜平县信息化工作领导小组办公室（设在县科技局）负责阜平县电子政务网的规划、建设、管理和安全以及技术应用指导与协调工作；阜平县信息网络管理中心负责阜平县电子政务网的网络管理和系统运行维护工作，确保网络和系统安全、稳定地运行，并为各入网单位和乡镇提供咨询和技术支持。各单位通过向县信息化领导小组办公室负责人提交申请，主管负责审批合格后，签订入网责任书，再由信息化办公室派出技术人员分配IP地址，入网单位即可接入阜平县电子政务网。

阜平县积极开展入网单位网络与信息安全检查和党政机关使用正版软件情况摸底调查，及时排除网络与信息安全隐患；聘请专业公司进行电子政务网络安全测试，新上“网上行为管理设备”及政务内网补丁分发系统和内网安全防护软件等，有效提高了全县电子政务网络管理水平，保证了正常办公；2013年共处理各类网络故障300多起，新增电子政务网终端用户100多个，入网单位达到72个，电子政务网终端用户已经发展到850多个，电子政务网络已具规模。

县网管中心采用光纤架构，组成全光纤县电子政务骨干网，搭建了全县统一的电子政务网，从而形成一个标准统一、功能完善、安全可靠的网络。信息化发展态势良好，信息化意识显著提高，各单位信息系统工程建设逐步规范，电子政务应用不断深入。在社会领域，现代远程教育渐成体系，教育信息资源开发利用已成规模；劳动和社会保障信息化也在稳步推进之中；社区信息化已经引起广泛重视。在文化领域，公共文化信息服务水平进一步提升。到2013年底，根据行政服务中心网上审批系统现有功能特点和部门实际需求，正在积极推进监察系统与现有系统的顺利对接，加快县行政效能监察系统的建设；积极推进全县“网上信访”平台一体化进程，建设全县统一的“网上信访”平台。

阜平县充分利用先进的信息技术，积极推进公共服务信息化建设。教育领域，通过实行“校校通”工程，已经建成了多种形式的现代化教育网络平台和优质的远程教育系统，网上招生、网上考试也逐步应用，部分城镇学校实现了宽带接入，在教室演示多媒体课件。作为电子政务建设的外延和补充，信息亭建设加大硬件和软件投入，进行了亭体外型设计和附属设备改造，同时信息查询系统的开发实现了移动、电信代收费及业务办理，企业、电话号码等查询功能；党政大事、新闻、政务公开、政策法规等查询。除了公开相关政务信息、方便县民查询外，还实现了水、电、话费代理缴纳等相关功能，为群众缴费带来极大便利。

电子政务应用循序推进，“中国·阜平”政府门户网站于2012年6月完成改版升级，理顺了政府网上服务体系，推出政务之窗、网上办公、部门信息、阜平旅游等便民项目；整合阜平旅游网、阜平大枣网、晋察冀边区革命纪念馆、天生桥瀑布群等网站作为子网页，县直部门、13个乡镇网页正式推出；进一步完善服务功能，以便民为重点，制作多个专栏为公众提供最优最便捷的服务。网上办公（信息魅力）系统投入使用。2013年通过政府门户网站发布各类信息共466条，其中，工作动态264条，重要文件4条，公示公告9条，招商动态35条，乡镇、部门工作动态139条，其他信息15条。通过政府信息平台公布各类信息198条。

（县信息办）

高新区

保定高新区门户网站于2001年5月开通，正式在互联网上落户；2004年，为了在便民服务、企业服务、政务公开和招商引资等方面取得更好的成效，网站进行了第一次改版，改版效果明显，有效增强了区内企业的市场竞争力，提升了高新区的形象；2013年，根据市政府的统一规划和管委会的工作需要，高新区门户网站进行了第二次改版，历时3个月，采用CMS平台规划，所有功能实现组件化，数据管理发布平台与数据展现平台分离管理，全部页面采用静态发布，系统运行安全可靠，版面设计美观大方，改版成效获得单位领导的一致肯定。

根据《中华人民共和国政府信息公开条例》精神及《保定市贯彻落实〈中华人民共和国政府信息公开条例〉实施细则》的要求，高新区管委会在区政务公开领导小组的指导下，结合工作实际，在系统内认真开展政府信息公开工作，于2008年5月1日开始，正式在市政府统一搭建的政务信息公开平台上发布相关政务信息。2013年，根据《保定市政府关于政务信息公开的通知》以及高新区信息化规划方案，高新区开发建设了独立的政务信息化公开平台，并与管委会门户网站无缝集成，数据共享，从2013年5月份上线以来，累计发布信息340多条。

根据领导指示和公益局的需求，协助公益局组织开发了高新区教育网，并与高新区管委会互联网门户网站统一管理发布。

“燕赵人才超市”是由高新区人才中心主办的网站。网站致力于方便、快捷、高效地为用人单位及求职者提供交流平台、信息咨询服务。燕赵人才超市具备良好的硬件基础，坚持“客户都是上帝，服务求得发展”的工作方针，营造优质的软件环境。燕赵人才超市依托国家级高新区，辐射当地，面向全国，以全面、专业的服务和良好的信誉赢得用人单位和求职人员的信任与好评。

按照“统一标准、统一规划、统一使用、分步实施、安全保密、合理节约”的原则，建设了高新区内部办公网站，为管委会内部发布文件、通报情况、沟通信息、传播资迅提供一个内部信息共享交流平台，以整合信息资源、加强内容分级管理为理念，实现一个具有信息管理、机关信息服务、资源共享和协作、应用集成和视频服务等功能的政务内网服务平台。

根据市政府办公厅下发的《关于加强和规范电子政务服务平台建设的通知》和《关于印发保定市2010年行政审批制度改革工作方案的通知》要求，在管委会主要领导的大力支持下，和软件供应商一起实施“三网”并轨的网络平台，解决了没有规范的行政审批大厅带来的弊端，规范行政行为，提高服务效能和工作效率。采用腾讯RTX，搭建了高新区内部办公及时通讯系统，为管委会内部的文件传递和沟通交流提供了一个高效运转平台。为进一步提升档案管理水平，2013年，高新区档案室开发建设了专业的档案管理系统软件，大幅度提升了档案的归类和检索的效率。

（区管委会办公室）

高阳县

高阳县紧紧围绕社会经济建设的工作重点，创新发展思路，加强统筹规划，推动电子政务建设稳步有序发展。

电子政务基础设施初步完善。2007年，按照省市建设全省统一的信息网络、实现电子政务统一平台、统一通道、统一出口、统一标准、统一管理、统一营运的要求，组建了“高阳县网络管理中心”，建立了政府专用局域网，上连省、市，下接各单位和乡镇，基本实现办公自动化，为全县电子政务快速健康发展奠定了基础。建立并完善政府门户网站，为公众及时了解和掌握政府的方针政策提供渠道。建立健全政府信息公开平台，多层次、多角度涵盖政府信息的主要内容，实现行政执法职权运行过程动态公开。县直各单位和乡镇政府全部完成互联网连接，均具备网上办公的通信能力，为实现资源共享、信息交流、联网办公等电子政务功能提供了基本保障，初步实现“数字化办公”和网络政府建设。

电子政务应用领域逐步拓宽。由县政府办公室牵头，建立并完善全县电子政务公文交换系统，横向连接县政府各部门，纵向连接9个乡（镇）政府，同时与县委、县人大、县政协公务内网互联互通，极大地节约了行政成本，提高了办文办会的质量和效率。国土等部门呈报市政府文件全部实现网络传输，实现远程报批和管理。国税系统基本实现全面信息化，完成原征管软件改革、会计电算化改革、新征管软件改革，新设协调联动服务器，全面运行新税源管理平台、外部交换信息系统，开通ARM机自动办税终端，实现网上报税认证。环保、气象等部门建成空气质量自动监测站，安装空气自动监测系统，提高监测数据精确度。计生、卫生、公安等部门开展人口相关数据的共享应用，建成计生系统全员人口信息管理系统（PIS），基本覆盖全县常住人口个案信息，人口数据覆盖率97.4%，逻辑关系准确率98%；建立流动人口管理服务平台，保障流动人口管理服务长期化、规范化；公安部门建立互联网监控中心，完成了互联网舆情监控系统和网民身份系统，提高全警网上作战能力和水平。新农合补偿工作实现网络化、微机化管理，提高了公共服务能力。

电子政务发展软环境不断优化。围绕推进电子政务建设，重点加强了组织领导、政策法规、人才培养等方面的基础性工作，不断优化电子政务发展环境。在组织领导方面，成立以常务副县长为组长的电子政务建设领导小组；在电子政务应用项目、信息安全保障、信息资源整合开发、网站绩效评估、信息报送等方面起草《信息网络中心管理办法》和《县电子政务网络管理办法》等相关政策文件，确保全县电子政务建设管理的制度化和规范化；在人才培养方面，多次组织开展全县电子政务工作人员技术培训，为电子政务系统的正常运行提供保障。

2008年8月份，在保定市率先建成了高阳县政府信息公开平台，覆盖全县9个乡镇和48个部门。2010年初，完成政府信息公开平台系统功能的完善和升级，实现新旧系统之间的数据完整迁移，在技术标准、功能结构、应用模式、数据格式等方面，实现了与省、市政府信息公开平台的统一，推进了省市县三级政府的资源整合、信息共享。按照《中华人民共和国政府信息公开条例》的要求，不断完善政府信息主动公开、申请受理、保密审查、监督保障等多项制度，强化监督，抓好培训，截至2013年底，累计发布政务信息8000余条，全文电子率达100%，组织业务培训8次，累计培训业务骨干800余人次。

2007年9月，高阳县人民政府网站正式开通运行，英文域名为www.gaoyang.gov.cn。网站包括高阳概况、新闻动态、政务公开、法制工作、对接京津、国内要闻、园区建设、特设市场、招商引资、企业风采、八面来风、便民服务、网上办公、与民互动、纺乡记事、友情链接等栏目。2013年初，对门户网站进行了升级改版，从页面设计、栏目设置、网站功能等方面进行了调整及提升，增设“解放思想大讨论活动”“保障性住房”“大气污染防治工作”等专题专栏，以及“网上办公”“高阳视频”“视频新闻”等版块，更加注重与民互动类栏目的建设，更加注重提供在线服务，更加注重网站的易用性、实用性和服务性。2013年度，政府网站共发布各类信息2000余条，其中政务信息1000余条，回复群众咨询投诉50余条。

2010年10月，高阳县正式启动高阳县党政办公网。2011年5月一期工程完工，全县共计50个单位完成了接入使用。2012年8月启动二期工程建设，新纳入36个单位。自2013年4月接入使用后，基本涵盖了所有的党委、政府机关单位，进一步推动了电子信息办公的进程。下一步将展开针对金融、保险、通信、石油等垂直双管单位的党政办公网的三期建设，力争在2014年5月完成党政办公网的全面建设。

（县政府办）

涞水县

涞水县全面贯彻落实省、市电子政务工作相关会议精神和各项部署要求，加大电子政务建设，推进电子政务工作，逐步完善电子政务网络体系，加快实现政府公共管理和服务现代化、促进管理方式的转变、保持经济社会全面协调可持续发展，使电子政务工作成为建设服务型政府、优化发展环境、促进依法行政的一项重要举措。

2006年，建成涞水县政府门户

网站（www.laishui.gov.cn），2007年到2008年底，投资140多万元，建立独立机房一座，在全县范围内开通政务内网和外网以及互联网。涞水县依托上级统一的政务内网运行，以深化业务应用为重点，按照上级有关要求，在公文交换、应急处置、信息报送、浏览上级政务内网等领域逐步安全完成了内网对接，实现了网络办公，为涞水县电子政务的健康发展提供了基础支撑，全县信息网络化办公服务基本普及。

2010年，涞水县依托互联网资源，对政府门户网站进行了改版升级；2012年委托中信联信息技术有限公司，建设并开通涞水县信息公开平台，两个网站的开通运营，不仅实现了与省、市政府门户网站的聚合，而且在更好地展示涞水县形象，向世界推广涞水的同时，社会各界获取政府信息的渠道也得到扩展。

涞水县人民政府网站是面向社会各界发布本县政务信息、提供网上政务服务、反映社情民意，接收社会公众监督的综合性信息网站，是透视政府工作和了解城市全貌的窗口。网站围绕全县工作目标，做好“中国·涞水”政府门户网站运行维护，强化科学管理，完善服务功能，提升网站层次，充分利用网络媒体传播快、范围广、内容多等特点，及时更新充实政务信息，准确广泛地把党和政府的声音、身影反映出去，把涞水经济社会建设成果反映出去，为全面建设服务型政府做出积极的贡献。

涞水县政府网站自建成以来，开通了“走进涞水”“新闻动态”“政务公开”“对接京津”“专题栏目”“招商引资”等版块，日均访问量从最初每天几个，发展到现在已达到每天近百个，网民访问量大幅上升，涞水县人民政府网站经2010年改版升级累计访问数已近5万人次。从网站开通至2013年底，政府门户网站上网信息5000多条，发布图片300多幅。在具体新闻报道方面，能够及时对全县重大活动进行跟踪报道，基本形成科学合理的运行维护机制，信息数量和服务内容明显增加，内容更加充实，新闻信息服务的规范性、准确性、及时性得到了有效提高。除此之外，网站还集中精力办好“三坡旅游”“特色产业”等栏目，提升旅游版块质量，加大对旅游资源的宣传广度与深度，重点把红木家具、玻璃制品等特色产业推向世界，扩大知名度。在2013年市网站建设督导检查评比中荣获优秀单位。

涞水县按照《中华人民共和国信息公开条例》，2012年开通涞水县信息公开平台，平台建成后，全县政府信息公开工作结合实际，为全县各乡镇和各部门开设后台输入端口，对各单位和各部门进行全面培训，按照“谁制定、谁审查、谁公开、谁负责”的总体要求，及时准确地将公开信息进行上传，信息公开的内容更加充实，质量也有了很大的提高，信息公开的数量由2012年全年公开不足400条增长到2013年全年公开上千条。

涞水县人民政府网站和涞水县信息公开平台是发布涞水县政务信息的权威网站，作为增强政府与公众交流、扩大公众知情权和参与权、展示政府执政为民和亲民爱民形象的重要载体，在建立健全政府信息公开保障机制，规范梳理政府信息公开目录和指南、拓宽政府信息公开渠道等方面取得了新的进展。成立了由政府县长任组长、县分管领导任副组长的政府门户网站工作领导小组和政务信息公开领导小组，各个乡镇、县直部门都明确了信息公开工作分管领导和联系人。建立健全政府信息公开保障机制。多次专门组织召开政府信息公开培训会，请网站技术人员对各乡镇和县直各部门信息公开分管领导和联系人进行培训。按照“谁制定、谁审查、谁公开、谁负责”的总体要求，由各乡镇和各部门自行上传公开信息。在政府信息公开工作推进过程中，突出重点，创新形式，提高政府信息公开工作水平。运用新闻、广播等公开形式，及时在政府门户网站和信息公开平台两个网站中进行公开，为电子政务的快速发展提供充足的动力。

在电子政务体系建设中，县政府不断加强电子政务信息安全保障体系建设，明确专门网络管理员对机房、计算机、服务器及其他电子政务设备进行维护，提供技术支持，及时加载和更新相关资料和数据，查杀病毒，定期检查设备设施，负责好网络安全和保密工作，确保电子政务网络环境的安全、正常运行。在信息公开工作中进一步完善了政府信息主动公开、依申请公开、信息保密审查等制度，建立健全政府信息公开保障机制。按照“谁制定、谁审查、谁公开、谁负责”的总体要求，各乡镇和各部门严格按照《条例》和《中华人民共和国保密法》的有关规定，完善政府信息公开流程，使政府公开信息及时、准确、规范地上传，保证政府信息公开工作扎实高效开展。

（县政府办）

涞源县

涞源县加强电子政务建设，逐步完善电子政务网络体系，使电子政务工作成为建设服务型政府、优化发展环境、促进依法行政的一项重要举措，全县信息网络化办公服务基本普及。

2008年，涞源县根据上级相关精神，投资21万元，建立独立机房1座，开通了内网与互联网，依托上级统一的政务内网运行，以深化业务应用为重点，在公文交换、应急处置、信息报送、浏览上级政务内网等领域逐步安全完成内网对接，实现网络办公，为涞源县电子政务的健康发展提供了基础支撑。2012年，涞源县依托互联网资源，委托河北中信联信息技术有限公司建设并开通了涞源县政府门户网站（www. laiyuan. gov. cn）和涞源县信息公开平台两个网站，两个网站的开通，在更好地展示涞源县形象，使社会各界全方位、多视角、最全面了解涞源的同时，使公民、法人和其他组织获取政府信息的渠道得到不断扩展。两个网站开通后，不断加强网站的建设，借鉴省、市及其他精品网站的成功经验，于2013年3月对涞源政府门户网站进行升级改造，实现与省、市政府门户网站的完全聚合，同年4月，涞源县在市网站建设督导检查评比中荣获优秀单位。

2012—2013年，涞源县按照《中华人民共和国信息公开条例》，全县政府信息公开工作结合本地实际，向纵深发展，在2013年3月网站的升级改造中，为全县各乡镇和各部门开设后台输入端口，各单位和各部门按照“谁制定、谁审查、谁公开、谁负责”的总体要求，不再通过县政府法制办和保密局的审查，统一将公开信息进行上传。至2013年底，全县18个乡镇和36个县直部门已形成主动公开政府信息的意识，信息公开的内容更加充实、质量也有较大提高，信息公开的数量由2012年全年公开400余条增长到2013年全年公开1100余条。公民、法人和其他组织获取政府信息的渠道得到不断扩展，在建立健全政府信息公开保障机制、规范梳理政府信息公开目录和指南、拓宽政府信息公开渠道等方面取得了新的进展。

县政府高度重视政府信息公开工作，把此项工作纳入年度工作计划，摆上重要议事日程，切实加强组织领导。成立了由政府县长任组长、县分管领导任副组长的网络信息领导小组办公室，并在部分县领导分工调整和人员变动后，及时调整了领导小组及其办事机构。各个科局、乡镇都明确了信息公开工作分管领导和一名联系人。县政府进一步完善了政府信息主动公开、依申请公开、信息保密审查以及考核和责任追究等七项制度，建立健全了政府信息公开保障机制。2012年3月15日，县政府在教育局专门组织召开政府信息公开培训会，请网站技术人员对各乡镇和县直各部门信息公开分管领导和微机员进行培训，并下发《关于进一步加强政府信息公开工作的通知》，按照“谁制定、谁审查、谁公开、谁负责”的总体要求，由各乡镇和各部门自行上传公开信息。

在政府信息公开工作推进过程中，涞源县本着“规范、明了、方便、实用”的原则，不断提高政府信息公开工作水平。除了运用政务公开宣传栏、新闻、广播等公开形式，及时在政府门户网站和信息公开平台两个网站中进行公开，为电子政务的快速发展提供充足的动力。

在电子政务建设中，县政府不断加强电子政务信息安全保障体系建设，明确专门网络管理员对机房、计算机及其他电子政务设备进行维护，提供技术支持，及时加载和更新相关资料和数据，定期检查设备设施，清理病毒，负责好网络安全和保密工作，确保电子政务网络环境的安全、正常运行。在信息公开工作中完善政府信息主动公开、依申请公开、信息保密审查以及考核和责任追究等七项制度，建立健全了政府信息公开保障机制。按照“谁制定、谁审查、谁公开、谁负责”的总体要求，各乡镇和各部门严格依照《条例》和《中华人民共和国保密法》有关规定，完善政府信息主动公开工作流程，使政府公开信息及时、准确、规范地上传，保证信息公开工作的扎实高效开展。2013年，主动在涉密计算机安装由山东济南中孚信息产业股份有限公司提供的涉密计算机及移动储存介质保密管理系统，做到涉密计算机不连互联网，确保相关政务资料信息与数据不泄密。

为进一步提高涞源县政府门户网站建设和管理水平，切实打造成为展示形象、服务发展、方便群众的窗口和平台，有效促进经济强县、中等城市、生态涞源建设，依据《中华人民共和国政府信息公开条例》有关规定和保定市人民政府办公厅《关于加强市政府门户网站及各级各部门网站建设与管理工作的通知》有关要求，县政府不断升级完善涞源县政府门户网站，并借鉴省、市及其他精品网站的成功经验，于2013年3月对涞源政府门户网站进行升级改造，开通了“走进涞源”“新闻动态”“信息公开”“旅游观光”“公众互动”等版块，并确保网站内容及时更新、不断丰富，服务功能逐步增强。截至2013年底，网站共上传图片90余张，视频新闻8条，使县政府门户网站真正成为展示涞源形象的重要窗口。2013年，先后在县政府门户网站开辟《项目洽谈月活动专栏》《学习习近平总书记系列重要讲话精神专栏》和《住房保障专栏》《县长信箱》等精品栏目，进一步拓宽公民、法人和其他组织获取政府信息的渠道，有效发挥了政府信息对人民群众生产、生活和经济社会活动的服务作用。

（县政府办）

蠡　县

蠡县县委、县政府高度重视电子政务建设，将其作为优化政务环境、提高行政效能的重要举措。截至2013年，蠡县电子政务发展框架基本形成，信息化、网络化工作进程深入推进，公共服务日趋普及，有力促进了服务型政府建设和政府职能的转变。

电子政务基础设施初步完善。蠡县于2002年开通了蠡县政府官方门户网站，通过网站平台进行外宣工作，扩大对外交流面。为实现电子政务平台统一通道、统一出口、统一标准、统一管理、统一运营，统一建设，由政府办公室和工信局等部门共同管理政府门户网站的建设、维护和信息发布工作，并积极与省、市电子政务平台联网链接，政务办公水平和效率进一步提高，全县电子政务日趋步入系统化、科学化、统一化。

电子政务发展软环境不断优化。为更好地加快蠡县电子政务建设，促进电子政务上层次、上水平，蠡县围绕推进电子政务建设，重点加强了组织领导、机制完善和人才培养等方面的基础性工作，电子政务发展软环境全面优化。在组织领导方面，成立了以县委常委、常务副县长为组长的电子政务建设领导小组，具体负责电子政务的组织实施；在机制建设方面，制定印发了《蠡县人民政府门户网站信息发布审核制度》《蠡县人民政府门户网站内容保障工作制度》等文件，加强了电子政务应用项目、信息安全保障、信息资源整合开发、网站绩效评估、信息报送等方面的管理，确保了全县电子政务建设管理的制度化和规范化；在人才培养方面，多次组织开展全县电子政务工作人员技术培训，为电子政务系统的正常运行提供有力保障。

无纸化办公加快电子政务进程。本着“节约、高效、及时”的原则，通过建设政务内网平台，不断加快推动办公无纸化进程；同时，制定专门的管理规定，在信息上传、网络保密管理等方面，严格操作，规范管理，确保电子政务的高效、规范、健康发展。

蠡县人民政府门户网站（www. lixian. gov. cn）由蠡县人民政府办公室主办，具体负责网站内容发布及政府信息发布的推进、指导、协调、检查、督促。蠡县工业和信息化局负责维护和管理，设有网站负责人5名、服务器1台，网站实行外包管理（外包单位：保定爱迪森网络技术服务有限公司）。蠡县政府门户网站建成于2002年，2008年第一次改版，2012年第二次改版，总投资5万元。网站设有九个主要栏目：走进蠡县、新闻中心、直通政府、经济建设、蠡县风采、服务导航、互动平台、专题栏目、对接京津。自建站以来共发布政府信息及公告累计2390条，为信息资源共享建设打下了良好的基础。蠡县政府门户网站在运行中严格遵守政府网站管理工作的要求，按照谁主管谁负责、谁运行谁负责的原则，强化管理和责任。通过政府网站的管理，确保网站页面的正常访问及各栏目内容的及时更新；建立建全信息发布审核和保密审核制度；定期对网站进行全面检查，发现问题及时整改，确保上网信息准确、真实，确保公众能够及时获取政务信息。

蠡县政府信息公开系统由“大公开平台”和“小公开平台”构成。“大公开平台”指政府信息公开平台、门户网站公开平台，及时反馈“市长信箱”和“市长短信”的公开；“小公开平台”指政府信息公开平台和档案馆政务信息公开中心。蠡县时刻将“公开为原则，不公开为例外”和“上网信息不涉密、涉密信息不上网”作为信息公开的两大原则，通过运用政府信息公开平台，定期上传规范性文件、县委县政府工作部署、领导讲话和政务信息，及时把县委、县政府的利民措施，通过平台予以公开，促进群众对政策的了解程度；通过与市长信箱和市长短信平台链接，及时接收群众反映的热点难点问题，及时办理解决，并将解决结果及时上传，予以公布，确保了群众满意率；充分发挥网站同广大群众之间的互动优势，开通“在线留言、投诉信箱、县长信箱”等多个互动系统，网民可以随时登录政府网站，对自己关心的热点问题发表意见和看法，建立互动机制，使政府门户网站成为政府与民众的互动平台。同时，明确专门科室、专门人员负责此项工作，保证及时掌握信息、及时办理相关工作。截至2013年底，累计发布政务信息7000余条，全文电子率100%，组织业务培训15次，累计培训业务骨干900余人次。

（县政府办）

满城县

1999年，满城县人民政府响应“政府上网工程”，租用虚拟主机开通了《满城信息港》政府网站，成立了政府信息网络中心机构，负责满城县的电子政务网的建设和政府网站的建设与管理。2001年，启动满城县电子政务网建设，完成全县党政机关单位的联网，购置UPS电源、机柜、路由器、交换机、服务器等，完成电子政务机房建设。2005年县政府投资50万元完成了电子政务外网和电子政务内网建设，建成了满城县政府独立的门户网站。2009年根据国家、省、市关于政府门户网站要求改名为“中国满城”。2012年县政府投资37万元购置了网络安全设备和政府门户网站专用服务器。2013年对政府门户网站进行了改版升级。

此次升级，在配置网站专用服务器、专用机房的同时，加强了政务服务模块开发：网上招标采购，网上决策公告，网上人事任免公示等政务服务，一方面促进政府职能转变，政务公开，树立政府开放、开明的形象，另一方面增进社会公众对政府作为的了解，从而理解、支持政府工作，增强党和政府与人民群众的联系。网站建设在服务电子政务工作的同时，也服务于县域经济建设，全力以赴搞好招商引资政策、项目的推介，搞好市内国有、集体、民营、个体私营企业及其产品的推介，搞好全县农业旅游产品的推介。

满城县人民政府网站是全县政府系统统一的公众网平台，按照统筹规划、统一管理、资源共享的原则，加强建设和管理。高度重视和切实搞好计算机网络信息的安全保密设施建设，建立健全安全保密责任制。网上发布政务信息，遵守国家互联网管理条例和国家安全、保密部门的有关规定，严格审核把关，确保党和国家机密的绝对安全。加强制度建设，以制度规范政府网络的运行管理。制定发布《满城县政府门户网站群管理制度》《满城县政务公开工作管理办法》《满城县网络安全管理制度》等相关规章制度，召开满城县政府网站群管理员培训会，切实抓好技术人员的技术培训和知识更新，加大应用开发力度，提高专业技术和管理水平。同时加强机关工作人员应用技能的培训，扩大应用面，提高应用水平。

（县政府办）

曲阳县

曲阳县电子政务自2005年开始筹建，2008年正式开通投入使用，此网提供内网办公和外网接入功能，已有41个县直部门和18个乡镇接入到曲阳县电子政务网络平台。有11个单位在外网上建立了自己的门户网站。财政局至18个乡镇财政所、政法系统涉法涉诉、行政审批大厅等均通过电子政务内网实现互联办公。为了推进全县信息化及电子政务建设工作，于2005年成立了曲阳县信息化工作领导小组及其办事机构，电子政务管理由科技局负责。

2001年，县政府办公室接入互联网；2009年政府办公场所搬迁，重新规划布置了办公楼网络，确保网络正常运行。

2001年，县政府办公室接入电子政务内网，加强了电子政务内网的应用安全，从网络布局和管理上进行了规范，信息上报实现无纸化办公。

2008年7月，建成“中国·曲阳”政府门户网站（www.hebquyang.gov.cn）。曲阳县人民政府门户网站是曲阳县政府的官方网站，是曲阳县政府服务社会公众的重要窗口、政府信息公开的第一平台、政民互动交流的重要渠道。网站设置了“走进曲阳”“工作动态”“透视政府”“基层风采”“对接京津”“政务公开”“特色产业”“招商引资”“意见反馈”等版块，内容包括政府部门的工作职能、政务新闻、相关政策法规、办事指南等。政府门户网站成为曲阳县政府一个对外窗口。2008年7月建成了政府信息公开平台，在县政府门户网站建立了链接。2011年协助纪检部门在政府门户网站建成了工程建设领域项目信息与信用信息公开共享平台专栏，对平台专栏进行了技术维护。2013年对县政府门户网站开发，规划了县长信箱、曲阳县住房保障专栏。

（县科技局）

顺平县

顺平县领导重视电子政务工作，成立了以县政府主要领导任组长，县政府组成部门和各乡镇政府为成员单位的县政府门户网站建设管理工作领导小组。制定出台《顺平县人民政府网站内容保密工作制度》《顺平县人民政府政府网站信息公开保密审查制度》《顺平县人民政府政府网站信息公开审批流程》等一系列规范性文件，使政府网站建设工作做到有章可循、有据可依。从政府办公室内部抽调6名技术娴熟、业务过硬的工作人员，成立网络技术中心，为加强政府门户网站建设管理提供力量保障。为完善县政府门户网站的宣传服务等各项功能，投资10万元对县政府网站进行全面升级改版，并于2013年5月23日成功上线，是保定市首批县级政府网站改版升级的县市区之一。

完善网站各项功能。整合网站栏目，把网站公共服务栏目整合到政府信息公开平台的公共服务栏目里，方便各单位的信息报送工作。县政府网站自改版升级以后，网民访问量急剧上升，其中，“县域要闻”“政府信息公开”“公示公告”“县长信箱”等频道成为网民高度关注的焦点。与保定市政府办公厅联系沟通，在保定市政府网站开设顺平县第14届桃花节旅游专版，进一步扩大了顺平县桃花节在京津冀等地区的知名度和影响力；新增“尧乡讲堂”“百姓电影学堂”“善美顺平”“领导干部手机学堂”等具有县域特色的多个专题专栏；将顺平县“尧帝故里善美顺平”摄影大赛评选出的100余幅优秀作品在政府门户网站进行了展示，得到了社会各界的赞誉。总之，县政府门户网已成为统一发布政府信息、提供在线服务、与公众互动交流的“一站式”服务平台。至2013年底，共发布各类政务新闻1100多条，其中县域要闻210条、部门动态100条、视频专区30条、时政要闻355条、政府信息公开253条、其他信息200余条，保障了顺平县政务信息公开工作的顺利实施。

（县政府办）

望都县

望都县委、县政府围绕改善公共服务、提高政府办事效率、加强社会管理等中心工作，积极推进电子政务建设，政府网站集群体系得以强化、整体水平显著提升。

望都县按照省市有关要求，以信息公开、网上办事、政民互动等环节为重点，继续完善门户网站的应用开发，有效推进政务信息发布、交流互动能力的提高。政府网站建设在保持高质量、高标准的同时，进行多次改版升级。以满足群众对政务服务的需求，通过互动交流，对政府机关转变作风、提高效率也起到促进作用。

望都县政府网站从“保增长、促民生”的大局出发，树立以人为本的理念，整合与广大公众、单位最密切的各类服务，基本能够提供办事指南、结果反馈等功能，提高办事效率，规范办事流程，满足社会公众的基本需求。

2013 年 7 月 30 日，望都县召开政府门户网站建设暨业务培训工作会议，会议对政府门户网站的内容保障工作进行了安排部署，并专门制定了考核办法。

作为公众了解政府信息的基本手段，望都县对于政府网站信息公开栏目的建设要求更加规范、全面，信息公开范围进一步扩大，信息公开的数量增加、类别更加全面，使政府信息公开工作更加规范、有序、透明。根据实际情况，望都县建立了《望都县政府信息公开工作年度报告制度》《望都县政府信息公开工作社会评议制度》《望都县政府信息公开发布制度》等九项制度，并在工作中坚决贯彻落实。

全县各乡镇、各部门通过政府信息公开网主动公开各类政府信息的意识不断增强，及时主动公开各类政务信息，提高政府工作的透明度，促进依法行政。2013 年各乡镇、各部门主动公开政务信息 130 条。在依申请公开方面，2013 年没有依申请公开政府信息，没有信息公开申请行政复议，主动公开的政府信息资料大部分移交到档案局。

（县政府办）

雄　县

为保证电子政务建设的有为、有序、有效开展，雄县电子政务建设工作实行“一把手”负责制，层层落实岗位责任制。根据省、市电子政务建设相关工作要求，雄县及时成立了由政府主管副县长挂帅任组长的电子政务工作领导小组，明确分工，落实责任。由政府办公室信息科负责对电子政务工作进行指导和协调，具体负责电子政务的日常工作。通过明确任务，落实责任，从上至下，形成合力，切实抓好电子政务建设工作。同时，县领导定期研究电子政务工作，强调要做到信息畅通、务求实效、服务工作、提高效能，不断拓展和深化电子政务建设的工作内容。

为加快全县信息化建设，加大财政投入，共投资近 30 万元配备计算机 80 多台（套），所有计算机均联入政务外网并对网络进行正常使用（涉密计算机除外）。同时，为完善电子政务建设，推动全县信息化进程，县政府办公室设置了 4 台工作服务器电脑，专门用于信息报送和信息管理，并明确了专门的人员负责日常维护与信息报送。

电子政务外网是全县重要的对外宣传阵地和舆论引导窗口，肩负着为县委、县政府和全县群众提供完善、密集、周到的信息化服务，因此，必须营造先进、可靠、安全的计算机网络环境，杜绝和避免安全事故、安全责任的发生。网络管理人员严格遵守、执行中央和省、市关于电子政务建设要求，深刻领会精神实质，制定电子政务工作制度，严把“六个关口”，确保电子政务建设工作全面化、规范化、制度化、科学化。县电子政务外网栏目由县政府办公室审定，由县政府信息科主办。门户网主办栏目包括县长信箱、对接京津、采购招标、县域要闻，以及经济和便民服务中涉及部门工作动态和基层动态的子栏目。县电子政务外网通过租用官方网络空间及域名，保障网络安全性。县电子政务门户网窗栏目中的领导讲话、人事任免、法规文件、南溪大事记、重大决策、重要活动、重要会议等栏目，以及涉及省、市、县领导、重大突出事件、自然灾害和社会稳定等方面的信息来源于全县党政机关、基层镇村，保障了信息的及时、真实、合法。网络建设信息采集主要采取网络摘编和自主制作两种形式。

按照有关的规定严把信息上网关，做到了上网信息不涉密、涉密信息不上网，认真做好节日期间的网络值班安排工作，无失泄密事件和重要信息丢失现象。同时，公文网上系统设有用户密码口令，并做到定期更换。按照要求执行绝密级公文和未明密级的涉密公文不得在网上交换；坚持“谁上网、谁负责”的原则，建立健全保密机制；对公文网上交换各环节进行严格保密，没有向无关人员透露操作程序和提供电子印章等相关设备和软件；用于公文网上交换的计算机及其相关设备指定了专人管理和维护，与国际互联网进行了隔离。由县信息中心主办的栏目设立栏目编辑、网站主编和网站总编，栏目编辑主要由网站工作人员组成，网站主编由县信息中心分管领导担任，网站总编由县信息中心主要领导担任。栏目编辑、网站主编和网站总编制定详细的工作职责。县电子政务外网上传发布信息 IP、密码指定专人掌握，信息经过审稿程序严格把关确定无误后，方能上传发布。对所有网络内的计算机安装了防火墙、查杀病毒工具，防止信息资料遭到破坏、盗用和其他意外损失。严格要求全县电子政务外网工作人员和用户，严格落实国家有关法律、法规，严格执行安全保密制度，并积极配合有关部门依法进行的监督检查和采取的必要措施。对查阅、复制或传播反对宪法所确定的基本原则等各种违法信息，散布谣言，扰乱社会秩序，破坏社会稳定的信息，信息中心提出警告或停止其使用网络的决定，对情节严重，构成犯罪的，由司法机关依法追究其刑事责任；尚不构成犯罪的，由公安机关、国家安全机关依照《中华人民共和国治安处罚条例》《计算机信息网络国际联网安全保护管理办法》等有关法律、行政法规的规定予以处罚。

作为政务公开及电子政务的一项日常工作，雄县重点围绕工作动态、监管信息、重大项目、政府采购等方面进行及时公开。开通以来，更新网上政务公开信息共计 1100 多篇，基本保证了网络动态信息的更新要求。同时，积极开展政府门户网站建设工作，通过网络媒体平台打造信息发布传递新方式。利用门户网站、政务微博打造了信息传递新平台，通过微博的形式，达到信息通知工作条理性增强、效率提高的良好效果。

（县政府办）

易　县

2003年易县投资50多万元，建设了易县党委公务内网，整合人武部、人大、政协、法院、检察院等部门的系统网络，连通了县委组织部、纪检委等30个县直部门和28个乡镇（处），实现了全县乡镇（处）与部分县直部门的互通。

2006年6月，完善了公务内网的邮箱系统，并安装了文件收发系统。实现了县委、县委办、党群各机关的文件、内刊网上传输，全县28个乡镇（处）、部分县直部门正式开始利用网络进行文件签收，实现无纸化办公，提高工作效率，降低行政成本。2009年又对公务内网网页进行升级改版，加强了电子期刊、新闻资料的及时更新，增强了网页的安全性、美观性、可操作性，并建立了“易水论坛”“学、树、保、促”“县域经济”等专项工作附属网页，以最新的形象展示易县，以丰富的内容宣传易县。

易县在建设党委公务内网的同时加强管理，形成了一套有效的网络管理制度和网络办公应用体系：一是成立了县委办公室常务副主任牵头总抓，网络科全员参与的专门领导小组，协调有关部门共同维护和管理；二是制定出台了《易县公务内网使用及使用人行为规范》《机房管理制度》《易县公务内网工作人员保密守则》等规章制度；三是组织易县联通公司技术人员对各乡镇（处）和已接入的县直部门的干部进行上门培训，使连网单位操作人员掌握了基本的网络知识，熟练操作流程，普及率达到100%；四是开通党委公务内网24小时故障服务热线，随叫随到，及时排除故障，保障了机关公务内网的正常使用。易县党委公务内网在文件签收、文化宣传、旅游景点宣传、促进县域经济发展等方面发挥了应有的作用。

2007年，由县电子信息网络管理中心负责，保定导航网络科技有限公司承建了易县政府门户网站（简称“易县政府网”，域名为www.yizhou.gov.cn），易县政府门户网站采用服务器托管方式，于2007年8月1日正式开通。按照省市对政府门户网建设提出的新要求与规范，2011年由保定联通公司对政府门户网站进行了改版，到2013年底，网站运行情况良好。易县成立了由常务副县长为组长，宣传部长、政府副县长、县委办公室主任、人武部部长为副组长，机要局、保密局、科技局、发改局、宣传部、财政局、广电局等为成员的政府门户网站管理领导小组。领导小组下设办公室，办公室设在县科技局。办公室设专人4人，兼职4人，网站信息上传工作由县电子信息网络管理中心负责。信息采集由县政府网络科主导，宣传部、广电局、县直部门及各乡镇处负责提供。网络科将采集到的信息报县政府办公室主任、常务副县长审批，由县委保密局登记备案后，方可上传至政府门户网站。

易县政府门户网站包括：易县概况、今日易县、政务信息、视频易县、对接京津、招商引资、易县旅游、互动平台、历史文化、信息公开10个大栏目，45个小栏目。重点精品栏目有：今日易县、公示公告、政务信息、文件收发、信息公开等。最具特色的栏目是：互动平台，包括网上咨询、排忧解难、建言献策、监督投诉，是一个真正体现政府和群众之间平等互动交流的一个栏目，任何人在任何地点有问题可以直接在网上留言，由专人负责收集整理后，呈领导阅后转交给政府办，政府办再分类下发，并责令相关乡镇或部门限时回复。

易县政府门户网隶属政府办网络科管理，具体操作和维护由科技局负责。网站的日常管理包括更新和维护。更新的流程包括收集信息、审阅信息、上传信息，具体为：网络科负责收集信息，经法制科、保密局审阅后，转交网管中心负责上传。互动平台是广大群众与政府沟通的桥梁，由网管中心负责收集整理群众反映的问题，整理后报政府办公室主任、常务副县长审批后，下发给承担部门，承担部门必须在2个工作日之内做出答复。

网站的服务器在保定联通公司托管，与上级服务器连接的端口使用了硬件防火墙，保证了政府门户网站的安全。如果网站出现问题，保定联通公司会尽快解决。

（县科技局）

涿州市

2004年，涿州市建立并开通了“中国·涿州”政府门户网站，拓宽了政府与外界的交流渠道，搭建了政府与市民信息交流的平台。网站的建成也成为涿州市信息化建设开始的标识。2013年11月，涿州市政府门户网站完成改版升级，改版后的网站以清新的版面、便捷的管理模式、高效的交互平台展现给广大市民，更好地实现政府与市民、涿州与世界信息互联的窗口作用。网站有专人负责内容的更新工作，规范门户网站信息采集与发布流程，不断丰富内容。

2006年9月，涿州市成立涿州市信息网络管理中心，主要负责全市机关单位的网络运行及管理，核定编制6人，有工作人员9人。按照统一平台、统一通道、统一出口、统一标准、统一管理、统一运营的“五统一”原则，由网络管理中心统一规划，搭建了统一网络出口的电子政务平台。

2007年涿州市信息网络管理中心建立并开通“涿州万户企业网”。

通过工商、税务、质监等部门反馈信息及时在“涿州市企业网”登记、发布企业信息，增强了涿州市在国内外的影响力，开辟了一条崭新的招商引资途径，取得了较好效果。

2013 年根据经济市场需求，涿州市对“涿州万户企业网”进行改版，更名为“涿州中小企业服务平台”，大幅度提高信息量，拓宽了招商引资渠道，加大对中小企业的服务力度。同年 11 月网站正式上线。

2011 年，根据保定市要求，涿州市将政府信息公开平台迁离保定市信息公开服务器并完成与省、市级信息聚合。

随着信息化时代的到来，各类来自互联网的海量信息令人目不暇接，为了节省涿州市领导信息检索及阅览时间，2008 年将国家新发布的政策、法规以及各地方先进工作经验、方法等信息，以“网络资讯”的形式及时呈报市领导，为领导决策提供信息参考，多次受到上级领导表扬。

为切实提高党政机关办公自动化效能，节省行政事业单位办公资金，更好地利用计算机进行办公自动化管理，自 2005 年开始涿州市就对使用无纸化办公系统进行了探索，经过几年的不断摸索和经验总结，技术水平和管理模式已经成熟。按照政府引导、市场化合作的工作思路，采取联通与移动公司双线路并行模式，2009 年正式推行无纸化办公系统。为了让市政府领导尽快掌握无纸化办公系统，此次系统的推行采取由易到难、由简入繁的方式。为确保系统顺利运行，专门成立了由市委副书记为组长的无纸化办公领导小组，各部门分工合作、密切配合。到 2013 年底，系统运行稳定，通知、简报等非涉密公文已实现网上流转，大大提高了办公效能。

为优化网络环境，提高工作效率，改善网络拥堵、上网行为混乱等现象，加大网络管理力度，强化网络管理措施，采购流量管理及上网行为管理器等网络管理设备，对带宽进行梳理，屏蔽影响正常工作的网络聊天、在线视频、多线程下载等工具，提高工作效能、优化网络环境。

自涿州市信息网络管理中心成立以来得到了涿州市领导的大力支持，对中心的工作给予充分的肯定，投入资金以每年 20% 的速度递增。涿州市信息网络管理中心长期与中石油物探局信息中心进行交流合作，借助其先进的网络管理理念、一流的技术水平、先进的技术、雄厚的资金，推进涿州市信息化进程。根据各单位各部门网络管理人员及信息员计算机使用水平参差不齐的情况，网络中心技术人员每年对市直各部门信息网络管理人员进行专业培训四次以上，日常开通技术服务热线，遇到技术问题可随时拨打热线寻求技术支持，保障在最短的时间内排除故障、解决问题。

涿州市制定了《涿州市市直机关计算机使用管理办法》《涿州市网络安全应急预案》《涿州市直各部门信息网络安全自评表》等计算机使用及网络运行的各种规章制度，要求各单位根据自身实际情况制定相应的管理制度，根据自评表进行打分，对各单位网络安全现状进行不定期检查，发现问题及时解决，排除安全隐患。对各部门各单位的计算机管理人员不定期召开信息网络安全工作会，对出现的问题及解决方案进行认真的总结归纳，对个别案例进行深入分析，增强网络安全防范意识，提高网络安全管理能力，使网络安全整体水平得到提升。按照“谁主管谁负责、谁运行谁负责”的原则，每年与各单位主管领导签订《信息网络安全责任书》，明确责任人。采取量化考评制度，对先进单位及个人进行年终通报表彰，各单位响应积极，对安全保密工作提高了认识，此项工作顺利开展。

涿州市中心机房在建设之初配置了防火墙，随着信息化建设的不断发展，网络安全形式日益严峻，为切实保障网络安全运行，在省、市等上级部门原有配置基础上，中心机房添加了防毒墙、网络流量管理器、网络行为管理器等硬件设备。一是通过防毒墙有效地防止网络病毒的入侵，及时更新病毒库，从源头上防止病毒入侵政务网络。二是通过网络流量管理器控制网络流量，合理分配网络带宽，对流量出现异常的单位或计算机进行严格限制，并提出警告，彻底杜绝因网络带宽被侵占所引起的网络拥堵情况发生。三是通过网络行为管理器对全市上网行为进行规范，将与工作无关软件、视频网站、超量下载工具、大型网络游戏、非法网站等在上班时间屏蔽掉；对连接外国反华势力网站的计算机进行跟踪；对涉及国家安全的词汇进行过滤，为全市打造一个干净、安全、畅通的网络环境。

（市信息网管中心）

清苑县

清苑县人民政府网（http://www.qyx.gov.cn）始建于 2006 年，与国家、省、市政府门户网站链接，是县政府对外开放、对外宣传的“窗口”和“名片”，是社会了解政府职能、政府动态及政策的重要途径，在招商引资、对外宣传、信息交流、便民服务等方面发挥着极其重要的作用。

为进一步加强县政府门户网站建设，清苑县聘请专业技术人员设计规划，于 2010 年对县政府门户网站进行了全新的改版升级，升级后的政府网站版块主要分为：“走进清苑”“新闻中心”“政务公开”“专题栏目”“在线服务”“对接京津”“红色旅游”“招商引资”“互动交流”等几部分，建设了以“县长信箱”等栏目为主的公众参与渠道。充分体现了政府网站电子政务、信息公开、在线服务的功能，切实发挥了政府网站在政务公开、为民服务、对外宣传等方面的特殊作用，树立了良好的政府网上形象。网站导航清晰，栏目设置科学规范，页面美工设计新颖、美观、易用，图片运用恰当适中，网站功能进一步完善。

为进一步加强对政府信息网上公开工作的组织领导，清苑县在成立由常务副县长为组长，相关部门一把手为成员的专职领导机构的基础上，进一步明确了职责分工。各乡镇、政府各部门也按要求明确了主管领导和具体负责人，使政府信息网上公开工作在全县形成了横到边、竖到底的公开网络，保障了网上公开工作的顺利开展。

清苑县重视政府信息公开保密审查工作，建立健全了协调机制、信息反馈机制、督查指导机制、制度保障机制等相关的保障机制。严格按照《中华人民共和国政府信息公开条例》的要求，按照“谁公开，谁审查”“谁公开，谁负责”的原则，健全了信息公开保密审查制度。对所有拟公开的政府信息，在公开前必须经保密审核把关通过后，及时通过网站后台进行发布，做到“上网不涉密，涉密不上网”。同时，构建病毒防护体系，采用防火墙、入侵检测等手段防止黑客、木马攻击，保障政府网站系统安全。

为进一步提高各乡镇、县直各部门主动公开政府信息的意识，保障企业、公民获取政府信息的权利，清苑县政府不断加强对相关单位信息公开主管领导和具体负责人员的业务培训力度，提高其政治素质和业务水平。按照省市要求，先后制发了《关于进一步做好政务信息工作的通知》和《关于加强政府信息公开保密审查工作的通知》等文件，对信息公开工作做出了认真部署，提出了具体要求。在此基础上，成立督导组深入各单位检查指导信息工作，确保有关举措落到实处。

政务信息公开主动，网站内容更新及时。清苑县政府聘请专业技术人员自主研发设计了清苑县政府信息公开平台系统（http://www.qyxgk.cn），信息公开平台栏目设置分类科学、内容丰富，并实现了各乡镇（部门）与县政府、县政府与市政府信息公开网站的聚合。同时，由专人负责及时主动公开政府信息，认真做好政务网站信息的日常维护和更新发布工作，尤其是部门基本信息、领导信息、法律规章、计划规划、统计信息等基础政务信息的公开力度不断加大，公开信息总量和年度新增量日益丰富。至2013年底，累计主动公开政府信息3500余条，公开内容涉及全县经济社会的方方面面，做到了“全公开、真公开、常公开”。

（县政府办）

安国市

2005年，安国市电子政务起步。为加强全市信息产业化建设的规划与协调，促进全市信息产业的发展，安国市科技局增挂安国市信息产业局、安国市信息化领导小组办公室的牌子，并制定了市信息产业局和市信息化领导小组办公室主要职责，下发了《安国市机构编制委员会办公室关于市科学技术局增挂市信息产业局、市信息化领导小组办公室的通知》，成立了安国市信息化工作领导小组，并下设办公室，办公地点设在市科技局（市信息产业局），负责全市信息化工作日常事务和承办市信息化领导小组交办的其他事项。

2006年是安国市电子政务快速发展的一年。安国市信息工作领导小组与中国网通（集团）有限公司安国市分公司双方签订安国市电子政务网使用协议，电子政务网费用20万/年，继续加快全市电子政务网建设，推进全市电子政务的发展。“药都安国”作为政府门户网站开始试运行，原由安国市发改局经济信息中心负责维护管理，主要有：安国概况、企业风采、安国政务、招商引资、特色产业等六个栏目，后划归市信息办管理，进行了全面改版。“药都科技”是由安国市科技局主办的网站，开设有：药都安国、药都科技、科技政策、科技平台、科技项目、科技讲座、地震常识、信息产业、风土人情等十余个栏目，及科技政策法规信息库、中药材种质资源信息库、规模企业信息库、科技人才项目信息库，并与中国科普网、河北科普网、中华科技网等20多个网站建立了友情链接。

根据省委办公厅、省政府办公厅《关于做好全省电子政务网络建设整合工作的意见》《关于进一步明确全省电子政务网络建设工程有关问题的通知》和保定市委办公厅、市政府办公厅《关于保定市电子政务网络建设整合的实施意见》、保定市信息化工作领导小组《关于进一步明确电子政务网络建设整合中有关事项的通知》等文件精神，为加速电子政务网络建设整合工作，结合安国市实际，市委、市政府出台了《关于安国市电子政务网络建设整合的实施意见》，制定了明确的原则、目标，细分主要任务及重点工作的建议。

根据市领导分工和人员调整情况，调整了市信息化工作领导小组及其办事机构，市委、市政府下发了《关于调整安国市信息化工作领导小组及其办事机构的通知》。

2007年安国市电子政务网速由原来的10M提高到20M。根据市委、市政府《关于安国市电子政务网络建设整合的实施意见》精神，参照保定市做法，将市发展改革局管理的“安国市经济信息中心”整建制划归市科技局（市信息产业局、信息化工作领导小组办公室）管理，为市科技局（市信息产业局、信息化工作领导小组办公室）下属全额拨款事业单位，机构规格为股级，编制2名，加挂“安国市信息网络管理中心”牌子，并制定了市经济信息中心（信息网络管理中心）职责，下发了《关于整建制划转“安国市经济信息中心”的通知》。

2007年7月“中国·安国”政府门户网站正式开通试运行，由原科技局下属的信息中心委托安国市网通公司进行建设及维护，网站共开设安国概况、政务公开、聚焦药业、招商引资、经济发展、对接京津、城市建设等多个栏目。为拓宽市政府与广大市民信息联系渠道，以便更广泛而直接了解民意、集中民智、关注民生，市长短信平台于2007年5月对社会公众正式开通。安国市派专项人员对短信进行收集整理，由政府办公室进行统一处理，及时进行答复。2007年8月，安国市政府办人员参加了省政府办公厅组织的关于使用电子公文交换系统培训，安国市开始正式投入使用电子公文交换系统，做好公文处理工作。

2008年，按照国家、省、市关于电子政务网络建设要求，电子政务网络全部建成并投入运行。新的电子政务网络比原市经济信息中心网络设备精、功能全、覆盖面广。

2009年，电子政务网速由原来的20M提高到30M。2009年10月，安国市政府办自主购置托管服务器，政府信息公开平台开始使用。对涉及公民、法人或者其他组织切身利益的，需要社会公众广泛知晓或者参与的，以及其他依照法律、法规和有关规定应当公开的，均通过政府信息公开平台公开，并制定下发《安国市政府信息公开工作考核办法》《安国市政府信息公开责任追究办法》。

2010年安国市统一更换防火墙，加强了网络信息安全建设。2010年因机构改革，信息化管理职能由科技局划转到发改局。2010年安国市人民政府办公室与天津新技术产业园区国能科诺商业软件有限公司签订了安国市人民政府信息公开平台建设和使用培训维护合同。市政府组织召开关于政府信息公开平台操作应用培训会议，政府办、发改局、教育局等45个单位正常使用政府信息公开平台。2010年，安国市政府共公开政府信息161条。

2011年，市电子政务网速由原来的30M提高到50M。由于职能划转、人员调整等原因2011年4月底信息中心正式移交发展改革局。该局为了更好地搞好政府门户网站建设，专门到保定联通就网站结构、栏目设置等提出了具体改建方案，保定联通按要求进行了改版。改版后的“中国·安国”政府门户网站的域名是：http//www.anguo.gov.cn，由安国市政府办公室主办，保定市联通、安国市经济信息中心进行技术支持。主要栏目有办事指南、市民栏目、企业栏目、投资者栏目、旅游者栏目。主栏目：安国概况、新闻动态、政务公开、聚集药业、统计数据、招商引资、对接津京、城市建设、文化旅游。还有政府部门、乡镇栏目以及视频专题、文件下载、信访指南。政府专题：工程建设领域信息公开。为加强政府门户网站建设运行工作的领导，政府办公室下发《安国市电子政务网暂行管理办法》等文件，确保网站的正常运行。

安国市对信息公开平台软件进行了第二次升级改造，和保定市政府信息公开平台聚合在一起。2011年，安国市政府共公开政府信息392条。为加强政府信息公开工作，市政府成立以常务副市长为组长，政府办公室副主任、监察局局长为副组长，政府相关单位为成员的领导小组，领导小组下设办公室，负责市本级政府信息公开日常工作和各乡镇人民政府、祁州药市办事处的信息指导、监督工作。政府办公室下发《安国市政府信息主动公开工作制度》《安国市政府信息依申请公开工作制度》《关于向政府信息公开查阅场所移交政府信息公开资料的通知》等文件，规范政府信息公开工作。2011年6月，省政府办公厅集中组织实施电子公文网上传输工作培训，安国市按照要求参加了培训，规范使用电子公文传输软件。

2012年，电子政务网速由原来的50M提高到100M，市政府共公开政府信息155条，保证电子政务网络安全畅通，保证各项平台工作持续进行。为加强政府门户网站建设运行工作的领导，市政府成立以副市长为组长，政府相关单位为成员的“中国·安国”政府门户网领导小组，领导小组下设办公室，负责政府网站的运行和维护，办公室主任由发改局局长（工业和信息化局局长）兼任。政府办公室下发《关于加强中国·安国政府门户网站建设与管理工作的通知》，以确保网站的正常运行。根据保定市网络与信息安全协调小组办公室关于转发《关于印发〈河北省重点领域网络与信息安全检查行动方案〉的通知》的通知，安国市完成了省重点领域信息安全工作检查。

2013年，根据河北省网络与信息安全协调小组《关于开展信息安全检查的通知》文件要求，为加强网络与信息安全工作，认真查找安国市网络与信息安全工作中存在的隐患及漏洞，不断完善网络信息安全管理措施，减少安全风险，提高应急处理能力，确保全市网络与信息安全，安国市对网络与信息安全状况进行自查自纠和整改，建立健全网络安全管理办法和有关规章制度，市委市政府成立网络与信息安全检查领导小组，对全市计算机及网络使用情况开展自查，完成《安国市网络与信息安全自查报告》。

（市发展改革局）

沧州市

【概况】 沧州市电子政务建设按照“集约、集成、集群”顶层设计理念，以应用为先导，项目为依托，完善电子政务基础设施，推进政府核心业务应用系统建设，为创新社会管理、提高公共服务水平提供了重要支撑。

沧州市电子政务建设起步较早，但发展缓慢，历史欠账较多，部门各自为政，重复建设、资源浪费、数据不共享的问题较为突出。为解决沧州市电子政务发展中的难题，避免工作盲目性，使沧州市电子政务工作有的放矢，走上持续、健康发展的道路，2009年初，经广泛调研，查阅大量电子政务资料，在考察借鉴其他地市电子政务建设成功经验的基础上，提出沧州市政府系统电子政务发展的总体思路，即：一个体制，两张网络，“三集”设计，四个关键，五个统一，六大应用。“一个体制”，即：建立统一的有权威的电子政务建设领导体制，这是政务建设得以有序开展，不断推进的体制保障，在某种意义上决定着电子政务建设的成败。“两张网络”，即：办公业务资源网、公务外网。办公业务资源网、公务外网是电子政务应用基础支撑平台。办公业务资源网主要用于各部门内部文件、通知、数据的交换传输，公务外网主要承担全市公务信息交换和业务互动，支持各部门的公共服务和业务办公。“三集”设计，即按照“集约、集成、集群”的顶层设计理念进行电子政务建设。“四个关键”，即：电子政务建设需要解决标准规范、数据交换、资源整合、投资方式四个关键问题。“五个统一”，即：统一组织领导、统一规划实施、统一标准规范、统一网络平台、统一安全管理。“五个统一”是电子政务在领导体制确定后，电子政务建设的原则，指导电子政务建设和管理。“六大应用”，即：政府品牌网站群、协同办公、网上审批与电子监察、政府信息公开、视频会议、应急指挥六大综合应用及拓展应用系统。根据政府系统工作职能和特点，结合电子政务发展趋势，在统一电子政务平台上，统筹谋划了六大综合应用系统。

为推进电子政务工作的开展，加强电子政务人员力量，2008年11月设立了沧州市政府电子政务中心。中心为沧州市政府办公室所属科级事业单位，编制10人。主要职责任务是：负责市政府公务外网、办公业务资源网应用系统开发和运行维护工作；负责市政府门户网站的建设和运行维护工作；负责全市政府网站的业务指导和技术支持；负责政府系统电子政务平台的合作开发与推广应用工作；负责全市政府系统电子政务安全体系建设的技术支持，为推进政府信息公开工作提供技术支持和平台支持与相关服务。

为统筹全市电子政务规划、建设、管理等具体工作，2009年成立了由市长任组长的沧州市电子政务建设工作领导小组及其办公室，办公室设在市政府电子政务中心。负责全市电子政务建设管理；对全市电子政务建设进行统一规划实施；统筹制定全市电子政务建设、管理中涉及的标准和规范，并组织实施；对全市电子政务建设进行全网统一安全管理；负责对全市电子政务建设项目进行前期审核，听取专家对项目建设方案必要性及技术标准的论证意见；对纳入财政预算的全市电子政务建设项目资金提出使用意见；与市政府招标办共同对全市电子政务建设所需设备组织进行政府招标采购；负责对全市外包服务和合作项目中应定期支付的日常维护费、平台租赁费进行集中统一支付。

为加强全市政府网站建设和管理，经市编办批准，2011年6月设立了沧州市人民政府网站管理办公室（挂靠在沧州市政府办公室电子政务科），负责政府系统网站相关标准规范的制定、发布，对政府系统网站进行绩效考核；负责沧州市政府门户网站及网站群，政府系统网站的整体规划布局；对市政府系统网站及网站管理人员、机构、制度、安全防范能力、应急处置预案等网站管理工作进行监督、管理、检查、考核；负责政府系统网站内部链接的审核批复，对各单位网站链接审批制度及日常检查情况进行监督检查；对政府系统网站工作人员进行经常化的管理和业务培训，提高办网、管网能力。各级各部门以转变政府职能，提高办公效率，构建服务型政府为目标，积极开展政务信息化应用建设，在政府网站、办公自动化、政府信息公开、网上审批及部门和行业应用系统建设等方面取得积极进展。

【搭建全市统一的电子政务基础网络平台】 沧州市电子政务基础网络包括公务外网和办公业务资源网（政务内网）两张网络。公务外网与国际互联网逻辑隔离，基本实现政府部门统一互联网出口管理，用于政府网站群、政府信息公开平台、网上审批与电子监察等对公众服务的系统应用。办公业务资源网与公务外网物理隔离，用于协同办公等政府系统内部的系统应用。公务外网和办公业务资源网主干线路10G，支线100兆和10兆。网络公务外网互联网出口以移动线路为主线，联通、电信线路为负载，移动网络带宽1G，联通电信带宽各100兆。截至2013年12月，公务外网和办公业务资源网已联通沧州市政府各部门、市直有关单位及所辖县（市、区）、开发区100多家单位。全市统一的电子政务基础网络平台主体框架初步成型。

【建成电子政务中心新机房】 沧州市电子政务中心新机房位于市政务服务中心大楼三楼，使用面积1018平方米，按照未来市委、市人大、市政府、市政协四大家及市直部门共用的中心机房进行规划设计，分为外网机房、内网机房、内外网一体监控室、涉密机房（预留）、涉密机房监控室（预留）5个功能区，内网与外网完全物理隔离，在空间利用上，考虑近期和长远，在满足现有需求的基础上，充分考虑节能的需要，预留拓展空间，随时可以启用。2012年12月新机房建成，老机房完成搬迁。沧州市电子政务中心新机房的建设，遵循“集约、集成、集群”顶层设计理念，在防火、防尘、防水、防静电、降噪隔音、抗干扰、环保节能等方面严格依据国家相关规范的机房技术要求进行建设，拥有双路电源供给，大功率精密空调、视频监控、环境监测、门禁等配套系统，建设标准为电信级。新机房的建成为支撑和扩展电子政务应用，实现部门单位之间数据资源的共享共用，建设市级政务网络中心、应用服务中心、数据交换中心奠定了基础。依托新机房，市政府各部门可不再单独设立机房，采用服务器托管方式，实现各应用系统的快速搭建，避免重复投资和浪费。

【同城异地数据灾备中心】 为确保数据安全，防止因人为操作错误、软件缺陷、硬件故障、电脑病毒、骇客攻击、自然灾难等诸多因素，造成数据丢失，在沧州市移动公司机房建成了同城数据灾备中心。采用曙光DBstor备份系统对内外网核心应用系统数据进行备份，提高了数据安全和系统应用的可靠性。

【政府网站集群化建设】 沧州市政府门户网站1996年开通，原由市经济信息中心负责管理维护，2009年10月转交市电子政务中心管理维护，同年“中国沧州”沧州市政府门户网站全新改版上线。2011年又进行了改版设计。围绕“政务公开、在线办事、公众参与”三大网站主题功能，网站设置了政务、经济、民生三大分站，各级栏目700多个，并开通了英文版和手机版。截至2013年底，市政府门户网站日均访问量突破3万人次，总访问量突破1200万人次。

2010年，为解决沧州政府网站管理水平低，过多、过散、过旧等影响沧州形象的突出问题，沧州市政府电子政务建设工作领导小组办公室按照“集约、集成、集群”顶层设计理念，发挥集群化建设的优势，将各级政府及部门网站纳入统一的站群管理系统进行整合，实现政府网站群的架构整合、风格整合、信息整合、协同管理，建立统一管理、统一部署、统一标准、统一规范的政府门户网站群。网站群建设实施以来，依托站群管理系统已同构整合50多个部门网站，通过数据总线和数据抓取方式整合了19个，以沧州市政府门户网站为主站，各部门网站为子站的政府网站群体系已经形成。通过网站集群化建设，降低了部门网站建设运维成本，政府网站群用户统一管理和站群信息共享及呈送体系初步成型，为政府部门网站的监管和考核奠定了基础。

【政府信息公开平台】 2011年，沧州市启用了全新设计开发的政府信息公开平台，在全国率先实现了省、市、县、乡四级政府信息公开数据聚合共享。该平台具有统计、查询和分析功能，便于民众检索信息和对部门政务信息公开工作进行考核。依申请公开方面，信息公开平台客户端增加了网上申请实时提醒功能，只要有群众提交网上申请，公开平台就会通过弹出窗口方式告知工作人员及时予以受理，避免网上申请处理不及时问题的发生。2012年，在河北省率先实现重点信息公开版面的成功改版升级。到2013年底，该平台已成功应用在全市52个市政府组成部门及相关单位，21个金融、民生企业部门，16个（县、区）政府和渤海新区管委会，累计发布公开信息11万余条。

【政府系统协同办公平台】 为提高政府机关办公效率，2010年，联合多家厂商设计开发了沧州市政府系统协同办公平台。该平台包括公文交换、内部OA办公和短信通知等系统，集成了版式文件、电子印章、手写签批、身份认证等组件，实现了公文交换、流转、签批的电子化。到2013年底通过该平台，沧州市政府办公室与60多个市直部门、19个县（市、区）的公文交换实现了无纸化、电子化网上传递。OA办公系统具有真迹手写签批功能，并与身份认证相结合已在市政府办公室、沧州仲裁委、市政务服务管理办公室等部门启用。短信通知系统覆盖联通、电信、移动三大运营商，用于发送会议通知、公文提醒，并在全省率先推出市领导手机报，以短信方式，便捷、高效地为全市四套班子领导，各县（市、区）及市直部门一把手提供当天国内外产生的、对沧州市有重要启示和借鉴作用的重要信息。

【网上审批与电子监察系统】 沧州市政务服务中心网上审批与电子监察系统利用沧州市电子政务一期工程建设成果，于2012年12月开始建设，2013年3月28日试运行，2013年6月28日正式运行。由事项注册备案系统、网上审批系统和电子监察系统三个子系统组成。注册备案系统将沧州市的审批事项（行政许可、非行政许可、行政监管）进行梳理，由单位填报信息、政务服务管理办公室进行审核，通过审核的事项进入网上审批系统和电子监察系统，注册备案既是审批系统办理的前提，也是电子监察系统进行监察的依据。网上审批系统为入驻“中心”各窗口单位提供登记、审查、承办、审核、审批、送达等日常审批业务，具备网上办事平台、预登记、审批办理、审批后台管理、应用集成等功能。电子监察系统主要包括项目监察、廉政风险点、监察督办、投诉、视频监察、绩效考核等功能，对审批办理过程进行全过程、分环节监察。沧州市政务服务中心市本级进驻行政审批部门41个，设置203个服务窗口，涉及事项452项；入驻银行、担保公司、基金公司共23家；运河区政务服务中心入驻部门12个；新华区政务入驻部门11个。到2013年底，政务服务大厅日均接待投资者、企业和广大市民1500余人次，日均办件750余件。

【社保网上申报服务平台】 2013年6月，沧州市社保局结合实际，在全省率先启动社保网上申报服务平台建设工作。之前，沧州市所有单位的社保费只能通过前台申报、手工录入方式办理相关业务，造成了数据信息的不规范、不准确，同时企业劳资人员必须到前台排队办理申报业务，给社会保险经办人员造成强大的工作压力。社保网上申报服务平台建成后，参保单位通过该平台办理相关业务，只需要根据单位账号登录社保局网上申报系统，填写相关信息，提交系统就能完成社会保险各项业务的申报。与过去的申报模式相比，新的平台系统更加快捷方便，为企业节省了时间和交通费用，同时网上申报也大大提高了经办效率。截止到2013年底，网上申报系统的推广工作进展较快，已经覆盖沧州市近2000家市直参保单位，近40万人受益。参保单位通过网络就能够统一、及时地完成各项社会保险的申报工作，实现社保申报业务的信息化，提高了业务经办效率。

【城乡养老保险金社会化发放数据平台】 为破除城乡养老金社会化发放水平较低、发放不及时、工作不规范等弊端，提高城乡居保养老金社会化发放水平，沧州市社保局启用了城乡养老保险金社会化发放数据平台。该平台在城乡居保经办机构与银行之间建立数据传输专线，将银行的数据输入端移至经办机构，由经办机构按待遇管理、基金审核和负责人审批三级权限录入待遇发放数据，经银行网银系统传至代发账户，在经办机构将所需发放资金拨入银行支出户后实现系统发放。截至2013年底，吴桥、孟村和海兴县、肃宁、南皮、盐山和泊头市实施了社会化数据平台建设，实现了养老金的数据化发放，其他县市正在稳步推进。城乡养老保险金社会化发放数据平台的建设使养老金发放工作上实现了管理完善、运行高效、服务便捷，过去需十来天甚至更长时间才能完成的工作，现在在一天之内就可以实现。

【“天网覆盖”工程】 2011年以来，按照公安部、省公安厅的统一部署，沧州市公安机关深入开展“天网覆盖”工程建设，大力推进视频监控系统建设应用。先后下发了《全市公安机关“天网覆盖”工程总体实施方案》《年度推进方案》和《任务书》等一系列文件，规划了视频监控建设部位、整合对象和联网要求，高标准推进视频监控建设。搭建了面向全警的视频监控和治安卡口两大应用平台，全市建成了1236处公共区域视频监控点、2556处公安内部视频监控点、163处治安卡口和109处电子警察。市局通过在市区自建56公里主干光纤网络，完成了100个高清监控点位和24处151车道治安卡口的建设任务。

【数字化城管】 沧州市数字城管平台将城区划分成若干个单元网格，对网格内的路灯、井盖等城市部件分别编码并明确责任单位，定位到单元网格图上；手持“城管通”的城市管理信息采集员全时段巡查，发现问题第一时间采集上报；管理监督指挥中心通过数字化城市管理平台对上报信息第一时间核实、立案，由指挥中心直接派发到责任部门限时办结。市区建成的数字城管平台整合了电子政务网络资源和综治、交警、国土等信息资源，共享已建和在建的公安、交通、学校、社区安全等政府投资建设的视频监控资源，实现各专业部门和街道、社区间的信息传递和共享，并开设城管热线12319呼叫中心，构建城市管理监督中心的呼叫平台。一旦发生城市管理问题，相关机构可以按照“发现、立案、派遣、处置、反馈、结案”的工作流程及时解决，实现分层、分级、分区域、全方位的现代化城市管理模式。

【农业信息化】 以“中心搭台、社会合唱、互连互通、资源共享”为原则，实现了“市、县、乡、村”四级联网互动和资源共享的格局。在农业系统内部各单位、乡镇农资店、农技服务站普及兼职信息员，增强农业部门自身的信息化服务力量；以农资门市、龙头企业、农村经纪人、批发市场、乡村信息服务站等市场主体为重点，大力发展农村信息员，推动电子商务、互联网、视频专家、语音电话和短彩信在农业生产中的直接应用。到2013年底，通过农业部认定认证的农村信息员2711人，这些信息员可通过中国农业信息网的“一站通”供销平台发布农产品供求信息，推介本地名特优农产品。先后开发推广了“12316”“12582”专家热线服务、“手机电子书”“农业直通车”“农业短信服务”“农产品批发市场报价系统”“城镇菜篮子价格系统”“红枣通”“农政通”“农资通”和“物联网”技术等几种新的信息服务模式，使短彩信、专家语音、视频和面对面的零距离交流相结合，服务方式更灵活。多种服务模式的建立，使得农业信息服务覆盖面更广，进一步发挥了农业信息服务在农业增产、农民增收、农村经济发展中的重要作用。

【优化电子政务发展环境】 编制完成《沧州市“十二五”电子政务发展规划》。为确保沧州市电子政务健康发展，根据市政府领导批示精神，委托北京同方股份有限公司，在进行全市电子政务现状深度调研及考察学习外地先进经验的基础上，总结实际工作经验和教训、吸取专家意见，编制《沧州市“十二五”电子政务发展规划》。《规划》征求了多方意见，并于 2010 年 9 月通过专家论证评审，已印发执行。

《规划》共分七大部分。第一部分：主要包括电子政务发展现状、存在问题及面临形势，提出加快电子政务建设发展的必要性。第二部分：主要为编制本规划的指导思想和基本原则，明确了全市电子政务建设“统筹规划，协调发展；需求主导，重点推进；整合资源，协同共享；统一标准，确保安全”的四项基本原则。第三部分：主要包括建设目标和主要思路。建设的总体目标是，全市电子政务在“十二五”期间，建立健全全市电子政务信息共享、业务协同和运维服务机制，形成集中统一、共享、协同、安全高效的电子政务体系。主要思路是，坚持“集约、集成、集群”的顶层设计理念，按照“一个顶层设计、两张网络（办公业务资源网和公务外网）、三个体系（管理制度、标准规范和绩效考核体系）、四个平台（基础设施、公共数据交换、资源共享和综合服务平台）、五类应用（公共服务、协同办公、社会管理、市场监管和应急管理）”的工作思路统一规划、统一管理、统一建设。第四部分：主要为全市电子政务建设的总体框架，即遵循国家电子政务总体框架，以数字城市和市、县（市、区）一体化建设为方向，构建“一个设计、两张网络、三个体系、四个平台、五类应用”的电子政务总体框架，形成服务是核心，应用是关键，信息资源交换与共享是主线，基础设施是支撑，制度、标准、管理、安全是保障的建设格局，构建上下贯通、左右衔接的电子政务环境，有效推动沧州市电子政务健康、快速、有序发展。第五部分：主要为建设任务，包括电子政务顶层设计建设，网络基础支撑平台和信息安全保障平台等的基础设施建设，应用基础支撑和应用基础服务等的信息交换与共享平台建设，基础数据库、专业数据库、政府信息公开和共享及数据备份中心等信息资源的开发与利用，制度体系框架和标准化体系框架及电子政务绩效考核体系等在内的管理制度和标准化体系建设，公共服务、协同办公、社会管理、市场监管及应急管理等具体应用系统的建设。第六部分：主要为推进“十二五”电子政务规划落实的保障措施。具体为：加强领导，强化组织保障；拓宽资金渠道，不断加大投入力度；建立共享机制，加大资源整合力度；加强制度管理建设，建立长效工作机制；完善标准体系，促进互联互通；健全激励机制，形成推进合力；加强培训，健全队伍。第七部分：作为本规划的附件，主要是“十二五”期间全市电子政务建设重点工程项目。谋划这些项目，主要是将规划具体化，便于推动和落实。具体包括市政府中心机房改造扩容工程建设，电子政务信息资源共享平台建设，电子政务协同办公平台建设，基础数据库建设工程，数据中心建设工程，政府门户网站群，政务信息公开系统，政府办公自动化（OA）系统，网上审批和电子监察系统，应急指挥系统等十个重点项目。

编制完成《沧州市电子政务标准规范》。2009 年，提出当前和今后一个时期沧州市政府系统电子政务发展的总体思路，即：一个体制，两张网络，“三集”设计，四个关键，五个统一，六大应用。其中“四个关键”之一就是要解决标准规范问题。根据沧州市自身实际情况，对电子政务系统的建设进行统一规划，制定出具有开放性、前瞻性、实用性的一套完善的电子政务标准规范，为今后电子政务中各个子系统的建设提供有效的指导作用，为沧州市电子政务持续健康发展打下坚实的基础。

《沧州市电子政务标准规范》编制组由来自中科院、信息产业部“十一五”规划咨询委员会及北京市人民政府科技顾问等专家、教授人员组成。标准规范由总体标准、基础支撑标准、应用服务标准、安全标准、管理标准、绩效评估六部分组成，具有开放性、前瞻性、实用性，为电子政务中各个子系统的建设提供了较好的指导作用。2011 年 9 月 8 日，该规范通过专家评审，已印发实施。

（市政府电子政务中心）

沧州市科技局

沧州市科技局电子政务系统建于 2005 年，在电子政务建设领导小组的指导下，由科技局办公室负责解决、协调电子政务建设中的重要问题，明确责任，有效地开展工作。实现了由传统政务到电子政务的转变，利用信息化手段加强管理，使各项工作更加严密、有效，服务更加便捷、高效。加快电子政务信息源建设步伐，建立分工合理、职责明确、标准统一的信息更新机制，完善科技门户网站体系。有计划、有组织地开展电子政务知识与技能培训，提高电子政务应用水平，推进科技工作。

2005 年，经局党组研究，做出了建设“数字科技”的决定，并把电子政务建设确定为“数字科技”建设的核心。专门设立网络室，配备交换机、服务器等网络设施，建成局域网。成立了领导小组，加强对信息化工作的领导力度，加速开展了各项信息化科技工作，推进了一批信息化重点科技平台建设和科普工作。网络室日常工作由局办公室负责管理，指定管理人员 2 人，制定了管理制度。并且局信息化从办公自动化、信息发布、政务公开向各县（市、区）延伸。沧州市科技局在加强机关信息化建设的同时，也大力推进科技公共服务信息系统的建设，使科技信息得到更方便、更广泛的共享，全面提高了科技服务的质量和效率。2011年，沧州市科技局统一并入沧州市政府网站，取消了原来建立的电子政务操作平台。

在局域网建设方面，准确网站定位。把局科技网站建成为宣传全市科技工作的窗口，政务公开的平台，网上办事的载体，互动交流的纽带，积极做好科技网站信息保障工作，建立了网站信息联络员的队伍。设立栏目8个，改版2次，开设了沧州科技、公示公告、县市动态、政务公开、网上办事及互动等15个子栏目，发布各类信息、文章、视频、图片860余条（篇），政府公告200余条（篇），完成了自主创新解放大思想、群众路线、知识产权等重大活动等专题栏目及资料上网工作，网站的社会效应逐步显现。

在网站应用方面，加大科技管理工作信息公开力度。将科技活动、重大决策等信息及时发布，涉及行政审批部门的行政审批事项和办理程序等信息重点公开，及时发布与社会群众密切相关的政务信息。做好网站与市民的沟通与交流，办好局长信箱，做好局长信箱邮件的收取、整理、报送和处理工作；办好互动栏目，为企业、为公众提供及时的咨询服务。同时，充分利用网站及时向社会公布科技政策法规，大力宣传科技工作，营造浓厚氛围。发布信息900余条，拓宽了公开渠道，取得了良好的社会效果。

（邓　羽）

沧州市环境保护局

2003年，沧州市环境保护局门户网站正式建立。2009年，对网站功能和版面进行调整，改版后的内容包括政务公开、政务信息、法律法规、公众参与、在线指南等栏目。2011年，又根据工作需要对网站进行全面改版，新增了三年大变样、专项行动、党风廉政、“三同时”动态管理系统、“爱沧州、做贡献、干成事、出亮点”等专题栏目。2013年，对网站进行了全面的改版，新增了关注民生环保在行动、环境监管信息公开等专题栏目，在互动交流方面共设有在线咨询、公众留言、投诉举报、领导信箱等栏目。

2013年6月28日，沧州市环境保护局进驻政务服务中心，沧州市政务服务中心设立市环保局窗口，依法保留和衔接下放的共17项“三类”事项全部入驻中心，设立政务中心窗口2个，同时选派了4名工作人员驻守窗口，并对首席代表和窗口人员进行了充分授权。

沧州市政务服务中心于2013年6月28日正式运行，沧州市环境保护局作为首批市直部门进驻政务服务中心，设立了市环保局窗口。到2013年底，将依法保留和衔接下放的共17项“三类”事项全部入驻中心，设立政务中心窗口2个，同时选派了4名业务能力强、综合素质高、熟悉行政审批事项的人员担任窗口工作人员，并对首席代表和窗口人员进行了充分授权。沧州市环保局也按照市政府的要求成立了行政审批服务科，积极推行落实“两集中、两到位”行政审批改革。为了进一步加强审批服务工作的管理，提高行政服务质量。环保局窗口狠抓了标准化、规范化建设，在咨询和申报审批程序上实行了一次性告知、首问负责制。在办事措施上，做到了“四公开服务”。即对进入中心的审批事项实行服务内容公开、办事程序公开、申报材料公开、承诺时限公开。同时在窗口建立办事群众零障碍服务机制，提高服务水平。截止到2013年底，环保局窗口共受理办结行政审批事项389件，办件数居入驻中心单位前列，服务对象满意率100%。

认真做好下放行政审批事项衔接工作。按照沧州市政管办《关于做好与省政府公布取消和下放行政审批项目所涉事项衔接落实工作的通知》的要求，我局窗口按照“一事一表一流程”的要求就下放的9项行政审批事项进行梳理和填报，并积极与省环保厅进行沟通，认真做好各项衔接工作。到2013年底，该9项下放的审批事项已纳入审批系统，正式进入审批系统流转办理。

2013年12月31日，省政府第三批取消和下放管理层级的行政审批项目目录已公布，涉及环保局下放事项8项，到2013年底环保局严格对照有关法律法规要求，认真梳理下放审批事项，制定各项办理程序，同时按照“一事一表一流程”的要求，积极做好下放事项的衔接准备工作，确保审批工作顺利开展。

立足本职，做好并联审批工作。自政务服务并联审批工作制度制定以来，沧州市环境保护局作为并联审批办公室成员单位，结合实际，立足本职，认真学习《沧州市政务服务并联审批工作制度（试行）》和《七类事项并联审批流程图及工作规程》，同时明确科室、窗口、人员专门负责并联审批服务工作，确保并联审批工作顺利开展。

（孟俊龙）

沧州市商务局

沧州市商务局网站名称是中国沧州商务。2005年5月，在原市外经贸局、贸易办、开放办和物资办等市直部门整合组建沧州市商务局基础上，为优化发展环境，打造服务无门槛部门，市商务局党组决定加快推进电子政务工作，将此作为加强廉政建设、深化政务公开、提高工作效率、提高服务水平的重要抓手，委托河北视窗信息技术有限公司提供技术支持，同年，中国沧州商务网站建成并投入运行。

为加强网站管理，成立局主要领导任组长的电子政务领导小组，明确了分管领导、分管科室和责任分工，同时在网站管理上优先提供资金支持，配备了安全警报系统、电子公文传输和接收专用电脑和打印系统，安排专人专职专责承担此项工作。局域网和内外网建设也同步展开，做到内网电脑不上外网，各类公文资料通过专用U盘传输，确保了电子公文接收及时、到位，本单位上下政令畅通。

根据沧州市商务局工作职能，政务信息及时公开。网站主页面设立了通知公告、工作动态、行风建设、政策法规、党建工作、交流平台、办事指南等8项内容，划分了商务要闻、工作动态、政策法规、投资促进、开发区建设、对外贸易、对外经济合作、国内贸易、市场监管、网上商务、重点企业等11个板块，设立了党的群众路线教育实践活动和爱沧州、做贡献、干成事、出亮点2个专栏，公开了网上投诉举报电话、邮箱。2005年至2013年底，公开各类商务工作动态2000余篇；对本部门职能、职责和权限、领导干部分工、部门工作制度、工作纪律、办事依据、办事程序、办事时限、办事标准和办事结果等事项做到及时公开。

打造阳光政务，做到行政许可事项全程公开。按照市政府的有关要求，市商务局对行政许可和办事服务项目全面清理，确定了17项行政监管服务事项，按规定编制目录、办事指南、规范流程、绘制流程图等，报市法制办审核后在沧州商务网站上公布。此外，对重大事项、重大项目、重要资金分配等事项，集体研究后均予上网公示，自觉接受社会监督。

经过多年的工作和完善，沧州商务网站形成了自己独特的办站优势和特点。一是突出专业性。结合商务部门职能、行业特点划板块、专栏，网站内容涵盖了商务部门各个领域。网站与全市20个省级以上开发区网站实现了快速链接、信息共享。二是增强服务性。网站与河北省生活必需品监测系统、河北省重要生产资料市场监管系统、河北省重点流通企业监测系统、商务部应急商品数据统计、对外贸易经营者备案登记系统、加工贸易企业经营状况生产能力证明系统、全国外商投资企业网上联合年检系统、“万村千乡”市场工程服务系统、对外劳务合作经营资格许可系统、商务领域信用信息管理系统实现了无缝链接，方便企业和个人办理外资联合年检、外贸企业备案登记、汽车以旧换新信息系统，生猪定点屠宰管理、酒类流通管理、市场运行监测和应急调控系统、“12312”商务投诉举报服务、国家商务部家政服务体系建设等业务。三是提升可读性。商务网强调了色彩搭配，增加了各种图片新闻，增强了视觉效果。同时将政策解读，外埠经验等栏目与政务服务相结合，力求图文并茂，提高了可读性和点击率，打造了商务新窗口，搭建了对外开放新平台，树立了商务部门新形象。

（甄庆江　肖青松）

运河区

运河区建立轮训机制，加强电子政务业务培训。由运河区政府办电子政务科组织抽调1乡1镇、6个办事处和22个政府部门负责电子政务工作人员，利用2个月的时间开展轮流培训学习，主要围绕信息化与电子政务基础知识；计算机应用技术及网上办公实务；现代办公应用；计算机软、硬件与网络的维护、维修；视频及课件的制作；照相与录像的技巧；图像处理及光盘的制作与刻录等内容进行理论讲解和实践操作。让基层单位对电子政务有一个系统的认识和学习，促进全区“大电子政务”的形成。自11年建立轮训机制至2013年底全区共培训20余人。

建立影像资料数据库和腾讯QQ电子政务群。要求各乡镇、办事处，区直各部门确定一名负责影像资料管理与上报人员，每月月底向运河区电子政务科报送本单位关于大型活动、会议、获奖、重大事件及其他需要收集保存的影像资料，丰富全区的信息影像资源。建立数据库以来共留存影像资料20余T，建立了腾讯QQ电子政务群，把各单位各部门负责电子政务工作的人员加入到群中，方便工作时间的交流与讨论，保证了办公质量，提高了办公效率。

（赵福伟）

任丘市

“中国·任丘”门户网站始建于2000年，域名为：www.renqiu.cangzhou.gov.cn，挂在沧州市政府网站域名下。该站是任丘市对外发布政务、经济、民生信息，为基层企业和群众服务的总窗口，由任丘市人民政府主办，市政府办公室承办，市直各部门、各乡镇、办事处和各相关单位协办。主要职能是宣传任丘、发布政务信息、提供政务服务、开展网上办事、听取群众意见、接受群众监督。2001年，任丘市政府网站在沧州市政府组织的各县（市、区）政府网站评比中名列第一，获得金奖。

2003年，为充分发挥政府网站宣传任丘、服务任丘的作用，任丘市委、市政府把市政府网站建设工作纳入重要日程，网站建设与管理由市政府办公室负责，各乡镇、市直各部门负责提供资料及相关内容。网站更名为“任丘政务网”，租用北京虎翼公司空间，申请了www.hbrq.gov.cn域名，同年11月正式开通。新网站内容丰富、服务性强，涵盖全市政治、经济、历史、文化等领域，开辟了市长信箱、市民留言等栏目。

2004年以来，部分市直部门、

乡镇、街道办事处门户网站陆续建成，在市政府门户网站首页进行了链接，形成了政府网站群。

2006年10月，市政府与新华通讯社河北信息社签订了新华网网群建设服务协议，委托河北信息社设计制作任丘市网站，网站资料由市政府办公室提供，河北信息社负责编辑发布，此协议延续到2008年10月。

2007年，市政府办公室对政府门户网站进行了全面改版，网站更名为“中国·任丘”，网站域名沿用 www.hbrq.gov.cn，购置了自己的网站服务器。新网站增加了视频新闻、专题视频、图片新闻，整合了网站结构及内容。改版后的任丘政务网内容更加丰富，功能更加完善。为保证网站内容的及时更新和不断充实，网站栏目采取分工负责、统一管理的方式，把各个栏目按内容对口分配给相关单位或负责人，市政府办公室负责网站全面管理，依据实际运行情况增减相关栏目。

2008年，依据《政府信息公开条例》开设了“政府信息公开平台”，2011年11月，“政府信息公开平台”与沧州市政府门户网站进行了整合链接。截至2013年底主动公开信息13097条，受理信息公开申请2件。

2012年2月，市政府办公室对政府门户网站再次进行全面改版，保留了视频新闻、专题视频、图片新闻、公示公告等栏目，根据市委、市政府的工作重点和市民关心的热点调整了栏目设计结构，进一步增加了网站的信息量，扩大了信息覆盖面，使网站信息更加丰富多彩。

2012年版任丘市政府网站的管理依据栏目特点采用二级管理方式，既有分工又有统一协调，变一个部门或几个部门管理为全市各部门及各乡镇共同管理。《视频新闻》栏目由任丘市电视台负责更新，实时报道任丘市重大政务活动，并将临时性的新闻资料，变成可随时调阅的历史资料。《今日任丘》栏目由任丘市委宣传部负责更新，实时报道任丘市重要新闻，把握宣传舆论方向。《实力任丘》《幸福任丘》《便民服务》栏目采用分级管理方式。即：各部门、各乡镇以C级管理员身份上传管理本单位的政务信息及服务信息，市政府办公室以B级管理员身份对C级管理员提交的信息进行整理、编辑、审核、发布。《公示公告》《便民任丘》《政府信息公开》《应急管理》等栏目由任丘市政府办公室负责更新。通过建立实施二级管理模式，使责任更加明晰、信息来源更加清楚，充分调动了各部门及各乡镇的参与维护网站建设与维护的积极性，使网站信息丰富多彩，更具可读性，增加了网站的询问量。自2012年2月到2013年底，网站发布各类信息4180条，累计访问量达123万人次。

2013年10月，为创新社会管理方式，加强政民互动交流，任丘市委市政府利用百度贴吧平台创建了“爱任丘谋发展”贴吧网络理政平台，该平台由市委宣传部承办，负责日常吧务管理，并与“中国·任丘”网站“互动交流平台”窗口建立链接。任丘市党政群各部门及各乡镇办事处，在贴吧建立了主题贴，及时受理群众建议和问题，并及时回复。贴吧内设置相关议题，广泛收集社情民意，为市委、市政府政策提供依据；定期发布全市经济建设、政治建设、文化建设、社会建设、生态文明建设等方面的政策信息；及时公开全市重点工程的招投标信息，接受社会监督；针对干部群众关注的热点问题，及时发布权威信息，解疑释惑；展示任丘市在经济、社会、文化、民生等方面取得的重大成就。为完善网络理政机制，市委政府两办专门制发了《关于进一步完善“爱吧”贴吧网络理政机制的通知》，建立了工作分工、运行程序、回复办理时限、责任追究、绩效考评等机制，初步构建了“线上受理、线下办理、督导问责、高效务实”的议政参政理政新格局。

2009年2月，由任丘市政务服务中心投资300万元，建立起了集信息公开、审批监察于一体的电子审批监察系统。2012年9月投资55万元，对该系统的功能进行完善、拓展、升级、整合，更名为“审批监察平台”。该平台将政务公开系统、审批系统、监察系统有机结合在一起，提高了办事效率、节约了行政成本、加大了监督力度、增加了透明度。政务公开系统把进驻部门权力项目、工作流程、责任人员、法定时限等在网站公开，为企业群众提供办事指南，方便企业、群众办事查询和举报投诉。审批系统把政务服务中心24个部门120项审批业务的办事流程进行了优化再造，并固化在计算机中，实现了自由裁量的“零弹性”，用程序管人，靠制度办事，把行政审批权力牢牢限定在高效优质廉洁运行的轨道上。监察系统采取四项措施对进驻部门窗口进行实时监察：一是安装音视频监控系统，利用监控设备，实时监督66个窗口156名工作人员的行为，永久留存音视频画面，作为群众投诉重要证据；二是安装网络岗，在各窗口每台电脑上植入网络岗软件，实现了对窗口电脑实时动态监控，对炒股、网聊、购物、玩游戏等进行抓屏留证，实现对窗口电脑的实时监控；三是设置电子评议器，立足加强企业群众对窗口工作人员的监督，在各办事窗口设置了电子评议器，群众办事可在线对办事人员进行满意、基本满意、不满意评价，评价结果由电子监察系统自动汇总，作为月综合考评及年终评优评先的重要依据；四是建立预警制度，对行政许可、行政审批及服务事项的办理过程进行全方位监督，对临办、超时未办予以预警红黄牌警示。

2013年12月，任丘市政务服

务中心依托电子监察系统，投资 40 余万元，搭建了“四证联办平台”，对新注册企业“三证、一照、一章”（即：质监局代码证、国税登记证、地税登记证、工商营业执照、企业公章）实行同期受理、工商首办、中心代办、内部流转、统一发证，企业只需跑两次，所有证章即可办理完毕，办理时限由原来的四个部门 20 天，缩减到 2 天，有效提高了办事效率。

（李春林）

河间市

河间市电子政务工作以“两网一站”建设与应用为基础，以提高机关效能和公共服务管理能力为导向，整合电子政务网络资源，深入推进全市电子政务建设，促进信息资源共享，加强政府网站建设，深化政府信息公开，电子政务绩效显著提高。

完善电子政务网络。在上级部门的指导下，成功搭建电子政务办公内网、外网平台，形成以“两网一站”为基础的电子政务框架，即通过河间市政府门户网站、政府信息公开平台面向社会公众发布信息，通过公务内网统一处理各种办公业务的电子政务体系。同时，制定完善各类规章制度，严格考核奖惩，保证了电子政务的高标准建设和有序运行。

加强门户网站建设。政府门户网站是公众了解政府的重要窗口，也是政府对外宣传的主要阵地。将政府门户网站管理作为政府与群众沟通的重要抓手，及时将市政府的政策法规、政务动态、重点项目建设等信息第一时间在政府门户网站上发布，建起政府与公众沟通、交流的桥梁。同时，为适应新形式的需要，完成市政府门户网站的改版工作，改版后的网站功能更加齐全，公众可以通过政府门户网站快捷方便、及时准确地了解到政府机构、各部门的职能和与公众相关的政策、法规以及一些重要的信息；开通了网上市长信箱栏目，为群众反映问题提供畅通渠道，增加了政府工作的透明度，同时也加大了公众对政府工作的监督力度，促进了阳光政府、公众政府的建设进程。

深化政府信息公开。河间市政府信息网上公开平台向上实现了与沧州市政府信息公开平台的联通，向下延伸至全市各乡镇、各部门，是政府信息公开的重要渠道。河间市信息公开平台整合政府信息公开年度报告栏目，规范政府信息公开年度报告；做好政府信息网上公开工作，完成市政府、市政府办及各乡镇、各部门《政府信息公开目录》和《政府信息公开指南》的编制和发布，对政府领导信息、行政法规、规章和规范性文件、政府工作报告、财政预算决算报告、国民经济和社会发展统计、政府会议、应急管理、人事信息等栏目信息进行梳理发布；开展工程建设领域项目信息公开，及时公开工程建设领域项目信息；做好依申请公开办理答复工作，接到的申请公开事项都按有关规定给予处理和答复。同时，确立并执行严格的信息审核发布程序，明确责任划分，做到涉密信息不上网，上网信息不涉密，严防网上泄密事件的发生，全市政府信息公开工作稳步推进。

强化网络与信息安全。为进一步做好网络与信息安全工作，制定并完善《河间市电子政务网络安全应急预案》《河间市人民政府上网信息保密审查制度》等制度和办法，并多次开展电子政务工作检查，对全市各乡镇、各部门涉密计算机、移动存储设备等进行详细细致的排查，及时发现问题和隐患，提出整改意见，对不合要求的限期整改，从根源上杜绝网络安全事件。

2001 年 5 月 8 日，河间市政府门户网站正式启用，市政府门户网站名称确定为“中国・河间”，是河间市人民政府在互联网上建立的对外发布信息、为公众提供综合服务的平台，是政府信息化建设的窗口。网站包括走进河间、政务动态、综合信息、行政服务等多个栏目，内容基本涵盖政府工作涉及的全部领域，为群众了解政府行政信息提供了渠道。

2008 年 7 月 11 日，《河间市人民政府门户网站管理暂行办法》正式实施。办法明确，政府网站建设要以“宣传河间，构筑桥梁，公开政务，服务社会”为宗旨，宣传党和政府的方针、政策，及时准确地发布市政府有关政策措施，为社会各界提供各种政务信息和公益性信息服务。逐步建立网上行政审批和市民投诉受理机制。加强政府与社会，政府与市民的沟通，为公众营造一个公开、透明、高效的服务环境。同时，对网站的运行管理等方面都做出了明确规定。

2009 年 3 月 1 日，《河间市电子政务网络安全应急预案》经市政府常务会议审议通过。《河间市电子政务网络安全应急预案》规范和加强了河间市电子政务网络重大安全事件的报告管理工作，对及时掌握和评估重大网络安全事件有关情况，协调组织力量进行事件的应急响应处理，降低网络安全事件所造成的损失和影响等方面具有重要意义。

2009 年 4 月 21 日，河间市电子政务工作会议召开。会议对 2008 年电子政务工作开展情况进行了通报，并对 2009 年工作提出了明确要求。会议提出，2009 年全市各单位要进一步加强电子政务建设力度，进一步加强政府门户网站建设，确保电子政务网络安全运行。

2009 年 5 月，按照《河北省 2009 年度网络与信息安全检查实施方案》要求，河间市开展了网络与信息安全检查工作，由市委办、政府办、市公安局等部门组成了联合检查小组，对全市各乡镇、各部门涉密计算机、移动存储设备等进行了检查，对不符合要求的限期整改，排除了隐患，杜绝了泄密事件的发生。

2009年5月19日，《河间市人民政府信息公开工作考核办法（试行）》正式实施，《办法》对各乡镇政府、市政府各部门信息公开工作考核时间、内容、方法和标准进行了明确。

2009年5月19日，《河间市人民政府信息公开工作责任追究办法（试行）》正式实施，《办法》明确规定，政府信息公开责任追究坚持实事求是、有错必究，惩处与教育并重、追究责任与改进工作相结合的原则，对行政机关及其工作人员违反政府信息公开有关规定的，依法追究责任。

2009年8月18日，《河间市人民政府上网信息保密审查制度》正式实施，《审查制度》要求，全市各行政事业单位、公用事业单位、各乡镇政府在进行网上政务信息公开工作时，要遵循“先审查、后公开，谁公开、谁负责”的原则，开展信息公开前的保密审查工作，严把审核关，确保“涉密信息不上网、上网信息不涉密”。

2010年9月，公安局、保密局、工信局、政府办等部门成立联合检查组，对全市各乡镇、各部门网络和信息安全保密工作进行检查。

2011年7月，按照沧州市政府《关于各县（市、区）报送县直部门及乡镇政府公务外网建设意见的通知》精神，为进一步拓展电子政务各项应用的使用范围，为政府网站群的进一步整合和日后的行政审批打好基础，对全市各乡镇、各部门公务外网建设情况及现有网络连接、办公地点等信息进行了统计上报。

2011年7月22日，按照上级要求，在市政府门户网站上建立“河间市工程建设领域项目信息和信用信息公开共享专栏”，由市纪委、政府办、市工信局一同组织相关部门对工程建设领域信息进行公开，工作及时、突出，受到上级通报表扬。

2011年9月，按照沧州市政府网站管理整改工作会议精神，对市政府门户网站托管运行情况进行自查，对自查中发现的问题提出整改意见，经报沧州市政府同意，决定对市政府门户网站进行改版。

2011年10月，河间市公安局、保密局、工信局、政府办等部门成立联合检查组，对全市各乡镇、各部门网络和信息安全保密工作进行检查。

2011年11月，组织各乡镇、各部门对2005年以来产生的政务信息进行了整理，并对不涉密的信息内容进行公开。

2012年1月1日，河间市政府门户网站正式改版结束并投入运行。改版后的网站功能更加齐全，公众可以通过政府门户网站快捷方便、及时准确地了解到政府机构、各部门的职能和与公众相关的政策、法规以及一些重要的信息；开通了网上市长信箱栏目，为群众反映问题提供畅通渠道。

2012年7月，对全市各乡镇、各部门办公软件正版使用情况进行了检查，要求各乡镇、各部门按照国家打击盗版的有关规定，对所使用的盗版软件进行清理，全部更换正版办公软件。

2012年9月，公安局、保密局、工信局、政府办等部门成立联合检查组，对全市各乡镇、各部门网络和信息安全保密工作进行了检查。

2013年5月23日，河间市工程建设领域项目信息和信用信息公开工作调度会召开。会上对工程建设领域项目信息和信用信息公开工作情况进行了通报。

2013年10月，对全市各乡镇、各部门网络和信息安全保密工作进行了检查。重点查看了各单位信息公开审核是否规范、内外网是否进行隔离、移动存储介质是否交叉混用等情况，并对检查中存在的问题提出了整改意见。

2013年11月，对全市各乡镇、各部门盗版办公软件进行了清理整顿，要求各单位务必将操作系统、word、wps等办公软件全部更换为正版。

2013年11月13日，召开政府信息公开工作调度会议。会上通报了2013年信息公开工作情况，对未按进度要求进行信息公开工作的单位进行了通报。会议要求，各单位要就2013年政府信息公开工作开展一次“回头看”，对应公开未公开的信息进行整理，并及时在网上进行公开。同时，在公开工作中要注意做好保密审查工作，做到涉密信息不上网，上网信息不涉密。

（孟浩鹏）

黄骅市

黄骅市电子政务起步于20世纪90年代末期。当时国家启动了“上网工程”，以市政府主要领导为首的第一批响应者第一次在工作中使用了上网的电脑，可以便捷地查阅和传达信息。2001年党的十六大把电子政务改革作为行政体制改革的重要内容，提出深化行政体制改革，进一步转变政府职能，改进管理方式，推行电子政务，提高行政效率，降低行政成本，形成行为规范、运转协调、公正透明、廉洁高效的行政管理体制。

黄骅市于2001年接入互联网，迈出了电子政务工作的第一步。2003年，黄骅市按照省政府的要求，接入并开始使用内网计算机，这标志着黄骅市正式进入电子政务时代。2004年6月，黄骅市政务门户网站“黄骅在线”成立，并面向广大市民及时公开政府的各类信息。

2004年7月，由黄骅市委办公室及政府办公室牵头各相关部门建设开通了“黄骅在线”（网址：www.huanghua.gov.cn）。市委办公室成立黄骅在线信息服务中心，负责网站的日常管理和维护。

2005年3月，市委主要领导就

加强“黄骅在线”建设工作给予重要批示。按批示精神，“两办”相继颁发《中共黄骅市委办公室、黄骅市人民政府办公室关于印发〈“黄骅在线”网站建设责任单位分工方案〉的通知》和《中共黄骅市委办公室、黄骅市人民政府办公室关于推进和规范政府网站建设的通知》两个重要文件，以规范和加强“黄骅在线”建设工作。

2005年6月，泊头市政府就政府网站建设工作专程来访问，学习相关经验。

2006年7月，网站全面改版升级。设：黄骅概况、黄骅新闻、政务公开、经济建设、部门乡镇、办事指南、特色专题等七大栏目，30多个二级栏目。其中，黄骅新闻内容由黄骅报社提供，其他栏目内容由各相关部门报送。

2013年11月，网站第二次大规模改版升级。

2004年至2013年底网站累计发布文字、图片、视频等信息内容20万余条，进入网站浏览信息者累计200万人次以上，平均每天1000以上人次。这其中包括很多上级报刊的记者，在2012年黄骅报开通电子版以前，“黄骅在线”是外界了解黄骅官方信息的唯一渠道，同时也形成了一个黄骅新闻动态、政务信息、文章资料的在线数据库，方便了人们查阅。

（市政府办）

沧　县

2003年8月，沧县成立政府信息中心，配备2名工作人员和2台计算机，负责沧县电子政务建设和信息化建设；成立沧县信息化建设领导小组，负责电子政务和信息化工作。2003年8月，投入180万元建立沧县行政许可便民服务中心。2004年组建沧县政府办内部局域网，并与联通公司合作开通专线，实现政府办公室计算机全部上网。2006年对政府办公局域网进行升级改造。2007年，成立沧县综合信息化建设小组，负责对全县网络信息化资源进行整合与沧县联通公司（原名沧县网通公司）合作，投资30余万元，启用“沧县综合信息化管理系统”办公软件。2007年，投资约20余万元建成沧县视频会议室。2008年，网站中新增六个专题信息版块。2008年完成沧县综合信息化管理系统二期建设。2012年对政府网站进行再次改版，建立全县网站群平台。

2003年11月，在政府领导的支持和指导下，沧县政府网正式建成并对外发布；2004年5月，沧县在全省首家网上开通视频沧县和视频新闻；2006年8月，沧县政府网正式更名为“中国·沧县”政府门户网站，并主要围绕优化经济发展环境、服务企业、政府阶段性重点工作、方便群众办事、领导决策参考和政府职能转变等六个方面对栏目进行全新改版。2008年，根据省、市政府的文件要求，在网站上新增“政府信息公开”、“百件实事网上办”、“行政权力公开透明”等专题信息版块，同时将2003年至2007年的政府公开信息在网上公布。2012年对政府网站进行再次改版升级，网站主要从栏目、功能进行改进，共分为政务、经济、民生、政民互动四大类，建立全县网站群平台，加强网站防御体系，完善网站后台功能，实现网站信息总分式管理。至2013年底，发布信息3万余条，回复信件300余件。网站浏览人次达到60万次。政府网站从建立至2013年底十年间始终由政府办信息中心负责管理和维护，网上信息发布按照谁发布、谁审核的原则对网上发布信息进行严格把关，确保信息准确、及时、不涉密。定期进行数据更新和备份。

2007年，为加快沧县电子政务建设步伐，按照“统一规划，政府主导；统一平台，联合运用；互联互通，资源共享；统一标准，保障安全”的建设原则，投资30余万元，启用“沧县综合信息化管理系统”办公软件，实现政府与部门之间文件网上传输、通知网上下达，开启了沧县无纸化办公的先河。系统使用范围涵盖沧县四套班子、19个乡镇和40个政府部门。此系统具有发送会议通知、发送文件、召开电话会议、发送网络传真等功能。

沧县政务服务中心于2004年1月1日正式运行，为推动标准化建设，规范化管理，配套建设了中心机房、局域网等设施。首批进驻“中心”的职能部门26个、审批事项128个、服务事项112个、相关收费项目117项。将所有进厅事项的申报条件、办理程序、办件类型、承诺时限、收费标准、政策依据全部制作成格式化界面，在管理系统内预先设定，由电脑自动“把关”，窗口人员只能按照要求规范操作，否则不能办理，有效地限制了窗口人员的自由裁量权，消除了人为因素。对于临近承诺时限的事项，自动变成黄色提示窗口人员加快办理速度；对于超期件，自动变成红色提请“中心”业务部、督查部及时催办、督办；对于已办结事项，电脑通过短信及语音查询系统，及时告知相对人来“中心”取件。为方便群众办事，“中心”在沧县政府网站设有专门网页，将申报表格在网上发布，相对人可下载填写。同时，通过触摸屏电脑将审批内容、办事程序、政策依据、申报要求、承诺时限、收费标准予以公开；通过LED电子显示屏将事项的办理状态实时公开，便于办事人员查询。至2013年底，进驻“中心”的窗口单位21个，进驻事项123项。

（王振坡　曹田荣）

衡水市

【概况】 2011年以来，衡水市以创优发展环境为中心，以提升行政效能为主线，以网上审批、电子监察为重点，推进行政审批制度改革，探索出了“三位一体”的行政审批系统，为“加快发展、富民强市”战略的实施提供了强大动力。

“三位一体”行政审批服务模式，就是按照“全部纳入、一门受理，网上流转，全程监督，公开透明，市县联动”的总体思路，以信息资源交换平台为基础，集业务注册备案、网上审批、电子监察为一体，实现市县行政审批一体化服务模式。业务注册备案平台是确保全业务全覆盖的根本，防止和避免了各职能部门业务事项随意进出、“体外循环”等问题的发生，从源头上解决了业务理不清、管不住的问题，由原来的被动管理变为主动管理；网上审批是电子监察的基础，没有网上审批，电子监察就无从谈起；电子监察是网上审批的保障，没有电子监察，网上审批就会成为摆设。

【业务注册名单平台】 业务注册备案平台，将所有行政审批和行政监管事项进行注册备案管理。实行单位申报、政务中心核对、监察局审核、法制办审定、市政府发布的工作流程。单位申报主要是对办理事项、办理程序、申报材料、办理时限、收费标准、政策依据等相关业务信息进行梳理申报；市政务中心负责政务服务事项内容的完整性检查；市监察局负责政务服务事项名称、流程、时限、收费等方面的规范性审查和督办工作；市政府法制办负责政务服务事项合法性审查工作；最后由政府通过发文和政府网站向社会公布。凡没有备案的事项将不能进行业务办理，从而保证了网上审批和电子监察的全业务、全覆盖，保障了行政审批和行政监管事项梳理的准确性、完整性、权威性，解决项目梳理不清、随意进出等问题的发生，杜绝体外循环。

【网上审批】 网上审批按照“一门受理”“网上流转”、“部门协办”“中心办结”“统一收费”“一口出证”的工作机制，将所有行政审批和行政监管事项全部实现网上办理。针对到2013年底在审批过程中容易出现问题的环节，重点把好“一个关口”、卡住“两个环节”、监管“九个节点”，从而规范了行政审批行为，提升了审批服务效能。

把好“一个关口”，就是把好政务中心首问受理“关口”，使政务中心成为为公众服务的唯一接口。通过角色的管理、计算机绑定和CA认证管理，只有中心窗口工作人员在中心计算机操作才能进行受理，达到“一口受理”，彻底杜绝了体外循环。

卡住“两个环节”，就是把中心办理分为入口和出口两个环节。实现申请、受理、办理入口关和收费、制证、送达、归档出口关全部在中心办理。真正做到群众“进一个门儿，办清所有事儿”。

控制“九个节点”，针对审批过程中问题多发和高风险环节，充分利用现代化信息技术手段，对办理过程中“统一登记、一门受理、一次验证、一次告知、部门协办、统一收费、中心制证、窗口送达和证照归档”九个节点进行严格控制，最大限度地减少自由裁量，规范审批行为。

“统一登记”，所有申报事项，由中心进行统一登记，发送到相关窗口进行受理。有效杜绝了有意规避时限、推迟受理现象的发生。

“一门受理”，就是通过“网上申报”和“窗口申报”在中心受理。正式受理后打印加盖电子印章的受理通知书，并进行短信告知。群众也可通过网上办事平台在线进行网上申报，网上提交申办材料，经中心工作人员预审通过后，带原件到中心办理，提高了企业和群众办事时效。

“一次验证”，就是在中心窗口一次验证完毕，拍照、建档、网上流转查阅，避免了工作人员多环节、反复查看证照原件的问题。为了提高一次验证的准确性，开发了证照查询库，通过比对，进行辅助验证。

“一次告知”，就是对于申报事项，系统实现一次性告知补正，凡是出现二次补正的全部进入电子监察系统。“一次告知”的实施，规范了工作人员行为，减少了老百姓跑办次数。

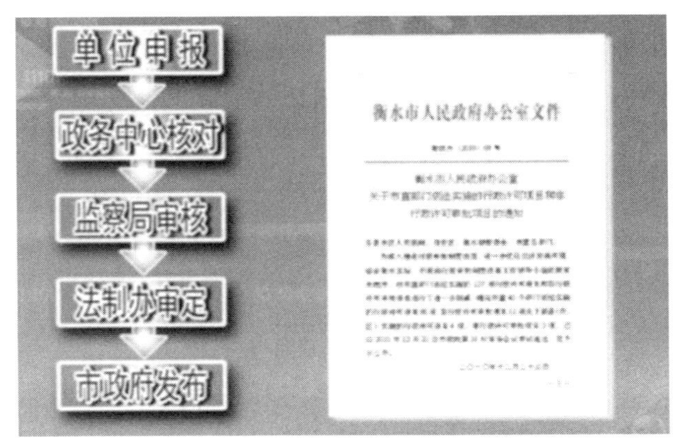

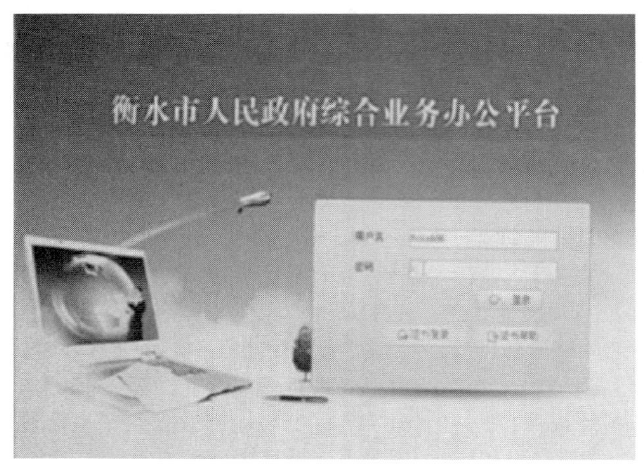

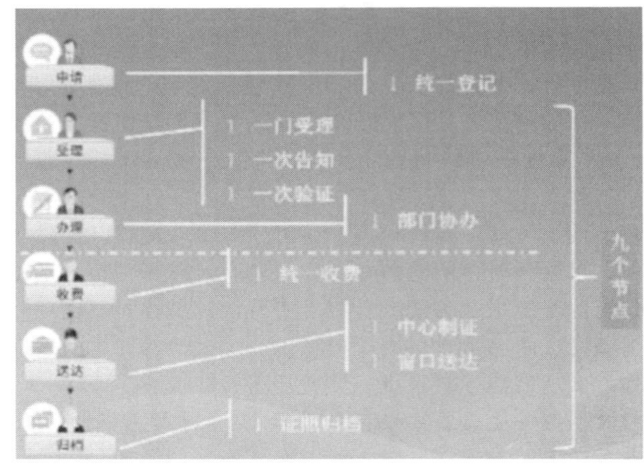

"部门协办"，对于需要部门领导进行审查审批的事项，通过网上流转在线办理，部门领导也可通过移动终端及时进行审批。"统一收费"，就是根据收费标准进行收费控制，杜绝了人为乱收费现象发生。所有收费项目实行银行联网收费，交费情况由系统自动反馈到窗口部门。

"中心制证"，业务通过审批后，工作人员必须在中心统一制证。

"窗口送达"，业务办结后，进行短信告知，统一在窗口送达办理结果、法律文书。

"证照归档"，项目办理完成，系统将申请材料、办理过程产生的法律文书自动归档，办理结果的证照扫描归档。

网上审批的实施，赋予了窗口工作人员更多的职能，窗口工作人员代表所在单位行使面向社会政务服务职能，不再是从前的"收发室"。窗口工作人员承担了首问受理、验证建档、即件办理、业务协调、办事督办、业务咨询六项职责。

通过网上审批的实施，理顺了窗口与科室、中心与部门、政府与群众的关系。政务中心一改过去管理无职能、协调无手段、督促无效果的尴尬局面，窗口、部门相互协调，部门全力配合中心工作，企业和群众成为服务型政府的最终受益者。

【电子监察系统】 电子监察，把现代信息科技运用到廉政风险防控，规范权力运行的制度设计和管理流程中，让权力真正在阳光下运行。推行了"联动监察、立体监控、风险监管"的监察新模式。

联动监察，根据监察职责、内容和范围，提出了"两级监察、分级督办、协调联动"的一体化联动监察机制。纵向上市、县两级监察人员通过内部权限控制，分别对市县两级进行审批事项的监察。横向上根据各部门监察室、中心督查科和监察局监控职责范围不同，提供不同力度的监控，使审批过程不同层次的问题得以及时发现和督办。所有的监察人员，利用统一的电子监察平台，实现了纵横协调联动。

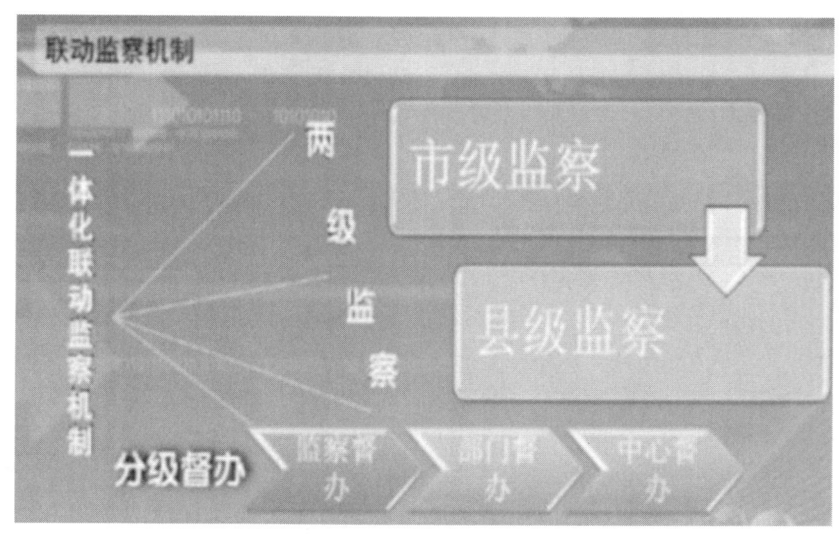

立体监控，是充分利用各种监控手段，对工作人员进行全方位的监督监管。主要包括系统监控、行为监控和视频监控。系统监控，通过对审批项目数据信息全程的跟踪检查，实现申报内容、审批时限、收费、自由裁量、审批程序、送达等全方位的监控；行为监控，利用行为监控软件实现上网行为管理，杜绝上网聊天等不良行为的发生；视频监控，利用视频监控摄像头实时监督工作人员的工作状态。三种监控相辅相成，全方位完成审批项目的全程监控，达到立体监控效果。

风险监管，通过对办事过程中出现的异常风险、自由裁量风险、岗位风险和动态风险进行监管，预防和降低风险发生率，利用督查督办管理和绩效考核，促进了网上审批的有效实施。

异常风险管理是对审批时限、二次补正、申报材料、收费标准、结果公示等方面出现的异常状态进行监控和管理；自由裁量风险主要是对申办资料、收费等具有自由裁量空间的环节进行监督监查；岗位风险是对风险等级较高的岗位实行重点监查防控，将事后监察转变为实时监察；动态风险是对审批部门和工作人员在审批过程中发生的违规情况进行跟踪分析，形成动态风险仪表盘，以达到提醒和避免违规事件的发生。

监察人员利用电子监察平台对部门和工作人员违规事件进行在线督查督办，及时纠正和解决出现的问题；利用平台的绩效考核系统，各级管理部门按其工作性质和需求不同，自行定制考核指标和权重比值，形成绩效考核体系，对部门、工作人员实现不同层次的分组管理与考核。

【“三位一体”行政审批一体化建设模式】 衡水市“三位一体”行政审批系统充分利用电子政务网控数据中心资源优势，开发建设市县统一的网上审批和电子监察系统。实现系统平台一体化、业务流程一体化、资源共享一体化。

系统平台一体化就是建设市县统一的网上审批和电子监察系统，在市级中心统一搭建系统平台，各县、市、区不再进行重复建设。中心平台充分利用已有的网控数据中心网络、服务器等资源，节省了大量的建设费用；一体化平台使原来复杂的分散安全管理变为了相对简单集中的安全管理，给安全保障工作带来了很大便利的同时，节省了安全保障投资。根据电子政务信息安全等级保护要求，在市级中心配备了较为完善的安全防护设备，实施了统一的电子证书认证，为工作人员配备了CA安全密钥，实现了电子签名签章，有效保障了网上审批电子监察的安全。由于建设了集中式的软、硬件平台，使原来市、县多个部门的运维管理变为了仅市级一个部门对一个信息化平台的运维管理，从人力、物力等各方面都节约了开支。系统平台一体化建设避免了重复建设，降低了投资成本，提高了安全保障，使用起来“放心”，管理起来“省心”，信息保障“安心”，达到了“一处投入、多点受益”的集约化建设。

业务流程一体化就是把所有行政服务事项划分为“省市联办件、省县联办件、市县联办件、省市县联办件、并联审批件和部门独办件（承诺件和即办件）”6类，实现业务无缝对接，形成业务流程一体化。

资源共享一体化，在市级中心建立了信息资源交换平台，建立了法人库、项目库、证照库、法律法规库、业务咨询库等多类业务资源库，为实现协同审批、联动监察提供了保障。

衡水市的“三位一体”行政审批系统，使业务审批实现了全业务、全覆盖、全监察，强化了行政效能，提升了服务质量，创优了发展环境，推进了衡水的加快发展、富民强市进程。

（市政府办）

衡水市中级人民法院

衡水市中级人民法院信息化建设起步于1994年，从最初只用于司法统计和档案管理的两台计算机开始，历经近二十年的发展，取得斐然成绩。2000年以后，市中级法院的信息化建设力度逐步加大，2001年，自行研制开发了诉讼极档案管理软件，得到了上级和兄弟法院的充分肯定，并在全省法院系统推广；2002年迁入新办公楼后，市法院进一步加大投入力度，做了20多路的模拟监控；并逐步开通了省市两级法院的视频会议系统，建成了40平方米的中心机房，建成了局域网，开通了内部网站、C/S审判流程管理、办公自动化软件、内部邮件及消息推送系统，做到了案件流程、审判信息网络化，办公基本上实现自动化。2005年，购置100台电脑，达到全院干警人手一台计算机，建成图书室馆及电子阅览室，开发了文书档案管理软件及图书管理软件；2007年，进行了网络监控改造，建成24台监控终端的监控室，法警开始24小时值班；建成了模拟的科技法庭，可录音录像及同步刻录光盘。2008年，建设刑一庭数字化法庭及中型数字化审判法庭，升级诉讼档案管理软件，开发文书档案管理软件；2009年，建设专门的视频会议室，开发数字化审委会管理软件，安装硬件防火墙；2010年，政法三级网建设，基层法院与中院视频会议系统开通，建设5个标清的数字化法庭，开发并启用指纹签章管理软件；2011年，购置sun m4000小型机，并建成手机一卡通，完成监控室整体搬迁改造，建成新的监控指挥中心，开发安检身份识别管理软件；2012年，完成审委会会议室升级改造；2013年，增建高标准机房，新配备了1台小型机并与原SUN M4000小型机组成双机热备、9台IBM服务器、10台光纤交换机、3台磁盘阵列等硬件支撑平台。截至2013年7月，全市两级法院的数据模式由C/S架构升级为B/S架构，数字法院业务应用系统、信访管理系统、审判质效评估系统、电子卷宗管理系统、电子档案管理系统、协助办公系统、电子文书批注系统、互联网舆情系统、公共信息查询系统、电子签章系统、cocall即时通讯系统等十一套软件系统全部投入使用，中院基本实现全部使用正版软件，全市法院建设十三套高清视频会议系统。

基础设施建设走在全省前列。一是完成全市两级法院的数据模式由C/S架构向B/S架构的升级，整合了全市法院的信息资源，有效解决了衡水各基层院信息化发展水平参差不齐的问题。二是硬件系统的升级工作。新建108平方米的机房；新购SUN M4000小型机，实现与原有小型机双机热备份；新增华为交换机10台、IBM服务器9台、磁盘阵列3台；安装防雷防静电系统、远程消防控制系统各一套，专用UPS供电系统2套；整栋办公楼实现超五类综合布线，核心及边缘均为光传输，实现机关内部安防网、政法信息网、执行指挥中心网“三网合一”，为各类数据传输提供了良好的支持；全省法院系统语音专网建设工作已到与联通公司进行线路切割的阶段。三是高清视频会议室和科技法庭建设。建成高清视频会议室12个，实现11个基层院都建有一个高清视频会议室；全市共有数字化法庭65个，其中含高清数字法庭3个、便携式数字法庭7个，中院建成数字化法庭17个；购置巡回审判箱28套；基层法院实现干警人手一台电脑的要求，部分院给干警购置了笔记本电脑。四是三大司法平台建设。信息化三大平台建设全部完成，全面实现了审判流程、裁判文书、执行信息的公开透明。五是构建远程提讯系统，2014年2月，全市10个看守所的远程提讯系统开标，在4月底全部安装到位。信息安全保护工作启动，安全测评已和相关单位联系并制订方案，2014年底完成。

行政办公自动化。一是在办公区安装了门禁控制系统，隔离审判区和办公区。在审判、办公区域共设置监控点134个，涵盖大楼所有的楼层。在重要场所、敏感部位安装了27个红外线摄像头，实现24小时同步监控录像。对未经登记闯入审判区、办公区的人员，监控系统自动报警并拍照录像。门禁一卡通系统与安检门等安防和技防设施并用，确保了审判、办公环境的安全。设立了监控指挥平台，院领导、监察部门和业务庭庭长在内网上可以查看到各审判庭的开庭情况，为打造“阳光”法院提供了保障。二是协同办公系统为法院的办公信息上传下达、信息采集汇总等提供辅助作用，可以实现公文、通知、公告、请示等文件上传下达的无纸化，以现代化的电子公文传阅模式取代了传统的纸质公文人工传阅模式，提升文件签批、流转效率，节约了大量耗材和人力。三是电子签章系统实现了法院对签章的统一管理，系统可以通过验证签章卡以及签章卡密码对签章人的身份进行双重安全认证，保障文书的安全性。从法官申请签章到文印室统一打印的流水操作，使签章工作更加方便快捷。四是cocall系统建设实现了全市两级法院通过网络进行网上业务交流，同时与数字法院业务系统、办公系统进行挂接，可对相关人员所办事项进行“星号闪烁”提醒。

审判管理智能化。审判质量管理系统把审判质量指标分解到庭、递进到人，进行审限预警、质量跟踪、通报，并与综合绩效考评的双百目标结合，审判质效评估系统使反映法官业绩的31项业务数据自动生成、动态排序、真实可靠，改变了以往人工填报随意性大、考核凭感觉、奖惩靠感情等问题，使每名法官的绩效都展现出来。审判管理办公室每月在网上随机抽查部分已结案件开展评查，评查结果每月在网上通报排位，使案件评查成为日常案件监督的窗口。互联网舆情监测系统使全市法院可以对与自身相关的互联网各大网站、论坛、微博等热点网络应用进行监控，及时掌握和本院相关的互联网舆情，辅助法院领导提前或有效地应对问题，从宏观上把握和处理相关突发情况。

审判流程规范化。法院综合信息管理系统的应用，实现重要流程的节点控制，保证均衡结案。实现网上立案、审批、分案排期、审限管理，所有的案件均有提示、预警和冻结三个管理级别，杜绝超审限情况的发生，保证数据的真实性。承办法官将案件的详细信息在规定时间内录入审判管理系统，并根据审判流程环节生成相应的法律文书后，由法院裁判文书纠错系统对裁判文书中可能出现的错字、漏字、病句，法条引用不当，当事人名称、机构名称前后表述不一致、日期书写错误等常见错误及时更正，防止带病“出门”。校对完成后逐级呈报给庭长、主管院长，主管领导收文后运用文件签批留痕功能在文书上签署意见，审批后用电子签章系统进行网上签章，该系统同时与电子卷宗系统挂接，实现了流转网络化和办案一体化。

审务公开便民化。根据“两便利”原则，全市法院采购巡回审判箱20多套，法官到村镇、社区、田间、地头开庭，为地处偏远、行动不便的案件当事人参与诉讼节省时间和诉讼成本，为开展“一乡一庭”建设提供信息化保障。触摸屏公共信息查询系统是全市法院拓宽司法便民服务的重要平台，通过该系统社会公众可以访问中院内网网站，查看诉讼指南、法庭分布图、诉讼缴费办法与须知等。内网网站上涵盖法院的日常工作动态、信息简报、法院要讯、衡水审判等相关内容。还可以查询案件信息，当事人只需在身份证读卡器上刷取身份证，承办庭室、主办法官和案件进展阶段等详情都会一目了然。

初步实现“网站+微博+微信”三位一体全覆盖的格局。衡水中院初步实现了新媒体时代“网站+微博+微信”三位一体全覆盖的格局，使法院工作真正处于人民监督的“阳光”之下，为全面提升法院司法公信力提供司法保障。

衡水法院网设有13个栏目，包括图片新闻、工作动态、案件快报、审判研讨、裁判文书等精品栏目。主要发布中院新闻动态、精品裁判文书、百姓所关注的案件以及优秀法官风采等内容。“裁判文书”栏目是衡水法院网的亮点栏目，此栏目的设置，是法院完善司法公开三大平台建设的重要表现。“裁判文书”栏目分为“民事文书”“刑事文书”“行政文书”等版块，裁判文书的制作比以前更加规范、说理更加透彻，总体质量有了较为明显的提高，让当事人更直观地理解裁判理由和法律依据，促使法官提高业务水平、增强责任意识，公正司法、廉洁司法。

微信名称为“衡水市中级人民法院院长”，这是全省法院系统首家实名认证的院长微信平台。总用户数为144名，与粉丝保持良好的交流。已发送图文消息共40个，主要包括时政新闻、高层动态、法律条文、中院新闻、法律问答等内容。实现与用户的文字、图片、语音的全方位沟通、互动，实现法院院长与社会各界的零距离沟通。

微博名称为“衡水市中级人民法院”，是经过新浪加“V”认证的官方微博。共有26879名粉丝，关注112名用户，发送41条微博。内容包括国内外重大新闻、最高院以及省高院发布的消息、中院动态以及对重大案件的关注和评论。与粉丝保持互动，回答所提出的问题，搭建起密切联系群众、服务人民的桥梁。推进司法公开，回应公民司法需求。

（市中级法院）

衡水市教育局

2002年7月，为了顺应信息化的发展，响应市政府的政务公开要求，衡水市教育局筹建门户网站。网站由市教育局主管，衡水市教学仪器站（已更名为衡水市教育技术装备站）承建。2002年11月，初步完成系统安装，栏目设置有发文公告、基础教育、职成教育、计划财务、学校安全、信息技术、教育装备、信息技术等；信息发布方式确定为：各个科室录入信息，主管局长负责审核通过，确保信息发布的准确性。第一套系统使用的是浙大网络公司开发的信息发布系统，jsp开发，功能完备，操作顺畅，很好地满足了信息发布的要求。2008年6月，原有信息发布系统出现www服务不规律性中断故障，无法排除，原开发商称此系统已经不再提供技术支持，经研究，决定更换新的发布系统。开发规划中考虑如下几个要求：由于jsp技术的复杂性，决定使用其他技术来进行开发；保留系统中符合实际情况的系统功能、栏目和网站运作管理模式，去掉已经不适合实际情况的功能、栏目；增加“在线调查”功能，使得网站的互动性得到增强。第二套系统为微软“Net”技术开发，界面和后台功能吸取前一套系统的经验教训，做了部分优化，如：原有系统在做压力测试时不能承受稍大的压力，会出现服务中断现象，新的系统把压力加到比较大只是引起页面打开速度下降，但是仍能正常显示；权限管理按照机关的特性强化分级管理，权限可以具体到个人，也可以按照分组分配；栏目管理有所改进，可以指定栏目出现的位置，方便页面布局。

2007年以来，市教育局认真贯彻落实《中华人民共和国政府信息公开条例》，加强领导，健全制度，拓宽载体，规范运作，政府信息公开工作取得显著成果。截至2013年底，市教育局累计主动公开政府信息共298条，建立健全政府信息公开相关制度共10项；积极拓宽载体，多形式、多渠道公开信息，除在衡水市人民政府门户网站政府信息公开专栏公开信息外，还在市教育局网站、媒体及时公开群众关心的热点信息，同时，对政府信息进行汇总，按季度向市政务中心、市档案馆、市图书馆进行移交。

2012年下半年，市教育局按照市行政审批中心统一部署，推进审批服务事项网上审批工作。一是局领导高度重视。多次组织召开有关会议，提高思想，统一认识，研究制定具体措施。二是专人负责，加强学习。涉及行政审批工作的科室派出骨干力量多次到政务中心进行学习，提高业务水平。三是积极沟通，密切配合。对工作中遇到的困难和问题及时与中心联系沟通，共同研究解决，及时改进完善。在市行政审批中心支持协助下，市教育局于2013年年初顺利实现行政审批服务事项网上审批。

网站系统技术。第一套系统由jsp开发，运行于windows 2003服务器，使用SybaseDB数据库，开发工作于2002年7月开始，11月初步完成。第二套系统由微软“ASP. Net”技术开发，运行于windows2003服务器，使用ms SQL server数据库，开发工作于2008年8月开始计划，2009年3月基本完成。

网站管理及人员。网站由市教育局主管，衡水市教学仪器站（现更名为衡水市教育技术装备站）承建，技术维护由衡水市教育技术装备站电教科负责。

网站现存问题及改进建议。一是网站互动性不足，满足不了社会和政府不断提高的要求。二是系统新出现一些问题，如：首页栏目“更多”，只能显示一部分结果，不能显示全部；专栏操作会出现一些意外式病毒，造成破坏。需要规划开发新的发布系统，从技术、功能和管理上都进行新的考量，提高信息发布系统水平。

提高认识，加强政府信息公开工作的领导。市教育局成立政府信息公开工作领导小组，并根据人员变动情况不断调整充实。领导小组下设两个办事机构：一个是信息公开领导小组办公室，主管局长兼任办公室主任，局机关各科室科长（主任）为成员，主要负责政府信息公开的日常工作；一个是督察组，纪检书记担任组长，监察室人员为成员，主要负责对机关和各科室政务公开工作开展情况进行检查指导和考核。领导小组及下设机构的工作人员职责均有明确分工，各司其职，各负其责，为确保政府信息公开工作的顺利开展提供了组织保障和人员保障。

加强制度建设，促进政府信息公开工作规范开展。为强化社会监督，提高行政机关工作人员廉洁奉公的自觉性，有效防范权力失控、决策失误和行为失范，防治暗箱操作和权力滥用，市教育局积极建立健全政府信息公开的各项制度，到2013年底有衡水市教育局政府信息公开制度、公开目录和责任分工、审查制度、备案制度、反馈制度、监督检查与考核制度、责任追究制度、依申请公开信息办法、信息网络发布办法、公开指南、公开申请流程图等。这些制度对信息公开的内容、形式、程序、登记备案、反馈、监督检查、考核等其他要求都做了详细的规定，为规范开展政府信息工作奠定了基础。

完成升级改造后新系统的原数据修改工作。市政府信息公开平台升级改造后，我局根据市信息化办公室的统一安排，按照规定的时限完成了新旧系统间信息的修改和完善工作。同时，还在市教育局机关组织各科室负责采集、发布信息人员进行了新系统操作使用的培训，尽快掌握新系统的使用方法，通过新的信息公开平台采集、审核、发布信息，为进一步做好信息公开工作打下了良好的基础。

民办学校的筹设、设立实现网上审批。市教育局实现行政审批服务事项网上审批后，2013年3月13日和11月1日，衡水市教育局政务中心窗口分别收到申请设立衡水滏阳中学的办学申请和筹设衡水第一中学的申请材料。经窗口工作人员审查，申请材料齐全，符合法定形式，根据《中华人民共和国行政许可法》第三十二条规定，准予受理。上述两项审批事项，分别经实地踏勘、局务会讨论，决定同意举办民办普通高中学历学校“衡水滏阳中学”，准许衡水第一中学筹设，并分别于4月6日和11月13日，颁发了《办学许可证》和《准予筹设批准书》。审批过程全程使用政务中心网上审批系统，审批程序简化，全程无纸化办公，申请人只需到政务中心两次即可办理完成，既提高了办事效率，又方便了群众。

（市教育局）

衡水市环境保护局

市环保局运用电子信息技术拓宽政务服务的范围，全面推进污染减排及各项环保工作深入开展，投入大量的财力、人力，全力打造环境信息化工作平台。2002年9月经市政府批准，市环保局成立环境信息中心，选派5名业务骨干，专门从事全局信息化建设工作，具体负责各类环境信息数据处理、办公自动化推进、污染源在线监控系统建设、完善环境信息发布等工作，提高了环境保护工作效能。

建设门户网站，提高公众服务质量。衡水市环保局网站于2002年完成建设并投入使用，2009年进行了改版，内容更加丰富，在线服务更加便捷，提高了环保政府部门形象。

建设内网办公平台，提升工作效率。衡水市环保局为落实办公自动化和无纸化办公的要求，2009年建设并开通内网办公平台，实现短信中心、协同办公、公文发布、内部邮箱、环保信息电子期刊、公文流转等功能，方便机关人员的自动化办公，减少不必要的纸质文件的印制，节约内部行政办公成本。2010年在全市环保系统进行推广应用，节约办公成本，提升工作效率。

衡水市环保局门户网站部分截图

政务公开查询系统建设

投资近万元购置安装一套网络管理系统软件，对局域网所有微机网络活动进行实时在线监控，从而确保网络的安全运行，减少了微机故障的发生。同时购买安装了瑞星和卡巴斯基杀毒软件、绿盟内网安全管理系统、绿盟漏洞扫描系统，以及联想网御防火墙，对全局计算机网络进行有效的防护。

环境应急调度视频会议系统建设。2006年，根据全省统一要求，衡水市建成环境应急调度视频会议系统，会议室DLP大屏幕拼接显示系统为各类会议和培训的开展提供强有力的信息技术支持。

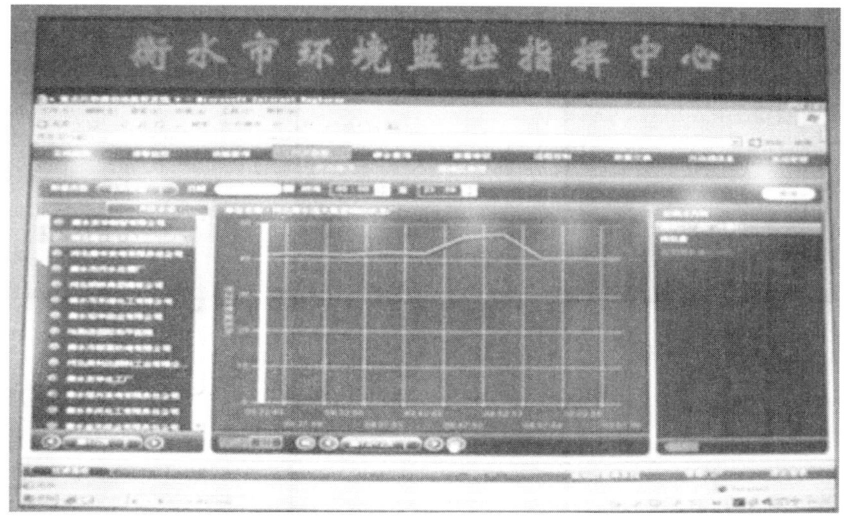

在线监控平台建设。在省环保厅的统一部署下，于2008年8月份，完成机房主要硬件设备的购置和安装，2009年7月完成了监控端专用设备12369举报网络系统专用CTI语音交换机安装，2013年10月完成了国控重点污染源在线监控平台系统升级，对基础数据进行了核查和录入，并通过环保部的审核认定，该系统已正式投入使用。

研发建设环境行政处罚自由裁量辅助决策系统。衡水市在借鉴外地市先进经验的基础上，提出衡水环保行政处罚自由裁量辅助决策系统研究工作设想，建立科学合理的环保行政处罚裁量基准制度，开发环境行政处罚自由裁量辅助决策系统，将环保行政处罚自由裁量工作推向规范化、程序化、数字化、网络化。

环境统计与信息能力专网的建设。按照省环保厅的有关要求，建设完成市、县两级环境统计与信息能力专网，并与国家和省级专网进行联通，同时做好全市环统专网的应用和技术保障工作。

建设项目审批及验收网上行政审批系统建设。按照省、市相关要求，在全省率先完成了建设项目审批及验收网上行政审批系统建设工作，作为全市首批开展网上行政审批暨电子监察系统建设工作的七家单位之一，网上行政审批工作走在全市和全省的前列。建设单位只需将完整、合格的环评审批及验收所需要件送交至政务中心环保窗口网上受理，提高了办事效率，节省了时间。2011年9月实现建设项目审批及验收的网上全过程网上审批，到2013年底，完成网上审批及验收建设项目500余件。

环境噪声自动监控与信息发布系统建设。2013年，在市城区九州文化广场环境功能区内建成环境噪声自动监测站点，其中配备了环境噪声监测结果显示屏，实时监控和显示站点环境噪声变化情况，同时公布环境质量信息以及环保公益广告。环境噪声自动监控与信息发布系统的建成投运，为控制市区环境噪声污染和改善声环境质量提供基础性技术保障。

排污费征收全程信息化项目的建设。2013年，按照省环保厅有关要求，做好衡水市排污收费全程信息化建设工作部署。按照系统建设要求完成了网络结构的规划和建设工作，并完成所需软硬件设备的购置，到2013年底部分设备已经到位，正在进行机房环境的准备。

做好互联网舆情监测。进一步做好环保舆情监测分析工作，指定专人，通过软件每天搜索各大网站、贴吧、论坛、博客等媒体，及时发现各种正面和负面新闻，争取第一时间给领导传递重要的媒体关注新闻信息，为领导决策提供技术支持和服务。

落实软件正版化工作。按照市政府统一部署，加大了软件正版化工作力度，内网部署了网络版杀毒软件。对机关所有科室微机安装的操作系统均更换正版操作系统软件，同时还购置了多套微软操作系统软件、微软Office办公软件、WPS办公软件用于局各科室微机办公需要。

（市环保局）

衡水市交通局

衡水市交通运输局门户网站始建于1998年，2008年3月份重新设计改版。设有廉政建设、规划统计、交通安全、政策法规、人事劳动、科技教育、创先争优、精神文明、信息通信、交通新闻、通知公告、政务公开、交通基建、公路建设、路政管理、农村公路、质量监督、运输管理、公共交通、失物招领等栏目，搭建了交通部门与人民群众沟通的桥梁。

改版后页面截图：

2008 年，衡水市交通运输系统政务协同办公系统建设完成并投入使用。该系统能够提供全面的个人事务处理、公文处理、收文管理、信息发布、电子邮件收发、实时交流、基础信息和资源共享等功能。通过该系统，能实现真正意义上的办公自动化，提高协同工作效率，使组织中的各项工作均处于有效的管理和监控之下，为推动办公自动化进展、节约能源、精简办公流程、提高工作效率等各方面都起到了很大的作用，并对各种知识进行积累、管理、利用，为各级领导的决策提供有效的支持。

衡水市建立有省、市、县三级交通运输视频会议系统专线网络联结，可用于召开省、市、县三级视频会议，应急调度指挥等工作。

市及部分县市视频会议室：

路政E通综合处理系统。本系统建设完成于2013年，主要功能有：通知公告、员工考勤（电子考勤，能显示移动轨迹）、通讯录、黑名单管理、月票管理、短信发送、电子地图等。本系统在全省属最先进行列。班线客车、旅游包车、危货车辆全部安装有GPS或北斗全球定位系统，可实现线路跟踪、运行轨迹查询、围栏控制等，部分货车安装有GPS或北斗导航系统，卧铺车辆全部安装有3G信号传输的实时视频，可随时查看。

治超站建设。衡水市共需建12个治超站点，到2013年底已建成6个。冀州收费站和码头里收费站可实现不停车高速预称重功能，视频监控信号能直接传送到省厅和市局。

2007年，衡水市公交智能调度系统建设完成，该系统在全省处于领先地位。每辆公交车上都安装有GPS全球定位系统和监控摄像头，可通过3G信号传输实时图像。调度系统能实时监控发车时间、现在位置、运行轨迹等，并能通过电子地图实现智能调度，每日运营情况可生成报表，减轻了车站工作人员的负担。建议进一步加强公交车辆信息化、智能化管理，实现电子站牌、民众智能出行辅助系统的建设工作。

（市交通运输局）

衡水市水务局

2013年，衡水市水务局以服务社会为目的，以加大电子政务平台建设为载体，强化管理、规范运行、提高质量，确保全年电子政务工作的实用性、安全性、及时性、规范性，为提高行政效能，打造高效、透明、规范、便捷的政务环境发挥了重要作用。

2002年，衡水市水务局网站筹建。至2013年底，网站已发展成为衡水市水利行业初具规模的综合性网站之一，并逐步形成了自己的特色和风格。按照“实用性强，来源可靠，更新快捷”的办网方针，经过多次修改和改版，水务局网站共推出三大主要信息版块，水务要闻、专题报道、特别推荐，登载水利新闻及相关的“行业新闻”，对全市水利事业发展情况起到很好的宣传效果。网站信息公开、便民服务的重要平台，该网站自2002年开通以来，发布水务信息1300余条，其中涉及水务要闻、防汛抗旱、节约用水、雨水情、公示公告等多种涉水信息。为保证网络信息规范管理和安全性，到2013年底该网站由市政府网络中心统一管理。

视频会议。衡水市视频会议系统于2003年建设完成，通过专线与省水利厅连接，在汛期和平时接收国家、省厅的电视电话会议，系统画面流畅稳定，有专门的视频会议管理员定期维护。

网上审批。衡水市水务局在市政务中心设立水务局的行政审批窗口，严格控制审批时限，全面、规范地公开各事项的办事程序、要求、申请材料、时限等信息。2011年，水务局行政审批事项全部实现网上审批，网上审批工作实行节点式管理，每个节点操作人都有明确责任分工的完成时限，通过一系列电子审批流程，降低了审批事项的处理时间。

政务微博。随着微博客的快速发展，衡水市水务局于2012年3月份，在腾讯网开通了衡水市水务局官方微博，并派专人发布经领导审核后的新闻信息、形象宣传、舆论引导，及时回复网民的提问，收集网民的意见建议，对出台的政策措施进行解读阐释。

衡水市水务局电子政务工作实行“一把手”亲自抓，分管领导具体抓，办公室承担电子政务工作，配备专职技术人员负责全局计算机软、硬件维护，以及外网、内网的管理。实行内外网物理隔离的上网制度，两网互不相干。局外网通过联通30M光纤连接互联网，能浏览互联网上的信息；内网通过专线与政务中心的电子政务网相连，能浏览政务内网。局内的政务内网和互联网运行良好，网络运行维护经费有保障。同时，为完善网络管理制度，先后建立了“衡水市水务局计算机信息安全管理办法”“衡水市水务局信息发布规则”“衡水市水务局互联网保密制度”等一系列管理办法和制度，做到谁使用的计算机谁管理，谁上传的信息谁负责，使各项工作有制度可依，有规则可循。

衡水市水务局政府信息公开工作成效显著，及时更新应公开的信息，内容较全面，数量较多。自2009年至2013年底，共公开政府信息500余条，并建立了严格的信息公开审批流程。

建立上网信息审查、监管、发布责任制。《衡水市水务局信息发布规则》中规定上网信息必须经局长或分管局长审批后，才能上传，时刻做到涉密信息不上网，上网信息不涉密。在政务外网上及时公开本单位依法履行的职能、职责，单位内设机构、职责、工作联系电话、电子邮箱。公开与社会市民相关的政策法规和文件；公开办事指南，包括本单位办事内容、办事依据、办事条件、办事程序、办事时限。2013年在水务局网站上共公开各种栏目信息159条。其中，公告栏信息18条、机构职能类的信息4条、相关法规及公文类的信息8条、公告类信息14条、总结类的信息20条、水务信息95条，所有上传的信息一律经初审、复核再发布。

衡水市水务局建立由专线连接的电子公文收发系统，对市委市政府的电子发文，均有收阅记录，收文及时。专门用于内网信息的电子钥匙由专人管理，设置上网口令，当涉及人员调动时，电子钥匙的口令随即更改。加入市委市政府短信平台，确保及时接收市委市政府发布的发文信息。按时登录衡水市水务局在“河北衡水”网站上的部门信箱，信访邮件及时受理并办理，自2009年至2013年底共受理6件，均按时办结。

（市水务局）

安平县

根据原国务院信息化工作办公室关于《在河北省安平县开展县域经济信息化试点的批复函》的文件精神，安平县于2006年4月11日，正式启动了国家级县域经济信息化试点工作。在省、市相关领导的大力支持与帮助下，安平县信息化领导小组和县信息办及相关部门创造性地开展工作，电子政务建设工作取得了一定成效。

县委、县政府根据安平经济的实际，适应时代发展的趋势，在全国率先提出了“信息兴县”发展战略，凝聚全县意志，达成了“产业振兴、信息先行”的共识，营造了信息化建设的浓厚氛围。先后聘请了三十名专家深入农村、农户、机关、企业、学校，全面了解农村、城镇及县域经济发展现状，深入探讨县域经济发展的一般规律和制约因素，精心设计以信息化手段解决县域经济发展问题的新方法、新手段、新途径，编制了《安平县县域经济信息化“十一五”规划》，为各项信息化工程的实施指明了方向。

安平县坚持“政府引导、市场运作”原则，精心组织了十项信息化工程，调动各种力量参与建设，以800万元的财政性投入带动了企业、社会近10个亿的投资，信息化建设得以蓬勃开展。截至2013年底，《安平县县域经济信息化“十一五”规划》指标均已完成和超额完成。在各项信息化工程的推进中，重点围绕丝网产业和农村领域，以企业和农村的实际需求为出发点，以解决实际问题为落脚点，有力地促进了县域经济的快速健康发展。

搭建涉农信息服务体系，助力社会主义新农村建设。在“三农”服务和社会主义新农村信息建设工程中，系统地搭建起了一套涉农信息服务体系。一是建设了安平县综合农业数据库，各涉农部门定期填充信息，到2013年底已累积了涵盖农业、生猪、丝网等的各类信息300多万条，初步解决了信息源问题。二是在全县范围内按区域布局建设了50个农技进村服务站、4个农村文化大院和70个农业信息示范户，以农业数据库和专家视频为支撑，依托农资经营站、商店、卫生所等群众聚集的场所，开展各类信息服务，把信息送到老百姓家门口。三是发展各类涉农网站，按照生猪产业基地一体化服务工程要求，建设开通中国生猪在线网，收集、整理、发布各类生猪信息10万余条，开通专家视频医院，初步实现了面向全县养殖企业（户）的种猪供应、养殖技术、防疫灭病、饲料配方、市场销售等“网上五统一”服务。按照红色及古文化旅游服务工程要求，建设开通了安平旅游网，以全国第一个农村党支部纪念馆、“五亿农民的方向”纪念馆为载体，将红色教育基地搬到了网上。这些网站同安平政府信息网、安平农业信息网、安平教育网、安平粮食网、中国搜丝网等一起，拓宽了信息传播渠道。四是开播安平电视台丝网频道，推出《丝网文化》《网乡大讲堂》《丝网纵横》等专题栏目，让老百姓最喜闻乐见的电视节目真正走进千家万户；开通中国丝网网络电视台，将安平丝网的动态、发展、变化等及时通过网络向全球发布。五是开通116190呼叫中心，以农业数据库和生活信息数据库为支撑，以114话务员为服务主体，面向全县公众提供种植、养殖等各类农业科技信息，丝网、生猪等各类经济信息，办事流程、法律、教育、卫生等各类政务信息，餐饮、出行、号码查询等各类生活信息。六是建设了“村村通”无线广播系统，以所有涉农部门提供的政策信息、农业技术信息、农资农产品市场信息等为主，每日两次播音，向全县人民宣传党的方针政策、农业科技知识、致富信息、普法案例等。各项农村信息化工程有机结合、并存互补，既解决信息资源问题，又有效拓宽信息传播渠道，使农村获取信息真正实现“点击有网络、观看有电视、咨询有电话、收听有广播、阅读有报纸”，创建“网络+电视+电话+广播+纸媒体”五位一体的信息传播新模式，基本实现了农村信息传播的全覆盖，各类信息得以无障碍地传播到所有乡村，在全国解决农村信息传播“最后一公里”难题上进行了有益的探索和实践。

推进电子政务，优化经济发展环境。政民政企互动综合服务平台工程，以安平县政务服务中心为载体，通过信息化手段将行政许可服务大厅、政府网站和县长公开电话三种政务服务模式融为一体，方便了办事群众，连续六年被市政府评为“先进单位”。“一站式”政务服务大厅，将25个政府职能部门的166项行政许可、便民服务事项物理式集中，并通过网上审批和电子监察系统实现一站式办理，提高行政效能，有效杜绝“吃拿卡要”等不正之风。五年来共受理各类行政许可事项、便民事项128560件，按时办结率100%。“一网式”安平县政府网站，突出了政民互动和服务经济的功能，日点击量达一万人次。重点打造的《政府推荐企业》栏目，为诚信企业牵线搭桥，保驾护航，充分利用政府公信力向全球100多个主权国家推荐，促成国际贸易成交额上亿元。“一线式”县长公开电话同百事通呼叫中心相结合，搭建起了密切政群关系的连心桥。

（县政府办）

阜城县

阜城县政务服务中心全面开发多种信息化手段，并充分运用于窗口管理、行政审批等各个环节，有效提高了工作效率，提升了服务水平。

阜城县政务服务中心本着切实方便群众，完善电子政务建设的目的，建立了政务服务网站，为办事群众提供网上在线咨询、相关表格查询，即时将当天各窗口接办件数量和各审批事项的办理情况在网上进行滚动公示，做到办事事项、办事流程、事项办理过程、办理结果一目了然。在筹建初期，中心工作人员通过多方参观学习，自己动手编制出了政务中心的VI形象方案手册。将各类服务标识，窗口人员的仪表仪容、服务语言、举止行为等进行统一规范，在中心实现了互联网、审批专网、中心内网的“三网合一”。WIFI无线网络信号覆盖中心服务大厅，办事群众业务高峰期可通过手机登录办公平台自助查询业务进展情况。中心在新浪网上开通了微博@阜城政务服务中心，按照“不做僵尸、不做秀”的要求，主动将工作开展情况发到微博上接受监督，到2013年底微博粉丝已有2200余人。通过新浪微博这一平台，进一步拓宽与网友沟通、交流对话渠道，汇聚民智，努力打造“阳光、便民、高效、规范、廉洁”的政务服务平台。

为提高窗口服务质量和行政效能，落实工作责任，不断增强对窗口工作绩效评价的客观性和公正性，结合阜城县政务中心工作实际，制定电子客户评价系统。要求政务中心工作人员上班时必须开启窗口电子客户评价系统，下班时予以关闭，不得中途无故或选择性地关闭。评价器须放于窗口柜台指定位置，供服务对象评价使用。中心办公室每月30日前负责对各窗口单位电子客户评价系统评价结果数据进行统计，并将统计结果汇总，中心办公室于次月1日前将各单位窗口评价结果进行公示。对评价器终端上反映出“不满意”的评价情况及时反馈给窗口评价器的单位负责人，中心办公室本着实事求是原则，调查核查相关情况，并在5日内将调查处理结果上报各窗口单位负责人。在评议过程中，对评价率未达到90%、服务质量差、群众不满意率高，以及在使用评价器过程中不主动接受服务对象评议、弄虚作假、甚至对评议的服务对象打击报复的单位及窗口工作人员，视情节轻重，给予处理并将窗口服务质量评价工作纳入月考核，作为各单位年度评优选先的重要依据。

政务中心在大厅各个角落都设有音视频监控摄像头。中心运用全方位的监控系统，对大厅进行全景监控，且为了实现更加透明、公开的监督效能，中心还专门设立监控室，对中心入驻的18个部门进行全方位监控。中心工作人员能够通过监控系统详细看到进驻单位工作人员的工作情况，监督其上班时间是否利用空闲时间上网、玩游戏、聊天，也可监控到工作人员的服务态度。如遇纠纷，能及时调出录像进行查看。此外，该监控系统可将摄像的音频和视频同步保存达一年的时间。

为打造阜城县政务服务中心“全面、效率、便捷”的政务服务品牌建设，阜城县政务中心开发了手机二维码查询服务平台。通过整合进驻窗口单位的审批业务流程，将每个窗口单位的各项业务详细的审批流程录入阜城政务中心服务平台服务器，生成各窗口单位业务审批流程的二维码，并在每个办事窗口放置二维码图标，方便办事人员查询业务。办事人员只需用智能手机打开二维码软件，扫描窗口单位二维码，就可获取网页链接，从而查询到包括办理事项名称、办理所需资料、办理事项所需条件、办理时限、办理费用等相关内容。为加强与办事人员之间的沟通，阜城县政务中心还利用二维码微信平台这一新媒介，将最新的规章制度、法律法规以及相关审批进度告知办事人员，加强与各办事人员间的联系，提升办事时效性。此外，如遇有行政审批流程的“瘦身”更新优化，流程时限的缩减，增加下放的审批权限，削减取消的审批权限，阜城县政务中心可以第一时间将二维码进行更新，缩减行政成本。二维码的使用，是将最新的信息技术引入政府窗口服务，既是优化服务程序、提高服务效率的一项新尝试，也是创新服务方式、建设科技政务的表现。二维码平台的推动在县域办事人员中受到一致认同，全方位拓展阜城县政务服务中心的辐射力和渗透力。

（县政务中心）

故城县

故城县政府门户网站（www.gucheng.gov.cn）于2005年开始建设并开通运行，网站平台依托市政务中心网站综合管理平台建设，经历了从单一信息发布到信息服务、双向互动的发展阶段。2010年，政府网站由政务中心划归县政府办公室管理。

2011年3月份，第一次改版，2011年10月，第二次改版，重新规划设计网站栏目和功能，优化调整网站页面，强化网上办事和互动功能，扩大导航链接范围。改版后扩大了政务公开范围，整合信息资源和服务项目，开设网上办事栏目，实现网上审批和便民服务两大功能。同时增设网上互动功能，开设建言献策、意见征集、领导信箱、投诉监督等4个栏目。“政务公开”版块开设了领导介绍、政府机构、法律法规、政府文件、政府会议、新闻发布、政府采购、政务动态等26个栏目，全方位发布当前工作、重大活动、重要决策和政策法规等与老百姓切身利益相关或公众关注的政务信息。同时将热点信息进行整合，推出了专题热点栏目，开设了工程建设领域信息公开专栏等。此外，“政务公开”版块还聚合了政府信息公开平台内容，纳入政府信息公开范围的66个部门均可通过本单位账号登录，发布本单位政务信息。随着各单位对政务公开工作的不断重视，政务公开的力度越来越大，公开的范围越来越广，公开的内容和数据也越来越新。到2013年底，已发布政务信息7200余条。故城县政府荣获2012年度政府信息公开工作先进单位。

为加强网站管理，县网站进一步完善管理制度，制定了网站管理运行“四制度”：“网站管理办法”“密码管理制度”“运行监控管理制度”“信息发布管理制度”，从信息采集、录入、审稿、发布到存档整个过程，做到信息准确、流程规范、审查严格，确保信息实时、准确、安全。2012年4月，衡水市CMS平台、政府信息公开平台升级为CA认证，政务内网双重认证登录，为全县60多个部门、13个乡镇分配了CMS平台、政府信息公开等系统的CA使用权限，有效地提升了各级各部门电子政务安全水平。

电子政务平台建设。县政务服务中心成立于2003年，经过十年的运行，实现窗口受理与网上受理、本地受理与异地受理等功能整合，形成大厅受理与网上受理有机结合、大厅现场办理与部门网上办理合理分工、大厅咨询投诉与网上咨询投诉互为补充的工作格局。县政务中心已成为县域经济发展高标准、高质量、高效能服务的政府窗口。

2004年县政务中心入驻部门21个，主要业务窗口为质监、林业、公安和工商四个部门。政务中心率先在全县采用指纹签到，不定时抽查各部门窗口出勤和工作情况，并将抽查结果在全县通报，规范了管理，提高了工作效率和服务水平。2005年，创建故城网站，宣传故城，公布政府信息，提供便民服务。2008年，开通电子信息查询系统，安装电子屏幕宣传国家的各项大政方针和便民政策。2011年，县委、县政府加大政务中心的投入，添置空调3台，办公桌10张、椅子25把，配置公务用车，增加工作人员3名。政务中心从三个园区和重点项目办各抽调一人，成立了导办服务室，分别负责入园和非入园项目的审批过程中的各个环节的导办、领办、协办、代办服务。重点项目实行专门小组分包，一包到底的方法，一个重点项目成立一个由政务中心和县纪委效能室人员任组长、引进单位和项目办各抽调一至二人为成员的专门小组，一是负责项目办理各项审批手续全程协办、代办；二是负责在项目立项至项目正常投入经营期间所有的环节，协调好项目与各个部门之间的关系，处理好发生的各种矛盾。2011年共办理、办结业务1407件，大大缩短办事时限，提高办事效率。2012年11月23日新政务中心正式启用，30个政府职能部门入驻“中心”办公，全权办理行政审批服务事项103项（其中：行政许可69项、非行政许可13项、行政监管21项）。2012年，政务服务中心大厅窗口共接收办理各类审批服务事项23968件，按时办结率99.97%。其中：企业注册服务事项1869件，行政审批便民服务事项22099件。公共资源交易中心2012年12月3日正式挂牌运行以来，共接受来人、来电咨询80余次，受理各种业务26宗（其中：政府采购8宗、土地使用权出让7宗、房地产开发5宗、国企投资6宗），交易总额2.14亿元。投诉举报中心共受理群众来电来信举报投诉5件次，其中：举报的“中介服务打印费过高”和“计生局空岗20分钟”问题，均经中心调查核实纠正，并将调查处理结果告知举报人，举报人表示满意。其他3次举报，经查内容失实，与举报人见面说清了原因，澄清了事实。缴费中心开通并运行的部门有13个，实现非税收入总计5244441.3元。文广新局、工信局、农业局三个单位非税网已开通，但由于收费时间段比较集中，因此缴费为零。2013年，政务中心31个政府职能部门入驻，全年受理各类审批服务事项128531件，办结127665件，日均受理各类审批服务575件，办结率99.3%，其中：A区便民服务大厅共办理各类审批服务12万余件，C区社会保障服务大厅共办理审批服务事项4882件，公共资源交易中心接受来人、来电咨询300余次。完成各类交易188宗，交易额13.1亿元，其中：建设工程项目47宗、政府采购项目30宗、土地使用权出让项目106宗、产权交易5宗。入驻政务中心的17个罚没收费部门实现非税收入3407.42万元。依托政务中心网站和电子监察系统为平台，实现了审批服务事项和办理人员的网上公开、网上查询、网上投诉等工作。截至2013年12月份，政务中心网站点击量达万余人次，即时公开各类办件信息8万余条，受理群众网上咨询30余次，群众投诉7件，均已在信息平台予以答复。

县委、县政府采取一系列措施加强政务服务中心建设，努力打造服务型政府、阳光政府、效能政府，实现政府工作整体提速。2011年政务中心由原来政府主管改为县委、政府共同管理，由原来政府常务副县长分管，改为由县纪委书记和常务副县长共同分管。同时，把县纪委效能室派驻政务中心，主要抓机关效能建设，承担县优化经济发展环境办公室的工作，强化了监督制约机制。在政务中心成立县工业项目服务中心，负责为县委、政府统计各项数据、资料，对全县的招商情况进行汇总上报。为打造切实服务于民、服务企业的便捷、高效的政务服务中心，县委、县政府决定建设高标准的政务中心。县委、县政府成立由政府县长刘勇同志任组长，县委副书记、县纪委书记左俊勇同志和政府常务副县长闫文举同志任副组长，相关部门主要领导为成员的新政务服务中心建设工作领导小组。借鉴浙江象山的做法，一是进行职能规并，采取“撤一建一、并一建一”或“增挂”的方式，由编制部门行文，要求各职能部门成立行政审批科，把部门的行政许可、非行政许可和行政监管事项归并到一个科室，该科室整建制进驻中心。二是启用审批专用章，由窗口负责人保管公章和使用，从根本上解决审批项目在中心，审批权力在部门的状况。新政务中心共包括行政审批服务区和公共资源交易市场两大功能分区。“中心”工作人员共有118名（不含中介服务机构），其中：党员69人，大专以上学历101人，平均年龄36.9岁。窗口工作人员中担任部门行政许可科科长有20人，副科长21人。各进驻单位的审批项目由中心窗口统一受理、统一审核、统一收费、统一送达，实现“一个窗口受理、一个领导审批、一个公章办结”的“一站式”审批服务。采取服务指南、公示栏、触摸屏、电子显示屏等形式向社会公开办事流程、办事依据、办事时限、收费处罚标准，增强依法行政的透明度，拓宽违法违纪举报渠道，设立投诉举报室和投诉台并公布投诉电话。为创新服务，提高效率，按照“统一管理，即办即取”的原则，在各窗口启用“行政审批专用章”，充分向窗口授权。特别是在办理即办件和上报件时，做到了即到即办，切实方便了办事群众。新政务中心二楼设两个会议室，一个约300平方米，用于全体会议、视频会议和大型产权交易工作使用；一个约50平方米，用于召开小型会议和国有资产产权交易招投标使用。按照省市对政务服务中心的统一要求，设立网络机房和电子监察室，配备相关办公设施。

政府信息公开。故城县政府信息分为三类：一是主动公开的信息。县政府及其部门在各自职责范围内依法应当主动公开的政府信息。二是依法申请公开的信息。公民、法人或其他组织根据需要向县政府及其部门申请获取相关信息。县政府自2008年5月1日起正式受理政府信息公开申请。三是不予公开的信息。依照《中华人民共和国保守国家秘密法》及其他相关法律、法规和国家有关规定，涉及国家秘密、商业秘密和个人隐私的政府信息不予公开。各类政府信息形成或变更后，县政府将自信息产生后的20个工作日内予以公开。法律、法规对政府信息公开的时限另有规定的，从其规定。

2010年，按照省、市统一要求，完成了《故城县政府信息公开工作年度报告》的编写、公开工作。县政府成立了以县委常委、常务副县长为组长，县委常委、县纪检书记为副组长，县政府有关部门负责人为成员的政府信息公开工作领导小组。5月13日，在故城县坛村中学组织66个乡镇、部门进行了政府信息公开培训，使各乡镇、部门统一掌握政府信息平台操作，提高对政府信息公开工作重要性的认识。3月份和9月份，对上网信息开展了清查，未发现涉密文件资料。同时，进一步规范信息的上网发布，对分类选项不准确的信息，给予纠正并重新发布。2010年，建立故城县政府信息依法申请公开程序，受理政府信息公开申请1件。2010年共发布政府信息100余条。并按照省、市公开办要求，将本级政府政务公开情况统一录入。

2011年，制订了《故城县人民政府办公室关于进一步做好政府信息公开年度报告编制和公布》的通知，各单位主管领导和信息工作人员对本机关的政府信息进行全面梳理，将政府信息划分为主动公开的政府信息、依申请公开的政府信息和免予公开的政府信息三大类。各负责部门信息公开工作人员按照统一格式和要求，及时梳理、编制信息公开年度工作报告，严把审核环节，政府信息公开年度报告公开前由部门主管领导审批后上报县政府办，由县政府办统一把关并公开。为确保政府信息公开年度报告安全、及时公开，县政府办进一步加强对政府信息公开年度报告的督促检查，特别是对部分进度相对缓慢和公开信息不完全的公开单位加大督促力度，对工作不到位的单位，及时督促单位主要负责人，确保工作落实。

2012年，成立了政府信息公开工作领导小组，领导小组下设政府信息公开工作办公室，负责推进、指导、协调、监督全县政府信息公开工作。全县82个部门及13个乡镇都制定并完善了政府信息公开保密审查制度、政府信息依申请公开制度、政府信息公开指南及目录等，明确分工、细化步骤、优化流程，确保政府信息及时主动公开，信息公开申请及时办理反馈。按照市协调小组要求，进一步完善了信息发布登记制度，逐条登记，每月一表。规范和统一政府信息发布保密审查流程，需公开的政府信息必须经本单位主要领导审核批准后，由本单位办公室具备CA密钥权限的人员统一对外发布，任何科室和个人均不得无权登录公开平台和发布政府信息。专人负责信息整理和归档工作，确保发布信息有底可查，同时做好信息公开文件资料的年度移交工作。2012年初，市政府信息公开平台升级为内网登录，全县及时督促95个部门全部办理了CA密钥，同时连续两次下发接入内网的通知，通报、督促落后部门。9月份积极配合市、县保密部门在全县开展了信息公开保密普查工作，未发现涉密事件。2012年主动发布涉及民生民意信息共4条。通过新便民服务中心公开政府信息，满足企业和居民个人对政府信息的需要。在确保网络平台查阅通道畅通的同时，开通便民服务中心查阅中心，到2013年底该中心已汇集了60多个政府信息公开责任单位的便民指南，为公众查阅信息和事项办理提供帮助。积极参加市政府信息公开协调小组组织的各项培训活动和各种会议，并对本县政府信息公开工作人员开展培训，提高工作人员业务素质，促进了政府信息工作的积极有效开展。2012年通过政府信息公开平台共发布政府信息3264条。故城县政府荣获2012年度政府信息公开工作先进单位。

2013年，按照衡水市政府办公室有关通知精神，印发了《故城县人民政府办公室关于进一步做好政府信息公开工作的通知》，要求各单位主管领导和信息工作人员对本机关的政府信息进行全面梳理。对群众反映的舆情信息及时回应处理，2013年印发舆情快报34期，受理群众反映问题140余件，所有问题均转发相关单位进行办结处理，对于未及时落实的县政府督查室定期督办。为加强网上互动交流，受理群众反映问题，提升网站政务办理和社会服务功能，借助政府网站平台，开通了领导信箱和公众留言栏目。2013年领导信箱共收件11件，公众留言3件，均做到了“有求必应”“有信必复”，答复率100%，对于反映问题不合理或不符合规定的，通过信箱、电话等做好政策解释。在推进政府信息公开工作中，严格坚持政府信息公开保密工作程序，建立健全信息发布保密审查机制。一是落实专人负责做好本乡镇、本部门政府信息公开的保密检查，以及不予公开信息的审查工作。二是积极配合县纪委开展信息公开保密审查工作，对于发现问题的及时指出，纠正整改。为确保政府信息公开工作的有效开展，县政府办进一步加强对政府信息公开工作的督促检查，特别是对部分进度相对缓慢和公开信息不完全的公开单位加大督促力度，对工作不到位的单位，及时督促单位主要负责人，确保工作落实。2013年，各责任单位主动公开政府信息1800余条。其中，动态公开类信息1400条，规划总结类1条，工作动态类信息360条，行政执法类1条，其他类信息30条。为进一步落实政府信息公开的有关要求，在县政府办公室设立“政府信息公开查阅室”，负责发布信息的查阅和存档，并配备一台专用电脑用于政府信息公开查阅工作，为公众了解信息提供便利。

2009年故城县建立了省、市、县电子公文交换系统，实现了全省政府系统文件的运转、交换和共享，节约了公文的传送费用，提高了传输效率。县政府办公室成立政府信息公文运转中心，增添了2台微机、1台彩色激光打印机、1组文件柜等办公设备，配备专人负责接收文件，遇有特殊紧急情况，及时签收，呈领导签阅。建立县、乡公文交换系统，向各乡镇、部门下发各类文件、通知。

2010年，起草、制订公文运转制度、涉密文件管理制度、建立责任追究制度，向市政府内网发送各类请示、报告5件。

2011年，接收国务院、省、市来文300多个，接收市政府电子公文期刊100多份，向市政府内网发送各类请示、报告3个，向各乡镇、部门下发各类文件、通知50多个。

2012年，网上接收国务院、省、市来文800多个，其中河北省公文交换系统接收文件236个，接收上级各类期刊100多份；向市政府网上发送请示、报告类公文18个。

2013年接收国务院、省、市来文1000多个，其中河北省公文交换系统接收通知260个，县委办公室管理系统接收期刊640份，并进行了逐一登记、分发传阅；向市政府网上发送请示、报告类公文24个；向各乡镇、部门网上下发电子公文期刊共145份。

（县政务中心）

武邑县

随着计算机和网络技术的发展和政务工作的需要，武邑的电子政务建设也得到相应发展，电子公文、政府网站、网上信息公开、网上办事、网上信息传送等各种应用逐步得到推广使用，行政效率和服务质量有效提高。

按照河北省电子公文交换系统建设的统一部署和要求，武邑县电子公文交换系统于2009年8月份试运行，2010年1月1日正式运行。政府办公室设立专门办公室，配置电脑1台、彩色激光打印机2台，铺设内网，保证系统正常运行。为做好安全保密工作，办公室安装了防盗门和防盗网，安排专人、专机、专网收发文件，单独授权印章管理员，实现公文交换系统与因特网的完全物理隔离。工作时间内，收发员认真值守，随时收发文件，确保收文、发文及时高效。截至2013年年底，电子公文交换系统已收发文件1200余条，实现电子公文在县市之间顺利流转，提高办公效率，降低行政成本。

为加大对武邑的宣传推介力度，服务发展，服务民众，武邑县政府门户网站（武邑公众信息网：www.wuyi.gov）于2002年上线运行。为适应工作需要，网站先后于2011年7月和2013年9月进行两次改版，页面布局更加合理，栏目设置更加科学。网站分为首页、走进武邑、经济发展、政府法制、为民服务、政民互动、政务公开7大板块，包括武邑要闻、公示公告、招商引资、城镇建设、社会民生等62个栏目，承载着新闻发布、政策宣传、招商引资，为民服务、政务公开等职能。网站由政府办公室网络信息科专门负责，开通了VPN（虚拟专用网络），配备电子证书，信息发布流程规范，确保了信息安全和网站的正常运行。网站信息发布准确、及时，重要新闻当天上传。网站共发布各类信息已达上万条，展示了武邑良好的发展风貌，为民众提供了各种政务服务和便民信息，在服务发展、服务民众方面发挥了应有作用。

为加快政府职能转变，推进法治政府建设，保障公民的知情权、公共事务参与权和公民监督权，自2009年起，按照上级统一部署，在武邑政府门户网站（www.wuyi.gov）开设“武邑县政府信息公开”平台，启动政府信息网上公开工作。全县共有网上信息公开单位47个，包括37个政府部门和10个乡镇区，全部开通了VPN（虚拟专用网络），办理了数字证书，确保信息公开渠道畅通、安全保密。各单位依照政府信息公开指南，按照“涉密信息不上网，上网信息不涉密”原则要求，及时进行网上信息公开，公开内容不断丰富，程序日趋规范。至2013年12月31日，网上主动公开信息14070条。网上信息公开已经成为当前政府信息公开的最主要形式。

2011年3月14日，衡水市政府召开了全市政务服务中心建设暨网上审批和电子监察动员大会，武强被确定为全市首批县级网上审批和电子监察工作试点县。2011年5月25日，武邑县召开了全县推行网上审批和电子监察工作动员会议，印发了《关于推行网上审批和电子监察工作的实施方案》，成立了武邑县网上审批和电子监察工作领导小组，网上审批工作正式启动，入驻政务中心服务大厅的36家行政事业单位全部纳入网上审批系统。2012年6月28日，武邑县召开了全县政务服务事项网上注册备案工作会议，对审批服务项目进行网上注册备案。所有审批服务事项网上注册备案工作全部完成，县监察局和法制办正在审查审核。硬件建设方面，投资16.5万元，购置多业务路由器、防火墙、上网行为管理、高拍仪等设备，新上了视频监控系统，对大厅办公区域实行全方位、无盲区实时监控。至2013年年底，确定工商局、计生局、林业局、交通局、农牧局、卫生局等6个部门为网上审批试运行单位，工作人员的CA认证已完成登统确认工作，网上审批试运行即将开始。

2013年10月13日-15日，武邑县应急办工作人员参加了在石家庄市举行的第四期河北省政府应急平台综合应用系统培训，充分认识省政府应急平台综合应用系统的重要性，基本掌握了系统的操作使用要领。随后，武邑县对照配置条件组建了硬件平台，接入政务内网，并按照培训内容将应急平台综合应用系统安装调试完毕，于2013年12月利用一个月的时间，关联省、市应急平台综合应用系统进行试运行。此外，政府各部门的电子政务建设也得到了快速发展，如卫生部门的疫情直报系统、公安部门的户籍管理系统、财政部门的信息比对系统等，工作效率和工作的规范性不断提高。

（县政府办）

枣强县

2006年，枣强县对政府网站进行了成功改版。网站主页更加美观，同时，将公众普遍关心的“政府公文”和“政策法规”做到了首页上，新增了“政府法制”“名人名企”“人文历史”和“社区论坛”四个一级栏目，并且二级栏目也进行了相应更改和增加。完成了2005—2006年所有数据文件的录入工作并投入使用，方便了县政府领导和办公室同事查阅各类文件资料。报道全县政治经济发展的新形势，2006年共编辑发布信息300余篇次。

2007年积极报道全县政治经济发展的新形势，共编辑发布“枣强要闻”219篇、“图片新闻”37篇、“经济动态”22篇，发布“最新公告”18篇、“新闻焦点”19条、“党政公文”24条、“政策法规”9条，增加、更改友情网站的链接地址和Logo。定期进行网络设备的日常保养维护。协助县人行制作开通了“枣强县人民币反假网络系统网站”，充实了招商引资、县直纪工委等栏目内容。

2008年完成了“百件实事网上办”和“政府信息公开”两项信息工程的组织、培训和验收工作。“百件实事网上办”发布信息132条，“政府信息公开”发布信息519条。同时，积极报道全县政治经济发展的新形势，共编辑发布各类信息1210篇。通过不懈的努力，“中国·枣强”在全市县级政府网站中访问量名列第一，点击率和信息量居第三位。更新了县政府信息资源共享数据库，起草红头文件、综合材料等各类文字材料8篇。

2009年，充实完善了“招商引资”栏目，新建了“民意征集”栏目。“招商引资”在原有四个子栏目的基础上，增加了“政府推荐企业”和“招商环境”两个子栏目，“招商环境”又包括“公开承诺”“购物场所”“起居餐饮”“休闲娱乐”四个分栏目。“政府推荐企业”收录了11家诚实守信、守法经营、依法纳税，年纳税额在50万元人民币以上的企业，“招商项目”发布了31个项目，“民意征集”栏目对玻璃钢城北扩进行了征集。12月进行了网站改版工作。2009年，县政府网站共编辑发布各类信息994篇，在市政府网站发布信息321篇。“中国·枣强”在全市县级政府网站中访问量名列第一，点击率和信息量居第三位，在市政府网站中枣强信息量位居第二。“政府信息公开”发布信息200余条，并协助政府信息公开公文运转中心组织“政府信息公开”后台培训工作。起草印发了《枣强县政务信息和网络信息工作考评办法》等各类文字材料6篇。

2010年网站再次成功改版。5月初，网站正式改版，下半年完成了静态数据的倒换及更新工作。新版网站以鲜红色为主色调，突出内容发布，淡化图层效果，整合有关栏目，使框架设置更为合理。新增“网上办事”“政民互动”“人文历史”和“新农村建设”四个一级栏目，在首页设置“应急管理”和“便民查询”两个栏目，增加“党员闺女林秀贞”“骑单车下基层”和“三年大变样”等三个专题栏目。在表现形式上，新版网站更新了顶部的FLASH宣传动画，“最新公告”和“图片新闻”两个栏目采取了滚动循环播放方式，增强视觉效果。另外，网站后台还实现无纸化审批，节省纸张和耗材。县政府网站全年共发布各类信息1300余条，完成月均发布信息100条的目标任务，在市政府网站发布信息243条。积极与上级部门沟通，解决网站设计、运行中存在的问题。另外，还处理6条网民通过网站邮箱反映的问题。

2011年县政府网站发布信息共计1561篇（条），在市政府网站发布信息557条。完成2010年政府网站上报信息汇总评比工作。创建了“爱岗敬业、建功奉献”“中国·大营第二十届国际皮草交易会”两个专栏，按照政府机构改革方案，对网站首页的“部门动态”和“政府部门”两栏目进行了相应更名和变动。加强信息安全保障工作。完成建党90周年与省第八次党代会期间网络信息安全上报任务，为各乡镇、县直各部门领取了网站后台CA认证管理密钥。审批方式由纸质审批转变为网上审批、公文信息由主管主任全权审批转变为副主任分类审批，信息来源由单一渠道转变为资源共享，时效性要求不高的信息由适时审批转变为季度审批，上报信息采用情况由半年通报转变为季度通报，信息分类发布转变为合并发布。

2012年，县政府网站共编发信息2130条，在市政府网站发布信息1104条，分别完成计划的177.5%和306.7%。先后创建了“基层建设年”“打非治违”“工程建设领域信息公开”“宣传贯彻十八大”等专题栏目，5月，更新了“招商项目”，7月开展“政府推荐企业”评选工作，评选出20家“政府推荐企业”在县政府网站予以发布。同时，去掉网站死链接。为帮助领导了解舆情、掌握政策和借鉴经验提供参考，7月11日创办《网络舆情》，2012年共编发28期。对网民通过县长信箱反映问题的邮件转交县长公开电话办公室处理，并将答复结果及时反馈给网民。更新“网上办事”和“政民互动”两个一级栏目。按照枣强县机构改革方案，信息化建设有关工作转交到工信局，按照文件要求，与工信局顺利进行交接，并督促工信局做好十八大期间信息安全保障工作。

2013年，县政府网站共编发信息1130条。在市政府网站创建“投资枣强”链接，对“枣强风貌”“招商引资”板块进行更新，使其数据更具实效性。

2010年，枣强县政务中心为各个窗口单位配备了电脑，并为工商局、国税局、地税局配备了内网专线。政务中心自安装电子屏幕以来，利用大厅电子屏幕宣传国家的各项大政方针和便民政策2000多件。2010年市县政务中心之间开通了专门的业务网络邮箱，并成功接收和发送邮件1000多封。

2012年，全市召开网上审批和电子监察会议，投资6万元安装了个人行为管理器、路由器和网络防火墙等设施，成立了以常务副县长为领导的工作小组。要求各单位明确一名分管领导负责该项工作，指定专职人员统一进行网上登记和录入工作。至2012年底，共有29个单位完成了网上审批和电子监察的录入工作，录入项目225项。2013年，为保证网上审批和电子监察系统正常运行，在各局录入完毕，县政务服务中心、法制办、监察局联合审查确保项目无误后，进行统一整理，并配备了秘钥，确保各单位专人负责，政务中心专人管理，防止各单位部门业务事项随意进出、前店后厂、体外循环等问题发生。2013 年 11 月，中心投资 1 万元建立了电子评价系统，电子评价对窗口工作起到促进作用。

2009 年 6 月中旬，枣强县专门成立新科室（信息公开公文运转中心），增添办公设备。县政府转发市政府《关于全面贯彻落实〈中华人民共和国政府信息公开条例〉的通知》作为全县政府信息公开的工作指导纲要。制定《主动公开制度》《依申请公开制度》《政府信息公开保密审查制度》《举报调查制度》《监督检查制度》等八项制度。转发了市政府《政府信息公开责任追究制度》等一系列工作制度，为指导各乡镇、各部门做好信息公开工作提供依据。同时，各乡镇、各部门也结合部门实际，制定政府信息公开实施方案和相关工作制度。

2010 年为做好政府信息公开工作，一是成立了以常务副县长和纪委书记为组长，相关单位一把手为成员的政府信息公开领导小组，同时成立以县纪委副书记、政府办副主任为组长，相关单位人员为成员的政府信息公开协调运行小组。县政府转发市政府《关于全面贯彻落实〈中华人民共和国政府信息公开条例〉的通知》《政府信息公开责任追究制度》，并以此作为全县政府信息公开工作的指导纲要，为指导各乡镇、各部门做好信息公开工作提供了依据。制定《主动公开制度》《依申请公开制度》等八项制度。

2011 年，推动全县政府信息公开工作规范有序开展，并完成政府信息公开 CA 证书的认证工作。

2012 年县政府转发市政府《关于全面贯彻落实〈中华人民共和国政府信息公开条例〉的通知》作为全县政府信息公开的工作的指导纲要。制定《主动公开制度》《依申请公开制度》《政府信息公开保密审查制度》《举报调查制度》《监督检查制度》等八项制度。转发了市政府《政府信息公开责任追究制度》等一系列工作制度，为指导各乡镇、各部门做好信息公开工作提供依据。同时，各乡镇、各部门也结合部门实际，制定政府信息公开实施方案和相关工作制度。

2013 年根据衡水市出台的《衡水市人民政府办公室关于印发当前政府信息公开重点工作安排的通知》和《衡水市人民政府办公室关于进一步加强政府信息公开回应社会关切提升政府公信力的实施意见》文件精神，促进在推进财政预算、“三公”经费和行政经费、保障性住房、生产安全事故、征地拆迁等方面的政府信息公开工作的落实，2010 年—2013 年网上发布主动公开的政府信息分别为 1372 条、3308 条、3980 条、4500 条，在衡水市政府信息公开平台清理过期信息、非规范性文件、重复发布文件及不合要求的信息 214 条。

2009 年 6 月在政府办公室内部成立政府信息公开公文运转中心，对办公室进行了装修、粉刷，增添了办公设备：微机 3 台、彩色激光打印机 1 台、黑白激光打印机 2 台、文件专用柜 4 组。软件方面：建立电子公文交换系统，实现全省政府系统内正式文件的运转、交换和共享，节约公文的传送费用，提高了传输效率。建立电子公文期刊管理系统，对县委、县政府及两办非涉密公文期刊停止纸质印发，实现了无纸化办公，减少物质消耗，提高工作效率。建立全市市、县、乡三级分级集合的一体化政府信息公开系统，实现平台统一、资源共享、信息规范的全市政府信息网上公开体系。2009 年网上接收电子公文 22 个，并进行了逐一登记、分发传阅；向各乡镇、部门下发纸质文件、通知共 200 个，网上下发电子公文期刊共 46 个。2010 年起草、制定公文运转制度，保密文件使用管理制度，接收市政府电子公文期刊规定，网上发布公文、期刊、通知登记表，政府公文、期刊、通知网上发布接收流程图并上墙，制定针对个别单位对网上发布公文不按时签收情况，以政府办公室黑头通知形式下发了关于 2010 年公文网上签收情况通报，并由专人负责，一般要在二十四小时内传阅，针对特殊紧急情况的，收到后，及时经主管领导签阅。

2011 年，建立健全关于公文运转的各项规章制度，在制度落实上下功夫。规范公文运转流程，建立责任追究制度。网上接收国务院、省、市来文 303 个，其中河北省公文交换系统接收通知 162 个，中共枣强县委办公室管理系统接收期刊 116 个；向市政府网上发送请示、报告类公文 2 个；向各乡镇、部门网上下发电子公文期刊共 25 个。

2012 年接收国务院、省、市来文 1356 个，其中河北省公文交换系统接收通知 260 个，中共枣强县委办公室管理系统接收期刊 640 个，并进行了逐一登记、分发传阅；向市政府网上发送请示、报告类公文 11 个；向各乡镇、部门网上下发电子公文期刊共 145 个。

2013 年接收国务院、省、市来文 1256 个，其中河北省公文交换系统接收通知 480 个，中共枣强县委办公室管理系统接收期刊 660 个，并进行了逐一登记、分发传阅；向市政府网上发送请示、报告类公文 18 个；向各乡镇、部门网上下发电子公文期刊共 153 个。

（县政府办）

邢台市

【概况】 邢台市电子政务工作以提高政府社会管理和公共服务为目标，围绕全市工作中心，服务全市工作大局，突出重点，整体推进，全市电子政务工作取得明显的成效，对助推全市经济和社会事业的发展起到支撑和保障作用。

2003年，邢台市按照“以用促建、以建带用”的原则，经过10多年的建设，已形成上连河北省，下连各县（市、区），横向连接市委、政府、人大、政协的电子政务内网网络平台，全市150多个市级和县（市、区）机构接入电子政务内网，基本实现全部市级部门和县（市、区）的互联互通；2004年，建成了电子政务外网网络平台，已有38个市政府部门及企事业单位接入电子政务外网，初步形成上连省政府、横向连接有关部门的电子政务外网网络体系。

2013年，以“中国邢台”市政府门户网站为龙头，全市21个县（市、区）、48个政府部门政府网站为子站，覆盖市、县两级政府网站体系基本形成，全市政务服务和政务公开水平得到大幅提升，各级政府网站已成为全市政务信息公开的窗口、外界了解邢台的渠道、政府与公众互动沟通的桥梁，有效提升了全市的公共服务和社会管理水平，保障公众的知情权、参与权、表达权和监督权，展现政府“高效、廉洁、透明”的新形象。

邢台市创新社会管理，在促进电子政务在数字城市、智慧城市、社会管理、城市管理、治安管理、建筑劳务市场管理等多方面的应用，取得明显实效。

截至2013年，邢台市通过一系列通信网络基础设施建设项目，加强了全业务领域基础设施的建设和共享，使通信网络基础环境得到了很大改善。光缆皮总长约2.65万公里，网络数据出口带宽达400G以上；全市固定电话用户86.51万户，交换机总容量114.8万门；移动电话网络用户399.59万余人，交换机总容量707万门；通过实施“村村通”工程，互联网宽带、电话、移动通信、广播电视实现了邢台地区全覆盖。信息技术在电子政务、工业、农业以及社会各领域的应用日趋广泛，应用水平不断提高。

2013年，邢台市电子政务应用按照提升行政效能、创建服务型政府的要求，紧密结合各地、各部门、各行业工作实际，深化部门和行业电子政务应用，依托电子政务内外网和专网开展了多个电子政务应用，公安、教育、卫生、安监、药监、城管、国土、环保、工商、税务等管理执法部门建设的多个专业应用系统基本达到了在线处理与交互阶段。“邢台市重点工作电子台账管理系统”“邢台市公文电子台账督办信息系统”“邢台市网上审批和电子监察系统”“电子公文交换系统”等网上应用在加强党委和政府自身建设，提高行政效能，有效履行公共服务、社会管理、市场监管和宏观调控等方面发挥了积极的作用。

《邢台市国民经济和社会信息化“十二五”规划》对邢台市“十二五”期间的通信基础设施建设、数字城市建设、电子政务建设、推进信息化与工业化融合、农业信息化建设、推进社会公共服务各领域信息化建设以及促进信息资源共享等方面进行详细规划。邢台市将按照“十二五”规划的要求和部署，依托全市电子政务网络及基础平台，以“智慧邢台”建设为统领和契机，加快完善以保障和改善民生为重点的电子政务公共服务体系建设。一是在“智慧邢台”的框架下，科学谋划、同步推进全市电子政务建设和应用工作，不断提升电子政务智慧化水平，有力支撑“学习型、服务型、创新型政府建设。二是充分利用现有电子政务网络平台，整合各部门数据资源，建设统一规划、统一标准、统一网络、统一监管、分级实施的公务网络平台。三是继续深化电子政务项目系统应用，积极推动电子政务向基层县区、乡镇延伸，实现重点业务领域跨部门协同和互联互通，提高信息资源共享的水平，提高电子政务的应用服务水平和资金使用效率。四是进一步提高“中国邢台”政府门户网站建设水平，以服务公众和企业为中心，强化信息公开、网上办事和互动交流等功能，不断提升网站建设和服务水平。五是做好信息安全保障工作，把电子政务安全体系建设融合在电子政务的网络建设和业务系统开发的过程中，提高电子政务系统的安全性和可靠性。

【电子台账动态管理系统】 2012年4月，邢台市建成了“邢台市重点工作电子台账动态管理系统”。邢台市委、市政府通过该项目的实施，改进全市重点工作的目标管理模式，实现了“实时监控、提前预警、超期问责”。市重点工作电子台账动态管理系统运用现代信息网络技术对市委、市政府重点工作任务落实情况实行动态管理，（系统的主要监察内容为全市的重大事项、重要工作和重点项目，包括市区大气污染综合整治等十项工作，市委部门的主要工作和市政府工作报告分解内容，以及县市区年终考核的重点项目和市区城建工程项目）在电子台账系统中将工作任务进行分解细化，明确目标和时间节点，通过电子督查、远程监管、分类查询、短信提醒、智能分析、工作汇报、监察预警和大屏展示等方式，对各项工作进展情况进行审核评价，并定期或不定期进行现场督查，实时掌握工作进展状态，有力推动了整体工作的顺利开展。

【公文电子台账督办信息系统】 2013年7月，市长孟祥伟提出“要采取信息化办法，降强度提效率”，邢台市政府办公室利用先进的互联网技术，基于虚拟办公专网搭建了一套集公文传输、公文签批、督查督办、信息期刊、邢台信息数据库等功能于一体的“邢台市政府公文电子台账督办信息系统”，2014年1月1日正式运行，实现了领导批示件的接收、运转、督办、落实全程信息化、网络化，大幅度地提高了办公效率。市政府及市政府办公室领导、市政府办公室各科室、市直71个政府部门（单位）、21个县（市、区）政府使用督办信息系统开展网上办公。市政府督查室通过督办信息系统对领导批示件进行督办，向各责任单位下发督办问询，并会同相关业务科室对各责任单位上报的办理情况进行审核、评价、梳理、汇总，及时准确地向市领导反馈督办落实情况。2014年2月，为满足出差在外领导干部和工作人员随时随地处理文件、调度工作、查阅资料的需求，对全系统进行了升级和加密，使用人可通过密钥远程登录系统，保证了系统安全稳定运行。自系统启用以来，市政府领导和工作人员通过督办信息系统办理公文1800余件（次），发布信息刊物200余份，推动了机关政务信息化，提高了机关工作效率和运转效率，降低了行政成本，规范了办公流程，创新了办公模式。

【网上审批和电子监察】 为了实现行政权力公开透明运行，提高行政效能、创新监察模式、推进科技防腐，2009年6月，邢台市网上审批和电子监察系统建成并开通运行，实现了市、县两级网上审批和电子监察，形成了全市统一的网上审批电子监察信息化监管体系。系统依托市政府政务内网平台，在47个市直部门、21个县（市、区）部署实施，按照外网受理、内网办理、外网反馈的方式，为公众提供网上申报、表格下载、状态查询、办理结果反馈、在线答疑等公共服务。各级政府部门按照职能划分，条块结合、上下联动、业务协同、并联审批，纪检监察部门预警纠错，限时办结、绩效考核、全程监控，达到了行政审批事项的“一站式服务、一窗式受理、一条龙审批”的目标，实现了市直各部门之间、市县之间行政审批事项的网上办理、实时监察、信息服务、统计分析、绩效考核等功能。

2013年，全市网上审批和电子监察系统运行正常，全市47个市直部门、331项行政审批事项，县级平均23个部门、224项审批事项全部纳入网上审批和电子监察系统。至2013年12月，全市共累计受理业务1258693件，累计办结1233289件，办结率98%，提前办结率72%，审批效率提高了30%－50%，项目审批时间平均缩短2/3以上。

【电子公文交换系统】 2008年3月，邢台市政府办公室组织全市21个县（市、区）政府、10多个市直部门（单位），举办全市政府系统电子公文交换暨公文处理工作培训班。2008年4月，市政府办公室派专人对全市公文交换系统平台进行统一测试，21个县（市、区）及10个试点部门顺利通过测试。2008年5月，顺利完成政府公文交换市级分中心、县（市、区）政府和市政府有关部门系统平台搭建工作，邢台市作为全省市级政府系统电子公文交换推广工作试点，在全省率先实现正式公文的网上传输。各县（市、区）政府、市直各部门通过公文交换系统实现正式公文的网上报送、签收、办理等工作。系统运行以来，全市通过系统共收发电子公文千余份，省、市、县三级公文处理成本明显降低，公文流转效率大大提高，基本实现了无纸化传输，提高了机关办公效率，电子公文交换系统在运行中体现出性能稳定、可靠、便捷的特点。

【“智慧邢台”项目建设】 2010年6月，邢台市政府全面启动“数字城市”建设项目，与中国联通河北省分公司正式签订了长期战略合作协议，2013年3月又签署“智慧邢台”建设战略合作协议，确定了双方合作内容和保障机制，合作聚焦智慧政府、智慧企业、智慧生活三大领域，加强信息基础设施建设，实现“3G”网络全覆盖，共同推进数字城市、移动电子政务、数字社区、数字旅游、智能交通、数字物流、居民一卡通、智慧医疗、智慧教育、智慧金融十大行业示范工程建设。通过搭建统一的云数据中心，将孤立的行业应用进行归纳、汇总、整合，使各职能部门、各行业领域间实现数据共享，形成协同效应，在实现百姓生活智能化的同时，可有效提高政务效率，提高城市管理水平。已建成地理信息、卫星定位、视频指挥调度、大型数据库、计算机辅助决策、大屏幕显示等六大系统，应用覆盖全市“数字邢台”“数字城管”“天网工程”等电子政务工程项目。

【政务地理空间信息资源平台】 2012年，邢台市初步完成政务地理空间信息资源平台建设。该平台除了支撑网格化城市管理、社会服务管理等重要信息系统外，还向全市共享多个政务信息图层和12038条普查地名、地址、兴趣点地理编码，583.5公里道路实景影像，以及1∶500基础地形图、航拍影像地图等。到2013年底，系统平台已开始为数字化城市管理、天网工程信息系统提供基础数据服务，今后还将陆续为国土、规划、卫生、市政、公安等多个业务部门应用系统提供信息共享服务。

【数字化城管系统】 2010年，在市委市政府的组织领导下，投资2000万元，建成了邢台市数字化城市管理系统，成立了邢台市数字化城市管理服务中心。该系统依托电子政务外网，基于邢台市政务地理空间信息资源平台、卫星定位系统、大型数据库系统、计算机决策中心系统搭建，广泛采用了3G新技术，利用“城管通”终端视频、音频、图片传输功能，对城区市容市貌实施网格化、数字化、信息化管理。同时，依托政务网，在三区一县设立了区级指挥中心，在公安局、规划局、供电局等22个市直单位和9个企业事业单位设置了系统终端。系统覆盖区域包括桥西区、桥东区、邢台县和高开区，共约70平方公里，基本实现市区全覆盖。

数字化城管系统除包括监管数据无线采集子系统、监督中心受理子系统等9个核心子系统外，还延伸开发了视频监控对接子系统、移动督办子系统、12319对接子系统、监督员管理子系统、业务短信子系统、门前三包子系统等6个子系统，使整个系统功能更加完善。

数字城管系统运行以来，将市区70平方公里建成区划分出34个管理网格，每个管理网格约2-3平方公里，明确99项市民关心关注的具体管理事项，初步建立“管理网格化、监管无盲区、任务更明确、分级抓落实、责任追到人”的管理责任链条，实现了监督指挥部门与处置责任单位在案件办理环节上的有效对标。监督员日均上报案件（问题）900余件，是系统运行前的30倍，确认并转办工作任务3-5分钟就能完成，责任单位最短半个小时就能处置完毕，使城市管理中监督、发现、转办、处置执行效率大大提高。2013年，数字城管系统平台受理监督员上报和12319热线投诉案件共计20.8万件，立案18.6万件，结案17.5万件，结案率93.58%。

【平安邢台“天网工程”】 截至2012年，邢台市投入2.7亿元用于技防建设，安装监控探头42872个，报警设施18791个，党政机关、金融单位、供水供电等重点部位视频安装率100%，市区、县城均实现了技防设施全覆盖。2012年6月，又投入约6000万元，全面完成了城区“数字化城市”（二期）暨“天网工程”建设。对邢台城区出入口、主干道、中心广场、繁华地段，重点部位技防设施进行升级改造，新建视频探头1713个，其中标清探头1601个，高清探头112个，形成了集全市治安、消防、城管、应急、交通、自然灾害等多种指挥与调度于一体的数字城市网络体系。2013年，邢台市开展了“天网”三期工程建设。110指挥中心在市区已全部实现联网的基础上，整合全市县乡村重点部位，通过市、县二级公安机关监控视频图像互联、互通、互调、互控，实现城乡技防全覆盖。新建警务工作站、治安卡口290余个，实现全市治安管理监督、指挥、执法、处置和评价工作的数字化，推动“扁平化指挥、网格化巡控”新型巡防警务模式上升到一个新台阶。到2013年底，基本构建起与邢台市经济社会发展和公安工作需要相适应的“天网工程”项目应用体系，完成全市公安机关应用共享平台和各级视频报警系统建设。整合社会资源、扩展业务范围、优化业务流程，最终实现较为完善的数字化治安防控综合管理体系。

【邢台市“金保工程”建设】

2005年，邢台市全面启动“金保工程”建设工作，按照“完整、正确、统一、及时、安全”的总要求，加大信息化建设力度，大胆进行体制改革和创新，打破部门分割，按照核心业务流程划分设置机构、分配职能、简化程序、规范管理，建成了涵盖全市参保人员养老、就业、医疗等社保信息的统一社保数据中心，在全省率先完成“五保合一”，实现“统一参保、统一征缴、统一发放、统一管理”和各险种实行统一缴费基数和业务规范。依托统一的数据中心平台，简化业务办理流程，实现数据资源的高度共享，由原来多个窗口办理转变为“基金稽核征缴中心”和“基金管理支付中心”，“一口进一口出”一站式窗口模式，为城乡劳动者提供“记录一生，管理一生，服务一生”的信息化服务，实现“同人、同城、同库”的目标。同时，大力开展了“金保”业务专网建设。到2013年底已经实现邢台地区“金保网络”全覆盖，完成纵向连接全市所有县（市、区），横向连接财政、地税、银行及二百多家“两定”单位（定点医院、定点零售药店）的“金保”网络体系。2005年，邢台市被列为全国首批“金保工程”示范城市、河北省实现社会保险“五保合一”数据集中的示范地市、2011年被省人社厅列为“河北省社会保障卡试点城市”。

【建设系统综合信息化监管平台】

邢台市建设系统依托市、县、直属单位三级网站平台，建设研发了远程监控系统、农民工网上培训学校系统、网上行政审批系统、工程质量监管系统、建筑材料检测数据自动采集系统和建筑劳务实名制一卡通网络管理系统，搭建起了建设系统综合信息化监管系统平台。利用网络平台，强力推行建筑一卡通，实现了对建筑劳务市场的科学化、规范化、信息化监管，有效保障了工程质量、施工安全，规范建筑劳务市场秩序，规范施工现场监督，从根本上破解农民工工资拖欠难题，取得良好的社会效果。积极利用网络平台建立了农民工网上培训学校，打破时空限制，最大限度地开展农民工全员培训，实现培训教育全覆盖，使更多一线农民工“边盖楼房、边上学堂”接受培训教育，大大提高了农民工的能力和素质。2010年9月，时任国务院总理温家宝、副总理回良玉、张德江均做出肯定性批示；工信部、劳动人事部、建设部等对农民工网上学校、建筑劳务实名制一卡通等做法给予了充分的肯定，并向全国推广；农民工网上学校被中华全国总工会授予“全国工会创业培训基地”。中央电视台《新闻联播》以“河北邢台全方位培训，让农民工转得出留得住”为题进行了详细报道。

2013年3月7日，邢台市召开2013年度建筑一卡通工作部署会。截至2012年底，全市各级建设行政主管部门严把前期审批、中期监管和后期验收三关，已在全市21个县市区的392家企业、480个建筑工地全面推行建筑一卡通，累计办卡61800多张，通过系统发放农民工工资2.68亿元，在工程参建主体信息录入率、从业人员持卡率、刷卡率和工资发放率4个方面达到100%。

【“中国邢台”市政府门户网站建设】 2013年，按照省政府《2013年河北省政府网站绩效评估指标体系》的要求，在市政府门户网站建设中以“政务公开”、“网上办事”、“互动交流”三大功能为重点，对“中国邢台”网站相关栏目进行全面调整，内容进行了充实，以强化网站政务服务功能为核心，重点充实政务公开的相关栏目和内容，改进在线办事服务，进一步突出政府门户网站的实用性和互动性。

按照全省政府信息公开工作的要求，建立健全了全市政府信息公开目录体系，全市全面建成了“向下延伸到底，横向覆盖到边”的市、县、乡（镇、办）三级政府信息公开网络体系。按照要求公开政府信息，如政府信息公开指南、目录和年度报告等。全市85个责任主体2013年全年共发布政府信息33700余条，比上年同期增长了30%。

继续完善政务公开栏目，增加“政府会议”“招商引资”“专题专栏”等栏目。加大了重点领域信息公开，推进财政、保障性住房、食品安全、环境保护、招投标、生产安全事故、征地拆迁、价格和收费等8个重点领域的信息公开。根据市委、市政府工作重点，适时在网站上推出专题专栏宣传工作。进一步加强非行政许可类的服务事项的公开。每天按时更新市内政务动态信息、县市区信息、市政府部门信息、政府文件、计划总结、发展规划、统计数据、公告公示、图片信息等信息，2013年全年累计发布38835条；开办特色专题14个，包括“党的群众路线教育实践活动”“解放思想大讨论活动”“重点领域信息公开”“两会之后看落实”“论苑”等专栏。

对网上办事板块进行全面调整，对企业、公众、社会群体等3类服务对象设置服务通道，深度整合资源，对市直部门办事服务事项逐一进行梳理，打破行业和主管部门界限，建立以自然人生命周期、法人开业歇业办事周期等为线索的办事栏目和便民服务窗口。分为教育、社保、就业、医疗、交通、证件办理、公用事业、婚育、企业开办、经营纳税、资质认定等34类服务领域，每一项领域下按照指标体系细分，公开每一项服务的政策、解读、办事指南、办事流程，表格下载等。到2013年底共整合各部门服务信息1800余条，最大程度地为市民和企业提供办事服务。同时，进一步完善了导航和检索功能，通过办事指引和页面链接等提供“一站式”服务入口，进入网上电子政务大厅，实现群众办理行政审批和公共服务事项的网上咨询、下载、受理、初审、审批、投诉等。

完善参与渠道，互动交流时效不断增强。在“中国邢台”市政府门户网站打造了“市长信箱受办理系统”，集中受理公众提出的咨询、建议、投诉、求助等信件，并建立了配套的受理、办理和回复运行机制，做到了群众来信件件有着落，事事有回音。到2013年底，该系统已成为政府和公众沟通的一个重要通道，全年“市长信箱”共受理各类诉求信件2635件，有效信件1350件，转办1012件，直接答复338件，办结率100%。

邢台市政府办公室负责指导、督促全市各县（市、区）政府、市政府各部门网站建设、管理和信息安全运维保障工作。为加强全市网站安全管理和运维保障，市政府办公室建立了邢台市政府网站建设和管理办法、信息更新和保密审查管理制度、网站运行维护制度和机房管理制度，并制订了信息系统和网站安全应急预案。各地、各部门网站落实了分管领导和承办人员，有专人负责维护、更新信息，上网信息严格按照《邢台市政府信息公开发布审核制度》的要求，坚持“谁上网谁负责，谁审核谁负责”的原则，制定信息搜集、处理、审核、报送工作程序，严格审查把关，防止涉及国家秘密和危及国家安全、公用安全、经济安全、社会稳定的信息上网。市政府门户网站后台管理系统由市政府办公室统一负责，建立了严格的密码发放管理制度，严格后台数据管理，妥善保管登录账号，要求密码口令定期更换，确保上网信息安全。

邢台市高度重视政府网站人才队伍建设，不断提高政府网站维护管理队伍的整体素质，按照政治强、业务精、作风正、纪律严的要求，积极打造一支服务意识好、安全意识强、业务技术过硬的网站维护管理团队。每年组织一次政府网站培训班，聘请有关专家针对网站日常管理、网站信息发布、互联网新技术等进行培训。同时，借鉴其他政府网站建设和管理的经验、做法，全力打造优质高效的政府网站，促进全市政府网站建设和管理水平不断提高。

【网络与信息安全保障管理】 邢台市专门成立了网络信息安全管理领导小组，由市工信局牵头，负责组织、指导和协调全市网络信息安全保密管理工作。制订《邢台市网络与信息安全突发事件应急预案》《邢台市电子政务内网管理办法》《邢台市政府门户网站管理办法》《邢台市信息系统运行维护管理制度》等十几套网络与信息安全管理制度，并严抓落实。2013年，邢台市建设安全、稳定、统一的邢台市电子政务内、外网技术安全支撑体系。结合电子政务内、外网平台，在物理安全、边界安全、访问控制、入侵检测、漏洞扫描、负载均衡、流量控制、网页防篡改、安全审计、准入审核、防病毒、防攻击、防泄密等方面配备专门设备，保障电子政务系统安全运行。构建各级网络服务中心，实现网络管理、数据管理、数据存储和备份，数据交换、安全管理等功能，形成了统一的安全保障体系和信任体系。

政府门户网站安全管理不断完善。一是完善信息安全责任制。严格落实信息发布审查制度，从信息采集、编辑、审核到发布，均明确专人明确职责，确保政府门户网站发布信息及时、准确，确保做到“涉密信息不上网，上网信息不涉密”。二是加强网站数据安全建设。明确专人将网站服务器数据定时迁移、保存，做到定期数据备份。三是切实加强网站技术防范。利用硬件防毒墙、网页防篡改、数据库实时备份等软硬件系统，完善信息安全策略。严格身份认证，关闭不必要的端口与服务，堵塞安全漏洞，减少安全风险。四是进一步加强值班值守。网站设备运行管理情况明确专人负责，实行每日检查，及时处理安全隐患。五是进一步健全网站安全应急处置预案。组织相关人员有针对性地开展专项演练，提高了安全责任意识，增强了安全事故的应急处置能力。六是完善网站机房管理、机房巡检、资产管理、出入登记、人员职责管理等制度，并做到制度上墙，狠抓落实，用制度化手段保障网站安全。

（市政府办）

大曹庄管理区

大曹庄管理区电子政务应用自2003年3月省属农牧场实施管理体制改革后开始，围绕区委、管发会中心工作，坚持以服务为宗旨，以应用为主导，做好电子政务建设工作。建设了两套并行、完全物理隔离的网络光纤线路，分别应用于政务专网与互联网的服务。其中，财政、统计、人事劳动、组织等部门设有专网，与上级单位互联，内部局域网接入多台电脑与互联网相连。部分单位已在互联网和政务内网上开展了网上信息发布、政务信息资源共享、办公自动化平台及与部门建立虚拟专网特色应用。到2013年底，办公自动化文件收发万余份，虚拟专用网络接入用户8个。办公自动化系统和虚拟专网的各种应用，为区委、管委会节省了大量的人力、物力和财力，极大地提高了政府办事效率。将政府活动、重大决策等信息在网站及时发布，涉及行政审批部门的行政审批事项和办理程序等信息重点公开，政府信息公开平台及时发布教育、计生、农业、旅游等与群众利益密切相关的政务信息。

领导层面对办公自动化应用不熟练，使用积极性不高，不能有力推动本部门、本乡镇的电子政务工作，一定程度上影响了电子政务进程。党政机关工作人员计算机应用水平偏低，不能适应电子政务的发展要求，造成政务信息公开没有大的起色，办公自动化系统应用仍然困难。由于资金短缺，以计算机为主的信息化设备配置水平较低。

发展电子政务必须在科学发展观的指导下，以建立统一的电子政务网络平台为重点，整合资源，促进信息共享，加大信息资源的开发力度，更好地发挥电子政务的综合效应；以开发应用为核心，促进业务系统建设和应用，加快办公自动化步伐，推进政府管理方式创新，不断提高政府工作效能。争取基本实现政务信息资源数字化，内部办公过程无纸化，对外审批服务网络化，为社会提供“一站式服务”，促进全县各级各部门的监管能力、依法行政能力和决策能力的提高。

（区管委会办公室）

广宗县

广宗县电子政务工作在县委县政府的领导下，建设加速，政务信息网快速推进，网站建设进展迅速，各机关局域网建设进度加快，运用网络服务日渐增多，电子政务工作取得进展。

1999年，邢台市政务信息网与广宗县联网工程建成，通过拨号上网方式连接政务内网收发通知实现办公自动化。2003年6月，为适应新时期工作要求，政务内网通过专线光缆与市政府内网连接，在连接速度与保密性上实现进一步提高。截至2013年底，广宗县政务内网运行良好，年收发通知、信息600余条。政务内网运行良好。

以“广宗政府网”为门户的政府网站建设进展迅速。广宗县政府网创建于2009年，设十多个为公众服务的栏目，发布5000多项为民办事事项，办事功能不断完善。全年发布新闻类稿件12000多条，刊载招商引资信息600多条，及时传播县委、县政府的声音，展示广宗经济建设和社会发展的成就，报道日臻完善的投资环境，提升广宗形象，扩大对外宣传，起到网络媒体独特的作用，访问人数明显增加。“广宗审计网”“广宗民政网”等一批网站相继建成并及时更新网站信息，充实网站内容，提高网站点击率。

2010年，广播电视网络中心对城区广电网络进行全面数字化升级，解决困扰多年的部分用户信号质量差、有线电视故障率高的现象，改造后的网络传输能力提高，收视质量明显改善。

县直各部门信息化推进速度加快，电子政务应用进一步深化。60%的政府部门建立本单位内部的局域网络，政府部门使用信息管理系统的比率进一步提高。医保信息系统、国税和地税税收征管系统、多元化申报、交通指挥信息系统、公安计算机三级网等一批信息管理系统在各系统发挥着重要作用。

计算机教育蓬勃发展，广宗中学、广宗职教中心、县属各中小学和社会办学机构计算机网络教学效用明显。截至 2013 年 12 月，全县建立多媒体教室 58 间，语音室 23 间，校园广播系统 109 套，信息技术教育效用明显。

2008 年启动建设“天网工程”治安防控体系，全县安装电子监控探头 849 个，城区电子监控覆盖面 80%，提高了打击犯罪能力，增强了人民群众安全感。

利用信息化手段切实为“三农”服务，远程教育成为富民“向导”。广宗县在全县构建远程教育服务网络，全县 9 个乡镇区已全部开通互联网，远程教育培训农村党员 5000 余人次，500 多名党员将通过远程教育学来的技术用于实践。远程教育成为农民发家致富的“向导”。实行电脑网络连接，一站式办公，一条龙服务，全方位提供职业介绍、劳务输出等方面的信息，构建劳务输出信息平台，使“信息化”在务工人员和用工单位之间架起一座桥梁，实现双赢。2013 年，全县转移农村富余劳动力 4.8 万人，劳务收入达 4.02 亿元。

卫生系统信息化运用日趋完善。2008 年以来，县直医疗卫生系统共投入 300 余万元资金购置电脑、应用软件及网络改造。县直医院全部开通内部局域网，实现医院内部医疗技术和病人信息共享。

（县政府办）

巨鹿县

巨鹿县电子政务经历了从少到多、从单一到多元、从简单办公到全方位覆盖的发展过程。自 1998 年开始使用市政府电子内网以后，巨鹿县电子政务日益完善，形成电子政务内网、政府信息公开平台、政府网站、政府办公自动化、网上审批五大电子政务系统，为办公提效、行政提质、信息公开、便民服务起到了重要作用。

1998 年巨鹿县开通电子政务内网，县政府通过电话直接拨号与邢台市政府连接，使用 Lotus Notes 软件与邢台市政府开始内网办公，并确定专人负责管理。2003 年升级为联通光纤专线连接网络，配备光端机、路由器、交换机，实现省、市、县三级政府内网系统的互通，可以 24 小时在线接收文件通知，确保文件通知传送的稳定性、及时性、安全性。2008 年在电子政务内网新上电子公文交换系统，与邢台市公文交换中心互联互通，使用信息交换与应用集成技术、适配器技术、基于 XML 的信息表示、电子公章技术等，配备彩色激光打印机，实现省、市、县三级政府通过网络办理、签批、收发红头文件。

2008 年开通巨鹿县政府信息公开平台，系统由管理子系统、聚合子系统和服务子系统构成，通过客户端模块将信息提交到系统中心服务器，为邢台市政府信息公开资源库提供信息源，生成巨鹿县政府信息公开平台专版，系统采用主动公开与依申请公开的互补式架构，使静态信息发布与动态信息更新相结合，平台具有信息采集、编辑、审核、发布报送等功能，方便快捷地实现网上发布，同时编制了巨鹿县政府信息公开指南和公开目录，向社会及时公开政府信息。2013 年巨鹿县政府信息公开平台向各乡镇、县政府各部门延伸，系统以 Topway CMS 为核心组件，基于 J2EE 技术，是具有优秀架构和良好扩展性的信息管理和资源聚合平台，信息由聚合系统聚合到省市政府信息公开平台，该系统服务器地址为县政府网站的二级域名：http：//info.julu.gov.cn/，与县政府网站安装在同一台服务器。用户涵盖全县 11 个乡镇、1 个经济开发区和 76 个县政府组成部门，做到“向下延伸到底、横向覆盖到边”，各单位明确主管领导和负责人员管理平台，并召开了巨鹿县信息公开平台建设培训会，邀请市政府信息科领导、软件设计公司工程师对政府信息公开工作和平台进行培训，确保政府信息公开平台运行维护好，信息公开发布更全面、更及时，满足广大群众的信息需求。

2004 年开通巨鹿县政府网站，由县政府研究室负责建设维护，网站域名为 http：//www. julu. gov. cn/。网站采用 HTML 静态页面，更新内容时需要在本机修改，然后整体上传至服务器运行网站。网站设置领导成员、巨鹿简介、政务公开、招商引资、特色农业、办事指南等栏目，成为宣传巨鹿、推介巨鹿的一个新平台。2008 年改版巨鹿县政府网站，改版后网站为 ASP 动态后台，更新内容时只需通过后台修改发布。网站设置今日巨鹿、政府报告、招商引资、特色农业、巨鹿工业、发展规划、信息公开、城市建设、视频巨鹿、民政互动等栏目，新增了政民互动、县长信箱栏目，群众参与积极，县长亲自查看批示并监督落实。2003 年开通巨鹿扶贫信息网，网站由国家外汇管理局援助建设，8 月 8 日正式上线。县政府专门装修两间办公室用作机房，通过联通光纤连接互联网，网站配备了路由器、网关、交换机和两台服务器，由 2 名专业人员管理维护网站，网站域名为 http：//www. julu. cn/。网站设置机构建设、扶贫信息、政策法规、产业扶贫、金融扶贫、社会扶贫、科教扶贫、经验总结、视频专栏等栏目，为广大群众脱贫致富提供信息帮助。同时财政局、公安局、农业局、食药监局、教育局、人劳社保局、县医院等部门开通网站，宣传公开单位业务信息。

2009 年在全县开通政府信息化系统（即联通公司信息魅力系统）。该系统是集通讯、办公、管理为一体的综合信息服务平台，提供办公自动化、流程管理、信息管理、场景监控、网络 U 盘、网络传真、个人助理等 24 个应用模块，为县委、县政府搭建两个局域网，经安全网关实现局域网的安全控制，通过 VPN 虚拟专用通道登录系统，全县开通乡镇、部门共计 106 个。对所有平台接入单位信息员进行培训，登录系统后可进行公文、通知的起草和收发，也可通过短信接收通知。

2009年依托巨鹿县行政服务中心网站，建设了网上审批与电子监察系统，配备了服务器、数据库和70台微型计算机。网站域名http：//www.jlxxafwzx.com/。网站设置中心概况、申报导航、审批公示、法律法规政策、公共服务、今日巨鹿、公共资源交易、外部新闻等栏目。网上审批与电子监察系统具备市县对接、网上审批和电子监察功能，行政审批事项从申请、受理、审核到批准打证，全部在网上审批系统内进行，现对行政审批、服务和收费项目进行清理审核，确定452个项目办理流程录入网上审批系统，严格按照“一个窗口受理、一站式审批、一条龙服务、一个窗口收费”的规定，执行一次性告知制，将办理事项的依据、办理条件、办理程序、申请材料、办结时限等六项公开内容纳入系统审批，并通过电子监察系统接受市、县纪检部门全程监督。

（县政府办）

临城县

临城县电子政务于2005年开通，到2013年已经发展9年。2005年政府网站挂靠在市政府网站，2006年5月5日开通临城县政府网站，网站域名为：www.lch.gov.cn。临城县电子政务正式拉开序幕，对政府提高工作效率，规范行政行为，具有很大的促进作用。2009年12月1日正式开通“中国·临城”政府门户网站，域名为：www.lincheng.gov.cn。2009年12月3日，临城县召开了政府信息公开工作会议，各乡镇党政办主任，县政府各部门办公室主任共计60余人参加了会议。在会上，下发了《关于成立政府信息公开工作领导小组的通知》和《关于印发临城县政府信息公开工作实施方案的通知》，并就全县政府信息公开工作进行了安排和部署。进一步规范电子政务发展，为临城县政务公开提供保障。2010年在邢台市政府网站开通窗口，专版公开临城县政府信息。方便全市群众在市政府网站了解政务公开、政务服务体系建设、便民服务事项等信息。2013年5月开通临城县政府信息公开平台网站：info.lincheng.gov.cn。该平台有效推动了反腐倡廉工作，提升了政府公信力、促进了政府与公众合作，推动了县城经济发展，推动了以人为本的和谐县城建设。

主要电子政务应用情况包括：临城县政府网站、临城县政府信息公开平台、临城县党政机关信息化办公系统、邢台市政府网站临城县信息窗口。政府网站：2005年临城县政府网站挂靠在市政府网站，2006年临城县政府门户网站正式开通，域名为www.lch.gov.cn。为进一步提升临城县在互联网上的形象，突出临城特色和产品，统筹解决好政务和商务信息发布，更好地为社会公众提供服务，根据县主要领导要求，临城县政府办公室对其进行了全新改版，最终于2009年12月份正式开通“中国·临城”政府门户网站，域名为：www.lincheng.gov.cn。政府网站在扩大对外宣传、服务社会公众等方面发挥了重要作用。政府信息公开平台：2013年5月开通临城县政府信息公开平台网站：info.lincheng.gov.cn。该平台已实现县直单位、各乡镇直接上传信息，县政府办审核后可予以公开。有55个单位开通信息公开平台账号，并已正常投入使用。另外该系统可支持多种统计表并可导出excel格式表格，可统计各单位信息发布数量排名等。该平台有效推动全县的反腐倡廉工作；提升政府公信力、促进政府与公众合作；推动依法执政；推动经济发展、以人为本的和谐县城建设。邢台市政府网站临城县信息窗口：2010年在邢台市政府网站开通临城县信息公开窗口，专版公开临城县政府信息。该窗口主要发布临城县涉及民生、重要奖励、县直部门动态等方面信息。方便全市群众在市政府网站了解政务公开、政务服务体系建设、便民服务事项等信息。

临城县党政机关信息化办公系统是2012年2月1日开始筹建，5月5日建成并投入使用的电子政务平台。该系统是县乡两级党政系统各单位、各部门之间及单位内部进行文件办理和流转的无纸化网络办公应用系统，该系统依托成熟的互联网技术，可实现跨级别、跨部门的协同办公和公文交换，也可通过手机随时随地及时处理办公信息。同时，该系统公文流转模版、申办表单等内容均符合国家公文规范和标准，并可根据公文发布流程时限、待办事项轻重缓急程度、保密等级等内容，对所办事项进行全程跟踪督办，有效减少办理环节、缩短办理时间、提高行政效能。该系统临城县县委办公室、政府办公室、人大办公室、政协办公室首先开通并试运行，条件成熟后在各乡镇、其他各单位逐步推广应用。

临城县电子政务主要涉及的就是以上4个方面的平台，临城县政府网站、临城县政府信息公开平台、邢台市政府网站临城县信息窗口是向公众发布信息、与群众进行互动的平台。临城县党政机关信息化办公系统是县乡两级党政系统各单位、各部门之间及单位内部进行文件办理和流转的无纸化、跨级别、跨部门的协同办公和公文交换网络办公应用系统。

依托电子政务平台加强政务公开和政务服务应用。2009年12月份正式开通“中国·临城”政府门户网站，2009年公开各类政府信息667条；2010年公开各类政府信息760条；2011年公开各类政府信息累计1705条；2012年对外界主动公开政府信息累计3500余条；2013

年对外界主动公开政府信息累计4477条。

为保障政府信息系统安全，2007年5月制定《临城县政府网站维护及管理制度》，2008年5月制定《临城县人民政府办公室物理和环境安全管理制度》，2008年7月制定《网络信息安全应急预案》，2008年9月制定《U盘使用制度》《计算机网络信息管理保密制度》，2008年10月制定《政府信息公开工作考核制度》《政府信息公开工作社会评议制度》《政府信息公开责任追究制度》等8项制度，通过制度化、规范化来保障政府信息系统安全。

2006年计算机方面人才稀缺，由一名熟悉计算机的科员来协助管理政府官网。随着互联网的普及和相关人才的增多，2008年引进一名计算机方面专门人才，全面、统筹负责电子政务等事宜，开始着手筹建新网站，统筹负责和管理电子政务平台推广和建设。2013年随着高层次人才的引进，增加2名新同志，总人数3人，电子政务队伍逐渐专业化、高层次化。

临城县电子政务开通以来，电子政务的推行已促使互联网成为最方便、最快捷、性价比最优的一种政务公开途径，涉及政府的大量信息也主要是通过网络在社会上进行广泛传播，成为百姓认识政府最直接的“源头”。到2013年底，对外界主动公开政府信息累计11100余条。开发使用的党政机关信息化办公系统方便了党政系统各单位、各部门之间及单位内部进行文件办理和流转的无纸化、跨级别、跨部门的协同办公。

临城县电子政务存在的问题：一是电子政务信息公开形式有待进一步完善。二是对政府信息公开的宣传力度仍需进一步增强，在新闻发布会及政务信息发布新渠道方面需要进一步加强。三是在民生关注比较集中的方面，办事流程、所需资料等需要进一步细化。四是电子政务发展不仅需要政府能熟练地利用网站公布各类信息，而且公众能够利用政府网站进行各种项目的申报，同时还能与政府进行有效的互动。到2013年底政府网站的水平还处于政府信息发布的阶段，主要功能还是以查询信息为主，仅仅只是停留在“广而告之”的广告功能上，而不是实际的网上办公性质，网上申报、网上审批等尚未完全实现，不能满足政府与公众之间的双向互动要求。因此，提升互动水平还得从网站应用上下功夫，从根本上加大网站的互动功能。五是政府网站手机版、外文版建设需要进一步加强和完善。

（县政府办）

南宫市

南宫市电子政务工作坚持以需求为导向、以应用促发展的原则，突出政务公开、为民办事和公众参与三大功能，推进信息技术在公共行政领域的应用，提高政府经济调节、市场监管、社会管理、公共服务的能力，在电子政务建设上取得了一定成绩，已初步形成了包含网上公文传输、领导异地盖章、各单位局域网等内容的电子政务平台。

2010年成立电子政务建设工作领导小组，由市委常委、常务副市长任组长，政府办公室主任任副组长，加强对全市电子政务工作的综合协调，实现资源有效整合，防止各自为政，促进均衡协调发展。有关乡镇及市直部门的主要负责人亲自抓本乡镇、本部门电子政务工作，在机构建设、经费投入、人才培养、应用开发等方面加大力度，各乡镇、各部门的电子政务管理和执行机构，积极主动地争取领导的重视和支持，并善于把领导的重视和支持落实为具体工作措施，扎实有效地推进，扩大电子政务应用领域，提高电子政务应用水平和效率。

建设以“三网一库”为基本构架的政府系统的政务信息化枢纽框架。2012年新改版政府门户网站“中国·南宫”已经完成，网站内容日渐充实，功能逐步完善，已初步具有信息发布、网页浏览、电子邮箱、网上论坛、网上办事等功能，在推进政务公开、扩大对外宣传、促进招商引资等方面发挥了积极作用，为推进电子政务建设搭建了一个核心平台。政府办公室加大对省、邢台市信息内网的信息上报力度，信息报送数量、质量均名列省市前茅。同时，建立政府系统内网，各相关部门为成员单位，在公文上传下达上采取电子传输方式，逐步取代原有纸质公文。学习电子政务相关业务知识，重点学习内网建设、电子印章使用等内容，并将其运用到日常工作当中，在领导异地盖章批文上取得新突破。

加强数据资源、交换及安全管理建设。建立统一的政务数据交换中心，实现跨平台异构应用系统的数据交换、共享与集成，推进电子政务“一站式”服务。安全管理方面，按照国家、省电子政务系统规划部署和南宫市业务需求，基于PKI/PMI、密码及数字签名技术，建设全市统一的安全支撑平台，为各类业务系统和应用支撑平台提供模式统一的认证、加密、授权、时戳、审计服务和基本安全防护，由此完善电子政务安全服务体系，提供贯穿从网络到应用的整个电子政务的安全保障。合理规划和建设政务数据的备份、容差系统等基础设施，提高应对突发事件的能力，确保整个电子政务系统的安全运行。

建设完善重点应用系统。依托统一的电子政务平台，以政府核心业务、关键业务为主要线索，打破条块界限，着力推进跨部门的综合业务和信息系统的建设与整合，全面提升政府服务、管理和效率。市监察局、规划局、商务局、公安局、文明办、南宫中学、法院、民政局、审计局、职教中心、广电局、气象局、环保局、自来水公司等单位建立了互联网站。同时，创新启动重大产业项目绿色通道并联审批系统。围绕“效能”（提高项目审批效能）、“便利”（方便投资者）、“监察”（实行全程监察）的目标，全面落实“统一受理”“快速转办”“项目代办”“并联审批”和“办结告知”等要求，按照“统一规划、分步实施，先移植、后改造”的原则，充分利用政务信息网统一网络平台，完成重大产业项目绿色通道的横向和纵向互通。

培养人才，提高应用水平。通过广播、电视、报刊、网络等多种媒体形式，加大对社会各阶层的电子政务知识和政策的宣传力度。针对当前大学生热衷于回乡发展的实际，在全市引进和培养了一大批既懂信息技术又懂政务的高级复合型人才。同时，加强对广大公务员电子政务知识和技能的培训，建立电子政务考核制度，纳入目标管理，提高了全市机关电子政务应用能力。

（市政府办）

南和县

南和县在电子政务网络体系、统一应用平台体系、重点电子政务项目、长效机制体制和网络安全建设方面都取得了重大成效，从根本上促进了政务工作的公开透明，强化了与群众的密切联系，实现行政效率大幅提升，为县域经济社会的发展提供了强有力支撑。

2007年，南和县在顶层设计上搭建了具有全局性、关键性和基础性并协调各部门电子政务建设关系的重要平台——南和县政府门户网站，在横向上打通党委、人大、政府、政协等政务部门。2013年8月份，为适应南和县经济社会发展的新形势，对南和县政府门户网站进行改版升级，新增互动交流、办事指南等栏目，网站的在线服务、交流功能得到增强，实现查询方便化、内容规范化、维护制度化。新网站搭建在先进的网站集群系统平台上，通过部门子网站集中管理，纵向覆盖全县8个乡镇和48个政府部门，实现部门信息与公众信息网上资源共享。到2013年底南和县政府门户网站已成为政府政务信息公开的重要窗口，接受访问14万余次，发布各类信息3000余条。

南和县全力推进OA协同办公系统建设，该系统由公开招投标向社会公开采购，以此为枢纽将全县电子政务资源进行全方位整合，打造公文流转、请示审批、信息发布、移动办公、事项流程监控等立体化政务平台，实现无纸化办公和县乡级协同办公，提高办公效率。同时，对行政审批与监察系统、公共资源交易与监察系统进行整合，对这两大系统事项进行督察督办，并将其公开内容自动推送到政府门户、行政审批和公共资源交易等网站。2013年底硬件设备已安装调试完成，2014年5月1日起，南和县将摒弃纸质办公，全面实行电子化协同办公。

2010年6月，南和县政务服务中心审批及电子监察系统建立。主要用于各部门业务的网上申报、办理、办件情况查询及同步的电子监察，为全面规范部门审批行为、进行实时监察提供有力保障，到2013年底入驻审批部门36个，年入网审批量15万件，按时办结率达到100%。2013年4月初南和县公共资源交易平台正式运行，业务系统采取分段管理的模式将整个交易流程按照相对独立、相互制衡的原则分成六个管理单元，实现公共资源交易项目公开透明化。到2013年底已完成各类公共资源交易83宗，增节资金1.1亿元，交易中心被河北省纪检委、监察厅确定为全省3个公共资源交易中心建设示范点之一。南和“数字城管”项目由清华大学交通研究所负责设计，涉及部件13050个，实现城市部件分类入库、分层管理，做到对城市基础设施的动态监管和维护，以数字化、网格化、精细化模式全面提升城市管理水平，使城市管理工作走向主动管理、高效管理、长效管理。后续将与公安、交警相关系统“三网合一”，实现信息化建设和利用的低成本、高效率。

南和县推进以县政府门户网站和OA系统为核心的资源整合措施，逐步化解电子政务工作各自为政的现状，促进均衡协调发展，扩大电子政务应用领域，将全县电子政务工作走成“一盘棋”；按照“急用先行、成熟先上、科学先进、切实可行”的原则，逐步规范并制定标准，建立起政务信息共享的长效机制；同时在OA协同办公系统、数字城管等软硬件实行社会化公开招投标的基础上，进一步推进电子政务系统建设、运行维护的市场化，加强与IT企业的合作，发挥各自优势，促进电子政务建设和信息业的快速和谐发展。

加强网络安全建设。在电子政务外网安装防火墙，实施数据安全备份系统，同时将全县机房集中于县行政服务中心进行统一管理，实现一张网、一个数据中心、一个管理平台的安全体系，确保管理规范、安全。根据《中华人民共和国政府信息公开条例》，出台了《南和县政府信息公开保密审查制度》，实施“先审查、后发布，谁公开、谁负责”的原则，建设了一套政府信息公开的发布保密审核机制，保证全县门户网站及各部门上网信息的绝对安全。

（县政府办）

内丘县

内丘县政府信息网络中心隶属县政府办公室，负责政府门户网站的管理和维护工作。县人民政府信息网络中心是县政府门户网站的责任机构，隶属于县委宣传部，承担政府网站的建设、运行、维护和日常管理。其他单位明确了政府网站部门栏目建设的工作人员，规定了其职责，并确定了安全管理责任人和安全技术人员，制定了必要的管理制度、安全保密制度、网站维护、信息审核和责任追究等制度。

内丘县人民政府网站——内丘之窗成立于2002年11月，为了适应新形势，至2013年改版了5次。内丘之窗设有内丘概况、政务之窗、信息公开、政府法制、投资内丘、文化旅游、便民服务、学习雷锋、时政评说、热点专题、生活服务等11大类72个小栏目。栏目内容丰富，信息量大，涉及了县政府所有的县直单位、9个乡镇以及全部的党群、政法机关的工作，较全面地反映了内丘县各个方面的最新工作动态。内丘概况栏目全面系统宣传了内丘县经济社会概况、资源、设施、产业、特色物产等相对优势等，下设行政区划、自然资源、基础设施、城市建设、生态建设、经济建设、社会事业、特色物产子栏目。信息公开栏目从网站建设之初就已设立，依据发展需要和群众需求，不断更新完善，到2013年底，设有内丘县政府信息公开平台、行政审批、财政预决算、专项资金、住房保障、食品药品安全、环境保护、安全生产、价格和收费、征地拆迁、教育和社会保障等12项子栏目。基本做到了能在网上公开的政策法规、重大决策部署、领导活动、部门动态等内容，有关部门依照公开内容，待相关领导审批后，及时传至网络中心上网公布，便于干部群众查询。开设便民服务栏目，便于群众在网上办事、在网上咨询，努力做到能让群众在网上办理的事情，一律在网上办理；能让群众在网上咨询的事情，一律实现在网上咨询。

为方便大众网上办事、查阅资料，除了11大类72个栏目外，还专门设立了专题报告、图片新闻、网站地图、公众留言等四大特色栏目；为配合解放思想大讨论活动和大气污染防治等工作，适时推出了“热点专题”；为配合农村面貌改造提升工作，及时向社会发布内丘县新农村建设方面的政策措施，推出“新农村建设”专题；此外，还紧密配合当前形式，开辟了“生态文明建设”“极效内丘建设”等多个具有鲜明特色的专题栏目，受到了社会各界的广泛关注和好评。为丰富充实内丘县政府网站，更加直观形象地展现内丘县经济、政治、社会、文化等方面的发展状况，成立“图片新闻”和“今日视频”栏目，全方位地生动形象地展示内丘，宣传内丘，使普通的大众百姓对内丘有个全面的了解；为进一步方便政民互动，及时将老百姓正当合理的需求反映到相关部门，设立“公众留言”栏目，并安排专人全天关注，一有最新留言，及时回复。

2009年12月9日，县委、县政府印发了《关于加强县行政服务中心建设若干问题的意见》，内丘县行政服务中心正式启动运行。内丘县行政服务中心是代表县委、县政府对进驻部门的办事机构及其工作人员开展信息咨询、许可审批和收费等各项工作进行监管、协调和服务的正科级工作机构。2010年5月31日内丘县人民政府办公室印发了《内丘县推进网上审批和电子监察系统工作方案》，推进行政权利公开透明运行，优化政务环境和经济发展环境。为加快服务型政府建设步伐，内丘县按照市政府统一安排，投资50多万元，购置由山东浪潮公司开发的办公软件和相应配套硬件设备，积极开展“两网”（行政审批系统和电子监察系统）建设。依照有关政策法规，对进驻大厅的所有行政审批服务事项进行了清理，并已录入两网系统。2010年9月17日，内丘县召开两网系统建设培训会议，进驻行政服务中心窗口单位主管副职、进驻事项各审批环节人员、大厅窗口工作人员，共计100余人参加会议。县纪委、监察局通过互联网登录电子监察系统，对进驻大厅审批事项的办理情况进行全程监督检查。两网系统开始运行。

中心启动运行后，工商局、国税局、地税局、公安局等4个窗口安装了与上级部门联网的专线和办公软件，质监局、残联、卫生局窗口实现了与市局、省局网络互联互通，均实现专网审批，极大地方便了群众办事。中心网上审批办公系统运行后，所有“即办件”及需要回原单位报批的事项，均实现网上审批，极大地提高了办事效率。内丘县电子监察系统与网上审批系统同步建成使用，实现了对权力网上运行的实时监察、投诉处理、预警纠错、绩效考核等功能，杜绝超期办理现象的发生。

为搞好一站式服务，中心研究审批流程，各窗口联合办证，缩短审批时限。特别是对新建生产加工型企业，凡属县服务中心窗口办理的审批手续，在企业首次进入大厅咨询后，由中心协调各窗口提供书面一次性告知服务，企业据此准备各项所需资料。之后，中心为企业提供预约服务和延时服务，要求各相关窗口之间相互沟通，资源共享，同时办理，联合办证，实现“立项挂号，服务当药，源头治理，确保极效”。至2013年底，中心各窗口共接受企业和群众业务咨询40000余人次，受理各类办件32000多件，按时办结率和群众满意率均100%。

（县政府办）

宁晋县

2011年，宁晋县成立了以县长为组长的电子政务领导小组，并下设办公室统筹推进电子政务建设工作。2012年6月份，从全县财政开支人员中公开招录了7名精通计算机的工作人员，具体负责电子政务平台建设的组织实施、统筹协调和检查评估等工作。各单位电子政务工作明确由精通网络和计算机知识的工作人员专职专管，不定时开展业务指导和培训。2013年，宁晋县对领导小组进行了调整，由县长为组长，常务副县长、纪委书记和宣传部长为副组长，各单位一把手为成员，正式成立电子政务管理办公室，规格为正科级，挂靠政府办公室，主任由政府办主任兼任，负责全县电子政务的推进、管理、监督和指导工作。制定《宁晋县电子政务管理办法（试行）》《政府门户网站管理规定》《宁晋县电子印章管理暂行办法》等文件，为电子政务的建设与管理提供了统一的组织领导和规范管理，并对全县 81 个党政机关的网站建设、专网应用、计算机软硬件设备等情况进行摸底调查，建立《宁晋县电子政务基础设施台账》，保障电子政务工作应用推进和日常管理。制订《电子监察规则》，县纪委派驻工作人员，对电子政务平台运行全过程进行监控。宁晋县与硬件供应商、软件公司、广电公司形成协调联动机制。确保硬件设备必须保障使用顺畅，维修及时；网站及软件系统必须保障安全、快捷、稳定；光纤网络确保“纵向到底，横向到边”，各乡镇、各部门互连互通。推进值班应急机制，保证电子政务平台运行环境顺畅。

2011 年宁晋县被列为全省“依托电子政务平台开展政务公开和政务服务工作试点县”，随后电子政务建设进入健康发展时期，经过两年坚持不懈地探索和完善，宁晋县已建成较为统一的电子政务平台，电子政务体系已初步形成。

宁晋县电子政务建设总体框架以“平台上移、服务下延”为基本思路，遵循“服务规范化、平台统一化和监督全程化”原则，充分利用统一的电子政务平台开展政务公开和政务服务，并实现电子监察全覆盖。电子政务平台由基础设施、信息资源、应用系统、服务窗口和政府网站等五部分组成。一是依托服务窗口和内网系统，使县乡村三级在同一平台上受理和办理政务服务和便民服务事项，实现各类政务事项网上便捷办理，最大限度地提高行政效率，方便群众办事。二是完善政府网站功能，通过统一的政府门户网站，高效地提供政务公开、网上办事和政民互动等服务，架设政府与群众快速、便捷的沟通渠道。三是建设电子监察系统，实现行政职权和便民服务事项办理过程的监督检查全覆盖，形成管理规范、运转协调、公正透明的政府服务模式。

宁晋县完成首批 62 个单位的网络铺设、平台机房，14 个乡镇为民服务中心和 23 个村为民服务站等建设内容，并统一配发了计算机、LED 显示屏和扫描仪等办公设备。涉及全县 53 个单位总数为 5063 项的政务公开和政务服务事项在宁晋县政府网站进行了公布，并进行实时更新。

针对电子政务平台对安全性的特殊需求，除了传统的杀毒软件、防火墙等安全措施以外，通过隔离网闸将内网与外网采用物理隔离技术断开，一方面防止外网中黑客利用漏洞等攻击手段进入内网，另一方面又完成数据的中转，在其安全策略的控制下进行内外网间的数据信息交换，有效解决了网络开放性和安全性之间的矛盾。制定《网络和信息安全管理办法》《宁晋县人民政府信息公开保密审查制度》《宁晋县电子政务信息安全应急响应预案（试行）》等相关制度，明确信息安全应急工作由电子政务管理办公室统一领导，各部门设立 1 名信息安全员，具体负责信息安全日常事务处理、应急处理及安全通报等事务，保证网络与信息安全指挥协调工作能够迅速、高效、有序地进行，及时控制和最大限度地消除信息安全及各类突发事件的危害和影响。

（县政府办）

平乡县

平乡县电子政务经历了从无到有、从功能单调到功能多样、从起点水平低到稳步提升的发展过程。特别是近两年，加强政府信息公开工作，全面提升政府网站服务功能，加快电子政务建设步伐，坚定不移地把推动全县信息化快速发展作为促进经济社会发展的重要举措。

准确网站定位，着力把“平乡县党政网”建成宣传平乡的窗口，政务公开的平台，网上办事的载体，互动交流的纽带。2011 年，成立平乡县新闻中心（正科级架构），配备专职人员，独立办公，专门负责党政网的运行、维护、管理。聘请邢台得胜网络科技有限公司对党政网进行了全面改版升级，开设今日平乡、政务公开、网上服务、招商引资、理论学习、专题专栏、滏漳文苑等 12 个栏目、50 余个子栏目，发布各类信息、文章、视频 4000 余条（篇），政府公告 200 条（篇），完成了国家级平安县创建、省级园林县城创建、解放思想大讨论等专题活动，以及县内重大活动、资料上网等工作。改版以来网站访问总量达 20 万人次，社会效应逐步显现。2013 年 4 月 19 日省委常委、宣传部长艾文礼对创新互联网监管工作做出了“平乡县的做法甚好！”的批示。另外，国税、地税、教育、房管等部门建设网站或政务办公系统 30 余个，群众足不出户就能网上办理相关业务、查询办理进度等。

将政府活动、重大决策等信息及时发布，涉及行政审批部门的行政审批事项和办理程序等信息重点公开，及时发布教育、卫生、农业、扶贫等与群众利益密切相关部门的信息。做好网站与群众的沟通与交流，做好书记、县长信箱的整理、报送和处理工作；办好互动栏目，为企业、投资者、群众提供及时的咨询服务。

在充分利用政府门户网站公开政务信息的同时，2013 年 5 月，平乡县又建立了延伸到 7 个乡镇、4

个园区、50个县直部门的政务信息公开大平台，实现省市县乡四级大融合。制定印发《信息公开责任追究制度》《主动公开制度》《信息公开保密审查制度》《信息公开工作考核制度》等，有力促进信息公开工作深入开展。同时，充分利用平安广场电子屏及短信平台新形式，及时向群众公布政府相关政策法规、公告。到2013年底，平乡县政府信息公开平台主动发布各类信息3116条，全文电子化率100%。

（县新闻中心）

七里河新区管理委员会

七里河新区管委会始终按照市政府的统一部署，把电子政务作为一项重要工作来抓。建立主要领导总负责，分管领导分工负责，办公室具体负责，各科室密切配合的工作机制，并成立电子政务建设领导小组，全面指导文件落实情况，监督主动公开、依申请公开政府信息的范围和程序，为全面建设电子政务平台提供组织保障。2011年门户网站启用，新区注重加强组织领导，健全工作机制，全面完善网站内容，扎实建设电子政务平台。

新区利用电子屏幕和门户网站，定期宣传新区的工作动态，同时重视电子政务信息的上报工作，定期将亮点工程、重点工作及时加以整理和修改，上报市直部门，每年均超额完成规定的年度目标任务。此外，积极与邢台市政府门户网站沟通协调，及时刊发有关七里河新区的部门动态，进一步巩固了新区的电子政务工作。

为增强建设电子政务平台的自觉性和主动性，掌握法规要求和工作方法，新区组织相关负责同志定期参加业务培训，有针对性地增强培训力度，进一步提高电子政务平台建设水平。通过熟练掌握和规范信息公开的编制和发布，提升建设电子政务平台的水平和质量，为全面建设电子政务平台奠定坚实的基础。同时，丰富政务公开内容，准确分类选项，及时更新信息，主动向社会公开可以公开的信息，以确保政务公开的完整性、全面性和及时性。拓展政务信息公开途径，丰富公开形式，拓宽公开渠道，确保操作简便明了，利于查找。进一步理顺政务公开工作的审核、协调与报批程序，扩大公开效果。

新区管委会在机关办公场所设置电子屏幕，公开单位职能、组织机构、办事指南等情况。同时，充分利用新区门户网站，及时更新新区要闻、动态、大事及外部新闻，自网站启用至今，共上传新区要闻140余篇，工作简报80余期，外部新闻600余篇，投资指南10余篇，其他信息50余篇，准确及时地公开电子政务信息。

新区通过电子屏长期宣传名言警句，在全体干部职工中营造良好的学习氛围。同时积极完善新区的门户网站版面，不断充实人文、生活、科普等元素，力求在电子政务平台建设的工作中进一步增强新区的知名度和美誉度。

新区明确专人具体负责电子政务内容维护、组织协调等日常工作，各业务科室明确专人负责收集、整理信息，由综合办公室统一发布，并明确要求各类公开信息经分管领导审核后统一途径报送，全面抓好材料送交、公开信息审查、信息更新发布等环节，全面做好政府信息系统安全管理工作。

（区管委会办公室）

桥东区

自2009年以来，邢台市桥东区按照全市信息化工作会议的统一部署和要求，以打造一体化电子政务平台为目标，以实现办公自动化、管理信息化、决策科学化为目标，采用先进的计算机技术和通信技术，按照Internet技术规范，建成以市政府计算机中心为核心节点，覆盖桥东区所属乡镇、街道办事处各级机关，分布式应用和集中式管理的办公信息服务网络系统，并实现与Internet的连接，成为全区重要的对外开放窗口和信息服务平台。

为切实推进电子政务建设进程，成立以区政府办公室主任任组长，办公室副主任任副组长，政府办信息科全体成员为小组成员的桥东区电子政务信息公开工作领导小组。同时，明确3名干部负责电子政务信息公开日常工作。在健全组织机构的基础上，积极推进电子政务的各项建设内容。

机关各部门、基层各单位全部开通互联网。在日常事务性办公上，以办公现代化、信息资源化、传输网络化为目标，多渠道多措施落实电子政务工作，包括使用QQ办公群、飞信等方式方便文件资料传送和工作交流等。并逐步做到政务网络公开，一是实行领导分管职责上网公开。将区政府领导分管工作、领导讲话与领导活动放到网上；二是将部门承诺上网公开，实现基层对各部门的监督；三是实行信息及时上网公开。在网上及时更新并公布全区重要法规、文件、资料、档案等。通过网络发布各项活动及工作动态，实行文件资料电子化公开发行。桥东区主要政府文件、工作任务及中心工作，在政府信息公开平台上均能查到。

加快硬件建设，强化网络建设与管理。一是加快网络建设与管理。开展区政府门户网站建设工作，完成主机托管工作；建立健全由主要领导负责的电子政务建设管理制度。为加快推进桥东区的电子信息化建设，加大财政投入，新购置了两台电脑，专门用于信息报送和信息管理，并安排专人负责网站日常维护和信息报送。二是开展网上应用推广。向市政府门户网站（中国·邢台）和办公资源内网报送信息，桥东区坚持每日向市政府门户网站上报信息，上报涉及桥东的各类要闻共1250条。全年通过政务内网向市政府调研信息科报送信息220条，调研24篇。同时，在区政府门户网站更新涉及行政审批、保障性住房、食品药品安全、环境保护、安全生产、文化教育等各类政务信息1200余条，向信息公开平台上传信息1000余条，基本保证了桥东区外网动态信息的日常更新要求。此外还加大对公共服务领域信息公开的力度，为公众查询提供便利。三是加强信息与网络安全建设。严格按信息发布制度进行信息发布；严格按照网络安全管理办法，实施网络安全管理，确保网络安全。

强化电子政务管理制度规范化建设。一是健全信息发布制度，严格监控。采取“谁上网谁负责”的原则，对上网发布的全部信息进行审查把关，经主管领导审查通过后，采取两种方式发送。针对政府门户网站，信息经主管领导审查后，再由信息科审查发布；针对政府信息公开平台，信息科连同石家庄同为同创科技有限公司设定模块，统一制定编辑权限，区直各部门及乡镇办事处远程后台编辑信息并提交，再由信息科审核后发布。二是多方开拓信息来源。由区直各部门、乡镇办事处上报的信息资源，经政府办主管信息的领导审核后方可发布；涉及全区重大事项的政务信息，如领导讲话、法规文件、重大决策、重要活动、重要会议资料等需由主管领导审核后，再由办公室主任把关，审核签字后方可发布，确保所发布的信息及时、真实、合法。三是建立网络安全管理制度，认真防范。电子政务外网是全区重要的对外宣传阵地和舆论引导窗口，肩负着为区政府和全区群众提供完善、密集、周到的信息化服务，因此必须营造先进、可靠、安全的计算机网络环境，杜绝和避免安全事故、安全责任的发生。严格要求全区电子政务外网工作人员落实国家有关法律、法规，严格执行安全保密制度；区电子政务外网上传发布信息IP、密码指定专人掌握，信息经过审稿程序严格把关确定无误后，方能上传发布；安排专人负责审查上网信息及搜集网络舆情，发现有碍社会治安和不健康的信息，立即记录并向上级领导汇报。

电子政务作为电子信息技术与管理的有机结合，对于增强政府透明度、提高公共服务质量、增进政府与公民的关系具有较强的促进作用。

存在问题。一是现有网站模板较为简单，自由度欠缺，有一定局限性，很难做出自己的特色和风格；二是网站栏目过多，有些栏目缺乏实用性，网站版面需加以改进完善；三是网站交流互动欠缺。网上办公和互动交流是个薄弱环节，相应的交流版块或栏目没有得到充分利用。

（区政府办）

桥西区

2009年，桥西区成立电子政务与信息公开领导小组。领导小组组长由区委常委、政府常务副区长担任；区政府办公室主任，区纪委副书记、监察局局长任副组长；保密局局长，区政府办公室副主任、法制办主任，区政府办公室副主任，区纪委常委、监察局副局长，区档案局局长，区委宣传部副部长、文明办主任，区政府办公室信息科科长以及教育局、人社局等27个部门主要负责人为成员。领导小组办公室设在区政府办公室。各镇（办）及政府部门设立各自的电子政务与信息公开办公室，初步形成各镇（办）及政府部门行政主要领导负总责、分管领导直接抓、责任科室具体办的政府信息公开工作协调机制，使各部门的业务系统和网络向其他部门和基础延伸，建立了电子政务的协同机制，增加了电子政务的协调能力，避免“信息孤岛”，化解电子政务中各自为政、分散建设的局面，责任和分工明确、清晰。

电子政务应用。改变传统办公方式，推进办公自动化、网络化、电子化，提高办公效率和水平。2004年接入邢台市电子政务内网，2008年加入全市信息公开平台，2008年开通邢台市桥西区门户网站，2013年对门户网站进行改版，2012年为各部门添加信息公开平台和督查平台。桥西区政府电子政务体系基本建成，横向连接20个县市区，纵向连接省政府和20个省直部门网站，并实现了与市政府公务内网的互联互通。全区27个镇（办）和区直各部门建立自己的网站，政府门户网站体系日趋完善，网站成为各级政府信息公开、网上服务和政民互动的重要载体。

桥西区推进电子政务网络向各部门、各镇（办）延伸，主动提供行政法规、规章和规范性文件，发展规划、计划及相关政策，国民经济和社会发展统计信息，财政预算、决算报告，行政事业性收费的项目以及教育、医疗、社会保障、促进就业等方面的内容，提高主动公开信息、实时信息、在线服务、公众参与等信息公开率。至2013年底，桥西区已有区委办、区政府办、团结街道办事处、钢铁街道办事处、民政局、人社局、招商局、计生局、征收办、科技局、教育局、食品安全举报中心等部门和单位计入电子政务网络，2013年全年公布各类政务信息5000余条。

深化政务公开，加强政务服务工作。一是区级实行集中办公。桥西区设立行政服务中心，采取多个部门入驻并集中办公的方式，方便办理各项社会业务。二是按照五个标准化（大厅建设标准化、服务内容标准化、办理流程标准化、服务质量标准化、监督体系标准化）的要求在各镇（办）设立“综合服务大厅”，大厅内设党员服务、就业社保、社会救助、社区管理、综合治理、人口计生、社区服务、农业、信访等多种服务项目。三是村

（居）采取一站式服务。村（居）设立“一站式服务大厅”，大厅内设党员服务、就业社保、社会救助、社区管理、综合治理、人口计生、社区服务等多种服务项目，同时，向公众公开服务项目、办事程序、申报材料、承诺时限。对于群众的申请，能当场办理的，当场办理，不能当场办理的，根据申请的项目，协调交由镇（办）综合服务大厅或是行政服务中心对口单位办理，并全程跟踪，直至办理完毕。四是各部门开展因地制宜、多种多样政务公开形式。通过在政务公开电子显示屏、政务公开栏、政务公开墙与收费公开栏公开相关信息，印制《服务指南》小册子、宣传单、便民服务卡等方式，将各类手续的办理程序与工作时限全面公布。科技、农业、税务及环保等部门采用短信、广告等宣传形式宣传科普、农业常识、法律法规和最新政策。同时，设立了物价、食品安全、安全生产等部门的投诉电话，开通民意直通车，对群众反映的问题及时处理和反馈。

基础信息资源建设情况。人口与人力资源库覆盖全区47万人口，公安、人力资源和社会保障、计生等部门开展人口相关数据的共享应用；基础地理信息数据库不断完善，为主体功能区规划、减灾救灾等应用提供支撑；完成档案数字化；实施文化信息资源共享工程。

主要业务信息资源建设情况。40个区直各部门、10个镇（办）及区政府实现了上报公文和下发公文的网络化。财政、税务等部门业务基本实现了电子化处理和网络化服务，建设了财政专项资金即时分析监控系统，实现财政资金的即时监控、监测预警和绩效评价。新农合管理、妇幼卫生工作、出生医学证明、免疫规划网络管理、社区卫生服务等基本实现网络化管理和服务，提高了公共卫生服务与应急处置能力。进一步完善“两网化”（网格化、网络化）管理，镇（办）劳动保障监察管理员建立用人单位的基本信息数据库和电子档案；村（居）协管员负责具体信息采集、政策法规宣传和及时报告突发事件的三级预警机制，建立劳动违法预警和农民工工资保障长效机制，从源头上防范拖欠工程款和农民工工资问题的发生。

电子政务公共平台建设和应用情况。2008年信息公开平台正式开通，设有概况信息、政策法规、规划总结、工作动态、行政执法、财政财务、统计信息、办事指南及其他等栏目，并为全区10个镇（办）及发改局、人社局、民政局、财政局、教育局等17个区直部门安装了政府信息公开系统平台，桥西区政府信息公开“向下延伸到底，横向覆盖到边”的网络体系基本建成。到2013年底，共发布信息4500余条。2013年1月，“桥西区人民政府网站”成功进行改版，充实调整“美丽桥西、政务公开、新闻中心、招商引资、社区服务、网上办公及办事指南”等栏目，新增“民意直通车”和“信息魅力”等专题。建立网站栏目信息分级负责维护机制，明确网站编辑部工作人员的分工和责任，保障网站信息准确、及时发布，2013年发布信息3000余条。组织各部门在网站上开辟互动交流版块并开展回复留言活动，回复率100%。结合全市政府网站绩效评估要求，加强对各镇（办）和区直各部门网站建设的督促指导，促进政府网站建设整体上水平、上台阶。

政府信息系统安全管理情况。桥西区的信息系统由邢台联通托管，邢台联通中兴IDC机房位于邢台市中兴西大街111号中国联合网络通信有限公司邢台市分公司院内。机房拥有标准IDC数据机柜，多层顶级光纤交换机，配备电信级大型路由器，每个机柜直接接入千兆光纤交换机，保证数据的可靠性及稳定性；具有完备的供电系统、后备电源系统和发电机系统，保障整个机房用电；具有自动烟雾报警和灭火设施；专业化的网络管理技术，24小时值守，确保用户设备的安全。IDC核心出口带宽为40G，可提供10M、100M、1G、10G独享等带宽服务，智能不间断电源，保障电力持续供应，防火报警监控系统，华为高端网络设备，保障网络可靠性。

（区政府办）

任 县

任县电子政务以政务平台和门户网站的建设与应用为基础，重点加强政务信息工作的规划与管理，深入推进电子政务建设与应用，大力推动公共管理和社会服务的信息资源共享，提高信息共享程度和公开程度，全面提高信息化水平，加快迈向信息化社会。

电子政务网络平台建设情况。任县电子政务内网平台按市政府统一要求设置涉密区域、数据交换区域和非涉密区域，主要承载政府系统内部办公、管理、协调、监督和决策等业务。任县政府电子政务内网自1998年9月运行，随后，县财政局、县统计局等政府部门相继建立了内网，2013年上半年邢台市政务内网邮箱系统升级，政府和企事业单位的工作效率得到显著提高。

2003年任县政府门户网站建立，随后，邢湾镇、县教育局、县商务局等乡镇和政府部门相继建立了门户网站，初步形成了功能强大、服务性能良好的电子政务公共服务体系，为社会提供全天候、全方位的综合服务，成为宣传任县和服务任县的重要窗口。建立了网上发布平台。行政审批系统的对外窗口——任县行政服务中心门户网站的建立，实现行政服务中心信息发布行政审批事项管理和维护、网上申请、咨询投诉、提供用户个性化服务。全县40个行政审批职能部门，其中21个部门已入驻大厅，第二批14个部门也即将入驻。建立工程建设领域信息公开平台。建立了信息服务平台，2012年10月正式运行，平台涵盖政府部门59个，乡镇（区）9个，实现了省、市、县、乡四级数据聚合共享，成为邢台市县级政府信息公开平台建设的排头兵和典范。

2013年底，全县电子政务系统已整合了行政审批、电子监察、公文交换、办公自动化等应用系统以及行政服务大厅、电子监察厅、党风廉政建设信息公开平台、工程建设领域信息公开平台、政府门户网站等网站系统。电子政务外网为提高政府管理质量和效率，实现政府与政府、政府与企业、政府与公众之间的交互服务，建设阳光型、服务型政府发挥着重要的支持作用。

网络平台安全管理。建立全县统一的“一体化”电子政务网络平台综合业务管理系统，对网络平台所有网络设备、服务器、应用系统的健康运行状况、资源状况、数据流量流向、网络资产状况进行实时监测记录，为网络安全可靠运行提供了直观的监测，并对网络未来升级改造提供了科学参考。不断加强全县电子政务网络终端安全管理，进行政务终端安全标准建设，实行电子政务网络接入终端安全准入制度，逐步加强了设备终端防毒、防木马、防入侵、补丁管理等安全手段建设。

电子政务队伍建设。重视电子政务人才招录和培养，加强信息技术管理人员培训，强化队伍管理，建立了一支政治坚定、业务精湛、作风过硬和富于创新的政府系统信息化工作队伍。电子政务知识的宣传和科普工作得到加强，各级领导的信息化意识得到强化，多层次、多形式地开展电子政务知识培训，并逐步走向规范化、制度化。

任县政府系统电子政务建设虽然取得一些成绩，但仍然面临着许多挑战，跨乡镇、跨部门的电子政务应用少，系统资源利用率低，没有实现真正意义上的信息资源共享；安全体系建设不完善，少数政府网站更新不及时，存在重建设轻管理的问题。

（县政府办）

沙河市

2008年，沙河市政府办电子政务科成立，主要工作职责是：负责市政府网站的规划、建设和管理工作；负责指导推进全市政务信息网络建设；负责市政府内网的建设和管理工作；督促、检查各乡镇政府、街道办事处和市政府各部门对办事内容、依据、程序、标准、时限及结果等应公开的事项进行公开；监督检查各乡镇政府、街道办事处和市政府各部门政务信息公开情况，并进行综合反馈和督办落实；负责承办领导交办的其他事宜。

按照《沙河市信息化建设工作方案》的要求，沙河市电子政务建设围绕全市中心工作，坚持统筹规划、统一标准、资源共享的原则，以网络建设为基础，以信息资源开发利用为重点，在政府门户网站建设、办公自动化系统、数字化城管、天网工程、行政审批等方面取得明显的成效，为建设“数字沙河”打下基础。

落实《中华人民共和国政府信息公开条例》，沙河市政府信息公开平台建设完成，建设单位子平台70个。成立沙河市政府信息公开协调小组，印发《沙河市人民政府门户网站管理办法》《沙河市党政办公内网管理办法》等一系列文件，严格要求各乡镇办、市直有关部门按照规定程序和要求对拟上网公开的政府信息认真审核，严格执行保密审查制度，按照“谁公开，谁审核，谁负责”的规定，指定一名领导负责，明确职责分工，严格审查程序，落实责任追究，切实做到“涉密信息不上网，上网信息不涉密”。联接办公内网的计算机与其他各类计算机实行物理隔离，专网专机，严禁在办公内网和互联网之间进行混用。

沙河市在利用政府网、沙河报、电视等新闻媒体公开载体基础上，进一步拓宽公开渠道，开通沙河市政府信息公开平台集群，全市各乡镇、市直部门都可以通过平台公开信息，初步形成目录规范、结构合理、层次清晰、覆盖面广、易于监测的政府信息公开体系；在影剧院广场、梅花公园、北道口、文化艺术中心等人民群众活动密集区建立大型电子显示屏，公开政府信息、宣传政府信息公开工作，深受广大群众欢迎。

2010年7月，沙河市党政办公平台正式运行。至2013年底已完成网络核心机房建设和办公自动化平台软件升级改版工作，铺设线路125皮长公里，设置网络节点280个，实现对全市130多个党政机关事业单位的全覆盖，基本实现党政机关电子公文和市委、市政府机关简报信息的网上传输，全市领导可以通过办公平台了解部门动态，提高办公效率，降低行政成本。2013年9月16日完成升级改版，增加网上审批、手写批注、异地办公、电子档案管理等多项功能。该平台实现网上审批，网络办公，支持电子文档手写批阅修改，支持公文审批卡（表、单）手写签注批示意见，支持电子印章，支持包括手写签名在内的所有信息原稿打印。实现“移动办公”，出差在外的领导可以借助普通的微机、iPAD、智能手机等终端，随时随地登录办公平台了解信息动态、处理文件、安排公务，拓展行政办公的时间和空间，保证事务处理的连续性和及时性，有效解决了纸质化办公环节多、耗时长、效率低等问题。

数字化城管。沙河市数字化城市管理系统建设工程项目分三期进行建设，一期工程计划投资1400余万元，工程覆盖范围为主城区内城市管理任务较为集中的34平方公里区域；二期工程将确保城区73平方公里全覆盖（北至大沙河南岸，南到南环路延至市界，东起京珠高速公路，西至西环路延至城管界）；三期工程将在全面覆盖的基础上进行功能扩展，为打造智慧城市奠定坚实的基础。2013 年 9 月份完成一期工程的数据普查、监控设置、场地装修、设备安装等工作，并投入试运行。数字化监督指挥中心位于新市委党校院内，建筑面积 1500 余平方米，设有办公室、分级话务室、接线派遣平台、机房、值班室等；自试运行以来，沙河市数字城管系统已受理案件 10000 余件。

沙河市数字化城市管理系统正式运行后，全市 5 个街道办事处、26 个职能部门及企事业单位将共同参与对城市管理问题执行环节的协同处置，并通过“万米单元格”、“城市部件、事件管理法”等管理模式及完善的业务流程、考评体系，使各类城市管理问题做到及时发现、不留盲区、不留死角，且做到处理及时、精确到位，确保形成“大城管”工作合力，把政府对市民的服务辐射到城市的每个角落，实现城市管理由突击型向经常型、由被动型向主动型转变，以全面提升城市管理水平，树立服务型政府的良好形象。

沙河市行政审批电子监察系统由沙河市政务服务中心与河北联通公司开发建设，主要用于对全市行政审批事项的实施情况进行全程监督。系统于 2008 年开始规划并投入试运行，实现了对进驻中心的 310 项审批事项的监督。沙河市行政审批电子监察系统由内网系统、行政审批网站组成。内网系统是电子监察系统的核心，构建在市政务服务中心内网上。内网系统包括监察数据采集子系统、监察子系统、效能评估子系统、综合查询子系统、统计分析子系统、系统管理子系统等。行政审批网站构建在互联网上，是行政审批系统对外的窗口，主要提供行政审批信息和服务等。行政审批电子监察系统主要有实时监控、预警纠错、绩效评估、信息服务四大功能，覆盖了全中心的所有审批事项，同时创新增加了主题监察展示和重大投资项目审批电子监管。

沙河市行政审批电子监察系统应用，取得明显效果。一是行政审批效率大幅提高。二是按时办结率有了较大提高，进一步规范了全市政务信息资源的共享机制。三是促进了电子政务建设的深入发展。系统的成功建设和应用实现了电子政务与监察业务的有效结合，积极推动了政府纵向及横向的政务信息化建设进程。

沙河市天网工程。沙河市委、市政府把“天网覆盖”纳入沙河市“十二五”规划中，对此项工程给予了高度关注和大力支持，特批专项资金 100 万元用于工程建设，研究制定了《沙河市社会治安防控天网覆盖实施方案》，着力构建全方位、多角度、无缝隙的立体治安防控数字网络。“天网覆盖一期工程”已完成，在全市共安装视频监控头 7652 个，其中电子警察 5 个、联通宽视界社会资源 240 路，分别分布在机关单位、学校、金融网点、城乡主要路口。全市 88 个居民小区和新农村、655 家沿街门店等社会面已安装视频监控 2205 个，公共复杂场所安装视频监控 473 个，视频监控已经成为社会治安防范工作中不可或缺的重要力量。全市 93 个市直单位、13 个乡镇办事处、62 家厂矿企业及褡裢、白塔、綦村、册井、十里亭派出所和巡警金百家中队全部完成了视频监控室建设，基本实现了市区社会面、公共复杂场所和重点单位的科技防范建设全覆盖。

视频监控系统“三分建、七分用”，建设是为了应用，沙河市公安局充分发挥视频监控系统 24 小时不间断监控的“忠诚卫士”作用，在市区范围内形成一张封闭的“天网”，使之成为治安防控的“好帮手”、侦查破案的“千里眼”、群众身边的“保护神”。

（市政府办）

威　县

威县电子政务建设围绕全县中心工作，坚持统筹规划、突出应用、重点突破的原则，带动全县信息化的普及和应用，有效降低政府行政成本，提高行政效率和公共服务水平，重点在党政门户网站建设、政务公开、天网工程等方面取得明显的成效。

加强政府信息系统安全管理，贯彻落实《中华人民共和国政府信息公开条例》，成立威县政府信息公开协调小组，要求各乡镇、县直有关部门按照规定程序和要求对拟上网公开的政府信息认真审核，严格执行保密审查制度，按照“谁公开，谁审核，谁负责”的规定，指定一名领导负责，明确职责分工，严格审查程序，落实责任追究，切实做到“涉密信息不上网，上网信息不涉密”。

依托电子政务平台加强信息公开和信息服务。威县在利用党政门户网、威县报、电视等新闻媒体公开载体基础上，进一步拓宽公开渠道，开通了威县政府信息公开平台集群，全县各乡镇、县直部门都可以通过平台公开信息，初步形成目录规范、结构合理、层次清晰、覆盖面广、易于监测的政府信息公开体系；在人民广场、影剧院等人民群众活动密集区建立大型电子显示屏，公开政府信息、宣传政府信息公开工作，深受广大群众欢迎。

天网工程建设情况。为提升威县社会面管控力度，打造平安威县，在县城主要街道、重点部门、党政机关、学校等位置安装治安监控点，着力构建全方位、多角度、无缝隙的立体治安防控数字网络。2010—2011 年底，实施投资 509 万元的“天网覆盖一期工程”，在机关单位、学校、金融网点、城乡主要路口，安装 115 路视频监控头，电子警察 4 个，治安卡口 9 个。2012 年，实施投资 97 万的“天网覆盖二期工程”，在县城区增补41路视频监控头。2013年底，投资350万元实施“天网覆盖三期工程”，安装350路治安探头，主要覆盖乡镇的党政机关、学校、重点部门、国道、省道。

威县公安局充分发挥视频监控系统24小时不间断监控的“天眼”作用，在全县范围内形成一张网格化封闭的“天网”，打击犯罪预防犯罪作用明显，成为社会治安防范工作中不可或缺的重要力量。

（县政府办）

新河县

2008年新河县成立了以县长为组长，常务副县长为副组长，有关部门主要负责人为成员的电子政务工作领导小组。领导小组下设办公室，负责推进完善政务信息建设。成立新河县政府办信息技术科，主要负责县政府网站的规划、建设和管理工作，指导推进全县政务信息网络建设，县政府内部网络的建设和管理工作，监督检查各乡镇政府、县政府各部门政务信息公开情况等工作。2013年，新河县县级政府信息公开平台正式上线运行，各相关单位指定一名领导和一名专职信息员负责政府信息公开工作，按照规定程序和相关要求对拟上网公开的政府信息认真审核，严格落实保密审查制度。

新河县先后建立政府门户网站建设、县级政府信息公开、电子公文交换、数字化城管、天网工程、行政审批等系统，设置网络节点71个，实现了对全县43个主要党政机关事业单位的覆盖。整合各项资源，完善公众信息网平台。新河县将新河县政府网站升级为新河县公众信息网。政府公众信息网平台覆盖全县各乡镇、部门，其中县政府门户网站1个，乡镇、部门网站9个，集成行政审批公开、信息公开、重点领域信息公开等系统。依托信息平台，推进全县信息化建设。利用政府公众信息网，推动农村信息化建设，实现了网通网络进村入户，完成了覆盖全县农村的就业信息发布网络、农村大喇叭等的建设和应用。同时，建设了政务服务、惠民富民、治安防范三大信息化体系。

抓好门户网站，完善信息公开体制。按照“以公开为原则、以服务为根本、以便民为宗旨”的原则抓好政府门户网站建设。根据政府信息公开目录，设置了政府公开目录和部门公开目录栏目，从多个层次和角度涵盖政府信息的主要内容。通过网上留言等方式，在政府、企业和群众之间搭建一个双向交流的平台。至2013年底，网站发布信息4137条，网站主站访问总量达到23000多次。

启动行政服务大厅，加快电子政务建设步伐。做好行政审批项目、公共服务项目、转变管理方式项目及其他与企业和人民群众密切相关的行政管理事项的依法清理工作，于2009年9月成立了行政服务局，2012年建立了行政服务大厅，整合县级各部门行政审批、公共服务事项，积极推行网上申请等在线服务，实现综合服务。

为使电子政务健康发展，确保电子政务网络的畅通和高效运作，利用报纸、广播、电视、手机短信、网站和专题培训班等多种形式宣传普及电子政务建设的目的意义，为电子政务建设发展提供良好的氛围。总结经验，理顺工作机制，完善电子政务管理各项规章制度。充分发挥两办在办公自动化领域的龙头作用，带动部门、乡镇和社区的电子政务工作。做好未来各部门办公自动化建设，根据统一标准，把各业务系统整合到一个平台，真正实现互联互通。对网站设计进行修改完善，建立更加完善的网站栏目结构和科学合理的页面布局。强化网站服务功能，完善政府网站在教育、社保、就业、医疗、住房、交通、证件办理、企业开办等领域的服务能力。做好人员培训，普及电子政务的知识，提高技术能力，适应新形势下电子政务建设发展需要。完善安全制度，加强电子政务队伍建设。贯彻落实国家、省、市文件精神，下发了《新河县政府信息公开保密审查制度》《新河县计算机规范操作和信息系统安全管理制度》等一系列安全保密制度，政府网站服务器通过专用物理防火墙与互联网连接，连接办公内网的计算机与其他各类计算机实行物理隔离，专网专机，严禁在办公内网和互联网之间进行混用。

2008年市政府信息公开平台上线运行后，新河县成立了政府信息公开领导小组，按照《国务院信息公开条例》和省市县相关文件，组建政府办信息技术科负责上报信息。2013年，县级政府信息公开平台开通，内容包括概况信息、政策法规、规划总结、工作动态、行政执法、财政财务、统计信息、办事指南、其他等事项，第一批43个平台建设单位可以通过互联网发布信息。按照相关文件要求，平台建设单位各指定一名领导和一名专职信息员负责信息上报工作，对拟上网公开的政府信息认真审核，按照“谁公开，谁审核，谁负责”的规定，明确职责分工，严格审查程序，切实做到“涉密信息不上网，上网信息不涉密”。到2013年底，共在平台系统发布政府信息2360条。

根据实际，新河县建立由信息采集、信息管理和协调联动组成的模拟数字城管系统。建立城管微博群及GPS定位系统，城管队员每两人一组，每组配备智能手机一部，在巡查过程中对发现的县城秩序、环境卫生、城市绿化、市政设施等方面问题进行拍照，将图片及建议文字描述发送至微博群。县城管局办公室设立信息中心，派专人负责信息管理及后台监督：对一线队员反馈的信息进行发布传达及对一线城管队员发布的微博进行核实并分类汇总；对一线队员进行GPS定位以及时应对突发事件；通过微博为每位队员提供政策、法律法规咨询和技术方面的支持。同其他相关单位组成协调联动系统，针对所发现的城管工作职权以外的问题，协调相关部门处理。通过数字城管执法系统，城管执法人员可以对销售摊点信息、非法建筑信息、违规人员信息和法律法规等进行迅速地查询并限时办结，随时随地获得城管业务信息的支持。特别是相关图片、数据的传输应用，解决协查、堵截、搜查等一线城管人员现场执法问题。通过GPS系统为一线提供区域向导图，使执法人员可以迅速地对区域内的现状做出判断、减少失误，提高工作效率。

天网工程。新河县通过到先进县市参观考察并结合新河实际，在党政机关、主要路口、重点小区、学校和广场建设视频监控点100个，治安卡口3处，电子警察3处，从而实现城区社会面、重点部位和复杂场所全覆盖。城区前端监控摄像头采用先进红外自动跟踪智能摄像球，能对场景内的移动目标自动跟踪，并根据移动目标距离远近自动调整镜头变倍，2013年100个摄像头全部投入正常运行。治安卡口前端摄像机采用200万像素高清工业级摄像机，实现对进出卡点所有车辆进行实时高清晰图像抓拍，图像能准确反映车辆特征和前排司乘人员的概貌，为纠正交通违章行为，快速侦破交通肇事逃逸、机动车盗抢等案件提供重要的技术手段和证据。3个智能卡口安装完毕后又增设了3处电子警察。以指挥中心为龙头，初步形成电子监控与路面巡警合成作战模式。“天网覆盖”工程建设以来，新河县充分发挥网上视频巡控与街头巡逻相结合的优势，由指挥中心统一协调指挥，大大减轻了巡逻民警的工作压力，初步建立了以快制快，反应灵敏，打击准确有效的新型警务指挥作战模式。

2009年9月新河县成立行政服务中心。为进一步优化发展环境，提升审批服务效能，强化行政服务管理，2012年7月成立新河县行政服务局，把与招商引资、项目建设、企业注册、服务群众息息相关的28个部门（卫生局、民政局、公安局、物价局、商粮局、林业局、水务局、城管局、交警大队、工信局、农机办、交通局、教文体局、食药监局、人社局、发改局、规划局、环保局、国土局、住建局、气象局、工商局、质监局、安监局、消防大队、电力局、国税局、地税局）共316项审批服务事项全部进驻服务大厅。服务大厅分设社会便民服务区、项目建设审批区、企业注册服务区3个功能服务区，实现了只进服务大厅一个门，就能办理完项目、企业所有相关手续的目标。行政服务局加强对窗口运行的监督与管理。实行网络化管理，通过互联网连接，对外公开服务内容、办件程序、申报材料，办结时限、收费标准和有关制度，采取并联审批、限时办结、一次性告知承诺、缺席默认制和超时默认制、一章结等方式，尽最大可能压缩办事过程和环节，缩短办理时间，加快办结速度，确保为服务对象提供高效率、全天候、全方位的服务。2013年，中心共受理各类行政审批和公共服务项目76483件，办结76479件，办结率99.99%。

（县政府办）

邯郸市

【概况】 在邯郸市委、市政府高度重视下，全市电子政务建设和应用水平不断提高，政府核心业务应用系统建设逐步完善，业务协同和信息共享不断加强，为全市各级各部门创新社会管理、提高公共服务水平提供了重要支撑。

2009年，邯郸市政府机构改革，全市电子政务建设和管理职能由市信息化办移交到了市政府办公厅。具体负责市政府门户网站，全市电子公务内、外网，电子公文交换系统的规划、建设、管理、安全保密和业务人员的技术培训工作，组织协调政府信息资源的开发利用，负责市政府所需数据的采集、处理和综合数据库建设，负责组织使用市级财政电子政务专项资金及电子政务建设项目的方案审定，指导各县（市、区）政府、市政府各部门政务工作及网站的建设。2010年9月，市政府门户网站移交到市政府办公厅，电子政务部门创新思路，多措并举，致力打造民众网上政府，市政府门户网站建设和管理水平进一步提高。

【网站政务公开建设】 为切实提高政务公开和信息服务水平，建立市政府门户网站的内容保障机制，召开了全市政府门户网站管理和建设工作会议，市政府领导出席并作了重要讲话。同时，市政府办公厅下发《关于进一步加强政府门户网站建设和管理工作的通知》，明确网站栏目的设置和责任分工，细化信息维护的标准及措施，网站管理实现制度化、日常化。市政府门户网站开辟了“政府信息公开平台”专栏，为全市各级各部门建立统一的政府信息公开平台，实现市、县两级平台的信息共享和资源整合，提高全市政府信息发布数量，为群众提供了更为方便的信息服务，在一个平台上随时随地查询从乡镇政府到市级政府的公开信息，为公众提供了“一站式”信息服务。

【构建政民互动平台】 为进一步畅通政民互动渠道，在原有“市长信箱”的基础上，搭建邯郸论坛这一沟通平台，由专门受理中心24小时全天候受理，集中办理市民提出的投诉、意见、建议和政策咨询等事项，为市民提供多种方便，彻底解决政民沟通渠道不畅的问题，成功打造出一个“24小时永不休息的政府”，成为市委、市政府与社会公众双向互动、双向交流的桥梁。该平台先后解决了一大批与群众生产生活密切相关的问题，发挥了“社情民意晴雨表，联系群众联心桥，维护稳定减压器”的作用，提升了党委、政府的公信度和干部的亲和力，成为市委、市政府政民互动、凝聚力量、鼓舞人心、激发斗志的强大公信平台。

【政府网站在线办事功能】 为强化政府网站为民服务功能，满足社会各界需求，不断创新服务理念，构建完善、系统、侧重于服务的新型政府门户网站，政府网站实现以政府为中心向用户为中心转变，由宣传性网站向服务型网站转变，由分散式服务向一站式服务转变，提升网站服务的针对性、有效性。完善了“邯郸市网上行政服务中心”，集办事指南、在线公示、在线预审、在线评议、在线投诉等功能为一体，建设了个人、企业、旅游者、投资者、农民五种分类服务频道，设有网上审批项目20余个，以及地税申报、政府采购等在线办事系统16个，能够全面快捷地为访问者提供相关服务。尤其是在线预审功能实现了异地用户或具备网络使用条件用户的远程申报，方便了用户至实体中心一次性办理审批手续。在线预审作为实体中心审批的辅助手段，减少异地用户往返中心的次数和审批时间，同时提高实体中心的审批效率。随着电子签章、CA认证等网络安全手段的成熟和应用，网上行政服务中心的在线预审将逐步向具备真实法律效力的网上审批发展。

【电子政务基础网络】 邯郸市电子政务网络平台已经建设完成，形成了以市网控中心为核心的市县两级统一的电子政务工作网络平台（内网、外网）。电子政务内网和外网平台分别对省、县上下级网络只保留一个纵向接口连通，对市直各部门和单位实现横向全覆盖，向下联接21个县（市、区），横向覆盖市委、市人大、市政府、市政协、军分区等130多个党政部门，成为集建设、管理、运行维护、服务一体化的统一电子公务网络平台。

【全市信息化业务应用】 2011年，市电子公文传输系统完成了市级交换中心的建设，全市政府系统135个行政机关及企业单位全部建设了电子公文传输系统，在全省电子公文传输系统建设中，覆盖面名列前茅。市政府呈报省政府文件及下发文件实现网络化，行政办公效能明显提高。

数字化城市管理成效明显，在完成首期覆盖面积环城路内105平方公里的基础上，通过采用万米单元网格管理法、城市部件管理法、监督和指挥两个管理轴心等全新的城市管理和运行体制，帮助“1+6”城市建设二级指挥平台，规范了肥乡、涉县、峰峰、磁县等县（市、区）的项目管理体制，形成“一级监督、二级指挥、三级处置、四级联动”的数字化城市管理组织体系。

【电子政务信息安全】 一是完善安全责任制。成立了全市的信息安全领导小组，要求各级各部门和有关单位要切实加强对各自网站的信息安全保障工作的组织领导，按照“谁主管谁负责、谁运行谁负责、谁使用谁负责”的原则，严格落实信息安全责任制。二是制定网络信息安全应急预案。针对重点核心应用可能发生的安全事件，制定了安全应急预案，明确规定了技术支持、紧急措施、现场保护、系统恢复和总结报告等内容。三是加强日常检查工作。对重点网站、核心应用明确要求各级各部门和有关单位要严密监控，严格执行24小时值班制度，加强预警监测，密切注意系统运行状况，确保及时发现和处置信息安全事件。

（张志峰）

永年县

永年县信息中心在县委、县政府的领导下，充分发挥职能作用，以计算机网络为媒体，以信息化建设为契机，构筑网络应用平台，建设政府面向社会，面向企业网络服务平台，探索信息服务县域经济的新途径，开辟信息化建设服务领导决策的新思路。实现党政机关办公系统全面自动化，健全和完善政务工作平台。

加强网络建设，搞好网上服务。永年县信息中心积极推广和应用信息技术，以政府职能适应市场求转变，业务流程适应市场求重组，提高办公效率。结合实际，整改县委、政府大院线路，完善网上内容，使栏目设置具有时效性、动态性，架起政府与民众的连心桥。

加强信息上网，推动政务公开建设。按照省、市政府安排，对县政府公开信息上网，进行有关技术培训，按照县政府公开办要求对政府本级500余页信息进行上网，并为100多个县直单位和乡镇建立用户信息，同时增设“公示公告”栏目，为政府办、宣传部、住建局、人社局、教育局等10余家单位公告信息。全县单位政务公开信息进行上网，结合县政务公开办开设政务公开培训班，为这些单位讲解政务公开上网有关注意事项以及网上公开具体操作流程。安排专业人员每天向市政府网站发布信息3-5条，确保信息上报数量。在政协提案委员会的支持和帮助下，为进一步加大政务工作透明度，推进政府决策的科学化，强化重大工作部署的贯彻落实，促进各项工作再上新台阶，对县政协九届四次会议以来所有立案提案的编号、提案者姓名、提案内容、领导批示和提案办理结果上网公开，增强了委员们的责任感和承办单位的紧迫感，扩大了政协的社会影响。

加强网络建设，积极推动信息

化建设。拓展信息网络建设，完善党政系统网络建设，充实完善党政机关信息数据库。在党政信息资源开发和应用上，建设一个高速、安全可靠的计算机网络和数据库系统，快速准确完成信息的采集、加工、存储、传递和反馈，能满足网上办公需要，为领导决策提供服务，满足各部门之间的信息共享。加快全县事业单位、工商企业的网站建设，以信息化带动全县经济和社会各项事业的快速发展。逐步完成省、市下达的网络整合任务。实现非密级文件网上传输，能及时上报信息，适时进行数据交换；能正确发送电子邮件；逐步实现公文交换无纸化，管理决策网络化，公共服务电子化，实现全县党政机关办公系统全面自动化。

按照省、市网络保密工作要求，配合市保密局对有关县直单位进行检查，对机房微机进行全面清查，对各部门上网信息进行严格登记，严防网络泄密。制定网络与信息安全实施方案，防止网络涉密、泄密事件发生，确保网络安全。

永年县信息中心是党政机关与省、市实现文件传输、视频会议召开的网络平台，是县电子政务建设的主命脉，按照省、市有关党政信息网络建设的安排部署，认真贯彻落实省、市“网络建设年”和“网络应用年”活动有关要求，构筑全县上下贯通、纵横衔接、功能齐全的信息平台，提高党政机关工作效率和决策科学化水平。

（刘伟建）

武安市

武安市电子政务工作在市委、市政府的领导下，充分发挥电子政务作为创新管理方式、密切联系群众的重要手段，围绕工作职责，务实创新，扎实工作，取得明显成效。

统筹运作，提升政府门户网站建设水平，打造公开、透明、服务型政府网站。一是科学设计网站栏目。在网站设计、栏目设置、功能定位等方面立足体现服务型政府建设，按照“以公开为原则、以服务为根本、以便民为宗旨”的原则设置网站栏目。在网站设计上做到总体美观、布局合理、页面简洁、庄重大方，体现政府网站的特色。同时，落实以人为本理念，着力打造在线服务栏目，在政府、企业和群众之间搭建一个双向交流的平台，拉近政府与群众的距离。二是及时发布信息。紧紧围绕中心工作，及时对外发布工作动态和规范性文件，及时更新关系群众生产生活的通知公告，结合本地重点工作、重大活动及时发布相关信息，同时严把信息质量关，保证发布信息的权威性、准确性；落实安全保密有关规定，上网信息按程序审核，做到“上网不涉密、涉密不上网”。2013年，门户网站共发布各类信息12000余条，其中新闻类信息2600余条，视频资源271条，图片新闻69条。上报邯郸市门户网站新闻信息1900余条。三是不断拓宽政府信息公开范围。按照“公开是原则、不公开是例外”的要求，制定信息公开指南和目录，通过门户网站信息公开平台及时、主动、全面地公开政府信息，着力推进与群众生活密切相关的八个重点领域信息公开，保障公民的知情权、参与权、表达权和监督权。2013年公开政府信息2900余条，其中保障性安居工程建设、分配和退出信息公开，及时向社会公开保障性住房的户型、面积、价格、交付期限及供给对象等信息，体现公平公正原则，让群众明白；公开饮用水水源地水质状况、项目建设环境影响评价、排污单位环境监管、环境污染治理政策措施和治理效果等信息，为广大群众的生产生活提供参考依据。四是加大对外宣传力度。为了进一步加强网站的宣传功能，年初重新设计了“走进武安”栏目，新增加了城镇建设、经济建设、科教文卫等版块，注重了各大新闻媒体对武安经济、城建、文化、科教等各项社会事业发展的宣传报道文章的转载，在网站上体现了武安市欣欣向荣、蒸蒸日上的发展景象。

武安市被列为省级依托电子政务平台加强政务公开和政务服务工作试点县（市）后，市委市政府高度重视，立即进行研究和安排部署，加强督导落实，扎实推进。梳理事项目录，邀请武安行政服务中心和政府门户网站的软件开发单位，共同学习研究国务院办公厅文件和工信部有关文件以及省、邯郸市的有关要求，对武安的网络资源现状进行分析研究，以现有的行政审批中心局域内网为依托，连接各乡镇便民服务中心、垂管部门专有内网，构建全市行政审批内网系统，再通过市政府门户网站实现“网上咨询和受理、网内审批或办理”和“内网审批运行、外网公开结果”的功能，并实现电子监察全覆盖。按照工信部“实施指南”的要求，积极协调有关软件开发单位对政府门户网站的信息公开专栏和政务服务专栏进行改版设计，并对各乡镇、各部门的具体操作人员进行软件使用业务培训。选择了距离市区较远或者经济比较发达的阳邑、大同、伯延、矿山、西寺庄、西土山等6个乡镇作为首批建设单位，将乡镇所属的8个职能站所全部在乡镇便民服务中心设立了服务窗口，人员上岗到位，工作运转正在步入正轨。到2013年底，涉及武安45个行政执法部门和服务单位的724项行政职权和服务事项已经梳理后纳入市级电子政务平台，实现了政务服务事项网上申请、受理、审批、查询等功能，提高了行政审批过程的透明度和行政审批效率，方便了办事群众，提高了群众满意度。

网络监督作用不断壮大，充分发挥网络的宣传和舆论监督作用，在各类网站、论坛发布各种反映民声民意的新闻、帖子。为此，建立健全舆情收集、研判、处置制度。一是及时对网民在门户网站的“政民互动”栏目所投诉专项进行调查处理并回复，二是安排专人每日负责在国内各大网站、论坛搜索收集有关武安的网络舆情，逐一调查核实并责成有关单位处置，同时反馈给相关领导，提供决策参考；对需要处置的一些有害虚假信息，按照查处规范流程，会同相关部门及时发布真实情况，引导社会舆论；对一些重大的舆情，及时进行网上跟踪，关注其发展变化，并跟进变化作出反应；对有可能演变为重大舆情的，及时预警并安排24小时值班监测。2013年，通过门户网站的“政民互动”栏目答复和处理投诉事项61件；编发国内各大网站、论坛、贴吧涉及武安舆情的《专报信息》54期。

加强维护，全力保障网络安全。一是指定专人负责全市网络和办公室网络及电脑维护，严格控制并有效管理IP地址，为防止黑客攻击和病毒攻击，配置了正版杀毒软件和病毒防火墙，有效抵御了网络攻击，确保了网络安全、稳定、高速运作。二是聘请网络公司对门户网站和全市网络系统进行技术支持，不定期对信息科工作人员进行网络工作的培训和指导；在各部门、各乡镇明确了网络管理工作人员，定期开展网络安全的业务培训。三是指导全市机关办公电脑统一安装国产红旗Linux系统软件，进一步提高了政府系统工作的安全性和保密性。

（周文静）

魏　县

魏县以“扎实推进网络基础设施、强化党政网站建设管理、加快信息化系统应用”为出发点，着力推进县电子政务建设，优化发展环境，强化社会管理，提升公共服务水平，促进政府职能转变。

全县的电子政务网络规划采取“骨干到点、分布实施、覆盖全面”的方针，坚持以需求为导向，整合现有的网络资源，实现纵横交错、互联互通、安全稳定。建设以2M/S光纤上链省、市公务内网和公务外网，以100M/S光纤或网线横链县政府有关部门、下链有关各乡镇的全县电子政务公务内网网络，在县政府办公室内部自建百兆以太网，使用联通30M光纤作为党政网站互联网出口。

魏县高度重视电子政务网络安全工作，在全县电子政务网络建设初期就进行详细规划，统一安排部署网络安全策略，在不同节点采取不同的安全措施，成立全县网络安全领导小组，建立相应的管理制度，制定网络安全应急预案。在县中心机房和各单位网络节点安装漏洞扫描和管理系统，在服务器和客户端上安装防病毒软件，内网和外网之间必须物理隔离，保证了全县电子政务网络的安全运行。

2013年县政府门户网站改版升级为县党政网站，开创党务公开工作新局面，印发了《中共魏县县委魏县人民政府关于加强县党政网站建设和内容保障工作的通知》，进一步加强栏目管理和内容保障管理，明确责任目标，使新版党政网站功能更加完善，栏目设置更加合理，内容更加充实。县党政网站紧紧围绕县委、县政府中心工作，发挥网络宣传作用，及时发布工作动态、宣传有关政策、提供便民服务、总结交流工作经验。县党政网站发布信息注重简洁性、时效性、准确性，并创新刊载视频、文字、图片三类新闻。2013年，政府网站总计发布各类政务信息3500余条。

政民互动交流工作卓有成效。重点打造“书记信箱”、“县长信箱”、“投诉举报”等栏目，对于群众反映的问题做到来信必复，并跟踪办理过程，监督反馈办理结果，确保每一项关系群众切身利益的事情都能得到有效解决。2013年共办理民众咨询建议150余件，办理民众投诉举报53件，群众对办结情况满意率98%。

党政信息公开工作全面规范。魏县将信息公开工作作为建立服务型政府，提高行政活动透明度，保障公众知情权的一项重要举措。按照“谁主管谁负责、谁发布谁负责、谁使用谁负责”的原则，规范网站信息发布权限管理。同时要求乡镇和各单位认真对照《政府信息公开条例》要求，对本单位的政务信息公开工作每年进行4-5次全面的自查，检查政务信息是否梳理彻底，程序是否到位，该公开的信息是否公开，已公开的信息分类是否准确，信息发布是否规范，有没有及时更新，做到应公开、尽公开。同时依托省、市技术优势，建设县政府信息公开平台，并和省、市政府信息公开平台实现信息聚合，信息公开目录服务体系建设进一步完善，政府信息公开服务质量进一步提高。

网络舆情办理高效快捷。网络逐渐成为社会各阶层反映利益诉求的特殊平台，充分利用网络舆情这一快捷渠道，及时掌握舆情内容、正确引导舆论导向，对于典型的、有代表性的舆情，在第一时间以专报形式向领导反映，按照领导签署意见转发到相关单位和部门，督促办理过程，督要办理结果。2013年，共发现舆情52条，印发“网络舆情专报”31期，办结率96.7%，及时化解了各类矛盾、维护了全县社会和谐稳定。

紧紧围绕社会管理，加快推进数字化城管、行政服务中心、人口计生管理等应用和服务。

数字化城管助力城市科学管理。为实现城市管理标准化、精细化的目标，魏县启动了数字化城市管理工作。数字化城市管理是运用信息技术和移动通信技术，对整个城市的所有部件和事件信息进行处理、分析和管理，促进城市人流、物流、资金流、信息流、交通流的畅通与协调。魏县设计总投资近

800万元，用于数据普查、软硬件数据建设，引进专业采集公司，经过前期筹建，2013年12月数字化城管监督指挥中心全面完成。

魏县数字化城管系统秉承科学和高效的理念，按照标准化、统一性原则和全民参与性原则建立，立足县情、统筹规划，按照“责权分明分级负责、重心下移属地管理、权随事走费随事转、管干分离市场运作”四大总原则，以构建城管长效机制为目标，形成具有魏县特色的一级监督、一级指挥的数字化城市管理体系，确立以政府主导、群众参与、横向到边、纵向到底、责任到人的大城管格局。魏县数字化城市管理采用万米单元网格管理法，城市部件和事件管理法相结合的方式，应用和整合多项数字城市技术，研发了信息采集“城管通”，创新信息实时采集传输的手段，实现精确、敏捷、高效、全时段、全方位覆盖，数字化城市管理系统规范实施了信息采集、案卷立案、任务派遣、任务处置、处理反馈、核查结案和综合评价等七个环节，实现管理流程再造。在城市管理部件数据处理上，把传输数据与实景影像数据有机融合，建立起更为直观的GIS地图，奠定了对城市管理部件快速定位、精确测量和统计分析的基础。

系统将城区38平方公里，划分为180个单元网格，137个管理网格，按照7大类74小类城市管理中常见的问题，管理部件3万余个，遍布城区各个角落的30个信息采集员，通过“城管通”对各网格内的城市管理状况，进行全方位不间断巡查，发现问题及时上传，同时实行人员、责任、处置、奖罚与网格管理挂钩，做到第一时间发现问题，第一时间处置问题，第一时间解决问题。系统与公安视频联网，实现政府资源完全共享，通过安装在城中的监控探头进行实时监控、视频存储、违规抓拍，便于快速掌握、处置纠纷。

魏县行政服务中心以“程序最简、时限最短、效率最高、服务最优”为标准，以优化环境为己任，以群众满意和树立政府良好形象为出发点，建设了“运转协调、管理规范、公开透明、廉洁高效”的电子政务平台。

行政服务电子平台建设的硬件和软件：中心机房服务器、网络设备、综合布线、UPS不间断电源等；电子监察设备、监控视频头和拾音器，电子监察监控室显示幕墙等；安防设备、安防监控室等；办公电脑及打印机等；辅助设备（多媒体投影、广播系统、手机信号屏蔽仪等）；电力系统设备：网上审批系统（统一受理登记、电子签章系统等；电子监察系统；统一受理登记系统；服务中心网站。

行政服务电子平台“五规范”确保安全运营。一是规范计算机管理。成立网络与信息安全领导小组，制定网络安全管理制度。二是规范设备使用。制定中心计算机、打印机及信息设备管理制度。三是规范维修维护程序。制定系列维修维护制度，管理日志制度。四是规范操作流程。针对大厅存在多系统多专线情况，中心采取专线专管和中心协调管理的办法，对专线单位更进一步精简程序。对使用网上审批系统（电子政务平台）的单位进行分期分批操作流程和技术培训，大大提高了电子政务平台的使用效率。五是规范查询登记。制定多项管理来人查询制度，确保中心对文档、影像资料信息使用者有据可查。至2013年底，县行政服务中心入驻审批部门42个，服务部门11个，入驻部门工作人员263名，行政许可事项104项，非行政许可事项31项，行政监管和行政服务105项，通过网上审批系统和专线系统办理审批事项6067项，服务事项12750项。

人口计生管理信息化取得新进展。魏县人口计生局高度重视信息化建设，充分利用网络和数据信息平台开展工作，减少纸质文件和不必要的环节，节约资源，提高工作效率。一是充分利用邯郸市人口和计划生育委员会智能办公系统。通过该智能办公系统，省、市有关会议精神、文件通知等信息传达到县。县可以根据工作需要，对各乡镇传输相关文件、要求，乡镇之间也可以通过平台互相交流、沟通，促进了计生工作的顺利开展。二是充分利用“信息魅力”系统。开发使用了“信息魅力”这个网络平台，在各项工作开展之前，信息平台会按照预先设计好的程序，以语音和短信两种方式自动发送到乡镇主管领导及有关人员的手机上，简单明了，快速环保，提高工作办事效率。三是充分利用并完善PIS系统。全员人口统筹管理信息系统正式运行以来，利用现代信息技术提升人口和计划生育整体工作水平，集中完善全员人口信息系统数据库。充分发挥现有计生网络优势，要求乡镇计生系统资源共享，如果群众办理各种证件，工作人员首先核对全员人口统筹管理信息系统数据库，及时完善数据。同时做好信息采集，严把信息质量，提高数据库质量。

（邢建国）

磁　县

20世纪90年代中期，磁县县委、县政府根据国家和省市关于信息化建设的方针政策、成立信息化建设领导小组，建立专门工作机构，制定相关规章制度，明确信息化建设的方向和思路。

自磁县互联网建立开通以来，先后建立磁县政府公众信息网、磁县政府信息公开平台、磁县行政服务中心、工程建设领域信息网等影响力较大的公共网络平台，有效地促进了县域经济和社会的共同发展。

按照《邯郸市人民政府办公厅关于做好政府系统电子公文交换工

作的通知》和《邯郸市人民政府办公厅关于启动电子公文传输工作的会议纪要》要求，制定《磁县人民政府办公室关于加强电子公文传输系统管理的通知》。积极建设运行电子公文传输系统，并与省、市互联，进一步推进政务信息化，降低了办公成本，提高了工作质量和效率。为确保磁县电子公文传输系统安全、稳定、高效运行，县制定了电子公文传输系统公文办理流程、保密守则、管理办法和运行机制等制度。2012年2月，磁县电子公文传输系统正式开通运行，并对接收电子公文传输工作相关人员进行了技术培训，确保了工作人员能熟练掌握操作技能，截至2014年4月底，接收办理各类电子公文560余件。

2012年2月，按照《河北省人民政府办公厅关于印发河北省政府信息公开平台实施导引（试行）的通知》文件有关要求，县建设了磁县政府信息公开平台，并与省、市信息公开平台实现聚合，充分利用信息公开平台更全面、及时、准确地发布政务信息公开事项，安全、规范、高效运行信息公开平台。全县53个部门、19个乡镇同时建设了子网页，3月份，对各单位、各乡镇有关人员进行了详细培训并分配了用户名和密码，各单位发布完善本单位信息公开平台的概况信息、规范性文件、规划总结、工作动态、行政执法、财政财务和统计信息等。至2013年底，共发布信息5300余条，未发生不良信息事件。

按照省、市工程建设领域突出问题专项治理工作领导小组《关于印发2011年工程建设领域项目信息公开和诚信体系建设工作方案的通知》和《关于开展推进工程建设领域信息公开和诚信体系建设工作的实施方案》的工作部署和要求，依据《政府信息公开条例》和有关规定，结合县工程建设领域突出问题专项治理工作实施方案，2012年，实现并开通了磁县工程建设领域项目信息和信用信息公开共享专栏。

1999年8月，磁县政府公众信息网创建，12月建成并投入运行。2004年，对网站进行改进和完善，从网站构架、栏目内容、信息发布、界面风格等方面进行整合和优化。2006年，网站进行改版，新版政府网站主要内容分为：了解磁县、政务公开、公共服务、政民互动四个版块。了解磁县版块中包括磁县概况、磁县年鉴、重要事件、人文艺术、风景名胜、著名人物、知名企业、会展节庆、前景规划、电子地图等栏目；政务公开版块包括党政之窗、组织机构、法规公文、动态信息、人事信息、财税信息、应急管理等栏目。公共服务版块包括个人办事、法人办事、投资者、旅游者、服务三农等栏目；政民互动版块主要包括县长信箱、咨询投诉、申请公开、在线访谈、建言献策、网上评议、民意征集、网上调查等栏目。2013年，按照市政府办公厅《关于切实加强各级政府门户网站安全管理工作的通知》文件要求，对“磁县政府公众信息网”进行全面整改，11月投入使用，全面改版后层次清晰、网页设计美观，成为宣传磁县的重要窗口、招商引资的阵地，发布政务信息的平台，沟通民众的桥梁。网站的成功建设，对宣传磁县形象，发布招商信息，促进对外开放和招商引资活动的开展，宣传党的政策，发布政务信息，加强政府同群众的沟通，增强政府决策的科学性、及时性、准确性发挥了重要作用。

信息网络安全建设。2009年9月24日，县成立信息网络与信息安全协调小组，明确了信息网络安全主管领导和具体负责管理人员，负责协调全县重点领域网络与信息安全，降低网络设备使用的安全风险、分析信息系统面临的风险，评估信息系统安全状况，增强各部门的安全意识，规范信息安全管理行为，有效查找信息系统安全隐患和薄弱环节，提高县重点领域网络与信息安全工作水平。对此项工作县召开了专题调度会，进行专门安排部署，同时在重大活动前，按省、市要求认真组织有关部门和人员进行检查和自查，坚持向省通过密钥系统报平安制度，起草了《磁县重点领域网络与信息安全检查工作方案》，下发到全县各部门。先后对行政服务中心、联通公司、教育局、电信等重点单位进行了抽查。通过检查，县网络与信息安全工作整体运行情况良好，尤其在组织机构、制度建设和日常管理等方面，比较规范。至2013年底，全县网络与信息安全无任何安全事故发生。

教育城域网建设。2004年5月，投资1418万元在全市率先建成“教育城域网”，全县74所中小学校实现了班班通网络，班班多媒体教学系统。

2006年，省远教工程实施，磁县新装备多媒体教室104套，计算机教室30个，卫星远程教育接收终端189套，光盘播放设备219套，全县信息技术教育装备上了一个新台阶，全县基本实现优质教育资源的共享，提高了农村中小学师资水平，均衡了城乡教育发展，促进了全县教育整体水平的全面提升。2009年，县实现所有中小学校校通网络的阶段性目标。2011年，县迎接省教育督导评估工作全面展开。县购置计算机教室60个，电子白板多媒体471套，教育装备全面更新。磁县教育装备的信息化水平进一步提高。2012年到2013年，县新装备触控电视一体机147套，改善了基层学校的办学条件。

随着全县各级各类学校信息技术装备的逐步完善和提高，广大教师学用新技术、争用新装备改革课堂教学的热情空前高涨，并取得优异的课堂教学效果。县100余名教师连续在全国第十二、十三、十四、十五、十六、十七届多媒体教育软件大赛中获奖，总成绩连续在全市名列前茅；在全市第一、第二届信息技术创新大赛上，县总成绩名列前茅；县教师连续4年在“全省信息技术优质课评比”中获奖；连续两年在全市信息技术与学科整合课中获一等奖；在“全国第十四届电脑制作活动暨第二届中国国际学生信息科技创意大赛”中，县7名学生获全省一等奖，被省教育厅推荐参加全国比赛。

磁县数字化城管建设。磁县数字化城管系统总投资1771.3万元，于2011年8月份启动建设，2011年12月底建成并开始试运行。中心建筑面积908平方米，配有120平方米的监督指挥大厅、100平方米的视频会议室、设备机房和配套办公区域。在建设水平上，一是标准高。系统软件采用的是通过了软件行业国际顶级认证（CMMI5）的公司——中国软件，硬件核心服务器全部为曙光服务器，大屏幕是国际知名品牌VTRON（威创）。这些设备稳定性、可靠性、兼容性高。二是功能多。业务系统建设包含住建部标准规定的（监管数据无线采集、监督中心受理、协同工作、地理编码、监督指挥、综合评价、应用维护、基础数据资源管理、数据共享交换）九大标准业务应用子系统，拓展开发了视频监控、路灯灯杆定位、移动执法、监督员管理、实景三维、大屏幕应用、彩信上报等相关数字化城市管理功能。三是区域广。系统数据采集区域15平方公里，共普查部件37228个，划分万米网格135个，工作责任网格15个。并将城市管理部件划分为7大类67小类，将城市管理事件划分为6大类60小类，实现了城市管理责任区域全覆盖。数字城管系统通过依托新的信息技术手段，配套完善高位督查协调机制、积极的工作响应机制、严谨的考核评价机制、严格的问责机制和全民参与的共建机制，社会管理机制得到进一步创新、管理资源进一步整合，部门联动进一步加强，促进城市管理由被动管理向主动服务转变，极大地提升了城市管理信息化、规范化、精细化水平。磁县数字化城管系统是邯郸市中心城区“1+6”数字化城管系统平台的重要支撑平台，该系统建设得到县委、县政府的高度重视。

（侯　冲）

辛集市

【概况】　辛集市电子政务建设工作适应改革开放和现代化建设对政务工作的要求，按照“统筹规划，分步实施；统一管理，统一标准；信息共享，安全保密”的指导原则，全面实施电子政务工程，推进政务网络平台建设一体化、党政办公自动化、政务审批网络化、公共服务电子化。全市电子政务体系框架基本形成，为政务管理和应用信息化奠定了扎实基础。

2002年5月，成立辛集市信息网络中心，属于政府办公室管理的正科级事业单位，是为全市电子政务应用提供技术平台支撑、信息资源支撑和信息化软环境支撑，统筹信息资源管理，推进信息资源交换、共享、整合及服务，促进电子政务建设和应用的工作部门，编制8人，下设综合科、网络通讯科、信息资源开发科三个职能科室。同年，又成立辛集市信息化工作领导小组及办公室，负责全市信息化规划及信息化工作的组织、管理和协调，明确了信息化工作办公室作为全市信息化推进、电子政务发展和经济信息市场管理职能，同信息网络中心实行一套人马、两块牌子的运行模式。

为加强机关信息化建设，推动党政部门信息化应用水平，于2006年成立辛集市机关信息化领导小组和具体办事机构，市委、市政府领导任组长、副组长，下设综合协调组、技术保障组、信息资源开发组，市领导多次召开专题会议部署机关信息化工作，对网络建设、网络运行、信息维护、办公自动化等做出书面批示，形成主要领导亲自抓，分管领导具体负责，市委办公室牵头，各部门配合的联动格局。

按照分步实施的方针，全市电子政务建设分三个阶段实施：第一阶段从2002年开始，以全市基础网络建设为重点，构建全市统一的党政政务外网和政务内网平台，扩大网络平台的联通范围。2005年初制订《辛集市信息化建设实施方案》，2006年制定《辛集市国民经济和社会信息化“十一五”规划》，成为推进全市政府信息化建设的行动指南和规范；第二阶段从2007年开始，全面推进全市党政部门的信息化，实现办公自动化，积极开展“一站式”网络审批试点工作；第三阶段从2009年开始，将全市电子政务向广度和深度推进的同时，加强政府门户网站的功能建设，实现政务网平台的全覆盖，重点业务系统建设取得明显成效，政府管理和服务能力得到改善和加强，面向社会的行政审批实现网上办理，信息资源共享程度明显提高，电子政务体系框架初步形成。

辛集市电子政务网络平台由政务内网和政务外网组成，从2003年开始，网络平台建设按照“集中式建设、分布式应用”的思路，尽力降低投资成本，提高建设效益，逐渐把信息网络中心负责的网控中心建成了全市电子政务中心、数据中心和应用服务中心，使之能支撑全市各党政部门的多方面应用，并以网控中心为核心，横向联通全市党政机关，纵向联通省（市）党委、政府政务网，组织部的“大组工网”，“政法三级网”等，向下覆盖到各乡镇，形成了全市统一的政务网平台。

【政务外网网络交换平台】　从2001年开始，启动了辛集市政务外网网络互联平台和信息交换平台暨党政机关互联网络交换中心的建设。通过网络综合布线和光纤铺设工程，构建了市委、政府、市人大、市政协和机关院内46个党政部门的局域网、市行政服务中心和公共资源交换中心的光纤局域网、17个乡镇（区）的光纤局域网共同组成的政务外网平台，具有7个百兆局域网、2个百兆广域网、17个10兆广域网互联互通和完备的网络统一管理功能，实现了上至互联网，下联党政部门，并延伸至各乡镇（区）的党政机关计算机城域宽带网络交换中心，形成了一个具有多媒体传输能力的党政机关计算机城域宽带网络，对全市电子政务进程起到了基础作用。到2013年底共有网络用户1200多个，网络无缝隙覆盖到每个单位的每个工作人员桌面，整个网络平台实行统一管理和运行维护，全部实现了单机MAC地址与IP地址绑定，通过WLAN划分和防火墙提高网络的安全和病毒防范能力，以先进的网络监测手段提高网络交换平台的可靠性、稳定性和安全性，为辛集市电子政务系统建设提供良好的运行支撑。

在网络建设的同时，不断提高网络出口带宽，从最初2001年的10M DDN专线到2005年的共享百兆，再到2008年的单独百兆，2013年整个网络带宽达到联通公司和移动公司的双百兆双光纤双出口，提高了网络浏览速度。2006年对各乡镇的网络进行了整合，由网通和移动公司各自建设一条光纤到各乡镇，分别用于政务内网和政务外网，统一汇聚到信息网络中心机房，通过合理竞争，光纤租金大幅下调，每年为各乡镇节省资金33万元，实现公务内外网的有效整合，在石家庄范围内率先组建了先进的光纤城域网。

【公务内网平台】 2003年，按照省、石家庄市推进机关信息化建设的统一部署和要求，坚持“统一组织领导、统一规划实施、统一规范标准、统一安全管理”的原则，通过两期项目建设，建成了以信息网络中心为枢纽，纵向连接省、市和乡镇，横向连接全市党政部门，同互联网物理隔离的公务内网平台，实现了省委提出的“省、市、县、乡”四级联网要求。全市四大班子、106个党政部门和乡镇共300多个信息点进入公务内网平台，大院外60个部门和17个乡镇均采用SDH光纤方式组网，达到主干支持千兆以太网、ATM、IP电话、视频会议等网络技术，到桌面为百兆以太网，满足WEB、FTP、OA等日常办公应用。

为充分利用现有网络资源，避免重复建设，2004年制定《辛集市党政内网运行管理办法》，规定各单位不得再单独建网，各业务系统必须依托党政内网，打破条块分割，实现网络资源整合，并开发出全市统一的OA办公自动化系统，承担公文、应急、值班、邮件、通知等办公业务，同时全市的视频会议系统和市审计局、计生局、行政服务中心的应用系统在公务内网平台上开始了日常办公应用。

【建成综合性政府门户网站】 2000年开始在石家庄信息中心建成“石家庄互联网辛集市政府站点”，2004年正式在互联网注册“中国辛集”政府网站（www. xinji. gov. cn），开通围绕市委、市政府中心工作，网站从最初单一的信息发布，到面向社会和公众，实现资源共享、集中管理的政府综合门户网站，已成为辛集市政府信息公开的重要窗口、在线服务的主平台、公众参与的主渠道，形成了集中统一特点的集约化发展模式，为政府门户网站有效整合部门信息和服务资源，扩大服务领域，构筑网络环境下“一体化政府”，为社会提供“一站式服务”打下了坚实基础。2007年获得“石家庄政府优秀网站”和“办公自动化”先进单位称号，2008年在省政府组织的“百件实事网上办”活动中荣获县（市）二等奖。

【政府门户网站的建设应用和服务】 政府网站进行数次改版，提升“信息公开、在线办事、公众参与”三大功能。按照省政府关于门户网站绩效评估要求，突出特色，找准定位，科学规划栏目设置，不断完善网站的应用能力、服务功能，扩大内容覆盖面，提高信息发布平台可操作性。在原有基础上，把政府信息公开系统、行政审批系统、政务服务系统、行政权力公开透明信息系统集中整合到政府门户网站平台，增加了政务公开、在线服务、网上办事、政务动态、视频新闻等有关栏目，提高了网站集约化建设和应用，实现了相关网站和站点之间信息的无障碍共享。政府门户网站每年发布信息3000余条，网上审批项目达到172项，共发布了60家乡镇和市直部门2594项针对群众和企业办事服务事项，且能全部覆盖办事指南、表格下载、网上咨询、网上申请、结果反馈五项服务内容，政府门户网站的社会影响不断提升，网站信息容量已达50G，日访问量300多次，成为政民互动的重要纽带和展示辛集政府的重要窗口。

【信息公开系统】 2008年，根据《政府信息公开条例》，编制全市信息公开目录，在目录体系架构下，开发了政府信息公开管理系统，全市政府部门和乡镇在统一的平台上发布政府信息，保证政府信息公开的规范性、权威性和准确性。信息公开平台建成后，不断完善信息保障机制、审核发布机制，加强政府信息报送工作的监督检查力度，各单位信息报送率95%，信息公开范围不断扩大，构建一套成熟的信息公开体系。到2013年底，门户网站共发布各部门和乡镇领导分工、机构职责、办公地址、办理事项、联系电话等信息共2800余条，并开始尝试相关单位“三公经费”等内容的信息公开，促进服务型政府建设。2013 年 5 月，按照省直管县（市）对接要求，对政府信息公开平台启动了升级和整合，建立与 11 个设区市政府同等架构的省直管级别的信息公开平台，并实现与河北省政府信息公开总平台的信息资源直接聚合。

【“一站式”应用信息系统】 2009 年正式启用“辛集市网上审批系统”，实现全市项目的并联网络审批，2012 年进行了系统升级改造，同时开通“辛集市政务公开系统”，构筑集中统一的网上审批和办事服务平台，形成“外网受理、内网办理、外网公示、电子监察全程监督”的网上办事工作机制，向市民提供“一站式”网上办事服务。网络审批以审批提速增效为重点，不断优化服务环境，切实打造优质、高效的政务网络服务平台。2013 年办结各类行政许可 6201 件，其中工业项目涉及 172 项，按时办结率 100%，服务对象零投诉，办理过程全部在网站公示。全市八大类、2500 多项网上办事服务事项全部在门户网站发布，按照以民为本、方便群众的原则对部分事项进行了细化，根据服务对象的不同进行分类，方便群众查询。同时电子政务平台增加网络“企信通”，通过网络平台和短信平台的互通，实现网络监管与行政审批单位领导和办事人员连接，办理项目短信自动跟踪提醒；为对审批业务全程实行监督，建设了电子监察系统，形成高效、公开、透明的网上效能监察机制。

【OA 办公自动化系统】 2006 年围绕实际需求，以推进党政公务内网应用为突破口，开发了“OA 办公自动化系统”，包括电子邮件、电子刊物、公文处理、公文检索、视频点播、电子论坛、工作动态、通知公告、决策参考、手机短信、值班安排等模块，各类通知、简报、内刊通报等信息类非密级文件资料在党政公务内网上下发、上报和交流，满足了全市党政部门网络协同办公的需要。

【指标统计分析系统】 2007 年开通了“辛集市指标统计分析系统”，针对全市有关单位的“收益性固定资产投资、文明生态村千分考核、乡镇和园区财政收入、信访百分考核”四项综合指标，提供动态数据分析功能，进行数据的图形化显示及相应指标报表的导出，实现分类排队和综合考核。

【“日报告”报送系统】 2007 年，为贯彻落实石家庄市第四次三级干部会议精神，推进各项工作制度化、规范化，切实转变干部工作作风，在公务内网上开发了“日报告”报送系统，要求各部门健全“日报告”联系网络，畅通传送渠道，明确专人负责收集、整理党政正职工作活动等情况，每天通过党政内网报送，市领导及时对“日报告”作出点评，各部门逐渐结合工作日志、民情日记、百姓档案等工作，围绕全市重点工作的落实，围绕群众关注关心的热点难点问题，围绕本单位的薄弱环节，深入持久地搞好“日报告”工作的落实。此创新举措得到石家庄市委、市政府的好评，并在石家庄市政府办公厅中进行推广应用。

【视频会议系统】 2008 年初，通过与移动公司协商，由移动公司投资，建成开通视频会议系统，将全市范围内各种类型的会议通过视频方式召开，节省了物力和会议经费，提高党政部门办公效率。

【网络与信息安全保障体系】 为保证网络与信息安全，实现网络与信息安全管理的规范化、制度化，2003 年针对网站管理的各方面问题，制定《辛集市政府门户网站管理运行办法》；2005 年针对信息发布的规范性问题，制定了《上网信息保密审查制度》《网站信息发布实施办法》；2006 年针对网络与信息安全的应急响应问题，制定了《辛集市网站安全管理规定》《机房值班制度》《网站安全应急预案》和《信息员管理职责》等内部工作制度。通过建立一系列网站工作规章制度，明确各部门网络与信息安全的工作职责、工作标准和工作机制，确保全市的网络与信息安全。

2010 年，从加强管理入手，优化工作流程，理顺工作机制。一是建立了明确的网站管理组织机构，政府办公室是门户网站的主管单位，负责网站建设的指导、监督和协调；信息网络中心是门户网站的承办单位，负责门户网站的规划、设计、升级、技术保障、平台维护、日常管理等具体事宜；监察局是网站管理的监督部门，负责监督检查和责任追究；各乡镇和市直部门是门户网站的共建单位，负责为门户网站提供信息保障。二是建立了高效有序的信息发布流程，政府门户网站的视频新闻由广电公司发布，动态性新闻由市新闻中心负责发布，其他信息的公开发布要经过初审、核准、发布等几个环节，发布前，要先由分管领导审核并签字；再送市保密局和信息公开办核准；最后由信息网络中心复查发布。经过这几个环节，切实保障信息发布的正确性、准确性、安全性。

从 2008 年奥运会、2009 年国庆开始，按照省市保密要求和部署，每年都由保密局和信息网络中心组成专门队伍，进行全市网络与信息安全治理整顿活动。对涉密计算机和工作秘密机的网络使用、移动存储介质、涉密载体清理、相关制度建设、涉密计算机等级备案和保密承诺书签订网络安全防护和应急措施完善等情况；对政务内网接入单位信息安全保密制度的建立落实、机房管理、专业人员配置、一机多网、网络安全防护和安全应急预案等情况，进行一系列专项检查，查找安全隐患，对查出问题记录在案，当场提出整改意见。同时加强日常管理和监督，做好信息监测和信息通报。

2002 年，成立信息网络中心，为党委、政府统一的政务网络、政府网站、应用系统的技术维护和电子政务的主管部门，每年为四大班子和各党政部门提供网络技术维护 3000 多人次，确保了政府院内局域网和政务网的安全和高效运转，为机关人员政务办公提供网络支撑。按“谁主管、谁负责，谁运营、谁负责”的原则，在信息安全方面，严格执行党和国家关于安全保密工作的有关规定，建立信息安全管理责任制，落实网络安全保障措施，完善安全运行机制。在网络安全方面，对服务器的维护做到定期备份数据，定期升级杀毒软件，做好核心设备管理及维护，同时对网络用户实施 MAC 地址与 IP 地址绑定、WLAN 划分和流量控制，做好网络整体安全保密和网络病毒的日常检测查杀工作，制订了一套严密的防黑客和病毒攻击的技术措施，完善了信息安全应急预案，使整个政务网络系统具备灾难恢复能力，确保网络平稳运行及数据安全。

【全市电子政务推广运用】 结合辛集市信息化与电子政务工作重点，根据机关人员的不同层次，有针对性开展不同内容的信息化技术培训，开展业务技术交流，使全市公务员基本熟悉计算机应用技术及网上办公业务。2003 年以来，组织五期电子政务学习班，200 多名副科级以上领导参加了学习，并且举办办公系统和视频会议等应用系统各类培训班十期，培训党政网信息员 2000 人次，为辛集市电子政务应用推进打下人才基础。辛集市电子政务建设已从一般的文字处理向数据库管理、网络化管理和信息资源管理推进，各党政部门普遍能够使用计算机进行文字处理、信息处理，超过 90% 的政府部门采用网络化公文运转系统进行公文传递和办理，超过 70% 的政府部门采用网络技术和数据库技术建立了不同应用程度的政府业务管理信息系统，全市党政机关办公和业务管理信息化向广度和深度进展。

（市信息办）

定州市

【概况】 为加强全市信息化宏观管理，促进全市信息化工作顺利开展，定州市于 2000 年 5 月 17 日成立信息化工作领导小组，办公室设在市计划局，办公室主任由市计划局局长兼任。2001 年依据定州市人员编制的变动情况，调整了电子政务的相关负责人员。2010 年 8 月按照机构改革要求，将定州市信息化工作的职责调整到市工信局，并由其所属科技局具体负责。2011 年 6 月，对领导小组成员进行了调整，并将领导小组办公室办公地点调整到市科技局，办公室主任由市科技局局长担任。2001 年市政府决定成立定州市经济信息中心，设在定州市信息化工作领导小组办公室，为一个机构，两块牌子，行政单位性质，不增加人员编制。

构建信息化办公室网络控制中心。1999 年至 2000 年，定州市按照河北省、保定市关于推进国民经济信息化建设的要求，克服财政资金困难的不利因素，信息化办公室自筹资金 12 万元，购置服务器、光端机、转换机、路由器各 1 台，交换机 2 台，初步建成了网络控制中心，在保定市 22 个市（县）中率先建成了第一条光纤线路，实现了与保定市委、市政府互联互通，并通过保定信息化办与互联网连通，建成定州市第一条宽带数字线路。在此基础上，积极与硬件提供商、网路安全服务商、网络信号接入商进行了接触，并达成了聚力推进定州信息化建设的一系列相关协议。

为加强定州市党政机关信息化建设，提高办公的现代化、自动化水平，推动电子政府建设，实现无纸化办公、加快信息传递、提高办事效率、降低办公成本目标，2002 年，定州市将实施“政府上网工程”、推进机关办公自动化、加快社会信息化进程列为 2002 年度重点工作。同时印发了《定州市人民政府办公室关于转发〈定州市信息化工作领导小组办公室关于推动政府上网工程建设的实施方案〉的通知》，指出实现信息化是经济和社会发展的大趋势，对扩大交流与开放、加快定州市产业结构调整、增强城市竞争力、实现定州市经济和社会跨越式发展，建设现代化中等城市具有重大意义。

按照统一规划、资源共享、协同办公、快捷高效的原则，自 2002 年开始，定州市组织实施了党政机关办公自动化一、二、三、四期工程建设，建设了覆盖市四套班子、各乡镇（办）、市直各部门的高速宽带办公自动化城域网，初步实现了办公自动化。

2002 年 10 月 9 日，市政府启动实施党政机关办公自动化一期工程，投资 16 万元，招标采购了服务器、后备电源、中心交换机、防火墙等网络硬件设备 10 台（套）。2002 年 11 月 2 日，设备全部安装到位，并经过调试、验收后投入使用。2002 年 12 月 5 日，市政府召开关于加强党政机关办公自动化建设的市长办公会议，总结并肯定了定州市党政机关办公自动化建设取得的阶段性进展和工作成效。

2002 年底到 2003 年初，定州市启动实施党政机关办公自动化二期工程，投资 50 万元，委托保定市百世开利公司，架设光纤 20 多公里，先后开通政府东院、公安局、财政局、交通局、电力局、经贸局、教育局、农业局、林业局、畜牧局、建设局、供销社、南城区、西城区、北城区等 15 个光终端，实现了市四套班子、49 个市直部门、25 个乡镇（办）的互联互通，机关内部办公网络基本搭建完成。同时积极配合非典防控工作，投资3000元，为防治非典的两个办事机构架设专线6条，保证了信息畅通。

市计生局、水利局、农机局、文体局、市场服务中心、乡企办、商业办、物资办等23个单位面临办公场所搬迁，或因距离较远等原因，未能实现与党政机关办公自动化网连接，党政机关办公网络还不完整；同时，22个乡镇的窄带一线通专线网络速度较慢，有的甚至不通，成为高速数据传输的瓶颈，严重制约办公自动化进程。2003年底，市政府决定实施党政机关办公自动化三期工程。2004年1月15日，定州市党政机关办公自动化三期工程签约启动。三期工程采用联通公司CDMA无线高速网卡组网，实现一般公文的传输，达到一般办公行为自动化；并适时将条件成熟乡镇和部门的无线网卡改成光纤，尽快实现IP电话和视频会议等多方面的应用。电子政务一、二、三期工程累计投入资金111万元，购置了服务器、交换机、路由器、转换器、光端机等设备30余台（套），实现一般办公行为自动化，提高了办事效率、节省了办公费用。

为进一步完善网络资源，降低办公成本，提高办事效率，2004年9月，市政府决定启动实施电子政务四期工程建设，并下发《定州市人民政府办公室关于印发〈市信息化工作领导小组办公室关于加快电子政务四期工程建设的实施方案〉的通知》，准备利用十个月时间，完成四期工程任务目标：到2004年底，达到全市公文高速传输、可视化管理、网络视频传输、内部IP电话、移动办公的自动化，实现项目即时发布、部门间数据交换与共享；到2005年6月底，通过无线远程办公、电视电话会议、网上视频会议，试行项目审批大厅的网上审批工程，实现办公自动化和工作流程电子化。

为了保障电子政务四期工程的快速有效实施，定州市着重采取三项措施：一是实行“一把手”责任制。各级各部门“一把手”亲自挂帅，建立相应的领导机构和实施机构，并制定目标责任制，把工作细化、量化，排出具体联网时间，积极配合，确保按时保质完成；二是强化协调联动。各级各有关部门在提高认识的基础上，发挥各自职能和优势，加强协调，密切配合，形成合力；三是注重业务培训。市信息化领导小组办公室组织专业人员，针对电脑知识、网络使用、网络安全等方面的专业知识，定期或不定期地开展不同类型、不同层次、不同形式的专业知识培训，使其熟练掌握使用计算机网络技术，提高获取各类信息的能力和办公自动化网络的利用水平。

2005年4月7日，市政府召开专题会议对电子政务四期工程建设进行调度，并议定由发展计划局负责，借用供电系统的部分杆路，架设专用线网，实现市政府与剩余23个政府部门和22个乡镇政府的光纤联网，从而搭建定州市政府城域骨干光纤传输网，同时为公安、财政、税务、民政、统计、农业、计生等部门提供连接乡镇（办）的虚拟专网。

电子政务四期工程先后投资300余万元，架设光纤60多公里，开通了政府东院、公安局、财政局、交通局、电力局、农业局、建设局、规划局、环保局、国土资源局等36个光终端；并由中国联通定州分公司无偿投资1200万元，铺设光缆120公里，开通了22个乡镇政府、3个城区办事处等25个光终端，从而实现市四套班子、各乡镇（办）、市直各部门高速宽带互联互通，定州市党政机关办公自动化城域网初步搭建完成，并通过中国电信4兆和中国联通10兆的互联网出口，使各联网单位都能通过内部网关登录互联网。为保障网络安全，购置多种网络杀毒软件，保障网络的正常运行。

根据《定州市“十五”计划纲要》总体要求，2006年初定州市决定开展电子政务网络整合工作，并印发了《中共定州市委办公室定州市人民政府办公室关于做好全市电子政务网络建设整合工作的实施意见》，要求按照“统一规划、资源共享、协同办公、快捷高效”的原则，立足定州实际，整合现有资源，不断补充完善，杜绝重复建设，节省投资费用，促进办公模式的现代化变革，带动经济和社会驶入信息高速公路。

定州市电子政务整合工作本着“理顺全市电子政务网络管理体制，组建全市统一的信息网络管理中心，实现电子政务统一平台、统一通道、统一出口、统一标准、统一管理、统一运营”的总体目标，明确了网络整合与建设的任务目标，完成了以下主要任务的规划及实施：一是利用市信息化办网管中心现有网络，横向联通市四大班子、人武部、法院、检察院及市直部门和保定市垂直部门，形成全市统一的电子政务网络；以市信息化办网管中心为核心节点，通过保定到定州市统一的传输通道，上联省、保定市电子政务网络平台；利用市信息化办网管中心现有光纤网络，建立市、乡镇（办）间统一的纵向传输通道，下联到乡镇（办）电子政务网络平台。原有的纵向网络系统，逐步迁移到统一后的网络上来。二是严格按照保密和最小化原则，横向联通市委、市人大、市政府、市政协、人武部、法院、检察院及市直各部门，接入有关领导及各单位确定的相关股室。三是统一互联网出口。各级各部门不得与网络运营商联系，单独开通互联网出口，如有特殊需要的部门可申请市信息化办在现有网络中开通互联网信号。四是规范市信息化办网管中心。以当前的市信息化办网管中心为基础，利用现有的网络资源、技术力量等，适当增加必要设备，担负起电子政务网络线路与核心设备的运行和维护，以及全市电子政务基础数据的维护和管理、网络安全管理、信息资源整合与交换、电子身份认证、相关标准的制定等业务。

结合定州市党政机关办公自动化网络建设，重点抓了以下几个方面的具体工作：一是健全网络安全的规范管理机制。通过内网管理系统保证网络顺畅、服务器数据安全、网内计算机正常运行。二是进行防雷工程建设。保证市网管中心机房和25个乡镇（办）、69个部门的联网设备和线路免受雷击威胁，减少不必要的经济损失，确保网络稳定运行。三是搞好剩余单位的线路改造。将采用CDMA无线网卡联网的人武部、检察院、工商局、供电局、安监局等8个单位通过ADSL线路联入电子政务网。四是落实建设资金和运行维护经费。联结市四大班子、人武部、法院、检察院、有关部门的横向网及市与乡镇（办）间统一的纵向网的运行维护费用列入市财政预算并予以保证。五是配齐网络终端设备。各乡镇（办）、市直各部门至少配备一台计算机作为网络终端设备，承担电子政务内网办公，并做到24小时开机和指定专人负责管理。六是加强培训。市信息化办组织专门人员，针对电脑知识、网络使用、网络管理等方面的专业知识，对公务员进行定期、不定期的专业知识培训，提高利用办公自动化的水平。七是做好网络资源的开发应用。试行网上审批、网上纳税、网上验证等，逐步实现办公自动化和工作流程电子化；为公安、财政、税务、民政、统计、农业、计生、信访等部门提供物理隔离的虚拟专网，实现集中控制和资源共享，杜绝重复建设，节省投资费用；搞好IP电话、视频会议系统建设，提高办事效率，降低办公成本。

2010年，定州市通过招投标方式，确定由联通公司对电子政务外网进行升级改造，由移动公司对政务内网进行建设，提升了网络稳定度及信息传输速度，市四大班子、各乡镇（办）、市直各部门通过联通100兆、电信50兆互联网出口，访问上级部门网站及收发文件，并购置硬件防火墙、上网行为管理系统、网页防篡改系统，为电子政务办公系统提供安全稳定的网络环境。

【构建办公自动化平台】 2002年，为获得较高性价比和方便易用的办公自动化产品，采取先评测、试用后选型、最后再签合同的做法，选用了国产的托普OA软件作为定州市党政机关办公自动化的运行平台，经过安装调试、需求分析、修改完善、联机测试，软件运行情况良好。2003年，定州市委托保定市亿佰电子商务有限责任公司，对党政机关办公自动化软件进行修改完善，促使其具备了联机办公使用的条件。同时，聘请专家对全市四套班子领导及各部门计算机操作人员进行了党政机关办公自动化软件的统一培训，熟练掌握了党政机关的文件起草、审阅、签发、归档以及文件的接收、资料查阅等操作技能，初步实现了无纸化办公目标。2002年，为方便无密级文件传输，提高公文的传输速度，提高办事效率，对原有电子邮件服务器进行升级改造，搭建定州市电子邮局，分配了邮箱地址，为实现无密级公文传输奠定了基础；之后在此基础上，开发绑定手机短信功能，实现新邮件到达提示，为市委、市政府政令畅通开辟了快捷、高效的新途径。

【政府门户网站投入运行】 为推行阳光行政，打造电子政府，2004年5月，市政府决定在原定州市经济信息网网站的基础上，建立定州市政府公众信息网门户网站，并印发《定州市人民政府办公室关于建设定州市政府公众信息网门户网站的通知》，网站名称为“中国·定州”。经过试运行，2004年8月底网站正式开通，2007年、2009年两次进行了改版，十年来始终保持了良好运行。政府门户网站实现了宣传政府经济发展政策，展现经济建设成果，报道政府重大决策活动，发布招商引资信息，介绍投资环境的既定目标，有力展现了定州良好形象，扩大了党和政府工作的覆盖面和影响力，成为外界了解定州的窗口。

【政府电子数据统计系统】 组织开发了定州市政府电子数据统计系统，链接到市政府门户网站，承担报表任务的乡镇（办）和市直部门每月将固定资产投资、财政收入、入统工业增加值、乡镇企业增加值、乡镇企业上缴税金等指标通过互联网进行在线填报，每月定期公布，促进全市计划的顺利完成，为领导及时掌握经济动态提供信息保障。

【市长短信平台】 为拓宽市政府与广大市民信息联系渠道，以便更广泛而直接地了解民意、集中民智、关注民生，市长平台于2007年5月8日面向社会公众正式开通，并由专门人员对短信进行收集整理，由短信办公室进行统一处理。对于来自各方面的合理意见和建议，市政府进行了全面分析，对好的建议进行了积极采纳，认真受理，及时通过短信平台进行答复。

【电子政务服务平台】 2010年11月，定州市政务服务中心按照上级“硬件建设标准化、软件建设规范化”的目标要求，统一设计、统一建设，建立中心网站，加强电子监察，实现了“三网并轨”和“三级联网”。市信息化办网控中心在整合原有资源的基础上，全力打造电子政务服务平台，构建起了功能比较齐全、智能化程度相对较高、服务理念新颖、运行稳定顺畅的电子政务服务平台系统。2010年11月电子政务服务平台运行，至2013年底，办理网上审批事项2189项，办结率100%。

【政府信息公开平台】 2008年3月13日，定州市政府信息公开工作启动实施，成立定州市政府信息公开协调小组，并招标采购了服务器等软硬件设备，2008年5月投入试运行，2012年5月建成与保定市政府信息公开平台一致的新平台，并实现与省、保定市公开平台的聚合，2013年7月直接与省政府信息公开平台聚合。政府信息公开新平台运行以来，公开各类政府信息1493条，各类文件112件。

【安全生产应急救援平台】 定州市安全生产应急救援平台于2011年5月中旬正式投入使用。利用电子政务网络和监控专网，在全市范围内建立起一个信息化的安全生产和应急救援管理的平台，向上连通省安监局和国家安监局，向下连通重点企业，形成一个互联互通、动态管理、动态监控、应急指挥的格局，及时为安全生产监督管理和应急救援管理提供准确而有效的数据信息，从而实现管理重心的前移、监督力度的加强、应急救援的及时、管理水平的提高，使定州市的安全生产监督管理工作提升到一个新的水平。

【数字化城市管理平台】 定州市2013年5月建成定州市数字化城市管理平台，运用地理信息系统GIS和数字信息化手段、移动通信技术手段，处理分析和管理整个城市的所有城管部件和城管事件信息，提升城市精细化的管理，促进城市人流、物流、信息流、交通流的通畅与协调。

【新农合及居民健康电子档案情况】 为确保广大参合农民都能享受到新农合带来的优惠，定州市加快构建农村健康保障体系，至2013年底，全市建立居民电子健康档案97.6万份，建档率82%，其中建立农村居民电子健康档案78万份，建立社区居民电子健康档案19.6万份。居民健康档案的建立，使居民一生的健康状况、个人全部病史及家庭健康问题能够真实系统地反映出来，不仅方便了患者，也有助于帮助医务人员全面了解患者患病的相关背景信息，避免不必要的检查项目，为疾病的诊断和病人转诊治疗提供了最有效、最准确的依据，对保护居民健康起到了促进作用。

（贾建昌）

河北省电子政务研究会会员构成

河北省电子政务研究会由团体会员和个人会员构成，其中团体会员包括主体会员和其他会员。

（一）主体会员

省电子政务研究会面向全省各级电子政务管理机构吸纳发展主体会员。主体会员是由从事和管理电子政务工作的行政机关、事业单位构成的，是引领和推动电子政务事业发展的中坚力量。主体会员享有多种优惠政策，优先获得本研究会的相关服务。

本次吸纳各级政府行政（政务）服务中心入会后，省电子政务研究会主体会员将形成如下四大系列：

1、各级政府办公厅（室），省直部门办公室构成主体会员的第一系列。其中各级政府办公厅（室），作为本级政府最具权威的电子政务管理机构，是电子政务研究会的核心会员。

2、各级政府及部门的信息中心构成主体会员的第二系列。

3、各级政府行政（政务）服务中心将构成主体会员的第三系列。

4、各级科学技术普及中心构成主体会员的第四系列。

（二）其他会员

电子政务研究会同时面向与电子政务事业发展密切相关的IT企业、科研机构、大专院校、社会团体发展会员。其中IT企业会员由各通信运营商、产品供应商、系统集成商和运维服务商构成。这些会员虽然不是电子政务工作的主体，但也是电子政务工作运转的技术支持和服务单位，是电子政务工作不可或缺的重要力量。

河北省教育厅门户网站

【概况】 河北省教育厅网站于1998年正式建成并开通。在网站建设上始终坚持以人为本，把为社会公众服务作为出发点和归宿，坚持政务公开、网上办事和公众互动三大发展方向。经过几年的努力与探索，经过两次改版，河北省教育厅网站成为省教育厅及其各部门在互联网上信息发布的总平台和联络外界的总窗口，是河北省教育厅在互联网（Internet）上统一建立的网站群，由一个中心网站和十五个子网站组成，中心网站设一级栏目22个，二级栏目59个，三级栏目203个。2008年改版以来，网站共发布信息4726条；2013年改版以来，网站共发布信息1556条。

《中华人民共和国政府信息公开条例》正式施行以来，以法律、法规和人民群众关注的事项为公开重点，深入推进政务公开，凡按规定应公开的内容和事项，都依法在厅网站公开。在河北省教育厅网站首页设有河北教育要闻、公告、文件、政务公开平台、行政审批等板块，准确及时地向社会公众发布河北省出台的最新教育政策、重要会议、重大举措以及行政许可事项等信息，并通过网站向社会公开行风热线、信访电话、行政大厅等热线电话。

教育要闻。教育要闻是宣扬河北省教育事业改革与发展、弘扬全省教育主旋律的宣传阵地。采取了“分布投稿、多级审稿、专人编辑”的方式，保证了消息的真实性与权威性。其信息广泛被其他媒体采用或转载，使得网站成为河北省重要的教育新闻媒体。

政务公告。河北省教育厅下发的所有主动公开的文件、通知、公告等都第一时间在网站公告、通知栏目、各处室子栏目以及河北省政府政务公开平台及时公开发布。并且网站无缝调用河北省政府政务公开平台教育板块信息内容。全省各级教育行政部门和学校均可方便地获得教育政务信息。

专题专栏。结合全省教育工作实际，在不同阶段针对不同的工作重点，开辟专题对重大事件进行宣传，先后开辟了“河北省教育系统甲型H1N1流感防控工作专题”“河北省高校深入学习实践科学发展观活动专题”“河北省教育系统深入开展创先争优活动专题”“河北省中小学校舍安全工程”等系列专题，为深入推进政务公开和教育事业改革与发展创造了良好的舆论氛围。

互动栏目。网站设厅长信箱作为与民众的互动手段，收集举报、投诉、建议、咨询，由专人进行信息的分类处理，明确责任主体，加强监督问责，确保公众提出的问题和建议及时回复。

河北省教育厅以厅门户网站为载体，有力地推进了政务公开，大大增强了行政透明度，积极促进了机关效能建设。

【网站集约化建设】 河北省教育厅在网站建设与管理上以“统一部署、统一标准、统一规范、统一管理”为指导思想，开发利用“一群网站”的资源，建立以厅门户网站为中心主站，以部门级网站及其应用为基础支撑的若干子站，形成若干主站与子站集成的网站群体系。

加快“一站式”服务的步伐。采用网站群建设模式，可以实现资源互通共享，提高政府网站的应用水平，门户主站和二级网站构成一个整体，不再相互孤立，来访者可以方便地通过门户主站获得统一的信息服务。

降低管理成本，增强运行机制。在内部管理上，实现多站点统一管理、权限统一分配、信息统一导航、信息统一搜索等。在主站与各子站发布的信息可以通过管理后台进行权限范围内的推送或移植，提高了信息共享程度，极大程度上消除了“信息孤岛”。技术标准与发布方式的统一，降低了人员培训成本；权限管理与用户管理的统一，提高了网站的管理效率与信息的安全性。

加强网站集约化，降低政府网站的运维成本。没有采取站群管理体系之前，各部门独立建站需要分别支付服务器购置费、技术维护费及平台建设费，总体花费巨大。使用站群系统统一了技术标准，只需购置一套较高配置的服务器、站群管理系统以及安全设备构建统一的站群管理平台，即可使各站点共享共用集群的软硬资源，有效降低投资成本，避免重复建设。而且由于实现了权限的合理分配，提高了各个部门之间的管理能力，避免了大量数据重复提交从而加大服务器负荷以及海量数据的冗余存储。

【运行机制管理】 优化工作流程，理顺工作机制。一是明确网站管理组织机构。省教育厅是门户网站的主管单位，负责网站建设的指导、监督和协调；省教育厅办公室负责河北教育要闻的编辑及网站信息的审核；省教育厅信息中心是门户网站的承办单位，负责门户网站的规划、设计、改版、培训、技术保障、日常管理等具体事宜。二是建立高效有序的信息发布流程。发布信息权限分为两类，一类为网站主站内容，其流程为发布前要经过提供信息部门的主管领导批阅、签字，然后通过办公室审核、信息中心备案，由信息中心网站管理员负责信息录入、发布、发布后复审几个环节。经过这些环节，切实保障了网上信息发布的正确性、准确性、安全性。另一类发布信息权限为各处室栏目以及子站内容，这类信息发布的原则为“谁上网，谁负责”，将机关各单位信息公开负责人与信息员明确到人，每单位信息员拥有独立的、拥有权限控制的后台登录账户，通过信息员登录后台的方式对本单位的信息发布工作进行负责。这样大大提高了发布信息的效率。

完善制度，加强保障。为高效完成网站信息采集、编辑、发布以及网站安全管理等工作，省教育厅信息中心本着“以人为本、科学管理”的理念，研究制定《机关网站信息公开管理办法》《河北省教育厅机房使用规定》《机房操作人员岗位职责》《河北省教育厅网站24小时值班制度》《河北省教育厅电子政务网络安全应急预案》等规章制度。《机关网站信息公开管理办法》规定每季度、年度厅信息中心负责统计各处室信息发布情况，由厅办公室进行评比与通报，广泛调动了各处室上报信息的工作积极性，极大提高了河北省教育厅网站信息质量、数量、上传效率和网站安全性。

强化培训、培养人才队伍。门户网站建设是一个专业化程度较高的系统工程。涉及综合管理、网络维护、架构设计、业务流程管理、信息处理与加工甚至安全保密等，这就要求人员具有专业的素质、较强的政治水平、踏实求真的工作作风。培训是人才队伍建设的抓手，主要从加强技术骨干、各单位信息员培训着手，促进参加培训以及举办培训各项工作的开展。定期举办信息公开培训、信息安全培训，提升网站的采编发力量。

抓好信息安全与保密工作。一是在技术上加强保障。对路由器、防火墙和安全审计设备的安全登录方式进行了进一步修改，并取消原有单机授权登录模式，对网络设备用户的标识进行唯一化，并关闭所有网络接口的 intelnet 登录功能以及远程桌面，在有调试修改需求时，统一利用 KVM 交换机进行操作，如有外网远程控制需要则需事先登录 VPN。恶意代码防范方面采取防篡改系统对网络应用程序进行 7×24 小时监控，所有对程序及数据的恶意修改将在 5 分钟之内还原。在网络边界及核心业务网段处对恶意代码进行检测和清除维护并做到恶意代码库的升级和检测系统的更新。二是在管理上做到严格按照规章制度按照工作流程进行各项任务与工作，加强安全保护意识，做到“涉密信息不上网，上网信息不涉密”，定期开展安全保密自查工作，确保网站信息安全。

（省教育厅）

河北省科学技术厅门户网站

【概况】 河北省科技厅门户网站自 2003 年建成。网站访问量，从 2008 年日均点击率 612 次，到 2010 年最高日点击突破 1 万点大关，2011 年达到 1.9 万次，2012 年达到 2.3 万次，2013 年再创新高达到 3.5 万次。在 2010 年度河北省政府网站绩效测评中，省科技厅取得了省直部门网站性能指标第 2 名、组织管理指标第 9 名的成绩。2012 年 10 月，在由省互联网协会、省信息产业与信息化协会组织开展的河北省优秀网站评估活动中，门户网站荣获 2012 年度河北省优秀网站第一名。

加大信息公开力度，努力拓宽公开范围。省科技厅门户网站“政务公开”频道下设《信息公开目录》《信息公开指南》《信息公开申请》《信息公开年报》等栏目，对组织机构、规划计划、政策法规、工作动态等内容进行了公开公示，增加信息下载、打印功能，改进检索功能，设立依申请公开的内容模块，在提高科技管理部门工作透明度，保障公民、法人和其他组织依法获取政府信息等方面发挥了积极作用。为了提高政府信息公开工作规范化、科学化水平，省科技厅研究制定了《河北省科技厅政府信息公开工作意见》《河北省科技厅依申请公开政府信息办理规范》《河北省科技厅政府信息公开保密审查制度》《河北省科技厅政府信息公开工作年度报告制度》《河北省科技厅政府信息公开信息发布协调机制》《河北省科学技术厅关于政府信息公开工作自查情况报告》等一系列规范性文件。省科技厅连续五年（2008 年-2012 年）荣获“省政府网站建设和内容保障工作先进单位”荣誉称号。

加强科技管理业务整合，提高在线办事能力。理清各项业务办事流程、规章，在网站“专项业务”中，以厅各部门业务职能分工为结构主线，全面展示了各环节办事规章、办事流程、办事指南及办事入口。同时在网站首页添加全省科技管理重要业务系统的入口链接，提高了科研人员的办事效率。

强化网站互动功能，稳步推进互动交流。针对公众互动和网上办事，2010 年至 2012 年，对公众互动模块进行了两次改版，对“互动交流”和“监督投诉”两个子模块进行优化，研究制定《厅长信箱》电子邮件承办工作制度、网民留言办理工作管理办法、“中国河北”门户网站监督投诉和网上咨询承办工作制度等，理顺了互动流程，互动结果反馈与互动效率得到显著提升。此外，省科技厅门户网站还积极利用“政务微博”这一新兴媒体互动功能，在宣传河北科技工作，促进政务信息公开和与社会公众信息交流的同时，显著提升了网站的影响力和点击率。

加强网络安全监管，规范运维保障。落实技术防范措施，加强网络安全监管，为确保网站的安全、稳定运行提供了强大的技术支撑。一是优化页面代码，保证网站性能。清理失效、过期、慢响应、无响应、报错页面和链接，确保网站链接的有效性和服务的稳定性，并使之符合 W3C 严格标准，兼容客户端各类主流浏览器，提高网站执行效率和响应速度。二是加强实时监控，提高网站在线率。通过有效的技术措施，及时升级网络运维管理系统软件，及时发现网站服务与网络节点故障。签约专业的网站监测服务商，通过多点外部实时在线监测，及时发现网站外部通达故障，确保了网站的在线率。三是增加出口线路，实现网络畅通。通过增加出口线路并优化路由策略，安装网关链路与服务器负载均衡系统，实现了网络系统与电信、联通、教育网三网联通，确保网络实时畅通。四是通过功能分置，确保运行稳定。剥离应用程序与数据库系统，提高了系统整体部署的健壮性。剥离后端存储网络，提高了在线视频响应速度。五是加强防范措施，确保系统安全。通过部署网站防篡改、防攻击系统，配合定期更新复杂口令、系统安全扫描等各项安全管理机制，有效降低了系统被攻击、被入侵的风险，保障了系统安全。

【精品栏目】 《要闻》：该栏目旨在及时反映党中央、国务院、省委、省政府和上级科技管理部门的最新方针政策、重大会议活动、重点工作动态等情况。主要发布具有以下相关内容的信息：党和国家重要会议、重要事件、重大活动情况及领导讲话；国家和省有关领导对科技工作所作的重要批示、出席的重大活动以及有关支持科技发展的重要讲话；贯彻落实党中央、国务院、省委、省政府和上级科技管理部门的决策部署、发展规划以及领导讲话精神情况；国家和河北省重大科技工作进展情况等。

《通知公告》：该栏目为河北省科技厅、国家科技部通知公告栏目，是面向全省科技系统、科研机构及相关企事业单位传达转发科技管理工作有关文件、通知、公告的一个宣传窗口。方便相关单位和个人准确、及时地了解国家和河北省科技管理工作的最新进展和要求。

《河北科技动态》：该栏目旨在及时展示河北省科技工作最新动态，主要发布以下相关内容的信息：贯彻落实中央、省委、省政府、上级科技管理部门决策部署的重要情况；河北省的重要科技工作情况，突发公共事件，重要的社情民意，河北省党政主要领导对科技工作所作的重要批示和支持科技发展的重要讲话及科技工作热点问题分析；各单位、各部门科技工作的进展情况和创新举措等。

《科技视频》：该栏目以视频形式展示全省科技动态、科技活动、有关会议、考察调研、科技成果等，转载国内外重要科技视频消息，发布科普视频资料，扩大厅门户网站的传播能力和辐射范围。

《市县科技工作》：该栏目旨在及时展示河北省各设区市、县（区）科技工作最新动态，主要发布具有以下相关内容的信息：贯彻落实中央、省委、省政府、省科技厅和各设区市委、市政府决策部署的重要情况；各地的重要科技工作情况，突发公共事件，重要的社情民意，当地党政主要领导对科技工作所作的重要批示和支持科技发展的重要讲话及科技工作热点问题；各单位、各部门科技工作的创新举措和工作亮点等。

《综合科技新闻》：该栏目旨在及时展示国内外科技工作整体发展规划及发展动态，主要发布国内外科技工作重大事件、重大活动、重要会议、重要文件、领导讲话（专访），各地科技管理工作新思路、新举措及成功经验等，为加快科技创新、改革与发展提供科技管理信息服务。

《企业大学院所科技》：该栏目旨在及时展示省内企业、高等院校、科研院所科技工作发展动态，主要发布省内企业、高等院校、科研院所最新科研成果、科技创新以及科技工作重大事件、重大活动等信息，为加快科技创新、改革与发展提供科技管理信息服务。

《科技前沿》：该栏目旨在为公众尤其是广大科技工作者提供更多的科技前沿资讯，宣传科技引领未来发展的先导作用，促进河北省高科技研发能力和产业国际竞争力不断提高。主要发布国内外前沿科技进展，最新发现与创新，重大科技成果等，特别是围绕加快发展战略性新兴产业（节能环保、新一代信息技术、生物、高端装备制造、新能源、新材料和新能源汽车七个产业）提供相关科技信息服务。

《媒体报道》：该栏目旨在集中

展示全省科技管理系统广泛利用新闻媒体对科技创新工作的宣传作品和报道成果。主要采集国内各新闻媒体关于河北省科技工作重大事件、重大活动、重要会议、重要文件、领导专访，科技管理工作新思路、新举措及成功经验等相关的宣传报道，为加快河北科技创新、改革与发展营造良好舆论环境。

《科普频道》：该栏目主要进行自然科学知识的普及与教育，发布国内外自然科学领域最新发现与创新、重大科技成果，提高人们的科学素养、激发求知热情、增加知识储备。同时宣传河北省相关科普政策，展示河北省科普工作动态。

《专题专栏》：该栏目旨在集中宣传和记录厅机关各处室、厅属各单位重大会议、专项业务、主题活动等专题事件。

（省科技厅）

河北省国土资源厅网站

【概况】 河北省国土资源厅互联网站（www. hebgt. gov. cn）于2002年正式开通，是河北省国土资源政务信息公开的主渠道。网站栏目分为三部分，一是政务信息公开类，主要包括领导信息、机构设置、通知、公示公告、政策法规、规划计划、统计数据、收费项目、科技成果等栏目；二是在线办事类栏目，主要由办事指南、表格下载、审批状态查询、审批结果查询栏目；三是互动类栏目，主要包括网上举报、咨询建议、网上调查栏目。网站设立了办事指南、审批状态查询、审批结果查询等栏目，提供审批事项的依据、条件、时限以及申报资料的格式文本和示范文本查看及下载服务，同时提供审批结果的状态与结果查询。

为使政府信息公开工作有章可循，省国土资源厅根据《中华人民共和国政府信息公开条例》的要求，结合实际，制定《河北省国土资源厅政务信息公开办法》《外网互动交流信息反馈暂行管理办法》等相关配套制度，为推进网站政府信息公开工作提供有力的制度保障，将网站建设及信息维护工作落实到实处。

网站栏目实行分工负责制和定期更新制。厅办公室负责“信息公开制度”“信息公开年报”“信息公开目录”栏目；人事处负责“机构职能”“机构设置”“处室职能”“领导简历”“人事教育”栏目；政法处负责“政策法规”“职权目录”栏目；科技处负责“科技外事”“科技成果”栏目；机关党委负责“机关党建”栏目；纪检监察室（效能办）负责“效能建设”栏目；老干部处负责“老干部活动”栏目；宣传中心负责“国土新闻（包括图片新闻）”“视频新闻”栏目；信息中心负责除上述栏目以外的各栏目信息的上传、更新和维护工作。

厅机关成立“河北省国土资源厅政务信息公开工作办公室”（以下简称“公开办公室”）。公开办公室由厅办公室、政策法规处、纪检监察室、信息中心有关人员组成，厅办公室负责机关网站信息公开工作的组织协调，负责信息的保密性审核，政法处负责上网信息的合法性审核，纪监监察室负责上网信息的监督工作，信息中心负责网站的技术服务和管理维护。

凡由省国土资源厅自行发布的信息，应按规定程序报有关领导审批。由各处室负责更新发布的栏目，由各处室经本部门领导审核通过后发布。由信息中心负责的栏目，需报厅办公室进行保密审核，审核通过后再发布。

为促进网站工作，厅纪检监察室会同厅办公室、人事处每年对各处室局实施政务信息公开工作进行考核评估，并定期公布考核评估结果。

【政务信息公开】 省国土资源厅于2004年进行厅内网办公系统建设，全厅的审批业务、收发文均通过厅办公系统完成。由于内外网物理隔离，为及时将办公系统中的信息在网站上及时发布，采取以下措施：一是开发业务审批系统导入导出工具。网站管理员每天将业务审批系统中的需要在网站上发布的数据导出，导入到厅外网网站系统进行发布；二是规范内网办公系统中的发文信息公开工作。要求发文起草处室在起草公文时加注“公开方式”项，随公文一同审批。凡标注“主动公开”方式的，网站管理员直接从机关文印室复制，及时在厅外网向社会公开。通过以上措施，保障了办公系统中的信息及时在外网上公开，初步形成全厅“内网办理，外网公开”的信息公开模式。

【政民互动情况】 省国土资源厅将厅外网网站互动交流信息纳入厅机关网上办文工作流程。由专人负责每天上网查收互动件，并及时将有效件通过厅办公系统转发转送到拟办岗，拟办人员每日登录厅办文系统，当日提出拟办意见，并将网上咨询举报件转发到有关承办处室局办理。同时对办理时限和回复形式都作了具体要求。实行限时办理制度，属咨询类信息，承办处室局在7个工作日内提出网上回复意见；属检举、举报类信息，承办处室一般在1个月内提出网上回复意见。到2013年底，全厅处理咨询举报件3000余件，并确保了件件有回音。

【特色栏目】 办事指南栏目。栏目下设行政许可、非行政许可、行政监督栏目，每一类栏目下设土地、矿产、海洋三类。提供省厅所有审批事项的适用范围、办理依据、办理条件、申报资料、主办处室职责、协办处室职责、工作时限等，并提供申报资料的格式文本和示范文本的查看和下载，随时对在办事项的办理状态进行查询。

绩效考核民主评测专栏。该专栏实现了年度基层单位评议机关、机关处室评议直属服务单位、服务对象评议行政审批“窗口单位”、考核机关处室、考核直属单位活动和设区市局、直管局领导干部考核等功能。考核过程：省厅管理人员维护考核信息、考核类别、年度等数据后，导入参评人员信息。系统自动为参评人员生成随机登录密码，评议前将考核信息和随机密码通过短信形式自动发送至参加评议人员手机上。评议人员通过密码登录网站上的《年终考核民主测评》专栏，进行评议。系统自动完成统计工作，确保考核工作保密、公正。2011-2013年共进行了三次评议，年参加人数2000余人。

地质资料目录查询。2002年河北省的地质资料目录数据库建设完成，实现了地质资料目录网上查询服务，该服务已被广泛应用，取得了良好的社会效益，进一步推动了地质资料服务的现代化进程。至2013年底，省馆藏目录信息共9220条，每月进行新增的目录的更新。用户可按行政区、矿产名称、资料类别、形成单位等字段进行检索查询。

（省国土资源厅）

河北省环境保护厅网站

【概况】 河北省环境保护厅网站始建于1997年，期间历经6次改版升级，逐步实现从“信息发布”到“服务办事”的转变。到2013年底网站设置一级栏目46个，二级栏目199个，网站信息总量16000余条。栏目设置齐全，信息公开、宣传环保、公众互动、在线办事等建设不断丰富和加强。

省环保厅把门户网站建设作为电子政务工作的一项重要内容来抓，成立厅信息化建设领导小组，从机构建设到专业人才的引进和培养，以及经费保障等方面都提出明确的发展思路和具体的工作要求。将网站运行维护费列入年度预算，以保障网站稳定运行。2013年厅长主持召开厅务会，专题研究网站建设提升工作，对省厅网站的版面、内容及制度提出明确要求。为此省厅进行了网站改版，栏目板块设置更加合理，页面布局更加美化，网站更加易用。制定规章制度，理顺工作程序，建立长效工作机制。2009年制定《河北省环境保护厅网站管理办法》，2013年对其进行修订，出台新的网站管理办法，对网站信息发布按照各处室、单位职能分工进行任务分解，规定了公众互动回复流程，确保咨询、举报得到及时回复，同时对在线办事、安全运维等工作提出明确要求，切实保障了网上信息发布的及时性、安全性和准确性。2013年，省环保厅出台《河北省环境信息公开管理办法（试行）》《河北省环境保护厅信息公开目录及任务分工（第一批）》，进一步扩大信息发布的范围，明确责任单位及发布时限，规范了发布流程，为网站内容提供了又一制度保障。加强监督通报，确保制度落实。每半年对省厅各单位网站维护情况进行检查通报，年底进行通报表彰，确保信息更新的及时性。同时加大对市、县环保网站的监督考核。每年对全省设区市环保网站进行绩效评估，通报网络信息上报情况，提高了全省环保网站建设水平，确保省环保厅网站政务信息来源。网站安全无小事，确保网站安全稳定运行是网站建设重要内容之一。一是全方位做好网站防护工作。网站与网络安全防护纳入统一管理。通过防火墙、网页防篡改、应用防护、病毒防护、漏洞扫描、防DDOS攻击等多种手段，确保网站安全。二是利用信息化手段监控网站运行。除省环保厅安排人员每天读网外，同时聘请专业公司提供监控服务，实时监控网站是否正常运行、网页是否被篡改，出现问题通过短信、邮件、电话等多种方式予以通知，减少社会影响。三是对网站进行三级等保测评，不断优化与完善安全防护配置。深化应用，提升服务能力是宗旨。网站提供全省简化版企业环境信用信息查询，取得较好的社会效果。依托全省环境信用信息系统的建设，整合不同业务信息，其中包括审批、验收、排污许可证、固废转移、辐射安全许可证、清洁生产、环境违法等信息。开发空气质量自动发布系统，发布空气质量自动监测站小时监测指标数据，为公众提供详细的环保信息服务。

【深化信息发布范畴】 除了发布《政府信息公开条例》规定内容外，按照《环境信息公开办法》（试行），发布与公众密切相关的环境信息。比如环评审批、城市环境空气质量、水环境质量、信访案件办理情况等等。同时为了更好地服务公众，增加绿色生活、汽车尾气PM2.5科普知识、治理技术等服务类栏目。2013年制作污染源环境监管信息发布平台，增加污染源在线监控实时数据、国控与省控重点企业名单、污染源基本信息、污染源监测结果、危险废物管理、挂牌督办、固体废物行政审批结果等信息。制作“关注民生、环保在行动”专题，及时发布信访案件查处结果，接受公众监督。开通多元化互动交流渠道，构建公众交流新桥梁。网站开辟厅长信箱、在线咨询、网上举报、在线访谈、意见征集、政策解读等互动功能模块，并做好维护工作。对于网站的咨询、举报及时地给予解决或答复，实实在在地为公众服务，让群众满意。通过网站进行意见征集，开展网上调查，征集民意，汇集民智，成为群众关注环保、监督环保、参与环保的重要渠道。

新版网站页面截图

【搭建公众在线办事新平台】 建立全省环保网上行政服务中心，公众登录一个门户，实现主要行政许可事项省市县三级的网上申报。为了便于服务公众，将省厅所有行政许可事项、非行政许可事项的办事指南、表格下载、在线申报、结果反馈、状态查询等内容整合到一个页面，用户注册登录一次，可以申报所有行政审批事项、查询办理状态，真正实现一站式服务。增加环境保护工作的透明度，进一步提升公共服务水平。

与时俱进，创新服务形式，提供多样的信息服务。一是开发网站手机版，包括环境新闻、重要文件、公告公示、领导简介、空气质量等信息，提供网上办事结果查询，同时具有在线咨询、手机举报等互动功能，为公众提供新的服务方式。二是建设环境信息GIS发布平台，基于电子地图、遥感影像实现空气质量、自然保护区等信息的可视化、形象化显示、查询。三是发布环保图片、环保视频等多媒体信息，形成文字、图片、视频为一体的立体宣传形式，增强来访者的访问兴趣。四是制作了省厅7大类行政审批事项的场景式服务，形象生动地引导公众办理环保审批事项，提供亲民式服务。五是以用户为中心，创新服务形式，提升用户体验。本着以人为本的服务理念，根据访问对象的不同，将省厅网站内容分为首页、公众、企业、政务四大平台，提供个性化服务，便于公众查找信息。

【制作专题专栏】 2013年，围绕群众关心内容、省环保厅工作重点，先后开设了"大气污染防治""党的群众路线教育活动""农村环境整治""关注民生、环保在行动""重点行业环境专项整治信息公开""2013年6·5世界环境日"专栏，及时发布与群众密切相关的工作情况，全方位开展宣传活动。

河北省环保厅探索新形势下政府网站建设的新思路、新方式、新道路，立足信息公开、便民服务，以服务公众为宗旨，以应用促发展，提升工作理念，从人员保障、制度建设、安全防护等方面入手，准确定位，不断提高网站信息质量、服务水平，使门户网站建设取得良好成效。网站连续6年荣获环保部"优秀网站"荣誉称号。

（省环保厅）

河北省住房和城乡建设厅网站

【概况】 省住房和城乡建设厅始终以"政务公开的平台、新闻发布的窗口、公共服务的门户、与民互动的桥梁"为办网宗旨，借鉴国内外优秀政府门户网站建设经验，完善功能、丰富内容，2010年在省直部门网站绩效评估中名列第二，网站各项指标均高于省直部门平均水平，实时信息建设情况接近满分。

2001年，"河北省建设厅"网站正式开通。2002年11月，"河北省建设厅"网站完成首次改版并开通运行。2003年10月，"河北建设厅"网作为省政府门户网站"中国河北"的分网站，实现信息的互联互通。2005年3月，"河北建设厅"

网再次改版升级，更名为“河北建设”网。更名后的“河北建设”网面向广大人民群众，由单纯的政务平台逐渐向公共服务平台转变。2006年9月，“河北建设”网经过第三次改版升级，正式上线运行。新版网站进一步突出“政务公开、新闻发布、公共服务、与民互动”功能定位和板块划分，强化在线服务功能，网页表现形式更加灵活多样，信息检索更加方便快捷，访问承受能力和抵御网络入侵能力增强；“河北建设”网站宣传力度得到进一步加强，原创、独家的新闻成为网站的主导内容，专题性的深度报道逐渐完善和成熟，厅及行业重大事件、活动可以进行全方位全程报道，行业外宣工作取得突破性进展。

省住房和城乡建设厅把门户网站作为大力推进政务公开、不断提升行政效能和服务水平、让人民群众更广泛地参与公共事务管理的重要手段，不断加大投入、完善体制机制、创新管理模式，实现信息流转闭合化、信息发布窗口化、舆论宣传深入化、网上服务便捷化。“河北建设”网主要分为政府信息、建设资讯、在线服务、与民互动4大版块，共40个大栏目、数百个子栏目。

【政务公开平台】 省住房和城乡建设厅按照《政府信息公开条例》要求，不断健全完善信息发布机制，提升信息发布的广度和深度。一是过程留痕可追溯。信息从产生到办结均通过机关内网办公系统发文流程，需要公开的信息从办结到发布均通过外网门户网站发布程序，实现了信息公开工作全程网上闭合管理。二是将保密审查贯穿始终。保密审查与公文流转程序有机结合、同步进行，在公文流转的同时，负责保密审查的各环节人员必需对信息是否保密、是否公开提出意见。拟公开的信息对外发布实行三级审核，通过“录入—编辑—审核”三个环节，对信息是否经过保密审查和信息的完整性、准确性进行核定后，方可对外发布。三是最大限度保障公民知情权。在门户网站建立政府信息公开平台，设有政策法规、工作动态、行政执法、财政财务等7大类24个栏目。截至2013年底，已发布信息7000余条。结合部门特点，网站还设立了建设要闻、便民信息、中标公告等特色栏目，满足社会各界需求。

【打造新闻发布的窗口】 省住房和城乡建设厅将门户网站作为行业宣传的“主阵地”，不断提升网站信息的权威性、综合性和及时性。一是及时报道厅重要会议、活动和政策。在厅重要政策、重点活动、重大会议产生的第一时间，派专人跟踪报道，采写的稿件经相关处室把关后（重要稿件需厅领导审定）及时上网公布，提高了信息的及时性和权威性。省住房和城乡建设厅网站备受各级新闻媒体关注，2013年，省住房和城乡建设厅自采稿件400余篇，被媒体直接转载刊发100余篇/次。二是围绕中心工作建立特色专题专栏。根据省政府工作部署，围绕厅工作重点、群众关注点和舆论焦点，先后在网站上设立了新型城镇化、河北省住房保障、加强基层建设年活动等50多个特色专题专栏，发布信息5000余条，为社会各界提供了丰富、详实的信息。三是快速反应信息发布及时。为确保涉及公众切身利益、需要社会广泛知晓的信息第一时间在网站发布，省住房和城乡建设厅明确了网站各类信息发布时限：重要活动、重大会议等动态信息在活动（会议）结束后24小时内发布；厅发文件、公告公示类政府信息，文件正式发布后，1个工作日内发布；与民互动类信息处理完成时限一般不超过7个工作日。

【服务公众】 省住房和城乡建设厅根据行业特点，在门户网站对行政相对人实行全程服务，提高服务水平和群众满意度。一是建立统一的网上办事大厅。对厅所有行政许可事项和部分非行政许可事项按业务分类，全部集中在“网上办事大厅”，实行“一站式受理、一条龙服务、一揽子解决”。对每个审批事项，从办事指南、用户开通、在线申报、审批过程及结果，到问题咨询、相关文件查询，全过程一目了然，用户不出“大厅”，就可完成全部事项办理。二是公布办事事项。设立办事指南专栏，对包括行政许可、行政监管、非行政许可在内的办理依据、所需材料、程序、条件、时限、收费依据等进行规范，统一表格制式，并对社会公布，方便服务对象查询。三是实时公开审批过程及结果。网站与厅行政审批系统建立链接，通过网站登录行政审批系统，服务对象可以方便地查询办理事项状态。审批完成后，审批结果自动向门户网站实时传输，实现“即批即发”，确保审批结果第一时间在网站公布。四是指定专人在线答疑。设立“网上答疑服务中心”，指定专人负责，并做到第一时间接转，24小时内回复。

【保障群众参与权和监督权】 省住房和城乡建设厅业务工作点多面广，与民生息息相关，社会关注度较高。网站互动栏目作为问政于民、问需于民、为民释疑解惑的重要渠道，使政民交流更加快捷有效。一是搭建网上沟通平台。开设“厅长信箱”“举报投诉”等栏目，为省住房和城乡建设厅充分了解群众意愿，倾听群众诉求提供了平台。对网友问题随时接转、认真调查处理、及时反馈，保障了当事人合法权益。二是实行网上主题听政。出台涉及广大群众切身利益的政策措施前，通过网站“在线调查”等栏目征集群众意见，公众可参与评论、留言，为各项工作顺利开展提供了决策参考。三是及时解答公众疑问。每个业务处室均明确一名熟悉政策的同志解答网站“问题咨询”栏目收到的公众提问。 2013年，通过网站共解答群众咨询政策、办理业务等问题200余条。

河北建设网“网上办事大厅”

【概况】 2008 年，河北建设网“网上办事大厅”专栏开通，专栏定位方便服务对象、提高行政效能，共设置了通知公告、事项分类、系统使用必读和网上答疑服务中心四大核心栏目。通知公告及时更新关于业务申报的通知、系统使用方法等；事项分类按照 12 个业务处室划分，各业务处室名下列明其所负责的审批事项，用户可对号申办；系统使用必读为用户展示了办理各类事项的操作步骤；网上答疑服务中心随时回答用户提出的疑问，最大程度服务办事群众。专栏的开通，标志着河北省住房城乡建设厅网上服务又迈上一个新台阶。

“网上办事大厅”开设以来，厅机关 21 项行政许可事项和 22 项非行政许可事项逐步实现网上申请办理，其中企业资质类事项 15 项，人员资格类事项 4 项，工程项目管理类事项 3 项，其他类事项 21 项。2012 年以来，全省 1 万多家企业通过网上办理了相关事项。通过“网上办事大厅”共受理行政许可案卷 12 万余件，其中企业类案卷 7 千余件，人员资格类案卷 11 万余件，工程项目类案卷 2 百余件，所有案卷实现了网上申报、审批和网上公示公告。所受理案卷全部按时办结，平均办结时间仅为 4.5 个工作日，较行政许可法规定的 20 个工作日缩短了 70%以上，每年可为企业和管理部门节约行政成本近 2000 万元。

“网上办事大厅”栏目的设置覆盖了服务对象办理事项的全过程，用户可按照办事指南、用户开通、在线申报、审批公告、审批查询、咨询电话、相关文件等流程进行操作，一目了然，不出“大厅”，就可完成全部事项办理，实现了“一站式受理、一条龙服务”。“网上办事大厅”还与行政审批系统建立链接，服务对象可随时查询事项办理进展。通过该栏目，河北省住房和城乡建设厅实现了网上监督和阳光审批，有效提高了办理透明度和办事效率，受到服务对象一致好评。

2013 年 10 月，河北建设网“网上办事大厅”栏目被电子政务理事会评为 2013 年政府网站网上办事精品栏目。

（省住房和城乡建设厅）

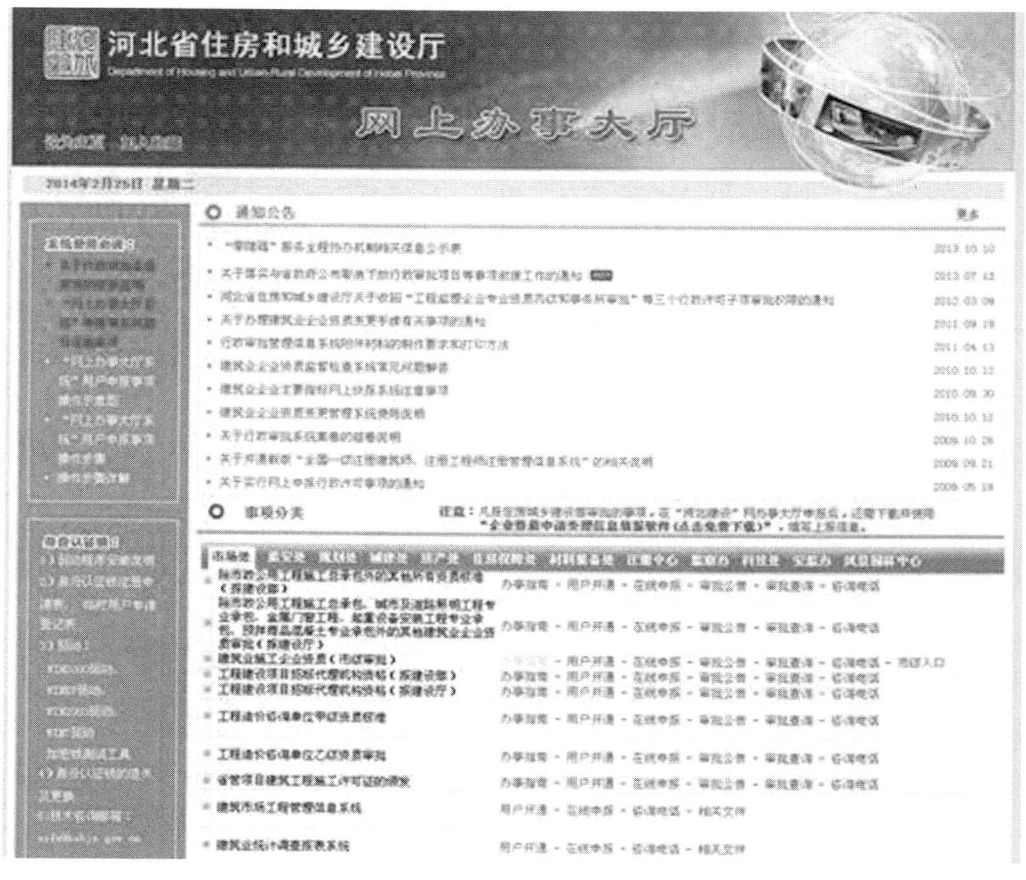

河北省交通运输厅网站

【概况】　河北省交通运输厅政府网站（以下简称网站）于2010年7月实现重大改版，集政务公开、行政许可、综合信息、公众服务于一体，着重突出了“新、实、快、好、活”的特点。通过文字、图片、视频等，全方位、多角度展示全省交通运输发展建设成就，展现交通运输行业精神面貌，让公众更加便捷直观地了解交通、关注交通、支持交通，为交通运输事业发展营造了良好的舆论氛围，为社会提供了更加方便的实用信息。

政务公开以提供政务信息为主，以公开化、透明化机制为主导，各机关处室发布本部门工作动态、行业新闻信息。包括：通知公告、组织机构、政务动态、政策法规、政府信息公开、人事信息、机关党建、纪检监察、审计管理、财务管理、政风行风、行业管理、交通科教、综合规划、交通工会、安全管理、文件公告、信息调研、应急管理。

行政服务主要为公众提供网上办事服务，按照办事事项和办事流程提供办事指南、表格下载、在线办理、办理结果、许可制度的“一体化”服务。“行政服务”专栏板块特点主要是把原有信息整合分类，能从链接中拿出来的信息都放到厅网站平台中，有利于行政服务的便捷性，并下设各职能局网上办事服务，有利于针对性查找。

综合信息通过文字、图片、视频、系列专题等多种形式，全方位、多角度展示河北省交通建设情况，展现交通精神面貌。让公众了解交通、支持交通，为河北省交通建设创造良好的舆论氛围。

公众服务以贴近民生，服务公众为目的，为公众提供了包括出行、查询、热线等全面的服务。如“图行燕赵”栏目，公众可以在公众服务版块的页面上直接对地图进行放缩、拖拽等操作，并且可在省内各市之间进行切换，使用起来更加方便。如高速路况、气象信息、高速服务区、加油站等，最大限度地为公众出行提供参考。将客运信息、客运站点、公交、列车、飞机等信息放在一起，更加方便使用者的查询使用。如社会关注度较高的招标信息、通行费等内容，在版块首页上即可查询，大大方便了查找。

公众互动有厅长信箱、意见征集、投诉举报、网上信访、留言咨询等。

【保障制度】　一是网站信息安全管理。制定了《河北省交通运输厅网站（外网）内容保障管理办法》，把网站建设中的各项工作落实到各业务部门、厅直单位和厅机关各处室，切实做到责任到人。在网站内容更新方面，严格按照有关规定履行审批程序，做到层层把关，绝不放过一处错误，确保网站信息真实性、权威性。在全国“两会”和“国庆”等敏感时段，为确保网站安全平稳运行，严格执行7×24小时值班制度，发现问题，即刻按程序进行上报。二是服务和运维保障。为保障网站的正常运营，不断规范完善网站运行管理制度，制订了一系列网站运行维护制度、应急预案，如《河北省交通运输厅网络中心机房管理制度》《河北省交通运输厅网站群安全应急预案》等。针对在实际运行中可能遇到的各种安全威胁，采取了防护、检测、反应、恢复四方面行之有效的安全措施，构建起了多层次、全方位的整体防御安全体系。对网站群整体部署了入侵防御系统、漏洞扫描系统、综合过滤网关、防病毒系统、网页防篡改及恢复系统，防御各种计算机病毒和黑客的入侵，确保了网站24小时安全运行。

【精品栏目】　专题建设。网站专题建设以服务于省厅重点工作推进、服务于省部重大活动在河北省交通系统的开展、重大政策在河北省交通系统的贯彻落实为宗旨。采用文字、图片、声音、视频、图像等多种表现形式，进行及时的、持续的、全方位的、深入的报道。专题网页具有表现形式多样，报道集中深入，对突发事件反应迅速等特点，是网络宣传的重要手段之一。在网站专题制作的过程中，不断探索、完善和优化，逐渐形成了高效的分工合作机制和多种常用的模版形式。通过合理利用模版，实现了对上级的方针政策和厅里的紧急部署第一时间做出反应，迅速完成专题，及时在网站推出，并向网民公开。

交通动态。以消息为主要文体，通过图、文及部分视频形式，坚持重大信息不过夜的原则，将交通行业各项工作进行情况，向社会公众进行动态持续发布。交通动态又分要闻和时讯两类，对当前发生的重大事件和实时动态进行区分，宣传推动交通系统各项工作的开展。

河北省交通厅科技·信息化频道。省交通厅科技·信息化频道是为了配合2012年省第八次党代会，明确提出的建设“经济强省、和谐河北”的奋斗目标和交通厅党组在充分考虑全省交通运输事业现实基础与未来发展的基础上，研究提出的“两个率先，一个搞好”（即率先建设交通强省、率先建设现代化，搞好和谐交通建设）而建设的新栏目。河北省交通厅科技·信息化频道以交通科技信息化为导向，设立科技政策、科技动态、信息化建设等12个栏目。全面对“两个率先，一个搞好”的内涵进行了展示。在内容上从“高速公路、港口航运、城市公交、干线公路、道路运输、公众出行、机关办公”七个方面对河北交通发展进行全面解读。河北交通科技信息网以服务于全省交通建设大局为宗旨，树立创新理念，强化服务意识，为提高河北省交通发展发挥科技力量，为广大交通科技工作者搭建科技信息交流与共享平台。

行政权力公开透明运行网。2007年3月，河北省交通运输厅建立行政权力公开透明运行网，该网集政策性、服务性于一体，适时向社会公开各类信息，及时保障管理和服务对象了解交通运输行业的决策方向、舆论导向和工作动态，对重要权力事项进行全程公开、动态公开。同时按照《信访条例》有关规定，对交通运输系统信访举报进行对口管理，开设专门窗口受理群众咨询、投诉，对实名反映情况的90%以上进行了答复和回访。

（省交通运输厅）

河北水利网站

【概况】 “河北水利网”于2004年6月开始运行，是河北省水利厅在因特网上建立的政府门户网站。网站经过2008年、2012年两次改版，使栏目结构更合理、使用操作更便捷，网站运行平稳。

网站的任务是宣传国家和河北省有关水利政策、方针，围绕厅党组贯彻落实治水方针、思路，以及相关的水事活动进行全方位的宣传报道，展示河北省水利建设成就，为水利系统及相关部门提供水利方面的信息服务，推动河北省水利工作电子信息化的发展。

网站的运行遵循总体规划，分工负责，主体明确，协同共办的原则，厅办公室负责信息的编辑、上传，监督网站的运行状况，省防抗办对硬件进行维护，提供技术支持。

河北水利网网页总体设计以淡蓝色为主调，以岗南水库、黄壁庄水库、桃林口水库、白洋淀、南水北调工程图片为底图，在首页与中华人民共和国水利部和河北省政府链接。网站一级导航栏目设置为政务之窗、水利资讯、政策法规、政府信息公开、水利专题、部门专栏、公共服务、网上互动8部分，并细化二级导航栏目。水利要闻和地方水务两个栏目是发布全省水务活动展示水利建设成就的重要阵地；水利视频栏目使用FLV流媒体技术，减小服务器压力，播放流畅；通过厅长信箱、公众留言、投诉监督、网上调查、网上投票等功能模块组成的交流互动平台，采用审核机制，保证严肃性与保密性；网络之声侧重反映全国地方性水事新闻；学习园地转载全国主流媒体有关水利的时评要闻；对厅党组的中心工作设立水利专题进行全方位的系列报道。对14个本系统的水利网站进行友情链接，同时与水利部网站和流域水利站点、水利综合站点、省市区地方水利站点、综合站点进行了链接。

河北水利网信息更新及时，成为全省水利成就发布的重要载体和信息平台。

（省水利厅）

河北林业网站

【概况】 河北林业网肇建于1999年。作为河北省林业厅门户网站，河北林业网围绕“信息公开、公共服务、公众参与”的功能定位，以推进“增林扩绿，林果并重，改善生态环境，推动经济发展”的林业发展总目标为导向，历经五次改版完善，成为集文字、图片、视频发布为一体的，管理技术比较成熟、内容比较完备、拓展性较强的省级政府部门门户网站，成为推进政务公开、宣传林业政策、倡导生态文明、开展政民互动的重要载体。先后荣获河北省政府网站内容保障先进单位、“全国林业十大优秀网站”“河北省文明网站”等荣誉称号，在全国林业网站绩效评估中荣获“在线服务领先奖”“数据整合领先奖”。

河北林业网建设十几年来，不断充实完善，已发展成为一个内容涵盖新闻、专题、专栏、交互式论坛等四大类24个子栏目的综合性部门网站。网站开设了60多个业务专区，充分发挥网络宣传、信息公开、在线办事、互动交流功能。近5年来，信息更新量以每年约20%的速度递增，年均点击率超过100万次。网站建设紧紧围绕全局工作，适时开发上线各类专题、应用。同时，按照资源整合、信息共享的思路，稳步推进网站群建设，到2013年底河北林业网站群已拥有6家子站，涉及市级林业网站、直属单位网站、专业网站等类型。作为中国河北、中国林业网成员站点，河北林业网有关栏目信息同时向主站发送，借助更有影响力的信息平台，展示河北林业建设情况。2013年，河北林业网发布林业信息共计4600条，开设专题4个，在中国河北网站发布信息807条，论坛发帖105条，点击量达110万次，信息更新量和点击量同比增长约20%，赢得社会普遍关注。

坚持网站建设服务中心工作的指导思想，围绕省厅党组重大决策和社会公众密切关注的林业事件，适时调整栏目设置，加强主题策划和互动栏目建设，搭建在线调查、互动论坛、网站微博等政民互动新平台。2004至2005年，河北林业网连续两年网络直播“全省春季果树技术推广发布会”，全省林业科技人员、林果农通过网站直播接受培训，开展技术咨询1.1万人次，得到当时主管林业的省领导批示称赞：“这件事办得好，利用网络进行技术培训和信息发布是个创新”。网站线下活动丰富多彩。“绿荫驿站”论坛与路客骑行网联合举办了“走进森林”网友骑行活动，组织数十名网友赴木兰围场林区骑行采风，感受人与自然的和谐，传播绿色、低碳、循环和可持续发展的理念。网站论坛即时记录了本次活动全程，发表图片百余张，产生了良好的社会反响。网站建成了一批具有林业特色的专栏、专题，综合采用数字、图表、音频、视频等方式，进一步深化了林业政务信息公开的深度和广度，增加了网站的亲和力。“生态旅游”二级站点吸纳100多家国家级或省级森林公园为网站成员单位，搭建了公园和游客间开放的交互平台，开设了精品景点推荐、摄影欣赏、视频播放、论坛热贴、特色活动等栏目，综合发布各类森林旅游资讯，深度传播森林文化，提升了河北省森林旅游业的综合竞争力。

【政民互动】 河北林业网在重点加强政务信息发布，宣传林业重点工作和重要政策的同时，注重强化网络舆情的收集和研判，积极开展政务信息服务。开辟了“社会关注”“新闻点对点”栏目，每年转发主流媒体热点信息700条；注册河北林业网实名微博，每年发布权威信息100多条，在回应和反馈中积极履行政府网站的社会责任，畅通政民互动渠道；开辟了“绿荫驿站”交互论坛，即时传播生态文化，专家在线解答技术疑问，开展政策咨询，充分释放林农的知情权、参与权、表达权；配合大型宣传活动，在主页开辟了学习贯彻十八大精神专题链接，建设了“解放思想，改革开放，创新驱动，科学发展大讨论”、机关标准化、党的群众路线教育实践活动等重要专题栏目，点击量上万次；积极参加“文明餐桌厉行节约”网络宣传公益活动，发布公益广告百余期，倡导绿色生活方式和消费方式。着力拓宽基于新媒体的政务信息发布和互动交流新渠道，有效地提高了政府的公信力和为民办事效率。

河北林业网建设始终与全省林业中心工作紧密结合，服务全省林业发展大局，密切关注不同时期的工作侧重，调整网站布局和风格。一是加大了网站信息的共享力度，将全省林业统计资料数据库、全省林业基本情况数据库、全省林业行政审批系统数据库等有关数据共享到网站专栏，进一步丰富了林业电子政务资源。二是制定了《河北省林业门户网站专栏信息更新维护考核办法》，将网站信息更新责任落实到各处室、单位，明确指标和时限、信息上传管理权，畅通了信息发布渠道。三是从其他媒体摘取林业相关信息和民生关注热点。四是把门户网站建设作为促进政府职能转变、提升行政服务水平的重要载体，厅领导亲自参与规划指导，把网站专栏信息更新纳入厅机关、直属单位年度考核内容，于四季度末以通知形式通报各处室单位信息发布情况，有力地推进了网站建设工作。五是制定了《河北林业网站管理暂行办法》，明确了网站的组织管理、信息审核及发布的具体要求，完善了信息发布审核制度，保障了信息质量。

【构建信息安全保障体系】 制定了《河北省林业厅计算机信息系统安全保密管理办法》，加强监督检查；不定期扫描服务器系统漏洞，及时修补漏洞并调整安全策略；根据工作需要有限制地开放端口、应用、服务，从应用层面严格控制安全隐患；定期更换网站管理后台密码、清理垃圾文件，提前进行网站上传文件病毒检测，分模块分权限进行网站后台维护；执行网站信息上传管理办法，信息更新实行上传、审核、发布的管理机制。严格审查程序，确保“涉密信息不上网，上网信息不涉密”；开展经常性的网站安全检查，健全网站和信息系统安全日志。网站管理员每日读网，消除断链和错链。同时，加强特殊时期网络安全监控，实行24小时值班和网络安全日报制度，未发生任何信息安全责任事故。

【精品、特色栏目】 林业要闻。“林业要闻”专栏与河北林业网相伴而生，是网站开办时间最长、信息量最大、更新频率最高、点击率最高的专题栏目。“林业要闻”以严谨的态度、全局的视角发布省内林业最新动态信息，满足公众对林业管理部门行政公开的信息需求，充分体现了“网上政府”的特点。专栏内容涵盖林业“三大体系一个多样性”建设的各个方面，形成了完善的采集、审核、发布机制，数据权威、图文并茂，共发布政务信息11000多条，图片600多幅，点击量近1000万次。

绿荫驿站。“绿荫驿站”是河北林业网特有的在线交流互动类栏

目。2006年上线运行，设置了绿色燕赵、专家在线、森林旅游、光影瞬间等4个互动版块，为广大务林人、林果农以及关心、支持林业发展的各界人士搭建起一个有效地发挥信息服务功能，加强政府部门与公众交流沟通的平台，在推广林业技术、改善政府与公众关系、及时掌握和引导意见、消除各种矛盾和消极影响、达成共识服务全省林业发展等方面发挥了重要作用。2006年，该论坛与省林业技术推广总站、河北农民报协作，组织100名省级林果咨询专家，利用“专家在线”版块在线解答、讨论林果生产、经营难题。咨询解答850人次，浏览量为94万次，为林业生产和管理提供了便捷服务。该论坛策划发起、与路客骑行网联合举办的“走进森林”网友骑行活动，组织数十名网友赴木兰围场林区骑行采风，感受人与自然的和谐，传播绿色环保、低碳生活和可持续发展的理念。“绿荫驿站”论坛共发表本次活动互动帖150多个，其中图片纪录百余张，游记数十篇，网民踊跃评论交流，社会反响热烈。

生态旅游 [光影入画] [森林公园] [旅游常识]

雾灵山迎来春雪

日期:2013-04-07　　关闭　打印　大 中 小

受冷空气的影响，4月5日下午雾灵山迎来了一场春雪，雪使整个大山涂上了银白色，洁白的高山，洁白的树，使万物都点缀上了白色，特别是那屹立在山崖上的青松，更显出"大雪压青松，青松挺且直"的气概，这白的主色调，净化了大山，净化了大地。北风吹来，树海扬波，万树银花，白色的雪浪此起彼伏。放眼望去，远处青山像披着一件银白色的外套，分外妖娆，而冬日里原本光秃秃的枝干，现在却如玉树琼花一般，松树成了毛茸茸、亮晶晶的银条儿，向天空伸出一双双白色的"手臂"，而有的树枝则用大大小小的"手掌"，托着厚厚的积雪，层层叠叠，就像无数盛开的白牡丹，高洁清雅，十分壮观，让人在大山深处看到了一幅"忽如一夜春风来，千树万树梨花开"的美丽图画。

生态旅游。包括光影入画、森林公园、旅游常识等3个版块。“光影入画”以摄影图片为主，配以文字解说，展示省内大量森林生态景点的植被、地貌、人文景观，美文美景尽收其间；“森林公园”详细介绍了雾灵山、小五台山、木兰和塞罕坝等国家级森林公园和保护区的建设特色、主题风光、重大活动、交通路线、旅游提示等实用信息；“旅游常识”从大众科普的视角，对网民进行日常旅游知识的普及，倡导健康积极的旅游生态文化，引导人们关注森林、关爱自然。“生态旅游”风格欢快灵动，极具亲和力。收录信息量360多条，点击量56万次，备受广大网民好评。

（省林业厅）

省商务厅网站群

【概况】 省商务厅在信息化建设工作中，紧紧抓住实施电子政务这个主题，力争将管理和服务两项职能通过网络技术进行集成，以超越时间和空间以及部门之间的分隔限制，为机关和社会提供优质、规范和透明的应用和服务。商务网站是电子政务的载体，是建立服务型政府的一个有力“抓手”。为此，省商务厅根据机关建设和社会公众的需求，重点加强了商务网站建设。

专业网站。为向社会提供公共商务信息服务，向公众提供网上办公服务，省商务厅不断提高厅机关办公自动化、网络化水平，截止到2013年底，省商务厅先后建设的专业网站主要有6家。

中国河北商务网 www. hecom. gov. cn，作为商务系统官方网站，承载着发布商务新闻动态、政策法规、网上审批等功能；中国河北招商网 www. hebiic. gov. cn，是河北省政府招商引资门户网站，主要功能是发布项目、供求信息、招商资讯等；河北省市场运行监测调控网 www. hecom. gov. cn/jctk/，主要功能是市场预测，价格走势，数据统计；河北贸易救济网 www. hbmyjj. gov. cn，主要功能是反补贴、反倾销、产业保护、贸易救济政策及案例；酒类网 www. he9. cn，主要功能是酒类批发、零售证的申请，生产经营活动的监督管理；中国河北会展网 www. e-fair. cn，主要发布会展信息、开展线上线下展会活动宣传。

此外，还有WTO事务咨询网、河北外资网、河北外经网、河北省整规办网、河北省中小企业国际市场开拓资金网、河北省对外贸易信息平台、河北省成品油市场管理网等。业务处室的主要业务都已实现了网络化。在利用电子政务平台推进行政权力公开透明运行、政府信息公开、提高行政效率、降低行政成本工作中迈出了扎实的一步。

地方商务之窗网站。2004年，利用商务部政府网站群，省商务厅建立了省、市、县商务部门以及开发区共220个地方商务之窗网站，使各级商务部门能够利用信息网络为地方经济建设服务。几年来，全省各级商务部门及开发区累计发布各类信息150多万条，有效地服务了经济发展，促进了河北省与全国乃至世界的信息交流与合作。河北省连续创下了居全国地方商务之窗点击量和信息发布量全国第一的好成绩，荣获了商务部颁发的关注奖和维护奖。

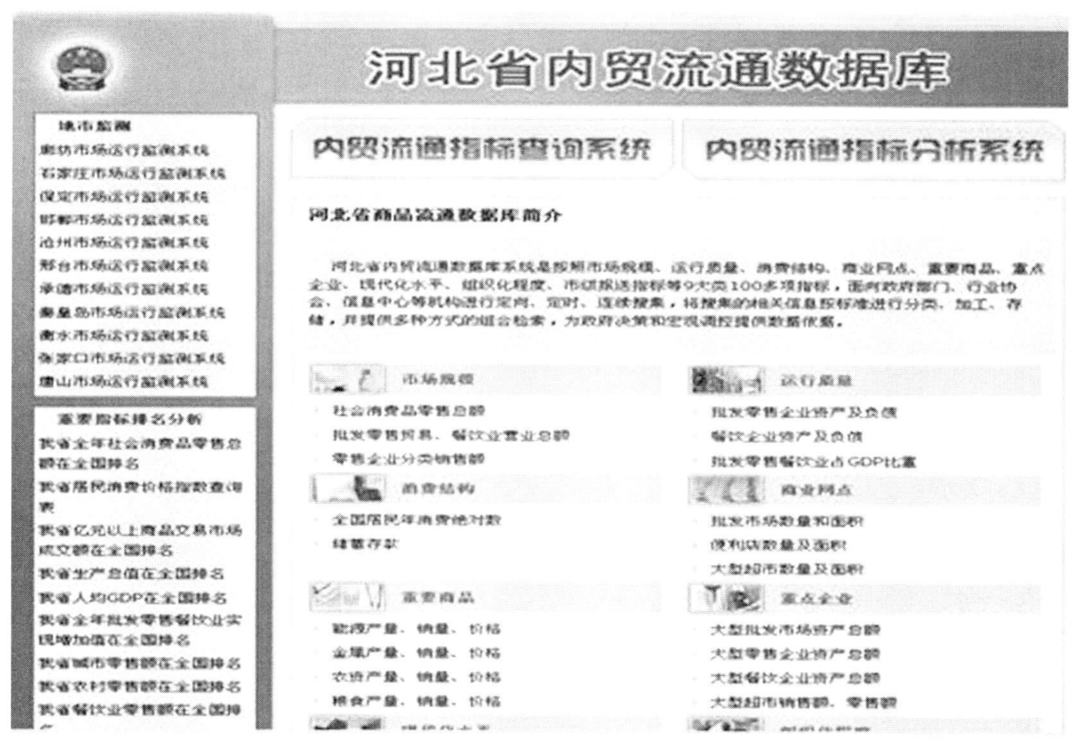

河北招商网站。为推动河北省招商工作，省商务厅为全省11个设区市、35个开发区、173个县（区、市）建设了220个招商网，做到了省、市、县（区）全部贯通，规模居全国第一。2009年，省商务厅对河北招商网进行了扩容、提升，建立了全省招商项目库，扩充了客户库即投资商库，建立网上社区，组织全省招商机构、项目方、投资方及项目上下游企业互动，形成了河北省永不落幕的网上招商引资洽谈平台。至2013年底，河北招商网已在网上累计发布招商项目2万多个，供求信息5千多条，产品展销5千多项，并实现了1千多个重点项目的网上推介和洽谈，在河北省招商引资工作中发挥了重要作用。

【行政审批工作全部实现网上审批】

为加快建设服务型政府，2009年省商务厅行政审批系统开发上线。该系统从受理——审查——决定，全部实现网上审批，把省商务厅的各项行政审批事项全部纳入了电子政务信息化管理系统。根据工作需求，系统还设计了办理情况自动查询、网上限时办结、短消息提示、办理情况自动在省商务网公示等较为先进的功能，并申请了系统专利，拥有软件注册权。该系统的运行大大提高了办事效率，规范了审批程序，提高了服务水平。

【开发内贸流通数据库】 做好市场运行监测工作，对调控市场、扩大消费、引导生产、合理配置社会资源具有重要意义。为能准确监测、分析、预测河北省内市场运行和商品供求状况，及时提出市场运行和调控方面的政策建议，省商务厅于 2008 年开发了内贸流通数据库。该系统共分市场规模、运行质量、消费结构、商业网点、重要商品、重点企业、现代化水平、组织化程度 8 个类别，共设 100 多项报送指标。针对政府部门、行业协会、信息中心等机构，进行定向、定时连续搜集。将搜集的相关信息按标准进行分类、加工、分析、存储，并提供多种方式的组合检索，为政府决策和宏观调控提供准确、可靠的数据依据，极大地提高了市场运行监测工作的质量和水平。

【外贸产业安全数据报送预警系统】 随着产业在国家经济体系中基础地位的不断加强，产业安全已经成为国家经济安全的核心部分。省商务厅在 2007 年开发了外贸产业安全数据报送预警系统。该系统设有 7 个子系统，分别是产业安全数据库网上数据直报子系统、国际摩擦贸易案件跟踪和查询、全国贸易壁垒影响调查工作子系统、视频会议、专家问卷发送与接收、数据分析及辅助决策子系统、专业咨询与回复服务功能。系统通过对各行业收集的数据进行加工、分析，设置评估分析某产业是否安全，并通过评价结果来制定维护产业安全的措施，为政府制定政策提供依据。该系统的开发，在商务系统属首创，并作为商务系统的先进经验进行了推广。

（省商务厅）

河北省卫生厅门户网站

【概况】 河北省卫生厅门户网站是卫生厅发布卫生信息、宣传党和国家卫生政策、提供在线服务和网上办事、开展与公众互动交流的平台，是展现全省卫生系统工作状况和精神风貌的窗口，是卫生部门联系广大人民群众的纽带和桥梁。卫生厅门户网站自 2002 年 10 月正式发布运行以来，历经两次改版升级，内容不断丰富，功能日臻完善，已由最初单一的信息发布拓展到了承担政务公开、公共服务和公众参与三大服务功能。省卫生厅门户网信息量丰富、及时全面、更新快，在卫生部和省政府历次的网站评比中，均取得较好成绩。

河北省卫生厅门户网站即“河北卫生信息网”于 2002 年 9 月建成，10 月正式发布运行，具有政务公开、动态信息发布、文件传输下载及医疗健康咨询服务等功能。网站包括处室工作动态、卫生信息、卫生法律法规、政策信息查询、相关下载、健康焦点、医药动态等栏目。同时设立厅长信箱、投诉举报

河北省卫生厅旧版首页

信箱和咨询信箱，并责成专人负责，及时更新网站内容，向社会提供相关卫生政策、公共卫生服务、医疗咨询服务以及健康保健信息服务，为大众获取卫生信息提供了方便快捷的途径，为政务公开、网上办事和便民服务提供方便。后进行全面改版，新版网站以电子政务为主导，突出“政务公开、网上办公、便民服务”的功能。

2003年“非典”期间，卫生厅利用网络信息技术设备，广泛搜集相关信息，搭建科学防治“非典”知识平台。在河北卫生信息网上制作了抗击“非典”专题，开辟了疫情通报、省内动态、政府举措、科研进展、相关信息、防治知识、一线风采、定点医院、发热门诊、咨询电话等10余个栏目，广泛宣传预防非典工作的重大意义和党中央、国务院的决策部署，宣传防非知识，解疑释惑，消除群众的恐惧心理，克服麻痹思想，增强自我保护意识。卫生厅充分利用“政府网站”这一特殊媒体，动态公布省内外疫情和政府各项举措，大力宣传一线医务人员风采，发布和转载相关信息约4000条次，累计点击30万人次，高峰时日访量达6千余人次，受到社会高度关注和省政府等上级部门的好评。

2004年3月，副省长付双建到卫生厅调研，观看了门户网站，对卫生厅在抗击“非典”斗争期间，充分利用网站宣传党的卫生工作方针政策，第一时间发布疫情信息，介绍抗击“非典”经验和防护措施，给予了充分的肯定和赞扬。

2005年，按照省政府“政务公开”的要求，对全厅40余项许可公开事项进行网上发布。省政府办公厅在《关于中国河北门户网站栏目维护情况的通报》中，对卫生厅门户网站维护及时、信息更新量大，给予通报表扬。

2006年初，卫生厅网站再次改版升级，对网站的栏目及格局进行调整，特别凸显政务公开、行政权力公开透明运行等内容，使其无论从后台管理、网站风格到内涵建设上更趋向于成熟。改版后的网站曾连续两次在省政府测评中获优。

2007年根据卫生部和省政府关于网站建设要求，卫生厅充实了政务公开和权力公开透明运行内容。开辟网上咨询、投诉窗口，认真做好网上咨询回复和网上投诉处理工作。增设网上视频栏目，定期保留一些可公开的会议、事件等录像，提供浏览服务。在2007年度卫生部举行的全国卫生厅（局）网站评比中，卫生厅门户网站取得第三名的好成绩。

2008年，卫生厅网站由“河北卫生信息网”更名为“河北省卫生厅”。随着电子政务的推行，特别是政府信息公开条例的实行，按照《河北省实施〈中华人民共和国政府信息公开条例〉办法》要求，开辟政府信息公开专栏，建立行政许

河北省卫生厅新版首页

可网上审批服务中心（省卫生厅所有行政许可和非行政许可全部实现网上办理），设置了医疗机构、医师资格、医师注册、医疗广告查询、商业贿赂不良记录、职称评审等栏目，把按规定应向社会公开的事项全部公开。还开设百件实事网上办、解放思想大讨论、手足口病防控和抗震救灾、加强执行力建设、深入学习实践科学发展观活动等专栏。其中“百件实事网上办”活动，获省政府嘉奖。

2008年10月，卫生部纪检监察局在云南昆明召开“2008年部分省市卫生厅局纪检组长座谈会”，驻卫生厅纪检组高宏伟组长参加会议并就河北省纪检监察和纠风工作，特别是开展行政权力廉政风险预防工作情况进行了专题汇报。与会领导对河北省卫生厅利用网站开展行政权力廉政风险预防工作给予了充分肯定。

2009年，卫生厅网站“荣获河北省政府网站建设和内容保障先进单位”荣誉称号。

2010年上半年，在政府门户网站建设及内容保障工作评比中，卫生厅网站在全省24个政府机构中排名第二。网站的访问人数已超过1000万。

2011年4月，河北省政府公布2010年度政府系统网站绩效评估测评，在69家单位中省卫生厅网站位列省直部门第11名。

2012年，卫生厅网站全年发布信息近万条，处理或转发排忧解难、网上咨询和监督投诉共900余件。到2012年底，网站的访问人数已逾3000万。

2013年，卫生厅不断加大门户网站的建设创新力度，深入挖掘网站内涵建设，紧紧围绕全省卫生中心工作，加大政务信息发布力度，及时报道全省卫生系统重大决策部署、重要会议和重大活动等有关内容，同时，针对群众关心、社会关切的热点难点问题，开辟专题专栏，集中展示全省卫生事业改革与发展的成就及卫生系统良好的精神风貌、崇高的敬业精神和科学发展的眼光。

【网站管理】 按照省政府的统一安排部署，省卫生厅认真贯彻《中华人民共和国政府信息公开条例》和《河北省实施〈中华人民共和国政府信息公开条例〉办法》，加强组织领导，健全工作机制，扎实推进政府信息公开工作。以保障公众知情权、参与权和监督权为宗旨，积极落实省委、省政府关于政府信息公开和在公用事业单位推行办事公开制度的各项要求，紧紧围绕深化医改、食品药品安全、医疗卫生服务保障、重大疾病防控等重点工作，立足于解决群众反映强烈的看病就医等问题，从组织建设、制度建设、载体建设、监督检查等方面努力探索建立政府信息公开的长效机制，提高公开质量，增强公开实效，努力做到让群众和社会满意。在预决算信息公开中及时向社会公布卫生厅的“三公经费”决算及预算情况统计。卫生厅结合实际先后制定了《门户网站信息发布制度》《政府信息主动公开制度》《政府信息保密审查制度》《网站安全应急预案》《网站管理人员岗位职责和值班管理制度》《门户网站值班读网制度》《省卫生厅信息等级保护管理规范》《互联网邮箱管理办法》等一系列制度，对政府信息公开的职责任务、工作程序、公开范围、工作方法和时限要求等均做出了明确的规定，确保了信息发布的主动、及时、全面、真实。建立信息发布日志，对每日每条发布信息做到有据可查，责任到人。遵循“先审查后公开，谁公开谁负责”的原则，确保涉密信息不公开，公开信息不涉密，坚决杜绝网站信息公开失密泄密事件发生，全力营造安全的网络环境。

省卫生厅已根据省政府批准的“三定”方案，完成机构整合事宜，原省卫生厅和省计生委两机构的门户网站功能合并已是当务之急。省卫生厅、计生委的门户网站正在积极谋划合并改版。

【精品栏目】 廉政风险权力运行建设栏目是省卫生厅门户网站的特色与精品栏目。2009年，根据省政府2009年第9号令，卫生厅在门户网站及时公布了廉政风险等级目录、流程图、办理流程时限表，职权运行规则、职权公开透明运行、职权运行投诉举报等。为进一步健全行政权力运行监控机制，切实提高机关干部执行力，强化廉政风险防范意识，根据河北省纪委《关于推进行政权力运行监控机制建设试点工作的指导意见》和卫生厅《关于开展行政权力廉政风险预防工作的暂行办法》，围绕政务公开、行政权力公开透明运行及廉政风险防范等工作，搭建电子政务监控平台，实施网上办公、即时监督，通过网上过程监督监控机制和考核机制建设，对行政职权目录和流程图、风险预防规则、预警信息、预防目标、预防责任人等监控点实行全过程网上监控，一方面用现代化手段从源头上规范权力运行，另一方面方便领导和相关部门即时监督，确保风险预防规则在各项权力运行中发挥制约防范作用，取得较好效果，得到省纪检委和国家卫计委领导的重视与好评。2009年5月，卫生部在河北省召开现场经验交流会议，向全国卫生系统推广河北省利用网络平台开展行政权力运行监控机制建设的经验。2013年1月，本着“便民、利民、准确、高效”的原则，省卫生厅把门户网站作为行政权力向社会公开的主渠道和第一平台，在廉政风险专栏公开了卫生厅机关新修订的120项职权目录和流程图，方便广大社会公众的监督。

（省卫生厅）

河北人口网

【概况】 河北人口和计划生育委员会公众信息网（简称河北人口网）是河北省人口和计划生育委员会主办的门户网站，是依托互联网建设的政府部门门户网站，是河北省人口计生委电子政务建设的重要组成部分。河北人口网网址为 www.hebrkjsw.gov.cn。河北人口网主要任务是，传播党和政府关于人口计生工作的大政方针，宣传人口计生工作的法律法规，宣传避孕节育、优生优育等生殖健康知识，反映全省人口计生工作动态；为广大公众提供人口计生方面的信息及服务平台，为各级党政领导和人口计生部门提供决策参考，为稳定低生育水平，提高人口素质提供信息支持。

河北人口网于 2004 年 5 月开始试运行，2005 年 1 月 20 日正式开通运行。原省委副书记冯文海启动开通，原副省长孙士彬主持开通仪式并宣布河北人口网正式开通。

河北人口网的开通，标志着河北省人口和计划生育信息化建设迈出了新步伐；架起了河北省人口计生委与广大公众联系的桥梁；是宣传人口计生工作、了解社情民意、服务广大人民群众的一个新窗口；是河北省人口计生工作政务公开的新阵地；对推动河北省人口计生工作的发展具有重要意义。

河北人口网的主要栏目有：领导讲话、工作动态（主要是报道国家、省、市计生工作动态）、法律法规、重要文件、生殖健康（分生殖保健、避孕节育、优生优育三个子栏目）、人口纵横（采自别的网站、报刊，分为人口博览、人口理论、计划生育、资源环境四个子栏目）、数据信息、电子杂志（分为人生经纬、学术之窗、婚恋家庭、文学天地四个子栏目）、市县园地（报道县及以下的工作动态、工作经验）、关爱女孩、和谐计生（报道为民办好事的信息）、为您服务（提供生活信息）、政务公开等。

河北人口网网页设计美观，栏目设置灵活，涉及计划生育方方面面，内容丰富多彩、更新及时，受到人们的喜爱。网站信息发布及后台管理功能强大，可实现栏目增删改、位置可调；板块位置、大小调整；音视频信息管理；用户及权限管理；信息统计等功能，在相当长时期内满足了河北省人口计生委对网站工作的要求。

2011 年 12 月 29 日经过全面改版升级后的河北人口网开始试运行。新版网站参照《河北省政府网站绩效评估指标体系》规范化设计，从网站功能定位、页面布局风格、栏目优化设置、政府信息公开、网上办事服务等方面进行全面规划、详细设计。参考先进省市的经验，博采众家之长，网站页面做到图文并貌、声情并举，增加了网站的吸引力和感染力，大大提高了政府网站的服务水平和质量。网站风格由绿色基调调整为红色基调，栏目重新梳理、风格变换后面貌一新，更贴近时尚和工作重点。河北人口网牢牢树立以人为本理念，以方便用户获取信息和服务为出发点，丰富网站内容，改进网站设计，提升网民浏览体验，围绕人口计生中心工作，积极在门户网站开设专题专栏，宣传计划生育，服务公众；针对网民关注较多的热点，以亲切、热情、主动的态度，认真研究做好咨询回复、政策解读、信息公开等工作。

在河北省人口计生委党组领导下，河北人口网站认真贯彻落实国家和省政府关于网站管理工作的各项要求，始终坚持正确的政治方向和舆论导向，紧紧围绕人口和计划生育中心工作，切实加强薄弱环节，有力保障了网站的安全平稳运行，较好地发挥了政府网站在发布信息、提供在线服务、与公众互动交流方面的平台和窗口作用。河北人口网站建设和管理工作得到了省政府办公厅的肯定，自 2004 年第三季度起在“信息发布”“政府信息公开”“互动交流—网上咨询回复情况”等方面每年都得到通报表扬、省直单位排名中位列前五之内，2005 河北省人口计生委办公室被河北省政府办公厅评为“网站维护先进单位”，2007、2010—2012 年河北省人口和计划生育信息中心被评为“政府网站建设和内容保障工作突出单位”。

【管理机制】 河北省人口计生委高度重视门户网站的运行维护工作，努力建立起规范、高效、可靠的门户网站运行机制，确保网站正常安全运行。2004 年 8 月 4 日，河北省人口和计划生育委员会信息化领导小组会议确定成立网站编辑部，编辑部设在省人口计生委办公室，省人口和计划生育信息中心负责技术维护。网站编辑部负责河北人口网的内容编辑、维护和更新工作；负责及时传递回复“电子信访”和“咨询举报”栏目；负责省政府“中国河北门户网”人口与计生专页栏目；负责向国家人口计生网投送稿件等。

为了做好网站信息发布工作，河北省人口计生委制定了《河北省人口计生委网站信息公开发布保密审查暂行规定》《网站编辑部管理规定》《网站编辑部职能》《网站编辑职责》等多项制度，明确专人负责，严格落实责任；每天及时更新信息，严把上网信息质量关；认真落实安全保密有关规定，上网信息按程序审核，做到“上网不涉密、涉密不上网”。

2012 年河北省人口计生委正式印发了《河北省人口和计划生育委员会门户网站管理办法（试行）》和《河北省人口和计划生育委员会网站网络与信息安全应急预案》。

【信息安全】 按照河北省网络与信息安全协调领导小组工作要求，河北省人口计生委认真做好网站系

河北人口网站旧版首页

河北省人口和计划生育委员会
HEBEI POPULATION AND FAMILY PLANNING COMMITTEE
数据传送
人教培训

河北省人口和计划生育委员会
HEBEI POPULATION AND FAMILY PLANNING COMMITTEE
新闻通道
贯彻落实党的十八大精神
深入开展党的群众路线教育实践活动
廉政风险等级目录
桃明河
投诉举报邮箱
河北省人口和计划生育工程建设领域项目信息公开专栏
网上调查
网上办事
河北阳光网

河北人口网站新版首页

统的信息安全工作。河北省人口和计划生育信息中心采取必要技术手段，防止重大安全隐患，确保不出现重大信息安全问题，切实保障网站系统安全正常运行。

河北人口网自 2004 年 5 月试运行、2005 年 1 月正式开通、2011 年 12 月改版以来，始终强化安全意识，健全安全管理制度，加强安全技术和手段的应用，确保网站安全运行，近 10 年未发生过较大的安全事件。第一，制定网站和机房运维管理制度，严格按照制度规范操作。第二做好网络设备、服务器等设备的运维保障工作。定期审查、调整网络管理安全策略；配置服务器防火墙端口；安装正版软件，将服务器设置为自动下载并安装操作系统补丁。定期更换服务器系统登录密码，密码具有一定长度和复杂度；配置了防病毒软件，定期更新病毒库等。第三在网站应用程序脚本中采用措施防止 SQL（跨站）注入。第四在网站数据安全方面，服务器配置成定期每周备份数据文件，人工定期备份网站系统。第五请相关资质单位对网站系统信息安全状况进行系统测评，及时发现隐患、堵塞安全漏洞、改进系统安全。第六认真贯彻落实保密和信息安全要求，积极开展网站系统保密和信息安全自查检查工作。

2009 年 12 月河北省电子商务认证有限公司对网站系统信息安全进行了整体评测；2011 年 7 月河北塞克普泰计算机咨询服务有限公司从互联网上对网站进行信息安全测评。针对发现的中低风险漏洞、信息类泄露、跨站 SQL 注入、主机系统高危风险等安全隐患，采取了必要措施进行相应处理。

2011 年将网站服务器由 1 台 2004 年购置的服务器更新为 2 台服务器。同时网站改版设计时采用先进技术架构，采用了 CA 数字证书认证的方式进行登陆，确保网站后台登录和权限的安全。

2011 年 10 月初请河北塞克普泰计算机咨询服务有限公司、2011 年 10 月底请河北省信息安全测评中心对新网站系统进行了信息安全等级测评。河北省信息安全测评中心主要对与网站有关安全技术方面的物理设施、网络连接、安全设备、主机系统、数据库系统、应用系统以及安全管理方面的安全管理机构、安全管理制度、人员安全管理、系统建设、系统运维等内容进行了测评，认为："河北省人口和计划生育委员会网站基本符合《GB/T22239-2008 信息安全技术信息系统安全等级保护基本要求》第二等级要求。"

2011 年 12 月 29 日河北人口网站新改版系统正式启用运行。2012 年 7 月新购置一台深信服 WEB 应用下一代防火墙，可实现网站防篡改、防攻击、防入侵等功能，防止黑客、木马攻击，保障系统安全。

【特色栏目】 按照把河北人口网站建设成为政务公开的窗口、公共服务的平台、公众参与的渠道，河北人口网多方面扩大影响面，力争办出特色、办出水平。省人口计生委领导提出：希望把河北人口网办成"一张天天新的人口与计划生育报纸，一本月月新的人口与计划生育杂志，一本时时可用的人口与计划生育辞典，一套内容丰富的人口与计划生育百科全书"。河北人口网涉及人口计生的方方面面，内容丰富多彩，使打开网页的人都有可看的东西，受到人们的喜爱。尤其是设立的"市县园地"、"电子杂志"、"电子信访"栏目深受计划生育干部群众和广大网民的喜爱。群众可通过网上进行人口计生相关政策、知识的咨询，为民解疑释惑，排忧解难，使网站更加贴近公众，充分体现了河北人口网站提供方便百姓办事和便民服务的功能，架起了政府与群众沟通的又一桥梁。

市县园地报道县及以下的工作动态、工作经验。电子杂志分为人生经纬、学术之窗、婚恋家庭、文学天地四个子栏目。栏目全面反映基层人口计生工作，贴近实际，贴近群众，贴近生活，实用性强、可读性大，尤其给计划生育基层工作人员提供了宣传平台和窗口，拥有广泛的读者群，影响越来越大。因此河北人口网投稿踊跃，涌现了一大批优秀通讯员。

（省人口计生委）

河北省审计厅网站

【概况】 河北省审计厅互联网站网址为：www. hebaudt. gov. cn，于 2004 年建成。建设宗旨是：宣传审计法律法规，服务河北改革发展；适时发布审计信息，交流河北审计工作；展示河北审计形象，光大审计人员风采。

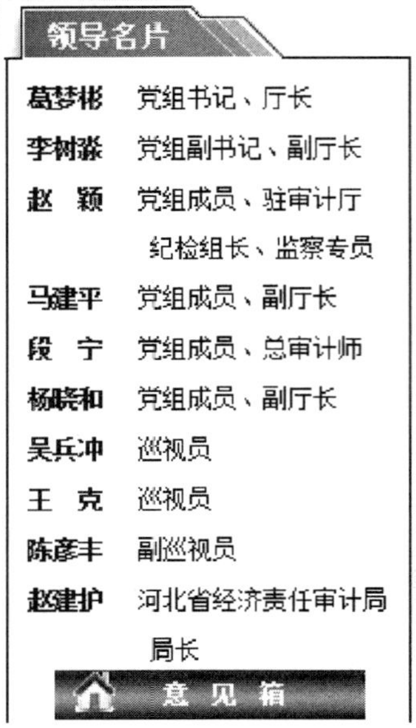

领导名片

葛梦彬 党组书记、厅长
李树滋 党组副书记、副厅长
赵 颖 党组成员、驻审计厅纪检组长、监察专员
马建平 党组成员、副厅长
段 宁 党组成员、总审计师
杨晓和 党组成员、副厅长
吴兵冲 巡视员
王 克 巡视员
陈彦丰 副巡视员
赵建护 河北省经济责任审计局局长

意见箱

河北省审计厅设立省厅网站建设管理领导小组（以下称"领导小组"），主要负责省厅网站建设规划、栏目设置、信息内容、适时更新和安全维护等管理工作的指导协调和考核奖惩。网站建设管理遵循"总体规划、统一格式、分工负责、考核奖惩"原则。网站总体设计和栏目设置及其变更由领导小组审议决定，各栏目内容以及相应的维护

工作实行部门责任制。网站设编辑部（以下称“编辑部”），负责省厅网站栏目形式的总体构图和风格编排，并根据栏目设置对各处室、单位和个人提供的资料进行采编，定期完成栏目设计、编辑和制作以及信息发布和更新。各处室、单位负责本部门审计信息的收集、整理工作，并指定专人及时提供本部门适宜发布的审计公开信息以及有关业务信息的文档资料。计算机信息中心负责软硬件环境支撑，数据库建设维护，安全状况动态监测，网络系统运行保障等技术管理。

省审计厅网站主要栏目设置与分工如下：

领导名片：主要内容是介绍省厅领导有关情况。

部门设置：主要内容是介绍省厅机关内设处室及下属单位的工作职责。该栏目资料由人教处负责提供。

近日要闻：主要内容是反映全省审计系统工作动态。该栏目资料由办公室负责提供。

审计公告：主要内容是省厅依法向社会公开重大审计项目的审计结果和相关信息。该栏目资料由法制处负责提供。

政风行风：主要内容是介绍全省审计机关行风廉政建设工作情况。该栏目资料由机关党委、监察室负责提供。

审计法规：主要内容是介绍审计基本法律法规。该栏目资料由法制处负责提供。

审计论坛：主要内容是国家审计机关、国有企事业单位内设审计机构、相关中介组织工作人员及大专院校、科研机构从事审计教学及研究人员进行理论探讨、经验交流的文章、言论。该栏目由编辑部负责采编。

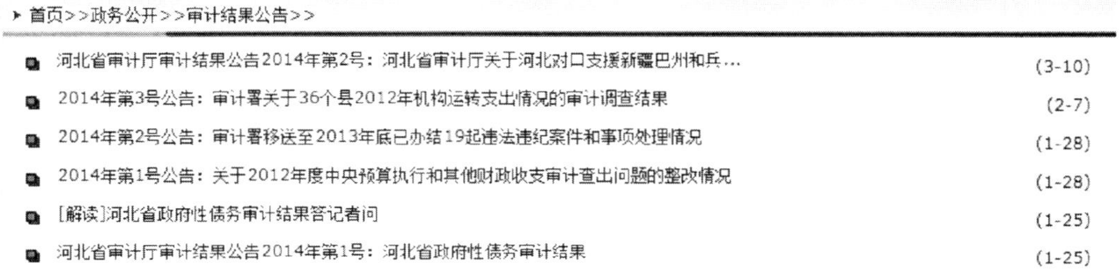

▸ 首页>>政务公开>>审计结果公告>>

河北省审计厅审计结果公告2014年第2号：河北省审计厅关于河北对口支援新疆巴州和兵…	(3-10)
2014年第3号公告：审计署关于36个县2012年机构运转支出情况的审计调查结果	(2-7)
2014年第2号公告：审计署移送至2013年底已办结19起违法违纪案件和事项处理情况	(1-28)
2014年第1号公告：关于2012年度中央预算执行和其他财政收支审计查出问题的整改情况	(1-28)
[解读]河北省政府性债务审计结果答记者问	(1-25)
河北省审计厅审计结果公告2014年第1号：河北省政府性债务审计结果	(1-25)

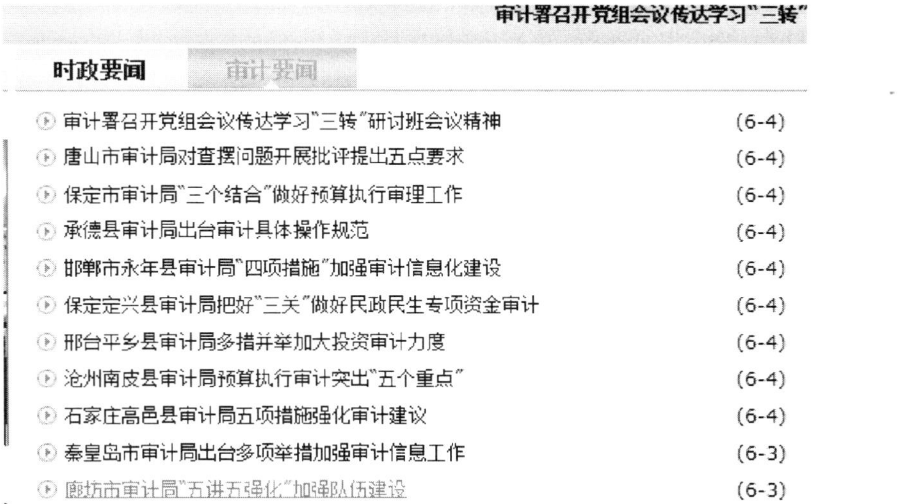

审计署召开党组会议传达学习“三转”

时政要闻　审计要闻

审计署召开党组会议传达学习“三转”研讨班会议精神	(6-4)
唐山市审计局对查摆问题开展批评提出五点要求	(6-4)
保定市审计局“三个结合”做好预算执行审理工作	(6-4)
承德县审计局出台审计具体操作规范	(6-4)
邯郸市永年县审计局“四项措施”加强审计信息化建设	(6-4)
保定定兴县审计局把好“三关”做好民政民生专项资金审计	(6-4)
邢台平乡县审计局多措并举加大投资审计力度	(6-4)
沧州南皮县审计局预算执行审计突出“五个重点”	(6-4)
石家庄高邑县审计局五项措施强化审计建议	(6-4)
秦皇岛市审计局出台多项举措加强审计信息工作	(6-3)
廊坊市审计局“五讲五强化”加强队伍建设	(6-3)

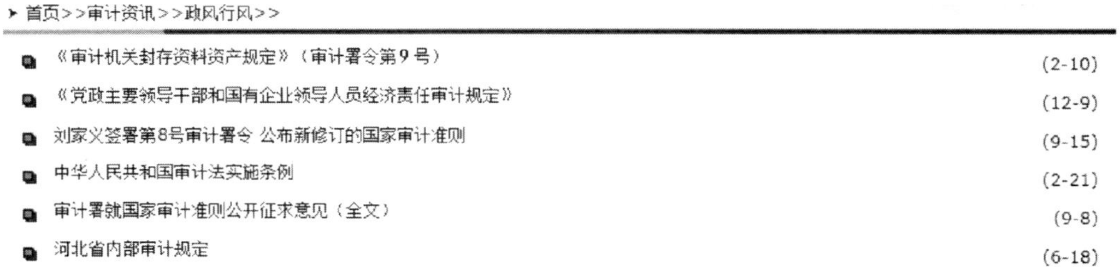

▸ 首页>>审计资讯>>政风行风>>

《审计机关封存资料资产规定》（审计署令第9号）	(2-10)
《党政主要领导干部和国有企业领导人员经济责任审计规定》	(12-9)
刘家义签署第8号审计署令 公布新修订的国家审计准则	(9-15)
中华人民共和国审计法实施条例	(2-21)
审计署就国家审计准则公开征求意见（全文）	(9-8)
河北省内部审计规定	(6-18)

▸ 首页>>审计资讯>>审计法规>>

- 财政部 监察部 审计署联合印发《中央金融企业负责人职务消费管理暂行办法》 (12-3)
- 《河北省党政主要领导干部和国有企业领导人员经济责任审计实施办法》解读 (4-6)
- 河北省党政主要领导干部和国有企业领导人员经济责任审计实施办法 (3-14)
- 《审计机关封存资料资产规定》（审计署令第9号） (2-10)
- 《党政主要领导干部和国有企业领导人员经济责任审计规定》 (12-9)
- 刘家义签署第8号审计署令 公布新修订的国家审计准则 (9-15)

▸ 首页>>审计资讯>>审计论坛>>

- "三严三实"铸就审计"利剑"——审计新兵学习"三严三实"有感 (6-4)
- 观龙舟竞渡 悟审计精神 (6-3)
- 槐花留香 (5-30)
- 审计中的城市记忆 (5-30)
- 浅谈移民资金绩效审计 (5-28)
- 由"跆拳道"得到的启示 (5-28)

审计文苑：主要内容是全省审计系统工作人员所创作的文学作品、影像作品、书画作品。该栏目资料由编辑部负责编排。

▸ 首页>>审计资讯>>审计文苑>>

- 好一片毛竹 (12-17)
- 散步随想 (10-14)
- 融入——援疆工作随笔 (8-16)
- 百温峡 (8-17)
- 库尔勒的阳光 (3-14)

他山之石：主要内容是反映全国审计系统工作动态、工作成果和工作经验。该栏目资料由编辑部负责编排。

▸ 首页>>审计资讯>>他山之石>>

- 湖北黄石：突出"七个重点"推进审计工作创先争优 (6-4)
- 湖南湘西：以"预安销号"制度为抓手全面提升审计质量 (6-4)
- 北京市审计局出台《2014年内部审计工作的指导意见》 (6-3)
- 甘肃：深化法制宣传教育 夯实依法审计基础 (6-3)

友情链接：主要提供审计署、其他省级审计机关和全省各市审计机关国际互联网网站和网页的链接。

【工作流程】 网站管理的主要工作流程：各处室、单位负责人对送交信息内容的真实性和可靠性进行审核，报分管厅长审批，重要信息报厅长审批。其他单位和个人提供审计信息，可以送交栏目有关责任处室、单位，由该处室、单位进行审核。各处室、单位和个人向编辑部送交经审核的信息资料，可以文字或影像等多种形式提供。编辑部将收到的信息资料，按网页格式进行编辑、制作，及时上传省厅网站发布。编辑部对超过一定期限的新闻或者其他时效性较强的信息，要及时进行更新或者建立相关数据库进行管理。办公室、监察室对查收的厅长信箱有关信息及时报厅领导处理。需回复的，由有关处室、单位按照厅领导批示意见，在规定期限内予以解答，并送交编辑部及时向来信人回复或公开回复。回复内容保留原稿，存档备查。

【信息公开平台】 河北省审计厅坚持以党的十八大精神为指导，认真贯彻实施《政府信息公开条例》，积极推进政府信息公开工作，切实加强审计宣传工作，全面推进信息公开工作。扩大了审计影响，营造了良好的审计舆论环境，树立了审计机关的良好形象。

河北省审计厅把信息公开作为反映审计成果、促进审计文化、推动审计工作的有力抓手。推行“一把手”负责制，开创了分管领导主抓，办公室落实，多处室配合的工作格局；并配备专职人员、提供必要的办公配置与条件，明确责任。确保了政务信息公开工作规范、有序、顺利地推进。全省各级审计机关除充分发挥河北省审计厅门户网站信息公开的主渠道作用外，还利用政府公报、电视、电台、报纸、新闻发布会、大型显示屏等发布审计信息。同时，省厅对全省各设区市审计机关的信息公开工作进行督导调研，督促落实，要求各设区市审计机关充分利用自己的门户网站平台，做好审计信息公开，全方位地介绍宣传审计工作。另外，河北省审计厅在加强对厅本级信息公开工作严格审核的同时，还对全省各级审计机关信息公开工作进行监督指导，实行“每天一查阅，每月一统计，全年通报总结”的做法。定期组织人员筛选、审核部门制发信息，严防涉密信息外传，确保出台的应公开信息尽快使广大群众知晓，把行政行为置于社会各界的监督之下，促进依法行政、科学行政、高效行政。

主动公开政府信息情况。河北省审计厅除通过本机关门户网站发布了大量政府信息外，通过省政府门户网站“中国·河北”审计要闻专栏和“中国·河北”政府信息公开平台主动发布全省各级审计机关审计信息。其中，2013年在“中国·河北”首页的“审计要闻”栏目，共发布审计信息1023篇；在河北省审计厅官方网站的“信息公开”专题栏目，共发布审计信息5456篇；2013年共上传省政府信息公开平台信息334篇；河北省审计厅官方网站2013年全年共发布审计信息5320篇。

2013年度，没有发生针对本部门有关政府信息公开事项的各类行政复议案、行政诉讼案和申诉案。

河北省审计厅在网站上提供了依申请公开的流程、表格下载和直接发送等服务，并在网站上明确承诺，按省政府要求，依申请公开事项一律不收取任何费用。

（省审计厅计算机信息审计中心）

河北地税网上办税服务厅

【概况】　河北地税网上办税服务厅于2012年底在全省开通，实现了网上实时申请办理设立、变更、注销等23项税务登记类业务；各类纳税申报业务；发票领购、代开等5类发票业务；减免税、退税等17项主要涉税申请类业务；纳税人的登记、辅导、发票、缴税等七大类涉税信息的查询业务；并实现向特定纳税人发送短信、通告以及纳税人举报投诉等征纳互动。可办业务中，各类简单变更登记业务申请提交后，变更立即生效，纳税人不用再到税务机关办理。

2013年，拓展了网上办税服务功能。一是开通网上纳税人学校，通过提供在线学习、资料下载等服务，免费为纳税人进行税收政策辅导培训。二是上线纳税人涉税风险提醒，对纳税人办税过程中22项主要风险环节、风险点和风险数据实现自动提取、定期发送，帮助纳税人及时规避风险。到2013年底，开通仅两个月，累计向28万纳税人发送141万余条风险提醒信息。三是开通征期日历，明确标示各税种每月的申报缴纳期限，方便纳税人查询。

2013年，网上办税服务厅系统共受理登记类业务30.41万件，发票类业务70.07万件，其他涉税申请业务4.45万件，网上申报纳税人达63.27万户，累计缴纳税款1359.81亿元。网上办税服务厅系统的运行，减少纳税人在办税服务厅的等候时间，方便纳税人办理涉税事项，降低了办税成本，促进和谐征纳关系。

（省地税局）

河北省统计局网站

【概况】　河北省统计局网站，于2003年10月建立，网站英文域名有www.hetj.gov.cn和www.hetj.cn两个，网站设有简报动态、指标解释、专业制度、统计数据、统计公报、统计信息等18个栏目。网站由河北省统计局计算中心管理信息上网，信息上网遵循“政务公开、信息共享，第一时间、保障安全”的原则。各单位产生的社会公开信息和新闻发布信息第一时间在外网网站发布。网站上的栏目信息采用设计的模板进行网页制作，由1-2名熟悉网页制作的人员制作网站页面，同一栏目的信息具有相同风格，每一网页属有自己版权标志，网页风格一样，给访问者以清新的效果。但网站采用普通软件制作，劳动强度大，效率不高，影响了网站的信息发布数量。

2003年11月10日印发《河北省统计局信息网网站管理暂行办法》，成立了由主管局领导任组长，计算中心、办公室、综合处领导任副组长，各部门领导任成员的河北省统计局信息网管理小组，各部门设联络员，规定了信息上网的原则、范围、组织管理、内容和流程，制定了保密审核措施，明确了信息上网目录。

2008 年 4 月 1 日全新改版河北省统计局网站正式启用，成为省统计局对外宣传的窗口，政府信息公开的主渠道。按照“界面美观、栏目实用、功能健全、布局合理”的原则，结合政府信息公开需求建设网站，河北省统计局网站栏目包括政务公开、统计数据、统计工作、统计公报、统计执法、统计监督等 18 个主要栏目，网站内容突出统计数据、政务公开和统计法制，体现了“以用户为中心”的服务理念，全力打造出权威的统计政务门户网站。应用了门户网站管理系统，提高工作效率。网站的信息采编、信息审核、信息审批和信息发布实现了网站后台软件管理，整个流程均可以在网上进行，在网站后台实现流转过程，改善了网页制作发布流程，提高了工作效率。

2008 年，建立和完善各项管理制度，加强信息安全管理。修订了《河北省统计局信息网站管理办法》，详细规定了信息发布的范围和信息审批流程。按照安全部门要求，制定了《河北省统计局网站信息安全管理办法》，加强了上网信息安全管理。按照“以公开为原则，以不公开为例外”的政府信息公开原则和“涉密不上网，上网不涉密”的信息上网原则，计算机中心和办公室一起制定了一系列政府信息公开制度。

【2008 版河北省统计局网站】
2008 年，高质量完成政府信息公开任务。按照上级要求，上网发布自 2003 年以来产出的政府公开信息。因此政府信息公开任务异常繁重，时间紧、信息量大、要求质量高、技术难题多。从 3 月中下旬开始到 4 月底，为加强外网信息发布，计算中心全体人员投入此项工作，发布信息 600 多篇，同时省统计局主动把《河北经济年鉴》(2003-2007) 五本书的统计资料篇在网上公开，丰富了统计数据信息，满足社会各界对统计数据的基本需求。

2010 年 3 月，建立了局内设机构网站管理办公室，专门负责网站建设、信息公开和政务信息。

2011 年 6 月 27 日，印发《河北省统计局政府信息主动公开工作规程（试行）》，进一步规范了省统计局政府信息的公开范围、审核发布和监督保障，提高统计工作的透明度，推进依法行政，充分发挥统计信息对人民群众生产、生活和经济社会活动的服务作用。

2012 年 6 月 20 日，印发《河北省统计局网站管理办法》，旨在推进统计工作科学发展，及时宣传统计改革和建设成果，交流统计工作经验，满足各级领导和社会各界对统计信息服务的新需求，加强和规范网站管理，指导统计系统工作，推进政府信息公开，提高行政效能。《管理办法》共分八章三十五条，分为总则、组织机构、网站建设、信息上网规定、网络政务信息、信息审批流程、考核评比和附则八章。

河北省统计局围绕全省统计中心工作，加强网站工作组织和制度建设，提高网站管理规范化水平，扩大政府信息公开工作范围，及时宣传统计改革和建设成果，探索网站管理新方法、出台新举措，满足各级领导和社会各界对统计信息服务的新需求，推进统计工作公开透明。

加强组织领导，落实责任。局领导几次召开专题会议、听取网站建设工作汇报，并做出明确指示，

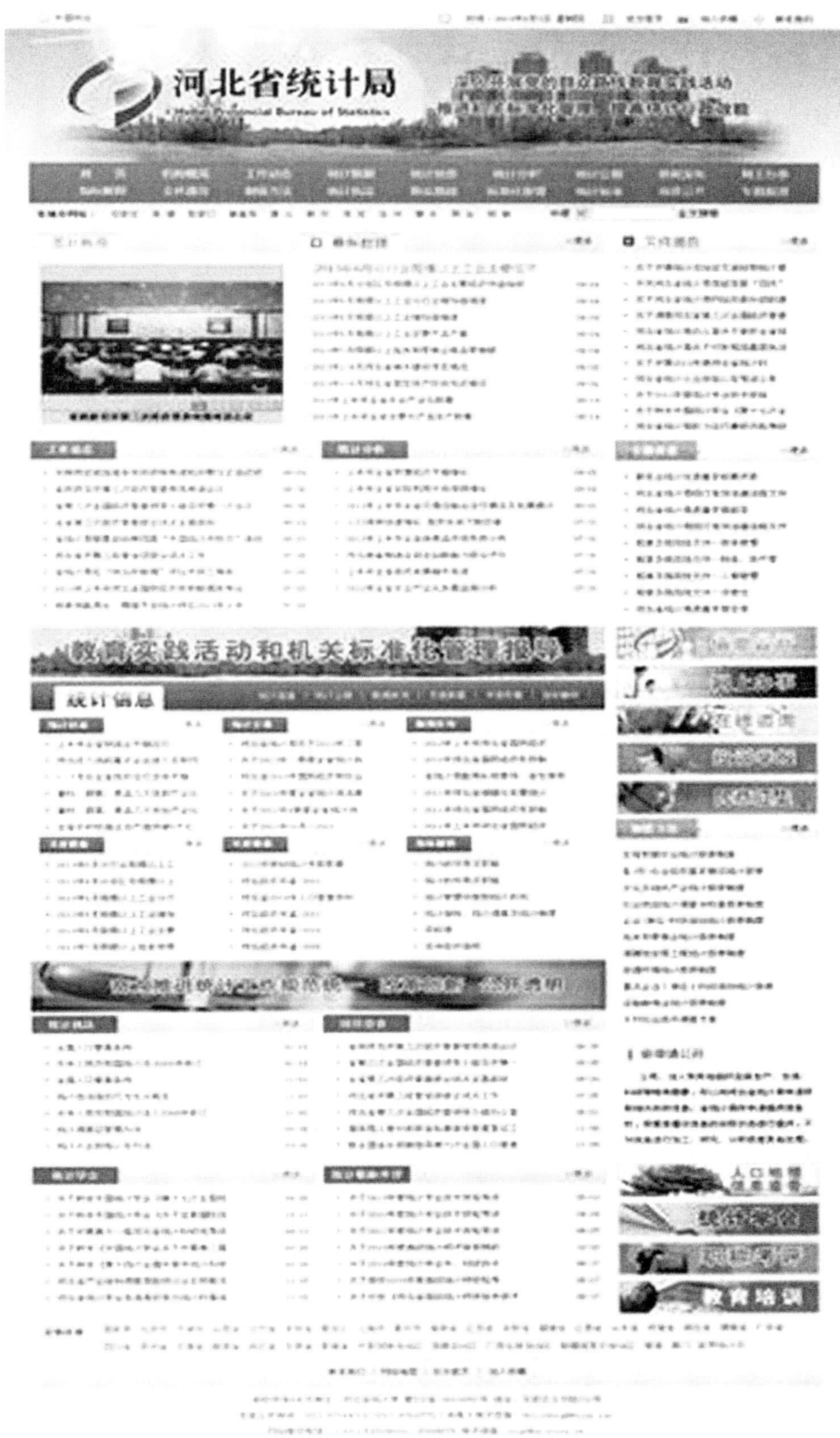
河北省统计局
教育实践活动和机关标准化管理报导
统计信息
教育培训

将网站改版纳入2013年全局重点工作，针对网站的网络信息、网站栏目的设置等重要内容提出了具体的工作要求。省局建立了网站联络员制度，各部门明确了一名网站负责人和一名网站联络员。

精心组织政府信息公开工作，及时宣传统计工作。在河北省统计局门户网站和中国河北网站及时刊发公文、公告、领导讲话、统计公报、统计新闻等统计信息，每月按时发布各专业统计数据。全年在省统计局网站发布信息578条，另外加载《河北经济年鉴》（2012）统计资料篇和《河北省2010年第五次全国人口普查资料》书籍。每季度整理归档主动公开和依申请公开信息档案，制作电子光盘，按期向省档案馆、省图书馆移交资料。做好依申请公开的接待受理。受理依申请公开3件，回复邮件咨询7件。

制定实施方案，扩大主动公开范围。2013年7月份，为深入推进群众路线教育实践活动、提高统计服务社会的能力，把"全面改版升级省统计局网站，为社会各界提供更多统计信息"作为一项服务社会公众的重要举措，制订了《加强门户网站建设、提高服务群众水平的实施方案》，各部门认真梳理了统计数据和政务信息公开任务，明确了目标，扩展了信息公开范围，全局政务信息公开情况得到了很大改观。一是发布的信息量增加，增加了统计分析栏目。二是增加了统计数据表，细化了统计数据分组，分设区市、分行业门类数据增加。三是发布的时效性增强，各部门对服务社会公众的认识提高，主动报送信息。四是网站访问客户增加，网站访问人数和访问量不断攀升，10月份来访16340人次，站内浏览58793次。

【2013版河北省统计局网站】 以用户需求为导向，全面改版升级统计网站。2013年河北省统计局对门户网站进行全面改版升级，先后完成了网站的招标、需求调研、图样审核、历史数据迁移、网站测试、管理软件培训等工作任务。新版河北省统计局网站于2013年8月1日正式上线运行。上半年启动了实施省局门户网站升级改造工程，整合信息资源，高标准打造统计信息服务平台，提升网民访问的视觉效果，力求通过政府网站实现为公众提供"一站式"服务的工作目标。第一，页面美观整齐。河北省统计局网站采用暖色调标签设计、宽背景页显示、条块分区的栏目布局。第二，网站栏目丰富。网站共有48个栏目，其中10个一级栏目，38个二级栏目。首页中显示重要的、更新快的二级栏目。图片新闻位于首页左上角，自动抓取最新的6篇带图的工作要事。第三，改善了网站安全性能。网站数据库和页面部署在两台服务器上，公众用户在前台访问静态页面，信息管理人员在后台管理网站。第四，建设活动专题报道网页。开设了党的群众路线教育实践活动专题报道网页，设有8个栏目，面向全社会，全面宣传报道省局开展党的群众路线教育实践活动和机关标准化工作情况。开设了第4届中国统计开放日专题报道网页，设有7个栏目，向社会公众介绍省统计局开展统计为民服务、经济普查、企业联网直报、社情民意调查情况。

完成域名注册和备案。7月19日，按省工信厅和省保密局要求，对局门户网站进行IP地址转换，同时向域名注册中心申请，变更IP地址指向。10月23日，到联通石家庄分公司进行了省统计局网站的域名备案。

【精品栏目】 "统计数据"栏目。省统计局作为统计数据的权威机构，定期在"统计数据"栏目发布河北省国民经济和社会发展统计数据，每年公布《河北经济年鉴》统计资料篇。"统计数据"栏目涉及国民经济产业和主要行业数据，是社会公众获取河北省官方统计数据的重要渠道。统计数据涉及国民经济核算、人口就业、固定资产投资、建筑业、房地产、农村经济、工业经济、服务业、物流业、能源经济、国内贸易、对外经济、文化产业、人民生活、社会发展、各市资料等内容。

2013年，"统计数据"栏目增加了统计数据项目，细化了统计数据指标分组。全局各专业确定了32个统计数据项目，其中月度数据13个项目，季报11个项目，半年度数据2个项目，年度数据6个项目。各专业数据项目表增加了设区市、按登记注册类型、国民经济行业、行业大类、隶属关系、建设项目、主要指标体系等分组，共1027个指标，单次表项发布数据个数约4000笔。比上年增加18项目，418个指标，约1600笔数据。

（省统计局）

河北省工商行政管理局门户网站

【概况】 河北省工商行政管理局门户网站开通于2004年2月28日，域名是www. hebgs. gov. cn和www. hegs. gov. cn。2005年初，网站新建工商茶座模块。设摄影、散文、诗歌、小说、绘画、书法、漫画栏目，发表了大量河北省工商人员创作的积极向上的文艺作品，举办工商文化作品大赛，涌现出大量优秀的艺术作品，在全国工商局网站独树一帜。2005年，消保处成立，网站马上做出反应，开设了新模块"消费维权"，又新增"消保头条、流通领域商品质量监管、食品安全、消费提示"等栏目。2008年4

月，搭建了河北省工商局政府信息公开平台，包含信息公开目录、主动公开信息、领导分工、机构职能、人事信息、财政信息、动态公开、依申请公开等。2010年3月，企业年检首次在网上进行预检，网站积极应对，将“内资年检、外资年检、网上登记、表格下载、企业查询、网上答疑及电子政务大厅”等栏目放在首页醒目位置。网站及时在系统、软硬件、带宽等问题上做了准备，安全度过了敏感期。2010年8月，将网站首页改版，使首页面貌焕然一新、布局更加合理，突出政府信息公开、信息发布、在线服务和公众参与四方面功能，基本达到了可用性、易用性并重，其他内容丰富多彩的效果。2011年初，省局划拨给网站的服务器和硬件防火墙、应用防火墙、网页防篡改系统等网站防护设备相继到位，在“3·15”和网上年检之前成功上线，充分发挥了省局划拨设备的高性能和高安全指标，彻底告别了“三天一小攻、十天一大攻”和设备老化的问题。2012年7月到8月，河北省商标网上展示模块建成上线。为喜迎党的十八大，在十八大召开前夕制作了喜迎十八大专题。2012年11月8日十八大开幕，早晨8时，在网站首页制作了庆祝党的十八大胜利召开的红色背景衬图。在十八大胜利闭幕后按照要求及时设计制作深入学习贯彻十八大精神专题，内容翔实丰富，有十八大报告、新党章等13条图文并茂的十八大重大新闻，还有要闻聚焦、文件荟萃、动态信息、成果交流等发布河北省和工商系统的学习贯彻十八大和着力改善两个环境内容的栏目，在页尾还设计有为中国加油、对党说句心里话、科学发展成就辉煌、向十八大献礼、善行河北等内容。2013年，共建设制作“着力改善两个环境”专题、“解放思想　改革开放　创新驱动　科学发展”大讨论专题、“党的群众路线教育实践活动”“学习贯彻党的十八届三中全会精神”四个专题，内容翔实丰富，图文并茂并且开设迅速，起到了良好的宣传教育效果。

河北省工商局门户网站是河北省工商系统对外宣传和对外服务的窗口；是宣传工商法规、促进依法行政、提高服务水平、保障公众知情权、参与权和监督权，加强工商系统自身建设和推进行政管理体制改革的网络平台；是企业、公众网上办事、与河北省工商行政管理局互动交流，开展电子政务工作的统一入口。截至2013年底，网站的总点击量已经突破6680万次，日均2万次，日最高点击9万多次。网站已经建成各类模块总量78个396个栏目，网页设计制作2862页，动态类发稿58386篇，发布企业公告47582户，各类法律法规101289篇，全国企事业单位15206251家，回复留言板留言1600多篇。

省工商局门户网站创建以来，以社会公众需求为导向，大力推进政务公开，加强工商法规宣传，促进依法行政，提高服务水平，加强公众互动，引导舆情，在促进工商系统自身建设等方面发挥了积极作用，体现了政府网站“打造阳光政府、构建和谐社会”的功能。网站接受相关部门就省工商局政务公开、效能建设及网络建设检查几十次，多次受到表扬。在2011年发布的河北省政府系统网站评估报告中综合指标位于省直单位第13名。其中，制度建设100分。

网站围绕省工商局的中心工作和重点工作，着重宣传了河北省工商系统创新服务发展方式，丰富服务发展手段，以及市场主体增量行动、兴企强省行动、市场秩序整顿行动和12315护民生行动等重点活动的宣传报道，及时交流反映各地的经验、做法和工作成果。突出重点，创新形式，营造了浓厚的宣传氛围。网站已经成为河北省工商系统对外宣传、服务的第一平台。

省工商局门户网站坚持正确办网方向，增强对网络信息的是非鉴别能力和把关能力，确保网站传播先进思想文化、弘扬社会正气。做好网上舆论引导工作，形成昂扬向上、团结奋进的网上主流舆论。

网站上工商法律法规、国家和地方的有关政策全面丰富，还特别地建设了全国人大法律库、国务院行政法规库、行业法规规章库、地方法规规章库、国际条约惯例库、两高司法解释库、法律文书库、法律法规应用库、合同范本库，并及时更新。到2013年底，发布各类法律法规101289篇，为了方便群众了解新政策，网站开设最新发布和政策导航等栏目，还积极策划，就有关政策及时进行解读。主动加强正面宣传，内容形式双突破，切实发挥政府网站展示自我、宣传自我、服务社会的作用，促进依法行政，提高服务水平。

省工商局门户网站围绕省工商局中心工作，积极宣传系统重点活动，为工商工作创造宽松和谐、积极向上的舆论氛围。

网站新闻宣传准确、及时、全面、有力，在系统上下、内外广受好评。网站栏目设置丰富，新闻日日更新，稿件发布数量大，专题内容多样。河北省工商局的重要政务信息、工作部署，全省工商系统大量围绕中心工作的最新举措、最新动态、最新成果第一时间在网站发布，广大工商管理人员在这里交流心得、经验，开展工作探讨。一批强化监管的新思路、为民服务的新方法通过网站的宣传广为人知。河北省工商局网站成为河北省工商系统展示工作成果的平台，树立形象的窗口，学习交流的园地，树立了工商部门有为的良好形象。

网站积极开展健康向上的网络文化活动，用优秀网络文化占领网上思想文化阵地。网站建设之初就着手建设工商文化专栏，下设摄影、散文、诗歌、小说、绘画、书法、漫画栏目，发表了大量河北省工商人员创作的积极向上的文艺作品，先后举办过两届工商文化作品大赛，涌现出大量优秀的艺术作品，在全国工商局网站独树一帜。

网站先后开设了学习贯彻十八大精神、群众路线、克服“四风”、科学发展大讨论、信用平台、机关标准化建设、科学发展观、政风行风建设、阳光在线、权利公开透明运行、廉政课堂、创先争优、商标展示等一系列专题专栏，向社会发布工商局公开承诺和传播河北工商精神，在相关栏目中发布了大量宣传道德模范和身边好人好事等先进事迹的文章和评论。在不断丰富内容的同时，网站还创新形式，吸引网民参与。在建党90周年征文活动中，全省工商系统广大干部职工踊跃参与，网站经过筛选发表其中的优秀作品。这些文章不仅表达了工商职工对党的深情厚意，还展现了一批工商系统共产党员的风采，他们在平凡的工作中做出了令身边的同事敬佩的业绩。征文活动反映了基层人员的心声，赢得了极大的关注和好评。网站还通过主动策划增加宣传力度。在掌握了相关线索后，与基层作者联系，二十天里经过多次沟通修改，终于完成“老照片见证大发展”一稿。它从一个点上反映了河北省工商系统30年来的可喜变化。稿件发出后得到了领导的赞扬，发布后点击量在短时间内创下了头条新闻的新高。

为保证上网信息的导向正确、文字准确，图片内容符合要求、美观，网站实行了严格的稿件审核制度，对编辑流程做了详细的规定。通过严格的层层把关，既保证了信息发布的快速、及时，又确保了政府网站文字应有的准确、严肃，营造了健康向上的舆论氛围。

《政府信息公开条例》颁布实施以来，及时开设专题，有步骤修订完善信息公开制度、加强信息公开的全面性、及时性、规范性，开设信息公开目录、主动公开信息、领导分工、机构职能、人事信息、财政信息、动态公开、依申请公开等栏目。特别是在动态公开栏目里每月公开发布《行政许可事项办理情况明细表》，共计公开68个月，收到良好的效果。

省工商局门户网站高度重视网上办事工作，内资年检、外资年检、网上登记、表格下载、企业查询、网上答疑及电子政务大厅等栏目放在首页醒目位置，已成功实现企业、公众网上办事、互动交流，有效地开展了电子政务工作。并以严谨的工作和先进的技术保障了网上办事服务的高效便捷，树立了良好的社会形象。

在首页显著位置，以简明、实用、以人为本的总体思路，突出了网上办事栏目，开设了电子政务大厅。大厅全面设置了工商相关业务指南，使企业、个体工商户和群众可以方便地进行网上内资年检、外资年检、网上登记、表格下载、企业查询等工商相关业务办理。首页还特别设立了网上办事、在线查询、办事指南等快速通道，便于单项常规项目的快速办理。

省工商局门户网站提供内、外资企业网上年检平台。为保证网上年检的顺利开展，每年年检前，都提前发布内容详细的年检须知，提醒企业注意事项。网上年检的每一步都有流程图加以指导，企业轻点鼠标即可完成以往需花费大量人力物力的年检工作。

网站利用“网上答疑”栏目就工商政策法规等对网友的问题答疑解惑。细致耐心，疏导情绪，化解矛盾。与省局有关处室协作，使不少网友的提问在当天或第二天就得到了解答。网上年检涉及企业众多，每年年检期间都会有大量的提问，网站在认真回复的同时，还及时进行总结，对一些集中的问题，制作成“网上年检热点问题解答”专页，为办事企业提供更大的方便。“网上答疑”为群众开辟出一个便捷、迅速、有效的咨询窗口。截至2013年年底已回答网友提问2180条，多次受到网友留言赞扬。

重视网络环境建设，管理严格规范、网络运营有序。网站建立以来，先后出台了《河北省工商局门户网站管理办法》《河北省工商局互联网信息发布管理制度》《河北省工商局网站计算机信息系统保密管理暂行规定》《河北省工商局宣传服务中心机房管理办法》《河北省工商局网站安全管理办法》《网站科岗位职责》《河北省工商局网站应急预案》等一系列规章制度。网站硬件防火墙、应用防火墙、网页防篡改系统、备份服务器等网站防护设备到位，做到了防攻击、防篡改、防泄密、防损坏。网站系统实现了实时监控、预警防控有效。网站的专业人才和大量防护设备在网络运营方面提供了坚强的保障。强化精细化、制度化管理，推进了网站健康、稳步、可持续发展。

网站内部大力推行效能建设，改进工作作风，增强工作的主动性和创造性，各负其责，形成合力，是一支有朝气、有活力、有生命力的适应现代信息技术发展的技术团队和管理团队。在2011年发布的省政府系统网站评估报告中网站荣获制度建设第一名。

【建成五大类模块】 政府信息公开类：信息公开目录、主动公开信息、领导分工、机构职能、人事信息、财政信息、动态公开、依申请公开等。实时信息类：法律法规、头条新闻、图片新闻、领导讲话、工商动态、最新发布、理论研讨、政策导航、信息摘要、流通领域商品质量监测发布、公告、阳光在线及一系列业务模块。政府服务类：办事指南、表格下载、内资年检、外资年检、网上登记、企业查询、网上答疑、电子政务大厅和行政审批目录及流程图、许可事项进程查询等。互动类：网上答疑、廉政信箱、网上调查、阳光访谈等。专题类：学习贯彻十八大精神、群众路线、克服“四风”、信用平台、机关标准化建设、政风行风建设、权利公开透明、廉政课堂、创先争优、工商文化建设、公务宝典、社会主义荣辱观、基层风采、一会两站服务社会主义新农村大讨论、窗口单位树新风网上行、商标展示、科学发展观、干部作风建设年等等。

【建成四大类数据库】 工商新闻数据库：工商动态库、图片新闻库、头条新闻库、工商理论库、工商文化库。工商公告数据库：企业开业公告库、个私开业公告库、外资开业公告库、内资变更公告库、外资变更公告库、内资注销公告库、外资注销公告库、吊销公告库。法律法规数据库：全国人大法律库、国务院行政法规库、行业法规规章库、地方法规规章库、国际条约惯例库、两高司法解释库、法律文书库、法律法规应用库、合同范本库。全国企事业数据库：企业可查到1500多万家共两亿多条的企事业库，包括全国所有行业企事业的单位名称、法人代表、经营范围、联系电话、通讯地址、邮政编码、经济类型、生产产值、人员数量、注册日期、所属地区、注册资金、经济行业和企业相关介绍等十多项内容。

【外部链接交互广泛】 友情链接：省工商局门户网站自开通以来，已经被中央人民政府网站、新华网、中新社、政府导航网、中国国情网、民主与法制、中国国际商务网、省政府门户网站中国河北、省人大、省政协、省经济信息中心、银河网、长城在线、河北招商网、全省各部门、市政府门户网站、国家工商总局、中国工商网、各省工商局网站链接。

【海内外点击量每天2万左右】 全国各省每天均有登录，每天有一万多个独立IP访问，日均点击量2万多次，日最高点击9万多次。服务器已经记录到全球除中国以外的52个国家的IP，像斐济、关岛这样的小国都有登录。截至2013年年底，网站的总点击量已经突破6680万次，在省直部门的网站中名列前茅。

【精品栏目】 河北省工商局门户网站自开办以来，围绕信息公开、在线服务、互动交流，紧密结合工商业务科学设置栏目，并根据业务发展变化不断加以规范调整。网站栏目内容丰富，实现了新闻动态信息即时更新、政务信息定期更新、专题信息持续更新。各类工商业务信息，特别是公众普遍关注的质量监管、消费者权益保护、广告监管、网络商品监管、商标知识产权保护等信息，以及工商机关及执法人员关注的监管动态、工作研究等信息及时发布。网站设置了严格的编审流程，保证信息发布符合程序、权威规范。

头条新闻：头条新闻专栏主要发布河北省工商系统最新召开的重要会议、举办的重大活动以及重要工作部署、取得的新成果等，是河北省工商局门户网站精心打造的重要栏目。专栏始终秉持内容严谨、发布迅速、图文并茂的宗旨。在设计上稳重大气，视觉冲击力强。网站首页第一屏显著位置可呈现头条新闻的图片、标题和内容摘要。到2013年底网站首页可实现四个最新头条的滚动播放。专栏稿件大部分为本单位自采，发布时注重对相关内容的整合，链接领导讲话、公告通知等。多年来，采、编、审、图片标题制作、新闻发布等形成了有力保障机制，保证了发布内容准确、图片美观，实现了第一时间传递信息的目标。专栏还积极探索，充分利用互联网技术优势，在内容和表现形式上不断创新。自网站开办以来，头条新闻在系统内受到广泛关注，点击率高，形成了一大批固定的读者群，在政务公开、政策宣传、树立形象上发挥了重要作用，多次受到各级领导的肯定。截至2013年年底，该专栏共发稿899篇。

工商动态：工商动态专栏以报道河北省基层工商系统的新闻为主。专栏自网站开办以来，信息日日更新，是省工商局门户网站最具活力的栏目之一。该专栏围绕中心工作，对全省工商系统在促进经济发展方式转变，推进工商职能到位、提升队伍整体素质等方面所采取的措施，取得的经验、成果进行报道。专栏充分发挥网络宣传迅速及时的优势，在快速传递各地工商动态的同时，注重对同一主题的集中报道，形成宣传强势。专栏在全省工商系统中建立稳定的通讯员队伍，通过上下联动，实现了对全省工商系统工作风貌客观、全面、迅速的报道，及时展示了河北省工商系统发生的新变化、取得的新成绩。专栏受到了各级工商人员的广泛关注和好评。是网站点击率最高的新闻栏目之一。截至2013年年底，该专栏共发稿11416篇。

理论研讨：理论研讨是河北省工商系统广大干部职工交流工作经验、心得体会的平台，是对实际工作中遇到问题进行探讨的平台，是河北省工商系统广大干部职工的学习园地。专栏特别注重针对新时期工商工作的特点和不同时期的重点工作提问题，找对策。理论研讨下设局长心语、工作探讨、经验交流、经济论坛四个分栏目。在这里既有河北省基层一线工商人员的经验介绍，也有各级工商人员针对具体工作开展的交流探讨，还有专栏对前沿工商理论、经济形势研究文章的整合。专栏内容丰富、指导性强，广受基层工商人员的喜爱，被大家誉为“网上课堂”。截至2013年年底，理论研讨专栏共发稿2534篇。

网上答疑：网上答疑专栏是网站实现政民互动的重要栏目之一。网站利用该栏目就工商政策法规等有关问题答疑解惑，疏导情绪，引导社会舆情。工商部门年检验照、注册登记、商标注册等工作涉及面广，每天网站都会收到网友针对政策法规、办事流程等的咨询。为切实帮助群众解决实际问题，工作人员认真研究法律法规、办事流程，学习最新政策，不断摸索答疑技巧和规律，提高服务水平。专栏还总结提问热点，制作热点问题专页，提高服务效能。网上答疑栏目回复及时有效，态度真诚亲切，多次受到网友的留言表扬和致谢。截至2013年底，该栏目共回复网友提问2180个。

政策导航：政策导航专栏主要发布与工商工作密切相关的最新国家政策、工商部门政策和有关解读文章。既有省工商局对有关政策的解读，也有专栏从省和中央政府门户网站及国家工商总局门户网站等权威网站和媒体整合的信息。编辑每天进行严格筛选编辑，保证了本部门政策信息、转载信息在第一时间发布。由于该专栏信息的权威性和较强的针对性，不仅对工商工作具有很强的指导作用，对企业和办事群众了解最新政策也有很大帮助。河北省工商局门户网站成立时，这一栏目便受到基层工商人员和网友的关注，多年来一直保持较高的点击率。截至2013年年底，该栏目共发布信息1115条。

热点专题：网站结合工商业务职能，围绕监督执法、服务发展及部门重点业务工作开展了系列专题建设。围绕工商重点工作，企业和办事群众、消费者关注的热点问题，网站主动策划、科学整合，分阶段推出了系列专题，起到了树立形象、鼓舞干劲、宣传政策、服务群众的作用。如工商文化建设、廉政课堂、权力公开透明运行、窗口单位树新风网上行、创先争优、树立社会主义荣辱观、一会两站服务社会主义新农村大讨论、学习贯彻十七大精神、深入学习实践科学发展观、机关标准化建设、3·15专题、干部作风建设年、着力改善两个环境、解放思想　改革开放　创新驱动　科学发展大讨论、喜迎十八大、河北省商标网上展示、学习贯彻党的十八届三中全会精神、深入开展党的群众路线教育实践活动等。网站还积极谋划，推出拒绝传销共建和谐文化作品大赛以及三型工商、为民务实清廉、工商文化建设、庆祝建党90周年等主题征文活动。征文活动活跃了工商文化、促进了一线工作的经验交流，营造了积极向上的工作氛围，创造了阶段性宣传高潮。各个专题在建设上充分发挥网络优势，主题突出，内容丰富，表现形式多样，吸引了大批基层工商人员投稿，获得了较高的社会关注度和系统上下的好评。如窗口单位树新风网上行专题获得国家工商总局的推荐和表扬，每年定期推出的3·15专题被消费者亲切地称作“了解消费政策、维权知识的大课堂”。

信息摘要：信息摘要专栏主要发布与工商工作有关的、社会关注度高的重要会议、政府工作部署及社会热点新闻。该专栏旨在拓宽工商人员视野，为大家了解河北省及国家最新的各项方针政策、社会热点提供平台。该栏目自创办以来，始终严把信息来源关，专栏以丰富的内容，严谨的作风，新鲜的信息赢得了大家的喜爱。专栏既可帮助系统人员了解河北省和国家的宏观政策，又有具体的社会热点信息，还有精心选取的来自全国工商系统的典型新闻报道，在内容上实现了对网站主要栏目内容的延伸。截至2013年底，该专栏共发稿12256篇。

图片新闻：为进一步贴近一线工商人员的工作生活，更加生动地反映基层工作者的风貌，网站设计了图片新闻专栏。点击进入该专栏，最新四条新闻的图片可滚动播放，浏览更直观便捷。多年来，该专栏精心选取400多张基层优秀新闻摄影作品，这些作品集中再现了工商执法人员在市场监管、服务发展、消费维权等工作中的一个个生动瞬间，真实地反映了一线工商人员勤政为民的良好形象。同时该专栏也为基层通讯员展示新闻摄影作品提供了平台，受到了基层通讯员的欢迎。

（省工商局）

河北省市场主体信用信息公示系统网站

【概况】　遵照《国务院机构改革和职能转变方案》和省政府有关机构改革和职能转变的要求，河北省工商局建设了河北省市场主体信用信息公示系统网站（http://www.hebscztxyxx.gov.cn），实现在省工商局统一平台对全省市场主体信用信息进行公示。主要包括：

工商部门信息公示。工商行政管理部门提供对企业各类工商业务信息的公示，公示信息包括登记信息、备案、已经生效的处罚、股权出质、异常经营目录、严重违法名单等信息，具体为：

登记信息：名称、住所（经营场所）、法定代表人（负责人）姓名、注册资本（出资数额）、企业类型、经营范围、营业期限、有限责任公司股东或者股份有限公司发起人姓名或者名称等登记信息；

备案信息：公司章程中有关股东（发起人）认缴出资额、出资方式、出资期限等内容，公司董事、监事、经理姓名，分公司登记情况，公司清算组成员、清算组负责人名单等备案信息；如：股权出质登记信息；公司动产抵押信息；经营异常名录信息；严重违法企业名单信息；行政处罚信息；其他依法应当公示的信息；

工商部门行政处罚案件公示。做出行政处罚决定的工商行政管理机关将行政处罚案件信息通过“企业信用信息公示系统”进行公示。

企业信息公示。公示系统提供对企业申报信息的公示，具体包括年度报告和企业公示信息两部分，其中企业年度报告应当于每年的1月1日至6月30日向工商行政管理部门报送上一年度的信息；企业公示信息自形成之日起20个工作日内通过企业信用信息公示系统向社会公示。

年度报告申报的信息包括：

有限责任公司股东或者股份有限公司发起人认缴和实缴的出资额、出资时间、出资方式等信息；企业从业人数、通信地址、联系电话、电子邮箱等信息；企业开业、停业、清算等运营状态信息；对外投资信息；网站或网店的名称、网址等从事网络经营的信息；企业资产总额、负债总额、销售总额、主营业务收入、利润总额、净利润、纳税总额、所有者权益合计信息(可由企业选择是否公示)。

其他部门信息公示。其他行政部门公示信息包括：行政许可及变动信息；行政处罚信息；其他有关行政部门应当依法公示相关企业信用信息。

抽查管理。工商行政管理机关根据《年报抽查管理办法》对企业年度报告公示内容进行抽查，以“抽查检查结果”的形式通过企业信用信息公示系统集中公示，并记录在企业的公示信息中。

经营异常名录管理。提供对各类经营异常主体的处理和公示，包括载入、移出、撤销、催告。

严重违法名单管理。工商行政管理部门设置严重违法企业名单，记载有严重违法情形的企业，并通过企业信用信息公示系统公示，供社会公众查阅。

信息查询。为社会公众与企业用户提供对各类企业的按名称或注册号等关键字的信息进行查询的功能，包括精确查询、模糊查询、以及移动查询等功能；并且提供对经营异常名录和严重违法企业名单的查询功能。

部门协同。提供接口供其他许可部门对各类资质信息等申报信息的录入、维护以及企业的违法等需要公示的信息录入、维护和反馈功能；以及工商行政管理机关向其他部门推送登记、许可等信息。

（省工商局）

河北省安全生产监督管理局网站

【概况】 2006年12月建设了河北省安全生产监督管理局门户网站(www. hebsafety. gov. cn)。局领导高度重视网站建设工作，把建设门户网站作为安全生产监督管理对外开放的一个重要窗口，采取了积极有效的措施，加快门户网站建设进程。2013年9月，改版建立了局门户网站框架。为加快网站的建设步伐，省安全生产监督管理局成立了以主管局长为组长，各处室负责人为成员的门户网站领导小组，明确了网站建设的基本思路、保证措施和绩效考评内容，为网站的建设指明了方向、明确了任务。

【重大危险源申报系统】 认真贯彻落实《河北省重大危险源监督管理规定》等省、市有关重大危险源管理的有关规定和要求，遵照“最高级备案原则”，一级重大危险源在省安监局备案，二级重大危险源在市安监局备案，三、四级重大危险源在县（市）、区安监局备案。各级安监局每月5日前，逐级交换重大危险源备案数据，全面掌握辖区内重大危险源状况，充实完善重大危险源数据库。切实加强重大危险源申报材料的完整性审核工作，对评估报告章节内容不完整，评估报告没有明确结论的、结论不符合重大危险源监管规定的，不予办理备案手续。

重大危险源备案系统首页包括：新用户注册、注册用户登录和系统公告栏目。

重大危险源系统包括重大危险源查询、重大危险源锁定和重大危险源巡检三部分。

重大危险源包括：煤矿（井工开采）重大危险源、金属非金属地下矿山重大危险源、尾矿库重大危险源、危险化学品重大危险源、烟花爆竹（烟火剂）重大危险源、压力管道重大危险源、锅炉重大危险源和压力容器重大危险源八类重大危险源。

【河北省安全生产培训考试系统】 为进一步规范安全生产培训考试工作，提高安全生产培训考试的工作效率，解决培训考试过程中申报审批环节多、办证时间相对较长的问题，2009年底省局通过招标，建立了“河北省安全生产培训考试系统”。该系统运用计算机网络技术，实现计算机网上远程报名，网上培训申报，网上审批，在线实时考试，远程监控和证书查询。

该系统是基于网络平台的安全培训考试管理系统。采取模块化设计，方便不同人员管理与应用，既可以单独应用，又具有相互联系，数据共享。主要有以下几个模块：

省安监局登录：管理员可通过该模块审批培训机构上报培训计划，

河北省安全生产监督管理局
HEBEI ADMINISTRATOR OF WORK SAFETY
科学发展 安全发展
首　页
政务公开
领导讲话
安全执法
政策法规
规划科技
应急管理
非煤矿山
综合监管
危险化学品
烟花爆竹
冶金建材
职业健康
事故调查
党建工作
安全培训
行风建设
三类事项
深入开展党的群众路线教育实践活动 坚决克服“四风” 服务群众
通知公告
国家安监总局
河北省政府网
省安委会
安全生产执法
煤炭工业安全管理局
应急管理
职业健康监管
要闻
更多>>
习近平强调：认真吸取教训 注重举一反三 全面加…
李克强作出批示：要求汲取事故教训 筑牢科学管理…
马凯强调：强化红线意识 狠抓责任落实 促进安全…
王勇在国务院安委会综合督查工作会上强调:进一步…
杨栋梁强调：全面推进安全生产工作改革创新和发展
周本顺书记对安全生产工作做出重要批示
张庆伟省长对安全生产工作提出要求
省委常委、石家庄市委书记孙瑞彬对安全生产工作作…
张杰辉副省长对2014年全省安全生产工作进行全…
张庆伟省长对安全生产工作提出要求
工作动态
各地快讯
石家庄市新华区合作路街道获得“全国安全社区…
省安委办印发2014年全省安全生产应急预案…
省安委办组织参加全国“安全生产月”和“安全…
省局工会组织干部职工参加省直机关健步走活动
全省安全生产协调工作座谈会在石家庄召开
八小时的拓展
省总队在张家口市开展非煤矿山省市县协同执法
唐山市安监局部署危险化学品和烟花爆竹重…
承德市出台《森林草原火灾应急预案》
石家庄市探索落实企业安全生产主体责任新…
廊坊市副市长调度安全生产“五大工程”工…
唐山市安监局启动监管监察人员业务能力提…
秦皇岛市部署油气输送管线等安全专项整治…
石家庄市召开第二季度防范重特大安全事故…
省局领导
机关子站
局属子站
各市安监局网站
共筑中国梦
典型工作经验
政府信息公开
安委会工作
公文公告
煤矿监管
安全执法
基层工作
事故快报
事故查处
部门动态
安全提示
外省动态
安全常识
廉政风险等级目录
应用系统
重大危险源申报系统
2014年5月19日 星期一
河北省重大危险源备案管理系统使用教程

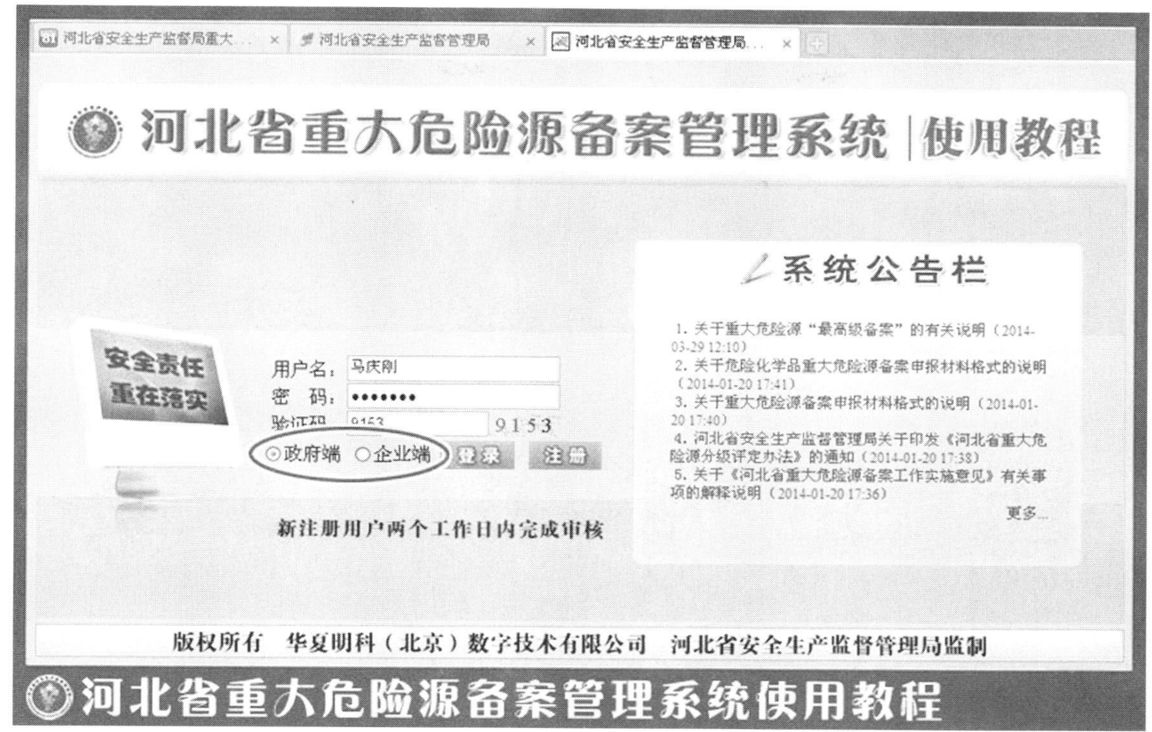

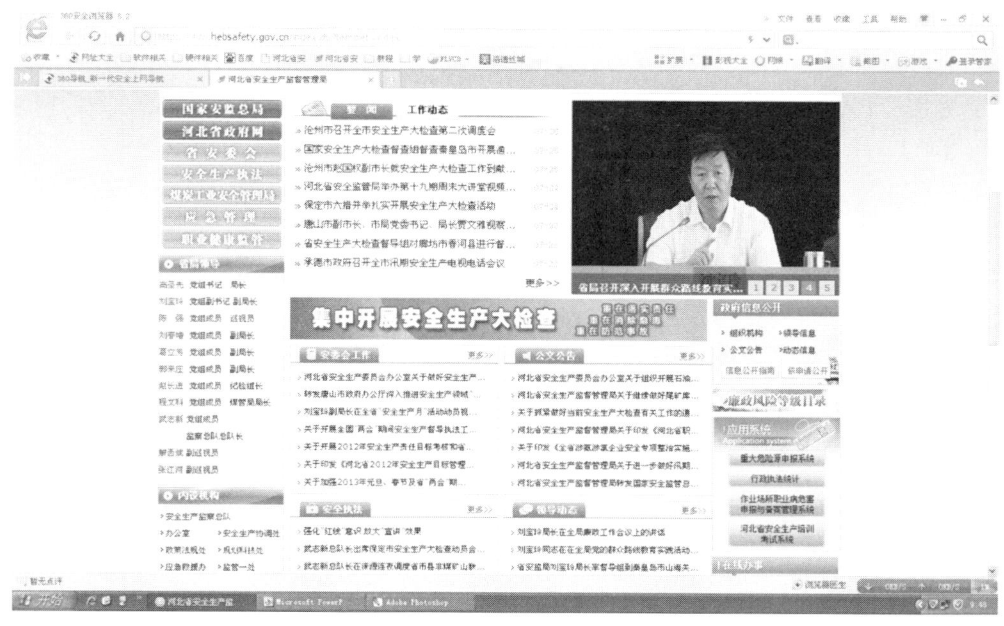

安全生产培训考试系统登录页面

查询全省安全培训的各个环节，证书的验印审批；管理不同类别的试题库，制定出题规则和设定合格标准；通过视频监控系统监督各考试点的考试情况，还可进行培训情况的统计分析。

市安监局登陆：管理员通过该模块可审批市局所管辖范围内各类人员的网上审批、验印、制证等环节。

机构登录：各培训机构可按照培训流程进行网上计划的上报，培训人员信息的上报，培训班的考勤管理，培训结果的评判，准考证的打印，考试完后成绩的在线上报等。还可进行自身培训教师及教学内容的管理，进行必要的培训统计分析。

在线考试：学员培训合格后，持准考证到指定的考试点按时间参加计算机网络考试，可在考试提交后看到成绩，不及格根据个人意愿进行补考。

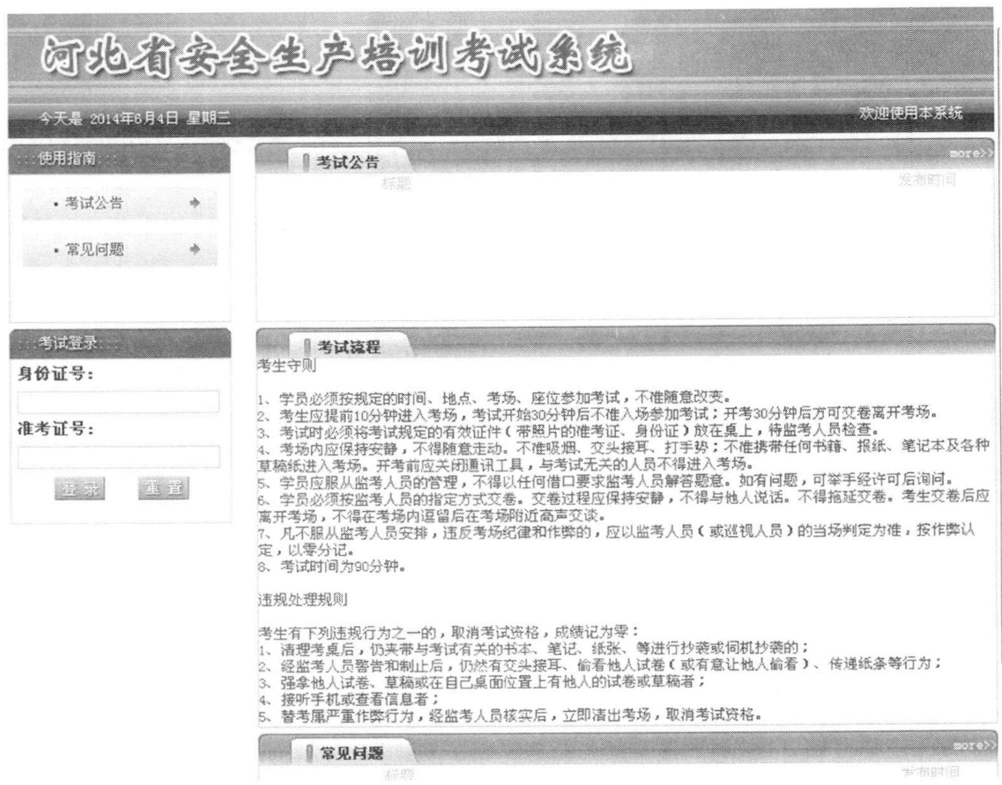

在线考试页面

证书查询：通过个人信息确认证书的真伪。

网上报名：通过互联网提前上报个人信息。

（徐 欣）

燕赵粮网

【概况】 河北省粮食局门户网站“燕赵粮网”始建于1998年，在网站不断完善中，做到了页面设计科学布局、重点突出，页面层级合理规划、深度适中，栏目划分清晰合理，便于公众快捷获取所需内容，设计风格美观大方、简洁庄重。2008年，根据需求对网站进行全面改版和升级，对栏目和内容进行了重新规划，后台更换了先进的CMS内容管理系统。2012年又进一步对网站内容进行了完善，形成由冀粮政务、粮油市场、地方频道和互动服务四大版块共24个栏目组成的全新“燕赵粮网”，成为一个集政务信息、市场信息、价格监测、互动服务、市县信息和数据中心为一体的综合性门户网站和为民服务平台，形成了以省粮食局门户网站为“主站”，以市、县级粮食行政管理部门网站为“子站”的三级门户网站群，从单纯的静态信息发布，向动态信息发布和双向信息交互发展，实时发布政务公开和粮食市场监测信息等内容，近几年年均发布信息数量近1万条，在河北省的粮食流通工作中发挥了重要作用。

为加强河北省粮食局网站管理，确保网站的安全，加强网站信息资源建设，制定了《河北省粮食局网站管理制度》，明确了信息中心为网站建设与管理机构，负责河北省粮食局门户网站“燕赵粮网”的规划、建设、运行和管理，在网站内容发布审核、信息保障措施和安全管理等方面都做出了详细规定。网站负责人经常检查和指导网站安全管理工作，网络安全管理员负责网站的系统及网络管理，信息员负责内容管理并对上网信息进行审计核查；各处室（单位）提供的上网信息，由本处室（单位）负责人签字同意，重要信息要报局领导审核，确保上网信息安全。

【政务公开情况】 一是“燕赵粮网”作为省粮食局的门户网站，由专人负责政务信息的发布工作，2007至2013年共发布政务信息1200余条，及时把最新信息传递给生产者、消费者以及粮食经营者，为政府有效回收生产经营者反馈、了解市场需求、掌握市场动态提供畅通的传递渠道，在河北省的粮食流通工作中发挥了重要作用，成为展示当代河北粮食形象的窗口。二是为配合省局重点工作，“燕赵粮网”栏目相继增设了“党的十八届三中全会”“党的群众路线教育实践活动”“机关标准化管理工作”和“安全生产”等十多个专栏，确保我局发布的通知公告、重要政务活动和相关政府文件等信息全面、及时、准确上网公开，提高政府工作的透明度，为社会公众提供优质的信息服务。三是设业务处室频道、宏观信息栏目，业务处室频道既反映了处室工作又方便了市县局联系；宏观信息栏目则是根据粮食工作特点报道重大经济新闻，反映发改、财政、农业、金融等部门涉粮政策，汇集统计、商务、海关、新华社等机构权威数据，为有关人员提供一个全面了解粮食宏观工作环境的窗口。

【粮食市场信息服务】 本着“全面、迅速”的理念，及时更新网站市场资讯，及时提供粮食进出口数据、机构报告和市场观点、全国和河北省的市场监测报告、国内外期现货粮食市场等各类粮食信息服务；同时，加强与国家粮油信息中心、农业厅、统计局等部门的沟通，建立与粮油批发市场、粮食购销企业的直接联系，拓展信息渠道来源，多方面收集、整理并发布大量准确、及时的粮食政策、市场动态、价格行情等信息。

【公众互动服务】 公众互动是政府通过门户网站加强与社会公众的交流，贴近公众，树立政府服务形象，增加工作的透明度，创新工作方式的重要途径。省粮食局高度重视政府网站与群众沟通的渠道建设，在门户网站设立了局长信箱、公众咨询和意见建议三个公众互动服务栏目，信息中心网站管理人员及时将咨询和意见建议转发给相关处室（单位）处理，并将处理结果通过网站回复、邮件、电话等形式向公众答复。

【运维保障工作】 “燕赵粮网”采用基于微软NET平台开发的网站内容管理系统，它集成了网站群管理、内容模型自定义、信息采集、可视化编辑、全静态发布等多项强大功能，独创的STL模板语言，通过可视化插件能够任意编辑页面显示样式，生成纯静态页面。同时，做好日常巡检和随时监测，确保网站全天候工作、信息页面正常浏览、办事和互动平台畅通有效。网站服务器采取抗拒服务攻击措施，服务器和防火墙等设备的安全策略配置合理有效，按需开放端口，关闭不必要的端口，符合最小服务原则。网站平台采用先进CMS技术，前台生成静态HTML页面，最大限度防范sql注入等攻击。同时使用检测工具对服务器、数据库、网站程序进行定期和不定期扫描和检测，扫描操作系统漏洞、数据库弱口令、sql注入漏洞、跨站脚本漏洞等安全隐患，强化安全防范措施，及时堵塞漏洞、消除隐患、化解风险，使网站处于良好的运行状态。

【精品栏目】 “新闻中心”作为网站政务公开的主要栏目，下设省局动态、通知公告、政策文件、宏观信息、行业新闻、领导讲话六个子栏目。通过该栏目多层面、多视角地报道工作动态，及时发布省局政务活动、通知公告、政府文件等重要信息，报道与粮食行业相关的重大经济新闻。省粮食局利用“新闻中心”这个平台有效开展了政务公开活动，提高了政府工作透明度，为社会公众提供了优质的信息服务。

电子网刊。《冀粮政策与信息》由河北省粮食局主管、河北省粮油信息中心主办的面向全省粮食系统发行的内部刊物，该刊在注重政策宣传和市场分析功能的同时，更加注意突出行业新闻与权威数据特色。既发挥了宏观政策宣传、市场信息深度分析的作用，也更加注重报道省市县三级粮食部门的新思路、新举措，成为展示河北省粮食行业发展的一个新平台，引起了河北省粮食系统的广泛关注。该栏目将每期刊物以电子版的形式展示，至2013年底共发行268期，极大地提高了网站信息量，通过查询功能，使人们在信息的海洋中快速找寻所需内容。

市场监测。该栏目主要包括价格指数、现货价格和市场分析三部分。

价格指数。通过列表和图表的形式反映从2013年起始的河北省主要粮油品种周度和月度价格指数走势、环比同比涨跌情况以及历史数据。原粮收购价格指数包括小麦、玉米 2 个单品种指数和一个综合指数；原粮销售价格指数包括小麦、玉米 2 个单品种指数和一个综合指数；成品粮批发价格指数包括面粉、大米 2 个单品种指数和一个综合指数；成品油批发价格指数包括面粉、大米 2 个单品种指数和一个综合指数。

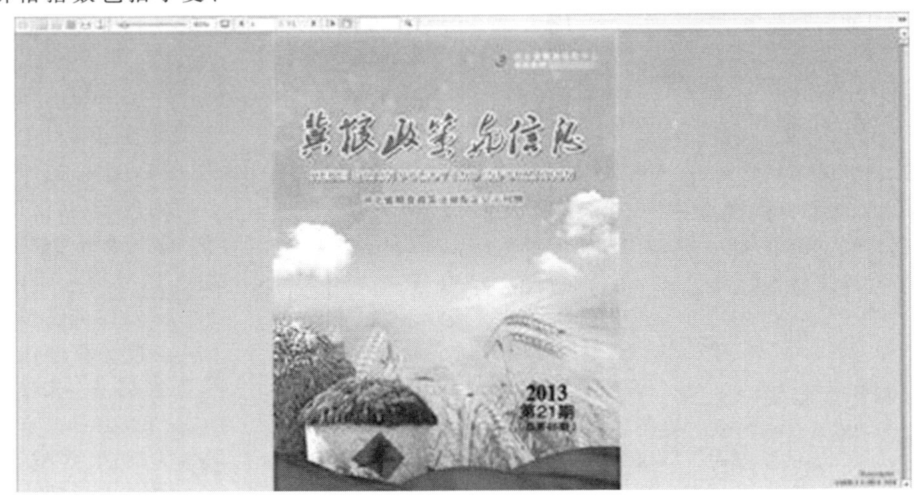

现货价格。通过列表和图表的形式反映从 2012 年起全省及各市主要粮油品种价格走势、环比同比涨跌情况以及历史数据。现货价格是价格指数的基础，为了保证价格真实可靠，河北省粮食局在全省确定 283 个市场监测点，其中重点监测点 55 个，县区层报监测点 228 个，采取“三定”（定点、定人、定时）调查和网上直报相结合的方式上报数据，确保数据的真实可靠。主要包括以下内容：全省原粮价格、重点监测购销企业原粮价格、全省集贸市场成品粮油价格、重点监测批发市场成品粮油价格和重点监测超市成品粮油价格。

市场分析。包含原粮、成品粮周度市场分析、月度市场分析。市场分析以报价系统和指数系统的数据为基础，结合河北省粮油市场的实际情况，对影响市场的因素进行分析、整理和筛选，对未来行情做出预测和判断，以更好地为粮食宏观调控服务。

数据中心。数据中心通过搜集整理宏观经济和粮食工作的历史资料，使网站不仅具有浏览功能，更具有查询和共享功能，为粮食政务和市场主体提供更精确、可信赖和更持久的信息服务。该栏目包括宏观经济数据、政策法规数据、生产种植数据、收购资格数据、价格行情数据、进出口数据、质量标准数据、职业技能资格数据 8 个部分的数据。

宏观经济数据充实了 1952 年至 2013 年的国内生产总值统计数据、1991 年至 2013 年每月的全国居民消费价格指数和 1993 年至 2013 年每月的工业品出厂价格指数三部分；政策法规数据充实了粮食行业的法律、法规、部门规章及相关文件共计 39 条；生产种植数据以图表的形式反映了 1979 年至今河北省主要粮油品种（小麦、玉米、大豆、花生、粳稻）的播种面积及产量；收购资格数据主要公布河北省粮食经营者的名称、发证机关和许可证编号，共有 3909 条；价格行情数据主要是 2003 年至 2013 年每周全省粮油市场原粮和成品粮价格监测数据；进出口数据主要是 2012 年以来每月我国谷物进出口数据和油料进出口数据；行业标准数据包括与粮食行业有关的法律法规和政策文件和与粮油品种有关的国家标准和行业标准；职业技能数据主要公布河北省粮食保管员的信息和考核成绩，共有 814 条。

（省粮食局）

河北法治网

【概况】 河北法治网是由河北省司法厅、河北省法制宣传教育领导小组、河北省律师协会主办，以“普及法律知识、弘扬法治精神”为宗旨的法制宣传类政府网站。网站自 2004 年 9 月开通以来，共更新稿件 26 万多条法制信息，律师在线解答群众涉法问题 3 万多条，连续三年被河北省政府评为先进网站，在河北省政府网站中排名第二。据有关部门统计网站日访问量最高时达 23 万多次，现平均日访问量达 10 万次，已成为全省开展法制宣传教育、推进依法治省的重要阵地和窗口。

为了适应新的形势，按照厅党委资源整合的要求于 2009 和 2013 年先后两次对河北法治网站进行了改版，首次改版时把河北省司法厅门户网站、河北法治网、河北律师网三网合一成为现有的河北法治网，利用先进的网站集群管理模式，建设了统一的司法系统门户网站，并为监狱、戒毒，机关各处室、各设区市司法局和22个县司法局建立了47个子网页共计200多个栏目，建立了地市司法局网群、县司法局网群和河北省律师网群；结合司法行政主要业务建立了网上办事大厅，为群众提供便捷的法律服务；同时为了适应新媒体时代发展，建立了河北省司法行政微博群，通过微博平台开展法制宣传教育，宣传司法行政工作。

2013年改版升级后的河北法治网分为网页版和场景版两种浏览模式，场景版的浏览模式将网站主要的十二大项的功能以动态模块的形式集中展示在首页上，一目了然的展现形式使访问者能够第一时间找到自己想浏览的内容，同时简化了网站菜单层级，使访问操作最多只需要三次点击就能找到需要的内容。

【全新的功能和精品栏目】 整合场景式网上办事大厅。聘请了保定市著名漫画家嘎子陈设计了一个全新的动漫版的网上办事大厅，并由石家庄监狱教育处制作。新版网上办事大厅通过一站式服务，将律师、公正、司法鉴定、司法考试、法律援助和人民调解等业务有效整合在了一起，可以通过一个页面了解相关业务的办理流程、收费标准等内容，并可以实现进行在线咨询，在线预约等功能。方便了群众。

新增“法治播报”栏目。为了增强普法信息的传播效果，开设了“河北法治播报”栏目，将省内最新的普法动态、普法新闻转换成音频播报的形式，使群众可以在线收听最新的普法资讯，丰富了法制宣传的形式和内容。

新增“我的应用”栏目。与河北联通公司合作开发了“我的应用”栏目，该栏目整合了协同办公、个人日志、通讯录、邮件收发、短信群发、网络U盘和电子传真等多项功能，是一个高度集成的小型自动化办公系统。为机关工作人员的办公和生活提供了便利。下一步，将联合联通公司开发APP应用，实现手机端与电脑端的互通。

新增“无障碍浏览”栏目。为使老年人和色盲、色弱等特殊人员也可浏览网页信息，开设了“无障碍浏览”栏目，栏目的主要内容为司法行政信息、法治新闻、律师之窗等，文字可以等比放大，还可以改变文字与网页底色的对比，同时还支持无鼠标操作，为浏览信息提供了方便。

新建“微博发布厅”栏目。通过这一平台，将全省现有的司法行政机关和普法微博整合在了一起，统一在一个页面上进行展示。将来要与腾讯、新浪微博展开合作，使全省司法行政和普法微博的内容统一到一个页面发布。

整合“寻找身边的法律服务”栏目。通过在线场景栏目，整合全省律师事务所、公证处、司法医学鉴定中心、法律援助中心、司法考试报名处和基层法律服务所的查询功能。群众可以通过一个场景找到自己想找的法律服务机构，并且可以分类检索和分地区检索。

此外，还通过此次改版，将全省司法行政系统的网站群整合在了一起，并提供了许多便民查询服务。新版河北法治网于8月份刚刚上线，由于时间相对匆忙，还有很多预想的功能未能实现，将在使用中进一步完善。

（省司法厅）

河北省文物局网站

【概况】 2007年省文物局与新华社河北分社联合开办“河北文物”网站以来，围绕大局和省文物局工作重心及重点，通过“河北文物”网站，登载了大量文物信息，及时全面地宣传了河北文物事业发展及取得的丰硕成果，搭建起社会各界与文物部门之间沟通的平台，对扩大保护文物的社会共识，提高河北文物对社会的影响力等起到了推进作用。

“河北文物”网站是省文物局政府网站，为扩大影响，2008年2月，“河北文物”网站在新华网总网首页开设专栏，增强了宣传效果，扩大了影响力。网站共开设了20多个专题，若干个子专题，包括新闻中心、政务信息、重点单位、博物馆院、考古发现、法制空间、文物精品、世界遗产等。网站内容由省文物局办公室相关负责同志采稿、编辑并整理提供，新华网负责后台维护。

随着省文物局中心和重点工作的转移以及重点项目的推进，“河北文物”网站栏目及内容也及时跟进调整，增加专题、完善栏目、充实内容、创新形式，分别于2008年、2009年和2013年三次对“河北文物网站”首页进行改版。同时结合省委、省政府开展的政治学习等活动以及国家文物局就全国文物工作的总体部署，对版面首页和专题内容做了适时调整，加大了信息量。2008年在网站首页增加了观点集萃、网上视频等栏目。除业务栏目更换外，也注重政治学习活动，在显要位置增设了“科学发展观”栏目，并于2009年改设为“干部作风建设年”栏目，2010年变更为“创先争优活动”栏目，2013年变更为“党的群众路线教育实践活动”专栏。另外，还于2009年增加了“局长信箱”和“站内搜索”等服务平台，方便了社会大众与省文物局沟通和互动。2013年9月，对网站进行全面改版，首页焕然一新，增加了附件下载功能，设置了《河北文物工作》期刊网上专栏。

存在的问题。一是在信息量和稿件质量上有待提高。二是受制作周期、网络技术水平限制，一些重大活动的网上直播、视频资料较少。

【网站运行情况】 河北文物网站内容尤其是新闻中心、通知公告部分及时更新，对于重点和中心工作的动态，领导视察活动和有关指示，或是社会关注度高的热点事项，做到尽可能第一时间采编，并且以最快速度上传到网站，争取尽快对外发布。其他各栏目也做到及时添加内容，每年累计刊登各类图文信息600篇以上。同时，该网站实现了与国家文物局、浙江、河南、山西、山东等兄弟省（市、区）文物部门网站的链接，加强了日常沟通和交流，互通信息，开阔了视野，扩大了影响。

【网站特色栏目】 河北文物网站“文物精品”栏目中刊载了大量具有河北省代表性的文物精品图片及简介，图文并茂，使广大群众可以更直观、明了的了解到河北精品文物；“考古发现”栏目，对河北省的重大考古工程、项目、及各地方考古新发现进行了集中汇总，内容广泛、更新及时；“博物馆院”栏目，博物馆工作是文博系统工作的一项重要分支，随着国民整体文化素质提升，文化鉴赏能力提高，博物馆越来越展现出其重要作用。省文物网站“博物馆院”专栏，对省内100多所博物馆院的相关信息、展览及开放情况进行报道、宣传，让更多群众了解博物馆，走进博物馆，对提升文化软实力起到积极作用。

（省文物局）

河北省无线电管理局门户网站

【概况】 河北省无线电管理局门户网站是河北省无线电管理局电子政务的重要组成部分，自2003年5月建成运行以来，历经了二次升级改版，至2013年底点击率已超过590万人次，在加强宣传交流、提供优质服务、推进信息化建设方面发挥了重要作用，有效促进了河北省无线电管理事业发展。

2003年5月，河北省无线电管理局门户网站建成投入运行，架构以ASP+ACCESS为基础，使用租用的主机，省无线电管理局负责远程维护管理。门户网站日常管理中存在软件权限划分不细、内容常出现他人修改痕迹、运行情况不稳定、安全不能保证等问题，同时省内各市分局网站建设力量薄弱，大部分分局没有建设自己的网站。

2004年9月，河北省无线电管理局立足提高政府部门形象和为用户提供方便快捷服务，对门户网站进行第一次升级改版，建立自己独立的主机，在该主机上为11个市级分局提供虚拟网站空间，提供域名解析服务，并以虚拟主机的方式建设网站，形成河北省无线电管理局网站群。

然而随着经济社会进步和业务工作发展，门户网站逐渐呈现出版本陈旧、模板更新不灵活、信息采集不方便、功能不完善等不足。2009年4月，经局长办公会议研究，将门户网站定位成新闻宣传的平台、信息公开的平台、在线服务的平台和政民互动的平台，决定对河北省无线电管理局网站群进行第二次升级改版。升级后的门户网站基于浏览器/服务器三层结构体系进行系统架构设计，设计全部基于J2EE结构，业务逻辑采用JAVA语言进行编写，页面制作应用WEB2.0技术，网站结构更加合理、功能更加完备、界面更加美观、运行更加稳定。在2011年4月29日召开的全省加强政府网站建设暨评估结果发布电视电话会议上，河北省无线电管理局门户网站绩效评估总分在参评的省直61个单位中位列第六，受到省政府表彰。

【门户网站管理机制】 河北省无线电管理局成立由局长任组长、相关处室负责人为成员的河北省无线电管理局门户网站建设领导小组，负责网站建设协调和指导。明确一名副局长主抓，下设办公室负责网站运行维护工作。先后制定《河北省无线电管理局网站管理规定》《河北省无线电管理局网站使用及管理的意见》《河北省无线电管理局网站管理办法（试行）》《河北省无线电管理局上网信息保密审查制度》《河北省无线电管理局门户网站值班读网制度》《河北省无线电管理局门户网站应急管理预案》等基础性制度，对网站信息发布、保密审查、应急管理、考核办法、责任追究等进行规范，做到有章可循、有序开展。建立“三位一体”灵活的工作机制，省局综合处抽调专人负责网站栏目及内容维护；省监测站作为有力的技术支撑，在网络机房建设、网络安全、网站软硬件配置等方面提供保障；技术公司发挥专业优势，提供技术服务保障。三个部门各负其责，互相配合，既解决了网管人员较少的问题，又保障了网站正常高效运转，促进门户网站建设的顺利实施。

【信息公开情况】 贯彻落实《中华人民共和国政府信息公开条例》，在门户网站开辟了“政府信息公开”专栏，对机关概况、政策法规、规划总结、工作动态、行政执法、财政财务等群众关注的信息依法进行主动公开，并在门户网站上公布了政府信息依申请公开的方式及表格，方便群众了解和监督。编制公布了《河北省无线电管理局政府信息公开指南》《河北省无线电管理局政府信息公开目录》，制定下发《河北省无线电管理局政府信息主动公开工作规程（试行）》

《河北省无线电管理局政府信息公开保密审查暂行规定》，为政府信息的主动公开、依申请公开、保密审查等一系列程序提供了明确具体的制度保障，保证了政府信息公开工作的有理、有序开展。自2004年门户网站运行以来共主动公开政府信息1274件。

【网上办事情况】 落实省委、省政府关于加强机关效能建设有关文件精神，依据《中华人民共和国行政许可法》，在门户网站开设“行政许可”专栏，将依法实施的9项行政许可事项目录、审批指南、审批流程图、办理时限表以及行政许可事项办理规定、行政许可服务窗口管理规定等在网站公布，并提供行政许可申请书、行政许可文书送达回证、13种业务表格的下载服务。同时，将行政许可在线申请、结果公示与河北省网上审批系统连通，提高办事效率，方便设台用户，打造“阳光政务”。自2009年4月1日起，河北省无线电管理局实现了全部许可事项网上审批和电子监察，作为率先实现网上审批的前20个省直部门之一，受到省效能办通报表扬。

【政民互动情况】 一是设立“咨询服务”专栏。群众可就职能范围内的相关工作进行咨询、提出建议或反映问题，河北省无线电管理局采取不同的方式进行答复或转交有关部门作为工作参考。截至2013年底共答复公众咨询53个，其中通过网络回复30个，通过电话回复23个。二是设立“局长信箱”。通过“局长信箱”，群众可为河北省无线电管理的发展提出意见和建议，架起局领导与社会公众之间实现沟通的桥梁。三是开辟“投诉举报”专栏。结合工作实际，设置了“无线电干扰投诉”“违章设台举报”“行政执法监督举报”三个专栏，为合法设台用户对各种无线电干扰行为进行投诉、为社会公众对各种违法设台行为进行举报、为行政执法相对人对依法执法工作进行监督提供了渠道，便于有效化解社会矛盾、提高执法工作效率。截至2013年底，共收到群众投诉举报58件，回复邮件58封，回复率100%。

【运维保障情况】 一是及时更新网站内容。实行网站信息限时发布制度，一般活动信息在三个工作日内审批发布，重大活动信息在当天发布；围绕奥运保障、国庆保障等重大活动，开设网站宣传专栏，介绍无线电管理工作在促进经济发展、维护社会稳定和服务国防建设中发挥的作用；结合社会公众强烈关注事件，及时通过门户网站澄清释惑，普及无线电管理知识和政策法规。二是强化网站安全管理。实施上网信息保密审查制度，对需上网向社会公开的政务信息，要经过信息起草人、主管部门负责人、网站维护人员、办公室主任、主管局领导的层层把关，逐级审核后发布，同时加强网络安全的管理和控制，购置网络防火墙、网关、杀毒软件等，建立健全灾难备份、监控等体系，确保了电子政务网络和信息资源的安全。

（省无线电管理局）

河北盐业网

【概况】 省盐务局门户网站最早成立于1999年，后经过两次大的改版，域名也经过两次变更（http://www.hebywj.cn/）。2008年4月上线以来，网站经过了几次局部改版，网站框架不断完善，网站内容日趋丰富，栏目比较齐全，内容比较全面，逐渐形成了河北盐业特色，已成为公众了解全省盐业工作动态、查阅盐业相关信息的重要平台和渠道。网站导航栏有冀盐概况、政策法规、盐政管理、发展规划、运销供应、人事任免、协会工作、公众互动8个栏目，既以此体现了省盐务局的职能范围，亦满足了公众了解河北盐业和盐业政策法规的基本需求。还有公示公告、电子公文、气象服务、盐业知识等栏目，体现了服务基层、服务行业、服务社会与百姓的服务宗旨。更精心打造了河北省信息、政务信息公开、行政许可、机关建设等重点栏目，使“河北盐业网”真正成了光大河北盐业形象的重要阵地和建设服务型机关的重要平台。

唐山市盐务局和沧州市盐务局是省盐务局的派出机构，为展示唐山盐业和沧州盐业的发展风采，两市局网站与省局网站同步上线。

省盐务局办公室是省盐务局门户网站的管理部门，有兼职管理员一名负责网站的管理维护工作。网站信息上网实行办公室集中式发布，由管理员完成，各业务处室没有权限。根据《河北省盐务管理局政府信息公开保密审查暂行规定》，严格遵循“先审查后公开，谁公开谁负责”的原则，所有上网的信息，需要处室领导、主管局长、办公室主任三层审核，才由管理员发布，从制度和程序上保证“涉密信息不公开，公开信息不涉密”。

【政务信息公开】 根据《中华人民共和国政府信息公开条例》和《河北省政府信息公开指南和公开目录编制方案》的部署，为了更好的做好省盐务局政府信息公开工作，在网站开辟专栏，且置于醒目位置。按照“公开为原则，不公开为例外”的总体要求，本着制度性内容长期公开，经常性工作定期公开，动态性工作实时公开的原则，凡是与社会、企业以及群众利益相关、群众普遍关心的事项，与社会公共服务密切相关的事项，都实行公开。设有领导简介、主要职能、组织机构、年度报告、盐价发布、行政执法、公共服务、应急预案、专项经费9个子栏目，基本满足了公众对盐业政府信息的需求。

同时，在政策法规栏目公开不涉及党和国家机密、适于公开的政策法规，包括国家级盐业法规和河北省盐业法规及其他方面的政策法规，便于公众集中查阅。在公示公告栏第一时间发布准予行政许可的企业名录、河北省盐务管理局规范性文件清理情况及公务员招聘人员公示等信息，在公正公开透明的前提下，方便了社会公众和利益相关人及时知晓。

【公众互动】　在通过网站向社会公众提供信息和服务的同时，一方面为全面、准确地了解社会公众和服务对象对河北盐业工作的评价，查找河北省盐业系统在政风行风方面存在的突出问题，便于公众对省盐务局的各项工作提出宝贵意见和建议；另一方面也为了更好的为公众提供个性化服务，在网站开辟了公众互动栏目，包含局长邮箱、举报电话、网上举报、网上咨询、监督投诉5个子栏目。公众可以通过邮箱向局领导写信，反映问题，提出建议，也可以通过网上咨询留言，咨询问题，反映诉求。管理员将公众留言的问题分类整理，送达相关领导或业务处室，并及时回复，在为公众答疑释惑的同时，使领导了解了舆情和民情，业务处室借此渠道宣讲政策、引导理念，与公众形成良性互动。公众对违反盐业市场秩序的案件可以通过举报电话进行举报，也可以通过网上举报进行举报，对盐业违法案件执法和行政许可事项办理过程中认为有违背国家相关规定的，可以通过监督投诉进行投诉。

【精品栏目】　为推进行政权力运行程序化和公开透明化，深化行政许可审批网上公开，以便民利民惠民为宗旨，省盐务局门户网站精心打造了行政许可专栏，包括许可事项、办事指南、暂行规定、表格下载、结果公示5个子栏目。

河北省盐务管理局五类许可事项，《河北省盐务管理局行政许可工作制度暂行规定》《办理行政许可事项审批指南》和《河北省盐务管理局行政许可事项申请表》《关于开发盐资源、开办制盐企业（含盐加工企业）的审批流程图》《食盐生产许可证、批复许可证、准运证审批流程图》《关于经营碘盐批发业务的企业的审批流程图》《从事碘盐加工企业的指定审批流程图》全部网上公开，可下载。《办理行政许可事项审批指南》详细列明了申请行政许可登记、企业类型变更登记、营业期限变更登记、股东或发起人名称或姓名变更登记以及股东变更登记所提交的材料明细，方便相对人一次性资料准备到位，为全力压缩审批时限、提高审批效率奠定了基础。

结果公示子栏目链接了河北省网上行政服务大厅，公众对行政审批结果可以实时查询，实现了审批环节政府信息的全程透明、全程监督。

（省盐务局）

河北省地理信息局网站

【概况】　2002年，河北省地理信息局（原省测绘局）顺应信息化发展趋势，由河北省基础地理信息中心组织技术人员，开发建设了局门户网站（www. hebsm. gov. cn），用于宣传测绘工作，介绍测绘工作职责，规范测绘行政管理。网站管理部门为局办公室，运行维护职能由信息中心负责，网站服务器安装在信息中心机房。随着信息技术尤其是网站建设技术的快速进步，2009年，省地理信息局网站进行改版升级。在继承原来网站主要功能基础上，充分衔接省政府、国家测绘地理信息局关于网站建设的相关要求。2009年9月，网站建成并上线试运行，实现了政府网站要求的“政务公开、办事服务、互动交流、特色栏目”的主要功能。一是网站建设政府信息公开平台，并与省政府门户网信息公开平台链接，方便了社会公众的查询和使用。二是突出测绘工作特点，增设“地图服务”“应急保障”等专栏，及时为经济发展和社会各界提供保障服务。三是侧重办事服务，增设“省测绘局网上审批系统”，安装“河北省测绘资质管理系统”和“河北省地图远程审查系统”等行政许可事项办事程序，并公布办事流程，方便社会公众使用和监督。四是拓宽互动交流渠道，开设局长信箱、监督投诉、网上咨询等栏目，社会公众可通过这些渠道反映问题。同时明确专人负责这些栏目的管理，对于群众反映的问题，按程序报送领导、分送相关处室，在规定时间予以答复解决，并追踪问题处理结果情况。网站当年访问量达90万余次，收到良好的社会效益。五是扩充现势性工作专栏，对全系统重点工作进行及时宣传报道，扩大测绘工作社会影响力。网站在2009年的全国测绘系统网站综合测评中各项指标都名列前茅，受到表彰。2010年到2013年，网站围绕测绘地理信息中心工作，加强服务功能，及时进行版面调整和功能增强，发挥了网站窗口展示和服务作用。多次被评为“全国测绘地理信息系统网站专项建设突出单位”，受到国家测绘地理信息局的表彰。

【机制建设】　随着法制政府、服务型政府的深入推进，网站已不仅仅是政府部门宣传的一张名片，更多地承担着为社会公众提供服务的功能，为此省地理信息局十分重视网站建设。一是加强组织协调，给予政策和财力人力的支持，保障网站建设人员和资金。二是把网站建设工作纳入全局工作中考虑，有效推动了网站建设。三是重视网站管理和运行，确保网站管理工作落实到人，做到不办则已，办则有人管、能管好，并重视研究网站升级，及时研究解决网站建设中存在的问题。

网站建设，制度先行。省地理信息为加强网站管理，在建网之初，就重视网站管理机制建设。一是先后印发《河北地理信息网站内容保障及奖励机制》《河北省地理信息局网站内容保障办法》《河北省地理信息局网站互动交流类栏目管理制度》等制度，促进网站的内容保障，协调网站管理部门和相关业务部门的关系，理顺稿件从产生、加工，到审核、发布的流程机制，并将这种机制以制度的形式固定下来，规定网站管理部门和业务部门的内容保障责任，从根本上保障了信息资源的供给。二是建立通讯员制度，局机关各处室和局属各单位以及各地市地理信息主管部门均指定专人作为网站的通讯员，负责稿件的组织和撰写，同时给予稿酬奖励，充分调动各级地理信息部门的积极性，使各方共同参与到网站建设中，同时将网站工作纳入到绩效考核体系。三是建立应急预案，保障网站的安全运行。通过管理制度将网站安全、应急响应机制固定下来，提升对网站安全的认识，提高网站抵御风险的能力，保障网站安全运行。

【网站信息公开】　为更好地开展政府信息公开工作，最大限度地保障公民、法人和其他组织方便、快捷地获取所需省地理信息政府信息，发挥信息公开作用，省地理信息局高度重视信息公开工作，贯彻《政府信息公开条例》，落实省政府办公厅通知规定，组织保障落实，工作措施到位，积极、有序、稳妥地推进政府信息公开的各项工作。成立局主要领导为组长的政府信息公开工作领导小组，下设办公室，由局办公室具体负责局政府信息公开日常事务；明确有关处室的工作职责，各处室主要负责人为政府信息公开的第一责任人，并明确具体人员负责此项工作。出台《河北省地理信息局内部信息公开管理办法》，组织全局信息公开工作人员政府信息公开平台应用的专题培训，提高全局信息公开工作的重视程度和工作水平；严格信息公开审批程序，编印《省地理信息局政府信息公开工作资料汇编》，各部门按规定认真填写审批登记表和办文稿是否公开栏目，进一步完善审批手续，明确了责任；每年按时公开应公开政府信息，及时编制了政府信息公开指南和公开目录。从2008年至2013年底，共公开信息近千条，收到很好的社会效果。

【网上办事】　省地理信息局网站的在线办事服务内容以行政许可事项为重点，以社会公益服务为补充；服务形式从信息发布、表格下载、办事指引逐步向信息交互与事务处理的深度拓展，提供一站式服务。一是栏目设计丰富实用，包括行政许可服务指南、表格下载、在线办理、在线咨询、下载中心等，可进行测绘地理信息单位查询、业务范围查询、作业证查询等。二是功能设计上简单明白，使群众可以随时、随地查询需要的办事资料、便民服务信息，实现在线申请，获得相应的办理结果信息，并提供检索及导航服务。三是同时积极探索网站与公众互动模式，提高地理信息公共服务质量，网站通过建设相关栏目，为公众提供一个与省地理信息局交流沟通的渠道，包括：局长信箱、网上调查、投诉建议。所有意见建议，均按程序经相关部门和主管领导审核后，第一时间作出回答。

【特色栏目】　为提高宣传的针对性，加快促进测绘地理信息科技成果转化及应用，推动测绘地理信息企事业单位做大做强，以测绘地理信息行业整体宣传和重点工作宣传相结合，在网站增加了一系列重点工作专题："党的群众路线教育实践活动""解放思想大讨论""数字城市建设""地理国情监测""全国测绘地理信息系统技能竞赛""新产品、新技术、新应用"等。

另外，充分发挥测绘地理信息主管部门优势，构建了几个测绘地理信息的服务性特色网站，一是"天地图河北"网站，向上接入国家测绘地理信息局主节点，向下与市级节点连接，横向为各级政府、企事业单位、社会公众提供数据服务。公众可以查询道路、商户、楼盘等地理位置，寻找餐厅、银行、商户、娱乐等信息。该网站还提供了完备的地图功能，如驾车路线查询、视野内检索、测距、迅速浏览各个城市地图等，为百姓衣、食、住、行等方面提供方便快捷的服务。二是由省制图院建设的"河北地图网"，除提供快速定位的地图服务外，还发布"追寻红色足迹""标准地图"等专题应用，另外还提供多种纸质地图集，为百姓提供服务。

（省地理信息局）

河北档案信息网

【概况】　河北档案信息网由河北档案网发展而来。河北档案网（www. hebdaj. gov. cn）由河北省档案局主办，是省档案局（馆）为社会公众提供档案服务和政务服务的窗口，也是省档案局（馆）信息化、机关标准化"两化一体办公平台"。

1999 年 11 月，河北省档案局（馆）根据档案工作不断发展和时代要求，依托河北互联网建立并开通河北档案信息网。

2000 年 10 月，依据《中共中央关于制定国民经济和社会发展第十个五年计划的建议》，省档案局（馆）研究制定了《十五期间档案信息化建设纲要》，对实现档案工作的跨越式发展做出了部署。

2001 年 9 月 20 日，省档案局成立了开放、上网档案信息审核小组，负责审核开放、上网档案工作计划、协调有关档案开放上网事宜，审核批准开放、上网档案信息内容。并制定了河北省档案局馆开放、上网档案信息审核小组工作规则。对工作机构、职责、程序及审核原则做出了要求和规定。

2002 年 8 月 20 日，省局馆办公会研究决定建立相对独立的“河北省档案信息网站”。2002 年底，由 5 人组成的网站工作室成立，具体负责筹划网站改版事宜，并负责网站的日常维护、运行、管理以及与各级档案部门的联系，制定河北省档案信息网站建设方案。

2003 年 4 月 1 日，河北档案信息网试运行。5 月 28 日河北省档案局（馆）举行了网站开通仪式，河北档案信息网正式投入运行，成为全国建立档案信息网站最早的省份之一。

旧版河北档案信息网共包括政策信息、档案检索、专业论著、服务互动、宣传展览、学习教育和后台管理七大版块 36 个栏目，其中政策信息包括政务公开、市馆简介、政策法规、职评信息、政务信息、下载专栏等 6 个栏目，档案检索包括档案目录检索、现行文件检索、资料检索，专业论著包括河北风物、燕赵名人、专题研究、档苑论坛、兰台艺苑、史海泛舟、河北历史上的今天 7 个栏目，宣传展览包括建馆 45 周年图片展、长芦盐务、领袖在河北大型图片展、纪念朱德同志诞辰 120 周年（2006 年 11 月开设）、纪念抗日战争胜利 60 周年（2005 年 6 月开设）、邓小平在河北（2004 年 8 月开设）等 6 个栏目，服务互动包括留言板、网上办事、便民服务、在线调查、在线统计、网站导航、关于网站、快乐点击、档案链接、信箱服务、信息查询等 11 个栏目。

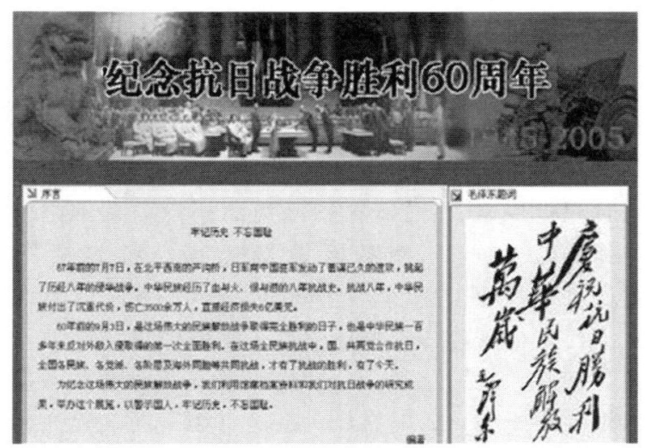

2007年6月，中国人民大学对全国省级档案网站进行综合测评，“河北档案信息网”在全国31家省级档案网站中综合排名第六。在专项排名中，网上交互和外观设计两项排名第三，可访问性排名第四，在线档案查询和多体档案资源排名第十。截至2008年底，省馆网上累计开放档案目录453174条，其中案卷级目录320971条，文件级目录132203条。

2008年6月，因遭受黑客攻击，河北档案网陷入瘫痪，被迫停运。

2013年8月，以魏四海为首的新一届局领导班子应广大干部群众的强烈呼吁，决定重启河北档案网。8月5日，由5名成员组成的网站筹建办成立，标志着河北档案网新一轮的改版升级工作正式启动。9月28日，河北档案网完成版面设计、内容填充、域名注册等全部基础工作，并正式开通试运行，11月1日，新版河北档案网正式投入运行。

【新版网站设计理念及功能】 河北档案网秉持了“便捷、实用、特色、美观”的创作设计理念，较好地实现了档案工作、档案文化与现代网络科技的有机融合，具有鲜明的河北特色、档案标识和时尚元素。

表现形式。“河北档案网”页面设计坚持以用户为中心，以提高用户体验及实用性为原则，力求达到古典、大气的设计品质。主基调选择上：为充分凸显“档案承载历史”的独特功能，默认风格采用古朴的棕黄色叠加古典的花纹，并配有书卷、古玉、玉玺、长信宫灯、屋檐、窗棂、书卷等具有河北地域文化特色的中国风元素，使站点处处透露出文雅的历史气息。在此基础上，又配置了蓝、红、绿其他三种风格，并可实现一键式切换，集历史、时尚、主旋律、环保等不同风格于一身，有效满足不同访问群体的多元化喜好。表现手法上：融合了文字、图片和视频等多种形式，静态与动态有机结合，稳重不失活泼。版面布局上：采用经典的三栏式结构，左侧为信息共享、专题专栏、远程办公等信息，中间栏为主要资讯承载区，右栏为公告告示、信息公开、便民服务等，简洁大方、清晰明了、操作便捷。

在整体风格协调一致的基础上，局部处理也是精雕细琢、精益求精。首页版头以艺术字体突出显示网站logo及站名，并辅以河北著名景点和部分档案相关图片的flash轮换，既显示了河北特色，又突出了档案主题。总体上说，网页设计较好的实现了“历史与时尚相兼容、动态与静态相结合、共性和个性相统一”，呈现出一种稳重不失活泼、大气不乏精巧、素雅不失时尚、统一不乏个性的良好视觉效果。

河北档案网以搭建河北省最权威、最具影响力的档案公共文化传播平台，全方位宣传档案工作、展示档案精品、提升档案形象、扩大档案影响、服务社会各界为总体目标，着眼于信息发布、资源共享、网站展览、远程办公、在线互动五大功能定位，将栏目划分成8大版块39个子栏目，既有反映档案部门、档案工作者共性内容的公共版块，又有展示档案精品、新馆建设等的特色栏目，内容完备、功能强大。

局馆概览。该版块包括省局概述、领导之窗（下设领导简介、领导活动2个子栏目）、机构职能、市局简介4个栏目，主要介绍省、市档案部门的机构组成、职能分工等，让访问者对档案部门机构设置及主要职责等有一个了解和认知。

时政资讯。该版块包括国家要闻、省局传要、市县动态、外省交流4个栏目，主要向社会公众发布国家最新的档案时政信息、与档案工作相关联的国家大政要闻，展示全省各级各类档案部门及外省的档案工作新进展、新动态、新经验，展现档案工作风采。

档案文化。该版块包括文化产品（下设省局文化产品、市县文化产品2个子栏目）、档案天地、网上展厅（下设珍品馆藏、专题馆藏2个子栏目）、视频在线4个栏目，主要功能是向社会公众展示全省档案系统在档案文化产品开发方面的主要成果，让社会公众享受更多的档案“增值服务”，同时向社会公众展示全省各级各类馆藏珍品，打造档案界的博物馆，在提高民众对

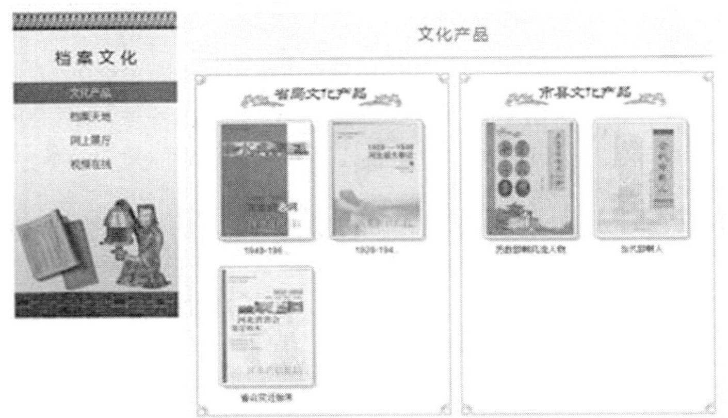

档案的理解和欣赏品味的同时，让其更深刻地体验到档案及档案工作的价值。

信息公开。该版块包括政策法规、行政审批、政务信息公开、标准规范4个栏目，主要向档案工作者普及国家及省市有关档案工作的法律法规、行业准则等，做到知法懂法、依法审批；同时向社会公开机关各项规章制度，接受社会广泛监督，以扎实的工作作风树立良好的对外形象。

业务工作。该版块包括利用开发、馆室建设（下设档案馆建设、档案室建设2个子栏目）、档案资源、档案科技、馆藏介绍5个子栏目，主要介绍全省馆藏资源及重点全宗，展示档案优秀服务成果及各级各类档案馆利用档案出版的书籍和音像制品等；明确新馆建设标准、介绍新馆建设进度等。

网上办事。该版块包括信息共享、远程办公、在线交流、职称评定、下载专栏5个栏目，主要是以庞大的数据库为支撑，通过检索系统，向公众提供多达2万条的档案全文、目录查询等服务，并通过网络虚拟办公平台，实现远程无纸化办公；公开职称评定标准、流程等，为广大档案工作者职称评定提供依据；为网民和档案工作者沟通互动提供平台，实现人性化服务。

专题专栏。在固定栏目基础上，网站还设有专题专栏，对不同时期的全省性或全局性的重大活动开展情况进行广泛宣传，到2013年底设有学习贯彻党的十八届三中全会精神、党的群众路线教育实践活动、机关标准化工作3个专题。

网站还设有档案培训、档案学会、档案征集、档案为凭、图片新闻、公告通知等栏目，旨在更全面、更生动地反映全省档案工作。

【网站保障】 为切实保证网站工作正常运行，河北省档案局成立专项负责网站工作的工作室，明确安全管理负责人、专职安全管理人员和专业技术人员，并明确专人负责上网信息审批工作，同时制定《河北档案网站管理办法》《河北档案网信息安全保护管理规定》《河北档案网安全保护与管理规定》《河北档案网信息上网审批工作规定》《河北档案网安全应急预案》等制度，为网站提供组织保障和制度保障。

为确保网站栏目内容的安全性、准确性、及时性，建立信息报送和发布长效机制，在各设区市档案局、省直管县档案局以及机关各处室都明确了分管领导、责任处室和专职信息员，负责对信息内容的采集和初审等工作，在此基础上，网站办还设置专岗专人对各部门采集的信息进行二次审查，确保安全、无误后，进行上网发布。建立了信息员培训制度，定期对信息员进行专题培训，不断提升信息员业务素质，确保信息报送数量及质量。建立上网信息通报制度，对各级档案部门网站数据更新情况及上网信息上报、发布情况督促检查，检查情况每年通报一次，年终由省档案局（馆）进行评比，对综合测评靠前的单位、处室及个人，适当予以表彰。

（省档案局）

河北省国家税务局网站

【概况】 为适应信息技术快速发展对纳税服务工作提出的新要求，河北省国家税务局结合税收工作实际，有计划、分步骤，下大力气抓好网站建设工作。省国税局互联网站的开通，丰富了国税机关服务纳税人的途径和方式，促进了公众对税收工作的了解，受到社会各界普遍好评。

河北省国家税务局网站始建于2006年，并适时根据信息技术发展和纳税服务的实际需求，分别于2007年和2013年对网站进行了升级、改版。网站采取一个平台、省级集中和硬件虚拟化的方式进行建设，即互联网和内部办公网站通过数据交换平台，共用一套信息发布系统；省局网站、各市（含省直管县）局网站和县（市）局网站统一部署在省局，共用硬件和网络资源；采取硬件虚拟化方式部署网站，降低网站的建设成本和提高整体技术性能。

网站共有各类栏目129个、专题10余个，收录各类信息5592条，建有网上申报、网上认证、网上开具缴税凭证等网上办事类栏目，较好发挥了网站在优化纳税服务、加强税企互动、展示国税形象等方面的作用。

【技术特点】 河北省国家税务局

网站以TRS（北京托尔思）信息发布系统为核心，建设有信息发布、在线咨询、访问统计、视频发布、在线访谈等各子系统，全方位、多形式地展示网站信息，提升纳税服务水平和丰富税企沟通渠道。网站采用技术以“立足现实、着眼长远”为目标，既满足现阶段纳税服务的迫切需要，又为二次开发、系统升级、整合等奠定基础。

在系统组成方面，网站拥有内容管理平台、全文检索系统、邮件系统、信息传递系统、政府信息公开平台、网站统计分析系统和错别字检测系统等子系统，均使用Java语言开发，采用J2EE及B/S三层架构，遵循XML数据标准和基于Web Service技术，具有先进性和前瞻性。

在系统安全方面，网站依托网上报税平台已有安全设备和安全机制，共享了平台的防火墙、入侵侦测、漏洞扫描和防病毒等系统和各项安全机制。此外，省国税局还根据Web应用的特点先后为网站部署了Web防火墙与网页防篡改软件，提高了网站整体安全性。

在系统整合方面，省国税局以TRS网站管理系统为核心，充分利用系统可移植性和开放性强的特点，将原有独自分离的政府信息公开、在线访谈和视频发布等系统一并整合纳入TRS网站管理系统，降低了部署成本和维护难度。

此外，省国税局网站还具有一个平台、软硬件系统省级集中和设备虚拟化的特点。

一个平台站。网站采用一套信息发布系统，实现内、外网（即互联网和内部业务网）网站的维护和管理。它是基于网上报税平台成熟的技术和强大的数据交互功能，在物理隔离状态下实现了内网与外网之间的数据交换和资源共享，既提升了自身的安全性，又降低了网站开发难度和安全风险。

省级集中。全省国税系统省、市、县三级网站建设都是采取软、硬件省级集中的方式进行，所有软硬件设备及网络资源都集中在省局，各市局不需在本地部署软、硬件，避免了重复投资和降低了安全风险。

硬件虚拟化。为解决各系统的硬件设备负载不均衡、部分设备老化、存在单点故障等问题，省国税局除在Web服务器等压力较大的硬件设备上部署负载均衡外，还在2011年逐步对各系统的硬件进行虚拟化改造，提高设备使用率，增强设备的整体稳定性。

【内容管理】 根据《税务网站内容与界面基本规范（试行）》的要求，以贴近纳税人、服务税收工作为宗旨，针对不同网民的上网需求，分类别设置信息公开、办税服务、公众参与和税收宣传四大类板块，将网站129个栏目和10余个专题按类别纳入各板块，并在首页不同区域集中进行展示。同时，网站还建有信息搜索功能，可按使用者的不同需求对全站信息进行检索。网站栏目管理上的分类化和区域化，降低网民使用查找难度，实现了网站入口的扁平化。

在具体栏目建设上，省国税局根据纳税人的需求，重点丰富信息公开和办税服务类栏目的建设维护工作。

信息公开类栏目严格按照《中华人民共和国政府信息公开条例》要求，划分了行业概括、政策法规、税收统计、行政许可、非行政许可审批等21个栏目，发布相关信息近400条。为方便网民检索相关信息，还在2013年建设了信息公开平台，将公开信息按不同类别进行划分、归类，形成信息的多维检索。

办税服务类栏目整合现有网站所有面向国税业务的网上办税功能，具体包括办税指南、资料下载、纳税咨询、办税服务厅、税收公告等栏目。其中，办税指南栏目包含税务登记、认定业务、发票业务、税收优惠、申报征收、纳税检查等14个子栏目，详细介绍了内容涵盖所有涉税业务的办理流程、所需资料等，为纳税人办理涉税事项提供全程指导；资料下载则提供纳税人所需各类涉税表证单书及软件的下载服务；场景服务则以动画的形式按单位纳税人、扣缴义务人、个体经营纳税人和个体纳税人4个类型对相关办理事项进行说明；办税专题则将营改增、新企业所得税法、减免税统计调查等涉税热点、难点问题以专题的形式进行详细讲解。

【运维管理】 为保证网站平稳、高效运行，规范信息发布，确保信息安全，省国税局及时制定了《河北国税门户网站管理办法》，从网站运维的职责分工、工作要求、信息审核及发布、应急管理等各方面工作进行了细化，确保各部门在网站管理中协调联动、分工细化、责任到人。为调动各部门积极性，省国税局还将其网站管理维护情况纳入年度绩效考核，客观评价各部门的维护情况，鼓励先进、鞭策后进。

在日常维护工作中，及时将基层反映的问题、建议进行梳理，找出制约发展的瓶颈，及时以通知的形式下发各单位，提出明确要求，促进整体工作上台阶。同时，根据工作中出现的新问题、情况，适时制定了涉及网站局长信箱管理、在线咨询回复等方面的制度、规定，不断补充完善网站管理的内容，形成了制度化、规范化的网站运维机制。

【特色栏目】 “场景式服务”栏目采取动画形式，将纳税人划分为“单位纳税人”“扣缴义务人”“个体经营纳税人”和“个人纳税人”4大类，对不同纳税人办理涉税事项的流程和要求等进行了说明。如某个体经营纳税人要申请办理税务登记，则可到场景式服务中选择个体经营纳税人（图1）→选择业务类型（图2—图4）→找到相关业务的详细说明（图5—图6）。

图1　纳税人身份选择界面

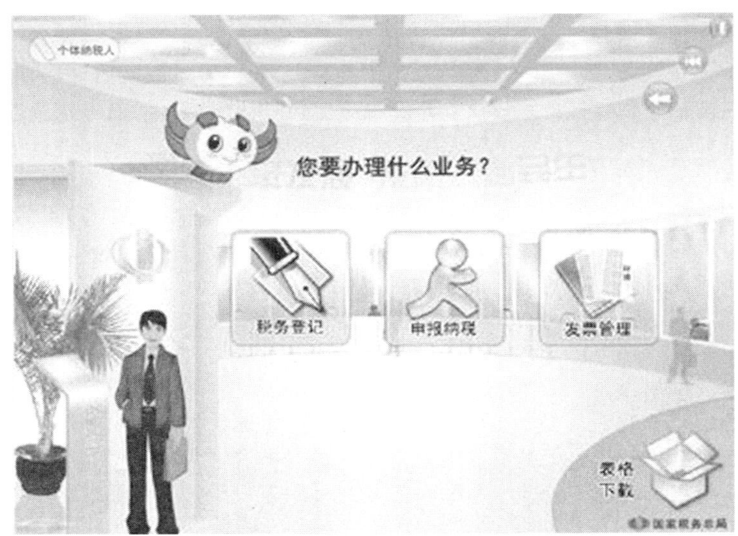

图2　选择办理业务（大类）界面

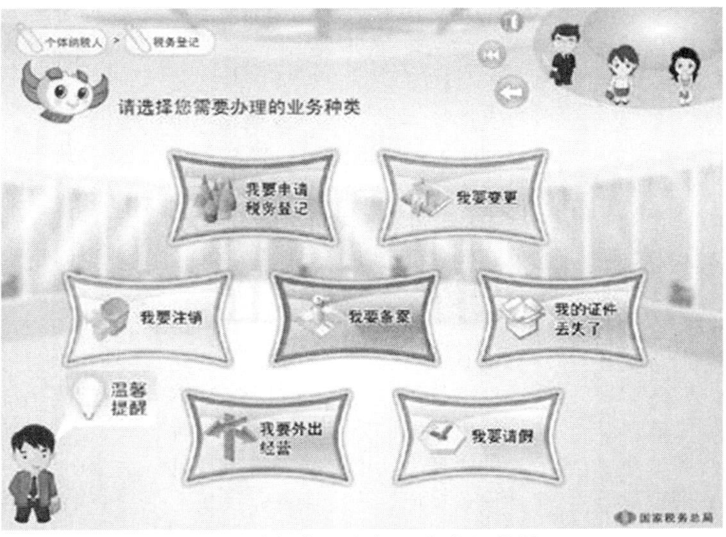

图3　选择办理业务（小类）界面

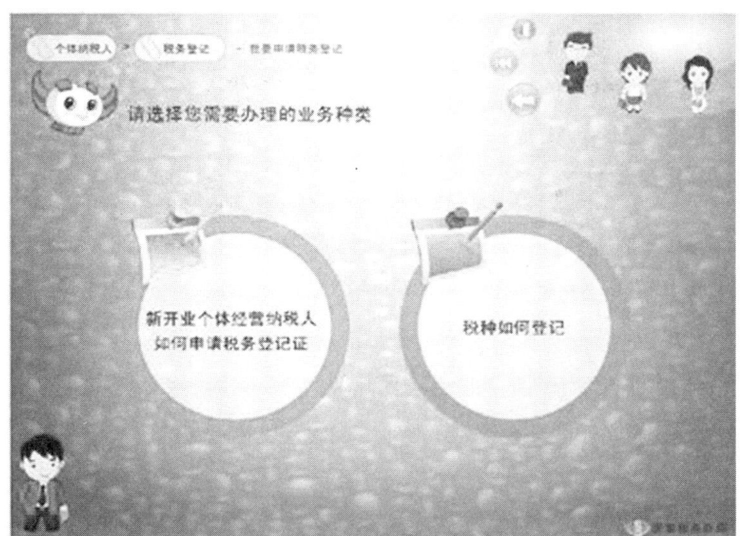

图 4　选择办理业务（细类）界面

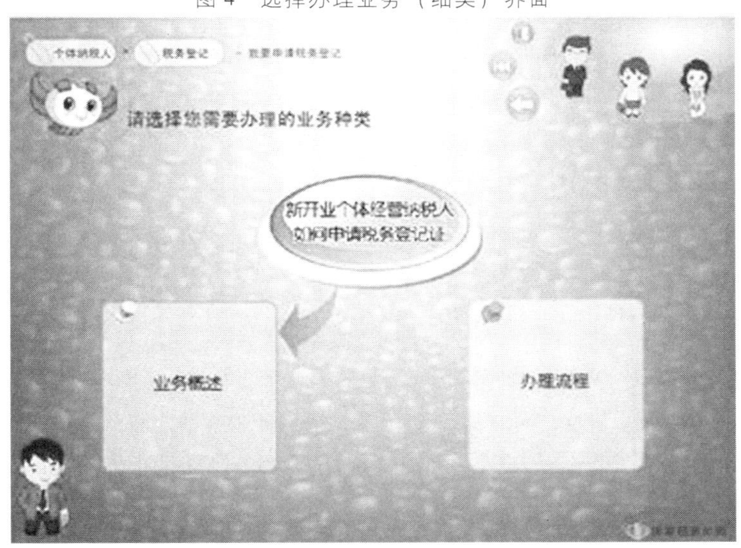

图 5　具体业务说明界面

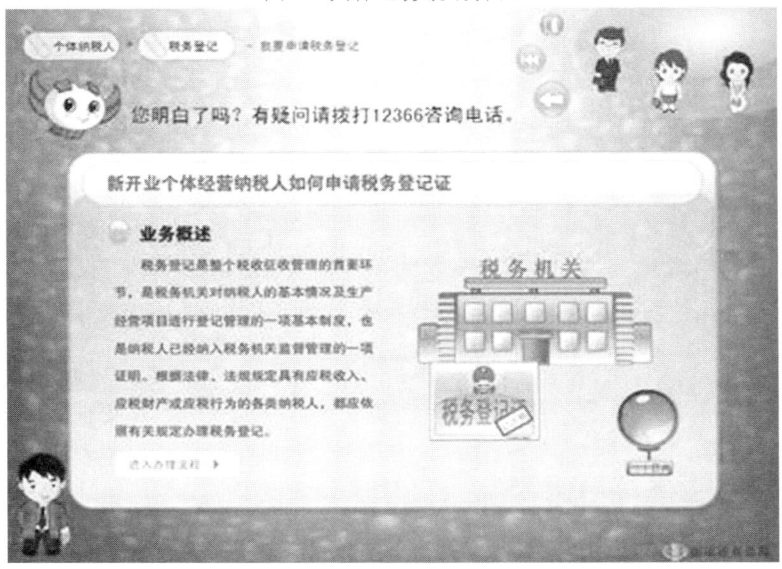

图 6　具体业务描述界面

“在线咨询”栏目。河北省国家税务局在网站建设中，注重利用信息手段创新纳税服务的形式和手段。利用网站良好的交互功能，开发部署了“在线咨询系统”，纳税人通过简单的注册即可向省国税局纳税服务部门（12366 纳税服务热线）咨询有关涉税问题，查阅已提交的问题、查看最新问题或者热点问题。截至 2013 年底，省国税局通过“在线咨询系统”回复纳税人咨询 1.9 万余人/次。

涉税问题提交页面

查阅已提交问题页面

查看最新咨询问题界面

政府信息公开平台。扩大、丰富和创新公开的范围、内容及形式。2013年，省国税局结合网民对网站原有政府信息公开平台在功能上提出的修改、完善意见、建议，专门建设了新的政府信息公开平台，形成多维、多关键词的信息整合与检索，方便纳税人查阅相关信息。

（省国家税务局）

河北检验检疫信息网

【概况】 2002年3月12日，"河北检验检疫信息网"网站正式向社会发布。网站设置"新闻动态""法律法规""科技标准""检验检疫""组织机构""科技情报""疫情通报"等多个栏目和专题，开展检验检疫执法宣传，向社会公开政务。为了加强网站的管理，确保网站能够健康、顺利地运行和发展，河北检验检疫局下发《河北检验检疫局关于加强信息网站管理的通知》。省局机关各处室、各直属企事业单位都能够通过办公自动化系统报送信息，为省局信息科设立了专线，各分支机构都通过网络将信息传递到信息科的电子邮箱，减少纸制文件，提高工作效率。

2004年，成功搭建河北检验检疫系统内部信息平台，起草《河北检验检疫局内部信息平台管理办法》，规范平台使用和信息发布程序，对各单位（部门）发布信息内容进行了规定。在广泛调研的基础

上，针对内部信息平台的设置、管理、使用、维护等方面编写培训材料，举办内部信息平台使用培训班，经过 10 天的试运行，于 8 月 1 日起正式运行。为加强信息宣传，鼓励上报高质量的综合性信息和加强对信息平台的管理，出台了《河北检验检疫系统内部信息平台考核办法》。

2005 年，对内部信息平台进行了改版优化，提高运行速度，完善了功能，增加部分版面，丰富了网站内容，提高浏览数量。

2007 年，原"河北检验检疫内部信息平台"与"河北检验检疫信息网"合并，建成河北检验检疫局门户网站。按照政府信息公开要求，设置了相关栏目，开设专项整治和学习十七大精神专栏。全年在门户网站登载信息 1944 条，其中专项整治专题栏目 330 多条。为加强网站管理，发挥网站对外宣传、服务大众、交流借鉴、促进工作的作用，根据《国家质量监督检验检疫总局网站管理办法（试行）》，结合河北检验检疫系统工作实际，下发《河北出入境检验检疫局网站管理办法》，包括总则、部门职责、信息发布原则、考核考评机制、网站安全、附则六章。《办法》明确了河北检验检疫局办公室是网站的管理部门，局科技处是网站的技术维护部门，局机关其他处室、直属单位和各分支机构是网站的共建部门，按照既分工又协作的工作原则，共同做好网站的管理、使用和维护工作，各单位主要负责人是本单位维护使用网站的第一责任人，必须加强上网内容的安全保密监管，严禁涉密信息上网，要加强用户和密码的保密，确保信息安全。《办法》规定在网站上发布信息须遵守"涉密信息不上网、上网信息不涉密"原则、"及时、准确"原则和"谁发布、谁负责"原则，办公室会同科技处定期对局机关各单位网站栏目维护情况、上报政务信息采用情况等进行统计通报，并依照总局网站绩效评价指标，对各单位进行年度综合评价，结果纳入年度绩效考核范畴，各单位在省局网站采用信息纳入政务信息考核范畴，按被采用条数计分。

2009 年，河北检验检疫局门户网站增加了防 SQL 注入机制，安装了网页防篡改软件。

2012 年，河北检验检疫局门户网站改版升级，3 月 8 日正式上线，网站分为"信息公开""在线服务""公众参与"三个大的模块，共设立 37 个二级栏目、64 个三级栏目。特别强化了公众留言、在线办理、在线咨询、意见建议等与社会公众互动栏目的建设，搭建了检验检疫与公众沟通互动的平台。印发了《河北出入境检验检疫局"门户网站"管理办法》，并针对此办法制定了相应的管理实施细则。《办法》明确了河北检验检疫局办公室是网站管理部门，局信息化处是网站的技术保障部门，局机关各处室、直属单位和各分支机构是网站的共建部门，各单位主要负责人为网站安全第一责任人，加强用户和密码的保密，确保信息安全，按照职能分工，做好网站的管理、使用和维护工作。《办法》规范了政务信息发布的范围、在线服务的栏目设置和丰富公众参与的方式，局办公室定期发布网站内容更新情况，将网站内容维护纳入各单位绩效考核范畴。

2013 年 12 月 23 日，河北检验检疫局门户网站被评为全国检验检疫系统 2013 年度"优秀网站"。

2008 年至今，通过门户网站向社会公开信息 10374 条，接受依申请公开政府信息事项 8 起。新版网站上线以来，共收到业务咨询 48 条，公众留言 39 条，12365 投诉举报 8 条，廉政举报 3 条，"为民服务创先争优"意见箱 3 条，局长信箱 27 条。开展民意征集 4 次，在线访谈 6 次。

【精品栏目】 2013 年开通河北检验检疫局文化建设网。链接地址为：http：//www. heciq. gov. cn/publicfiles//business/htmlfiles/hbcrj/s783/index. html。河北检验检疫局配合"文化兴检"战略实施，坚持弘扬"崇检、尚行、图强、向善"冀检精神，积极开展文化社团和文化阵地建设，建立了河北检验检疫文化建设网，开设了"文化动态""社团活动""基层文化""典型引路""会员风采""理论在线""文苑荟萃""他山之石"和"资料刊载"等 9 个栏目，大力宣扬身边的优秀人物和典型事迹，将冀检文化推向社会，叫响冀检文化品牌，激发冀检精神正能量。该网开通以来深受质检系统内外的好评，访问量达 5824 人次。

（省检验检疫局）

石家庄市门户网站互动交流系统

【概况】 互动交流系统是市政府门户网站集群管理系统内为各单位共管共用的子系统。经 8 年运行完善，形成到 2013 年底政府信箱、意见征集、在线访谈、网上调查四项基本功能及其管理机制。特别是"政府信箱"应用在全国政府网站处于领先地位，在全国性网站评比中获得 10 多项荣誉。"政府信箱"连续三年，被全国电子政务理事会评为全国政府网站"精品栏目"。

市政府及各部门通过政府信箱，接受市民反映问题，咨询政策，建言献策。市民留言及单位答复同时显示在部门和市政府门户网站。该功能实行"一口受理，统一交办，部门答复，按月通报"的管理机制。市信息中心负责对市民留言进行统一审核转发有关单位。各单位对属于自己业务范围的，一般 5 日内处理答复；不属于自己业务范围的，转发相关单位处理。对市民普遍关心常年咨询的问题，分类别提供准确答案，方便市民查阅。对公众集中反映或咨询的同类问题，进行集中统一答复。到2013年底一般问题都能在1日内答复，许多单位做到了即问即答。85%以上的问题实现5日内处理答复。

2011—2013年，“政府信箱”收到市民留言6万多条，其中有效问题5万多条，处理并公开答复4万多条，以电话等方式直接答复7千多条。收到群众各类建议3千多条。2013年“政府信箱”收到公共留言18641条，有效留言16413条，处理答复16293条，处理答复率99.3%。最近，主动配合全市工作，开展“市区停车场设置”“出租车运价调整”“城乡规划”“重污染天气应急预案”等10多项涉及群众利益的政府决策，通过网站征集吸纳群众意见和建议，共接收社会公众的意见和建议1500多条，完善修定政策，提高民主决策水平，使决策更加符合实际。助力政府工作，便利百姓生活，网站日益受到社会欢迎。市政府网站每月访问量在180—220万人次之间，日均访问量6万多人次，政府网站群月访问量突破2200万人次。

（市政府办）

新乐市政府门户网站

新乐市政府公众信息网始建于2005年12月，网站重点突出了三项效能，一是作为政府信息公开、政务信息发布的平台；二是体现为公众、为企业服务；三是作为政府与公众交流互动的平台。到2013年底，新乐市公众信息网首页访问量80余万次。

新乐市政府公众信息网由市政府信息化办公室负责建设和维护。为保障政府网站正常运行，市政府信息化办公室将网站每个栏目的维护和更新、网站服务器的检查和备份等工作任务分解落实到每个工作人员、政府有关部门，加强日常检查，在网站公开的信息必须经相关部门一把手审查把关、报主管市级领导审核同意方可上传，严格做到上网信息不涉密，确保信息安全。

在网站栏目构成方面，新乐市政府网站设置了新乐概览、透视政府、政务公开、投资新乐、特色经济、在线办事、诚信建设、公共参与等栏目，主要介绍新乐市的基本概况以及市政府领导班子的组成和分工，市政府各部门的职能信息，经济类信息和公众参与情况等。为方便市民网上查询，在政府网站列出主要栏目的同时，将涉及百姓切身利益的信息进行细分和整合，从人的出生到死亡全过程的有关事项，在市民办事栏目都能查询到；按企业设立、注销的程序设立企业办事栏目；以人民群众所关心的就学教育、交通出行、医疗卫生、劳动保障等问题设立了百件实事网上办栏目，该栏目在河北省评比中获得一等奖。同时还将天气预报、邮编区号、供水、供电、供热、列车、公交时刻表等人民群众经常用到的信息整合到公共服务信息栏目中，方便市民日常查询。

市政府门户网站首页设置政府信息公开专栏，与新乐市政府信息公开平台相链接，到2013年底，市政府信息公开平台已经建成投用，向上与省、石家庄市政府信息公开平台互联，向下延伸至12个乡镇（街道办事处）、40个政府部门，实现了县、乡级政府信息同省、市级政府信息的聚合、资源共享和信息检索。

市政府网站在建设信息发布栏目的基础上还增加在线互动模块，设立公众参与栏目，建设新乐论坛，通过论坛设立的各板块同广大市民进行网上互动，激发广大市民热爱新乐建设新乐的热情。为更好的解决人民群众反映问题难的情况，在政府网站设立市长公开信箱，由市政府办公室专门科室负责，及时回应人民群众诉求，开辟了一条政民互动交流的网络渠道，受到社会各界的极大关注，在政府各部门的积极配合和努力下，市民所反映的问题和困难基本都得到有效解决，短期内确实无法解决的，也都落实到有关部门。

“在线办事”，努力提供全方位的公共服务。不断完善网站的服务功能，全面细致地梳理各部门的业务事项，充分挖掘和整合服务资源，建立了以网站访问者为中心的网上服务体系。譬如在线办事栏目，充分体现围绕公民和企业生命周期提供服务的理念，对公民办理事项按照从“生”到“死”（“生育”到“殡葬”）、对企业业务办理事项按照从“注册”到“注销”的生命周期进行服务内容和栏目的设置，通过办事指南、表格下载、公告栏、图形引导等不同形式，全面细致提供网上服务。坚持“以人为本”的理念，想群众之所想，急群众之所急，推出许多贴近百姓的便民栏目，如常用生活信息查询、百件实事网上办等，还在网站首页设置“公共服务信息”专栏，提供诸如“吃、住、行、游、购、娱”等涉及市民生产、生活的公共服务方面的信息查询；“服务三农”栏目，登载了全市农、林、牧业方面技术人员、农业专家的信息，方便市民随时与专家、技术人员交流和沟通农业种植、畜牧养殖等方面的知识和技术；“医疗卫生”栏目，详细介绍了全市各大型医疗机构的各类专家的技术专长情况，方便市民就医看病。此外，还将各级各部门的网上办事服务整合到市政府门户网站，链接国家、省、市级政府及部门和各类公共服务网站等上百个网站，使公众通过一个网站便可以查询到涵盖社会方方面面的信息，增强网站的便捷性和实用性，提高网站的点击率和浏览量。

"市长公开信箱"，努力做到件件有着落，事事有回音。政府网站的互动是政府网上体察民情、倾听民意、解决民困的重要途径之一。公众参与是政府网站的一项重要功能，是保障公众享有参与权和监督权的重要手段。因此，建立健全政府网站的公众参与渠道是政府网站建设中的一项重要内容。为了实现这一功能，在网站首页上设置"市长公开信箱"栏目，政府办公室安排专人负责整理维护，群众在任何时候、任何地方，只要能上互联网，都可以通过电子留言版的形式给"市长公开信箱"留言。在群众留言中，事关政府重大事项的谏言建议、社会热点难点问题、投资环境建设等方面的问题，政府办公室整理后定期报市政府主管或主要领导阅批，根据市领导批示意见，或直接答复或责成有关部门落实。所反映问题涉及面不大、办理难度相对较小，或属于一般政策咨询、建议的来信，直接转由责任乡镇、部门办理；对于公众留言反映的问题，在调查处理完毕后，都会在网站上向反应人直接反馈或通过来信人所留下的联系方式进行反馈。通过这样的亲民沟通，拉近了政府与民众的距离，架起了群众与政府沟通的桥梁，既畅通了民众反映问题的渠道，减少了许多不必要的信访案件，也使市政府领导更多地倾听到民众的声音，为市政府出台便民政策提供最直接的参考。"市长公开信箱"开通以来，收到反映各类问题、意见和建议的留言上千条，在政府各部门的积极配合和努力下，所反映的事项绝大部分得到了妥善的解决，使政府网站真正发挥了政民互动交流的桥梁作用。新乐市政府公众信息网受到了各界的广泛关注，现百度搜索"市长公开信箱"政府网站一直位居前列。

（市政府办）

晋州市政府门户网站

"中国·晋州"政府网是晋州市政府在国际互联网上建立的政府综合门户网站，围绕政务公开、网上服务、互动交流等功能，开设有走进晋州、晋州新闻、政务公开、网上办事、政民互协、投资晋州、视频点播、市长信箱等主要网络频道，有总栏 12 个、小栏 30 个、专题 22 个，通过图文、视听等方式向网民提供服务。

"走进晋州"栏目划分为晋州概况、历史文化、名企风采、名优特产、乡镇区划 5 个小栏目，使访问者对晋州有一个初步而全面的了解。

"晋州新闻"栏目划分为部门动态、晋州要闻、媒体关注、乡镇动态 4 个子栏目。

"政务公开"栏目划分为政府文件、政策法规、经济建设、税费公开 4 个子栏目。

"网上办事大厅"栏目划分为个人办事和企业办事两部分，办事人通过简单注册，即可实现网上申报事项、下载表格、了解办理所需材料、费用，并可随时查询申办项目的进展。

"政民互动"栏目为群众和政府部门沟通的平台，群众通过这个平台提出意见建议，涉及部门公开答复解决办法。

"投资晋州"栏目对招商引资的优惠政策、项目、投资指南等定期更新，促进了招商引资。

"视频点播"栏目方便了群众对所关心的本市热点新闻重复点播收看。

"市长信箱"栏目增强了政民的互动性。

"晋州市政务服务专栏"：全市 44 个部门的 2440 项职权按照 13 类分类全部进行公示，每一项职权公示内容主要包括：办事指南、网上咨询、表格下载、网上申请、结果反馈五项服务子栏目，其中每一项职权的办事指南又包括事项编码、事项名称、办理部门、行使依据、受理条件、收费依据和标准、法定期限、承诺期限、办理地点、联系电话、监督电话等信息，同时在专栏内设信息检索服务，方便办事人员进行查询和监督。

（董任强）

灵寿县政府门户网站

"河北灵寿"政府门户网站（ls. sjzchina. com）是灵寿县委、县政府在互联网上发布各类政务信息、为群众提供在线服务的总平台，也是灵寿县委、县政府对外宣传的总窗口。

"河北灵寿"政府门户网站于 2010 年 9 月正式开通，2013 年 12 月底再次全新改版。网站建设坚持"服务于民"的办站理念，在信息公开、在线办事和公众参与等方面发挥了积极作用。历年来，在省、市政府网站评估中，灵寿县政府门户网站均名列前茅。

门户网站共分七大板块：

走进灵寿介绍灵寿县总体情况，包含历史沿革、自然地理、区位优势、资源优势、行政区划、旅游资源、主导产业等栏目。

新闻中心汇聚灵寿县内、外各种媒体对灵寿县的动态信息。包含灵寿要闻、图片新闻、《灵寿周报》等。

信息公开汇聚灵寿县 54 个政府部门和 15 个乡（镇）的政府公开平台信息，内容涉及部门职责、工作动态、行政执法、办事指南等多方面信息。

风景名胜通过旅游观光、景区介绍、红色旅游、中山古都、生态灵寿等多个栏目对灵寿文化进行全方位介绍。

专题专栏包含灵寿县政府工作的热点专题，到 2013 年底包括魅力灵寿推介会、石家庄生态日、精神文明建设、食品安全、地球一小时等。

网上办事包括办件公示、办事指南、在线申报等，为企业和群众集中提供系统的网上办理服务。

公众参与为公众与政府沟通提供了便利渠道，通过政民互动、县长信箱、在线咨询、行政效能投诉等栏目，可以向政府咨询、建议、求助、投诉，并可随时查询受理状态。

“风景名胜”是灵寿县政府对外界展示灵寿旅游资源的第一窗口，集中展示了灵寿的红色旅游、绿色生态游、古文化旅游，专题展示了灵寿五岳寨国家森林公园、秋山风景名胜旅游区、水泉溪风景名胜旅游区、横山湖旅游度假村等一批旅游胜地。

“信息公开”是灵寿县政府门户网站公开各类政府信息的重要平台，也是政府网站的基本功能。采用省政府统一的信息公开平台系统，并将信息公开网络延伸至乡（镇），实现了省、市、县、乡（镇）四级政府信息资源快速自动聚合。“信息公开”栏目汇聚了来自六十多个乡镇及部门统一标准的政府信息。

点击网站菜单栏“信息公开”或图片链接“政府信息公开平台”均可进入，平台为15个乡镇（区）和54个政府部门设立了政府信息公开专版。在门户网站首页，分别以“部门信息”、“乡镇信息”栏目提取各乡镇、部门的最新信息进行滚动播出，便于访问者对灵寿各部门的最新工作动向一目了然。

至2013年底，灵寿县共计在政府信息公开平台公开各类信息11000多篇，内容涉及概况信息、政策法规、规划总结、工作动态、行政执法、办事指南等，并且已全部聚合到省、市政府信息公开平台。

（刘军然　崔力鹏）

无极县政府门户网站

无极县政府网是无极县政府在国际互联网上建立的政府综合门户网站。开设有无极概况、信息公开、网上办事、公众参与、便民服务、视频新闻、专题报道、政府信箱等主要网络频道，有总栏8个、小栏33个、通过图文、视听等方式向网民提供服务。无极概况栏目分为领导致辞、地理位置、行政区划、社会经济、发展前景、行在无极、吃在无极、无极历史、古今名人8个子栏目，使访问者能很快的初步了解无极。信息公开栏目分为政府公文、政策法规、应急管理、政府采购、投标中标、项目建设、人事任免、招聘信息、统计公告、财政收支、公示公告11个子栏目。

网上办事栏目直接与无极县行政审批服务中心链接，让访问者能实现网上申报事项、下载表格了解办理所需材料、费用，并可随时查询申办项目的进展。

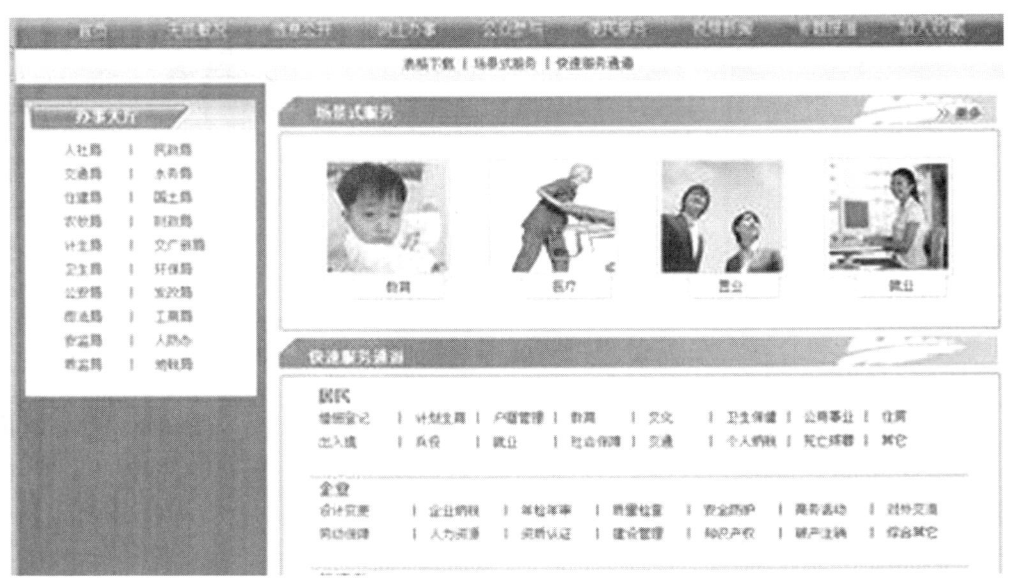

（张　波）

行唐县政府门户网站

2007年9月，行唐县政府门户网站正式建成并投入运行，县政府信息中心负责政府网站运行维护。网站建设初期，日均访问量仅30人次，网站更新维护速度较慢，为更好地发挥政府门户网站的职能作用，行唐县不断对政府网站进行改进使其内容和栏目日趋完善，页面设计和布局更加完美。

2008年8月，行唐县政务办公网（信息魅力办公系统）正式建成并投入使用，办公系统覆盖全县92个单位，文件、通知收发实现了网络同步。

2010年，行唐县在完善自身信息公开平台建设的同时，将信息公开平台向下延伸至各乡镇、县级各部门。2010年9月，对全县63个信息公开单位进行业务培训，县乡级信息公开平台正式开通。

行唐县建设初期的政务办公网

2011年2月，行唐县对政府门户网站进行全面改版，同时，成立了以县委常委、常务副县长任组长的政府网站建设领导与协调小组，建立了网站运行维护机制。改版后的政府网站增加了县长信箱、为民办事等特色栏目，标志着政府办事“网络化”正式启动。同时，把服务政府、服务社会公众作为建设的重点、突出强化了服务型政府的职能。信息维护机制日趋完善，网站内容做到了每日更新，县里一些重大会议和政务活动，都在政府门户网站上做了及时报道，并充分利用网络媒体信息量大、传播快、范围广、图文并茂等特点，将行唐新闻搬上网络，使在外地的行唐同乡也能及时了解行唐的发展和变化。网站日均访问量突破600余人次。

2012年3月，对政务办公网（信息魅力办公系统）进行内网改造，公文传输实现了与互联网物理隔离，进一步提高了政务内网的信息保密性和系统安全性。

改版后的行唐政府网站

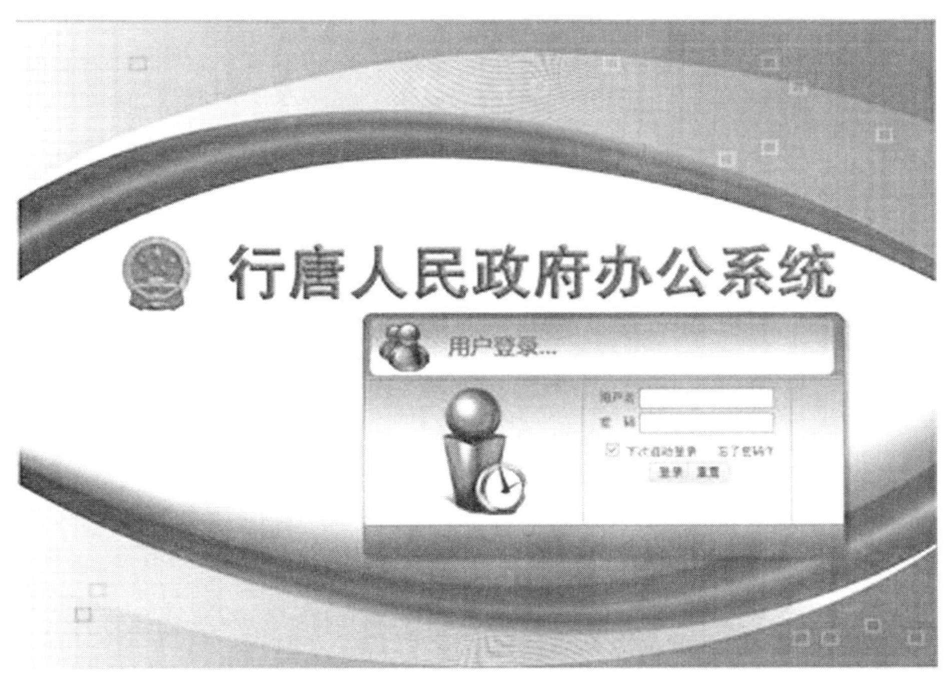

行唐政务内网

2012年5月，行唐县再次对政府网站系统进行升级，建立了政府网站答复系统，“县长信箱”栏目改版为“政民热线”，与市政府网站的“政民热线”形成衔接，积极落实群众提出的各类问题和建议，着力解决涉及城市建设、社会保障、行政执法、供暖供气、环境保护、就医就学、小区管理等群众普遍关心的热点和难点问题，通过“政民热线”栏目，全县35个为民办事部门可直接通过后台答复群众问题。2013年，共收到群众反应问题640余条，石家庄市政府批转行唐办理事项110余条，已办结713条，答复率100%，办结率95%以上，有效化解了社会矛盾，体现了政府“服务于民”的宗旨。

截至2013年12月，行唐县政府门户网站年发布信息量由2008年的200余条达到2013年的1329条，日均访问量已超过800余人次，充分发挥了宣传行唐、推进政务公开、促进政府与群众沟通的重要作用。

行唐县政民热线交流平台

全新改版政府主站，提升三大功能。为更好的达到宣传推介作用，提高政府网站亲民便民性，对县政府网站首页进行了全新设计，对政府网站架构进行了功能优化，即县政府网站栏目设置为三级，其中一级栏目10个；二级栏目59个；三级栏目98个。重点突出行唐新闻和公众互动栏目建设，创新了“投资服务、魅力行唐”等栏目，特别设置专题专刊特色窗口，拓展了便民服务和宣传行唐的广度和深度。对“政民热线”等互动栏目进行了改进，增加网上办理功能，提高了在线服务水平。为体现地方特色，分别开通了“魅力行唐、旅游景点”两大频道，满足了各类群众的需要。同时，为方便公众获取和查找信息，将县直各部门行政审批事项、服务事项、办事流程图、办事表格、联系方式等细分到网上办事内不同的服务对象中，用直观有效的导航方式，让百姓切实体会到政府网站服务的实用性和便捷性，拉近了与政府网站的距离，更加贴近公众需求，提高了便民服务水平。

新闻同步，提高网站新闻即时性。随着县政府网站内容和栏目不断增加，县电视台新闻与县政府门户网站新闻进行对接，及时对全县性重大活动进行了跟踪报道，基本形成科学合理的运行维护机制，信息数量和服务内容明显增加，内容更加充实，在线服务的规范性、准确性、及时性得到了有效提高。全年政府网站累计发布各类信息1500余篇。

分级管理，增强网站服务能力。为县直各部门开设了政府网站单独管理后台，职能部门通过后台管理，增加政府网站办事服务指南，今年以来，通过“网上办事”发布县政府28个部门338项行政审批许可和服务项目的办事指南，提供36个办事流程图、108个办事表格下载，实时公布180余件行政审批事项办理结果，人民群众对县政府网站的认可度、满意度不断提高。

政民互动，提高信件管理效能。为加强政民互动，特别是信件办理工作的监督管理，提高信件办理工作效率，缩短信件办理时间，对“政民热线”板块实施单独平台管理，该管理平台实现了从前台写信到后台受理、办理（直接、转办、呈办、督办）、退回、申请延时、回复的电子化和网络化，为信件办理工作提供了先进的运行管理手段，受到了县乡镇、县直部门的高度评价。全年“政民热线”等互动栏目，收到信件114件，答复114件，县政府领导批示16件，信件办结率85%。

（县政府办）

元氏县政府门户网站

元氏县政府门户网始建于2008年5月，网站重点突出了三项效能，一是作为政府信息公开、政务信息发布的平台；二是体现为公众、企业服务；三是作为政府与公众交流互动的平台。到2013年底，元氏县公众信息网首页访问量65余万次。

元氏县政府门户网由石家庄市鑫纳川科技有限公司负责建设和维护。为保障政府网站正常运行，县政府信息中心将网站每个栏目的维护和更新落实到专人负责。网站服务器的检查和备份等由鑫纳川科技有限公司负责。在网站公开的信息必须经相关部门一把手审查把关、报政府办公室主管副主任审核同意方可上传，严格做到上网信息不涉密，确保信息安全。

在网站栏目构成方面，元氏县政府网站设置了元氏概况、在线办事、政务公开、便民服务、招商引资、在线留言、应急管理等栏目，主要介绍了元氏县的基本概况以及县政府领导班子的组成和分工，县政府各部门的职能信息，经济类信息和公众参与情况等。为方便市民网上查询，在政府网站列出主要栏目的同时，按企业设立、注销的程序设立企业服务栏目；将人民群众所关心的就学教育、交通运输、医疗卫生、社会保障、行政审批、邮政编码、买房住房、户籍管理、婚姻登记等信息整合到便民服务栏目中，方便市民日常查询。

县政府门户网站首页设置了政府信息公开专栏。到2013年底，县政府信息公开平台已经建成投用，向上与省、石家庄市政府信息公开平台互联，向下延伸至15个乡镇(街道办事处)、56个政府部门，实现了县、乡级政府信息同省、市级政府信息的聚合、资源共享和信息检索。

政府网站在建设信息发布栏目的基础上还增加了在线互动模块，设立了在线留言栏目，通过在线留言的设立同广大市民进行网上互动，激发了广大市民热爱元氏、建设美好元氏的热情。为更好地解决人民群众反映问题难的情况，在政府网站设立了县长公开信箱，由县政府办公室专门科室负责，及时回应人民群众诉求，开辟了一条政民互动交流的网络渠道，自县长公开信箱开通以来，受到了社会各界的极大关注，在政府各部门的积极配合和努力下，市民所反映的问题和困难基本都得到了有效解决，短期内确实无法解决的，也都落实到有关部门。

“便民服务”栏目。不断完善网站的服务功能，全面细致的梳理各部门的业务事项，充分挖掘和整合服务资源，建立了以网站访问者为中心的网上服务体系。始终坚持“以人为本”的理念，想群众之所想，急群众之所急，推出了贴近百姓的便民服务栏目，如常用户籍管理、婚姻登记、计划生育、社会保障、行政审批等涉及群众经济、生活的公共服务方面的信息查询。

“在线留言”栏目。政府网站的互动是政府网上体察民情、倾听民意、解决民困的重要途径之一。公众参与是政府网站的一项重要功能，是保障公众享有参与权和监督权的重要手段。因此，建立健全政府网站的公众参与渠道是政府网站建设中的一项重要内容。为了实现这一功能，在网站首页上设置了“在线留言”栏目，政府办公室安排专人负责整理维护，群众在任何时候、任何地方，只要能上互联网，都可以通过“在线留言”留言。在群众留言中，事关政府重大事项的社会热点难点问题、投资环境建设等方面的问题，政府办公室整理后及时报县政府主管或主要领导阅批，根据县领导批示意见，或直接答复或责成有关部门落实。所反映问题涉及面不大、办理难度相对较小，或属于一般政策咨询、建议的来信，直接转由责任乡镇、部门办理；对于公众留言反映的问题，在调查处理完毕后，都会在网站上向反应人直接反馈或通过来信人所留下的联系方式进行反馈。通过亲民沟通，拉近了政府与民众的距离，架起了群众与政府沟通的桥梁，既畅通了民众反映问题的渠道，减少了许多不必要的信访案件，也使县政府领导更多地倾听到民众的声音，为县政府出台便民政策提供最直接的参考。“在线留言”开通以来，收到反映各类问题、意见和建议的留言近千条，在政府各部门的积极配合和努力下，所反映的事项绝大部分得到妥善解决，使政府网站真正发挥了政民互动交流的桥梁作用。

（县政府办）

鹿泉市政府门户网站

“中国·鹿泉”政府门户网站(www. sjzlq. gov. cn)坚持“以民为本”的办站理念，是鹿泉市委、市政府在互联网上发布各类政务信息、为群众提供在线服务的总平台，也是鹿泉市委、市政府对外宣传的总窗口。

“中国鹿泉”政府门户网站于2011年5月12日正式上线，是以政府门户网站为主站，各乡镇(区)、部门为子网站的网站群体系，共分七大板块：

鹿泉概览介绍鹿泉市总体情况，包含历史沿革、自然地理、行政区划、旅游资源、市树市花、著名商标、主导产业等栏目。

动态报道汇聚鹿泉市内、外各种媒体，对鹿泉市的动态信息作全面展示。包含鹿泉要闻、图片新闻、视频播报、《鹿泉视窗》《石家庄日报》今日鹿泉版、媒体聚焦等。

信息公开汇聚鹿泉市40多个政府部门和14个乡镇（区）的政府公开平台信息，内容涉及部门职责、工作动态、行政执法、办事指南等多方面信息。

文化旅游通过畅游鹿泉、影像鹿泉、鹿泉夜话、史海钩沉、文苑撷英、身边的感动等多个栏目对鹿泉文化进行全方位介绍。

专题专刊包含鹿泉市内的期刊及当前政府工作的热点专题，到2013年底包括《鹿泉文苑》、精神文明建设、食品安全、疾控动态等。

网上办事与鹿泉市行政审批系统相连，包括办件公示、办事指南、在线申报等，为企业和群众集中提供系统的网上办理服务。

公众参与为市民与政府沟通提供了便利渠道，通过市长信箱、在线咨询、行政效能投诉等栏目，可以向政府咨询、建议、求助、投诉，并可随时查询受理状态。

“公众参与”是鹿泉市政府网站为广大群众开辟的表达意愿、网络问政的畅通渠道，包括市长信箱、在线咨询、行政效能投诉三个互动模块。其中“市长信箱”由信访局负责统一查收，根据反映的问题或者直接处理答复，或者转交相关部门处理，相关部门将处理结果提交信访局，再由信访局审查后发布到网站；“在线咨询”则由公众直接选择提交至相关部门；“行政效能投诉”由纪检委负责，并调查事情真相，答复给投诉人。群众可随时查询受理状态，不便在网上公布的问题由留言人通过查询码获取答复。

“信息公开”是鹿泉市政府门户网站公开各类政府信息的重要平台，也是政府网站的基本功能。采用省政府统一的信息公开平台系统，并将信息公开网络延伸至乡镇（区），实现了省、市、县、乡镇（区）四级政府信息资源自动聚合。

点击网站菜单栏“信息公开”或图片链接“政府信息公开平台”均可进入，平台为 14 个乡镇（区）和 49 个政府部门设立了政府信息公开专版。在门户网站首页，分别以“部门信息”、“乡镇信息”栏目提取各乡镇、部门的最新信息进行滚动播出，使访问者对鹿泉各部门的最新工作动向一目了然。

截至 2013 年底，鹿泉市共计在政府信息公开平台公开各类信息 3800 多篇，内容涉及概况信息、政策法规、规划总结、工作动态、行政执法、办事指南等，并且已全部聚合到省和石家庄市政府信息公开平台。

（桂　敏）

栾城县政府门户网站

栾城县信息中心在省政府网站管理中心和市政府电子政务办公室（市政府信息中心）的指导下，在县委县政府的重视和支持下，以电子政务建设为中心，推进门户网站建设，各项工作稳步向前推进。栾城县信息中心连续被评为石家庄市政府门户网站建设工作先进单位、办公自动化工作先进单位、网络建设工作先进单位，获得省政府主办的“百件实事网上办”活动二等奖，在全省政府系统网站绩效评估首次评比中荣获第四名。

栾城门户网站设综合版、县情版、政务版、服务版、政府机构版五个综合版面，36 个主栏目、115 个二级子栏目，共包含 1 万余个网页，3 千余幅图片（图标），文字 500 万余字。栾城县政府门户网站具有设计理念超前、版面美观、层次分明、应用简便、扩展性强、内容丰富等特点，不仅起到了宣传和树立栾城形象、提高栾城知名度和美誉度的作用，同时突出“栾城报道电子版”“中国栾城视频新闻”“栾城影像”“在线访谈”等四大特点亮点版块。

另外，还重点加强政府门户网站其他方面建设。一是加强信息网络安全管理。为确保网站的信息安全，在网站程序设计上采用了到 2013 年底较为成熟和流行的 .net 技术，确保了技术上的安全性和稳定性；建立了信息上网逐级把关制度，政府的公文、刊物等信息资源在上网前要通过逐级审核程序，确保涉密信息不上网，上网信息不涉密，保证信息安全；制定《栾城县信息中心工作制度》《栾城县信息中心网络管理制度》《栾城县信息中心岗位责任制》《栾城县信息中心安全管理制度》《栾城县信息中心安全保密管理制度》《栾城县信息中心涉密计算机安全保密制度》《栾城县信息中心机房管理制度》《栾城县信息中心机房消防安全管理规定》《栾城县信息中心机房保密制度》《栾城县政府门户网站安全管理制度》《栾城县政府门户网站信息发布管理办法》《栾城县门户网站管理办法》和《栾城县信息中心网络事件应急预案》等工作规章制度并上墙张贴，为日常工作打下了有力基础，初步实现了制度化、规范化、标准化；下发《中国栾城门户网站责任分解表》和《中国栾城门户网站培训手册》，为门户网站日常更新提供有力依据和工作方法；每周对县政府门户网站服务器和数据库服务器、防火墙等进行检查和数据备份，确保信息系统的安全、稳定运行。二是以门户网站为平台加强政府信息公开。2010 年，全县各级各部门累计公开政府信息 860 余条。县政府本级主动公开政府信息 325 条，其中政务动态类信息 179 条、概况信息 11 条、法规类信息 78 条，其他主动公开的信息 57 条，及时编制并发布了栾城县 2010 年度政府信息公开年度报告。栾城县政府被石家庄市政府评为 2010 年度政府信息公开工作先进单位。三是加强运行保障建设。栾城县信息中心克服实际困难，研究对策，总结经验，提出可行建设方案和维护方式，并多次组织培训班，对相关单位和有关人员进行演示讲解。县委县政府主要领导、主管领导高度重视此项工作，多次就门户网站建设进行协调沟通，并做出批示要求相关单位从速尽快进行网络信息资源整合，团结协作，力求把栾城县门户网站建设好，力争把栾城县政府门户网站打造成一张“宣传栾城、推介栾城、光大栾城”的璀璨明片，成为推进栾城经济社会科学发展的“助推剂”和“弹射器”。

《栾城报道电子版》栏目，不仅保留了《栾城报道》（栾城县委、县政府机关报）报纸版面语言的魅力，又融合互联网方便检索、阅读的特色，打开“栾城报道电子版”，当期所有版面都在网页上清晰显示，原汁原味。在版式上也和传统报纸完全相同，更尊重人们的阅读习惯，并且提供便捷的检索功能，读者可以按出版时间也可以用关键词检索内容，如文章内容及图片的放大、缩小，上下篇、上下版、上下期的方便跳转，还提供日历跳转、指定日期查看等功能。“栾城报道电子版”采用静态页面与动态数据库相结合的模式，把两者的优点相融合。考虑到多种文件类型管理与多种数据库管理方式的并存需要，系统设计中充分考虑数据交换和转换的规范性要求，具有灵活适应和结构开放的特点，还可以不断拓展新的功能。

《中国栾城视频新闻》栏目，作为栾城县政府视频门户网站，以其便捷性、可控性和共享性的独特优势，成为及时反映经济建设和社会发展新成就的重要窗口。“中国栾城视频新闻”，成为展示手段更加多元、内容更加丰富、表现形式更加灵活的网络平台，并开辟“栾城风采”专栏，通过网络电视展示栾城县悠久的历史文化、隽永的自然风光、独具特色的风土人情和改革开放以来所取得的具大成就，彰显奋发向上、锐意进取的壮志豪情，弘扬栾城人民贯彻落实科学发展观，解放思想、开拓进取的精神风貌，更好地为全县经济建设服务。新版视频平台包括栾城新闻、政务要闻、领导活动、河北视听、央视在线、石家庄新闻、非常关注、绿色家园、专题推荐等紧紧围绕政务工作的栏目，突出政务特点，提高可视性和影响力。

《栾城影像》栏目，通过照片或图片的形式成为对外宣传栾城和提高栾城知名度的一个重要窗口。栾城影像把栾城的方方面面以一种固定图片格式放到网上，公众可用最直观的方式去了解栾城美丽的风景风光，悠久的历史文化和具有本地特色的乡土人情，以及在新一届县委县政府领导下所取得的巨大成就和丰硕成果。

《在线访谈》栏目，是实施政务公开的一种全新方式网上在线访谈栏目的开办，搭建政务公开的新平台，为各部门及时向社会发布最新政策法规信息畅通新渠道，促进各部门工作，满足了群众需求。开展在线访谈工作既提高了与公众交流沟通能力，听民意、察民情、解民惑，又拉近了政府与群众的距离，增进了政府与公众的沟通交流。

在互动交流方面为方便公众办事，还搭建了现代化网络平台。建立网上办事指南，公众可以按照不同的分类方式查询政府各部门的行政审批事项和办事流程。提供了网上咨询、建议、投诉等互动交流的窗口，并按照相应的办事流程开发了网上办理平台，方便公众参与政府决策，了解政府决策过程。提出了关于县政府门户网站县长信箱、网上咨询和网上投诉问题的办理方式和建议，做好相关协调工作，保障互动交流类栏目的有效处理和及时回复，并建立一套完整的工作机制。建立“建议提案”和“网上访谈”栏目，实现人大建议、政协提案的网上公开发布和实时与公众互动交流功能，增加了具有行政职能特色的政府门户网站政民互动栏目内容。

（县政府办）

石家庄高新区门户网站

2003年底，石家庄高新区门户网站组织进行了全面改版。改版后的门户网站内容以高新区各部门业务为主线，以用户为中心，按照市民、企业、投资者等不同的服务需求，从高新区管委会提供的公共服务出发，来进行设计，最终实现多功能、全天候、“一网式”服务的新型门户网站。高新区门户网站成为全面展示形象的窗口，成为宣传高新区政策、反映部门工作动态的阵地，在管委会与投资者、企业和公众之间架起一座沟通的桥梁。

网站建设采用的基于jsp的B/S三层结构，开发后台内容管理系统，实现动态数据管理，统一平台、分散维护。网站的功能模块化，实现应用模块和相关模板灵活添加。网站相关服务器位于高新区管委会中心机房，完善的网络安全和数据访问安全策略，数据备份、恢复策略，保证网站系统的安全性。

到2013年底，石家庄高新区门户网站划分为主页、政务e线通、商机无限、企业在线、产业园地、园区生活六大频道，共有新闻公告、产经动态、政策法规、办事信息、政务信息、招商引资、公众监督、政务公开等60多个栏目。此外，重视信息的及时更新与维护，区信息中心狠抓网站信息质量和时效性，组织稿源，发布园区动态，及时发出通知公告，提供具有较高参考价值的国内外新闻信息和产经信息，网站访问量节节攀升。到2013年底累计访问量3676136人次。

视频点播。视频点播（VOD）包括影视、歌曲、教学等多媒体影音节目，用户可通过友好的操作界面观看到丰富多彩的视频节目。VOD系统采用会员登录制度，在登陆界面点击注册按钮注册新用户，待管理员确认该账号后，用户就有相应的点播观看的权限。

系统结构图如下所示：

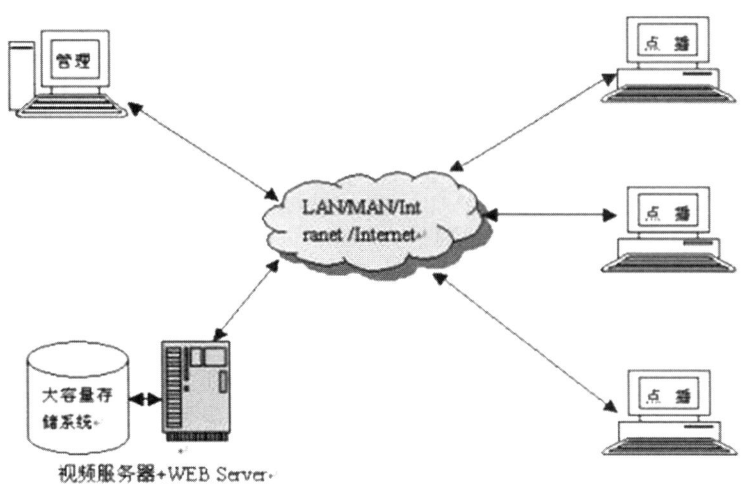

政务 BBS。提供一个可定时开放、安全高效的政务 BBS 系统，使之成为领导以及各职能部门负责人就市民关心的重大问题和疑难问题与市民交流的平台。

支持用户注册与登录；能自动记录用户的在线时间，并显示所有在线用户；可对发贴数、跟贴数（回复数）、访问数（人气数）等进行统计；提供内容安全过滤技术、内容审核机制和较强的管理员人工干预功能。

期刊采编。期刊的分类：使用单位可以设置多类期刊，期刊分属于不同的部门。

期刊管理

——期刊维护

当前部门：河北管辖 选择部门

现有期刊：

管辖季刊

管辖周刊

当前期刊：管辖季刊

期刊名称：管辖季刊

当前模板名称：多篇分页模板 选择模板

最大信息数量：90 *其值为自然数。

新建期刊 保存期刊 删除期刊 浏览期刊

期刊的模板：期刊的模板为公用模板，它可提供给不同的期刊使用，使用时各类期刊还可以根据自己的情况设定模板的最大信息数量。

期刊的管理权限：期刊管理权限可分为类型管理的权限、信息上报的权限、编刊的权限。这三种权限不互相兼容。具有某类权限的用户能管理其部门及其下属部门期刊的此类信息。

网上公开调查。

可设定和管理投票形式、投票项目等；

可实时统计投票结果，并以几何图形显示；

支持 IP 地址过滤，防止同一 IP 地址的投票攻击。

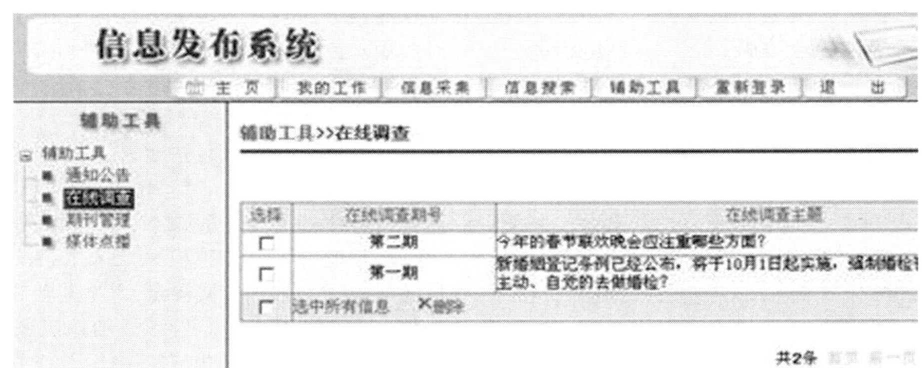

邮件系统。支持多种操作系统（Windows/Linux），支持标准的 SMTP/POP3/IMAP4 服务，具有 WEB 方式的收发邮件和系统管理功能，支持文本和数据库作为后台用户信息保存方式，具有服务参数配置、反垃圾邮件、邮件监控、系统备份、日志查看、邮件过滤等特色功能。

（区管委会办公室）

正定县政府网站

"中国·正定"是正定县人民政府在国际互联网上建立的政府综合门户网站，是政府联系群众、服务群众的桥梁和纽带，是政府发布信息、服务社会、宣传正定和优化发展环境的一个重要平台。

正定县政府网站于 1998 年 7 月正式开通，最新一次全新改版为 2012 年 4 月。"中国·正定"政府门户网站域名：www. zd. gov. cn。"中国·正定"门户网站的主要任务是宣传党和政府的方针政策，展示正定形象，推行政务公开，及时发布政府信息，提供便民利民服务项目，加强政府与社会、政府与民众的沟通，进一步提高政府公共服务效率和质量。

"中国·正定"门户网站主要设有新闻动态、走进正定、信息公开、在线办事、政民互动、便民服务、文物旅游、历史文化、招商引资、专题专栏、视频正定等 11 个大栏目。其中包括"两会专题"、"古城保护专栏"、"农村面貌改造提升专栏"等专题栏目。

新闻动态，包含正定要闻、视频新闻、部门动态、乡镇动态等栏目，实时发布全县及各乡镇部门的重要新闻动态信息。

走进正定，包含区域概况、乡镇街道、经济、社会、科技、教育等栏目，对正定进行全方位的介绍，并重点对“六大文化”品牌进行展示。

信息公开，下设政务动态、政府大事记、政策文件、概况介绍、机构职能、领导之窗、社会公益事业建设、城乡建设与管理、征地拆迁补偿、财政信息、政府事项信息、政府信息公开指南、政府信息公开目录、政府信息公开通报、依申请公开、计划规划总结、公告公示、统计信息、办事指南、乡镇其他公开信息、突发公共事件、行政事项信息、领导讲话等栏目，是县本级和全县乡镇、部门单位信息公开的平台。

在线办事，以县行政服务中心网站为依托，下设中心介绍、政策法规、通知通告、服务事项、业务统计等栏目，对许可事项、审批事项、监管事项、服务事项等业务提供查询、表格下载、在线申请、结果公示等应用。

政民互动，包含网上信访、网上投诉、建议征集、网上调查等栏目，为市民与政府沟通提供多条方便渠道。

便民服务，包含公共事业、教育医疗、劳动社保、出行交通、文体娱乐、餐饮住宿、便民查询等栏目，提供市民生活常用信息、常用查询等便民服务。

文物旅游，包含旅游动态、文物旅游、景区介绍、景区交通、旅游常识等栏目，对文物、旅游进行宣传，是市民到正定的旅游指南。

历史文化，包含历代名人、民间艺术、文化艺术、历史传说、历史沿革、文物古迹、古文化研究会、古圃、非物质文化遗产、名城建设，全面介绍正定县悠久的历史和文化。

招商引资，包含招商动态、重点项目、项目进展、投资环境、投资指南、投资政策等子栏目。

专题专栏，包含“两会专题”、“古城保护专栏”、“农村面貌改造提升专栏”等一些专题栏目，对县委、县政府重点工作和进展情况以及市民关心的热点问题进行专题报道。

视频正定，包含正定新闻、开放的正定、专题视频等栏目，展示电视宣传片和正定视频节目。

（秦　鹏）

承德政府门户网站

【概况】　2007年以前，中国承德市政府门户网站还不够完善。2007年9月，市政府决定，承德市政府门户网站由市政府主办，市政府电子政务办公室管理，承德日报社承办。从承办之初，中国承德市政府门户网站就紧紧围绕市委、市政府中心工作，突出“宣传承德、信息公开、服务大众、公众参与”四大定位，网站实现健康、安全、文明运行，并有较快发展。2008年度市政府门户网站在全国333个地市级政府网站评比中名列第157位（此前居倒数第一），较2007年前进了148位，位居河北省第5位；2009年名列全国第155位；2010年名列全国第171位；2011年名列全国第121位；2012年名列全国第123位；2011年名列全国第135位，连续6年稳居全国地市级政府网站绩效评估中上等水平。

2007年，市政府决定，中国承德市政府门户网站由承德日报社承办。网站总编辑由报社总编辑兼任，网站编辑部设主任和副主任各一名。中国承德市政府门户网站紧紧围绕市委、市政府中心工作，坚持服务百姓、关注民生的工作理念，进一步提高办网质量。按照市政府主要领导的要求，多次对政府门户网站进行了全新改版。改版中突出“以人为本、服务大众”的理念，整合栏目资源，实现栏目、内容、服务的和谐统一。网站先后增加《外媒看承德》《关注干部作风年建设年》《一年一大步　三年大变样》《诚信承德》《科学发展观在承德》《重点领域》《城市生活向导》《政府采购》《应急管理》《承德旅游》《承德风采》等专栏，全面地报道市委、市政府的中心工作，系统地呈现承德的进步与发展。同时，进一步整合服务性栏目，为网民查阅资料提供了方便。为进一步丰富网站内容，网站根据市委、市政府全年各阶段的工作重点，先后增设《市委动态》《政府动态》《重大工作部署》《关注第六次人口普查》《天天119》《千里无人区研究》《学习贯彻十七届五中全会精神》《工程建设领域项目信息和信用信息共享专栏》《聚焦环首都经济圈》《九市一盟区域合作》《承德市中介机构电子监管平台》《学习贯彻胡锦涛“七一”讲话精神，推进国际旅游城市建设》《加强管理、全民参与，创建全国文明城市》《行政服务平台》等专题专栏。网站的改版和栏目的增设得到市政府领导的肯定，引起社会广泛关注。有的网友通过互动平台发来邮件表示，网站的内容更全面，信息更及时，服务更贴近百姓。

【网站高扬文明的主基调】　先后开设专栏《加强管理　全民参与创建全国文明城》《大力弘扬雷锋精神　共建文明道德风尚》，刊出公益广告条幅《人人都是发展环境　事事关系承德形象》，同时开展“我们的节日”主题宣传活动，对学雷锋活动月、五四青年节等节日及时进行报道。在春节、清明节、端午节、中秋节，及时宣传群众参与的动态新闻信息。开设《未成年人思想道德建设》专栏，及时刊发有关信息。在网上刊出互联网违法和不良信息举报方式，积极开展抵制低俗信息工作。

【强化服务功能】　市政府门户网站上开辟了《议政信箱》和《市长

信箱》栏目，加强政府领导与群众的互动，让群众更好地了解政府的执政理念、工作态度、工作重点和工作落实情况，使政府更多地了解群众的所想、所盼、所需。市政府办公室定期将网友留言和建议呈报市政府领导参阅，为领导决策提供参考依据。同时，把一些反映具体问题的网友留言转到有关部门，要求有关部门及时核实处理，留言办结率为 80%。例如有网友留言反映，承德民族中学有关寄宿学生罚站、罚款的讯息。接到留言后，网站工作人员及时将留言转到双桥区教育局，要求调查处理。学校对此事高度重视，及时展开调查。经查实，为严格管理，对未正常午休的学生，寄宿部老师对学生罚站情况属实，不曾对学生罚款。寄宿部政教主任、老师已与家长取得联系，得到了家长的谅解。学校对所犯错误教师严加批评，并在全校范围展开师德教育活动，以确保今后不再发生此类事件。事情处理后，网站在互动平台进行公开，网友对此非常满意，肯定了政府网站的存在价值，肯定了相关部门的工作作风。良好的互动彰显出政府关注民生、倾听民意、维护民利、保障民权的诚心和决心。此栏目成为政府与百姓沟通的很好桥梁和纽带，促进了工作。持续开展网上“扫黄打非”，深入推进整治网络淫秽色情和低俗信息专项行动，净化网络文化环境；不造谣、不传谣、不信谣，杜绝虚假信息，保护公民合法权益，致力于建立真实、可信、安全的网站。同时，利用专栏，加强网上舆论引导，唱响网上思想文化主旋律，坚持不登载作者本人声明禁止登载的内容，不转载没有合法协议或者合法授权的内容，不登载没有合法来源的内容。

【畅通信息“渠道”】 成立专门信息更新小组，分工协作，明确责任，狠抓落实。网站依托《承德日报》《承德晚报》《和合承德网》等媒体的大量信息资源，按照网络信息发布的要求，每天对采集的信息进行再梳理、再编辑，并做到及时、准确发布。工作中，为了信息的及时发布，根据两报的工作实际，采取白班与夜班交替更新的方式进行，制定严格的两班工作流程图。夜班主要对网站综合新闻、图片新闻、市委动态、政府动态等栏目进行更新；白班主要对其他栏目进行更新，并做到每天 9 点之前更新完毕。网站各个栏目全年发布各类信息近 3.3 万条；向河北政府网站、新华网承德频道全年供稿近 3000 条；全国各大网站转载承德政府网的稿件 2000 余条。

政府信息公开平台，由专人负责。针对公开内容的不同情况，严格按照《条例》和《实施办法》规定的时限主动公开政府信息，做到阶段性工作定期公开，临时性工作随时公开，经常性工作及时公开。同时，把与人民群众利益联系最密切、社会关注程度最高的政府运作领域率先主动公开并不断扩大透明度，促进公共资金透明运行，促进公共权力透明行使，促进公共资源透明分配，促进公共服务透明供给，方便群众生产生活所需，更好地接受社会对政府的监督。全市保障性住房建设、公务员招考、事业单位人员录用、退伍兵安置、扶贫项目及资金安排等涉及群众利益的事项都主动予以全程公开，市政府和 11 个县区政府以及市政府 20 多个部门实现了财政预决算公开。对社会关注度较高的热点信息，坚持快报事实，慎报原因，求实为本，依法处置。快报事实，就是在第一时间公布事实真相（坚持黄金四小时原则）；慎报原因，就是必须要获得有公信力的原因分析，重大事件必须要有第三方权威机构的调查结论；求实为本，就是在信息发布和报道时坚持实事求是，不断章取义，也不不负责任地夸大、渲染；依法处置，就是严格按照法律法规规定加以处置，正确引导社会舆论。

网站建立了信息采集、编辑、审核、更新维护制度，制度中明确了信息及时采集流程，对于错报、漏报的重大事件，严格进行责任追究；网站不登载任何广告，不链接任何不健康网站，不发送任何不健康信息。为规范编辑行为，树立网站形象，保证信息的及时性，网站编辑部倡导树立“四个不能”理念，即：领导交办的事情不能延误，需要办理的事情不能积压，网络差错不能发生，网站形象不能受影响。

【网站与信息安全】 做好网站安全工作是承德政府网编辑部首要的任务。日常工作中，坚持把好“四个关口”，拒绝理由，不折不扣抓好落实，织就一张信息“安全网”。

把好组织领导关。承德政府门户网站成立网络信息安全工作领导小组，工作中将本着“谁主管、谁负责”的原则，加大政府门户网站人防、技防、物防“三位一体”防治，做到“严、细、慎、实”，确保涉密信息不上网，上网信息不涉密。先后制定网站安全管理制度、信息采集、审核、更新、维护制度，以及日检查日报告制度。强化力量，人员到位。网络部全体人员随时待命，并寻求专业网络技术公司技术支持，保证发现问题及时处理。按照“谁主管谁负责、谁运行谁负责、谁发布谁负责”的原则，严格落实责任追究制。制定应急预案，进行演练。保证网站 24 小时值班，密切关注动态。

把好技术防御关。日常工作中，数据做到每天备份，备份分别放置于原服务器、工作电脑中，实现冗余备份。定期修改服务器登录密码，密码长度大于 8 位，密码字符为英文字符及特殊字符混合组成的高强度密码。网站下载更新操作系统，防止黑客或网络病毒利用系统漏洞攻击服务器。在软件方面，分别安装诺顿杀毒软件、360 安全卫士、U盘病毒专杀工具。在硬件方面，安装硬件防火墙，主要预防SYN攻击、DDOS攻击、屏蔽各种高危端口等；路由器上设置ARP防火墙；配备4台带MAC地址绑定的千兆交换机，随时升级杀毒软件。为解决信息发布存在的漏洞，承德日报社派人与承德网通协商，并在资金紧张的情况下拿出10万元，购买服务器、交换机、硬件防火墙、系统软件等，实现服务器托管，关闭一切不使用的端口，确保安全发布。严格执行“五禁止”规定：禁止将涉密信息系统接入国际互联网，禁止在涉密计算机与非涉密计算机之间交叉使用U盘等移动存储介质，禁止在无防护措施情况下将公共信息网络上的数据拷贝到涉密系统，禁止涉密机、涉密移动存储介质与非涉密机、非涉密移动存储介质混用，禁止使用具有无线互联功能的设备处理涉密信息。

把好日检巡查关。建立信息安全日检制度，制定《承德日报社网络部政府网站信息安全日检表》分发给部室人员，按照谁负责的栏目谁检查的原则，坚持做到上班时间检查，并填表说明检查情况，注明日期和责任人。每天下午3点将日检表收回进行核对。视情况不定期召开会议，强调工作，严格落实24小时值班制度，认真做到网页巡查，确保问题早发现、早报告、早处置、早控制。

把好特殊时期关。国家重特大活动期间是做好网站安全工作的关键时期。承德政府网站编辑部不折不扣贯彻好各级文件精神，尽职尽责，全身心投入，确保万无一失。按照《承德市网络与信息安全事件应急预案》的内容，结合自身特点，制定本单位的应急预案。并在特殊时期进行应急演练。如在北京奥运会与残奥会期间，网站内部两次进行应急演练，并按照《承德市网络与信息安全信息通报暂行办法》的要求，对照要求进行工作安排。由专人负责每天的信息安全报告工作。做到每天下午3点前报告，无一遗漏。网站专职人员每天坚持早来晚走，主动放弃节假日，不计条件与报酬，确保安全。网站一名编辑被省政府信息化办公室评为“奥运会网络信息安全保障先进个人”。

【特色专栏《外媒看承德》】 为进一步扩大承德的知名度和影响力，扎实推进国际旅游城市建设，全方位展示承德形象，中国承德政府门户网站特推出《外媒看承德》专栏，这是对外宣传的一个靓丽窗口，对外宣传承德、推介承德的重要平台。《河北日报》《人民日报》《经济日报》《光明日报》《农民日报》、人民网等中央新闻媒体记者通过对承德进行的一系列的报道采访活动而刊发的关于承德的各类稿件，形成了多家媒体聚焦承德的宣传态势。作为栏目编辑通过对各大媒体关于宣传承德稿件的搜集，对《外媒看承德》栏目进行每日的更新，让更多的人通过这个窗口及时地了解承德。承德是个旅游城市，做好对外推介活动很重要，通过《外媒看承德》这个窗口的宣传，向海内外充分展示承德的城市形象、旅游产业及项目，以此有效提升承德城市和旅游在国内外的知名度和影响力，帮助承德文化旅游产业实现大发展，快发展。同时，加大向大网站推选稿件的力度，主动向大网站提供有价值的正面新闻，并做好被转载稿件登统工作，为承德的外宣工作贡献力量。此专栏开设之初，得到时任承德市委常委、宣传部长刘学军的肯定，并将此信息刊发在市委动态上。此栏目自2008年开设以来，转载全国各大新闻媒体稿件近1万条。

（市政府办）

丰宁门户网站

丰宁门户网站于2010年12月20日正式运营，由丰宁互联网信息办公室负责维护和管理。丰宁互联网信息办公室与县外宣局合署办公，定为正科级机构。互联网信息办公室有5名工作人员，其中主任1名，副主任1名。

为进一步规范丰宁门户网站运营，结合丰宁实际，互联网信息办公室先后出台《丰宁满族自治县门户网站信息发布管理工作制度》和《丰宁满族自治县门户网站信息公开保密审查制度（试行）》，以保障网站操作有序，管理有制。

丰宁门户网是县政府机关履行职能、面向社会提供服务的官方网站，是政府机关实现政务信息公开、服务企业和社会公众、互动交流的重要渠道，也是一个综合性比较强的网站，是介绍丰宁历史、资源、文化、经济的重要平台，由新闻中心、信息公开、政民互动、网上办事等多个板块组成。主要工作：一是对全县重要活动及重要领导参与的活动进行同步报道，对全县热点焦点新闻进行报道，对市级以上媒体刊登的新闻进行转载；二是发表各乡镇、各部门上报稿件。组建了一支覆盖各镇办、各部门的信息员队伍。县政府专门下文要求各镇办、各部门确定一名懂电脑、能写作的同志作为政府网站的专职或兼职信息员，负责各镇办、各部门信息的梳理上报，所以丰宁门户网信息充分，面广事多，点击率高；三是站内设计了专题专栏、文化丰宁、旅游新闻、招商引资等版块，介绍本土风俗、山川地貌、自然资源、文化名人等，让更多的人了解丰宁、认识丰宁、建设丰宁、热爱丰宁。

主要优点：一是新闻更新快、政府信息公开及时、网站整体页面设计新颖整洁，为网民营造一个“关注丰宁、热爱网站”的良好氛围。二是健全对乡镇部门信息员的考核机制，提高了信息员工作积极性。

丰宁门户网已经逐渐成为宣传丰宁形象，提高丰宁对外知名度和影响力，提高县委、县政府自身形象，发展县域经济的宣传平台。

（丰宁县政府）

双桥区政府门户网站

承德市双桥区政府门户网站作为展示整个城市整体形象的窗口，同时也是政府联系群众、服务群众的又一座桥梁，其建设的主要目的是充分发挥互联网的优势，更好的为民服务，扩展其对外宣传、政务公开、咨询服务、网上办事等主要功能。2005年区政府第三十四次常务会议上研究确定建设双桥区政府门户网。经过几年的快速发展，门户网站建设取得了重要进展，网上政务信息公开工作逐步推进，在线公共服务数量不断增加，与公众互动栏目应用效果明显，政府网站的建设、运维和管理水平全面提高，双桥政府网站体系架构基本建立。各单位政府网站的信息内容日趋丰富，服务功能逐步增强，公共服务水平不断提升，逐渐成为政府部门发布政务信息、提供办事服务、实现政府与公众互动交流的主要渠道

双桥政府网站以“政府信息公开规定”为依据，依法公开政府公共管理信息，区政府及各部门、各单位不断提高信息公开深度和覆盖面。政府网站重点公开群众关心的计划规划、财政与公共项目投资、人事任免、行政许可等政务信息，并提供公众通过申请获取政府信息的服务。

政府网站率先探索“以用户为中心”的建设思路，越来越多的版面能够从用户的实际需求和使用习惯出发，规划网站架构，面向公民提供各种服务。部门之间整合服务资源，服务深度上已从单纯提供办事指南等信息服务，扩展到提供表格下载、办理状态查询等高级综合性服务。

通过多样化的渠道，引导社会公众参与公共政策制定过程，不断加强联合共建，保证公众参与效果。双桥政府网站联合纠风办共建“建议投诉”栏目；配合区委组织部推出党校视频学习会议和党校期刊等网络党校教育活动。

通过加强子网站建设，逐步实现部门信息资源的有效整合，分解政府网站运行维护工作量，充分调动各业务单位的积极性，较好地解决了普遍存在的网站建设与业务工作“两张皮”的问题。

逐步形成较为完整的绩效评估管理制度，不断引导政府网站规范发展，逐步形成科学合理的竞争与激励机制。

随着信息化技术和电子政务的发展，网站的不足之处也日益显现出来。主要问题有：栏目规划不合理，版面设计布局不合理，信息展示形式单一，信息发布不及时，信息查阅形式单一，无法为公众提供准确的信息服务等。针对以上问题，2012年，在经过充分调研之后，区相关部门对2005年创办的政府网站进行了全面的改版和升级。

改版后的政府网站在设计原则上，主要遵循以下几点：

先进性。采用国际先进的互联网技术、体系结构和先进的系统软硬件平台及开发工具，保证系统在技术上领先、成熟、稳定和可靠。

统一性。考虑到要尽量满足业务功能需求的前提下，又要适应各业务角色的工作特点，该系统做到简单、实用、人性化，实现了统一身份和资源管理、统一认证、统一内容管理、个性化界面和内容定制。

可扩展性。随着网站栏目的不断丰富，功能的不断加强，系统在设计上必须考虑到软、硬件系统的可扩展性，能够用最小的代价进行系统的扩充。因此改版后的网站采用了先进、稳定和成熟的信息技术，保证系统结构模块化，要尽可能设计得简明，各个模块间的耦合度小，系统设计要考虑到未来发展的需要，使得系统规模在扩展的过程中不需要重新进行系统规划与设计，并能够顺利、平稳地向更新的技术过渡。在可靠性和可用性的前提下，采用2013年底先进的IT技术，并采用相应措施，保证系统的可扩展性。

可靠性。根据集中式管理的要求，在设计软、硬件方案时，充分考虑系统运行时所可能发生的情况，采用高可靠性的产品和技术，提高整体系统的安全能力、应变能力和容错能力。

开放性。系统设计在网络通信、操作系统、应用服务器、程序开发语言、数据互联等方面遵循业界流行的开放标准。

安全性。从操作系统选型、软件系统架构设计、病毒防范、周密的备份计划和快速的灾难恢复能力等多方面保证系统具有高度的安全性。在网站的安全措施方面，采取五层安全模式：第一层，通过防火墙防毒墙作为安全屏障；第二层，通过用户登录规则，授权用户的合法账号、口令进行登录；第三层，通过应用模块权限管理，根据用户角色，决定用户的权限，防止越权操作；第四层，通过日志的记录规范用户权限；第五层，是数据安全保护，主要通过数据加密数据备份等手段进行保护。以上五层保护模式，使网站具备很高的安全性。

重建后的政府网站显现出六大突出亮点。一是突出政府门户网站的综合性。将全区各部门信息统一规划为“双桥概况”“政务服务”经济与投资”“社会事业”“文化旅游”“社区建设”“在线服务”，使信息发布主体更明确，信息发布更及时，信息浏览更方便。二是突出双桥区厚重的文化底蕴及丰富的旅游资源。网站整体突出双桥区文化旅游资源，重点建设“文化旅游”栏目，通过动态图片和动态视频着力宣传双桥旅游资源、设立旅游线路、介绍旅游景点、发布旅游信息、上传景点视频、播报旅游常识、推荐旅行社、普及旅游法规等，使网站主题鲜明，为推动双桥区文化大

发展大繁荣提供丰富的信息服务。三是突出双桥区大项目建设。网站开辟“经济与投资”栏目，发布招商政策、重点项目，设立外八庙及周边招商和空港城建设专栏，采用文字、动态图片和视频短片等方式多方位宣传双桥重点项目。四是突出政府网站的服务功能。开通“政务服务”“在线服务”栏目，将百姓关注的办事指南、办事流程图、联络方式等信息公布，提供便民服务，有条件的可以开通网上办理功能；设置建议咨询、网上信访、涉法涉诉在线提交限期答复专栏。五是突出双桥政府网站的互动性。开设区长信箱等互动类栏目，为收集民众意见、建议提供有效通道。六是突出政府信息的共享性。充分与政府信息公开系统实现信息共享，各部门不必重复发布信息。

改版后的网站有效提高了政府各部门工作效率和信息化程度、更加方便为民众提供服务，增强与群众的网上互动，提高工作透明度和服务质量，围绕促进建立服务型政府这条主线，全面提升了政府门户网站的服务能力。

栏目突出四大特点：一是在信息发布方面，合理规划政务公开栏目，全面公开政务信息，不断完善框架，更新栏目内容，保证政务服务工作动态发布的及时性和准确性；二是在办事服务方面，梳理整合分类建立层级简单的导引性服务，强化服务类信息发布，逐渐形成了一个比较完整的资源共享环境和交流平台，为百姓和企业提供便捷、高效的政务服务；三是在互动交流方面，配合国家重大政策的颁布做好解读性报道，通过多样化的互动交流渠道，使越来越多的社会公众有机会直接与政府进行交流沟通，参与社会经济活动；四是在发展前景方面，认真学习借鉴先进做法和经验，继续加强电子政务网络建设，加强网络监测及维护，做好各级网络工作的联系，逐步实现与各级各部门及各镇（办）之间信息资源的共享整合，进一步提高网上办事服务能力。

（张春光　田园　剧岩）

隆化县政府门户网站

为适应发展需要，隆化县在2008年建立了政府门户网站，经过五年多的运行，页面板块设计和栏目设置不断完善，网站整体运行情况良好。政府门户网站已成为宣传隆化、推介隆化、招商引资的重要窗口和为公众提供服务，加强与公众互动交流的重要平台。

隆化县委、县政府高度重视，把门户网站建设纳入政府工作重要日程来抓，成立了隆化县政府门户网站建设领导小组，明确了工作责任和职责，有效地调动了工作力量。在政府办设立政府门户网站管理服务中心，核定4名编制，强化了队伍建设，提高了工作水平。2008年8月，隆化县政府门户网站正式上线运行，共设置隆化概况、政务动态、信息公开、专项活动、互动交流、农业农村、工业发展、城镇建设等11个一级栏目、44个二级栏目和各乡镇、县直各部门栏目页。项目总投资30万元，包括机房建设、软件、硬件设备和网站开发，基本实现网站和软硬件设备的自我维护。

为保证门户网站安全稳定运行，不断加大网络平台管理和安全培训工作力度，定期检查、升级和更新硬件网络安全设备，在硬件上保证网络安全有序运行。同时，积极组织工作人员加强学习，提高思想和业务素质，及时对网站高危风险进行整改，在“软件”上保证网络的安全有序运行。增强服务意识。政府门户网站经过五年的发展，逐步由重宣传向重服务转变，不断强化网站公众服务第一的思想意识，努力打造新型为民服务平台。通过门户网站，公众可了解到各行政许可职权单位审批事项所需材料、流程、受理部门等详细信息，切实方便公众和企业办事。为方便政府与公众的互动交流，畅通民意诉求渠道，网站开通了县长信箱，累计回复各类咨询、投诉和建议543条。提高栏目保障质量。政府办公室以文件形式下发了《关于加强县政府网站信息资料报送工作的通知》，细化分解任务，明确了网站各栏目板块信息保障具体责任单位，强化对有关部门的主管领导和网站栏目保障人员的业务培训，提高各乡镇、部门“一把手”和工作人员保障网站信息更新重要性的认识，提高了网站栏目质量。政府网站累计发布各类信息3.3万余条，点击量88万余次。

完善制度确保信息安全。始终把信息安全工作作为网站建设的重中之重来抓，制定《信息上传管理制度》《网络信息保密制度》《机房管理制度》，严格按照程序完成信息发布工作。工作中，网站工作人员对所有报送信息进行初审，并交分管领导审批后，予以发布。注重信息质量，确保信息发布的准确性、时效性和完整性。不断完善网络采集信息和自采自编信息的采集、报送、审核、发布制度，始终坚持“谁发布、谁审核、谁负责”和“涉密信息不上网、上网信息不涉密”的原则，对信息发布、信息报送进行审核管理，确保所有网上公开信息安全。

加强信息公开网络宣传。充分发挥网络广泛、迅捷的优势，在政府门户网站上公布了县政府领导工作分工、职责等情况，增强了政务的透明、公开。开设政府信息公开专栏，对重点项目实施、人事任免、重要事件、经济社会发展、财政预决算等情况全部在网上进行公开，方便群众监督。及时对重要活动、项目建设、城镇发展等进行宣传报道，网站一级栏目增加到20个，第一时间为作风建设年、三年大变样、学习实践科学发展观、四创联动、百日下基层等活动开设专题专栏，积极推动活动深入开展，积极宣传隆化的人文地理、风俗人情、旅游风光、矿产资源，提高了隆化的知名度。

（县政府办）

张家口市政府门户网站

【概况】 “中国张家口”门户网站域名为 www. zjk. gov. cn，是张家口市政府面向社会公众提供的服务型政府门户网站，是社会公众了解张家口的重要窗口，是张家口市政府信息公开的重要载体，是政府与公众之间进行互动交流的重要纽带，是政府面向公众提供民生服务的重要平台。

张家口市人民政府门户网站始建于 1999 年，网站改版重构建设于 2011 年，在随后的 2012 年和 2013 年不断进行优化调整和完善。到 2013 年底网站主要包括走进张家口、信息公开平台、民生服务平台、公众参与平台、投资指南、旅游服务等六大版块以及“贯彻落实党的十八届三中全会精神”“工程建设领域信息公开”“文明办网”等多项大型专题。

张家口市人民政府门户网站从内容构成、界面设计、交互沟通、办事服务、技术框架等多个方面有实质性改进，在与市直各部门、各县区政府进行充分沟通的基础上设置了六个主栏目，分别是走进张家口、政务公开、公众参与、办事大厅、投资指南及旅游服务，各级子栏目的设计也更加细化。改版后的首页用色柔和、布局简洁，顶部右侧的图片动画被更加实用的快捷按钮所取代，左侧是站内搜索、政府信息公开、视频栏目等一些重要版块，中、右两栏呈现门户网站的大量资讯和互动、办事服务，整体遵循以用户为中心提高用户体验的理念，秉持庄重、简约、大气的新一代政府门户设计品质，为用户提供更舒适的浏览体验。2011 年网站共发布各类信息 124604 条，在参加第三届（2011 年）中国政府网站绩效评估暨第六届特色政府网站评选的 295 个地级市政府网站中排第 32 名，在河北省参评的 11 个地市中名列第一，成为当年度全国进步最大的三个地市级政府门户网站之一。

2012 年，张家口市政府门户网站围绕工作要点进行多次调整升级，增加“领导之窗”“文明办网”“专项资金公开网”等栏目和专题；印发了《张家口市人民政府办公室关于做好“中国·张家口”政府门户网站“在线访谈”和“征集调查”等新设栏目内容保障工作的通知》，对互动栏目维护工作进行了安排部署；为迎接“十八大”胜利召开，转发了河北省人民政府网站管理中心《关于迎接“十八大”切实做好政府网站有关工作的通知》和《关于开展基层政府网站检查的通知》，对全市各级政府网站进行了全面检查，确保网站的信息安全；开通了手机移动版政府门户网站。2012 年网站共发布各类信息 87024 条，被评为“2012 年度河北省文明网站”。

2013 年，“中国·张家口”政府门户网站围绕政府网站建设指标体系，以面向公众提供民生服务和满足民生需求为核心，建设升级民生服务平台，提升网站服务功能；增设“解放思想、改革开放、创新驱动、科学发展”大讨论、“北京—张家口联合申办 2022 年冬奥会”、“深入贯彻落实党的十八届三中全会精神”“重点领域信息公开”等专题；根据国务院办公厅《关于进一步加强政府网站管理工作的通知》精神，联合市政府新闻办加强网站内容保障督导；对各县区和市直各有关单位召开网站内容保障工作和新版民生服务平台使用培训调度会，以提高内容保障单位信息员业务水平；对网站进行安全自查，确保网站安全、稳定、高效运行。2013 网站共发布各类信息 90690 条。网站总体运行情况良好。

【政府信息公开】 张家口市政府信息公开平台自开通运行以来，到 2013 年底面向社会公众总计发布了 428285 条信息，信息发布总量连续多年稳居全省前三名，在政府信息公开工作中发挥了重要作用。

张家口市政府信息公开平台依据《国办指引》和河北省《导引》要求进行研发，以服务子系统、管理子系统和聚合子系统为主要构成部分。管理子系统的功能包括信息采集、元数据标引、信息审核、信息发布（传递给信息服务子系统）等，实现对信息采集、编审、发布及受理依申请的主体控制。同时，还包括流程管理、统计管理、用户及权限管理等辅助功能；聚合子系统是为信息资源共享、域间信息聚合提供支撑的核心模组；服务子系统主要是通过互联网提供政府信息的检索、分类导航、信息展现、下载打印等服务，使公众能快速、便捷地查阅、获取政府信息。

张家口市政府信息公开平台包括 16 项元数据，分别为：索引号（Identifier，20 位字符串，必选项）、名称（Title，自由文本字符串，必选项）、内容概述（Description，自由文本字符串，可选项、正文（Text，自由文本字符串，必选项）、生成日期（Date，日期型，必选项）、有效期（Validity，复合型，可选项）、文号（Document Number，自由文本字符串，条件必填项）、相关信息（Relation，复合型，多项可选项）、发布机构（Publisher，复合型，必选项）、关键词（Keywords，复合型，条件必选项）、信息分类（Category，复合型，必选项）、在线链接地址（Online，字符型，可选项）、信息格式（Format，字符串，可选项）、语种（Language，字符串，条件必选项）、著录日期（Metadata date，日期型，必选项）、附件（Attachment，字符串，可选项）。

【网上办事】 民生服务平台围绕民生需求，建立了教育、社保、就业、医疗、住房、交通、婚育收养、公用事业、证件办理、企业开办、资质认定、经营纳税、招商引资、三农服务等14项专题服务。所有的服务资源均通过部门共建的工作机制实现，为持续性服务资源建设提供保障。

民生服务平台以用户为中心，按照用户使用群体提供针对个人、企业和特殊人群的服务。对于个人用户提供了自然人在不同阶段可能涉及到的主题提供了住房领域、社会保障、劳动就业、婚育收养、证件办理等11项服务。针对企业用户根据企业组织的不同发展阶段设置了行业准入、设立登记、年审年检、注销撤销等11项服务。此外针对农民、妇女儿童、老年人等14类特定群体提供了快捷服务通道，以更为人性化的设计理念和表现方式为用户提供服务。

民生服务平台结合用户办事习惯，提供11类场景式服务，涵盖出境入境、医疗卫生、婚姻、生育、收养、出行、开办企业等重要领域，使公众能更清晰直观地了解办事流程，提升网上办事服务人性化程度。

民生服务平台整合了办事咨询的功能。社会公众在办事服务中遇到的不明白的政策等问题，可直接通过在线咨询向相关部门留言咨询。

【政民互动】 政民互动方面，到2013年底设有市长信箱、政策问答、征集调查和在线访谈等版块，从最近一年的数据看各版块运行良好，答复情况均在90%以上。

"市长信箱"群众来信办理情况：2012年12月至2013年11月，"市长信箱"共收到群众来信1371件，信访局直接办理并回复132件，转交办1204件，回复1109件，超期未回复49件，待回复81件，按期回复率为92%。

"政策问答"答复情况：30个市直部门和单位共收到223封政策问答信件，答复了202封，答复率为91%。

"征集调查"栏目的运行情况：市国税局、食药局、扶贫办分别就纳税人满意度、食品安全、扶贫开发工作等事项发布了相关问卷调查，并即时公布调查结果。

"在线访谈"运行情况：市林业局、公用局、食药局、园林局共4个部门组织发布了5期在线访谈，围绕市委、市政府中心工作，通过在线访谈栏目从不同方面认真详细地阐述、解答了百姓所关注的与本部门相关的民生问题，将政府决策与相关政策准确地传达给社会各界。

【网站保障】 市委、政府各级领导对政府网站的建设高度重视。2011年，为加强网站群建设的协调和管理，市政府成立以常务副市长为组长，市政府秘书长和主管副秘书长为副组长，市政府组成部门及相关单位主管领导为成员的"张家口市政府门户网站建设和管理领导小组"，负责市政府门户网站群的建设管理工作和全市政府系统网站宣传与服务工作的组织推进。制定下发《张家口市政府系统门户网站建设和管理规定》，明确了政府门户网站的组织领导、网站建设标准、网站信息员队伍建设、信息维护要求、信息发布审核、安全保密和监督检查等规定。制定《"中国·张家口"政府门户网站内容保障工作考核办法》《"中国·张家口"政府门户网站内容保障工作责任分工》，建立并实行日巡查、周报告、月通报、季调度、年考核等网站管理办法，并将网站建设列入了市政府对县区和部门的督查考核内容。通过通报、考核、调度、培训等多种方式，保障网站安全稳定高效运行。

（市政府办）

秦皇岛市政府门户网站

【每日工作报告平台】 2008年5月，市政府主要领导倡导在全市政府系统实行"日报告、周例会、月调度"三项制度。"每日工作报告"（以下简称"日报告"）作为三项制度之一，市政府办公厅高度重视，在秦皇岛市政府门户网站开设每日工作报告平台，各县区政府、开发区管委、北戴河新区管委及市政府各部门的主要领导通过互联网上报每天的工作情况，主动接受社会监督。

为规范"日报告"的上传格式和主要内容，市政府办公厅专门下发《关于"每日工作报告"栏目有关问题的通知》，举办"日报告"平台培训班。采取现场督导、文件通报、电话催报等方式，对"日报告"工作进行督导和规范。按照市政府主要领导的指示精神，自2009年1月9日起，市政府办公厅进一步加强对各单位"日报告"上传情况的检查力度，办公厅电子政务处每天整理《日报告上传情况摘报》，呈报市政府主要领导审阅。各上报单位充分认识"日报告"的重要性和必要性，责成专人负责"日报告"工作，有些单位主要领导亲自上网报告，真实地反映全市政府系统工作情况，为领导科学决策提供可靠依据，推动政府工作公开、透明、高效运转。

【三维地图】 2013年，"数字秦皇

周边搜索功能

岛”三维公众信息服务平台落户“中国·秦皇岛”政府门户网站“电子地图”栏目，正式上线运行。

三维地图技术是新一代互联网地图技术，通过结合卫星地图对城市里的每一栋建筑物进行现场拍照、根据照片进行三维建模制作而成。浏览者以45度角俯视整个城市，每一栋建筑物的外观都逼真地展现出来。结合先进的互联网技术，提供位置搜索、公交路线搜索等实用功能，为用户提供了流畅的操作体验。三维地图不仅仅是一张地图，它还是一个信息整合的平台，基于三维地图，可以把城市的各类服务信息、管理信息、统计信息结合进去，不论是城市规划展示、政府信息发布还是结合地理信息进行数据挖掘，三维地图都能够发挥重要的平台作用。基于成熟的三维地图技术，结合秦皇岛市政府门户网站的定位，建设一站式的综合便民信息服务平台，为展示城市面貌、促进旅游招商、方便群众生活，提供一个界面直观、功能强大、操作简便的公众服务平台。

地图平台功能建设。基于成熟三维地图开发平台，整合现有数据，实现地图的位置搜索、公交路线查询功能。设置政务服务、文化教育、医疗卫生、金融服务等专题地图服务，方便市民查询。对三维地图程序进行升级，增加周边搜索功能，可以搜索地图上任意一个建筑物周边2公里范围内的酒店、公交站、银行、商铺。

更新地图，完善公共数据。发挥本地化维护优势，进一步更新地图、完善公共数据。对地图覆盖区域进行信息更新，针对新建、拆除建筑，及时更新地图内容，确保如实反映城市信息。对公共服务处所如教育、医疗、金融、交通、旅游等信息点完善地址信息和电话信息，进一步方便百姓查询。

建立景区大全功能，完善旅游景区导向服务。游客可以按景区级别、门票价格、区域等条件复合查询，获得景区详细信息，并结合三维地图定位信息获得周边交通信息和餐饮住宿信息，多媒体、全方位地展示旅游景点，为游客游览提供方便。

率先使用三维全景摄影技术。三维全景摄影技术采用专业摄影设备，对景观上下左右720度进行拍摄，运用后期处理技术进行无缝拼接，观看三维全景摄影，就如同本人站在现场一样，可以任意旋转角度，查看周边景物，并且可以在其

景区大全效果图

中进行虚拟的走动，如同人在现场一般。该技术首先运用于谷歌的街景功能，到2013年底主要被大型网站用于公共场景展示和景区展示，秦皇岛政府网站将成为全省首家运用三维全景摄影技术对城市地标建筑和旅游景区进行展示的政府网站。对重要公共地标建筑、重点景区着重进行全景拍摄，嵌入到三维地图和景区大全中，画面具有极强的视觉震撼，并给浏览者以身临其境的感受。

根据需要，扩大地图测绘面积。三维地图覆盖了海港区、开发区部分地区、北戴河大部、南戴河、黄金海岸、老龙头、山海关部分地区，总面积68.7平方公里的人口密集区和商业密集区。工业区和新规划开发地区、偏远旅游景区实现二维地图覆盖，还未实现三维覆盖。（市政府办）

人民广场的全景摄影

唐山市政府网站群

【“中国·唐山”网】 为提高网站服务能力，树立对外窗口良好形象，围绕提升政府网站信息公开、公共服务和公众参与三大功能进行改版升级，完成手机版、无障碍版建设，增设“政务微博”群，实现网站界面更加美观，资源更加丰富，功能更加强大，政务公开更加透明，运行保障更加安全，朝着“信息公开最大化、政民互动多样化、网上办事全程化”的目标迈进。

2013年，依据国家和省对政府门户网站的考核指标体系，唐山市政府对“中国唐山”进行全面改版，在展现形式上，为提升公众对网站的浏览体验，以用户需求为中心，以方便用户使用为着眼点，以解决实际问题为导向，对“中国·唐山”的各级页面进行重新设计与制作，将网站内容以“唐山动态、政务公开、公共服务、政民互动、魅力唐山”五个模块进行归类划分，以更为简洁大方、清晰易用的页面布局形式方便公众浏览应用，使网站内容展示更为美观，更为人性化。2013年，在全国地方政府网站绩效评估中，“中国唐山”在全国297个地市中名列第56位，比上年上升了38个位次，位列全省第一。2013年，“中国唐山”公共服务栏目荣获电子政务研究会评定的“精品栏目”奖。

信息公开方面，围绕唐山市在政治、经济、社会生活等各个领域的时事热点，先后建设了五个专题：“春节专题”“党的十八大精神”学习专题“两会专题”“感动中国高淑珍”专题“优化发展环境公开承诺”专题。在专栏建设方面，在保持已有的“食品安全”“服务三农”和“文明风尚”等特色专栏的基础上，为配合产业结构调整、经济转型发展以及文明城市建设，又推出“沿海城市发展之窗”“唐山金融”“唐山信用平台”和“唐山政务监控”四个专栏。坚持节假日不间断地每日更新制度，“中国·唐山”每年累计更新各类信息约4万条。

网站服务内容和功能建设方面，对网站的公共服务信息进行了深入细致的梳理，对主题服务进行了分类，由原来的八类主题细化为十二类，并对原有的服务信息进行了更新和补充，同时，改版后的“中国·唐山”增设了“办事大厅”，将各类审批事项进行了整合，针对每一个具体事项，设置了办事指南、表格下载、咨询投诉，并预设了“在线受理”功能。以上措施大幅提升了“中国·唐山”公共服务的能力。

以“中国·唐山”为核心的政府网站群建设方面，2013 年上半年，拟定“唐山市政府网站群建设方案”，并规划设计市直部门和各县（市）区政府的网站群页面模板，有针对性地与需求单位对接，了解需求，个性定制，逐步推进“中国·唐山”政府网站群的建设工作。

网站评估方面，2013 年，唐山市电子政务管理办公室制定“唐山市县区网站绩效评估指标体系”，开展首次网站绩效评估。自 10 月 1 日起至 11 月 30 日进行各种数据的采集工作，12 月初聘请有关专家进行综合评审，并于 12 月底前发布了评估报告。

（市电子政务办）

【“唐山市公务员在线”网】 为贯彻落实中央《2010—2020 年干部教育培训改革纲要》要求，从 2011 年开始，依托中国国家人事人才培训网，搭建了“唐山市公务员在线”网络平台，以国内顶级的师资资源、先进的网络技术支持和科学的管理模式，满足公务员多元化、个性化、高层次的培训需求。“唐山市公务员在线”的开通，突破了公务员培训的发展“瓶颈”，实现了质的飞跃。2013 年，全市 5000 多名公务员注册参加网上培训，市公务员局被中国高级公务员培训中心、中国国家人事人才培训网评为“网络培训工作先进单位”。

【唐山就业网】 唐山就业网（www. hets. lm. gov. cn）于 2005 年建成上线，网站内容涵盖“就业工作动态”“招聘/求职信息发布”“政策法规宣传”“职业指导”“创业项目库”“创业促就业”“公共就业服务”“基层劳动保障平台建设”“职业技能培训”“就业扶持政策”“业务经办流程公示”“小额担保贷款”“县（市）、区多级管理”等功能模块。网站应用了 2013 年底国际流行的 LAMP 技术，既保证了网站访问顺畅自如，又方便了基本功能的延伸扩展。网站自上线以来，共为 5600 余家用人单位发布招聘信息，提供用工岗位 3.2 万个，为 2.1 万名求职者发布求职信息；累计访问量 20 万人次，每日平均接受访问 500 人次。创业项目库发布平台内容翔实，及时准确，已发布有效创业项目信息 1200 余条。

【唐山市社会保险协会网】 到 2013 年底，依托省金保网，连通各县区街道，能及时使用管理电子数据，建立了一整套业务管理系统，服务于社保业务的开展。

城镇职工养老、失业、工伤三险合一信息管理系统。唐山市社会保险（企业养老保险、工伤保险、失业保险）信息化建设自启动以来在网络平台建设、数据中心建设、应用系统建设、信息化人才队伍建设等方面取得显著成效。

档案管理系统。根据《关于印发河北省社会保险业务档案管理办法（试行）的通知》要求和参照省社保局《社会保险业务材料分类归档范围与保管期限》《档案收集整理办法及整理规则》文件业务规则和操作规范，全市社保业务档案管理系统辅助业务进行材料档案电子化，档案影像化后的电子文件集中存储、管理，业务系统中的数据可以归档到档案系统中，业务系统可以调阅相应的档案影像资料。

社保网上业务服务管理系统。系统主要用于参保单位网上业务处理，每月参保单位可以随时处理单位人员的增减变化，月底进行下月的养老保险、失业保险、工伤保险的缴费申报。简化了业务流程，方便广大参保单位、参保人。

城乡居民养老保险管理系统。连通全市各乡镇街道，数据省级集中，村（社区）录入人员增减和基本信息变化申请，上一级审核，形成一套完整的城乡居民养老保险人员信息管理、缴费管理、财务管理、核定管理、账户管理、待遇发放管理、转移管理、生存认证管理、统计查询等业务功能。

【唐山人才网】 唐山人才网隶属唐山市人力资源和社会保障局，由唐山市人才交流中心主办，承担着每年唐山市事业单位招考网上报名和信息发布、唐山市毕业生就业见习网上宣传报名、唐山市高校毕业生就业报到、唐山市职称评审政策信息发布和人社局人事人才相关政策信息发布任务。同时，唐山人才网还承担唐山市高层次人才信息发布和人才引进工作，各类企业会员总量达到 3 万余家，提供有效就业岗位 6.8 万余个，个人简历总量 46 万余份，为企业和个人搭建了高效、便捷的人力资源服务信息平台。

2013 年共组织和参与 10 场网络招聘大会。累计 2000 余家次招聘企业参与网络大会活动，发布唐山地区招聘职位 2.3 万余个，达成就业意向 7625 余人。为部门发布各类招聘启事、公告、通知信息等共 197 条。

（市人力资源和社会保障局）

“中国·廊坊”政府门户网站

【概况】 “中国·廊坊”政府门户网站（简称廊坊政府网）于 2005 年开通，是廊坊市人民政府综合门户网站，廊坊市电子政务建设的重要组成部分。网站经过多年的发展，形成了上联“中国·河北”，下联10个县（市、区）和廊坊开发区政府门户网站，横向联接35个市政府部门网站的政府网站群，逐步实现廊坊对外宣传的群体效应和规模效应，形成“中国·廊坊”品牌。

“中国·廊坊”政府门户网站自开通以来，始终以“打造一流门户网站，服务经济社会发展”为宗旨，以“国家电子政务总体发展框架和政府网站建设标准与河北省政府网站绩效测评体系”为指导，结合廊坊市电子政务发展实际，以“建设规范化服务型政府的网上平台”为目标，重点架构“政务公开、在线服务、互动交流”三大功能板块。网站现开设各级栏目共计1327个，数据总量（含文本、图像、视频信息）近100G，年访问量达600万人次，已发展成为市政府面向社会的重要政务载体、信息平台和宣传服务窗口。2008年，网站在河北省地方各级政府网站评测活动中排名第一，2009年获工信部“中国政府门户网站优秀奖”，2011年至2013年，网站绩效评估结果在全省设区市政府网站中位列第一、第二位。

“中国·廊坊”政府门户网站首页

【管理机制】 “中国·廊坊”政府门户网站由廊坊市人民政府主办，廊坊市人民政府办公室和廊坊市发展和改革委员会共同承办，廊坊市经济信息中心负责建设、维护；并成立了以市政府副秘书长为主编，市委外宣局局长、市发改委副主任为副主编，市政府办公室有关科室、市经济信息中心负责同志为执行主编，市经济信息中心全体技术骨干为成员的市政府网站编辑部，负责网站建设规划、日常监管、内容协调保障、督查考核等工作。廊坊政府网的建设管理模式有利于市政府集中精力主抓网站的内部管理和对外协调，统筹网站基础建设和发展方向；有利于技术部门发挥技术优势，提升网站建设水平和安全保障；有利于举多部门之力，共同推动政府网站全方位、高水平发展。

【制度建设】 就政府网站建设管理工作，廊坊市人民政府办公室先后下发了《廊坊市政府系统门户网站建设和管理实施意见》《廊坊市人民政府办公室关于完善政府系统门户网站结构构建网站群的通知》《廊坊市人民政府办公室关于进一步加强政府系统域名管理的通知》《廊坊市人民政府办公室关于在廊坊市政府门户网站开通“县市区频道”的通知》和《廊坊市人民政府办公室关于进一步加强和规范网站建设与管理的通知》等文件，其中“域名管理办法”被20多家国内知名网站转载，并被中国域名管理机构——中科院中国互联网络信息中心在全国推广。涉及网站日常管理的《中国廊坊网站信息发布审核制度》《网络及网站信息安全管理制度》《廊坊市政府网站值班制度》《网站日常及值班读网制度》《网络信息保密管理制度》和《网站安全应急预案》等制度也相继建立和健全，科学规范了政府网站信息采编、审核和发布各流程，确保发布信息内容的准确性、真实性和权威性，使网站管理维护工作做到有据可依，有章可循。

【网站建设与维护管理】 政务公开情况。“中国廊坊”政府门户网站配合廊坊市的中心工作，依托网络媒体宣传多角度、全方位、传播广泛的优势，适时推出“廊坊市两会”“学习贯彻十八大精神”“解放思想大讨论活动”“基层建设年活动”“效能廊坊建设活动”“中国·廊坊国际经济贸易洽谈会”等专题，突出宣传效果，增强各项活动的实效。网站以“服务社会、服务公众”为出发点，坚持正确舆论导向，突出主流声音，深化政务公开内容。紧紧围绕市委、市政府的日常工作，及时公开市委工作重点、市政府常务会议、政府规范性文件、政府公告、政府招投标、人事任免、市直单位领导班子年度职能业务目标等信息；围绕社会公众关注的热点，及时公开市长专线办结反馈情况、数字城管情况，发布便民公告（涉及施工、断交、绕行、燃油补贴发放、供暖热线、业主入住、停电等方面），社会公示（涉及廉租住房、经济适用住房、商品房等方面）类信息，有效保障了公众的知情权、监督权，增强群众对政府的了解和信任。截至2013年底，“中国廊坊”政府门户网站累计发布各类政务信息72976条；各级各部门通过政府信息公开平台主动公开政府信息102276条，平台的建设管理与维护工作日趋制度化、规范化，实现市、县、乡三级政府公开信息的一站式检索。

在线服务情况。“中国·廊坊”政府门户网站以方便公众为出发点，细化在线服务对象，根据服务层面的不同，将服务对象划分为个人、企业、投资者和三农四类，并对所涉及的服务项目进行了重新梳理，形成了基本涵盖全方位服务的栏目新体系，减少服务信息的交叉，使服务信息更趋全面性、专业性和实用性，满足不同对象的服务要求，提升服务公众的水平，形成真正意义上的网上服务信息库和服务平台。多年来，网站不断拓展在线服务范围，整合优质在线服务资源，将廊坊市行政审批网在线服务内容以模块形式有机融入到市政府网站，扩展政府网的在线咨询、在线查询、在线投诉功能，有效地方便了企业、个人对申请受理事项的办理状态进行了解与监督，提升了政府门户网站在线服务能力。根据日常公众关注的热点，分别开设了户籍、就业、住房、教育四方面的场景式服务。到2013年底，网站共发布各类服务事项信息共6719条，提供表格下载2139项。

政民互动情况。“中国·廊坊”政府门户网站以互动为桥梁，加强政民沟通交流，开设互动交流栏目，采取部门合作方式，积极拓展互动范围，充分利用网络平台，征集公众意见和建议。联合市长专线办公室开办反馈栏目，定期公开市长专线电话、电子邮箱信息接收、办理情况；联合市人民群众建议征集办公室，开设“人民群众意见在线征集”功能版块，公众可在线向市人民群众建议征集办公室提交推进产业结构调整、加快转变经济发展方式、项目建设、改善民生、提高党的建设科学化水平、加强和创新社会管理等方面的意见、建议；联合廊坊日报社开办“在线访谈”活动166期，针对社会、民生关注的热点话题，定期邀请市直有关部门开展在线解答，积极做好政策宣传和舆论引导，真正做到问政于民、问需于民、问计于民。同时，网站不断拓宽服务形式，借助网站平台配合各部门开展全市“十佳”侯选对象网络评选、“三八红旗手、红旗标兵、红旗集体”网络评选、廊坊市“城市原点”雕塑方案网络评选、“廊坊市文化艺术公园地下人防工程及市民休闲空间项目设计方案”网络评选、“廊坊市政府质量奖”网络评选活动等活动，各项网络投票、评选活动累计参加人数近120万人次，极大地调动了广大市民参与的热情。

【网站安全建设】 廊坊市不断加强网站安全建设投入，完善政府网安全防范建设，陆续安装了服务器防病毒系统、防火墙、入侵防护检测系统、网页防篡改保护系统，强化了网站主动安全防护体系，提升网站防范非法侵入、篡改、黑客攻击的能力；同时，负责网站运维的市经济信息中心建立24小时网络值班制度，每天分多时段浏览、监测政府网站运行情况，做到及时发现问题，及时处理、解决问题，从措施上和技术上保障政府网日常平稳、安全运行。

“中国·沧州”市政府门户网站

【概况】　“中国·沧州”政府门户网站由沧州市人民政府主办，沧州市政府电子政务中心与各县（市、区）政府、市直各部门、各相关单位联合承办。网站以“宣传沧州、服务公众”为宗旨，以社会需求为导向，按照政务公开、在线服务、互动交流3大功能，设置了政务、经济、民生3个分站，各级栏目700多个，采用统一站群管理平台，集群了30多个政府部门子网站，并开通了英文版和手机版。几年来，网站在广泛宣传党委、政府方针、政策，促进经济发展，服务社会公众方面发挥了积极作用。自开通以来，网站各类信息已达7万余条，日平均访问量突破3万人次，总访问量2000多万人次。

政务分站主要传达党委、政府声音，介绍各级政府及政府各部门工作情况，促进民众了解政情，对外宣传沧州、推介沧州。分站设置了党政领导、沧州概况、政府机构、政务动态、执法监督、金融之窗、应急管理、政务信息公开、政府采购、公务办公等栏目，全方位、多角度地公开沧州市的政务信息。政务分站是公众及时了解市委、市政府和各县（市、区），各部门有关工作动态，以及在经济建设和社会发展中的重大决策、工作进展的重要窗口。

经济分站主要展示沧州特色经济，服务沧州经济建设。设置经济概要、渤海新区、城市化、县域经济、支柱产业、重点企业、重大项目、知名品牌、特色产品、工程招标等栏目。围绕“七大经济增长点”设置了“重点项目建设”“工业经济”“城镇化建设”“服务业发展”“工业聚集区和开发区建设”“农业农村经济”“对内对外开放”专题栏目。通过经济分站，社会各界可以了解经济发展的思路、政策、成果等。

民生分站主要关注民生，服务百姓。设置和谐沧州、就业服务、仲裁服务、百姓生活、特色文化、投资理财、民生热线等栏目。围绕“十大民生工程”设置了“就业促进工程”“保障性安居工程”“医疗卫生服务保障工程”“养老服务体系建设工程”“农村集中饮水安全工程”“扶贫开发工程”“文体惠民工程”“平安沧州创建工程”“教育基础设施提升工程”“‘五险合一’服务平台建设工程”专题栏目。通过民生分站，公众可获取相关民生信息。

在线服务方面，“中国·沧州”政府门户网站设置了“百件实事网上办”“企业办事”和“个人办事”栏目，力求全面、详细地向社会提供相关服务信息。“百件实事网上办”从教育、医疗、社保、交通、公共事业等方面为公众提供多种服务事项；“个人办事”下设生育、户籍、兵役、婚姻、医疗、住房、教育、文化、纳税、社保、就业等服务栏目；“企业办事”设置设立变更、纳税、资质认证、劳动保障、质量检查、安全防护、对外交流、商务活动、人力资源、建设管理、知识产权、年检年审、土地房产、绿化环保、物流采购、司法公正、专利版权、准营准办、新闻传播、综合其他等服务栏目。通过办事平台，公众可查阅申办事项所需要材料、流程、相关规定等信息。

政府行政审批网上办事设置个人办事、企业办事两个栏目，通过与沧州市政务服务中心的审批系统相链接，公众可以登录该平台及时查询相关事宜办理情况。“中国·沧州”门户网站设置办理公示栏目，以及时对沧州市政务服务中心申请办理的各项事宜进行追踪公示。用户也可以根据在政务服务中心申报时的申报号进行相关事项的查询。

在政民互动上，“中国·沧州”门户网站设置了市长信箱、百姓留言、建言献策、在线访谈、在线调查等栏目，公众通过这些栏目可直接传达民意，参政议政，建言献策等。

自2010年实施网站群建设以来，“中国·沧州”门户网站集群建设与管理工作整体水平稳步提升。到2013年底已有60多个政府部门网站纳入统一站群管理系统。各部门均及时完善和丰富网站内容，以保证网站动态类信息的及时性、准确性，办事类信息的全面性、针对性，让政府门户网站能够以优质服务的意识宣传沧州，以快捷、高效的意识服务群众。

（市政府办）

首 页 | 百件实事网上办 | 企业办事 | 个人办事

教育领域

幼儿园、中小学教育 职业、继续教育 特殊教育

对外交流与留学教育 教育救助与资助

企业开办

名称登记 入资 工商注册登记 刻制印章审批

税务登记 统计登记 消防证件办理 组织机构代码证书申请

交通领域

公共交通服务 机动车驾驶服务

就业领域

人才招考信息 就业安置 自主创业 劳动权益

社保领域

社会福利服务 社会救助 优抚安置

医疗领域

看病就医服务 健康服务 医疗保障服务

住房领域

保障性住房申请 商品房 公积金相关服务

证件办理

户籍身份 社会保障 教育培训 医疗卫生 司法律师

交通旅游 贸易物流 经济金融 工程建设 其他类型

公共事业

文体设施 供水服务 供电服务 供暖服务 燃气服务

邮政服务 环保信息 通讯服务 房产服务 气象服务

资质认定 更多...

职业技能鉴定考核下月起按新标准收费报名费每人次...

我省非公企业人员考职称可乘"直通车"

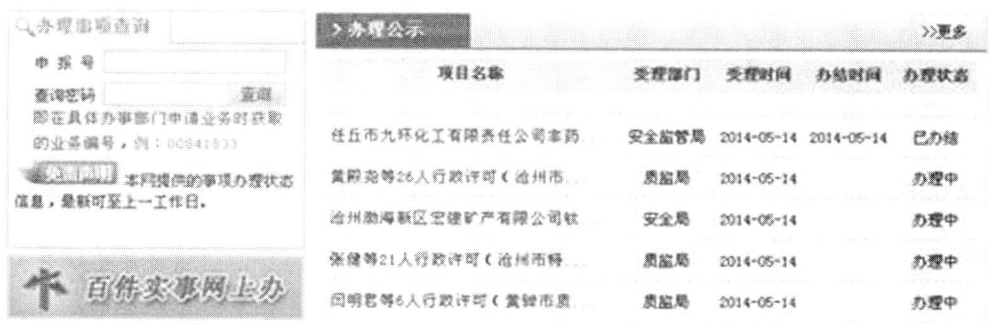

互动交流

百姓留言

- 2013年黄标车报...
- 我们苦苦等待肃宁县...
- 备案

在线访谈

- 焦彦龙做客中央人民广...
- 《走河北 话环境》沧...
- 沧州：筑巢引凤 吹响...
- 郭华书记在中国·沧州...
- 春潮涌动渤海湾—河北...

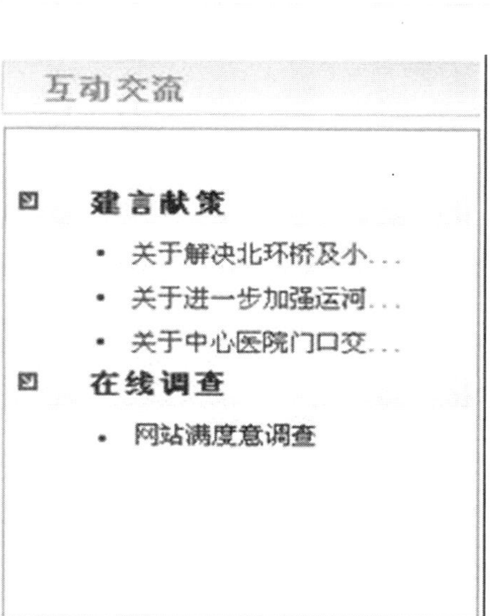

沧州市教育网

沧州市教育局政务外网网站名称为沧州教育网，设置有新闻发布、公告通知、信息服务、电子政务OA平台、友情链接等栏目，是教育系统对外宣传、展示教育风貌、政务公开的窗口和对外信息交流的纽带，也是教育系统电子政务的平台。

网站定期发布与教育相关的文章，图文并茂全面介绍、宣传教育动态、教育信息，展示学校风貌及教育教学成果。以网站为依托，搭建信息交换平台，使各部门、各学校相互交换公文，提高市直教育系统内部工作效率，保障公文交换的安全。在城域网的基础上，增加多种视频点播功能，在网络速度得到提升的情况下，使网站得到更多的关注。

网站信息主要来源于以下几方面：一是各学校、幼儿园、教育机构以教育信息、基层教研信息、校园简讯、教研论文等方式发布；二是市教育局各科室主要是以通知、工作安排、文件等方式发布；三是系统管理员，主要发布机构设置、领导分工、教育概况、教育政策法规、常用软件、文档表格等相对固定的信息。

市教育局网站是教育系统的门户网站，其内容必须健康、符合正确的舆论导向，因此网站信息安全非常重要。由于网站内容涉及面广、信息采集量大，所需信息管理人员较多，因此对信息管理人员的权限进行有效的管理。信息管理员按权限分为超级用户、系统用户、注册用户、审核用户四大类，其中注册用户又分为普通、高级、特级三个级别。超级用户对网站有绝对的管理权限，能设置各栏目的各种属性，有权添加、删除其他用户账号，能设置其他管理员的管理权限，能审核注册用的合法性和提升注册用户的级别。系统用户可以维护超级用户授予的栏目。注册用户具有发布信息的权限，按不同的级别具有浏览内部信息的权限。内部信息可设置为高、中、低几个级别，其中，中、高级别信息需要注册用户具有相应的级别才能浏览。

（辛　华　吕志刚　刘　涛）

沧州市司法行政网

沧州市司法行政网（网址为：http：//www. hczsf. gov. cn）于2009年10月份开通，面向社会提供政务公开、普法宣传、律师服务、公证服务、法律援助、司法鉴定、人民调解、社区矫正、安置帮教、司法考试等法律服务。沧州市司法局十分重视网站的建设和维护工作，始终把网站建设做为一项重要的工作来抓，网站连续多年获得市政府和上级有关部门的表彰。

网站设有业务咨询、法律服务等栏目，以及在线咨询、下载服务等专题应用页面，为群众提供了一个便捷的服务平台，到2013年底，网站已有165条咨询，主要涉及律师工作、司法鉴定、司法考试以及法律援助等方面的问题。在提升司法行政社会影响力的同时，使更多需要法律帮助的人通过网站得到应有的帮助。加强了对外宣传，拓宽了服务领域，受到了社会公众的一致好评。

网站设有政务公开、政府信息公开以及司法行政简报、大事记等栏目，对司法局发生的大事、要事及时在网站上给予发布和公开。坚决落实以政务公开透明为准则，通过开通网络平台展示办事指南、工作流程，向社会公开服务内容、工作标准、办事程序，包括基层法律服务者、鉴定人执业、律师所执业、律师资格申报等多个方面，进一步提高了司法行政工作的透明度，保障了公民的知情权和参与权。

为贯彻落实市委市政府一系列活动精神，司法局先后在网站上开设“爱沧州、作贡献、干成事、出亮点”及“党的群众路线教育实践活动”等活动专栏，以司法行政简报和司法行政网为载体，加强对各项活动的宣传报道，推进各项活动的顺利开展，大力弘扬石洪林、尹建华等各岗位的先锋模范事迹，为建设法治沧州、平安沧州提供强有力的法律服务和保障。

为加强网站的管理，成立了沧州市司法行政网站管理领导小组，研究制定了《沧州市司法行政网站管理办法》，建立了网站保密审查工作机制，坚持“涉密信息不上网、上网信息不涉密”及信息发布“先审查、后发布、谁发布、谁负责”的原则。同时，始终坚持高效、快速、及时的原则对网站进行维护，实现了与公众信息的互通、信息资源的共享。

网站始终秉承了作为新兴媒体平台在新闻宣传、法律服务等方面所承载的平台作用，将继续发挥司法行政网的功能，更好地发挥司法行政的社会效能，使之成为服务和建设平安沧州、法治沧州的综合性网络平台。

（孙卫宁）

沧州市环境保护局门户网站

沧州市环境保护局门户网站始建于2003年，2009年对网站功能和版面进行调整，改版后包括政务公开、政务信息、法律法规、公众参与、在线指南等栏目。2011年，沧州市环境保护局根据工作需要对网站进行了全面的改版，新增了三年大变样、专项行动、党风廉政、“三同时”动态管理系统、“爱沧州、作贡献、干成事、出亮点”等专题栏目。

为了保障网络正常运转、开展网络安全体系建设，沧州市环境保护局购买网络卫士入侵检测系统，分析、检测加密访问中的攻击行为，阻断对特定服务器的访问或来自特定用户的服务；加强运行管理，每月定期巡查网络病毒防范及保密情况。信息中心始终将网站维护作为基础工作去做，2011年安排1名专职人员维护，保障了各部门的正常网站办公。

政府信息公开指南和政府信息公开目录是政府信息公开工作和公众依法获取政府信息的关键。因此，沧州市环境保护局将政府信息公开目录体系的建设作为政务公开工作的重点，全面加强政务公开工作的规范性。

2012年沧州市环境保护局根据工作需要对网站进行了全面的改版，在互动交流方面共设有在线咨询、公众留言、投诉举报、领导信箱等14个栏目。同时，制定《沧州市环境保护局网站管理办法》、规范网站信息编报行为，提高信息质量。为加强网站防篡改、防火墙升级及软件杀毒等安全防护措施，提高信息安全工作水平，重新安装了杀毒软件，建立值班读网制度，时刻掌握网站及设备运行情况，确保不发生重大网络与信息安全事件。

2013年沧州市环境保护局根据工作需要对网站进行了全面的改版。网站运行以来，网站浏览量、浏览总人数呈上升状态，沧州市环境保护局网站已成为人民群众了解市环保局的窗口。为了建立完善的政府信息公开目录体系，沧州市环境保护局在网站上建立信息公开指南、信息公开目录、信息公开年度报告、依申请公开等栏目，发布《沧州市环境信息公开指南》和政府信息公开年度总结和自查报告，根据《政府信息公开条例》编写《沧州市环保局政府信息公开目录》，并随着工作开展情况不断更新。

（孟俊龙）

沧州市交通运输局网站

沧州市交通运输局门户网站是“中国·沧州”政府门户网站群的子站，网站栏目已对应互通。按照政府网站要求，网站内容及时更新和维护，同时，沧州市交通运输局定期进行网站自查，无非法链接、断链等问题。

2012年3月，沧州市交通运输局进行网站开始全面改版。新版网站已纳入政府网站群。沧州市交通运输局成立了以副局长为组长、局办公室副主任为副组长的网站工作领导小组，网络信息室具体负责网站改版建设工作有关事宜。

沧州市交通运输局召开网站建设与管理工作专题会议，明确网站建设与管理工作的指导方针。同时，制定《沧州市交通运输局政府网站管理制度》等各项制度，开展网站宣传工作。

根据市政府网站群建设要求及沧州市交通运输局部门职能，网站内容包括：

根据部门情况发布各类相关信息、图片、视频等信息；在线互动：建设在线留言（实现与中国·沧州门户网站百姓留言版块信息共享）、领导信箱、在线调查等版块；公众服务：根据部门职能发布相关办事流程、服务项目等；多级管理员管理：为交通运输局局直各单位、机关各科室、各县市区交通运输局建立管理员进行信息维护发布等；统计功能：实现网站信息发布统计功能，实现与中国·沧州站群系统统一访问计数功能；信息报送：管理员只要在本站上发布信息，信息就能自动共享到中国·沧州门户网站中，方便市政府进行信息采集工作。

答复和处理好市长信箱中关于交通运输方面的群众意见和建议。沧州市交通运输局按时答复和处理市长信箱中所有群众意见信件，没有二次投诉发生。在门户网站也开通了专门服务群众的专栏，局长信箱、百姓留言、建言献策三个栏目，对群众反映的问题不推诿、不应付，积极按时答复意见。专人负责依申请公开咨询工作，方便市民咨询。

建立了“安全稳定管理责任公开体系”。按照“服务百姓、服务工作”的服务理念。在局门户网站上建立了“安全稳定管理责任公开体系”平台。沧州市交通运输局将工作职责分配到岗，落实到人。从单位领导到基层工作人员、从机关处室到具体站班，明确各岗位工作干什么、怎么干、谁来干、谁负责。此体系的建成，一是方便百姓及时了解沧州市交通运输局的工作职能、职责分工，对百姓关心的具体事宜知道谁负责、谁办理，实现工作流程的动态公开。二是加强了本部门的工作监督力度，让政府工作在群众的监督下进行，让各个部门都有责任感。

（刘艳军　安国栋）

沧州市城市管理局网站

沧州市城市管理局于2009年挂牌成立，随后就开通局网站，2011年8月25日启用新网站，网址为www. czscg. gov. cn，是沧州市政府网址的一个子站。网站设置机构设置、工作动态、政务公开、政策法规、报刊文摘，公众参与、服务天地七大版块。首页显著位置设置了公示公告栏，将相关行政审批结果实时进行通告。

网站建立后，为确保沧州市城管工作最新进展及时上网，城管局设置专人负责网站维护更新，局内刊编辑负责提供新闻素材，局属各单位、机关各科室及时提供工作进展。同时为响应国家、省、市专项活动的开展，2011年12月29日增设了“爱沧州、做贡献、办成事、出亮点”活动专栏。自2011年7月起，沧州市城市管理局监督检查科对沧州市的主次干道、市容市貌、局属各单位工作、四区一县城管工作开展情况和存在问题定期上网通报，已上传督查通报60期。

机构设置版块下设机构概况、领导介绍和下属单位介绍三个子版块。分别介绍了沧州市城市管理局内设机构分工情况、局领导班子成员的基本情况和工作分工、局属各单位的基本情况和工作进展。

工作动态版块下设城管动态、区县信息、图片新闻和年度重点四个子版块，是展示沧州市城管工作最新进展的重要版块。

政务公开版块下设政务公开、行政执法、行业管理和队伍建设四个子版块，是体现城管局政务透明的重要版块。

政策法规版块公开了沧州市城市管理局内部管理和行政执法的相关制度规定。

报刊文摘版块一方面将沧州市城市管理局内刊《城市管理与行政执法》发布在网上，另一方面也转载了其他地市的城管新闻和经验。

公众参与版块下设在线调查、在线咨询和领导信箱三个子版块，是进行网上政民互动的重要场所。

服务天地版块公布城管局涉及的行政许可审批和监管事项的办事流程，并提供相关表格的下载，方便群众网上办事。

（马钰博）

南皮县政府网站

南皮县政府门户网站由南皮县人民政府主办，南皮县人民政府办公室承办，利用政府的设备、网络和信息等资源整合建设而成。它以各乡镇和政府各部门为依托，以需求为导向，以服务为宗旨，以“政务公开、对内便民、对外招商”为指导思想，围绕信息公开、在线办事和公众参与三大政府网站功能定位，以丰富的内容、人性化的服务和强大的功能为用户提供服务。它已成为南皮县政府信息公开、展示南皮整体形象的窗口，也是信息化时代政府联系群众、服务群众的桥梁和纽带，是世界了解南皮的平台和载体，是南皮走向世界的高速公路。

南皮县政府网站的前身是南皮县招商网，由南皮县招商局建设与管理，主要服务于对外宣传南皮，介绍南皮投资环境和招商引资优惠政策，发布招商项目，让外商通过互联网了解南皮，吸引外商来南皮投资兴业。

1999年国家发起政府上网工程，沧州市政府要求各县（市、区）都要建立起自己的政府网站，并对各县（市、区）政府网站进行评比。政府网站的建设任务确定由政府办组织资料，县招商局负责制作。市政府给各县（市、区）政府网站都分配了二级域名（即域名挂在沧州市政府网站域名下），政府网站域名为：http：//www. nanpi. cangzhou. gov. cn，并让各县（市、区）政府网站都放在市政府网站的服务器上（当时市政府网站服务器在市发改委，市政府网站也是由市发改委建设、管理和维护）。在原来的招商网的基础上，按照市政府的建设要求，增加了政府信息等栏目，将原来的招商网更名为南皮县政府网并参加了沧州市政府组织的各县（市、区）政府网站评比，名列第四。此后，南皮县政府网站挂靠县招商局。后因网站管理机制不顺，资料组织困难，网站管理逐渐弱化，内容更新、充实迟缓，网站基本处于停滞状态。

为充分发挥政府网站对外宣传南皮、服务南皮经济建设作用，2007年9月，县委、县政府把南皮县政府网站建设工作纳入重要议事日程，把网站管理由招商局纳入县政府管理，加大了建设投资力度，更新了设备，重新申请了域名 http：//www. nanpi. gov. cn。为提高网站的稳定性、访问速度和访问量，将网站服务器由沧州转到北京，租用了中国最大的域名和服务器提供商——中国万网的服务器，并设立了县政府网络中心，专门负责县政府网站的管理和维护工作，成立了以常务副县长为组长，政府办主任、副主任为副组长，政府办相关人员为成员的政府网站信息审查领导小组，健全了《南皮县政府网站管理办法》《南皮县政府网站管理规定》《南皮县政府网站上网信息保密审查制度》等相关规章制度，对南皮县政府网站进行全新改版，重新设计了版面，更新了栏目，新上了大量信息，充实了网站内容，完善了网站各项功能。同时为保证网站内容的及时更新和不断丰富，县政府办公室对网站栏目采取分工负责，将栏目按内容分配给对口秘书，对所上信息进行记分考核制。从此，南皮县政府网站建设与管理步入了规范、快速发展轨道，成为政府信息公开的窗口、政府联系群众和企业的纽带和招商引资的平台，有力地促进了建设法制政府、责任政府、服务政府的进程。

全新的南皮县政府网站于2007年10月1日开通运行，运转一直良好，累计访问量已达近40万人次，访问国家和地区达82个。网站信息也被长城网等各大网站转载宣传。网站得到了各级领导和全县人民的支持和好评，在2008年河北省政府网站评比中进入全省县级政府网站30强，名列第15位。

南皮县政府网站建设初期仅设置有南皮概况、政务信息、招商引资等十几个栏目，涉及面较窄且内容较少。纳入县政府管理并经改版后的南皮县政府网站设有一级栏目27个，二级栏目49个。内容涉及到了全县政治、经济、文化、生活等各个方面。

“今日南皮”是南皮县政府网站点击率最高的一个栏目，可谓南皮县政府网站的焦点栏目，图文并茂地发布每天发生的重要新闻信息。全县百姓可通过这个栏目及时了解到县委、政府及有关部门的重大决策、重大活动和其他政务信息。成为国内外人士特别是在外南皮人了解南皮的一个重要窗口。

“政务动态”栏目随时发布县委、县政府、各乡镇、各部门的政务动态信息，从2007年10月1日开通至2013年底发布各种政务动态信息3211条。“领导讲话”发布县领导本年度重要会议讲话和电视讲话。

“政府文件”发布出台的利于经济发展和便民的文件、通知、公告等。

“政务公开”发布县政府需面向群众公开的各种事项，如：南皮县党政领导班子公开承诺内容，各职能部门的政务公开内容等。

“政府公告”发布县政府要对外公布的重大政府信息，如：南皮县2010年度行政执法人员执法资格公示。

“政府机构”公布县直各部门的职能、内设机构、相关业务、服务指南等，老百姓去某个部门办事，可先从网上了解办事程序、做好有关准备事项，缩短办事时间，提高办事效率。

“乡镇风采”对9个乡镇的概况、区位优势、资源优势、特色产业、重点企业、招商项目等进行了全方位展示。

“网上办事”栏目公布了各职能部门的办事程序，需填报的资料、表格等。到某个部门办事的人，可先在网上找到这个部门办某件事的流程，需填报哪些材料，然后准备齐全到该部门一次办结。

“企业之窗”把重点企业图文并茂地对外进行展示，提高了企业对外合作的机会，拓宽了企业对外交流的渠道。

“经济信息”把特色产业、特色产品、对外贸易等进行网上介绍、展示。

“招商引资”栏目是网上招商引资的平台，发布投资环境、投资方向、优惠政策、投资程序、服务机构、工业区介绍、重点招商引资项目等，让有意投资的外商足不出户就能了解到各方面的情况。

随着《中华人民共和国信息公开条例》的正式实施，南皮县政府不断加大政府信息公开工作的力度，在南皮县政府网站上开辟了“南皮县政府信息公开平台”，进一步完善网上信息公开目录体系，制定信息公开保障机制，梳理和编制县政府及各部门信息公开目录。老百姓可上网在这个平台上了解到县政府、各乡镇、各部门的概况、政策法规、规划计划、工作动态、行政执法、财政财务、统计信息、办事指南等各类政府信息，同时也可受理依申请公开在线请求。通过这个平台，到2013年底已公开各类政府信息1892条。

“南皮古迹”“南皮名人”介绍南皮文物古迹，古代、近代、当代的名人志士，对外展示南皮的历史文化。如：省重点文物保护单位——石金刚；秦置县之地——古皮城。清末军机大臣——张之洞；唐代地理学家、政治家——贾耽。

2010年升级服务器，加大了服务器空间，新设置了“媒体南皮”“图片南皮”“视频南皮”“南皮县保障性住房”“渤海粮仓”“金融之窗”“党的群众路线教育实践活动”等栏目。以新闻媒体的角度，通过图片和视频的方式，更加深入、直观地展现南皮的发展变化以及在社会、经济、文化等方面取得的巨大成就。其中“媒体南皮”发布来自《沧州日报》《河北日报》、新华社等各个媒体宣传报道南皮的文章。“图片南皮”则通过一幅幅靓丽的图片来展示南皮的风貌。“视频南皮”发布展现南皮风土人情的宣传片，如:《谈古论今话南皮》《今日南皮》等，让南皮政府网站更具观赏性，更能形象生动地展示宣传南皮。

为配合县委、政府做好一些重大事项的网络宣传工作，县政府网站与时俱进地开辟了一些专题栏目。如：为配合中央第二次党的群众路线教育实践活动，在政府网站上设立了“党的群众路线教育实践活动”专题栏目，发布本专题信息。

“南皮县改革开放30年成就展”通过200余照片新旧对比，形象生动地展现了南皮县改革开放30年来所取得的巨大成就。

为庆祝建国60周年，县委、县政府隆重组织了“南皮县庆祝新中国成立60周年大型电视综艺节目”，把视频放在了县政府网站上，点击率非常高，收到了很好的宣传效果。另外，为悼念在四川汶川、青海玉树大地震和甘肃舟曲特大泥石流中遇难的同胞，在全国哀悼日期间及时将网站变灰，此举在沧州市各县（市、区）政府网站尚属首次，得到了各级领导的肯定。

为做好与南皮在外人员的沟通与交流，让在外的南皮人通过政府网站来感受家乡人民对他们的关怀，了解家乡的变化，给家乡建设出谋划策，提供招商引资渠道，特设立了“南皮同乡”交流平台。在这里，在外的南皮人可在线留下的联系方式，并给家乡留言。

为实现政府网站与网民的互动，使县委、政府通过政府网站倾听民声民意，为百姓排难解忧，政府网站特设立了“在线举报”“书记热线”“县长信箱”“在线留言”等互动栏目。

全县网民可通过“在线举报”随时举报各种违法违纪行为（此栏目交由县纪检委、监察局负责管理，收到举报，及时查处），还可在“书记热线”“县长信箱”中反映广大人民群众普遍关心的热点、难点问题。人大代表可在线提交议案（此栏目交由县人大办公室管理），政协委员可在线提交提案（此栏目交由县政协办公室管理）。

群众可在“在线留言”反映自己关心的热点、难点问题，相关领导和部门在最短的时间内给予明确的答复。网络中心设专人每天收集整理“在线留言”反映上来的问题和建议，并呈报给政府办分管领导审阅。分管领导根据留言内容批转相关部门给予答复办理，重大问题报请县领导审阅批示。网民亲切地称这个栏目为“南皮县网络信访局”。

（张明昊）

衡水市“一体化”政府网站群

【概况】 衡水市政府门户网站于2003年正式开通，由衡水市人民政府主办，衡水市人民政府办公室和衡水市政务服务中心共同承办。网站围绕“全面、公开、便民、互动、共享”五大网站建设特色，努力打造政府网站群中心网站引领地位。一是网站内容涵盖全市政治、经济、文化等各个方面，为群众提供了全面的政务信息服务；二是按照政府信息公开的要求，将政府信息公开目录、政务服务事项、政府公告、政府文件等及时上网发布，最大限度地公开政务信息；三是建立网上办事专区和便民绿色通道，开辟在线申报、网上咨询、便民查询、表格下载、便民公告等栏目，为群众提供细致的便民服务；四是建立“市民之声”“意见征集”栏目，群众通过“市民之声”栏目向政府反映关系切身利益的热点、难点、焦点问题。政府通过“市长信箱”以及“意见征集”等栏目，及时了解群众的意见和建议，加强政府与群众间的政民互动交流；五是建立政府网站群信息共享交换体系。利用政府网站群信息发布系统，自动配置栏目信息，实现一站发布，多站共享，群内联播的信息采编发共享机制，把分散的数据信息变成了综合利用的信息资源，拓宽了信息来源渠道。

【信息保障】 在信息保障方面，进行统一规划，明确各级各部门应该提供的信息和服务，实行统分结合，以统为主的资源管理体制，打破部门限制，保障信息的即时性和一致性，实现统一的信息与应用服务。各级各部门政府网站维护最头疼的事就是网站内容的匮乏和信息更新困难，根源就在于主站与子站脱节，没有形成有效的信息资源交换共享协同机制。要实现有效的资源整合，在主站和子站之间，在站群与现有政务应用之间建立协同资源整合机制。通过“整合、优化、共享”的建设理念，利用政府网站群统一平台系统，各网站之间形成多种共享信息交互栏目，建立“动态新闻、政府公告、招投标、政府信息公开、数据查询、网上办事、信息咨询、便民服务”八大共建栏目。各网站之间通过信息共享和栏目交互配制，实现了全群数据共享、信息联播。从而使政府网站群成为提供公共服务、公众参与和整合政务信息的窗口，成为政府所有政务服务的统一电子门户。

市民之声 在线访谈 民意征集 网上调查

倾听群众心声，接受各界监督！欢迎您使用衡水市市长公开电话！您想知道的，我们会尽可能解答；您不满意的，我们会抓紧协调解决，处理结果我们将在网上为您反馈。

市长信箱
请发送问题至szxx@hengshui.gov.cn 我们将根据您的问题协调处理。

市长电话
请拨打12345反映您的问题，我们将根据您的问题协调处理。

反映内容	受理时间	办理状态
【邮件】政府文件当头，管理部门依旧无法无天	2014-01-28	办结
【邮件】建议榕花街地道桥建过衡天桥和地道	2014-01-14	办结
【邮件】安全受到威胁	2014-01-13	办结
【邮件】何庄乡政府拖欠退休人员工资问题	2014-01-08	办结
【邮件】景县王瞳永强驾校违规收费	2014-01-03	办结
【邮件】关于小区停水问题	2013-12-26	办结

【建立独具特色的政府网站群体系】

衡水市的政府网站群体系是以“中国衡水”政府门户网站为主体，以用户服务为中心，以资源整合和信息共享为基础，各级各部门网站共同参与的网站群体系。

一是创新的网站群理念。政府网站群不是各级各部门政府网站之间的简单链接，而是实现政务信息与服务资源有效整合的统一体。政府网站群门户网站与子网站建设在统一规划的指导下，采用集中与分布相结合的建设模式，明确门户网站与子网站的层次划分和分工定位，确定网站群中的各个组成网站的服务对象及相关需求。政府网站群系统搭建一个强大的核心管理系统与技术支撑架构，网站之间具有统一的信息资源共享和交换机制，有一套统一的信息与服务保障管理机制。

二是强有力的实施策略。建设政府网站群首先必须加强领导，统筹规划，需要各级各部门全员参与和配合。因此，多次召开专题政府网站建设工作会议，及时解决网站存在的问题，不断推进全市政府网站建设工作，得到各级部门领导高度重视和支持。实行规划五统一：既统一站群规划，规划网站的命名规则，网站之间的信息共享和交换规则，建立资源和服务之间的对应关系；统一服务规划，以用户为中心，全方位提供网上信息服务和办事服务；统一资源规划，按照政府各职能部门的工作职责，全面梳理政务信息资源，建立政务信息资源目录体系；统一运行规划，明确职责划分，制定网站运行、管理、维护操作规范；统一安全规划，根据站群系统安全管理需要，从系统平台、系统安全、应用安全和内容安全等方面规划安全策略。

三是集约化群管理。衡水市是欠发达地区，网站建设资金比较匮乏。为节约财政投入，有力整合政府信息资源，从 2005 年开始着手进行政府网站群建设，开发政府网站群系统管理平台。政府网站群采用统一标准、统一技术构架、统一管理，实现全市政府网站之间的数据交换、资源共享，避免了分散建设、重复投资、技术标准混乱等弊端。建立了各级各部门维护网站“放心”、管理网站“省心”、网站安全“安心”的网站管理体系，这种管理体系降低了全市网站建设资金的投入，为市财政节约了大量的资金，走出一条集约化的、可持续发展的电子政务之路。

【提升政府网站服务水平】 努力提高政府网站的办事能力，整合各种政府信息资源，为公众提供“一站式”的在线服务，一直是政府门户网站建设追求的目标。根据省政府建设网上政务服务中心的要求，结合网上审批和电子监察工作的开展，建立“衡水市网上办事服务平台”。SSO英文全称 Single Sign On，单点登录。SSO是在多个应用系统中，用户只需要登录一次就可以访问所有相互信任的应用系统。它包括可以将这次主要的登录映射到其他应用中用于同一个用户的登录的机制。它是较流行的企业业务整合的解决方案之一。

实现行政审批和服务的“网上咨询、网上受理、网上反馈、网上监督”，将办事咨询栏目的回复期由原来的三天改为一天，并由相关的督查部门进行督促和检查，做到“事事有人回、件件有答复”，使用户能快速获得所需的信息和服务。用户可以随时上网查询办理结果，工作人员可以通过市政府门户网站的短信平台和用户沟通，告知办理结果和需要补办材料等信息。真正实现资源共享、无缝对接、协调联动的一体化行政服务，为公众提供无缝式电子化服务。下一步，将开通百家重点企业实行网上申报、预审、反馈、办理，实现7×24小时“永不下班”的网上政务服务中心。

【提高网站安全性】 政府门户网站代表的是“网上政府”的形象。网站的安全保障是政府门户网站的生命。落实信息安全管理责任制，是做好网站信息安全工作的关键；强化安全保密意识，建立完善的制度规范，是确保网站信息安全的重要基础；而采用必要的技术手段构建防护体系，是做好网站信息安全工作的保障。一是建立信息发布安全管理责任制。确保发布的信息不涉密，做到“上网不涉密，涉密不上网”。上网信息的采集、发布和更新，实行“谁主管、谁负责，谁发布、谁负责”的原则，把上网信息的把关权按职能分配到各个部门，要求各部门明确一位负责同志作为本单位信息发布的“第一责任人”，确保信息发布的安全性和准确性；二是建立功能强大的系统支撑平台。针对有些政府网站管理部门没有专业的技术人员，无法达到网站安全的维护要求的问题，建立全市政府网站群体系，实行统一平台管理、统一平台运行。统一的平台管理，使网站置于多重安全保护之中，可以不再为网站安全伤脑筋，真正达到让网站管理人员在网站安全上“安心”；三是加强网站的技术防范工作。政府网站群系统建设使用 Solaris 操作系统和大型 Oracle 数据库，实现全年365天24小时运行，并安装入侵检测系统，对网络系统运行状况进行24小时监控，有效地保障政府网站群系统安全运行。今年政府网站群实行CA认证管理。通过证书登录方式进行管理和维护信息，保证维护人员在网上传递信息的安全性、真实性、可靠性、完整性和可追溯性，确保上网信息的安全。

（市政府办）

衡水公安网——燕赵警民通

2007年至2013年，衡水公安网围绕如何进行信息公开和便捷群众需求寻求突破口，不断优化网页功能，网页由原来的6个栏目，扩增至到2013年底的38个栏目，方便群众了解公安、网上办事。衡水公安网可分为三个发展阶段。第一阶段是2007年至2010年5月，依托省公安厅互联网门户网站，建立衡水频道，该频道由省公安厅统一制作，统一模板；第二阶段是2010年6月至2011年12月，自己开发网站，推出特色栏目，不断优化网站服务功能和办事功能。第三阶段为2012年1月至2013年12月，不断优化网站服务功能。

第一阶段：（2007年至2010年5月）使用由省公安厅制作的全省各地市统一的模板的网页。网页上设有最新警讯、工作动态、案件快递、图说警事、警务公开、公安文化共6个栏目属各地市公安局管理。

第二阶段：（2010年6月至2011年12月）从2009年12月份，市公安局开始酝酿建设新的互联网门户网站，并结合省公安厅、石家庄、保定互联网网页的制作情况，谋划衡水市公安局互联网建设方案和信息发布运行管理规定。经过近半年的精心准备，在市政务中心网站管理科的大力支持下，经过两个月的试运转，市公安局互联网门户网站于2010年6月22日正式上线运转。该网站的运转理念为：以开放、便民、互惠、共享理念，打造无障碍警民网络沟通平台，以倾听民意，集纳民智，提供服务，平等交流，推动警务公开化、执法透明化、警民关系和谐化。

衡水市公安局网站的各栏目内涵丰富，图文并茂，立足于公安工作与群众利益的结合点，及时发布适宜公开的衡水市公安机关警务信息，使群众足不出户了解公安机关最新动态、工作部署、政策规定、案件信息、警情通报等，满足群众的知情权，树立公安机关“阳光政府”、“透明执政”的形象。

根据公安工作实际和群众需求，网站设置为四大功能：

一是警务公开功能。专栏设置政务公开和警方资讯。政务公开包括机构概况（内设机构及职责，直属单位及职责）、政策法规（综合，刑事，治安，户籍、交管、出入境和计算机和网络安全、消防、队伍建设）、公告公示（招警信息、人事任免等）、统计数据（可以公开的公安业务工作数据）。警方资讯包括衡水公安要闻（衡水市公安局重要工作部署，重大案件侦破信息，新出台的与群众关系密切的政策法规规定）、各地警务信息（县级公安机关工作动态等）、警情提示（根据一个时期内全市治安状况，发布案件特点、预警提示）、警方通缉、图说警事、专题报道（根据一定时期内中心工作的需要开设专题类栏目，如和谐警民关系、社区警务建设、公安队伍建设、执法规范化建设等）。

二是民意征集功能。设置局长信箱监督举报专栏。局长信箱包括受理公民、法人和其他组织对市公安局以及工作部门的意见和建议，吸纳民智的力量。来信通过一定的程序向有关责任单位交办和转办，并由相关单位向写信人反馈处理结果。监督举报更名为投诉大厅。接受群众对犯罪线索的举报、对公安机关和公安民警的投诉。通过一定程序交办和转办后，及时反馈。

三是网上办事功能（“能办事”）。设置办事大厅、在线咨询、便民警务地图、便民查询、安全防范专栏。办事大厅内凡需要市级公安机关批准的各种行政审批项目，该网站按照部门职能提供了办事指南、办事流程表和表格下载、服务电话等；可以网上预审批的，提供网上行政审批服务。在线咨询包含刑警、交警、治安、出入境、户政、经侦等 6 个部门的子栏目。便民警务地图提供市、县区两级公安机关窗口单位地址、电话。便民查询（如车牌查询、电子警察查询、派出所位置查询等）。安全防范（介绍防盗、防抢、防骗、防火、防交通事故、防恐怖袭击等安全知识。

四是互动交流功能（“可互动”）。设置民意直通车（社会治安满意度调查，警民关系满意度调查，警方某个专项工作调查，其他群众关心的公安工作动态调查等），新闻发言人（市公安机关新闻发布会实录），在线访谈（针对一个时期的公安中心工作和群众关心的热点问题，邀请公安机关的领导和部门领导在线回答群众的提问），警民博客圈（链接河北省公安厅警民博客）等栏目。

2012年和2013年，衡水市公安局互联网门户网站每年进行细微改版。2012年增设了行政复议网上申请、控告申诉网上受理和公安微博群及衡水公安QQ群；同时，2012年根据省公安厅的要求，将网页的LOGO改版为“衡水公安网燕赵警民通”。

原 LOGO

到 2013 年底 LOGO

2013 年，在网上服务大厅增设了办案制度、执法流程、便民措施、民众评议，并对新闻发言人、执法告知、监督举报网上办事进行了改版。同时将办案制度、执法流程、便民措施、民众评议、办事指南、执法告知、表格下载、网上警务室、办事流程表、服务电话、网上办事、在线咨询、便民查询、安全防范整合到网上服务大厅。

网站由成立之初的信息公开逐步向网上办事、服务于民转变，成为衡水公安机关面向群众征询意见建议、接受监督的“网络直通车”和便民利民的办事平台。

网上服务大厅。该服务大厅是衡水市市级门户网站开通的第一个互联网网上办事大厅，该栏目建立以来，为群众办事 1000 余件。包含办案制度、执法流程、便民措施、民众评议、办事指南、执法告知、表格下载、网上警务室、办事流程表、服务电话、网上办事、在线咨询、便民查询、安全防范等 15 个栏目。

在网上服务大厅中，办案制度、执法流程、便民措施、办事指南、表格下载、办事流程表、服务电话、安全防范根据公安工作实际及时进行更新。

网上办事：在栏目成立之初，市公安局就将其做了大厅式设计，2013 年，将页面进行了美化。

在线咨询。根据公安工作实际，市公安局将窗口单位户政、交警、出入境、刑警、经侦、治安等六个部门全部开通了在线咨询栏目，及时解答群众咨询的各类问题。截至 2013 年底，该栏目共回复群众各类咨询 260 余条（包含不公开）。

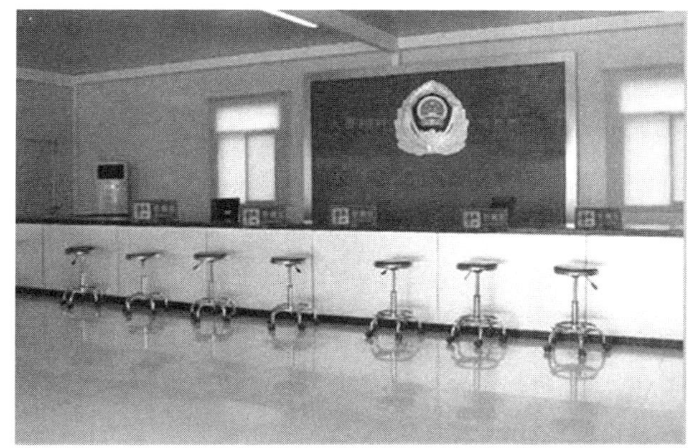

美化前

美化后

衡水市公安局微博群

腾讯微博	新浪微博
市公安局	市公安局
桃城分局	桃城分局
经济开发区	经济开发区
衡水湖分局	衡水湖分局
冀州市局	冀州市局
枣强县局	新浪微博
故城县局	故城县局
景县县局	景县县局
武强县局	武强县局
武邑县局	武邑县局
阜城县局	阜城县局
饶阳县局	饶阳县局
安平县局	安平县局
深州市局	深州市局

局长信箱。该栏目成立以来已由局长督办各类群众投诉20余件（包含群众不愿公开的投诉）。

公安微博群。到2013年12月15日，市公安局新浪政务微博共发布信息11986条，2013年发布信息4853条；腾讯政务微博发布信息11943条，2013年发布数5027条。2013年新浪、腾讯政务微博发布原创信息9018条，转发862条。新浪微博转发100次以上3条，腾讯微博转播200次以上5条，在地市级公安机关政务微博排名中位居前列。同时，围绕稀水市公安中心工作和省公安厅统一部署的宣传活动，组织开展微访谈、微直播5次。

（市公安局）

衡水市扶贫信息网

衡水扶贫信息网是由衡水市农业开发扶贫办公室主办的发布扶贫政策、扶贫开发工作、公示年度扶贫资金及项目实施计划等与扶贫开发工作相关情况信息的门户网站。网站域名为：www. hsfp. cn。2005年3月29日，衡水市扶贫信息网在中国万网进行注册，2005年4月衡水市扶贫信息网正式开通。衡水扶贫信息网后台系统由衡水市政务中心统一管理，信息录入及日常维护由衡水市农开扶贫办社会扶贫科负责。

衡水扶贫信息网的主要任务为信息公开，不涉及网上办事及政民互动内容，主要设置了扶贫动态、产业化扶贫、斯格猪专题、劳动力转移培训、社会扶贫、科技扶贫、扶贫政策、互助资金、专项资金公开及网上公告、龙头企业简介、劳动力转移培训基地简介、斯格猪专题、扶贫常识。

扶贫动态。重点发布衡水市扶贫办开展的各类扶贫工作信息，涉及扶贫政策的发布、各类扶贫会议的召开、扶贫工作进展、扶贫办领导调研督导工作情况等。

产业化扶贫。重点发布衡水市产业化扶贫工作进展、新做法、新经验、好典型等信息。

斯格猪专题。重点发布扶贫斯格猪养殖产业的发展情况、以及先进的养殖经验等。

劳动力转移培训。重点发布“雨露计划”劳动力转移培训工作的进展、取得的成绩、培训后脱贫的典型事例等信息。

社会扶贫。重点发布有关社会扶贫工作会议部署、各帮扶单位的工作开展情况、社会扶贫工作中涌现出的先进单位及个人的典型事迹等。

科技扶贫。重点发布有关科技扶贫的相关政策、各县开展的各类科技培训及先进的种养技术等信息。

扶贫政策。发布国家、省、市各类扶贫开发工作政策措施。

互助资金。发布扶贫互助资金工作的各类信息。

专项资金公开。发布每年度扶贫财政资金项目计划分配情况。

衡水扶贫信息网作为宣传扶贫开发政策、报道扶贫开发工作进展的信息平台，已发布各类信息两千余条，让更多关注衡水扶贫开发工作及需要了解衡水扶贫政策的读者更方便、迅捷地了解到相关信息。

扶贫动态栏目是衡水扶贫信息网发布各类扶贫信息的主要窗口，也是网站的精品栏目。该栏目及时发布各类扶贫政策、领导讲话、扶贫开发工作进展、扶贫开发工作成就、扶贫开发先进典型事例等信息。

（市扶贫办）

衡水新闻网

衡水新闻网（www. hsrb. com. cn）隶属衡水日报社，是衡水市唯一经河北省政府新闻办、衡水市政府新闻办批准、备案的新闻网站，是衡水市到2013年底最大的网上新闻发布中心、衡水市对外对内新闻宣传的重要窗口，是衡水市唯一的百度、搜狗、谷歌、360等网站的新闻源提供媒体。

网站2006年建站，2010年根据衡水市要求和自身发展需要进行升级改造。网站以刊载国内外、本地重要新闻为主，形式大气，内容及时，是衡水到2013年底更新最快、内容最全面的综合性新闻网站。

2012年度获“全国地方网站十佳特色品牌”奖、“河北省文明网站”称号，2013年荣获“全国地方网站最具广告效力品牌奖”。衡水市委书记李谦勉励衡水新闻网“宣传衡水、助力发展、再接再厉、再上台阶”。

衡水新闻网业务主要包括网站主体发展、社区论坛建设（报社街社区）、活动组织三部分。

网站主体发展。独家发布《衡水日报》《衡水晚报》的要闻，内容权威、客观、公正。两张报纸完整、规范、严谨的采编队伍，是网站的强大后缓。湖城要闻、衡水要闻、环保频道、公益频道、房产频道、汽车频道、财经频道、教育频道、健康频道、娱乐频道、求职频道，访问量及影响力均在衡水地区行业网站中名列前茅。即将上线的“网络问政”将为政府和群众搭建顺畅的交流平台，让老百姓关心的身边事得到最及时的反映和解决。

社区论坛建设。衡水新闻网推出的“报社街社区”“金衡水论坛”，全方位、近距离反映衡水百姓生活，畅谈大家普通日子里遇到的酸甜苦辣，互动、贴近，是该论坛的特色。

活动组织。衡水新闻网把经营网站、服务商家、搭建平台、健康发展，当作自己的发展模式。积极推出“衡水试吃团”活动、亲子活动，结合衡水教育强势的特色，举办高考冲刺、中考指导会等活动。即将推出的还有体现新媒体特色的“微电影”拍摄及海选活动，与阿里巴巴集团一起合作开展的“带着网友四海为家、一路公益一路宣传衡水”的《衡水去哪儿》等。

网站的活动，不只是网站获益，更要让商家获益，让网友有收获，让社会受益。实现线上线下，抱团发展，多方共赢，把活动的意义做得更长远。

网站的建设和发展得到了衡水市委、市政府领导的高度重视和充分肯定，得到了衡水市委宣传部的大力支持，得到了广大网民和各级政府部门、市直单位、企业等方面的关注。

衡水新闻网的社会影响力与日俱增，正在成长为“衡水市门户网站，对外对内新闻宣传的重要窗口”，成为衡水市第四媒体。

2006年至2010年，衡水新闻网的前身只是《衡水日报》和《衡水晚报》的电子版，栏目按当时衡水日报和衡水晚报的既有栏目设置，包括“衡水新闻”“评论”“副刊”“滏阳花”“现场写真”等，浏览量一天在2000次左右。

2010年改版升级，更名衡水新闻网。网站经过重新规划，增加内容，更新栏目，开设网站内部搜索功能，美化网站，优化首页，首页打开速度加快，阅读体验提高，访问量不断增加。随着网站不断开展活动，与市民增加互动，并且因网站成为百度新闻源、谷歌新闻源、搜狗新闻源、360新闻源，大幅度提高了网站的点击率，网站流量一直处于明显上升趋势。按24小时IP流量统计计算，截至2013年底，日IP访问量为6000次左右，日浏览量达50000次以上。

衡水新闻网在百度、Google、搜狗、360等各大搜索引擎中具有较高的排名。到2013年底，衡水新闻网已经与凤凰网、中国经济网、中国知网等多家知名网站建立了良好的合作关系。

衡水新闻网门户网站于2006年12月正式开通，为衡水日报、衡水晚报的电子版，网站主要以转载衡水日报、衡水晚报各栏目的原创稿件为特色，以开展活动形成良性互动为发展目标。2010年衡水新闻网升级改造，根据衡水市主要领导要求，建设地方综合网站。原衡水市委书记刘可为批示：要贴近衡水实际、贴近生活、贴近人民群众，办好网站，提升人气。2010年8月，原衡水市委书记刘可为视察衡水新闻网。2011年1月，衡水新闻网获批成为河北省人民政府新闻办备案新闻网站。2012年1月，衡水新闻网成为百度、搜狗、360、谷歌新闻源提供媒体。2013年2月，衡水新闻网获中国互联网品牌大奖“全国地方网站十佳特色品牌”称号。2013年3月，衡水新闻网获“河北省文明网站”称号。2013年3月，衡水市委书记李谦勉励衡水新闻网：宣传衡水，助力发展，再接再厉，再上台阶。2013年12月，衡水新闻网荣获中国互联网品牌大奖“全国地方网站最具广告效力品牌奖”。

衡水试吃团。衡水新闻网2013年推出的活动。主要方式是，通过招募，自愿参加，成立试吃团。每期组织10个成员，去新开张的特色饭店去免费品尝。试吃后，在衡水新闻网论坛上发表相关的试吃感受，主要是图片和文字的模式展示，形成舆论的热点，口口相传宣传饭店。这种形式，对于好吃一族与新开的特色饭店加大影响力都有好处，受到双方欢迎。到2013年底，衡水新闻网已经开展了10期活动。

报社街社区。衡水新闻网推出的社区、论坛类栏目，以衡水新闻网所在的衡水市报社街而命名。栏目设置主要包括“金衡水论坛”“衡水试吃团”“大周刊亲子团”“吃在衡水”“我要买车”“我要买房”“我要上学”“我要看病”等版块。随着系列活动的开展，社区和论坛越来越受到本地网友的喜爱。

（衡水日报社）

衡水湖国际马拉松赛网站

“衡水湖国际马拉松赛网站”是赛事组委会在互联网上统一发布赛事各类信息、为参赛人员提供网上服务的门户网站，是组织部门联系参赛人员、服务和宣传赛事的桥梁和纽带。

2012年9月22日，首次举办衡水湖国际马拉松赛，“衡水湖国际马拉松赛”网站正式开通，网站域名为 www.hengshuimalasong.com。“衡水湖国际马拉松赛网站”秉承“方便、实用、高效”的办站宗旨，在宣传赛事、公开赛事信息和公众参与等方面发挥了积极作用。

“衡水湖国际马拉松赛”网站设置了赛事专题、赛事服务、赛事文档、在线报名、走进衡水等多个栏目，及时公开、更新相关信息，确保信息时效性，便于参赛人员和广大马拉松爱好者及时了解最新信息和动态。

赛事专题：包括竞赛规程、赛事公告、问题解答、比赛路线图、视频在线、新闻图片等栏目，图文并茂，参赛人员可第一时间了解与赛事相关的各种信息，查阅各种资料，同时可通过观看视频、图片等影像资料，直观感受赛事。

赛事服务：为参赛人员提供训练指导、参赛须知等赛事相关常识，普及“从实际出发、循序渐进、持之以恒”等体育锻炼基本知识，提高体育运动爱好者自我保护意识，避免因不合理运动对身体造成伤害。

赛事文档：为参赛人员提供报名表、承诺书、路线图等各种参赛所需文档的在线下载。

在线报名：为参赛人员提供网上报名服务，通过该版块，参赛人员足不出户，即可实现赛事报名，大大节约了人力和资源。

走进衡水：充分利用衡水市人民政府网站的资源优势，与其链接，可全面了解衡水市概貌，对于展现衡水风土人情和改革开放成果起到积极的作用。

综上所述，“衡水湖国际马拉松赛”网站具有以下特点：一是全面，覆盖赛事所有相关信息，同时通过与其他权威门户网站链接，可方便了解其他信息资源。二是全新，率先发布赛事相关信息，实时更新，保证参赛人员第一时间了解赛事动态，为了解赛事做好相关准备。三是便捷，信息分类简单易懂，信息检索方便易行。各个版块涵盖了参加赛事所需的所有信息资料，通过网络，参赛人员即可找到所需任何资料。

到 2013 年底，衡水湖国际马拉松赛已经成功举办了两届，门户网站对于服务赛事、宣传衡水发挥了积极作用。通过网站对品牌赛事的宣传，相信网站必将对于推动体育事业的健康发展和全民健身运动的蓬勃开展，全方位、多视角宣传衡水改革开放的成果，展现浓郁的人文地理风情，促进城市不断提升品位，把马拉松精神与城市文化完美结合，起到积极的作用。

（衡水湖国际马拉松赛事组委会）

深州市政府网站

深州市政府网站建设工作，按照“加快电子政务建设，推进政府上网工程的建设和运用，扩大政府网上办公的范围；政府部门之间应当尽快做到信息互通和资源共享，提高政府办事效率，降低管理成本，创新管理方式，方便人民群众”。这一总体要求，坚持突出重点，分期实施，应用主导，整体推进的原则，加快建设，取得了阶段性成果。自 2005 年深州市政府网站运行以来，各方面反映良好。

市政府高度重视政府电子政务和信息化建设，特别是把建立和完善政府网站建设摆上了重要的议事日程。自 2005 年起，市政府多次召开常务会议和市长办公会议，深刻领会信息化和网站建设在政府职能转型中的重要意义，专题研究和落实网站建设规划，提出限时完成的具体工作任务。成立了由常务副市长为组长的信息化建设领导小组，具体负责网站建设工作，定期听取网站运行情况汇报。按照市政府安排部署，政府办公室为网站建设工作提供了电脑、打印机、照相机及网络设备等设施，为网站顺利运行打下了坚实的硬件基础，并由 3 名专职人员从事更新工作，对网站功能、网页设计、维护更新、后台管理等工作进行具体操作，确保网站建设在高效、实用、专业、安全的轨道上平稳运行。

2009 年 3 月，在资金非常紧张的情况下对政府网站进行全面改版，对页面布局进行了调整。改版以后的网站充分彰显“招商引资”特色，实施“工业立市、物流兴市”主体战略，突出“机械制造、现代化工、农副产品加工”三大主导产业，深入挖掘工业发展潜力，把近年来招商引资的丰硕成果、重大项目开工、进展情况、重点企业发展状况等项工作作为重点内容进行公布。同时，网站还对开设的新闻报道、招商引资、政务公告、网上办事、为民服务、应急管理和三项专题等七大类 30 多个栏目的总体风格进行了统一。2009 年改版后，及时对网站内容进行了更新和完善，为群众了解政务信息提供方便，增强政府网站政务公开、服务能力。

深州政府网的开通，标志着深州市政府工作进入网络化、信息化和电子化时代。为了充分发挥网络快捷、透明、方便、经济等优势，大力推进政府职能转变，打造阳光政府、服务型政府，加快依法行政和践行依法治国基本方略步伐。一是强力推行自动化办公和无纸化办公，通过内外网络系统，实现上传下达，大大提高了办事效率，节约了行政开支。二是设置了“网上办事”“市长信箱”等栏目，面向广大人民群众和企业法人、组织，优化了办事流程和机制，减少了办事成本。三是注重使网站为发挥政府工作社会功能提供平台。设置了“政策法规”“为民服务”等栏目，把与企业、组织和广大人民群众利益息息相关的重要文件等信息及时予以发布，提供免费咨询服务，同时广泛宣传法律法规、政策和全面推进依法行政工作及最新工作动态，让社会全面了解政府工作，真正做到政务公开透明，执法监督便民到位。有力地推动了政府工作服务功能的实现。

（深州市政府）

饶阳县政府网站

饶阳县人民政府网站是县政府的门户网站，是县政府在互联网上向社会提供公共服务、公开政务信息、进行信息交流和接受公众监督的重要平台和窗口。在县政府的高度重视和各部门的共同努力下，县政府门户网站建设取得了长足的进展，显现出较好的效果。

饶阳县政府门户网站建设起步较早，2002 年 10 月开始建设并开通运行，是一个开通运行较早的政府门户网站，经历了从单一信息发布到信息服务、双向互动的发展阶段，实现了从企业为主建设到政府各部门广泛参与并自行维护建设的转变。县政府门户网站进行过多次改版，第一次是 2004 年，按照市政府网站的要求进行改版，规范了信息栏目，丰富了信息内容，增加了双向互动栏目。之后，随着对政府网站建设工作的探索，从美观、栏目建设等方面多次改版，逐渐实现了把信息服务和公众参与作为改版重点，并实行栏目责任制，政府各部门负责网站相关栏目的信息更新工作，这次改版使县政府门户网站在内容管理和信息公开方面取得了明显成效，到 2013 年，县政府门户网站已成为公众关注的热点网站，下图为运行中的网站首页。

随着政务信息化的发展以及政府信息公开的不断推进，对县政府门户网站提出了新的更高的要求。为了提高网站的建设档次，满足政务信息化的新要求，提高网站公共服务水平，于 2012 年对网站进行改版升级，本次改版重新规划设计了网站栏目和功能，加大了政务信息开发、整合和公开的力度，强化了网上办事和互动功能，扩大了导航链接范围。把网站分为“网站首页”“饶阳概况”“饶阳政务”“饶阳经济”“网上办事”“审批监督”

六大版块。

扩大了政务公开范围。新版县政府门户网站开辟了“网上办事”“审批监督”版块，开设了“领导介绍”“政府机构”“法律法规”“政府文件”“政府会议”“新闻发布”“政府信息公开”“网上办事”“政民互动”等26个栏目，全方位发布政府人事、当前工作、重大活动、重要决策和政策法规等与老百姓切身利益相关或公众关注的政务信息。重点推出了“专题栏目”版块，根据县政府工作的重点及时进行更新栏目版块，2013年2月17日，在政府网站首页新增了“党的群众路线教育实践活动”专题栏目，栏目包含工作动态和工作简报两个子栏目。工作动态栏目主要是宣传全县开展教育实践活动的动员部署、重大活动以及领导小组和督导组深入各单位检查督导工作的情况，各领导班子深入基层调研活动和取得的成果成效等相关工作进展，以便全县党员干部及时掌握相关的活动动态，相互学习，相互促进，扎实推进党的群众路线教育实践活动。工作简报栏目主要刊登县活动领导小组办公室下发的简报，以创新的宣传形式，增强全县党员干部的学习效果。下面是“党的群众路线教育实践活动”专题栏目的二级页面。

通过开设专题栏目宣传党的群众路线教育实践活动，引导党员干部充分认识活动的重大意义，切实增强了党员干部做好工作的责任感和使命感。

“专题栏目”版块共开设了党的群众路线教育实践活动、县委权力公开透明运行、行政权力公开透明运行，农村面貌改造提升、两会专题、工程建设领域信息公开专栏、善行河北、冀展网、住房保障信息专栏等九个专题栏目。此外，政府信息公开栏目的开通，大大提高了政府信息公开的力度，提高了政府工作的透明度。

提高公共服务水平。本次网站改版的一个特色是大量整合信息资源和服务项目，开设网上审批大厅和便民服务两大窗口，为公众提供公共服务。“网上办事”旨在整合政府部门行政服务项目，通过在县政府门户网站开设面向居民和企业服务窗口，为市民、企事业提供“一站式”高效快捷的审批服务。“网上办事”依托市电子政务外网平台，将网上虚拟审批大厅与“政务服务中心”（物理审批大厅）紧密结合，实现物理大厅和虚拟大厅的有机结合。按照“先易后难、先试点后推广”的原则，逐步提供办事指南、表格下载、网上受理和办理、办理状态查询等服务，到2013年底初步实现了表格下载功能，随着信息的进一步整合，将逐步实现网上审批一站式办结功能。

“便民信息”栏目为公众提供大量与工作和生活密切相关的公共信息，将公众经常查询的信息汇聚成“便民查询”栏目，通过链接职能部门网站数据库方式，提供天气预报、列车、航班、地图、违章、住房公积金等信息查询。

加强信息交互功能。开设“县长信箱”和“县长公开电话”栏目，为群众提供更加便捷的投诉渠道，并将群众投诉咨询的信息及时通过网络反馈给群众，提高了工作透明度，畅通了群众诉求渠道。版块试运行后，得到了社会各界的高度关注和积极参与。

（县政府办）

故城县政府门户网站

故城县政府门户网站（www.gucheng.gov.cn）于2005年开始建设并开通运行，网站平台依托市政务中心网站综合管理平台建设，经历了从单一信息发布到信息服务、双向互动的发展阶段。

2005年建设之初，网站设有故城概况、政务公开、故城经济、新闻动态等几个栏目，信息发布单一，页面简单。

2010年，政府网站由政务中心划归县政府办公室管理。

2011年3月，进行第一次改版，设置故城概况、故城经济、政务公开、一城三区、新农村建设、运河风采6个主要栏目，进一步丰富了信息内容，并链接了省市政府网站。同时结合市政府网站发布后台系统升级，对发布系统后台账号、密码进行升级管理，以确保网站安全。

随着政务信息化的发展以及政府信息公开的不断推进，对政府门户网站提出了新的更高的要求，为了提高网站的建设档次，满足政务信息化的新要求，提高网站公共服务水平。2011年10月，进行了第二次改版，重新规划设计了网站栏目和功能，优化调整网站页面，强化了网上办事和互动功能，扩大了导航链接范围。网站分为“走进故城”“今日故城”“故城经济”“一城三区”“城镇建设”“政务公开”“网上互动”“网上办事”“导航链接”九大版块，25个栏目。

本次改版扩大了政务公开范围，整合信息资源和服务项目，开设网上办事栏目，实现网上审批和便民服务两大功能。同时增设网上互动功能，开设建言献策、意见征集、领导信箱、投诉监督等4个栏目。“政务公开”版块开设了领导介绍、政府机构、法律法规、政府文件、政府会议、新闻发布、政府采购、政务动态等26个栏目，全方位发布当前工作、重大活动、重要决策和政策法规等与老百姓切身利益相关或公众关注的政务信息。同时将热点信息进行整合，推出了专题热点栏目，开设了工程建设领域信息公开专栏等。此外，“政务公开”版块还聚合了政府信息公开平台内容，纳入政府信息公开范围的66个部门均可通过本单位账号登录，发布本单位政务信息。随着各单位对政务公开工作的不断重视，政务公开的力度越来越大，公开的范围越来越广，公开的内容和数据也越来越新。截至 2013 年底，已发布政务信息 7200 余条。故城县政府荣获 2012 年度政府信息公开工作先进单位。

政务信息公开平台 更多

· 故城倾力打造生态宜居新县城
· 故城县举行第三届传统文化艺术节
· 故城县举办2014年春季人力资源交流洽谈...
· 故城县坊庄乡组织务工群众到兴弘嘉公司观摩...
· 故城县工商局召开党的群众路线教育实践活动...
· 故城县育、促、强、建打造现代高效农业
· 故城县多项措施扎实做好安全生产工作

政务快报 政府文件 应急管理 社会事业

>> 省新民居建设办公室调研组到我县进行工作调 [02.25]
>> 故城县全力打造东大洼现代农业“示范区” [02.25]
>> 我县召开油气输送管线安全排查整治工作会议 [02.25]
>> 故城县38项民生工程掀起了交通建设热潮 [02.21]
>> 我县举行第三届传统文化艺术节 [02.21]
>> 我县举办2014年春季人力资源交流洽谈会 [02.21]

更多

“网上审批”旨在整合政府部门行政服务项目，通过与县政务服务中心门户网站链接，为市民、企事业提供高效快捷的网上审批服务，实现网上虚拟审批与县政务服务中心现场审批紧密结合，逐步实现了办事指南、表格下载、网上申报、办理查询、举报投诉等服务。“便民服务”为公众提供大量与工作和生活密切相关的公共信息，将公众经常查询的信息汇聚成“便民查询”栏目，通过链接部门专业网站数据库方式，提供天气预报、交通违章、养老、医保、公积金等信息查询；开设“便民利民”“服务企业”“好客故城”栏目，为公众提供“衣、食、住、行、游”等方面的生活信息；整合海南省情信息，开设“投资故城”栏目，提供故城地图、自然资源、投资资讯等；为不断适应政策趋势，方便群众关注的热点问题查询，整合上级部门信息资源，开设了“新型农村合作医疗”“家电下乡”两个专题查询栏目，向社会提供更多便民查询服务。网上互动开通以来，共收到公众留言 16 条，邮件 43 件，回复率 100%，高效快捷地解决了关于教育、大学生求职、咨询相关政策文件、劳动维权等与群众密切相关的问题，受到了社会公众的一致好评。

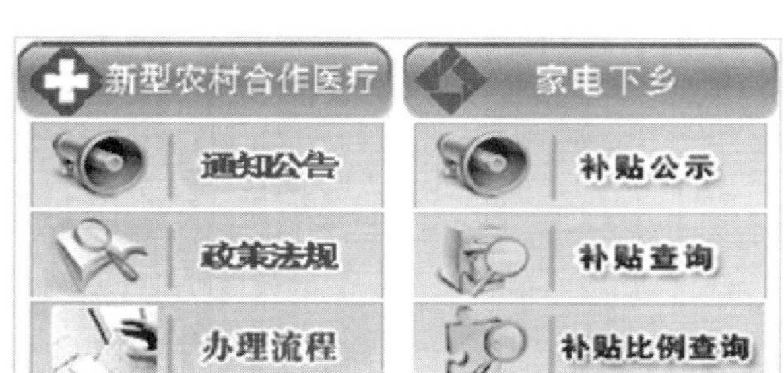

为了加强网站管理，县网站进一步完善管理制度，制定网站管理运行“四制度”：“网站管理办法”“密码管理制度”“运行监控管理制度”“信息发布管理制度”，从信息采集、录入、审稿、发布、存档整个过程，做到信息准确、流程规范、审查严格，确保信息实时、准确、安全。2012 年 4 月，衡水市 CMS 平

台、政府信息公开平台升级为CA认证、政务内网双重认证登录，为全县60多个部门、13个乡镇分配了CMS平台、政府信息公开等系统的CA使用权限，有效地提升了各级各部门电子政务安全水平。

电子政务平台建设。县政务服务中心成立于2003年，经过10年的运行，实现了窗口受理与网上受理、本地受理与异地受理等功能整合，形成大厅受理与网上受理有机结合、大厅现场办理与部门网上办理合理分工、大厅咨询投诉与网上咨询投诉互为补充的工作格局。县政务中心已成为县域经济发展高标准、高质量、高效能服务的政府窗口。

（县政府办）

景县政府公众信息网

景县政府公众信息网于2006年9月中旬正式成立，2013年10月进行了改版，在各级领导的关心支持下，通过近八年的建设与优化，网站以政务公开、公共服务和政民互动三大基础功能为导向，进一步规范栏目设置，使各版块功能更加清晰，栏目设置更加有序，网站整体结构、页面布局、栏目设置、艺术装帧水平不断提升，服务功能进一步增强。

景县政府网站建设围绕各级领导的要求，发挥参谋助手作用，以经济建设为核心，以县域产业需求为导向，各项工作进行的扎实有效，使县信息产业总体规模和信息化总体水平得到提升。

在维护政府网站、建设政府网站群及电子政务工作方面，始终坚持合理投入、充分利用的原则，机房环境、数据库建立、纵横网络建设情况都在扎实有效的进行，同时建成了具有历史性意义的“中国董子网”，并谋划了“中国铁塔网”和企业网英文网页等，探索出电子商务方面的一些路子，为全县电子政务建设打下了良好的基础，为景县产品走向国际市场迈出了坚实的一步。

县政府网站作为县委、政府专设的信息服务部门，既是对外开放的窗口，又是与外界交流的平台。改版后，加大了管理力度，将工作重点放在网页的重新设计、信息的及时更新和向市政府网的传输上。网页设计上：创新设计，从景县的实际出发，整合各个网站的长处，打造全新的、一流的政府网络平台。信息更新上：实时更新，对所有的栏目进行全方位的更新，从网页上的内容体现新的变化与发展，特别是新闻宣传上，以图片、文字和视频等形式，生动地展示景县。

2013年，政府网站在不断更新硬件设备的同时，对网站版面也进行了全新改版，政府网站工作人员全力投身到资料的更新工作中。从收集资料到对资料进行认真筛选及审核，针对政府网站应要发布信息的范围，对全县各个部门的信息以多角度进行网上宣传，让政府网站发挥其应有的作用。经全面更新的政府网站包括景县和各项事业发展情况，以图文并茂的形式将景县的优势进行全方位的宣传。此次全新更改，一改过去网站资料一经发布陈年不变的模式，新网站数据库新技术的支持，使得资料可随时更新，使大家每天都能浏览到的新变化；此次改版更趋向于以服务为主，对于广大人民群众比较敏感的问题设置专栏，以供大家进行监督，为“阳光政务”提供了支持。此次全新改版，为全县各项事业更快地跨上一个新台阶提供了平台。

为保证政府门户网站安全、运转有序，一方面，加大了网络平台、管理平台、安全平台和培训平台的建设力度，在“硬件”上保证网络的安全有序运行。另一方面，加强了管理人员的培训与教育，提高相关人员的思想和业务素质，在“软件”上保证网络的安全有序运行。

增强服务意识，提供有效便捷的服务。坚持以公众为中心，以公众需求为导向，积极开展信息发布、网上办事、网上互动、网上监督等服务，为确保网络畅通，针对网站运行过程中出现的问题，举办了防病毒知识培训班，并积极地向他们介绍正版杀毒软件，有力地提高了各部门的防护能力。网站群各保障部门的微机，无论是硬件出现问题、程序出现故障、网络使用受到限制，只要打一个电话，立即派人进行指导，及时帮助排除故障。强有力的技术支持，提高了网站栏目各保障部门上网效率，增强了网站栏目保障部门的积极性。到2013年底，门户网站的保障部门已经从建立时的14家，增加到46家，有力地扩大了门户网站的知名度，提高了点击率，促成了网络运行、使用的良性循环。

加强人员培训，提高栏目保障质量。为提升全县各乡镇、科局的信息技术水平，在电脑上对每位信息员实行手把手、一对一帮教操作，已完成16个乡镇、30个科局，计46个部门的单独培训，并使其能独立的正确发布政府信息采取以会代训的方式，强化了对有关部门的主管领导和网站栏目保障人员的业务培训。到2013年底，共发布各类信息上万条，可用率95%以上。

扩展服务事项，实现政民互动。在政府网站开辟了政民互动平台后，牢固树立“群众利益无小事”的服务理念，始终把群众的呼声作为第一信号，把维护群众的利益作为第一要务，把群众满意度作为第一标准。平均每天都能收到10多条相关来信，每天上班时第一时间检查处理网站信箱的群众来信，将信箱中群众反映的问题整理成文件资料，及时报与县有关领导进行批办，并将处理结果在网站上进行及时答复。在服务群众、化解矛盾、维护稳定、优化经济环境等方面发挥了积极的作用。

政府门户网站不仅是政府对外

宣传的窗口，也是全县人民政治活动、经济活动和文化活动信息共享的网络平台。网络的公益性决定了高水平建设政府综合门户网站，提高其浏览、查询、互动的使用率是检验政府门户网站应用效果的唯一标准。按照这一标准，加强了对各栏目的工作指导，确保把政府门户网站办成一个实用、高效、有益、共享的网站。

提高信息内容的实用性。向全县46个乡镇和部门，就县政府门户网站的主体设计、栏目建设、工作方法和步骤，政务公开信息内容的录入等工作事项提出了具体要求，增强了信息公开的针对性、实用性、可读性，提高了网络的点击率。

推进了政府信息公开。发挥网络广泛、迅捷的优势，在政府门户网站上公布了县政府领导和各部门主要领导的工作简历、分工、职责等情况，增强了政务的透明、公开；开设了政府信息公开专栏，重大项目实施、重要人事任免、重要决策出台、大额资金使用等情况全部在网上进行了公开，方便了群众监督；开设了县级政府、乡镇、部门政府信息公开网上发布专栏，及网上申请提交系统，把与群众切身利益密切相关的政策、法律、法规挂在网上，方便了群众查询。

整合部门及乡镇子网页。为有效的整合资源，调动各部门参与网络建设的积极性，努力通过网络建设，构建政府与公众之间交流的有效载体，依托政府门户网站，积极整合乡镇与部门在政府门户网站上开设子网页，到2013年底，已建立网站子页46个。同时设立特色服务，在医疗卫生、教育、劳动就业服务等方面，为广大群众提供相关信息服务。

（县政府办）

“中国邢台”政府门户网站

【概况】 “中国邢台”政府门户网站由邢台市人民政府办公室主办、邢台市经济信息中心承建，2013年，按照省政府《河北省政府网站绩效评估指标体系》及《河北省政府网站绩效评估工作方案》的要求，在市政府门户网站建设中以“政务公开”“网上办事”“互动交流”三大功能为重点，对“中国邢台”网站相关栏目进行全面调整，内容进行充实，以强化网站政务服务功能为核心，重点充实政务公开的相关栏目和内容，改进在线办事服务，进一步突出政府门户网站的实用性和互动性。

整合政务信息资源，推进全市政务公开。一是强力推进平台建设。为加快政府信息公开化进程，加大政府信息资源整合力度，切实保障广大人民群众对政府信息的知情权，2008年，按照省政府统一要求，在“中国邢台”政府门户网站建立涵盖市直64个政府部门单位和21个县（市、区）政府的邢台市政府信息公开平台，形成了全市政府信息公开的第一平台。2013年，采取制定计划、明确目标等措施，强力推进21个县（市、区）县级政府信息公开平台建设，到2013年底，全面建成“向下延伸到底，横向覆盖到边”的市、县、乡（镇、办）三级政府信息公开网络体系，县级政府信息公开平台建设取得重大成果。同时，加大重点领域信息公开，通过建立专题栏目，切实加大对财政、保障性住房、食品安全、环境保护、招投标、生产安全事故、征地拆迁、价格和收费等8个重点领域的信息公开。全市85个政府信息公开责任主体2013年全年共发布政府信息33700余条，比上年同期增长30%。二是继续完善网站政务公开栏目。在原有“领导活动”“政府会议”“政府文件”“人事任免”“公示公告”等20多个栏目基础上，增加了“今日邢台”“县市区动态”“部门动态”“视频点播”“图片新闻”“行风热线”“区域经济”“专题专栏”等栏目。同时，围绕市委、市政府中心工作和公众关注的经济社会发展中的热点问题，适时在门户网站上推出热点专题栏目，大力宣传邢台绿色崛起、跨越赶超的前进步伐。2013年全年累计发布38835条；开办特色专题14个，包括“党的群众路线教育实践活动”“解放思想大讨论活动”“重点领域信息公开”“两会之后看落实”“论苑”等专栏。

【强化网上政务服务】 服务是电子政务的生命线，更是政府网站内容的核心。市政府门户网站紧紧围绕提供一流“服务”这一主题，积极开办“政务服务”“百件实事网上办”“便民服务”等公共服务栏目。重点对网上办事板块进行全面调整，重新规划了政府网站公共服务类栏目的总体结构，设计了栏目内容，明确了网站功能定位，以企业、公众、社会群体等3类服务对象设置服务通道，深度整合资源，简化办事程序，优化业务流程，对市直部门办事服务事项逐一进行梳理，打破行业和主管部门界限，建立以自然人生命周期、法人开业歇业办事周期等为线索的办事栏目和便民服务窗口。分为教育、社保、就业、医疗、交通、证件办理、公用事业、婚育、企业开办、经营纳税、资质认定等34类服务领域，每一项领域下按照指标体系细分，公开每一项服务的政策、解读、办事指南、办事流程，表格下载等。到2013年底共整合各部门服务信息1800余条，最大程度地为市民和企业提供办事服务。同时，进一步完善了导航和检索功能，通过办事指引和页面链接等提供“一站式”服务入口，进入网上电子政务大厅，实现群众办理行政审批和公共服务事项的网上咨询、下载、受理、初审、审批、投诉等。

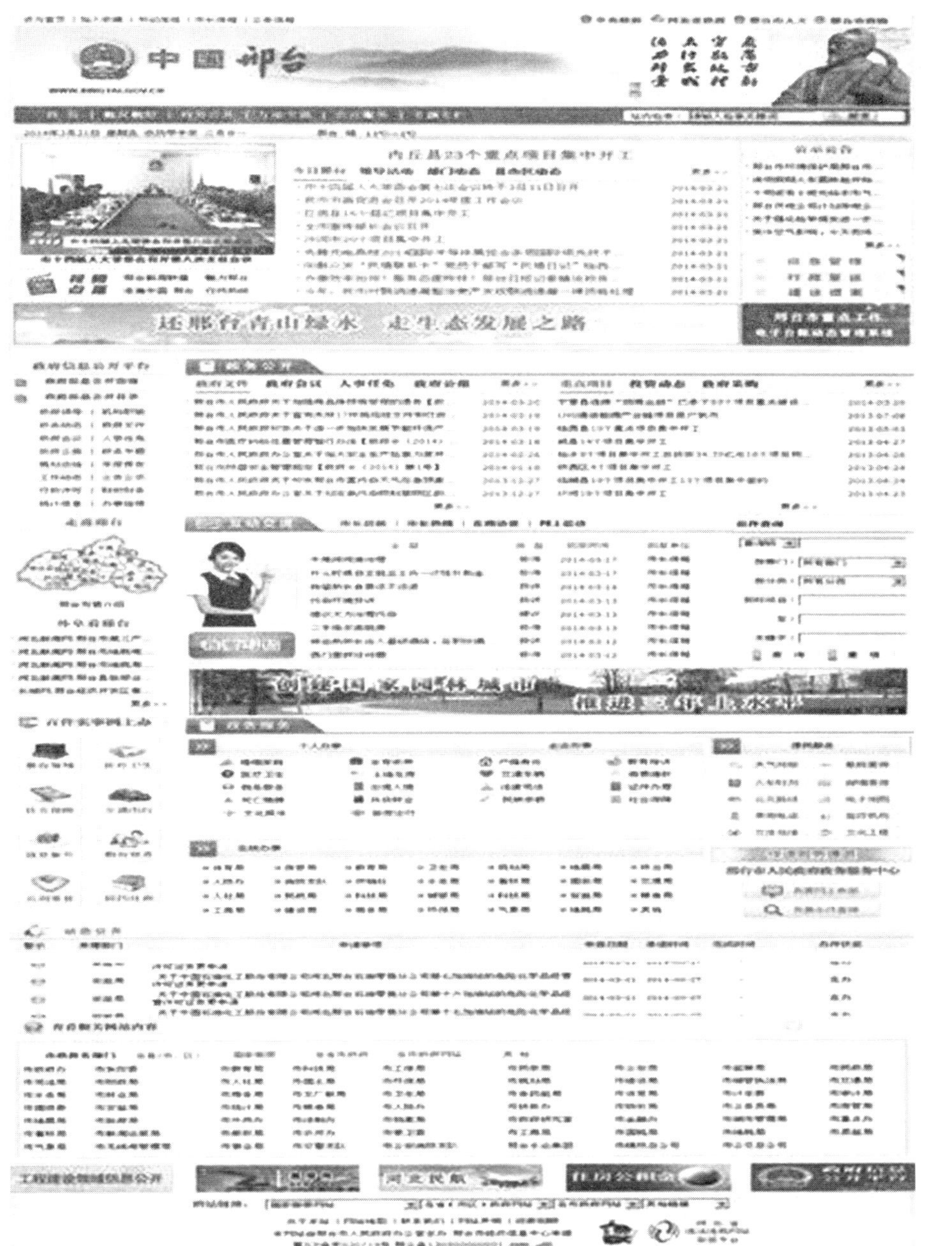

【搭建政民交流桥梁】 为充分发挥网络在集纳民意、了解民情、汇聚民智等方面的作用，市政府依托“中国邢台”政府门户网站，在醒目位置重点打造了“市长信箱”受办理系统，积极为公众建言献策、求助投诉等提供了窗口，市政府通过改系统在互联网上集中受理公众提出的咨询、建议、投诉、求助等信件，认真倾听人民群众的意见、建议和要求，主动接受人民群众的监督。为确保解决问题的实效性，建立了责任明确、协调有序、运转高效的“市长信箱”办理工作机制，工作人员受理群众信件后，严格按照收信、登记、转发、催办、回复、存档的流程执行，专人专办，多方配合，确保每封群众来信都能事事有回音，件件有着落。全年“市长信箱”共受理各类诉求信件共件 2635，有效信件 1350 件，转办 1012 件，直接答复 338 件，办结率 100%。

【保障网站安全运行】 “中国邢台”政府门户网站高度重视管理制度建设和日常工作制度的落实。一是严格执行法律法规，自觉接受监督。“中国邢台”政府门户网站严格遵守国家有关互联网发展和管理的各项法律、法规和政策，遵守各项行业规范，自觉接受上级政府和行业组织的指导和管理，落实用户信息安全管理制度，保证了网站安全运行。二是完善审核制度，落实安全责任。建立了《“中国邢台”政府网站信息发布审核管理办法》，明确专人、明确责任、明确“双审双控”流程，严把信息审核发布关。通过“文件公开卡”和网站管理功能双重保障，对发布信息进行审核，确保信息安全、权威、准确。三是细化管理职责，提升工作效能。结合工作实际，制定完善了网络安全运行管理办法、日常读网制度及监督检查机制，落实网络管理责任制，将各项管理制度分解、细化，使网站工作人员都能尽职尽责，及时发现、过滤、删除有害信息，抵制不良上网行为，提高了效率。四是强化安全意识，落实技术防护。对“中国邢台”政府门户网站的所有服务器、计算机、防火墙等网络设备配置高级别安全策略，及时修补系统漏洞、保障网络安全。五是树立责任意识，强化日常维护。进一步完善了机房巡检制度，实行24小时全天候专人负责管理，对机房设备、网络运行状况实行定时巡检，定期检测，确保机房安全和网络畅通。六是健全应急机制，落实防控演练。为保证网络畅通，先后制定了《“中国邢台”政府网站应急预案》《“中国邢台”政府网站服务器应急防范措施》等制度，利用门禁、监控、软硬件防篡改系统实时监控机房环境，并定期开展灾害预防演练，确保了网站安全正常运行。

【强化管理培训】 邢台市高度重视政府网站人才队伍建设，不断提高政府网站维护管理队伍的整体素质，按照政治强、业务精、作风正、纪律严的要求，积极打造一支服务意识好、安全意识强、业务技术过硬的网站维护管理团队，每年组织一次政府网站培训班，聘请有关专家针对网站日常管理、网站信息发布、互联网新技术等进行培训。同时，借鉴其他政府网站建设和管理的经验、做法，全力打造优质高效的政府网站，促进全市政府网站建设和管理水平不断提高。

【邢台市“市长信箱”办理系统】 2011年3月，为充分发挥网络在集纳民意、了解民情、汇聚民智等方面的作用，市政府依托“中国邢台”政府门户网站，在醒目位置重点打造了“市长信箱”办理系统。进一步拓宽民意诉求渠道，加强政府与广大群众沟通联系，积极为群众排忧解难。历届市政府领导十分关注市长信箱工作，先后出台了一系列加强和改善的制度。面对新时期群众的新要求和新期待，新一届市政府更加重视市长信箱办理工作，先后制定出台了《邢台市人民政府办公室市长信箱管理办法》等文件，不断加大人力物力投入，明确分管，落实责任，大大提高了市长信箱的办事效率。

为让每位来信的群众得到满意答复，邢台市政府办公室和各县（市、区）政府，市直各部门及部分市属企事业单位联合组建了市长信箱承办工作网络，通过直办、交办、督办、会办、批办、通报等方式，坚持“每话必接、每接必办、每办必果、每果必复”，确保群众来电“事事有回音，件件有答复”。

群众普遍反映，小到路灯不亮、井盖丢失、乱倒垃圾等小事情，大到社会保障、环境保护、经济发展等大问题，市长信箱都会积极受理，以最快的速度加以解决，给群众一个满意答复。

市长信箱累计受理群众投诉、建议、咨询、求助等各类诉求信件共2635件，有效信件1350件，转办1012件，直接答复338件，办结率100%。

（市政府办）

邢台市桥东区政府门户网站

邢台市桥东区政府门户网站是桥东区在互联网上统一发布各类政务信息、为广大群众提供网上服务的大型门户网站，是政府联系群众、服务群众的桥梁和纽带。邢台市桥东区政府门户网站是一个体系庞大的网站群，包含区委、区政府及所属各部门的综合信息。

邢台市桥东区政府门户网站于2009年5月1日正式开通，预计将于2014年进行栏目调整。桥东区门户网站共衔接了其他政府网站130个，其中包括国家部委网站1个，省直部门网站61个，市直部门网站32个，各县市区网站19个，县直部门网站7个。邢台市桥东区政府门户网站域名：www. xtqdzf. gov. cn/index. asp。

自网站建立至2013年底，邢台市桥东区政府门户网站秉承“方便、实用、为民”的办站宗旨，在信息公开、在线办事和公众参与等方面发挥了积极作用。历年来，受到领导、群众和各界人士的一致好评。

桥东区政府网站建立以来共发布各类信息和文件约4300篇。仅2013年全年，门户网站公开信息2200余条，其中包括桥东政府信息公开平台1000条信息，各类政府文件及政务信息等网站信息1200余条（依申请公开九项重点领域信息36篇）。

门户网站四大版块设置如下：

政务公开版块。包含政府机构、区长之窗、重要讲话、公告公示、政府文件、工作报告、发展规划、实事工程、财政公开、统计资料等栏目，对党委和政府各部门的动态、静态信息作全面披露。

服务大厅版块。汇总网站所有的互动类栏目，包括常务会议直播、网上接待室、政务论坛、网上听政、建言献策、网上调查等，为市民与政府沟通提供多条方便渠道。

政务互动版块。包含面向市民和面向企业的各类办事事项、网上系统办事车和百件实事网上办，为网民集中提供系统的网上办理服务。

邢台旅游版块。通过公共服务、走进桥东、风光图册、桥东旅游、视频资料等多个栏目对邢台市桥东区进行全方位介绍。

门户网站九大栏目所含内容：

走进桥东：桥东概况、图片桥东、视频桥东、桥东新闻

政务公开：政府机构、区长之窗、重要讲话、公告公示、政府文件、工作报告、发展规划、实事工程、财政公开、统计资料

政务信息：政务动态、人事任免、重点项目、应急管理、部门动态、乡镇政务、调查研究、招标采购

行政审批：审批项目、审批结果、部门承诺、表格下载、政策法规、网上调查、网上监督

信息公开平台：与市政府网站直接衔接，形成省市区三级政府信息交流与互动

政务互动：热点关注、留言咨询、建议献策、投诉举报

桥东旅游：旅游动态、旅游机构、桥东美食、风光图册、桥东自驾游、吃在桥东、住在桥东、游在桥东、旅游咨询

行政权力公开：职权目录、流程图、重要事项审批过程、重要文件、政府公告、动态公开

招商引资：投资动态、政策环境、重点项目、企业之窗、投资向导

积极搭建各种平台和渠道实现党民互动，群众监督。专门设置区长信箱，接收群众来信，通过“区长信箱”栏目，可以向政府投诉、咨询、建议、求助，可随时查询受理状态，并设置来信回复，办理及解答群众各种疑难问题；增设热点关注栏目，针对公众关注的热点、焦点问题，在线回答网友的提问，形成双向互动交流，及时发掘更新最新最热事件，方便群众了解社会动态、掌握最新资讯；时刻关注留言咨询和建议献策，认真听取群众心声，同时设立投诉举报栏目，接受广大群众的监督与意见。为全面实现网上办事和互动，体现政府办公的透明化打下了良好的基础。

桥东区政府门户网站运维保障机制完善，信息公开内容不断丰富，网站首页链接全年可用性99.9%。信息公开内容不断丰富，但公众关注度较高的信息公开力度仍待加强。此外，政府网站服务丰富度持续提升，但服务人性化程度仍较低。随着进一步深化政务公开，政务资源的应用和服务成效将继续提升，政府网站也将从内容导向逐步走向服务导向。门户网站的更新和维护由桥东区政府办公室信息科专人负责，并由联通公司负责网站服务器的日常维护和运作，确保政府网站时刻畅通，方便市民，提供方便、快捷的搜索和查询服务，将政府网站的电子政务工作进一步优化和提升，同时，门户网站相关负责领导及工作人员吸取和借鉴先进政府门户网站的工作经验和事迹，努力开拓创新，不断思索门户网站的新突破、新思路，争取将网站办出特色，推出精品，加强维护，创新机制。

政务信息——推进民主决策打造阳光政府。

2009年5月1日，邢台市桥东区政府门户网站正式成立并运行，同时在“中国邢台”政府门户网站上进行了衔接。其中，政务信息栏目的更新频率位居全站第一，网民不仅可以通过政务公开栏目了解政府工作动态，同时也可以通过公告公示和实事工程等栏目关注切身利益的新政策、新举措。政府各级领导及广大群众给予了高度评价。至2013年12月底，政务信息栏目更新信息条数累计957条。

政务信息设有政务动态、人事任免、重点项目、应急管理、部门动态、乡镇政务、调查研究、招商引资等栏目。公布了区政府领导的工作分工、重要活动等信息；部门动态和乡镇政务反映区政府各组成部门工作动态，公布各部门的实践创新、安排部署、开展活动、工作会议等信息；重点项目发布当年政府重点项目工作的内容及进展情况、项目进度等最新信息。

桥东旅游——现代中的古韵古韵中的时尚。

桥东区1981年4月建区，是邢台市的发祥地，是邢台市的老城区，是邢台市的政治、文化、商贸中心。桥东区历史悠久，文化底蕴深厚，有“商朝古都”“千年邢襄”之美誉，是邢台历史文化名城的主要承载地。清风府衙、仿古一条街、开元寺，这些古建筑，推动着桥东旅游业的不断发展。邢台旅游主体形象可以用“四古”来概括，即：古洞、古寨、古贤、古林。

在丰厚的文化底蕴，全方位体现老城古韵的同时，桥东区也不失时尚现代的特点，2013年天一城的大型商圈入驻桥东，为市民增添了时尚气息，也形成了桥东现代化氛围，天一城造型独特，物品时尚，是桥东居民购物地的首选地点，同时也成为桥东旅游的又一特色。

2013年桥东区打造的农业生态观光园，属桥东区豫让桥办事处管辖，占地10000亩，主要建设餐饮休闲、户外婚纱摄影及观光休闲农业设施等，为桥东旅游业锦上添花。

（区政府办）

邢台县政府门户网站

邢台县政府门户网站前身为县政府门户网页，始建于互联网络在全国迅速普及的2003年，作为新的工作，该网页在县政府领导和市政府办公室指导下，对全县政治、经济、社会事业等方面内容进行公布，公开宣传了县域经济、社会发

展等方面取得的巨大成就，在展现全县形象和提高社会知名度等方面起到了积极作用。随着社会发展和时间推移，原网页在安全、版面形式和容量等方面远远不能适应新形势下工作的需要，2009年5月在市政府办公室指导下，经过外出考察先进县市政府门户网站做法，投资5万元，建成了全新的县政府门户网站，并于2009年12月正式开通运行。

政府网站主要栏目内容：

走进邢台县。公布邢台县概况、历史名人、古代建筑、历史遗迹、经济发展、社会事业、民生保障、园区规划、山区建设规划等内容。

新闻中心。公布邢台县的时政新闻（包括政务信息、视频新闻、专题节目等内容），及时对领导活动、方针政策、乡镇部门动态等内容进行公开。

网上办事。按照“百件实事网上办”要求对企业办事流程、突发公共事件报告处理程序、食品从业体检程序、军转干部安置流程、农村劳动力登记管理等情况进行公开。

政务之窗。分别对政务公开、住房保障、项目建设情况进行公布。

投资促进。对邢台县的投资环境、优惠政策、工业园区等情况进行介绍。

政府法制。包括法制新闻、执法监督、行政复议、新法速递等内容。

权力公开。包括行政职权目录、运行流程、重要行政权力运行等内容。

旅游风光。对县域内的国家4A级景区太行奇观峡谷群、九龙峡自然风光旅游区、前南峪生态旅游区、天河山旅游景区、天梯山景区等重点进行了介绍。

特色主导产业。主要宣传“3+1”（钢铁、煤化工、装备制造、旅游）主导产业，设立钢铁、煤化工、装备制造、旅游专栏，突出县域产业特色。

便民服务。为方便群众及时查阅生活中各类信息，在网站设立了便民服务专栏，包括邮编查询、常用电话、万年历、天气查询、列车时刻、航空查询、车辆违章、货币兑换等子栏目。2013年共发布图片、视频、文字信息共计3146条。

邢台县政府门户网站结合工作实际，在原栏目基础上增添信息公开、大气污染整治攻坚、政府系统承办工作等特色精品栏目。

覆盖乡镇部门的政府信息公开平台。为进一步转变政府职能，深入推进透明、阳光型政府建设，2013年5月，在门户网站原县级层面信息公开平台基础上建成了“向下延伸到底，横向覆盖到边”的县政府、政府职能部门、乡镇政府互联互通的信息公开网络体系，实现县级政府信息公开全覆盖。该平台包括县政府本级信息、政府各部门和乡镇公开的各类信息。类型包括概况信息、政策法规、规划总结、工作动态、行政执法、财政财务等内容。该平台的建成，使广大人民群众能够更加全面系统地了解县政府及政府部门的职责权限、办事程序和监督方式，增强了参与经济社会事务管理的能力。从平台建成至2013年底，各乡镇政府和县政府部门在信息公开平台公开各类信息2189条。

大气污染整治攻坚栏目。2013年10月，为配合市、县开展的大气污染治理攻坚行动，在县政府门户网站开设大气污染整治专栏，设有政策文件、领导活动与乡镇部门动态等子栏目，及时公布大气污染治理的政策措施，跟踪报道领导活动，反映乡镇、部门工作开展情况，为领导运筹决策、社会公众了解大气污染治理动态提供了方便。截至2013年底，公开政策文件、领导活动与部门动态信息共130条。

政府系统承办工作栏目。为创新举措，增加承办工作透明度，县政府主动适应当前网络发展，创新承办方式，2013年6月，在全市率先开通了县级政府系统承办工作专栏，该栏目包括建议提案内容及答复、查询、承办工作相关工作条例和知识。人大代表、政协委员和广大人民群众可以通过县政府门户网站随时了解每件建议、提案的办理落实情况，该栏目的建成，扩大了群众的知情权，提高了承办部门办理质量，密切了代表、委员和群众的联系。2013年由县政府承办的288件的人大代表建议、政协提案办理情况全部上网公开。

为确保门户网站的正常运行，在领导组织、制度建设和安全维护等方面给予全方位保障。

成立领导组织。县政府成立了由县政府常务副县长任组长、县政府办主任任副组长，相关部门为成员的县政府门户网站管理领导小组，负责组织协调县政府门户网站的统筹规划和建设管理工作。领导小组下设办公室，办公室设在县政府办，具体负责政府网站的日常运行、管理和维护工作。由法制办负责政府公文类信息的筛选、审核把关工作。由信息股负责政府非公文类信息的搜集、筛选、整理、审核工作。由机要股负责县政府门户网站的管理、维护及网站信息的上传和发布工作。

建立健全制度。制定完善《邢台县人民政府网站管理办法》《邢台县人民政府门户网站安全管理制度》《邢台县人民政府机关保密制度》《邢台县人民政府门户网站安全应急处置预案》《邢台县人民政府主动公开政府信息处理流程细则》等制度。对于需要上网发布的信息，按照“谁提供、谁负责”和“谁上网、谁负责”的原则，各单位要填写信息公开事项审批表，对上网信息进行严格把关，按程序由相关领导审核签字后予以发布。对于政府公文类信息的公布，先由法制办在“邢台县人民政府公文类信息公开事项审批表”提出公开属性的初步意见，选择公文的公开属性，然后分别由主管副主任、主任核稿，并审核公开属性；对于不能确定是否公开的政府信息，由拟稿单位填写《邢台县政府信息公开重大事项发布审批表》，由县政府领导或县政府办公室领导审签后，在县政府门户网站发布。对于非公文类信息公布，先由拟稿单位填写《邢台县人民政府非公文信息公开事项审批表》，由信息股报政府办分管副主任、主任审核后，在县政府门户网站上发布，对于特殊情况或重大事件经有关县政府领导审核后在公布。

安全运行维护。一是安排两名工作人员具体负责日常运行和管理等工作。一人负责需公开信息内容的汇总整理，另一人做好审批信息的上传公开工作。在做好本职工作的同时，积极参加市政府组织的信息安全培训活动，结合学习外地先进经验，做好网络安全相关工作。二是将政府网站服务器托管到市联通公司，每年出资1.2万元租金，保证服务器24小时不间断供电和全天候正常运行。在服务器上安装杀毒、防火墙等软件，及时查杀病毒和非法入侵程序，对杀毒和防火墙软件及时升级，防止不法分子对网站服务器的攻击和篡改；聘请专业技术人员定期对网站进行安全监督检查，确保网站安全。

（县政府办）

沙河市政府网站

沙河市政府网创办于2008年，是沙河市政府门户网站。借鉴全国优秀政府网站的模式，启动了沙河市政府网。每年沙河市政府网的访问量都在稳步增长，截至2013年底访问量已达到216万余次。沙河市政府网主要设置走进沙河、政务公开、政务信息、行政审批、政府信息公开、政务互动、沙河旅游、城市特色和招商引资等版块。其中上传政务公开信息840条，政务信息3730条，今日沙河1950条。

2008年成立沙河市政府信息公开领导小组，2009年转发了《邢台市政府信息公开工作考核办法（试行）》和《邢台市政府信息公开工作责任追究办法（试行）》。政府信息公开平台正式运行后，按照《国务院信息公开条例》，严格要求各乡镇办、市直有关部门按照规定程序和要求对拟上网公开的政府信息认真审核，严格执行保密审查制度，按照“谁公开，谁审核，谁负责”的规定，指定一名领导负责，明确职责分工，严格审查程序，落实责任追究，切实做到“涉密信息不上网，上网信息不涉密”。各单位客户端用户名、密码的使用和管理要严明制度、责任到人，防止发生非法信息上传、泄密等问题。依托沙河市政府信息公开平台和政府门户网站建设，各乡镇政府、街道办事处和市直各部门可在自己的端口采编公开信息，经政府审核后予以发布。到2013年底全市已建成70个端口，集中发布各类信息5600余条。

为做好“市长信箱”信件办理工作，提高信件办理质量和效率，2008年出台《关于加强和规范市政府网“市长信箱”信件办理工作的通知》，打造畅通的受理市民诉求的渠道，及时高效地为民排忧解难。市长信箱自2008年开启此栏目，到2013年底已处理800余件有效公众来信，做到了件件有回音，没有出现批件积压、不落实等现象，受到了领导肯定和有关部门及当事人的好评，进一步提升了沙河市政府网的知名度，提高了政府的公信力。

“嘉宾访谈”栏目开通6年以来，其便捷性、针对性、专业性的特点深受网民欢迎，也得到了各位政府领导的高度重视，逐步成为凝聚人气，解疑答惑的平台。该栏目先后已邀请多个市直部门的党政一把手及负责同志纷纷来到嘉宾访谈，参与互动交流，解析沙河各方面的热点问题，切实解决了许多关乎老百姓切身利益的难题，取得了很好的社会效果，受到越来越多群众的关注和欢迎，促进了阳光政府的建设。

沙河市不断完善政府体系建设，2009年出台《关于切实加强市政府门户网站子网站建设的通知》，从制度上统筹规划全市的政府网站建设。截至2013年底，沙河市共建有政府子网站30个，均按照要求全面规范地上传各类信息，为网民提供了便利。

2008年沙河市政府网成立之初，就印发《沙河市人民政府门户网站管理办法》。按照规定，不断加强对政府门户网站工作的领导，成立了由市政府办公室主任为组长，分管副主任具体负责的领导小组，负责政府网的规划、建设和管理工作。对发布的各类信息和文件进行审核，严格遵守保密制度，确保网站内容的全面、及时、准确。

（市政府办）

临城县政府网站

临城县政府网站作为临城县电子政务建设的重要组成部分，是政府面向社会的窗口，是公众与政府交流互动的渠道，对于促进政务公开、推进依法行政、接受公众监督、改进行政管理、全面履行政府职能具有重要意义。临城县政府门户网站自2004年开通以来，在扩大对外宣传、服务社会公众等方面发挥了重要作用。县委、县政府主要领导十分重视，多次提出修改意见。为进一步提升在互联网上的形象，突出临城特色和产品，统筹解决好政务和商务信息发布，更好地为社会公众提供服务，根据县主要领导要求，临城县政府办公室对其进行了全新改版，最终于2009年12月份正式开通“中国·临城”政府门户网站，域名为：www.lincheng.gov.cn。该网站包括“走进临城”、“投资临城”和“政务临城”三大子站，面向社会提供政务信息和与政府业务相关的服务，逐步实现政府与企业、公民的互动交流。

走进临城：包括临城概况、企业名录、特色产品、生态旅游、历史人文、通知公告、视频新闻、临城报道、媒体看临城、知名企业、名优产品、生活在临城、魅力临城。其中企业名录包括机械设备、冶金矿产、建筑建材、煤化工、五金交电、纺织皮革、医药保健、酒店宾馆、电脑网络、农林牧渔；生活在临城包括个人服务（生育、户籍、教育、文化、婚姻、住房保障、医疗、社保、殡葬、交通、税务、司法、就业）、企业服务（财税金融、项目投资、资质审核、破产注销、质监卫生、物价核定、土地管理、设立审批、设立变更、科学技术、交通运输、人防安全、规划建设、环保绿化、公安消防）和三农服务（三农快讯、市场价格、水情旱情、一周天气、政策法规、灾害防治）；旅游指南（景区查询、特色产品、饮食服务、住宿服务、出行查询；今日临城、网上调查）。该版块主要介绍临城概况、特色产品、通知公告等信息，以便群众出行、了解县情；方便外地来临城游客出行，合理安排日程等。

投资临城：包括投资动态、投资向导、基础设施、项目发布、园区经济、城乡风貌、招商公告、临城画册、特色产业、招商环境、引资奖励、园区介绍、招商项目、投资政策、推荐网站、工业园区、名优企业、网上调查。该板块主要发布招商优惠政策，并着重介绍签约落户到的项目，为招商引资打造一个广阔的宣传平台。

政务临城：包括党政机构、政务动态、热点专题（解放思想大讨论活动专题）、图片报道、临城新闻、政务公开（县级领导、机构设置、工作报告、人事任免、工作动态、动态公开、政府本级职权、政府信息公开指南、依申请开通）、部门动态、乡镇动态、发展规划、领导活动、最新文件、重点项目、网上调查、视频新闻。该版块主要发布领导动态、政务信息及政策文件等规范性信息，此版块是群众了解县政策、部门动态的窗口。

网上办事情况：2009 年 12 月正式开通政府网“县长信箱”栏目，并通过多种途径提高信箱回复率，切实解决群众反映的热点、难点问题。一是指定专人定时浏览“县长信箱”栏目发布的群众来信，主动处理群众来信涉及本部门的人或事。二是县政府办公室督查室定期对处理回复县长信箱的情况进行跟踪督办，并将督办情况及时报告政府领导。

政民互动发展情况：一是通过县长信箱与群众的互动；二是通过在网站开“网上调查”专栏，调查当前社会热点问题、与发展息息相关问题、民生问题等方面调查，进一步拓宽电子政务平台。

为保障政府官网安全、有序运行，制定《临城县政府网站维护及管理制度》《临城县人民政府办公室物理和环境安全管理制度》《网络信息安全应急预案》《U 盘使用制度》《计算机网络信息管理保密制度》。在制定制度的同时，强化了组织领导。把政府信息公开工作列入重要议事日程，根据领导分工变动情况，及时对政府信息公开工作领导小组进行调整，进一步指导、协调、监督全县政府信息公开工作。各乡镇和有关部门，也明确了分管领导和具体工作人员，同时严格实行人员变动上报机制，确保信息公开工作流畅运行不脱节，形成完善的工作网络，为政府信息公开工作提供坚强组织保证。同时，通过自查与督查、定期查与不定期查相结合的方式，加大督查考核力度，确保工作高效开展。进一步拓宽了政府信息公开主渠道。在政府网站及时发布全县工作动态、会议精神、经济建设、社会事业发展动态等信息；在重点报道栏目，对涉及县域经济社会发展的重大事件进行及时、详尽报道。

（县政府办）

隆尧县政府门户网站

在 2008 年 5 月《中华人民共和国政府信息公开条例》施行后，信息公开逐渐成为了政府日常工作的一个重要环节。随着省、市政府信息公开的迅速推行，隆尧县政府于 2009 年委托网通公司隆尧分公司代为开发了政府门户网站，并于当年 10 月份上线使用，网站域名 www. longyao. gov. cn，采用政府机构域名系统。

隆尧县政府门户网站是综合性政府门户网站，县教育局、计生局、人社局、经济开发区管委会、东方食品城管委会等部门网站在政府门户网站显著位置做了链接。隆尧县政务服务中心网站上线运行后，县政府门户网站与政务服务中心联合，在政府门户网站显著位置制作了“网上办事”栏目。

隆尧县政府门户网站主要版块有：

“走进隆尧”。主要介绍隆尧县悠久的历史文化及历史名人，现存的历史古迹，隆尧县的特色产业、资源状况等。

“隆尧时讯”“部门动态”和“乡镇动态”。放在政府门户网站最醒目的位置，配有图片。栏目主要发布县内工作动态、领导活动等内容。

“视频隆尧”。放在左边栏上部，播放“走进隆尧”高清视频文件。

“专题栏目”。放在“视频隆尧”下端，位置也比较显著。“专题栏目”是不固定的栏目，根据县内重点工作进行调整。

“政府法制”。主要公开政府法制建设情况及法制动态等内容。

“部门服务”。栏目向群众简要介绍了部门的地址及联系方式，并利用“机构职能”这一子栏目详细地介绍了部门的职能，使访问者充分了解政府职能和部门职能，提高了办事效率。

招商引资。主要公开优惠招商政策、优化服务环境及招引项目情况等内容。

园区建设。主要公开经济开发区建设、项目落户和投产、优惠政策、园区经济指标等内容。

（县政府办）

任县政府网站

2003年11月任县政府网由邢台计划委员会筹建，并负责网站日常维护，后因数据库崩溃，导致系统瘫痪。2007年12月重建政府网，至2013年底，经过三次改版和不定时更新维护。任县政府网域名为：www.renxian.gov.cn。

任县人民政府建立健全网站管理工作机制，完善各项制度，加强政府网站建设，强化网络舆情引导，做到“小网格，大服务；小平台，大作用”；营造有利于社会稳定的信息舆论环境，实现政府与政府、政府与企业、政府与公众之间的交互服务，构建阳光型、服务型政府，提升政府公信力。切实加强网站领导，建立健全网站管理体系，县委宣传部成立部门网站管理工作小组，负责对全县部门网站进行监管。确保网站管理维护工作责任到人。2003年任县政府建设任县政府网，审计局、教育局、农业局、人口计生局等14个单位也相继建立该部门门户网站。2012年，任县政府率先建立任县政府信息公开平台，涵盖任县59政府部门和9个乡镇区政府的信息资源，实现省市县乡信息四级聚合，2013年任县邢湾镇政府网运行。加强县乡镇（区）政府网站数据库建设，逐步整合交通、社保、医疗、教育等公共信息资源，以及投资、生产、消费等经济领域数据，方便公众查询。逐步完善政府网站服务功能和县信息资源库，实现各类政府信息资源的共享与交换。

任县政府网选择比较安全的JSP语言技术和大型稳定的Oracle数据库作为平台载体，学习借鉴先进地区网站建设经验，结合任县现状，制定了符合任县实际情况的多种先进网站模块。直接面向社会公众处理与人们密切相关的事务，为提高政府行政效率、改善地方经济社会发展环境搭建虚拟平台。

政府网站设：任县概况、政府法制、政务公开、部门工作、发展规划、城镇建设、招商引资、和谐任县等21个栏目。

任县概况。涵盖行政与发展规划、农业、教育与基础设施的发展概况、任县历史沿革与名胜古迹的介绍。第一时间发布任县的发展现状与规划，全面介绍任县的人文历史、民风民俗。

新闻中心。围绕党和政府中心工作，针对公众热切，主动、及时、全面、准确地发布权威政府信息，特别是政府重要会议、重要活动、重要决策部署，经济运行和社会发展重要动态等方面，适时网上公开。到2013年底，发布各类信息2800多条。

政府法制。立足于服务政府法制建设、服务法制宣传工作的宗旨，紧密结合任县实际情况，着力突出网站的个性和地方特色，力求做到内容丰富，更新及时，管理规范。网站下设法制概况、行政复议、执法监督、法律法规、其他文件、法制信息、仲裁制度和公示公告8个二级栏目。是宣传法制文化，传播法律知识，交流法制经验，展示政府法制工作成果的一个重要窗口。

政务公开。推动政务公开，核心在于加强公民知情权和监督权。政务公开栏目下设政府机构、重点领域信息公开、行政权力流程、人事任免、政府文件、服务承诺、行政权力公开和行政权力目录等二级栏目。到2013年底，该栏目已发布信息1800多条。

部门工作。围绕任县重点工作，发布政府各部门当前工作动态、工作推进和完成情况，使群众在第一时间了解政府部门工作动态，将政府网站打造成及时、准确、公开透明的政府信息发布平台。

乡镇动态。结合乡镇工作实际，发布乡镇应主动公开的政府信息，重点分布农村工作政策的情况、财政收支和执行计划生育政策等工作情况。

发展规划。公开任县国民经济和社会发展计划执行情况，立足“跨越发展、保障民生”，全力实施“一极、两业、四区”战略重点，打造和谐任县、创新任县、平安任县，把任县建设成为“经济繁荣、社会和谐、环境优美、生态宜居”的现代化新城区，该栏目共发布信息19条。

城镇建设。该栏目下设规划纲要、环境保护、节能减排、县城绿化、县城建设和管理制度等6个二级栏目，围绕“转型升级，跨越赶超，全面建设经济繁荣、环境优美、宜居宜业新任县，打造“最具北方特色生态园林城”，适时发布任县在推进城镇化建设过程中的工作方法。发布任县政府在推进城镇化过程中的工作规划、管理办法和建设举措。

和谐任县。适时更新，主动发布关注民计民生，社会各项事业协调发展，和谐社会构建取得新突破等方面的信息。社会管理完善，社会秩序良好，人民群众安居乐业，城乡居民收入稳中有增，人民生活水平不断提升，高质量、高品位的文化生活步入乡村，大众性文化活动、休闲性文化活动，成为百姓享受现代文化生活自娱自乐和展示自我的广阔舞台。

应急管理。发布各种突发公共事件的事前预防机制、事发应对方法、事中处置手段和善后恢复过程中，建立应对机制，采取的一系列必要措施。下设应急预案、突发事件和应急小常识3个二级栏目。

为您服务。任县政府网站为用

户提供快速、准确、便捷地寻找到市民生活常用信息，常用查询的一种在线服务，包括常用电话、航空航班、气象信息、列车时刻、电视节目、长途汽车、科普宣传、公交线路、电子地图、违章查询等在线查询服务。

政府在线。任县人民政府在线栏目下设县长信箱、意见征集、网上信访和在线访谈 4 个二级栏目，是受理公民、法人和其他组织对任县人民政府及各级行政部门工作意见和建议的网上窗口。通过一定程序向有关责任单位交办和转办，并在一定时限内向群众反馈处理结果，群众可以在登陆网站之后了解信件办理情况和答复意见。2008 年到 2013 年底，累计受理群众来信 216 件，收到感谢信 10 件，办结率 100%。

外埠看任县。是展现外部媒体报道任县的一个窗口，发布网络媒体、报刊等对任县的宣传报道。

招商引资。向外推介资源优势、区位优势、环境优势和产业优势，栏目下设投资环境、优惠政策、招商引资、园区平台、投资动态等。

百姓实事网上办。向社会公众宣传政府网站功能，就社会公众关心的教育、医疗卫生、社会保障、交通出行和公用事业等五个重点领域，形成政府网站应该提供的 100 项服务事项，让社会公众体会政府网站的实际作用，让政府网站走入寻常百姓家。

保障性安居工程。全面推进保障性安居工程建设，适时更新关于进一步加强和规范保障性住房管理、解决中低收入家庭住房困难、实现住有所居目标等方面应主动公开的政府信息。到 2013 年底，发布相关信息 14 条。

专题专栏。结合任县县情、围绕县委、政府中心工作或社会热点问题开设的专题栏目，主要包括十八大专题、政府信息公开专栏、政策解读、产业升级、历史文化等专题栏目。

政府文件。根据《中华人民共和国政府信息公开条例》文件精神，主动公开的政府信息。

信息化建设。全面提高信息化水平，加快迈向信息社会。坚持“统筹兼顾、分布实施；统一平台、资源共享；统一管理、安全保密”的原则，以整合利用现有网络信息资源和不断完善系统服务功能为重点，尽快建成集信息开发、应用、建设、管理与服务一体化，运转协调、便捷高效的比较完整的信息化体系。

企业展示。用于介绍推广任县及任县的企业，特别是规模以上重点企业的宣传，便于用户直观了解任县企业的基本情况，工业状况。截至到 2013 年底，已经囊括任县华密橡胶有限公司、河北邢工机械制造有限公司等具有任县特色的规模以上企业 20 多家。

生活小常识。坚持为民办事，把政府网站建设成为民办实事的阳光地带。根据老百姓需要，整合资源，更新切实关系民生的生活小常识 80 多条。

（县政府办）

柏乡县政府网站

柏乡县政府门户网站 2009 年 3 月 13 日正式开通。截至 2013 年底，累计访问量达 20 万人次。公开了政务，畅通了民意，赢得了满意。

强化基础，抓好队伍建设。一是抓好技术队伍。以完善内部管理为切入点，制定《工作人员行为规范》，加强对网络技术、计算机操作等知识进行学习，并通过网络、电话等形式，与其他县市进行交流，提高了工作人员的业务素质和业务能力。并建立健全了资料库，对各乡镇区、县直各部门上网公开资料进行建档登记。二是抓好参训队伍。采取以干代训、跟班学习等方式。2013 年，举办培训班 1 期，培训 120 余人，有效提高了政府系统内信息公开、网站内容保障工作人员的业务能力。

突出服务，开辟两条渠道。柏乡县电子政务由无到有，始终坚持以构建诚信型、责任型、服务型、和谐型机关为目标，从各部门的封闭式运转逐渐转移到全县电子政务网络平台上，功能不断提升，政务信息化应用逐步由上到下、从部门到基层社区和乡镇，范围不断扩大，突出为领导当好参谋、为部门搞好服务、与组室取得联系、与群众化解难题。一是搭建政府与群众互动交流的平台。《政府在线》为政府各部门都建立了固定版块，群众可以随时向其反映问题、提出意见建议，正常情况下，各单位必须在一周内回复，否则将受到警示批评。《政府在线》开通以来，基本做到了投诉有结果、处理有时限、建言有回音。2013 年，共收到网上建议 100 余件。二是开辟县长与群众直接联系的通道。在柏乡县政务网建立了 51 个部门和 7 个乡镇的政府信箱，实现了市民咨询、求助、建议、批评、投诉统一受理、分办和反馈，并对办理情况实时监控和统计，2013 年受理市民来信 20 余件，回复率达到 100%，彻底解决了部门对市民来信发而不收、收而不办、办而不公开的问题。

抓关键，严格三项管理。一是强化组织领导。县委、县政府在全县机关坚持实施以转变职能、规范审批、政务公开、依法行政、全程监督为主要内容的行政管理创新，始终把信息网络技术作为提升政府行政能力的重要工具，2013 年，为推动电子政务建设，县政府一方面要求认真组织学习在全县深化政务公开加强电子政务建设提升政务服务水平，贯彻落实；另一方面为保持电子政务工作的连续性。二是强化职能管理。明确要求相关部门要建立专、兼职工作机构，设立专、兼职网管员，各相关部门的信息统一由本单位专、兼职工作人员上报。这些措施既拓宽了网站信息的来源渠道，又为日常信息的更新维护提供了制度保障，网站内容得到充实，功能不断完善。优化分工，根据组内成员的专业特长和综合素养，将内网建设、外网管理、信息采编上报等工作进行分工，形成了组长对组内全盘工作负责，副组长对重点工作负责，成员对分管工作负责的工作格局。三是紧抓目标管理。结合各单位实际，强化目标考核，把电子政务工作纳入县政府系统目标管理，明确了各单位的工作任务。2013年，共收到政府系统目标管理单位信息1079条，促进了柏乡县工作的开展。

（县政府办）

南和县政府门户网站

南和县政府门户网站由南和县人民政府主办，县政府办公室承办，采用本地自主服务器和自主后台数据库管理方式运行，是面向广大社会公众，多角度提供信息服务的综合性门户网站。南和政府门户网站坚持“以需求为导向，以应用促发展”的方针，不断完善网站内容，开发网站功能，逐步形成了一个信息分类科学、服务功能完善的综合性门户网站。在推进政府职能转变、服务地方经济建设、方便群众生活和对外宣传南和等方面发挥了积极作用。

南和县政府门户网站始建于2007年初，经过网站总体规划、信息收集整理、网站后台管理数据库开发、网站前台界面设计制作、网站栏目设置、意见征求、后期修改完善、申请网络域名和试运行等工作环节，同年8月正式开通。2013年7月，为了突出政府网站的特色，进一步推行网上办事，提高上网效率，南和政务网又本着易操作、易管理、易浏览和服务广大公众与服务政府工作并举的方针，进行了全面改版，新的网站域名为：http：//www. nhxzf. gov. cn。改版后，南和县政府网在内容上，更为突出信息公开和公众参与，全面、及时、准确地公开政务信息，方便公众查阅；在栏目设置上，更为强调“以民为本”，共设置了6大栏目100余个子栏目。

网站首页设置有“便民服务”栏目，及时公开涉及群体、企业、个人切身利益的相关信息，对部分常见问题提出全面的解释，并欢迎提出合理化的意见建议。其中，互动交流栏目在举报、信访和行政审批服务项目指南等方面向社会大众提供办事指南，同时通过介绍南和名人、特产和传说向社会大众介绍人文南和；面向群体栏目及时更新土地房产、交通车辆、工商税务等10个方面的信息；面向企业栏目详细介绍了登记变更、资质认证、年检年审等14个方面的内容；面向个人栏目详细介绍了考录动态、户籍管理、劳动就业等12个方面的内容。

网站首页“应急管理”栏目，将全县应急管理工作的体系建设、队伍建设和应急演练等方面的最新动态，及时向社会大众公开，确保政府在保障公众生命财产安全、维护社会稳定和促进经济社会有序发展等方面充分发挥积极作用。“专题专栏”栏目将群众最为关心的法制建设、住房保障、财政税收等方面的工作，以专栏的形式及时向社会大众公开。

网站首页还设有“走进南和”“政务公开”和“概况概览”三个栏目。其中“走进南和”下设“公示公告”“今日南和”和“视频新闻”三个子栏目，内容不仅包含政府重要通知公告，还通过文字、图片、视频等形式全方位展现南和的经济社会发展成果，成为南和政府网最亮丽的窗口栏目。“政务公开”栏目及时将领导活动、政府文件、乡镇和部门动态等方面的政务信息进行公开，充分保障了群众的知情权、监督权。“概况概览”栏目详细介绍了南和的特色产业、现代农业、项目建设、企业风采、历史文化等方面内容，充分展现了“文明而古老、灵秀而神奇”的魅力南和，对吸引外地客商投资南和起到了巨大的推动作用。

县政府办公室是南和县政府门户网站的主管单位，负责网站的目标制定、建设协调和督促工作；县政府办公室信息科具体承办网站的建设、运行维护、实时监测、内容采编、信息备份和日常管理等方面工作，同时为各镇、县直部门提供政府网站的网络环境和技术支持。南和县政府门户网站信息来源主要通过自编信息、网上抓取、信息报送、网站链接等方式获得，通过建立自编信息上网审核和发布制度，确保未经审核的自编信息不得上网发布，实现了网站信息更新及时、高效、准确。网站承建方负责网站的安全维护，网上信息出现安全问题，除追究当事人责任外，还要追究提供信息的部门和单位负责人的责任。另外，依托南和县政府门户网站，首次建成了县级信息公开平台，将各乡镇和政府主要部门共计56个单位纳入平台管理，使南和县政府门户网站内容更加充实，进一步保障了群众的知情权、参与权、表达权、监督权。特别是创造性地实施信息工作轮训制度，从各单位均抽调一名一线人员分组分批进行为期3个月的轮训，打造了一支业务精、能力强、素质高的人才队伍。

2013年，南和县政府门户网站共刊载各类信息3000余条，访问量达14万余人次，充分发挥了网站宣传政府动态、提升服务水平的作用。特别是首次受理了1起政府信息公开申请，并且妥善处理，提高了政府门户网站的群众知名度。由政府门户网站直接链接南和县政务服务中心审批及电子监察系统，该系统可实现南和县各部门业务的网上申报、办理、办件情况查询及同步的电子监察，同时发布中心动态信息。该系统大大规范了部门审批行为，使各项审批事项都能够有章可循，有迹可查。通过电子监察系统的实时监察，从根本上减少了超期审批行为的发生，整体运行状态正常，2013年度完成网上办事15万件，按时办结率100%。

为创新社会管理，加强社会建设开创了新局面。政务公开是网络化、多元化社会中公众参与社会管理和公共事务的有效途径。南和县政府门户网站为群众与县委、县政府沟通搭建了“连心桥”，以直接、广泛、有效的方式听民声、聚民智、解民优，体现了县委、县政府“以人为本、共创共享”的核心理念和“创新、包容、担当”的社会责任，开辟了互联网通达社情民意的新渠道，为实现“绿色崛起、生态南和”提供了有力支撑。

为促进科学决策，提高执政能力探索了新途径。南和县政府门户网站将涉及群众切身利益的重要改革方案、重大政策措施、重点工程项目向群众公开，将表达观点、参与讨论的权力赋予每一个人，畅通了群众参与行政决策的渠道，有利于健全行政决策程序，完善行政决策纠错机制，促进民主决策、科学决策，提高了网络时代政府的执政能力。

为转变工作作风，促进行政效能找到了新方法。南和县政府门户网站通过网络化的手段实现党政机关与群众“零距离”的沟通和交流，促进政府机关“网上听民意，网下办实事”，在虚拟的网络空间，主动倾听群众所想，实实在在地解决群众所需，体现县委、县政府执政为民、贴近民生的新理念。通过政务公开，进一步规范了行政行为，促进政府服务方式和干部作风转变，深化了权力阳光运行，提升了行政效能。

为创新群众工作，构建和谐社会打开了新思路。南和县政府门户网站贴近网络民意，尊重群众的思维、交流、表达方式，满足个体的诉求表达，有利于排解民忧、化解矛盾，促进了社会和谐稳定，推动了公共协商机制的建立，探索出了新形势下实践党的群众路线的新方式。

（县政府办）

宁晋县政府门户网站

宁晋县政府门户网站建设坚持“打基础、管长远、重实效”总体原则，以服务公众为宗旨、以服务经济社会发展为中心、以社会需求为导向，经过改版升级，逐步完善，已形成三大基本功能突出、版面内容丰富、特色专栏醒目的综合门户网站。2009年宁晋县政府被评为全省政府信息公开工作先进单位，2010年在河北省县（市、区）政府网站绩效评估中，宁晋县位列全省第22名、邢台市第1名。

政府门户网站建设中，重点围绕页面布局科学合理，栏目设置重点突出，网页内容全面丰富，经过不断创新、完善，已建成以门户网站为载体、“让群众知情、请群众参与、受群众监督、为群众服务”的电子政务平台。初期，政府网站有子网站26个，主站栏目25个。经过改版升级，将网站功能设置与服务群众、服务企业、服务客商有机结合，与地方特色和文化资源有机整合，网站功能、内容都有了较大提升和丰富。到2013年底，政府网站主站已形成以政务公开、网上办事、政民互动三大基本功能为主线，以群众、企业、客商为服务对象，以走进宁晋、宁晋新闻、专题专栏等栏目为主要载体的综合性政府门户网站。

整合资源，强化功能。通过不断调整版面、栏目，充实网页内容，逐步完善“信息公开、政民互动、网上办事”等三大基本功能。并在此基础上，结合实际开创一些新的功能。一方面，不断做强三大基础版块的功能。围绕政务公开，2011年以来通过政府网站不断丰富公开内容，拓展公开领域，严格按照《条例》规定，对财政预算、工程建设项目、医药卫生、社会保障政策实施等涉及群众切身利益、需要公众知晓的政府信息进行公开，2013年4月份集中开发宁晋县政府信息公开平台，拓展公开事项。围绕政民互动，建立健全政民沟通平台，通过“议政信箱、主题听证、网上咨询、监督投诉、在线访谈”，使大众通过网络进行参政议政、反映问题、监督投诉，使领导可以在网络上倾听民声、关注民情、体察民意。围绕网上办事，与县行政服务中心网站全面链接，实现了审批服务项目的网上申报和网上查询，针对企业和群众日常生产、生活中面临的实际问题，2012年对网上办事类栏目内容进行了更新完善，充实了医疗、社会保障等公共服务信息，提供了办事指南和表格下载，确保了信息的完整性、准确性，更好地发挥了网站的服务功能。另一方面，不断开发新功能。网站坚持突出“服务”，增设了百件实事网上办、招商动态栏目，简化办事流程，提高办事效率。在此基础上还增设“宾馆饭店、火车时刻、宁晋公交、旅游天气”等与百姓生活息息相关的查询服务项目，满足百姓生活需求，方便了群众。

因地制宜，培训特色。在网站建设过程中，坚持因地制宜，着力打造三大特色栏目。一是突出宁晋特色介绍，网站内嵌“魅力宁晋”宣传小短片，对本县历史沿革、县域状况、发展规划、主导产业、特色企业等进行全方位的介绍阐述。二是突出宁晋文化，鉴于宁晋县文化底蕴深厚的县情，宁晋县委、县政府按照中央、省市提出的“大力发展文化产业，提升文化软实力”的要求，把发展工笔画产业提升到发展主导产业的高度，积极引导，合理规划，实现工笔画产业的健康迅速发展。工笔画已经成为了宁晋县重要的文化品牌和文化名片，网站首页开辟工笔画版块，全面细致宣传宁晋县的工笔画作品，突出宁晋县的文化底蕴和文化软实力。三是突出宁晋县龙头企业，借助门户网站这一网络媒体平台，向社会展示宁晋县经济实力，展现企业风采，助力当地企业发展。梳理了宁晋县主要行业的、具有代表性的龙头企业，在网站首页开辟“企业之窗”栏目，采用图文并茂的形式，滚动显示企业图片。

开拓思维，创新思路。一是围绕当前热点问题，充实已有栏目内容。结合“三年大变样决战年”等活动，选择一批新建成的生态亮点工程和县城容貌亮点工程，以图文并茂的形式在网站城市建设专栏发布，记录城建新成果，宣传宁晋新形象；为重点做好盐矿开发及盐化工园区的宣传推介工作，进一步充实完善了投资动态、政策环境、投资向导等招商引资类栏目内容，发布方便客商投资的各种服务信息，吸引各地客商来宁投资。二是针对当前热点，开设新栏目。在网站首页增加了“城市容貌”栏目和“扩大内需中央投资项目”专栏，彰显了专题专栏特性。丰富栏目设置，增设“周末大讲堂”“善行河北感动宁晋”“行政复议每周一问”“文化观澜”四个栏目，将信息分门别类，条理清晰、便于浏览。

为进一步做好门户网站内容保障和更新工作，做好以下几个方面：一是管理规范，整理各单位具体负责信息报送工作的主管副职和信息员的名单，建立了信息队伍网络。二是制度健全，印发了《关于做好县政府门户网站信息报送工作的通知》《宁晋县政府办公室做好交流互动类栏目留言答复工作的通知》《关于加强信息安全保障工作的通知》等制度。三是责任落实，确保网站运行安全。针对每个栏目明确专人负责更新，明确更新周期，上网信息坚持“谁报送，谁审核，谁负责”的原则，实行报送单位领导负责制，严格执行信息发布审核制度，保证发布信息内容准确、真实，不发生泄密问题。同时，加强对网站的日常巡检和检测，工作人员每天登录网站读网，检查网站能否打开、是否存在错链和断链，认真审看重要信息，及时发现和纠正错情，确保网站安全平稳、健康有序运行。

“网上办事”栏目。与县行政服务中心网站广泛链接，实现了审批服务项目的网上审报和网上查询，针对企业和群众在日常生产、生活中面临的实际问题，对网上办事类栏目内容进行了全面更新完善，充实了医疗、社会保障等公共服务信息，提供了办事指南和表格下载，确保了信息的完整性、准确性，更好地发挥了网站的服务功能。

“互动交流”栏目。通过印发通知，规范了交流互动类栏目的办理程序和时限，使留言答复工作真正开展起来，拓宽群众参政议政和监督投诉渠道。积极做好议政信箱、网上咨询等栏目答复工作，着力解决群众反映强烈的问题。谋划制作了保障性住房、促进就业、医药卫生体制改革等各个方面内容在内的在线访谈栏目，就公众关心的热点问题由相关部门负责人进行了一一解答，设置多期听政主题，向社会广泛征求意见和建议，进一步拓展公众参与的渠道。

（县政府办）

巨鹿县政府网站

巨鹿县政府网站是宣传巨鹿、推介巨鹿、政府信息公开、政民互动的重要平台，由巨鹿县政府办公室主办，巨鹿县政府研究室负责建设，下设办公自动化股具体实施，安排专人负责网站维护和内容更新。网站配有高标准机房，配备了防火墙、路由器、交换机、服务器、数据库等软硬件环境。巨鹿县政府网上传公开信息3000多条，网站访问量达到13万人次。

巨鹿县政府网站于2004年开通。由县政府研究室负责建设维护，网站采用HTML静态页面，更新内容时需要在本机修改，然后整体上传至服务器运行网站，网站设置领导成员、巨鹿简介、政务公开、招商引资、特色农业、办事指南等栏目，成为宣传巨鹿、推介巨鹿的一个新平台。

巨鹿县政府网站于2008年改版，改版后网站为ASP动态后台，更新内容时只需通过后台修改发布，网站设置今日巨鹿、政府报告、招商引资、特色农业、巨鹿工业、发展规划、信息公开、城市建设、视频巨鹿、民政互动等栏目。信息公开为巨鹿县政府信息公开平台独立系统，在网站中心位置使用图片连接。

巨鹿县政府网新增栏目“县长信箱”。巨鹿县政府网新增的政民互动、县长信箱栏目，群众参与积极，县长对此非常重视，亲自查看批示并监督落实。栏目功能包括：一是县长信箱基本职责。“县长信箱”栏目是受县长委托，受理公民、法人和其他组织对巨鹿县人民政府及其工作部门意见和建议的网上窗口。群众的来信认真对待，由县长亲自审阅、批办，并在一定的时限内向来信者反馈处理结果。二是县长信箱受理事项。对政府决策、重大举措及重大事件方面的意见、建议和咨询；对行政机关、企事业单位工作人员职务行为方面的反映；对重大灾害、事故、治安等公共安全事件的反映；对影响社会基本生产生活公共服务方面问题的反映。三是反映人须知事项。写信应遵守宪法、法律、法规、规章以及社会公德和“县长信箱”栏目管理秩序，如实反映情况，对于捏造、歪曲事实，诽谤、诬告、陷害他人的，将依法追究相关责任。

（县政府办）

平乡县政府网站

平乡县党政网是中共平乡县委、平乡县人民政府的官方网站，由县委宣传部主管，县新闻中心承办，是全县各乡镇、县直各单位在互联网上发布政务信息和提供在线服务的总平台，内容新颖、全面、权威、及时，点击量不断提高，特别是2011年全面改版升级后，点击总量已突破20万次。平乡县党政网已成为宣传重要工作和接受群众监督、了解民情民意的重要平台，同时也是外地客商了解平乡的第一窗口。

网站开设今日平乡、政务公开、网上服务、招商引资、理论学习、专题专栏、滏漳文苑等12个栏目、50余个子栏目。主要栏目简介如下：

平乡概况：包含动态公开、平乡简介、人文历史、城乡建设、社会事业、三农工作等子栏目，简要而全面地介绍了平乡的概况，包括地理、历史、民俗等平乡县的基本资料，以及三农动态和政府最新动态等，及时而全面。

政务公开：包含重点项目、政务文件、政府采购、政务动态、机构设置、领导介绍、保障性安居工程等子栏目，介绍平乡政务的最新动态，促进了平乡人对政策的了解以及对领导的认识。

网上办事：包含政策法规、表格下载、办事指南、在线留言等子栏目，增加了政府与老百姓的互动，及时反映社会公众对政府工作的意见、建议、要求，听取社会呼声，并及时答复和解决他们提出的问题，从而化解矛盾，密切政府与公众的关系，在一定程度上解决了老百姓办事难的问题。

招商引资：包含企业风采、工业园区、招商项目、投资项目、投资政策等子栏目，对平乡的自行车（中国最大的自行车零配件和童车生产基地）等传统产业、医药物流等新兴产业、梅花拳等文化产业作了详细介绍。另外，对《优化环境30条》《招商引资50条》等优惠政策进行了大力度宣传。

平乡旅游：包含历史文化、著名景点、旅游资源、旅游规划、平乡名吃等子栏目。作为中国民间文化艺术之乡，平乡县拥有极其丰富的历史文化，包括国家级非物质文化遗产名录梅花拳等，尤其是以梅花拳为核心的“悲歌慷慨”文化（“中山地薄人众，犹有沙丘……丈夫相聚游戏，悲歌慷慨”《史记·货殖列传》），沙丘就是现在的平乡县。

平乡县网站特色主要表现在5个方面：权威。由县委宣传部主管，县新闻中心承办，所发布信息绝对权威全面。包括人文、地理、经济、政策、民俗、历史、文化、新闻、图志等，可以说无所不包。及时。更新及时，每天都有更新，以最快的速度向外界告知平乡的最新动态。互动。建有书记、县长信箱及我要投诉栏目，及时接纳群众各类留言诉求，反馈群众心声，为群众排忧解难。安全。建有网站日常维护和安全事件应急制度，确保网站遇到问题后，能够第一时间发现和解决。

（县政府办）

新河县政府网站

新河县政府网创办于2008年5月，是新河县政府门户网站。新河县政府网主要设置新河概况、政务、企业、招商、政府信息公开、新河旅游、三农、专题专栏和留言板等版块。

利用政府网站这个平台，推动全县信息化建设，实现了与民政局、人社局等部门网站的互联互通，建设了政务服务、惠民富民两大信息化体系。

按照“以公开为原则、以服务为根本、以便民为宗旨”的原则抓好政府门户网站设置。根据政府信息公开目录，设置了政府公开目录和部门公开目录栏目，从多个层次和角度涵盖政府信息的主要内容。通过网上留言等方式，在政府、企业和群众之间搭建一个双向交流的平台。

将新河县政府网站升级为新河县公众信息网。政府公众信息网平台覆盖全县各乡镇、部门。其中县政府门户网站1个，乡镇、部门网站9个，集成行政审批公开、信息公开、重点领域信息公开等系统。

贯彻落实国家、省、市文件精神，制定《新河县政府网站管理审批制度》、《新河县计算机规范操作和信息系统安全管理制度》等制度，政府网站服务器通过专用物理防火墙与互联网连接，确保政府网站安全运行。

2013年，新河县资源整合，组建新河县公众信息网，同时县级政府信息公开平台正式上线运行。借此契机，各相关单位配备了一名主管副职和一名专职信息员，负责政府网站相关内容更新和政府信息公开工作，按照规定程序和相关要求对拟上网公开的政府信息认真审核，严格落实保密审查制度。

（县政府办）

广宗县政府网站

广宗县政府网创建于2009年1月，是由广宗县委宣传部主管，面向社会宣传广宗的权威平台，内容新颖、全面、权威、及时。网站大力弘扬“开明开放、诚实诚信、创业创新、自立自强”的广宗精神，为全县经济和社会的又好又快发展起到了不可替代的作用。

政府网是发布政务信息的权威网站，作为增强政府与公众交流、扩大公众知情权和参与权、展示政府执政为民和亲民爱民形象的重要载体，广宗县政府网充分利用网络媒体传播快、范围广、内容多等特点，每天更新充实政务信息，准确及时地把党和政府的声音、身影反映出去，把广宗经济社会建设成果反映出去，做到网上有文有图，尽力美文美图。

政府网紧紧围绕以宣传县委、县政府思想工作为中心，在原有基础上，细化了招商引资版块，增添了解放思想大讨论活动、环境卫生整治、广宗视频新闻、基层建设活动等专栏，及时公开群众关心的重要事件、重大活动、招聘信息等，政府网越来越受到各级干部、广大群众及外地客商的关注。2013年政府网站日点击率一直在2000余人次以上，接受群众咨询1000余人次，广宗县政府网已成为宣传重要工作和接受群众监督、了解民情民意的重要平台，同时也是外地客商了解广宗的第一窗口。

为保证网站的知名度，在百度等知名搜索引擎网站上推广排名，取得了不错的效果，同时还加强相关工作人员培训工作，以网站基础知识、网络三剑客软件的使用、photoshop软件等主要技术应用为内容进行授课与上机操作辅导。

2013年共收到广大群众咨询、建议、投诉和表扬234条，除去删除的无用信息102条，有效信息为132条，其中咨询94条，建议20条，投诉12条，表扬6条，各受理单位已答复126条，答复率达到100%。

广宗概况。包括动态公开、广宗简介、人文历史、城乡建设、社会事业、三农工作、广宗图志、民盟中央帮扶广宗等子栏目，简要而全面地介绍了广宗的概况，包括地理、历史、民俗等广宗县的基本资料，也包括三农动态和政府的最新动态，及时而全面。

政务公开。包括重点项目、政务文件、政府采购、政务动态、机构设置、领导介绍、保障性安居工程等子栏目；介绍广宗的政务的最新动态，促进了广宗人对县政策的了解以及领导的认识。

网上办事。包括政策法规、表格下载、办事指南、在线留言等子栏目；增加了县政府与老百姓的互动，及时反映社会公众对政府工作的意见、建议、要求，听取社会呼声，并及时答复和解决他们提出的问题，从而化解矛盾，密切政府与公众的关系，在一定程度上解决了老百姓办事难的问题。

招商引资。包括企业风采、工业园区、招商项目、投资项目、投资政策等子栏目，同时对广宗的主要产业做了简明扼要地介绍，包括对传统项目棉纺织业（充分利用中国产棉百强县、冀南棉海）、自行车、童车产业（中国最大的自行车、童车生产基地），也包括新兴产业生物医药等，同时也介绍了广宗县文化（中国民间文化艺术之乡）等产业以及广宗县的优惠政策。

广宗旅游。包括历史文化、著名景点、旅游资源、旅游规划、广宗名吃等子栏目。广宗县拥有极其丰富的历史文化，包括国家级非物质文化遗产名录梅花拳、太平道乐、柳编等；太平道乐为核心的道教文化，还包括省级非物质文化遗产太平鼓（又名黄巾鼓），市级非物质文化遗产广宗打醮等都源于太平道教，传说中的八仙之一张果老就是广宗县人。著名景点主要有中国最早的王（皇）家园林沙丘平台和河北省唯一的明代县衙广宗官署正堂。广宗名吃主要有邢台四大名吃之一的广宗薄饼。

（县政府办）

南宫市政府门户网站

南宫市从2004年起，开始建设政府门户网站，并在2012年进行了新网改版，到2013年底，新版网站信息量达到2万余条，已成为对外宣传的重要窗口。2011年3月在政府办公室专门组建股级科室技术科，明确由政府办公室一名副主任主抓政府门户网站建设工作，配备工作人员3名。近几年，投资5万元增加办公电脑3台，彩印机、扫描仪、打印机各1台，为政府门户网站建设提供了办公保障。2012年，南宫市政府门户网站进行大规模改版，在部分借鉴昆山、中山等全国优秀政府网站建站模式的基础上，创新网站内容的表现形式，将政府文件和政策法规以网页电子书方式嵌入，给网民耳目一新的感觉。同时还增设了视频新闻、媒体聚焦、专题专栏等版块，丰富网站新闻内容；开设市长信箱和回音壁版块，提高网站服务市民水平，网站档次提升；按照上级文件规定创建了“重点领域信息公开专栏”，专栏包含行政审批、食品药品安全、环境保护信息等九项重点领域方面的信息。新版市政府门户网站包含走进南宫、投资南宫、市长之窗、政务公开、城市建设、特色产业、公共服务等板块，并协调帮助市监察局、规划局、商务局、公安局、文明办、南宫中学、法院、民政局、审计局、职教中心、广电局、气象局、环保局、自来水公司建立了链接互联网站。同时，加强与百度的沟通联系，设置“中国南宫”“南宫市委”“南宫市政府”多个搜索名词在百度等搜索引擎置顶，方便了网民检索。每周二、四、六更新南宫新闻视频和市主要领导活动动态，每日监测三级党报报刊和国内知名网站涉及南宫的重要信息并及时转载，每日查看市长信箱，及时处理群众信件，做到了网民反馈事事有回音。截止到2013年底，新版南宫政府门户网站上传各类信息8600余条，处理网民诉求20件，网站点击量超过25万人次；党的十八大胜利召开后，特在市政府门户网站上设立“学习宣传贯彻党的十八大专题”栏目，转载国内大型主流媒体网站人民网、新华网等关于十八大方面的最新报道。

按照邢台市政府信息公开“四项建设、两个确保”工作要求，自2008年政府信息公开平台建成以来，着力做好“中国·邢台”政府门户网站内容保障工作、邢台市政府信息公开平台南宫聚合专版网站维护工作和邢台市工程建设领域公开网南宫子网维护工作。改版后到2013年底，共发布政府文件、政策法规、行政权力动态运行、工作动态、招商引资信息、项目简报等各类政府信息6000余条，工程建设领域信息公开南宫子网500余条。自2013年7月起，建立了信息公开平台内容保障制度，印发了《加强政府信息公开平台建设通知》，按要求对全市43个子系统单位实行季度通报及年度总评。截至2013年底，各部门共上传信息2020条，其中概况信息242条，工作动态1425条，规划总结74条，使群众了解政府信息更加方便快捷，为构建阳光透明型政府奠定基础。

按照邢台市政府下发《关于中国邢台政府门户网站内容保障工作的通知》要求，保证每周上传南宫新闻、领导活动类信息10篇以上。更新充实邢台市政府信息公开平台南宫聚合专版内容，每年度撰写《政府信息公开工作年度报告》以及政府信息公开指南和目录。同时加大规划计划类、工作部署、政府大事记等栏目信息的公开力度。重要行政权力动态运行方面，严格执行下发至各科室的《重要行政权力事项职责分工表》，对每月上报的《重要行政权力动态运行表》由主管领导审阅批准后上传至政府门户网站"动态公开"栏目。每月收集汇总由市纪委监察局报送的南宫市工程建设领域公开信息，由主管领导严格把关后上传至南宫市工程建设领域信息公开网。

制定《南宫市政府门户网站管理制度》等规章，从制度上保障门户网站安全运行；出台《南宫市政府信息公开保密审查办法》，健全信息公开审查制度，确保上网信息不泄密；制定《南宫市政府门户网站安全应急处理预案》，预先筹划市政府门户网站系统发生故障或遭受攻击的情况下的应急响应工作。委托邢台市网通公司对网站服务器进行优化维护和日常管理。在网站服务器上，关闭和删除不必要的应用、服务；进一步优化IIS设置，提高了网站目录的安全性，除了文件上传目录外，禁止网站访问者修改网页文件；安装InfoGuard等防注入工具，防范对网站数据库的攻击；在网站服务器上，安装网站服务器杀毒软件，防范病毒对服务器的攻击；在内外网之间架设防火墙，屏蔽了不必要的端口，启用抗拒绝服务攻击等防范措施。聘请高级技术人才，每日检查服务器系统安全日志，并及时下载安装操作系统补丁。同时登录网站读网，检查网站运行和页面显示是否正常，及时发现和纠正错情，巡检和监测网站防攻击、防篡改、防病毒等功能是否正常，定期检查链接的有效性，及时查明链接错误的原因并加以更正，不断规范网站管理。同时，对服务器内容进行定期备份，制定网站服务器应急处置预案，多手段、多措施保障网站安全平稳运行。

（市政府办）

威县党政门户网

威县党政门户网创建于2009年，是威县党委政府的门户网站。借鉴全国优秀政府网站模式，启动了威县党政门户网。威县党政门户网的访问量一直在稳步增长，截至2013年底访问量近400万次。威县党政门户网功能设置主要包括：威县概况、威县信息、党务信息、政务信息、人大信息、政协信息、投资威县、文化旅游、互动交流、书记信箱、县长信箱、纪委信箱、专题和公告等版块。

威县概况。包括行政区划、自然地理、自然资源、基础设施、城市建设、生态建设、经济建设、社会事业、特色物产等子栏目，简要介绍了威县经济社会民生等各项事业所取得的成绩及行政区划、地理区位等基本情况，并对其内容不断进行更新，让网民更好地了解威县的发展情况。

书记信箱、县长信箱、纪委信箱。了解百姓心声，关心百姓冷暖，打造畅通的受理市民诉求的渠道，及时为民排忧解难。同时，对违法违纪问题进行受理，始终坚持"百姓的事无小事"的原则，做到每封来信有回音，每次询问有结果，解决与百姓生产生活的问题难题，提高了政府和党委的公信力。

威县信息、党务信息。包括威县信息、党务信息包括党群（政府）机构、领导讲话、县委（政府）文件、县委办（政府办）文件、威县（政务）信息等子栏目，对党政机构设置、主要领导的重要讲话、相关文件及党政机关的工作动态，及时进行公布，使网民了解的发展思路和重要活动。

人大信息、政协信息。主要包括工作动态、制度建设、调查研究和代表之家。代表围绕县委、县政府发展大局行使监督权力，对各项工作的执行落实情况进行调研。政协信息主要包括工作动态、委员提案等内容。政协委员围绕全县中心工作，积极建言献策，为经济社会更好更快发展，提供智力支撑。

投资威县。包括发展环境、投资指南、优惠政策、招商项目、奖励政策、工业园区、企业名片等子栏目。发展环境，威县围绕创优发展环境，深化政风行风建设，提高项目审批效率，打造招商引资核心竞争力，实现项目招得来、落得下、留得住、建得成。投资指南，把威县的交通优势、投资成本、免缓收费项目等情况进行分析，突出威县优越的投资环境。优惠政策、奖励政策，县委、县政府围绕招商引资，制定了税收、土地、人才用工等优惠政策及奖励政策，推动威县由农业大县向工业强县转变。工业园区，威县有一个省级经济开发区和两个市级产业聚集区，园区的承载力不断增强，为项目的入驻搭建了平台。企业名片，对县内名优企业进行推介，提升县内企业的知名度。

文化旅游。包括文化事业、文物古迹、威县名人、民间艺术、书画艺术、住在威县、吃在威县等内容。文化事业，依托丰富的文化资源，实施建设了一批重点工程，建成了影剧院和冀南书画城、威县任仲夷展览馆、威县冀南党史展览馆、义和团纪念馆等一批重点工程，其中，威县冀南党史展览馆和义和团纪念馆热情讴歌了中国军民在反侵略、争取民族独立解放斗争中表现出来的崇高民族气节和强烈的爱国主义精神。文物古迹、威县名人、民间艺术、书画艺术，威县历史悠久，人杰地灵，出现一大批文人墨客和改革开放先驱，留下许多珍贵历史文物，形成一批独具地方特色的民间艺术。住在威县、吃在威县，让来威的游客足不出户，就可以掌握威县吃住的好去处。

信息公开栏目情况。县政府在该栏目对经济社会发展规划和发展目标、财政预决算及执行情况、政府投资的基础设施建设项目、工程招投标、政府采购等行政管理和经济管理活动进行公开。各乡镇政府、县政府各部门政府信息公开各项数据也通过此栏目及时公开。到2013年底全县已建成55个端口，公开发布各类信息4700余条。

交流互动。包括咨询求助、社情民意、建言献策、决策参考四方面内容。此栏目关心百姓热暖，畅通百姓渠道，搭建起百姓与县委、县政府的沟通桥梁，切实解决关乎百姓切身利益的难题，成为百姓提出建议、反映问题的重要平台。

专题。包括解放思想、改革开放、创新驱动、科学发展大讨论，深入开展“双提”活动、党的群众路线教育实践活动、防范和打击非法集资活动、中国共产党威县第十次代表大会、政府法制、考核与绩效管理工作等重要版块。围绕中心工作、发展大局、重要活动，开设相应专题，介绍相关活动的开展落实情况，营造浓厚氛围，为发展加油鼓劲。

（县政府办）

邢台市七里河新区网站

邢台市七里河新区门户网站自2011年6月创建至今，版面内容不断充实完善，到2013年底，已形成基本功能健全的电子政务平台。

新区网站的入口网页是管委会主要的电子政务平台，主要内容包括单位职能、组织机构等情况的简介，新区要闻、动态、大事及外部新闻等资料的宣传，以及办事服务、投资指南、互动交流等功能的分类，并设置了滚动屏展示新区最新建设成果。网站整体布局采用目录性质，便于访客了解新区的整体工作，主要内容包括：第一，新区介绍。主要介绍新区全年重点工作、各部门任务分解表及各类工作的实施方案。第二，机构设置。主要介绍新区各科室的具体职责、分管工作及联系方式。第三，办事服务。主要介绍社会、文化、交通、旅游、民生、经济、法律等各领域的相关条例及标准程序。第四，投资指南。定期发布新区最新招商公告和招商项目书。第五，互动交流。即市民留言窗口。针对市民关于七里河辖区相关事项提出的咨询，管理员均第一时间作出回复。第六，投资公司。主要包括七里河新区开发建设有限公司及天河绿道景区管理服务有限公司的简介和公司章程的说明。第七，便民服务。为市民提供与生活密切相关的具体事项查询服务，主要内容包括：天气预报、万年历、常用电话、电子地图、列车时刻表、航班时刻表、网上营业厅等多项服务内容。此外，“媒体看新区”主要发布省市各级各类新闻媒体关于七里河新区的相关报道信息。“他山之石”主要介绍上级机关的会议精神、政治理论及工作号召等，旨在提高新区全体干部职工的理论水平和政治素养。“视频报道”以视频方式展示七里河新区开发建设成果。

“新区文化”是七里河新区门户网站的精品栏目之一，主要展示了新区文化长廊的效果图，图文并茂地为市民呈献了一场场视觉盛宴。“邢襄历史”文化长廊共124块展板，全长744米，主要介绍邢台市的历史人物、民俗及新区建设等，还有沙河藤牌阵等邢台物质文化、非物质文化遗产；“健康科普”文化长廊共83块展板，全长528米，主要向市民普及各类健康常识；“国学经典”文化长廊共102块展板，全长613米，以修身、明德、成才为题，分励志、爱国、劝诫和劝学四篇章，配以故事和评析，讲述家喻户晓的名言佳句、国学经典；“美丽中国”文化长廊共101块展板，全长600余米，按照“仁者乐山篇”“智者乐水篇”“心灵净土篇”“神秘探索篇”等十大篇章，分门别类地展示了中国101个闻名遐迩的名胜景观。“魅力河北”文化长廊主要向市民展示河北省11个城市范围内共110余处著名的文物景观，到2013年底已完成版面设计和内容校对工作，即将通过展板呈现给市民。独具新区特色的文化长廊，不仅为新区发展营造了良好的社会宣传效果，同时也丰富了市民的业余生活。

（区管委会办公室）

邯郸市政府门户网站

【概况】 邯郸市政府门户网站自2000年建成开通以来，在省政府办公厅的正确指导、大力支持下，在市委、市政府的高度重视和正确领导下，秉持“执政为民”的理念和“方便、实用”的目标，以加强“五台”建设为主线，创新思路，多措并举，致力于打造民众网上政府。经过积极努力，办站水平持续提升，政府与企业、民众更为亲和，政府管理与服务日益公开透明，在助推全市经济社会又好又快发展中发挥了积极而重要的作用。

邯郸市委、市政府领导将政府门户网站工作作为规范行政权力、提升管理水平、推动科学决策的有效载体，加强管理，有效利用。一是高度重视。党政主要领导经常上网，及时了解网站建设管理情况和民情民意，并多次作出重要批示，要求加强管理，及时更新，服务民众。组织召开了全市政府门户网站建设和管理工作会议，市委常委、常务副市长出席会议并作重要讲话，进一步统一了思想，提高了认识，对做好政府门户网站工作起到了重要作用。二是大力支持。在财力比较紧张的情况下，市、县财政每年都列出专项经费，支持政府网站建设和发展，并将包括网站在内的电子政务建设和管理工作，划归政府办公厅（室）负责，进一步健全机制，理顺体制，形成了以各级政府门户网站为核心、横向联接各部门网站、层级之间资源共享的政府网站群体系。三是科学管理。市委、市政府充分利用网站平台了解群众呼声，听取各方意见，接受社会监督，做到广开言路、广集民智、广纳良谋，进而提高决策水平和管理水平，增强决策的准确性和有效性，确保了各项决策和管理符合科学发展观的要求，经得起实践和人民群众的检验。

为强化政府网站为民服务功能，满足社会各界需求，共规划、优化100多个独立的栏目频道，构建完善、系统、侧重于服务的新型政府门户网站，政府网站实现了以政府为中心向以用户为中心转变，由宣传性网站向服务型网站转变，由分散式的服务向一站式服务转变，由粗放服务向精细化服务转变，提升网站服务的针对性、有效性。着力完善“邯郸市网上行政服务中心”，集办事指南、在线公示、在线预审、在线评议、在线投诉等功能为一体，建设了个人、企业、旅游者、投资者、农民五种分类服务频道，设有网上审批项目20余个，以及地税申报、政府采购等在线办事系统16个，能够全面快捷地为访问者提供相关服务。尤其是在线预审功能实现了异地用户或具备网络使用条件用户的远程申报，方便了用户至实体中心一次性办理审批手续。在线预审作为实体中心审批的辅助手段，减少了异地用户往返中心的次数和审批时间，同时大大提高了实体中心的审批效率。随着电子签章、CA认证等网络安全手段的成熟和应用，网上行政服务中心的在线预审将逐步向具备真实法律效力的网上审批发展。

为进一步畅通政民互动渠道，在原有“市长信箱”的基础上，搭建了邯郸论坛这一沟通平台，由专门受理中心24小时全天候受理，集中办理市民提出的投诉、意见、建议和政策咨询等事项，为市民提供多种方便，彻底解决了政民渠道沟通不畅的问题，成功打造出一个“24小时永不休息的政府”，成为市委、市政府与社会公众的双向互动、双向交流的桥梁。该平台平均每天的受理信息量在2000余件，到2013年底，共处理有效来件469121件，直接答复群众咨询300887件，转相关部门办理168234件，转办率100%，回复率93%，先后解决了一大批与群众生产生活密切相关的问题，发挥了“社情民意晴雨表，联系群众联心桥，维护稳定减压气”的作用，大大提升了党委、政府的公信度和干部的亲和力。成为市委、市政府政务公开、政民互动、凝聚力量、鼓舞人心的强大公信平台。

为提高网站信息发布量，保障群众的知情权和监督权，从根本上确保权力运行规范化，在队伍建设和网站管理上采取一系列措施，以举办培训班、网上交流、考察研讨等方式，加强专业队伍建设，提升技术保障能力和专业水平，基本形成一支政治坚定、技术精湛、业务熟练、作风过硬的专业队伍；在网站内容的更新与维护方面，下发《关于进一步加强政府门户网站管理工作的通知》，制定网站日常考核办法，特别强调关注人民群众的点评和呼声，并严明责任，细化分工，定期考核。同时，将政府信息公开平台改版升级，并将所辖县（市、区）和各部门的信息平台实现了有效聚合，提高全市政府信息发布数量。特别是运用信息技术对行政许可事项、政府采购、建设工程招投标、专项资金管理、城市规划等20个重点权力部位的权力运行过程进行流程再造，搭建在线网络公开平台，把决策、执行、结果等权力运行全过程公开，接受群众的检阅和点评，有效遏制了乱收费、乱摊派、乱罚款和暗箱操作、权力寻租、吃拿卡要等消极腐败现象。

政府网站不仅在信息公开、政民互动、服务公众等方面发挥了不可替代的作用，而且在推介邯郸、招商引资、助推工作落实上积极有为。一是宣传推介邯郸。为充分发挥网络媒体在宣传推广方面的重要作用，进一步提升邯郸的知名度和美誉度，整合了邯郸历史文化、自然景观、发展现状和特色产业等信息资源，打造了具有本土特色的走进邯郸板块，使政府门户网站成为外界认识邯郸、了解邯郸的第一窗口和名片。二是加强网上招商。为在更大程度、更大范围内扩大邯郸影响力，吸引国内外投资者的关注，与新浪网合作，建立了“新浪邯郸”在线招商网站，在全球性的网络媒体上，高层次、全方位地宣传了邯郸，实现了全天候“让邯郸走向世界，让世界了解邯郸”的在线招商目的，充分发挥了网上招商优势，扩大了“在线招商”的访问量和招商实效。三是推进工作落实。进一步健全了督导、通报、评比、奖惩机制，对全市21个县（市、区）网站和59个市直部门网站进行全程监督，确保了政府网站信息公开及时全面、服务功能发挥完备、政民互动无缝对接、群众监督不走过场，真正起到提高工作效率，促进工作落实的应有作用，得到市委、市政府的高度赞扬，各级各有关部门的积极配合，人民群众的满意评价。

（市政府办）

“中国·定州”政府门户网站

【概况】 按照《保定市人民政府办公厅关于建立完善政府公众信息网门户网站的通知》要求，2004年5月，经市政府研究，决定建立政府公众信息网门户网站，正式定名为“中国·定州”，网址：www.dzs.gov.cn，并印发《定州市人民政府办公室关于建设定州市政府公众信息网门户网站的通知》。经过试运行，8月底正式开通，2007年、2009年两次进行改版，到2013年底运行良好。

政府门户网站，是市政府及其各单位、各部门与公众交流的平台和纽带，也是推进政务公开，使公众获取政府信息的重要渠道。做好政府网站工作，有利于促进全市各级人民政府及各单位依法行政，保障公众知情权、参与权和监督权，对加强政府自身建设，提高社会管理和公共服务水平具有重要意义。“中国·定州”政府门户网站由定州市人民政府主办，由定州市信息化工作领导小组办公室负责服务器架设和日常维护、管理，政府每年拨专款保证网站的建设和维护费用，信息保障工作由全市各有关责任单位进行更新维护。

政府门户网站实现宣传政府经济发展政策，展现经济建设成果，报道政府重大决策活动，发布招商引资信息，介绍投资环境，展现了定州形象，扩大党和政府工作的覆盖面和影响力，成为外界了解定州的窗口。

为加强网站管理，定州市先后制定《定州市政府门户网站管理办法》《定州市信息发布审核制度》《定州市政府门户网站信息安全应急预案》等一系列管理规章制度。

【2004版网站】 该版网站共设14个一级栏目，60个二、三级栏目，共开设了今日定州、定州概况、定州政务、定州经济、社会生活、科技文化、政府实事、政府采购、市民办事指南、企业办事指南、特色经济、企业之窗、服务导航、审批大厅等栏目，资源更新工作涉及39个部门和单位，基本反映了政府工作的全貌，起到了宣传定州、方便群众和企业的重要作用，在当时环境条件下，信息化水平走在了全省各县（市）的前列。本网站由39个部门和单位进行分级管理和维护，各单位都明确专人负责更新和维护本单位的版块，所上传的信息都是经过本单位一把手同意才发布，而且最后须经信息化办总管理员的审核才能发布到网站上，保证了信息的真实性。市信息化办定期对承担网站更新和维护工作的39个单位和部门进行检查督导，并每季对更新情况上报市政府，由定州市人民政府办公室发全市通报。承担网站更新和维护工作的39个单位和部门的工作人员，严格按照《市政府办公室关于建设定州市政府公众信息门户网站的通知》要求，认真做好了“中国·定州”门户网站资源更新和维护工作，2004年共发布信息600多条，各单位的工作动态得到了及时反映，使“中国·定州”门户网站起到提高办事效率，加快信息传递、宣传定州、方便群众和企业的重要作用。

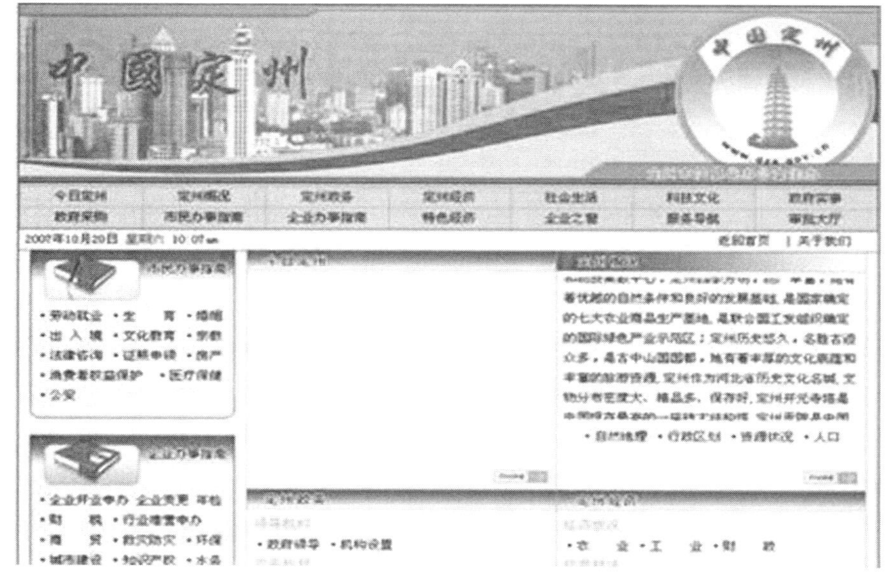

2004版网站截图

【2007版网站】　经过两年多的成功运行，各单位及工作人员积累了许多网站维护和管理的经验，2006年底对在栏目更新维护中表现突出的单位和个人进行了表彰。同时，也总结了网站的一些不足。为了使网站更加贴近群众生活，加快信息传递，展现定州新面貌，对各相关单位维护内容进行了摸底调查，并将反馈意见归纳总结，放到政府门户网论坛和百度定州贴吧上进行公开征求对社会各界意见，引起了广大群众的关注与讨论。针对网站各方面，从自身使用的角度提出许多宝贵的意见和建议。

在总结各方意见的基础上，于2007年5月对网站进行了改版升级。改版后的“中国·定州”门户网站在外观、内核、安全性、易用性、友好性等各方面均大有提高。采用了ASP.NET编译语言，结合SQL企业级数据库，便于维护管理。基于互联网到2013年底的技术应用水平，该网站理论上具有无限扩展功能，为将来整合其他功能模块提供了良好的基础平台。主要改革了以下几个方面：

一是新的网站系统摒弃了安全性、可操作性较为落后的asp语言+access数据库架构，采用到2013年底主流的Asp.Net+SQL2000结构，程序与数据分离，无论是在安全性、可操作性及承载能力等方面均达到领先水平。

二是将原来分散的多个数据系统（定州市重点项目动态管理系统、电子数据统计系统、政府OA系统）集成到门户网站中，方便政府无纸化办公系统的使用和推广。

三是对栏目结构作出重大变更。改版后的政府公众信息网门户网站共设置主栏目10个，子栏目25个，二级子栏目122个，增设维护的单位33个，涵盖定州市政治、经济、文化、生活的各个方面，服务功能更加强大。

2008年底，市信息化办专门召开会议，对政府门户网站信息上传和内容更新数据进行统计和通报。会上对2008年网站维护工作突出的单位进行了表彰和奖励，并成立了“定州市政府门户网站更新工作领导小组”，同时制定《“中国·定州”政府门户网站信息上传更新工作的考核办法》，对2009年网站维护工作做出部署安排。会议在量化任务的同时，也调动各单位对网站维护的积极性。新增信息数量大幅度增加，质量也有较大提高。群众更加了解定州，办事更加方便、快捷，市民更加方便地获得政务信息，使政府门户网站成为政府为社会公众提供公共服务的重要平台和窗口。

2007版网站截图

【2009版网站】　按照《保定市人民政府办公厅关于在“中国·保定”政府门户网站增设“对接京津”版块的通知》要求，2009年5月，对政府门户网站进行了改版升级，升级后的网站栏目有：定州概况、定州经济、公告公示、政策法规、公共服务、科技文化、领导活动、对接京津等14大类130多个栏目，所有栏目中，领导讲话、重大活动、项目建设、公示公告等随时更新，政务公开、为民办事、为企

办事按周更新，部门职能、政策法规等按月更新，其他信息不定时更新，保证了各类政务信息的发布及时、准确、透明。

自2007年4月到2010年7月8日，上传信息总量达11319条；2012年共上传信息679条，上传信息总量达12233条；2013年共上传信息1100多条，上传信息总量达13333条。

2009版网站截图

自2004年网站成立至2011年，市信息化工作领导小组办公室一直定期对政府门户网站内容保障情况进行督导检查，检查情况报定州市人民政府办公室，政府办或信息化办每半年对各单位信息保障上传情况在全市通报。对更新工作情况突出的单位进行表彰，对更新不及时、信息不全面的单位视情况给予通报批评，并限期整改。2012年至2013年，定州市人民政府办公室每季度以信息快报方式对政府网站各单位上传信息情况进行通报，共发8期通报。

由于机构改革，2010年8月将定州市信息化工作的职责划入工信局，2011年6月以定州市政府办公室下发了《关于调整市信息化工作领导小组成员的通知》，领导小组下设办公室，办公地点设在市科技局。2011年6月，定州市人民政府办公室下发了《关于进一步加强政府网站建设管理的通知》，调整了定州市政府门户网站建设与管理工作领导小组成员，由市政府主管副市长为组长，政府办、工信局、科技局负责人为副组长，市委办等有关单位为成员，领导小组下设办公室，办公地点设在市科技局，继续履行对政府门户网站的管理、维护、督导、检查等职责。

市政府高度重视网站建设工作，2012年定州市人民政府办公室又下发了《关于进一步加强政府网站建设与管理的通知》，加强网站的建设和管理工作，将其作为打造区域中心城市的重要窗口和载体。2013年底，主要领导专门作出对网站进行改版的重要批示，力争将其建设成为功能完善，服务便捷、富有特色的为民服务第一平台。

（市信息办）

省国土资源厅“一张图”和综合监管平台

【项目背景】 国土资源部办公厅2012年下发《关于加快推进国土资源遥感监测“一张图”和综合监管平台建设与应用的通知》，要求“省级国土资源主管部门要统筹推进省以下‘一张图’和综合监管平台建设与应用，协助国土资源部做好系统部署、信息汇集与上报”，要求“2012年底前，基本完成省级和部分市级‘一张图’和综合监管平台建设，2013年底前，完成半数以上的市级‘一张图’和综合监管平台建设，省级综合监管平台得到进一步完善拓展”。为落实上述要求，全面提升河北省国土资源管理工作水平，优化国土资源管理方式，规范行政权力运行，最终实现以图管资源的目标，国土资源厅从2013年开始正式启动了河北省国土资源“一张图”和综合监管平台建设工作。

【建设目标】 “一张图”和综合监管平台建设是河北省国土资源厅在“十二五”中后期的一项重要的信息化任务，采用省、市、县三级的建设模式，在2015年完成全部建设任务。项目提出的目标是：

建立运转协调、安全可靠的全省国土资源专网和数据中心基础环境，为数据大集中、应用一体化模式下的数据存储管理和业务系统运行提供基础支撑。

建立统一空间基准的省、市、县三级数据共享的全省“一张图”数据库和数据管理系统，实现对全省国土资源现状及其历史变化的全面了解。

建立业务事项相互关联，行政管理、行政审批和执法监察三位一体，省、市、县三级应用联动的综合监管平台，形成以信息化为支撑的国土资源监管体系，实现资源开发利用全过程的实时监管和事后监管，促进监管的常态化、制度化，最终形成“天上看、地上查、网上管”的综合监管模式。

【“一张图”和综合监管平台两大核心的建设内容】 一是国土资源空间主题共享数据库的建设，即“一张图”，二是资源利用与保护过程全生命周期监管信息系统的建设，即综合监管平台。从系统建设的维度，项目分为网络体系、数据体系、应用体系和服务体系四大类任务。

网络体系是信息交换与共享服务的基础，包含全省的国土资源专网、省厅数据中心基础软硬件环境、各市县局节点以及用户终端的建设。数据体系是信息集成与应用服务的基础，包含数据汇交、“一张图”数据库建库和数据管理系统的建设工作。应用体系是国土资源系统内部的业务应用平台，是项目建设的核心内容，包含行政审批、综合监管、执法监察以及综合业务管理等应用系统的建设。服务体系是信息共享与服务平台，包含国土资源内部信息服务系统和基于互联网的对外服务系统的建设。

【项目建设年度进度】 项目建设工作由省国土资源厅信息化工作领导小组全面负责，成立项目执行组，负责与项目的技术合作单位共同开展项目需求调研、预算编制、设计编写、系统开发、测试运行、检查验收、档案管理、实施推广等各项具体工作。

项目建设以国土资源部提出的“坚持以需求为导向的原则、坚持规范和创新管理方式的原则、坚持加强统筹建设的原则”作为顶层指导思想，具体实施采用了政务架构的设计理念和方法，确定了以循环迭代法、总体架构法、产品描述法、原型交互法作为开发技术思路。项目组根据实施方法和建设任务情况，按照“一年开发，两年运行，三年完善”的进度要求，制定了项目工作计划和年度进度目标，并按计划开展了各项工作。项目年度主要进度目标：

2013年，完成地、矿、海业务架构，初步完成“一张图”入库，初步完成综合监管平台的软件开发。2014年，完成全省国土资源专网和数据中心基础环境的建设，完成“一张图”建库，实现行政审批业务、综合监管业务和执法监察业务地政部分的上线试运行。2015年，实现行政审批业务、综合监管业务和执法监察业务的全面上线运行，完成与原有系统的整合对接，实现综合业务管理系统和信息服务系统上线运行。

到2013年底，项目的进展情况如下：

业务架构方面，完成了国土资源地政业务流程的梳理分析和业务组件设计，形成了20余项地政业务的流程模型和业务组件模型。通过业务架构的梳理，一方面进一步规范了业务流程，另一方面为应用系统开发提供了强有力的依据，对应用系统是否能够符合用户需求起到了决定性作用。

IT架构方面，设计了整个河北省国土资源应用平台的框架，设计了数据与服务管理、业务综合应用、信息服务以及基础支撑四大平台；按照数据库、数据实体、数据元素和空间数据、属性数据“三层两类”的划分方式，对国土资源业务流程中所涉及的数据进行了全面归纳和梳理；对“一张图”和综合监管平台的系统、硬件、软件技术实现途径进行了统一的规划。IT架构从顶层上规定了系统组成及实现的技术路线和方法，能够有效地规范和限制系统后续的设计与实施，确保系统设计和实施过程不漏项、无偏差，符合既定的技术路线。

应用系统开发方面，以单独选址业务为例，实现了业务流程、岗位协同的两级定制和办理过程的图形辅助审查，一方面验证了省市县三级联动、两级定制和图形与业务流程结合等关键技术和创新点实现的可行性，另一方面验证了系统使用的可操作性和便利性。

【项目创新点】 全省“数据大集中、应用一体化”的设计模式。数据大集中是将基础地理数据、主题数据和变化数据按照统一空间参考、统一坐标系、统一数据精度、统一数据格式、统一数据采集成果标准、统一数据库标准进行整合入库，建设河北省集中管理的“一张图”数据库，实现“一数一源”。应用一体化把应用系统软件和基础软硬件支撑环境统一部署在省厅数据中心，形成全省唯一的一套业务处理系统，一方面，能够规范、统一全省国土资源机构的信息系统，另一方面能够有效解决在市、县级国土资源机构部署设备及应用带来的升级不便捷、维护不方便等问题。

面向国土资源的业务流程和岗位协同定制技术。为了改善信息系统难以适应业务流程变更、调整的普遍情况，同时考虑应用系统要能够适应各级国土资源机构的组织结构差异，在应用系统设计上，根据业务流程和岗位协同的特点，考虑既规范管理又可灵活定制，提出了业务流程和岗位协同“两级定制”的流程定制思路。业务流程的定制由省厅统一完成，包含机构组织结构、业务事项、业务之间协同关系、机构间协同关系和机构内活动关系。岗位协同定制由省厅、市局和县区局各自完成，包含机构内部人员、机构内部业务岗位、业务岗位与流程活动匹配、人员与岗位匹配的定制。通过业务流程定制，规范管理行为；通过岗位协同定制，适应不同需求；通过自由流程设定，实现灵活应用。

通过虚拟化实现海量数据的存储管理、基础资源的动态调配和提高系统安全性。将计算机资源和存储资源形成巨大的计算资源池和存储资源池，突破了传统架构下以单台设备作为一个计算和存储单位的限制，能够提升资源的利用率和安全性，提高数据和应用管理的便利性。将网络资源虚拟化，使多条链路被捆绑成一条聚合的逻辑链路，达到管理简化、整体无环和提高网络可靠性的目的。将用户终端虚拟化，实现对终端计算机的操作管理、端口控制、数据加密以及故障恢复等功能。

（省国土资源厅）

国家环境信息与统计能力建设项目

【项目概况】 《国家环境信息与统计能力建设项目》是实现国家主要污染减排目标，落实国家污染减排“三大体系”建设的四个能力建设项目之一，也是环境信息化建设的一项重大基础工程。

项目建设内容包括：制定27项与减排工作有关信息化标准与技术规范；建设覆盖国家、省级、市级、县级环境保护业务专网；建立国家、省两级综合数据库实现数据交换与共享；建立国家、省两级减排应用支撑平台，开发环境统计管理系统、建设项目管理系统、减排数据管理与综合分析系统，集成已有的环境质量监测系统、排污申报管理系统、排污收费管理系统、国控重点企业污染源自动监控系统、国控重点企业公众监督与执法检查系统和污染源监督性监测管理系统；建立并完善系统安全保障体系和系统运行维护体系。项目由国家发改委批复，总投资5.79亿元，河北省的总投资金额为1911.89万元，中央补助地方资金1247.26万元，地方配套资金664.63万元。

项目由环保部统一组织，各省、市环境保护厅（局）和信息中心共同参与项目实施和建设工作。项目从2010年3月正式启动，实施建设周期为18个月，试运行期为6个月，运行维护期为12个月。在环保部项目办的统一组织和指导下，河北省完成以下建设内容：

建设完成国家、省、市、县的全省环境保护业务专网。在各级环保部门的大力配合下，408台套网络设备分配到市县各建设节点，建成省到环保部10M光纤专网，省到11个市2M光纤专网，所有县到市的ADSL线路。

完成基础软硬件环境基础设施建设。该项目建设主要包括减排综合数据库平台系统软件、备份软件、小型机、PC 服务器、存储设备、地理信息系统平台、减排应用系统支撑平台等七个分项共 39 台套设备和软件等。

组织落实全省范围内网络安全体系建设。该建设内容包括省级、市级入侵检测、网络与数据库审计系统、漏洞扫描系统、防病毒服务器、机柜等 49 台套设备系统等。安全系统的建设为环保业务系统建设提供信息安全基础保障。

部署部里统一下发的数据传输与交换平台。此项建设包括配置基础软硬件前置机设备（服务器、中间件、数据库等）48 台套，部署数据传输与交换平台软件，并实现相关应用系统的接入。建立了河北省数据交换传输体系，实现环保业务数据的逐级上传。

部署国家统一下发的环境统计业务系统、建设项目管理系统。

统一配发市、县环保局环境统计专项设备。全省环统专项设备包括市县级 PC 机、笔记本、一体机、打印机、无线上网卡等共计 1283 台套。承担环保部两项标准规范的编制。省环保厅承担了“国家环境信息与统计能力建设项目”中《“减排综合数据库”数据报表设计规范》和《“减排综合数据库”专题图设计规范》两项国家标准规范的编制工作，2012 年批准发布。

（省环保厅）

全省国控省控重点污染源自动监控系统

【概况】 全省国控省控重点污染源重点监控系统建设是国家污染减排“三大体系”能力建设重点项目之一。项目 2007 年启动建设，2008 年投入运行。

污染源自动监控系统由自动监控设备和监控中心组成。自动监控设备是指在污染源现场安装的用于监控、监测污染物排放的仪器、流量（速）计、污染治理设施运行记录仪和数据采集传输仪等仪器，仪表排污口规范化和现场监测设施购置安装费用由企业自筹。监控中心是指环境保护部门通过通信传输线路与自动监控设备连接用于对重点污染源实施自动监控的软件和硬件，硬件主要包括服务器、污染源端数据接收专用设备、显示与交互系统、监控网络基础环境、网络安全系统等，软件由服务器操作系统与数据库软件（市售）、污染源基础数据库、污染源监控应用系统、数据传输与备份系统、网络安全系统等，省、市自动监控中心建设、联网数据校核比对、网络配套设施建设、网络运行、验收、现场检查等费用，中央财政按 40% 实施补助，其余由地方政府筹措。数据采集传输网络通过安装在企业端的数据采集传输仪与环保部门监控中心的监控专用接收设备实现。监控数据在环境执法、排污收费、总量减排、环境决策支持等方面得到应用。

省自动监控中心：建成了数据传输网络，以互联网专线为主干，分散终端采用 GPRS 网络的传输方式，覆盖全省 11 个省辖城市的污染源监控数据传输管理系统。省级监控中心可实现对全省国、省控重点监控企业；全省省级可监控国控、省控企业 790 家、1838 个排污口。

设区市自动监控中心：现有 11 个设区市，建立了监控中心监控数据传输网络，均采用 GPRS 网络的传输方式，并且与省监控中心实现了联网。市级监控中心可实现对辖区的国、省、市控重点污染源的日常监控。部分有条件的县区也建有自己的监控中心，监控自己辖区的重点企业，如：迁安市、武安市等。

（省环保厅）

省住房和城乡建设厅“数字规划”建设

【概况】 随着全省城市化进程不断加快，城镇面貌日新月异，城乡规划的编制、管理和督察等工作任务日益繁重，传统的城乡规划管理工作模式已无法满足城市建设发展需要，创新规划工作机制、以信息化推动城乡规划势在必行。2009 年，正式启动“数字规划”建设。

“数字规划”是推进城镇化战略、提升城乡规划管理水平的一项重要举措，是传统城市规划理论和方法与现代信息技术相结合的创举和实践，是实现城乡规划全过程数字化、管理手段现代化、对象空间可视化、信息传输网络化的有效手段和途径。

河北省数字规划建设工作，是按照省级层面制定技术导引，建立统一标准，省、市、县三级整体推进的思路进行的，在全国属于首创。其中，省级数字规划，建立以总规、控制性详规等城市管理空间数据为主要内容的城乡规划信息资源库，在全国属先进行列。经过五年建设，河北已搭建起一套省、市、县三级联动，既可独立运行，又能实现业务协同的数字规划系统，具体包括：一套保障体系、一个信息资源库、两个基础平台和五个基本业务应用。

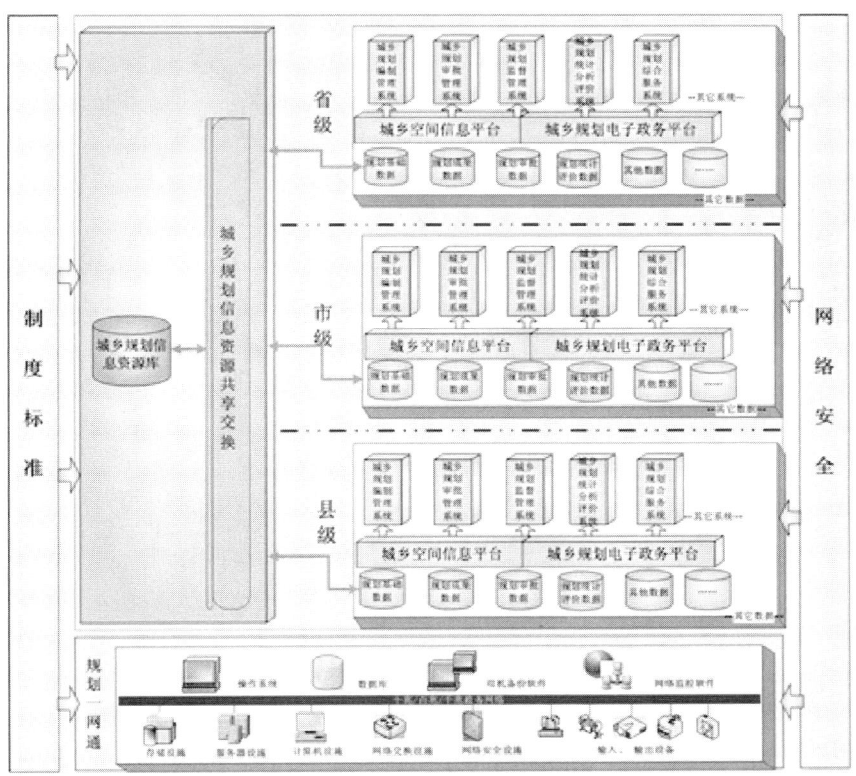

河北省“1125”数字规划框架

【取得成效】 管理手段更加先进。数字规划系统为城乡规划管理工作提供数字化平台与技术基础，实现规划管理各环节的办公自动化，办公介质从有纸到无纸、工作过程从无形到有形、行政秩序从无序到有序、业务流程从人工传递到网上传输，实现各个环节“闭合式”管理和高效运转，减少了人为因素干扰和工作随意性，提高了城乡规划管理的科学性，加大了城乡规划管理的深度和力度。

决策方法更加科学。传统的城乡规划管理工作，需要花费大量的时间和精力，采用“定性分析为主，定量分析为辅，定性与定量相结合”的方法，对收集到的资料和信息进行分类整理。受信息的准确性、时效性、数据源等各方面因素影响，规划分析和决策难免存在误差。利用数字规划系统，城乡规划管理部门可以及时、全面获取所需的诸如社会、经济、环境、城市建设等各类基础信息，并利用“一张图”展示、三维辅助决策等信息化技术，对数据进行定性、定量、定位综合分析和动态分析处理，有效地提高城乡规划决策的科学性、准确性与合理性。

获取信息更加方便。城乡规划管理工作需要掌握包括与城乡规划相关的经济、社会等各类基础资料、历次规划成果及规划实施与管理等复杂的数据和信息，其数据和信息具有多尺度、多类型、多层次、多时相等特点。建立数字规划系统，可以有效地对各类信息进行数字化处理与存储，为规划管理部门获取信息、科学决策提供高速传输的渠道和强大的数据支撑。同时，数字规划系统采用先进的数据处理与存储技术，有效整合多源空间数据，实现了规划与城管、建设、房管、交通等城市管理部门空间数据共享，为“智慧城市”建设奠定基础。

公众参与更加便捷。公众参与是提高城乡规划管理水平的必要环节和重要手段。到2013年底，河北省级、设区市、县（市）城乡规划主管部门均建起了公共服务网站，开设审批公告、工作动态、规划许可等栏目，及时发布批前公示、批后公告、规划编制成果等信息；设置网上调查、公众参与、建言献策等互动栏目，随时接受群众对城乡规划工作的咨询、监督与建议。城乡规划公共服务网站的建立，搭建起了政府和公众之间快捷有效的信息沟通平台，使公众通过网站及时获取城乡规划信息，促进了城乡规划管理工作的公开、公平、公正。

【创新应用】 在推进数字规划建设过程中，各地城乡规划管理部门不断探索研究，创新管理模式，有效深化了数字规划管理与应用。

引入“大项目”管理模式，提高审批效能。石家庄市在规划审批全过程中引入“大项目”管理模式，其具体做法是：对审批的每个地块赋予唯一编码，与该地块有关的项目选址、建设用地规划许可、设计方案审查、建设工程规划许可等各环节资料，以及历次报建、审批资料，均根据一定规则确定扩展编码，生成项目的“数据树”，方便规划管理部门在审批过程中查询使用。同时，石家庄市在项目选址、规划工程许可证审批等环节中实行并联审批，系统可以自动将报建案卷同时分发给主办处室、协办处室。各处室提出意见后，由主办处室统一汇总生成审批结果，有效缩短了项目审批时间，提高审批效率。

推行现场移动办公，实现批后动态监管。邢台市利用GPS定位仪等设备，现场采录施工数据（包括坐标、高程、层高等），依靠手持终端将采集数据通过3G网络及时录入系统数据库。通过移动工作站，采集的项目数据能够在数字规划系统与审批资料进行对比，在“一张图”上展示，以此确定工程是否违章。这种依托数字规划系统建立的规划批后动态监管平台，实现了批后监管的数字化、快速化、智能化。

应用三维技术，辅助规划决策和管理。传统的城市设计成果多为图片、图形等二维显示，为直观表现和协调城市设计与周边环境的关系，石家庄市引入数字规划三维信息系统，将三维建模与规划辅助决策技术应用于市规委会对规划项目的技术审查；廊坊市、秦皇岛市分别制作了75平方公里主城区城市三维模型和180平方公里建成区城市三维模型，并依托当地规划展馆，建起了可交互操作的三维数字沙盘系统。三维技术的应用，将城市规划与现状、设计方案模型与周边建筑的体量关系、色彩关系、方案纹理等直观展现出来，使城市规划管理实现了从平面到立体、从抽象到直观、从静态到动态的转变，规划管理技术上有了质的飞跃。

规范数据建库机制，专项规划成果入库标准化。为规范各类专项规划资料入库管理，更好地发挥专项规划成果辅助审批、决策的作用，邯郸市制定了专项规划标准前移“两步法”：第一步，制定《邯郸市专项规划成果资料入库基本要求》，明确专项规划编制的文件格式、坐标系统、基本分层要求等内容。规划编制单位都必须按照要求编制专项规划；第二步，规划管理部门对专项规划初步成果提出入库具体标准，随同专家评审意见，交由规划编制单位修改，最终编制出符合入库标准的专项规划成果数据。通过应用和规范建库前移机制，大大降低了规划编制单位和规划管理单位的工作量，有效保障了专项规划的数据质量。

（省住房和城乡建设厅）

省住房和城乡建设厅数字住房保障系统

【概况】 2010年9月，河北省数字住房保障系统正式启用，覆盖所有保障对象，实现对中低收入家庭、新就业职工、外来务工人员等保障对象的动态管理；覆盖各类房源信息，实现对廉租房、经济适用房、公共租赁房等保障房房源的管理；覆盖管理全流程，实现对保障对象的申请、审核、退出等管理全过程的监管。形成了省市县三级网络化工作管理机制，做到了业务管理规范化、分析决策数字化、信息公开透明化。

2011年6月，在全国住房保障工作会前夕，国家有关部委，以及北京、河南、黑龙江等部分省市政府和保障房相关部门负责人实地参观考察河北数字住房保障系统，住房和城乡建设部副部长齐骥认为“该系统实现了对保障房项目规划、建设到入住管理各阶段的数据整合，这种技术创新极大地提高了保障房建设效率和管理水平”。2011年11月，中共中央政治局常委、国务院副总理李克强在廊坊考察期间，现场观看了河北省数字住房保障信息系统演示，对河北数字住房保障的成绩给予充分肯定。

【顶层规划】 住房保障是一项政策性、动态性、连续性很强的工作，具有“量大面广”、业务“繁复庞杂”的特点。业务工作涵盖廉租住房、公共租赁住房、经济适用住房、限价商品住房4大类保障性住房建设；城市棚户区、国有工矿棚户区、国有煤矿棚户区、林场危旧房改造、垦区棚户区5类棚户区改造，以及保障性住房申请、审查审核、配租配售、后期管理等多个方面；管理部门涉及住房保障、建设、财政、国土、房地产、民政、公安、人力资源社会保障等多部门。在政策上，从面向低保家庭的廉租住房保障、经济适用住房保障，扩大到面向中低收入家庭、外来务工人员的公共租赁住房、限价商品住房保障，又发展到“保障性住房并轨”的管理模式。

在系统设计初期，将“统一数据标准”作为系统建设的基础性原则并一以贯之。一是建立基础数据字典。将全省住房保障工作内容进行了分析，按照保障性安居工程建设项目、保障性住房房源、保障对象三大管理业务，编制项目建设监管、房源配租配售、保障对象申请审核等30余套业务表单。二是搭建统计分析平台。在摸清基础数据、梳理业务流程的基础上，将数据进行有效整合，设计各类统计报表30余套，能够充分满足各级住房保障管理部门的决策分析需求。

【“图”“数”结合】 数字住房保障系统与GIS地理信息系统结合，在其他部门省市也有所应用。河北省在充分借鉴其他省市先进经验的基础上，结合河北省实际，建立了以“地、楼、房、户、人”为基础的数字住房保障系统，即通过GIS

综合展示项目、房源与保障房对象的位置、状态、类型、分布和信息等情况，为监管提供更加直观的手段。一是与城市规划叠加分析。在GIS地理信息系统的基础上，充分利用河北省数字规划建设成果，将住房保障规划与当地总体规划和控制性详细规划叠加，能够准确掌握规划项目用地性质，确保建设规划的合理性。二是规划成果图展示。将全省住房保障“十二五”规划在现状图的基础上逐年叠加，综合展示各市保障性住房项目分布情况。三是保障性住房需求与供应情况一目了然。将全省普查的住房困难家庭和住房保障家庭，按照“街道办事处—区（县）—设区市—省”的递进关系逐级展示，全面展示各地区保障性住房供需情况。

2011年6月国家有关部委，以及北京、河南、黑龙江等部分省市政府和保障房相关部门负责人实地参观考察河北数字住房保障系统

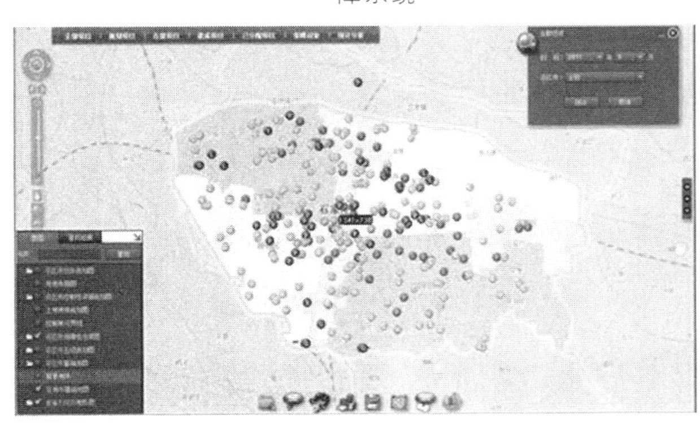

保障性安居工程建设项目分布展示图

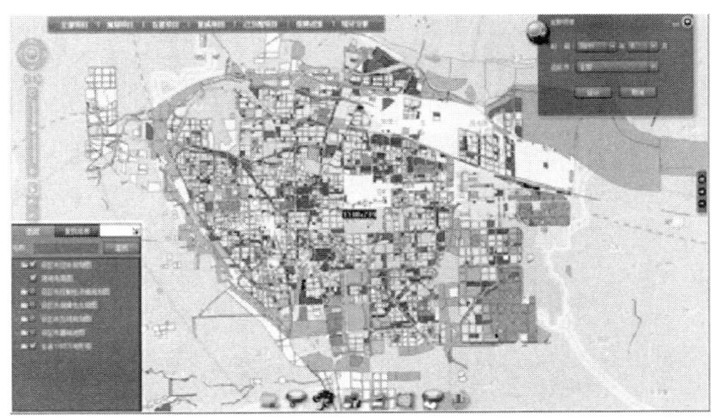

与“数字规划”中总体规划和控制性详细规划的叠加应用

【强化管理】 信息化的良性发展，制度保障尤为重要。为提高住房保障信息系统使用效果，规范住房保障业务管理，提升住房保障工作质量，2011年7月，下发《河北省住房保障信息系统使用管理暂行办法》，从四个方面加强管理。一是明确部门职责。将省、市、县三级住房保障管理部门的工作职责分别列明，建立了省级统筹建设、督导使用，市级录入、审核信息，县级录入、更新数据的工作模式。二是明确信息分类。根据住房保障信息化管理内容，将所有信息具体分为项目管理、房源管理、保障对象管理、空间信息维护、基础信息管理五大类。三是明确管理时限。确定了项目建设年度计划、建设进展，保障性住房房源配租配售等各类业务信息录入、更新的时限，规范工作流程。四是明确责任义务。《办法》中规定，各级住房保障部门负责人是系统使用的第一责任人，对录入系统数据的真实性、可靠S性和准确性负责。

（省住房和城乡建设厅）

省住房和城乡建设厅数字建筑市场

【概况】 河北省按照“统一制度、统一标准、统一平台和统一奖惩”的原则，以信用制度建设为保障，以信息技术为支撑，以合理有效使用信用信息为目的，大力推进建筑市场信用体系建设，引导、鼓励企业诚实经营和创先争优，完善优胜劣汰竞争机制，规范建筑市场秩序。

统一制度、统一标准，加强信用法规体系建设。2004年河北省修订颁布了《河北省建筑条例》，把信用体系建设确定为市场监管的一项基本制度。随后，河北省先后出台《河北省建设行政相对人违法行为记录管理暂行办法》等政策性文件，编发《河北省建筑业企业信用综合评价内容和计分标准目录》等标准规范，有效保障了信用体系建设的开展。

统一平台，多方征集，着力建立信用档案数据库。行政审批管理信息系统的启用，实现勘察、设计、施工、监理等建设工程各类企业以及各类执业注册人员的资质（资格）申报与审批全程管理，扩大了行政审批的监督范围，实现了阳光审批，确保了企业和人员基础信用信息的采集的有效性。到2013年底，建立7600多家建筑业企业、4000多家房地产开发企业、300多家监理企业、500多家勘察设计企业、35000多个执业注册人员、210000多个从业人员的基础信用信息库。

建筑市场监管系统的实施，实现了工程建设项目招投标管理、监理备案、合同备案、施工许可、质量监督、安全监督、竣工验收备案等业务环节的网上管理，对建设工程责任企业及相关责任人员在建设施工过程中的质量安全责任进行量化记分，自动生成企业和人员的市场交易及合同履约等市场行为信用信息。

建设行政相对人违法行为记录系统的推广，分别对工程建设、城乡规划、房地产市场、城市管理四大类共计466项违法行为进行记录，实现了全省违法信息“实时记入、自动计分、信息查询、准确分析、三级共享”的阶段性目标。系统启用至今，共征集违法行为记录2900余条，建立了企业和个人“黑名单”。

信用综合评价系统的建立，通过全省统一的信用评价标准和综合评价方法，多渠道征集信用综合评价内容，实现了对省内注册和进冀施工的各序列、各专业、各等级的建筑业企业，实时动态的综合评价、计分汇总、信用排名、查询分析、信用档案管理，并将信用综合评价结果多形式发布，能够在不同业务间、不同地域间实现信用评价结果的共享互查。

统一奖惩，注重应用，推进信用评价开展。作为对企业行为奖惩，信用评价结果已在招投标活动、资质（资格）管理等方面得到应用：政府投资占主导地位的工程项目采用资格预审的，依据信用综合评价结果，择优确定投标人。政府投资占主导地位的工程项目采用综合评估法评标的，信用综合评价分值占投标得分的10%~20%。采用邀请招标或直接发包方式的，参考信用综合评价总分排序确定中标人。按承包序列，依据信用综合评价排名，加大对重点企业的监督检查频次。作为纳入省重点扶持优势企业名单、政府投资建筑工程项目预选承包商名录和行业协会评先的重要依据。

【强化施工现场监管】 实名制管理不仅是解决拖欠农民工工资的有效手段，而且是一项规范施工现场管理、保障工程建设质量和安全的重要制度。建筑劳务实名管理信息系统的应用，让企业和建筑劳务从以往的被动接受管理变为主动承担责任，让管理部门看到了实实在在的效果。

从源头上规范建筑劳务市场秩序。通过建筑劳务备案和更新，确认建筑劳务真实身份，形成建筑劳务档案数据库，实现全省劳务信息共享和有序监管；强化企业责任，促进用工精细化管理，有利于形成诚实守信的环境，解决“以包代管”“欠薪有理”等突出问题的作用明显。

从根本上破解拖欠农民工工资和恶意讨薪问题。通过规范企业工资发放流程、记录现场考勤从业情况、设定工资发放异常情况提示信息和银行代发工资四个环节，把原来农民工工资的清理和追缴变为现在的预防和监控，使农民工工资能够按月即时发放，也防止了恶意讨薪行为。

从宏观上加强建筑劳务市场的管理服务。管理部门通过查询和统计，及时掌握全省建筑劳务的人员素质结构、分布、总量规模等，为农民工管理服务找到了抓手。

从促进行业发展上提升建筑业产业队伍素质。建筑劳务实名制发卡是以岗位职能培训和持证上岗为前置条件。通过实施建筑劳务岗位培训，提高建筑劳务培训的数量和质量，改变了农民工文化程度低的现状，确保了工程建设质量。

（省住房和城乡建厅）

省住房和城乡建设厅数字城管建设

【概况】 2006年，河北省的石家庄、邯郸两市被原建设部列为“数字化城市管理第二批试点城市”，两市开始探索数字城管平台建设。2008年，河北省开展了以改善环境质量、提高承载能力、改变居住条件、彰显现代魅力、提升管理水平为基本目标的城镇面貌三年大变样活动，数字化城管作为管理城市的有效手段，在全省的推广应用被提到了议事日程。2009年，数字化城管平台建设作为提升城市管理水平的重要部分在11个设区市全面启动。2010年11月，河北在邯郸市举行了“全省设区市数字化城管系统正式运行启动仪式”，省住房和城乡建设厅厅长朱正举、邯郸市委副书记回建共同按下启动按钮，标志着河北省各设区市数字化城市管理系统全部建成投入使用，河北的城市管理真正步入数字化时代，河北也成为了全国首个数字化城管系统全覆盖的省份。截至 2013 年底，除 11 个设区市外，定州、迁安、三河、霸州、鹿泉等 44 个县级城市（含县城）建成并投入运行。

经过多年的研究实践，河北数字化城市管理模式日渐成熟，它以在城市管理中运用网格地图的技术思想，将城区划分为若干个单元网格，形成基于城市大比例地形数据的单元网格图；将城市管理的各项设施作为城市管理部件，运用地理编码技术定位到单元网格图上，通过数字化城市管理信息平台对其进行分类，形成城市管理数据库；由城市管理监督员对所分管的单元网格实施全时段监控，一旦发生城市管理事件，按照“发现、立案、调度、处置、反馈、结案”的工作流程，及时解决各种问题，进行分层、分级、全区域、全方位的管理，实现城市管理的科学、高效、有序。

高位运作确保高效推进。省委、省政府就数字城管平台建设出台了一系列文件，全面推动工作的实施。2008 年，省委省政府办公厅印发的《河北省城镇面貌三年大变样基本目标》，对提高城市管理水平，加快数字化城市管理提出了明确要求。2009 年 5 月，省政府《关于进一步深化城市管理体制改革的意见》，提出设区市“建成数字化城管平台，实施网格化、精细化管理，促进城市管理水平全面提升”的总体要求。2009 年底，省委、省政府办公厅在《2010 年城镇面貌三年大变样工作要点》中，明确了“2010 年 7 月 1 日前设区市全部建成数字化城管平台”的任务目标。2011 年初出台的《河北省国民经济和社会发展第十二个五年规划纲要》再次强调，要实施城市管理进社区工程，加快建设数字化城市管理系统，推进城市管理信息化。

省住房和城乡建设厅对数字城管平台建设工作高度重视，多次召开专门会议，统一思想，提高认识，明确责任分工，调度工作进度。各地对数字化城市管理平台建设工作投入了大量人力、物力，千方百计筹措资金，组建队伍、招聘人才，整合资源、建立机制。

完善政策措施建立统一标准。2009 年，省政府印发《关于进一步深化城市管理体制改革的意见》，将城市管理权限下放，要求构建以市级为主导、区级为主体的城管体制。为更加有效地指导各市强化城市管理，省住房和城乡建设厅相继出台了《河北省城市容貌标准》等 13 项城市管理标准，《河北省城市户外广告设置导则》等 7 项城市管理服务导则，《河北省网格式数字化城市管理实施细则》《河北省数字化城市管理新模式平台建设评估规程》《河北省县级数字化城市管理新模式平台建设要点及技术导引（试行）》和《河北省县级数字化城市管理新模式平台评估规程》等规范性文件，形成了全覆盖、成系统、易操作的城市管理标准体系，把行之有效的措施固化为制度，把工作中的“软要求”变成标准化的“硬指标”，为河北省数字化城管平台建设奠定了坚实基础。

多措并举形成工作合力。在数字化城管平台建设之初，省内部分城市还存在着等待和观望的心态。省住房城乡建设厅积极组织各设区市赴外省市考察学习，并在省内各大媒体进行深入宣传，强调建设数字化城管平台的目的、意义，进一步提高了各市对这项工作的认识。在强化宣传、培训、引导的同时，还加大了督导、考核力度，对于等待观望、动作迟缓、进展较慢的城市，通过现场督查、发函督导、约谈有关城市政府领导等多种形式加以督促；并把数字化城管平台建设纳入省政府“河北人居环境奖（进步奖）”“全省县城建设工作”评选（考核）指标，有力推进了数字城管平台建设。

（省住房和城乡建设厅）

河北省交通运输厅电子政务办公系统

【项目动因】 交通运输行业的发展要依靠科技进步，其中最重要就是利用信息技术实现交通运输行业信息化、智能化的管理。交通运输部《公路水路交通“十一五”发展计划》中，对公路、水路交通信息化提出了明确的建设目标：大力建设公路、水路信息基础设施，特别是加强信息资源基础设施的建设；以信息化、网络化为基础，加快智能型交通的发展；引导和鼓励公路、水路运输企业利用现代信息技术改造、提升传统的交通运输行业。促进产业结构调整，构筑交通运输信息服务产业化的框架，努力实现交通运输业的跨越式发展。

2011 年，省交通运输厅拟建设电子政务办公系统。厅科教处、厅办公室会同石家庄希望计算机有限公司对交通运输厅公文流转系统进行了深入调研，开发完成了交通运输厅电子政务办公系统。实现对省厅电子公文的流转、跟踪、督办，以及对电子公文的统计、查询，实现交通运输厅各部门的电子公文流转管理的信息化。

【系统介绍】 一是公文流转系统。公文流转用于处理日常工作中的单位内、外部各种公文，利用计算机网络的高速迅捷和计算机控制的严格准确实现公文的处理，在很大程度上提高了公文处理效率和准确性。

二是公文流转模块。公文流转模块在网上实现了单位内部和对外公文的草拟、审核、签发、复核、缮印、用印、登记、分发、存档、查询等功能。对发放、作废、归档等操作进行系统记录。此模块包含了收文办件管理、发文管理、情况报告、公文详细查询四个子模块。

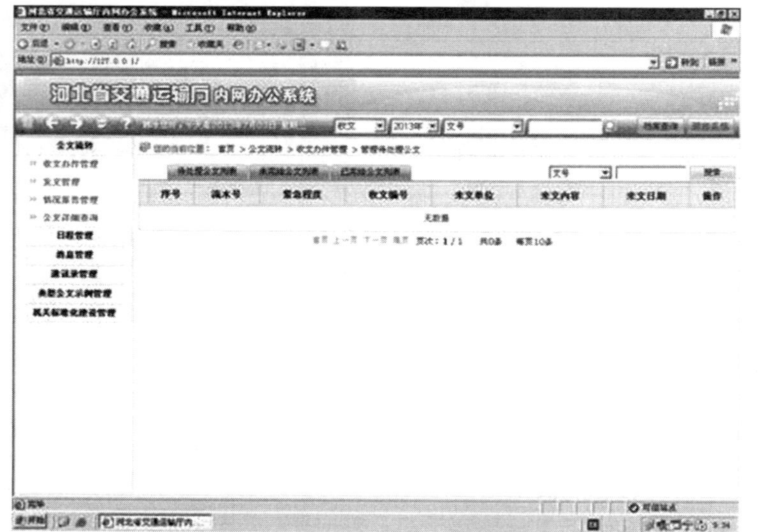

三是收文办件管理子模块。公文流转的收文办件管理子模块用于处理日常工作中的单位外部来文，此模块包括了收文登记、收文传阅、收文审核、收文拟办、收文领导批示、收文批办、收文承办、公文归档以及来文的查询以及来文的流程监控、公文督办等。

四是发文管理子模块。公文流转的发文管理子模块用于处理日常工作中的单位对外发文，在此子模块中用户可以预先定义公文的处理流程及相应的处理权限，在发文草拟、登记及公文流转过程中具有相应权限的人员可以进行公文在线编辑，可以进行跳签、插签、退签、撤销等处理。

五是情况报告管理子模块。公文流转的情况报告管理子模块用于处理日常工作中的单位内部发文，在此子模块中用户可以预先定义本单位内部情况报告的处理流程及相应的处理。

六是公文详细查询子模块。公文流转的公文详细查询子模块可实现用户根据用户本身对应的权限对系统的收文、发文、情况报告进任意组合查询条件和统计公文。

七是日程管理模块。日程管理模块是为提高单位人员的日常工作效率提供的个性化服务功能。在这里，进行自己的工作日程安排。

八是消息管理模块。消息管理模块实现收发个人内部的电子邮件的功能。

九是通讯录管理模块。通讯录管理模块可以进行管理个人的通讯录。

十是数据字典管理模块。数据字典管理模块提供进行系统内部基本数据的维护的功能。

十一是系统管理模块。系统管理模块为系统的正常运行提供管理功能，此模块中包括角色管理、部门管理、用户管理、用户职位管理、公文流转配置、可选文号管理七个部分。

十二是痕迹查询技术。痕迹查询技术解决了公文流转的两个问题：一是当多个用户操作 WORD 文档时，电子文档的修改痕迹问题；二是在公文流转过程中，多个用户对公文的操作痕迹查询。第一个问题由在线 WORD 的批注功能解决，下面主要说明第二个问题。

在公文流转过程中，为每个公文流程都做了可视化的流转标识图。即一个流转标识图由公文的流转步骤组成。用颜色来区分该步骤是否已经流转通过。例如绿色标识“未经过”表示还未流转通过，黄色标识“已经过”表示已经流转通过，橙色标识“当前步骤”表示公文当前所在步骤。这样用户通过查看流转标识图可以一目了然的确定公文的流转经过。

用户把鼠标放到标识图的某一个步骤时，系统会显示出某用户在某一时间对该公文进行了哪些操作。点击标识图，可以进入痕迹列表进行查看，痕迹列表记录了所有用户在公文流转的不同阶段对公文进行的操作。通过这一技术，用户可以在最短的时间内明确当前公文流转过哪些部门、哪些用户对公文进行了哪些操作。这一技术大大提高了电子公文的安全性、规范性。不仅方便用户查找公文，也使部门之间分工明确、职责清晰。

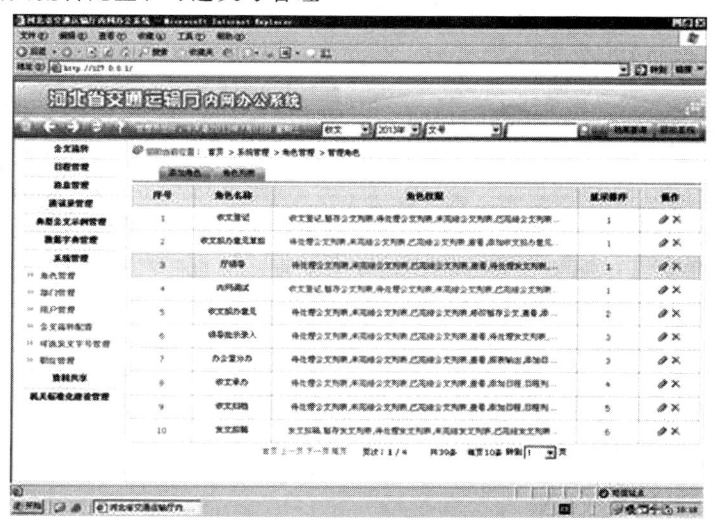

【案例点评】　河北省交通运输厅电子政务办公系统使用后取得了良好的效果，不仅实现了无纸化办公、提高了厅机关各处室的办事效率，而且实现了交通信息资源整合，全面实现公文流转、公文交换和公文存档的电子化，推动了河北省交通运输厅的电子政务进程。其应用效果主要有以下三点：

人性化设计，易于推广。厅电子政务办公系统一经应用，便得到用户的广泛认可和好评。系统强大的功能和人性化的设计大大提升了系统的可操作性，方便用户从传统的纸质公文工作方式向电子公文工作方式的转变，同时系统强大的自适应性使其在交通领域的推广应用具有广阔的前景。

安全性设计，易于管理。厅办公自动化系统在系统安全性方面做了全方位的设计。从网络硬件层次做到内、外网隔离，使用交通政务网来进行电子公文传输；从系统安全层次采用日志管理和痕迹跟踪技术。不仅记录了用户每次登录系统和离开系统的时间，也对用户每个公文的操作进行痕迹记录，最大限度的监控公文安全；从用户层次采用数字认证技术，将每个用户的身份和U盘绑定，用U盘登录增强了用户的安全级别。系统的安全性是电子公文流转的重要保障。

通过交通信息资源整合，提高工作效率。厅办公自动化系统实现了和电子公文交换系统、电子公文存档系统的接口设计，使得电子公文从流转、交换到存档的全面电子化。通过交通信息资源整合，提高了厅各处室的办公效率。

（省交通运输厅）

省商务厅电子政务工程建设案例

【概况】　河北省外贸产业安全预警辅助决策系统。根据全省对外贸易产业安全预警工作的需求，开发了产业安全预警辅助决策系统。主要功能有：关键指标分析、决策支持、预测分析、专业定量分析及多元统计分析等。系统的应用是把企业数据直报、数据收集、归纳、分析量化和预警报告发布等功能有机地结合起来，成为产业安全维护工作中预测、预报、预警、预控完整的智能化工作体系。根据系统计算分析得出的结果形成重点产业预警监测报告，为企业预测国内、外市场行情和经营决策起到了重要作用。因此，受到企业的好评，并多次被评为全国商务系统预测、预警工作先进单位。

河北省市场运行监测调控系统。该网络平台能够及时反映河北省市场运行调控方面的监测数据、市场分析及相关政务信息。该平台设有10个子系统，除有重要生产资料、城市生活必需品、重点流通企业等3大监测子系统外，还有重大节日期间市场信息监测、特殊内贸行业市场监测、商务预报重要指数分析系统、市场应急管理、市场运行评测系统、商品质量监测数据系统、省市级市场运行状况预警系统等7个子系统，极大提高了内贸监管服务的工作效率。

河北省商务预报系统。“商务预报”就像播报“天气预报”一样，通过电视、互联网等媒介定期面向社会发布国内外重要商品的价格走势、供求动态、预测预警等信息。该系统是充分利用现代信息技术，加大对市场运行的监测、预警和调控而采取的一项新举措。到2013年底，“商务预报”监测商品包括21大类600种消费品和11大类300种生产资料，直接监测样本企业包括11个行业、8种业态的不同所有制、不同规模的730多家商业企业，监测区域覆盖全省11个设区市、121个县的相关数据。该工作系统使用了先进的多功能催报软件，同时节省了大量的人力。自建立“商务预报”工作机制以来，该项工作在全国商务系统评比中，均名列前茅。

（省商务厅）

省人口多维辅助决策支持系统

【概况】　在人口计生领域中，河北省人口计生委是较早将人口信息与地理信息相结合的省份之一，其他省份多是将人口地理信息用于微观层面的人口管理。河北省人口计生委将人口地理信息和其他维度信息有机集成，不仅能够实现微观层面上的人口管理，而且实现了宏观层面的人口辅助决策。“十一五”期间，河北省人口计生委围绕人口基础信息，开发了“河北省全员人口和计划生育信息系统”“河北省流动人口管理信息系统”“河北省全员人口统筹管理信息系统”等业务系统。建成了覆盖全省7000万人的全员人口个案数据库，具有覆盖面广、数据鲜活、质量可靠等特点。人口信息和地理信息是宏观决策中两个重要的基础维度，围绕人口信息，叠加地理信息，形成人口和地理等维度集成的人口决策综合数据集，可以有效解决决策过程中“见物不见人”的现象，为宏观决策提供综合分析平台。

2010年9月，依托全员人口数据库，开发了河北省人口多维辅助决策系统。通过人口信息与地理信息的叠加，初步形成了人口和地理等维度集成的人口决策综合数据集，实现人口专题地图的查询、浏览，实现对地震、洪水等重大自然灾害的人口应急响应功能。试验表明，人口多维系统对地震、洪水、公共安全等重大灾害（事件）能够做出应急响应，能够及时提供事件突发区的人口汇总和个案信息，汇总精度到村，个案信息到人，是政府应急响应的好帮手，系统能够为领导决策提供辅助依据，成果得到国家人口计生委和省领导的充分肯定，为经济建设、社会发展提供了强有力的数据支撑。该系统实现了人口信息、地理信息及其他维度专题信息的有机集成，将人口信息和其他专题信息以专题地图的直观方式展示出来，便于决策。系统实现了与全员人口数据库的实时衔接，可以快速定位全员人口数据库个案的空间位置，可以实时提供区域人口个案信息和人口统计信息。系统利用缓冲分析和叠加分析等空间分析功能，可以快速提供对重大自然灾害和重大突发事件的人口评估信息，可以在河北全省范围内实现跨区域、多主题的人口信息评估，可以提供多专题、多方式的数据展示。到2013年底该系统集成了162个人口信息专题圈，随着应用的不断深化，人口专题信息图将不断丰富，展示方式也将由平面拓展到立体。系统提供了人口地理数据集标准接口，通过叠加多部门专题图层，能够快速实现多维度信息集成。河北省人口多维辅助决策支持系统是人口宏观管理决策支持系统的重要组成部分，系统建设始终坚持“面向政府、服务决策”的指导思想，按照试点先行、稳步推进的工作思路，扎实开展推广应用工作。

2010年3月至7月，在河北省平山县完成系统原型设计。

2010年8月至10月，在河北省石家庄全市实现系统基本功能。

2010年11月4日，在全国人口宏观管理与决策信息系统一期成果应用现场会上做了展示汇报。

2010年11月至2011年4月，系统从单机版升级为网络版，进一步完善系统功能。

2011年5月至2011年6月，基于县级边界图、村级点状图，在全省范围内实现了人口信息和地理信息的集成。

2012年该系统获得了国家人口计生委与中国信息协会联合举办的中国信息化（人口计生领域）成果三等奖。

（省人口计生委）

地方政府性债务审计信息管理系统

【立项背景】 2011、2012年审计署连续2年组织开展了全国性的地方政府性债务审计、社会保障资金审计项目。河北省按照审计署安排，全省10个市、172个县区全体动员，积极组织全省项目审计。这些全省统一组织的大型审计项目的共同特点是审计现场地域跨度广，参审人员多，被审单位多，时间跨度长，数据量大，时间紧，任务重，保密要求高，对下指导性强，统一组织管理的要求突出。这种统一性大型审计项目，采用传统粗放式审计项目管理模式，省、市、县三级审计信息交流不够充分、时效性差，上下级沟通协调效率低下、对下指导不够及时细致，必将严重影响项目的整体进度和质量。探索信息化条件下统一组织大型审计项目的新型组织管理模式势在必行。

2012年地方债务审计，为确保河北省地方政府性债务审计工作省市县三级审计机关信息沟通及时交流充分，使厅领导及时掌握审计工作整体进度，为领导正确决策提供准确的数据、信息依据。河北省地方政府性债务审计领导小组要求，省厅信息审计中心要提前谋划早做准备，研究开发大型审计项目信息管理系统，实现全省债务审计信息的充分沟通交流，做好地方债务审计全省项目组织管理技术支撑工作。河北省审计厅计算机信息审计中心精心组织，抽调骨干力量集中攻坚，在全国省级审计系统率先研发出《地方政府性债务审计信息管理系统》初步实现大型审计项目全程数字化管理的目标。

【成果详细内容】 硬件建设：系统采用两级部署架构，每级系统单元硬件系统建设主要包括：2台应用服务器，部署应用中间件，提供应用系统服务，并支持负载均衡；1台数据库服务器提供数据支持；1台文件服务器提供文件传输服务。

软件开发：系统采用B/S架构，采用主流SSH架构开发，基于功能模块构建。内置后台维护管理模块，具有强大的可维护能力和适应能力。系统复用程度高，可以确保今后审计署统一组织和全省性大型综合审计项目应用管理模式的一贯性。软件设计充分重视用户体验，在设计上充分屏蔽技术复杂性，尽量减少技术性设置，简化人机交互界面，适合不同用户使用。系统采用两级部署架构，符合审计机关现行管理模式，同时简化管理和使用难度。系统移动用户采用二级身份验证技术，数据安全性高。

信息交互：综合审计项目审计信息管理系统实现了审计动态、审计文书、审计报表等5大类现场资料信息的上报，实现了领导指示、指导意见、通知等6类指导信息的下发，实现了重大审计线索的上报和批示、交流，确保综合审计项目审计信息、资料、数据的快速上传下达。系统确保了审计工作信息的充分交流和沟通；确保各级审计机关领导第一时间掌握审计项目进度、重要事项情况；加强了对审计现场的指导和支撑；为各级审计机关领导正确决策和协调指挥提供准确的第一手数据、信息依据。

重要信息、事项实时提醒：下发指导信息、参阅资料、通知、领导批示等重要信息、事项时实时向各审计组发送短消息提醒，确保各审计组第一时间接收、落实。现场审计组上报重大线索后，实时短信通知接收人。领导批示事项后，实时短信通知相关人员，保障重要事项办理效率。

在线正文批阅：审计现场上报的资料、请示，各级领导可以在线正文批阅，贴近原有纸质办公条件下的办公习惯，同时可以利用信息化手段带来的便利和效率。领导的批示可通过系统及时反馈审计现场，增强审计现场与后方的交流沟通。

重大审计线索直报：审计现场发现审计线索可以越级直报省厅领导，省厅领导与线索上报人可以通过批示、回复充分沟通，并可保障私密性。

分级管理应用：实现省、市、县三级互联和统一应用。系统采用层次架构，省市两级平台化部署。既可实现本级分开应用，也可实现全省三级统一组织项目应用。符合现行审计机关管理模式，同时也具有一定灵活性，省审计厅领导和授权人员可直接访问市县系统。

管理管理：管理管理主要包括数据管理和系统维护两方面，包括人员管理、审计组管理、在信息分类管理，数据权限管理、角色管理、字典维护等功能。通过这些管理功能方便管理人员对系统进行管理、配置与维护。

系统响应时间与信息处理性能：每级系统支持最大200人同时在线并发访问，单项操作响应时间小于3S，信息处理能力大于500Mbps；

人机交互性能：B/S架构，操作简洁，无需特殊培训即可使用；

扩展性：模块化设计，易于扩展维护；

安全性：具有安全审计功能，支持审计操作日志；审计现场移动用户，通过VPN技术和身份认证技术接入系统，安全性好；

数据备份与恢复：支持数据库编程自动备份和脚本编程自动备份，利用夜间空闲时段自动备份系统。

对信息化条件下大型综合审计项目的组织与管理方式进行实践尝试，同时对审计项目全程电子化做了初步尝试。为今后大型审计项目组织和管理积累了大量经验，河北省的大型审计项目组织管理水平已取得了巨大进步，未来的大型审计项目的开展也将可以应对自如。本成果“层次架构，分级管理”设计理念对其他领域项目组织、管理也有很大借鉴意义。

应用“层次架构，分级管理”设计思想。简化了管理难度，丰富了管理手段，同时也可以实现统一监督管理。建立省、市两级应用平台和数据中心，数据实施分级存储但统一共享，平台分级管理维护但上级平台可以监督、访问下级平台。系统开发、部署、管理和维护难度大幅降低，但管理效果与单一层次式管理基本相当。

初步创新实现在文件正文在线批示的功能。在审计项目管理过程中，文件请示、批示、交流可以在线进行，贴近原有办公习惯。同时文件交流的过程直观在正文上体现，便于理解和阅读。

实现重要信息、事项短信提醒。事项办理直接实时通知到人，办理效率成倍提高。同时杜绝重要事项遗漏，充分保障系统管理质量。

【应用情况】 综合审计项目信息管理系统初步实现大型审计项目管理全过程数字化。该系统较好解决了数据量大、覆盖面广、信息资源庞杂、管理单位众多、组织方式多样等诸多难题。该系统在地债审计、高中债务审计、社保资金审计和农村中小学布局调查等大型审计工作中发挥了不可替代的作用。在地债审计中，通过该系统，省审计厅下发指导信息420篇，各市审计局、省审计厅各审计组上传现场资料1552篇，厅领导批示434件次；各市审计局对县（市、区）审计组下发指导信息4526篇，各县（市、区）审计组上传市审计局现场资料7539篇，市局领导批示95件次；省厅10个审计组、11个市审计局上报重大审计线索47条，厅领导批示77件次。

社保审计中，通过该系统，省厅下发指导信息413篇，各市审计局、省厅各审计组上传现场资料911篇，厅领导作出批示303件次；各设区市审计局对县（市、区）审计组下发指导信息4346篇，各县（市、区）审计组上传市审计局现场资料8341篇，市局领导批示42件次。

【社会效益】 传统的审计项目管理方式，一直存在着管理成本高，管理难度大，效率较低的问题。信息化手段参与审计项目，是改变这一状况，实现项目管理高效率、低成本的有效手段。

该成果的应用提高了审计项目组织管理水平，降低了审计项目组织管理难度和人、财、物投入，降低了行政成本。应用该成果，审计项目信息实现跨区域、跨层级电子化传递，各级管理人员通过该成果对大型审计项目进行有效管理，提高了审计项目的管理效率；应用该成果，审计项目业务资源实现了全省共享，上级对下业务指导，下级对上业务请示、报告，均得到充分交流、保障，项目资源的有效利用率大幅提高。以地债、社保资金审计为例，应用该成果，各级项目管理人员减少50%以上，普通人员即可胜任；管理人员工作效率提高30%以上，可节省人工万余，降低了审计项目管理成本。该成果运用现代信息技术手段，实现了高效率、高质量、低成本的管理方式，对大型审计项目组织管理具有重要的意义。

（姚泽泓　王晓峰）

河北省地方税务局省以下网络升级改造项目应用案例

【项目建设背景】 按照国家税务总局信息化领导小组对金税三期工程建设提出的总体要求，金税三期工程总体架构规划工作的总体指导思想是：“金税三期工程要建成既有国际水平又有中国特色的新的税收信息化系统，按照全国大集中模式进行设计，实现业务创新，达到统一税收执法、优化纳税服务、实时监控数据、为宏观经济决策和税收管理决策提供及时、完整、准确的信息。”

金税三期工程要完成“一个平台、两级处理、三个覆盖、四个系统”的建设，形成一个年事务处理量超过100亿笔、税务机关内部用户超过80万人、外部用户上亿人（户）的全国税务信息系统。“一个平台”是指建立一个包含网络硬件和基础软件的统一的技术基础平台；“两级处理”是指以“总局为主、省局为辅”，数据分别在总地税局和省地税局集中处理；“三个覆盖”是指应用内容逐步覆盖所有税种，覆盖税收工作的主要工作环节，覆盖各级国地税机关，并与有关部门联网；“四个系统”包括税收征管、纳税服务、管理决策和行政管理。

【项目建设目标】 河北地税省以下网络建设按照总局统一要求，遵循统筹规划、统一标准、集中实施、分级管理的原则，建设满足全国大集中模式下的从省局到地市、区县、分局（所）的高质量的接入网平台。除满足各业务应用系统的需要外，还满足视频、VOIP、E-Learning等新增网络增值业务的需要。

一是建设高性能的网络系统：在数据集中后，河北省业务数据放在省局及总局数据中心内，办理业务时，交易信息必须通过网络传输到数据中心。通过网络性能分析，金税三期工程河北地税建设项目骨干网对网络带宽的需求是相当高的；另外，金税三期工程河北地税建设项目建成后，将有越来越多的应用在网络上运行，这又会增加数据流量，对网络带宽的要求必将更高。因此高带宽链路网络是满足上述业务要求的基础。

二是建设完善的服务质量保证体系：金税三期工程河北地税建设项目网络是一个综合性的网络，该网络将为业务系统、办公系统、语音、视频等应用系统提供数据传输。业务数据对网络的要求是响应时间短，传递速度快；而语音和视频这些实时应用则要求数据流平稳，延迟稳定。可见不同的应用对网络的服务有着不同的要求。网络设计必须充分考虑服务质量的问题。通过完善的QoS服务质量保证手段，保证同一网络平台上的多种应用能够正常运行。

三是建设高可靠性、高安全性的网络：数据集中后，所有业务都依赖于网络的正常运行，这对网络的可用性和网上传输数据的安全性提出了非常高的要求。为了满足数据集中所要求的高可靠性、高安全性，必须对现有网络进行改造，通过完备的冗余策略提高网络的可靠性和可用性，通过相关的网络安全措施来保障网上传输数据的安全性。

四是建设结构化的、易于扩展的网络：为保证新的征收管理系统和相关的增值应用系统对网络的需求，金税三期工程网络结构以及采用的设备应具有一定的可扩展性，以保证各级节点的可扩展性并满足外部应用接入对网络的需求

【主要建设内容】 根据上下级隶属关系和业务流向，结合总局对省网建设的技术要求，以星型网络方式组网。省级城域网采用10G链路组建高可靠性保护环网链路，其他采用星型链路，以省局为中心，11个市局节点通过双链路接入省局节点，209个县局节点通过双链路接入市局节点，543个分局节点通过单链路接入县局节点，从而构成一个四级星型的网络结构。将全省11个市分为大、小2个等级，将209个县分为大、中、小3个等级，为不同等级的市、县配备不同的设备和网络带宽，实现了性能与费用的平衡。

一是1个省局网络节点部署核心路由器，作为核心层，负责全省的路由汇聚、分发、访问控制和到总局的路由引入，以及省局局域网接入。核心路由器互为备份。二是11个地市局级网络节点部署两台核心路由器，作为汇聚层，负责全市的路由汇聚、分发、访问控制，以及市局局域网接入。两台核心路由器互为备份，并分别上连省局级网络节点核心路由器和下连所属区（县）局级网络节点路由器。三是209个区（县）局级网络节点部署两台路由器，作为汇聚层，负责区（县）局级网络节点及所属分局节点的路由引入、汇聚、分发、访问控制，以及区县局局域网接入。两台路由器互为备份，并分别上连地市局级网络节点路由器，主路由器下连所属分局网络节点路由器。四是543个分局（所）级网络节点部署一台路由器（或三层交换机），作为接入层，负责分局（所）与区（县）级或地市级网络节点路由器的连接，以及分局（所）局域网的接入。地市局级网络节点采用冗余的千兆以太网交换机连接，并部署防火墙和入侵检测设备；区（县）局级网络节点采用单一的千兆以太网交换机连接，并部署必要的安全防护设备，对各网络节点间的访问设置严格的安全策略。

【项目管理体系】 在省地税局的统一部署和省地税局党组的高度重视下，省局信息中心在项目准备阶段全面调研积极筹划，制定完善的详细设计方案，在项目实施阶段协调督导，严把质量关，完成了省以下网络改造项目建设。

一是积极筹划项目建设。在项目谋划阶段，信息中心对所有网络主流产品进行技术调研并和相关厂家进行技术交流和研讨。在调研产品的基础上，分两个小组考察了内蒙、湖北、山东、山西等多个兄弟省份的省以下网络建设情况，参照总局下发的《税务系统广域网省网建设技术规范（试行稿）》文件要求，制定技术实施方案。

二是完善详细设计方案。完成设备采购后，省局多次通过现场会议和视频会议形式，和市局沟通，征求各方意见，深入各市局调研，制定了完善的详细设计方案。

三是确保工作质量。省局成立了省以下网络改造项目程序领导小组和技术领导小组，从采购政策和技术选型上对项目进行把关，确保高效高质完成项目建设。

四是注重协作配合。首先省局按照项目总体要求进行项目分解，将省、市、县、分局各级人员工作内容和职责明确，指定专人负责。省局组织集成商、监理单位、运营商以及各级税务单位在业务和技术方面进行沟通和协调，主动协调解决工作中面临的困难和问题。制定下发《河北省地方税务局省以下网络改造技术建设方案》《河北省地方税务局省以下网络改造工程实施方案》，明确项目时间计划和沟通协作工作机制，明确项目例会、工作小组讨论会、即时沟通等工作方式。

【项目特色和优势】 河北地税省以下网络建设是河北地税对新技术趋势发展的分析和对行业应用的理解，提出了智能广域网解决方案，主要有以下几种特点：

一是可持续发展的网络架构，基础组网架构模型的可持续发展，提供对网络、业务的高可靠性保证，提供 BFD、GR、NSF、NQA 等高可靠性技术，确保网络故障时的快速收敛和业务的不中断转发。提供面向未来业务的支持，支持 IPv6、组播、VPN 组播等特性，支持未来 IPv6 业务的部署和媒体、分发等业务的开展。支持虚拟化解决方案，通过 MPLS L2/L3 VPN、VRF 等网络虚拟化技术的部署，能够方便地实现把物理网络资源划分成逻辑网络资源池，并与应用虚拟化技术配合，为不同用户、应用分配虚拟网络传输、带宽和安全防护资源。提供业务精细化的服务质量保证，采用创新的流量调度技术，实现带宽预留与共享、流量路由、带宽公平分配等功能，依据数据业务流量变化进行动态路径和 QOS 调整，满足传统流量控制所不能实现的多业务智能控制需求。

二是一体化的业务安全和智能。河北地税广域网建设方案全面地考虑了广域网的安全问题和性能问题，通过一体化安全融合、广域终端准入控制、桌面安全管理等组成了立体的安全防御和性能优化体系，确保了广域网的高安全和高性能。

三是面向业务的统一管理。通过网管系统和安全管理平台的结合不仅能够提供全面的管理功能，而且基于 iMC 平台与 SOA 架构，采用业务流程（BP，Business Process 业务流程）管理思路，实现了各管理组件的统一、联动、灵活，为网络管理人员提供最佳的管理和运维解决方案。

【项目建成后的成果】 更快的网络带宽。市局上行至省局拓宽至 155M POS 接口提供两条 30M—40M 的链路，市局下行至县局县局采用 8M—10M 上行传输带宽，带宽设计满足 2～3 年企业纳税户数增长 10%、全部带宽冗余的 30%的带宽需求量。

更安全的网络架构。省级以及地市级核心路由器、核心交换机等设备的安全，只有经过认证的用户才能访问网络设备，防止非授权用户对网络设备的恶意攻击。特别是在 VTY 和 CONSOLE 接口上启用用户认证，认证方式为本地认证；对有些服务可能成为网络攻击的对象，尽可能关闭不必要的服务，降低网络攻击的风险。

更可靠的网络架构。金税三期工程网络采用双星型拓扑设计，以两个总局数据中心为核心互为备份。线路冗余备份设计，省、地市、区县广域网和局域网核心网络的关键处采用链路冗余备份设计。

更智能的数据流向。基于对金税三期工程网络项目网络的理解和客户需求，省网数据流向主要基于流量模型采用主备或负载分担模式，以及上下行流量保持一致、在发生故障时，坚持最小影响范围、最小偏离正常流量路径的原则。

更便捷的纳税服务。金税工程三期建成后，全省纳税人都可以享受到每周七天、每天 24 小时的全方位纳税服务。网上税收申报和办理也更加方便快捷。

更智慧的管理平台。H3C iMC 智能管理平台实现网络资源、用户和业务的融合管理，提供基本的网络资源管理、拓扑管理、故障管理、性能管理、用户管理及系统安全管理，基于 B/S 架构，可以与 H3C iMC 其他业务组件有效集成，形成多种解决方案。

（省地税局）

省统计局企业一套表联网直报系统

【概况】 2010 年，国家统计局在《“十二五”时期统计发展和改革规划纲要》中明确提出，把建设以“企业一套表”为核心的四大工程作为推动“十二五”统计建设与发展的重要抓手。四大工程概括起来讲，就是以基本单位名录库为基础，按照企业一套表制度，通过统一的数据采集处理软件系统和网络系统，实现企业向统计部门网上直报数据。企业一套表联网直报，是国家统计局适应新形势要求，推进统计工作现代化、变革统计数据生产方式的重大举措，充分利用现代信息技术、借鉴国际先进统计理念的集中体现。全面实施企业一套表联网直报，对于有效提高统计能力、统计数据质量和政府统计公信力，加快统计工作现代化进程，意义重大，影响深远。

河北省联网直报系统部署模式。国家统计局按照分布部署和集中部署相结合的架构建设了14+1模式的全国统计联网直报系统。即设立1个国家级节点，17个省区市直接向这个国家级节点报送数据，同时在14个省区市设立分节点，国家统计局可从14个分节点直接“抓取”数据。这充分利用了国家和省区市两级资源，在投入少的情况下达到联网直报所要达到的效果。

河北省使用国家统计局组织开发的企业一套表软件，构建了河北省数据联网直报平台和数据采集处理平台，是全国14个自建节点的省份之一。为提高平台应用水平保障企业顺利报送数据，河北省不断加强一套表平台建设。建立备份数据库及磁带备份系统，每天对平台数据进行备份，确保数据安全；根据国家局要求，建立具备5万发证能力的CA安全认证系统，确保数据安全传输；优化平台结构，更新负载均衡系统，提高平台运行效率；设计软件对数据库服务器进行自动监控，及时记录运行状况；定期对平台进行漏洞扫描，及时进行安全性加固，排除安全隐患；经常对平台数据库进行维护和调优，确保运行平稳。

联网直报系统的技术保障及优势。联网直报系统有五大安全保障。一是CA证书用于确保用户使用指定的计算机报送数据；二是用户密码验证确保用户身份的正确性；三是SSL确保用户数据在传输的过程中是加密处理的；四是防火墙可以有效的制止非法请求；五是采用与网上银行完全一致安全保护手段。有了这五大安全保障，可以确保企业报送的数据安全保密。

【联网直报系统六大优势】 一是信息报送过程简便、容易，企业无须送交报表，只需网上直接提交，指定时间还未提交系统自动催报。二是实现数据高度共享，最大限度地提高信息时效性。企业数据报送成功后，各级管理机构同时得到数据，无须逐级上报，数据的时效性大大提高，企业报送情况随时掌握。三是有效控制数据质量。多项审核关系自动校验，确保数据无误后才允许提交，无须管理用户手工更改数据。四是实现交互式信息交流，信息交流平台允许企业向政府机构咨询或得到反馈信息，改变企业单纯数据提供者的角色，企业可依权限进行信息查询。五是灵活快速的反映。产品、指标增加后，企业可以立即使用，可针对个别企业的特殊情况，延长其数据报送期。针对个别企业的特殊数据，可允许其强行通过。六是以极高的效率，大大减少各级管理部门，特别是基层管理部门的工作量。网上产品、指标目录更新后即时生效，无须印刷、发放；企业可自行打印最新的产品、指标目录；网上解释报表定义；最新报送情况即时得到；报送结果直接查阅。

河北省企业一套表发展情况。按照国家局统一部署，作为第一批试点省份，河北省2009年10月开始在唐山开展试点，2011年将试点范围扩大到全省，2011年底各试点专业顺利完成并轨任务，2万多家试点单位实现了企业一点报送、各级统计机构多点共享。2012年开始全面实施企业一套表联网直报，大量利用以往大型普查所购置的设备、软件，建成了运行平稳的一套表平台。2013年，河北省坚持“两手抓、两手硬”，一方面巩固提高企业一套表联网直报成果，制定《河北省统计四大工程建设实施方案》，从整体上谋划、部署统计四大工程建设。研究制定《河北省企业一套表联网直报业务流程规范》，着力增强四大工程建设的科学化、制度化和规范化。改进各专业数据质量管理办法和业务工作规范，进一步加强数据质量控制。一方面继续深化拓展企业一套表联网直报实施范围，进一步减轻基层和调查单位的工作负担，进一步提高统计数据质量。在全省范围内，分批分期实施投资统计一套表联网直报试点，把13223个投资项目纳入联网直报实施范围，提高了投资项目统计规范化水平，减轻了项目单位统计工作负担。继续推进城镇非私营单位劳动工资联网直报试点，将试点范围扩大到唐山市的全部县（市、区）和其他设区市的20个县（市、区），惠及试点地区5429家城镇非私营劳资报表单位。农村畜牧和经济作物统计、“三下”单位文化产业统计和高新技术产业统计，积极利用企业一套表平台开展数据处理试点，统一了数据处理软件，提升了工作效率，提高了数据质量。

河北省规模以上工业、有资质的建筑业、限额以上批发和零售业、限额以上住宿和餐饮业、全部房地产开发经营业、重点服务业等行业的法人单位和产业活动单位，以及其他第三产业重点耗能法人单位，已经全面实施企业一套表联网直报。纳入企业一套表联网直报的调查单位达23840家，其中：工业企业12388家、建筑业2656家、贸易业4086家、房地产业3162家、服务业1546家。此外，全省还有

13223个投资项目实施联网直报，1009家限上贸易业个体户和产业活动单位以及5429家城镇非私营单位纳入企业一套表实施范围，3000多个乡镇通过企业一套表平台报送畜牧业和经济作物报表。

通过实施企业一套表联网直报，企业统计人员只需点击键盘就可完成数据报送，省时省力、方便快捷。基层统计机构直接在平台上对本地企业数据进行审核、查询和汇总，减少了工作环节。通过加强名录库建设，统一了基本单位名录，保证了数据报送源头的真实完整。通过建立企业一套表制度，统一了指标、范围、口径，提高了报送内容的规范性。通过建立数据处理平台，规范了数据生产过程，各级可以同时看到企业数据，提高了统计透明度。企业一次报送、各级统计机构同时在线共享统计数据，减少了数据流转环节；使用数据处理平台相应功能，可轻松完成数据的加工、汇总，工作更加快捷和高效。

（省统计局）

河北经济户籍管理系统

【概况】 为贯彻落实全国工商行政管理信息化发展“十二五”规划，提升全系统信息化建设水平和标准化程度，发挥信息技术在提高市场监管执法效能、公共服务能力和内部管理水平方面的作用，促进工商行政管理职能到位，河北省工商局实施了信息化整合暨“河北经济户籍管理系统”建设工程。面对大数据时代背景，以“一库、一平台、一站式、一体系”为建设目标，实现全省工商系统监管、执法信息化的整合、融合，实现全省各级工商部门的应用与数据的省级大集中，成功利用信息化技术实现了全省工商系统监管模式创新的跨越。以促进工商行政管理创新为动力，深化信息技术与业务的融合，加大业务应用系统和信息资源的整合力度，加快纵向贯通、横向互联、信息共享、业务协同，充分发挥信息化的应用成效，实现河北经济户籍库建设目标。

【建设目标】 按照信息化的要求，完善综合业务应用平台、公共服务平台和内部管理平台，建立健全信息安全和运行维护保障体系。以数据建设为核心，以业务融合为重点，以网络完善为基础，通过综合业务一体化建设，在全系统全面实现岗位、业务、数据、流程、应用五方面的信息化全覆盖。

一是要实现资源共享、业务联动的一体化。根据国家工商总局一体化建设要求和河北经济户籍管理系统项目建设的规划方案，在全省范围内实现各层级、各条线、各类业务应用在统一平台上的流转和处理，实现各级、各部门、各条线之间的信息资源共享和业务系统联动，逐步形成高度融合的市场主体监管业务平台。加速从粗放式、离散化向集约化、整体化建设模式的转变，协同推进重点业务应用。强化政务信息系统建设的力度，提升政务管理综合效能。深化日常办公、公文流转、档案管理、局务公开、信息统计等内部工作的信息化应用。

二是建设完整准确、开放共享的经济户籍库。依托统一的技术平台，实现工商应用系统数据信息在省局的大集中，即实现全省工商数据在省局的集中存储、集中处理和集中管理。建立以营业执照注册号为唯一定位标识，以市场主体信息为主线，关联各类市场主体监管信息、经营行为信息、执法案件信息以及相关客体信息的经济户籍库。以集中式、集约式的应用模式加快省局数据中心一体化系统的应用进程。建立相关数据模型，加强对数据的深度挖掘分析，建设综合分析决策支持系统。

三是构建“一站式、智能化”的公共服务系统。围绕建设服务型政府要求，按照以用户为中心的理念设计，整合网站和服务资源，完善网上行政审批事项，不断扩展网上工商业务，逐步形成内容丰富、功能齐全、及时主动、形象统一的网站门户。实现内网应用系统与外网网站系统的无缝交互，减轻业务人员的工作负担，提高工作质量和水平；建立起部门之间数据交换、信息共享、业务联动的运行机制，服务于政府宏观决策。

四是夯实互联互通、安全高效的信息化基础支撑平台。进一步提升软硬件支撑能力，根据工商业务应用不断发展变化的需要，为各类应用提供稳定、高效、可靠、可扩展的支撑平台；进一步优化完善各级网络系统，搞好业务专网、互联网的升级改造，确保从省局到基层分局的网络畅通。对网络环境和信息系统进行整改，建立、完善信息安全监控系统，不断提高安全防范能力；进一步加强信息系统容灾备份与应急恢复能力，科学规范运行维护管理机制，建立统一的综合运维服务支撑平台，提升运行维护的整体水平。

【建设与应用成效】 经过全系统上下的共同努力，全省信息化整合工作取得许多重要成果，2014年1月20日河北经济户籍管理系统正式上线运行，标志着河北省实现省级应用数据大集中的工作目标，也实现了利用信息化技术推动全省工商系统监管模式创新的大跨越，得到省政府和总局的充分肯定和表扬。

新的信息化建设体制机制已经形成。河北经济户籍管理系统建设是一项涉及各级各部门应用的复杂的系统工程，为了保证信息化整合工作的顺利进行，实现“整合、融合、一体化”总体目标，坚持高起点、高站位，立足长远发展、整体考虑，采用“大集中、大整合”模式，实行“统一领导、统一规划、统一标准、统一建设、统一管理、统一投资”的六统一原则，制定了一系列有关信息化建设和应用的规范性文件，指导信息化整合工作科学、有序、规范进行。把信息化整合工作作为“一把手”工程，主要领导要直接参与重要决策，亲自协调推动项目实施，省局信息化部门周密组织，各级业务部门协调配合、全程参与，极大地推动了河北经济户籍管理系统建设的顺利开展，在总体规划、需求调研、集中测试、试点应用等关键性工作中，都取得了许多阶段性重要成果，充分发挥了业务部门在需求中主导作用和项目建设中的信息化部门的引领作用，形成了分工合理、责任明确的信息化建设与推进的新机制，营造了信息化建设与应用的良好氛围。

河北经济户籍管理系统大大提升了工商管理水平。新系统的全面建设和成功上线，一是实现了全方位、全覆盖的信息化。实现每一个工作岗位、每一个业务流程、全系统各级干部的信息化全覆盖，全省各级、各条线、各类业务在一体化平台上统一流转和处理。二是实现了创新型的信息化。从信息化顶层设计出发，采用了先进理念和成熟技术，科学搭建了决策层、管理层、执行层体系，抓整合、促融合，全面突破了部门界限，实现各类业务一体化和综合性应用，全面提升整体服务能力和水平。三是实现高效能的信息化。通过认真梳理各项业务，深入实施流程再造，促进各项业务工作规范化、标准化，实现从人找事到事找人的工作机制转变，以工作提示、“黄牌、红牌”的警示信息，强化对全省各级工商部门、各个业务节点法定时限和内部时限的全程效能监察，全面实现工商工作的高效能。四是实现有作为的信息化。建立了多样化的检索机制，实现众多跨业务的综合查询、多层次的报表统计和多维度的数据分析，为政府决策提供重要依据，促进经济社会科学发展。

全省数据和应用建设水平明显提高。一是建立了完整、开放共享的经济户籍库。实现全省工商数据信息省局大集中，建立了以市场主体信息为主线，关联各类市场主体监管信息、经营行为信息、执法案件等信息的经济户籍库，推动市场主体信息对外公示、综合分析决策支持、法人库建设。二是全省数据质量大幅提升。为促进全省业务数据的标准化和规范化，省局组织各级对各类数据问题进行完善，各级部门迅速行动，采取有力措施，积极组织人员进行问题数据修改工作，修改总量 19744 条，保障了统计报表利用新系统的自动生成和上报等各项工作。三是实现了河北省市场主体信用信息公示系统。为满足社会公众的需要，按照注册登记制度改革要求，结合河北省实际，开发完成了河北省市场主体信用信息公示系统，面向社会公示市场主体信用状况，为社会信用体系建设打下坚实基础。四是建立了“一站式、智能化”的公共服务系统。围绕建设服务型政府要求，完善网上行政审批事项，不断扩展网上工商业务，实现了应用系统与网站系统的无缝交互，提高工商业务管理质量和水平。

网络与信息安全工作进一步加强。一是进一步优化完善各级网络系统，搞好业务专网、互联网的升级改造，确保从省局到基层分局的网络畅通。二是确定了河北省综合业务系统的安全等级保护，并完善了有关材料和备案工作。三是加强了工商业务内网安全检查。对省局机房服务器的安全补丁、系统接口等功能进行了清理，对业务内网网络进行了全面病毒扫描。同时，对非法登录的用户也进行了清理。四是强化制度机制建设，保障全省网络系统的稳定运行。

（省工商局）

省药品电子检验报告系统开发与应用

【概况】 为确保药品安全，减轻企业负担，省食品药品监督管理局自 2012 年 6 月开始开发了“河北省药品电子检验报告系统”，将纸质《药品检验报告》电子化，在全省范围推广应用，取得良好经济效益和社会效益。为企业节约了检验报告复印费用，也实现药品流向可追溯，同时为社会群众购买紧俏药品提供了查询通道。截至 2013 年 10 月份，使用单位覆盖到国内所有药品生产企业、省内药品批发企业、零售药店和大部分医疗机构共 1.6 万家，上传药品批准证明文件、企业资质材料 300 多万张，上传药品检验报告 80 多万份，查询次数突破 200 万次，仅节约纸张复印成本超过 200 万元。通过该系统，保证了药品安全，也为药品生产经营企业和社会群众提供了优质服务，实现政府部门提升监管效能与为企业服务的完美结合，得到使用单位和社会群众的一致好评。该项目为全国首创，多个省份到河北省观摩学习，《中国医药报》等多家媒体对此进行了报道。

【系统开发背景】 《药品检验报告》是判定药品质量是否合格的重要依据，《药品管理法》规定了药品经营企业和医疗机构购进药品，必须验明药品合格证明，不符合规定要求的，不得购进和使用。2007 年国务院《关于加强食品等产品安全监督管理的特别规定》（以下简称“特别规定”），进一步明确要求销售药品必须提供药品检验报告，还规定了不能提供检验报告处货值金额三倍罚款的规定。但从近几年的药品执法实践来看，该项规定的实际落实遇到一定困难。主要原因：一是采用纸质检验报告复印工作量巨大，每批次检验报告都要逐份复印，资源浪费非常严重，增加了药品成本，特别是药品批发企业反响强烈；二是由于纸质检验报告复印件很容易篡改，难以确保检验报告真实性，难以藉此证明药品质量。这就造成药品采购过程中药品质量难以证明，同时给监管部门带来失职渎职风险。药品是否经过检验合格只能通过查验药品检验报告来判定。特别在2012年铬超标胶囊事件发生后，很多企业反映由于难以索取到药品检验报告，造成批发企业出现大量库存，给用药安全带来隐患。省食品药品监督管理局启动药品检验报告电子版管理系统，并无偿提供给全国涉药单位使用。

【电子药品检验报告系统建设过程】

早在2007年《特别规定》实施后，省食品药品监督管理局领导已经意识到不执行索取药品检验报告制度存在的风险和隐患，并着手开发了电子药品检验报告系统，并在2009年发文强调电子药品检验报告与纸质检验报告在河北省具有同等效力。但由于推广难度较大和人员变动搁置下来。铬超标胶囊事件后，进行了再次启动，对软件进行了重新设计开发，并要求全部免费使用。

由于该套系统在全国首创、史无先例，涉及到全国4000多家药品生产企业和部分批发企业，全国所有进口药品总代理以及省内所有经营使用单位。在系统开发过程中进行了10多次调研。一是以石家庄华新制药厂和河北神威药业为试点进行了前期系统调研和设计；二是以秦皇岛市为试点，召开了所有生产和批发企业座谈会，并进行了操作培训，同时根据企业所提意见进行了系统功能调整；三是组织石家庄40多家药品生产企业和批发企业的质量负责人和电脑操作员在省局进行了座谈，讲解了电子检验报告系统的操作方法，并进行了座谈；四是到保定市等市县对其辖区内所有生产、批发企业以及市区医院质量负责人进行了电子检验报告系统现场培训，并征求了他们的意见；五是召开了由全省所有药品生产企业、批发企业质量负责人以及零售连锁企业和医院代表、各市局主管局长、市县局电子检验报告系统管理员共900多人参加的视频会议，对电子检验报告系统的开发背景、重要性、操作方法进行了全面介绍。六是开通了500人的QQ群以及网站在线客服和问题解答论坛和热线电话，随时帮助使用单位解答问题，征求他们的意见，不断进行功能完善。同时还两次录制了视频讲座，指导使用单位操作。期间，还多次到药品生产企业、批发企业、医疗机构进行了实地调研。

本着积极稳妥、分步实施、注重实效、监管与服务相结合的原则，对电子药品检验报告的推行采取了分步实施的办法。在2012年先后下发了4个文件，提出了相关工作要求，并对有关规定结合实际进行了调整：一是在6月7日下发了《关于提供胶囊剂药品检验报告有关问题的通知》，针对胶囊剂药品是否合格难以证明问题，提出可通过查验电子检验报告替代纸质检验报告；二是在8月2日下发了《关于销售胶囊剂药品必须查验药品检验报告电子版的通知》，针对纸质检验报告容易造假问题，要求从2011年10月1日起，采购药品必须全部查验电子药品检验报告。三是在2011年10月12日，下发了长达41页的《药品检验报告电子版平台操作指南》，全面介绍了系统开发背景、主要功能和操作方法。以期得到使用单位和各级监管部门的理解，更好运用电子版检验报告平台。同时要求2013年1月1日起，省内所有药品经营使用单位采购所有剂型药品必须查验药品检验报告电子版。2013年3月15日前，开通社会公众购买药品查验服务功能。四是针对部分生产企业反映难以在2012年底前完成全部药品检验报告上传及流程繁琐等问题，本着先易后难原则，将电子检验报告由分层查验变为生产企业上传后所有购药单位均可直接查验的一级查验方式，并将胶囊剂以外的药品品种电子检验报告查验日期推迟到2013年3月1日。五是为取得外省药监部门的支持，使全国所有生产企业加入该平台，先后两次向其他30个省市局发函，请求协助通知当地企业入网，并免费提供密钥，同时无偿向兄弟省市监管部门开放平台功能，得到了相关省市局的有利支持。

【系统的基本流程及主要功能】

电子药品检验报告管理系统的核心功能是用电子版药品检验报告替代纸质药品检验报告。基本流程是：由全国药品生产企业和进口药品报验单位将原始药品检验报告图片上传到该系统，进过电子签章后生成唯一的上传码，供采购单位查验；药品采购单位在进行药品采购时，通过该系统查验相应批次药品检验报告，录入采购数量后，生成唯一的查验码，并对查验时间进行记录，供监管部门核实。

药品生产企业在入网前，通过上传药品生产许可证正副本等材料进行确认身份后，免费获得电子密钥。原来已经在业务员备案系统领取过密钥的，可在该系统通用。生产企业上传药品检验报告前，需要首先录入《药品生产许可证》正副本、《营业执照》正副本、GMP证书、药品注册批件原件图片以及药品说明书、药品内外包装、药品质量标准图片、企业联系方式等基础信息，并由省局进行审核确认。

药品批发企业、零售药店和医疗机构入网时，直接在网站注册，填写联系方式等注册信息，上传相应许可证或营业执照、医疗机构执业许可证原件图片。省外批发企业已经调整为自愿入网，经省局审核；省内批发企业、零售药店和医疗机构由各市县药品监督管理局管理员负责审核入网。

该平台的功能除了用电子版检验报告代替纸质检验报告外，主要包括以下几方面功能：

药品监督管理部门可以使用的功能。一是药品流向追踪。由于检验报告电子版在传递过程中随时记录查询过程，药品监督管理部门可掌握药品从生产企业到最终端药店诊所的全部流向。查验过相关药品电子检验报告的企业，就经营过相关批次的药品，一旦发生突发事件或需要追溯药品来源，完全可以实现跟踪追溯。二是打击挂靠经营和走票。企业采购药品必须查验检验报告，并留下记录。如果没有查验相应记录，或者没有索取检验报告，而又经营过相应的药品，那么就可能存在挂靠经营和走票行为。这在一定层面上能够防止挂靠经营和走票现象。三是验证企业及相关药品真实性。由于该平台收录所有涉药单位的《药品生产许可证》《药品经营许可证》正本和副本原件，收录了GSP证书和GMP证书原件，收录了药品注册批件和药品说明书、包装图片、药品标准，从而形成了权威的原始资料数据库。药品监督管理部门在执法中可以借此对企业情况和药品情况进行核实，提高案件协助调查的效率和执法效能。四是准确把握药品检验标准。药品检验机构在检验相关药品前，可以通过该平台获取企业实际执行的药品标准，避免因为标准适用错误，造成检验结果无效。五是信息发布功能。由于辖区内所有能上网的涉药单位均需要在采购药品时登录本平台，有姓名和手机号等信息，形成了动态更新的辖区内涉药单位档案数据库。药品监督管理部门发布各种通知、处置应急情况均可在几分钟传达到相关单位，并可以查验是否接收到相关信息。六是药品生产企业可以使用的功能。首先是药品流向追踪。药品生产和批发企业可通过查询该平台本企业检验报告查验情况，来进行药品流向追踪。某一批次药品是否销售到某一区域，可以直接查询，在一定层面上保护了企业自身商业利益。其次是顺利实现药品召回。一旦某批次药品出现质量问题，生产企业可通过本平台直接查询到哪家企业经营过自己药品，通过流向跟踪，实现对有问题产品的召回。再次是药品打假功能。由于该平台收录了企业信息、产品包装信息和检验报告信息。药品监管部门和购药单位和社会公众可以通过该平台进行查验对比，一旦发现包装不同、无检验报告等疑点，可以反馈到药品监督管理部门，从而实现打假功能。七是药品批发企业、零售药店和医疗机构使用的功能。减少检验报告复印量。由于用电子检验报告取代了纸质检验报告，除不具备上网条件偏远地区客户外（到2013年底正开发手机短信查询功能），药品批发企业不再需要对药品检验报告进行复印，降低了药品流通成本，也节约了存储检验报告空间。同时，由于只有真正查验检验报告后才能生成查验码，避免纸质检验报告“索而不验”问题。为药品购销提供帮助。通过该平台，药品经营单位可以查验哪家企业生产哪种药品，哪家企业经营过某种药品，有针对性地开展业务联络。

社会公众使用的功能。一是查验药品真伪及是否经过检验。该平台将允许社会公众查验所购买或使用的药品是否经过检验，是否有相关药品，从而在一定层面上避免使用假药。二是有效避免非药品作为药品使用。该平台仅仅收录药品检验报告信息，将提示公众，凡在本平台查验不到检验报告的产品不要购买和使用，从而有效阻止公众误将非药品产品作为药品购买和使用。三是为购买药品提供帮助。该平台将收录所有药品功能主治（适应症）信息，公众可通过该平台查询治疗某一疾病的药品具体名称、生产企业、经营单位，为购药提供方便。

【软件开发和推广过程启示】 领导重视是关键。该系统之所以能够开发运行，关键是得到了局领导的高度重视和大力支持。省局刘骁悍巡视员亲自参与设计系统需求，并亲自协调解决开发费用问题。在经费十分紧张的情况下，局党组决定挤出30万元用于为入网药品生产企业提供密钥。丁锦霞局长专题听取了该系统建设运行情况的汇报，并要求将其纳入信息化建设总体规划进行进一步完善。

思维创新和理念转变是核心。结合省委提出的改善发展环境的要求，如何结合本职工作建设服务型政府一直是监管部门不断探索的课题。该系统得以建设推广，核心体现了监管部门结合监管工作要求，减轻企业负担，实现了落实监管工作要求和为企业提供服务的完美结合。系统围绕药品检验报告的索取规定，拓展了一系列附加增值功能。

系统推行与社会环境相结合是根本。该套系统没有收取入网单位任何费用，充分体现了服务型政府理念。紧密围绕有关行政法规的规定，不但不给企业增加任何负担，而且提供了一系列服务功能，从而使企业积极入网。

充分听取入网单位意见是系统成功推行的基础。系统开发过程中进行了多次修改，多次听取企业意见，从而增加了系统的可行性和可操作性，同时录制了专门的操作指导视频，从功能模块上给入网单位带来操作便利。

统一数据标准是系统存在的生命线。该套系统由药品生产企业负责对自身基础信息进行录入，专职审核人员进行把关审核，确保了基础数据标准统一。从而使数据具有了更准确的统计学意义，确保了数据准确一致。

（省食品药品监督管理局）

河北食品药品诚信网

【概况】 河北食品药品诚信网为公众和企业提供查询服务，使不良诚信企业为其行为付出代价，形成对失信行为的惩戒，成为行政处罚以外新的打击违法违规行为的“利剑”。河北省食品药品监督管理局食品药品诚信网（www. hebfdea. com）作为全国首个食品药品诚信网，用诚信记录的形式曝光企业的违规行为，提升违法成本，从而达到规范的目的。

【建站思想】 “河北食品药品诚信网”（www. hebfdea. com）是河北省食品药品监督管理局结合河北省实际情况，以诚信政府、诚信社会组织、诚信公民为靶向，以增加社会诚信意识、保护消费者的健康安全、惩处公示不良行为为宗旨的应用平台。通过加强信用监管、整治市场秩序，大力强化企业信用，应对挑战、控制风险，营造诚实守信的投资发展环境和放心满意的消费环境，促进河北省食品药品行业的良性发展，为构建和谐社会发挥重要作用。

“河北食品药品诚信网”是通过行政手段和社会监督相结合的方式，进行企业食药安全生产使用监管，促进河北省“四品一械”产品安全水平的提高，保障人民群众的生命、健康安全。通过建立标准的“四品一械”企业信用管理制度，借助先进的技术和手段，通过日常监管、行政执法、投诉举报、不良反应、事件监测和社会评价等环节，可进一步对企业进行信用等级分级管理，通过公众服务平台对企业信用进行公布，促进企业产品安全水平和质量水平的提升。通过提供专业的技术服务、信息服务和信用服务，搭建政府、企业和公众沟通、互动和服务的信息桥梁，提高食品药品监督管理水平，培育社会公众的食品药品安全信用意识和行业自律的道德风尚，促进食品药品行业信用体系建设和信息化应用水平，形成行政监督、技术监督和社会监督相结合的新的食品药品监督体系，逐步形成以法律为基础、以道德为支撑的食品药品安全信用环境平台、以信息技术为支撑的食品药品安全信用网络平台和统一开放、规范有序、互联互通、资源共享的食品药品安全信用公共服务平台。

【建设过程】 在过去查办的大量假冒伪劣案件中，一些企业、医疗机构对给予的行政处罚不太在乎，因为通常都是罚款，对企业影响不是致命的。2005 年以来，省食药监局便一直探索用政府职能来强制管理医药行业的诚信问题。

2007 年始省食药监局委托河北省科学院搭建基于药品诚信的“河北医药诚信网”，网站最初共设计成公众版、企业版、药监系统、案件上报 4 个板块。一般消费者可点击公众版进入系统，按照企业性质和人员两种方式进行查询。通过这个系统，可以很方便地查询到药品企业、医院、从业人员等是否有不良记录。

2007 年建成“药监系统”，将全省的药品批发企业首先纳入到“信息化监管”当中，率先完成药品溯源系统。

2008 年首先建成“行政处罚案件上报”子系统，并将全省累计的案件信息备案到系统内，为“诚信网”公布打下基础。

2008 年还专门建设了“药品医疗器械责任业务员稽核查询系统”，将省内外医药企业已登记备案的营销人员予以公示。利用河北省药品医疗器械行政处罚案件上报系统录入的违法案件信息，把交易中的不诚信记录自动添加到稽核查询系统，以备查询。这样，使整个药品交易更加透明和公开，使非法经销者无处藏身。

2009 年河北医药诚信网正式对外发布，并在“河北青年报社”撰文“河北建全国首个医药诚信网”，随后新浪、中华网等众多媒体进行相关报道。

2011 年网站进行升级，对整站进行重新设计，并增加“药品从业人员资质查询”子系统。

2012 年针对“毒胶囊”事件，开始建设“药品电子检验报告”子系统，并要求从 2012 年 10 月 1 日起，采购药品必须全部查验电子药品检验报告。

2013 年由于监管职能转变，“河北医药诚信网”正式更名为“河北食品药品诚信网”，将“食品、药品、化妆品、保健食品、医

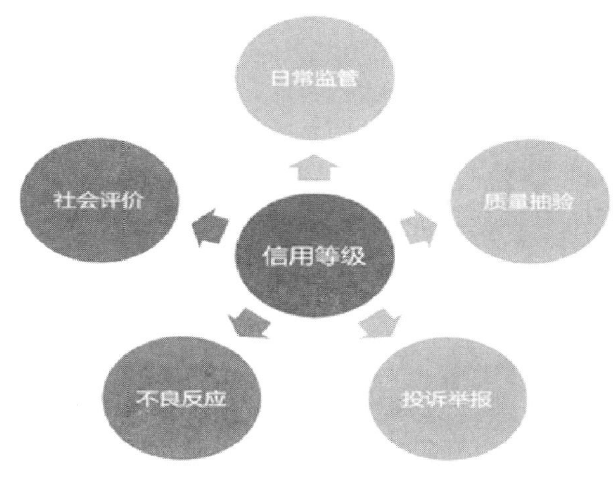

疗器械”纳入到信用体系中来。“河北食品药品诚信网”围绕新的主题进行重新设计，增加了“四品一械不良行为记录”“案件曝光台”“我查药”“药安食美”等诸多新元素。

【主要功能】 河北食品药品诚信网主要由药品销售人员信息查询、药品检验报告查询、药品从业人员资质查询、药品销售人员信息备案查询、药品检验报告上传、药品检验报告查验、案件管理系统、药品实时监控系统，检验报告管理系统等多个子系统构成。

网站功能主要分为业务应用、信息公布、惠民服务、移动平台四大类。

重点突出业务应用。业务应用包含公众服务、企业应用、监管部门三个模块。公众服务主要功能包含：药品销售人员信息查询、药品检验报告查询、药品从业人员资质查询；企业应用主要功能包含：药品销售人员信息备案查询、药品检验报告上传、药品检验报告查验；监管部门主要功能包含：案件管理系统、药品实时监控系统、检验报告管理系统。

完善丰富信息公布。信息公布包含不良行为记录、案件曝光台、药品销售人员备案、电子检验报告最近上传、检验报告最近查验以及通知公告等模块。不良行为记录按照食品、药品、化妆品、保健食品、医疗器械进行分类公布；案件曝光台主要是曝光一些省局发布的没有企业实体的假冒、伪造类的案件；药品销售人员备案即时发布销售人员备案信息；电子检验报告最近上传即时发布最近上传检验报告的企业及检验报告信息；检验报告最近查验即时发布最近查验电子检验报告的企业及查验信息；通知公告发布与食品药品诚信相关的信息。

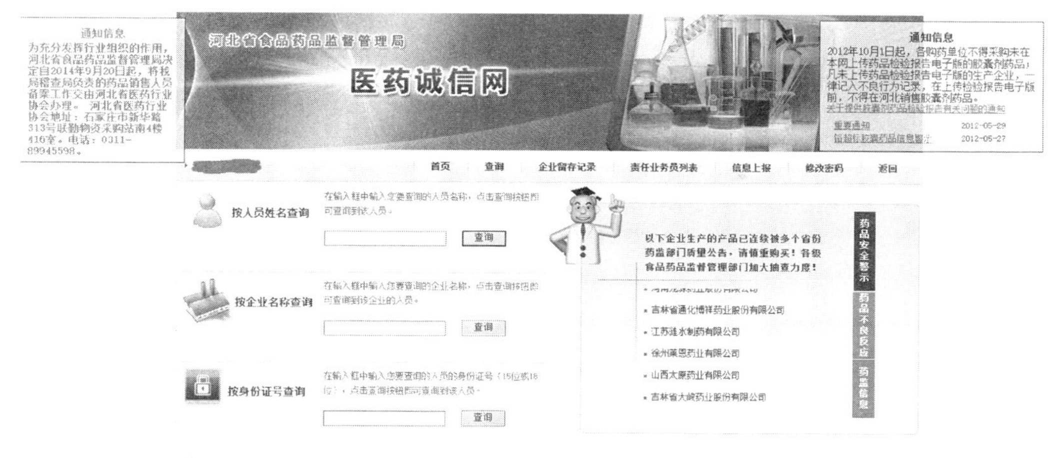

药品责任业务员备案查询

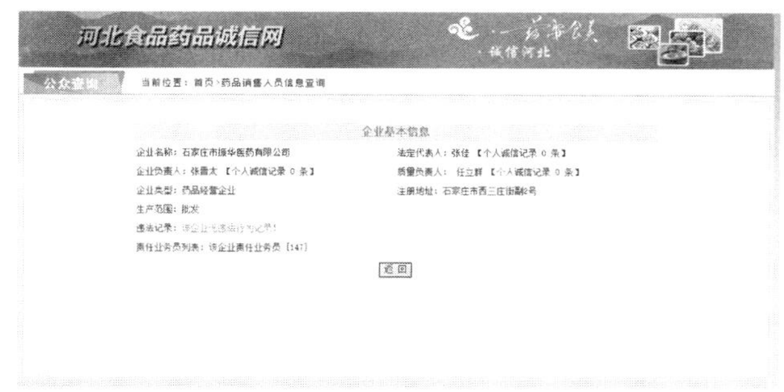

信誉资质查询

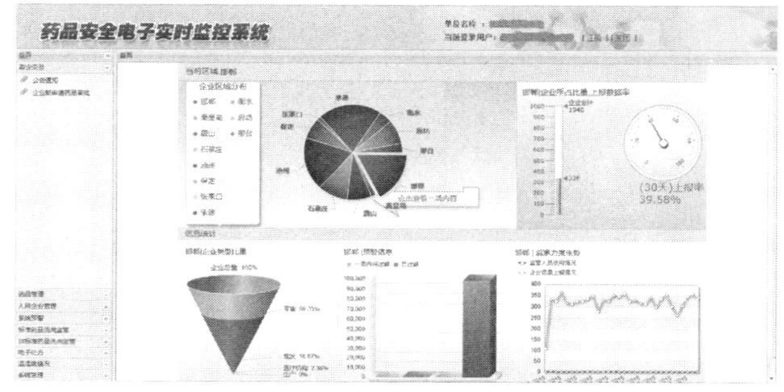

药品实时监控系统

精心提供惠民服务。惠民服务功能，一为百姓提供实惠的服务，二是推动百姓参与食品药品安全监督体现社会共治。主要包含药品电子监管码查询、百姓购药查询、药安食美我在行动等模块。药品电子监管码查询与国家局电子监管码查询相连，方便实用；百姓购药查询实现百姓利用药品信息搜索在售药店，方便百姓购药；“药安食美我在行动”基于企业地理信息服务，为公众提供食品药品安全信息查询、公众评价等服务。

“药安食美　我在行动”。“药安食美　我在行动”是为加快推进社会共治体系建设，充分激发各利益相关方的积极性，集政府监管、服务大众、公众参与的“河北食品药品诚信网”的移动端延伸。系统囊括查找药品、药店、查验药品检验报告及质量的功能，公众也可对餐饮店、超市、药店、酒店、学校进行点评和投诉。监管部门可实时发送通知公告、敬告、温馨提示等信息，鼓励广大消费者参与食品药品监督，引导其积极、理性、合法、有序地参与“食药安全　诚信河北”三年行动计划。

（省工商局）

食品　药品　化妆品　保健食品　医疗器械

不良行为记录

产品名称	标示生产企业	违规类型	不合格项	备注
肌氨肽苷注射液	吉林省辉南辉发制药股份有限公司	不良记录	[含量测定]...	
肌氨肽苷注射液	吉林省辉南辉发制药股份有限公司	不良记录	[含量测定]...	
肌氨肽苷注射液	吉林龙泰制药股份有限公司	不良记录	[检查](可见异物)	
肌氨肽苷注射液	吉林龙泰制药股份有限公司	不良记录	[检查](可见异物)	
肌氨肽苷注射液	吉林龙泰制药股份有限公司	不良记录	含量测定]（...	

更多>>

案件曝光台　更多>>

- 廊坊市霸州市杨某某涉嫌生产销售有毒有害食...
- 邢台市南和县王某某涉嫌使用非食用物质无证...
- 石家庄市郝某某涉嫌生产销售假药案
- 安国市张某某涉嫌生产销售假药案
- 邯郸市馆陶县王某某涉嫌生产销售伪劣产品案
- 张家口市李某某涉嫌销售假冒注册商标商品案

药品销售人员备案　更多>>

- 吴娅娟（西安九洲医药有限责任公司）[04-10 16:00]
- 沈建波（西安信谊医药有限公司）[04-10 16:00]
- 王祥亮（庆云医药有限责任公司）[04-10 15:41]
- 宋洪兆（庆云医药有限责任公司）[04-10 15:41]
- 陈锡辉（杭州天目医药有限公司）[04-10 15:12]
- 兰心诚（河北金天燕香医药有限公司）[04-10 15:07]

电子检验报告最近上传

- 北京同仁堂股份有限公司同仁堂制... [04-10 16:14]
- 吉林益民堂制药有限公司 [04-10 16:14]
- 吉林省俊宏药业有限公司 [04-10 16:13]
- 浙江海正药业股份有限公司 [04-10 16:11]
- 贵州柏强制药有限公司 [04-10 16:07]
- 河南省新谊药业有限公司 [04-10 16:06]
- 舒泰神（北京）生物制药股份有限... [04-10 16:06]

检验报告最近查验

- 河北泽信医药有限公司兴达医药分... [04-10 16:15]
- 河北省唐山药材采购供应站唐北医... [04-10 16:15]
- 唐山德生堂医药连锁有限公司 [04-10 16:15]
- 河北众信医药有限公司 [04-10 16:15]
- 任丘市百草堂药店 [04-10 16:15]
- 石药集团河北中诚医药有限公司 [04-10 16:15]
- 河北龙海新药经营有限公司 [04-10 16:15]

河北食品药品诚信网

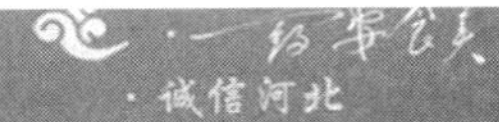

木糖醇蛋糕

单位类型：	生产
单位名称：	北京全佳食品有限公司
单位法人代表：	
单位地址：	

产品类型：　食品

产品名称	批次	规格型号	批准文号	生产许可证
木糖醇蛋糕		300克/袋		

责任人姓名	职务	身份证号	违法违规行为	处罚(检查)依据	处罚(检查)结果	限制期限(年)

违规类型：	质量公告
违法违规行为：	木糖醇蛋糕检验出防腐剂各自用量占其最大使用量的比例和 （≤1/1.48），不符合标准规定项目
不合格项：	防腐剂各自用量占其最大使用量的比例和 （≤1/1.48）
处罚(检查)依据：	
处罚(检查)结果：	
限制措施期限：	暂无收录
是否公开：	公开
公布机构：	北京市食品药品监督管理局
信息来源：	北京市食品药品监督管理局3月份公布一批不合格食品
发布人：	KJXXC
发布时间：	2014-04-10 17:51:16

河北食品药品诚信网

当前位置：首页 > 案件曝光台

廊坊市霸州市杨某某涉嫌生产销售有毒有害食品案

发布单位：河北省食品药品监督管理局　发布时间：2013-12-19　信息来源：http://www.hebfda.gov.cn/CL0005/11630.html

廊坊市霸州市犯罪嫌疑人杨某某自2012年3月份，违法使用明矾生产海蜇丝、违法使用过氧化氢生产肉皮冻，违法货值金额20万余元。

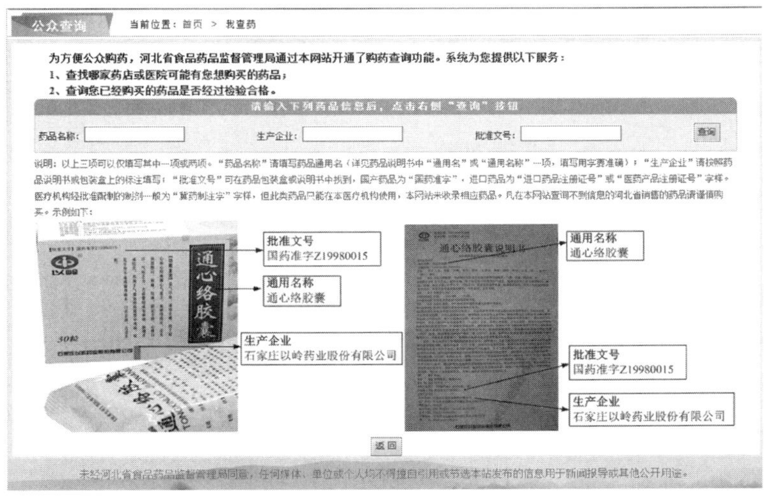
公众查询　当前位置：首页 > 我查药

为方便公众购药，河北省食品药品监督管理局通过本网站开通了购药查询功能。系统为您提供以下服务：

1、查找哪家药店或医院可能有您想购买的药品；

2、查询您已经购买的药品是否经过检验合格。

请输入下列药品信息后，点击右侧“查询”按钮

药品名称：　生产企业：　批准文号：　查询

说明：以上三项可以仅填写其中一项或两项。“药品名称”请填写药品通用名（详见药品说明书中“通用名”或“通用名称”一项，请写用字要准确）；“生产企业”请按照药品说明书或包装盒上的标注填写；“批准文号”可在药品包装盒或说明书中找到，国产药品为“国药准字”，进口药品为“进口药品注册证号”或“医药产品注册证号”字样。医疗机构经批准配制的制剂一般为“冀药制注字”字样，但此类药品只能在本医疗机构使用，本网站未收录相应药品。凡在本网站查询不到信息的河北省销售的药品请谨慎购买。示例如下：

返回

未经河北省食品药品监督管理局同意，任何媒体、单位或个人均不得擅自引用或节选本站发布的信息用于新闻报导或其他公开用途。

查药

河北食品药品诚信网

诚信河北

药安食美

系统免费提供药品搜索、核查质量、附近药店搜索；
生产经营企业手机端查验药品电子检验报告；
公众对餐饮、药店、超市等进行点评以及对问题商家或产品进行投诉举报等功能。

已通过安全检测，无病毒及恶意程序，可放心下载。

Android版大小：6.16MB 版本：1.0.4.2
IOS版大小：16.1MB 版本：1.4
更新时间：2014-01-17 系统要求：Android2.1及以上;IOS系统要求6.0以上

苹果版安装方式： 直接安装 苹果视频插件下载
安卓版安装方式： 下载APK文件

二维码扫描
打开二维码扫描软件
将手机摄像头对准网页上的二维码扫描即可。

现在扫描二维码，即可获赠50M流量！数量有限，先到先得！

移动平台应用下载

省地理信息局“天地图·河北”平台

【概况】 “天地图·河北”是省地理信息局建设的地理信息综合服务网站，是国家“天地图”的省级节点和“数字河北”的重要组成部分。“天地图·河北”作为省级地理信息公共服务平台的公众版，可以实现地理信息资源共享和高效利用，提高测绘地理信息公共服务能力和水平，改进测绘地理信息成果的服务方式，更好地满足全省信息化建设的需要，为社会公众的工作和生活提供方便。

“天地图·河北”运行于互联网、移动通信网等公共网络，以门户网站和服务接口两种形式向公众、企业、专业部门、政府部门提供24小时不间断“一站式”地理信息服务。各类用户可以通过“天地图·河北”的门户网站进行全省基于地理位置的信息浏览、查询、搜索、量算，以及路线规划等各类应用；也可以利用服务接口调用“天地图·河北”的地理信息服务，并利用编程接口将“天地图·河北”的服务资源嵌入到已有的各类应用系统（网站）中，并以“天地图·河北”的服务为支撑开展各类增值服务与应用，从而有效缓解地理信息资源开发利用中技术难度大、建设成本高、动态更新难等突出问题。

【项目建设】 2011年，省测绘局（现省地理信息局）根据国家有关要求，印发《2011年“天地图·河北”省、市级节点建设要求》文件，明确局属省基础地理信息中心承担“天地图·河北”建设，按照《“天地图”省市级节点建设方案》和《河北省“天地图”省、市级节点建设实施方案》，开展“天地图·河北”省级节点2011—2013年度建设工作。

“天地图·河北”项目整体分三个阶段建设：第一阶段从2011年8月到2012年4月，主要完成“天地图·河北”建设的必要软硬件采购，平台建设、主要数据的处理及发布和三个示范应用。在充分调研的基础上，结合河北省具体情况编写《“天地图·河北”项目设计方案》，开展平台硬件采购和数据生产工作，利用影像数据处理软件完成全省1∶1万分幅0.5米分辨率航空影像的坐标转换、数据镶嵌，并利用现有卫星遥感数据对航空影像覆盖到地区进行修补，最终完成覆盖全省范围内15-17级影像电子地图瓦片数据的裁切和入库发布工作。利用1∶5万地名地址数据和全省道路信息，通过符号地图化制作完成了全省影像地图注记的配图和瓦片裁切入库工作。开发“天地图·河北”省级节点门户网站、服务系统及平台管理系统。完成人口统计、天气和红色旅游三个典型应用系统的开发，网站上线试运行。2012年6月4日，“天地图·河北”网站（www. maphebei. com/）开通仪式在石家庄市举行。国土资源部副部长、国家测绘地理信息局局长徐德明，河北省省长张庆伟共同启动开通仪式。“天地图·河北”实现与“天地图”国家主节点的互联互通。

第二阶段从2012年5月到2013年5月，为期一年。主要完成软硬件平台的补充，数据内容的丰富、应用的推广等工作。加大“天地图·河北”的推广应用力度，在“天地图·河北”平台基础上开发了河北街景网。完成街景系统的开发，外业采集石家庄市区街景数据，内业处理后在平台发布数据服务。完成基于“天地图·河北”地图数据的机构编制管理省直单位系统的研发。

第三阶段从 2013 年 5 月到 2013 年 12 月完成省级节点与国家节点数据的融合与更新工作，实现省级节点与部分市级节点的互联互通，完成天地图 2.0 版本的升级建设工作。重点加大推广应用工作。完成了覆盖全省 1：1 万 DLG 数据和 POI 数据的处理，分两期完成河北省级节点与国家主节点的数据融合同构工作，包括全省 8000 多幅 1：1 万基础地图数据，涉及交通、居民地、水系等多种信息，收集各类地名地址数据 80 多万条，补充更新地名地址数据 470000 余条。通过国家测绘地理信息局更新测试评估，获得了省级节点的同意接入函和更新接入函。通过此次的数据融合，填补了河北省矢量地图服务发布的空白，提高了河北省范围天地图数据的丰富程度和现势性，提升了整个天地图的地图服务质量。

编写《河北省天地图市、县（市）级节点建设方案》，完成邯郸、秦皇岛两个市级节点 18—20 级瓦片数据（影像和矢量）的入库和服务发布工作，并实现了市级数据在省级节点的发布。2013 年 12 月，“天地图·廊坊”“天地图·邯郸”先后通过了国家测绘地理信息局接入评估测试，取得同意接入函，成为河北省前两个接入“天地图”的市级节点。

“天地图·廊坊”是数字廊坊地理信息公共服务平台的公众版，作为“天地图”国家主节点和“天地图·河北”省级分节点的重要组成部分，天地图·廊坊”整合了全市域 1：50000、1：10000、1：500 地形图数据、0.5 米影像数据和 13500 余条兴趣点数据。数据内容丰富，现势性强，地图美观。制作并发布了全市域 18—20 级矢量电子地图、影像电子地图，实现了地图浏览、兴趣点搜索定位、驾车路线查询等功能，并基于“天地图·廊坊”开发了廊坊市地价查询系统，为公众提供便捷的地理信息服务。

“天地图·邯郸”是数字邯郸地理信息公共服务平台的公众版，作为“天地图”国家主节点和“天地图·河北”省级分节点的重要组成部分，“天地图·邯郸”包括了市区 1：500 地形图数据、0.5 米影像数据和 37000 余条兴趣点数据。数据内容丰富，现势性强，地图美观。制作并发布了全市域 18—20 级矢量电子地图、影像电子地图，实现了地图浏览、兴趣点搜索定位、驾车路线查询等功能，并基于“天地图·邯郸”开发了红色地图、邯郸天气预报、特色燕都游等示范应用，为公众提供便捷的地理信息服务。

【典型应用成果】 省级节点建设基于“天地图·河北”的数据服务资源，开发了 6 个典型应用，主要包括：

红色旅游专题典型应用。河北省旅游资源丰富。构架于“天地图·河北”省级节点地理空间框架应用服务支撑环境之上的红色旅游专题应用，基于“天地图·河北”省级节点实时的地理信息数据服务使游客可以直观方便地全方位了解河北，挖掘旅游资源的潜力。

气象专题典型应用。气象信息是与百姓生活密切相关的信息，也是老百姓最为关心的信息。构架于“天地图·河北”省级节点地理空间框架应用服务支撑环境之上的气象专题应用，基于“天地图·河北”省级节点实时的地理信息数据服务，通过接入河北省气象局的实时气象数据，实现对全省各市、县的天气情况、气温、湿度、温度、自然灾害预测等信息进行实时发布，使老百姓能够快速、准确、实时、直观地掌握河北省各地的气象信息。

统计典型应用。每个城市的人口、宏观经济、CPI 等统计信息，与城市的市民生活、企业发展均息息相关，构架于“天地图·河北”省级节点地理空间框架应用服务支撑环境之上的统计专题应用，基于“天地图·河北”省级节点实时的地理信息数据服务，通过接入河北省统计局的非涉密统计数据，实现对各类统计专题数据的发布，使政府企事业单位、公众能够快速了解城市的发展情况。

省直机构典型应用。基于“天地图·河北”地图服务，接入河北省机构编制数据，实现对河北省机关、事业单位数据的发布，实现对单位位置、行政职能、内设机构等编制信息网上发布及查询。

城市街景典型应用。基于“天地图·河北”地图服务，接入城市街景数据，实现对街景数据的浏览、定位及兴趣点的全景的查看，现已完成了石家庄、邯郸、廊坊、张家口、承德等五市的街景数据。

测量标志典型应用。基于“天地图·河北”地图服务，接入河北省测量标志管理系统，实现对河北省范围内的水准点、高程点等测量标志信息的网络化管理。

（省地理信息局）

虚拟机系统在河北国税的实践应用

【建设背景】 省国税局信息中心承担着国家税务总局推广、省国税局自行开发及地方政府推行应用系统共约 80 个，其中国家税务总局推行综合征管、防伪税控等 40 个；自行开发税源管理平台、外部信息采集交换平台等 30 个；地方政府推行部门数据交换、综合治税应用平台等 10 个。省局核心机房承载着省级集中核心应用系统。截至 2010 年底，除省级骨干网、外联网网络及安全设备外、共有各类 PC 服务器 150 余台，刀片服务 1 台，小型机 17 台，磁盘阵列 3 台。基础设施更新和运维成本高，信息化经费严重不足。

服务器配备的过快增长，一方面是建设项目不断扩展的刚性需求造成的；另一方面则是由于服务器部署方式不科学，资源不能整合应用造成的。服务器部署方式是按照项目进行，项目单独配备服务器，平均资源利用率极低（如：CPU平均利用率<7%，内存平均利用率<10%），造成资源浪费，同时也带来管理维护工作等诸多困难，服务器的无限增长和资源利用率低下之间的矛盾日益突出。

【虚拟化优势】 省国税局开展了一系列的调研、考察和研讨工作，提出引入虚拟化技术对服务器进行整合。虚拟化是一种从逻辑角度出发的资源配置技术，是将物理硬件进行逻辑抽象，能够实现软、硬件的分离，使资源的使用方式更具效率，虚拟化主要有以下几个优点：一是提高资源利用率。利用虚拟化技术，可以按照不同业务所需资源的不同，动态地对物理服务器进行资源分配，提供最合适的虚拟环境，提高每台物理服务器的利用率，也使得资源分配更加合理，提高硬件的灵活度、利用率和可用性。二是消除单点故障，提高业务连续性。传统方式下，部署于PC服务器上的应用大多都是单机部署，业务与硬件绑定，存在单点故障。虚拟化技术可以利用虚拟机的实时迁移功能，在物理硬件出现故障时自动切换到没有故障的物理服务器上运行，进而消除单点故障，提高业务连续性。三是节约能源，减少运行成本。运用虚拟化技术将多种业务整合到一台物理服务器上的多个虚拟机上运行后，能够降低能源能耗。

【虚拟化简介】 虚拟化是一种利用技术手段将对原本单一或整体的资源进行重新分配与组合，按照多个实际资源需求分别进行资源分配从而提高效率的方法。由于虚拟化实际上是一种资源再分配的方法论，所以在现代信息技术存在服务器虚拟化，存储虚拟化，网络虚拟化等各种各样的虚拟化技术。利用技术手段对PC服务器资源进行再分配从而提高利用率的技术，称为PC服务器的虚拟化。

一台典型的PC服务器的系统架构从下到上为：硬件配置、操作系统、应用程序等。一台典型的虚拟化服务器，其硬件资源不是直接为操作系统所调用，而是通过虚拟化软件分配给各个虚拟服务器的操作系统所使用，从而实现了服务器的CPU、内存、网卡、磁盘资源的再分配。

不同于过去的运行在windows或linux平台上的如vmware workstation或microsoft virtual server等虚拟化软件，Vmware的ESX server作为一个企业级的底层PC服务器资源虚拟化软件，为了达到极高的资源利用效率和稳定性，不借助任何操作系统，直接运行在服务器硬件上，并可将硬件资源灵活分配成数台虚拟服务器。虚拟服务器上可安装运行NT、2000、2003、2008、XP等版本的windows以及red hat、SUSE等linux，甚至Sloaris on X86、Novell、FreeBSD等操作系统。并可通过统一的管理中心界面对ESX server所在的物理服务器和其上的各虚拟服务器进行全面管理。

【可行性测试】 为进行PC服务器虚拟化这一较为新兴技术的的可行性和安全性测试，河北国税进行了较长时间的实际测试。河北国税信息中心按照对总局省级信息化平台核心系统的建设规范精神的学习理解，即以EMC存储为核心，多台IBM P系列小型机组成HA（高可用）主机平台运行各应用系统的数据库或应用、web服务器，通过不同的集群技术（如数据库层的oracle RAC，应用与web层的weblogic集群）分别保证各应用系统的数据安全和业务连续性。参照此规范精神，以一台IBM存储为核心，以4台IBM服务器（4颗主频2Ghz的双核CPU、16G内存）为主机平台、以Vmware公司的ESX server为底层虚拟化软件实现服务器资源再分配、HA（高可用性）、以及集群功能，建立了一套功能齐全，冗余较为充分的实验环境。其结构设计与总局的传统存储设备与小型机技术方案的架构完全相同，从而保证了该系统设计与总局的技术体系完全兼容。

在不考虑应用的迁移、冗余的保留、内外网的隔离、网络区段的划分、存储空间的分配等问题的情况下，理论上现有机房的150台PC服务器如果全部采用虚拟化分区方式运行只需20台左右的相同配置服务器即可完全替代。如果采用更新型号的高配置服务器，所需数量还可大幅度减少。在整个试验过程中，运行在虚拟化平台上的各核心系统测试和开发环境非常稳定，从应用使用和维护人员的反映来看，无法分辨虚拟化服务器与传统物理服务器之间的不同。

【项目实施】 在充分考虑各类安全技术保障的前提下，河北省国税局于2011年10月正式启动PC服务器虚拟化整合迁移实施项目。

项目总体设计。分别在内网、外网、隔离区的部署虚拟化应用集群；将集群服务器进行扩容，并新购部署磁盘阵列；在考虑安全部署和系统整体拓扑设计后进行系统集成。

由15台服务器组成的虚拟化集群部署在内网，其中：10台用于防伪税控、税收执法、出口退税、货运发票、上网行为监控、税源管理平台等应用；5台用于未来新增项目。由5台服务器组成的虚拟化集群部署在外网，其中：3台用于网站信息发布、外网网络准入、出口退税预审、网上认证等应用；2台用于未来新增项目。内网隔离网段的虚拟化集群，与外部信息采集与交换平台结构调整项目同时考虑。将现有服务器进行扩容，新购磁盘阵列。新购、部署虚拟化软件。综合系统集成。项目费用约 282 万元。

项目实施步骤。为确保迁移实施工作的顺利进行，成立了由河北省国税局信息化领导小组统一领导的项目组，统筹协调组织，分批次地进行项目实施：

第一步完成虚拟化硬件环境准备（包括存储、光纤交换机和 PC 服务器），进行存储 LUN 划分及交换机 ZONE 设置，安装虚拟化基础架构软件（包括 2 台 vCenter 服务器和 20 台物理服务器 ESXi 软件），配置 IP 地址，并进行各硬件设备及软件的联合调试。由信息办召开各业务部门参加的协调会，通报虚拟化迁移实施相关情况，部署迁移实施工作。同时，由信息中心召开由合作单位参加的协调会，制定详细的实施方案和应急预案。

第二步分五批完成应用从物理机到虚拟机的迁移，包括办公自动化、财务软件 1 号机、防伪税控 1 号机、稽核 1 号机、协查 1 号机、税收执法应用 1 号机、车购税系统 1 号机、企业所得税汇算清缴 1 号机等 90 余台物理服务器和 70 多个应用的迁移。

第三步对所有迁移至虚拟环境的应用进行监控和故障处理，对网络布线进行调整，并对虚拟化整合后替换下来的服务器设备、网络设备进行整理，为下一步的设备利用工作奠定基础。

第四步运行维护管理。运维管理模型是以安全监控管理为中心，同时包括事件管理、问题处理、配置管理、变更管理和配置管理等一系列应用模块。纵向填补管理空白点，强化和完善对资源，数据，操作，性能，安全等方面的技术管理内容，并通过建立集中管理平台，集中管理 IT 基础架构和应用系统，共享信息，避免信息孤岛的产生。横向加强运维流程管理的建设，对贯穿各项技术管理内容的 IT 运维流程进行梳理和固化，主要是建立并完善安全事件监控系统以及安全事件管理，应急事故管理，变更管理，配置管理等服务支持流程。运维和状态监控管理侧重于对信息系统赖以运维的网络状况进行监控，同时对出现的事件进行维护和处理，并进行相应的配置、变更。

总体运作维护要求：一是规范性。利用参考 ITIL 来规范所提供的运维管理。二是高可靠性。要求维护方案中系统维护计划、问题处理机制、人员配备计划、系统变更管理体制、系统突发事件应急体制具有高可靠性。三是高效性。遵循高效管理、高效发现、高效通报、高效处理、高效总结的操作原则。四是全面性。系统运行维护的范围是指整个全省系统的物理环境、日常运行，主要包括系统、安全设备、数据库等。并总结各个环节作出整体考虑。五是可操作性。系统运行维护是一项长期的管理任务，日常运行维护工作中必须遵循可操作性原则。

项目建设把握几个关键点。一是各级领导重视是核心。虚拟化项目总体设计复杂，工程实施任务繁重，各级领导给予了高度重视与关注，组织了多次专题会议和重点批示。二是培养一批专业技术队伍是基础。切实可行的本地统筹规划结合专业队伍的精、高、细的技术攻关是项目的保障，没有一只作风硬朗的技术队伍是难以实现该项复杂的系统工程的。三是专业化的项目组织管理是项目顺利实施的关键。统筹协调组织，分批次地进行项目实施，使虚拟化项目有条不紊地进行。但是，虚拟化作为技术改进不能替代管理方式的改进。由于虚拟机极易部署的特性，可能会导致数量的恶性增长，这对服务器资源的生命周期管理水平提出了更高的要求。对于该项目的后期运维也提出了较高的技术管理要求。

【项目成效】 虚拟化项目实施后，在单机服务器资源利用率、设备采购投入、业务连续性、管理集中度、消除单点故障、提高业务连续性和减少运行成本等多方面取得了明显效果。

提高了设备利用率。整合后，单台服务器的资源利用率得以大大提高，CPU 平均利用率由之前的不到 7% 提高到约 30%，内存平均利用率由之前的不到 10% 提高到约 40%。

节余了大量服务器。整合完成后，所有的业务除部分不能进行虚拟化的以外，均迁移到由 20 台物理服务器组成的虚拟化集群上部署，节余各类 PC 服务器 90 多台。这些服务器部分严重老化进行了报废处理，其余部分（50 余台）下发各市，用于综合办公、门户网站升级改造项目的推行，其他省局留作备用。到 2012 年 6 月底，国家税务总局推行的综合办公系统已在河北省全面推行完成，仅此一项节约服务器采购投入数百万元。到 2013 年底，省局其他项目也已启动，各市需配备的缓冲服务器无需另行采购；省局还剩余 20 余台备用机，完全能够满足 2～3 年新应用推行需要，降低了设备采购投入。

提高了业务连续性。整合后，虚拟化集群硬件出现故障时，实现了虚拟机在主机之间的自动化迁移，不会造成应用中断。

提高了工作质量和效率。整合后，利用虚拟机复制技术能快速建立新的应用环境，从而保障新项目应用的快速部署。到 2013 年底，已累计为各部门新部署虚拟服务器 36 个，平均每个应用耗时 10 分钟。

提高了管理集中度。虚拟化整合前，河北国税服务器分别部署在内外网各网段，因其相互独立，多年来一直缺乏统一、有效、集中的监控和管理手段，运维人员疲于应付。整合后，除单独部署的服务器外，所有部署在虚拟化集群上的应用都能通过管理网络进行监控和管理。

（省国税局）

河北检验检疫局检企信息服务平台

【平台建设概况】 河北检验检疫局“检企信息服务平台”（CIS）构建检企之间的信息通道，通过自动、手动实现电话语音、短信、互联网、触摸屏、电子邮件等技术，实现检企双向共享互动，提高河北检验检疫局电子政务服务的能力和水平，提升了检验检疫的社会形象。

该平台基于SOA架构，遵循J2EE体系规范，具有良好的可移植性、可扩展性，能够跨平台使用。采用优化的B/S体系结构、基于中间件访问数据库的三层客户/服务器方式以及多层组件技术，以检验检疫核心应用系统为主线，有效整合系统信息资源构成统一平台。

该平台共有五个子系统：

网站子系统。向企业用户提供业务信息查询功能，方便企业查询检验检疫政策法规和相关业务信息，查询行政审批情况，发布通知公告，企业留言，下载业务表格；同时，为河北检验检疫局业务部门提供查询、统计功能。

触摸屏子系统。采用三层B/S架构开发，通过内网提供服务，方便企业进行检验检疫政策法规、相关业务信息、行政审批等查询。

短信子系统。向企业提供业务流程状态、计收费信息、回执信息、行政审批信息等方面内容的短信查询，也可以通过该系统，向企业或检验检疫人员群发信息，接收企业短信留言，建立检验检疫与企业之间快速便捷的信息沟通渠道。

语音子系统。利用电话语音系统向企业提供业务流程状态、计收费信息等查询功能。

电子邮件子系统。根据企业不同分类、不同行业，或针对某个特定企业，自动发送信息。比如有关政策、业务信息、贸易信息、预警信息等；征集并答复企业提出的问题、意见和建议，与企业实现信息互动。

【主要技术创新】 实现多渠道的综合信息服务。CIS平台是全国检验检疫行业内第一个集语音、网站、邮件、短信、触摸屏等众多信息交互渠道为一体的面向企业的综合信息服务平台，丰富了检验检疫机构向企业提供信息服务的内容和手段，提升了对企业的服务质量。

采用互动式语音应答技术。在检验检疫业务信息服务中首次引入互动式语音应答（IVR）技术，是一次很有意义的技术探索。该项技术的应用为今后利用多种渠道开展检验检疫业务打下了良好的基础。

提供自动推送式的信息服务。CIS平台可以自动地向企业和检验检疫人员通过短信或邮件方式推送通知通告、业务流程等信息，增强服务的主动性，提高检验检疫人员的工作效率。

有效利用容灾系统目标端的资源。CIS的数据来源是容灾备份系统的目标端。该平台有效利用了目标端的资源，既确保核心业务数据的安全，又避免系统运行对核心业务数据库的性能影响。当前容灾备份建设，对充分利用主备系统资源提供服务，特别是对外网用户的服务，进行了有益的尝试。

具有良好的安全性和可扩展性。CIS平台采用多重认证机制：在应用层对权限进行严格设置；合理利用内网、外网、DMZ区，实现了安全可靠的网络安全架构。系统基于UIP-SDP框架的组件化设计，提供二次开发的接口，方便系统后续查询对象和内容的调整，未来开发者可以通过此接口，实现与新增外部业务系统的交互集成，满足系统可延续性的要求。

【成果应用情况】 CIS平台于2011年1月开发设计，10月完成，11月投入试运行。2012年列入河北检验检疫局重点工作，2月顺利通过国家质检总局科技司组织的成果鉴定，在河北省进出口企业和检验检疫机构全面推广使用，10月获得国家知识产权局颁发的“实用新型专利证书”。2013年先后获河北检验检疫局“科技兴检”一等奖和国家质检总局“科技兴检”三等奖。

河北检验检疫局以及河北省的进出口企业通过使用该平台一致认为：该系统让企业直观企业了解检验检疫的政策法规、业务办理情况、行政审批情况、证书办结情况等，实现了检企之间的信息共享和互动，为企业提供了便利的信息渠道，降低了企业的交通成本和人力成本，同时提高了检验检疫工作人员的效率。河北玉星生物工程有限公司为此专门向河北检验检疫局送来了感谢信和锦旗。

该平台作为检验检疫机构利用信息化手段提高电子政务服务能力的成功经验，国内多家检验检疫机构就“检企信息服务平台”到河北检验检疫局进行交流学习。中国国门时报也对“检企信息服务平台”的应用情况进行了宣传报道，称该平台不仅给企业带来巨大便利，也为质检工作人员减轻了工作量。

【经济效益和社会效益】 直接经济效益。使用该平台后，每批报检业务企业少往返检验检疫机构至少一次。据统计，河北检验检疫辖区内进出口企业，通过CIS平台共处理报检业务30余万批次，为企业直接节省费用约1500万元。

间接经济效益。使用该平台为企业节省了大量人力成本，使企业免费方便地获得了大量有价值的外贸信息和技术知识，成倍提高工作效率，为企业的发展带来了巨大的间接经济效益。

社会效益。一是提高企业的核心竞争力。CIS 在为企业节省成本的同时，提高了企业运作效率。二是提升检验检疫机构的社会形象。作为“科技强检”的一项具体举措，为检验检疫机构利用信息化手段提高电子政务服务能力提供了成功经验，解决了以往检验检疫对企业信息服务中业务信息量较少、服务手段单一的问题，提高了检验检疫服务进出口企业的能力和水平。

（省检验检疫局）

省残疾人基本情况管理系统

【概况】 全省各地拥有很多数量的残疾人，这些残疾人分布在各地区的县（市、区）、街道、村镇之中，根据《河北省残疾人事业“十二五”发展纲要》，为全面贯彻落实《中共中央　国务院关于促进残疾人事业发展的意见》，加快推进残疾人社会保障体系和服务体系建设，进一步改善残疾人状况，促进残疾人平等参与社会生活，共享改革发展成果，需要健全残疾人社会保障体系和服务体系，提高残疾人服务保障水平，就需要了解和掌握各地区的残疾人基本情况信息。

调查信息涉及残疾人个人基本信息、残疾信息、教育信息、就业信息、社会保障信息、住房信息、需求信息等多种信息，而手工录入和统计这些信息存在很多弊端，如调查信息重复录入、漏项、录入错误等，整理分类以及统计计算都完全依靠人工作业，工作量将非常大，且工作烦琐容易出现错误等等，各地残联需要查询统计这些残疾人的信息，往往统计一项数据就需要花费很多人力和时间，如果用计算机软件进行管理，可以随时查询统计各种类型的数据和信息。为此，2011 年 4 月启动了河北省残疾人基本情况管理系统软件的研制开发工作，经过近半年时间调研开发，该系统于 2011 年 9 月正式上线。

通过残疾人基本情况管理系统数据库系统软件使用，可以将各地的残疾人调查信息录入汇总到省残联总数据库中，统一对这些数据进行整体管理和统计，全面准确掌握各地各类残疾人口的数量、类型、结构、地区分布、致残原因、家庭状况等情况，并且能对某个残疾人的基本信息及详细信息进行浏览查看，摸清残疾人康复、教育、劳动就业和参与社会生活情况及要求，为各地制定经济、社会发展计划及有关残疾人事业政策、法规和工作规划提供详实可靠的依据。

本系统包括网络版残疾人调查信息数据库系统及录入、查询统计软件系统，并且考虑到广大农村地区上网不方便，另开发制作了一套单机版系统，可以将当地残疾人信息录入单机版，再统一进行网络数据上传到省残联残疾人基本信息管理数据库中进行汇总。通过该系统，可以实现各级残联对所辖地区各县（市、区）、乡（镇）、街道、村（社区）的残疾人信息进行录入、查询、统计、汇总等功能。

残疾人基本信息管理系统按照使用功能分为两大部分，一部分为残联工作人员使用的残疾人调查信息采集、分类、录入、管理功能；另一部分为对这些数据进行汇总、查询、统计，供各级领导及其他人员进行浏览、检索残疾人基本信息及详细信息，并可进行各项指标数据的统计。

（省残联）

双桥区“一站一室”工程建设

【概况】 为了整合基层行政资源，建立三级联动的运行机制，促进行政服务便利化、均等化、规范化、高效化，2013 年 11 月 7 日，区纪委监察局制定印发了《关于建设镇（办）、村（社区）“一站一室”实施方案》，对镇（办）、村（社区）行政服务体系建设进行安排部署，各镇（办）以《关于建设镇（办）、村（社区）“一站一室”实施方案》为依据同时与自身具体情况相结合，制定完成辖区内“一站一室”的规划设计及具体可行方案，并采取多项措施，积极开展“一站一室”建设的各项工作。

完成机构设置、确定人员安排。镇(办)建立便民服务站作为综合性的服务机构，设立主任和副主任，主任由镇(办)纪(工)委书记兼任，具体负责管理监督、组织协调等日常工作；副主任由进驻便民服务站的站所负责人兼任，并选派业务骨干到服务站窗口工作，实施 AB 岗制度，逐步做到站所审批权限向服务站集中、审批事项向服务站集中，审批项目进驻到位、窗口授权到位、人员落实到位。各村(社区)建立的便民服务室，由村(社区)主任兼任便民服务室主任。每个村、社区计划配备 1 至 2 名代办员，负责将村民的申请进行计算机录入、记录、信息上报等工作。代办员由村(社区)干部、大学生村官担任。

规范建设标准，整合服务资源。便民服务站按照“一站式办公、窗口化服务”的模式，争取实现办公场所达标、办公设备、服务设施齐全，标识、桌牌、人员服装、胸牌等相关配套设施规范完善。便民服务室办公场所面积达标，计算机、打印机、扫描仪等基本办公设备和办事指南等服务设施齐备，人员服装、胸牌、标识要采取与镇（办）统一的样式。

完善服务功能，提高服务效率。按照“应进必进”的原则，凡涉及面向企业、个体工商户和群众的行政审批、公共服务事项的站、所（包括民政所、土地所、规划所、计生站、劳动保障站、文化站、农林站、农业技术推广站、街政办等）将全部进驻，集中办公；以站、所、办为单位设立窗口，事项较少的合在一起设立综合窗口，此外增设首问窗口或引导员，为办事群众提供首问咨询服务。

明确工作职责，完善服务流程。明确服务站所的各项主要职责，实现职责分明并全部采取公示上墙的形式，便民服务站的主要职责有：直接办理权限范围内的事项；代办需上级审批的事项；对申请人提供咨询、转告等服务事项；其他应履行的职责。便民服务室主要职责有：代办生育审批、户口迁移等事项；土地、规划、城建、民政等事项的初审；提供政策、法律、农业技术、市场信息、劳动保障、医疗卫生等方面的咨询服务；其他应履行的职责。

便民服务站、室工作程序是：村民（居民）提出的要求群众工作室代办员负责受理登记；向村民（居民）出具报送联系手续；向便民服务站代理服务窗口上报有关手续；便民服务站代理服务窗口出具受理承办手续；负责全程代理。根据全程代理的承诺期限，由代办员负责及时了解办理结果，领取已办证照等相关手续，及时向村民（居民）作出回复并做好登记工作。

强化行政权力监督，构建全方位电子监察系统。各镇（办）、村（社区）统一安装电子摄像头，对现场工作人员的办事效率、服务态度等进行实时监督，通过网络将影像信息上传到市、区政务服务中心监控室，实现数据、视频全程、实时、同步监督，摄像头的安装位置和数量实现全方位覆盖。

完善制度、确保规范，形成长效机制。工作制度：便民服务站建立完善便民服务工作考评制度、奖惩制度、责任追究制度，健全首问负责制、服务承诺制、岗位责任制、代办制、限时办结制等效能建设八项制度。便民服务室建立村干部轮流值班制、代办内容公示制、代办程序固化制、代办承诺制、责任追究制等五项制度。公开公示制度：在完善制度建设的同时，做好公开公示工作，把岗位职责、服务项目、办事流程、法规依据和收费标准进行全方位公开，阳光操作。督查考察机制：由镇（办）纪委牵头，对便民服务站（室）的工作运转情况开展定期检查，对运作不畅、服务环节薄弱的站（室）提出整改建议。双向考评机制：一方面将便民服务制度建设纳入年度党风廉政建设责任制的考评中来，对领导干部、工作人员履职情况进行考核；另一方面把群众对便民服务站（室）工作人员的服务质量的满意度评分作为考核的一项重要标准。

（张春光　田园　剧岩）

隆化县综合治税金鹰税源信息化管理工程

【概况】　为完善税源控管机制，全面动态的掌握全县税源底数、税源分布和纳税情况，对税源进行科学化、精细化管理，根据国务院关于实施“金财工程”和“金税工程”工作的安排部署以及省政府《关于建立综合治税大格局的实施意见》，在综合治税领导小组的统一安排布署下，隆化县综合治税办公室与国、地税及相关协税单位密切联系沟通，与河南省郑州大羿计算机科技发展有限公司合作开发综合治税金鹰税源信息化管理工程（以下简称“金鹰工程”）。逐步建立起了以“政府领导、财政牵头、税务主管、部门配合、司法保障、社会参与”为主要特征的综合治税体系，依托科技支撑，借助社会力量，推动税收综合治理。2012 年 4 月 24 日，河北经济日报以“隆化在全省率先实行社会化综合治税”为题进行了报道。同年 7 月获得国家版权局计算机软件著作权登记证书。2012 年全省综合治税会议上隆化县进行了书面发言。2013 年全省综合治税会议上进行了经验交流。全县财政收入从 2007 年的 4 亿元达到 2012 年的 12 亿元，年均增长 25%，推动了全县经济社会科学发展、和谐发展、跨越发展。

【“金鹰工程”项目内容】　一是建立税源台账。由各税源所在地政府按照《税源管理台账登记表》将所有涉税个体工商户、企业、应税行为和无证照的个体经营者等所有经营活动信息采集录入税源管理系统。采集录入企业的营业状态等基本情况及工商、税务证照信息，房产、土地使用情况和专业作业车使用情况。在此基础上建立了房产、土地使用信息库，专业作业车信息库，为此后的税收征管做好税源基础工作。通过与工商、税务部门的信息进行比对，列出各自未掌握的税源，适时的维护与更新台账，及时反映税源的增减变化，补录进税源管理系统和进行税务管理，税源管理实现工商、税务全覆盖。

二是基础数据采集与共享信息平台。依托计算机和网络技术实现乡镇、县直所有涉税部门和单位联网，搭建全县涉税信息交换共享平台。采集统计局规模以上企业名单、国地税重点企业名单、用电企业名单、供电部门的企业用电数据、县直及各乡镇年度税收任务数据、工商部门登记底册、税务部门登记底册和征税数据、住建局的房产信息和商品房销售情况、财政局铁精粉监控数据。企业通过互联网上报财务报表和生产指标表。政府部门涉税单位将各自信息上传至共享信息平台。

三是税源跟进管理和专项税治理。对各成员单位提供的涉税信息与税务部门联合进行跟进治理。利用地方税收征管五模块对零散税进行跟进治理：政府部门协作模块中发改、住建、工商和交通等涉税单位将相应批准项目录入；一次性税源模块、企业临时占地模块由乡镇采集录入；经营性房地产税收征管模块和车船税征管模块以房产、土地使用和专业作业车信息库生成数据。系统自动将税源信息分配给相应税务部门及其管理分局和相应乡镇，县乡税管办及税务部门同时跟踪治理，乡镇跟踪工程动态并积极为纳税人纳税提供帮助、配合税务部门征税，税务部门将征税数据录入系统，完成后各自确认跟进结束。对特定应税行为税收实行专项治理，整合各成员单位数据信息，为税务部门提供征税依据。到2013年底又增加“社保费征收管理模块”，隆化县社保费征收管理已实现网络化管理。

财政性资金涉税支出治理模块对财政性资金涉税支出纳税情况进行跟进治理，实行先开票、后付款，付款时查验税票。适时列出企业未纳税清单，交换给税务部门，及时征税。

四是统计分析与预测。分辖区、行业、税种等不同层次，统计分析税源组成与结构，运用企业上报数据、涉税单位数据和税收数据综合分析，解析各税种征收情况，有效预测下一时期税收完成情况。

综合治税金鹰税源管理系统实现了主动跟进，督导征管，多向比对，数据共享。与省财政厅研发制定的综合治税管理软件对比，突出了实用功能和主动参与性，并适度对收入征管进行督导。

【“金鹰工程”核心功用】 “金鹰工程”的核心功用就是“社会参与、科技支撑、掌握税源、摸清家底、督导征管、应收尽收”。一是掌控税源。动态掌控税源，可分辖区、分行业、分企业、分部门多层次掌控纳税人纳税情况，税源管理实现工商、税务全覆盖。二是共享信息。五大系统共同管税。从村（社区）、乡镇到县直各部门的三层网络体系，实现全县涉税信息一体化信息共享。三是协作征税。实现乡镇、税务部门、财政、县直各部门及其内部管理机关广泛的协税护税体系，对税源及时跟进治理，做到应收尽收。“社会参与、科技支撑、掌握税源、摸清家底、督导征管、应收尽收”。

【项目取得实效】 “综合治税金鹰系统”自2012年1月1日正式实施以来，综合治税工作取得了实际的效果。

首先，理清了税源底数。税源台账建设与历史数据信息采集工作全面完成。县综合治税办公室掌握2012年全县税源户共8787户（个），比国税管理多3888个，比地税多3530个，比工商多1954个。全面掌握按产业、按乡镇的税源组成与分布及纳税情况、房地产登记与房地产销售及税收征税情况。税源台账信息已实现税务、工商动态的全覆盖。实现了首套房和唯一住房认证微机化管理。

其次，促进了财政增收。2013年利用“综合治税金鹰系统”累计征收各项税款8685.6万元。其中通过“综合治税金鹰工程”股权变动及批准立项等项目跟进治理，增收4946万元；通过“重点税源企业预警监控”增收1146万元；通过“财政性涉税资金税收治理”增收2128万元；通过商业用房产税收清理增收462万元；通过医保划卡税收清理共清收税款3.6万元。

第三，规范了税收征管。利用“综合治税金鹰系统”对税收信息多层次多部门相互牵制管理，规范税收征管，杜绝人情税，节约税收成本，推动税收综合治理。财税工作实现由“小征管”到“大征管”、由单纯的税收征管到源头控管和征收管理并举的转变，提高了税收管理质量和效率。实现了“大户管住，中户管细、小户管好”的税源管理全覆盖，提升了税收征管的科学化、精细化水平。

隆化县综合治税工作以“金鹰工程”为核心全面开展，吸引其他七个县，双滦区，省、市综合治税办公室，财政部税政司，石家庄晋州市，河南省林州市等外省同行来参观考察，受到了省、市领导及同行们的高度赞誉，并建议在市内、省内推广。

（县政府办）

张家口市政府门户移动版建设

【引言】 2013年10月，国务院印发《国务院办公厅关于进一步加强政府信息公开回应社会关切提升政府公信力的意见（国办发〔2013〕100号）》，要求进一步做好政府信息公开工作，增强公开实效，提升政府公信力。《意见》指出“着力建设基于新媒体的政务信息发布和与公众互动交流新渠道。各地区各部门应积极探索利用政务微博、微信等新媒体，及时发布各类权威政务信息，尤其是涉及公众重大关切的公共事件和政策法规方面的信息，并充分利用新媒体的互动功能，以及时、便捷的方式与公众进行互动交流。”当前，政务微博、微信和移动客户端等基于移动互联网的新媒体和新技术的发展不仅引发信息传播的变革、传媒格局调整，对于政府部门来说，增强了政府信息公开的实效性，开辟了提升政府公信力的新渠道。

适应形势的发展需要，张家口市政府门户网站从2012年开始加大了对移动政务建设的重视，初步建立了 WAP 网站，到 2013 年经历了从 WAP 网站开发到移动 App 客户端应用的发展过程，基本构建起张家口市移动政务平台。

【初步建设——WAP 网站】 WAP 网站，即 Wireless Application Protocol，是无线应用协议的缩写，一种实现移动电话与互联网结合的应用协议，WAP 是全球统一且开放的标准。WAP 手机可以通过标准的协议接入互联网，手机上网，可以获取适用于手机浏览的网上信息，以及基于互联网的丰富应用。如新闻浏览、搜索、邮件、访问、查询、无线电子商务等，使人们体验无线互联网的丰富应用，更重要的，这些所有的网络应用，都可以在移动环境中进行，使得网络应用方便、快捷。

张家口市政府网站 WAP 版始建于 2012 年 12 月，主要设置了动态信息、政策法规、公告公示、概况信息、区划、地理、文明创建、旅游、投资、办事、互动、便民查询版块，实现了站内信息的搜索，初步实现了政府门户网站的手机浏览功能。（网站如图所示）

张家口市政府网站 WAP 版适应手机浏览网站受网速、流量限制等特点，在设计上采取了精简设计，并且在后台管理方面和 WEB 版网站无缝结合，所有需要处理的后台管理，处理方式和方法不变，对管理部门没有任何的工作增加，提高了办公工作效率。

移动 WAP 网站提供了在手机上访问网站的快速便捷，但 WAP 网站也存在不能推送即时信息、不能离线浏览等弊端。

【客户端开发——APP 应用】 Application 是应用程序的简称。App 移动服务，就是针对手机这种移动连接到互联网的业务或者无线网卡业务而开发的应用程序服务，就是手机或无线工具的应用服务。

APP 正在取代 WAP 网站成为手机主流移动应用。随着 WAP 移动互联网的发展浪潮，智能手机 APP 应用显示出更加强劲的发展势头。以 APPLE 的 App Store 为例，苹果公司于 2008 年推出 AppStore，最初其中只有不到 500 个 APP 应用，但在随后的三年时间里，这个数字已经增长到 500000，累计下载次数更是高达 15,000,000,000 次，而且这个数字还在以几何形式增长着。

张家口市政府网站于 2013 年底推出手机 APP 客户端应用，包括安卓版 app 和苹果版 app 两个版本。

安卓版手机 APP 客户端。张家

口安卓版手机 APP 客户端安卓版提供了最新要闻、信息公开、通知公告等重要信息，并且与张家口市政府网站端同步更新，保障公众及时获取最新动态信息。

图片报道展示最新的图片新闻，图文并茂的新闻增强了网站信息的可读性。

安卓版手机 App 客户端的民生服务平台，提供了教育文化、社保服务、就业服务、医疗服务、交通出行、婚育收养、公用事业、证件办理、住房服务、企业开办、资质认定、经营纳税、招商引资、三农服务等 14 大类主题服务。每一大类下面，还包括若干子类服务，方便用户根据自己的需求查看内容。在这里用户可以查看到行政许可、审批事项的办事指南类信心，还能查看到非许可非审批的监督管理类事项的统计数据、名单名录、标准规范、资金信息等服务资源。

安卓版手机 APP 客户端的互动交流栏目开设了市长信箱、市长热线、政策问答、建言献策四个子栏目。到 2013 年底还只能实现 web 版网站中互动模块信息的查阅，在不久的将来预计还将实现通过客户端

提交咨询建议和对已提交咨询建议的查询，来完善客户端的功能，提升用户体验。

首页　互动　市长信箱

· 朱连秀本来有医保卡，经宣化县老干...
受理部门：信访局　2014-02-13信访局已办结

· 感谢各级有关部门对民生的帮助
受理部门：政府办　2013-12-04桥西区已办结

· 请加快工作进度
受理部门：信访局　2013-10-30桥东区已办结

· 请桥东区信访局说真话
受理部门：信访局　2013-10-30桥东区已办结

· 恳请市信访局履行职责，贯彻《信访...
受理部门：信访局　2013-10-30桥东区已办结

· 公交问题
受理部门：交通运输局　2013-10-30交通运输局已办结

· 感谢市领导

首页　互动　市长信箱

朱连秀本来有医保卡，经宣化县老干部局办理就没有了

2014-01-24

来信内容

尊敬的市长您好；我母朱连秀【城镇居民医疗保险】在今天上午以拿到。忐忑的心放下了。在此我代表年迈的母亲感谢您市长，感谢医保局的公务员，你们遵照习总书记【群众利益无小事】的原则。给朱连秀办了实事与好事。我母亲经常挂在嘴边的一句话【共产党好】这是千真万确

阅读全文

· 下一篇:感谢各级有关部门对民生的帮助

TOP

版权所有 张家口市人民政府办公室

苹果版手机APP客户端。苹果版手机APP客户端采用了Metro风格设计，采用基于排版的设计语言，页面简洁、大方、实用。

张家口手机APP客户端苹果版和安卓版一样提供了最新要闻、信息公开、通知公告等重要信息，并且与张家口市政府网站端同步更新，保障公众及时获取最新动态信息。除此之外，还提供了县区动态和部门动态等即时信息，信息公开及时有效，使移动政务客户端的实用性大大增强。

苹果版的手机APP客户端与安卓版的民生服务平台和互动平台提供的服务类似。

尚义县食药监局开展党的群众路线...
涿鹿县旅游局召开党的群众路线教...
市人防办召开党的群众路线教育实...
市人防办大力开展走访慰问活动
张家口市人防办圆满完成“学、访、...
改进工作作风推动工作落实
张家口市文广新局召开“深入开展党...
张北县文广新局召开群众路线教育...
张北县文化馆张峰获2014亚洲国际...
张家口市公安局召开党的群众路线...
张家口市公安局政治部召开会议部...
张家口市2013年鼠（兔）害防治工...

蔚县古玩市场
近几年，木雕、经典老书、烛台等古董、古玩收藏店在历史名城的蔚...

充实百姓菜篮子的“七里...
辛苦的你你默默无闻的奉献把幸福洒向万家　虽然冬夜的气...

规划中的京张城际铁路...
这是2月10日拍摄的夜色中的北京北站。　北京北站是中国自...

九曲黄河灯
2月13日（正月十四），远近闻名的九曲黄河灯在怀来县存瑞镇安...

无论是安卓版的手机 APP 客户端还是苹果版的手机 APP 客户端，都将陆续完善，逐渐实现提供 APP 客户端通过网站或者其他渠道的下载功能。

【满足手机用户了解政务的需求】 2013 年上半年，中国网民人均每周上网时长达到 21.7 小时，相比 2012 年下半年增加了 1.2 小时。一方面，WiFi 和 3G 等网络的发展使得网民能够更好利用碎片化时间，可用的上网场所和上网频率均有所增加。根据 CNNIC 调查，使用 WiFi 网络的移动用户，在各类应用的使用率上均高于非 WiFi 移动用户，这一特点在对数据流量需求较大的应用使用上表现尤其突出；另一方面，网民对互联网应用广度和深度的不断提升，明显增加了网民对互联网的使用黏性和使用时长，比如手机网民逐渐从碎片化的阅读、新闻等相对简单的应用向时长较长、黏性较大的社交、生活服务类应用发展，提升了对互联网的整体使用时长。

移动互联网的发展正在带动网络和服务向空间、时间延伸，逐渐渗透到人们生活和工作的各个领域。当越来越多的手机上网用户长时间处于在线状态，保持相当的活跃度，并且随时、随地登录互联网获取网络信息和服务正逐渐形成一种习惯时，用户对张家口市政府提供移动客户端服务的需求正变得日益迫切，用户不仅希望通过 PC 端获取政府信息，也希望通过移动客户端获取张家口市政府的信息和服务。

【提升政务信息公开工作水平】 张家口市政府大力推行政府信息公开工作，按照“统筹规划、资源共享、面向公众、保障安全”的要求，在加强电子政务建设的同时，构建网上信息公开平台。而将信息公开的载体延伸到移动终端，势必能够有效增加受众规模，进一步帮助政府提升信息公开工作的水平，政府公信力亦将得到改进。

【提升政府办事服务水平】 加强移动互联网应用服务，可大大提升政务服务的便捷性、实用性和用户体验，体现出“网络接入更便捷、移动终端更多样、应用服务更丰富、用户体验更人性”的趋势。一是接入更便捷，终端更多样。移动互联网最大的优势之一就是其“无所不在”的网络，用户可通过智能手机、平板电脑、掌上电脑等多种终端，随时随地接入互联网，使用移动 APP 获取服务。特别是 3G 技术的成熟和推广，为公众提供了更好、更快、更便捷的网络支撑。二是服务更实用，形式更丰富。政府网站移动 APP 的服务不仅可以提供传统的政府信息、搜索、表格及资料下载、查询、互动等服务，还可提供更加实用的查询、互动、推送等服务，服务更加实用、便捷、高效。三是体验更人性，满意度更高。与传统 PC 的政务应用和服务相比，基于智能终端的移动 APP 服务在听、说、读、写和感知等用户体验方面都拥有传统 PC 无法比拟的优势，受到用户的青睐。基于智能终端，设计开发移动政务客户端服务，将大幅提升用户体验和用户满意度。

张家口市政府依托苹果版和安卓版两个移动客户端 APP 应用，特别推出了民生服务平台。提供了两个部分内容：一、根据民生领域的教育文化、社保服务、就业服务等14个主题，开设相应的服务主题，提供了各个领域的办事指南、名单名录、办事结果等信息服务。二、提供了各部门的办理事项服务。依据各部门的职能，对各部门的办事服务进行梳理，用户点开某个部门，即可看到此部门所办理的服务事项，方便用户按照受理部门来查找服务。

（市政府办）

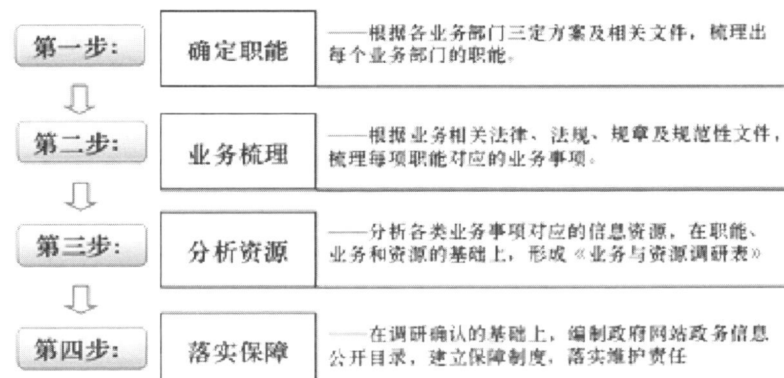

张家口政府门户网站公众参与（互动）平台

【概况】 2011年，张家口市政府门户网站对网站信息结构和互动流程进行了重新规划，建设并重点改造了互动版块——公众参与平台。下面以“市长信箱”为例，介绍一下在互动流程再造方面的实践。

总体流程以市电子政务外网管理处为技术支撑、以市信访局为统一的“信件受理与调度中心”，采用有效的技术手段实现了对信件流转进行全过程跟踪、监督。

为了便于公众使用，将信件按照内容不同分为18个大类、100多个子类，以提高信件分拣的准确性和调度效率，同时为写信人提供了表达自己是否同意将信件在网上公开的选项，体现了对公众的理解和尊重。

信件受理与调度中心受理来信时，可以根据来信内容和类别选择“直接答复”或者“转送”“交办”到相关单位办理，并且设定期限。如果责任单位在规定期限内未能办理将会受到通报批评；如果发现来信内容有问题还可以选择“不予受理”并填写“不予受理的理由”；如果发现来信有不健康或反动信息，高级管理员可以“直接删除”该信。

每封信不仅统一由“信件受理与调度中心”进行分拣派发，而且牢牢把握整个流程环路，对每个相关单位的回复内容进行复审，如果发现存在敷衍或用语不规范的问题还可以执行“驳回”操作，指出其不足，提醒相关单位及时修改。

公众提交信件后，可以根据系统生成的受理编号和密码查询受理状态。每封信经过“受理-分拣-派发-回复-审核-通过”的完整流程后，“信件受理与调度中心”可参考写信人的意愿并根据来信内容选择不同的反馈方式，以细致设计体现了对现实中政民互动工作复杂性的充分理解。

张家口市政府主要领导先后作出“实行主要负责人负责制，落实栏目分工，限时提供、限时答复”“答复工作要切实加大力度”“请切实加强运行和管理”等一系列重要批示，并在市政府全体会等多次重要会议上专题通报政府门户网站及互动交流栏目维护情况，同时要求各有关单位对老百姓通过政府网站反映的各类诉求要做到“有问必答，应办急办”。下发了《“中国·张家口”政府门户网站内容保障工作责任分工》和《“中国·张家口”政府门户网站内容保障工作考核办法》等文件，对互动版块提出了具体要求，从组织建设和工作规范上为政府网站互动应用提供了保障。

（市政府办）

张家口政府门户网站民生服务平台

【概况】 为贯彻落实中共中央办公厅、国务院办公厅印发的《关于深化政务公开加强政务服务的意见》，以及中共河北省委办公厅、河北省人民政府办公厅印发的《关于深化政务公开加强政务服务的实施意见》文件要求，2013年，张家口市政府网站紧密围绕民生需求，不断加强民生服务平台建设，理顺工作机制，在深化服务、完善机制等方面取得显著进展，以切实加强政务服务水平。

总体方案。夯实基础，加强基础性业务和资源梳理；突出亮点，加强特色挖掘和新技术应用；强化服务，拓展服务的广度、深度与便捷度。

具体做法。从各业务部门、事业单位基本职能入手，按照“职能—业务—信息—保障”的工作路径，全面梳理各部门相关的法规文件，清理各部门依法行政开展业务工作的情况，形成业务信息资源梳理表。

根据各部门三定方案以及机构设置情况，确定各部门的业务职能分类；根据各部门业务相关的法律、法规、规章以及公报、公告、通知、细则等规范性文件，系统地梳理出各部门依规定承担的行政业务和公共服务事项；分析并规范业务事项对应的信息资源；建立健全内容保障机制。

【栏目特点】 民生服务平台围绕民生需求，建立了教育、社保、就业、医疗、住房、交通、婚育收养、公用事业、证件办理、企业开办、资质认定、经营纳税、招商引资、三农服务等14项专题服务。所有的服务资源均通过部门共建的工作机制实现，为持续性服务资源建设提供保障。

民生服务平台以用户为中心，按照用户使用群体提供针对个人、企业和特殊人群的服务。对于个人用户提供了自然人在不同阶段可能涉及到的主题提供了住房领域、社会保障、劳动就业、婚育收养、证件办理等11项服务。针对企业用户根据企业组织的不同发展阶段设置了行业准入、设立登记、年审年检、注销撤销等11项服务。此外针对农民、妇女儿童、老年人等14类特定群体提供了快捷服务通道，以更为人性化的设计理念和表现方式为用户提供服务。

民生服务平台结合用户办事习惯，提供了11类场景式服务，涵盖出境入境、医疗卫生、婚姻、生育、收养、出行、开办企业等重要领域，使公众能更清晰、直观地了解办事流程，提升网上办事服务人性化程度。

民生服务平台整合了办事咨询的功能。社会公众在办事服务中遇到的不明白的政策和不了解的问题，可以直接通过在线咨询向相关部门留言咨询。

民生服务平台搜索更简单、智能。平台提供了办理事项查询、表格下载查询、咨询结果查询三种搜索方式。用户可以根据自己的需要选择搜索的类型，输入关键词，即可查看搜索结果。

（市政府办）

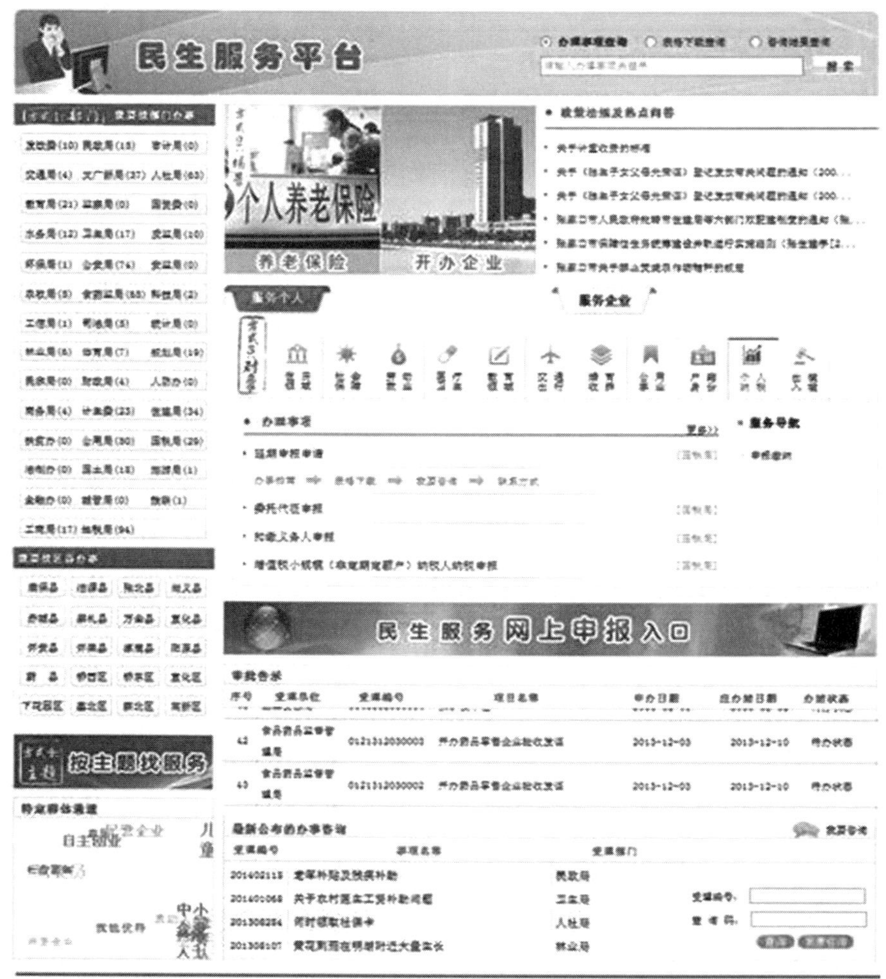

秦皇岛市政府办公厅协同办公系统案例

【建设背景】 加快行政管理体制改革，建设服务型政府是党的十八大作出的重要战略部署。电子政务在推进行政体制改革中发挥着至关重要的作用。建设“电子政府”也已经成为世界新一轮政府治理创新和衡量国家及城市竞争力水平的标志之一。随着网络信息技术的不断发展，秦皇岛市政府系统对协同办公的要求也逐步提高，无论是对整个政府系统而言，还是对办公厅各处室乃至于每个人而言，日常公务非常繁重。在市政府领导对各个处室、各委、办、局办公情况的掌握，办公厅处室间的信息共享、交流，以及上级交办工作的督办、各个单位上报信息等方面，传统的办公方式与现代政务信息化管理还有一定差距。通过建立协同办公系统不仅可以提高各个处室的办公效率，同时也将提高整个办公厅的行政效率，从而实现秦皇岛市政府办公厅机关的无纸化办公，以及与市政府系统各委、办、局之间的无纸化传输。

秦皇岛市政府办公厅协同办公系统的建立是实现政府系统各部门之间以及政府内、外部之间办公信息的收集处理、流转共享的系统。主要为机关办公和领导决策提供服务，实现秦皇岛市政府机关办公现代化、资源信息化、传输网络化和决策科学化。

秦皇岛市政府办公厅协同办公系统的建立对于“加快行政管理体制改革，建设服务型政府，全面推行政务公开，加快电子政务建设，提高行政效率，降低行政成本，改进行政质量”是一种有效途径和实践形式。

【总体框架及系统特点】 系统总体框架。秦皇岛市政府办公厅协同办公系统包含以下五个子系统：

办公系统：是协同办公系统的政务处理平台，依靠协同办公系统提供的强大的通信和协作机制，实现电子公告、公共信息、后勤管理、信息上报、刊物采编、档案管理、信息管理、收文管理、发文管理、签报管理、请示报告、环节管理、流向管理、流程管理、流程跟踪、流程人员、数据字典、系统设置、修改密码、用户管理、角色权限的自动化和网络化，通过与政务网站、信息服务中心以及业务系统的接口，实现办公、业务以及信息交流的一体化。

政府信息门户：包括政务网站、信息服务中心、触摸屏，这是协同办公系统的信息入口和出口，政务网站包括领导讲话、政府文件、政府信息、人事任免、报刊新闻、新闻动态、智慧启示、计划规划、组织机构、新年新思路、电子公告、政策法规、学习园地、友情链接、下载天地、视频点播等栏目。秦皇岛市政府可以通过政务信息网站和信息服务中心接收来自各县、区及市政府部门的信息，同时，可以通过政务信息网站和信息服务中心在网内发布政务信息。

业务处理系统：实现秦皇岛市政府机关管理范围内业务处理的信息化，为政府机关提供高效而易操作的业务处理平台。它依托协同办公系统进行业务处理，而政务网站和信息服务中心是业务受理窗口，也是业务处理系统的信息反馈渠道。

综合业务数据平台：整合不同的系统，特别是业务处理系统产生的数据，为秦皇岛市政府机关内部信息共享、政务公开和业务协作奠定基础。

数据交换系统：实现不同的系统之间交换数据，是各个系统之间的桥梁，实现了秦皇岛市政府办公厅与市政府部门的文件、数据交换功能。

系统特点。支持 Web 方式：客户端的用户支持可以通过多种浏览器获得各种信息，界面友好、美观，使用方便，易学易用。大大降低了对使用者计算机知识的要求。

结构体系开放，易于扩展应用：提供标准的应用程序接口以及接入规范，易于融合其他系统和新增应用，可跨越各种群件平台，数据库平台和操作系统平台，使办公自动化系统能够真正推广应用，并且各功能都留有扩充余地。

跨越空间限制，实现异地办公：无论工作人员身处何地，通过 CA 认证后入网，即可进行现场办公。工作流软件不仅用于公文流转、而且适用于各种日常办公和各种业务协作。

内置全文检索、方便资料查询：支持 HTML、TXT、WORD、数据库多种格式的全文检索，对内网积累的所有信息进行全文检索。面向宏观、行业、区域经济。

完善的安全机制：协同办公系统从软件自身提供口令验证、加密、权限控制、电子签名等安全机制，可以将数据访问及读写权限控制到每一个操作对象（如：数据库、文档、视图、表单、域等），给工作流中的每个用户分配相应的工作权限。

可定制的工作流程：办公系统中所有的流程类模块均支持流程自定义功能，增加了办公系统的灵活性。系统可以满足不同行业、不同规模的用户需求。

独特的公文处理技术：与 Microsoft Office 完美结合，实现修改痕迹保留和电子签名，同时提供了安全可靠的电子印章功能。系统还实现了公文扫描和公文的电子阅批。

数码纸笔技术：系统采用到 2013 年底新一代输入技术——数码笔，使软件的使用更加灵活，同时实现了手写痕迹的保留。

功能强大的报表系统：用户可以灵活地设置各种报表，以满足用户报表经常变化的需要。

系统具有良好的跨平台特性：系统采用了先进的技术，系统可以在很多流行的平台上运行。

【协同办公系统建设及应用范围】

秦皇岛市政府协同办公系统建设各阶段及应用如下：

政务网络建设阶段（2002年—2004年）。2002年起，秦皇岛市开始建立以秦皇岛市政府办公厅为中心，上连河北省政府、横连秦皇岛市委、市人大、市政协，下连各县、区及市直单位、重点企业、大中专院校等240个节点的省、市、县（区）三级电子政务网络平台，同时在市政府电子政务中心机房设置了行之有效的安全保障设备，如：防火墙、CA认证服务、网络防病毒系统、防入侵、防篡改系统等。

协同办公系统建设和应用阶段（2004年—2006年）。自2004年开始，秦皇岛市政府办公厅与燕山大学计算机软件中心合作，开发建设协同办公系统。经过系统可行性分析、系统论证、系统调研、整体需求分析、系统总体设计、系统数据库设计、系统研发等阶段，终于在2005年研发完成了“秦皇岛市政府办公厅协同办公系统”，并于2006年进入正式运行。

协同办公系统使用、完善阶段（2006年—2008年）。2006年，协同办公系统进入正式运行阶段。通过在秦皇岛市政府办公厅广泛的应用、完善，实现了办公厅内部公文流转无纸化、领导签批数字化、公文收发电子化、信息采编、发布一体化。经过了一年多的应用、完善系统运行安全、稳定，操作简便、快捷，达到了全面推广和应用的要求。

协同办公系统全面推广应用阶段（2008年～2013年）。在市政府领导的高度重视和支持下，2009年实现了协同办公系统的全面推广，系统不仅完全实现了秦皇岛市政府办公厅的内部办公需求，同时也实现了全市240多个县、区（开发区）、各市直单位、重点企业、大中专院校等文件传输、交换的电子化、无纸化。

【应用成效和实用价值】　从信息化效益的来源来看，政务信息化给政府带来的效益可以分为两个方面，即显性效益和隐性效益。显然，信息技术本身带来的高效就是显性效益，而先进管理模式和协同效应则属于隐性效应。

协同办公系统的实用价值和成效：信息的充分共享。用可视化电子流程再现人工流程，文档一体化。极大地提高了工作效率。保证内部信息的及时获取。规范管理体制。领导审批数字化。节约办公成本。大量减少了印刷费、交通费、邮寄费、计算机耗材等办公开支。每年节约50多万元。

实现无纸化办公。秦皇岛市政府办公厅与省、县级及市属各部门之间的公文传达、信息发布全部实现了在协同办公系统中进行，实现了无纸化办公，文件传递由过去2到3天缩短到几分钟，大大提高了管理效率和全市政府系统信息化的整体水平。

秦皇岛市政府政务信息化建设取得突破性进展，根本改变办公管理模式。

市政府办公厅协同办公系统的开发建设，使秦皇岛市政务信息化建设扩展到全市，辐射到市委、市人大、市政协及各县、区（开发区）、各市直单位。同时，由于协同办公系统采用了最新的软件架构，使得秦皇岛市政府办公厅日常工作更加精准、更加快捷、更加方便，并且部门与部门之间的联系更加通畅。

为全市电子信息化服务的开展奠定坚实基础。随着计算机的软硬件技术的发展，加强数据和信息管理是秦皇岛市政府政务信息化建设的必要手段。通过协同办公系统的建设，实现了不同类型数据信息的集中管理和加工、处理。秦皇岛市政府办公厅协同办公系统的建设和广泛利用为全市电子政务建设奠定了基础，在系统的建设过程中，系统解决了秦皇岛市政府办公厅协同办公自动化系统软件开发所涉及的若干技术攻关、数据库建设、系统集成、网络建设等问题；研究秦皇岛市政府办公厅日常办公在横向和纵向上的运行机制，并检验技术开发的可行性和日常办公管理与服务体系的可操作性；这些成果为全市范围的协同办公系统的建设提供了丰富实践经验，并在此基础上将把无纸化办公在全市全面推开，普遍应用。

（市政府办公厅）

唐山市城乡一体化服务管理信息系统建设

【建设背景】　为实现数字城市和加快城乡管理信息化建设，唐山市在市委第八届四次全会上就提出了把唐山建设全国科学发展示范区和人民群众的幸福之都，打造“经济强城、文化名城、宜居靓城、滨海新城”的总体目标。按照“实施城乡信息资源共享”“推进城乡公共服务和社会管理一体化”和“城乡等值化发展”的指导意见，结合唐山城乡发展实际，为进一步提升城市品位，实现人民期望，达到城市发展目标，提出了建设城乡一体化服务管理信息系统，实现打造数字城市的目标。

城乡一体化服务管理信息系统以城乡公共服务与管理基本理论为基础，根据唐山市管县的体制，采用最新的信息和通信技术，在城乡领域内实现政府服务管理一体化目标所搭建的共用共享技术平台。该系统具有城乡服务与管理的一体化、同一平台多方共享、用信息终端推动“三网”融合、全新的农村公共服务与管理的体制机制、创立九九制地理编码技术等鲜明的地方特色和技术特点。

系统的建立，既可避免各级政府财政重复性投资建设，节省建设、维护和部件普查一次性投资1亿多元，每年还可节省部件普查和维护费用2000多万元，也可提高政府的工作效率和城乡管理水平，有效降低行政运行成本，社会和经济效益显著。

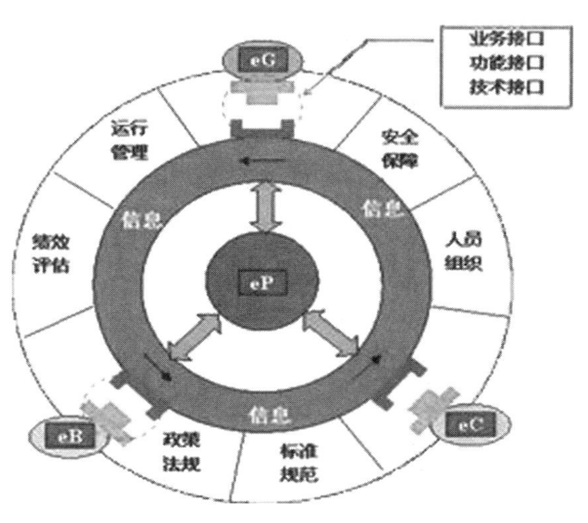

基础理论框架

【建设方案】 系统建设的总体思想是，以建设科学发展示范区和人民群众幸福之都为总揽，以实现数字城市为目标，以提高城乡管理和服务水平为导向，以综合应用电子信息技术为手段，按照统筹规划、资源共享、自主创新、实用高效的原则，集中人力、物力和财力，重点研发城乡一体化系统平台和“九九”制地理信息编码技术，统一部署，分级建设，协调推进，建成全市统一的数字化综合应用平台，全面提升城乡管理水平和公共服务能力，加快服务型政府的建设步伐。

【技术方案】 以电子信息技术为手段，以信息共享流通为特征，在运行管理、安全保障、人员组织、标准规范、政策法规、绩效评估等体制机制的共同作用下，通过业务、功能、技术等三类标准接口，围绕公共物，实现在政府、企业、公众三者到信息通道之间的挂接，从而实现三者之间的信息传递、资源共享和联动互动。应用在城乡规划、国土资源、市政管理、应急救援、社会生活等领域。其理论基础框架如图所示。

【系统的架构】 在城乡公共服务和服务管理理论框架的基础上，借鉴国内先进经验，结合唐山实际，制定了唐山市城乡一体化服务管理信息系统架构。该系统架构突出以公共服务为导向的理念，实现统一的入口、服务、资源和空间参照，搭建了综合性市民公共服务中心，做到了多部门资源共享和联动互动，具有可扩展、灵活性高等特点。

【系统的平台体系】 为多方沟通和协调提供了一个平台，借助这个平台提供的先进技术和数字手段，完成政府、企业、公众三者之间的信息高效、快速实现互联互通互操作。包括一个中心和四个平台。一个中心就是呼叫中心，提供多种接收手段，接收公众反映的信息，这是公共管理和服务的统一入口和服务载体。四个平台包括：指挥平台、服务平台、管理平台和监测平台。

指挥平台：通过大屏幕系统、视频指挥系统等，为领导调度指挥提供支持。搭建了专业应急指挥系统，可以进行安全生产、交通安全、自然灾害、突发性事件、公共卫生等事件的协调调度指挥。

服务平台：整合各类信息资源，构建全方位服务平台，打造政务公开的窗口、公众生活的帮手、企业发展的舞台，实现管理与服务的全覆盖。

管理平台：从数字城管入手，逐步扩展到其他应用领域，搭建一个覆盖城乡的综合性平台。数字城管主要采用网格化管理方法，通过信息手段采集、派发城乡部件和事件问题，使问题得到及时处置。

监测平台：通过唐山市社会治安视频监测网络、各专业视频监测网络和现场移动视频监测车传输视频监测和掌握政府关心、群众关注的重点行业企业和公共领域的实施画面和动态数据，多系统集中管理，多部门协同运作，通过信息化、网络化、智能化的技术手段，实现城乡管理的科学化、精细化。

【技术体系】 系统技术体系层次包括：基础层、数据层、应用支撑层、应用层、接入层。

基础层：通过搭建的软硬件平台资源，为系统运行提供基本功能保障。该层为系统提供了必要的基础环境，是各类政务信息的最终承载者。由网络层和系统层构成。

数据层：为系统提供数据存储功能，是信息系统的信息资源中心。系统的信息库主要包括业务数据、基础空间地理信息数据、事部件分类数据、地理编码数据、综合考评数据以及用户组织结构数据等。信息库通过数据交换平台实现在整个信息体系的资源共享。

应用支撑层：用来构建与支撑多个应用系统，应用支撑层通过统一的接口，来访问城乡一体化政务基础平台。

应用层：提供在一个统一的政务应用软件框架之上的各类应用，包括决策指挥应用、信息发布应用、综合应用、专业应用等。

接入层：通过电话、网络门户、视频监控、移动终端、门户网站、大屏幕监控、政府专网等方式为用户提供系统访问接入服务。

支撑体系包括：安全保障体系和标准规范体系。安全保障体系包括物理层的网络安全、链路层安全、网络层安全、系统层安全、应用层安全。通过采用防火墙、基于网络和主机的入侵检测系统、隔离网闸、审计系统、防病毒体系、CA认证等安全措施建立全方位的安全保障体系。标准规范体系包括：政府许可监管机制，政府以特许经营许可的方式交与企业运作，政府成为服务质量的监督者。

【九九制地理编码技术】 首次提出了一种适合于唐山市实际应用的地理编码方法，即“九九”制地理编码（专利号 CN 200910174728.8）。该机制是一种空间信息定位、采集、更新方法，尤其是一种能够快速确定地理要素或事件空间位置的方法，属空间信息处理技术领域。九九制空间地理信息网格划分方法是在“多级九宫定位模型”基础上，创建空间网格定位编码体系，构成空间地理信息的定位新模式，从而实现对市、县建城区的精细化管理。其特点：编码短，适宜空间信息压缩存储；快速缩小（视觉）区域，快速锁定关心区域，适宜人工快速定位；适合多比例地图和多分辨率图形、图像数据表示和组织；隐藏了真实坐标，保证信息传递过程中的安全。

九九制网格划分法方法：从一个固定的起算点开始，以固定的网格间距进行初次的行列状网格划分，此时划分后的地理格网称为基本网格。以基本格网作为初始格网，在其上进行多级九宫格格网划分，形成各级的子格网。

九九制编码格式，结合 GIS 图层，通过网格的编码进行定位，可以将问题最终定位到 7 米乘 7 米的网格内，完全能满足城市管理工作的实际精度需求。

将上述“九九”制思想和划分方法应用于城市管理中，并将“九九”制与信息技术巧妙结合，具有很强的新颖性和创新性。主要原理以城市基础地形图为基础，将城市地图逐层划分。第一层将地图划分成若干 500×500 平方米的一级网格，每个网格赋予一个编号。从第二层开始每一层将上一层每个网格划分成九个小网格，到第五层划出 7×7 平方米的精细网格。经过五层划分，网格规模缩小为 7×7 平方米。到 2013 年底，全市共划分了 2200 万个网格，标注了 112 万个各类部件。然后把已经标注部件的网格编码入库，代替传统方法部件普查编码入库。

（市政府办）

保定市政府官方微博

【概况】 为进一步密切政府与群众联系，拓宽社情民意表达渠道，经过充分调研、认真谋划、积极筹备，2013 年 11 月 18 日，正式开通市政府官方微博“微博保定”，创全省设区市之首。开辟了一条“从网民中来，到网民中去”的网上群众路线。成为政府信息发布、了解民意、为民服务的重要平台，使群众路线在信息化社会获得了新发展，赋予了群众路线时代新内涵，强化了群众路线的核心价值。开通以来，各项工作平稳有序，平台运行经验逐步积累，发布微博 1300 余条，被评论 2500 余次，被转发 4000 余次。粉丝量 3 万余人。

自 2013 年初开始，保定市政府办公厅就开通政府官方微博的必要性、重要性、风险等方面，开展调研，撰写《关于开通市政府官方微博的调研报告》，设立“微博管理中心”，从全市范围内抽调拔尖业务人才参与开展微博工作，明确工作人员岗位及职责，完善微博栏目设置及审批权限，规范微博发布审批程序，制定一系列规章制度，为政府官方微博平稳顺畅运行打下了坚实的基础。

微博开通前期，参考外地经验，结合实际，制定并完善《微博信息发布制度》《网民留言回复办理制度》《微博发布审批程序》《微博发布时间表》等，每周编写《“微博保定”专报》，向市领导汇报一周工作，悉心听取领导的指导意见，认真办好每一个栏目，微博工作进入制度化、有序化的平稳运行状态。为把微博工作做得更专业、更精细、更优秀，微博开通运行 1 个月后，赴政务微博工作走在全国前列的银川市政府进行学习，取长补短，完善微博运行制度及流程。

“微博保定”以丰富贴切的栏目设置，满足不同网民群体的关注需求，开设有“聚焦保定”“数据保定”“人文保定”“早安保定”“保定微提示”“乐活保定”“身边保定”“历史上的今天”“微直播”“保定微两会”“市长说”等栏目。“聚焦保定”栏目每日发布最新最重大的政务类、时事类消息；“保定微提示”栏目及时发布便民生活信息；“身边保定”栏目积极宣传好人好事，弘扬保定正能量。同时，“微博保定”还积极开展线下活动，组织热心网友深入孤儿院、学校开展送温暖献爱心活动，进一步密切与网民之间的互动交流，展示“微博保定”的权威、善美形象。

“微博保定”发布内容侧重于政务政策公开、城市形象宣传、提供便民信息、互动交流回复。权威发布市政府的重大决策、重点工作、重要规定；保定市发生的重大事项事实情况和市政府的处置措施；市政府对社会热点问题的态度及处理意见；对新闻媒体有关报道的回应和澄清；围绕市委、市政府各阶段工作重点，以微博话题的方式，加强政府与网民的沟通；发布交通、旅游、卫生、教育、气象等各类民生信息；推荐保定旅游、特色产业、地方特产、人文、生态等优势品牌；转发有关保定的微博信息。

“微博保定”遵循科学严谨的微博发布流程，并根据广大网友的浏览习惯，一般工作日上午权威发布“聚焦保定”“保定微提示”“数据保定”等一系列与民生相关的政策信息、政府公告、重大活动、便民提示等。下午以轻松活泼的话题为主，在体现“微博保定”权威形象的同时，又不忘亲近百姓。主要发布“乐活保定”“身边保定”“人文保定”等资讯，弘扬保定正能量，介绍保定的人文历史。

“微博保定”不仅注重政务信息的权威发布，还针对网络上大量集中的突发事件，遵循科学的突发事件应对机制，及时跟进。通过对事件缘由深入了解之后，向有关单位下发《保定市政府官方微博网友留言交办单》，并要求在规定时间内进行核实、处置、反馈，给广大网友合理答复。如 2013 年 12 月 21 日，经国家禽流感参考实验室确诊，确定南市区某养殖场出现 H5N2 亚型高致病性禽流感疫情。“微博保定”在 22 日及时发布了该条消息，同时告知网民政府正在积极、有效地应对，并以“微提示”的形式告知网民如何防控禽流感，消除网民恐慌心理，收到良好的社会效果。

“微博保定”注重工作形式的多样性，保定市第十四届人民代表大会第二次会议召开期间，“微博保定”为广大网友进行了两会微直播，通过微博发回第一线的现场图文报道，及时追踪会议进展，为广大网友带来最新最直观的两会报道。这也是全省范围内，首次由政府微博进行两会微直播。此次报道得到广泛关注与认可，新浪河北、保定日报、燕赵都市报等各大新闻媒体争相报道。

“微博保定”还注重自我归纳、自我总结，每周编写《微博保定专报》向市领导汇报一周工作，悉心听取领导的指导意见。市政府主要领导对政务微博工作高度重视，多次亲临微博管理中心指导工作，市长马誉峰还题写了“责任、诚信、贴切、智慧、修养”的工作方针。

（市政府办）

满城县为民服务全程代理系统

【功能简介】 满城为民服务全程代理是满城县政府为广大人民群众提供的解决实际问题的“绿色通道”。满城县政府设立以乡镇政务服务中心为龙头，县、乡、村三级联动的农村为民服务全程代理制，对农民群众需要办理的事项，采取统一受理、分类承办、上下联动、限时办结的方式，为农民群众提供“一站式”服务。为民服务全程代理相当于一个网络版的小型行政审批大厅。使得政府工作更便捷，降低了办公成本。

二级代理　　三级代理

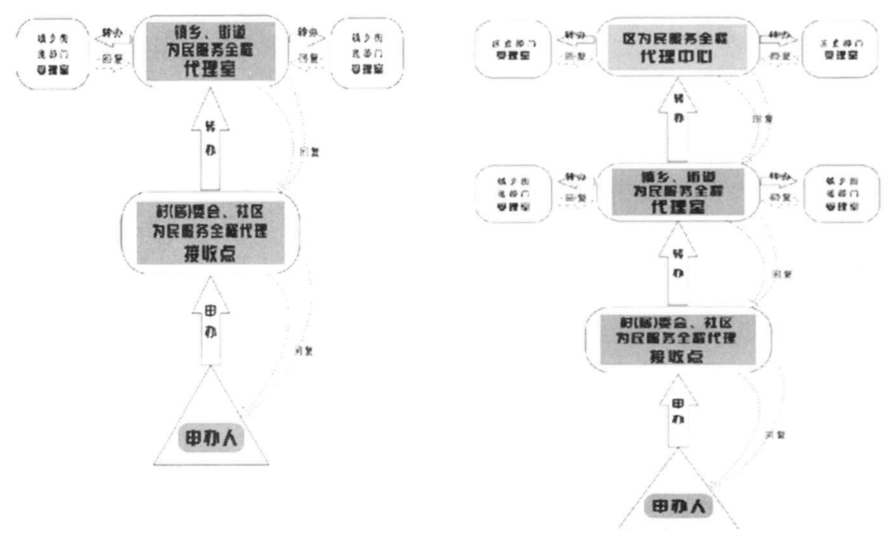

【实现模式】 根据办理不同的证件，需要职权机关级别的差异，代理模式分为二级代理和三级代理，分别制作相应的办公流程。乡镇级别证件办理采取二级代理模式、县区级别证件办理采取三级代理模式，对于申办人来讲没有区别。

【系统功能】 系统功能大概概括为三部分：信息发布；代办人员办公系统；申办人查询系统。信息发布是政府部门向社会发布政府的一些即时信息和政策，建立了工作动态、政策解读、工作制度、空中课堂、群众论坛、代理员风采等栏目。

【系统应用情况及影响】 至2013年底，满城县已在11个乡镇、183个村和6个社区全部建成代理站，代理员达1627名。经认真梳理汇总，初步选定80项代理事项实施全程代理，筛选129项为群众提供领办和咨询服务，涉及33个县直部门。满城县为民服务全程代理项目建成之后得到省市领导重视。河北省委组织部长梁滨、保定市委书记宋太平给予很高的评价。认为这是一项深受广大农民欢迎的“民心工程”，具有很高的推广价值。

（保定市联通公司）

沧州市电子政务工程第一期项目

【概况】 2010年，沧州市政府办公室与河北省移动公司沧州分公司合作启动了沧州市电子政务工程（第一期）项目。2012年6月，该项目顺利通过最终验收。该项目初步建成全市统一的电子政务应用基础平台；开通了市政府门户网站及政府部门网站集群；建成省、市、县、乡四级聚合的政府信息公开平台；开发完成全市协同办公系统，并在全市范围内实现公文的电子流程运转，启动了相关应用；编制完成《沧州市电子政务标准规范编制》。该项目的成功实施，为沧州市电子政务的深入发展奠定了坚实的基础。

【整体设计思路】 坚持“集约、集成、集群”顶层设计理念。本着集约的原则，充分利用现有设备，整合现有资源；引入服务器集群，支撑各种应用；通过系统集成，把不同功能的应用集成到统一的平台上，实现单点登录和统一展现。

从大处着眼。综合考虑电子政务发展变化趋势、信息通信技术的演进、政府职能的演变以及公众需求变化等诸多因素，从实际出发，审慎地确定沧州电子政务项目建设内容，使沧州电子政务能够持续、稳定发展，适应电子政务发展总的趋势，与社会进步、科技发展前进方向基本一致。

从小处着手。在组织沧州电子政务实施的过程中，围绕沧州电子政务发展的总目标和总要求，逐步深入和细化，把总的项目层层分解，划分成一个个相关的、有严密的逻辑关系的子项目进行组织实施，并选择最基本的、实施难度相对较小的子项目开始启动。

快速扩张。分清轻重缓急，有计划、有步骤、有针对性地扩展应用，不因为某一个环节出现困难或障碍而导致整个项目的停滞。

【项目主要内容】 该项目由省移动公司出资建设，市政府租赁使用，移动公司负责其运维工作。项目主要建设内容及目标如下：

电子政务基础平台：搭建纵向联接到市、县（市、区），横向联接到市直各部门、各单位的电子政务基础网络；建设信息交换与共享平台、网络与信息安全平台，为应用服务提供有力的平台支撑。

市政府门户网站及政府网站集群建设：按照“统一域名，统一备案，统一标识，统一信息发布系统，统一基本栏目，统一计数器，统一公务邮箱，统一数据平台”八统一原则，对各级各部门网站进行整合，实现政府网站群的架构整合、风格整合、信息整合、协同管理，真正体现政府门户网站在政务公开、公众服务上的特色，将其打造成为“一网式”政务公开、“一网式”移动办公、“一网式”审批办事、“一网式”公众参与和“一网式”电子监督的平台，成为全市对外开放的窗口、为民服务的平台、沿海强市的展现。

政府系统协同办公平台建设：包括公文交换、内部 OA 办公和短信通知等系统，分别部署在办公业务资源网（政务内网）和公务外网上。政府机关非涉密文件材料的传输、内部流转及批阅主要依托办公业务资源网。各级领导离开办公室，移动办公时，借助专业公司开发的批量数据“导入”“导出”功能，通过专用 U 盘，上网卡，VPN 加密隧道和 CA 身份验证等手段，登录互联网实现数据跨网传送，保障各部门（单位）一般性文件及审批件的网上移动办公。

沧州市政府信息公开平台：落实《中华人民共和国政府信息公开条例》和省有关文件要求，搭建市、县、乡同一架构、集中部署、信息聚合的政府信息公开门户网站。

沧州市政务邮箱系统：搭建机关工作人员专用邮箱系统，加强公务人员电子邮箱使用管理，消除因采用第三方邮件系统带来的不安全因素。

【项目建设成效】 初步建成全市统一的电子政务应用基础网络平台。到 2013 年底公务外网和办公业务资源网已联通市政府各部门、市直有关单位及各县（市、区）100 多家单位，全市统一的电子政务基础网络平台主体框架初步成型。

开通市政府门户网站及政府部门网站集群。实现政府网站群的架构整合、风格整合、信息整合、协同管理，形成以沧州市政府门户网站为主站，各部门网站为子站的网站群体系。设置政务、经济、民生三大分站，各级栏目 700 多个，并开通了英文版和手机版。全市政府门户网站每天访问量已稳定在 3 万人左右，总访问量已达到 2095 万人次。在部门网站集群整合方面，依托站群管理系统已同构整合 50 个，通过数据总线和数据抓取方式整合了 19 个。

建成省、市、县、乡四级聚合的政府信息公开平台。实现省、市、县、乡（街道）四级政务信息聚合。到 2013 年底该平台已成功应用在全市 52 个市政府组成部门及相关单位、21 个金融、民生企业部门和 16 个（县、区）政府及渤海新区、开发区，累计发布公开信息 11 万条。依托该系统，2012 年全市政府信息公开工作取得了全省综合考评第 1 名的好成绩，主要做法被省政府办公厅通报表扬。

开发完成了协同办公系统并在全市范围正式启用。沧州市政府系统协同办公平台集成了版式文件、电子印章、手写签批、身份认证等组件，实现了公文交换、流转、签批的电子化。真迹手写签批功能在国内电子政务应用中处于领先地位。到 2013 年底，19 个县（市、区）、69 个市政府发文单位已纳入协同办公平台，通过该平台已处理各类文件 430 个，促进了机关办文效率的提高。短信通知系统，已覆盖三大运营商。

编制完成《沧州市电子政务标准规范编制》。由来自中科院、信息产业部“十一五”规划咨询委员会及北京市人民政府科技顾问等专家、教授人员负责标准规范的编制工作。标准规范由总体标准、基础支撑标准、应用服务标准、安全标准、管理标准、绩效评估六部分组成，具有开放性、前瞻性、实用性，为电子政务中各个子系统的建设提供了较好的指导作用。2011 年 9 月 8 日，该规范通过了专家评审，已印发实施。

另外，政务邮箱系统也已启用，为 70 多个部门配置了二级域邮箱系统，已分配邮箱 1000 多个。

2012 年 6 月，沧州市电子政务工程第一期项目顺利通过最终验收。项目专家评审委员会认为：该项目按照“集约、集成、集群”顶层设计理念进行建设，遵循了“结合实际、突出重点、急用先行、科学先进”的原则，项目整体技术架构先进，功能结构合理，安全措施到位，实现了设计目标，运行良好，成效明显；网站集群系统、带笔锋手写签批功能的协同办公平台、“四级聚合”的政府信息公开平台在国内处于领先地位；率先编制出地市级电子政务标准规范，为解决资源共享、数据交换和业务协同问题，促进全市电子政务健康有效发展，提供了统一的基本规范和指导。该项目的成功实施，为全市电子政务深入发展奠定了坚实的基础。由于有诸多突破，成效明显，该项目获得 2013 年度沧州市科技进步一等奖。省政府办公厅在《政务交流》中以《沧州市强力抓好电子政务之窗建设优化发展环境》为题，对主要做法予以编发，省政府副秘书长于万魁、副省长张杰辉作了重要批示。

（张培松）

邢台市金保工程建设

【主要成果】 邢台市的金保工程

建设按照劳动保障部和省劳动和社会保障厅的统一安排部署，突出服务和创新，探索出一条适合邢台实际情况的劳动保障信息化工作新路子。

率先在全省完成立项审批工作。在省人力资源和社会保障厅领导和专家的帮助下，2004年完成《金保工程一期项目可研报告》和《邢台市金保工程建设实施方案》的编写工作。2005年2月份，市发展改革委对上报的《关于电子政务社会保障工程社会保险信息系统分工程（金保工程）（一期建设工程）立项的请示》进行了批复，批复金保工程建设资金1776万元，由市级财政与人力资源和社会保障局共同筹措解决，使邢台市成为全省第一个完成金保工程立项审批的市。

建立了全局集中统一的数据中心机房。以金保工程建设为契机，在省厅、市委、市政府的大力支持下，在相关部门的协助下，通过积极的运作，将已闲置多年的邢台市原百货大楼改建为邢台市劳动保障服务中心，并在中心大楼内腾出近220平方米的空间，建立了全局集中统一的数据中心机房。机房的装修建设完全按照部、省关于数据中心机房相关建设要求进行，实现了恒温、恒湿、防尘、防雷、防静电、防水、气体消防。同时，在硬件设备选型方面，也多次征求省厅、技术专家及软件开发商的意见，力求满足系统功能需求，并参考设备的可扩展性、产品的整体性价比、品牌优势及服务等，最终确定相关的技术指标，也通过政府公开招标的方式确定了供应商。为确保数据中心成为整个劳动保障服务中心大楼的亮点工程，确保用最少的钱建成最优质的工程，通过政府公开招标的形式采购了设备，并聘请专业监理公司对整个工程的质量、进度进行了全面监理。2005年11月份，数据中心正式建成并投入使用，到2013年底已涵盖市本级社会保险和劳动就业各项业务数据，实现了数据大集中，实现了上联省厅、横联财政、税务、“两定”单位的市域网连接和数据传输。

基本完成了社会保险和劳动就业两个统一软件的开发实施。劳动保障部社会保险核心平台软件和“劳动99”软件等统一软件的本地化开发实施应用作为金保工程建设的核心部分，从金保工程建设初期，就非常重视。在确定软件开发商后，便邀请软件开发商的技术人员，给全局上下干部职工讲解新软件的工作思路和业务流程，使大家统一了思想，提高了认识，形成全局上下一起努力共同优化劳动保障业务流程的好局面。同时，进行体制改革，实施机构重组和职能调整，用新业务流程的要求规范机构的设置，设置了基金征缴稽核中心和基金支付中心，实现了“统一参保、统一征缴、统一发放”，各险种实现了统一缴费基数和业务规范操作。邢台市已经基本完成以“同人同城同库”为目标的社会保险和劳动就业统一软件的开发。

加强了劳动保障门户网站建设。按照金保工程建设和省厅的要求，邢台市于2004年11月在全省较早开通了劳动保障门户网站。制定《邢台市劳动保障中心网站信息管理暂行规定》，规范网站建设，促进网站建设进程的加快和综合水平的提高。

12333电话咨询服务中心建设进展顺利。全国统一的12333电话咨询服务号码是劳动保障部门与人民群众进行沟通联系的重要渠道之一，也是服务体制创新的一个重要手段。对12333电话咨询服务中心的建设，局领导非常重视，在修建劳动保障中心时，专门建立了面积为80平方米，能容纳15个座席的12333电话咨询工作室，咨询桌椅等办公设备都已采购安装到位。同时，下发了《关于劳动保障法规政策整理的通知》，要求局属各业务科室和各业务经办机构认真、系统地整理本部门经办业务的法规政策，此项工作正在紧张地进行。

【**主要做法**】 统一思想，加强领导。金保工程建设要解决资金、机构、内部职能整合等若干难题，“一把手”的高度重视和亲自组织至关重要。邢台市始终把金保工程建设与就业、社会保障、劳动者维权放在同等重要的位置，作为全局工作的重点进行部署和推动。局长张广宇亲自组织、身体力行，领导班子齐心协力，共同推进，全局上下整体联动、协同作战，形成共同建设金保工程的浓厚氛围。除了领导的高度重视，金保工程建设还需要一批既熟悉信息技术，又了解劳动保障政策业务的高素质队伍。为此，把局属单位中有能力、有技术的年轻业务骨干组织到一起，组建了劳动保障信息中心。2005年8月，经市编办批准，信息中心正式挂牌成立，信息中心7名工作人员已全部到位，为金保工程的实施提供了机构和人员保障。

部门配合，整体联动。金保工程建设涉及劳动保障工作的方方面面，并与财政等相关部门有着密切联系，需要协调各方利益和关系，形成合力，共同建设。在工作中，努力做到“两个协调”。一是协调市信息办、发改委、财政局等相关部门的关系，多次上门沟通，为方案的审批、立项、资金的争取等创造有利条件。二是协调劳动保障部门内部工作关系，统一思想，明确职责，整合资源，联合行动。局内各科室和经办机构凡涉及信息化建设问题，都统一由信息中心规划和组织实施，凡涉及业务需求调研，业务科室和经办机构都全力支持配合。

集思广益，深入调研。金保工程建设是一项庞大、艰巨、复杂的系统工程，要在一两年内完成基本框架的建设，任务十分繁重。同时，金保工程又是“民心工程”“阳光工程”，必须做到公开、公正，提高工程建设的透明度。为此，先后到天津、山东、浙江等地考察，学习他们的建设经验，听取同行的意见和建议。同时，对工程建设中遇到的许多实际问题，在公开招标前多次约请劳动保障部认定的前台技术服务商进行研讨，请他们结合在全国各地开发实际献计献策，力争把工作做到前面，把问题了解清楚。通过充分调研，反复论证，确立了劳动保障信息化建设要建立一个“五保合一”和劳动就业一体化的新模式，实现两个系统互询和系统内的信息共享，避免走弯路和重复投资建设。

职能调整，机构重组。以业务发展需求为导向、以应用促发展是金保工程建设的基本原则。为确保“同人同城同库”目标的实现，清醒地认识到必须进行“业务重组、流程再造”，实现信息技术与业务的互动，才能推动劳动保障事业的再发展再提高。社会保险管理方面，从各社会保险经办机构中抽离出基金征缴、基金稽核、基金管理等职能，设立了“基金稽核征缴中心”和“基金管理中心”，统一负责社会保险的参保人员管理、基金征缴、基金稽核、个人账户划分和基金管理等职能，各社会保险经办机构保留原待遇审核、待遇计算的职能。劳动力市场管理方面，将全市职业供求、失业管理、就业管理、下岗失业人员再就业优惠待遇管理等职能，全部集中起来，进行统一管理。这样，按照业务流程划分设置机构，并分配相应职能，做到了“统一参保、统一征缴、统一支付、统一管理”，实现了网络的充分利用和资源的高度共享，在统一的数据中心平台上，最终实现“同人同城同库”。

统一采购，阳光作业。为把邢台市金保工程建设成为“阳光工程”，社保局坚持“三大原则”做好政府统一采购。一是坚持科学分包原则。由于金保工程建设涉及资金额度较大，内容繁多。在分包中本着既注意各包之间的联系性，又充分体现不同厂商参与的竞争性，不指定品牌，不划定范围，为大量节约资金奠定了前提条件。二是坚持公平、公正的评标原则。在招标过程中，除聘任社会各方面的专家外，我局和财政部门各出两名评委，组成招标委员会。每次评标都在广泛听取专家意见后，通过充分讨论，再确定中标单位。三是坚持全程接受纪检监察部门监督的原则。在整个招标过程中，从方案论证、各标审定到开标，都有市或局纪检监察部门全程跟踪监督，每次招标成立的监督委员会中都有纪检监察部门的工作人员参加，为把这项工程建设成“公正、公平、公开”的阳光工程、廉政工程奠定了坚实的组织基础。通过公开招标，为邢台市人力资源和社会保障局采购了小型机 4 台、PC 服务器 5 台、网络设备 12 台、Oracle 数据库一套、“统一软件”一套，不仅达到了采购的目的，还节省资金近 100 万元，充分提高了资金的使用效率。

严格要求，精益求精。按照“五保合一”社会保险软件开发的要求，针对邢台市社会保险各险种基本数据存在的问题，加大力度对市本级各险种的数据进行了整合。一是统一思想，提高认识。以市政府的名义召开全市所有参保单位参加的动员会，逐级签订责任状。把认识提高到实践“三个代表”重要思想的高度，提高到坚持科学发展观的高度，提高到构建和谐邢台的高度，提高到着眼于劳动保障事业长远发展的高度，切实把数据整合工作做好。二是加强领导，建立组织。成立了领导小组，办公室、信息中心、东软公司以及各大保险经办机构的负责同志为领导小组成员。三是制定方案，明确步骤。制定了总体的整改方案，各保险经办机构也根据自己的实际，制定了本单位的整改方案。按照整改方案“三步走”的要求，第一步最终要形成五险统一的参保单位和参保人员的基本信息，也就是同人、同城、同库，此项工作 4 月 15 日前完成；第二步最终要达到计算机系统中的数据与档案等原始数据一致，此项工作在 6 月 30 日前完成；第三步要审定新的审核程序，进一步规范审批程序和办事程序，此项工作 7 月 30 日前完成。四是明确责任，严格奖惩。各单位都按照责任状强化了“一把手”责任，将任务逐级分解落实到每个人。领导小组组织验收时，各整合单位都要交两本账，一本是纠正前的旧账，一本是纠正后的新账，新账旧账分别存档，作为工作进展情况的衡量标准，也作为奖惩的标准。整改结束后，要奖功罚过。对工作搞得好的将给予精神奖励和物质奖励；工作搞得不好的要处罚，轻者记过处分，重者就地免职。

（市人力资源和社会保障局）

邢台市建筑一卡通

【推行建筑一卡通的主要做法】 邢台市强力推行建筑一卡通，实现了“三保两规范”。“三保”即：确保工程质量、确保施工安全、确保农民工工资足额发放；“两规范”即：规范建筑市场秩序、规范施工现场监督，取得良好的社会效果。

推行建筑一卡通不仅解决了农民工工资拖欠难题，更是保证了建设工程质量和施工安全生产的有力抓手。主要做法是：

针对个别企业和部门对推行“一卡通”积极性不高等现象，邢台市建设局先后 3 次对全市建设主管部门、施工企业、监理企业和房地产开发企业法人、经理和操作人员 8000 人次大规模的动员，市建设局还组织了 6 个宣贯小组，深入县市区、建筑企业和施工现场，利用多媒体、网站、播放宣传片，编制百题问答、发放传单进行全方位宣贯发动，调动推行“一卡通”的主动性和积极性，做到了家喻户晓，人人皆知。

在省住建厅的支持下，针对一卡通系统功能单一，有些方面还不能完全适应建设工作需要的现状，2013年3月，邢台市建设局遵循“简便易行、功能实用、闭合监管”的原则，对原一卡通系统进行了改版升级，由单机版升级为网络版，覆盖范围由单一的建筑劳务人员拓展到项目部组成人员、监理人员，尤其是加大了对项目经理和监理工程师的有效监管，促使各类建筑从业人员履职尽责，解决了以包代管、层层转包，挂名顶替等问题，为各级主管部门实施有序监督搭建了平台。

邢台市作为全省建筑一卡通工作的排头兵，自我加压，负重奋进，按照“划分阶段，划分任务”的要求，提出“三个百日大会战”目标，做到在建主体未完工的工程推行一卡通、建筑农民工刷卡考勤、利用一卡通系统实行网上工资发放、项目部和监理人员刷卡考勤“四个百分之百”，实现“三个全覆盖”即：区域推广一卡通全覆盖、在建工程推行一卡通全覆盖、建筑从业人员使用一卡通全覆盖，确保建筑工程质量和施工安全。在全国建筑工程质量安全生产检查中，受到国家检查组高度评价。到2013年底，全市21个县（市、区）、240家企业、287个建筑工地推行一卡通，办理建工灵通卡4万余张，在工商银行存放农民工保证金近1.3亿元，通过系统发放工资近亿元。

为确保建筑一卡通工作扎实推进，邢台市建设局成立了6个督导小组，工行、人社、通信等部门委派人员加入督导组，协同办公，使问题在一线解决。同时，建立了周调度、月评比、季推进的例会制度。严把“市场准入关、项目审批关、监督管理关、竣工验收关、持证上岗关、资质审核关”，做到“六个不放过”，即：对一卡通信息录入不全的不放过、信息录入不真实的不放过、信息录入不准确的不放过、信息录入与企业和施工现场不一致的不放过、发现不良记录整改不到位的不放过”，形成层层把关，齐抓共管，闭合管理的工作格局。

为方便建筑从业人员刷卡考勤，解决人员流动快，办卡速度相对滞后的特殊情况，在实践中不断研究，不断探索，在原有刷卡考勤的基础上，又新增了视频考勤、人工考勤和虚拟卡号考勤三种方式，尤其是虚拟卡号更是解决了农民工刷卡嫌麻烦、不愿意刷卡的顾虑，深受农民工欢迎，为工资发放和监督管理提供了有效抓手。

【推行一卡通取得的成效】 推行建筑“一卡通”，为农民工、企业、银行和建设部门搭建起了互通互联、信息共享的平台，多方满意，多方共赢。

破解了拖欠农民工工资难题。推行建筑“一卡通”，总承包企业按时将工资通过工商银行存入卡中，建立了农民工工资发放有序监管机制，由原来的清理和追缴变为现在的预防和监控，使农民工工资能够按月及时发放，实现了建筑农民工工资无拖欠。

保证了工程质量和施工安全。推行“一卡通”，强化建设、施工、监理等各参建方主体责任，促使了项目经理、监理人员到岗尽责，为建设行政主管部门对施工现场实时动态监管提供了有效抓手。2011年8月，在全国建筑工程质量安全生产检查中，受到国检组高度评价，认为在建筑工地推行“一卡通”，对保证工程质量安全发挥了重要作用。

规范了建筑市场秩序。通过“一卡通”，加强对施工现场的管理、规范从业人员行为，为建设行政主管部门监督提供了有力支撑，保证了建设工程质量和安全生产，实现了审批与管理前后衔接、上下贯通顺畅，规范了各方责任主体行为。企业和农民工信息就如实反映到建设主管理部门和金融部门，建设主管部门实现了实时动态监管。

密切了银企关系。推行一卡通，实现银行代发农民工工资，增加了银行的储源，提高了银行社会和经济效益，通过筛选优质建筑业企业，邢台分行已向12户优质建筑企业发放贷款1.38亿元，与邢台建工集团等五家企业达成贷款意向，为建筑企业做大做强提供了坚强的资金后盾。

引起社会各界高度关注。推行一卡通，创新社会管理，实现对建筑农民工动态有效管理，在社会上产生广泛影响，人社、公安、信访、计生等部门纷纷介入，借助一卡通平台，联合与邢台市建设局实施公共管理，提升了社会服务能力。宁夏、浙江、河南、黑龙江等十余个省市、30个地区相关部门先后来邢台市建设局进行专题考察学习。

（市建设局）

邢台市数字城市工程

【数字城市项目进展情况】 为加快邢台信息化发展，制定了《“数字邢台”规划》。邢台市数字城市项目借鉴国内外“数字城市”发展先进经验，紧密结合邢台信息化发展实际，在新的历史时期，以新的发展思维对邢台信息化建设进行了前瞻性、全局性、系统性的战略谋划，提出了加快邢台市国民经济和社会信息化进程的指导思想、目标任务，明确了“以为民服务为中心，以支撑公共管理服务为方向，以电子政务建设为先导，以项目推进为重点，以体制机制创新为保障，典型带动，分步推进”的实施策略，是未来数年信息化建设的行动纲领和信息化发展蓝图。“数字邢台”规划的实施，对于推动邢台市经济社会全面协调可持续发展、提升政府管理和服务创新水平、提高城市综合竞争实力和现代化程度、改善人们生产生活环境和提高生活质量、创建全国文明城市、构建和谐邢台起到了有力的支撑作用。

整个"数字邢台"总体架构从下到上分为四层：感知层，网络层，平台层，应用层。建设数字城市共享平台实现城市信息化应用建设的统一支撑，数字城市共享平台包括IT能力、CT能力以及城市数据中心。统一规划、分布实施、集中建设各类能力系统，如：政务空间地理信息系统、工作流系统、知识库系统、呼叫中心、视频监控系统、GPS定位系统、城市数据中心等能力系统与共享平台。

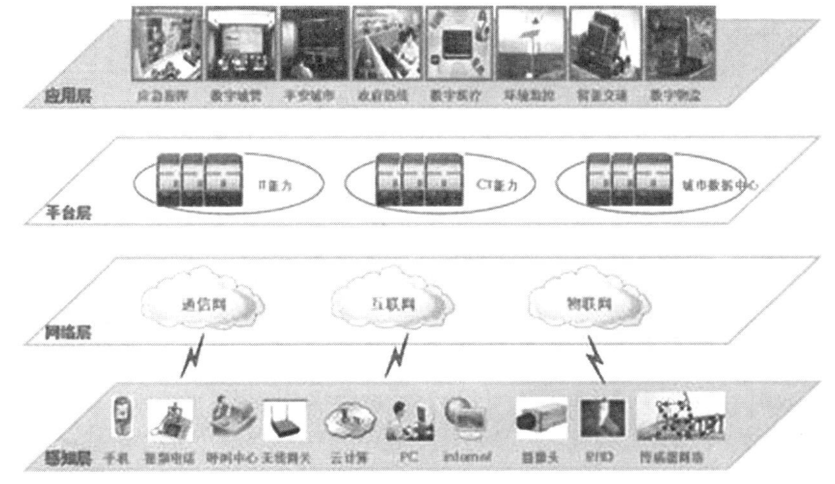

数字邢台总体架构

面向政务、民生、产业，统一规划城市信息化应用系统。如：应急指挥、数字化城市管理、平安城市与电子警察、政府热线、数字医疗、数字社区、智能交通等应用。

本项目已经实现以下五部分：数字化城市管理系统；市政务地理信息共享服务平台；视频监控及卡口布控系统；GPS定位平台；公安局统一接警系统升级改造。

数字化城市管理系统。数字城管系统是将社会治安、城市管理、公共服务三种社会事务进行综合管理，实现城市部件与事件管理的数字化、网络化和空间可视化。通过智能终端可对城市社区等进行及时、主动、高效的管理，具有覆盖面广、反应迅速、处置有效、资源共享、社会化程度高、实用性强等特点，在管理的范围、深度、实效等方面具有较强代表性。"数字城管"是运用科学管理的思想和方法，应用地理信息系统、卫星定位系统等现代信息技术，根据现代城市管理理念，依靠法律、行政和信息化技术等手段进行城市管理的一种有效形式，从管理思想、管理手段、管理体制、管理流程等方面促进城市管理信息化，是"数字城市"的重要基础。

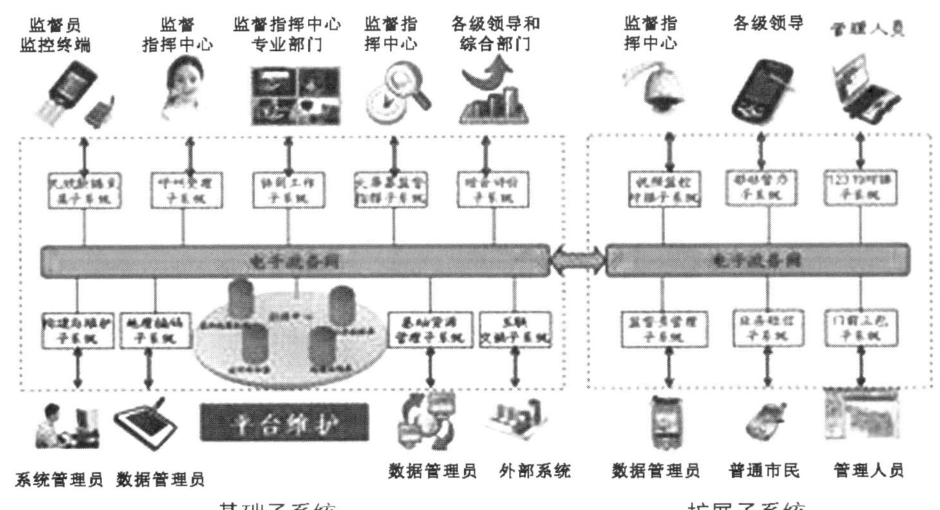

数字化城市管理子系统介绍

"数字城管"的运行，大大提升了城市精细化管理程度。原来除了各单位自查，大部分问题需要广大市民的反映，日发现问题约30多件，而且像井盖丢失等一般事件类问题，1至2天都难以确认责任单位，问题处理至少需要2至3天。系统投入运行后，仅监督员发现上报的各类管理问题平均每天达1000件以上，是系统运行前的30倍。系统从发现上报问题、立案、确认责任仅需3至5分钟，三四个小时就能有效解决问题，处理效率翻了4番。

【市政务地理信息共享服务平台】 邢台市地理空间信息资源平台，通过空间框架整合政府各部门的信息资源，实现政府各部门政务信息资源交换、共享、整合互操作，系统遵循共同的框架协议、标准规范、公用基础数据与支撑功能的物理载体和软件实现，是电子政务系统的核心组成部分。平台将为国土、规划、卫生、市政、公安等多个业务部门提供政务空间信息共享。通过地理空间框架整合人口、法人、宏观经济信息，为政府部门提供人口、法人、自然资源和地理信息、宏观经济等公用性和基础性的数据库，实现公用性和基础性数据的共享，避免数据库重复建设造成的浪费，为政府的综合管理与决策服务。

在邢台市的各个部门中，对于地理空间信息系统建设的需求均较为迫切。各个单位均存在数据需求，由于缺乏统一的共享交换平台与统一的数据共享与服务机制和办法，在某种程度上阻碍了各部门信息化的建设。

【视频监控及卡口布控系统】 高清卡口系统是采用先进的光电技术、图像处理技术、模式识别技术对过往的每一辆汽车均拍下车辆的图像，并自动识别出车辆的牌照，所采集到的车辆的信息数据均保存在服务器数据库中。采用高清卡口系统对道路的建设非常有意义，它可以很迅速地捕捉到肇事车辆、违章车辆、黑名单车辆等，对公路运行车辆的构成、流量分布、违章情况进行常年不间断的自动记录，为交通规划、交通管理、道路养护部门提供重要的基础和运行数据，为快速纠正交通违章行为，快速侦破交通事故逃逸和机动车盗抢案件提供重要的技术手段和证据，对道路的平安运行和提高公路交通管理的快速反应能力有着十分重要的意义。在邢台市全区建设1个一级警务监控中心、5个二级警务监控中心，建设高清治安电子卡口，双向覆盖路面车道。以七个控制和使用中心为节点，以摄像机为前端建设市区公共视频专网。完成现有市区交通视频监控网络接入，完成现有公安治安监控视频网络接入。

【GPS定位平台】 通过对执勤车辆的实时定位实现扁平化指挥的要求，邢台市公安局可以随时定位巡警、巡逻车位置，并直接显示在市公安局地理信息系统中，为邢台市民提供可靠、迅捷的报警服务。任何安装了报警型GPS终端设备的市民，都可在遇到危险时按下报警型GPS设备的报警按钮，报警信息会即时传送到指挥中心。指挥中心可立即根据发出报警的位置，调度巡警或巡逻车，第一时间出警，保护人民群众的生命和财产安全。

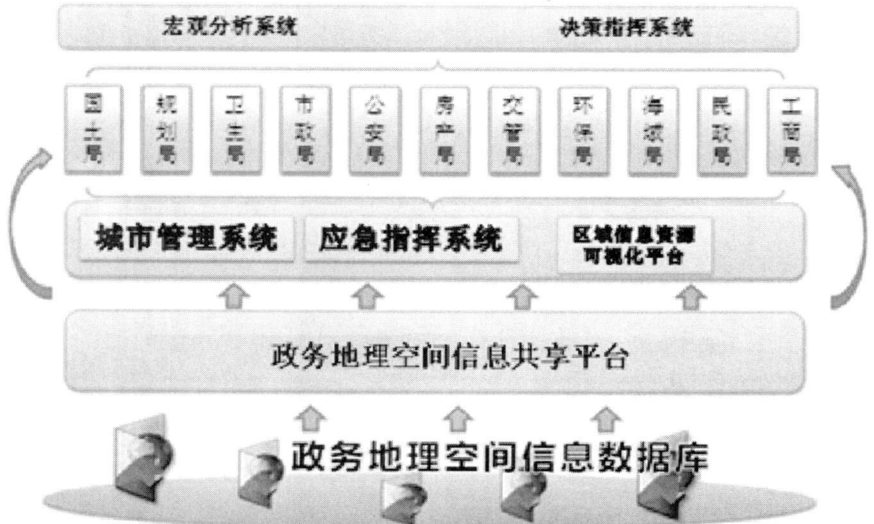

政务地理空间信息共享平台在电子政务中的定位

【公安局统一接警系统升级改造】 建立全地区统一接警平台：集固定电话报警、手机语音报警、短消息报警、网络E-mail报警、固定点报警为一体的多媒体报警受理中心。实现人口、治安、交通、消防等数据信息采集、存储、统计、查询、分析、处理，办公自动化（自动要情管理、网络传真等）。在统一指挥方面实现：有线调度、无线调度、350M集群调度、网络调度为一体的综合立体化调度中心，整体警力资源的合理、优化配置，多警种协同出警。

（市政府办）

沙河市党政办公平台

【项目建设背景】 沙河市党政办公内网自2010年7月正式运行以来，已实现党政机关电子公文的网上传输，提高了办公效率，降低了办公成本。按照《关于印发〈沙河市信息化建设工作方案〉的通知》的要求，沙河市信息化建设分三步实施的发展战略，实现了党政内网的公文传阅这一最基本的功能，党政办公内网平台的作用还没有得到充分发挥。为了赶上迅速发展的信息化时代和先进县市的步伐，进一步提高办公效率，节省办公经费，尽快实现信息化建设的规划和目标，沙河市党政办公平台于2013年9月16日完成升级改版并正式投入运行。

【项目建设情况】 沙河市于2009年12月开始建设沙河市党政办公内网，经过半年时间完成了线路铺设以及服务器架构，共铺设线路125皮长公里，设置网络节点280个，实现了对全市130多个党政机关事业单位的全覆盖。党政办公内网于2010年7月1日正式运行，正式运行期间，系统正常，提高了工作效率，方便了乡镇办、各部门公文领取以及传递。2013年9月，对党政办公内网进行了升级改版，增加了公文网上审批、实现移动办公、手写签批、建立电子档案等功能，进一步加强信息化建设，变革传统办公方式，实现无纸化办公，降低行政运转成本，提高行政效能。

通过党政办公内网这一工作平台，将纸质的公文审批电子化和模板化、将人工审批流程网络化和自动化，实现网络办公。

一般性文件、请示报告等审批事项的正文实现电子文档上手写批阅修改，支持公文审批卡表单手写签注批示意见，支持电子印章，手写板可以写出钢笔字迹效果。保留公文在流转过程的所有修改痕迹，可以清晰地显示不同修改人所作的修改，并且可以保留批示人的信息，支持包括手写签名在内的所有信息原稿打印。

设置领导审批权限，实现分级审批，可随时根据实际情况来调整各个审批环节，改进和优化办公流程，每个审批环节都有手机短信提醒领导办公，实现从发文拟稿到签发全部过程的电子化和自动化；实现行政审批标准化、工作流程简单化、管理运作高效化。

涉及到财政、人事等重要的文件、请示报告等审批事项实行内网和纸质审批同时进行。

通过办公内网的工作日志、工作计划管理系统，按照市领导分工设置权限，实现网上及时了解分管各单位和部门的工作动态和工作计划，指导全市工作。同时单位可以网上直接写请示报告，领导在线审批。

一般性的文件和简报都通过内网发文，不再印发纸质文件，各单位报送信息全部通过办公内网操作运行。市领导每天通过内网查看文件和简报信息，提高工作效率，降低行政运行成本，彻底实现无纸化办公。

建立电子档案。公文办结后可归到电子档案系统中，有利于方便、快捷地对公文查询检索和下载打印，提高工作效率。电子档案存储量大，节省了资源，实现无纸化电子档案管理，并可以归入档案科软件管理系统。

移动办公。将信息系统通过“安全网关、网闸”等设备，采用先进技术实现高度安全保障下的网上审批及“移动办公”，领导可以在异地登陆办公内网处理文件，通过3G手机实现“掌上办公”。

【项目建设成效】 建立了一个独立于因特网以外，涵盖市直各单位（部门）、各乡镇办事处等一体化的安全、高效、可靠的党政办公网络平台，增强了党政机关内部的信息共享和交流。通过OA办公平台系统，党政机关将信息共享、公文流转、会议通知等通过平台来实现，从以前的手工模式转入到现在的电子文件，实现办公自动化。

沙河市党政办公平台实现了办公自动化以后，可以实现无纸化办公、自动化管理、信息服务等，使得信息交流更加方便快捷，有效解决了纸质化办公环节多、耗时长、等待慢、效率低等问题，切实提升了工作效率，降低了行政成本。同时，实现办公自动化以后，拟稿、审阅、修改都在网上进行，各类文件、简报都通过网络发布电子版，既提高了效率，又大大减少了纸张的消耗和印刷成本，各单位联系工作，也可以通过党政办公平台进行，减少通讯费用和交通费，节约大量的办公经费和资源。

将信息系统通过“安全网关、网闸”等设备，采用先进技术实现高度安全保障下的网上审批及“移动办公”，出差在外的领导可以借助普通的微机、Ipad、智能手机等终端，随时随地登陆办公平台了解信息动态、处理文件、安排内部事务，拓展了行政办公的时间和空间，保证了事务处理的连续性和及时性。

沙河市党政办公平台运行后，推行了行政办公智能化、网络化、无纸化，使各个办公环节和办公流程均可跟踪，能够有效增强政府机关办公和办事的透明度，有利于提升政府机关形象。

（市政府办）

临城县党政机关信息化办公系统

【概况】 党政机关信息化办公系统是县乡两级党政系统各单位、各部门之间及单位内部进行文件办理和流转的无纸化网络办公应用系统，是提高机关办公效率和质量、规范行政流程的重要途径，也是建设节约型、服务型机关的有力保障。该系统依托成熟的互联网技术，可实现跨级别、跨部门的协同办公和公文交换，也可通过手机随时随地及时处理办公信息。同时，该系统公文流转模版、申办表单等内容均符合国家公文规范和标准，并可根据公文发布流程时限、待办事项轻重缓急程度、保密等级等内容，对所办事项进行全程跟踪督办，有效减少办理环节、缩短办理时间、提高行政效能。临城县全面推进无纸化办公，加快“数字临城”建设，进一步降低行政成本，有效提高全县党政机关行政效率和公共服务水平。

党政机关信息化办公系统是一套集通信、办公、管理为一体的专业化办公系统。主要包括办公自动化（OA）、网络传真、短信中心、语音中心、多方通话、协同办公、会议管理、工作日志、通讯录、在线交流、内部邮箱、下载中心、移动办公等43个功能模块。现将常用功能简要介绍如下：

办公自动化（OA）。办公自动化（OA）可通过简单技术操作轻松实现跨级别、跨部门的办公协同和公文交换，使各单位内部人员方便快捷地共享信息，高效地协同工作，并可根据权限设置、紧急程度，保证文件不泄密，实现全程跟踪督办。同时，系统具备文件档案管理功能，可轻松实现公文分类归档和检索。

网络传真。不用专门配置打印机、传真机，只需登陆系统，直接通过电脑同时发送到多个传真机上，也可接收传真机发来的传真，实现电脑与传真机之间互发功能。同时可以直接在电脑上通过上传附件的方式将word、excel、txt等常用类型文件发送到对方的传真机上。

短信中心。可以给任何人发送手机短信，并支持群发功能，还可以从自己上传的短信中选择短语发送。

语音中心。语音信息的发送时间、内容可以随意设定，并可将文字转换成语音方式，在指定的时间向指定的号码（移动、联通、电信）批量发送。同时，支持声音文件上传、自录语音、对方接听情况查询、音色、背景音乐、无人接听或拒绝接听后的重发参数设置等功能，还可查询语音发送结果，查看对方是否接听电话以及接听时长。

多方通话。支持多人同时进行通话，实现在任意时间，通过指定会议发言人及旁听人的电话号码进行电话会议（与会者可以使用任意电话终端参加会议）。可中途增减可发言人或旁听人，查询多方通话发送结果，查看所有人是否接听电话以及通话时长。

协同办公。支持不同地理位置的人员一起处理一份文件，实现分布式的远程统一协同办公，实现文件远程统一修改和下载。同时，在创建文件时可选择短信功能，通知相应人员查看或编辑文件。

会议管理。支持对单位或部门内会议计划、与会和传阅人员通知及监控等管理功能。允许指定会议主持人员和会议参加人员，并对参加人员或传阅情况进行监控。

工作日志。可以显示、记录、编辑自己某一天的工作情况，为自己制定周计划、月计划，对自己的工作进行周总结、月总结。上级可以对下级的工作情况进行考评，全面掌握下级动态。

通讯录。提供电子版通讯录，方便查询各个部门人员信息，点击人员可以直接给该人员发送邮件。

在线交流。内部交流工具，便于日常沟通，使用方便。

内部邮箱。无需输入邮箱地址，无需记住对方邮箱地址，只需用鼠标选取通讯录就能将邮件发送到领导、部门及内部工作人员信箱，并可选择短信提醒功能。

下载中心。可作为公共文件发布平台，将需共享的文件上传至该发布平台，有使用权限的用户即可根据需要下载所需文件。可在后台自定义下载分类，具备文件查询功能，系统管理员可以在后台对所有文件进行修改或删除。

移动办公。在提供日常办公所需的各项功能基础上，保证用户通过手机可以随时随地及时的处理办公信息，彻底解决了离开办公地点就无法处理办公事务的难题，可有效提高办公效率。

该系统试点先行，逐步推广。由于建设党政机关信息化办公比较繁杂，先行在县委、政府大院内单位进行试点建设，条件成熟后在各乡镇、其他各单位逐步推广应用。系统全部建成后，所有公文及其他待办事项的收发全部由网上进行，逐步取消纸质文件，最终实现网络无纸化办公。

（县政府办）

隆尧县政务服务中心网上审批和电子监察系统

【概况】 隆尧县政务服务中心于2009年10月筹建，租赁场地1500平方米，投资65万元，购置服务器、专用微机、打印机、扫描仪、复印机等硬件设施设备，又斥资22万元，开发网上审批系统和电子监察系统软件，并于2010年5月完成系统建设并投入试运行，网址：www.lyxzfwzx.gov.cn。2011年底政务中心大楼竣工后，搬迁至年底驻地。政务服务中心共进驻部门22个，纳入网上审批部门36个，从事网上审批、服务办公人员106人。截至2013年12月底共受理企业和群众各类网上审批和服务事项50079件，已办结50049件，正在办理30件，提前办结率99.6%，按时办结率100%。

规范审批事项，简化网上审批程序。在网上审批系统和电子监察系统上线运行后，该县重点对各部门行政许可审批、非行政许可审批和公共服务事项进行了清理审核，连续制定《隆尧县本级行政审批项目目录》《隆尧县政务服务中心审批服务规范目录》，共涉及36个部门350项审批服务事项，并对所有事项的办事流程进行规范，编印《隆尧县审批服务规范》，在两网系统进行固化。2012年，隆尧县将第一批进驻事项的网上审批流程与相关法律法规逐一对照审核，删减非法定审批环节30多个。同年，出台《隆尧县人民政府办公室关于提高新办生产加工型企业审批效率的通知》，实行部门窗口集中指导下的网上统一受理、并联审批、事后完善的企业登记新模式，使无前置审批或已办结前置审批手续的新办企业登记注册业务，由原来各部门承诺的17个工作日缩短为2个工作日。较好地解决了企业登记互为前置等审批难题。

加大宣传力度，公开网上审批过程。为使网上审批和电子监察系统更好地运行，隆尧县开发了政务服务中心网站，利用县电视台、县政府门户网站和中心网站向社会公开了网上审批服务内容、办理依据、办理程序、承诺时限、办理结果及收费标准等相关内容，为社会公众提供了便捷的网上审批、咨询和服务平台。对纳入中心大厅的22个窗口单位落实一个窗口受理，一个窗口办结的一站式服务。对没有纳入中心的单位，由中心技术人员分别到单位现场设立端口，进行网上对接。确保全部纳入网上审批系统并接受电子监察。

加强业务培训，保证两网系统平稳运行。加快行政服务中心信息化建设，是加强和规范行政服务中心建设的又一个重要标准。自2010年6月，邢台市政府将列为推进“网上审批和电子监察”系统首批县市之一。政务服务中心在一无基础、二无技术、三无经验的情况下，边学边做，扎实推进，较好地完成了建设任务。一是认真学习，提高技能。按照上级工作安排，先后两次组织干部随市纪委和市行政服务中心学习考察团到先进地区取经学习，并采取集中培训、以工代训、手把手教等多种形式，对网上审批和电子监察系统使用操作技能进行了专业培训。两网系统试运行前，邀请软硬件工程技术人员，借用县职教中心电教室，对政府部门主管副职及中心全体人员共263人分六期进行了集中培训。之后，又安排各进驻窗口人员到市中心对口窗口跟班实习。为检验学习效果，开展了闭卷考试，并将窗口负责人的答题试卷及考试结果，寄送各单位主要领导，有效促进了窗口人员的学习进步，实现了外行向内行的转变。二是认真测试，完善系统。硬软件系统安装调试后，对系统进行了认真测试，提出了许多建设性修改意见。如在外网设置的“在线投诉”栏目，系统设计需要投诉者进行有效“注册”后才能投诉，为群众监督投诉设置了不必要的前置条件，为便于群众投诉，提出了投诉无前置的设计要求。再如，审批内网和电子监察内网运行数据有出入；“在线调查”栏目不便于使用；外网不能正常打开等，这些问题均在测试后进行了完善。

（县政府办）

宁晋县电子政务工程建设案例

【建设背景】 2011年，国务院办公厅、工信部相继下发了《关于深化政务公开加强政务服务的意见》和《关于开展依托电子政务平台加强县级政府政务公开和政务服务试点工作意见》等文件，并在全国选择了100个县（市、区）开展试点工作，要求建立和完善统一的电子政务平台，充分利用平台开展政务公开和政务服务，实现电子监察全覆盖。随后，省委、省政府在任丘市、晋州市、丰润区和双滦区4个国家级试点单位的基础上，确定了平泉县、万全县、海港区、霸州市、安新县、冀州市、宁晋县和武安市8个省级试点单位，工作标准和完成时限与国家级试点单位同步。2011年，宁晋县被省委、省政府确定为邢台市唯一的电子政务试点县。宁晋县按照统一部署和科学规划，推进电子政务建设，建立起统一的电子政务平台，完善了各类电子政务工程建设和管理。

【建设内容】 宁晋县委、县政府成立领导小组和专职机构，通过抽调、公开招聘等方式建立了电子政务建设的专职队伍。按照《依托电子政务平台加强县级政府政务公开和政务服务实施指南》要求，制定《宁晋县县级电子政务平台建设方案》，在原有的党政机关网上办公系统、网上审批系统基础上，确定了总投资近600万元的整合政府门户网站、乡镇为民服务系统、村级为民服务系统、网上审批系统升级、公共资源交易系统、视频会议系统等建设内容。并聘请省发改委、省网上服务中心专家对《方案》进行审核把关。随后按县长办公会议有关要求制定了招标合同，经公开招标，由河北力人科贸有限公司中标承建。

【建设进展】　建立了统一的电子政务平台。按照上级要求和实际情况，县电子政务管理办公室对全县各党政机关的网站建设、专网应用、计算机软硬件设备等情况进行了摸底调查，形成《宁晋县电子政务基础设备台账》，并以此为基础，完成了统一电子政务平台的建立，实现县、乡、村三级网络互联，为网上审批、视频会议、电子监察等系统的运行提供了保障。一是完成了网络铺设工作。按照工信部的各项技术要求，经过邀请专家召开研讨会，县政府决定由县广电网络公司为全县铺设政务专网，经过近一年的整合延伸，完成了首批62个县直单位和14个乡镇区的广电网络铺设工作。二是完成了电子政务平台机房建设工作。在原有基础上对中心机房进行了升级改造，安装了双机热备服务器，磁盘阵列，金电网安“安全隔离”设备，内外网之间实现了物理隔离，保证了信息安全。三是完成了基层站所的设备配发工作。为14个乡镇区和23个试点村的基层为民服务站所配发了计算机、触摸屏查询机、LED显示屏、打印机、扫描仪、评价器等设备，达到了平台建设的要求，为基层为民服务站所系统建设打下了基础。

网上审批系统。政务服务中心网上审批系统始建于2009年，主要适用于中心办事的登记、流转和公示。2012年，在现有网上审批系统基础上，对系统进行了升级改造。新的网上审批系统，进一步增加了审批内网的服务功能，特别是升级改造后的综合登记系统、并联审批系统、业务办理集中登记、审批文件网上流转、电子档案自动生成，实现网上审批。

办公自动化系统。2010年由河北汉佳电子科技有限公司开发了“宁晋县网上办公系统”，具有考勤管理、个人日志、公文流转、通知公告等功能。随后，就系统应用迅速开展了培训会，同时下发《宁晋县政府办公网及网上办公系统管理办法》，促使管理员掌握系统部署、运行与维护基本技能，确保办公人员熟练、规范使用系统功能。2013年，全县电子政务网络铺设完毕后，对办公自动化系统进行了升级改造。

视频会议系统。宁晋县视频会议系统基于电子政务平台网络，主要是实现县政府主会场到15个乡镇区分会场的各种会议视频信号的传输。其中，信号传输使用广电公司铺设的电子政务内网线线路，实现网络对语音和视频等多媒体业务的支持。视频会议系统的建立，可实现双向交互视频会议功能，对上可作为分会场，对下可作为主会场，各地分会场可自行组织召开会议，自动呼叫其他分会场的终端设备，从而达到节省成本、提高效率的目的。到2013年底，该系统设备已配送到位，正在进行会场装修工作。

基层站所系统。按照上级文件要求，宁晋县15个乡镇区全部建设为民服务中心，并在23个试点村全部建成为民服务站。到2013年底，14个乡镇区和23个试点村的基层站所电子政务网络、硬件设施已到位。为民服务中心网上服务系统、村级便民服务站网上服务系统已经建设完毕，正等待确定入驻事项和对功能进行测试。完成了政务公开查询系统的开发建设，各乡镇可以通过为民服务中心的触摸屏查询机系统，查询各乡镇基本信息。

电子监察系统。按照工信部文件要求，开发完善了电子监察系统，目标是对所有行政职权和便民服务事项办理全流程、全业务、全覆盖监察监控，实现事前、事中、事后的查询，以及投诉件的处理、跟踪和反馈。到2013年底已实现了办事结果的查询功能，正在开发调试其他功能。

政务服务专栏。组织县电子政务管理办公室、县监察局、县法制办、县政务服务中心分三次对全县各部门行政职权进行清理规范，并针对每项职权编制了权利运行流程图。随后，按照工信部文件要求，开发了政务服务专栏子系统，将职权清理的结果数据录入政务服务专栏进行了公布，统一向社会公众提供政务服务。专栏中每个事项的详细信息页面都设置了办事指南、网上咨询、表格下载、网上申请、结果反馈等五项服务子栏目，实现网站办事全流程服务。政务服务专栏的建设，明确了办事流程，让办事群众了解所有行政职权的法律依据、实施条件、承诺期限等情况，为进一步强化网上办事功能奠定了基础。

政府信息公开平台。基础互联网和宁晋县政府门户网站，建立了政府信息公开平台，主要承担着全县政府信息的发布与管理。平台由政务动态、公告公示、政策文件、政府会议、财政信息、规划总结等子栏目构成，并完善了信息公开事项版块，对国办函〔2011〕99号文件中65项政府信息公开事项进行了公开，涉及50多个县政府部门和15个乡镇区的重大项目建设、发展规划、行政执法、统计信息、专项资金使用等信息。在平台首页底端设置县直各部门、各乡镇的子平台，各行政机关可根据接口，维护本机关的信息内容，并进行上报。

（县政府办）

巨鹿县政府信息化系统

【概况】　巨鹿县于2009年在全县开通政府信息化系统（即联通公司信息魅力系统），该系统是集通讯、办公、管理为一体的综合信息服务平台，提供办公自动化、流程管理、信息管理、场景监控、网络U盘、网络传真、个人助理等应用模块，为县委、县政府办公楼搭建两个局域网，经安全网关实现局域网的安全控制，通过VPN虚拟专用通道登录系统，可通过微型计算机户登录系统办理文件通知，也可通过手机接收，全县开通乡镇、部门共计106个用户。

【系统应用条件】 对于县委、县政府则采取专线接入方式，即通过专用线路（20M光纤专线）接入的“政府信息化平台”。其优点是独享平台部分资源，网络结构清晰，便于管理，且安全性较高，不易发生泄密事件。对于各接入单位采取基于互联网的接入方式，同时采用VPN拨号，即先通过互联网与VPN服务器相连接，在VPN服务器上设置防火墙，然后通过独有的VPN拨号访问的“政府信息化平台”。

通过普及的智能手机，覆盖县乡两级区域联通3G网络，移动办公的基础条件——终端和网络已经具备。基于以上基础，利用综合信息平台的移动办公模块，通过智能手机可无缝、无障碍衔接到办公自动化平台。

【系统使用部门】 巨鹿政府信息化已覆盖各乡镇、县直各部门，到2013年底已有111个部门开通使用。

县级部门（4）：县委办、人大办、政府办、政协办

县委（20）：县组织部、宣传部、统战部、政法委、纪委、县直工委、县总工会、团县委、妇联、县委督查室、县委研究室、农工委、老干部局、党史办、工商联、科协、信访局、法院、检察院、人武部

县政府（76）：县政府督查室、政府研究室、政府法制办、人防办、发改局、教育局、职教中心、一中、二中、公安局、交警队、消防队、监察局、民政局、司法局、财政局、人社局、国土资源管理局、环保局、住建局、规划局、城管局、交通运输局、水务局、农业局、商务局、卫生局、县医院、食药监局、计生局、审计局、安监局、统计局、档案局、地方志、工信局、重点项目办、民宗局、林业局、爱卫办、行政服务中心、文广新体局、新华书店、粮食局、科技局、扶贫办、开发办、物价办、畜牧办、农机办、邮政局、招商局、国税局、地税局、工商局、技术监督局、气象局、地震局、烟草局、县社、残联、人行、银监办、农发行、工行、农行、建行、县联社、邮政储蓄、邢台银行、中国人民财产保险、中国人寿保险、供电公司、中石化、联通公司、移动公司、电信公司

乡镇（11）：经济开发区、巨鹿镇、西郭城镇、小吕寨镇、王虎寨镇、观寨乡、官亭镇、堤村乡、张王疃乡、苏营乡、闫疃镇

用户权限分配。每个部门最少开设2个账号，领导1个，办公室1个，分别对账号进行不同权限划分。对上级部分下发文件进行管理，对一些保密性强的文件进行受控管理，按受控级别进行文件查看。

行政审批账号权限分配按照审批流程节点设置，除去办公平台账号外，根据需要另外单独进行相应设置。

技术支撑部门职能。网络建设单位和平台搭建单位的技术人员负责，统一管理电子政务平台，从技术角度对其进行日常维护，并对全县范围内的信息员进行培训和指导，保证系统的正常运行；加强县委、政府办公场所的计算机网络、软件管理，保障数据库安全运行，对于各单位平台软件应用进行日常维护指导。负责对县委、政府办公场所的计算机网络搭建、路由器和服务器的日常维护、网络参数的管理。

【系统功能】 巨鹿县政府信息化系统支持办公自动化、信息交流、通讯辅助、日常管理等4大类18个功能模块的功能，能够有效满足政府信息化各方面的应用需求。

办公自动化类：实现县委、县政府日常工作的流程化、规范化，有效提高政府工作效率，实现无纸化办公。办公自动化（OA）：方便快捷地实现政府公文电子流转、审核、签批等，实现无纸化办公，以提高政府部门办公效率，降低办公成本以及企业资源的集中管理。个人助理：内部邮箱：为每个人建立一个独立邮箱，实现信息快速传递，收到邮件的同时能接到一个短信通知，非常人性化、方便。日程提醒：以短信的形式提醒重要的工作日程安排。消息管理：实现在线人员的实时沟通，即时交流。协同办公：使多人网上共同完成一项工作，提高工作效率。工作日志：实现员工按时制定计划、总结工作，使领导全面掌握工作动态及员工工作情况。流程管理：政府能够根据实际工作情况，利用流程管理自主定制各种新业务流程，实现个性化管理，满足不同需求。

信息交流类：实现政府的各类电子信息的发布，以及各类信息的相互交流。新闻中心：方便快捷地发布通知、公告、告示等信息，使员工随时掌握工作动态及工作要求。网络U盘：在网络上建立自己的信息存储空间，并可以实现其他人选择性信息读取，在提高工作效率的同时避免了因U盘丢失，造成的政府机密或关键数据的泄漏。下载中心：单位的公共下载平台，实现人员对公共大容量有用信息的轻松下载。信息管理：实现对受控信息的管理，使政府不同等级人员查看不同等级的信息。单位论坛：为政府内部人员提供一个信息交流、畅所欲言的场所。

通讯辅助类：实现多种方式更为便捷的人员之间的沟通交流。语音中心：用声音播发输入的文本信息、上传的语音或已录制的语音，支持单发、群发，可利用多方通话功能定时召开单位的“电话会议”。短信中心：可以通过文本输入向所

有的小灵通、移动、联通手机发送短信，支持群发功能。网络传真：直接将电子文件同时发送到多个传真机上，同时也可以接收传真。

日常管理类：实现包括人员、场所、设施等各方面的管理。人力资源管理：轻松实现机构、人员、岗位、权限的管理等功能。场景监控：通过普通网络摄像头将远端的场景呈现在电脑上，使领导或负责人实时掌握内部人员工作状态、查看重要场所的现场情况。

（县政府办）

河北省电子政务研究会
第一届电子政务专家委员会名单

周仲义　中国工程院院士

沈昌祥　中国工程院院士

蔡吉人　中国工程院院士

陈拂晓　信息化推进联盟专家顾问委员会副主席、原国务院办公厅秘书局局长

刘彦凯　天津市电子政务协会副会长、原天津市人民政府办公厅副主任

曲成义　国家信息化专家咨询委员会委员

崔书昆　解放军信息安全测评中心研究员

陈晓桦　中国信息安全认证中心副主任

周勇林　国家互联网应急中心运行部副主任

陈伯江　军事科学院战略研究部研究员

杨义先　北京邮电大学信息安全中心主任

戴士剑　数据恢复职业资格认证专家顾问

陈致明　军械工程学院博士生导师、教授

刘明生　邯郸学院副院长、教授

杜国平　河北省经济信息中心副主任、正高工

边存国　河北省电子信息技术研究院院长、正高工

武义青　河北经贸大学经济研究所所长、教授

韩宪生　河北省科学院财务处处长、研究员

赵建毅　信息安全共性技术国家工程研究中心河北分中心主任

绩效评估报告及情况通报

2010年度河北省政府系统网站绩效评估报告

综　　述

为全面掌握河北省各级各部门政府网站的发展水平和趋势，引导全省政府系统网站规范化建设，提高政府网站的服务水平和服务质量，促进河北省政府系统网站体系的逐步完善。由省政府办公厅组织，采取委托第三方专业机构的方式，在全省范围内首次开展了政府系统网站绩效评估工作。为保证评估工作公正、客观、有序地进行，省政府办公厅多次召开工作会议，协调调度各参评单位，督促各部门按时高质量地完成相关工作，适时邀请国内外知名专家对评估阶段成果进行论证，解决评估工作中遇到的困难和问题，为评估工作的顺利开展提供了坚实的支撑。国家测评中心河北省中心以科学严谨的态度在指标体系设计、数据采集、数据处理等方面进行了大量细致的工作，确保了评估工作的客观性和准确性。

本次评估对象涵盖72个省直部门、11个设区市和172个县（市、区）政府网站。依据“系统、客观、科学、规范”的指标体系和评分细则，本着“以评估促发展、以评估促建设、以评估促规范”的原则，对各级各部门政府网站开展了全面的、多角度的绩效评估。评估以网站内容、网站性能和组织保障三方面为考核点，重点评估政府网站“信息公开、在线服务和公众参与”三大功能，辅以考察政府网站性能及安全等方面的建设情况、网站管理机构和网站日常管理制度的建设情况。对于省直部门和设区市政府网站，旨在加强对网站建设、管理、运行和维护等方面的规范和引导；对于县（市、区）政府网站，旨在重点引导政府网站的建设发展方向。

通过本次评估，了解到全省政府系统省市县三级网站体系已基本形成，省直部门的网站拥有率在80%以上，设区市达到了100%，县（市、区）政府达到了98.8%，政府网站在信息公开、在线服务、与公众互动等方面取得了明显成效，在促进信息资源共享，推进政务协同，提高行政效率，改善公共服务等方面发挥了一定的作用。但是，网站建设水平还存在发展不平衡、利用率不高等问题，其中，设区市政府网站建设情况整体好于省直部门和县（市、区）政府网站，县（市、区）政府网站的进步空间相对较大。政府系统网站总体处于发展完善阶段。

信息公开工作不断完善，内容不断丰富，信息量不断加大，80%左右的政府网站建设了信息公开平台，其中设区市达到了100%。总计发布的信息条数在5万条以上，2010年度新增信息量近7000条。依据《政府信息公开条例》的要求，平均公开范围率65%，其中设区市87%。但是公开的范围还不够全面，信息的时效性和更新频率也有待进一步提高。建议各级各部门进一步按照信息公开条例和《河北省政府信息公开系统实施导引》等文件的要求，做好信息公开工作，加强教育、医疗、社会公益等民生领域和财务信息等深度政府信息的公开工作，建立信息更新常态机制，及时、准确、完整地做好信息更新工作。

在线服务功能不断完善，服务水平不断提高，在参评网站中，基本上所有网站都不同程度地提供了在线服务，73%的网站还提供了特色服务或便民服务；40%左右的网站对服务资源进行了初步整合；58%的网站提供了办事指南，36%的网站提供了表格下载功能，11%的网站提供了在线申请服务。但是服务资源有待进一步整合，服务深度有待提升。建议各级各部门进一步整合网站资源，完善服务目录，坚持以用户为中心的理念，提供一站式、场景化服务，提高在线服务水平。

互动渠道普及率较高，部分单位能够针对公众提问给予相应的答复，80%以上的政府网站都建有互动交流渠道，其中设区市达到了100%。设区市政府网站对公众提问的答复率在80%左右。但是答复时效性和答复质量等有待进一步规范。建议各级各部门进一步加强互动渠道的维护工作，构建多样化的参与渠道，建立健全互动保障机制，确实发挥互动渠道的沟通作用，提高公众参与积极性，逐步带动网站互动效果的提升。

网站性能整体情况良好，大部分网站都能提供相对稳定的服务，网站的响应速度较快，无明显的等待时间，但是站内搜索等辅助功能的建设还有待进一步完善。建议各级各部门加强网站的日常维护工作，结合实际情况，改善软硬件环境，保障不间断服务的提供，减少空链、死链现象。以方便用户使用为出发点，逐步增加站内搜索、网站地图、使用帮助等功能。

大部分网站已经认识到了网站安全建设的重要性，但网站安全事件仍时有发生，网站安全防范能力还有待进一步提升。建议各级各部门进一步制定和完善安全应急预案和各项安全管理制度，开展应急演练；指派专人负责网站安全维护工作，加强日常安全检查措施的力度和检查频度，及时处理已发生的安全事件，减少或避免因安全问题带来的损失。

绝大多数的省直部门和设区市网站设立了专门机构负责网站的日常管理维护工作，但是在人员配备上还有待加强；仅44%的县（市、区）政府网站设有专人负责网站的管理维护，组织保障力度较弱。大部分网站制定了网站管理方面的制度，制度内容以日常管理、信息公开、信息审核为主，有关网站群管理、互动、服务保障等方面的内容还有所欠缺。建议各级各部门继续加大对网站运行维护的投入，制定并完善相关的组织结构和规章制度，为网站的有效运行提供切实的支撑保障。

河北省政府系统网站的建设和应用已取得良好成效，信息公开的力度不断加大，规范性显著增强；办事资源逐步整合，在线服务水平不断提高；互动栏目日趋丰富，公众参政议政的积极性逐步提高，政府网站正不断向规范化、实用化、人性化方向发展。

评估中发现网络存在问题。河北省各级各部门不断投入人力、财力和物力来保障政府门户网站的建设和发展。对网站的重视程度显著提升，政府网站群体系进一步发展完善，政府网站普遍能够结合政府管理和用户的实际需求，不断充实网站的信息和服务，加强网站功能建设，综合服务能力整体有所提升，但仍然存在以下几点突出问题：

信息公开方面。一是信息公开的范围有待进一步扩展。扶贫、教育、医疗、社会公益、监督检查、土地征用等民生领域的信息公开工作亟待展开；财政信息、重大项目等深度政务信息公开工作也有待加强。二是信息公开的内容有待进一步充实，部分栏目的内容不完整，存在只有栏目、没有内容的现象。三是信息公开机制有待进一步完善，信息公开工作还没有形成常态化，信息发布机制和保障措施还不够完善，存在突击更新的情况，更新频率有待提高。

在线服务方面。一是服务意识有待提高。目前在线服务以“政府为中心”的痕迹仍然存在，构建“以用户为中心”的理念，建设服务性政府网站的意识有待加强。二是服务内容有待充实。服务目录普遍没有完全覆盖部门或政府职能，而且存在空链、死链、错链等现象。三是服务资源有待进一步整合。同一事项的办事资源放置在不同栏目的情况依然存在，还没有完全形成以用户需求为中心，提供一体化、一站式、人性化的服务体系。四是在线服务深度不够，大部分只是提供办事指南和表格下载的功能，能够全程办理的事项很少，同时在线查询等便捷性功能的建设也有待加强。

公众参与方面。一是渠道种类有待进一步丰富。尽管大部分网站建立了留言板、电子邮箱等咨询投诉类的互动渠道，但民意征集、在线访谈的渠道较少，能够实现即时通信的渠道亟待建设完善。二是互动主题的设计有待提高。现有网站的互动主题多为网页改版等方面的内容，没有较好地贴近当代经济社会发展和公众关心的热点问题。三是渠道的可用性有待提高，部分网站的互动渠道存在邮箱无效、无法留言等问题，参与渠道的日常维护工作有待进一步加强。四是互动保障机制有待进一步建立完善。答复内容不规范，答复时间长等问题时有发生，公众满意度有待提高。

网站安全方面。一是网站安全防范能力有待进一步提高，部分网站存在开放对安全造成重大威胁的高危端口和弱口令的问题，没有及时修复安全漏洞，网站安全事件屡有发生。二是网站应急工作没有全面铺开。部分政府或部门，尤其是县（市、区）政府没有制定网站安全应急预案，应急演练的开展频度也有待提高。三是网站安全机制有待进一步完善。大部分网站没有配备专门管理网站安全的人员，日常安全检查措施不能完全满足门户网站安全的需要，网站安全的管理制度也有待进一步健全。

组织管理方面。一是组织机构的建设力度还应进一步加大，尤其是县（市、区）政府网站在这方面的工作亟待加强。二是部分网站的人员配备存在不足的问题，无法满足网站的日常维护需要。三是网站管理制度不健全，没有完全覆盖网站管理工作的方方面面，尤其是涉及举报投诉处理、互动回复、在线服务以及网站群管理方面的内容普遍比较缺乏。

第一，继续加强信息公开工作，引导信息公开的规范化建设。各级各部门应认真贯彻《中华人民共和国政府信息公开条例》和《河北省政府信息公开系统实施导引（试行）》等文件的精神，整合政务资源，建立完善政府信息公开平台，按照科学的分类体系编制并发布信息公开目录；加强与省政府信息公开平台的聚合工作，逐步形成统一的政府信息公开平台。扩大信息公开范围，对应公开还未公开的民生信息和深度政务信息，如教育、社保、财务信息等内容进行梳理，并在网站上开设相关栏目或专题进行公开。提高信息公开质量，对公开的信息不断充实，杜绝空栏目以及信息不完整、不准确等不规范现象。制定信息公开的制度规范，建立信息发布责任制，完善信息公开体系。

第二，加强服务资源整合，提高在线服务的深度和广度。坚持以用户为中心的理念，对职能范围内的服务事项进行梳理，建立服务导航，提供综合完整的服务目录体系。以服务目录为中心，整合服务资源，逐步提高在线办事数量和水平，逐步向场景化、一站式服务进行过渡。针对申请频率高的在线服务，还应开辟快速申报通道；服务事项较多的单位还应提供检索功能，协助用户快速、方便地找到事项的有关内容；总结用户日常申报时可能遇到的问题，提供服务指南、常见问题说明等帮助类信息。

第三，建设多样化参与渠道，带动互动活动效果的提升。应用QQ、MSN、微博等新兴的网络沟通工具，构建多样化的参与渠道，以满足公众参政议政的需求。加强对渠道的维护，不断完善渠道功能，保障渠道的畅通可用。紧密围绕当前工作，深入挖掘社会经济等领域与公众工作生活紧密相关的热点问题，设置交流主题，接收民情民意，拉近政府与公众的距离，增加互动活动的吸引力。建立健全互动保障制度，明确落实责任主体，加强监督问责，使公众提出的问题和建议能够得到及时处理，提高公众参与的积极性，逐步带动网站的互动效果的提升。

第四，优化升级网站性能，提供稳定的访问服务。以信息公开、在线服务、互动交流三大功能为主体，整合页面栏目，逐渐形成首页简单、背后内容丰富、功能强大的服务性网站。以方便用户使用为出发点，逐步增加站内搜索、网站地图、使用帮助等功能。加强网站日常运行的维护，改善软硬件环境，保障不间断服务的提供，提高页面响应时间和链接有效性。

第五，加强安全防范能力，保障用户信息安全。安排专人负责网站安全日常维护工作，加强日常安全检查措施的执行力度，及时发现并处理安全隐患，减少或避免因安全问题带来的损失。加强对高危端口和弱口令的管理，及时修复系统漏洞，提高网站安全防范能力，减少或杜绝安全事件的发生。有针对性地从机房管理、权限管理、网站运行维护、定期检测、信息管理、信息备份、人员职责、安全事件通报等方面出发，建立健全自身的安全管理制度，对各方面涉及的范围、程序、方法及标准等作出清晰明确的规定。

第六，健全网站管理机构，提高网站组织保障能力。进一步建立健全网站管理机构，配备相当的人员进行网站的日常管理工作，明确人员分工、工作标准和工作流程等。制定并完善相关的规章制度，逐步完善举报投诉处理、互动回复、在线服务以及网站群管理等方面的内容，从而为保障网站的有效运行提供有力的支撑。

至2010年底，全省政府系统门户网站体系已基本形成，对促进河北经济社会发展和社会生活起到了积极作用。2011年至2013年，针对河北2010年评估发现的问题网站发展态势，河北政府办公厅、省政府网站管理中心以及电子政务研究会进一步加强了网站建设的指导和规范。

评估程序设计

【评估体系设计】 一是指标体系设计。2009年12月至2010年3月，根据省政府网站管理中心对政府网站建设工作的相关部署和要求，结合河北省政府系统网站建设实际情况，制定了《2010年度河北省政府网站绩效评估指标体系（征求意见稿）》以及《河北省政府网站绩效测评工作方案（征求意见稿）》。指标体系（征求意见稿）以网站内容、网站性能两方面为考核点，重点评估政府网站“信息公开、在线服务和公众参与”三大功能，辅以考察政府网站性能及安全等方面的建设情况。2010年3月17日，随着《关于组织全省政府网站绩效测评的通知》文件的下发，2010年度河北省政府网站绩效评估工作正式启动。

二是指标体系修订。2010年4月至2010年6月，各级各部门积极反馈意见，在综合整理和分析反馈意见，并与专家讨论研究后，对指标体系进行进一步修订。主要修订内容为：增加了组织保障方面的内容；对部分指标的权重和说明进行了调整。2010年6月11日，修订后的指标体系通过《关于印发〈河北省政府网站绩效评估指标体系〉和〈2010年度河北省政府网站绩效评估工作调查表〉的通知》文件形式正式下发至各参评单位。

三是评分细则制定。2010年3月至2010年6月，根据指标体系，参考国家、兄弟省市政府网站绩效评估评分细则的相关内容，综合考虑河北省政府系统网站的发展现状、趋势及特色，进一步研究分解各项指标应考察的关键因素，针对关键因素逐项制订评分标准，组织有关专家对评分细则进行多次讨论，形成了《2010年度河北省政府网站绩效评估指标体系评分细则》。

四是调查表的制定。2010 年 5 月至 2010 年 6 月，依据指标体系，分析数据来源，就无法直接在线采集的基础数据项设计调查表。在多次讨论研究修改后，形成了《2010 年度河北省政府网站绩效评估调查表》，主要包括网站基本信息、网站建设组织保障、网站建设内容、网站安全情况等四方面的内容，随指标体系一起下发给各参评部门。

【相关软件设计开发】 依据评估工作需要，在原有采集软件的基础上，完成了专业采集软件的二次开发工作，该软件可以实现对参评网站访问量、首页打开响应时间、首页打开完成时间、网站可用性、首页更新等参数的自动监控，记录相关数据，汇总统计结果；该软件既能够对相关数据进行自动收集，也可手工控制对某一个网站的某一个参数进行单独采集，并可灵活管理被测网站地址，灵活设置数据采集周期。在本次数据采集中，软件的采集周期为首页响应时间和完成时间每天 6 次，网站可用性每天 4 次，首页空链、死链数每天 1 次。时间为 2010 年 4 月—2010 年 6 月。

【数据采集及处理】 依据指标体系，三类参评单位的得分点共计 785 个，其中在线采集 634 个，专业软件 46 个，调查表 105 个。在 634 个在线采集的得分点中还有 18 个采用了用户模拟的方法进行数据收集。数据采集情况参见图 1-1，其中客观性指标达到了 85%，充分保证了本次评估工作的客观公正性。具体数据采集处理情况如下：

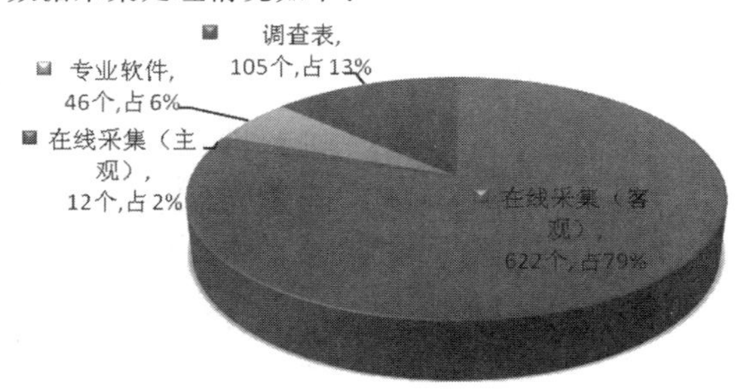

图 1-1 数据采集情况

2010 年 7 月—2010 年 9 月，收集参评单位上报的调查表，汇总整理调查表的相关数据，并就有疑问的数据及时进行沟通，确保数据的真实有效性。截止到 9 月末，共收集有效调查表 160 份。在收集调查表的同时，建立基础数据表，对调查表中涉及的 40 项调查情况按单位进行汇总处理，同时将参与指标评分的调查项抽离出来，为最后的数据处理做好准备。

2010 年 9 月至 2010 年 10 月，专业软件每天都对参评网站的链接有效性、服务稳定性、网站响应和完成时间方面进行记录，为保障专业软件的正常运行，安排专人定期对软件运行情况和数据采集情况进行整理核查。并将软件采集结果及时制成基础数据表，进行数据处理工作。

2010 年 8 月至 2010 年 10 月，组建评估采样工作组、数据核对组，开展综合评测数据采集工作。其中评估采样组分别对每个参评单位在信息公开、在线服务、公众参与、网站性能等方面的 634 个得分点进行数据采集。依照指标体系建立基础数据表，记录每项得分点的实际情况，并对其中的特殊情况进行备注说明。派专人模拟网站用户，收集参评网站在线服务、公众参与栏目的使用情况及效果。数据核对组负责对采集的数据进行二次核对。

2010 年 11 月 1 日至 2010 年 11 月 15 日，组建评估打分组，将核对后的基础数据逐项进行处理分析，剔除调查表的人为因素后，将调查表的有关数据并入数据分析表，结合专业软件采集的基础数据，按照评分细则和权重，计算网站得分情况。

【专家评审】 2010 年 12 月 6 日，组织召开河北省 2010 年度政府网站绩效评估专家论证会，邀请国家和省内的知名专家，对整个评估工作进行了评审，专家名单详见表 1-1。与会专家听取了关于河北省政府网站绩效评估指标体系说明、数据采集及评分、参评网站建设等情况的汇报，经质询讨论一致认为“测评工作对省直各部门及省市县三级政府网站进行了全面的绩效评测，指导思想正确、目标明确、方法合理，可有效促进河北省政府网站的建设和发展；《河北省政府网站绩效评估指标体系》符合河北省政府系统网站的建设要求和现状，内容完整，权重合理，可操作性强；测评工作程序严谨，组织有力，数据采集认真翔实、针对性强，数据量化和数据合成方法科学，评估结果客观、公正”。论论会上专家们提出了进一步修订的意见建议。会后，对相关情况进行了调整和完善。

表 1-1 专家论证会专家名单

姓名	职　务
沈昌祥	中国工程院院士
陈拂晓	原国务院办公厅秘书局政务专员
崔书昆	全国信息安全标准化技术委员会副主任
刘彦凯	原天津市政府办公厅副主任
陈致明	军械工程学院教授、博士生导师
李双溪	河北省信息和工业化厅信息安全处处长
边存国	河北省电子信息技术研究院院长
杜国平	河北省经济信息中心总工程师
赵建毅	信息安全共性技术国家工程研究中心河北分中心主任

【评估结果发布】 2011 年 2 月至

2011年3月，编写《2010年度河北省政府系统网站绩效评估报告》，报告包括前言、主要结论、评估工作过程、评估指标体系、结果发布及分析、网站点评等部分。2011年3月，召开结果发布会，发布2010年度河北省政府系统网站绩效评估结果。

评估指标体系

【省直部门绩效评估指标】 省直部门绩效评估指标由3个一级指标、9个二级指标和28个三级指标构成，具体如表2-1所示。

表2-1 省直部门绩效评估指标体系

一级指标	二级指标	序号	三级指标	权重	指标说明
网站内容（77%）	政府信息公开（25%）	1	信息公开目录	8%	公开目录的框架符合《导引》对政府信息公开分类和展现形式的要求情况。
					检索、分类导航、信息展现、下载、打印等功能的实现情况。
					信息公开指南的发布情况。
		2	主动公开信息	10%	主动公开信息的内容符合《信息公开条例》的有关要求情况。
					主动公开信息的数量。
					主动公开信息的时效性。
					主动公开信息的年度新增数量。
		3	信息聚合度	6%	各部门通过省政府信息公开平台发布的信息数量。
		4	依申请公开	1%	政府网站依申请公开渠道的建设情况。
	实时信息（17%）	5	动态信息	12%	动态信息栏目的建设及更新情况。主要包括是否建有通知公告、工作动态、新闻发布等栏目、信息更新的及时性及信息表现的准确性和丰富性。
		6	时政专栏	5%	结合本部门特点、政府中心工作或社会热点问题等开设的相关专题栏目的建设情况。
	在线服务（20%）	7	服务框架	5%	网站服务按照用户需求、办事主题设置服务框架的情况。
		8	服务便捷性	2%	网站为用户提供快速、准确、便捷地寻找到有关办事信息的情况。主要包括服务资源整合情况，办事指南的详尽程度及快速导航或相关咨询、查询系统等的建设情况。
		9	网上办事	8%	政府网站提供的表格下载、在线申请、结果公示等服务事项的情况。
		10	特色服务	5%	与本部门业务结合紧密的特色服务提供情况。
	公众参与（15%）	11	渠道建设	5%	政府网站为公众提供互动交流的渠道建设情况，主要包括在线解答、投诉举报邮箱、网上调查、网上征集等。
		12	参与便捷性	3%	参与渠道是否提供使用指南类的说明，渠道是否简单、易用，能够方便地满足公众参政议政的互动需求。
		13	答复情况	7%	政府网站对公众提出的意见、建议和咨询等问题的反馈情况，如咨询投诉的答复量、答复时效性，民意征集的采纳情况，在线访谈的开展频度等。

续表

一级指标	二级指标	序号	三级指标	权重	指标说明
网站性能（17%）	网站易用性（5%）	14	页面展示	2%	页面布局的合理、简洁、庄重性；能够体现政府网站三大功能定位，突出职能；以及网站维护单位及联系方式的提供情况。
		15	页面层级	1%	内容层级的复杂度，大多数内容能够在三次点击之内获得。
		16	功能规范	2%	站内搜索、网站地图、“中国河北”网标等功能的建设情况，以及域名设置符合省里有关规范的情况。
	网站可用性（5%）	17	链接有效性	1%	网站链接的有效性，即网站空链、死链的数量。
		18	服务稳定性	2%	能够提供不间断服务的累积时间，主要包括网站页面是否可用正常访问，连断次数、连断时长、错误率等。
		19	响应时间	1%	从浏览器发起链接到网站服务器发出响应的时间差。
		20	打开时间	1%	页面最后一个字节到达时间及传输速度。
	网站安全性（7%）	21	安全防范	2%	网站端口开放、漏洞级别与数量及弱口令等情况
		22	安全事件	2%	网站发生信息泄露、SQL注入、跨站脚本等情况。
		23	安全应急	2%	网站安全预案的制定及应急演练的开展情况。
		24	日常检查措施	1%	网站日常安全检查措施，如病毒查杀、漏洞扫描、备份等的实施情况。
组织保障（6%）	组织保障（3%）	25	网站管理	1.5%	网站管理组织及人员的配备情况
		26	安全管理	1.5%	网站安全管理组织及人员的配备情况
	制度建设（3%）	27	网站管理制度	1.5%	网站管理相关制度的建设情况。
		28	安全管理制度	1.5%	网站安全制度的建设情况，如网站发布信息的安全审查制度等。

网站内容一级指标的评分细则　　如表2-2所示。

表2-2　省直部门网站内容指标评分细则

二级指标	序号	三级指标	评分细则
政府信息公开	1	信息公开目录	标准分10分，视信息分类按照《导引》要求建设情况得0~4分；信息展现形式按照《导引》建设情况得0~2分；简单（全文）检索、高级（组合）检索、对分类目录采取逐级展示方式等辅助功能的提供情况得0~2分；信息公开指南的网上发布情况得0~2分。
	2	主动公开信息	标准分10分，视主动公开信息内容符合《信息公开条列》第九条、第十条相关规定情况得0~4分；根据主动公开信息的总量情况得0~2分；视主动公开信息2010年更新范围情况得0~2分，视主动公开信息2010年更新量情况得0~2分。
	3	依申请公开	标准分10分，视网上依申请公开信息渠道建设情况得0~10分。
	4	信息聚合度	标准分10分，根据各部门2010年在省政府信息公开平台上聚合的信息量按标杆值计算得分。

续表

二级指标	序号	三级指标	评分细则
实时信息	5	动态信息	标准分 10 分，根据动态信息的表现形式得 0~3 分；根据 2010 年动态信息的更新量，按标杆法计算得 0~3 分，按照信息更新频率情况得 0~4 分。
	6	时政专栏	标准分 10 分，根据专题栏目的个数得 0~2 分；根据 2010 年新增专题栏目的个数得 0~2 分；综合各专题栏目内容情况得 0~6 分。
在线服务	7	服务框架	标准分 10 分，根据服务框架按部门职能、服务对象或服务事项类型设计情况得 0~10 分；但视服务主题有空链死链、服务主体和服务内容不符、服务内容为空等不规范情况酌情扣分。
	8	服务便捷性	标准分 10 分，视服务资源整合情况得 0~4 分；视服务指南发布和内容详细情况得 0~4 分，视事项检索、办件查询等辅助功能建设情况得 0~2 分。
	9	网上办事	标准分 10 分，视办事指南提供情况得 0~2 分，视表格下载提供情况得 0~2分，视在线申请提供情况得 0~3 分，视状态公示提供情况得 0~3 分。
	10	特色服务	标准分 10 分，视提供的与本部门业务紧密相关且可用的社会服务个数得 0~10 分。
公众参与	11	渠道建设	标准分 10 分，视互动交流渠道建设的种类情况得 0~6 分；根据各类型可用渠道的个数得 0~2 分，根据渠道可用性得 0~2 分。
	12	参与便捷性	标准分 10 分，视互动交流渠道使用说明提供情况得 0~4 分；视各渠道界面友好程度和使用便捷情况得 0~6 分
	13	答复情况	标准分 10 分，视针对公众参与栏目用户提问的答复量、答复率得 0~4 分，答复时效性得 0~2 分；民意征集活动开展情况得 0~1 分，在线访谈活动的开展情况得 0~1 分；视针对用户提问的答复质量情况得 0~2 分。

网站性能一级指标的评分细则　如表 2-3 所示。

表 2-3　省直部门网站性能指标评分细则

二级指标	序号	三级指标	评分细则
网站易用性	14	页面展示	标准分 10 分，根据网站首页对政府网站三大职能定位体现情况得 0~6 分；首页体现本部门职能和特色情况得 0~1 分；页面布局情况得 0~1 分；提供维护单位信息情况得 0~2 分。
	15	页面层级	标准分 10 分，根据网站内容访问的点击层级情况得 3~10 分
	16	功能规范	标准分 10 分，根据网站首页提供“河北省人民政府”标识情况得 0~3 分；站内搜索、网站地图等辅助功能的提供情况得 0~4 分；网站域名的规范性得 0~3 分。
网站可用性	17	链接有效性	标准分 10 分，根据空死链占首页所有链接比率情况计算得 0~10 分。
	18	服务稳定性	标准分 10 分，根据网站提供服务的异常比率情况得 0~4 分；连续异常次数情况得 0~2 分，连续异常时长情况得 0~4 分。

续表

二级指标	序号	三级指标	评分细则
	19	响应时间	标准分 10 分，根据页面的平均打开时间按分档法得 0~10 分。
	20	打开时间	标准分 10 分，根据页面的平均完成时间按分档法得 0~10 分。
网站安全性	21	安全防范	标准分 10 分，根据端口开放情况得 0~3 分，视漏洞级别与数量情况得 0~4分，视弱口令情况得 0~3 分。
	22	安全事件	标准分 10 分，根据信息泄露防护级别得 0~3 分、根据 SQL 注入、跨站脚本、网页篡改等安全事件的发生情况得 0~7 分。
	23	安全应急	标准分 10 分，制订网站应急预案的得 5 分，根据应急演练开展的次数和频度得 0~5 分。
	24	日常检查措施	标准分 10 分，视病毒查杀、漏洞扫描、定期备份等网站日常检查措施的开展情况得 0~6 分；视安全检查措施实施频度得 0~4 分。

组织管理一级指标的评分细则如表 2-4 所示。

表 2-4　省直部门组织管理指标评分细则

二级指标	序号	三级指标	评分细则
组织保障	25	网站管理	标准分 10 分，网站管理部门设置情况得 2~6 分；根据网站管理人员的数量按标杆法计算得 0~4 分。
	26	安全管理	标准分 10 分，信息安全方面有主管领导设置情况得 0~6 分，信息安全专员设置情况得 0~4 分。
制度建设	27	网站管理制度	标准分 10 分，根据网站管理制度的个数按标杆值法计算得 0~3 分；根据网站群制度建设情况得 0~2 分；本级网站管理制度建设情况得 0~5 分。
	28	安全管理制度	标准分 10 分，信息安全发布审查制度建设情况得 0~4 分，根据机房管理、口令管理、安全测评、服务器和网站定期检测、安全事件报告及处理、人员管理等其他指端制定情况得 0~6 分。

【设区市政府网站绩效评估指标】 设区市政府网站绩效评估指标体系由 3 个一级指标、9 个二级指标和 28 个三级指标构成，具体如表 2-5所示。

表 2-5　设区市政府网站绩效评估指标体系

一级指标	二级指标	序号	三级指标	权重	指标说明
网站内容（77%）	政府信息公开（22%）	1	信息公开目录	7%	公开目录的框架符合《导引》对政府信息公开分类和展现形式的要求情况。
					检索、分类导航、信息展现、下载、打印等功能的实现情况。
					信息公开指南的发布情况。
		2	主动公开信息	7%	主动公开信息的内容符合《信息公开条例》的有关要求情况。
					主动公开信息的总量。
					主动公开信息的时效性。
					主动公开信息的年度新增数量。

续表

一级指标	二级指标	序号	三级指标	权重	指标说明
		3	信息聚合度	7%	与市直部门的信息聚合度，主要包括本市信息公开平台上整合的市直部门比例及其信息发布数量。 与省政府信息公开平台的聚合情况。与县（市、区）的信息聚合情况，主要包括本市信息公开平台上整合的县（市、区）比例及其信息发布数量。
		4	依申请公开	1%	政府网站依申请公开渠道的建设情况。
	实时信息（15%）	5	动态信息	10%	动态信息栏目的建设及更新情况。主要包括是否建有通知公告、工作动态、新闻发布等栏目、信息更新的及时性及信息表现的准确性和丰富性。
		6	专题栏目	5%	结合本地区特点、政府中心工作或社会热点问题等开设的相关专题栏目的建设情况。
	在线服务（20%）	7	服务框架	5%	网站服务按照用户需求、办事主题设置服务框架的情况。
		8	服务便捷性	2%	网站为用户提供快速、准确、便捷地寻找到有关办事信息的情况。主要包括服务资源整合情况，办事指南的详尽程度及快速导航或咨询、查询系统等的建设情况。
		9	网上办事	10%	政府网站提供的表格下载、在线申请、结果公示等服务事项的情况。
		10	便民服务	3%	市民生活常用信息、常用查询的提供情况。
	公众参与（20%）	11	渠道建设	7%	政府网站为公众提供互动交流的渠道建设情况，主要包括在线解答、投诉举报邮箱、网上调查、网上征集等。
		12	参与便捷性	3%	参与渠道是否提供使用指南类的说明，渠道是否简单、易用，能够方便地满足公众参政议政的互动需求。
		13	答复情况	10%	政府网站对公众提出的意见、建议和咨询等问题的反馈情况，如咨询投诉的答复量、答复时效性，民意征集的采纳情况，在线访谈的开展频度等。
网站性能（17%）	网站易用性（5%）	14	页面展示	2%	页面布局的合理、简洁、庄重性；能够体现政府网站三大功能定位；能够突出地方特色，以及网站维护单位及联系方式的提供情况。
		15	页面层级	1%	内容层级的复杂度，大多数内容能够在三次点击之内获得。
		16	功能规范	2%	站内搜索、网站地图、“中国河北”网标等功能的建设情况，网站外文版建设情况。以及域名设置符合省里有关规范的情况。

续表

一级指标	二级指标	序号	三级指标	权重	指标说明
	网站可用性（5%）	17	链接有效性	1%	网站链接的有效性情况，即网站空链、死链的数量。
		18	服务稳定性	2%	能够提供不间断服务的累积时间，主要包括网站页面是否可以正常访问，连断次数、连断时长、错误率等。
		19	响应时间	1%	从浏览器发起链接到网站服务器发出响应的时间差。
		20	打开时间	1%	页面最后一个字节到达时间及传输速度。
	网站安全性（7%）	21	安全防范	2%	网站端口开放、漏洞级别与数量及弱口令等情况
		22	安全事件	2%	网站发生信息泄露、SQL注入、跨站脚本等情况。
		23	安全应急	2%	网站安全预案的制定及应急演练的开展情况。
		24	日常检查措施	1%	网站日常安全检查措施，如病毒查杀、漏洞扫描、备份等的实施情况。
组织保障（6%）	组织保障（3%）	25	网站管理	1.5%	网站管理组织及人员的配备情况
		26	安全管理	1.5%	网站安全管理组织及人员的配备情况
	制度建设（3%）	27	网站管理制度	1.5%	网站管理相关制度的建设情况。
		28	安全管理制度	1.5%	网站安全制度的建设情况，如网站发布信息的安全审查制度等。

网站内容一级指标的评分细则　如表2-6所示。

表2-6　设区市政府网站内容指标评分细则

二级指标	序号	三级指标	评分细则
政府信息公开	1	信息公开目录	标准分10分，视信息分类按照《导引》要求建设情况得0~4分；信息展现形式按照《导引》建设情况得0~2分；简单（全文）检索、高级（组合）检索、对分类目录采取逐级展示方式等辅助功能的提供情况得0~2分；信息公开指南的网上发布情况得0~2分。
	2	主动公开信息	标准分10分，视主动公开信息内容符合《信息公开条例》第九条、第十条相关规定情况得0~4分；根据主动公开信息的总量情况得0~2分；视主动公开信息2010年更新范围情况得0~2分，视主动公开信息2010年更新量情况得0~2分。
	3	信息聚合度	标准分10分，视本级政府信息公开平台聚合市直部门情况得0~3分；聚合所属县市区政府情况得0~3分；视各设区市2010年在省政府信息公开平台上聚合的信息量情况按分档法得0~4分。
	4	依申请公开	标准分10分，视网上依申请公开信息渠道建设情况得0~10分。
实时信息	5	动态信息	标准分10分，根据动态信息的表现形式得0~3分；根据2010年动态信息的更新量，按分档法计算得0~3分，按照信息更新频率情况得0~4分。
	6	专题栏目	标准分10分，根据专题栏目的个数得0~2分；根据2010年新增专题栏目的个数得0~2分；综合各专题栏目内容情况得0~6分。

续表

二级指标	序号	三级指标	评分细则
在线服务	7	服务框架	标准分10分，根据服务框架按服务对象或服务事项类型设计情况得0~10分；但视服务主题有空链死链、服务主体和服务内容不符、服务内容为空等不规范情况酌情扣分。
	8	服务便捷性	标准分10分，视服务资源整合情况得0~4分；视服务指南发布和内容详细情况得0~4分，视事项检索、办件查询等辅助功能建设情况得0~2分。
	9	网上办事	标准分10分，视办事指南提供情况得0~2分，视表格下载提供情况得0~2分，视在线申请提供情况得0~3分，视状态公示提供情况得0~3分。
	10	便民服务	标准分10分，视本级网站提供的便民服务数量和内容得0~10分。
公众参与	11	渠道建设	标准分10分，视互动交流渠道建设的种类情况得0~6分；根据各类型可用渠道的个数得0~2分，根据渠道可用性得0~2分。
	12	参与便捷性	标准分10分，视互动交流渠道使用说明提供情况得0~4分；视各渠道界面友好程度和使用便捷情况得0~6分。
	13	答复情况	标准分10分，视针对公众参与栏目用户提问的答复量、答复率得0~4分，答复时效性得0~2分；民意征集活动开展情况得0~1分，在线访谈活动的开展情况得0~1分；视针对用户提问的答复质量情况得0~2分。

网站性能一级指标的评分细则　如表2-7所示。

表2-7　设区市政府网站性能指标评分细则

二级指标	序号	三级指标	评分细则
网站易用性	14	页面展示	标准分10分，根据网站首页对政府网站三大职能定位体现情况得0~6分；首页能够突出职能、行业特色情况得0~1分；页面布局情况得0~1分；提供维护单位信息情况得0~2分。
	15	页面层级	标准分10分，根据网站内容访问的点击层级情况得0~10分
	16	功能规范	标准分10分，根据网站首页提供“河北省人民政府”标识情况得0~2分；站内搜索、网站地图等辅助功能的提供情况得0~3分；网站域名的规范性得0~3分，外文版网站建设情况得0~2分。
网站可用性	17	链接有效性	标准分10分，根据空死链占首页所有链接比率情况计算得0~10分。
	18	服务稳定性	标准分10分，根据网站提供服务的异常比率情况得0~4分；连续异常次数情况得0~2分，连续异常时长情况得0~4分。
	19	响应时间	标准分10分，根据页面的平均打开时间按分档法得0~10分。
	20	打开时间	标准分10分，根据页面的平均完成时间按分档法得0~10分。

续表

二级指标	序号	三级指标	评分细则
网站安全性	21	安全防范	标准分10分，根据网站服务器端口、系统漏洞和弱口令等安全隐患情况得0~10分。
	22	安全事件	标准分10分，根据网站信息泄露、SQL注入等网站安全事件发生情况得0~10分
	23	安全应急	标准分10分，根据网站应急预案的编制和应急演练的开展情况分别得0~5分。
	24	日常检查措施	标准分10分，根据病毒查杀、漏洞扫描等网站日常检查措施的开展情况得0~10分。

组织管理一级指标的评分细则如表2-8所示。

表2-8 设区市政府组织管理指标评分细则

二级指标	序号	三级指标	评分细则
组织保障	25	网站管理	标准分10分，根据端口开放情况得0~3分，视漏洞级别与数量情况得0~4分，视弱口令情况得0~3分。
	26	安全管理	标准分10分，根据信息泄露防护级别得0~3分、根据SQL注入、跨站脚本、网页篡改等安全事件的发生情况得0~7分。
制度建设	27	网站管理制度	标准分10分，制订网站应急预案的得5分，根据应急演练开展的次数和频度得0~5分。
	28	安全管理制度	标准分10分，视病毒查杀、漏洞扫描、定期备份等网站日常检查措施的开展情况得0~6分；视安全检查措施实施频度得0~4分。

【县（市、区）政府网站绩效评估指标】 县（市、区）政府网站绩效评估指标体系由3个一级指标、9个二级指标和22个三级指标构成，具体如表2-9所示。

表2-9 县（市、区）政府网站绩效评估指标体系

一级指标	二级指标	序号	三级指标	权重	指标说明
网站内容（77%）	政府信息公开（25%）	1	信息公开目录	7%	公开目录的内容框架符合《导引》对政府信息公开分类和展现形式的要求情况。
					检索、分类导航、信息展现、下载、打印等功能的实现情况。
					信息公开指南的发布情况。
		2	主动公开信息	10%	主动公开信息的内容符合《中华人民共和国信息公开条例》的有关要求情况。
					主动公开信息的总量。
					主动公开的时效性。
					主动公开信息的年度新增数量。

续表

一级指标	二级指标	序号	三级指标	权重	指标说明
		3	信息聚合度	7%	与所属市的信息公开平台聚合情况，主要包括本级政府信息公开平台是否与市信息公开平台进行了聚合。 本级政府信息公开平台包括的县直部门、乡镇的比例以及其发布的信息数量。
		4	依申请公开	1%	政府网站依申请公开渠道的建设情况。
	实时信息（17%）	5	动态信息	12%	动态信息栏目的建设及更新情况。主要包括是否建有通知公告、工作动态、新闻发布等栏目、信息更新的及时性及信息表现的准确性和丰富性。
		6	专题栏目	5%	结合本地区特点、政府中心工作或社会热点问题等开设的相关专题栏目的建设情况，主要包括三农信息、城乡建设、社会公益、土地征用房屋拆迁、捐赠救助等专题的栏目建设情况。
	在线服务（20%）	7	服务框架	5%	网站服务按照用户需求、办事主题设置服务框架的情况。
		8	服务便捷性	2%	网站为用户提供快速、准确、便捷地寻找到有关办事信息的情况。主要包括服务资源整合情况，办事指南的详尽程度及快速导航或咨询、查询系统等的建设情况。
		9	网上办事	10%	政府网站提供的表格下载、在线申请、结果公示等服务事项的情况。
		10	便民服务	3%	市民生活常用信息、常用查询的提供情况。
	公众参与（15%）	11	渠道建设	7%	政府网站为公众提供互动交流的渠道建设情况，主要包括在线解答、投诉举报邮箱、网上调查、网上征集等。
		12	参与便捷性	3%	参与渠道是否提供使用指南类的说明，渠道是否简单、易用，能够方便地满足公众参政议政的互动需求。
		13	答复情况	5%	政府网站对公众提出的意见、建议和咨询等问题的反馈情况，如咨询投诉的答复量、答复时效性，民意征集的采纳情况，在线访谈的开展频度等。
网站性能（17%）	网站易用性（5%）	14	页面展示	2.5%	页面布局的合理、简洁、庄重性；能够体现政府网站三大功能定位，突出职能；以及网站维护单位及联系方式的提供情况等。
		15	功能规范	2.5%	站内搜索、网站地图等辅助功能的建设情况。
	网站可用性（7%）	16	服务稳定性	3.5%	网站提供不间断服务的情况及页面链接的有效性。
		17	页面响应时间	3.5%	网页响应时间及网页打开时间。
	网站安全性（5%）	18	网站安全性	8%	网站安全日常安全检查措施以及网站安全预案的制定及应急演练的开展情况等。

续表

一级指标	二级指标	序号	三级指标	权重	指标说明
组织保障（6%）	组织保障（3%）	19	网站管理	1.5%	网站管理组织及人员的配备情况
		20	安全管理	1.5%	网站安全管理组织及人员的配备情况
	制度建设（3%）	21	网站管理制度	1.5%	网站管理相关制度的建设情况。
		22	安全管理制度	1.5%	网站安全制度的建设情况，如网站发布信息的安全审查制度等。

网站内容一级指标的评分细则　如表2-10所示。

表2-10　县（市、区）政府网站内容指标评分细则

二级指标	序号	三级指标	评分细则
政府信息公开	1	信息公开目录	标准分10分，视信息分类按照《导引》要求建设情况得0~4分；信息展现形式按照《导引》建设情况得0~2分；简单（全文）检索、高级（组合）检索、对分类目录采取逐级展示方式等辅助功能的提供情况得0~2分；信息公开指南的网上发布情况得0~2分。
	2	主动公开信息	标准分10分，视主动公开信息内容符合《信息公开条例》第九条、第十条相关规定情况得0~4分；根据主动公开信息的总量情况得0~2分；视主动公开信息2010年更新范围情况得0~2分，视主动公开信息2010年更新量情况得0~2分。
	3	信息聚合度	标准分10分，视本级政府聚合到所属设区市信息公开平台情况得6~10分。
	4	依申请公开	标准分10分，视网上依申请公开信息渠道建设情况得0~10分。
实时信息	5	动态信息	标准分10分，根据动态信息的表现形式得0~3分；根据2010年动态信息的更新量，按分档法计算得0~3分，按照信息更新频率情况得0~4分。
	6	专题栏目	标准分10分，根据专题栏目的个数得0~2分；根据2010年新增专题栏目的个数得0~2分；综合各专题栏目内容情况得0~6分。
在线服务	7	服务框架	标准分10分，根据服务框架按服务对象或服务事项类型设计情况得0~10分；但视服务主题有空链死链、服务主体和服务内容不符、服务内容为空等不规范情况酌情扣分。
	8	服务便捷性	标准分10分，视服务资源整合情况得0~4分；视服务指南发布和内容详细情况得0~4分，视事项检索、办件查询等辅助功能建设情况得0~2分。
	9	网上办事	标准分10分，视办事指南提供情况得0~2分，视表格下载提供情况得0~2分，视在线申请提供情况得0~3分，视状态公示提供情况得0~3分。
	10	便民服务	标准分10分，视本级网站提供的便民服务数量和内容得0~10分。
公众参与	11	渠道建设	标准分10分，视互动交流渠道建设的种类情况得0~6分；根据各类型可用渠道的个数得0~2分，根据渠道可用性得0~2分。
	12	参与便捷性	标准分10分，视互动交流渠道使用说明提供情况得0~4分；视各渠道界面友好程度和使用便捷情况得0~6分
	13	答复情况	标准分10分，视针对公众参与栏目用户提问的答复量、答复率得0~4分，答复时效性得0~2分；民意征集活动开展情况得0~1分，在线访谈活动的开展情况得0~1分；视针对用户提问的答复质量情况得0~2分。

网站性能一级指标的评分细则如表2-11所示。

表2-11 县（市、区）政府网站性能指标评分细则

二级指标	序号	三级指标	评分细则
网站易用性	14	页面展示	标准分10分，根据网站首页对政府网站三大职能定位体现情况得0~6分；首页能够突出职能、行业特色情况得0~1分；页面布局情况得0~1分；提供维护单位信息情况得0~2分。
	15	功能规范	标准分10分，根据站内搜索、网站地图等辅助功能的提供情况得0~10分。
网站可用性	16	服务稳定性	标准分10分，根据网站服务可用性情况得0~5分；根据网站首页空死链占首页所有链接比率情况得0~5分。
	17	响应时间	标准分10分，根据页面的平均打开时间按分档法得0~5分，根据页面的平均完成时间按分档法得0~5分。
网站安全性	18	网站安全性	标准分10分，根据病毒查杀、漏洞扫描等网站日常检查措施的开展情况得0~5分，根据网站应急预案的编制和应急演练的开展情况得0~5分。

组织管理一级指标的评分细则如表2-12所示。

表2-12 县（市、区）政府组织管理指标评分细则

二级指标	序号	三级指标	评分细则
组织保障	19	网站管理	标准分10分，根据网站管理组织人员配置情况得0~10分。
	20	安全管理	标准分10分，根据网站安全管理员配置情况得0~10分。
制度建设	21	网站管理制度	标准分10分，根据网站管理制度个数得0~3分；根据网站群管理制度的覆盖范围和内容编制情况得0~3分；根据本级网站管理制度的覆盖范围和内容编制情况得0~4分
	22	安全管理制度	标准分10分，视信息发布安全审查制度制定情况得0~4分，根据网站安全管理制度的覆盖范围和内容编制情况得0~6分。

【数据采集处理方法】 根据指标的性质，本次综合评估时，数据采集的方法主要有以下几种：

数据采集方法	方法说明
在线采集	通过互联网对各政府网站进行人工访问采集。
专业软件	通过专业软件对特定指标进行数据收集。
官方数据	由省政府办公厅办提供的相关数据。
用户模拟	模拟用户实际需求考察某项栏目的应用效果。
调查表	通过向参评单位发放调查表收集相关数据

省直部门28个三级指标的数据采集方法参见表2-13。在28个三级指标中，共包括50项关键因素，247项得分点，其中信息公开123项，在线服务31项、公众参与22项、网站性能48项、组织管理23项。得分点的数据采集情况参见图2-1。

表 2-13　省直部门数据采集方法

一级指标	二级指标	三级指标	采集方法
网站内容	政府信息公开	信息公开目录	在线采集
		主动公开信息	在线采集
		依申请公开	在线采集
		信息聚合度	官方数据
	实时信息	动态信息	在线采集
		时政专栏	在线采集
	在线服务	服务框架	在线采集
		服务便捷性	在线采集
		网上办事	在线采集、用户模拟
		特色服务	在线采集
	公众参与	渠道建设	在线采集
		参与便捷性	在线采集
		答复情况	在线采集、用户模拟、调查表
网站性能	网站易用性	页面展示	在线采集
		页面层级	在线采集
		功能规范	在线采集
	网站可用性	链接有效性	专业软件
		服务稳定性	专业软件
		响应时间	专业软件
		打开时间	专业软件
	网站安全性	安全防范	专业软件
		安全事件	专业软件
		安全应急	调查表
		日常检查措施	调查表
组织管理	组织保障	网站管理	调查表
		安全管理	调查表
	制度建设	网站管理制度	调查表
		安全管理制度	调查表

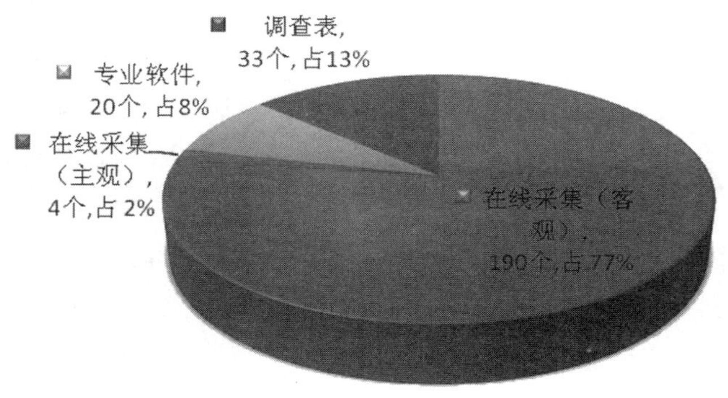

图 2-1　省直部门数据采集情况

设区市政府28个三级指标的数据采集方法参见表2-14。在28个三级指标中，共包括54项关键因素，280项得分点，其中信息公开152项，在线服务31项、公众参与22项、网站性能49项、组织管理26项。得分点的数据采集情况参见图2-2。

表2-14　设区市政府数据采集方法

一级指标	二级指标	三级指标	采集方法
网站内容	政府信息公开	信息公开目录	在线采集
		主动公开信息	在线采集
		依申请公开	在线采集
		信息聚合度	在线采集、官方数据
	实时信息	动态信息	在线采集
		时政专栏	在线采集
	在线服务	服务框架	在线采集
		服务便捷性	在线采集
		网上办事	在线采集、用户模拟
		特色服务	在线采集
	公众参与	渠道建设	在线采集
		参与便捷性	在线采集
		答复情况	在线采集、用户模拟、调查表
网站性能	网站易用性	页面展示	在线采集
		页面层级	在线采集
		功能规范	在线采集
	网站可用性	链接有效性	专业软件
		服务稳定性	专业软件
		响应时间	专业软件
		打开时间	专业软件
	网站安全性	安全防范	专业软件
		安全事件	专业软件
		安全应急	调查表
		日常检查措施	调查表
组织管理	组织保障	网站管理	调查表
		安全管理	调查表
	制度建设	网站管理制度	调查表
		安全管理制度	调查表

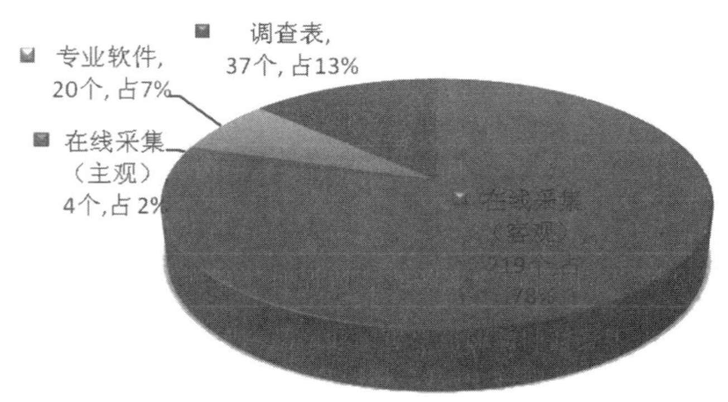

图 2-2 设区市政府数据采集情况

县（市、区）政府22个三级指标的数据采集方法参见表2-15。在22个三级指标中，共包括44项关键因素，258项得分点，其中信息公开150项，在线服务31项、公众参与22项、网站性能31项、组织管理24项。得分点的数据采集情况参见图2-3。

表 2-15 县（市、区）政府数据采集方法

一级指标	二级指标	三级指标	采集方法
网站内容	政府信息公开	信息公开目录	在线采集
		主动公开信息	在线采集
		信息聚合度	在线采集
		依申请公开	在线采集
	实时信息	动态信息	在线采集
		专题栏目	在线采集
	在线服务	服务框架	在线采集
		服务便捷性	在线采集
		网上办事	在线采集、用户模拟
		便民服务	在线采集
	公众参与	渠道建设	在线采集
		参与便捷性	在线采集
		答复情况	在线采集、用户模拟、调查表
网站性能	网站易用性	页面展示	在线采集
		功能规范	在线采集
	网站可用性	服务稳定性	专业软件
		响应时间	专业软件
	网站安全性	网站安全性	调查表
组织管理	组织保障	网站管理	调查表
		安全管理	调查表
	制度建设	网站管理制度	调查表
		安全管理制度	调查表

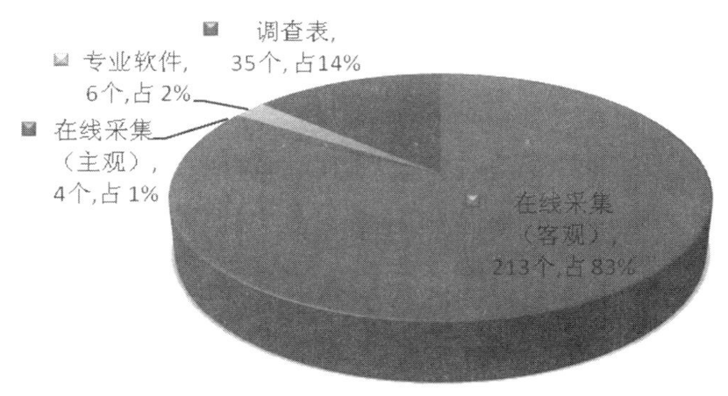

图 2-3　县（市、区）政府数据采集情况

在数据处理方面，主要采用的方法有极值法、标杆法、有无测试法、综合法等几种方法，具体说明如下。

1. 极值法

由于定量指标的计量单位各不相同，不具有可比性。因此，在确定指标实际值之后，还必须解决指标间的可综合性问题，即进行指标的无量纲化处理，通过一定的数值变换来消除指标间的量纲影响。

本次绩效评估中的定量指标均为正向指标，即指标值越大越好的指标。因此采用直线型无量纲法的极值法进行指标量化，公式如下：

$$y=\begin{cases}100 & x\geqslant x_{max}\\ a\times\dfrac{x-x_{min}}{x_{max}-x_{min}}+（100-a） & x_{min}<x<x_{max}\\ 100-a & x\leqslant x_{min}\end{cases}$$

式中，y：定量指标评估值；

x：有量纲指标实际值；

x_{max}：有量纲指标最大值；

x_{min}：有量纲指标最小值；

a：功效系数，为 0～100 之间的整数。

2. 标杆法

根据政府网站实际发展情况，选取相应指标的实际值作为标杆值，公式如下：

$$y=\frac{x}{B}\times a$$

式中，y：定量指标评估值；

x：有量纲指标实际值；

B：有量纲指标标杆值；

a：某项指标的标准分。

3. 分档法

根据某项指标的实际情况，按照一定标准分类排列等级次序，不同的等级分别赋予一定的分值，根据指标内容的建设情况，对应相应的档次计算得分。

4. 有无测试法

根据有无情况或是否能够达到某项要求对网站进行打分，有或者达到要求则给相应分数，无或没有达到要求则不得分或给相应分数。

5. 有效率法

根据考察内容的有效情况进行打分，如咨询投诉渠道的可用性、咨询投诉的答复率等指标都应用此方法。公式如下：

$$y=\frac{x}{M}\times a$$

式中，y：定量指标评估值；

x：有量纲指标实际值；

M：有量纲指标应达到的值；

a：某项指标的标准分。

6. 综合法

综合上述几种方法进行评分。

评估结果分析

【省直部门网站评估结果分析】

2010 年河北省政府系统网站绩效评估省直部门网站平均绩效为 47.82 分，有 26 个网站的得分在平均分以上，占省直参评单位总数的 44.83%，有 12 个网站得分在 60 分以上，占省直参评单位总数的 20.69%，总体处于发展完善阶段，具体情况参见图 3-1。省直部门网站一级指标得分情况如图 3-2 所示，从一级指标的得分情况来看，网站性能和组织管理相对较好，网站内容的建设还有待进一步加强。

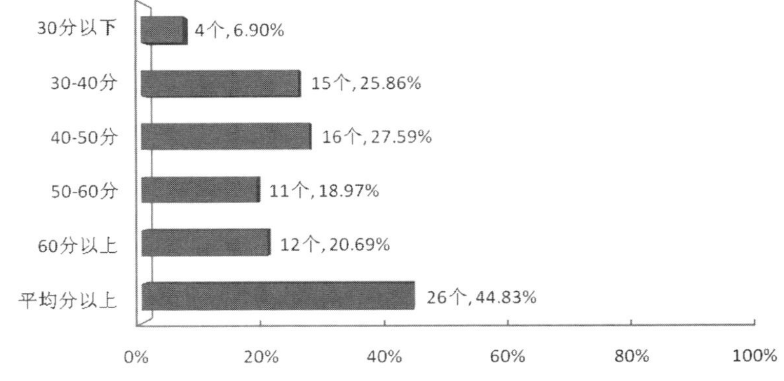

图 3-1　省直部门绩效水平对比分析

网站内容指标的平均绩效为 31.91 分，平均指数为 4.14，各项二级指标平均分（满分 10 分）如图 3-3 所示。信息公开目录的建设已经初步开展，大部分单位能将梳理完成的信息公开目录在门户网站上进行了发布，但信息公开内容不够全面，公开范围仍需拓展，大部分单位未建设依申请公开渠道。动态信息更新量较大，但更新频率需进一步提升。大部分网站设置了在线服务和公众参与栏目，但整体发展水平偏低，差异程度比较明显，在线服务深度不够，人性化体现不足，公众参与的效果有待提高。

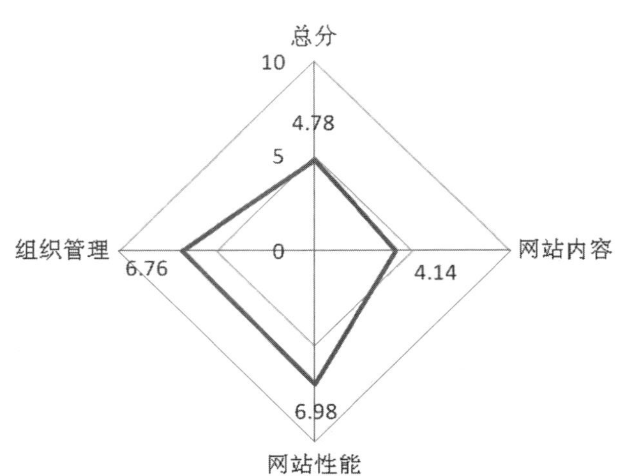

图 3-2　省直部门网站一级指标得分情况

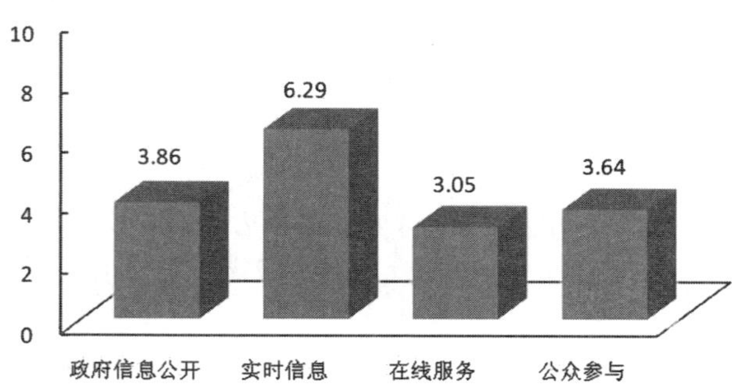

图 3-3　省直部门网站内容指标标准分

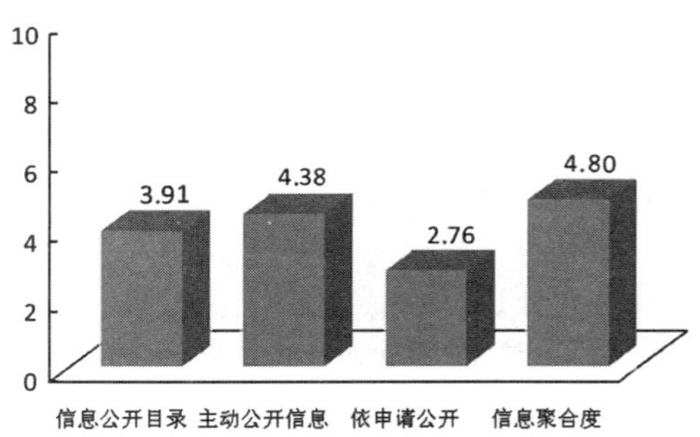

图 3-4　省直部门政府信息公开指标标准分

政府信息公开指标的平均绩效为 9.64 分，平均指数为 3.86。各项三级指标平均分（满分为 10 分）如图 3-4所示。

70.69%的网站不同程度地开展了本部门的信息公开目录建设，信息分类以体裁分类和主题分类为主，34.48%的网站能够全部提供列表、简要和细览三种形式的信息展现，58.62%的网站不同程度地提供了检索、目录逐级展示等辅助功能。主动公开信息的范围集中体现在部门基本信息、领导信息、法规规章等基本信息上，涉及民生、财政、重大项目、监督等信息公开情况较差，具体情况参见图 3-5；各部门主动公开信息量平均为 283 条，27.59%的网站发布的信息量在平均数以上；除法规规章外，其他栏目在 2010 年的更新情况都比较差。16 个网站开通了网上依申请公开渠道，占省直参评单位总数的 27.59%。信息聚合度方面，各部门 2010 年度在省政府信息公开平台上聚合信息总数为 6284 条，仅有 22.41%的部门聚合的信息量超过了平均数。

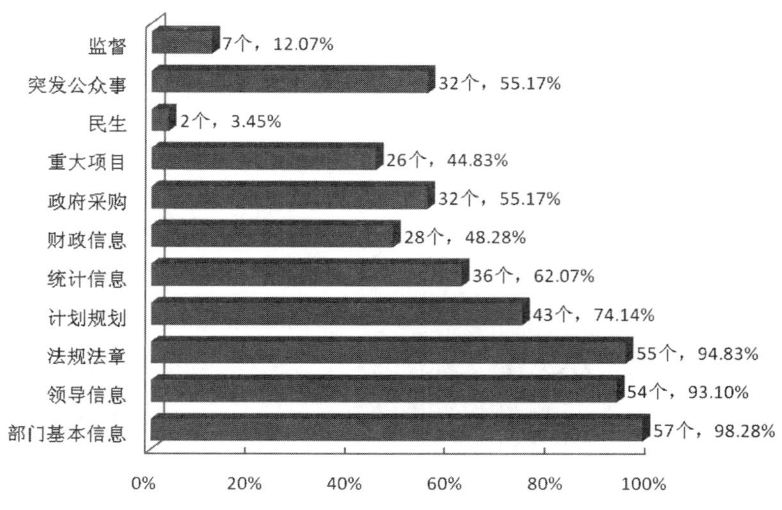

图 3-5　省直部门主动公开信息建设情况

实时信息指标的平均绩效为10.07分，平均指数为6.29。各项三级指标平均分（满分为10分）如图3-6所示。动态信息的栏目设置情况较好，全部开设了动态信息栏目，其中50个部门能够提供图片新闻，23个部门能够提供视频新闻，分别占省直参评单位总数的86.21%和39.66%，但日常维护工作还有待加强，能够每周更新8条以上的仅有2家、分别是省工业和信息化厅和省环境保护厅。专题栏目方面，56个部门能够结合自身业务，开展专题栏目的建设，占省直参评单位总数的96.55%，专栏内容较为丰富充实的部门有32家，占省直参评单位总数的55.17%；但仅有23个部门在2010年结合社会时事新增了时政专栏，占省直参评单位总数的39.66%。

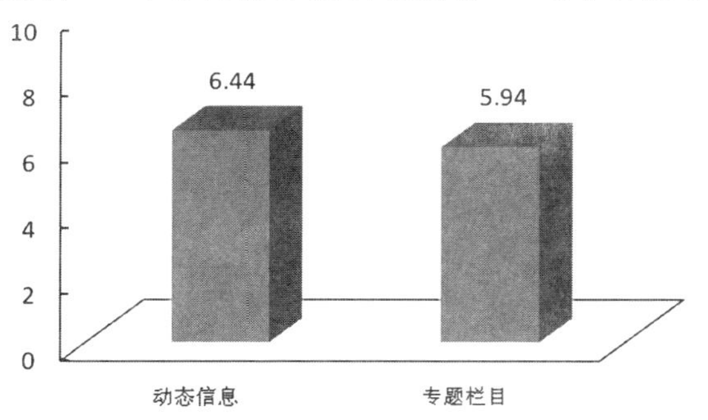

图3-6 省直部门实时信息指标标准分

10
8
6
4
2
0
4.41
3.46
2.56
2.31
服务框架
服务便捷性
网上办事
特色服务

图3-7 省直部门在线服务指标标准分

在线服务指标的平均绩效为6.10分，平均指数为3.05，各项三级指标平均分（满分10分）如图3-7所示。有70.69%的网站不同程度的开展了在线办事服务，但服务水平普遍偏低。仅有37.93%网站建设了服务导航，但导航的分类方式单一，无法很好的满足用户需求，服务目录所列事项也大多未能全面覆盖部门职能。服务资源的整合工作还有待进一步开展，办事指南的内容有待进一步丰富。大多数网站只是提供办事指南和表格下载，真正实现全程在线办理的网站很少，结果公示没有形成一定的机制，提供办件查询的网站较少。在特色服务方面，跟本部门业务结合的社会服务事项有待丰富，其中省农业厅网站提供的特色服务丰富且可用性强。

公众参与指标的平均绩效为5.47分，平均指数为3.64。各项三级指标平均分（满分10分）如图3-8所示。大多数部门已经认识到政府网站在与公众进行相互交流中的桥梁作用，但建设水平参差不齐。有87.93%的网站开展了公众参与相关栏目的建设，参与渠道以留言板、电子邮箱等方式为主，能够实现即时互动的很少；互动内容以咨询投诉为主，民意征集和在线访谈很少。参与渠道的界面友好性和便捷性有待进一步改善。部分网站能够针对公众所提问题给出相应的回复，但答复质量和答复时效性有待改善。

网站性能指标平均绩效11.86分，平均指数为6.98，各项二级指标平均分（满分10分）如图3-9所示。页面展示和页面层级的建设情况较好，但在功能规范性上还有待完善。链接有效性普遍较高，绝大多数网站能够提供稳定的在线服务，网站响应和完成速度较快。网站安全水平参差不齐，整体有待加强。

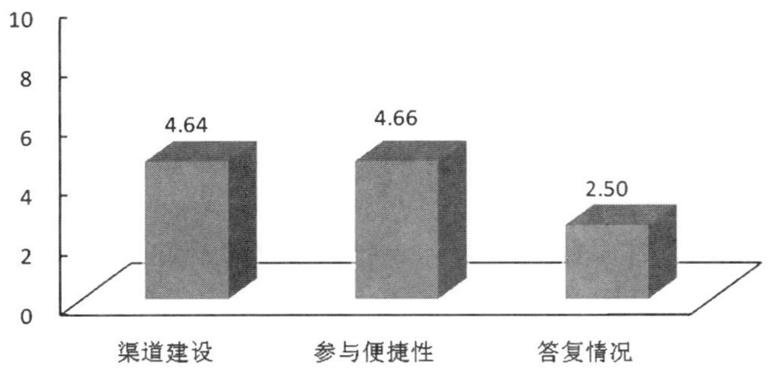

图3-8 省直部门公众参与指标标准分

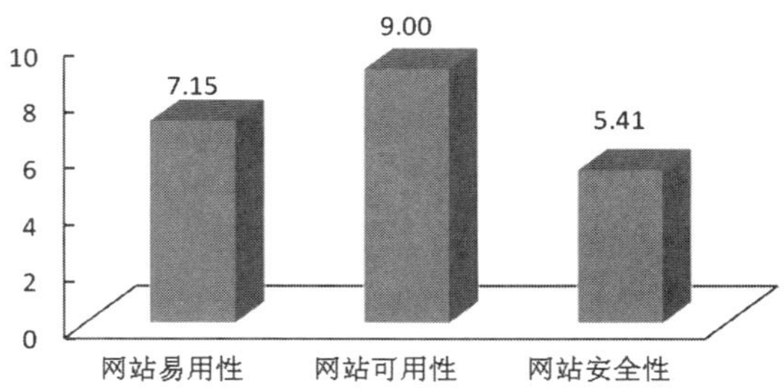

图3-9 省直部门网站性能指标标准分

网站易用性指标的平均绩效为3.50分，平均指数为7.15，各项三级指标平均分（满分10分）如图3-10所示。所有网站的首页均能够体现信息公开，84.48%的网站首页能够体现在线服务，62.07%的网站首页能够体现公众参与。绝大部分网站能够在三次点击之内访问到相关内容。半数网站能够体现“中国河北”统一标识；辅助功能以站内搜索为主，网站地图、使用帮助等辅助功能需要进一步建设完善；

全部网站域名都合乎规范要求。

网站可用性指标的平均绩效为4.50分，平均指数为9.00，各项三级指标平均分（满分10分）如图3-11所示。网站链接有效性较高，虽然都存在空、死链现象，但比例很小。绝大部分网站都可提供稳定的服务，平均异常比例仅为3.71%；大多数网站的响应和完成速度很快，没有明显的等待时间。

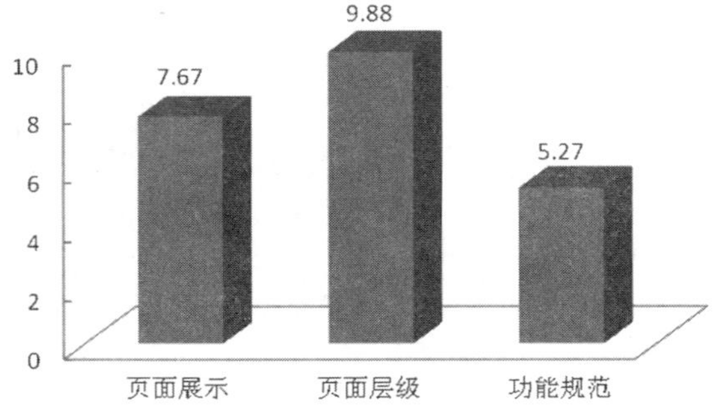

图 3-10　省直部门网站易用性标准分

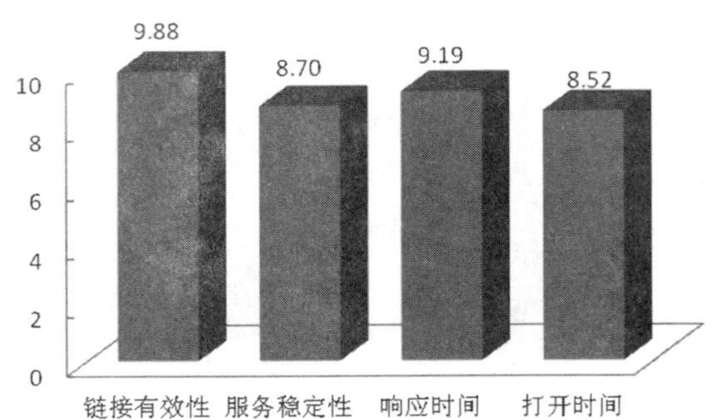

图 3-11　省直部门网站可用性标准分

网站安全性指标的平均绩效为3.78分，平均指数为5.41，各项三级指标平均分（满分10分）如图3-12所示。各部门网站安全防范能力有待加强，信息泄露等安全事件时有发生。58.62%的部门制定了网站应急预案，且大多开展了安全应急演练，89.66%的部门具备日常安全检查措施，其中47个部门定期进行病毒查杀，48个部门定期进行漏洞扫描，51个部门对网站内容定期备份，分别占省直参评单位总数的81.03%、82.76%和87.93%。

组织管理指标平均绩效4.06分，平均指数为6.76。各项二级指标平均分（满分10分）如图3-13所示。绝大多数网站设有专门的网站管理部门并安排专人负责，但专门负责网站安全工作的人员偏少。多数省直部门建有网站管理制度和安全管理制度，其中信息发布制度建设较为完善，其他方面制度的建设有待进一步完善。

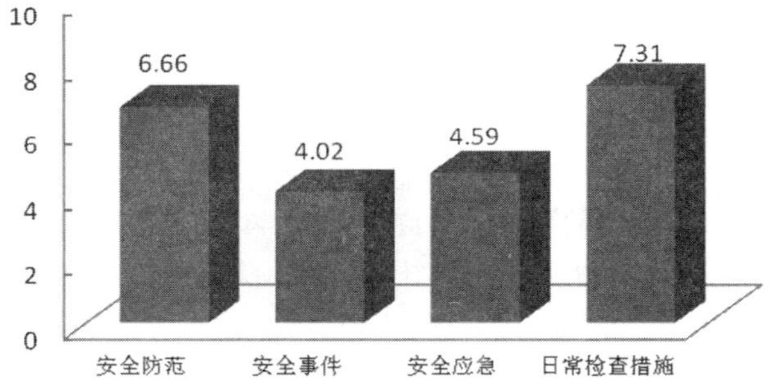

图 3-12　省直部门网站安全性标准分

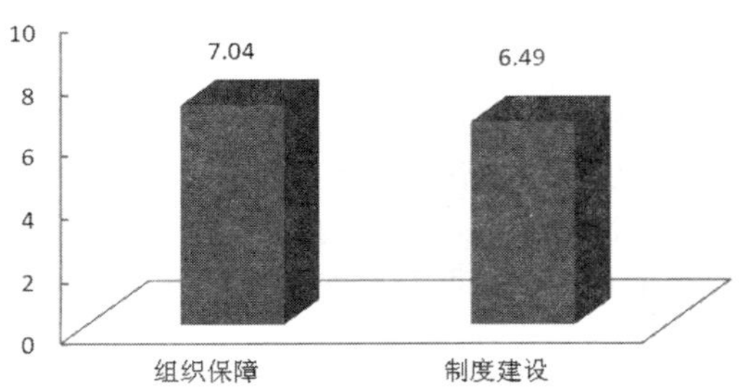

图 3-13　省直部门组织管理指标标准分

组织保障指标的平均绩效为2.11分，平均指数为7.04，各项三级指标平均分（满分10分）如图3-14所示。94.83%的网站设有专门的网站管理部门，并配备了相应的管理人员；93.10%的网站设有负责网站安全管理的主管领导，但仅有两个部门设有专门负责网站安全工作的人员。

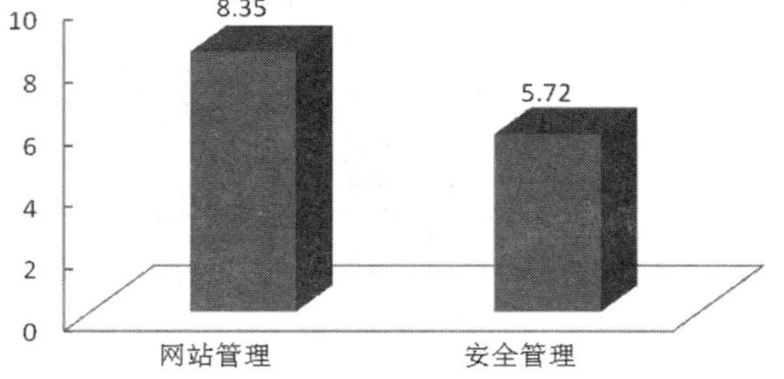

图 3-14　省直部门组织保障指标标准分

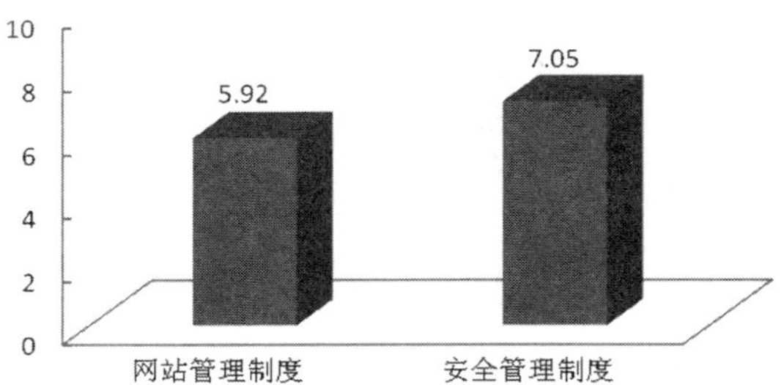

图 3-15　省直部门制度建设指标标准分

制度建设指标的平均绩效为1.95分，平均指数为6.49，各项三级指标平均分（满分10分）如图3-15所示。86.21%的部门建有网站管理制度，其中有8个部门制定了网站群管理制度。制度内容以日常管理、信息审核、信息公开、安全防范、岗位责任为主，举报投诉处理、意见回复、在线服务等方面的内容还有待进一步完善。86.21%的部门不同程度的建设了网站安全制度，其中81.03%的部门建立了信息发布安全审查制度，其他诸如安全测评、机房管理、服务器和网站定期检测等安全管理制度有待进一步完善。

【设区市政府网站评估结果分析】

2010年河北省政府网站绩效评估设区市政府网站平均绩效71.23分，平均绩效得分明显高于省直部门和县（市、区）政府网站，总体上处于较成熟阶段。有6个网站的得分在平均分以上，占设区市总数的54.55%。其中石家庄市的绩效得分超过了80分，具体情况参见图3-16。设区市政府网站各项一级指标得分情况如图3-17所示，从一级指标的得分情况来看，各项指标的得分情况都较高，尤其是组织管理指标。

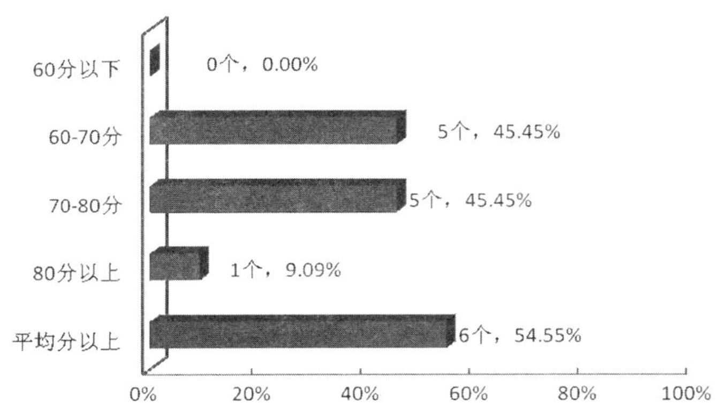

图3-16　设区市政府网站绩效对比分析

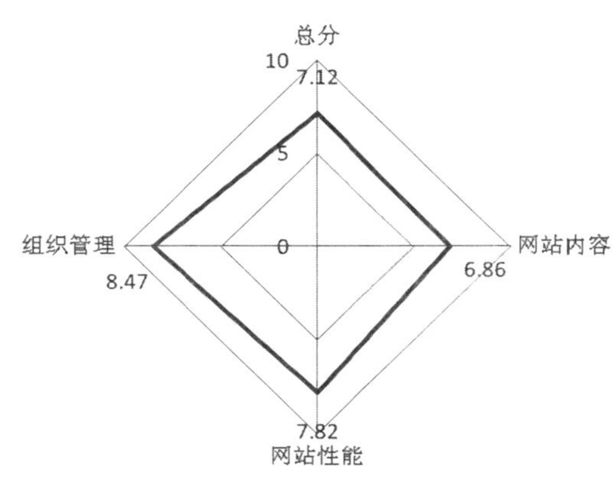

图3-17　设区市政府网站一级指标得分情况

网站内容指标的平均绩效为52.85分，平均指数为6.86，各项二级指标平均分（满分10分）如图3-18所示。设区市政府网站信息公开的整体水平明显高于省直部门和县（市、区）网站，公开目录的格式规范、内容较丰富，主动公开信息的范围较广、数量较大，但信息公开的时效性有待提升。实时信息方面，动态信息和专题栏目的内容普遍较丰富且形式多样，但更新情况有待改善。在线服务方面，在一定程度上围绕服务事项整合了服务资源，但在线办事的深度和广度还有待于进一步加强。公众参与方面，答复率相对较高，取得了一定的互动效果。

政府信息公开指标的平均绩效为16.52分，平均指数为7.51，各项三级指标平均分（满分10分）如图3-19所示。

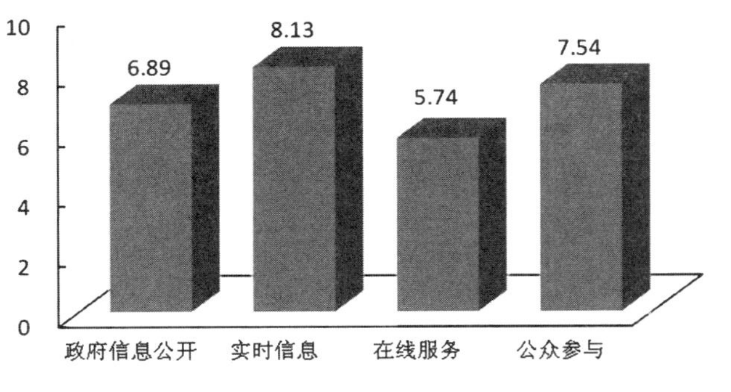

图3-18　设区市政府网站内容指标标准分

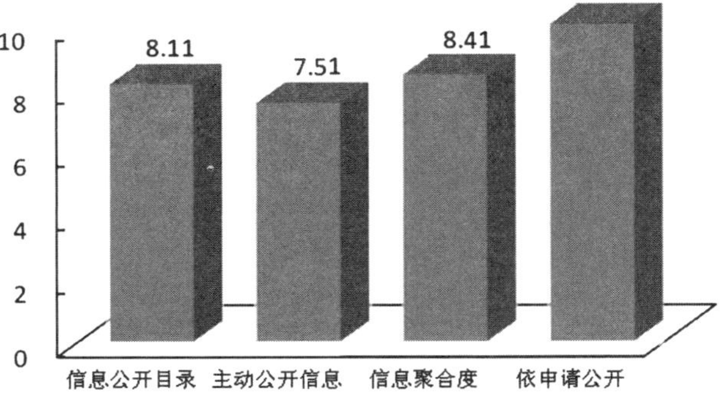

图3-19　设区市政府信息公开指标标准分

政府公开信息平台建设效果显著，信息公开目录规范合理，基本能够符合《导引》的相关要求，且都发布了信息公开指南。主动公开信息范围较广，覆盖了地区概况、部门基本信息等多个内容，但在监督、社会公益等栏目的建设上还有待完善，具体情况参见图3-20；主动公开信息的信息量较大，但在信息更新方面还有待加强。11个设区市全部开通了网上依申请公开渠道。基本完成了辖区内覆盖各市直部门、县（市、区）政府的信息聚合平台的建设工作，尚需结合市政府信息公开平台的建设拓展主动公开信息范围，督促各市直部门、县（市、区）政府在门户网站上建立指向市政府信息公开平台的链接。

实时信息指标的平均绩效为12.51分，平均指数为8.34，各项三级指标平均分（满分10分）如

图 3-21 所示。各设区市政府网站动态信息内容普遍较为丰富，展现形式多样，但信息更新频率还有待进一步加强。各设区市网站均能够结合地方特色开展专题栏目的建设，其中 9 个在 2010 年结合社会时事新增了时政专栏，占设区市总数的 81.82%；专栏内容还可进一步丰富充实。

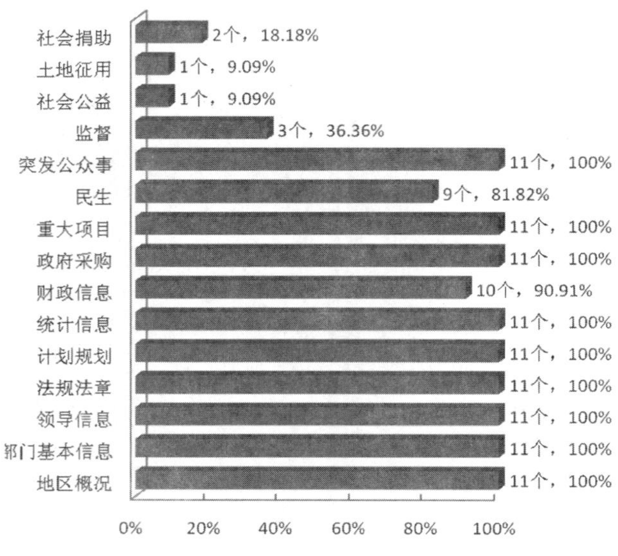

图 3-20　设区市主动公开信息建设情况

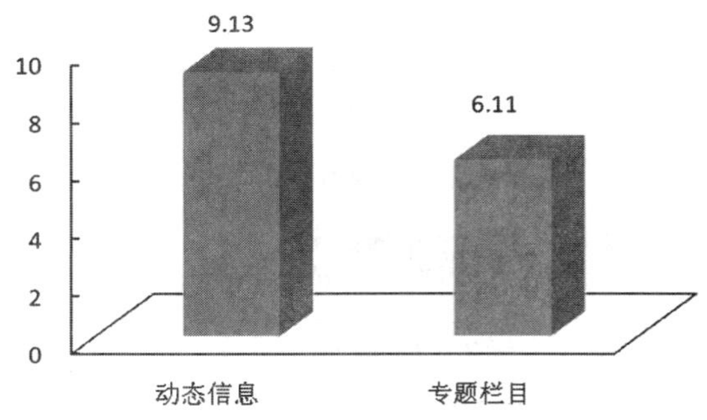

图 3-21　设区市实时信息指标标准分

在线服务指标的平均绩效为 10.27 分，平均指数为 5.13，各项三级指标平均分（满分 10 分）如图 3-22 所示。各设区市网站均设有在线服务栏目，且能以事项为核心整合服务资源，但人性化服务体现不足。90.01%的网站能够按照事项类型设置服务框架，且可用性高。所有设区市网站均能以事项为核心整合服务资源，但办事指南的内容详尽程度有待深化。网上办事方面，服务指南、表格下载的提供情况相对较好，在线查询和在线申报功能亟待完善，能提供办件查询的网站较少。各设区市政府网站均设有便民服务栏目，但服务的有效性还有待提高。

公众参与指标的平均绩效为 13.54 分，平均指数为 6.76，各项三级指标平均分（满分 10 分）如图 3-23 所示。11 个设区市政府网站均建有公众参与栏目，其功能主要是咨询、投诉、网上调查三个方面。互动渠道种类丰富，且可用性相对较高。参与渠道的界面友好性和使用便捷性还有待进一步提高。所有设区市政府网站均能对公众提出的问题予以答复，且答复情况整体好于省直部门和县（市、区）政府，网站互动建设取得了一定的效果。

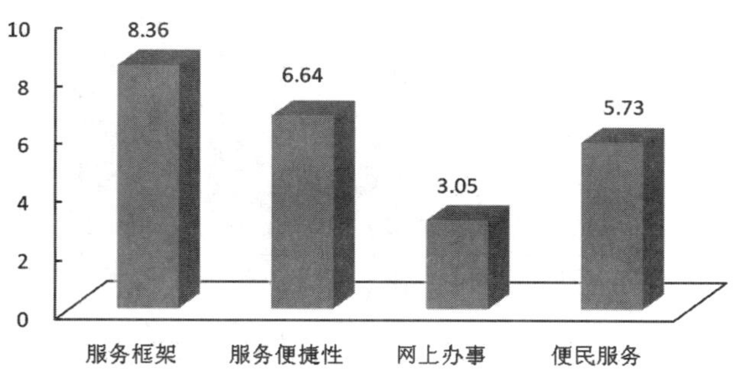

图 3-22　设区市政府在线服务指标标准分

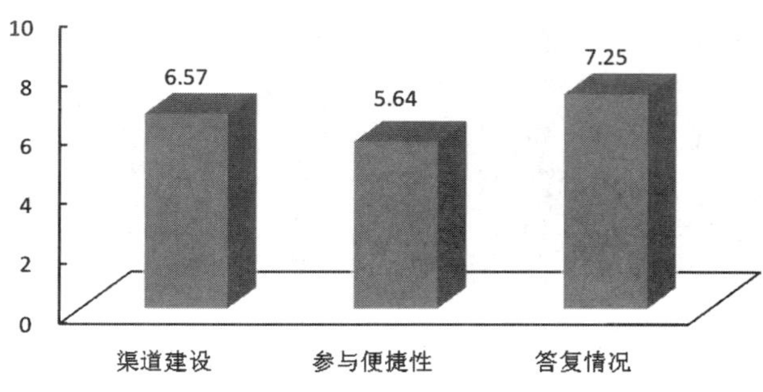

图 3-23　设区市公众参与指标标准分

网站性能指标的平均绩效为 13.30 分，平均指数为 7.82，各项二级指标平均分（满分 10 分）如图 3-24 所示。网站性能总体情况较好，大多数网站首页布局合理、美观，设计庄重、大方，层级复杂度低，能够体现信息公开、在线服务、互动交流三大功能定位，并按要求添加统一标识，但辅助功能的建设有待完善；网站可用性较好，服务稳定性强，网页响应、完成速度普遍较快，但仍存在空、死链的现象；网站安全防范水平参差不齐，网站安全机制尚未完善，防范能力有待进一步提高。

网站易用性指标的平均绩效为 3.78 分，平均指数为 7.55，各项三级指标平均分（满分 10 分）如图

3-25所示。大部分网站页面能够展示信息公开、在线服务、公众参与三大功能定位，栏目设置能够体现自身特色，布局基本清晰合理，大多数内容通过三次点击以下即可访问。8个网站在首页设有河北省人民政府网站的统一标识，占设区市总数的72.73%；提供的辅助功能以站内搜索和网站地图为主，但使用帮助、个性化定制等辅助功能基本没有提供；域名设置全部符合规范，仅有4个网站进行了外文版建设，占设区市总数的36.36%。

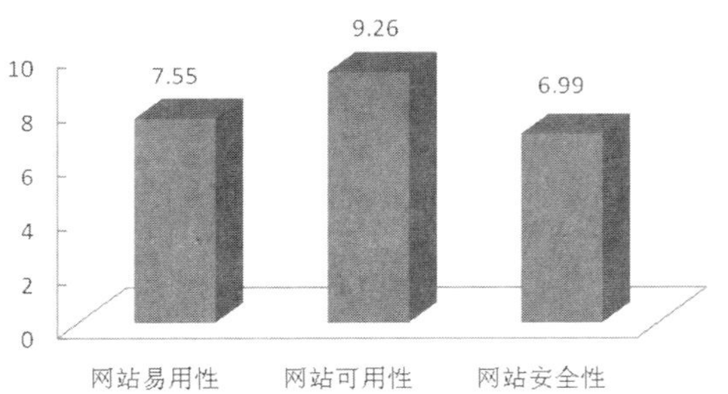

图 3-24 设区市网站性能指标标准分

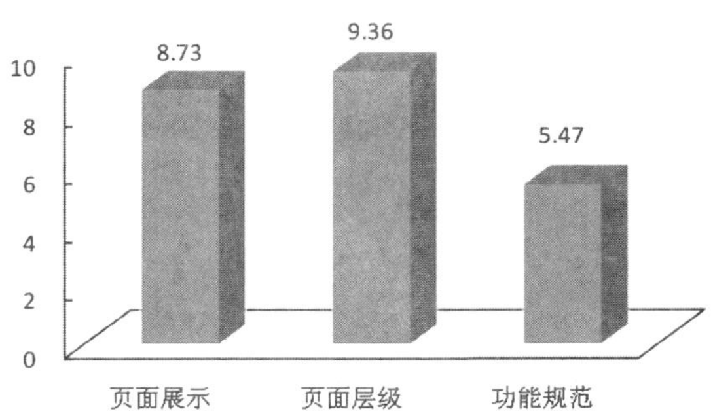

图 3-25 设区市政府网站易用性指标标准分

网站可用性指标的平均绩效为4.63分，平均指数为9.26，各项三级指标平均分（满分10分）如图3-26所示。各网站的链接有效性较高，其中秦皇岛和廊坊的链接有效性为100%。网站服务稳定性普遍较高，网站的响应时间和打开时间都较快。

网站安全性指标的平均绩效为4.89分，平均指数为6.99，各项三级指标平均分（满分10分）如图3-27所示。各设区市安全防范能力有待进一步加强，信息泄露等安全事件时有发生。有9个设区市编制了网站安全应急预案，并开展了相应的应急演练，占设区市总数的81.82%，但开展的频度还可进一步提高。11个设区市均实施了病毒查杀、漏洞扫面、定期备份等日常监测防范措施，但频度还有待进一步加强。

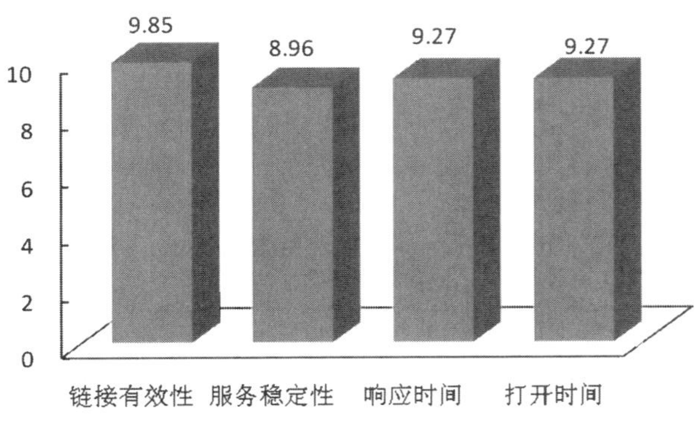

图 3-26 设区市网站可用性指标标准分

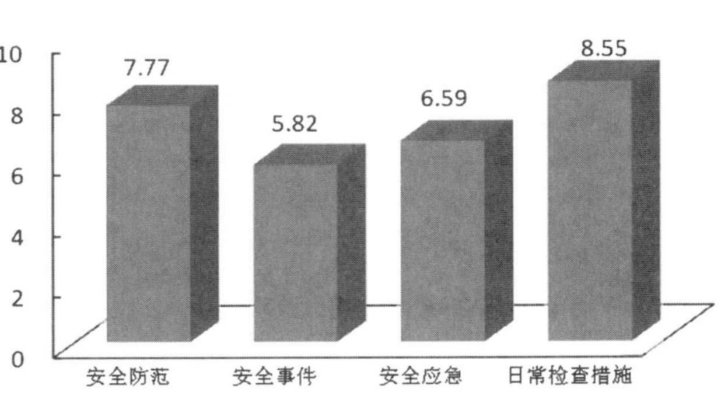

图 3-27 设区市网站安全性指标标准分

网站管理指标平均绩效5.08分，平均指数为8.47，各项二级指标平均分（满分10分）如图3-28所示。组织管理工作整体情况较好，绝大部分设区市政府网站组织保障力度较大，管理较规范；制度建设方面，安全管理制度的建设情况普遍较好，但网站管理制度的内容有待进一步丰富。

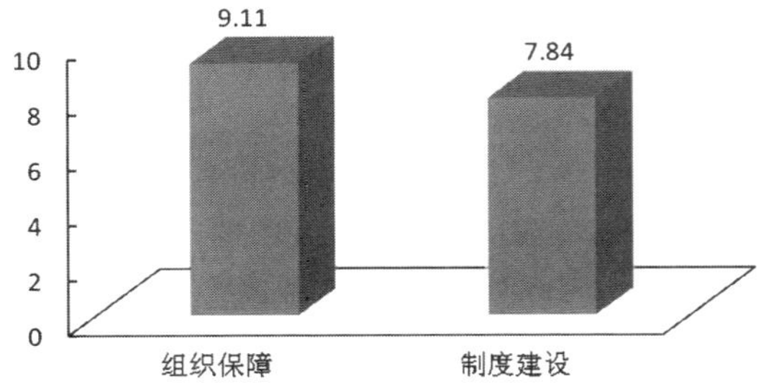

图 3-28 设区市组织管理指标标准分

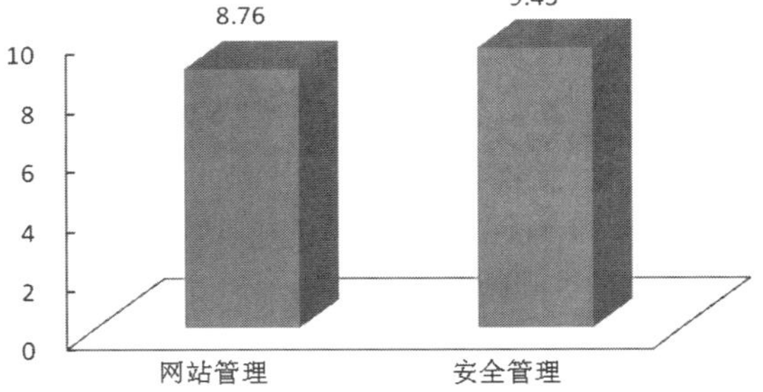

图 3-29 设区市组织保障指标标准分

组织保障指标的平均绩效为 2.73 分，平均指数为 9.11，各项三级指标平均分（满分 10 分）如图 3-29所示。组织管理工作整体情况较好，均设有专门的部门管理网站事务，网站管理维护人员平均为 7 人，其中有 9 个设区市的网站管理部门为市政府办公厅。均设有专人负责网站的安全管理，其中有 10 个设区市设有负责安全的主管领导。

制度建设指标的平均绩效为 2.35 分，平均指数为 7.84，各项三级指标平均分（满分 10 分）如图 3-30所示。11 个设区市均建立了网站管理制度，其中 8 个设区市不同程度地对政府网站群的建设进行了相应的规定；本级政府网站管理制度内容在举报投诉处理、意见回复、在线服务等方面还有待完善。在网站安全制度方面，有 10 个设区市建立了相应的安全管理规范，但有关安全测评和安全事件报告及处理方面的内容还有待进一步完善。

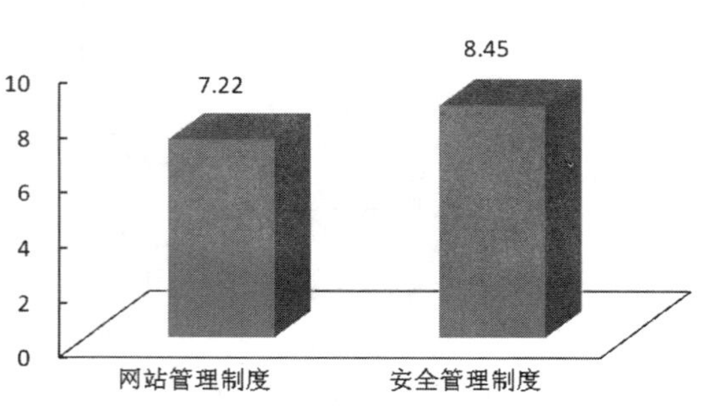

图 3-30 设区市制度建设指标标准分

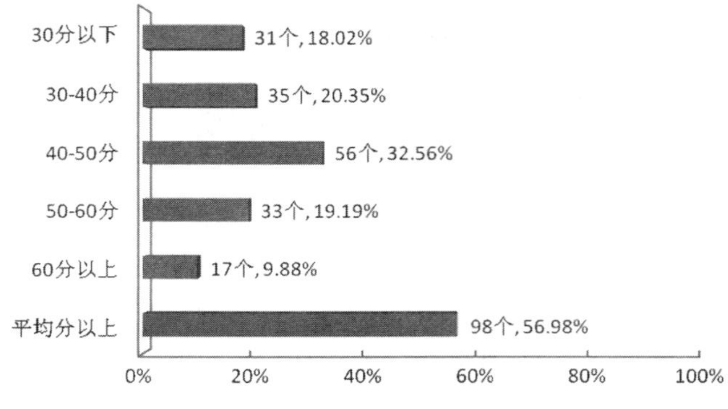

图 3-31 县（市、区）政府网站绩效对比分析

【县（市、区）政府网站评估结果分析】 2010 年河北省政府网站绩效评估县（市、区）政府网站的平均绩效为 41.81 分。有 98 个网站的得分在平均分以上，占县（市、区）参评网站的 56.98%，有 17 个网站得分在 60 分以上，占县（市、区）参评网站的 9.88%，总体还处于发展完善阶段，具体情况参见图 3-31。县（市、区）政府网站各项一级指数得分情况如图 3-32 所示，从一级指标的得分情况来看，县（市、区）政府网站各项指标都偏低，网站性能的建设情况相对稍好。

网站内容指标平均绩效 29.99 分，平均指数为 3.89，各项二级指标得分（满分 10 分）如图 3-33 所示。总体水平低于省直部门和设区市政府网站，发展水平差异很大。信息公开目录的建设有待进一步开展，信息公开的范围和规范性都有待改进；大部分网站都设有动态信息栏目，但信息的更新情况有待改进，专题栏目与社会时政结合不足。在线服务水平偏低，服务深度有待增强。多数网站建有公众参与栏目，但渠道可用性和互动效果有待进一步改善。

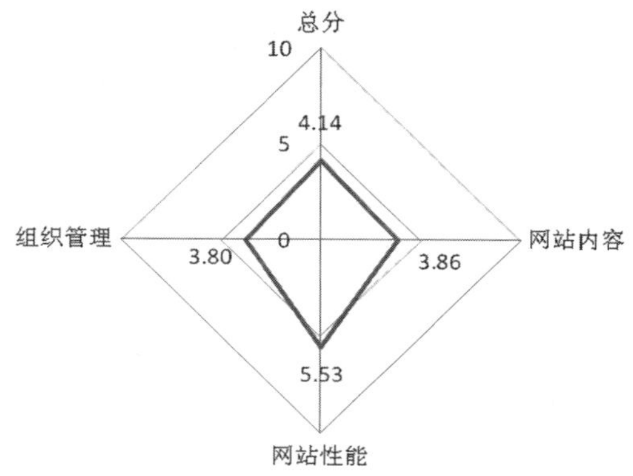

图 3-32 县（市、区）政府网站一级指数得分情况

图 3-33 县（市、区）政府网站内容指标标准分

县（市、区）政府信息公开指标平均绩效为 11.55 分，平均指数为 4.62，各三级指标平均分（满分 10 分）如图 3-34 所示。

74.12%的县（市、区）政府不同程度的开展了政府信息公开目录的建设，信息分类以体裁分类和主题分类为主；40.00%的网站能够同时提供列表、简要和细览三种信息展现形式；45.88%的县（市、区）政府不同程度提供了信息检索、打印等辅助功能；55.29%的县（市、区）政府网站发布了信息公开指南。主动公开信息的范围有待进一步扩大，尤其是民生、监督、社会公益等与公众日常生活关系紧密的内容，具体情况参见图 3-35；信息公开的时效性和信息量也有待进一步提高。仅有25.88%的县（市、区）政府开通了网上依申请公开渠道。仅有40.59%的县（市、区）完成了与所属设区市政府信息公开平台的聚合，县（市、区）政府网站信息聚合情况有待进一步建设完善。

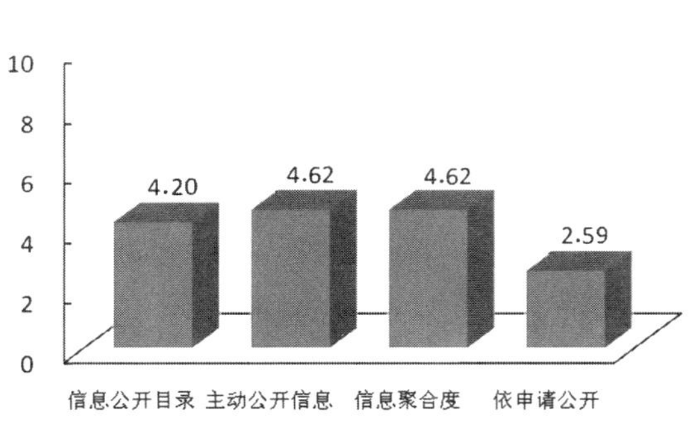

图3-34　县（市、区）政府信息公开指标标准分

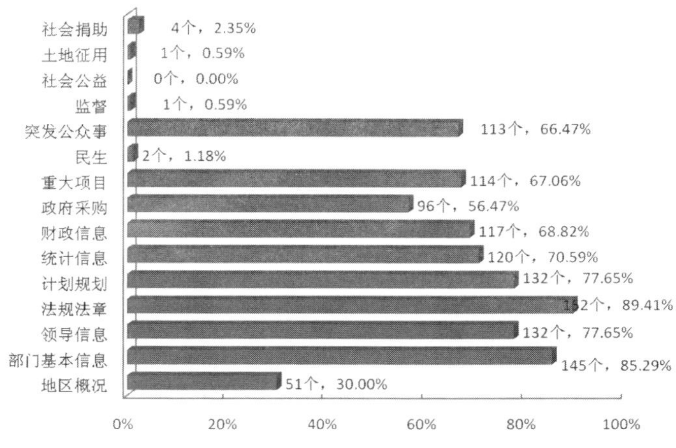

图3-35　县（市、区）政府主动公开信息建设情况

实时信息指标平均绩效为7.36分，平均指数为4.33，各三级指标平均分（满分10分）如图3-36所示。89.41%的县（市、区）政府门户网站能够通过新闻类栏目公开部门近期动态，其中72家能够提供视频新闻，占参评县（市、区）网站的42.35%；2010年各县（市、区）政府平均更新动态信息155条。68.82%的县（区、市）政府能够结合地方特色，开展专题栏目的建设，37.06%的网站专栏内容均较为丰富充实；其中仅有7个县（市、区）政府网站能够在2010年结合社会时事新增了时政专栏，占参评县（市、区）网站的4.12%。

在线服务指标的平均绩效为5.63分，平均指数为2.81，各项二级指标平均分（满分10分）如图3-37所示。95.88%的县（市、区）政府网站建有在线服务栏目，但发展水平参差不齐。64.71%县（市、区）政府已经以用户需求为中心，对服务资源进行了一定的整合，编制了本地区的服务目录，但目录的规范性还有待进一步提高。办事指南内容的详尽程度和服务查询的提供情况均有待进一步改善。大多数网站仅提供办事指南功能，表格下载和在线申请等功能还未开展建设。便民服务方面，大多数县（市、区）政府网站建有便民服务栏目，但栏目的可用性有待提高。

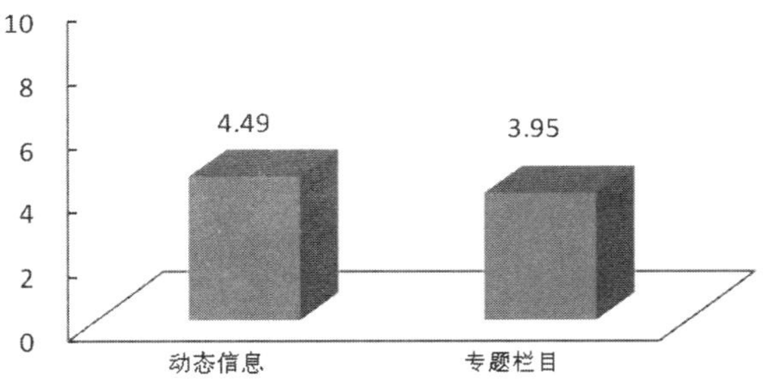

图3-36　县（市、区）政府实时信息指标标准分

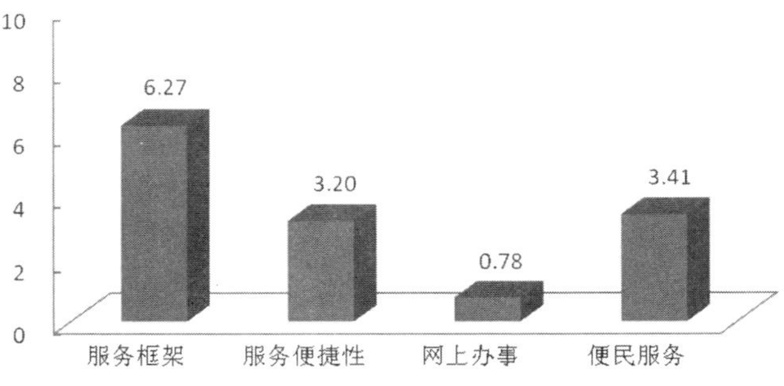

图3-37　县（市、区）政府在线服务指标标准分

公众参与指标的平均绩效为5.46分，平均指数为3.64，各项二级指标平均分（满分10分）如图3-38所示，75.88%的县（市、区）政府网站都建有公众参与栏目，渠道种类以留言板、电子邮箱等形式为主，主要提供咨询、投诉、建议等功能，在线访谈和民意征集亟待建设和完善。渠道的可用性和便捷性有待进一步加强。对公众提出问题的回复率整体偏低，且答复质量亟待改善。

网站性能指标的平均绩效为9.52分，平均指数为5.60，各项二级指标平均分（满分10分）如图3-39所示。大多数网站页面布局简洁、合理，能够突出职能、地方特色，但在功能规范的建设上亟待加强。绝大部分网站都可提供稳定的服务，但网站的响应速度还可进一步提高。半数以上的网站未建立安全应急和日常监测措施，尚未形成安全防范机制，网站安全性亟待加强。

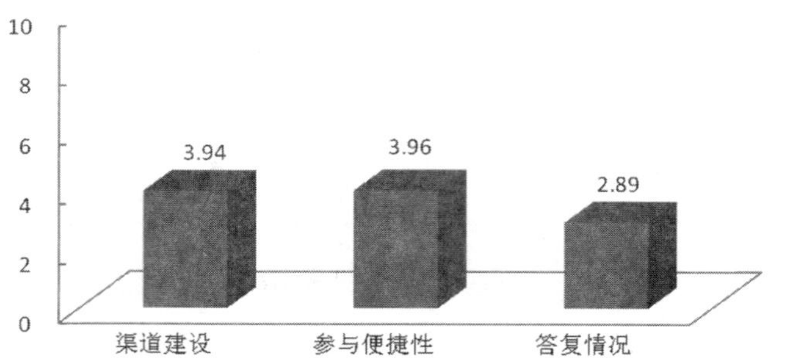

图 3-38　县（市、区）政府公众参与指标标准分

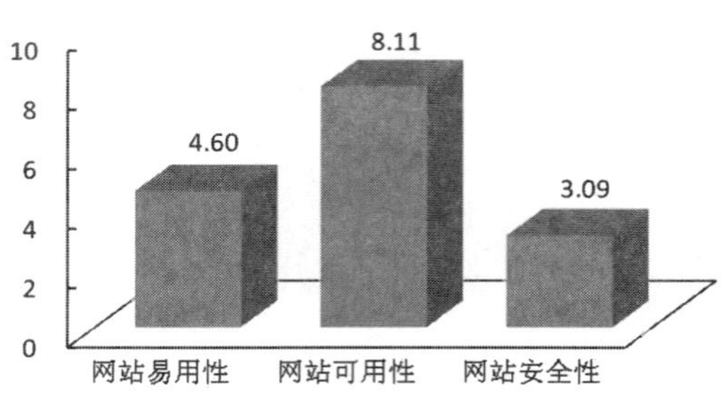

图 3-39　县（市、区）政府网站性能指标标准分

网站易用性指标的平均绩效 2.30 分，平均指数为 4.60，各项三级指标平均分（满分 10 分）如所图3-40所示。大部分县（市、区）政府网站首页布局能够体现信息公开、在线办事、公众参与三大功能定位；网站首页布局简洁、合理、庄重；42.35%的网站能提供网站维护单位及联系方式。仅有 52.94%的网站提供了站内搜索功能，网站地图、使用帮助等辅助功能的建设有待加强。

网站可用性指标的平均绩效 5.67 分，平均指数为 8.11，各项三级指标平均分（满分 10 分）如图3-41所示。绝大部分网站都可提供稳定的服务，平均可用率为 90.71%；链接有效性较高。42.94%的网站响应速度在平均数以上，37.65%的网站打开速度在平均数以上，页面响应时间有待进一步提高。

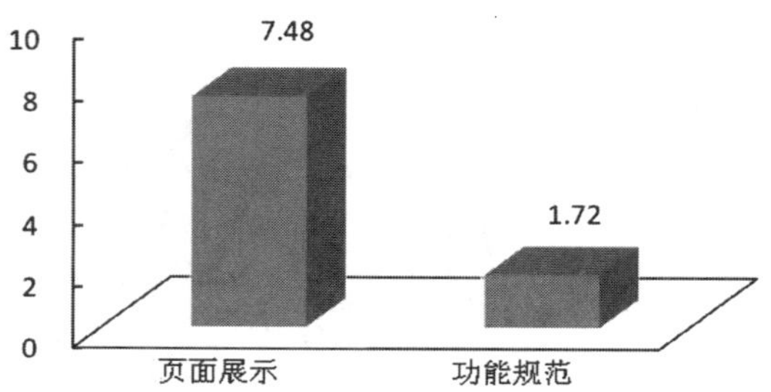

图 3-40　县（市、区）政府网站易用性指标标准分

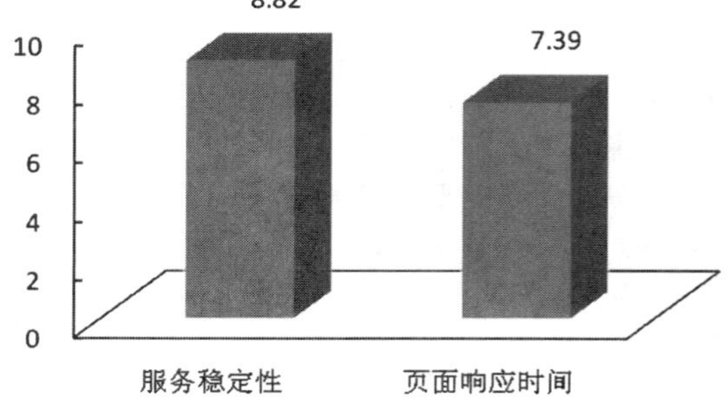

图 3-41　县（市、区）政府网站可用性指标标准分

网站安全性指标的平均绩效 1.54 分，平均指数为 3.09。仅有 36.47%的县（市、区）政府制定了网站安全应急预案，仅有 40%左右的网站实施了病毒查杀、漏洞扫描、定期备份等日常安全检查措施，且频率较低。总体来说，县（市、区）政府网站的安全工作亟待加强。

网站管理指标的平均绩效为 2.30 分，平均指数为 3.84，各项二级指标平均分（满分 10 分）如图3-42所示。60%左右的网站未设置专门人员进行网站日常管理和安全管理，网站组织保障力度较为欠缺。网站管理制度和安全管理的建设有待完善，网站组织管理工作亟待改进。

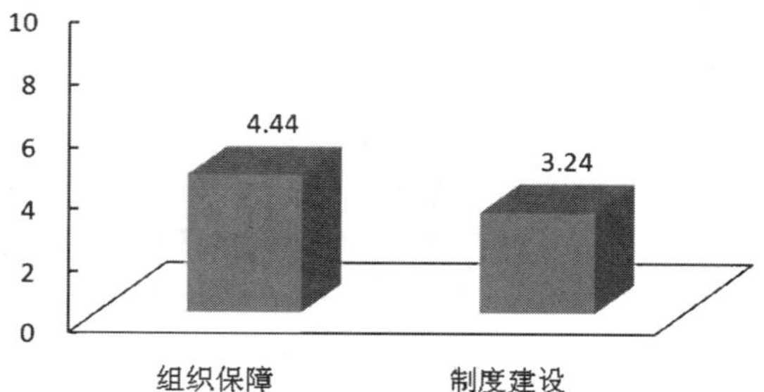

图 3-42　县（市、区）政府网站组织管理指标标准分

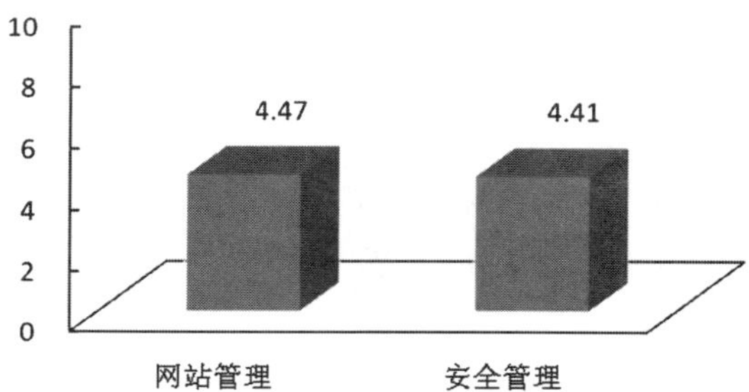

图 3-43　县（市、区）政府网站组织保障指标标准分

组织保障指标的平均绩效 1.33 分，平均指数为 4.44，各项三级指标平均分（满分 10 分）如图3-43所示。仅有 40%左右的网站设置了网站日常管理和网站安全管理的人员，组织保障水平亟待提高。

制度建设指标的平均绩效 0.97 分，平均指数为 3.24，各项三级指标平均分（满分 10 分）如图 3-44

所示。42.35%的县（市、区）政府制定了网站管理制度，其中仅有29家编制了政府网站群建设管理相关规范；本级网站管理制度的内容以日常管理、信息审核、信息公开，安全防范为主，其他方面的内容还有待进一步完善。40.00%的网站建设了信息发布安全审查制度，安全测评、机房管理、服务器和网站定期检测等其他安全管理方面的内容亟待完善。

图 3-44　县（市、区）政府制度建设指标标准分

网站点评

【省住房和城乡建设厅网站】　2010年省住房和城乡建设厅网站绩效总分为71.63分，在省直部门网站中排名第2位。由图4-1可以看出，省城乡建设厅网站各项指标均高于省直部门平均水平。

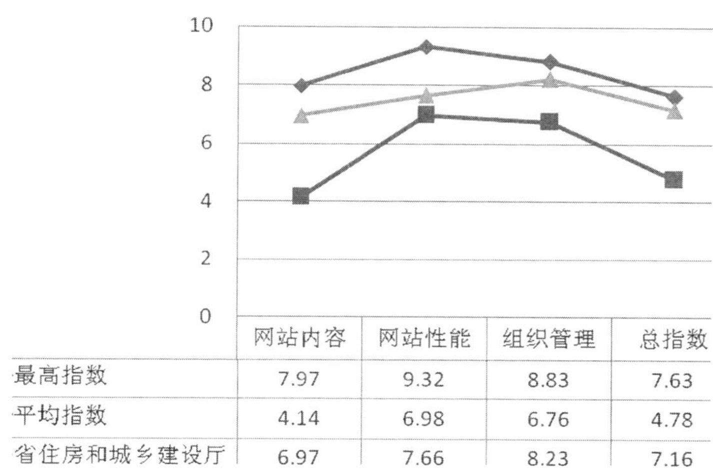

	网站内容	网站性能	组织管理	总指数
最高指数	7.97	9.32	8.83	7.63
平均指数	4.14	6.98	6.76	4.78
省住房和城乡建设厅	6.97	7.66	8.23	7.16

图 4-1　省住房和城乡建设厅网站整体绩效情况

在网站内容建设方面，由图4-2可见，实时信息的建设情况最好，基本接近满分，在线服务指标名列省直部门第1名，政府信息公开的建设还可进一步完善。

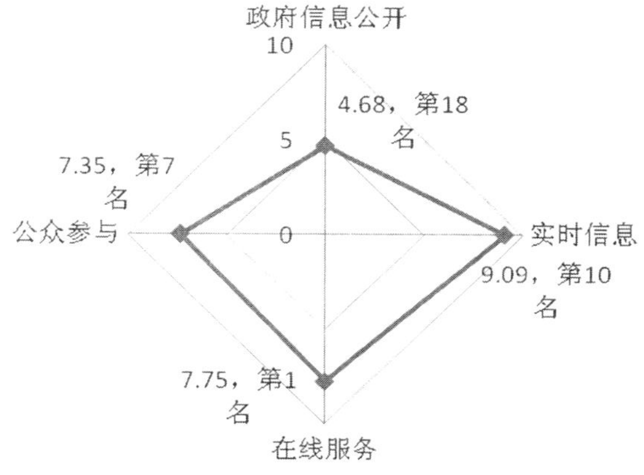

图 4-2　省住房和城乡建设厅网站内容绩效情况

亮点及特色。一是能够合理规划动态信息栏目，栏目内容丰富，表现形式多样，更新较为及时。

建设资讯　近期关注　建设要闻　各市动态　会议直播　行业风采　专题　培训研讨　部委信息　他省信息　业界观点　电子刊物

建设要闻　更多

- 我省开展公共租赁住房社会需求...
- 朱正举：加强队伍建设 高水平、...
- 高起点开局 高效能推进 迅速...
- 冯玉库赴勘察院、设计院慰问干...
- 省住房和城乡建设厅离退休干部...
- 桑卫京赴曲阳县定点帮扶村慰问
- 我厅召开2010年度机关总结表彰大会
- 朱正举走访慰问省会城建行业干...

高起点开局 高效能推进 迅...

会议直播　更多

12月29日，全省推进城镇建设三年上水平暨全省住房和城乡建设工作会议在石家庄召开，副省长宋恩华出席会议并讲话，省政府副秘书长曹汝涛主持会议，...

- 全省推进城镇建设三年上水平暨全省住房和城乡...
- 全省城镇面貌三年大变样重点工作调度暨唐山现场会
- 全省推进公共租赁住房暨加快保障性安居工程建...
- 河北省领导干部上海世博园考察培训班

各市动态　更多

“十一”前夕，张家口市明湖公园工程完成蓄水，蓄水总量达到150万立方米，形成了1600亩的湖面景观。据介绍，明湖公园工程是省2010年重点建设项目...

衡水	冀州今后三年重点推进30个城建项目
沧州	以港口促产业以产业兴城市
沧州	六方面推进城镇建设上水平
唐山	去年5.4万户危改居民迁新居
唐山	玉田去年建设超亿元项目61个

行业风采

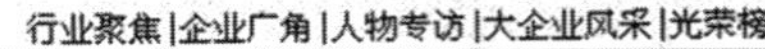

走进河北省住房和城乡建设厅行政审批中心

宽敞明亮的审批大厅，记者发现，这里不仅有LED显示屏、用户查询触摸屏、排队叫号机、饮水机、阅报栏、便民服务伞等一应俱全的设备，还有行政许可服务指南、办事指南的小册...

行业聚焦	邢台市房产登记业务“手续天天办，立等可取证”
行业聚焦	秦皇岛市房产产权产籍监理处：优化服务展行...
行业聚焦	邢台市建设局：服务项目动真招 转变作风见实效
行业聚焦	“阳光审批”打造“绿色通道”
企业广角	河北建工集团重组省纺建院

图 4-3　省住房和城乡建设厅动态信息栏目

二是专题栏目建设能够充分反映自身业务特色，时代感强，内容丰富。

专题　更多

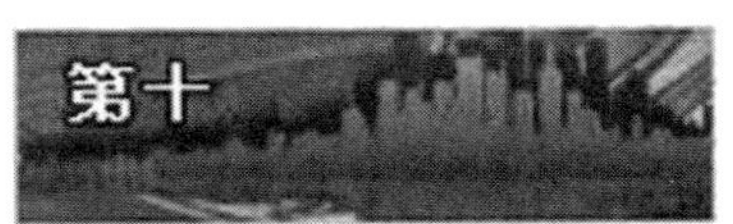

- 工程建设领域突出...
- 城镇面貌三年大变样
- 三年大变样 感受新...
- 城市容貌整治和景...
- 首届中国·河北国...
- 省住房和城乡建设...
- 深入推进干部作风建设

图 4-4　省住房和城乡建设厅专题栏目

图 4-5　省住房和城乡建设厅三年大变样专题栏目

三是初步整合了办事资源，围绕服务事项提供了办事指南、表格下载、在线申请等功能，格式较规范，为群众网上办事提供了便捷。提供办事指南和表格下载的数量较多；能够及时公布办理状态和办理结果，办件结果公示数量大。同时提供了办件服务事项检索和查询功能。

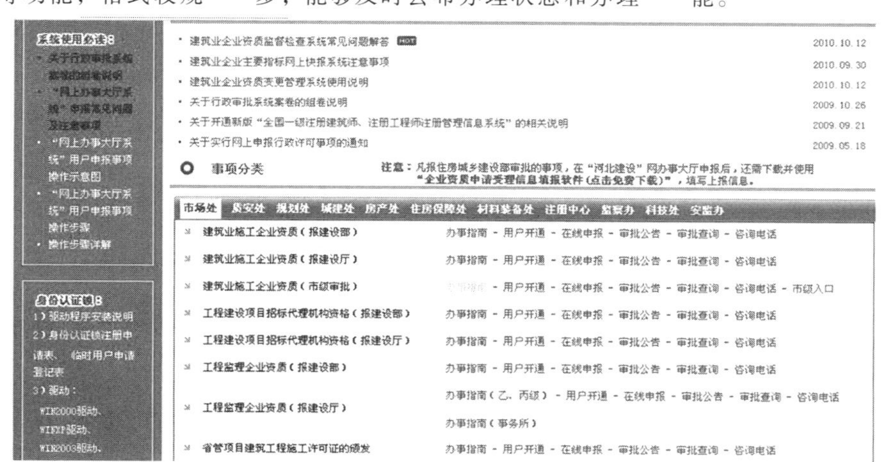

图 4-6　省住房和城乡建设厅网上办事大厅

咨询投诉类渠道建设情况较好，能够针对公众的提问给出相应的答复，互动效果明显。

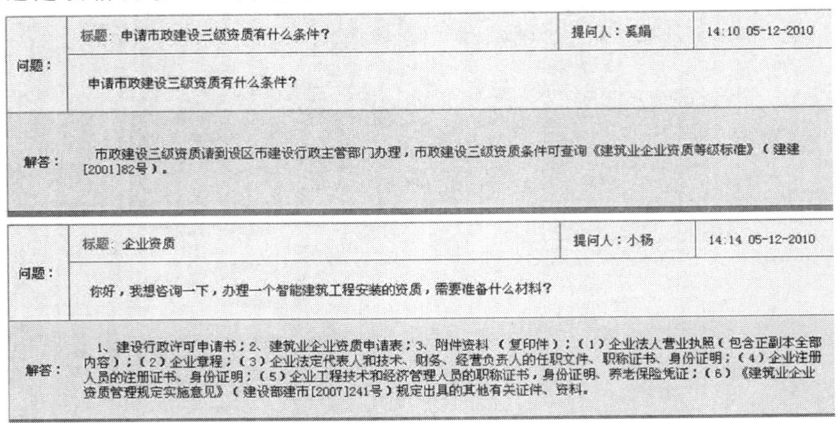

问题：标题：申请市政建设三级资质有什么条件？ 提问人：吴娟 14:10 05-12-2010

申请市政建设三级资质有什么条件？

解答：市政建设三级资质请到设区市建设行政主管部门办理，市政建设三级资质条件可查询《建筑业企业资质等级标准》（建建[2001]82号）。

问题：标题：企业资质 提问人：小杨 14:14 05-12-2010

你好，我想咨询一下，办理一个智能建筑工程安装的资质，需要准备什么材料？

解答：1、建设行政许可申请书；2、建筑业企业资质申请表；3、附件资料（复印件）；（1）企业法人营业执照（包含正副本全部内容）；（2）企业章程；（3）企业法定代表人和技术、财务、经营负责人的任职文件、职称证书、身份证明；（4）企业注册人员的注册证书、身份证明；（5）企业工程技术和经济管理人员的职称证书，身份证明、养老保险凭证；（6）《建筑业企业资质管理规定实施意见》（建设部建市[2007]241号）规定出具的其他有关证件、资料。

图 4-7 省住房和城乡建设厅公众回复示例

【省司法厅网站】 2010 年省司法厅网站绩效总分为 68.45 分，在省直部门网站中排名第 3 位。由图 4-8 可以看出，省司法厅网站各项一级指标均高于省直部门的平均水平，尤其是组织管理指标，名列第一。

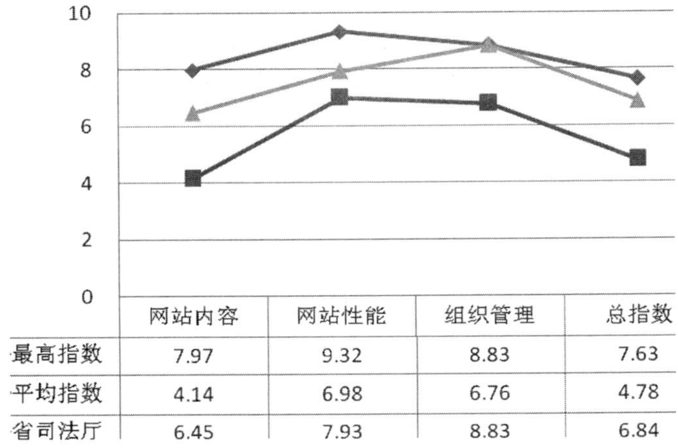

	网站内容	网站性能	组织管理	总指数
最高指数	7.97	9.32	8.83	7.63
平均指数	4.14	6.98	6.76	4.78
省司法厅	6.45	7.93	8.83	6.84

图 4-8 省司法厅网站整体绩效情况

在网站内容建设方面，由图 4-9 可见，指标建设情况不是很均衡，线服务指标和公众参与指标相对较好。政府信息公开指标的进步空间较大，

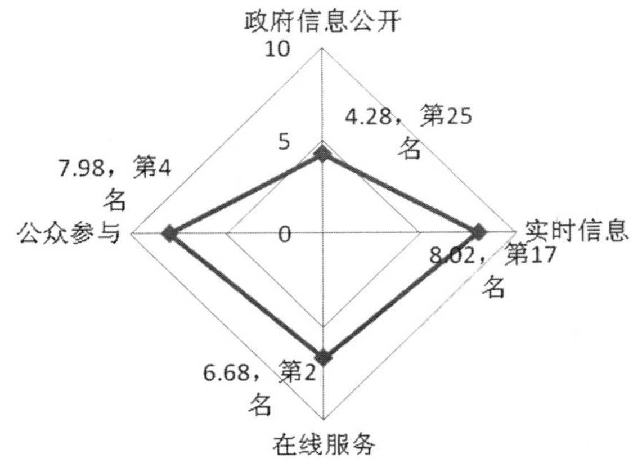

图 4-9 省司法厅网站内容绩效情况

亮点及特色。一是网站提供的办事指南内容详尽，能根据用户需求公开办件条件、程序、收费标准、需提交材料、联系方式等信息，为群众网上办事提供便捷。二是结合自身业务，提供了丰富特色服务，且服务事项的可用性强。同时还提供了行政许可事项的快速链接，方便用户查找相关内容。三是提供了即时交流的渠道，还设有邮箱、留言板等多种形式的互动渠道，且可用性较强。

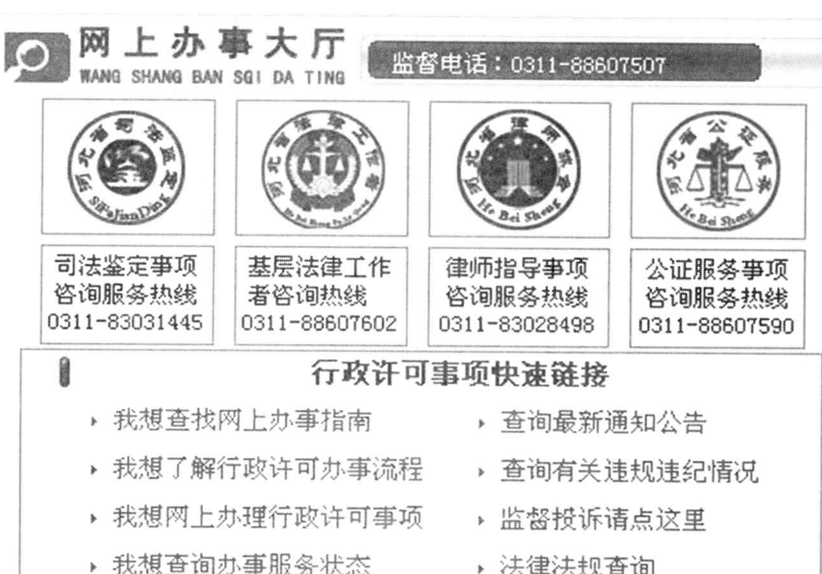

图 4-10　省司法厅行政许可事项快速链接

图 4-11　省司法厅互动交流渠道示意图

【河北省国家税务局网站】 2010年省国家税务局网站绩效总分为65.15，在省直部门网站中排名第5。由图 4-12 可以看出，省国家税务局各项指标均高于省直部门平均水平。

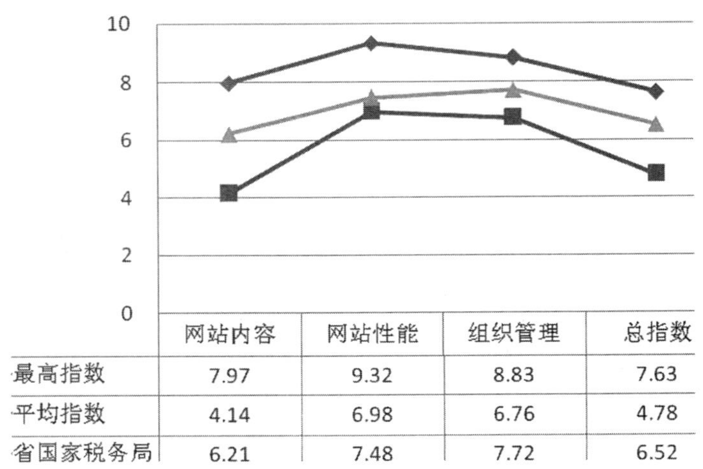

图 4-12　省国家税务局网站整体绩效情况

在网站内容建设方面，由图 4-13 可见，公众参与指标建设情况较好，名列省直部门第 2 名，实时信息指标相对较差，排在第 30 名。

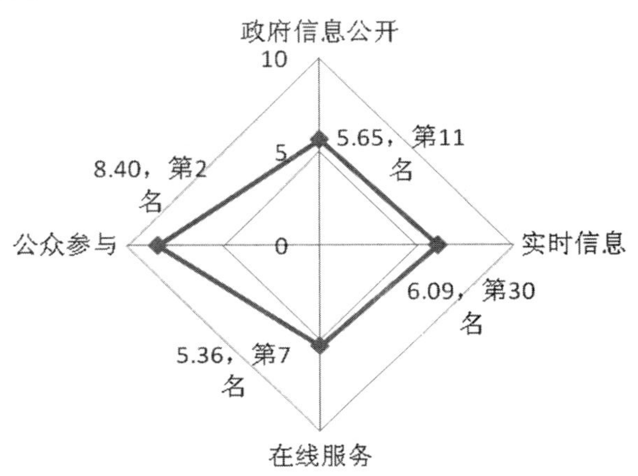

图 4-13　省国家税务局网站内容绩效情况

亮点及特色。一是提供了场景化办事导航，依据自身业务，提供的办事指南数量和表格下载数量较多。提供了各地办税服务厅的详细信息，便于用户查找。

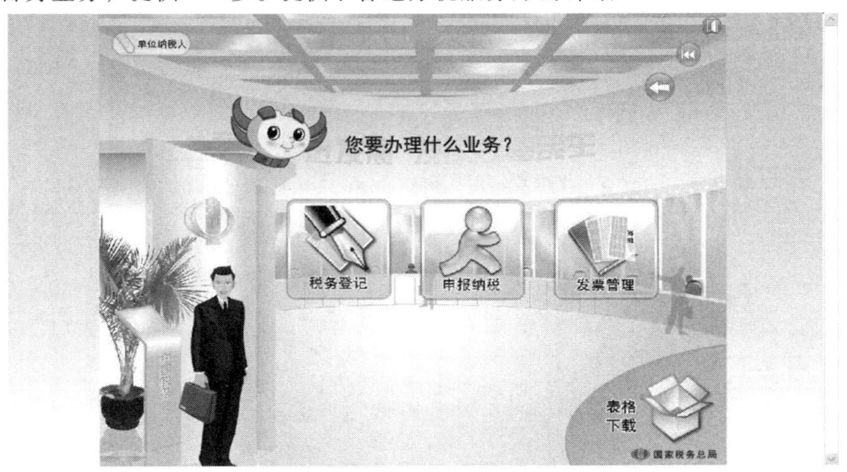

图 4-14　省国家税务局场景化办事导航

二是比较全面地公开公众来信、留言，数量较为丰富、内容比较规范、答复较为及时。对公众提出的问题进行有针对性的解答，互动效果较好。

关于工业企业销售原材料的计税价格如何确定问题的答复

发布时间：2010-07-22　选择字号（大 中 小）

关于工业企业销售原材料的计税价格如何确定问题的答复

段云泽：

您好！您在我局网站上提交的“关于工业企业销售原材料的计税价格如何确定”收悉，现针对您所提供的信息回复如下：

根据《中华人民共和国增值税暂行条例实施细则》第四条规定：将自产、委托加工或者购进的货物无偿赠送其他单位或者个人的行为，属于视同销售货物。其销售额的确定，应根据《中华人民共和国增值税暂行条例实施细则》第十六条规定，按下列顺序确定销售额：

一、按纳税人最近时期同类货物的平均销售价格确定；

二、按其他纳税人最近时期同类货物的平均销售价格确定；

三、按组成计税价格确定。组成计税价格的公式为：

组成计税价格=成本×（1+成本利润率）

属于应征消费税的货物，其组成计税价格中应加计消费税额。

公式中的成本是指：销售自产货物的为实际生产成本，销售外购货物的为实际采购成本。公式中的成本利润率由国家税务总局确定。

您如对上述回复仍需进一步解释，请拨打电话：88625282。欢迎您再次提问。货物和劳务税处

二〇一〇年七月二十二日

图 4-15　省国家税务局公众参与回复示例

【石家庄市政府网站】 2010 年石家庄市政府网站绩效总分为 85.79 分，在设区市政府网站中排名第 1 位。由图 4-16 可以看出，石家庄市网站内容和组织管理指标高于设区市平均水平，网站性能指标与平均水平持平。

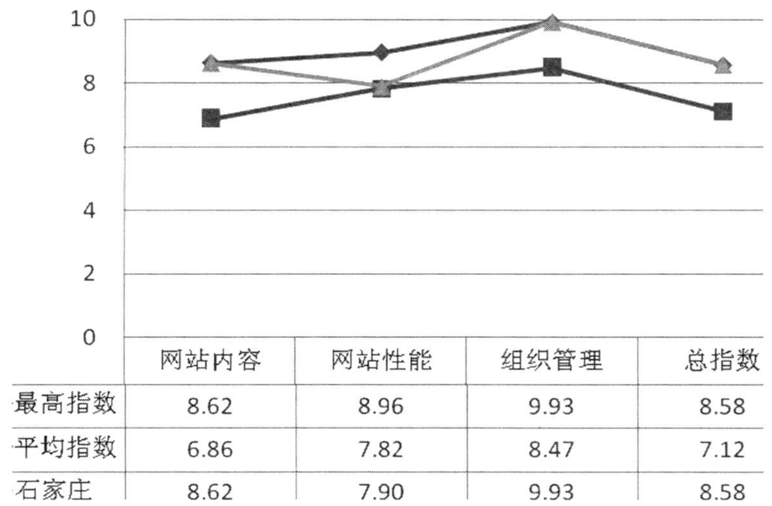

	网站内容	网站性能	组织管理	总指数
最高指数	8.62	8.96	9.93	8.58
平均指数	6.86	7.82	8.47	7.12
石家庄	8.62	7.90	9.93	8.58

图 4-16　石家庄市整体绩效情况

在网站内容建设方面，由图 4-17 可见，各项指标得分普遍较高。

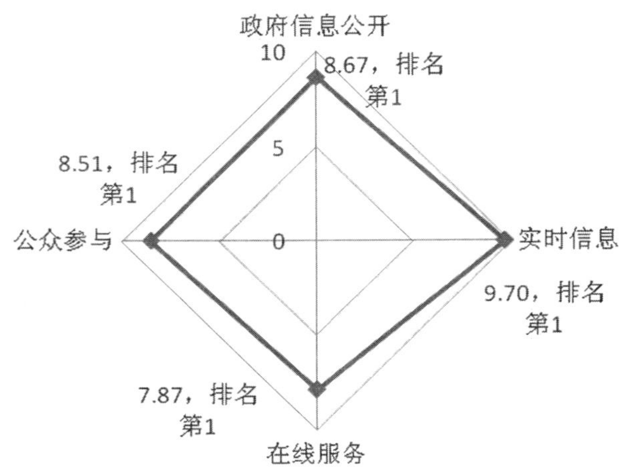

图 4-17　石家庄市网站内容绩效

亮点及特色。一是结合市政府信息公开平台的建设，政府信息公开目录分类合理规范，使用便捷。主动公开信息范围较广，内容较为丰富。在省政府信息公开平台聚合的本地信息较多，同时基本完成了对市直部门和下属县（市、区）政府的聚合。

图 4-18　石家庄市信息公开平台

二是动态信息表现形式多样，内容丰富，更新及时。

首页 →首页→本市要闻 →文章

- 2010年度“感动省城”十大人物揭晓颁奖盛典	2011-01-09
- 学习贯彻市委八届六次全会精神访谈（四）	2011-01-09
- 我市将开建西山生态观光园	2011-01-09
- “城市精神”公开征集	2011-01-09
- 我市老年人口2015年将超170万	2011-01-09
- 我市专项整顿医疗美容机构	2011-01-09
- 中医药治疗艾滋病取得良好效果	2011-01-09
- 铁路调图 石家庄站有五大变化	2011-01-09
- 下周二起调图各地出行请查新表	2011-01-09
- 阳光体育校园行启动仪式昨在市43中举行	2011-01-09
- 市人大常委会依法推动经济社会又好又快发展	2011-01-09
- 我市召开文化改革发展工作会议	2011-01-08
- 学习贯彻市委八届六次全会精神访谈（三）	2011-01-08
- 民建市委以市委全会精神为指针谋划工作	2011-01-08
- 省政协十届四次会议1月11日在省会召开	2011-01-08
- 石家庄机场将开通至日本俄罗斯航班	2011-01-08
- 2010年12月份市容管理考评结果公示	2011-01-08
- “城市矿产”示范基地项目签约	2011-01-08
- 槐安路桥上部分路段禁止变更车道	2011-01-08
- 全市二级以上医院全部纳入艾滋病检测网络	2011-01-08

共有28744条记录，当前为第36页，共1438页。 上一页 下一页 第36页 进入

图 4-19　石家庄市本市要闻栏目

三是在线服务目录结构清晰，能按照服务对象、服务事项、特殊人群设置服务框架；提供了多项服务的办事指南和表格下载；建有专门的便民服务栏目，与本地特色结合紧密，服务内容较丰富。

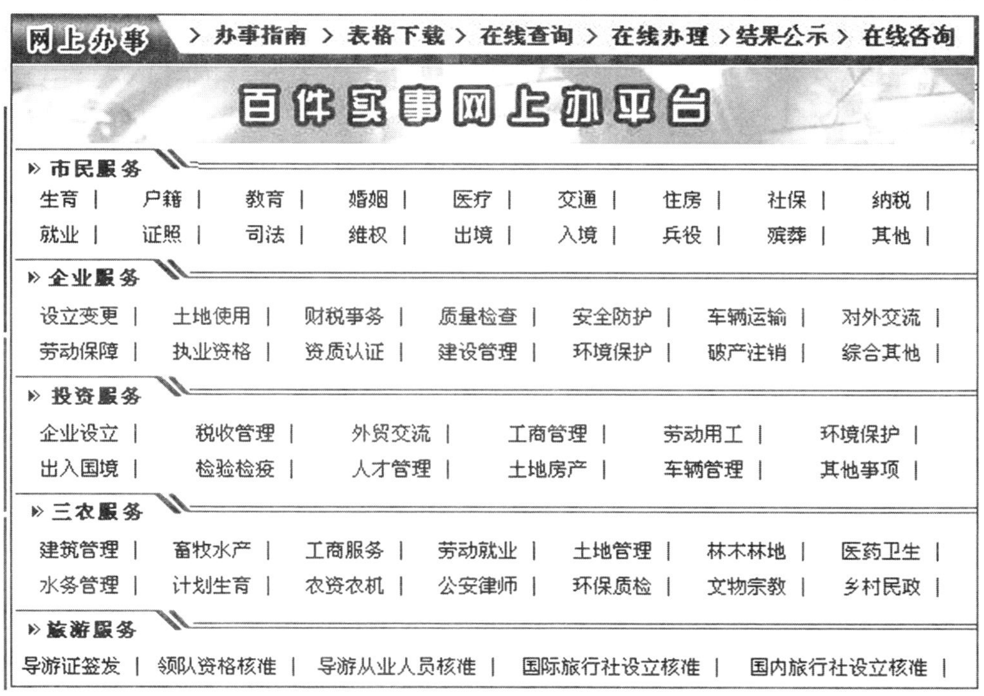

图 4-20　石家庄市在线服务框架

图 4-21　石家庄市办事指南栏目

四是建设了多种功能的互动渠道，渠道的可用性强。比较全面地公开公众来信、留言，并提供历史数据查询功能，数量较为丰富、内容比较规范、答复质量较高。

◇ 您的位置： 首页>> 政民互动>> 历史数据查询

高级检索

查询方式：按正文查询

关键字：

查询范围：所有部门

日期范围：◉按时间段查询 ○所有时间内数据

起始日期：2004 年 1 月 1 日

终止日期：2010 年 1 月 1 日

查询　重写

图 4-22　石家庄市公众参与历史数据查询示例

五是开辟了民意征集栏目，围绕自身工作，联系当前社会、经济等领域中的热点、焦点问题，积极开展网上意见征集和调查活动，在支持领导决策、引导网络舆论等方面发挥了一定的作用。

◇ 当前位置：首页 > 意见征集

为促进政府决策的民主化、科学化，市政府及有关部门利用该栏目有针对性地征询公众意见。欢迎您对所列意见征集主题及时提出建设性意见或建议。

点击“发表意见”后，首先在注册表中填写相关项目，然后在留言栏中填写自己的意见并提交。点击“查看意见”，可查看公众就当前某一主题发表的意见。

\>>最新意见征集主题

意见征集主题	征集部门	征集时间	发表意见	阶段性反馈	查看意见
优化发展环境意见建议征集	市政府	2011-02-12至2011-05-12	点击留言	阶段性反馈	查看

\>>历史数据

意见征集主题	征集部门	征集时间	发表意见	阶段性反馈	查看意见
优化发展环境意见建议征集	市政府	2011-02-12至2011-05-12	点击留言	阶段性反馈	查看
市政府新版门户网站征集意见	市政府	2010-12-30至2011-12-30	点击留言	阶段性反馈	查看
石家庄市公交总公司向广大市民征求线路优化意见	市政府	2010-03-29至2010-04-30	点击留言	阶段性反馈	查看
石家庄市政府门户网站升级改版问卷调查	市政府	2010-03-19至2010-04-15	点击留言	阶段性反馈	查看
石家庄市开展“地球一小时”暨“低碳宣传周”活动意见征集	市政府	2010-03-17至2010-03-30	点击留言	阶段性反馈	查看
关于向社会征集2010年为民办实事项目建议的通告	市政府	2009-11-12至2009-12-12	点击留言	阶段性反馈	查看

图 4-23　石家庄市意见征集栏目

【秦皇岛市政府网站】 2010年秦皇岛市政府网站绩效总分为76.39分，在设区市政府网站中排名第2位。由图4-24可以看出，秦皇岛市网站性能指标水平较高，其他指标基本与设区市平均水平持平。

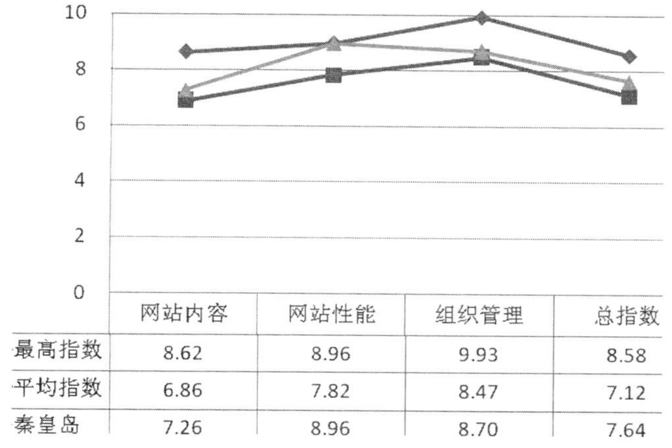

	网站内容	网站性能	组织管理	总指数
最高指数	8.62	8.96	9.93	8.58
平均指数	6.86	7.82	8.47	7.12
秦皇岛	7.26	8.96	8.70	7.64

图4-24 秦皇岛市整体绩效情况

在网站内容建设方面，由图4-25可见，公众参与指标处于设区市中上游水平，在线服务还有待进一步提高。

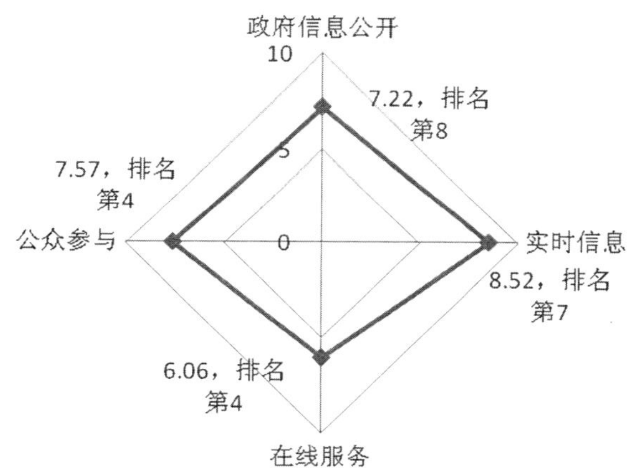

图4-25 秦皇岛市网站内容绩效情况

亮点及特色。一是动态信息类栏目进行了合理归纳，表现形式多样，内容丰富，更新频率较高。

图4-26 秦皇岛市政府动态栏目

二是初步建设了场景化服务导航，能按用户对象、事项类型或特殊人群细分办事项目，建设了绿色通道。办事指南的内容较丰富，能提供收费标准、联系方式等信息，方便群众网上办事，并及时公布办理状态和办理结果，办件结果公示数量大。

图 4-27　秦皇岛市在线服务框架

三是建设了多种功能的互动渠道，渠道的可用性较高。对公众提出问题的答复方面表现较好，回复内容质量高，规范性较强。

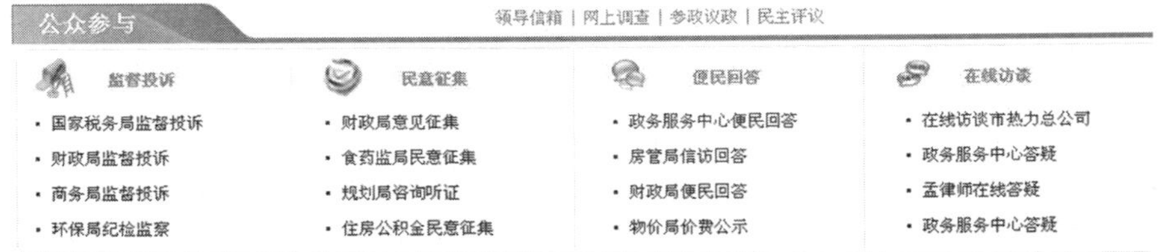

图 4-28　秦皇岛市公众参与栏目

四是网站安全性方面表现较好，安全策略配置等级较高，防范能力高，对网站扫描等非法入侵性行为阻断比较及时。

【**衡水市政府网站**】　2010 年衡水市政府网站绩效总分为 75.96 分，在设区市政府网站中排名第 3 位。由图 4-29 可以看出，衡水市网站内容和组织管理指标高于设区市平均水平，网站性能指标略低于平均水平。

在网站内容建设方面，由图 4-30 可见，除在线服务指标外，其他指标的得分普遍较高，处于设区市政府网站的上游水平。

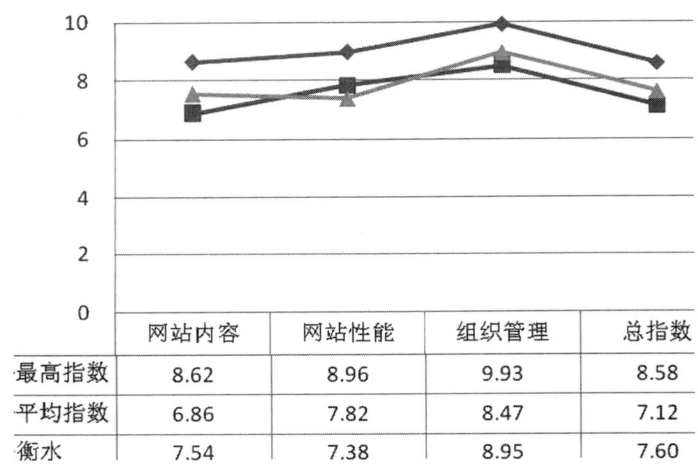

	网站内容	网站性能	组织管理	总指数
最高指数	8.62	8.96	9.93	8.58
平均指数	6.86	7.82	8.47	7.12
衡水	7.54	7.38	8.95	7.60

图 4-29　衡水市整体绩效情况

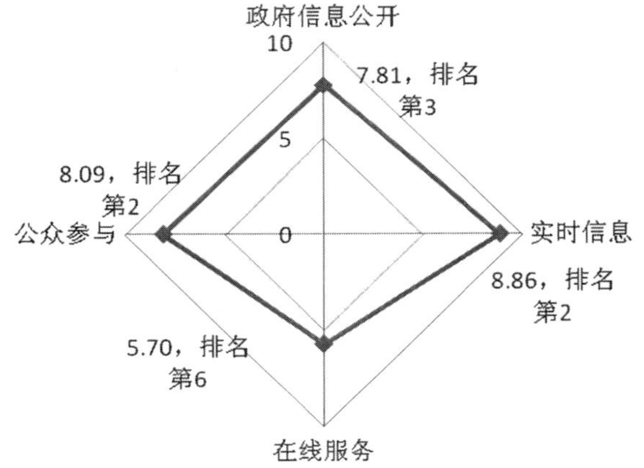

图 4-30　衡水市网站内容绩效情况

亮点及特色。一是市政府信息公开平台建设风格独特，对政府信息公开目录的分类合理规范，能够提供高级检索、目录逐级展示等辅助功能，在省政府信息公开平台聚合的本地信息最多，同时基本完成了对市直部门和下属县（市、区）政府的聚合。

衡水市政府信息公开
HENGSHUISHIZHENGFUXINXIGONGKAI

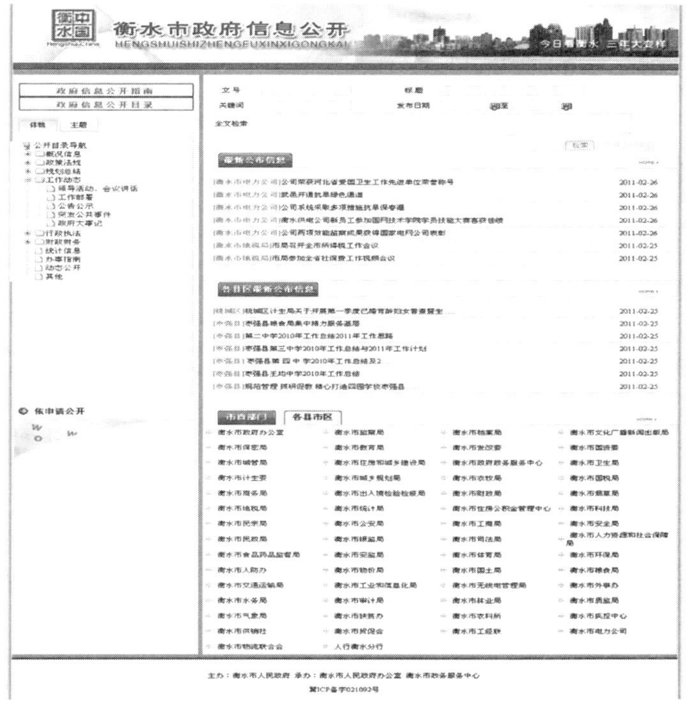

图 4-31　衡水市信息公开平台

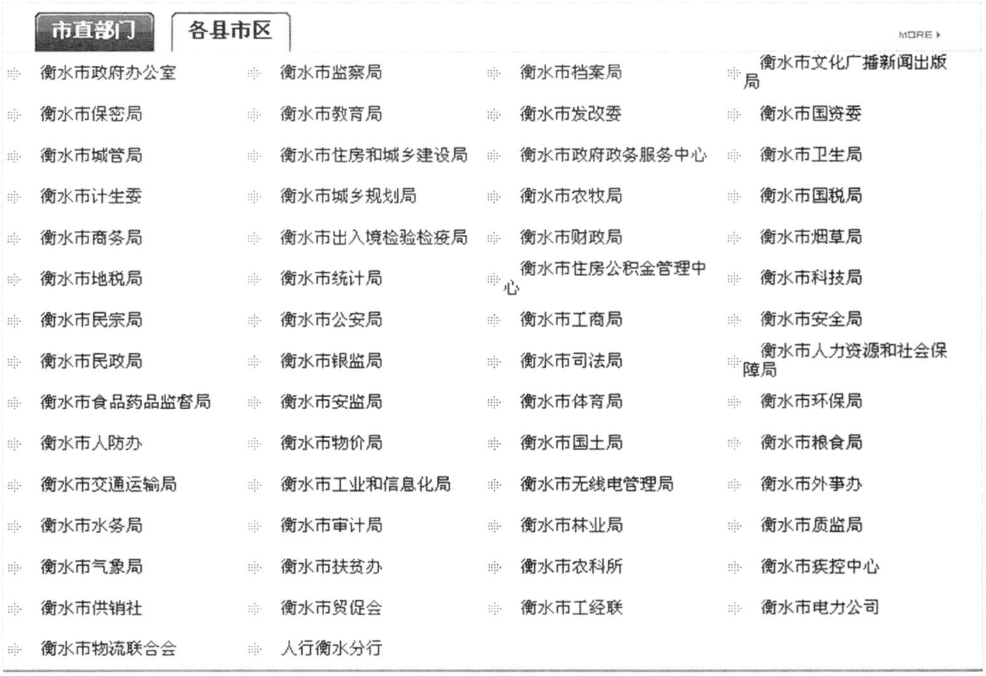

市直部门
各县市区
MORE
衡水市政府办公室
衡水市监察局
衡水市档案局
衡水市文化广播新闻出版局
衡水市保密局
衡水市教育局
衡水市发改委
衡水市国资委
衡水市城管局
衡水市住房和城乡建设局
衡水市政府政务服务中心
衡水市卫生局
衡水市计生委
衡水市城乡规划局
衡水市农牧局
衡水市国税局
衡水市商务局
衡水市出入境检验检疫局
衡水市财政局
衡水市烟草局
衡水市地税局
衡水市统计局
衡水市住房公积金管理中心
衡水市科技局
衡水市民宗局
衡水市公安局
衡水市工商局
衡水市安全局
衡水市民政局
衡水市银监局
衡水市司法局
衡水市人力资源和社会保障局
衡水市食品药品监督局
衡水市安监局
衡水市体育局
衡水市环保局
衡水市人防办
衡水市物价局
衡水市国土局
衡水市粮食局
衡水市交通运输局
衡水市工业和信息化局
衡水市无线电管理局
衡水市外事办
衡水市水务局
衡水市审计局
衡水市林业局
衡水市质监局
衡水市气象局
衡水市扶贫办
衡水市农科所
衡水市疾控中心
衡水市供销社
衡水市贸促会
衡水市工经联
衡水市电力公司
衡水市物流联合会
人行衡水分行

图 4-32　衡水市信息聚合情况

二是能够结合时代特征和地方特色开展专题栏目的建设，栏目内容丰富，时代感强。

图 4-33 衡水市三年大变样专题

三是能按用户对象和事项类型设置办事项目，服务导航的可用性较高，提供了服务事项检索和办件查询等功能，方便公众网上办事。

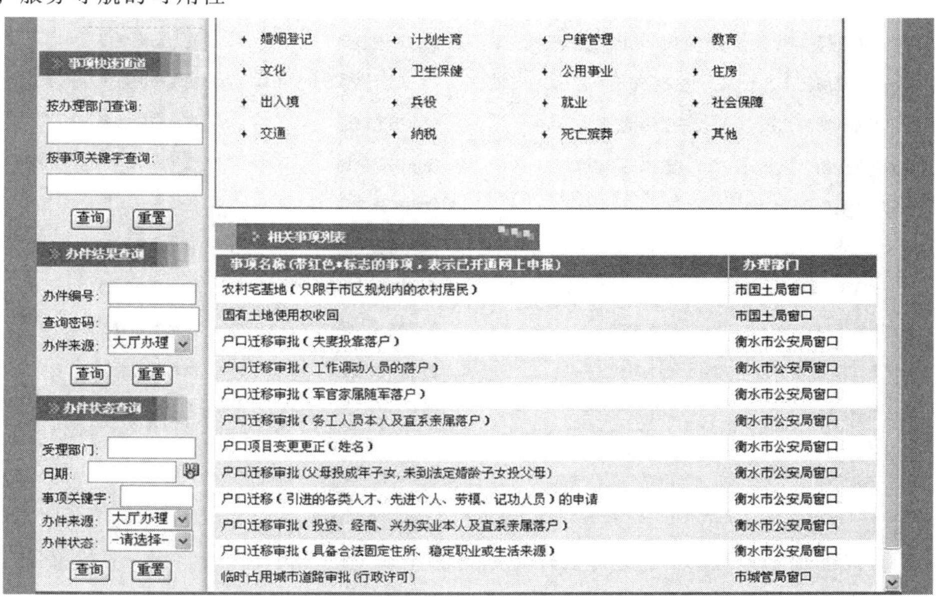

图 4-34 衡水市网上服务大厅

四是互动渠道可用性强，提供的交流渠道均能正常使用，对公众提出问题的回复率较高，答复时效性强。

办理反馈　　　　工单号：　　查询

工 单 号：002009201010090002

受理时间：2010-10-09 10:31:13　**信息来源**：邮件　**受理状态**：已办

受理单位：自来水公司

反映内容

尊敬的市长：近来衡水的自来水经常有一股异味，好象是生塑料味似的，令人难以下咽．广厦小区　苹景小区　网通小区等好多地都这样．人们都说是自来水受到污染所致．也有的说有的企业的污水直接打井排入地下所致．人们一天也离不了水，有条件的可以买净水机，但大多数人还是以喝自来水为生，作为衡水的父母官，您如果能解决这个关系到衡水人民切身利益的大问题，衡水人民会感激您一辈子的．

反馈结果

市长公开电话办公室对你的来信非常重视，立即责成市自来水公司办理。结果如下：
接到市长信箱“衡水自来水异味”信件后，我公司十分重视，安排客户服务中心工作人员对信件反映的几个有二次加压蓄水池的小区进行了实地走访调查，小区物业管理人员及居民均未感觉水有异味，并且我公司工作人员从各小区抽取水样，也未感觉有异味。小区物业管理人员介绍没有居民反映水有异味问题。
需要说明的是：自来水有氯味是正常现象。
市自来水公司
2010年10月

图 4-35　衡水市公众参与答复示例

【霸州市政府网站】 2010 年霸州市政府网站绩效总分为 64.91 分，在县（市、区）政府网站中排名第 1 位。由图 4-36 可以看出，霸州市政府网站各项一级指标明显高于县（市、区）网站平均水平。

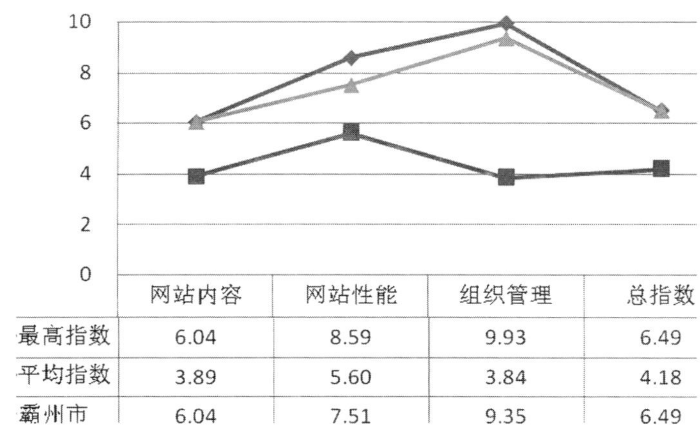

	网站内容	网站性能	组织管理	总指数
最高指数	6.04	8.59	9.93	6.49
平均指数	3.89	5.60	3.84	4.18
霸州市	6.04	7.51	9.35	6.49

图 4-36　霸州市整体绩效情况

在网站内容建设方面，由图 4-37 可见，实时信息、在线服务和政府信息公开指标水平处于县（市、区）政府上游水平较高，公众参与指标较差。

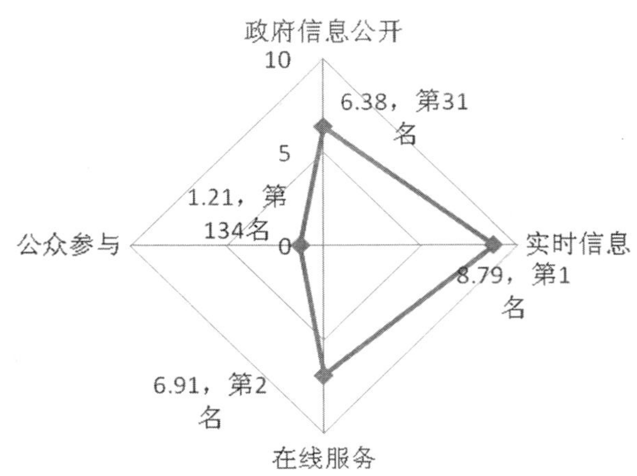

图 4-37　霸州市网站内容指标绩效情况

亮点及特色。一是能够将本级政府信息公开平台，聚合到所属设区市政府信息公开平台，主动公开信息范围较广，但在聚合信息的丰富性和时效性上还有欠缺。

图 4-38　霸州市信息公开平台

二是动态信息内容丰富，表现形式多样，信息更新情况在县（市、区）政府网站中表现最好。

图 4-39　霸州市霸州新闻栏目

三是专题栏目内容丰富，能够反映地方特色。

图 4-40　霸州市专题栏目

四是能够按照服务事项和部门业务职能提供实用化、有针对性服务，且服务导航未出现空链死链、空内容等现象。提供了多项服务事项的办事指南和表格下载服务，方便公众网上办事。

图 4-41 霸州市网上办事栏目

【张北县政府网站】 2010年张北县政府网站绩效总分为64.91分，在县（市、区）政府网站中排名第2位。由图4-42可以看出，张北县网站内容指数、网站性能指数均高于县（市、区）网站平均水平。

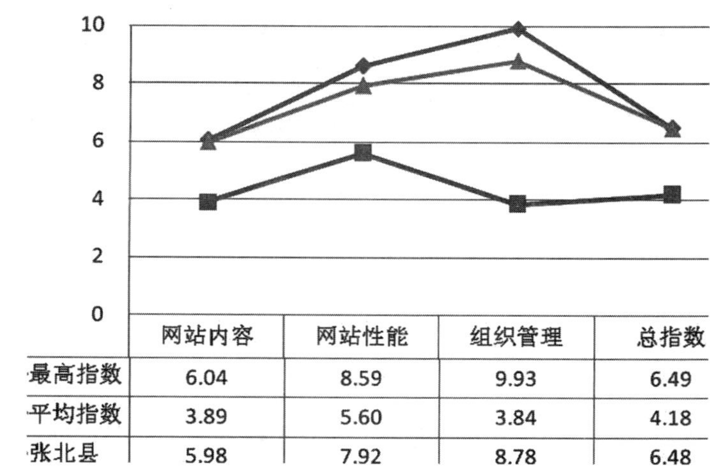

	网站内容	网站性能	组织管理	总指数
最高指数	6.04	8.59	9.93	6.49
平均指数	3.89	5.60	3.84	4.18
张北县	5.98	7.92	8.78	6.48

图 4-42 张北县整体绩效情况

在网站内容建设方面，由图4-43可见，公众参与的建设情况处于县（市、区）政府网站上游水平，政府信息公开指标建设情况有待提高。

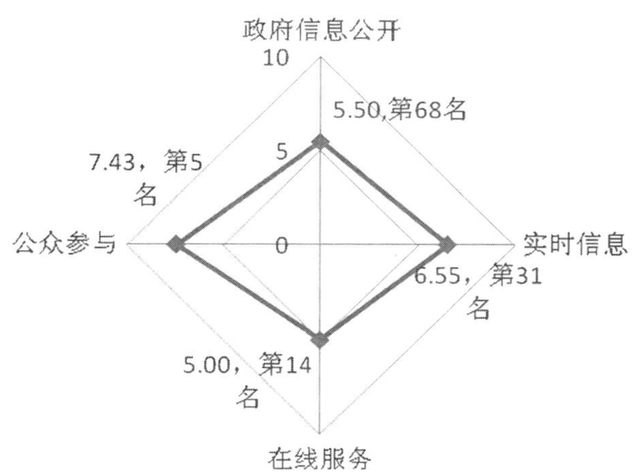

图 4-43 张北县网站内容指标绩效得分情况

亮点及特色。一是能够按照服务对象和服务事项细化服务框架，且服务导航未出现空链死链、空内容等现象。整合了部分服务资源，提供了部分事项的办事指南和表格下载服务，办事指南的内容较丰富。

图 4-44 张北县网上服务框架

图 4-45 张北县企业设立在线服务栏目

二是互动渠道种类较多，可用性较强。比较全面地公开公众来信、留言，并提供信件查询功能；在问题答复方面，提供了满意度调查的功能，且内容较规范。

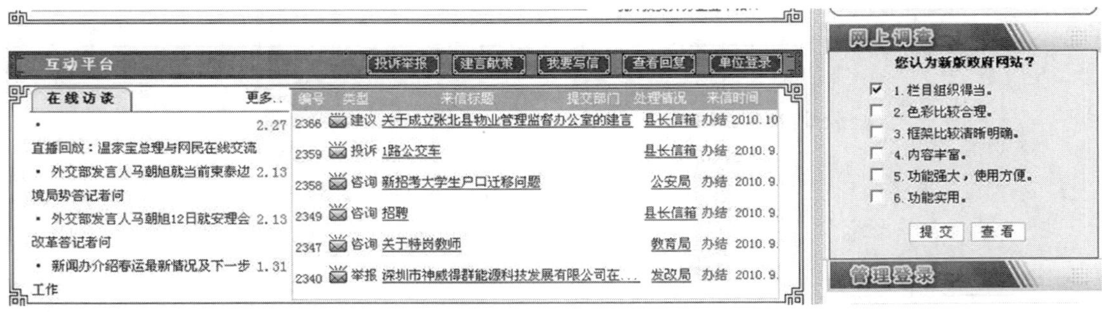

图 4-46　张北县公众参与栏目

信件标题	招聘				
信件编号	2459	来信时间	2011-1-11 12:44:51	处理情况	办结
信件内容	您好，今年县里面乡镇卫生院还继续招聘专科医学生吗?谢谢！！				
处理结果	请到县人才领导小组办公室咨询 回复于2011-1-15 15:25:49				
满意度调查	已经处理完毕，来信人对此件办理投票结果是：非常满意 此信件处理部门为：人事局。市民对该单位所有办件综合满意度为： 非常满意：40%，满意：20%，基本满意：20%，不满意：20%。				

图 4-47　张北县公众参与答复示例

【鹿泉市政府网站】　2010 年鹿泉市政府网站绩效总分为 63.49 分，在县（市、区）政府网站中排名第 3 位。由图 4-48 可以看出，鹿泉市各项一级指标均高于县（市、区）网站平均水平。

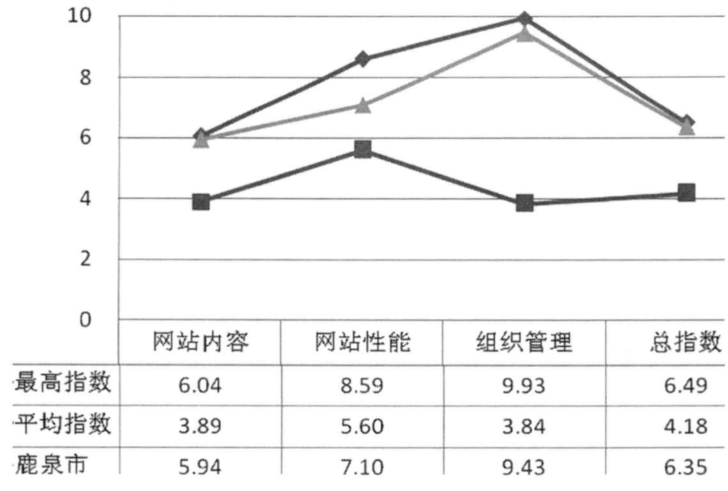

图 4-48　鹿泉市网站整体绩效情况

在网站内容建设方面，由图 4-49 可见，政府信息公开指标在县（市、区）政府网站中名列前茅，实时信息指标、在线服务指标、公众参与指标也均排在县（市、区）政府前 50 名之列。

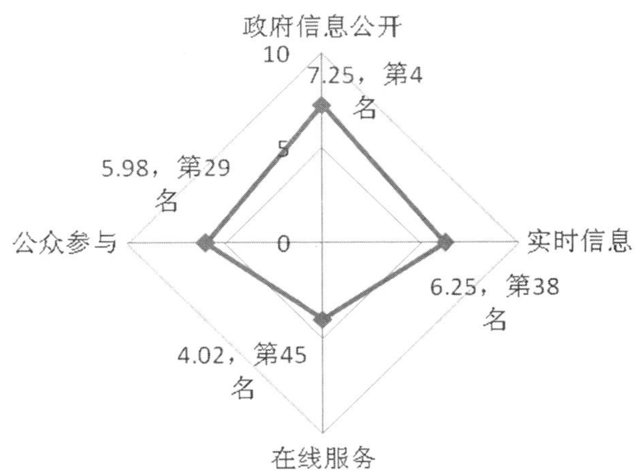

图 4-49　鹿泉市网站内容指标绩效情况

亮点及特色。一是完成了与所属设区市政府信息公开平台的聚合，同时与直属部门、乡镇政府的信息聚合工作也基本完成，信息公开目录分类合理规范，辅助功能较为完善，主动公开信息范围较广，但信息的丰富性和时效性有待改善。

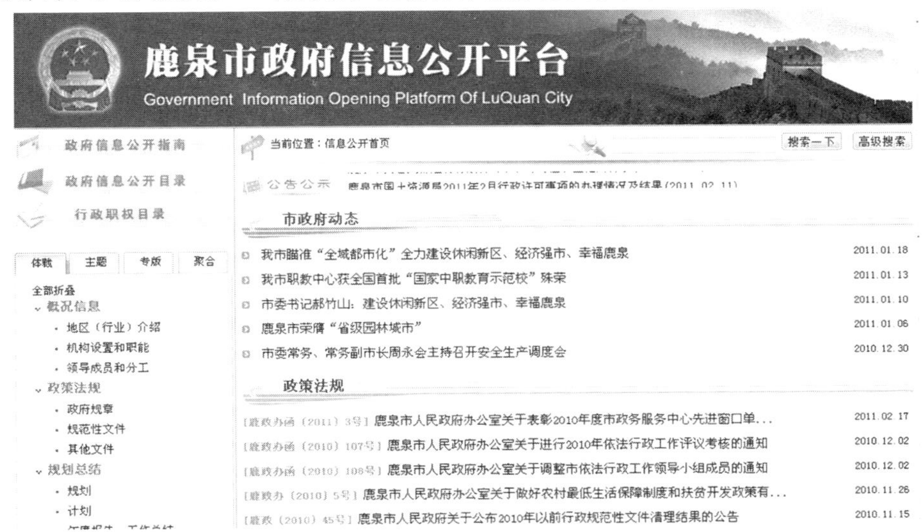

图 4-50　鹿泉市信息公开平台

二是服务框架方面，能够按照服务对象、服务事项和部门业务职能提供实用化、有针对性服务。

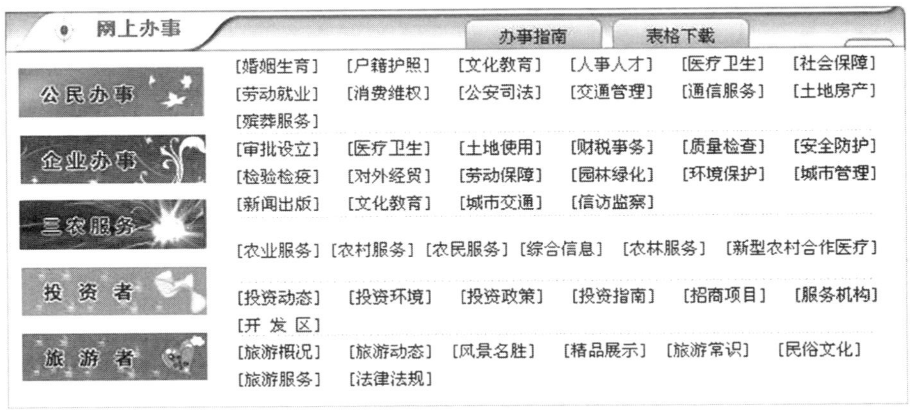

图 4-51　鹿泉市在线服务框架

三是建设了咨询、投诉、监督、建议、网上调查等功能的互动渠道，且可用性较强。对公众提出的问题能够及时地回复，互动效果较好。

图 4-52 鹿泉市公众参与渠道

河北检验检疫局网站绩效评估报告

【概况】 自 2007 年国家质检总局委托第三方评测机构对质检系统网站开展绩效评估工作以来，河北检验检疫局网站的信息公开工作不断推进，公共服务水平稳步提高。

2008 年绩效评估报告显示：河北检验检疫局网站建设仍处于起步阶段，各项指标都与平均水平存在较大差距。

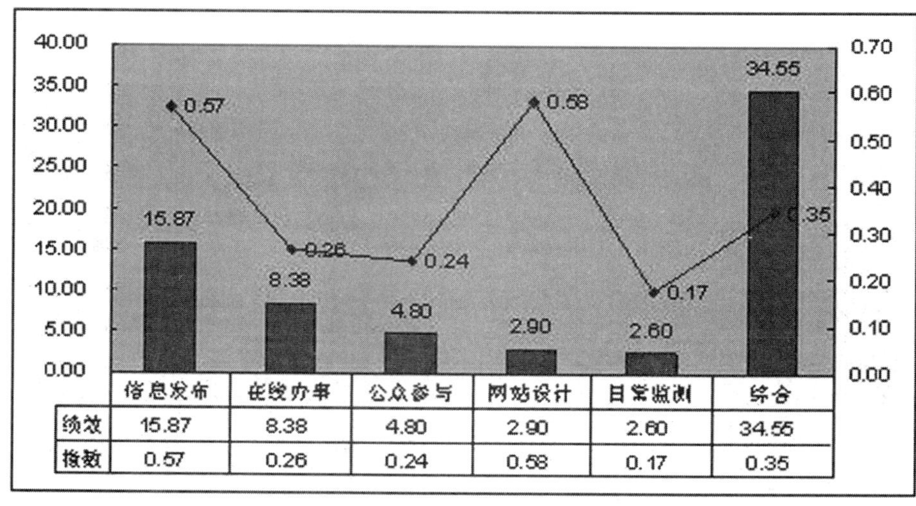

	信息发布	在线办事	公众参与	网站设计	日常监测	综合
绩效	15.87	8.38	4.80	2.90	2.60	34.55
指数	0.57	0.26	0.24	0.58	0.17	0.35

图 1 河北出入境检验检疫局网站指标得分情况

注：指数得分=该项的绩效得分/该项的成绩权重

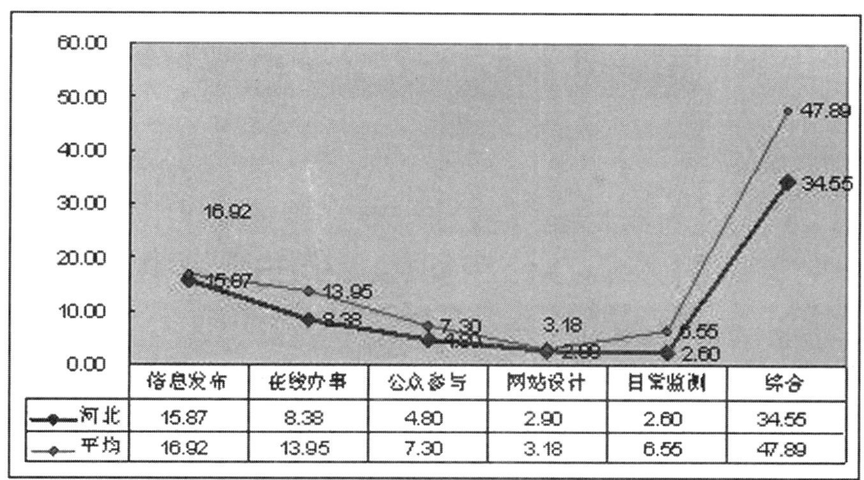

	信息发布	在线办事	公众参与	网站设计	日常监测	综合
河北	15.87	8.38	4.80	2.90	2.60	34.55
平均	16.92	13.95	7.30	3.18	6.55	47.89

图 2　河北出入境检验检疫局网站指标与平均指标得分比较图

2009 年 6 月至 10 月，第三方评测机构对河北检验检疫局网站进行日常监测时发现 6 个问题，提出 7 项建议。

2010 年河北检验检疫局网站绩效总分为 45.81 分，总体绩效水平比较接近直属出入境检验检疫局网站中等水平。其中，网站公开政务信息内容公开较全面，信息公开方面绩效水平较高；公众参与、网站功能设计方面比较完善；但在在线服务、网站管理和特色栏目建设方面与优秀政府网站还有一定差距。

2011 年质检系统政府网站绩效评估中，河北出入境检验检疫局网站全部考评指标合格率为 72%，优秀率为 17%。

2012 年河北出入境检验检疫局网站评估总分为 70.54。其中，综合评估 63 分，专家评议 7.54 分。网站指标达标率为 87.5%，指标优秀率为 48%，并获国家质检总局“进步奖”。

2013 年河北检验检疫局门户网站在直属检验检疫局网站绩效评估中，被质检总局评为“优秀网站”称号。

（省检验检疫局）

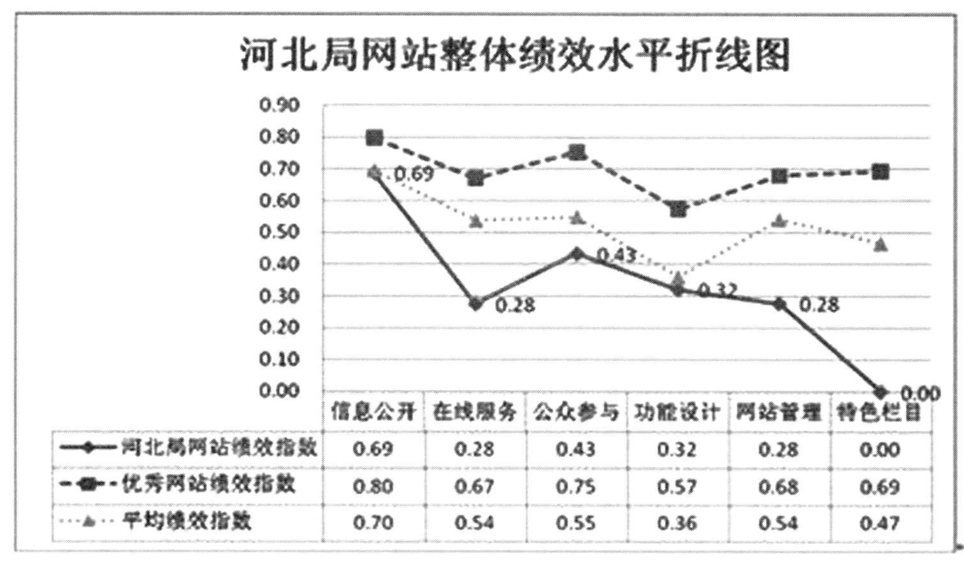

	信息公开	在线服务	公众参与	功能设计	网站管理	特色栏目
河北局网站绩效指数	0.69	0.28	0.43	0.32	0.28	0.00
优秀网站绩效指数	0.80	0.67	0.75	0.57	0.68	0.69
平均绩效指数	0.70	0.54	0.55	0.36	0.54	0.47

图 3　河北出入境检验检疫局网站绩效水平折线图

省政府办公厅通报

河北省人民政府办公厅关于表彰2001年度全省政府系统办公自动化工作争先创优活动先进单位、先进个人的通报

各设区市人民政府办公室（厅），省政府各部门办公室：

为推动政府系统办公自动化工作深入开展，去年在全省政府系统开展了办公自动化工作争先创优活动，涌现出了一批素质高、责任心强、业务熟练的管理工作骨干和专业技术骨干。根据《全省政府系统办公自动化工作争先创优活动评选奖励办法》，共评选出2001年度全省政府系统办公自动化工作争先创优活动先进单位21个、先进个人60名，现予以通报表彰。

一、2001年度全省政府系统办公自动化工作先进单位：

唐山市政府办公厅
承德市政府办公室
衡水市政府办公室
石家庄市政府办公厅
邯郸市信息中心
张家口市政府办公室
沧州市政府办公室
省财政厅信息中心
省气象局办公室
省地税局办公室
省环保局信息中心
省计委综合处
省经贸委办公室
省信息产业厅办公室
省劳动和社会保障厅办公室
省教育厅办公室
省人事厅办公室
省建设厅办公室
省农业厅办公室
省国土资源厅信息中心
省人防办秘书处

二、2001年度全省政府系统办公自动化工作先进个人（排名不分先后）：

张桂生　唐山市政府
陈久生　唐山市政府办公厅办公自动化办公室
闰周全　承德市政府办公室
程志刚　承德市政府办公室信息科
闰景会　承德市政府办公室信息科
陈洪军　衡水市政府办公室
卢站桥　衡水市政府办公室秘书科
赵衡普　衡水市政府办公室秘书科
邸占勋　石家庄市政府办公厅
张新峰　石家庄市政府办公厅信息处
李双芹（女）石家庄市政府办公厅信息处
郭　云　张家口市政府办公室
李向进　张家口市政府办公室机要科
窦军领　沧州市政府办公室技术科
韩桂琴（女）沧州市政府办公室技术科
王晨晓　邢台市政府办公室办公自动化技术科
陈海增　邢台市政府办公室技术科
刘　贤　秦皇岛市政府办公室秘书科
袁　莉（女）廊坊市政府办公室秘书科
王存礼　邯郸市政府办公厅后勤服务中心
田英华　邯郸市政府市长公开电话网络中心
刘文清　保定市政府办公厅信息处
冉　超　省计委综合处
赵进刚　省经贸委办公室主任
贾云霄　省人防办秘书处
刘玉丽（女）省体改办秘书处
刘静雷　省水利厅办公室
焦庆会　省建设厅办公室
邓国藏　省农业厅办公室
杜彦卿　省财政厅信息中心
孙惠莽　省信息产业厅办公室
桑建新　省信息产业厅计算机处
马志永　省审计厅信息中心
柏　桦　省国土资源厅信息中心
耿丽英（女）省卫生厅机要室
李瑞华　省劳动和社会保障厅信息中心
郑建光　省人事厅信息中心
张建儒　省公安厅科技处
池世科　省公安厅信息通信处

杨拥军　　省国家安全厅政治部
李向朴　　省地税局办公室
姜　军　　省地税局信息中心
李海昌　　省广播电视局河北广播电视网站
杨海龙　　省气象局气象台决策服务中心
魏俊国　　省气象局气象台网络科
张芹娥（女）省乡镇企业局计财处
罗　永　　省环保局办公室
李石头　　省环保局信息中心技术开发室
都　岩（女）省体育局办公室
谢　中　　省农垦局办公室
杜　宏（女）省盐务局办公室
郭子君（女）省盐务局办公室
潘京华（女）省工商行政管理局办公室
宋　征（女）省统计局办公室
宣龙华　　省测绘局办公室
武雪伟　　省测绘局人事处
赵志奇　　省地勘局办公室
秦占宏　　省信访局办公室
赵　峰　　省贸促会办公室
王联萍（女）中国银行河北省分行办公室

河北省人民政府办公厅
二〇〇二年一月二十九日

河北省人民政府办公厅关于表彰2002年度全省政府系统政务信息化工作争先创优活动先进单位、先进个人的通报

各设区市人民政府办公室（厅），省政府各部门办公室：

为推动政府系统政务信息化工作深入开展，提高政府信息化水平，根据冀政办〔2000〕47号文件精神和《全省政府系统政务信息化工作争先创优活动评选奖励办法》的规定，今年继续在全省政府系统开展了政务信息化工作争先创优活动，经筛选评议并听取各方面意见，共评选出2002年度全省政府系统政务信息化工作先进单位16个，先进个人58名。现予以通报表彰。

一、2002年度全省政府系统政务信息化工作先进单位

石家庄市政府政务信息中心
衡水市政府办公室
秦皇岛市政府办公室
承德市政府办公室
张家口市政府办公室
省财政厅信息中心
省审计厅信息中心
省国土资源厅信息中心
省农业厅办公室
省环保局办公室
省地税局办公室
省卫生厅信息中心
省教育厅信息中心
省测绘局办公室
省建设厅办公室
省气象局办公室

二、2002年度全省政府系统政务信息化工作先进个人（排名不分先后）

王梅林　　石家庄市政府政务信息中心协调处
于　惠（女）石家庄市政府政务信息中心技术处
刘　毅　　石家庄市政府办公厅
李双芹（女）石家庄市政府政务信息中心
郭　云　　张家口市政府办公室
李向进　　张家口市政府办公室
焦春亭　　沧州市政府办公室
窦军领　　沧州市政府办公室技术科
韩桂琴（女）沧州市政府办公室技术科
刘　贤　　秦皇岛市政府办公室
李惠丽（女）秦皇岛市政府信息办
陈九生　　唐山市政府办公厅技术处
王晨晓　　邢台市政府办公室技术科
陈海增　　邢台市政府办公室技术科主任
郭志华　　衡水市政府办公室网络技术科
张英军　　衡水市政府办公室网络技术科
赵衡普　　衡水市政府办公室网络技术科
阎景会　　承德市政府办公室信息科
王周艳（女）承德市政府办公室信息科
赵增群　　省财政厅信息中心
赵进刚　　省经贸委办公室主任
殷政年　　省审计厅信息中心
马志存　　省审计厅信息中心软件应用培训科
王洪碑　　省司法厅办公室
张大争　　省国土资源厅信息中心
马明骥（女）省教育厅信息中心

邓国藏　省农业厅办公室
吴更雨　省工商局信息中心
潘京华（女）　省工商局办公室
李向朴　省地税局办公室
甘冀平　省地税局信息中心
焦庆会　省建设厅办公室
张春文　省供销社办公室
郭树军　省气象局气象台决策气象服务中心
杨海龙　省气象局气象台决策气象服务中心
刘丽萍（女）　省水产局综合处
张京波　省交通厅科教处
伏晓艳（女）　省信访局办公室
祖晓伟（女）　省畜牧局办公室
金　岚（女）　省文化厅办公室
李伟刚　省国家安全厅办公室
刘玉丽（女）　省体改办
董　民（女）　省林业局办公室
张翠欣（女）　省林业局信息中心
叶跃群（女）　省人防办秘书处
李延军　省乡镇企业局办公室
李　亦　省旅游局办公室
谢　忠　省农垦局办公室
柳　青（女）　省外办秘书处
赵　宁（女）　省黄金局办公室
王金龙　省药品监督管理局办公室
王淑敏（女）　省档案局办公室
高彩霞（女）　省档案局办公室
赵　峰　省贸促会办公室
宋　英（女）　省测绘局办公室
武雪伟　省测绘局办公室
邢根竹　人民银行石家庄中心支行办公室
张　超　石家庄海关办公室

河北省人民政府办公厅
二〇〇三年一月十六日

河北省人民政府办公厅关于“中国河北”门户网站栏目维护情况的通报（2004年第一季度）

各设区市人民政府，省政府各部门：

“中国河北”门户网站自2002年底上线运行以来，紧密结合省政府中心工作，为政务公开、公众服务等方面发挥了积极作用。网站设有河北概况、河北政务、河北经济、科技文化、社会生活、网上办事等6个大类260个栏目。根据河北省人民政府办公厅印发的《河北省人民政府公众信息网建设和管理实施意见》（办字［2002］80号）精神，栏目的维护工作由各相关职能部门负责。2003年河北省人民政府办公厅下发的《河北省政府系统门户网站管理规定》（冀政办函［2003］22号）把260个栏目的更新任务落实到43个省政府部门。

自冀政办函［2003］22号下发以来，大部分厅局都能按照文件的要求，积极维护自己分工的栏目，及时发布本部门的有关信息，在大家的共同努力下，2003年10月18日隆重举行了“中国河北”门户网站开通仪式，“中国河北”门户网站受到了各级领导和社会各界的好评。2002年12月国务院副秘书长徐绍史同志听取河北省政府门户网站建设情况汇报后亲笔批示：“河北的建设经验可以借鉴”。2003年9月在贵州召开的全国政府系统政务信息化工作会议上，国务院秘书局贾福兴局长对“中国河北”门户网站的运行机制给予了充分肯定。他在会议工作报告中指出：“河北省政府网站紧密结合政府中心工作，建立了分级负责的信息维护、监督考核、安全保密、人员培养体系，健全了信息发布机制”。今年3月初，国务院办公厅秘书局门户网站建设专题调研组对省门户网站建设的成绩和经验也给予了充分肯定。天津、山东、北京等兄弟省市政府领导和同行先后来省考察门户网站建设情况，对“中国河北”门户网站建设给予了较高评价。在2003年中国国际电子政务技术与应用大会组织的对全国范围内政府系统网站组织开展的“最佳社会公众服务政府网站调查活动”中获“优秀社会公众服务政府网站”奖。

为了进一步落实《河北省政府系统门户网站管理规定》（冀政办函［2003］22号）文件的要求，切实把“中国河北”门户网站维护好，巩固已建立的“中国河北”门户网站信息维护机制，省政府办公厅就省政府各部门对“中国河北”门户网站栏目的维护情况进行了检查，现将检查情况通报如下：

在2004年第一季度的工作中，信息更新及时，发布信息超过要求更新条数的部门有：省教育厅、省劳动和社会保障厅、省国土资源厅、省农业厅、省商务厅、省卫生厅、省环境保护局、省粮食局、河北经济日报社等单位。

在“中国河北”门户网站建设中，许多部门积极配合省政府办公厅做好栏目维护工作。有一些部门主动提出增加维护任务，增设本部门应维护的栏目的部门有：省交通厅、省林业局、省地震局、省粮食局、省食品药品监督局、燕山公司等六个单位。根据栏目的维护情况，对“中国河北”门户网站的栏目作出如下调整：去掉“省体育局”维护的体坛动态、健身常识、燕赵健儿、竞技规则。增加“省地震局”维护的省内震情、全球大震、防震法规、防震科普。

为了进一步做好省政府系统门户网站建设和栏目维护工作，现提出几点要求：

第一，各部门要切实承担起“中国河北”门户网站栏目的维护工作，做到工作到位、责任到人。目前没有栏目维护任务的单位要根据本部门的情况，尽快谋划出能体现本部门特色的栏目，在“中国河北”门户网站上开辟宣传本行业新风新貌的窗口。

第二，各设区市政府、省政府各部门在维护好“中国河北”门户网站栏目的同时，按照《河北省人民政府公众信息网建设和管理实施意见》（办字［2002］80号）的要求，积极筹建本单位的分站点。各设区市政府要承担起指导县（市、区）政府门户网站建设的任务。

第三，有能力的部门要积极在门户网站上开设政务公开、便民服务的窗口，切实把“中国河北”办成名副其实的公众信息服务平台。

河北省人民政府办公厅

二〇〇四年三月三十一日

河北省人民政府办公厅关于“中国河北”门户网站栏目维护情况的通报（2004年第二季度）

各设区市人民政府，省政府各部门，门户网站维护各单位：

为了进一步落实《河北省政府系统门户网站管理规定》（冀政办函［2003］22号文件）的要求，切实把“中国河北”门户网站维护好，巩固已建立的“中国河北”门户网站信息维护机制，省政府办公厅在第一季度检查的基础上，就省政府门户网站维护各单位对“中国河北”门户网站栏目第二季度的维护情况进行了检查。现将2004年第二季度检查情况通报如下：

信息更新及时，发布信息超过要求更新条数的单位有：省劳动和社会保障厅、省农业厅、省商务厅、省国资委、省环境保护局、省林业局、省气象局、河北经济日报社。

达到更新条数和更新时限要求的单位有：省教育厅、省科技厅、省民族宗教事务厅、省监察厅、省财政厅、省国土资源厅、省建设厅、省交通厅、省信息产业厅、省文化厅、省卫生厅、省地税局、省工商局、省物价局、省粮食局、省政府法制办、省旅游局、省文物局、省国税局、省地震局、省信访局、省邮政局、省通信局、石铁分局、省民航局、省政府文印中心。

在2004年第二季度“中国河北”门户网站调整的栏目有：增加“省国资委”维护的“河北国资”，下设“改革发展”“国资监管”“国资运行”“国资文件”“政策法规”等五个栏目。

河北省人民政府办公厅

二〇〇四年七月二十七日

河北省人民政府办公厅关于“中国河北”门户网站栏目维护情况的通报（2004年第三季度）

各设区市人民政府，省政府各部门，门户网站维护各单位：

为了进一步落实《河北省政府系统门户网站管理规定》（冀政办函［2003］22号文件）的要求，切实把“中国河北”门户网站维护好，巩固已建立的“中国河北”门户网站信息维护机制，省政府办公厅在上半年检查的基础上，就省政府门户网站维护各单位对“中国河北”门户网站栏目第三季度的维护情况进行了检查。现将2004年第三季度检查情况通报如下：

信息更新及时，发布信息超过要求更新条数的单位有：省财政厅、省国土资源厅、省建设厅、省商务厅、省人口和计生委、省国资委、省粮食局、河北经济日报社、省直政府采购服务中心。

达到更新条数和更新时限要求的单位有：省发展和改革委员会、省科技厅、省民族宗教事务厅、省监察厅、省劳动和社会保障厅、省交通厅、省农业厅、省信息产业厅、省卫生厅、省地税局、省环境保护局、省统计局、省工商局、省林业局、省质量技术监督局、省物价局、省中小企业局、省政府法制办、省旅游局、省气象局、省国税局、省地震局、省信访局、省邮政局、省通信局、石铁分局、省民航局、省地方志办公室、省政府文印中心。

在2004年第三季度“中国河北”门户网站调整的栏目有：增加“省人口和计生委”维护的“人口计

生"，下设"工作动态""生殖健康""政策问答""理论探讨"等四个栏目。

希望各厅局（委、办）严肃对待，认真办好，不断总结，不断改进，力争四季度有新的起色，确保今年有明显进步，使"中国河北"门户网站越办越好，充分发挥应有的作用。

河北省人民政府办公厅
二〇〇四年十月十九日

河北省人民政府办公厅关于"中国河北"门户网站建设维护情况表彰的通报（2004 年第四季度）

各设区市人民政府，省政府各部门：

"中国河北"门户网站上线运行两年以来，在各地、各部门的共同努力下，紧密结合省政府中心工作，在推进政务公开、公共服务、宣传河北、沟通民众，建设高效透明政府等方面发挥了积极作用。为更好地建设维护"中国河北"门户网站，根据《河北省政府系统门户网站管理规定》（冀政办函〔2003〕22 号）要求，现将 2004 年度"中国河北"门户网站建设维护情况通报如下：

一、"中国河北"门户网站建设成效明显

2004 年，"中国河北"门户网站建设成效明显，多次受到国务院办公厅领导同志表扬，并得到了社会各届的广泛关注和好评，在今年 4 月份国务院信息化工作办公室组织的"中国政府门户网站发展状况调查"中，获得省级网站综合得分第四名，在中国电子政务技术与应用大会组委会开展的"中国优秀政府门户网站"调查活动中，继去年获得省级网站第二名的基础上，今年又取得了第一名的好成绩。上述成绩的取得，是各级领导高度重视的结果，是社会各界广泛关注的结果，是各市、各部门支持配合的结果，也是网站编辑部全体工作人员以及所有承担网站信息更新维护任务的每一位工作人员共同努力的结果。

二、2004 年第四季度栏目维护情况

2004 年第四季度，信息更新及时、发布信息超过要求更新条数的单位有：省司法厅、省劳动和社会保障厅、省国土资源厅、省建设厅、省地方税务局、省环境保护局、省物价局、省粮食局、省信访局、省旅游局、省地震局、省工业经济联合会、河北经济日报社等单位。

达到更新条数、时限要求的单位有：省发展和改革委员会、省科技厅、省民族宗教厅、省监察厅、省财政厅、省交通厅、省信息产业厅、省农业厅、省商务厅、省卫生厅、省人口和计生委、省审计厅、省国资委、省统计局、省工商局、省林业局、省食品药品监督管理局、省中小企业局、省政府法制办公室、省档案局、省政府文印中心、省国家税务局、省地方志办公室、省气象局、省邮政局、省通信管理局、石铁分局、河北机场管理集团有限公司、省直政府采购服务中心、燕山公司。

三、2004 年度栏目维护综合情况及明年工作要求

2004 年是"中国河北"门户网站建立信息维护监督检查机制的第一年。省政府办公厅先后 4 次就省政府门户网站维护情况进行了检查通报，共对 23 家单位计 38 家（次）提出了表扬，对 10 家单位共计 20 家（次）提出了批评，较好地发挥了激励和鞭策作用。总的看，有维护任务的单位大都能够按照《河北省政府系统门户网站管理规定》的要求，认真做好维护工作。其中，省粮食局、河北经济日报社、省农业厅、省建设厅、省环保局、省劳动和社会保障厅、省国土资源厅、省旅游局、省商务厅、省气象局等单位工作尤其突出；省司法厅、省国资委、省人口和计生委、省档案局、省地震局、省工经联等单位在没有栏目维护任务的情况下，积极谋划栏目，主动提出开设栏目并能很好地承担维护任务；省物价局、省统计局等单位在受到批评后，积极改进工作，在较短的时间内变后进为先进；省文化厅、省质量技术监督局、省文物局等单位能积极沟通情况，但仍需进一步加大工作力度。

在肯定成绩的同时，我们还必须清醒地看到，省的政府门户网站刚刚完成信息发布功能，与民互动和网上办事栏目刚刚起步，网站建设存在的问题和面临的困难仍然很多，与先进省市相比，还存在着明显的差距。我们要在总结门户网站建设经验的基础上，认真查找存在的问题和不足，明年在继续维护好信息的同时，加强与民互动和网上办事的功能，力争明年有新的起色。

为使"中国河北"门户网站越办越好，充分发挥应有的作用。现就进一步做好门户网站维护工作提出如下要求：（一）各地、各部门要高度重视政府系统门户网站的运行维护工作，尽快建立起规范、高效、可靠的政府系统门户网站运行机制，确保网站正常运行。（二）目前没有栏目维护任务的单位要根据本部门的情况，积

极谋划体现本部门特色的栏目，尽快在“中国河北”门户网站上开辟宣传介绍本行业的窗口。（三）有一定网站建设基础的单位，要积极开辟网上与民互动的窗口和网上办事功能，会同省政府办公厅一道推动门户网站与民互动和网上办事项目的实施。

四、2004 年度网站维护先进单位、先进个人

（一）2004 年度“中国河北”门户网站信息维护先进单位：

省粮食局信息中心
河北经济日报社网络部
省农业厅信息中心
省建设厅信息中心
省环保局信息中心
省劳动和社会保障厅信息中心
省国土资源厅信息中心
省旅游局政策法规处
省商务厅信息中心
省气象局气象台

（二）2004 年度“中国河北”门户网站信息维护先进个人：

赵梦霄　　河北经济日报社网络部
伏晓艳（女）　　省信访局办公室
靳秀英（女）　　省环保局信息中心开发科
谷瑞刚　　省劳动和社会保障厅信息中心
刘　博　　省旅游局政策法规处
乔智敏　　省商务厅信息中心网络部
商翠敏（女）　　省农业厅信息中心
郭建军　　省建设厅信息中心
胡　静（女）　　省国土资源厅信息中心
张燕昆　　省粮食局信息中心
杨海龙　　省气象局气象台

河北省人民政府办公厅
二〇〇四年十二月八日

河北省人民政府办公厅关于“中国河北”门户网站栏目维护情况的通报（2005 年第一季度）

各设区市人民政府，省政府各部门，门户网站维护各单位：

“中国河北”门户网站在 2004 年一年的维护工作中，门户网站维护各单位大都能按照《河北省政府系统门户网站管理规定》的要求，认真做好维护工作。省政府办公厅及时就维护情况进行了督促检查，先后 4 次就省政府门户网站维护情况进行了检查通报，共对 23 家单位计 38 家（次）提出了表扬，对 10 家单位共计 20 家（次）提出批评，较好地发挥了激励和鞭策作用。通过一年的工作，“中国河北”门户网站的信息维护机制基本形成。

为进一步加强政府系统门户网站建设，2005 年初下发了《河北省人民政府办公厅关于进一步加强政府系统门户网站建设的指导意见》，各设区市人民政府，省政府各部门要认真贯彻落实文件精神，建设和管理好本地区、本部门的网站。2005 年在做好“中国河北”门户网站信息维护工作的基础上，将完善开发网站的互动功能，主要完善办事指南和表格下载模块，开发网上订阅、主题听政、咨询服务、移动政务、社会监管、民意调查、电子公告和电子图书模块。这些模块的完成涉及到有关部门的业务数据，希望有关部门积极配合，共同完成好门户网站互动功能的开发完善。

省政府办公厅就省政府门户网站维护各单位对“中国河北”门户网站栏目第一季度的维护情况进行了检查。现将 2005 年第一季度检查情况通报如下：

信息更新及时，发布信息超过要求更新条数的单位有：省建设厅、省农业厅、省粮食局、河北经济日报社、省环保局、省司法厅、省计生委、省工经联、省劳动和社会保障厅、省信访局、省旅游局、省直政府采购服务中心、省档案局。

达到更新条数和更新时限要求的单位有：省气象局、省教育厅、省卫生厅、省国土资源厅、省国资委、省林业局、省监察厅、省商务厅、省信息产业厅、省财政厅、省交通厅、省民族宗教事务厅、省地震局、省统计局、省科技厅、省药品监督局、省质量技术监督局、省中小企业局、省地方税务局、省政府文印中心、省地方志办公室、省文物局、省物价局、省邮政局、省政府法制办、河北机场管理集团有限公司、北京铁路局石家庄办事处。

希望各单位充分利用好省政府系统门户网站这个平台，搞好政府信息公开和为民服务工作，使“中国河北”门户网站越办越好。

河北省人民政府办公厅
二〇〇五年四月四日

河北省人民政府办公厅关于“中国河北”门户网站栏目维护情况的通报（2005 年第二季度）

各设区市人民政府，省政府各部门，门户网站维护各单位：

根据《河北省政府系统门户网站管理规定》（冀政办函〔2003〕22 号）文件精神，省政府办公厅于近期就省政府门户网站维护各单位对“中国河北”门户网站栏目第二季度的维护情况进行了检查。现将检查情况通报如下：

一、门户网站工作总体情况

总的看，2005 年第二季度门户网站栏目的维护工作成效明显、成绩突出。在所有承担网站信息更新维护任务的每一位工作人员的努力下二季度共更新信息 14995 条，其中发布信息 2798 条，集成信息 12197 条。有科技厅等 20 多个厅局的栏目做了不同程度的改动，有关厅局都能积极配合网站编辑部的工作，体现了较高的责任心和团队精神。

二、栏目维护具体情况

2005 年第二季度信息更新及时，发布信息超过要求更新条数的单位有：省农业厅、省林业厅、省计生委、省环保局、省建设厅、省粮食局、河北经济日报社、省信访局、省司法厅、省旅游局、省工经联、省劳动和社会保障厅、省民族宗教事务厅、省信息产业厅、省审计厅、省教育厅、省科技厅、省气象局、省国资委、省商务厅。

达到更新条数和更新时限要求的单位有：省直政府采购服务中心、省国土资源厅、省档案局、省卫生厅、省国税局、省交通厅、省财政厅、省统计局、燕山公司、省物价局、省质量技术监督局、省地震局、省食品药品监督管理局、省中小企业局、省发改委、省政府文印中心、省地方志办公室、省文物局、河北机场管理集团有限公司、省邮政局、省政府法制办、北京铁路局石家庄办事处、省监察厅。

三、栏目调整情况

2005 年第二季度“中国河北”门户网站调整的栏目有：增加了省审计厅维护的“河北审计”专题，下设“审计要闻”“审计论坛”“审计法规”“热点专题”；河北经济日报社维护的“工作研究”；省政府办公厅维护的“行政许可项目”等 6 个栏目。调整了省信息产业厅维护的“信息产业”，省商务厅维护的“招商引资”等栏目。省监察厅、省水利厅、省物价局、河北省机关效能建设联系会议办公室等单位积极谋划本单位栏目，在网站编辑部积极配合下，有关栏目正在建设中。

四、下一步工作安排

今年 7 月底，“中国河北”门户网站互动功能模块将上网试运行，主要包括办事指南、表格下载、网上订阅、主题听证、咨询服务、移动政务、社会监管、民意调查、电子公告和电子图书模块。其中办事指南和表格下载模块涉及到有行政审批职能的 51 个政府部门的 830 项行政审批事项的业务数据，希望相关部门积极配合，共同完成数据上网工作。

目前在省政府门户网站上尚没有开设栏目的省公安厅、省安全厅、省民政厅、省人事厅等省政府组成部门尽快提出解决办法，有能力维护栏目的单位结合本部门所承担的政府职能，抓紧谋划出能体现本部门特色的信息公开和为民服务栏目，并尽快与“中国河北”门户网站编辑部联系，共同做好这项工作；没有能力维护栏目的单位将具体情况报省政府办公厅。

河北省人民政府办公厅
二〇〇五年七月六日

河北省人民政府办公厅关于“中国河北”门户网站栏目维护情况的通报（2005 年第三季度）

各设区市人民政府，省政府各部门，门户网站维护各单位：

根据《河北省政府系统门户网站管理规定》（冀政办函〔2003〕22 号）文件精神，省政府办公厅于近期就省政府门户网站维护各单位对“中国河北”门户网站栏目第三季度的维护情况进行了检查。现将检查情况通报如下：

一、门户网站工作总体情况

总的看，2005年第三季度门户网站栏目的维护工作成效明显、成绩突出，比第二季度有很大提高。在所有承担网站信息更新维护任务的每一位工作人员努力下，三季度共更新信息16501条，其中发布信息3369条，集成信息13132条。省监察厅等10多个厅局的栏目做了不同程度的调整完善。互动功能数据上网工作涉及到省直53个部门，其中办事指南、表格下载涉及省直部门830项行政审批事项，社会监管涉及5个有监管职能的厅局。自8月初部署互动功能数据上网任务以来，有关单位和部门都能积极主动工作，取得了明显进展。目前，共有47个单位697项行政审批事项完成了数据上网工作，占任务的93.56%。在三季度的工作中，有关厅局都能积极配合网站编辑部的工作，体现了较高的责任心和团队精神。

二、信息发布及栏目调整情况

2005年第三季度信息更新及时，发布信息超过要求更新条数的单位有：省商务厅、省环境保护局、省人口和计划生育委员会、省农业厅、省粮食局、省司法厅、省工业经济联合会、河北经济日报社、省建设厅、省劳动和社会保障厅、省旅游局、省林业局、省科学技术厅、省国土资源厅、省国资委、省教育厅、省审计厅、省卫生厅。

2005年第三季度为保障中央政府门户网站信息维护工作，“中国河北”新增加“政策出台”“人事任免”“领导活动”三个栏目，分别由省政府法制办、省人事厅、河北日报报业集团维护。其中，省政府法制办主动和厅就“政策出台”沟通、协调，为做好中央政府门户网站维护工作打下了良好的基础。除此以外，增加了省机关效能建设联系会议办公室维护的“机关效能建设”，下设“机构简介”“政策法规”“情况交流”“工作动态”等栏目，省监察厅维护的“行政监察”，省政府办公厅维护的“政情摘报”等8个栏目。调整了省地税局维护的“河北地税”、省文化厅维护的“文化建设”等栏目。

三、互动功能数据上网情况

提前或超额完成互动功能数据上网工作的单位有：省国土资源厅、省新闻出版局、省商务厅、省环境保护局、省工商行政管理局、省民族宗教事务厅、省文物局、省教育厅、省广播电视局、省信息产业厅、省盐务局、省档案局、省人口和计划生育委员会、省物价局、省科学技术厅、省粮食局、省国家安全厅、省政府法制办、省政府新闻办公室。

按时完成互动功能数据上网工作的单位有：省林业局、省卫生厅、省建设厅、省交通厅、省水利厅、省农业厅、省质量技术监督局、省劳动和社会保障厅、省司法厅、省文化厅、省气象局、省测绘局、省畜牧局、省国防科学技术工业办公室、省人民防空办公室、省旅游局、省地方税务局、省地震局、省统计局、省供销合作社、省政府外事办公室、省国有资产监督管理委员会、省台湾事务办公室。其中，省卫生厅、省建设厅、省交通厅等10个单位85项行政审批事项，因存在审批权限归属问题暂时不能上网，从上网数据任务中核销。

四、几点要求

为了进一步做好“中国河北”门户网站的栏目维护工作，针对第三季度栏目维护情况及存在的问题，现提出以下几点要求：

1.“中国河北”门户网站栏目维护工作完成较好的单位和部门要再接再厉，进一步加大力度，做好工作，使“中国河北”门户网站的维护工作再上一个新台阶。

2.已经完成互动功能数据上网任务的单位和部门要做好后期维护工作，数据一有变动立即更新，确保上传数据的及时性、准确性和权威性。

3.没有按时完成互动功能数据上网任务的单位和部门要切实把这项工作做为促进政务公开、为民服务的一件实事来抓，作为开展机关效能建设、实施“双提”工程、改进机关作风的具体体现。从思想上要高度重视起来，认真查找原因，指定专人负责，采取有效措施，抓紧整理业务数据，尽快完成上网任务。

河北省人民政府办公厅
二〇〇五年十月十六日

河北省人民政府办公厅关于2005年度“中国河北”门户网站维护情况表彰的通报

各设区市人民政府，各县（市、区）人民政府，省政府各部门：

2005年“中国河北”门户网站的建设在各地、各部门工作人员的共同努力下紧密结合省政府中心工作，在推进政务公开，建设高效透明政府等方面发挥了积极作用，并得到了社会各界的广泛关注和认可。门户网站在国务院信息化工作办公室组织的“2005 中国政府网站发展状况调查”中，获得省级门户网站综合得分第五名；石家庄市政府门户网站获得地市级门户网站综合得分第二十五名。在今年中国电子政务技术与应用大会开展的“中国优秀政府门户网站”调查活动中，“中国河北”获得“2005 中国优秀政府门户网站”称号。上述成绩的取得，是各级领导高度重视的结果，是各地、各部门支持配合的结果，也是网站编辑部全体工作人员以及所有承担网站信息更新维护任务的每一位工作人员共同努力的结果。在新春到来之际，感谢大家一年来的辛苦工作，并祝大家春节愉快，阖家欢乐！现将 2005 年度“中国河北”门户网站维护情况通报如下：

一、2005 年度网站建设综合情况

2005 年“中国河北”门户网站建设维护工作成效明显、成绩突出，在政务信息公开、在线办事、公众参与三方面取得了明显进展。政务信息公开方面开辟了政府信息公开目录；制定下发了《关于利用省政府门户网站加强政府文件上网工作的实施细则》，规范了政府文件上网工作；集成部门网站数据，开设了反映省全面情况的“资讯平台”。在线办事方面按照《关于印发依法实施的行政许可项目的通知》（冀政办［2005］9 号）和《河北省政府信息公开规定》（政府令［2005］5 号）文件精神，开辟了行政许可目录、办事指南和表格下载栏目，收集了省直有行政审批职能的 53 个部门的 833 项行政审批事项的办事指南和所涉及的 393 张表格的上网公布。公众参与方面开辟了电子公告、主题听证、网上调查等栏目，完善了网站的互动功能，提高了公众参与的程度。门户网站 6 大类 300 多个栏目更新动态信息 55206 条，其中发布信息 14269 条，集成信息 40937 条。

总的看，门户网站维护各单位大都能够按照省政府系统门户网站管理规定的要求，认真做好维护工作。其中，省商务厅、省农业厅、省环保局、省人口和计生委、省粮食局、河北经济日报社、省司法厅、省劳动和社会保障厅、省旅游局、省工经联、省国资委、省建设厅、省教育厅、省国土资源厅、省科技厅、省气象局、省林业局、省审计厅、省中小企业局、省卫生厅、省信息产业厅、省财政厅、省直政府采购服务中心等单位工作尤其突出；省地税局、省法制办、省中小企业局等单位主动沟通情况，调整栏目，千方百计做好“中国河北”门户网站维护工作；省人事厅、省质量技术监督局等单位能积极沟通情况，但仍需进一步加大工作力度。2005 年，省政府办公厅先后 4 次就省政府门户网站维护情况进行了检查通报，共对 36 家单位计 93 家（次）提出了表扬，对 16 家单位共计 28 家（次）提出了批评，较好地发挥了激励和鞭策作用。

二、2005 年第四季度栏目维护情况

原有栏目信息更新情况。2005 年第四季度，共更新信息 13961 条，其中发布信息 3594 条，集成信息 10367 条。

信息更新及时、发布信息超过要求更新条数的单位有：省农业厅、省商务厅、省环境保护局、省人口和计生委、省粮食局、河北经济日报社、省劳动和社会保障厅、省国资委、省司法厅、省工业经济联合会、省财政厅、省中小企业局、省教育厅、省信息产业厅、省建设厅、省气象局、省审计厅、省国土资源厅、省旅游局、省卫生厅、省林业局、省地方税务局。

达到更新条数和时限要求的单位有：省档案局、省直政府采购服务中心、省科技厅、省信访局、省民族宗教厅、省交通厅、省国家税务局、省统计局、省直机关效能建设联系会议办公室、省文化厅、省监察厅、省政府法制办、省人事厅、省食品药品监督管理局、省政府文印中心、省地方志办公室、省邮政局、省通信管理局、石铁分局、省物价局、省发展和改革委员会、河北机场管理集团有限公司、省文物局。

政府信息公开工作有待进一步加强。“中国河北”作为政府信息公开的第一平台，开辟了“政府信息公开专栏”，各部门向社会公布的政府信息应及时在“中国河北”门户网站上公开。省政府办公厅将定期检查各部门政府信息公开情况并通报检查结果。2005 年第四季度完成政府信息公开上网的单位有：省信息产业厅、省人口和计划委、省测绘局、省民政厅、省盐务管理局、省地方税务局、省档案局、省食品药品监督管理局、省知识产权局、省商务厅、省水利厅、省环境保护局、省扶贫开发领导小组办公室。没有完成政府信息公开的单位应尽快将应公开的信息在“中国河北”门户网站上公布。

互动功能数据上网工作基本完成。互动功能数据上网工作在第三季度完成 47 个单位 697 项行政审批事项数据上网工作（占任务 93. 56%）的基础上，省公安厅、省财政厅、省司法厅、省水利厅、省食品药品监督管理局、省政府外事办公室、省水产局、省煤矿安全监察局 8 个单位上传 136 项行政审批事项的办事指南。三、四季度共完成 833 项行政审批事项的数据上网，占任务的 100. 4%。

三、2005 年度网站维护先进单位

石家庄市信息中心

省商务厅信息中心

省农业厅信息中心

省环保局信息中心

省人口和计划生育委员会办公室

省粮食局信息中心

河北经济日报社网络部
省司法厅信息中心
省劳动和社会保障厅信息中心
省旅游局政策法规处
省工业经济联合会调研信息部
省国资委信息中心
省建设厅信息中心
省教育厅信息中心
省国土资源厅信息中心
省科技厅信息中心
省气象局气象站
省林业局信息中心
省审计厅培训中心
省中小企业局信息中心
省卫生厅信息中心
省信息产业厅信息中心
省财政厅信息中心
省直政府采购服务中心

四、2006年度网站建设工作要求

温家宝总理在2005年12月28日强调指出，做好政府门户网站工作，对促进政务公开，改进公共服务，提高行政效能，便于公众知情、参与和监督，具有重要意义。中央政府门户网站的开通，标志着我国政府网站体系的正式建立。我们要以中央政府门户网站的正式开通为契机，进一步完善省政府网站体系，切实以政府门户网站为抓手，通过网站的建设带动电子政务各项工作的开展。2006年“中国河北”门户网站的将在继续维护好栏目信息、完善互动功能的基础上，重点强化网上为民服务的功能，开发贴近百姓生活的网上服务项目，加强各市、县政府门户网站建设，提高省政府系统网站群的整体建设水平，把省政府系统门户网站真正建设成为政务公开的窗口、公共服务的平台、公众参与的渠道。

为顺利完成2006年门户网站建设任务，现就进一步加强门户网站建设提出如下要求：

1. 各设区市政府、省政府各部门要高度重视政府门户网站的建设工作，继续认真贯彻落实《河北省人民政府办公厅关于进一步加强政府系统门户网站建设的指导意见》（冀政办函［2005］6号）号文件精神，结合本地区、本部门实际，认真研究制定2006年度网站建设目标和任务，采取有力措施，确保圆满完成各项任务。

2. “中国河北”网上为民服务栏目将采取与各设区市政府、省政府各部门共建的方式实施，2005年度网站维护先进单位及各设区市政府要积极谋划网上为民服务项目，并将有关情况及时上报。省政府办公厅将从中挑选切实可行的共建项目加快实施。

3. 请各设区市政府将冀政办函［2005］6号文件贯彻落实情况及2006年建设目标任务（包括门户网站建设管理机构、网站的栏目体系、门户网站运行维护机制等方面）于2月20日前报省政府办公厅。

河北省人民政府办公厅
二〇〇六年一月十三日

河北省人民政府办公厅关于2006年第一季度“中国河北”门户网站栏目维护情况的通报

各设区市人民政府，各县（市、区）人民政府，省政府各部门：

省政府办公厅于近期就省政府门户网站维护各单位对“中国河北”门户网站栏目第一季度的维护情况进行了检查。现将检查情况通报如下：

一、门户网站工作总体情况

总的看，2006年第一季度门户网站建设工作成效明显、成绩突出。原有栏目的信息维护工作，在所有承担网站信息更新维护任务的每一位工作人员的努力下，一季度共发布信息16580条，受理群众来信985封。41家有栏目维护任务的厅局中有21家超额完成了任务，11家按时完成了任务，6家完成了部分任务，3家没有发布信息。政府信息公开工作已经起步，栏目建设已经完成，已公开政府信息347条；但政府信息的公开力度还有待进一步加强，政府信息公开的管理机制有待规范。50家应向社会公开政府信息的单位中有13家全部完成了任务，9家完成了部分任务，28家还未在“中国河北”门户网站上公开政府信息。

二、栏目维护具体情况

2006年第一季度信息更新及时，发布信息超过要求更新条数的单位有：省商务厅、省农业厅、省粮食局、省人口和计生委、省司法厅、省地税局、省财政厅、省建设厅、省环保局、省林业局、省信息产业厅、省中小企业局、河北经济日报社、省工经联、省旅游局、省科技厅、省国资委、省信访局、省质量技术监督局、省气象局、省劳动和社会保障厅。

信息更新及时，发布信息达到要求更新条数的单位有：省教育厅、省审计厅、省卫生厅、省国土资源厅、省档案局、省国税局、省直政府采购服务中心、省物价局、省政府法制办、省地震局、省人事厅。

三、政府信息公开工作情况

政府信息公开工作刚刚起步，还有待进一步加强。50家单位应向社会公开的政府信息1144条，在“中国河北”门户网站公开了347条，只完成了任务的30.3%。

四、下一步工作安排

按照“中国河北”门户网站建设进度的安排，下一步将重点开展政府信息上网公开、网上与民互动、审批事项的网上受理、审批结果的网上反馈和“地市之窗”的建设。各地区、各部门要高度重视此项工作，紧密配合“中国河北”门户网站编辑部，确保门户网站建设任务圆满完成。

1. 进一步加大政府信息公开的力度。已经完成政府信息公开工作的单位和部门要做好后期维护工作，已确定应公开的政府信息种类要及时更新。没有按时完成政府信息公开上网任务的单位和部门要切实把这项工作作为促进政务公开、为民服务的一件实事来抓。从思想上要高度重视，认真查找原因，指定专人负责，采取有效措施，尽快完成上网任务。

2. “中国河北”门户网站栏目维护机制运行三年多收到了良好的效果，为进一步使考核体系科学合理，依据三年多栏目维护的工作实际和厅局的业务性质，我们进一步量化了省政府各部门的维护任务。各部门可于近期就《“中国河北”门户网站栏目维护责任分工表》提出意见，确定后的《“中国河北”门户网站栏目维护责任分工表》将作为以后考核的依据。

3. 为进一步丰富网站内容，加强与各市政府网站的资源共享，决定在“中国河北”门户网站上开设“地市之窗”，反映各设区市政府的最新动态和特色产业。各设区市政府办公厅（室）抓紧谋划出能体现本地区特色的信息公开和为民服务栏目，并尽快与“中国河北”门户网站编辑部联系，共同做好这项工作。

河北省人民政府办公厅
二〇〇六年四月七日

河北省人民政府办公厅关于2006年第二季度“中国河北”门户网站信息维护工作情况的通报

各设区市人民政府，各县（市、区）人民政府，省政府各部门：

省政府办公厅于近期就省政府门户网站维护各单位对“中国河北”门户网站第二季度栏目维护和政务信息公开情况进行了检查。现将检查情况通报如下：

一、门户网站工作总体情况

总的看，2006年第二季度门户网站建设工作取得了一些新的进展，信息维护工作成效明显，政务信息公开工作开始起步。二季度共发布信息20287条，受理群众来信1048封。45家有栏目维护任务的厅局中有25家超额完成了任务，11家按时完成了任务，5家完成了部分任务，4家没有发布信息。政府信息公开工作已经起步，已公开政府信息716条；但政府信息的公开责任需进一步落实，长效机制有待建立。49家应向社会公开政府信息的单位中有22家全部完成了任务，10家完成了部分任务，17家还未在“中国河北”门户网站上公开政府信息。

二、栏目维护具体情况

2006年第二季度信息更新及时，发布信息超过要求更新条数的单位有：省商务厅、省农业厅、省粮食局、省人口和计生委、省信息产业厅、省劳动和社会保障厅、省环保局、省地税局、省建设厅、省物价局、省国税局、省林业局、省国资委、省旅游局、省中小企业局、省司法厅、省国土资源厅、省工经联、省科技厅、省财政厅、河北经济日报社、省档案局、省交通厅、省教育厅、省信访局。

信息更新及时，发布信息达到要求更新条数的单位有：省气象局、省审计厅、省监察厅、省政府文印中心、省水利厅、省方志办、省直政府采购服务中心、省政府应急办、省政府法制办、省人事厅、省地震局。

三、政府信息公开工作情况

政府信息公开工作已经起步，但工作责任需进一步落实，各部门要将此项工作落实到人，逐步建立起政务信息公开的长效机制。49家单位应向社会公开的政府信息1144条，在“中国河北”门户网站公开了716条，完成了任务的62.6%。

四、栏目调整情况

2006年第二季度省物价局、水利厅、省科协等单位主动与“中国河北”门户网站编辑部沟通，积极谋划本部门的栏目，共增加6个维护单位32个栏目。

增加了省价局维护的“河北物价”，下设“价格标准”“价格行情”“物价信息”“监督检查”“网上办事”“工作动态”；省监察厅维护的“行政权力公开透明”，下设“工作动态”“领导讲话”“工作简报”“重要文件”“职权目录”“流程图”；省政府办公厅维护的“应急管理”下设“应急演练”“典型案例”“应急预案”“突发事件”；省水利厅维护的“河北水利”，下设“水利法规”“燕赵水讯”“水资源管理”“防汛抗旱”“南水北调”“水利建设与管理”“节水型社会建设”；省科协维护的“科普在线”，下设“科普视频”“全民科学素质行动”“科学发展观”“科普画廊”“真语健康”“科学话题”；省住宅与房地产协会维护的“房地产信息”等32个栏目。去掉了“绿色河北”“百姓与法”“社会保险”等栏目。

五、下一步工作安排

按照“中国河北”门户网站建设进度的安排，下一步将重点开展政府信息上网公开、部门领导的网上访谈、行政审批事项的网上受理和地市之窗的建设。各地区、各部门要高度重视，紧密配合“中国河北”门户网站编辑部，确保门户网站建设任务圆满完成。

1. 建立政府信息公开的长效机制。政府信息公开是一项长期的工作，有政府信息公开任务的单位和部门要按照《河北省人民政府办公厅关于落实〈河北省政府信息公开规定〉有关问题的通知》（办字［2005］119号）要求，及时整理并公开应向社会公开的政府信息。各单位的政务信息公开领导小组办公室负责政务信息公开的审核工作，网站维护人员负责数据的上网发布，要各司其职、各负其责、密切配合、有效衔接，共同做好这项工作。

2. 为了搭建起各厅局与公众直接交流的平台，决定在“中国河北”门户网站上开设厅局领导网上访谈栏目，解答与公众生活密切相关的问题。涉及到的厅局要配合“中国河北”门户网站编辑部，积极解决公众提出的问题，使“中国河北”门户网站成为真正为民服务的平台。

3. “中国河北”门户网站升级工程建设第三季度将基本完成，其中行政审批事项的网上受理涉及到有行政审批职能的51个政府部门的830项行政审批事项的业务数据，希望相关部门积极配合，共同完成数据上网工作。

4. “中国河北”门户网站在集成厅局数据资源的基础上，下一步将加强与各市政府网站的资源共享，将采取信息集成、栏目共建等方式做好“地市之窗”的建设。各设区市政府门户网站建设管理单位要结合本地特色，积极谋划共建栏目。

河北省人民政府办公厅
二〇〇六年七月七日

河北省人民政府办公厅关于2007年上半年省政府门户网站建设维护情况的通报

各设区市人民政府，各县（市、区）人民政府，省政府各部门：

根据《河北省人民政府办公厅关于加强省政府网站建设和管理工作的意见》（冀政办［2007］11号）文件精神和省政府门户网站工作安排，省政府办公厅就2007年上半年省政府门户网站栏目维护工作进行了检查。现将2007年上半年省政府门户网站建设和栏目维护情况通报如下：

一、省政府门户网站建设总体情况

为认真贯彻落实《国务院办公厅关于进一步做好中央政府门户网站内容保障工作的意见》（国办发［2006］61号）、《国务院办公厅关于加强政府网站建设和管理工作的意见》（国办发［2006］104号）和郭庚茂省长“省需加强和提高政府网站建设”的批示精神，省政府办公厅下发了《河北省人民政府办公厅关于加强省政府网站建设和管理工作的意见》（冀政办［2007］11号）文件。冀政办［2007］11号文件从政府网站体系建设、政府信息发布、网站服务功能、推进互动交流、运行管理体制等方面提出了明确要求，是指导全省政府系统网站建设的纲领性文件。为加强政府网站建设的组织领导，成立了省政府网站建设协调小组，定期召开省有关部门参加的联席会议，研究、协调省政府门户网站建设管理中的重大问题。

为更好地为公众服务，经省政府网站建设协调小组研究，对省政府门户网站的栏目体系进行了重新调整，将政务版、经济版、社会版、科教版、人文版和咨询平台、互动平台、办事平台五大板块三大平台的栏目分为政务公开、网上办事、互动交流、公益服务、行业资讯、概况概览、专题专栏等七大类（调整后的栏目体系和维护责任分工表附后）。

围绕省委、省政府中心工作，增设了“建设沿海经济社会发展强省”“关注民生”“新农村建设”等专题，开设了“新闻发布会”“政务信息”“曹妃甸工业区”“渤海新区”“人民建议”等栏目。为了更好地服务于民，开辟了“公益服务”“视频服务”与民众生活密切相关的 40 个厅局的网上业务咨询、省政府组成部门的监督投诉信箱、省长信箱的网上回复等。

二、上半年栏目信息维护情况

总的看，2007 年上半年门户网站建设工作取得了一些新的进展，信息维护工作成效明显。上半年共发布信息 37426 条，受理群众来信 2213 封。

2007 年上半年信息更新及时，发布信息超过要求更新条数的厅局有：省人口和计生委、省农业厅、省国资委、省商务厅、省司法厅、省环保局、省国土资源厅、省工经联、省粮食局、省信息产业厅、省劳动和社会保障厅、省财政厅、省旅游局、省气象局、省建设厅、省交通厅、省中小企业局、省科技厅、省物价局、省地税局、省国税局、省统计局、省政府法制办。

信息更新及时，发布信息达到要求更新条数的厅局有：河北经济日报社、省教育厅、省审计厅、省卫生厅、省住宅与房地产协会、省级政府采购服务中心、省林业局、省档案局、省信访局、省水利厅、省政府应急办、省民政厅、省食品药品监督管理局、省文化厅、省科协、省方志办、省人事厅、省地震局、省人民银行、省文物局、省贸促会。

三、上半年政务信息公开情况

上半年，各部门按照《河北省政府信息公开规定》和《河北省人民政府办公厅关于落实〈河北省政府信息公开规定〉有关问题的通知》（办字［2005］119 号）的要求，整理公开政府信息，使政府信息公开工作逐步规范，但工作责任需进一步落实。各部门要将此项工作落实到人，逐步建立起政府信息公开的长效机制。

四、当前网站建设工作具体要求

依据《河北省人民政府办公厅关于加强省政府网站建设和管理工作的意见》（冀政办［2007］11 号）文件，2007 年“中国河北”门户网站将在继续维护好栏目信息、政务信息公开的基础上，重点围绕省委、省政府中心工作，办好专题专栏；开办“公益服务”和“视频服务”，开发贴近百姓生活的网上服务项目；开辟网上咨询和投诉窗口，提供公众参政议政的渠道；实施部分厅局行政审批事项的网上受理和预审，提高网站服务功能。同时，加强各市、县（市、区）政府门户网站建设，提高省政府系统网站群的整体建设水平，把政府门户网站真正建设成为政务公开的窗口、公共服务的平台、公众参与的渠道。

为顺利完成 2007 年门户网站建设任务，现就进一步加强门户网站建设提出如下要求：

1. 各设区市政府、省政府各部门要高度重视政府门户网站的建设工作，认真贯彻落实《河北省人民政府办公厅关于加强省政府网站建设和管理工作的意见》（冀政办［2007］11 号）文件精神，要指定一名处（科）级干部具体负责网站建设工作。各单位要在 7 月 20 日将负责网站建设的人员情况报省政府办公厅。

2. 各设区市政府、省政府各部门和新闻媒体要积极为专题专栏供稿；开辟网上业务咨询的厅局要在 7 个工作日内回答网民问题；省政府组成部门要及时处理网上监督投诉中反映的问题，要在 10 个工作日内给出是否受理的答复；省信访局要积极处理并及时回复省长信箱的来信来访。

3. 省政府办公厅按照冀政办［2007］11 号文件的要求，每半年就各单位信息更新、政务信息公开、专题专栏供稿、咨询的回复、监督投诉的受理情况进行一次检查，并通报检查结果。

河北省人民政府办公厅

二〇〇七年七月二日

河北省人民政府办公厅关于 2007 年度省政府门户网站内容保障工作的总结通报

各设区市人民政府，各县（市、区）人民政府，省政府各部门：

2007 年，按照《国务院办公厅关于进一步做好中央政府门户网站内容保障工作的意见》（国办发［2006］61 号）、《国务院办公厅关于加强政府网站建设和管理工作的意见》（国办发［2006］104 号）和郭庚茂省长“省需加强和提高政府网站建设”的要求，“中国河北”门户网站完成了改版升级，建立完善了内容保障工作的机制，省政府门户网站建设和内容保障工作迈上了一个新台阶。根据《河北省人民政府办公厅关于加强省政府网站建设和管理工作的意见》（冀政办［2007］11 号）文件要求，省政府办公厅就 2007 年省政府门户网站建设和内容保障工作情况进行了检查汇总。现将有关情况总结通报如下：

一、2007年度省政府门户网站建设总体情况

为贯彻落实国办文件和省领导批示精神，省政府办公厅下发了《河北省人民政府办公厅关于加强省政府网站建设和管理工作的意见》（冀政办［2007］11号）。该文件从政府网站体系建设、政府信息发布、网站服务功能、推进互动交流、运行管理体制等方面提出了明确要求，是指导全省政府系统网站建设的纲领性文件。为加强政府网站建设的组织领导，成立了省政府网站建设协调小组，定期召开省有关部门参加的联席会议，研究、协调省政府门户网站建设管理中的重大问题。经省机编办控字［2007］32号文件批准，挂牌成立了河北省人民政府网站管理中心，统筹管理门户网站建设的各方面工作。省直各部门指定了一名处级干部负责门户网站建设工作，省教育考试院、省地税局、省环保局等单位还为网站建设拟发了文件、成立了组织，从制度体制上保证了省政府门户网站的维护工作。

在对“中国河北”门户网站栏目体系进行调整的基础上，印发了《省政府门户网站内容保障工作考核标准（试行）》，改变了以前以单一信息发布条数为标准的考核方式，从体制机制、信息发布、互动交流、网上办事、专题专栏等多方面，按照设区市政府、省政府组成部门、省直其他单位不同情况制定了新的考核标准。为做好省政府门户网站内容维护工作提供了依据和标准。

为更好地为公众服务，在认真分析网站现状的基础上，从丰富网站内容、推进政务公开、提高网站的服务功能三个方面对省政府门户网站进行了升级改版，将网站栏目分为政务公开、概况概览、公益服务、部门信息、互动交流、网上办事、专题专栏等七大板块；围绕省委、省政府中心工作，增设了“建设沿海经济社会发展强省”“关注民生”“新农村建设”等专题，新增了“新闻发布会”“政务信息”、关注民生（省政府重点解决的六项民生问题）等栏目。为了更好地体现政府网站服务于民的宗旨，我们开展了省直40个厅局的网上咨询业务、省政府组成部门的监督投诉信箱，并与河北经济日报社联合开辟了排忧解难，使网站更加贴近公众，充分体现“中国河北”门户网站提供政务信息服务、方便百姓办事和便民服务的功能。

提供了多角度的政务信息查询服务，从政府各项工作进展情况、政府文件和政策法规、政府组成部门的主要职能和审批权限等方面为公众所关心的问题广泛提供的信息服务；提供统一规范的办事指南、表格下载，整合了16个厅局开展的行政审批事项的网上办理和并联审批系统开展的5项网上审批；升级了适合各厅局使用的网上办事预审系统，具备了实现行政审批事项的网上预审条件。开辟贴近百姓生活的便民服务栏目，从方便百姓的日常生活出发，开设了一些富有特色的便民服务栏目，包括列车时刻、常用电话、航班信息、公共事业收费标准、常用电话、邮政编码。

努力推进了网站视频平台建设，门户网站视频平台已开设有“河北视听”、“央视在线”和“会议直播”三大栏目，并与河北电视台都市频道联办了“非常关注”，集成了“绿色家园”等具有河北特色的节目。设计使用了政府网站视频平台标志，进一步扩大了网站视频平台的可视性和影响力。

二、2007年下半年内容保障工作情况

总的看，2007年下半年门户网站建设工作取得了一些新的进展，内容保障工作成效明显。新增了《中国共产党十七大专题》《中国政府网在线访谈预告》《新闻发布会》《关注民生—省政府重点解决的六项民生问题》等专题；新增河北省法制办、省人事厅、省环保局、河北经济日报社、石家庄市、秦皇岛市等厅局、地市专题链接。百件实事网上办信息提供厅局有：省教育厅、省卫生厅、省文化厅、省劳动和社会保障厅。

（一）栏目信息维护情况

下半年共发布信息33158条。47家有栏目维护任务的厅局中有24家超额完成了任务，3家按时完成了任务。11个设区市政府中9家市政府及时发布各地信息。

2007年下半年动态信息更新工作较好的有：石家庄市、省商务厅、省人口和计生委、省国资委、省农业厅、省环保局、省司法厅、河北经济日报社、省粮食局、省劳动和社会保障厅、省卫生厅。

（二）政府信息公开情况

2007年下半年省直共有29家单位向社会公开政府信息871条，仍有20家单位未公开政府信息。具体情况如下：

公开政府信息工作较好的单位有：省发展和改革委员会、省商务厅、省地方税务局、省教育考试院、省水利厅。

（三）网上咨询处理情况

下半年共有12家厅局收到网上咨询74条，共有3家厅局回复10条。

回复处理网上咨询较好的单位有：省教育厅、省建设厅、省地税局。

（四）监督投诉处理情况

下半年共有15家省政府组成部门收到群众投诉，5家单位回复25条。

回复处理监督投诉较突出的单位有：省教育厅、省卫生厅。

（五）排忧解难处理情况

下半年共有25家厅局和11家设区市政府收到排忧解难诉求320条，共有15家单位处理60条。

处理排忧解难诉求工作较突出的单位有：石家庄市、省教育厅、省卫生厅、省中小企业局、省安全生产监督管理局。

（六）网上办事进展情况

下半年网上办事增加了省发展和改革委员会、省建设厅、省商务厅在线办理链接。共有50家厅局开设了网上办事事项，其中36家单位将办事指南576项和表格下载203项整理上网，14家单位工作正在进行中。

将办事指南和表格下载整理上网较好的单位有：省公安厅、省新闻出版局、省国土资源厅、省商务厅、省林业厅、省建设厅、省环保局、省发展和改革委员会。

（七）专题专栏供稿情况

下半年共27个单位为专题专栏供稿289条，其中设区市政府实发208条，各厅局实发81条。

专题专栏供稿工作较好的单位有：11个市区市政府及省商务厅、省建设厅、省卫生厅、省中小企业局、省林业局、省测绘局、省扶贫开发领导小组、省南水北调办、省劳动和社会保障厅、省粮食局、省水利厅、省国防科工办、省无线电管理局、河北收藏协会、省统计厅、省外事办公室。

（八）特色服务设立情况

下半年共有12个单位设立特色服务，分别是：石家庄市、秦皇岛市、唐山市、沧州市、省法制办、省司法厅、省人事厅、省教育考试院、省劳动厅、省教育厅、省卫生厅、省建设厅。

三、2007年度政府网站建设和内容保障工作先进单位

综合全年的工作，2007年度政府网站建设和内容保障工作先进单位：

石家庄市信息中心
秦皇岛市政府办公室
保定市政府办公厅
省建设厅信息中心
省教育厅信息中心
省商务厅信息中心
省卫生厅信息中心
省环保局信息中心
省林业局信息中心
省中小企业局信息中心
省劳动和社会保障厅信息中心
省司法厅信息中心
省财政厅信息中心
省交通厅科技处
省粮食局信息中心
省旅游局信息中心
省教育考试院办公室
省法制办秘书处
省人口计生委信息中心

四、2008年网站建设工作任务及要求

依据《河北省人民政府办公厅关于加强省政府网站建设和管理工作的意见》（冀政办［2007］11号）文件，2008年“中国河北”门户网站将在继续维护好栏目信息、政务信息公开的基础上，重点围绕省委、省政府中心工作，办好专题专栏；开办“公益服务”“视频服务”和“网上办事”，开发贴近百姓生活的网上服务项目；开辟网上咨询和投诉窗口，提供公众参政议政的渠道；实施部分厅局行政审批事项的网上受理和预审，提高网站服务功能。同时，加强各市、县（市、区）政府门户网站建设，提高省政府系统网站群的整体建设水平，把政府门户网站真正建设成为政务公开的窗口、公共服务的平台、公众参与的渠道。

为顺利完成2008年门户网站建设任务，现就进一步加强门户网站建设提出如下要求：

1. 各设区市政府、省政府各部门要高度重视政府门户网站的建设工作，继续认真贯彻落实《河北省人民政府办公厅关于加强省政府网站建设和管理工作的意见》（冀政办［2007］11号）文件精神，指定的具体负责网站建设工作一名处（科）级干部要切实对网站建设行使好职能，按照谁发布、谁审核、谁负责的原则，严格把住信息审核关，切实保证信息发布质量。负责人要切实抓好网上咨询、排忧解难、监督投诉处理和网上办事、公益服务、特色服务的建设工作，积极协调为专题专栏供稿。如负责人有变动请及时将变动情况报省政府办公厅。

2. 要高度重视网站安全，切实加强密码管理，各单位后台操作人员，要定期修改后台登录密码，每季度至少修改一次，按照保密要求进行管理，确保网站后台安全。

3. 各设区市政府、省政府各部门要将“中国河北”门户网站内容保障工作作为本部门一项工作职能，做好信息维护工作，积极为专题专栏供稿，按要求及时处理网民在网站上反映出的各项问题。

4. 各新闻单位及时将采访省领导的可以公开的文字、图片、视频等材料提供给中国河北门户网站。

5. 各设区市政府、省政府各部门要按照“关于做好施行《中华人民共和国政府信息公开条例》准备工作的通知”（冀政办［2007］25号）精神，以“中国河北”门户网站为核心的省政府网站体系为全省政府信息公开的第一平台，积极协调做好政务信息公开条例实施的准备工作。

河北省人民政府办公厅
二〇〇七年十二月七日

河北省人民政府办公厅关于2008年上半年省政府门户网站内容保障工作的通报

各设区市人民政府，各县（市、区）人民政府，省政府各部门：

根据冀政办［2007］11号文件精神和2008年政府网站建设工作安排，省政府办公厅就2008年上半年省政府门户网站建设和内容保障工作情况进行了检查汇总。现将有关情况通报如下：

一、2008年上半年省政府门户网站建设总体情况

为确保《中华人民共和国政府信息公开条例》（以下简称《条例》）自5月1日起《河北省实施〈中华人民共和国政府信息公开条例〉办法》（省政府［2008］9号，以下简称《办法》）自7月1日起全面、正确、有效施行，上半年，省政府门户网站开展了省政府信息公开平台建设。政府信息公开平台的开发严格按照《河北省政府信息公开指南和公开目录编制方案》（办字［2008］7号）中规定的信息要素设计数据库字段、分类标准和栏目结构，采用了主动公开与依申请公开的互补式架构，使用了分布式多节点目录信息维护方式，3月上旬政府信息公开平台开发工作基本完成，已形成了上下同步、规范统一的全省政府信息公开平台。

为确保政府信息公开平台及时推广应用，今年3月，省政府办公厅会同省政务公开暨行政权力公开透明运行工作领导小组在石家庄举办了政府信息公开平台应用暨门户网站第八期培训班。11个设区市政府，58个省直部门，12个中直驻冀单位，共计81家单位186人分两批参加了培训。通过系统的培训学习，极大地推动了各设区市政府、省政府各部门信息公开平台的建设和应用工作。目前已有8个设区市政府、71个省直部门、455个市直部门和131个县（市、区）政府应用了这一平台，为省政府信息公开工作的全面开展奠定了坚实基础。

2008年5月12日四川汶川地震发生后，门户网站迅速作出反应，开辟抗震救灾专栏，配合省政府各部门发布抗震救灾信息，同时积极向中央政府门户网站上报抗震救灾信息，传达了河北人民对四川灾区人民的“兄弟之情”。

根据网站视频一年来的运行情况，就充实视频内容、改版视频平台进行了研究和探讨，视频改版方案基本成熟。新版视频平台包括政务要闻、领导活动、会议播报、新闻发布等紧紧围绕政务工作的栏目，将突出政务特点，提高可视性和影响力。

总的看，2008年上半年门户网站建设工作取得了一些进展，内容保障工作成效明显。上半年，信息发布工作稳定发展，共发布各类信息87538条，其中，动态信息发布35353条，公开政府信息50801条；互动交流各项工作稳步推进，33家单位共处理各类诉求596件，并开展了两项拟出台法规的网上征求意见；网上办事开始逐项实施，新增了地税局网上办税，全省机动车（驾驶人）违章记录等信息查询栏目；特色服务内容不断丰富，专题专栏供稿稳中有升，共供稿1384篇。但是，随着政府网站功能的不断拓展，网站内容保障工作有待加强，政府信息公开工作还需要进一步规范，网上受理公众申请的机制还有待完善，以确保群众咨询和投诉的问题能按时得到有效处理。

二、2008年上半年内容保障工作具体情况

（一）动态栏目维护情况

2008年上半年共发布动态信息35353条。49家有栏目维护任务的单位中有25家超额完成了任务，24家按时完成了任务。11个设区市政府中有10个市政府及时发布了各地信息。

上半年动态信息更新工作完成较好的有：省商务厅、省人口计生委、省环保局、省农业厅、省国资委、省司法厅、河北经济日报社等25家省直单位和秦皇岛市、承德市、石家庄市、张家口市等10个市政府。

（二）政府信息公开情况

2008年上半年政府信息公开平台正式应用，11个设区市政府、65家省直单位和各县（市、区）政府共向社会公开政府信息50801条，大部分单位都按《条例》、《办法》的要求完成了政府信息公开任务。

（三）网上咨询处理情况

2008年上半年共有33家单位收到网上咨询411条，比2007年下半年增长了620%，共有25家单位回复了206条。

回复处理网上咨询较好的单位有：省公安厅、省人事厅、省劳动保障厅、省教育厅。

（四）监督投诉处理情况

上半年共有19家省政府组成部门收到群众投诉550条，14个部门处理了254条。

回复处理监督投诉较好的部门有：省商务厅、省信息产业厅、省文化厅、省卫生厅、省国土资源厅、省教育厅、省建设厅、省财政厅、省农业厅、省公安厅。

（五）排忧解难处理情况

上半年共有26家省直单位和11个设区市政府收到排忧解难诉求334条，20家省直单位和部分市政府共处理136条。

处理排忧解难诉求工作较好的单位有：张家口市、秦皇岛市、廊坊市、省物价局、省人口计生委、省国土资源厅、省建设厅、省扶贫办、省统计局、省文化厅、省统计局、省教育厅、省农业厅、省公安厅。

（六）专题专栏供稿情况

上半年共有28个单位为专题专栏供稿1384篇，同比增长470%，其中设区市政府供稿1090篇，省直单位供稿294篇。

专题专栏供稿工作较好的单位有：11个设区市政府及省科技厅、省国土资源厅、省建设厅、省农业厅、省商务厅、省人口计生委、省外办、省地税局、省环保局、省统计局、省林业局、省粮食局、省中小企业局、省南水北调办、省文物局、省无线电管理局、省测绘局、河北经济日报社。

（七）特色服务设立情况

上半年共有12个单位设立特色服务，分别是：石家庄市、秦皇岛市、唐山市、沧州市、省法制办、省司法厅、省人事厅、省教育考试院、省劳动保障厅、省教育厅、省卫生厅、省建设厅。

三、2008年下半年网站建设工作任务及要求

电子政务工作的深入开展和《条例》《办法》的实施对政府网站建设提出了越来越高的要求，为了适应形势发展的需要，切实提高省政府系统网站建设管理水平，提高网站绩效，省政府网站管理中心将继续推进政府信息公开平台、互动交流、网上视频的建设，同时，加强对各市、县（市、区）政府、省政府各部门网站建设的绩效考核，提高省政府系统网站群的整体建设水平。

为顺利完成2008年门户网站建设任务，现就进一步加强门户网站建设提出如下要求：

1. 各设区市政府、省政府各部门要高度重视政府门户网站的建设工作，明确网站建设的主管机构，加强对本地区、本部门网站的建设和管理。没有完成动态信息更新任务的邯郸市政府要尽快建立维护机制，明确主管部门和责任人，切实将省政府门户网站内容保障工作落实到位。

2. 各级政府、各部门要高度重视网站安全，完善网站信息发布保密审查机制，按照“谁主管、谁负责”的原则，落实网站安全管理责任制。特别是奥运期间要落实值班制度，加强监测监控，确保网站安全运行。如出现泄密和网站安全事故，要严肃追究具体责任人员和有关领导的责任。

3. 各设区市政府、省政府各部门要将“中国河北”门户网站内容保障工作作为本部门一项重要工作，在做好信息维护工作的基础上，切实抓好网上咨询、排忧解难、监督投诉处理和网上办事、公益服务、特色服务的建设工作，积极为专题专栏供稿。没有完成任务的12家省直单位要尽快建立相应的工作机制，将门户网站维护的各项工作纳入机关的日常工作，做到随时受理、及时处理、按时回复。请邯郸市政府和以上没有完成任务的12家省直单位就上半年未完成省政府门户网站内容保障工作原因和下一步改进措施于7月底前报省政府网站管理中心。

4. 各设区市政府、省政府各部门要积极配合省政府门户网站办好“奥运专题”和视频平台的建设，主动提供相关信息资源，丰富专题视频内容，协助做好奥运宣传及视频节目制作。

5. 各设区市政府、省政府各部门要按照“河北省人民政府办公厅关于做好施行《中华人民共和国政府信息公开条例》准备工作的通知”（冀政办［2007］25号）精神，做好政府信息公开平台的建设和维护工作，为《条例》和《办法》的实施提供强大的技术支撑。

河北省人民政府办公厅

二〇〇八年七月七日

河北省人民政府办公厅关于2008年度政府门户网站建设工作情况的总结通报

各设区市人民政府，各县（市、区）人民政府，省政府各部门：

根据《河北省人民政府办公厅关于加强省政府网站建设和管理工作的意见》（冀政办［2007］11号）精神和省政府门户网站工作安排，省政府办公厅对2008年度门户网站建设和内容保障工作情况进行了检查汇总。现将有关情况总结通报如下：

一、2008年度省政府门户网站建设总体情况

2008年，省政府门户网站建设工作取得了新的进展和明显成效。进行了全省政府信息公开平台建设，为《中华人民共和国政府信息公开条例》在省全面、正确、有效施行起到了良好的促进作用；开办了“奥运专题”，及时报道奥运盛况；改版了“中国河北网络电视”，充实了视频内容。配合省委、省政府中心工作，及时报道了三鹿牌婴幼儿配方奶粉重大安全事故的处置情况、全省学习实践科学发展观动态，合作开设了《世博会专题》，组织开展了三项拟出台法规的网上征求意见。

搭建了全省政府信息公开第一平台。2008 年一季度，为贯彻落实冀政办［2007］25 号文件，省政府门户网站开展了省政府信息公开平台建设。政府信息公开平台的开发严格按照《河北省政府信息公开指南和公开目录编制方案》（办字［2008］7 号）中规定的信息要素设计数据库字段、分类标准和栏目结构，采用了先进的富客户端技术，界面友好，操作简便。目前已有 8 个设区市政府、71 个省直部门、455 个市直部门和 131 个县（市、区）政府应用了这一平台，保障了省政府信息公开工作的全面开展。

组织了培训，提高了技术水平。2008 年 3 月，举办了政府信息公开平台应用暨门户网站第八期培训班，11 个设区市政府、58 个省直部门、12 个中直驻冀单位共计 81 家单位 186 人参加了培训，提高了技术和应用水平。

升级改版了“中国河北网络电视”。新版视频包括政务要闻、领导活动、会议播报、新闻发布、燕赵风采、河北视听、央视在线、非常关注、绿色家园、专题推荐等十大栏目。9 月初开始面向全省征集视频资源，各设区市政府、各县（市、区）政府、省政府各部门、市直各部门积极响应，目前共征集视频资源 287 部（集），丰富了网站内容，反映了河北经济和社会发展的新成就。

梳理了栏目体系。改版了“中国河北”门户网站的政务公开和网上办事频道，重新梳理了栏目体系，将政府信息公开平台和原有栏目体系进行了有机整合，形成了一套层次清晰、结构合理、信息有效共享的体系。

加强了对全省各政府网站的监测。通过先进的技术手段，对省政府门户网站、各设区市、省直各部门网站的网站流量、访问情况、网站性能等指标进行监测。监测报告显示，省政府门户网站各项性能指标优秀，大部分设区市、省直部门政府网站可用性都较高，但极少数网站也存在断网不能访问的情况。

二、2008 年度内容保障工作情况

总的看，2008 年内容保障工作成效明显，上半年内容保障工作的具体情况已在上半年的通报中详细说明，下半年门户网站建设工作取得了一些新的进展，信息发布量比上半年有所增长，互动交流处理情况有所改善。

（一）信息发布情况

信息发布包括动态信息和专题专栏供稿两项内容。

2008 年下半年共发布动态信息 52252 条。完成较好的有：各设区市政府，省商务厅、省国资委、省人口计生委、省农业厅、省卫生厅、省粮食局、河北经济日报社。

下半年共有 23 家单位为专题专栏供稿 5213 篇，其中设区市政府供稿 4836 篇，省直单位供稿 377 篇。供稿情况较好的有：各设区市政府，省科技厅、省国土资源厅、省地税局、省测绘局。

（二）政府信息公开情况

2008 年上半年政府信息公开平台正式应用，大部分单位都按照《中华人民共和国政府信息公开条例》和《河北省实施〈中华人民共和国政府信息公开条例〉办法》的要求完成了政府信息网上公开任务。2008 年，11 个设区市政府、71 家省直单位和各县（市、区）政府共向社会公开政府信息 108340 条。

（三）互动交流情况

1. 网上咨询回复

下半年共有 33 家省直部门收到网上咨询 462 条，有 23 家单位回复 212 条。

回复处理网上咨询较好的单位有：省发展改革委、省财政厅、省国土资源厅、省信息产业厅、省水利厅、省商务厅、省地税局、省物价局、省中小企业局。

2. 监督投诉处理

下半年共有 19 个省政府组成部门收到群众投诉 560 条，14 个部门处理 254 条。

回复处理监督投诉较好的单位有：省发展改革委、省卫生厅、省国土资源厅、省审计厅、省司法厅。

3. 排忧解难处理

下半年共有 18 个省直部门和 9 个设区市政府收到排忧解难诉求 167 条，共有 19 个单位处理 130 条。

处理排忧解难诉求工作较好的单位有：石家庄市、张家口市、秦皇岛市、廊坊市、保定市、省教育厅、省财政厅、省人事厅、省国土资源厅、省卫生厅、省地税局、省工商局、省质量技术监督局、省物价局、省建设厅。

（四）视频资源上报情况

9 月初至 11 月底，有 150 个单位向网站管理中心上报视频资源共 287 部（集）。上报情况较好的单位有：石家庄市、秦皇岛市、廊坊市、保定市、省文化厅、省人口计生委、省环保局、省财政厅。

三、网站监测情况

网站监控监测系统实时监测全省政府系统网站（共 61 家）的运行状态并及时告警。11 月份，河北省政府门户网站未出现异常，首页可用性达到 100%，可用性指标优秀；网站响应时间平均为 24 毫秒，页面打开时长平均为 143 毫秒，显示出良好的响应性能。

各设区市、省直各部门政府网站可用性监测方面，大部分网站都保持了一个较高的可用性。但有少数网站存在长时间连续断网的情况，连续异常时间最长者达到 100 小时以上，个别网站的响应时间呈高度延迟状态。

11 月份，省发展改革委网站出现异常 3 次，异常时间累计达到 54 小时；省测绘局网站出现异常 75 次，异常时间累计达到 49 小时。

在网站性能方面存在问题的单位要查明原因，因地制宜，采取有效技术措施和手段，尽快提高网站的运行性能。

四、2008 年度政府网站建设和内容保障工作先进单位

综合省政府网站全年的各项工作，确定 2008 年度政府网站建设和内容保障工作先进单位：

石家庄市信息中心
秦皇岛市政府办公厅
保定市政府办公厅
省财政厅信息中心
省国土资源厅信息中心
省农业厅信息中心
省建设厅信息中心
省商务厅信息中心
省科技厅信息中心
省劳动和社会保障厅信息中心
省教育厅信息中心
省环保局信息中心
省地税局办公室
省物价局信息中心
省林业局办公室
省质量技术监督局办公室
省工商局办公室

五、2009 年网站建设工作安排及要求

为进一步加强省政府门户网站的建设和管理工作，充分发挥门户网站的作用，现就 2009 年省政府门户网站的建设工作提出以下要求：

（一）严格落实工作责任。各设区市政府、省政府各部门和新闻媒体要高度重视政府门户网站建设工作，严格按照要求落实好各项目标任务；严把上网信息质量关，保证发布信息的权威性、有效性和可公开性；严格落实责任人制度，责任人发生变动要及时将有关情况上报省政府网站管理中心。

（二）完善政府信息公开平台。政府网站是政府在互联网上发布政务信息的重要平台，以“中国河北”为核心的省政府网站体系是全省政府信息公开的第一平台。各级政府和部门网站要做好政府信息公开平台和原有网站栏目的整合；结合工作实际，加强调研，创新政府信息发布、信息共享的方式和途径，不断完善平台功能，为各级政府和部门公开政府信息提供良好服务。

（三）建设省政府门户网站英文版。积极筹备、适时开通省政府门户网站英文版，全方位介绍省政治、经济、文化、旅游等情况，为外籍人士来河北投资置业、旅游观光提供信息服务。通过省政府门户网站英文版，进一步扩大对外交流、展现优势、推动工作、促进发展。省商务厅、省外办等涉外部门要协助做好此项工作。

（四）搞好建国 60 周年宣传报道。围绕建国 60 周年，2009 年省政府门户网站将开办专题专栏，组织图片展、视频联播等一系列活动。届时我们将面向全省收集整理反映河北 60 年成就的数据、资料、图片、视频等信息，经整理、编辑、分类后进行集中展示，全面反映河北 60 年来经济社会发展的重大成就。

（五）筹建全省公益图片、视频等资料库。积极筹备、适时建设省公益图片、视频资料数据库，全方位、多角度展现省各个时期政治、经济、文化、社会生活等方面的风貌，为公众提供内容丰富、门类齐全的图片和视频服务。

（六）加强学习交流，提高办站水平。结合政府网站建设工作实际，有针对性地对不同应用层次的管理和使用人员开展 1-2 次培训、技术交流；针对省政府网站建设工作的重点、难点，组织各级政府及部门有关人员、省内外知名专家等举办各种形式的研讨会，研究、探讨解决问题的方法和途径；学习和借鉴兄弟省市政府网站建设的先进经验，提高省政府网站建站水平。

（七）切实做好政府网站的安全保密工作。各级政府和部门要认真落实有关安全保密规定，切实加强互联网信息的保密管理，上网信息要严格按程序审核，做到“上网不涉密、涉密不上网”。政府网站要指定专人定期对网站信息进行搜索和监测，防止发生信息失泄密、网页被篡改等安全保密事故。

河北省人民政府办公厅
二〇〇九年一月十五日

河北省人民政府办公厅关于 2009 年上半年省政府门户网站内容保障工作的通报

各设区市人民政府，各县（市、区）人民政府，省政府各部门：

根据冀政办［2007］11 号文件精神和 2009 年政府网站建设工作安排，省政府办公厅就 2009 年上半年省

政府门户网站建设和内容保障工作情况进行了检查汇总。现将有关情况通报如下：

一、2009年上半年省政府门户网站建设总体情况

按照国务院办公厅对政府信息公开工作的有关要求，为全面贯彻落实《河北省人民政府办公厅关于印发河北省政府信息公开系统实施导引（试行）》（办字［2009］62号）（以下简称《导引》）的安排，2009年4月份省政府办公厅技术处对河北省政府信息公开平台进行升级改造，并于2009年5月底6月初进行了新政府信息公开平台的使用培训。

上半年省政府门户网站本着为人民服务的宗旨，以方便群众使用、加强网站作为政府与群众沟通的桥梁为出发点，从视频电视、互动交流、专题专栏等栏目着手，主要针对工作中发现的不足以及网民使用过程中提出的问题进行了改进。

总的看，2009年上半年门户网站建设工作取得了长足发展，内容保障工作成效明显。但是，随着政府网站功能的不断拓展，网站内容保障工作有待加强，政府信息公开工作还需要进一步规范，网上受理公众申请的机制还有待完善，以确保群众咨询和投诉的问题能按时得到有效处理。

二、2009年上半年内容保障工作具体情况

（一）动态栏目维护情况

2009年上半年共发布动态信息59094条。49家有栏目维护任务的单位中有30家超额完成了任务，15家按时完成了任务。11个设区市政府中及时发布了各地信息。

上半年动态信息更新工作完成较好的有：省商务厅、省人口计生委、省环保局、省农业厅、省国资委、省司法厅、河北经济日报社等25家省直单位和秦皇岛市、承德市、石家庄市、张家口市等10个市政府。

（二）政府信息公开情况

2009年5月底升级后的政府信息公开平台正式应用，截止到2009年6月20日65家省直单位按照《导引》要求发布8864条政府公开信息。11社区市政府及县（区）政府部门发布20393条政府公开信息。

（三）网上咨询处理情况

2009年上半年共有33家单位收到网上咨询750条，比2008年下半年翻了一番，共有27家单位回复了408条。

回复处理网上咨询较好的单位有：省教育厅、省公安厅、省劳动保障厅、省国土资源厅、省物价局。

（四）监督投诉处理情况

2009年上半年共有19家省政府组成部门收到群众投诉685条，15个部门处理了392条。

回复处理监督投诉较好的部门有：省教育厅、省公安厅、省劳动保障厅、省国土资源厅、省商务厅、省文化厅、省卫生厅、省外办。

（五）排忧解难处理情况

2009年上半年共有16家省直单位和8个设区市政府收到排忧解难诉求82条，10家省直单位和部分市政府共处理37条。

处理排忧解难诉求工作较好的单位有：廊坊市政府、张家口市政府、秦皇岛市政府、省教育厅、省发改委、省地税局。

（六）专题专栏供稿情况

2009年上半年共有20个单位为专题专栏供稿607篇。

专题专栏供稿工作较好的单位有：省科技厅、省国土资源厅、省地税局、省测绘局、省粮食局。

三、2009年下半年网站建设工作任务及要求

电子政务工作的深入开展和《导引》的实施对政府网站建设提出了越来越高的要求，为了适应形势发展的需要，切实提高省政府系统网站建设管理水平，提高网站绩效，省政府网站管理中心将继续推进政府信息公开平台、互动交流、网上视频的建设，同时，加强对各市、县（市、区）政府、省政府各部门网站建设的绩效考核，提高省政府系统网站群的整体建设水平。

为顺利完成2009年门户网站建设任务，现就进一步加强门户网站建设提出如下要求：

1. 各设区市政府、省政府各部门要高度重视政府门户网站的建设工作，明确网站建设的主管机构，加强对本地区、本部门网站的建设和管理。

2. 各级政府、各部门要高度重视网站安全，完善网站信息发布保密审查机制，按照“谁主管、谁负责”的原则，落实网站安全管理责任制。特别是奥运期间要落实值班制度，加强监测监控，确保网站安全运行。如出现泄密和网站安全事故，要严肃追究具体责任人员和有关领导的责任。

3. 各设区市政府、省政府各部门要将“中国河北”门户网站内容保障工作作为本部门一项重要工作，在做好信息维护工作的基础上，切实抓好网上咨询、排忧解难、监督投诉处理和网上办事、公益服务、特色服务的建设工作，积极为专题专栏供稿。

4. 各设区市政府、省政府各部门要全面贯彻落实《河北省人民政府办公厅关于印发河北省政府信息公开系统实施导引（试行）》（办字［2009］62号）精神，做好政府信息公开平台的升级和维护工作，为《条例》和《导引》的实施提供强大的技术支撑。下半年省政府办公厅技术处将赴各设区市对政府信息公开平台升级维护进行督导检查。

5. 根据电子政务发展的新要求，下半年将对省政

府门户网站“中国河北”进行升级改版，各设区市政府、省政府各部门要积极配合，力争工作再上一个新台阶。

6. 根据工作变化下半年省政府办公厅将出台新的省政府门户网站内容保障工作考核办法。2009 年省政府门户网站内容保障工作通报将按照新的考核办法进行考核。

河北省人民政府办公厅
二〇〇九年七月一日

河北省人民政府办公厅关于 2009 年度政府门户网站建设工作情况的通报

各设区市人民政府，各县（市、区）人民政府，省政府各部门：

根据省政府门户网站工作安排，省政府办公厅对 2009 年度门户网站建设和内容保障工作情况进行了检查汇总。现将有关情况通报如下：

一、2009 年度省政府门户网站建设总体情况

2009 年，省政府门户网站建设工作取得了明显成效。按照国务院办公厅对政府信息公开工作的有关要求，制发了《河北省人民政府办公厅关于印发河北省政府信息公开系统实施导引（试行）的通知》（办字〔2009〕62 号）；为庆祝新中国成立 60 周年，开办了“60 年巨变看河北”专栏，以图片、视频的形式向公众展示了 60 年来省在国民经济、社会文明、人民生活等方面发生的巨大变化；进一步梳理了栏目体系，整合了各地各部门信息资源；配合省委省政府中心工作，开办了“干部作风建设年”等专题栏目。

完成了省级政府信息公开平台的升级并组织了培训。2009 年一季度，按照办字〔2009〕62 号文件的要求，省政府办公厅对省政府信息公开平台进行升级改造，对 11 个设区市政府和 76 个省直部门的 229 名相关同志进行了网站内容维护、平台操作使用的培训，并指导 11 个设区市和省直各部门开展了信息公开系统的升级建设工作。政府公开信息元数据初步实现了标准统一，信息聚合正逐步推进。今年通过门户网站政府信息公开平台已公开政府信息近 10 万条。

中国河北网络电视经过三年来的运行，已经成为“中国河北”门户网站的一大亮点，在国内各省级网站中内容数量、采用技术、应用效果等方面居领先地位。在今年“中国电子政务优秀应用成果推选活动”中，中国河北网络电视荣获全国十佳电子政务公共服务优秀应用案例（省级）。

全省政府系统各级、各部门网站建设取得新的进展。各地、各部门在认真做好“中国河北”门户网站内容保障工作基础上，根据本单位特点对本单位网站内容进行了调整，不断完善网站的信息发布、行政审批、互动交流等内容，大部分单位能够按照办字〔2009〕62 号文件及办公厅培训会的要求积极开展政府信息公开平台的建设和升级工作。

今年通过网站运维监控软件对省政府门户网站、各设区市和省直各部门的网站流量、访问情况、性能等指标进行了监测，多数网站的可用率同比有了一定提升，但仍有个别网站存在错误链接较多甚至断网的情况。

二、2009 年下半年“中国河北”网站内容保障工作情况

（一）信息发布情况。

信息发布包括动态信息和专题专栏供稿两项内容。

2009 年下半年共发布动态信息 47003 条。完成较好的有：石家庄、邯郸、邢台、秦皇岛等市政府和省商务厅、省环保厅、省人口计生委、省国资委、省卫生厅、省科技厅、省粮食局、省农业厅、省交通运输厅等单位。

下半年共有 21 家单位为专题专栏供稿 6457 篇，其中设区市政府供稿 5118 篇，省直单位供稿 1339 篇。供稿情况较好的有：石家庄、秦皇岛、廊坊、保定等市政府和省科技厅、省交通运输厅、省地税局、省国土资源厅、省测绘局等单位。

（二）政府信息公开情况。

2009 年省政府各部门和 10 个设区市政府按照办字〔2009〕62 号文件要求，完成了政府信息公开平台的升级和数据移植工作，公开信息的聚合工作进展顺利。2009 年下半年通过省、市政府信息公开平台公开信息 39132 条，其中设区市政府 28241 条，省本级 10891 条。

（三）互动交流情况。

1. 网上咨询回复。

下半年共有 29 家省直部门收到网上咨询 487 条，有 26 家单位回复 368 条。

回复处理网上咨询较好的单位有：省公安厅、省环保厅、省物价局、省司法厅、省国资委、省工业和信息化厅、省水利厅、省商务厅、省地税局、省教育考试院、省文化厅、省中小企业局、省国土资源厅、省农业

厅。

2. 监督投诉处理。

下半年共有20个省政府组成部门收到群众投诉387条，18个部门处理305条。

回复处理监督投诉较好的单位有：省国土资源厅、省教育厅、省司法厅、省公安厅、省住房和城乡建设厅、省工业和信息化厅、省商务厅、省科技厅、省文化厅、省外办、省财政厅。

3. 排忧解难处理。

下半年共有11个设区市政府和16个省直部门收到排忧解难诉求247条，共有23家单位处理181条。

处理排忧解难诉求工作较好的单位有：秦皇岛、保定、张家口、石家庄、廊坊等市政府和省公安厅、省教育厅、省农业厅、省国土资源厅、省卫生厅、省住房和城乡建设厅、省环保厅、省水利厅、省地税局、省国资委、省物价局等单位。

三、2009年度政府网站建设和内容保障工作先进单位

2009年，各设区市政府、省政府各部门在内容保障方面都保持了稳定发展的状态。其中，省公安厅、省交通运输厅、省民政厅、省司法厅、省外办等单位的互动交流处理情况较去年有明显改善；省环保厅、省公安厅、省人口计生委等单位的信息发布及政府信息公开情况较去年有很大进步。

综合省政府网站建设和内容保障全年工作情况，评选出秦皇岛市政府办公室等21家单位为河北省2009年度政府网站建设和内容保障工作先进单位：

秦皇岛市政府办公室
石家庄市信息中心
保定市政府办公厅
省国土资源厅信息中心
省交通运输厅科教处
省商务厅信息中心
省环境保护厅信息中心
省住房和城乡建设厅信息中心
省水利厅办公室
省卫生厅信息中心
省人力资源和社会保障厅信息中心
省教育厅信息中心
省财政厅信息中心
省科技厅信息中心
省地税局办公室
省物价局信息中心
省工商局办公室
省教育考试院办公室
省中小企业局信息中心
省林业局信息中心
省科协科普中心

四、河北省政府网站优秀工作者

综合各单位网站建设工作及优秀工作者候选人推荐情况，评选出刘辉等40名同志为河北省2009年度政府网站优秀工作者：

秦皇岛市政府：刘辉 巴晨锋
石家庄市政府：连芳 刘毅
保定市政府：李飞 韩静
廊坊市政府：袁莉 李学欣
张家口市政府：李大鹏
衡水市政府：郑丹
邢台市政府：王伟
沧州市政府：常福龙
承德市政府：于洪波
唐山市政府：王丽军
邯郸市政府：郭海涛
省国土资源厅：胡静
省交通运输厅：徐新蔚
省环保厅：靳秀英
省住房和城乡建设厅：赵萌
省水利厅：张子敏
省卫生厅：祁海霞
省人力资源和社会保障厅：王瑞军
省教育厅：于大海
省财政厅：王新学
省农业厅：商翠敏
省工业和信息化厅：赵立平
省人口计生委：贾桂敏
省地税局：李向朴
省物价局：王增玉
省教育考试院：陈献明
省中小企业局：高晓莉
省林业局：宋振洲
省国资委：李福林
省测绘局：王军国
省无线电管理局：张红枫
省旅游局：刘博
省广电局：张前一
省科协科普中心：封松茂
河北经济日报社：赵梦雱
承德县政府：赵泉

五、2010年政府网站建设工作安排及要求

（一）不断完善内容保障工作制度。各设区市政府、省政府各部门和新闻媒体要不断完善“中国河北”门户网站内容保障工作制度，加强对信息提供、信息审核、信息发布各环节的管理，积极为动态信息和专题专栏提

供高质量的信息。努力做好相关协调工作，保障互动交流类栏目的及时回复和有效处理。

（二）完善各级政府信息公开平台功能，实现公开信息的完整聚合。各地、各部门要严格按照办字〔2009〕62号文件要求，不断完善政府信息公开平台功能，拓展应用范围，满足本单位信息公开工作的需要；加强政府公开信息的聚合工作，促进信息资源的共享、汇聚、整合，为公众提供“一站式”的综合信息服务。

（三）加快推进政府网站群英文版建设。做好“中国河北”门户网站英文版建设工作，谋划好栏目体系，探索信息的更新、审核、发布机制，搭建全省统一的政府网站英文版平台，服务于对外开放和经济发展。省政府相关部门要积极为政府门户网站英文版提供信息；各设区市政府已经开通英文版的，要与省政府门户网站英文版建立链接，并根据统一要求建立栏目体系，完善服务功能；各设区市政府未建设英文版网站的，要依托省政府门户网站英文版平台进行建设，按照统一的标准要求，发布对外信息。各单位英文网站信息维护和建设情况将列入2010年省政府网站测评考核的重要内容之一。

（四）切实做好政府网站的运维工作，确保信息安全。要认真落实有关安全保密规定，切实加强互联网信息的保密管理，确保“上网不涉密、涉密不上网”。同时，各单位要通过软、硬件等技术手段加强对网站监控监测，确保网站可用性和页面内容的安全。

（五）搞好全省政府网站绩效评估工作，推进各级政府网站建设。为推动全省各级政府网站建设，省政府网站管理中心定于2010年上半年组织全省性的政府网站绩效评估工作，并会同省有关部门委托专业评估机构对省政府各部门、各设区市政府、县（市、区）政府网站进行绩效测评。以便全面掌握各级各部门网站在建设、管理、运行和维护等方面的发展水平和趋势，引导全省政府网站规范化建设，提高政府网站的服务水平和质量，促进全省政府网站体系的逐步完善，进而推动全省政府系统电子政务事业的发展。

河北省人民政府办公厅
二〇〇九年十二月三十日

河北省人民政府办公厅关于2010年上半年政府门户网站建设及内容保障工作的通报

各设区市人民政府，各县（市、区）人民政府，省政府各部门：

按照既定工作安排，省政府办公厅对2010年上半年门户网站建设和内容保障情况进行了检查汇总，现通报如下：

一、2010年上半年省政府门户网站建设总体情况

上半年，省政府门户网站建设工作取得了新的进展。为贯彻落实全省民航工作会议精神，推动民航事业实现跨越式发展，省政府办公厅会同省交通运输厅、省国资委和河北机场管理集团公司在省政府门户网站上开设了“河北民航专题”，并专门发文要求全省各类网站加强民航宣传，得到了省政府领导同志的肯定和表扬。

为了贯彻落实中共中央办公厅、国务院办公厅《关于开展工程建设领域突出问题专项治理工作的意见》（中办发（2009）27号）精神，进一步推进省工程建设领域信息公开和诚信体系建设，结合省实际，按照试点工作方案提出的要求，在省政府门户网站开设了“河北省工程建设领域项目信息公开专栏”，专栏开设及时、设计新颖，整合了省15个试点单位和部门的公开信息，得到了省和国家有关部门的认可，并于今年6月在成都召开的全国工程建设领域项目信息公开和诚信体系建设试点工作座谈会上介绍了经验。

河北省政府门户网站英文版开设了今日河北、经济资讯、政府机构、旅游、文化、经济概况、视频、互动、专题等多个栏目，以庄重典雅的页面设计、品质优良的图片和及时全面的英语新闻报道，受到广大网民的好评。自2009年12月上线运行以来，共撰写编辑英文文章350余篇，总字数达13万字，视频2个，图片150余幅。上半年，结合时事热点及时全面地从国际视角报道本地新闻，如“河北两会”“世博河北馆”等，较好地宣传了河北经济文化活动。稿件质量优良，先后被人民网、中国网、新浪网、国家发展改革委英文网、北京市政府英文网及国外媒体Reportlinker等多家网站转载。

依托省政府门户网站建设的全省统一政府信息公开平台功能不断完善，网上公开信息基本实现了制度化、规范化、程序化的目标。截至上半年，平台已聚合了全省9个设区市及所属县（市、区）的政府公开信息，为公众提供“一站式”的信息公开查询、检索服务；按照国家和省有关文件精神，配合有关部门，指导各地各部门对政府网站公开信息内容进行了安全保密自查，未发现重大泄密问题；针对政府机构改革和职能调整，指导各地各部门对机构职能、网上办事指南等进行了重新梳理和调整。

进一步加大对全省政府网站建设工作的指导力度。

上半年，指导各级各部门不断完善、规范政府网站的信息发布、网上办事、互动交流等功能，加强政府网站的管理，进一步提高网站的服务水平。参照工信部《政府网站发展评估核心指标体系（试行）》，制定了《河北省政府网站绩效评估指标体系》（以下简称《指标体系》）。《指标体系》对网站内容、网站性能、组织保障等明确了量化指标，这对引导全省政府网站规范化建设，提高政府网站的服务水平和质量具有重要的意义。

二、2010年上半年内容保障工作具体情况

（一）信息发布情况。信息发布包括动态信息和专题专栏供稿两项内容

2010年上半年共发布动态信息44073条。完成较好的有：各设区市政府，省交通运输厅、省人口计生委、省卫生厅、省环保厅、省国资委、省林业局、省气象局、河北经济日报社。

上半年共有27家单位为专题专栏供稿10101篇，与去年同期相比增长51%。其中设区市政府供稿8244篇，省直单位供稿1857篇。供稿情况较好的有：各设区市政府，省交通运输厅、省科技厅、省环保厅、省地税局、省测绘局。

（二）政府信息公开情况。按照《河北省政府信息公开系统实施导引（试行）》（办字（2009）62号）要求，全省统一的政府信息公开平台雏形已经形成，平台的服务功能不断完善。省、市两级平台聚合工作基本完成，市、县两级的聚合工作正在积极进行中。上半年通过全省统一政府信息公开平台发布政府信息共计38494条。

政府网上信息公开工作完成较好的单位有：省商务厅、省卫生厅、省发展改革委、省住房和城乡建设厅、省环保厅、省文物局等。

（三）互动交流情况。

1. 网上咨询回复。

2010年上半年共有33家单位收到网上咨询494条，有30家单位回复了391条。

回复处理网上咨询较好的单位有：省教育厅、省公安厅、省国土资源厅、省人口计生委、省环保厅、省法制办。

2. 监督投诉处理。

2010年上半年共有19家省政府组成部门收到群众监督投诉265条，共回复处理244条。

回复处理监督投诉较好的部门有：省教育厅、省公安厅、省司法厅、省国土资源厅、省住房和城乡建设厅。

3. 排忧解难处理。

2010年上半年共收到排忧解难诉求346条，10个设区市和22个省直部门、单位共处理269条。

处理排忧解难诉求工作较好的单位有：保定市政府、省教育厅、省公安厅。

今年互动交流办理情况较去年同期相比，从数量到质量上了一个新台阶，这充分体现了各级各部门服务意识的提高和对网民意见的重视。

三、2010年下半年网站建设工作任务及要求

为进一步加强政府网站的建设和管理工作，充分发挥门户网站的作用，现就2010年下半年政府网站建设和内容保障工作提出以下要求：

（一）搞好全省政府网站绩效评估。下半年，按照下发的政府网站《指标体系》，省政府办公厅会同有关部门委托专业评估机构对省政府各部门、各设区市政府、县（市、区）政府的260余家网站进行绩效评估。各市、县（市、区）人民政府及省政府各部门都要把这次网站绩效评估作为下半年电子政务和政府网站建设的一项重要工作，积极参与，按照《指标体系》要求，认真改进网站建设、管理、运行和维护等工作，促进省政府网站建设全面发展。

（二）不断规范内容保障工作制度。各设区市政府、省政府各部门和新闻媒体要不断完善“中国河北”门户网站内容保障工作制度，加强对信息提供、信息审核、信息发布各环节的管理，积极为动态信息和专题专栏提供高质量的信息。努力做好相关协调工作，保障互动交流类栏目的有效处理和及时回复。

（三）完善各级政府信息公开平台功能，实现公开信息的完整聚合。各地、各部门要严格按照办字（2009）62号文件要求，不断完善政府信息公开平台功能，拓展应用范围，满足本单位信息公开工作的需要；各设区市要加大政府公开信息聚合工作力度，整合所辖县（市、区）和市直部门的信息资源，为公众提供“一站式”的综合信息服务。

（四）加快推进政府网站群英文版建设。做好“中国河北”门户网站英文版建设工作，谋划好栏目体系，探索信息编译、审核、发布机制，构建全省统一的政府网站英文版平台。省政府相关部门要积极为政府门户网站英文版提供信息；各设区市政府已经开通英文版的，要与省政府网站英文版建立链接，并根据统一要求建立栏目体系，完善服务功能；目前尚未建设英文版的设区市政府，要依托省政府网站英文版平台进行建设，实现网站标识、技术架构、内容编译、信息发布“四统一”，真正把政府网站英文版建设成促进对外开放和经济发展的网站群。

（五）切实做好政府网站的运行维护工作，确保信息安全。要认真落实有关安全保密规定，切实加强互联网信息的保密管理，确保“上网不涉密，涉密不上网”。同时，各级各部门要通过软、硬件等技术手段加强对网站监控监测，确保网站可用性和页面内容的安全。

（六）适时谋划开通省政府门户网站手机版。政府

网站手机版采用网站集群建设模式，充分利用现代信息技术手段，通过数据交换和共享，将不同功能的应用模块集成到统一平台上。用户可随时通过移动互联网登陆政府网站，不受时间、地域的限制，轻松获取政府信息和有关服务内容。

河北省人民政府办公厅
二〇一〇年七月十二日

河北省人民政府办公厅关于2010年政府门户网站建设及内容保障工作的通报

各设区市人民政府，各县（市、区）人民政府，省政府各部门：

根据省政府门户网站工作安排，省政府办公厅对2010年度门户网站建设和内容保障情况进行了检查汇总，现将有关情况通报如下：

一、2010年省政府门户网站建设总体情况

2010年，省政府门户网站建设工作取得了明显成效。今年共制作了包括“两会专题”“河北民航专题”“工程建设领域信息公开”，全省“十二五”规划网上征求意见等在内的多项专题，发布各类视频资源1130余条，积极宣传报道省中心工作。进一步梳理了栏目体系，整合了各部门信息资源，为下一步网站升级改版做好了先期准备。

门户网站英文版开通一年来，共发布英文稿件近700篇，文字35万字，图片300余张。选取的优秀稿件先后被人民网、新华网、中国网、新浪网、国家发展改革委英文网、北京市政府英文网、长城网、Reportlinker（法）、Indiatimes（印）、Topix（美）等多家国内外网站转载，在宣传河北、扩大影响、促进经济发展和对外开放等方面发挥了积极作用。

7月份，制发了《河北省人民政府办公厅关于进一步加强和规范政府网站建设与管理的通知》（办字〔2010〕91号），召开了专题会议，对政府网站内容更新保障工作、加强工作衔接、落实工作责任等提出了明确、规范要求，使网站建设管理工作迈上一个新台阶。

为规范和促进省政府网站建设，参照国家有关文件精神，制定了《河北省政府网站绩效测评指标体系》。委托国家信息化测评中心河北省中心、省电子政务研究会等第三方专业测评机构，对省政府各部门、11个设区市政府及172个县（市、区）政府网站进行了绩效评估。

二、2010年度“中国河北”网站内容保障工作情况

（一）信息发布情况。信息发布包括动态信息和专题专栏供稿两项内容。

2010年下半年共发布动态信息50176条。完成较好的有：各设区市政府，省发展改革委、省科技厅、省民政厅、省工业和信息化厅、省人口计生委、省卫生厅、省环境保护厅、省国资委、省林业局、河北经济日报社。

下半年共有29家单位为专题专栏供稿10102篇，比去年同期增长56%。其中设区市政府供稿7494篇，省直单位供稿2608篇。供稿情况较好的有：石家庄市政府、保定市政府、唐山市政府、秦皇岛市政府，省发展改革委、省交通运输厅、省科技厅、省工商局。

（二）政府信息公开情况

下半年通过全省统一政府信息公开平台发布政府信息共计58179条。按照《河北省政府信息公开系统实施导引（试行）》（办字〔2009〕62号）要求，全省统一的政府信息公开平台已经基本形成，平台的服务功能不断完善。省、市两级平台聚合工作基本完成，市、县两级的聚合工作正在积极进行中。

（三）互动交流情况

1. 网上咨询回复。

2010年下半年共有30家单位收到网上咨询424条，有27家单位共回复了336条。

回复处理网上咨询好的单位有：省发展改革委、省教育厅、省民政厅、省住房和城乡建设厅、省国土资源厅、省卫生厅、省人口计生委、省法制办。

2. 监督投诉处理。

2010年下半年共有20家省政府组成部门收到群众监督投诉250条，共回复处理202条。

回复处理监督投诉好的部门有：省发展改革委、省教育厅、省国土资源厅、省住房和城乡建设厅、省人口计生委。

3. 排忧解难处理。

2010年下半年各设区市和省直部门共收到排忧解难诉求438条，共处理289条。

处理排忧解难诉求工作好的单位有：石家庄市、秦皇岛市、保定市、廊坊市、张家口市、沧州市、省教育厅、省民政厅、省国土资源厅、省住房和城乡建设厅、省人口计生委。

三、2010年度政府网站建设和内容保障工作突出单位

根据2010年省政府门户网站内容保障工作情况并结合全省政府系统网站自身建设情况，对以下14个工作突出单位提出表扬：

石家庄市信息中心
秦皇岛市人民政府办公室
唐山市人民政府办公厅
廊坊市政府人民政府办公室
省发展改革委办公室
省交通运输厅科技教育处
省住房和城乡建设厅信息中心
省国土资源厅信息中心
省教育厅信息中心
省科技厅信息中心
省民政厅信息中心
省工业和信息化厅办公室
省人口计生委信息中心
省环境保护厅信息中心

四、2011年政府网站建设工作任务及要求

为进一步加强政府网站的建设和管理工作，现就2011年政府网站建设和内容保障工作提出以下要求：

（一）继续做好政府网站内容保障工作。各设区市政府、省政府各部门要按照《河北省人民政府办公厅关于进一步加强和规范政府网站建设与管理的通知》（办字〔2010〕91号）要求，加强协调督导，责任落实到人，形成“齿轮式”工作保障体系，确保政府网站建设和管理的各项工作落到实处。

（二）切实保障政府网站的安全。严格保密审查程序，所有上网信息按照“先审查、后公开、谁公开、谁负责”的原则，做到“上网不涉密，涉密不上网”；加强管理，建立工作规范，消除安全隐患；构建病毒防护体系，采用防火墙、入侵检测等手段防止黑客、木马攻击，保障网站系统的安全。

（三）认真做好政府门户网站升级改版工作。按照“以用户为中心、以服务为导向”的原则，谋划好网站升级改版工作。从网站功能定位、页面布局风格、栏目优化设置、政府信息公开、网上办事服务等方面进行全面规划、详细设计。参考先进省市的经验，博采众家之长，网站页面做到图文并貌、声情并举，增加网站的吸引力和感染力。

（四）切实加强对政府工作的宣传报道。省政府各部门及省内新闻媒体、新闻网站要按照政府工作宣传报道的重点，紧紧围绕政府中心工作，立足全省经济社会发展大局，着眼团结鼓舞全省人民，着力促进河北改革开放，开辟宣传政府工作的专题专栏，全方位宣传政府工作。

河北省人民政府办公厅
二〇一〇年十二月三十日

河北省人民政府办公厅关于2011年上半年政府门户网站建设及内容保障工作的通报

各设区市人民政府，各县（市、区）人民政府，省政府各部门：

按照既定工作安排，省政府办公厅对2011年上半年门户网站建设和内容保障情况进行了检查汇总。现将有关情况通报如下：

一、2011年上半年省政府门户网站建设总体情况

上半年，按照省政府领导有关要求，结合省中心工作，省政府门户网站先后开设了“两会专题”“庆祝中国共产党成立90周年”“森林防火”等专题；为全省工程建设领域项目信息公开和诚信体系建设工作提供了技术支持和平台支撑，整合并指导各设区市和省直部门开设了相关专栏；为进一步丰富网站内容，新增了“国际动态”“国务活动”“各省动态”三个栏目。上半年通过省政府门户网站共发布各类信息118624条，和去年同期相比增加28%，各类视频内容670余条。

省政府门户网站英文版上半年发布稿件180余篇，文字7万多字，图片100余张，专题1个。部分稿件被新华网、长城网、B to B网站Made in China，英国社交网站Facepunch，Indiatimes（印度最大的报纸之一《印度时报》）等多家国内外网站转载。

今年4月，为贯彻落实《国务院办公厅关于进一步加强政府网站管理工作的通知》（国办函〔2011〕40号）精神，召开了全省政府网站建设暨评估结果发布电视电话会议。省政府副省长张杰辉、省政协副主席王刚、省政府副秘书长于万魁等出席会议并作了重要讲话，要求各级各部门要充分认识政府网站建设在实施信息化战略中的重要地位，进一步增强责任感和紧迫感，加快推进政府网站建设，不断提高政府网站建设和管理

水平。

各级政府对政府网站建设十分重视。常务副省长赵勇针对网站建设情况和问题，先后作出“加强专业队伍建设”、“加强设备与基础设施建设”、“每天更新信息，能公开的讲话文件要公开”、“适时开通外文网站”、“办成一流门户网站”等一系列重要批示。政府网站建设和管理工作逐步规范和加强。5月省政府办公厅制发了《关于进一步做好政府门户网站内容更新工作的通知》，对如何不断丰富政府网站内容、及时更新信息、加强监督检查提出了具体要求，明确了工作责任；政府网站省长信箱的办理进一步规范，省信访局制定了《“省长信箱”办理规程（试行）》，对省长信箱的受理、办理和答复进一步规范了程序，明确了要求，落实了责任。各市、县（区）政府也相继加强了网站建设工作。

二、2011年上半年内容保障工作具体情况

（一）信息发布情况。信息发布包括动态信息和专题专栏供稿两项内容。

2011年上半年共发布动态信息36948条。完成较好的有：各设区市政府，省民政厅、省人口计生委、省卫生厅、省环境保护厅、省国资委、河北经济日报社。

上半年共有27家单位为专题专栏供稿16649篇。其中设区市政府供稿14279篇，省直单位供稿2370篇。供稿情况较好的有：石家庄市政府、唐山市政府、保定市政府、秦皇岛市政府、廊坊市政府、省发展改革委、省交通运输厅、省科技厅。

（二）政府信息公开情况。按照《河北省政府信息公开系统实施导引（试行）》（办字〔2009〕62号）要求，全省统一的政府信息公开平台基本形成（9个设区市及所辖县（市、区）已经和省级政府信息公开平台实现了信息的完全聚合，承德、邯郸两市的聚合工作正在进行中）。上半年通过平台公开政府信息共计65027条。

政府网上信息公开工作完成较好的单位有：唐山市政府、省发展改革委、省民政厅、省环境保护厅等。

（三）互动交流情况。

1. 网上咨询回复。2011年上半年共有32家单位收到网上咨询345条，其中有26家单位回复了257条。

回复处理网上咨询较好的单位有：省教育厅、省公安厅、省民政厅、省国土资源厅、省交通运输厅、省人口计生委。

2. 监督投诉处理。2011年上半年共有18家省政府组成部门收到群众监督投诉260条，其中16家单位回复处理202条。

回复处理监督投诉较好的部门有：省发展改革委、省教育厅、省民政厅、省国土资源厅、省交通运输厅、省人口计生委。

3. 排忧解难处理。2011年上半年共收到排忧解难诉求304条，其中10个设区市政府和22个省直部门、单位共处理202条。

处理排忧解难诉求工作较好的单位有：石家庄市政府、秦皇岛市政府、保定市政府、廊坊市政府、张家口市政府、沧州市政府、邢台市政府、省教育厅、省民政厅、省人口计生委。

三、2011年下半年政府网站建设和管理工作要求

虽然政府网站在发布政府信息、提供在线服务、与公众互动交流等方面发挥了一定作用，但部分政府网站仍然存在信息更新不及时、内容不够丰富、页面链接错误、网站存在安全漏洞等问题，给政府形象造成不良影响。针对政府网站存在的问题，围绕贯彻落实国办函〔2011〕40号文件精神，现就2011年下半年政府网站建设和内容保障工作提出以下要求：

（一）要将政府网站检查、完善和提高工作常态化。各级各部门按照国办函〔2011〕40号文件提出的政府网站六项重点检查内容，结合网站工作实际，要开展经常性的自查，重点检查网站页面能否正常访问、是否存在错链和断链、内容是否及时更新、信息发布审核和保密审查机制是否健全、网站安全防范工作是否到位，并使之制度化、常态化，及时发现并妥善解决存在的问题。

（二）要建立健全值班读网制度。网站管理和运行维护单位安排值班人员每日登录网站读网，特别要认真审看重要稿件和重要信息，及时发现和纠正错情；发现内容更新不及时随时提醒，确保发布信息的及时性和准确性。提倡领导干部读网。

（三）切实做好政府网站的运行维护工作。要认真落实有关安全保密规定，确保“上网不涉密、涉密不上网”。同时，要不断完善政府网站防攻击、防篡改、防病毒等安全防护措施，做好日常巡检和监测，发现问题或出现突发情况要及时妥善处理，确保信息安全；针对目前县（市、区）政府网站运行管理方面隐患、问题较多等情况，各设区市政府网站管理部门要加强指导，对缺乏技术保障力量的县（市、区）政府网站，主动协调有关方面提供技术、管理等方面支持，帮助其做好网站的安全防范、运行维护等工作，提高其建网、管网水平。

（四）要不断提高政府网站建设的整体水平。各级各部门要认真贯彻赵勇常务副省长关于加强政府网站建设的一系列重要批示精神，不断丰富网站内容，加强网站基础设施建设，提高政府网站的软硬件水平和信息处理能力，改进网站页面展示形式，提升公众访问体验；要深入推进全省政府信息公开平台建设，向公众提供“一站式”信息检索服务，为政府信息公开工作提供平

台和技术支撑；要不断提高政府门户网站内容保障工作水平，积极为动态信息和专题专栏提供高质量的信息，保障互动交流类栏目的有效处理和及时回复；要针对存在的问题，认真分析原因，采取切实措施，扎实改进工作，努力把省政府网站办成一流的门户网站，尽早实现省政府领导同志确定的工作目标。

河北省人民政府办公厅
二〇一一年七月十二日

河北省人民政府办公厅关于2011年政府门户网站建设及内容保障工作的通报

各设区市人民政府，各县（市、区）人民政府，省政府各部门：

根据省政府门户网站工作安排，省政府办公厅对2011年门户网站建设和内容保障情况进行了检查汇总，现将有关情况通报如下：

一、2011年省政府门户网站建设总体情况

2011年省政府门户网站建设工作在省领导的关注重视和各设区市政府、省政府各部门的大力支持配合下，紧紧围绕省政府中心工作，在信息发布、在线服务、互动交流等方面取得了新的进展。

（一）省政府门户网站升级改版。按照省政府领导指示精神，为进一步丰富网站内容和服务，及时更新信息，2011年省政府门户网站先后进行了两次升级改版，增加了国际动态、国务活动、各省动态三个栏目；充实在线服务内容，整合了各地、各部门网上办事服务项目，面向公民、机构等不同服务对象提供在线服务；完善互动交流功能，改进了网上咨询、监督投诉、排忧解难等栏目设计，进一步畅通政民互动的网上沟通渠道。

（二）网站管理逐步规范。建立了政府网站值班读网制度，实行7×24小时值班，发现问题，立即处理。制发了《河北省人民政府办公厅关于进一步丰富政府网站内容的通知》（办字〔2011〕133号）、《河北省人民政府办公厅关于进一步做好政府门户网站内容更新工作的通知》，明确了工作任务，落实了分工和责任。

（三）信息发布数量增加。2011年下半年共发布各类信息236526条，与去年同期（118457条）相比增长99.6%。其中：动态信息61497条，政府信息公开139832条，专题专栏供稿34310篇，英文试用版稿件200余篇，“中国河北网络电视”发布视频687条。围绕中心工作，先后开设了“两会专题”“河北特色之旅”“邯郸之光”“庆祝中国共产党成立九十周年”等一系列专题，宣传河北，服务公众。

（四）全省政府网站建设逐步改进。全省各级、各部门认真贯彻《国务院办公厅关于进一步加强政府网站管理工作的通知》（国办函〔2011〕40号），全面落实全省政府网站建设电视电话会议提出的任务和要求，政府网站建设工作取得新的进展。近年来一直处于全省网站建设前列的石家庄、秦皇岛、保定等市政府网站在保持稳定发展势头基础上，又有一批政府网站通过努力后来居上，取得了明显进展。如张家口市政府对网站建设十分重视，进行了升级改版，全面完成了市、县政府信息公开平台建设，信息发布数量全省领先；邯郸市政府门户网站今年正式由市政府办公厅建设和管理，理顺体制机制，网站各项工作取得明显进步；其他各市、省政府各部门网站也在及时发布信息、为网民提供方便快捷服务等方面有新的进步。

二、2011年下半年省政府门户网站内容保障工作情况

（一）信息发布情况。

动态信息：2011年下半年共发布动态信息61497条。完成较好的有：石家庄市政府、张家口市政府、邯郸市政府，省工业和信息化厅、省人口计生委、省卫生厅、省环境保护厅、省住房和城乡建设厅、省国税局、河北经济日报社。

专题专栏供稿：2011年下半年共有19家单位为专题专栏供稿34310篇，其中设区市政府供稿31904篇，省直单位供稿2406篇。供稿情况较好的有：石家庄市政府、邯郸市政府、张家口市政府、唐山市政府，省科学技术厅、省交通运输厅、省发展改革委。

（二）政府信息网上公开情况。截至2011年底，按照《河北省政府信息公开系统实施导引（试行）》（办字〔2009〕62号）要求和规范，省、市两级平台聚合工作全面完成，市、县两级的聚合工作正在积极进行中，全省统一的政府信息公开平台已经形成，为公众提供“一站式”的政府信息检索、查询、打印服务。下半年通过全省统一政府信息公开平台发布政府信息共计139832条。

网上信息公开数量较多的单位有：张家口市政府、沧州市政府、石家庄市政府、衡水市政府、廊坊市政府，省工业和信息化厅、省环境保护厅。

（三）互动交流情况。

1. 网上咨询回复。

2011年下半年共有28家单位收到网上咨询294条，其中除省司法厅、省工商局外，有26家单位共回复了278条。

回复处理网上咨询较好的单位有：省人力资源和社会保障厅、省人口计生委、省住房和城乡建设厅、省教育厅。

2. 监督投诉处理。

2011年下半年共有19家省政府组成部门收到群众监督投诉400条，共回复处理395条。

回复处理监督投诉较好的部门有：省国土资源厅、省教育厅、省民政厅、省住房和城乡建设厅、省交通运输厅。

3. 排忧解难处理。

2011年下半年各设区市和省直部门共收到排忧解难诉求334条，共处理308条。

处理排忧解难诉求工作较好的单位有：邯郸市政府、沧州市政府、保定市政府、唐山市政府、廊坊市政府、衡水市政府、邢台市政府、秦皇岛市政府，省人力资源和社会保障厅、省教育厅、省公安厅、省卫生厅。

三、2011年度政府网站建设和内容保障工作优秀单位

根据2011年省政府门户网站内容保障工作情况并结合全省政府系统网站自身建设情况，对以下11个工作突出单位通报表扬（排名不分先后）：

石家庄市信息中心

省发展改革委办公室

省交通运输厅科技教育处

省住房和城乡建设厅信息中心

省国土资源厅信息中心

省工业和信息化厅办公室

省人口计生委信息中心

省人力资源和社会保障厅信息中心

省环境保护厅信息中心

省信访局办公室

河北省经济日报社网络信息部

四、2012年政府网站建设工作任务及要求

2011年全省政府网站建设和内容保障工作虽然取得了一定进步，但存在的问题也不容忽视：一是少数单位和部门仍然存在内容更新不及时现象；二是有的信息发布分类不准，难以查阅；三是少数单位和部门互动交流栏目回复存在敷衍现象；四是部分稿件发布审查不严、质量不高、时效性不强等。为进一步加强政府网站的建设和管理工作，现就2012年政府网站建设和内容保障工作提出以下要求：

（一）高度重视政府网站建设和内容保障工作。政府网站作为发布政务信息、提供在线服务、与公众互动交流的重要平台和窗口，在打造阳光政府、服务型政府、提高行政效能等方面发挥了重要作用。各级各部门要认真贯彻落实省政府领导同志关于加强政府网站建设重要批示和指示精神，从加强网站专业队伍和基础设施建设入手，全面加强政府网站建设管理工作。要按照网站内容维护分工和要求，认真做好省政府门户网站内容保障工作，促进政府网站快速、健康发展。

（二）合力共建，不断丰富政府网站内容。各级、各部门要在做好内容保障工作的基础上，围绕政府中心工作，积极在省政府门户网站开设专题专栏，宣传河北，服务公众；针对网民关注较多的社保、住房、教育、计生、招考等热点，认真研究做好咨询回复、政策解读、信息公开等工作；省政府门户网站要通过专题设计、信息抓取、内容集成等方式，整合各级、各部门已有信息资源和服务，不断丰富网站内容，改进网站设计，增强网民浏览体验，提升网站整体水平。

（三）落实工作责任，确保网站安全。各级、各部门要明确专人负责，严格落实责任；每天及时更新信息，严把上网信息质量关，保证发布信息的权威性、准确性、时效性；认真落实安全保密有关规定，上网信息要按程序审核，做到“上网不涉密、涉密不上网”；政府网站要构建安全防护体系，采用防火墙、入侵检测、网站防篡改等手段防止黑客、木马攻击，保障系统安全。省政府网站管理中心将加强督导检查，发现问题及时通知有关部门立即整改，整改不力的部门要给予通报批评。

（四）加强沟通交流和培训。针对政府网站建设和管理中的热点、难点问题，通过座谈会、专题研讨会等形式，集思广益，组织相关部门共同研究，谋划解决问题的措施和思路；适时组织政府网站培训班，聘请有关专家针对网站信息发布、网民关注热点回应、互联网新技术等进行培训，同时各级政府网站工作人员都要不断加强学习，提高政治素质和业务能力，促进全省政府网站建设和管理水平不断提高。

河北省人民政府办公厅

二〇一二年一月十六日

河北省人民政府办公厅关于2012年上半年政府门户网站建设及内容保障工作的通报

各设区市人民政府办公室（厅），各县（市、区）人民政府办公室，省政府各部门办公室：

按照省政府门户网站工作安排，省政府办公厅对2012年上半年门户网站建设和内容保障情况进行了检查汇总。现将有关情况通报如下：

一、2012年上半年省政府门户网站建设情况

上半年，省政府门户网站在省领导的关心和各设区市政府、省政府各部门的共同努力下，严格落实各项要求，不断改进工作中存在的薄弱环节和漏洞，切实保障了网站安全平稳运行，发挥了政府网站在发布政府信息、提供在线服务、与公众互动交流等方面的平台和窗口作用。

（一）加强管理，切实改进和完善网站建设管理工作。严格执行网站内容更新要求，落实责任，及时更新网站信息，基本做到了省重要政务活动及国内外重大事件的及时报道，使公众通过政府网站及时了解国际、国内及各省重要新闻。不断完善值班读网制度，并使之常态化，对更新不及时、文字错误等问题，督导相关单位和部门及时处理。加强对互动回复的审核，省长信箱与省信访局网上信访系统对接，实现了受理界面、交办和办理等程序的统一；针对互动回复内容可能存在的涉及个人隐私、敏感信息等情况，在部门审核基础上，增加网上公开的最终审核，确保网上公开回复意见的质量和效果。完善网站的安全防范措施，在网络防火墙、入侵检测的基础上，修复系统安全漏洞，完善网站访问日志，加密网站重要信息，确保网站安全。

（二）围绕中心，不断丰富政府网站内容。加强对政府工作的宣传报道，先后在政府门户网站开设了“2012两会特刊”“河北省首届园林博览会专题”“中国廊坊国际经济贸易洽谈会专题”；发布了省委书记张庆黎接受凤凰卫视专访的视频报道。积极推进民生相关专题发布，围绕省的住房保障工作，开设“河北住房保障专题”；在高考及中考来临之际开设“河北教育考试信息专栏”，为公众提供高考及中考的相关信息等。与设区市政府合作，发布了“邯郸之光”“四季休闲天堂——秦皇岛”“渤海明珠魅力滦南”等专题。

网站英文版上半年共发布稿件89篇，共计5万余字，图片60余张，专题2个。上线以来，不断受到国内外网民及媒体的关注，部分文章被美国、英国、印度等国家的网站转载。

（三）合力共建，着力提升政府网站服务水平。今年4月是全国第21个税收宣传月，联合省国税局开展了以“税收、发展、民生”为主题的在线访谈活动，在线征集网民意见并给予答复；与石家庄市、省人力资源和社会保障厅在互动交流版块开设了“常见问题解答”栏目，下设医保、劳动仲裁、人事等34个子栏目，以问答形式对一些涉民生的普遍问题进行解疑释惑；提高在线服务能力，针对“热点项目申报”增加了快捷入口，同时设置11个设区市的行政服务中心链接通道，对于在线办事的进度状况，公众可以通过“办理状态公示”栏了解，也可以通过办理情况的查询进行跟踪，最大程度地为公众提供方便；与国家计算机网络应急技术处理协调中心河北分中心（省通信管理局网络安全处）、河北省信息安全测评中心（省工业和信息化厅）等单位合作，通过人防、技防结合，对网站进行实时监测，确保网站安全平稳运行。

二、2012年上半年内容保障工作情况

（一）信息发布情况。信息发布包括动态信息和专题专栏供稿两项内容。上半年共发布动态信息83315条。完成较好的有：各设区市政府，省工业和信息化厅、省环境保护厅、省人口计生委、省卫生厅、省国资委、河北经济日报社。

上半年专题专栏供稿42393篇。其中设区市政府供稿40807篇，省直单位供稿1586篇。供稿情况较好的有：石家庄市政府、邯郸市政府、张家口市政府、秦皇岛市政府、唐山市政府，省发展改革委员会、省交通运输厅、省水利厅。

（二）政府信息公开情况。上半年通过全省统一的政府信息公开平台，发布政府信息共计185327条。政府网上信息公开工作完成较好的单位有：张家口市政府、沧州市政府、邢台市政府、石家庄市政府、廊坊市政府，省科技厅、省公安厅。

（三）互动交流情况。

1. 网上咨询回复。上半年共有25家单位收到网上咨询238条，其中有24家单位回复了236条。

回复处理网上咨询较好的单位有：省人力资源和社会保障厅、省民政厅、省住房和城乡建设厅、省人口计生委。

2. 监督投诉处理。上半年共有17家省政府组成部门收到群众监督投诉379条，全部处理回复。

回复处理监督投诉较好的部门有：省人力资源和社

会保障厅、省司法厅、省国土资源厅、省民政厅、省住房和城乡建设厅。

3. 排忧解难处理。上半年共收到排忧解难诉求 337 条，其中 11 个设区市政府和 20 个省直部门、单位共处理 331 条。

处理排忧解难诉求工作较好的单位有：保定市政府、邢台市政府、邯郸市政府、唐山市政府、秦皇岛市政府、廊坊市政府，省人力资源和社会保障厅、省公安厅、省住房和城乡建设厅。

三、2012 年下半年政府网站建设和管理工作要求

目前，省各级政府网站基本上都具备了信息发布、在线服务、互动交流的功能，在提高行政效能、提升政府公信力等方面发挥了一定作用，但信息更新不及时、内容不够丰富、互动回复敷衍、稿件质量不高等问题仍然存在；网站页面设计、栏目规划、信息安全等也还需要在工作中不断改进和完善。为进一步加强政府网站建设和管理，迎接“十八大”胜利召开，现就 2012 年下半年政府网站建设和内容保障工作提出以下要求：

（一）充分发挥政府网站公开政府信息主渠道作用。各级各部门政府网站要切实加强政府信息公开工作，凡属于需要社会公众广泛知晓的政府信息，要及时在政府网站公布；对财政预算决算、保障性住房等方面的信息，要集中展示，方便公众查阅。对公众关注的社会热点问题以及网络不实信息和谣言，要主动在政府网站予以回应，发布权威信息，讲清事实真相、有关政策措施以及处理结果等，正确引导舆论。

（二）确保政府网站系统安全。各级各部门政府网站要进行一次全面的自查，检查内容包括：网站页面能否正常访问、各栏目及其子栏目内容是否及时更新、网站提供的各项服务和互动功能是否正常、网站链接是否存在错链和断链等。要继续完善和全面落实值班读网制度，发现问题及时解决。认真执行安全保密有关规定，上网信息要按程序审核，做到“上网不涉密，涉密不上网”。网站系统要构建安全防护体系，堵塞安全漏洞，采用防火墙、入侵检测、网站防篡改等手段防止黑客、木马攻击，确保网站安全。

（三）不断提高政府网站建设和内容保障工作水平。各级各部门要认真贯彻落实省政府领导指示精神，切实加强网站建设和管理工作，不断提高政府网站整体水平。通过改进网站页面展示形式，提升公众访问体验；积极为动态信息和专题专栏提供高质量的信息，保障互动交流类栏目的有效处理和及时回复，提高政府门户网站内容保障工作水平；查找政府网站中存在的问题，认真分析原因，采取有效措施，切实加以改进。

（四）加强沟通交流和培训，提高建网、管网能力。针对政府网站建设和管理中的热点、难点问题，下半年召开全省政府网站建设交流培训班，聘请专家就互动交流回复、网络问政、网站安全防范等授课，提高网站工作人员的技术水平和业务素质。针对目前县（市、区）政府网站存在的人员管理、技术保障、安全防范等方面问题，各设区市政府网站管理部门要加强指导，对缺乏技术保障力量的县（市、区）政府网站，主动协调有关方面提供技术、管理等方面支持，帮助其做好网站的安全防范、运行维护等工作，提高其建网、管网水平。

河北省人民政府办公厅
二〇一二年六月二十六日

河北省人民政府办公厅关于 2012 年政府门户网站建设及内容保障工作的通报

各设区市人民政府办公室（厅），各县（市、区）人民政府办公室，省政府各部门办公室：

按照省政府门户网站工作安排，省政府人民政府办公厅对 2012 年门户网站建设和内容保障情况进行了检查，检查内容包括：信息发布情况、政府信息网站公开情况、互动交流情况，现将有关情况通知如下：

一、2012 年政府门户网站建设及内容保障工作情况

2012 年省政府门户网站在省领导的关心和各设区市政府、省政府各部门的大力支持配合下，严格落实各项工作要求，不断改进存在的薄弱环节和漏洞，保障了网站安全平稳运行，发挥了政府网站在发布政府信息、提供在线服务、与公众互动交流等方面的平台和窗口作用。

（一）2012 年政府门户网站建设总体情况

1. 加强内容建设维护，不断丰富网站内容。2012 年全年共发布各类信息 766344 条，其中，下半年发布信息 455309 条，与去年同期（236526 条）相比增长 92.1%。围绕中心工作，先后开设了“十八大专题”“廉政风险等级目录”“经济强省和谐河北图片展”等专题；与省工业和信息化厅、省治理工程建设领域突出问题工作领导小组办公室共同承担完成了河北省工程建设领域项目和信用公开信息综合检索平台的建设任务，

提供全省范围内目录元数据的采集、注册管理、信息检索和展示，为公众了解省工程建设领域项目信息、从业单位、从业人员信用信息提供服务。

2. 加强网站运维管理，确保网站安全平稳运行。严格执行网站内容更新要求，落实工作责任，及时更新网站信息；不断完善值班读网制度，并使之常态化，发现问题及时处理；加强与新闻宣传、信息公开等部门的沟通、协调、联动，坚持正确的舆论导向，着力营造良好舆论氛围；在网络防火墙、入侵检测的基础上，修复系统安全漏洞，优化网络安全策略，强化网站系统安全；与国家计算机网络应急技术处理协调中心河北分中心（省通信管理局网络安全处）、河北省信息安全测评中心（省工业和信息化厅）等单位合作，通过人防、技防结合，对网站进行实时监测，确保网站安全平稳运行。

3. 加强网站督导检查，不断提升全省政府网站建设水平。2012 年 9 月，按照国办统一要求和部署，省政府网站管理中心组织对全省省、市、县三级政府及部门网站进行了全面的检查，检查内容主要包括网站访问及各项服务功能是否正常、信息公开是否及时全面等，对发现的问题进行了认真分析整改。从反馈的 339 个政府网站情况来看，网站都能够正常访问，各项服务功能基本完备，大部分网站都建立了政府信息公开专栏并及时更新信息。

经过近几年的发展，省政府网站的建设和管理水平有了一定的提升。沧州、衡水市政府创新工作思路，按照“集约、集成、集群”电子政务建设理念，加强政府网站群建设，发挥了电子政务工作的效益；保定市政府领导高度重视政府网站建设，门户网站进行了改版升级，网站内容、功能、性能有了质的飞跃。根据中央政府门户网站公布的 2012 年中国优秀政府网站推荐及综合影响力评估结果，河北省政府门户网站、秦皇岛市政府门户网站、邯郸武安市政府门户网站分别荣获省级、地市级、区县级政府网站“优秀奖”，邯郸市政府门户网站获“管理创新型政府网站”。

（二）2012 年下半年省政府门户网站内容保障工作情况

1. 信息发布情况

动态信息：2012 年下半年共发布动态信息 114257 条。完成较好的有：张家口市政府、邯郸市政府、沧州市政府、唐山市政府、秦皇岛市政府，省环境保护厅、省国资委、省发展改革委、省工业和信息化厅、省人口计生委、河北经济日报社。

专题专栏供稿：2012 年下半年共有 19 家单位为专题专栏供稿 67299 篇，其中设区市政府供稿 66092 篇，省直单位供稿 1207 篇。供稿情况较好的有：沧州市政府、邯郸市政府、石家庄市政府、秦皇岛市政府，省发展改革委、省交通运输厅、省食品药品监督管理局、省法制办。

2. 政府信息网上公开情况

2012 年下半年通过全省统一的政府信息公开平台，发布政府信息共计 272793 条。网上信息公开工作较好的单位有：沧州市政府、张家口市政府、邯郸市政府、石家庄市政府、邢台市政府、衡水市政府，省科技厅、省住房和城乡建设厅。

3. 互动交流情况

网上咨询回复。2012 年下半年共有 25 家单位收到网上咨询 129 条，按时回复 129 条。回复处理网上咨询较好的单位有：省人力资源和社会保障厅、省人口计生委、省公安厅、省教育厅、省住房和城乡建设厅。

监督投诉处理。2012 年下半年共有 20 家省政府组成部门收到群众监督投诉 496 条，共回复处理 489 条。回复处理监督投诉较好的部门有：省国土资源厅、省司法厅、省民政厅、省住房和城乡建设厅、省教育厅。

排忧解难处理。2012 年下半年各设区市和省直部门共收到排忧解难诉求 321 条，共处理 321 条。处理排忧解难诉求工作较好的单位有：秦皇岛市政府、保定市政府、唐山市政府、邯郸市政府，省公安厅、省人力资源和社会保障厅、省教育厅、省卫生厅。

二、2012 年度政府网站建设和内容保障工作优秀单位

根据 2012 年省政府门户网站内容保障工作情况并结合全省政府系统网站自身建设情况，对以下工作突出单位通报表彰：

石家庄市信息中心

沧州市政府电子政务中心

邯郸市政府办公厅电子政务管理处

省发展改革委办公室

省环境保护厅信息中心

省国资委信息中心

省科技厅办公室

省卫生厅办公室

省民政厅信息中心

省住房和城乡建设厅信息中心

省国土资源厅信息中心

省工业和信息化厅办公室

省人口计生委信息中心

省审计厅

河北省经济信息中心

河北省经济日报社网络信息部

三、2013 年政府网站建设工作任务及要求

目前，省各级政府网站基本上都具备了信息发布、在线服务、互动交流的功能，在提高行政效能、提升政

府公信力等方面发挥了一定作用，但信息更新不及时、内容不够丰富、互动回复敷衍、信息发布重数量轻质量问题仍然存在；网站页面设计、栏目规划、新技术应用、信息安全等也还需要在工作中不断改进、提高和完善。为进一步加强政府网站建设和管理，现就 2013 年政府网站建设和内容保障工作提出以下要求：

（一）要不断提高政府网站的服务功能。各级政府网站要牢牢树立以人为本理念，以方便用户获取信息和服务为出发点，通过专题设计、信息抓取、内容集成等方式，不断整合各级、各部门网站已有信息资源和服务，丰富网站内容，改进网站设计，提升网民浏览体验；各级、各部门要在做好内容保障工作的基础上，围绕政府中心工作，积极在省政府门户网站开设专题专栏，宣传河北，服务公众；针对网民关注较多的教育、医疗、社保、住房、交通、计生等热点，以亲切、热情、主动的态度，认真研究做好咨询回复、政策解读、信息公开等工作。

（二）要切实发挥好政府网站信息公开主渠道作用。各级、各部门政府网站要切实做好政府信息网上公开工作，既要重视信息公开的数量，更要重视内容的质量和效果。特别要深化财政预决算、“三公经费”、保障性住房、食品安全、环境保护、招投标、生产安全、征地拆迁、价格和收费信息等重点领域的信息公开工作。对公众关注的社会热点问题以及网络不实信息和谣言，要主动在政府网站予以回应，发布权威信息，讲清事实真相、有关政策措施以及处理结果等，正确引导舆论。

（三）要认真做好政府网站的日常运维管理工作。各级、各部门要明确专人负责，严格落实责任；每天及时更新信息，严把上网信息质量关，保证发布信息的权威性、准确性、时效性；认真落实安全保密有关规定，上网信息要按程序审核，做到“上网不涉密，涉密不上网”；政府网站要构建安全防护体系，采用防火墙、入侵检测、网站防篡改等手段防止黑客、木马攻击，保障系统安全。针对目前基层政府网站存在的人员管理、技术保障、安全防范、网站功能等方面问题，各设区市政府网站管理部门要加强指导，对缺乏技术保障力量的县（市、区）政府网站，主动协调有关方面提供技术、管理等支持，帮助其做好网站的安全防范、运行维护等工作。省政府网站管理中心将加强督导检查，发现问题及时通知有关部门立即整改，整改不力的部门要给予通报批评。

（四）要加强学习交流提高建网、管网能力。针对政府网站建设和管理中的热点、难点问题，通过座谈会、专题研讨会等形式，集思广益，组织相关部门共同研究，谋划解决问题的措施和思路；适时组织政府网站培训班，聘请有关专家针对网站信息发布、网民关注热点回应、互联网新技术等进行培训，同时各级政府网站工作人员要不断加强学习，提高政治素质和业务能力，促进全省政府网站建设和管理水平不断提高。

河北省人民政府办公厅
二〇一二年十二月三十日

河北省人民政府办公厅关于 2013 年上半年政府门户网站建设及内容保障工作的通报

各设区市人民政府办公室（厅），各县（市、区）人民政府办公室，省政府各部门办公室：

按照省政府门户网站工作安排，省政府办公厅对 2013 年上半年门户网站建设和内容保障情况进行了检查，现将有关情况通报如下：

一、2013 年上半年省政府门户网站建设情况

上半年，全省政府系统门户网站建设和管理工作取得了明显成效。各级政府网站管理机构和运维单位认真贯彻落实省政府网站管理中心的各项工作要求，不断改进工作中存在的薄弱环节和漏洞，切实保障了各级政府网站安全平稳运行，较好地发挥了政府网站在发布政府信息、提供在线服务、与公众互动交流等方面的平台和窗口作用。

2013 年 1 月，中国政府网站（www. gov. cn）公布了 2012 年中国优秀政府网站推荐及综合影响力评估结果，省政府门户网站“中国河北”、秦皇岛市政府网站、河北武安市政府网站荣获“2012 年度政府网站优秀奖”。邯郸市政府网站“中国邯郸”荣获“2012 年度管理创新型政府网站”。

“中国河北网络电视”发布各类视频资源 700 余条，积极宣传报道省中心工作。今年 6 月在宁夏召开的全国 2013 电子政务理事会年鉴工作会议上，“中国河北网络电视”荣获“2012 年政府网站信息公开精品栏目奖”。中国河北门户网站整理发布的《2012 年河北省电子政务发展概况》《创新政府信息发布的方式和渠道》《河北省电子政务大事记》等收入《中国电子政务年鉴（2012）》。

上半年，筹备启动河北省政府门户网站软硬件升级改造建设项目取得实质性进展。按照《河北省发展和改革委员会关于同意河北省政府网站软硬件升级改造建设项目的函》（冀发改函〔2011〕402 号）的要求，委托

编写《河北省政府门户网站软硬件升级项目可行性研究报告》，通过了河北省工程咨询研究院组织的专家论证，并积极协调争取落实项目建设资金，“中国河北”门户网站升级改造工程将于近期正式启动实施。

二、2013 年上半年“中国河北”内容保障工作情况

（一）信息发布情况。信息发布包括动态信息和专题专栏供稿两项内容。上半年共发布动态信息 215871 条。完成较好的有：各设区市政府，省工业和信息化厅、省民政厅、省环境保护厅、省人口计生委、省卫生厅、省审计厅、省国资委、河北经济日报社等。

上半年专题专栏供稿 140343 篇。其中设区市政府供稿 139126 篇，省直单位供稿 1217 篇。供稿情况较好的有：保定市政府、沧州市政府、邯郸市政府、秦皇岛市政府、唐山市政府，省发展改革委、省交通运输厅、省水利厅等。

(二) 政府信息公开情况。上半年省政府信息公开平台运行平稳，较好的承载了全省政府信息公开工作，通过信息公开平台，发布政府公开信息共计 239700 余条。

（三）互动交流情况。上半年政府门户网站互动栏目处理完成率大幅提升，互动质量有了明显提高。具体情况如下：

1. 网上咨询回复。上半年共有 28 家单位收到网上咨询 229 条，其中有 28 家单位回复了 203 条。

2. 排忧解难处理。上半年共收到排忧解难诉求 328 条，其中 11 个设区市政府和 20 个省直部门、单位共处理 325 条。

3. 监督投诉处理。上半年共有 22 家省政府组成部门收到群众监督投诉 700 条，全部处理回复。

三、2013 年下半年政府网站建设和管理工作要求

（一）积极配合省政府门户网站升级改造。中国河北门户网站运行 10 年以来，特别是随着信息技术的迅猛发展和公众信息化能力的不断提升，政府网站系统、内容升级的需求越来越迫切。下半年省政府办公厅将启动实施省政府门户网站升级改造工程，届时将对政府网站内容管理、信息发布、网络电视等政务资源进行整合共享，并对政府网站手机版、外文版及无障碍网站建设进行部署，各级政府办公室（厅），省政府各部门应积极配合做好相关工作，力求通过政府网站实现为公众提供“一站式”服务的工作目标。

（二）进一步加强网站管理，做好内容保障工作。政府网站作为发布政务信息、提供在线服务、与公众互动交流的重要平台和窗口，在打造阳光政府、服务型政府、提高行政效能等方面发挥了重要作用。各级各部门要从加强网站专业队伍和基础设施建设入手，全面加强政府网站建设管理工作。要按照网站内容维护分工和要求，认真做好省政府门户网站内容保障工作，促进政府网站快速、健康发展。

（三）落实工作责任，确保网站安全。各级各部门要明确专人负责，严格落实责任；每天及时更新信息，严把上网信息质量关，保证发布信息的权威性、准确性、时效性；认真落实安全保密有关规定，上网信息要按程序审核，做到“上网不涉密、涉密不上网”；政府网站要构建安全防护体系，采用防火墙、入侵检测、网站防篡改等手段防止黑客、木马攻击，保障系统安全。省政府网站管理中心要充分发挥职能作用，加强督导检查，发现问题及时通知有关单位进行整改，整改不力的单位要给予通报批评。

（四）加强交流和培训。结合省政府网站升级改造进程，计划于今年下半年采取“以会代训”方式组织一期省政府门户网站培训班，届时将根据网站升级需要，同各级各部门分别座谈，梳理政府网站栏目，交流网站建设经验，加大工作指导力度，加强全省政府系统政务资源的整合共享。

（五）筹备部署第二次全省政府系统网站绩效测评工作。按照工作计划，省政府网站管理中心将于今年 7、8 月份着手进行第二次全省政府系统网站绩效测评指标体系修改，9、10 月份下发各设区市、省政府各部门征求意见，11 月底前完成指标体系修订，部署全省政府系统网站第二次绩效测评工作。通过细化工作标准，明确工作职责，完善考核指标体系，使各项工作逐步规范，为 2014 年实施第二次全省政府系统网站绩效测评工作做好准备。

河北省人民政府办公厅
二〇一三年七月八日

河北省人民政府办公厅关于 2013 年政府门户网站建设及内容保障工作的通报

各设区市人民政府办公室（厅），各县（市、区）人民政府办公室，省政府各部门办公室：

根据省政府门户网站工作安排，下半年启动实施了省政府门户网站升级改造项目，同时省政府办公厅对 2013 年门户网站建设和内容保障情况进行了检查，现将有关情况通报如下：

一、2013 年政府门户网站建设及内容保障工作情况

2013 年省政府门户网站在省政府领导的关心和各设区市政府、省政府各部门的大力支持配合下，严格落实各项工作要求，不断改进存在的薄弱环节，保障了网站安全平稳运行，发挥了政府网站在发布政府信息、提供在线服务、与公众互动交流等方面的平台和窗口作用。

2013 年各维护单位都能按照《河北省政府系统门户网站管理规定》的要求，完成“中国河北”门户网站的维护任务，全年共发布各类信息 985463 条，与去年（766344 条）相比增长 28.9%。“中国河北网络电视”发布各类视频资源 900 余条。网站英文版发布稿件 345 篇，共计 13 万 8 千余字，图片 130 余张，部分英文稿件被美国新闻网 All voice、英国新闻聚合网站 Silobreaker、新加坡新闻网站 SoShiok 等海外媒体转载。

今年 11 月在厦门召开的全国 2013 电子政务理事会工作会议上，“中国河北网络电视”荣获“2013 年政府网站信息公开精品栏目奖”。中国河北门户网站整理发布的《2012 年河北省电子政务发展概况》《创新政府信息发布的方式和渠道》《河北省电子政务大事记》等收入《中国电子政务年鉴（2012）》。

2013 年下半年经公开招标，省政府门户网站软硬件升级改造项目正式启动。通过此次升级改造，门户网站将原有网站信息管理系统、信息公开平台系统、网络电视进行整合，重新梳理优化了栏目结构。网站全面升级将进一步整合全省各级各部门政府网站的内容和服务，增强网站服务功能，更好地服务群众。

二、完善中国河北门户网站的内容保障机制

中国河北门户网站以往的保障机制为网站的初期发展提供了有力的保障，信息更新及时，栏目丰富，但是随着信息技术的不断发展，以往保障机制也显露出很多缺点，例如内容保障重数量轻质量、互动交流敷衍塞责等等。通过此次升级改造，省政府网站管理中心将从以下几个方面完善门户网站内容保障机制：

（一）由原来的内容维护单位直接上传数据、发布信息，改为内容维护单位负责上网信息的采集、编辑、录入等工作，省政府网站管理中心审核筛选后发布，确保信息发布质量。

（二）各级各部门围绕河北省政府中心工作，开设突出本地区特色或本单位职能，内容丰富、样式新颖的专题，报送给省政府网站管理中心，经审核后，链接到“中国河北”门户网站专题专栏。

（三）省政府网站管理中心将推出统一的数据对接方案，加强与各单位网站系统对接，实现和各单位网站数据和栏目资源共享，及时调整和更新网上服务事项，推进互动栏目建设，更便捷地为公众服务。

（四）省政府办公厅根据《河北省政府系统门户网站管理规定》继续执行每半年一通报，每年度一总结，两到三年组织一次绩效测评的监督机制。每次检查将对政府门户网站数据进行统计，根据各单位上报信息和专题的采用情况，按照完善后的门户网站信息保障制度对各级各单位进行监督考核。

三、2014 年政府网站建设工作任务及要求

（一）继续推进省政府门户网站升级改造。2014 年省政府办公厅将继续实施省政府门户网站升级改造工程，届时将对政府网站内容管理、信息发布、网络电视等政务资源进行整合共享，并对政府网站手机版、外文版及无障碍网站建设进行部署，各级政府办公室（厅），省政府各部门要积极配合做好相关工作，共同做好门户网站升级改造工程。

（二）切实加强省政府门户网站的信息维护工作。每天及时更新信息，严把上网信息质量关，保证发布信息的权威性、准确性、时效性；认真落实安全保密有关规定，上网信息要按程序审核，做到“上网不涉密，涉密不上网”。各级各部门要完善门户网站维护机制，明确专人负责，严格落实责任，按照要求填写省政府门户网站建设意见调查问卷及省政府网站信息保障单位联系人登记表（见附件），于 2014 年 1 月 20 日前报省政府网站管理中心。

（三）不断提高政府网站的服务水平。2014 年省政府门户网站升级改造过程中，将适时组织政府网站培训班，以方便用户获取信息和服务为出发点，通过专题设计、信息抓取、内容集成等方式，不断整合信息资源和服务，丰富网站内容，改进网站设计，提升网民浏览体验，发布权威信息正确引导舆论。

（四）认真做好第二次全省政府网站绩效评估。2014 年按照下发的政府网站《指标体系》，省政府办公厅将会同有关部门委托专业评估机构对省政府各部门和各设区市政府以及县（市、区）政府的 260 余家网站进行绩效评估。各市、县（市、区）政府及省政府各部门要把此次网站绩效评估作为明年电子政务和政府网站建设的一项重要工作，积极参与，按照《指标体系》要求，认真改进网站建设、管理、运行和维护等工作，促进省政府网站建设全面发展。

河北省人民政府办公厅
二〇一三年十二月三十日

法规·规章·政策文件

地方性法规、政府规章

河北省信息化条例

（2012年9月26日河北省第十一届人民代表大会常务委员会第32次会议通过2012年9月26日河北省第十一届人民代表大会常务委员会公告第60号公布自2013年1月1日起施行）

第一章 总 则

第一条 为了规范信息化管理，加快信息化发展，促进经济发展和社会进步，根据国家有关法律、法规的规定，结合本省实际，制定本条例。

第二条 本省行政区域内的信息化规划与建设、信息产业发展、信息资源开发利用、信息技术推广应用、信息安全保障及相关管理活动，适用本条例。

第三条 信息化发展应当遵循统筹规划、资源共享、需求主导、实用高效、融合创新、保障安全的原则。

第四条 县级以上人民政府应当将信息化发展纳入本行政区域国民经济和社会发展规划，建立信息化工作领导协调机制，制定信息化发展政策和措施。

县级以上人民政府应当根据实际情况加大对信息化建设的投入，引导和支持社会资金投资信息化建设。

乡、镇人民政府和街道办事处应当推进本辖区内的信息化应用。

第五条 县级以上人民政府工业和信息化主管部门负责本行政区域内信息化发展的统筹规划、组织协调、监督管理工作。

县级以上人民政府其他有关部门应当按照各自职责，做好信息化发展的相关工作。

省人民政府工业和信息化主管部门应当统筹推进全省信息化工作，推进信息技术在工业化、城镇化和农业现代化等领域中的广泛应用，协调信息化建设中的重大问题，推动跨行业、跨部门的互联互通和重要信息资源的开发利用、共享，指导和监督全省信息安全保障工作。

第六条 县级以上人民政府应当鼓励和支持信息化研究与创新、信息技术相关人才的培养和引进，加强信息化知识和技能普及，提高全社会信息技术应用水平。

机关、团体、企业事业单位应当加强信息技术的推广和应用，提高管理和服务水平。

鼓励公民、法人或者其他组织依法从事与信息化建设相关的科学研究、生产经营和服务等活动，其权益受法律保护。

社会公众平等享有获取和利用公共信息资源的权利。

第七条 县级以上人民政府或者有关部门应当对在信息化发展中做出突出贡献的单位和个人给予表彰。

第二章 信息化规划与建设

第八条 县级以上人民政府工业和信息化主管部门应当依照本行政区域国民经济和社会发展规划以及上一级信息化发展规划，组织编制本行政区域信息化发展规划，报本级人民政府批准，并报上一级人民政府工业和信息化主管部门备案。

县级以上人民政府其他有关部门应当根据本行政区域信息化发展规划，编制本系统、本部门的信息化发展专项规划，并报本级人民政府工业和信息化主管部门备案。

第九条　编制信息化发展规划和信息化发展专项规划，应当科学预测本行政区域经济和社会发展的实际需要，使信息化建设规模、建设水平与经济和社会发展水平相适应，防止重复建设和资源浪费。

编制信息化发展规划和信息化发展专项规划，应当组织专家论证，广泛征求意见。

第十条　设区的市、县（市）人民政府工业和信息化主管部门应当根据城乡规划和信息化发展规划，会同有关部门编制本行政区域包含电信网、广播电视网、互联网等在内的公共信息基础设施建设规划，报本级人民政府批准后实施。

县级以上人民政府及有关部门应当根据国家有关规定，推进公共信息基础设施的共建共享和互联互通，加快宽带网络建设，促进电信网、广播电视网、互联网三网业务融合。

第十一条　县级以上人民政府工业和信息化主管部门负责组织实施本行政区域内的信息化发展规划，会同有关部门对信息化发展专项规划、公共信息基础设施建设规划实施情况进行监督检查。

经批准的信息化发展规划、信息化发展专项规划和公共信息基础设施建设规划，不得随意变更；确需变更的，应当按照原审批程序报请批准。

第十二条　县级以上人民政府应当安排信息化建设专项资金。专项资金的使用、管理依照有关规定执行。

第十三条　使用财政性资金建设的信息化工程项目，应当按照固定资产投资管理程序执行，由建设单位的同级人民政府工业和信息化主管部门提出初审意见，报同级人民政府发展和改革主管部门审批。

使用财政性资金对信息化工程进行改建、扩建、运行维护的，建设单位在报财政部门审批经费前，应当由同级人民政府工业和信息化主管部门提出初审意见。

使用非财政性资金建设的重大公共基础性信息化工程和信息安全工程，建设单位应当在依法办理相关手续后，向当地人民政府工业和信息化主管部门备案。

第十四条　新建建筑物内的电信网、广播电视网、互联网等信息管线和配线设施以及建设项目用地范围内的信息管道，应当统筹共建共享，并纳入建设项目的设计文件，由建设单位随建设项目同时施工。已建建筑物驻地网的新建、改建、扩建，应当对所有电信、广播电视业务经营者和其他驻地网建设方开放，实行平等接入、公平竞争。

第十五条　信息化建设应当执行国家、行业强制性标准以及本省的信息化建设地方标准和技术规范。

省人民政府质量技术监督主管部门应当会同省人民政府工业和信息化主管部门，制定本省的信息化建设地方标准和技术规范并监督实施。

第十六条　信息化工程项目建设单位应当遵守计算机信息系统集成、信息系统工程监理和竣工验收等有关规定，并接受有关部门的监督管理。

第十七条　承担信息化建设项目的工程设计、施工、集成、监理等业务单位，应当依法取得相应资质，并在其资质等级许可的范围内开展业务。

同一信息化建设项目的施工和监理，不得由相互有隶属关系或者其他利害关系的单位承担。

第十八条　信息化工程项目竣工后，建设单位应当提供专业技术机构的技术验收测试报告，并按照国家和省有关规定进行验收。未经验收或者验收不合格的项目，不得投入使用。

县级以上人民政府工业和信息化主管部门应当对使用财政性资金建设的信息化工程项目竣工验收进行监督。

第十九条　承担信息化工程的业务单位应当对信息化工程质量承担保修责任。保修期自工程竣工验收合格之日起不得少于两年。

第三章　信息产业发展

第二十条　县级以上人民政府应当根据经济和社会发展需要，定期发布信息产业发展导向目录，确定信息产业发展重点领域，引导和促进产业整合，支持信息产业基地建设，促进区域信息产业集群发展。

第二十一条　县级以上人民政府应当发挥财政资金的带动作用，引导社会资金加大对信息产业发展的投入，培育和发展信息技术转让和知识产权交易市场，促进信息技术成果转化。

第二十二条　县级以上人民政府工业和信息化主管部门应当加强对信息技术产品生产、服务企业的监督管理，落实信息产业政策和措施，依法维护公平竞争秩序和消费者的合法权益。

第二十三条　县级以上人民政府及有关部门应当引导和支持通信、广播电视、应用软件、系统集成和网络服务等信息服务业的发展，拓宽服务领域。

第二十四条　县级以上人民政府应当推动信息技术创新，鼓励和支持具有自主知识产权的信息技术研究、开发和应用。鼓励企业、院校、科研机构联合研究、开发、推广信息技术产品和服务，推进创新成果的产业化。

第二十五条　设计、制造电子信息产品，应当采用节约资源、保护环境的材料、技术、工艺，严格控制、限制使用有毒、有害物质或者元素。

第二十六条　符合条件的从事信息技术产品制造、软件开发以及信息服务的单位和个人，按照国家和省有关规定享受税收减免、投资融资、土地使用、人才培养等方面优惠政策。

第四章　信息资源开发利用

第二十七条　县级以上人民政府应当建设和完善本行政区域内的人口、市场主体、地理、住房、税收、统计等基础数据库，促进政务信息资源共享和信息资源的开发利用。

第二十八条　省人民政府工业和信息化主管部门应当会同有关部门，通过电子政务网络建立全省统一的信息交换共享体系，并组织制定信息共享标准规范和管理办法，报省人民政府批准后实施。

县级以上人民政府工业和信息化主管部门应当统筹建立信息交换平台，实现信息资源共享和业务协同。

第二十九条　县级以上人民政府工业和信息化主管部门应当加强对政务信息资源开发的监督和指导，组织制定政务信息资源目录，定期通报政务信息资源的采集、更新、公开、共享等情况，推动建立政务信息资源开发和利用的长效机制。

第三十条　国家机关应当按照政务信息资源目录，在各自职责范围内做好信息资源采集，不得重复采集，多头采集。

国家机关、有关公共企业事业单位应当依法及时发布、更新政务信息，确保信息的真实、准确和安全。按照法律、法规规定属于主动公开范围的政府信息，应当自该政府信息形成或者变更之日起20个工作日内在政府公众信息网予以公开。法律、法规对政府信息公开的期限另有规定的，从其规定。

国家机关、有关公共企业事业单位应当充分利用基础数据库，建设本行业、本部门的业务信息资源库及应用系统。基础数据库和业务信息资源库的建设或者管理单位，应当依托信息交换平台为国家机关无偿提供信息共享服务，并依法为社会提供信息服务。

第三十一条　单位和个人向公民、法人或者其他组织采集信息，应当说明用途，征得被采集人同意，并在用途范围内依法使用所采集的信息。

任何单位和个人不得以非法手段获取他人信息。

第三十二条　向社会提供公共服务的单位以及其他掌握公众信息的单位，应当采取措施，防止个人信息的丢失、泄露、损毁和篡改。

任何单位和个人不得将获取的公民、法人或者其他组织的信息出售或者以其他方式非法提供给他人。

第三十三条　县级以上人民政府应当建立和完善信息资源产品登记备案和监督制度。

鼓励信息资源的公益性开发利用，引导公民、法人或者其他组织开发信息资源，开展公益性信息服务。

第三十四条　信息资源开发利用应当依法保护国家秘密、知识产权、商业秘密和个人隐私。

公民、法人或者其他组织有权要求采集、使用其信息的单位和个人更正、删除与其相关的不实信息。

第五章　信息技术推广应用

第三十五条　县级以上人民政府工业和信息化主管部门应当会同有关部门编制信息技术推广应用指南，明确推广应用的目标和重点领域，组织实施重点推广应用项目。

第三十六条　县级以上人民政府在安排产业发展、农业发展、战略性新兴产业发展、服务业引导、科技、技术改造、民营经济等专项资金时，应当充分考虑信息技术推广应用项目。

第三十七条　县级以上人民政府及有关部门应当完善农村信息基础设施，加强农业农村综合信息服务，推广信息技术在农业生产、农村社会管理、农村文化生活等方面的应用，促进新农村建设和现代农业发展。

第三十八条　县级以上人民政府应当制定促进信息化与工业化深度融合的优惠政策和措施，推行企业信息主管制度，鼓励企业在产品研发、生产经营、节能减排、创新发展中广泛应用信息技术，改造和提升传统产业，提高产品的智能化水平，促进企业技术进步、产品升级和效益提升。

第三十九条　县级以上人民政府工业和信息化主管部门应当培育信息化与工业化深度融合试验区和示范企业，加强信息化与工业化融合水平评估工作。

第四十条　县级以上人民政府及其有关部门应当制定中小企业信息化应用发展指南，建设中小企业信息化公共服务平台，支持和扶持中小企业应用信息技术。

第四十一条　县级以上人民政府应当建立和完善社会信用服务、安全认证、标准规范、在线支付和现代物流等支撑体系，推进电子商务的发展。

第四十二条　县级以上人民政府应当推进公共事业智能卡跨行业和跨地区的一卡多用，提高社会公共服务水平。

县级以上人民政府有关部门和向社会提供公共服务的单位，应当建立健全全面覆盖的社会管理综合信息系统，建设公众诉求信息管理平台，提高社会管理和城市运行信息化水平。

县级以上人民政府应当推进居民自助、互助、无线、远程等信息便民服务设施建设，整合各类资源和业务，加强社区管理和信息综合服务。

第四十三条　县级以上人民政府应当采取措施推进信息交流无障碍建设，为残疾人等社会成员平等参与社会生活提供保障。

第四十四条　县级以上人民政府应当充分利用信息技术，规范网络文化传播秩序，提高文化产品质量，发展先进网络文化。

第四十五条　省人民政府应当逐步完善全省统一的

电子政务网络；县级以上人民政府应当建设统一的电子政务平台。

国家机关应当加强电子政务建设，充分利用电子政务平台推进信息技术在内部办公、社会管理、公共服务和监督检查等方面的应用，提高行政效能和公共服务水平。

第四十六条　县级以上人民政府统计部门应当会同工业和信息化主管部门建立信息化统计指标体系。

县级以上人民政府工业和信息化主管部门应当会同相关部门，开展信息化发展水平评价，定期发布评价报告。

第六章　信息安全保障

第四十七条　县级以上人民政府应当建立信息安全应急处理协调和信息安全保障机制，提高信息安全防御能力和信息安全突发事件处理能力。

县级以上人民政府工业和信息化主管部门应当会同公安、国家安全、保密、密码管理、通信管理等部门，加强信息安全管理，提升信息安全保障水平。

信息网络和信息系统的主管部门和运营、使用单位，应当制定本部门、本单位信息安全保护措施，确定本单位信息网络和信息系统的安全等级，并进行相应的安全系统建设。

第四十八条　信息安全保障系统应当采用依法认证的信息安全产品，并与信息化工程同步规划、同步建设、同步运行，所需经费列入工程预算。

涉及国家秘密的信息网络和信息系统，应当按照国家有关法律法规的规定进行规划、建设和管理。

第四十九条　基础网络和重要信息系统的运营、使用单位，应当按照国家技术规范和标准，委托具有相应资质的检测机构定期进行安全检测和风险评估，并根据评估结果，采取相应等级的安全保护措施。

县级以上人民政府工业和信息化主管部门应当组织有关部门，定期对基础网络和重要信息系统的信息安全进行检查。

基础网络和重要信息系统的具体范围，由省人民政府确定。

第五十条　省人民政府工业和信息化主管部门应当会同密码管理等部门建立和完善网络信任体系，加强身份认证、授权管理和责任认定。

县级以上人民政府工业和信息化主管部门应当会同有关部门依法推广应用电子签名和自主可控的信息安全产品、服务。

第五十一条　县级以上人民政府工业和信息化主管部门应当会同有关部门编制本行政区域网络和信息安全突发事件应急预案，经本级人民政府批准后实施，并报上一级工业和信息化主管部门备案。

基础网络和重要信息系统的主管部门和运营、使用单位，应当制定网络和信息安全突发事件应急处置预案，定期进行演练。发生信息安全突发事件，主管部门和运营、使用单位应当迅速采取措施，防止事态扩大，并按照有关规定及时向相关部门报告。

县级以上人民政府工业和信息化主管部门应当加强对网络和信息安全容灾备份设施建设的指导和协调。

第五十二条　禁止利用信息网络实施下列行为：

（一）危害国家安全、损害国家利益和社会公共利益；

（二）危害信息网络和信息系统安全；

（三）侵犯知识产权、商业秘密、个人隐私以及公民、法人或者其他组织的合法权益；

（四）散布谣言，谎报险情、疫情、警情扰乱公共秩序；

（五）制作、散布淫秽、色情、暴力、恐怖或者教唆犯罪的信息；

（六）法律、行政法规禁止实施的其他行为。

第七章　法律责任

第五十三条　县级以上人民政府工业和信息化主管部门和其他有关部门及其工作人员有下列行为之一的，由有关部门责令限期改正；情节严重的，对直接负责的主管人员和其他直接责任人员依法给予行政处分；构成犯罪的，依法追究刑事责任：

（一）违法变更信息化发展规划、信息化发展专项规划、公共信息基础设施建设规划的；

（二）使用财政性资金建设的信息化工程项目未经初审、审批开工建设的；

（三）将使用财政性资金的信息化工程项目交由不具备相应资质的单位建设的；

（四）使用财政性资金建设的信息化工程项目未经验收合格擅自投入使用的；

（五）其他玩忽职守、滥用职权、徇私舞弊的行为。

第五十四条　违反本条例规定，未取得相应资质从事信息化计算机系统集成和信息系统工程监理业务的，由县级以上人民政府工业和信息化主管部门责令停止违法行为，没收违法所得，并处以违法所得一倍以上三倍以下罚款。

第五十五条　违反本条例第三十条第一款、第三款和第三十一条第一款规定的，由县级以上人民政府工业和信息化主管部门责令限期改正；逾期不改正的，对责任单位给予警告；造成重大损失的，依照有关法律、法规处理。

第五十六条　违反本条例第三十一条第二款、第三十二条第二款规定的，由县级以上人民政府工业和信息化主管部门责令停止违法行为，没收违法所得，并给予警告；情节严重的，对单位处以十万元以上五十万元以下罚款，对个人处以一万元以上五万元以下罚款；构成犯罪的，依法追究刑事责任。

第五十七条　违反本条例第五十二条规定的，由有关部门责令改正；违反治安管理秩序的，由公安机关依照《中华人民共和国治安管理处罚法》予以处罚；构成犯罪的，依法追究刑事责任；给当事人造成损失的，依法承担赔偿责任。

第八章　附　　则

第五十八条　本条例自2013年1月1日起施行。

河北省实施《中华人民共和国政府信息公开条例》办法

第一条　为保证《中华人民共和国政府信息公开条例》（以下简称《条例》）的实施，制定本办法。

第二条　在本省行政区域内，各级人民政府及县级以上人民政府组成部门、直属机构、直属特设机构、办事机构和议事协调机构（以下统称行政机关）的政府信息公开工作，公民、法人或者其他组织获取政府信息，应当遵守本办法。

第三条　各级人民政府统一领导本行政区域的政府信息公开工作。

省人民政府办公厅是全省政府信息公开工作的主管部门，负责推进、指导、协调、监督全省的政府信息公开工作。省监察厅协同负责对政府信息公开工作进行监督检查，省人民政府法制办公室协同负责对省政府部门政府信息公开指南和目录进行合法性审查，省保密局协同负责对政府信息公开保密审查工作进行监督和指导。

市、县（市、区）人民政府办公厅（室）负责推进、指导、协调、监督本行政区域的政府信息公开工作。

实行垂直领导的部门（单位）应当在上级业务主管部门（单位）的领导和所在地人民政府的统一指导、协调下开展政府信息公开工作。实行双重领导的部门（单位）应当在所在地人民政府的领导下开展政府信息公开工作，同时接受上级业务主管部门（单位）的指导。

第四条　行政机关应当建立健全政府信息公开工作制度，确定本机关负责办公室工作的机构为政府信息公开工作机构，承担政府信息公开的日常工作，全面履行《条例》第四条规定的各项职责。

第五条　行政机关制作的政府信息，由制作该信息的行政机关负责公开；行政机关从公民、法人或者其他组织获取的政府信息，由保存该政府信息的行政机关负责公开。

负有政府信息公开义务的行政机关被撤销或者发生变更的，由继续履行其职能的行政机关负责公开。

法律、法规对政府信息公开的权限另有规定的，从其规定。

第六条　向社会主动公开的政府信息事项，由行政机关依照《条例》第九条的规定，并根据各自的职责范围具体确定。对《条例》第十条、第十一条、第十二条规定的重点公开的政府信息应当逐项研究，界定范围，明确公开的具体内容。

第七条　对主动公开的政府信息事项，应当一并公开下列内容：

（一）行政机关的职能、职责和权限；

（二）办理依据、条件、程序和时限；

（三）办事纪律和监督制度；

（四）办理结果和法律救济方式；

（五）为便于公众了解公开的政府信息事项的其他内容。

第八条　行政机关可以通过下列便于公众知晓的方式、载体公开政府信息：

（一）政府公报或者政府公开发行的其他信息专刊；

（二）政府网站；

（三）政府信息咨询热线、行政服务大厅、行政服务中心；

（四）新闻发布会；

（五）国家档案馆、公共图书馆、公共阅览室、电子信息屏幕、信息公告栏；

（六）报刊、广播、电视；

（七）便于公众及时准确获取政府信息的其他方式。

第九条　县级以上人民政府应当在国家档案馆和公共图书馆设置政府信息查阅场所，乡（镇）人民政府应当采取措施，在政府所在地设置政府信息查阅点，配备必要的设施、设备，为当地的公民、法人或者其他组织查阅政府信息提供便利。

第十条　国家档案馆、公共图书馆应当为行政机关公开政府信息提供场所和设施、设备。

行政机关应当自政府信息公开之日起15个工作日内，向国家档案馆、公共图书馆提供主动公开的政府信息。因正当理由不能在规定的期限提供的，经行政机关政府信息公开工作机构负责人批准，可以延长15个工作日。

第十一条　省、设区的市人民政府及其部门应当通过政府信息新闻发布会，定期公布重要政策制度、主要工作部署和重大改革措施，并及时、准确地向社会公开本行政区域发生的突发公共事件、预警信息以及其他需要公众及时知晓的政府信息。

发布农产品质量安全状况、重大传染病疫情、重大动物疫情、重要地理信息数据、统计信息等政府信息，应当按法律、行政法规和国家有关规定确定的权限和程序执行。

第十二条　公民、法人或者其他组织根据自身工作、生产、生活的需要，可以向行政机关申请获取除《条例》规定应当主动公开的政府信息以外的相关政府信息。但不得利用依申请获取的政府信息从事违法活动。

第十三条　行政机关应当切实做好依申请公开政府信息工作，充分利用现有的行政服务大厅、行政服务中心等行政服务场所，或者设立专门的接待窗口，及时、妥善处理政府信息公开申请，为申请人获取政府信息提供便利。

第十四条　行政机关收到政府信息公开申请后，应当及时登记审查。对申请内容或者材料不符合要求的，应当告知申请人在规定期限内更改或者补充；申请人无正当理由逾期不更改或者补充的，视为未申请。

第十五条　行政机关应当根据申请人申请公开政府信息的下列情况，当场或者在规定的期限内分别作出书面答复：

（一）属于主动公开范围的，应当告知申请人获取该政府信息的方式和途径；

（二）以申请公开政府信息的形式向行政机关提出咨询、投诉、申诉或者举报的，应当移交政府信息公开工作主管部门或者信访等有关部门处理，并告知申请人；

（三）不属于《条例》规定的政府信息范围的，应当告知申请人并说明理由；

（四）属于不予公开的政府信息范围的，应当告知申请人并说明理由；

（五）申请公开的政府信息中含有不予公开内容，能够区分处理的，应当向申请人提供可以公开的信息内容；

（六）申请公开的政府信息不属于本行政机关公开范围的，对能够确定该政府信息的公开机关的，应当告知申请人负责该信息公开的义务机关和联系方式；

（七）申请公开的政府信息不存在的，应当告知申请人并说明理由。

第十六条　申请人选择以纸质、电子邮件、光盘或者磁盘等载体，并通过邮寄、递送、传真、网络传输、当面领取等形式获取政府信息的，行政机关应当按照申请人要求的载体和形式予以提供；无法按照申请人要求的载体和形式提供的，可以采用安排申请人查阅相关资料等方式提供。

第十七条　公民、法人或者其他组织申请行政机关向其提供注册登记、税费缴纳、社会保障、医疗卫生等与自身权益有关的政府信息的，应当出示有效身份证件或者证明文件，向行政机关提交书面申请。因特殊情况直接申请有困难的，可以委托代理人申请。代理人应当出示授权委托书、委托人和代理人的有效身份证件或者证明文件。

第十八条　申请公开政府信息的公民确有经济困难，有下列情形之一的，经本人申请、政府信息公开工作机构负责人审核同意，受理申请的行政机关应当免除相关费用：

（一）领取最低生活保障金的；

（二）社会福利机构中由政府供养的；

（三）农村五保户；

（四）因残疾、严重疾病、自然灾害或者其他原因造成经济困难，正在接受国家救济的；

（五）经所在乡（镇）人民政府或者街道办事处证明，实际生活水平低于城乡居民最低生活保障标准的。

第十九条　县级以上人民政府信息公开工作主管部门应当组织、协调有关行政机关建立健全政府信息发布协调机制，形成畅通高效的信息发布沟通渠道。行政机关发布涉及其他行政机关的政府信息，应当与有关行政机关进行沟通、确认。不能形成一致意见的，应当报请本级政府信息公开工作主管部门协调解决。

第二十条　行政机关应当建立健全政府信息发布保密审查机制，并依照《中华人民共和国保守国家秘密法》及其实施办法等相关规定，对拟公开的政府信息进行保密审查。具体审查办法由省政府信息公开工作主管部门另行制定。

第二十一条　行政机关应当把政府信息公开工作纳入年度工作目标考核体系，确定考核标准和责任主体，定期对政府信息公开工作机构、相关业务部门及其工作人员开展政府信息公开工作的情况进行考核，并公开考核结果。

第二十二条　行政机关应当将政府信息公开工作纳入行风评议范围，并采取设置群众批评建议、投诉举报信箱和电话，开展社会评议活动等方式，听取公众对政府信息公开工作的意见，主动接受公民、法人或者其他组织对政府信息公开工作的监督，不断改进和完善政府信息公开工作。

第二十三条　行政机关应当建立健全政府信息公开工作责任追究制度，督促政府信息公开工作机构及其工作人员依法履行职责。政府信息公开工作主管部门应当组织有关部门对同级人民政府所属部门和下一级人民政府的政府信息公开工作进行随机性监督检查，发现失职、渎职或者滥用职权，妨碍政府信息公开工作正常进行，侵犯公民、法人或者其他组织合法权益的行为，依法追究单位负责人和有关工作人员的责任。

第二十四条　行政机关、监察机关和政府信息公开工作主管部门对于公民、法人或者其他组织关于行政机关不履行政府信息公开义务的投诉、举报，应当及时调查处理并答复投诉、举报者。重大投诉、举报事项的处理结果，应当向社会公布。行政复议机关对于公民、法人或者其他组织依法提起的有关行政复议申请，应当依法认真办理。

第二十五条　行政机关违反《条例》和本办法规定，有下列情形之一的，由监察机关或者上一级行政机关责令改正；情节严重的，对其主管负责人和其他直接责任人员依法给予行政处分：

（一）未建立政府信息发布协调机制，造成发布的政府信息内容不一致并造成不良后果的；

（二）发现影响或者可能影响社会稳定、扰乱社会管理秩序的虚假或者不完整信息，不及时发布准确的政府信息予以澄清的；

（三）因重大过失或者故意公开错误政府信息并造成不良后果的。

第二十六条　行政机关及其工作人员违反《条例》和本办法规定，违法收取费用或者有偿提供政府信息的，由县级以上人民政府价格主管部门责令将违法所得退还缴费人；无法退还的，依法没收，上缴国库。

第二十七条　行政机关违反《条例》规定，未征求权利人或者第三方意见，擅自提供涉及商业秘密、个人隐私的政府信息，给权利人或者第三方造成经济损失的，应当依法承担赔偿责任。

第二十八条　各级人民政府应当将政府信息公开工作经费列入财政预算。行政机关应当为政府信息公开工作提供经费、设施、人员等方面的保障。

第二十九条　本办法自 2008 年 7 月 1 日起施行。2005 年 3 月 29 日省人民政府公布的《河北省政府信息公开规定》同时废止。

国家电子政务政策文件

国务院办公厅关于进一步推进全国政府系统办公自动化建设和应用工作的通知

（国办发［2000］36 号）

各省、自治区、直辖市人民政府，国务院各部委、各直属机构：

《国务院办公厅关于建设全国政府系统办公自动化建设和应用的通知》（国办发［1992］25 号）下发以来，经过各地区、各部门的共同努力，以国务院办公厅为枢纽，联接各省、自治区、直辖市人民政府和国务院各部委、各直属机构，以及副省级市的全国政府系统办公自动化网络已基本建成。绝大多数地区、部门建立了机关内部的办公业务网络，有些地区的办公自动化网络延伸到了市（地）、县，有些部门已建成全系统的办公自动化网络。与此同时，各地区、各部门领导和机关工作人员的信息化意识大大增强，办公自动化建设和应用工作快速发展，办公业务领域的计算机应用不断普及，信息资源迅速增长，公文、信息处理的效率进一步提高，一支既懂办公自动化技术又熟悉办公业务的专业队伍已经形成。办公自动化建设和应用已成为各地区、各部门机关一项不可或缺的重要工作。

当前，信息技术和信息产业飞速发展，继续推进全国政府系统办公自动化建议和应用工作，充分利用现代化办公手段，进一步转变工作方式，提高工作效率，已成为一项十分紧迫的任务。各地区、各部门务必高度重视，抓紧抓实。为此，经国务院领导同志同意，现将有关事项通知如下：

一、办公自动化建设和应用工作的原则及目标

办公自动化建设和应用工作要继续遵循以需求为导向，以应用促发展的原则，网络建设、信息资源建设与应用开发并重，相互促进、协调发展。要加快建设和应用工作的步伐，用三至五年的时间，不断完善各地区、各部门的办公业务网和以国务院办公厅为枢纽的全国政府办公业务资源网，逐步建立面向社会的政府公众信息网和门类齐全、内容丰富、更新及时的政府办公业务信息资源数据库，最终建成以“三网一库”为基本结构的全国政府系统办公自动化网络，实现机关办公业务的电子化、自动化和网络化，共享政府办公业务信息资源，使政府行政管理、应急指挥和快速反应的能力进一步提高，高效率、高质量地为国务院和各地区、各部门宏观管理、科学决策服务。

二、办公自动化建设和应用工作的要求

（一）统一规划，相互协调，稳步推进。国务院办公厅根据全国政府办公自动化系统建设和应用情况制定总体规划，并协调、指导规划的实施。各地区、各部门要结合实际，充分发挥主观能动性，制定具体方案并付

诸实施。同时，要继续发挥全国政府系统办公自动化协作网络和技术咨询组的作用，加强交流与合作，稳步推进建设和应用工作。

（二）积极推进信息资源的开发利用和共享。要重视和保护已有的信息资源并加强开发利用。同时，要继续扩充和积累信息资源，保证网络信息资源不断丰富，及时更新。要采取切实可行的措施，充分调动和保护信息资源共享的积极性，逐步建立信息共享机制，更好地为各级领导和政府机关提供信息服务。

（三）加强应用开发和培训工作。要紧密围绕政府办公业务，主动捕捉和发掘需求，加大应用开发力度。积极开发和推广软件，进一步拓宽应用领域，最大限度地满足各级领导和政府机关的应用需求。要加强机关工作人员应用技能的培训，不断提高应用能力，为应用开发工作提供动力。

（四）切实加强管理，确保网络安全。各地区、各部门都要按照总体规划的要求，制定严格的业务规范和统一的技术标准，建立健全各项管理制度，促进系统管理的制度化和规范化。要增强安全意识，提高防范能力，认真做好全国政府系统办公自动化网络的安全保密工作。各地区、各部门的办公业务网和政府公众信息网，必须由本级办公厅（室）负责建设和管理。全国政府办公业务资源网及各地区、各部门的办公业务网必须在物理上与国际互联网完全隔离。在政府公众信息网上发布政务信息，要严格审核把关，确保党和国家秘密信息的安全。

（五）加强建设和应用工作的组织领导。全国政府系统办公自动化建设和应用工作由国务院办公厅统一负责，日常工作由国务院办公厅秘书局承担。各地区、各部门务必进一步加强对本单位办公自动化建设和应用的领导，把这项工作作为办公厅（室）的基本职能并进一步强化，要有专门机构，保证必要的经费，确保系统总体建设目标的实现。

（六）下大力抓好队伍建设，提高技术和管理水平。要抓好技术人员的业务培训和知识更新，不断提高他们的专业技术和管理水平。要关心技术人员的工作和生活，保持队伍的稳定。

中华人民共和国国务院办公厅
二〇〇〇年五月二十三日

中共中央办公厅国务院办公厅关于转发《国家信息化领导小组关于我国电子政务建设指导意见》的通知

（中办发［2002］17号）

各省、自治区、直辖市党委和人民政府，中央和国家机关各部委：

《国家信息化领导小组关于我国电子政务建设指导意见》已经党中央、国务院领导同志同意，现转发给你们，请结合本地区、本部门实际，认真贯彻落实。

中共中央办公厅
国务院办公厅
二〇〇二年八月五日

国家信息化领导小组关于我国电子政务建设指导意见

国家信息化领导小组决定，把电子政务建设作为今后一个时期我国信息化工作的重点，政府先行，带动国民经济和社会发展信息化。落实这一决定，对于应对加入世界贸易组织后的挑战，加快政府职能转变，提高行政质量和效率，增强政府监管和服务能力，促进社会监督，实施信息化带动工业化的发展战略，具有十分重要的意义。

随着改革开放和社会主义现代化建设的进一步推进，我国电子政务建设已经起步。20世纪90年代初以来，国务院有关部门相继建设了一批业务系统，“金关”和“金税”工程取得显著成效，办公自动化、政务信息化也取得较大成绩。但从总体上看，我国电子政务建设仍处于初始阶段，存在一些问题，主要是：网络建设各自为政，重复建设，结构不合理；业务系统水平低，应用和服务领域窄；信息资源开发利用滞后，互联线通不畅，共享程度低；标准不统一，安全存在隐患，法制建设薄弱。对此，我们必须高度重视，采取有力措施加快解决。电子政务建设事关信息化发展的全局，为做好“十五”期间电子政务建设的各项工作，现提出以下意见。

一、电子政务建设的指导思想和原则

“十五”期间，我国电子政务建设的指导思想是：以邓小平理论和“三个代表”重要思想为指导，适应改革开放和现代化建设对政务工作的要求，转变政府职能，提高工作效率和监管的有效性，更好地服务人民群众；以需求为导向，以应用促发展，通过积极推广和应用信息技术，增强政府工作的科学性、协调性和民主性，全面提高依法行政能力，加快建设廉洁、勤政、务实、高效的政府，促进国民经济持续快速发展和社会全面进步。

根据这一指导思想，我国电子政务建设要坚持以下原则：

——统一规划，加强领导。电子政务建设必须按照国家信息化领导小组的统一部署，制定总体规划，避免重复建设。各级党政主要领导同志要亲自抓，防止各自为政。要正确处理中央与地方、部门与部门的关系，明确各自的建设目标和重点，充分发挥各方面的积极性，分类指导，分层推进，分步实施。

——需求主导，突出重点。电子政务建设必须紧密结合政府职能转变和管理体制改革，根据政府业务的需要，结合人民群众的要求，突出重点，稳步推进。要讲求实效，坚持经济效益和社会效益相统一。当前要重点抓好建设统一网络平台、建立标准、健全法制，建设和整合关系国民经济和社会发展全局的业务系统。

——整合资源，拉动产业。电子政务建设必须充分利用已有的网络基础、业务系统和信息资源，加强整合，促进互联互通、信息共享，使有限的资源发挥最大效益。要在符合标准的条件下优先使用国产设备与软件，逐步推进系统建设、运行维护的外包和托管模式，带动我国信息产业发展。

——统一标准，保障安全。加快制定统一的电子政务标准规范，大力推进统一标准的贯彻落实。要正确处理发展与安全的关系，综合平衡成本和效益，一手抓电子政务建设。一手抓网络与信息安全，制定并完善电子政务网络与信息安全保障体系。

二、电子政务建设的主要目标和任务

“十五”期间，我国电子政务建设的主要目标是：标准统一、功能完善、安全可靠的政务信息网络平台发挥支持作用；重点业务系统建设取得显著成效；基础性、战略性政务信息库建设取得重大进展，信息资源共享程度明显提高；初步形成电子政务网络与信息安全保障体系，建立规范的培训制度，与电子政务相关的法规和标准逐步完善。这些工作完成后，中央和地方各级党委、政府部门的管理能力、决策能力、应急处理能力、公共服务得到较大改善和加强，电子政务发展奠定坚实的基础。

“十五”期间，电子政务建设的主要任务是：

（一）建设和整合统一的电子政务网络。为适应业务发展和安全保密的要求，有效遏制重复建设，要加快建设和整合统一的网络平台。电子政务网络由政务内网和政务外网构成，两网之间物理隔离，政务外网与互联网之间逻辑隔离。政务内网主要是副省级以上政务部门的办公网，与副省级以下政务部门的办公网物理隔离。政务外网是政府的业务专网，主要运行政务部门面向社会的专业性服务业务和为需在内网上运行的业务。要统一标准，利用统一，促进各个业务系统的互联互通、资源共享。要用一年左右的时间，基本形成统一的电子政务内外网络平台，在运行中逐步完善。

（二）建设和完善重点业务系统。为了提高决策、监管和服务水平，逐步规范政府业务流程，维护社会稳定，要加快12个重要业务系统建设：继续完善已取得初步成效的办公业务资源系统、金关、金税和金融监管（含金卡）4个工程，促进业务协同、资源整合；启动和加快建设宏观经济管理、金财、金盾、金审、社会保障、金农、金质、金水等8个业务系统。业务系统建设要统一规划，分工负责，分阶段推进。党的工作业务系统建设方案由中共中央办公厅研究提出。

（三）规划和开发重要政务信息资源。为了满足社会对政务信息资源的迫切需求，国家要组织编制政务信息资源建设专项，设计电子政务信息资源目录体系与交换体系；启动人口基础信息库、法人单位基础信息库、自然资源和空间地理基础信息库、宏观经济数据库的建设。

（四）积极推进公共服务。各级政务部门要加快政务信息公开的步伐。在内部业务网络化的基础上，充分发挥部门和地方政府的积极性，推动各级政府开展对企业和公众的服务，逐步增加服务内容、扩大服务范围、提高服务质量。近两年重点建设并整合中央和地方的综合门户网站、促进政务公开、行政审批、社会保障、教育文化、环境保护、“防伪打假”“扫黄打非”等服务。

（五）基本建立电子政务网络与信息安全保障体系。要组织建立我国电子政务网络与信息安全保障体系框架，逐步完善安全管理体制，建立电子政务信任体系，加强关键性安全技术产品的研究和开发，建立应急支援中心和数据灾难备份基础设施。

（六）完善电子政务标准化体系。逐步制定电子政务建设所需的标准和规范。今年要优先制定业务协同、信息共享和网络与信息安全的标准，加快建立健全电子政务标准实施机制。

（七）加强公务员信息化培训和考核。要发挥各级各类教育培训机构的作用，切实有效地开展公务员的电子政务知识与技能培训，制定考核标准和制度。今年要制定公务员信息技术知识与技能的培训标准和培训计划，编制培训教材，落实培训机构。

（八）加快推进电子政务法制建设。适时提出比较成熟的立法建议，推动相关配套法律法规的制定和完善。加快研究和制定电子签章、政府信息公开及网络与信息安全、电子政务项目管理等方面的行政法规和规章。基本形成电子政务建设、运行维护和管理等方面有效的激励约束机制。

三、加快电子政务建设的主要措施

（一）统一认识，加强领导。推进电子政务建设，必须按照国家信息化领导小组的决策，统一部署，稳步推进。电子政务建设协调小组负责研究和协调电子政务建设中的重大问题。国务院信息化工作办公室负责制定总体规划，协调、指导和推进电子政务建设，建立科学的审议和评估机制。

（二）明确分工，各司其职。电子政务建设具体项目要按照国家基本建设项目审批程序审批，做好前期审议、可行性研究、采购招标、监理和验收工作。电子政务网络平台建设，由电子政务建设协调小组负责协调、指导，具体工作由国务院办公厅牵头，组织有关部门研究提出实施方案；业务系统和信息库建设，由各部门按照分工组织实施；为了保证电子政务建设的顺利进行，国务院信息化工作办公室要在近期内，协同或组织有关部门，加快电子政务建设的标准体系和安全规范的制定，明确提出统一的地址、域名、路由、信任和授权体系、项目管理等方面的规范，为各部门和地方的电子政务建设创造基础条件。

（三）稳步推进，严禁重复建设。各部门、各地区要按照本指导意见，统一认识，加强领导，制定规划，积极稳妥地做好电子政务建设工作，特别要加快信息资源开发和业务系统建设；要从实际出发，逐步规范业务流程，增加网上业务，加强公共管理和服务。各地要按照统一要求，加快整合分散的业务系统和信息资源，建成或调整为与中央政务网络标准一致的政务统一网络平台，要充分利用现有资源和现有网络平台条件，严禁重复建设。

（四）利用统一网络平台。各部门已经建设的业务系统和网络，要按照统一规划和标准，抓紧调整，逐步规范和完善，实现原有系统与统一网络平台的互联互通，新建的业务系统，原则上要利用统一的网络平台。

（五）规范试点。国务院信息化工作办公室要根据指导意见组织电子政务建设的试点与示范工作。要明确重点、抓出实效，防止一哄而起、盲目追风。有关部门已经开展的电子政务试点示范工程，要根据指导意见提出的任务和要求，纳入电子政务建设的总体规划。

（六）保证建设和运行资金。电子政务建设所需资金，采取中央政府和地方政府分别负担的方式予以解决。中央电子政务系统的建设资金，从中央预算内基本建设资金安排；中央电子政务系统建成之后的运行经费，由财政部商有关部门在预算中予以安排。地方电子政务系统的建设运行经费，由地方政府负担。对确有困难的地区，国央财政给予一定补助。

（七）创造有利电子政务发展的外部环境。要加快制定电子政务建设技术政策，实施有利于国内信息产业发展的政府采购政策，创造良好的外部环境，促进国内软件和系统集成产业的发展；制定电子政务项目概算标准，保障运行维护和培训经费，特别要合理确定和提高软件费用占项目总投资的比重；研究建立电子政务绩效评估机制。

河北省电子政务政策文件

河北省人民政府办公厅关于加强全省政府系统办公自动化建设和应用工作的通知

各设区市人民政府，各县（市、区）人民政府，省政府各部门：

《国务院办公厅关于进一步推进全国政府系统办公自动化建设和应用工作的通知》（国办发［2000］36号）已翻印发给你们，现结合省实际提出如下意见，请一并贯彻落实。

一、认清形势，增强推进办公自动化建设和应用工作的责任感

近年来，经过省政府和各地区、各部门的共同努力，以省政府办公厅为枢纽的连接11个设区市政府、140个省直联网单位的办公自动化网络已经建成，该网络通过防火墙已与全国政府系统办公自动化网络实现对接。绝大多数设区市政府及多数省直部门建立了本级机关办公业务网络，有些设区市政府已经按省政府办公厅的要求完成了联网到县的工作。政府机关办公业务领域的计算机应用不断普及，公文、信息处理的效率得到提高，一支既懂办公自动化技术又熟悉办公业务的专业队伍已具雏形。办公自动化工作已经具备了进一步加快发展的良好基础。

但是，河北与全国先进省、市相比还有较大差距。除了存在的应用推广滞后、信息资源建设薄弱等方面的共性问题外，突出的是各地区、各部门发展不平衡。一是一些地方的领导同志办公自动化意识淡漠而影响工作的发展；二是资金投入不足，个别经济较发达地区不愿意过多投入，持观望态度，而经济发展落后地区特别是

一些贫困县又缺少必要的资金投入；三是全省办公自动化队伍建设与政府工作要求不适应的矛盾日益突出，特别是市县两级机构建设状况不一，人员素质参差不齐，严重制约着全省办公自动化工作的进一步发展。对此，各级政府、各部门领导同志务必引起高度重视，切实增强加快推进办公自动化建设和应用工作的紧迫感和责任感。

二、办公自动化建设和应用工作的指导原则及目标

省办公自动化建设和应用工作，一要继续遵循国务院办公厅“以需求为导向，以应用促发展”的原则；二要结合省实际，坚持“统一规划，集中指导，协调发展的原则，以集中财力避免重复建设，实现网络建设、信息资源建设与应用开发并重，相互促进，协调发展。

按照国务院办公厅工作部署，要进一步加快网络建设和应用工作的步伐，首先，不断完善各地区、各部门的办公业务网和全省办公业务资源网，逐步建立政府公众信息资源数据库，最终建成以“三网一库”为基本结构的全省政府系统办公自动化网络。其次，重点发展全省视频会议系统和宽带网络环境，使政府行政管理、应急指挥和快速反应能力进一步提高，实现省政府系统及涵盖全省各级机关办公业务的电子化、自动化和网络化，高效率、高质量地为省政府和各地区、各部门宏观管理和科学决策服务。

三、加强办公自动化建设和应用工作的具体措施及要求

（一）加强指导协调，搞好统一规划。全省政府系统办公自动化建设和应用工作，统一在省政府办公厅指导、协调下进行。河北省将根据全国政府办公自动化系统建设总体要求，制定《河北省政府系统办公自动化建设和应用工作“十五”发展规划纲要》，并协调指导规划和实施。各设区市政府、各部门要结合实际，制定具体方案并付诸实施。

（二）切实加强管理，确保网络安全。各设区市政府、各部门都要按照“十五”规划的要求，遵循严格的业务规范和统一的技术标准，建立健全各项管理制度，促进系统管理的制度化和规范化。要增强安全意识，提高防范能力，认真做好全省政府系统办公自动化网络的安全保密工作。各级政府办公业务网和政府公众信息网，必须由本级政府办公厅（室）负责建设和管理；政府公众信息网的建设和管理工作，当前宜面对现实，加快建设，并搞好与信息主管部门的工作衔接，逐步理顺关系。加强管理。全省政府办公业务资源网及各设区市、各部门的办公业务网，必须在物理上与国际互联网完全隔离。

（三）强化行政职能，健全工作机构。全省政府系统办公自动化建设和应用工作在国务院办公厅指导下，由省政府办公厅统一负责。各市、县政府要把办公自动化工作作为本级政府办公厅（室）的基本职能加以强化。在机构改革中，各设区市政府办公厅（室）要建立健全专门的办公自动化工作机构，并配备一定数量的业务技术人员。

（四）积极推动应用开发和信息资源建设。各地区、各部门要紧密围绕本系统办公业务需求，主动加大应用开发力度并同时加强应用人员培训工作。涉及到全省政府系统应用的软件，河北省将根据国务院办公厅的安排统一下发推广。要重视信息资源建设工作，保护已有信息资源，同时按照各级领导同志需求，切实保证信息资源的合理共享。河北省将责成信息主管部门建立信息共享机制，充分调动各级工作人员的积极性。

（五）加强队伍建设，提高工作水平。各级政府、各部门要结合办公自动化工作的需要，在抓紧配备业务工作人员的基础上，建立专业技术和管理人才培养机制，抓好管理、技术人员的思想教育、业务培训和知识更新，不断提高他们的综合素质、管理能力和业务水平。要注重提高技术人员的工作和生活待遇，保持队伍的稳定，努力建设一支技术熟练、业务精通、作风过硬的办公自动化专业队伍。

（六）加大投入力度，保证必要的经费。各级政府、各部门要加大对办公自动化工作的投资力度，保证办公自动化日常经费，并按上级工作规划要求，积极筹措必要的专项建设经费，鉴于各贫困县财力拮据的实际状况，省、市政府应视情况给予一定补助，扶持贫困县加强办公自动化建设。各贫困县要积极多方筹措资金，保证联网任务的完成，为改善投资环境，实现脱贫致富创造条件。

（七）加强组织领导，按时完成省政府各项网络建设任务。当前，各设区市政府必须抓紧完成省政府系统第二代电子邮件联网到县的工作，同时要按要求做好全省网络加密的准备工作。对此，各级政府、各部门领导同志务必给予高度重视，列入议事日程，采取得力措施，切实加强领导，确保全省政府系统办公自动化建设总体目标的实现。

（八）抓好工作试点，积极争先创优。为加快推进全省政府系统办公自动化工作进程，省政府办公厅将选择2—3个设区市作为全省办公自动化建设和应用工作试点市。试点单位要围绕工作重点和应用难点先行一步，探索可行的工作思路和办法。通过试点摸索经验，认真总结推广，使全省办公自动化建设和应用工作少走弯路。同时，要大力开展争先创优活动，建立激励机制。通过表彰先进，鞭策后进，充分调动各级工作人员的积极性和创造性，推动全省办公自动化工作尽快登上新的台阶。

河北省人民政府办公厅

二〇〇〇年八月二日

河北省人民政府办公厅关于成立河北省政府系统信息化建设领导小组的通知

（办字［2001］48 号）

各设区市人民政府，省政府各部门：

根据《全国政府系统信息化建设 2001—2005 年规划纲要》要求，为加快推进全省政府系统信息化建设步伐，加强对政府信息化工作的组织领导，经省政府研究确定，成立河北省政府系统信息化建设领导小组。其成员名单如下：

组长：赵国昌（省政府副秘书长）

副组长：张清华（省政府副秘书长）

成员：刘志金（省发展计划委员会副主任）

王福强（省信息产业厅副厅长）

左绍伟（省财政厅副厅长）

王征国（省科技厅副厅长）

杨景祥（省统计局副局长）

鲁林森（省保密局局长）

河北省政府系统信息化建设领导小组的主要职能是：组织编制全省政府系统信息化建设发展规划；组织实施省级政府系统电子政务工程；组织指导全省政府系统信息化建设工作；组织协调政府信息化建设中出现的问题。

河北省政府系统信息化建设领导小组下设办公室，设在省政府办公厅，由省政府副秘书长张清华同志兼办公室主任，省政府办公厅技术处处长董振国同志任办公室常务副主任。

河北省人民政府办公厅

二〇〇一年四月二十六日

河北省人民政府办公厅关于试行部分非密级公文网上传输的通知

（办字［2002］62 号）

各设区市人民政府，各县（市、区）人民政府，省政府各部门：

非密级公文网上传输是省政府系统政务信息化建设的一项重点应用工程。为保证这项工作的顺利进行，现将有关事项通知如下：

一、试行网上传输的非密级公文包括：省政府和省政府办公厅发至省政府各部门、各设区市政府和县（市、区）政府的非密级正式公文；省政府各部门和各设区市政府向省政府报送的非密级信息类情况报告、简报等。

二、省政府和省政府办公厅下发的电子公文只传输到设区市政府和省政府各部门，不越级传输。下发至县（市、区）政府的电子公文由各设区市政府负责转发。与所属县（市、区）政府全部联网确有困难的设区市，可暂不向未联网的县（市、区）政府转发电子公文。

三、非密级公文通过全省政府系统现有的 X. 25 专网网络传输，不使用加密设备。非密级公文的电子文档以附件形式通过网上传输系统进行传输，附件格式采用“S2”文件格式，“S2”文件的阅读、打印工具使用“文星 2000”软件。

四、各设区市政府的邮件系统由省政府办公厅统一组织升级到 LotisDominoR5. X。省政府各部门的客户端软件由省政府办公厅免费提供，并统一组织安装调试和人员培训。此项工作从 2002 年 8 月初开始，9 月底前完成。

五、2002 年 10 月 1 日至 12 月 31 日为非密级公文网上传输试验阶段。试验期间，将针对电子公文传输过程中出现的问题，对现有系统进行修改和完善。

六、从 2003 年 1 月 1 日起，正式试行部分非密级公文网上传输。试行期间，纸质公文发送方式不变。

七、目前尚未实现与省政府联网的省政府有关部门，应尽快明确专人负责此项工作，并与省政府办公厅技术处联系，务于 2002 年 9 月底之前完成与省政府的联网工作。

八、目前尚未与所属各县（市、区）政府实现联网的设区市政府，要加快联网工作进度，力争在 2002 年底前实现联网。

九、各设区市政府和省政府各部门，要将电子公文的传输处理、整理归档、保管利用等工作纳入机关人员的岗位职责，从制度和管理上确保电子公文完整、真实、有效和安全。

河北省人民政府办公厅

二〇〇二年七月十八日

河北省人民政府办公厅关于印发河北省政府系统电子公文传输管理暂行办法的通知

（办字［2002］87号）

各设区市人民政府，各县（市、区）人民政府，省政府各部门：

现将《河北省政府系统电子公文传输管理暂行办法》印发给你们，请认真贯彻执行。

河北省人民政府办公厅

二〇〇二年十月十七日

河北省政府系统电子公文传输管理暂行办法

第一章　总　　则

第一条　根据《河北省人民政府办公厅关于试行部分非密级公文网上传输的通知》（办字［2002］62号）第九项规定，制定《河北省政府系统电子公文传输管理暂行办法》（以下简称《办法》）。

第二条　电子公文是指省政府和省政府办公厅制发的非密级正式公文形成的电子数据，各设区市政府和省政府各部门向省政府报送的非密级信息类情况报告、简报等形成的电子数据，通过由省政府办公厅统一配置的非密级公文网上传输系统处理后形成的其他具有规范格式的公文的电子数据。

第三条　电子公文传输是指电子公文的生成、发送、接收过程。

第四条　各设区市政府和省政府各部门，要将电子公文的传输处理、整理归档、保管利用等工作纳入机关人员的岗位职责，从制度和管理上确保电子公文完整、真实、有效和安全。

第五条　省政府办公厅负责对全省政府系统电子公文传输工作进行指导和检查。

各设区市政府办公室（厅）负责本级政府和所属县（市、区）政府的电子公文传输工作。

第二章　电子公文的传输和保障

第六条　省政府和省政府办公厅发至省政府各部门、各设区市政府和县（市、区）政府的非密级正式公文在印制纸质公文的同时，由省政府机关文印中心负责相应电子公文的生成和发送过程；其他电子公文的生成和发送工作由省政府各部门和各设区市政府办公室（厅）文电收发管理部门负责。

第七条　电子公文发送后，发送单位应对所发公文的接收情况进行检查，发现问题应及时与省政府办公厅和接收单位联系。

第八条　接收电子公文的单位应当对公文的发送单位、公文的完整性和体例格式进行核对，确认无误后方可接收，如果发现问题应及时与发送单位联系。

第九条　省政府各部门和各设区市政府办公室（厅）要明确部门负责人，并指定1—2名责任心强并具有较好计算机操作技能的人员负责此项工作。严禁无关人员使用用于电子公文传输的计算机。

第十条　为保证网络畅通，省政府各部门和各设区市政府办公室（厅）应每天上、下午至少开机联网一次，使用专线联网的单位应保证在国家法定的工作日期间不间断联网，各设区市政府办公室（厅）用于联网的服务器不得停机。具体负责联网计算机的工作人员可配备必要的通讯设备，并将联系方式报省政府办公厅备案。

第十一条　用于联网的计算机系统出现故障后应及时排除，并报告省政府办公厅。

第三章　安全保密

第十二条　有密级的公文不得传输。

第十三条　电子公文传输系统的用户密码口令应由使用单位定期更换。

第十四条　用于电子公文传输的计算机系统严禁与因特网联接。

第十五条　传输电子公文的计算机系统要配备必要的防病毒软件，经过省政府专网传输的公文要严防受到病毒的感染。

第四章　其　　他

第十六条　电子公文的归档按照国家档案部门的有关规定执行。

第十七条　各设区市政府、省政府各部门在本地区或本系统内开展电子公文传输工作按此《办法》执行。

第十八条　本《办法》由省政府办公厅负责解释。

第十九条　本《办法》自下发之日起试行。

河北省人民政府办公厅关于加快全省政府系统专用宽带网络平台建设的通知

（办字［2003］9号）

各设区市人民政府，省政府各部门：

根据《国务院办公厅关于印发全国政府系统政务信息化建设 2001—2005 年规划纲要的通知》（国办发［2001］25号）和《河北省人民政府办公厅关于印发河北省政府信息化规划建设 2001—2005 年规划纲要的通知》（办字［2001］33号）的要求，现将建设全省政府系统专用宽带网络平台（以下简称全省政府系统网络平台）有关问题通知如下：

一、全省政府系统网络平台分省直横向网和省市垂直网两个部分，并通过核心网环与省委、省人大、省政协网络相联。该网是省电子政务建设的基础网络。全省政府系统网络平台建设工作从今年 2 月中旬正式开始实施，预计 5 月底基本结束，完成联网单位为 141 个省直部门和 11 个设区市政府。各市、各部门要高度重视，加强领导，确保按时完成任务。

全省政府系统网络平台建设工作，由省政府办公厅统一制定网络建设方案并组织实施。该网络通信环境由河北省通信公司负责统一建设。

二、全省政府系统网络平台的建设资金和通信租用费，省财政拨付正常公用经费的单位，由省财政统一支付。其余部门和各市政府自行负责网络建设资金和通信租用费。

三、全省政府系统网络平台内部地址由省政府办公厅负责统一划分。各单位原则上应采用统一划分的网络地址。对于已经建成内部办公网并且与上下部门相联的单位，与全省政府系统网络平台的联接暂时采用地址映射的方式。今后再根据国家电子政务建设的要求，逐步统一地址划分。

四、省政府办公厅会同省有关部门统一负责全省网络的安全保密管理工作。按照国家有关规定根据应用工作的发展，适时组织安全保密的建设工作。

全省政府系统网络平台与国际互联网物理隔离。为保证网络的通畅，各联网单位在办公内网加装各种逻辑隔离设备的同时，要保持与全省政府系统网络平台的透明联接。联网部门可在本单位办公内网上设逻辑隔离区。全省政府系统网络平台原则上不与非政府部门的业务网相联，以保证双方网络的安全。对于本单位业务安全要求较高的部门，应设立单独的局域网或在原有网络中分离部分信息接口与全省政府系统网络平台联接。

五、全省政府系统网络平台建设工作完成后，各单位要先期开通收文办文、会议、信息简报、值班、提案议案、督办、综合材料等工作岗位和有关内设处室与全省政府系统网络平台的联接，以保证下一步应用工作的开展。

省政府办公厅将适时组织电子公文交换、视频会议、公文流转、内部网站等各种应用工作。同时组织一些重点部门在全省政府系统网络平台上的应用工作。各市、各部门要积极筹划本部门业务系统的建设，重点开展一些综合性较强的应用工作。

各设区市人民政府在完成全省政府系统网络平台建设任务的情况下，适时考虑本级政府的网络平台建设，为保证网络的统一管理、网络联接效率和减少基础性投资，原则上依托河北通信公司的通信平台进行网络建设工作。根据《中共中央办公厅、国务院办公厅关于转发〈国家信息化领导小组关于我国电子政务建设指导意见〉的通知》（中办发（2002）17号）精神，电子政务网络平台的具体工作由各级政府办公厅（室）负责。

河北省人民政府办公厅

二〇〇三年二月十九日

中共河北省委办公厅　河北省人民政府办公厅关于转发《河北省信息化领导小组关于我省电子政务建设的指导意见》的通知

（冀办发［2003］17号）

为了贯彻落实《中共中央办公厅、国务院办公厅关于转发〈国家信息化领导小组关于我国电子政务建设指导意见〉的通知》（中办发［2002］17号），加快河北省电子政务建设，进一步推动政府职能转变，提高行政效率和服务能力，优化投资和发展环境，结合河北省实际，提出以下意见：

一、总体思路和目标

省电子政务建设的总体思路和目标是：坚持“统一规划，加强领导；需求主导，突出重点；整合资源，拉动产业；统一标准，保障安全”的原则，以需求为导向，以应用促发展，通过积极推广和应用信息技术，加快政府职能转变和业务流程的重组，建设廉洁、勤政、务实、高效的政府，促进全省经济和社会事业快速、健康发展。到2005年，在充分利用现有网络资源的基础上，初步建成省市县三级电子政务网络平台和安全保障体系；重点业务系统、重要政务信息库建设与利用取得明显成效；信息资源共享程度显著提高，基本形成河北省电子政务体系框架，政府监管和服务能力得到改善和加强。

二、实施重点

（一）统筹规划，整合和建设统一的电子政务网络平台。根据中办发［2002］17号文件精神，电子政务涵盖党委、人大、政府、政协等领域的信息化建设。针对目前存在的网络重复建设，各自为政的问题，为适应业务发展和安全保密的要求，要加快建设和整合全省统一的电子政务网络平台。电子政务网络由政务内网和政务外网构成，两网之间物理隔离，政务外网与因特网之间逻辑隔离。电子政务内网是联接省级机关、省直各部门及各市县对应机关的办公网，主要为领导决策和指挥提供信息支持和技术服务，并承担公文、应急、值班、邮件、会议等办公业务。电子政务外网联接省级机关、省直各部门及各市县对应机关，主要承担党政机关之间非涉密的信息交换和业务互动，以及面向企业和公众的监管和服务业务，并逐步成为各部门开展业务的网络平台。河北省内外网络平台由省统一进行规划，负责组织联接各市和省直部门的网络建设；各市负责组织联接所属各县（市、区）和市直部门的网络建设。2003年初步建成省、市内外网络平台，2004年初步建成省、市、县三级内外网络平台。

（二）突出应用，建设和完善重点业务系统。紧密结合政府职能转变和人民群众的要求，以及加入WTO后面临的新形势，在加快建设和完善局域网的基础上，近期要抓紧建设和完善与国家相对应的十二个业务系统（办公业务资源、金关、金税、金融监管、宏观经济管理、金财、金盾、金审、金保、金农、金质、金水）。此外，还要结合河北省实际，建设公共卫生、工商管理、国土资源等经济社会发展急需和对政府履行公共管理职能起重要作用的业务系统。党委、人大、政协等工作业务系统在全省统一的内外网络平台上运行，具体业务系统方案分别由省委办公厅、省人大办公厅、省政协办公厅等部门提出。

（三）规划和开发一批重要政务信息库，促进信息资源共享。根据国家统一要求，编制河北省政务信息资源建设专项规划，建设电子政务信息资源目录体系与交换体系，建立信息共享机制，对信息资源进行科学的筛选、更新，促进信息资源的收集、分类、开发、交换、整合和共享，满足社会公众对政务信息资源的迫切需要。当前要加快建设和完善自然资源和空间地理基础信息库、人口基础信息库、法人单位基础信息库、宏观经济信息库等基础性、公益性信息库。同时，适应河北省经济社会发展的需要，加快社会保障信息库建设，并逐步开发和整合具有行业特点的其他重要信息库。

（四）建立政府门户网站，积极推进公共服务。整合现有网站和网上资源，建立和完善省及各设区市政府门户网站。各部门的网站要做好与政府门户网站的信息镜像和链接，新建网站要在门户网站上统一设置，规模较小和日常管理困难的部门网站要逐步整合到政府门户网站。各独立网站要按规定履行相关备案手续。要确定门户网站与政府内外网的互动关系，建立信息资源的更新制度，按照职责分工及时更新信息，使政府门户网站逐步成为政府信息服务的枢纽、接受社会监督的窗口和推进政务流程优化的引擎。要根据社会要求，加快推进公共服务，进一步深化政务公开的内容，优化重组业务流程，积极开展网上办公服务项目试点，逐步推行网上申报、咨询、年检、备案、审批和信息发布，提高政府对公众的服务水平和效率。此外，要学习借鉴先进地区的做法，建立政府电话呼叫服务系统，以满足社会弱势群体的需求，提高政府的普遍服务能力。

（五）初步建立网络与信息安全体系，保障电子政务健康发展。电子政务安全体系的建设要与电子政务系统主体工程同步规划、同步建设、同步验收。要尽快研究提出河北省网络与信息安全保障体系框架及实施计划，加快电子政务信任体系建设，规划建立安全可靠的政务数据中心和数据灾难备份设施。要进一步落实和完善电子政务安全管理责任制，在强化公安等部门安全管理职责的同时，各市、各部门要按照“谁主管、谁负责”的原则，加强安全监管，共同构筑全省网络与信息安全保障体系和防范机制。

三、保障措施

（一）提高认识，加强领导。电子政务建设是加快政府职能转变、优化政务流程、提高效率和增强透明度的重要手段，是一项复杂而又艰巨的系统工程，必须坚持强有力的集中统一领导。全省电子政务建设要按照省信息化领导小组的统一部署，协调推进，防止各行其是，避免重复建设。电子政务建设中的重大问题要报请省信息化领导小组研究决定。省信息化办公室负责制定总体规划，协调、指导和推进电子政务建设。各市、各部门要明确职责、健全队伍，积极稳妥地做好电子政务建设工作。

（二）分工负责，协调行动。按照业务应用明确、资源共享、利用统一平台、绩效评估可行和符合行政审批制度改革方向等要求，做好电子政务建设项目的前期工作，按照基本建设项目程序进行审批。电子政务内网平台和“中国河北”门户网站的建设和完善工作由省政府办公厅牵头，组织有关部门研究提出具体的建设和整合方案以及实施进度计划；电子政务外网平台由省政府信息化工作办公室组织有关部门根据河北省外网建设的现状提出升级改造和整合方案以及实施进度计划；内外网平台方案需报请省信息化领导小组审定后实施。业务系统和信息库建设，由各部门按照统一规划和职责分工组织实施。各市、各部门的电子政务建设工作，要按照本指导意见的要求，加强领导，制定规划，科学组织实施。新建的业务系统要充分利用统一的网络平台，避免重复建设；对于已经建设的业务系统和网络要进行有效整合和充分利用，按照统一规划和标准，实现互联互通，逐步过渡到统一的网络平台。各市、各部门已经出台的相关文件和规划，与本指导意见不符的要进行调整，编制或调整后的电子政务建设方案，要报省政府信息化工作办公室备案。在组织编制电子政务规划、制定建设与整合方案等过程中，要充分发挥专家作用，切实提高电子政务建设的科学性。

（三）多渠道筹措资金，加大投入力度。各级财政要加大对电子政务建设的投入，按照规划和建设进度要求列入预算，实行统一管理。省本级的电子政务建设项目年度计划由省政府信息化工作办公室会同有关部门提出，报省信息化领导小组审定；电子政务建设资金在省财政预算内资金和省信息化专项资金中解决，运行经费由省财政厅商有关部门在预算中予以安排。市级电子政务系统的建设资金和运行经费，由各市政府负担。要积极探索推进电子政务建设的市场运作方式，吸引各类社会投资。对适宜企业运行维护的系统，要积极采用托管模式。对适宜市场运作的政府公共服务系统，在政府的规划和监督下，实行企业化管理，由企业负责投资建设和运行维护。

（四）加快标准体系建设，不断完善有关政策和规定。要全面采用国家颁布的有关电子政务建设的标准规范，结合河北省实际，补充制定河北省电子政务建设的部分技术及安全标准与规范。加强对促进电子政务快速健康发展的政策和法规研究，当前要抓紧组织制定《河北省政府信息资源公开管理办法》和《河北省电子政务运行管理办法》。

（五）加强培训，学习和掌握电子政务知识和应用技能。要制定培训计划，加强考核，发挥各类教育培训机构的作用，继续抓好公务员信息技术知识和技能的培训，以适应电子政务建设与应用的需要。要加强电子政务建设管理经验和技术交流，充分发挥各部门、各市信息中心的作用，创造留住人才、用好人才的良好氛围。

河北省人民政府办公厅关于印发《河北省政府系统门户网站管理规定》的通知

（冀政办函［2003］22号）

各设区市人民政府，各县（市、区）人民政府，省政府各部门：

《河北省政府系统门户网站管理规定》已经省政府同意，现印发给你们，请认真贯彻执行。

河北省人民政府办公厅

二〇〇三年九月二十四日

河北省政府系统门户网站管理规定

为加强河北省政府系统门户网站的管理，依据《互联网信息服务管理办法》（国务院令［2000］292号）等有关法规和规章，并根据河北省人民政府办公厅关于《河北省人民政府公众信息网建设和管理实施意见》（办字［2002］80号）的精神，特制定本规定。

第一章　总　　则

第一条　本规定中河北省政府系统门户网站是指以省政府门户网站“中国河北”为中心站点，以河北省县级以上政府及省政府各部门网站为分站点的网站群，是河北省电子政务建设的重要组成部分，是“数字河北”的重点工程之一。

第二条　“中国河北”是依托互联网建设的河北省政府门户网站，为公众提供信息服务，开辟网上办公的窗口；与政务内网物理隔离，与政务外网逻辑隔离。

第三条　“中国河北”的宗旨是“宣传河北，服务社会，沟通民众，高效透明”。

第二章　组织领导

第四条　河北省政府系统信息化建设领导小组是河北省政府系统门户网站建设和管理的领导机构，负责指导、协调“中国河北”网站的建设和管理工作。

第五条　省政府各部门负责本部门分站点的建设和维护以及“中国河北”网站相应栏目的维护；各部门网站建设和维护由“第一责任人”负责，所需资金列入每年的部门预算。

第六条　各设区市政府、各县政府的门户网站由本级政府办公室（厅）牵头组织建设和管理；所需的建设和运行维护资金由本级政府财政列支。

第七条　省政府办公厅和“中国河北”门户网站编辑部具体负责“中国河北”网站的日常维护、运行和管理，以及与各地、各部门分站点的业务联系。

第三章　信息维护

第八条　“中国河北”网站的更新和维护实行分级负责制，各部门按职能分工负责相应栏目的更新维护工作。具体分工见附件。

第九条　各单位对所分工负责的栏目应及时更新，信息的采集、审核和发布由各单位自行负责。

第十条　各单位要建立严格的信息审核把关机制，信息发布的第一责任人对所发栏目内容负全责。

第十一条　信息审核内容包括：（一）应该上网公布的信息是否上网；（二）上网信息有无涉密问题；（三）上网信息是否有不适宜对外发布的内容；（四）上网信息中的统计数字是否准确等。

第十二条　“中国河北”阶段性专题栏目的维护由网站编辑部和省政府相关部门负责。

第四章　网上办事

第十三条　“中国河北”网站是省政府及省政府各部门实施网上办公的总平台。

第十四条　有行政审批职能的单位应在网上公布全部审批事项的办事指南。

第十五条　有行政审批职能的单位要逐步实施网上的行政审批，达到所有行政审批事项的网上预审，推动政务公开。

第十六条　开展网上预审的单位，审批项目的办理由该单位具有此项审批权的相应处室负责，纳入相关处室的日常业务管理。省政府利用外资项目审批中心网上联合办公业务，由省政府开放办负责综合协调、督导和技术保障。省政府有关部门要将网上联合办公日常化和制度化。

第十七条　实施网上预审的项目应在规定的期限内给予答复，逾期视为同意。

第十八条　实施网上办事的单位要开设网上投诉信箱，投诉信箱由各单位办公室负责管理。

第五章　监督考核

第十九条　省政府办公厅负责对各单位网站更新维护情况进行督促检查。

第二十条　每季度由省政府办公厅对照《“中国河北”网站更新责任分工表》检查各单位维护情况，并通报检查结果。

第二十一条　不定期的开展网上评议，由公众评议各单位网上办事、网站更新等情况。

第二十二条　每季度检查评比结果和公众评议结果与年终单位目标考核挂钩，并作为政府系统信息化建设争先创优活动评比的依据之一。

第二十三条　省政府办公厅根据各单位网站建设和更新情况每年给予一定的物质奖励，所需资金从“中国河北”门户网站的维护费中列支。

第六章　安全保密

第二十四条　各地、各部门要遵守《中华人民共和国计算机信息安全保护条例》《中华人民共和国计算机信息网络国际联网管理暂行规定》和国家有关的法律、行政法规的规定，按照“谁主管，谁负责”的原则落实安全保密工作责任制，落实各项安全管理和技术措施。对在门户网站上发布的信息要严格审核把关，做到“上网不涉密，涉密不上网”，确保党和国家秘密的绝对安全。

第二十五条　省政府办公厅负责对“中国河北”门户网站制定严密的安全保密方案，确保网站安全运行。

第二十六条　各地、各部门负责各分站点的安全保密工作，确保网站安全运行。

第二十七条　各分站点负责维护的工作人员不得把后台维护的用户名和密码透露给他人，密码要定期修改。

第二十八条　“中国河北”网站设有电子信箱，电子信箱的分配、维护和撤销，统一由网站编辑部负责。电子信箱只供各站点单位及工作人员个人使用。

第二十九条　“中国河北”各站点应维护本系统用户的隐私权，除非法律、法规另有规定，系统管理人员和信箱管理员不得对外透露用户的任何个人资料，不允许私开用户信箱。

第七章　附　　则

第三十条　对违反本规定发生违法犯罪行为的，依照《中华人民共和国计算机信息安全保护条例》《中华人民共和国计算机信息网络国际联网管理暂行规定》和国家有关的法律、行政法规的规定，予以处置；对信息审核把关不严，造成失、泄密的，按国家保密法律法规的有关规定给予处理。

第三十一条　本规定自发布之日起施行，由省政府办公厅负责解释。

中共河北省委办公厅　河北省人民政府办公厅关于印发《河北省电子政务建设总体规划（2003—2007）》的通知

（冀办发［2003］32号）

各市、县（市、区）委，各市、县（市、区）人民政府，省直各部门，各人民团体：

省政府信息化工作办公室、省信息产业厅组织编制的《河北省电子政务建设总体规划（2003—2007）》，已经省委、省政府同意，现印发给你们，请认真贯彻落实。

中共河北省委办公厅

河北省人民政府办公厅

二〇〇三年十二月二日

河北省电子政务建设总体规划（2003—2007）

为深入贯彻落实党的十六大和省委六届三次全会精神，加快推行电子政务，进一步提高行政效率和服务能力，推动政府职能转变，促进经济和社会快速发展，根据《国家信息化领导小组关于我国电子政务建设指导意见》结合本省实际，制定本规划。

一、现状与需求

（一）基本情况

“九五”以来，省电子政务建设与应用取得了一定成效，在国民经济和社会发展中的作用日益增强，推动了全省信息化建设。到2002年底，全省光缆总长度达13.6万皮长公里，因特网用户口达254万户；11个设区市政府和80%以上的省直部门建设了机关局域网；500多个县级以上政府部门在互联网上建立了网站；省政府办公业务资源网连通了140个省直部门、11个设区市和80%的县（区、市），省委内部办公系统与县级以上党委办公系统网络实现了互联；省政府门户网站“中国河北”已投入试运行；近20个省直部门已经建成和正在建设全省业务系统纵向网络；大部分设区市政府网与市直部门及县（区、市）政府网络实现了互联。金财、金税、金关、地理信息、远程教育、农业信息、政法信息管理等系统建设和应用取得了初步成效。政府各部门办公自动化和网络化程度不断提高，面向公众的网络应用系统不断扩展。邯郸市被列入第一批国家信息化试点城市，电子政务应用系统建设取得明显成效。

（二）存在问题

省电子政务建设虽然取得了一定成效，但是从总体上看尚处于起步阶段，还不适应经济、社会发展的需求，与国家推行电子政务的要求和先进省市电子政务发展水平相比还有较大差距，存在一些亟待解决的问题，突出表现如下：

1. 管理体制不健全。缺乏统一规划和强有力的组织机构、协调机制。资金使用分散，财政投资不能充分发挥效能。

2. 电子政务建设各部门各自为政。系统自成体系，缺乏统一的电子政务网络应用平台，线路利用率低，运行费用高，硬件资源、软件资源和信息资源不能共享，跨部门业务协同几乎空白，网络资源浪费严重。

3. 电子政务建设与全省经济社会发展的结合不够紧密，应用系统建设和信息资源开发明显滞后。重视网络和硬件设施建设，轻视应用系统建设和信息资源开发利用，在硬件购置上投资很大，效能没有得到充分发挥。已建的应用系统覆盖范围小、水平低、实用性差，网上信息资源少且缺乏时效性。

4. 法规和标准滞后。电子政务建设和管理的法规不完善，标准不统一，重大电子政务建设的项目审批、监理验收、绩效评估等行之有效的管理机制尚未形成。

5. 网络与信息安全体系尚未形成，缺乏有效的安全管理机制，存在安全隐患。

6. 机关工作人员信息化意识不强，信息技术知识和应用整体水平不高，培训考核机制有待进一步建立和完善。

（三）需求分析

在发展社会主义市场经济和加快对外开放的新形势

下，政府对社会、经济的监管、服务面临着许多新情况、新问题，任务将更加繁重，加快发展电子政务为政府体制创新和提高行政效率提供了有效的手段。当前我国面临着重要的经济转型期和经济发展战略机遇期，国家信息化领导小组决定把电子政务建设作为今后一个时期我国信息化工作的重点，政府先行，带动国民经济和社会信息化发展，对于应对全球经济一体化带来的机遇和挑战，加快政府职能转变，提高政府经济调节、市场监管、社会管理和服务能力，促进政务公开，实施以信息化带动工业化，工业化促进信息化，走新型工业化道路的发展战略具有十分重要的意义。

河北省作为传统产业大省，内环京津、外环渤海，自然资源、旅游资源和人口资源十分丰富，具有独特的发展优势。省委六届三次全会提出深入实施科教兴冀、两环开放带动、城镇化和可持续性发展战略，全面建设小康社会的目标和任务，对推进信息化和电子政务建设提出了更高要求。电子政务建设作为推动信息化建设、打造“数字河北”的重要环节，要与全省经济社会发展需求相结合，与国家电子政务的发展相适应；要以推进政府管理创新和体制创新为目的，通过运用信息技术，改进政府管理方式和管理手段，优化政府管理业务流程，提高政府的决策能力和办事效率，扩大政府对社会的信息开放，增强服务功能，改善政府形象；要充分发挥电子政务对信息化建设和社会、经济发展的推动作用，通过有效的运行机制，提高社会保障能力、综合管理能力和服务水平，推动河北经济、社会的协调发展和全面进步。

二、指导思想和原则

指导思想：以邓小平理论和“三个代表”重要思想为指导，深入贯彻党的十六大、十六届三中全会和省委六届二次全会精神，紧密围绕河北省全面建设小康社会的奋斗目标和发展战略，以转变政府职能，改进管理方式，提高行政效率，努力建设行为规范、运转协调、公正透明、廉洁高效的行政管理体制为根本目的，整合现有资源，以应用为主导，探索一条起点高、投资少、内容充实、效果明显的电子政务建设新路子，推动全省经济和社会协调发展。

遵循原则：

1. 统一规划、分步实施。全省电子政务建设总体规划由省政府信息化工作办公室提出，经省信息化领导小组审议，省政府常务会议批准。各级、各部门要按照省信息化领导小组的统一部署和全省电子政务建设总体规划，结合实际情况和发展需要，制定实施计划，重点突破，分步实施。

2. 整合资源、突出应用。优化机构和人员配置，充分利用现有的网络和设施，对在用和在建的网络资源、信息资源和业务系统进行全面整合，推进各类应用系统的建设，实现互联互通、资源共享。

3. 多方投资、拉动产业。加大电子政务建设初期的政府财政投资力度。充分发挥市场机制的作用，积极探索电子政务建设的多元化投资机制，调动社会各方面参与投资的积极性；以市场需求为导向，发挥政府的引导、扶持作用，拉动本省电子信息产品制造业、软件业和信息服务业的发展。

4. 防管结合、保障安全。按照“积极预防，综合防范”的方针，坚持防范与管理结合，管理与技术并重，建立有效的安全保障体系和规范的安全管理体系，保障电子政务网络与信息安全。

三、总体目标和总体框架

总体目标：构建全省统一的功能完善、体系健全、安全可靠的电子政务网络和技术支撑平台；政务信息资源得到有效的整合、开发和利用，信息资源共享程度显著提高；优化业务流程，办公自动化加重点业务系统、重要公务信息库建设与应用取得突破性进展；推进业务协同，全面提高公共服务能力和管理水平；发挥示范带动作用，电子政务试点示范工程取得明显成效；规范电子政务管理，完善运行维护服务体系；制定相应的地方性法规、规章和标准，形成全省电子政务建设、运行和管理的良性机制。到2007年底，基本形成满足公共服务、决策支持、行政监督需求的全省电子政务体系，促进全省国民经济和各项社会事业的快速发展。

总体框架：电子政务体系框架是以统一的入口和出口建设公务信息共用的网上交互平台，通过安全认证等技术作保证，在各部门资源共享的基础上实现：多部门网上联合办公、数据交互；支持政府的宏观决策和运行控制，提高科学决策和管理能力；实现网上各类信息资源社会共享，推动社会和经济的发展。

省电子政务总体框架主要包括：整合现有资源，构建统一的网络平台；建设满足各部门之间、省市县之间、政府与公众之间的信息数据资源的开发、交换、共享系统；建设电子政务内部办公自动化需要的支持系统；建设面向企业、公众和社会服务的重点应用系统和门户网站；建设有效的电子政务管理和安全保障体系；依照国家有关法律规章和标准要求，建立完善的法规和标准规范体系。

四、主要任务

根据省电子政务建设的总体目标，本着抓基础、抓重点、抓应用、整合存量、统筹增量的原则，除各设区市、省直各部门根据实际需求规划建设的电子政务应用系统（项目）外，由省政府信息化工作办公室牵头组织，着重实施跨地区、跨部门、跨行业、跨系统的重大基础项目和重点应用系统建设，大力推进与国家相对应的重点业务系统（“金”字工程）和基础信息库建设，充分利用国家重点应用系统的纵向资源，带动各地各部门的电子政务建设，推进全省信息化进程。

全省电子政务建设重点构建1个平台，突出建好12个应用系统（简称“112工程”）。

（一）构建统一的电子政务平台。

按照“内网最小化、内外网物理隔离”的原则及国家有关保密技术标准和要求，充分利用电信、广电和计算机网络基础设施，整合现有网络资源，构建省市县三级网络平台，按照实际业务需求确定网络连接形式、带宽和运行支撑系统。

1. 公务内网

充分利用省委系统现有的内网，整合相关资源，建成党委、人大、政府、政协、军区系统共用的全省公务内网。省直各部门、各设区市原则上不再建设纵向内网，已建成的内网要逐步整合到统一的公务内网平台上。需要接入国家内网的单位和部门，要按照国家统一要求进行实施。公务内网与公务外网、国际互联网实行物理隔离。

全省公务内网用于内部文件、通知、数据及各部门内部办公业务等涉密信息的交换传输，支持督查督办等业务。

2. 公务外网

充分利用省政府现有的网络资源，构建全省公务外网。各设区市公务外网按照统一要求，结合各地现状利用已有资源进行建设。

省市县三级各部门局域网，按照地理位置相近、业务联系相关的原则整合后，以统一的技术规范和要求接入同级公务外网。公务外网与国际互联网实行逻辑隔离。

全省公务外网主要承担全省公务信息交换和业务互动，支持各部门的公共服务和业务办公。

3. 信息交换系统

以电子政务网络平台为中心，建立统一的信息交换标准体系，通过数据交换系统实现与各部门信息数据库互联、异构数据采集和数据共享。根据实际需要，采取虚拟与集中建设相结合的方式，建立公务数据中心，为相关部门、相关系统提供信息交换。按照国家要求建立信息安全和信用保障体系。

（二）建设12个重点应用系统

1. 办公及网上审批系统

建设和完善政务办公自动化系统，实现文件收发、文档管理、公文办理、统计查询、电子邮件、信息采编和发布等功能，并进行政务督查和建议提案督查的登记、信息反馈、查询、统计工作，实现督办查办流程的实时监控。

进一步完善省、市、县三级门户网站，丰富网上信息，逐步增加服务内容，扩大服务范围，提高对社会，企业和公众的服务质量与水平。整合政府职能部门对外业务办理系统，建设跨行业、跨部门的多功能网上审批服务系统，按照“一家受理、转告相关、并联审批、限时完成”的工作模式，实现各部门之间按业务流程实施网上并联审批，积极开展一站式办公服务。该系统包括统一审批平台、信息交换、网上审批业务流转、统一门户网站、文档验证服务、用户授权管理等，对企业、社会和个人提供审批业务流程查询、表格下载、在线填报、多次交互、在线受理等服务功能，重点开展行政审批、网上报税、企业注册与年检、业务咨询、招投标和政府采购等政府职能部门的对外服务业务，并为公众提供广泛的法律、法规咨询、查询服务。

2. 财税和审计监管系统

以省电子政务网络平台为依托，建设省级公共财务管理系统，实现省财政与省直各部门、人民银行国库省级分库、承担支付代理和非税收入代理的商业银行的联网建设，逐步实现财政资金的网上申请、网上支付和电子报表编报等各项业务，实现全省国库资金的统一调度和管理，促进省级国库集中支付改革。

建立和完善预算管理体系，实现对全省预算资金规模、分配和使用情况的管理和监督，与预算编审、国库集中支付、工资发放等系统相衔接，实现预算指标管理和财政拨款的自动化处理。

建设和完善税务征收管理系统，实现开放性的网上报税，纳税人通过互联网可随时申报纳税，完成申报纳税数据的传递，为企业、社会和公众提供方便的申报纳税手段。

建立“预算跟踪十联网核查”审计模式，对财政、税务、地方国有非银行金融机构和企业事业组织的财政、财务信息系统及相关电子数据进行密切跟踪，实行有效的审计监督。

3. 社会保障信息系统

整合现有的社会保险、劳动力市场、低保业务系统，建设标准统一的社会保障业务数据和网络互联、信息资源共享、支持各项劳动和社会保障核心业务应用的社会保障系统，建立规范的业务经办系统、完善的公共服务系统、有效的基金监管系统和科学的宏观决策系统。加强信息资源的管理和开发利用，实现社会保障资金缴纳、记录、核算、支付、监管、个人账户查询以及就业服务、政策咨询事业务的网上操作、传输和信息发布。

4. 宏观经济信息系统

建设和完善包括发展和改革、统计、物价、国资管理和中小企业管理等部门的宏观经济管理信息系统，实现主要业务的网上运行，提高政府对经济的分析预测和宏观管理水平。重点建设全省国民经济和社会发展年度计划、宏观经济形势趋势预测分析、重点建设项目、历史统计信息、统计月报信息、专项普查、物价监测、招投标管理、科技信息服务、国企资产管理及改革、中小企业结构调整及运行态势等一批宏观决策急需的基础性数据库，促进全省宏观经济信息资源的开发和共享，为领导决策和社会公众提供快捷、准确的信息服务。

5. 农业信息发布及服务系统

利用现有的农业信息网络与教育网络资源，加强各类农业资源的开发和综合利用，整合农业及涉农信息资源，建设全省农副产品供求和价格信息实时发布系统。建立健全深入到县乡的农村科技信息服务站，提升覆盖省直农口部门、11个设区市、136个县（市）和40个农产品批发市场的信息网络的服务功能，形成综合信息服务能力。重点做好市场信息服务、政策法规宣传、病虫害测报、实用技术推广和农村科技文化普及等，加快以重要农产品预测和预警为主的市场预警系统、以国际国内农产品市场价格和农产品质量检测检验为核心的市场信息系统、以多媒体培训为核心的农业科技服务系统等农业基础信息应用系统建设，为政府决策、农业生产、农产品交易和农业产业化经营组织提供全面、及时、准确的信息服务。

6. 自然资源和基础地理信息系统

建设以基本系列比例尺数字地图为基础的，基本覆盖全省的多尺度、多分辨率的基础地理信息数据库，运用基础地理信息管理服务技术体系、数据生产体系、网络系统传输体系，实现涵盖水文、矿产、土地、森林、农业、海洋、人口、环保、城市基础设施与规划管理等经济建设部门的基础资源信息库交换和共享机制，为各级、各部门提供空间地理基础信息服务。

7. 社区综合管理服务系统

整合公安、工商、民政、建设、卫生以及人口和计划生育等部门向社会提供普遍服务的公共信息资源，建设跨部门、跨行业的社区综合信息应用系统和社区综合管理系统，实现社会信息资源的充分利用和有效共享，向社区居民提供数字化的社区综合管理服务、社区网上信息服务，推动社区组织、服务、文化、环境、治安、物业管理及社区经济的信息化，简化和优化社区管理业务流程，提高社区综合管理和服务水平。

8. 人口基本信息管理系统

根据国家的统一部署和要求，在现有人口基本信息系统的基础上建设以公民身份证号码为唯一标识的涵盖全省人口的省级人口基本信息管理系统，实现全省人口变动信息网络交换，与有关信息系统互联互通，实现信息共享。动态管理全省人口出生、迁移、教育、就业、劳动保障、保险、储蓄、纳税、计划生育、退休、死亡等，为劳动保障、人事、税务、教育、卫生、计划生育、民政等有关部门提供信息支持，为社会和公众提供相关信息服务。

9. 应急联动信息系统

充分利用现有的110、119、120、122等系统、地理信息系统及相关数据库建设应急联动指挥系统，将社会治安、交通指挥、消防安全、卫生防疫、防汛指挥调度、公用事业等有关部门纳入应急联动体系，建立统一的指挥调度和决策支持系统，实现统一指挥、联合行动，对突发事件和应急事件作出快速联动反应，为广大群众提供相应的紧急救援服务，为社会公共安全提供强有力的保障。

10. 公共卫生信息系统

依托省电子政务网络平台构建覆盖各级卫生行政部门、疾病预防控制中心、卫生监督中心、各级各类医疗卫生机构的高效、快速的信息网络系统，实现各类公共卫生数据库、数据传输、预警预报、医疗救治、指挥调度、信息发布等功能。建立和完善突发公共卫生事件预警和应急指挥系统平台，实现对突发公共卫生事件信息的采集、传输、存储、分析、处理功能，以及对突发事件识别、危机鉴定、应急预案启动、调度指挥和决策功能。

11. 信用信息服务系统

采用全国统一的组织机构代码标准，以工商行政基础登记监管信息为基础，建立和完善工商、税务、海关、商务、外汇、质量技术监督、国有资产等部门共享的企业基础信息交换系统。使企业开户、经营、纳税、进出口等基础信息在主管部门间充分交换，从而构建企业信用系统。

建立以公安、司法、金融、税务、工商、劳动和社会保障、通信、保险等信息交换为基础的，包括个人基本资料、健康状况、社会背景、经济情况、信用记录、公用事业缴费、纳税、犯罪、诉讼等信息的个人信用联合征信系统，推进社会交易、消费及入学贷款、交费、纳税、经营、招考录用、出国出境等各个领域的个人信用体系、社会信用服务体系建设，实现规范化管理。

12. 综合教育信息系统

充分利用省远程教育网络系统，建设和完善卫星传输与地面传输相结合的省、市、县三级交互式远程教育网络，构建以农村教育为重点，服务社会、服务基层、资源共享的远程教育支持服务体系和终身教育体系框架，实现“三个结合”（即远程学习与在校学习相结合、农村教育与农村市场信息和农业科技服务相结合、文化宣传与基层党员教育相结合）。充分利用网络教育资源，建立农村学校教师远程培训系统，提高农村师资队伍整体水平和教学质量。充分发挥现代远程教育覆盖面广、方便快捷等优势，整合党校系统、教育系统、广电系统、农广校系统等远程教育资源，建设集农村党员干部现代远程教育培训、现代农业知识和农村实用技术培训、农民文化生活和精神文明建设于一体的综合教育信息系统，加速推进农村全面建设小康社会的进程。

按照国家“金”字工程建设要求，根据省经济社会发展的实际需求，还将适时启动相应的信息系统建设。

五、实施步骤

电子政务建设要统一部署、规范标准、明确责任、分级负责，有计划、按步骤组织实施。

第一阶段（2003年）：

——进行整合构建省市县三级统一的电子政务平台，规范各部门局域网建设的前期工作；

——正式开通河北省政府门户网站；

——制定全省电子政务建设的实施方案；

——制定省电子政务建设标准及相关规章制度和管理办法；

——完成部分业务系统建设和试点示范项目的前期准备工作。

第二阶段（2004—2005年）：

——整合构建省市县三级统一的电子政务平台，规范各部门局域网建设；

——完成办公及网上审批系统、农业信息发布系统、宏观经济信息系统建设；

——电子政务的综合应用项目和重点应用系统的试点示范工作取得实效，并逐步推广；

——建设全省基础地理信息系统框架数据库，实现数据网上分发服务和宏观决策服务、专业信息应用系统服务，重点完成国土资源规划、土地利用、资源储量、城市基础设施等管理应用系统建设；

——基本建成全省社会保障信息系统、财税和审计监管系统、信用信息服务系统、人口基本信息管理系统、公共卫生信息系统、综合教育信息系统等，并开始推广应用；

——启动建设覆盖各地的应急联动指挥系统，争取进入国家试点；启动建设社区综合管理服务系统；

——国家机关工作人员信息技术培训规范化、制度化，培训率达到80%以上，电子政务应用水平得到普遍提高。

第三阶段（2006—2007年）：

——完成12个应用系统建设，实现信息资源开发、利用和共享，推广应用取得明显成效；

——完善和提高全省电子政务体系基本功能，政务系统在国家机关得到广泛应用；

——建立比较完善的电子政务法规、标准、安全保障体系；通过以上三个阶段的建设，信息技术在重要领域得到普遍应用，建成较为完善的电子政务体系，基本实现电子政务建设总体目标。

六、保障措施

1. 高层协调，有序推进。电子政务是当前和今后一个时期省信息化工作的重点，涉及行政管理体制的创新和部门间的利益调整，组织协调难度很大。各级各部门要切实引起高度重视，树立大局意识、全局观念，做到思想认识到位、工作措施到位、组织保障到位。要按照省信息化领导小组的总体部署，明确责任分工。全省电子政务建设重大问题提交省信息化领导小组研究决定，重要事项报请省信息化领导小组组长或副组长审定，日常工作由省政府信息化工作办公室负责，并抓好已决定的问题、事项和建设系统（项目）的统筹协调和组织实施。各设区市和省直部门要加强信息化组织领导和办事机构建设，建立主要领导负总责，分管领导具体负责的“一把手”推动的工作机制，确保电子政务建设取得实效。

2. 统筹资金，规范管理。省级电子政务建设专项资金，每年由省政府信息化工作办公室根据发展规划提出初步意见，由省政府常务会议研究决定资金预算额度，用于构建全省统一的网络平台和建设重点应用系统。

省直各部门内部信息系统建设投资，由省政府信息化工作办公室会同项目承担单位组织专家论证，在综合考虑全省现有可利用资源的基础上，提出项目建设资金需求。

各级政府信息化工作机构要综合平衡成本效益，统一计划、管理和使用各级财政的电子政务建设资金。鼓励多渠道筹措电子政务建设和运行资金，广泛吸引社会投资，积极推进电子政务建设的市场化运作。

项目建设严格执行国家电子政务工程的相关标准规范和涉密信息网络的要求，认真做好立项、可行性研究、审批、招标、监理、验收和审计工作。各设区市、省直各部门要按照本规划的要求制定或作办公室会同省发改委审核后，再按规定履行项目审批程序。重大电子政务建设项目由省信息化工作办公室组织专家论证后，报省信息化领导小组审定。

3. 建立规章，统一标准。加强电子政务标准化体系建设，研究制定省电子政务的信息公开，信息共事、业务协同等有关标准和地方性法规、规章，制定电子政务建设、运行、维护等管理办法，规范全省电子政务建设和应用。加强网络与信息管理，充分利用现有的机构和设施，构建电子政务网络安全运行的技术支撑体系。建立省、市两级统一的信息管理和政务网络交换中心，横向连接各部门，纵向连接上级和下级网络平台，确保网络业务数据共享。

4. 绩效评估，做好示范。结合行政监督考核，制定切合实际的绩效评估规程、量化标准、激励手段与方法，建立行之有效的电子政务建设绩效评估机制，实现省电子政务建设资金、资源的合理配置，力求以最小的投入产生最大的社会效益和经济效益。

要克服电子政务建设的盲目性，提高电子政务的投资效益和应用效能，有计划地开展电子政务建设的示范试点，总结经验，适时推广，防止一哄而起、盲目追风。要积极争取国家电子政务试点示范项目，取得国家政策、资金、技术等方面的支持。

5. 综合防范，保障安全。坚持管理与技术并重，综合平衡安全成本和风险，优化信息安全资源的配置，建立信息保护和网络信任体系，建设和完善信息安全监控体系，建设完善的网络与信息安全风险评估机制，重点保障基础信息网络和关系国家安全、经济命脉、社会稳定等重要信息系统的安全。

成立河北省网络与信息安全协调小组，在省信息化领导小组领导下开展工作，办事机构设在省政府信息化工作办公室，具体负责电子政务网络与信息安全的协调工作。各有关部门要密切协同配合，共同做好信息安全工作。

6. 强化培训，扩大宣传。加强各级机关工作人员信息化知识普及和操作技能的培训，是电子政务应用能否取得实效的关键所在。

各级政府信息化工作管理部门要会同组织人事等部门，建立和完善电子政务培训制度和考核机制，制定培训计划和考核标准，充分发挥各级教育培训机构的作用，积极培养和引进技术和管理人才，落实培训措施，全面提高国家机关工作人员的政务信息化素质和水平。

加大媒体对电子政务的宣传力度，充分利用广播、电视、报纸、网络等多种形式，普及信息技术和电子政务知识，进一步提高全社会的信息化意识，营造电子政务建设的良好氛围。

各级信息化主管部门依据本《规划》组织制定实施方案，并抓好各项落实工作。

河北省人民政府办公厅关于进一步加强电子政务工作的通知

（冀政办函［2004］9号）

根据《中共中央办公厅、国务院办公厅关于转发国家信息化领导小组关于我国电子政务建设指导意见的通知》（中办发（2002）17号）和《中共河北省委办公厅、河北省人民政府办公厅关于印发〈河北省电子政务建设总体规划（2003—2007）〉的通知》（冀办发（2003）32号，以下简称《规划》）的要求，结合河北省实际，现就进一步加强电子政务工作通知如下：

一、着力解决好电子政务建设面临的问题。近年来，全省按照党中央、国务院和省委、省政府有关办公自动化、政务信息化、电子政务建设的文件精神，围绕国务院办公厅“三网一库”的总体框架，扎实推进全省政府系统电子政务建设，各项工作呈现出蓬勃发展的良好态势。一是政务网络建设初具规模。以省政府办公厅为龙头的全省办公业务资源网基本建成。省委、省人大、省政府、省政协已经实现互联互通。多数联网单位已经建成办公业务网。二是政府公众信息网暨政府门户网站建设取得明显成效。使政府信息公开程度明显加大，网上办事、互动式服务初见成效。三是业务应用系统建设不断深化，一批业务系统正在建设当中。同时也必须清醒地看到，在电子政务建设工作中依然面临许多亟待解决的问题。主要表现在：一是信息化与电子政务概念混淆，致使认识不够一致；二是管理体制不顺，造成多头管理和低水平重复建设严重；三是建设标准不统一，网络难以互联互通，信息资源得不到充分共享；四是重建设轻应用，现有资源利用不充分，浪费较大。上述问题严重制约和阻碍着河北省电子政务工作的发展，必须认真加以解决。各地各部门要认真分析形势，针对存在的问题，加强学习培训，把思想认识统一到中央文件精神上来。要注意研究新情况，认真解决新问题，协调好各方面关系，强调以政务为中心，以电子为手段。要紧密结合本地本部门实际，坚持“以需求为导向，以应用促发展”的原则，充分利用现有资源，积极、主动地开展工作，促进电子政务全面协调发展。

二、理顺电子政务管理体制。电子政务建设作为当前和今后一个时期信息化工作的重点，要求政府先行，带动国民经济和社会信息化。涉及电子政务工作的机构和部门要在省信息化领导小组统一领导下，根据机构编制委员会确定的职能，明确分工，加强协调，切实履行好各自的职责。根据中办发（2002）17号文件关于“电子政务网络平台建设具体工作由国务院办公厅牵头”和国务院办公厅一系列文件要求，各级政府办公室（厅）负责本级政府系统电子政务的建设规划、指导工作和业务人员的技术培训；负责电子政务的安全保密工作；负责本级政府电子政务网络平台和政府门户网站的建设和管理工作。各设区市政府办公室（厅）都要从实际出发，健全电子政务工作机构，赋予明确职能，切实满足电子政务工作的需要。

三、整合网络资源。《中共中央办公厅关于进一步推进全国党委办公厅系统信息化建设的意见》（厅字（2003）1号）明确提出“党务内网是电子政务内网的重要组成部分”。河北省《规划》要求“构建统一的电子政务平台”，把河北省电子政务平台划分为公务内网、公务外网和信息交换系统三部分。河北省公务内网主要由党务内网和政务内网两部分组成。各级政府办公室（厅）在牵头抓好公务外网建设并承担全省公务信息交换的同时，应继续抓好政务内网建设。政务内网应与党务内网实现互联互通，形成全省统一的公务内网平台。《规划》中提出的建设12个全省重点应用系统全部依托统一的电子政务平台进行建设。

各地区、各部门凡内部网符合政务内网联接要求的，要尽快联接。不符合联接要求的，应采取相应措施，抓紧改造接入。要保证本单位领导和与办公业务应用系统相关的内部处（室）与政务内网的联接。

河北省人民政府办公厅

二〇〇四年四月七日

河北省人民政府办公厅关于加强省政府门户网站建设与管理工作的意见

（冀政办［2007］11号）

为认真贯彻落实《国务院办公厅关于进一步做好中央政府门户网站内容保障工作的意见》（国办发［2006］61号）、《国务院办公厅关于加强政府网站建设和管理工作的意见》（国办发［2006］104号）精神，现就加强省政府门户网站“中国河北”建设与管理工作提出如下意见：

一、加强政府网站体系建设

省政府门户网站是省政府在互联网上发布政务信息、提供在线服务、与公众互动交流的重要平台。建设和管理好省政府门户网站对进一步优化发展环境，促进政府自身建设，保障公众知情权、参与权和监督权，构建和谐河北和建设沿海经济社会发展强省有着重要意义。各市、县（市、区）政府、省政府各部门要高度重视本地本部门网站建设，未开通的要抓紧建设，力争2007年内全部建成开通；已开通的要按照统一要求努力提升网站的建设和管理水平。省政府门户网站作为政府网站体系的核心站点，要充分利用现有资源，加强全省性、宏观性、权威性政府信息发布，提供办事服务，开展互动交流。各部门网站要做好本行业重要信息的发布和行业引导，提供在线办事服务和网上咨询。各市、县（市、区）政府网站要及时准确发布政府信息，搭建与公众交流平台，拓宽社情民意表达渠道，为公众和企业提供在线办事服务、公益性便民服务。各级政府和部门网站之间要搞好资源共享，形成上下配合、协同共建和整体联动的网站体系。

二、规范和加强政府信息发布

按照“严格依法、全面真实、及时便民”的政务公开要求，紧紧围绕省委、省政府的中心工作，加大政府信息发布力度。及时更新概况概览、机构设置、主要职能、领导简介等栏目的信息；及时发布政府工作报告、人事任免、国民经济统计数据等重要政府信息；及时报道省政府的重大决策部署、重要会议、重大活动以及省政府新闻办和省政府部门组织的新闻发布会等有关信息。增设“建设沿海经济社会发展强省”“新农村建设”“关注民生”等专题，开设“曹妃甸工业区”“渤海新区”等栏目，集中展示河北省经济社会发展的新成果，反映河北省在推进社会主义新农村建设、解决民生问题等方面的工作举措。

依据《中华人民共和国政府信息公开条例》和《河北省政府信息公开规定》组织编制政府信息公开指南和政府信息公开目录，制定信息分级分类管理办法，建立健全信息采集、编辑、审核、发布、共享等方面的规章制度，明确信息公开内容、责任部门、公开范围及时限。凡应该公开且可以公开的与民众生活密切相关的政府信息均应在政府门户网站及时公开；省政府和省政府各部门制发的可公开的非密级文件一般应在生成后10日内公开。

三、提升网站服务功能

从满足公众日益增长的需求出发，不断提升网站服务功能。更新完善行政审批事项的办事指南和有关表格，公开所有审批事项的责任部门、设立依据、主管处室、审批时限、收费依据、收费标准、所需资料、办公地点及电话、表格等信息，确保网上信息及时有效。依托部门网站和河北省网上审批系统在线平台，在省政府门户网站开展审批事项网上受理和结果查询，为公众提供“一站式”服务，并积极推进行政许可项目在线办理。

积极筹备、适时开通省政府门户网站英文版，多方位介绍河北省政治、经济、文化、旅游等情况，为外籍人士来河北投资置业、旅游观光提供信息服务，省外事、商务等涉外部门要协助做好此项工作。教育、科技、文化、劳动保障、工商、税务、公安、人事等部门要及时在省政府门户网站和部门网站公开与民众生活密切相关的公益性信息（如公务员招录、职称评定、劳动就业等），努力提供各类公益服务。

通过省政府门户网站多渠道提供网络视频服务，开办“央视在线”、“河北视听”“会议直播”栏目，链接中央电视台焦点访谈、新闻联播、中央政府门户网站会议直播。省政府及各部门召开的全省性会议，邀请省领导出席的重要活动，可以对外公开的，要在省政府门户网站直播。

四、积极推进互动交流

按照“总体规划，分步实施，严格审理，确保安全”的原则，加强互动栏目建设。各地、各部门要认真做好省政府门户网站的网上咨询回复和网上投诉处理工作，依托省信访系统和“河北效能网”，完善省政府门户网站“省长信箱”“网上咨询投诉”栏目，形成统一的网上咨询、投诉窗口，倾听民众的呼声。可公开的与民众生活密切相关的政策规章出台前，要在省政府门户网站上公开征求意见，提高科学民主决策水平。围绕政府工作重点和社会热点问题，组织有关部门领导在省政府门户网站开展在线访谈，有关部门要做好访谈方案、访谈提纲、背景材料和解疑释惑工作，正确引导舆论。

五、进一步完善运行管理机制

加强组织领导，成立省政府网站建设协调小组，定期召开省有关部门参加的联席会议，研究、协调省政府门户网站建设管理中的重大问题。协调小组下设办公室，设在省政府办公厅技术处。协调小组办公室每半年对省政府门户网站信息更新、专栏供稿、网上审批事项办理和互动交流情况进行一次检查；每年年底对各设区市政府、省政府各部门年度任务落实情况进行考核，并通报检查和考核结果。通过研讨、培训等形式，加强工作交流，推动工作开展。

各设区市政府、省政府各部门和新闻媒体要按照职能分工做好省政府门户网站相关栏目的维护工作，建立健全信息采编、报送、审核、发布工作机制，明确分管处室和专人具体负责。要保障本单位网站与省政府门户网站的互联互通，通过信息集成、链接、栏目共建等方式确保重要信息同时发布。

河北省人民政府办公厅关于印发河北省政府信息公开系统实施导引（试行）的通知

（办字〔2009〕62号）

各设区市人民政府，各县（市、区）人民政府，省政府各部门：

为进一步加强全省政府信息公开系统建设，逐步形成统一的政府信息公开平台，根据《国务院办公厅秘书局关于印发政府信息公开目录系统实施指引（试行）的通知》（国办秘函〔2009〕6号）精神，结合省政府信息公开工作实际，编制了《河北省政府信息公开系统实施导引（试行）》，现印发给你们，请参照执行。执行中如有修改完善意见，请及时向省政府办公厅反馈。

河北省人民政府办公厅

二〇〇九年四月

河北省政府信息公开系统实施导引（试行）

按照国务院办公厅秘书局《政府信息公开目录系统实施指引（试行）》（国办秘函［2009］6号）有关标准，结合《河北省政府信息公开指南和公开目录编制方案》（办字［2008］7号）有关要求和省政府信息公开平台建设实际，制定本实施导引。

第一部分　政府信息公开系统的构成与功能

一、系统的构成

系统主要由管理子系统、聚合子系统和服务子系统三部分构成。

管理子系统的主要功能包括信息采集、元数据标引、信息审核、信息发布等，提供流程管理、统计管理、用户及权限管理等辅助功能；聚合子系统功能包括元数据管理、类别管理和聚合管理，为信息资源共享、聚合提供支撑；服务子系统主要是通过互联网提供政府公开信息的检索、分类导航、下载打印等服务，使公众能快速、便捷地查阅、获取政府信息。

管理子系统和服务子系统构成单一区域政府信息公开系统，多个信息公开系统通过聚合子系统一起形成统一、完整的政府信息公开平台。

其总体框架如下图所示：

二、管理子系统

管理子系统各个模块功能如下：

（一）信息采集。信息采集的渠道和方式：一是人工录入，通过手工输入方式完成信息采集；二是从本级数据总线通过数据交换采集信息。

（二）核心元数据标引。采取自动或人工方式，抽取并著录拟公开信息的标题、发布日期、文号、发布机构等核心元数据。

（三）信息审核。对拟公开信息的内容和标引结果

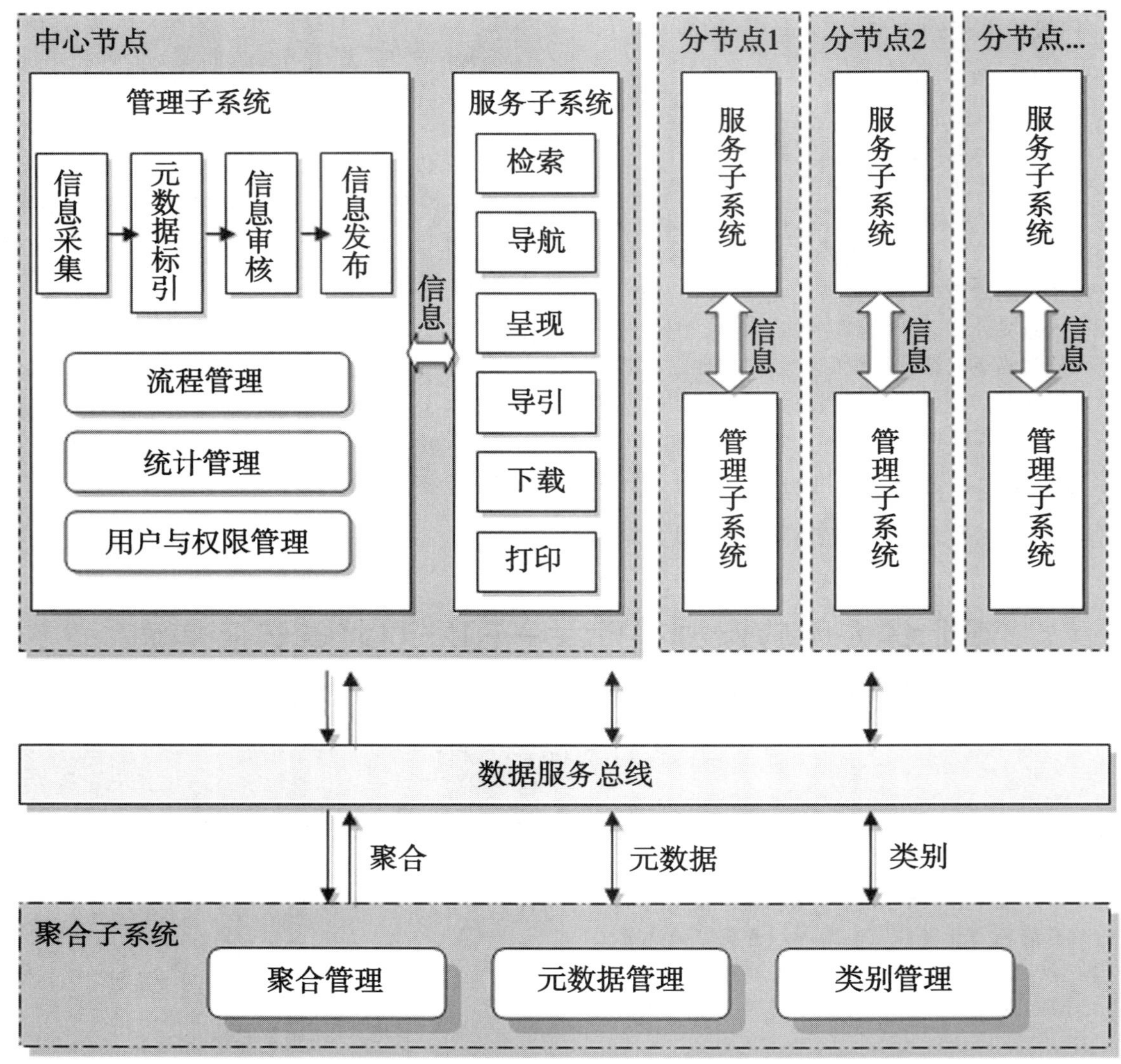

进行审查、修改。

管理子系统应提供审核、签发等流程控制手段。

（四）信息发布。将通过审核的信息传递给服务子系统，发布到互联网供公众浏览。

（五）流程管理。对信息采集、编审、发布过程中的多人协同处理流程进行配置，使之能够满足信息公开流程的具体需求。

（六）统计管理。提供信息发布统计与查询功能，并可生成相应的统计报表。

（七）用户及权限管理。对管理子系统的各类用户及其使用权限进行管理。

三、聚合子系统

聚合子系统包括元数据管理、类别管理及聚合管理，是域间信息聚合的核心模组，可为多个信息公开系统之间信息资源共享提供支撑。

（一）元数据管理。根据具体情况，在符合规范的条件下，对核心元数据项进行设定与调整等；随着公开系统数据量的增加和访问量的增加，聚合子系统范围和功能可以实现智能扩展。

（二）类别管理。根据实际情况设定信息分类方法，调整、扩展信息分类类目。

（三）聚合管理。通过统一规范的数据接口模块，实现不同信息公开系统间内容的聚合，为构建统一的政府信息公开系统提供支撑。

四、服务子系统

服务子系统各个模块功能如下：

（一）检索。一般应提供简单（全文）检索、高级（组合）检索两种方式。简单检索应支持任意词组的查询等；高级检索应支持核心元数据组合查询。

（二）分类导航。对分类目录采取逐级展示的方式供公众浏览。点击任意分类类目时，自动展开所属的下级类目，并列出该类目下所有的信息条目。

（三）信息展现。提供三种信息展现形式，分别为列表形式、简要形式、细览形式。

（四）相关信息导引。一般应包括对以下内容的链接导引：《政府信息公开条例》等相关法律法规和规范性文件、本行政机关的信息公开指南、公开目录简介等。

（五）下载。提供文件下载功能，公众可通过服务子系统将所需文件下载到本地。

（六）打印。提供目录打印、报表打印等功能。

第二部分 政府公开信息核心元数据

核心元数据是描述政府公开信息特征的基本属性的集合，适用于政府信息公开目录的编目、建库、发布和查询。

根据《条例》规定和检索、查阅信息的需要，现规定16个核心元数据，其中7个必选项、3个条件必选项、6个可选项。

一、索引号（Identifier，20位字符串，必选项）

索引号指每条政府公开信息的标识符。索引号主要用于跨地区、跨部门政府信息公开和共享的计算机应用系统中，是每条信息唯一不变的标识，一经生成不因发布机构变更而更改。

索引号采用“前段码/后段码”的格式，形如“000014349/2008-12345”。前段码为信息发布单位的组织机构代码，形如“00001434-9”或者“40000895-X”（在使用中应略去“-”）。组织机构代码由技术监督部门统一编制。后段码为“4位年份数字”加上“5位数字流水号”，中间用“-”链接。

索引号可由计算机按信息发布的日期自动生成。在目录检索结果的显示上，既可以显示索引号的完整字符，也可以只显示后段码。

二、名称（Title，自由文本字符串，必选项）

名称指每条政府公开信息的标题。

在目录检索的条件查询功能中，信息的名称一般作为文字检索的主要查询项使用，应支持模糊查询。

三、内容概述（Description，自由文本字符串，可选项）

系指对每条政府公开信息内容的简要描述，主要是为公众快速浏览、选择信息提供帮助。

内容概述应从原文正文中提取或提炼概括，尽量避免简单重复信息的标题。篇幅最好在200字以内。

在目录检索的条件查询功能中，内容概述一般作为全文检索的查询项使用，应支持模糊查询。

四、正文（Text，自由文本字符串，必选项）

系指每条政府公开信息的内容。应支持全文检索。

五、生成日期（Date，日期型，必选项）

系指政府公开信息形成的时间。其中，对于公文类信息，特指该信息的发文时间。

生成日期按《GB/T7408—2005》执行，格式为CCYY—MM—DD。

在目录检索的条件查询功能中，生成日期一般作为时间检索主要查询项使用。

六、有效期（Validity，复合型，可选项）

有效期包括信息的生效日期（Effect Date）、废止日期（Abolition Date）两个标识，数据格式为CCYY—MM—DD。对于已废止的公文类信息，应及时标注废止时间。

在目录检索的条件查询功能中，生效日期、废止日期一般作为时间检索的可选查询项使用。

七、文号（Document Number，自由文本字符串，条件必选项）

系指政府公开信息的文件编号。对于公文类信息，特指发文文号。文号属于必选项。

在目录检索程序的条件查询功能中，文号可作为文字检索的查询项使用，应支持模糊查询。

八、相关信息（Relation，复合型，多项可选项）

系指与公开的政府信息有直接关联的其他重要信息。

相关信息的数据类型是复合型的，可由多个字段组成。例如指向上级行政机关的已经编入目录的信息，可以填入该信息的名称、索引号；没有编入目录的信息，可以由名称、文号组成等。

采用这一元数据，既可方便公众检索查阅相关政府信息，又可避免将上级行政机关或其他单位的信息内容大量编入本单位的公开目录等情况。

在目录检索的条件查询功能中，相关信息可作为查询项使用，也可作为链接项或显示项使用。

九、发布机构（Publisher，复合型，必选项）

系指政府信息发布单位的名称（含组织机构代码，如属于行政机关内设或所属机构，其代码自行编制）。作为多项必选项，可以包括多个发文机构（联合发文）。

在目录检索的条件查询功能中，机构名称可作为文字检索或枚举检索的查询项使用，应支持模糊查询。

十、关键词（Keywords，复合型，条件必选项）

系指反映政府公开信息内容特点的词语。它包括主题关键词和位置关键词两类，都是文本字串，需要按照限定词表进行标引。每条信息的关键词以3—5个为宜。

主题关键词简称主题词，属于条件必选项（原始信息中如果有主题词属于必选项）；位置关键词是描述地理位置方面的词语，属于可选项。本导引编制了《关键词参考表》（见附件3）。

在目录检索的条件查询功能中，主题关键词和位置关键词可作为文字检索的查询项使用，应支持模糊查询。

十一、信息分类（Category，复合型，必选项）

这里特指政府公开信息所属类别的标识，包括分类类目名称和分类代码，可并列采用多种分类方法。每一条政府信息，在不同的分类方法中至少有一个对应的分类标识。在确定信息分类类目时，应先建立相应的分类类目表。其中，主题分类方法可参考附件2《主题分类类目表》；体裁分类方法可参考附件4《体裁分类类目表》。

在目录检索的条件查询功能中，分类信息（类目名称和分类代码）可作为文字检索项使用，应支持模糊查询。

十二、在线链接地址（Online，字符型，可选项）

系指政府公开信息在网络上的统一资源标识符（URI），应遵循RFC 2396的规定。可以直接采用该信息在目录信息服务子系统生成的访问网址。

在目录检索的条件查询功能中，在线链接地址一般不作为查询项使用，只作为链接项或显示项使用。

十三、信息格式（Format，字符串，可选项）

系指描述政府公开信息的数字化编码格式，如TXT、DOC、PDF、JPG、MP3、MPEG等，应遵循多用途互联网邮件扩充协议（MIME，RFC 2045/ RFC 2046）的规定。对于公文类信息，常用TXT或HTML格式。

在目录检索的条件查询功能中，信息格式可作为查询项使用，也可以作为显示项使用。

十四、语种（Language，字符串，条件必选项）

系指政府公开信息采用的语言。如果采用少数民族语言，该项为必选。语种值域参照GB/T 4880. 1—2005《语种名称代码第2部分：字母代码》执行。

在目录检索的条件查询功能中，语种可作为文字检索的查询项使用。

十五、著录日期（Metadata date，日期型，必选项）

系指政府公开信息的元数据在系统中生成或更新的时间。用于元数据内部管理，不需要向公众公开。

日期型值域参照《GB/T 7408—2005》，格式为CCYY—MM—DD。

在目录检索的条件查询功能中，著录日期一般不作为查询项或显示项使用，只作为管理项使用。

十六、附件（Attachment，字符串，可选项）

指政府公开信息相关的规定格式表格及其他附件。支持上传附件及社会公众下载附件。

第三部分　政府公开信息的分类

一、政府公开信息的分类方法

信息分类是根据信息内容的属性或特征把信息划分为若干类别，并建立起一定的分类体系和排列顺序。

目前，适合于政府公开信息分类的方法主要有四种，即主题分类、机构分类、体裁分类和服务对象分类。主题分类是指依据政府信息的主要内容进行的分类；机构分类是依据政府信息发布单位进行的分类；体裁分类是依据政府公开信息的内容体裁进行的分类；服务对象分类是依据政府信息所服务的不同群体进行的分类。

上述四种分类方法，共同构成政府公开信息的分类体系。主题分类反映政府公开信息在内容方面的属性或特征，体裁分类反映政府公开信息在体裁类型上的不同，机构分类反映行政机关的组织机构与职能特点，服务对象分类反映政府公开信息在受众群体上的不同。其中，主题分类易为公众理解，并且已有成熟经验，是编制政府公开信息目录的基本分类方法；体裁分类在河北省已经进行了实施，在平台展现、易用性和方便导航方面有一定优势，两种分类方法根据实际情况可优先选用。

二、关于主题分类

（一）主题分类类目表的设定。

主题分类需设定适合本行政机关使用的分类类目表。为全面反映政府的职能特点，本导引在国务院办公厅目前使用的一级分类类目基础上，拟定了含一、二级类目的《主题分类类目表》（见附件2）。

（二）主题分类类目的编码。

设定主题分类类目表，需要对各级分类类目进行编码。编码规则如下：

1. 一级类目编码用两位阿拉伯数字表示（01-30）。

2. 二级以下每级类目编码分别增设一个大写英文字母（A-Z），以反映其层级关系。

3. 为便于类目表扩充，类目编码可以不连续。以外，为避免与数字 1、0 混淆，一般不使用字母 I 和 O。

（三）采用主题分类应注意的事项。

根据设定的主题类目，可以在管理子系统中预先配置好主题分类类目表，供人工操作时选择，避免差错。

信息服务子系统首页的目录导航区，将根据一级（或展开到二级）主题表对政府公开信息进行分类导航。

有些政府信息与多个主题类目相关联时，应选择与其核心内容相关的主题进行分类，其他关联主题可设置成“关键词”，以避免将同一条信息重复在多个类目中。例如，“农业普查”的主题类目应是“统计”，而“农业”可设为主题关键词。

第四部分 政府公开信息展现形式

政府公开信息展现形式，即政府公开信息的核心元数据属性或内容逐条格式化列示的方式。按照不同的应用需求，政府信息公开目录在互联网的展现形式可分为列表形式、简要形式、细览形式三种。这三种展示形式都必须显示的核心元数据，包括索引号、名称、内容概述、生成日期、文号。

一、列表形式

逐条列出政府信息的索引号、名称、内容概述、生成日期、文号。点击信息名称时，可跳转进入该信息的细览形式页面。

索引号	名 称	生成日期	文 号	内容概述
1	……			
2	……			
3	……			

二、简要形式

以目录卡片形式列出政府信息的索引号、名称、内容概述、生成日期、关键词等核心数据。每条政府信息对应一张逻辑卡片。简要形式在网站上实现为预览形式，打印生成纸质目录时也采用这种形式。

索引号	
发布机构	信息分类代码
名称	生成日期
文号	
内容概述	关键词
相关信息	
在线链接地址	

索引号赋值：前段码为编制目录的组织机构代码，可以在本机构目录中缺省。如果按年度编制目录，后段码中的年份信息也可以缺省。

信息分类赋值：按“主题分类代码/体裁分类代码/机构分类代码/服务对象分类代码”的次序排列。主题分类只需列出最终一级类目代码，不同分类法的代码中间用“/”分割。

发布机构赋值：联合发文时，以原文上的次序排列发布机构名称。

生成日期赋值：公文类信息以发布日期为准。

关键词赋值：包括主题词、位置关键词。多项并列时，以空格或逗号分隔。

三、细览形式

完整展示每条政府公开信息的全部核心元数据内容。

在格式化显示核心元数据的内容后，细览形式还需要全文显示信息的正文。如果正文篇幅过长，可以分页显示。

以下是细览形式的建议格式：

索引号	信息分类（主题/体裁/机构/服务对象）
发布机构	生成日期/有效期（生效日期-废止日期）
名　　称	
文号	关键词
内容概述	
相关信息	
名　　　称	
正 文 区	
附件：	

简要形式和细览形式注意事项：

——简要形式的核心元数据类目名称可以缺省；细览形式的核心元数据类目名称可以显示出来。

——简要形式中的信息分类可以是分类代码；细览形式中信息分类可以是具体分类代码，也可以直接显示详细的分类类目名称。

附件1：

核心元数据属性对照表

元数据名称	英文名称	英文短名	值域范围	是否必选/多选
索引号	Identifier	identifier	20位字符串	必选项
名称	Title	title	自由文本字符串	必选项
正文	Text	text	自由文本字符串	必选项
内容概述	Description	description	自由文本字符串	可选项
生成日期	Date	date	日期型	必选项
有效期	Validity	validity	复合型	可选项
生效日期	Effect Date	efectdat	日期型	条件必选项
废止日期	Abolition Date	abolidat	日期型	条件必选项
文号	Document Number	docno	自由文本字符串	条件必选项
相关信息	Relation	relation	复合型	多项可选项
相关信息名称	Relation Title	rtitle	自由文本字符串	必选项
相关信息索引	Relation Index	ridxid	自由文本字符串	必选项
发布机构	Publisher	publisher	复合型	必选项
机构名称	Publisher Name	pubname	字符串	必选项
机构分类代码	Publisher Code	pubcode	字符串	可选项
关键词	Keywords	keywords	复合型	条件必选项
主题关键词	Subject Term	subterm	自由文本字符串	多项必选项
位置关键词	Place Keyword	placckey	自由文本字符串	多项可选项
信息分类	Category	category	复合型	必选项

续表

元数据名称	英文名称	英文短名	值域范围	是否必选/多选
主题分类	Subject Category	subcat	复合型	必选项
类目名称	Subject Category Name	scatname	字符串	必选项
类目编码	Subject Category Code	scatcode	字符串	必选项
体裁分类	Theme Category	themecat	复合型	必选项
类目名称	Theme Category Name	tcatname	字符串	必选项
类目编码	Theme Category Code	tcatcode	字符串	必选项
服务对象分类	Customer Category	custcat	复合型	可选项
类目名称	Customer Category Name	ccatname	字符串	必选项
类目编码	Customer Category Code	ccatcode	字符串	必选项
在线链接地址	Online	online	字符串	可选项
信息格式	Format	format	字符串	可选项
语种	Language	language	字符串	条件必选项
著录日期	Metadata Date	mddate	日期型	必选项
附件	Attachment	attachment	字符串	可选项

附件2：

主题分类类目表

本分类表以经济社会管理主题为划分依据，包括一级类目、二级类目两个层次。其中，一级类目22个，二级类目124个。

01、组织机构

02、综合政务

02A 文秘工作

02B 应急管理

02C 政务督查

02D 电子政务

02E 保密工作

02F 信访

02G 参事、文史

02H 机关事务

02J 建议提案

02K 政务信息

02Z 其他

03、国民经济管理、国有资产监管

03A 国民经济发展规划、计划

03B 宏观经济运行

03C 经济体制改革

03D 重大项目建设

03E 国有资产监督管理

03F 统计

03G 物价

03Z 其他

04、财政、金融、审计

04A 财政

04B 税务

04C 银行

04D 货币（含外汇）

04E 证券

04F 保险

04G 信用

04H 审计

04Z 其他

05、国土资源、能源

05A 土地

05B 矿产

05C 水资源

05D 海洋

05E 煤炭

05F 石油与天然气

05G 电力

05Z 其他

06、农业、林业、水利

06A 农业、畜牧业、渔业

06B 林业

06C 水利、水务

06Z 其他
07、工业、交通
07A 机械制造与重工业
07B 轻工纺织
07C 化工
07D 国防工业
07E 航天、航空
07F 信息产业（含电信）
07G 公路
07H 水运
07I 铁路
07J 民航
07K 邮政
07Z 其他
08、商贸、海关、旅游
08A 对外经贸合作
08B 国内贸易（含供销）
08C 海关
08D 检验、检疫
08E 旅游、服务业
08Z 其他
09、市场监管、安全生产监管
09A 工商
09B 质量监督
09C 标准
09D 食品药品监督
09E 安全生产监督
09Z 其他
10、城乡建设、环境保护
10A 建设规划
10B 城乡建设（含住房）
10C 环境监测、保护与治理
10D 节能与资源综合利用
10E 气象、水文、测绘、地震
10Z 其他
11、科技、教育
11A 科技
11B 教育
11C 知识产权
11Z 其他
12、文化、广电、新闻出版
12A 文化
12B 文物
12C 新闻出版
12D 广播、电影、电视
12Z 其他
13、卫生、体育
13A 卫生
13B 医药管理
13C 体育
13Z 其他
14、人口与计划生育、妇女儿童工作
14A 人口
14B 计划生育
14C 妇女
14D 儿童
14Z 其他
15、劳动、人事、监察
15A 劳动就业
15B 社会保障
15C 人事工作
15D 军转安置
15E 监察
15F 纠正行业不正之风
15Z 其他
16、公安、安全、司法
16A 公安
16B 国家安全
16C 司法
16Z 其他
17、民政、扶贫、救灾
17A 减灾救济
17B 优抚安置
17C 社会福利
17D 行政区划与地名
17E 社团管理
17F 扶贫
17Z 其他
18、民族、宗教
18A 民族事务
18B 宗教事务
18Z 其他
19、对外事务
19A 外交、外事
19B 国际条约、国际组织
19Z 其他
20、港澳台侨工作
20A 港澳工作
20B 对台工作
20C 侨务工作
20Z 其他
21、国防
21A 国防建设
21B 国防动员
21Z 其他

附件3:

关键词参考表

一、主题关键词

（一）组织机构

（二）综合政务

国旗 国徽 机要 印章 文秘工作 机关 信访 督察 调查 视察 考察 保密 公文 档案 会议 文件 秘书 电报 提案 议案 讲话 总结 批示 汇报 报告 请示 批复 函 会议纪要 建议 意见 文章 题词 章程 条例 规定 办法 细则 方案 公告 布告 通告 通报 通知 决议 命令 决定 指示 行政事务 行政工作制度 制度 纪念活动 庆典活动 休假 节假日 着装 参观 接待 措施 馈赠 服务 审批 参事 文史馆员 政府信息 信息 公开 政府采购 政府网站 门户网站 电子政务 应急预案 应急管理 企业应急

（三）国民经济管理、国有资产监管

规划 计划 统计 指标 分配 统配 调拨 调整 调控 控制 流通 经济管理 管理 经济 物价 价格 结构 所有制 股份制 责任制 产业 行业 产权 改革 改造 竞争 兼并 开放 开发 协作 资产 资料 生产资料 投资 招标 经营 生产 转产 增产 效益 节约 浪费 破产 亏损 项目 产品 承包 租赁 包干 国有 国营 私营 集体 个体 企业 公司 集团 合作社 第三产业 普查 监督 特区 开发区 保税区 展销 展览 西部开发

（四）财政、金融、审计

财政 预算 决算 核算 收支 财务 会计 税务 税率 审计 债务 债权 积累 经费 集资 收费 折旧费 附加费 运费 资金 准备金 流动资金 现金 资本金 基金 租金 利润 补贴 固定资产 金融 银行 货币 黄金 白银 拨款 存款 贷款 信贷 贴现 通货膨胀 交易 期货 利率 利息 贴息 外汇 外币 汇率 债券 证券 股票 彩票 信托 保险 赔偿 留成 储蓄 侨汇 折旧率 税收 上市公司 信用体系 信用 债转股

（五）国土资源、能源

国土 资源 土地 能耗 地矿 沿海 海洋 石油 煤炭 电力 燃料 天然气 煤气 沼气 风能

（六）农业、林业、水利

农业 农村 农民 农民负担 农场 农垦 粮食 棉花 油料 生猪 蔬菜 糖料 烟草 水产 渔业 水果 多种经营 经济作物 农副产品 副业 畜牧业 牧业 奶业 农膜种子 化肥 有机肥 农药 饲料 林业 退耕还林 绿化 木材 森林 草原 防沙治沙 水利 河流 湖泊 滩涂 湿地 水库 水域 流域 水务 水土保持 节水 防汛 抗旱 三峡 南水北调 植物 动物 生物 烟酒 兽医 禽流感

（七）工业、交通

工业 集体企业 乡镇企业 厂矿 钢铁 机械 电子 电器 仪器 仪表 化工 轻工 手工业 纺织 服装 丝绸 航天 航空 核工 船舶 兵器 军工 冶金 有色金属 民品 三线 盐业 食品 印刷 包装 设备 原料 材料 加工 汽车 空运 水运 海运 交通 铁路 公路 桥梁 民航 机场 航线 航道 海事 空中管制 飞机 港口 码头 口岸 车站 车辆 运输 旅客 通讯 网络 机电 邮电 通信 电信 邮政 数据

（八）商贸、海关、旅游

商业 商品 物资 收购 定购 购置 市场 集贸 酒类 副食品 日用品 销售 消费 批发 供应 零售 拍卖 专卖 订货 营业 仓库 储备 储运 货物 物流 外贸 对外援助 军贸 进口 出口 引进 海关 关衔 缉私 仲裁 高检 外商 外资 合资 合作 关贸 经贸 贸易 许可证 驻外企业 外向型 垄断 票证 外经 交易会 旅游 合同 服务业 饮食业 宾馆 出口退税 出口加工区 加工区 保税 电子商务

（九）市场监管、安全生产监管

质量 标准 计量 专利 工商 商标 注册 广告 法人 食品 食品安全 食品药品 药品监管 药品市场 传销 市场秩序 整顿 安全生产 事故 食品药品专项整治 食品药品放心工程 非法集资 危险化学品

（十）城乡建设、环境保护

城乡建设 城市 城乡 乡镇 基建 建设 建筑 建材 勘察 测绘 设计 市政 公用事业 监理 征地 工程 房地产 房屋 住宅 装修 设施 出让 转让 风景名胜 园林 岛屿 气象 气候 预报 气候变化 预测 地震 环保 环卫 保护区 污染 生态 节能减排 楼堂馆所

（十一）科技、教育

科技 科学 技术 科普 科研 鉴定 发明 实验 情报 计算机 自动化 信息 卫星 教育 义务教育 学校 教师 师范 招生 学生 培训 毕业 学位 留学 教材 校办企业 馆所 院校 校舍 地方志 软科学 社科 生物产业 知识产权

（十二）文化、广电、新闻出版

文化 文字 文史 文学 语言 艺术 古籍 图书 宣传 广播 电视 电影 出版 版权 报刊 新闻 音像 文物 古迹 纪念物 电子出版物 历史文化名城

（十三）卫生、体育

卫生 医院 中医 医疗 医药 药材 防疫 检验 检疫 疾病 保健 医保 地方病 精神疾病 血液 精神卫生 体育 运动员 教练员 运动会 比赛 兴奋剂 体质

（十四）人口与计划生育、妇女儿童工作

妇女 儿童 计划生育 妇幼

（十五）劳动、人事、监察

劳动 就业 再就业 失业 社会保障 招聘 招工 合同制 工人 保护 劳务 第二职业 人事 行政人员 干部 公务员 考核 录用 职工 家属 子女 知识分子 专家 院士 履历 聘任 任免 辞退 退职 职称 职业资格 待遇 离休 退休 交流 待业 安置 调配 模范 表彰 机构 驻外机构 体制 职能 编制 精简 更名 监察 廉政建设 审查 纪检 纠风 执法 行政许可 行政审批 行贿 受贿 贪污 处分 津贴 奖励 奖金 福利 收入 奖惩 劳资 人才 补助

（十六）公安、安全、司法

公安 警察 武警 警衔 治安 非法组织 侦破 安全 保卫 禁毒 消防 防火 检查 扫黄 案件 处罚 户口 证件 事件 危险品 游行 海防 边防 边界 边境 司法 政法 法制 法律 法院 律师 检察 程序 公证 劳改 劳教 监狱

（十七）民政、扶贫

民政 基层政权 选举 行政区划 地名 人口 双拥工作 拥军优属 复员 救灾 救济 低保 捐赠 资助 募捐 婚姻 移民 抚恤 慰问 调解 老年 老龄问题 烈士 纠纷 残疾人 墓地 殡葬 社区服务 社区 灾害 以工代赈 扶贫 丧葬 社团 团体 协会 学会 民间组织 基金会 对口支援 红十字会

（十八）民族、宗教

民族 民族区域自治 民族事务 宗教 寺庙

（十九）对外事务

外事 外交 外交人员 大使 领事 使领馆 对外政策 对外关系 领土 领空 领海 建交 公约 条约 协定 协议 议定书 备忘录 照会 国际 国际会议 国际组织 涉外事务 抗议 对外宣传 出国 出入境 签证 护照 邀请 来访 出访 谈判 会谈 会见 接见 招待会 宴会 外国人 外宾 对外友协 外国专家 涉外

（二十）港澳台侨工作

香港 澳门 特别行政区 台湾 台湾问题 归侨 侨胞 侨乡 侨务外籍华人

（二十一）国防

军事 军队 国防 空军 海军 征兵 服役 转业 民兵 预备役 军衔 复员 文职 后勤 装备 战备 作战 训练 防空 军需 武器 弹药 人武 退伍

（二十二）其他

形势 社会 精神文明 社会稳定 综合治理 发展 试点 推广 政治 组织 领导 方针 政策 事业 咨询 分工 纲要 总量控制 试点 统战 政协 工会 妇联 共青团 文联 学联 民主党派 党派团体 爱国人士 民主人士 其他

二、位置关键词

（一）河北省行政区域

1. 石家庄市

辛集 藁城 晋州 新乐 鹿泉 井陉 正定 栾城 行唐 灵寿 高邑 深泽 赞皇 无极 平山 元氏 赵县

2. 承德市

承德 兴隆 平泉 滦平 隆化 丰宁 宽城 围场

3. 张家口市

宣化 张北 康保 沽源 尚义 蔚县 阳原 怀安 万全 怀来 涿鹿 赤城 崇礼

4. 秦皇岛市

青龙 昌黎 抚宁 卢龙

5. 唐山市

遵化 滦县 滦南 乐亭 迁安 迁西 玉田 唐海

6. 廊坊市

霸州 三河 固安 永清 香河 大城 文安 大厂

7. 保定市

满城 清苑 定州 涿州 安国 高碑店 易县 徐水 涞源 定兴 顺平 唐县 望都 涞水 高阳 安新 雄县 容城 曲阳 阜平 博野 蠡县

8. 沧州市

泊头 任丘 黄骅 河间 沧县 青县 东光 海兴 盐山 肃宁 南皮 吴桥 献县 孟村

9. 衡水市

衡水 冀州 枣强 武邑 深州 武强 饶阳 安平 故城 景县 阜城

10. 邢台市

沙河 南宫 邢台 临城 内丘 柏乡 隆尧 任县 南和 宁晋 巨鹿 新河 广宗 平乡 威县 清河 临西

11. 邯郸市

武安 邯郸 临漳 成安 大名 涉县 磁县 肥

乡 永年 邱县 鸡泽 广平 馆陶 魏县 曲周

（二）中国行政区域

1. 华北地区

北京 天津 河北 山西 内蒙古

2. 东北地区

辽宁 吉林 黑龙江

3. 华东地区

上海 江苏 浙江 安徽 福建 江西 山东

4. 中南地区

河南 湖北 湖南 广东 广西 海南

5. 西南地区

四川 贵州 云南 西藏 重庆

6. 西北地区

陕西 甘肃 青海 宁夏 新疆

7. 香港

8. 澳门

9. 台湾

（三）世界行政区域

1. 亚洲

中国 蒙古 朝鲜 韩国 日本 越南 老挝 柬埔寨 缅甸 泰国 马来西亚 新加坡 文莱 菲律宾 印度尼西亚 东帝汶 尼泊尔 锡金 不丹 孟加拉国 印度 斯里兰卡 马尔代夫 哈萨克斯坦 吉尔吉斯斯坦 塔吉克斯坦 乌兹别克斯坦 土库曼斯坦 格鲁吉亚 阿塞拜疆 亚美尼亚 巴基斯坦 阿富汗 伊朗 科威特 沙特阿拉伯 巴林 卡塔尔 阿联酋 阿曼 也门 伊拉克 叙利亚 黎巴嫩 约旦 巴勒斯坦 以色列 塞浦路斯 土耳其

2. 欧洲

冰岛 法罗群岛 丹麦 挪威 瑞典 芬兰 爱沙尼亚 拉脱维亚 立陶宛 俄罗斯 白俄罗斯 乌克兰 摩尔多瓦 波兰 捷克 斯洛伐克 匈牙利 德国 奥地利 列支敦士登 瑞士 荷兰 比利时 卢森堡 英国 爱尔兰 法国 摩纳哥 安道尔 西班牙 葡萄牙 意大利 梵蒂冈 圣马力诺 马其他 南斯拉夫 斯洛文尼亚 克罗地亚 波黑 马其顿 罗马尼亚 保加利亚 阿尔巴尼亚 希腊

3. 非洲

埃及 利比亚 突尼斯 阿尔及利亚 摩洛哥 西撒哈拉 毛里塔尼亚 塞内加尔 冈比亚 马里 布基纳法索 佛得角 几内亚比绍 几内亚 塞拉利昂 利比里亚 科特迪瓦 加纳 多哥 贝宁 尼日尔 尼日利亚 喀麦隆 赤道几内亚 乍得 中非 苏丹 埃塞俄比亚 吉布提 索马里 肯尼亚 乌干达 坦桑尼亚 卢旺达 布隆迪 刚果民主共和国 刚果 加蓬 厄立特里亚 安哥拉 圣多美和普林西比 赞比亚 马拉维 莫桑比克 科摩罗 马达加斯加 塞舌尔 毛里求斯 留尼汪 津巴布韦 博茨瓦纳 纳米比亚 南非 斯威士兰 莱索托 圣赫勒拿

4. 大洋洲

澳大利亚 新西兰 巴布亚新几内亚 所罗门群岛 瓦努阿图 新喀里多尼亚 斐济 基里巴斯 瑙鲁 密克罗尼西亚联邦 马绍尔群岛共和国 帕劳 北马里亚纳群岛自由联邦 关岛 图瓦卢 瓦利斯群岛和富图纳群岛 西萨摩亚 美属萨摩亚 托克劳 库克群岛 汤加 法属波利尼西亚 皮特凯恩群岛 纽埃

5. 美洲

格陵兰 加拿大 圣皮埃尔和密克隆 美国 百慕大 墨西哥 危地马拉 伯利兹 萨尔瓦尔 洪都拉斯 尼加拉瓜 哥斯达黎加 巴拿马 巴哈马 特克斯群岛和凯科斯群岛 古巴 开曼群岛 牙买加 海地 多米尼亚 波多黎各 美属维尔京群岛 英属维尔京群岛 圣基茨和尼维斯 安圭拉 安提瓜和巴布达 蒙特塞拉特 瓜德罗普 多米尼克 马提尼克 圣卢西亚 圣文森特和格林纳丁斯 巴巴多斯 格林纳达 特立尼达和多巴哥 哥伦比亚 荷属安的列斯 阿鲁巴 委内瑞拉 圭亚那 苏里南 法属圭亚那 厄瓜多尔 秘鲁 巴西 玻利维亚 智利 阿根廷 巴拉圭 乌拉圭

附件4：

体裁分类类目表

A、概况信息
- A1 地区（行业）介绍
- A2 机构设置和职能
- A3 领导成员和分工

B、政策法规
- B1 政府规章
- B2 规范性文件
- B3 其他公文

C、规划总结
- C1 规划
- C2 计划
- C3 年度报告、工作总结

D、工作动态
- D1 领导活动、会议讲话
- D2 工作部署
- D3 公告公示
- D4 突发公共事件
- D5 政府大事记

E、行政执法
E1 行政许可
E2 行政监管
E3 行政处罚
E4 其他行政执法行为
F、财政财务
F1 专项经费
F2 政府投资项目
F3 财政（务）预决算
F4 行政事业性收费
F5 政府采购
G、统计信息
H、办事指南
Z、其他

河北省人民政府办公厅关于进一步加强和规范政府网站建设与管理的通知

（办字〔2010〕91 号）

各设区市人民政府，省政府各部门：

政府网站是各级政府在互联网上发布政务信息、提供在线服务、与公众互动交流的重要平台。近年来，政府网站在提高政府工作透明度和行政效能、加强宣传、引导舆情、方便公众参与经济社会活动等方面发挥了积极作用。为进一步加强政府网站的建设与管理，现将有关事项通知如下：

一、要高度重视政府网站建设与管理工作

政府网站要突出政务特色，坚持正确的政治方向和舆论导向，充分发挥党和政府联系人民群众的桥梁、纽带作用。各级政府及有关部门要切实把政府网站建设纳入工作议程，定期研究，及时指导，加强组织管理。网站建设要从规划设计、栏目布局、网民体验、信息公开、社会舆情、为公众服务等多方面适应基层需求，坚持贴近实际，贴近党委、政府中心、重点工作，不断提高网站质量和服务水平。要认真落实有关安全保密规定，确保“上网不涉密，涉密不上网”。同时，各级各部门要通过软、硬件等技术手段加强对网站监控监测，确保网站可用性和页面内容的安全。

二、要不断丰富和更新网站内容

各设区市政府、省政府各部门及各有关新闻媒体要按照《中华人民共和国信息公开条例》《河北省人民政府办公厅关于加强省政府门户网站建设与管理工作的意见》（冀政办〔2007〕11 号）、《河北省人民政府办公厅关于进一步规范政府信息公开工作有关问题的通知》（办字〔2010〕90 号）提出的程序、时限、分工、更新等要求，及时充实和更新本单位网站内容，同时认真做好省政府门户网站的内容保障工作。各级各部门要定期对本单位网站内容进行监督检查，发现问题，要认真研究，及时整改完善。对阶段性、临时性栏目或没有必要保留的要及时撤销。

三、进一步落实责任、严明纪律

省政府门户网站栏目更新和政府信息网上公开实行分级负责制，各部门按照职能分工负责相应栏目信息的采集、涉密审核和发布工作。各级各部门要进一步明确工作分工、加强协调督导，落实责任到人，形成“齿轮式”工作保障体系，确保网站建设、管理的各项工作落到实处。要加强督查、抽查和考核，好的要表彰，差的要批评，造成不良影响和严重后果的要严肃追究责任。

四、健全沟通协调长效机制

政府网站建设与管理是个系统工程，各有关方面必须协调联动。省政府网站管理中心要加强综合协调，把握动态，研究措施，及时调度指导。机构改革后，各设区市政府、省政府各部门要进一步明确主管负责同志（省直部门副处级以上、各设区市政府副科级以上）和具体工作人员，负责与省政府网站建设和管理工作的协调、联系、沟通。同时负责对本部门在省政府门户网站发布的信息、互动交流回复情况的检查、督导、协调，落实省政府有关工作要求。每年 6 月 1 日前、12 月 31 日前分两次将本单位政府网站建设和管理情况、对省政府门户网站内容保障情况、安全保密情况、存在问题、下一步工作安排等报省政府办公厅。

河北省人民政府办公厅
二〇一〇年七月二十六日

河北省人民政府办公厅关于进一步丰富政府网站内容的通知

（办字〔2011〕33号）

各设区市人民政府，省政府各部门：

为进一步丰富省政府门户网站内容，及时更新信息，增大信息量，提高网站内容质量，更好地服务省委、省政府中心工作和广大干部群众，现将有关事项通知如下：

一、高质量地提供网站信息

各地、各部门要在切实讲政治、严保密、保质量的同时，努力增加信息量，并保障均衡增长。发布信息要逐项认真填写，确保信息标题、内容、时间、分类准确。要加强审核把关，严防文字粗糙、内容残缺。

二、丰富政府网站内容

（一）各地、各部门要积极通过省政府门户网站信息发布系统、省政府信息公开平台发布信息，丰富省政府门户网站内容。

（二）省政府办公厅各相关处室要按照《河北省人民政府办公厅政府门户网站内容更新责任分工表》明确的内容、程序和时限，通过政府信息公开平台及时发布，不断增大信息量。

（三）要通过政府网站改版升级，充分挖掘、展示政府网站信息资源，丰富网站内容；省政府网站管理中心要会同各设区市政府、省政府各部门及有关媒体通过专题设计、信息抓取、内容集成等方式，更多地推出专题，发挥宣传河北、服务公众的作用。

三、形成共同责任机制

为进一步丰富内容、提高网站质量，省政府门户网站近期将升级改版，逐步整合各级各部门政府网站已有内容和服务，不断丰富网站内容，并为公众提供便捷访问入口。各级、各部门要认真负责，及时提供各类信息资源和数据接口，充分发挥各级各部门和有关媒体的积极性，形成共同责任机制。

四、加强协调督导检查

各设区市政府和省政府各部门要认真做好省政府网站内容维护工作，及时更新信息，确保信息的质量和时效，严防失泄密事件发生。要明确专人天天读网，认真检查网上发布内容，发现问题及时处理。省政府网站管理中心每季度将通报省政府网站内容保障有关情况，鼓励先进，鞭策落后，对网站工作造成不良后果和影响的，要严肃追究责任。

河北省人民政府办公厅

二〇一一年十月十九日

河北省人民政府办公厅关于做好全省电子政务内网政府系统业务网建设和管理工作的通知

（冀政办函〔2013〕54号）

各设区市人民政府，各县（市、区）人民政府，省政府各部门：

为贯彻落实《国务院办公厅关于做好国家电子政务内网政府系统业务网建设和管理工作的通知》（国办函〔2012〕166号）、《中共河北省委办公厅河北省人民政府办公厅关于加强全省公务内网电子政务建设和管理的实施意见》（冀办字〔2013〕3号）和《河北省信息化工作领导小组关于印发河北省信息化工作领导小组会议纪要的通知》（冀信〔2013〕1号）精神，现就省电子政务内网政府系统业务网（以下简称政府内网）建设和管理事项通知如下：

一、政府内网建设的目标和任务

（一）总体目标。按照国家和省“十二五”电子政务建设规划，用1至2年时间，以政府专网带宽升级、网络架构改造和安全措施优化为切入点，结合全省统一电子政务网络改造完善工作，整合全省政府系统现有网络资源，将政府专网迁移到全省统一电子政务网络公务内网平台（以下简称公务内网），实现与各地各部门业务网络的安全对接，形成统一完整的政府内网网络体系。各地各部门内部办公、管理、协调、监督和决策等符合条件的业务信息系统，要依托统一的政府内网运行，以深化业务应用为重点，推进信息共享和业务协同，推动全省公务内网与国家电子政务内网对接。

（二）主要任务

1. 建成统一完整的政府内网网络体系。按照“统一规划、统一部署、统一标准、分级负责、协同配合”的原则建设全省政府内网网络体系。省级采取购买服务方式，构建全省统一的公务内网承载网，横向覆盖省直所有部门；纵向覆盖到市、县（市、区），满足市、县（市、区）区域网络和部门的接入。按照分级财政的要求，承载网运行维护费用由省财政统一结算，市以下区域网络和部门本地接入费用由同级财政承担。依托全省统一电子政务网络公务内网平台，对现有政府专网进行升级改造和安全措施优化，到2013年底形成覆盖省、市、县三级政府和各级政府部门的全省政府内网网络体系。各市、县（市、区）政府及其政府部门的内网要及时接入全省公务内网承载网。2014年底前，各地各部门现有的业务专网（与国际互联网物理隔离）全部接入全省公务内网承载网，形成统一完整的政府内网网络体系。

2. 统筹省政务云服务中心和政府内网重点业务应用建设。根据省信息化工作领导小组关于建设省政务云服务中心的有关部署，整合现有资源，建设省政务云服务中心。依托省政务云服务中心，重点抓好电子政务数据资源和决策支持中心、机关通用办公公共平台、政府内网网站体系等一批具有全局性的重点业务应用。

3. 实现业务信息系统的迁移和信息共享。各地各部门要做好业务信息系统的迁移工作，各业务信息系统要依托政府内网平台实现信息共享。

二、认真做好全省政府内网建设和管理工作

（一）加快形成统一的政府内网网络体系。根据国办函〔2012〕166号和冀办字〔2013〕3号文件精神，省政府内网按涉密域和非涉密域进行划分管理。涉密域处理机密级、秘密级国家秘密，非涉密域处理工作秘密和非密敏感信息。各地各部门要按照国家、省有关规划和安全保密法律法规，将承载上述业务并与互联网物理隔离的网络接入公务内网，形成统一网络体系。原则上各地各部门新建的上述信息系统要依托政府内网运行，各部门已建业务专网按照相关标准规范逐步迁移到公务内网。今后将不再批准各部门新的电子政务网络建设计划，财政部门将逐步减少各部门网络运行和维护费用，切实保障公务内网的有效利用。

（二）规范政府内网网络结点和架构。全省政府内网包括省公务内网网络中心省政府办公厅网络结点，各设区市公务内网政府网络节点，省政府各部门业务网，以及联接上述结点的网络。省政府办公厅网络结点上连国家政府内网，依托全省统一公务内网承载网，下连各设区市公务内网政府网络节点，横向联接省政府各部门业务网，并与省委办公厅网络结点按需要安全互联。各市、县（市、区）政府各部门及所属部门通过接入公务内网实现互联互通。

（三）深化政府内网业务应用。根据国家以应用为主导，加快政府系统基础性、战略性信息资源的开发利用，提高公共服务能力的要求，各地各部门要重点抓好具有全局性带动能力的业务应用。为发挥省政府内网的重要应用工程建设和应用创新的示范作用，省政府办公厅将根据《河北省政府系统电子政务2011-2015年发展规划》重点抓好以下业务应用。

1. 建设电子政务数据资源和决策支持中心。依托省政务云服务中心，重点建设全省电子公文库，实时收录各级政府部门制发的电子公文，并通过集中管理、集中存储、部门授权等手段提供查询服务，促进政府信息资源共享。组织建立政府信息资源共享目录和交换体系，建设省政府信息资源库，主要包括基础数据库、综合数据库和重大专业数据库。

2. 建设省政府中心机房。要按照省政务云规划布局，采用云计算等技术，建设集数据处理、应急指挥、灾备托管局等多项功能为一体的省政府中心机房，集中政府部门的资源，为政府部门信息化建设提供技术和物理支撑。

3. 建设机关通用办公公共平台。作为统一的办公服务平台承载各部门业务应用，为政府工作人员提供办公和协作平台。

4. 建设政府内网网站体系。政府内网网站是内网业务应用的总窗口，各地各部门应尽快推动本地本部门的内网网站建设，依托政府内网网络体系实现信息共享，建成全省统一的政府内网网站群。

（四）加强政府内网安全保密措施。按照谁主管谁负责、谁使用谁负责的原则明确信息安全管理责任，依据网络涉密级别落实相关保密要求。安全保密措施要与网络建设同步规划、同步建设、同步运行，全省政府系统内网，涉密域信息按照安全分级保护机密级要求设计，非涉密域按照信息安全等级保护三级要求设计，强化信息安全保密技术防护和管理措施。各级政府部门接入公务内网的，省政府办公厅统一组织以具体信息业务系统为单位，分别委托具备分级保护和等级保护资质的测评机构，在接入时同步完成涉密系统分级保护和非涉密系统等级保护测评工作。对涉密信息系统应通过分级保护测评和保密行政管理部门的审批后，方可安全接入和投入使用。优先采用自主可控的国产化设备和系统。同时，加强全省政府内网网络终端的安全性，结合安全测评工作进行政务终端安全标准建设，实行政务终端接入安全准入制度。

建立政府内网信任体系，建立有效的身份认证、授权管理和责任认定机制。依托省密码管理机构，建设密钥管理分中心，实现对称密钥管理、非对称密钥管理、密码应用管理和密码设备管理等核心功能，为政府内网的身份认证系统、网络加密传输系统提供密码密钥管理服务。加强政府内网安全保密能力建设，提高政府内网信息安全保障水平。

（五）建立完善运行维护监管体系。省政府办公厅和各地各部门分级负责，建立网络运行管理、信息系统

维护、安全保密、数据备份策略和制度。制定和完善运行维护考评办法，落实管理责任。建立政府内网综合监管系统，实时监控政府内网运行情况，保障业务系统平稳高效运转。

各地要按照本通知要求，抓紧制定本地政府内网利用公务内网的迁移方案。各部门要抓紧制定利用公务内网资源及接入公务内网安全保障方案。省政府办公厅将适时开展督查，以促进全省政府内网建设。

三、政府内网建设和管理的保障措施

（一）加强组织领导。省信息化工作领导小组办公室会同有关部门和单位尽快组织全省统一电子政务网络改造完善工作，采取购买服务方式，构建全省公务内网承载网。在全省统一公务内网承载网的总体框架下，政府内网建设和管理工作，由省政府办公厅牵头负责，各地各部门密切配合。各地各部门要根据实际，明确工作机构，依托公务内网承载网，做好政府内网的规划、建设、管理，并指定一名主管负责同志，相关主管部门和业务单位配合支持。各地各部门要切实负起责任，确保工作落到实处。

（二）建立协调机制。建立政府内网建设和管理联席会议制度，定期通报情况，审核各地各部门政府内网建设、利用公务内网资源和接入公务内网安全保障等方案，审核后的方案要按照《河北省信息化条例》的规定履行项目审批手续。审定政府内网管理制度和标准规范，协调解决政府内网建设和管理中的重大问题。联席会议由省政府办公厅牵头，成员单位由各设区市政府办公厅（室）、市信息化领导小组办公室和省政府各部门主管信息化工作的处室组成。

（三）经费保障。省政府网络中心节点和联接省政府各部门的网络升级工程建设经费列入同级基本建设投资，运行维护费列入同级财政预算，创新发展经费在同级科技发展相关计划中安排。各市、县（市、区）部门接入当地政府内网经费由同级财政负责。

河北省人民政府办公厅
二〇一三年七月十二日

电子政务领军人物

王昆山

王昆山，1952年8月出生，汉族，河北沧县人，大学文化。1967年参加工作，曾历任沧州市造纸厂副厂长、厂长，沧州市政府秘书长，沧州市新华区委书记，黄骅市委书记，河北省政府副秘书长，河北省信息产业厅党组书记，中共保定市委副书记、保定市市长，中共保定市委书记，河北省国有资产监督管理委员会监事会主席。2012年12月退休。河北省第十届人大代表，全国第十届全国人大代表。1988年被评为河北省优秀青年企业家，1989年被评为市级劳动模范。1987年撰写的《网络技术在沧州市造纸厂锅炉改造中的应用》论文，获全国现场统计研究会年度优秀论文成果奖。2000年9月解决河北省计算机2000年问题中工作突出，被信息产业部评为先进个人。

王昆山于2000年4月10日由河北省人民政府办公厅到河北省信息产业厅工作，任党组书记。多年来，他围绕工作实际，带领大家强化责任意识，党组一班人形成了一个敢于负责、勇于开拓、团结拼搏的领导核心。他狠抓新建机构职能界定，配合省编办研究确定内设机构，顺利完成省信息产业厅、省无线电管理局机构改革。他多次到信息产业部第54所、13所和各设区市及信息产业重点企业进行调研，协调解决存在问题，推动省所合作。组织召开河北省信息产业“十五”发展专家研讨会，广泛听取省内外专家学者及各有关方面的建议和意见，制定了《河北省信息产业“十五”发展规划》。提出在“十五”期间要通过实施“数字河北”工程、技术创新工程、软件产业化及园区建设工程、信息技术产业化工程、信息技术应用工程、龙头集团建设工程等六大主体工程，扩展建设三河燕郊、石家庄、秦皇岛三个软件园区，推动建设“数字河北”建设。2001年11月27日，三河燕郊软件园被省纪委、省信息产业厅联合确定为省级软件产业基地并挂牌。他结合全省信息产业制造业发展特点，围绕新型显示器件、电力电子、现代通信、计算机与软件、电子新型元器件材料等五大产业，谋划新项目，一批重大项目得到落实。其中列入国家和省纪委高技术产业化项目17项，列入国家经贸委“双高一优”项目5项，列入国家高技术产业化示范项目3项。扩大信息产业招商，他组织编印了《信息产业招商项目指南》，组织企业积极参加“3·26”香港招洽会、“5·18”对外经洽会、深交会等，两年累计签约项目56项，总投资3.66亿美元，合同利用外资2.1亿美元，占投资总额的57%。先后组织举办了网络经济论坛、河北省领导干部信息产业信息技术知识讲座、实时数据库技术讲座等，信息技术应用领域由过去的工业企业拓展到了教育、商业、广电、环保等领域，运用信息技术改造传统产业开始向网络化、系统化、集成化方向发展。2001年1月，河北省软件行业协会成立，他会同省财政厅、省国税局、省地税局、石家庄海关，研究制定《关于贯彻执行〈关于鼓励软件产业和集成电路产业发展有关税收政策问题的通知〉的通知》，清华紫光、硅谷清华、东大阿尔派等一批著名软件企业先后落户河北，形成了建筑工程预算、校园网络管理、多媒体电子报税等一批拥有自主知识产权的应用软件。省政府成立全省国民经济和社会信息化领导小组，王昆山兼任办公室主任。组织起草了《“数字河北”建设管理方法》《关于推进国民经济和社会信息化实施意见》，会同省政府办公厅、邯郸市人民政府共同举办了全省政府信息化暨政务信息网络建设工作会议。成立了河北省计算机信息系统集成资质认证管理委员会及其办公室，当年即有河北省新龙公司等3家企业分别获得三、四级资质，推动了信息技术服务业发展。

根据全行业实际研究制定《河北省电子信息产业2001年经济运行调控方案》，引导企业面向市场开发新品，调整结构，提高效益，同时加强对重点企业的动态管理和监控，促进企业健康发展。深化国有企业改革取得好成绩，省液晶公司2000年积极实施债转股，实现了企业当年首次盈利，2001年实现利税达到2000万元。针对信息产业中小企业多的特点，研究制定了《关于加快全省电子信息产业中小企业发展的意见》。2000年和2001年，全省电子信息产业完成工业总产值同比分别增长22.4%和20%，工业增加值分别增长22.05%和15.01%，完成销售收入分别增长18.56%和15.01%，利税分别增长34.75%和15.23%，完成固定资产投资分别增长33.3%和16.4%，均超额完成当年目标任务。

刘志金

刘志金，1945年7月出生，汉族，河北磁县人，大学文化，1969年6月加入中国共产党，1964年7月参加工作。历任省计委计经委综合处副处长、处长，省计委、省计经委党组成员、副主任，省计委党组副书记、副主任，省电子厅党组书记、厅长、省发展计划委员会党组副书记、副主任，省劳动和社会保障厅党组书记、厅长。曾任河北省八届政协委员、九届省政协常委，提案委副主任、人资环委副主任。

1995年至2000年，刘志金担任河北省信息产业化领导小组（后改为河北省信息化工作领导小组办公室）首任办公室主任，领导小组组长由河北省委常委、常务副省长兼任。在任期间他着力抓了机构建设，从省到市都建立了信息产业化工作领导小组及其办公室。强化信息化的宣传，通过宣传教育，提高了各级领导，特别是广大群众对信息化工作重大意义的认识。制定一系列政策性的文件，建立了每年政府投入一千万元的专项基金，对于起步之时的河北信息化工作，发挥了至关重要的作用。该同志组织制定全省第一个信息化工作规划。他坚持依法行政，着力推进行业的规范化管理。研究起草了《河北省信息工程综合布线管理办法》《河北省电子产品维修管理办法》《河北省卫星电视地面接收设施生产销售管理办法》《河北省计算机信息系统集成资质管理办法实施细则》《河北省软件产品管理暂行办法（草案）》和《河北省集成电路（IC卡）注册管理条例》。同时，对全省电子行业“九五”计划前几年执行情况进行了总结，研究提出了河北省电子信息产业“十五”发展计划（初稿）。

1997年12月，他主持研究的河北省信息化发展战略研究课题，获得国家发展计划委员会个人二等奖。1998年11月，河北省信息化发展战略研究课题，获得河北省科学技术进步三等奖。提出的《河北省电子信息产业发展的现状与对策》《关于加快发展我省半导体制冷产业的调查报告》《提高认识、转变观念、加快发展我省软件产业》《关于认真贯彻落实中央十二号文件精神，切实加快我省电子信息产业发展的情况汇报》等调研成果，受到了省领导的高度重视。推进河北信息化网络工程建设。全省11个市60个省直厅局，率先实现网络连通、资源共享，并建立了信息资源库。

1998年，谋划了52个项目，“5·18”洽谈会，电子行业合同利用外资额比上年增长3.25倍，位居全省各行业之首。全行业完成省级以上新产品开发62项，超额完成省政府下达的考核目标。1998年，全省电子行业取得突破性进展，工业总产值完成77.63亿元，比上年增长14.9%，产销率由1997年的第15位上升为第7位，综合评价在全国同行业名列第12位。

他提出了一个重点、三个到位、加大六个力度的新的工作思路，即：以项目谋划和组织实施为重点；谋划项目做到任务到位，项目到位，考核到位；项目谋划和资金投入力度，企业资产重组和结构调整力度，新产品开发力度，新经济增长点培植力度，软件产业开发力度，招商引资和资金筹措力度。提出了全省电子行业国有企业三年扭亏脱困实施方案，1998年全行业国有企业亏损额比上年下降25.7%。

蒋春澜

蒋春澜，1957年1月出生，博士，教授，博士生导师，省管专家，河北省燕赵学者，享受国务院特殊津贴。2002年4月任河北师范大学副校长，2007年5月至今任河北师范大学校长，2012年4月任九三学社河北省第七届委员会副主委，现兼任河北省数学研究中心主任、河北省数字教育协同创新中心主任、河北省电子政务研究会理事长等职。

蒋春澜长期从事算子代数可约性与强不可约性研究，在无穷维希尔伯特空间算子理论研究中取得了杰出成就，近年来主持承担了国家重点基础研究发展规划（973计划）项目、国家自然科学基金重点项目、国家自然科学基金海外青年学者合作研究基金项目及教育部重大课题等一批有重要影响的科研项目，在国际权威学术期刊发表论文60余篇。研究成果曾获河北省自然科学一等奖、教育部自然科学二等奖；指导的博士学位论文入选2010年全国优秀博士学位论文。

蒋春澜重视信息技术学科的建设发展技术研发。2005年，在他的直接推动下，学校与企业合作在河北高校中率先成立了软件学院。软件学院坚持以职业需求和技术应用为导向，采取“学中做，做中学”的培养模式，与微软、IBM、甲骨文、神州数码等国内外著名IT公司在教学资源建设、产品研发、人才培养等方面开展了全面合作，培养的毕业生广受微软、IBM、搜狐等IT一线知名企业好评。2010年，学校与中国移动公司合作，组建了移动物联网研究院，开展移动物联网理论研究、标准制定、科研成果转化和移动行业解决方案的研究和开发工作。研究院已在教育平台（iSchool）、智慧旅游项目、物联网技术研究等方面取得丰硕成果。几年来，学校利用小波技术开发的基于3G的移动视频自适应技术，成功解决了移动视频图像传输的高压缩率和接收终端的自适应问题，该项研究得到了科技部火炬中心和美国风险投资公司Nuvid的资助，开发的产品获得国家专利并成功进行市场推广；与河北省人口和计划生育委员会合作开发的“河北省人口和计划生育信息化平台”，在全国率先建立省级人口宏观管理与决策信息系统、人口多维辅助决策系统；与北戴河区政府合作开发的“北戴河数字旅游平台”，是国内首个360度全景视频旅游服务系统。到2013年底，学校正在积极整合历史、美术、旅游等相关学科资源，利用数字虚拟技术，以“正定古城虚拟现实”为切入点，积极推动中国古代府县文化遗产的数字化建设工程。

2013年，蒋春澜整合河北师范大学的学科和人才资源，联合河北出版传媒集团、中国移动通信集团河北有限公司、河北省教育科学研究所、美国佳诚国际股份有限公司等单位共同组建了“河北省数字教育协同创新中心”。该中心已被确定为河北省首批协同创新中心。协同创新中心致力于打造大型数字资源互动学习云平台，通过教育模式、教育内容和学习方式的数字化助推河北省数字教育产业发展，为构建河北终身教育体系提供科技和资源支撑。

作为校长，蒋春澜重视学校的信息化建设。占地1829亩、以“百年学府、现代书院”为设计理念的新校园已全面投入使用。在新校区建设过程中，学校与中国移动合作，建成了覆盖教学区、宿舍区，有线为主、无线为辅，校园网、视频监控网、固定电话网三网合一的新一代校园网。校园网技术达到国内领先水平。2013年，学校启动了新一轮信息化建设，目标是整合现有的学校门户网站、电子邮件平台、校园一卡通、图书管理系统、财务管理系统、教务管理系统、网络辅助教学平台等各应用子系统，消除信息孤岛，实现信息和资源的充分共享，为教学、科研和师生的学习生活提供高质量综合信息和业务协同服务。

董振国

董振国，汉族，河北任县人，中共党员，研究生学历。历任河北省政府办公厅秘书处主任科员、工交处副处长、唐山市政府副秘书长。自2000年任河北省政府办公厅技术处处长以来，于2003年创办“中国河北”暨河北省政府门户网站，2008年发起成立河北省电子政务研究会；现兼任河北省政府网站管理中心主任、河北省政府网站建设协调小组办公室主任、河北省电子政务研究会副理事长。

董振国长期从事信息化管理和电子政务研究实践工作，主持完成《河北省政府系统电子政务2011—2015年发展规划》等多个课题研究，直接参与河北省多项重大信息化建设项目。负责全省政府系统电子政务工作的规划、指导和政务网络平台的建设、管理、整合工作；负责全省政府系统电子政务业务应用系统的开发、管理、推广及电子政务学习培训、技术交流、安全保密等工作；负责全省政府系统门户网站的建设、管理工作。被评为《中国电子政务年鉴》2013年度人物。

主要学术科研成果。发表《契机论论纲》《试论决策执行程序》《我国电子政务发展“三阶段论”》《当前我国电子政务建设的三大基本问题：修路、造车、送货》《河北省电子政务外网建设研究》《大力推进电子政务核心应用》等学术论文60余篇，其他文稿100余篇。其中学术论文获国家级优秀论文评选特等奖2篇，一等奖2篇，二等奖3篇，三等奖多篇。先后担任中国青年领导科学研究会筹备委员会成员，全国政务信息化协作网专家咨询组成员，中国管理科学研究院高级研究员，中国科学院电子政务理事会常务理事，河北省信息学会副会长，是河北省电子政务研究会的创办者和发起人。

参与的重大信息化项目。2002年参与组织省政府“三网一库”信息化工程项目建设；2003年主持创办省政府门户网站“中国河北”；2006年参与谋划并组织实施河北省公务外网工程建设项目；2010年主持研究制定《河北省政府系统电子政务2011—2015年发展规划》《河北省政府信息公开系统实施导引（试行）》；2013年参与组织省政府新址信息化设施及应用系统项目、政府门户网站升级改造项目、省政府电子政务数据资源和决策支持中心建设项目等。

吴志辉

吴志辉，中央党校在职研究生学历。历任北京军区某部干部、河北省政协办公厅秘书、副处长，2005年1

月任省政协办公厅信息处处长。

吴志辉带领信息处全体同志，围绕政协中心工作，开展信息化建设、应用研发和保障服务，狠抓落实，全力推进。制定了省政协信息化建设的工作标准、工作规范、工作规程，实现了省政协机关信息化硬件建设和软件应用研发从无到有、从弱到强的历史性飞跃。

吴志辉主要业绩和应用成果：完善信息化硬件基础设施建设。建设了省政协机关信息化网络机房，构建了信息化网络系统的硬件支撑体系、应用服务体系、网络安全保障体系。完善了网络布线系统。使机关网络全面畅通。对网络宽带进行了升级。

发挥门户网站新闻宣传的网络媒体作用。网站围绕河北省政协工作的总体思路和工作大局，拓展服务功能，丰富栏目内容，体现政协特色。建立全员化栏目信息维护队伍，保证将最新工作动态、进展和成效在网站发布。建立专业化网络系统维护队伍，以办公厅信息处为主要力量对网络设备进行24小时维护，特别是硬件设备的升级维护，定期对网站数据库进行备份、查杀病毒、系统检测、漏洞修复等技术防范。使网站始终在良好状态下运行。

推进信息化应用，提高会务工作效率。组织技术人员对专委会进行信息化需求调研，自主设计研发的省政协委员办公系统、委员履职档案管理系统、提案导入导出系统和简报管理系统等，搭建了人民政协信息网络应用平台，提供了便捷畅通的信息化手段，为政协参加单位和政协委员履行职责、发挥作用创造了良好条件。2013年，组织技术人员对委员办公系统进行升级与完善。委员可以随时随地通过互联网登录门户网站，凭委员证号和验证密码进入办公系统，提交提案、报送社情民意、委员阅文、委员履职等功能，随时就能在网上实现异地办公，给委员带来了极大方便。

推动简报管理系统应用，提高大会简报编印效率。积极推进《政务通》办公系统的应用和升级优化。组织设计开发会议屏幕显示滚动文字速度与领导讲话语速相吻合的自动调控屏幕显示滚动文字软件，增强会议屏幕显示文字视觉效果。2014年，政协河北省第十一届委员会第二次会议工作报告和提案工作报告，实现了大会屏幕显示滚动文字与影像交替显示的方案。

李双溪

李双溪，省工业和信息化厅网络信息安全处（省网络和信息安全协调小组办公室的日常办事机构）处长。曾先后担任省信息产业厅信息化推进处（省国民经济和社会信息化领导小组办公室的日常办事机构）处长、省政府信息化工作办公室推广应用处处长、综合处处长。

李双溪和他的团队，先后承担了多项国家试点任务和软课题研究，许多工作走在全国前列，得到国务院有关部门的充分肯定和大力推广。他曾连年被评为优秀公务员、优秀党员和优秀党务工作者，多次受嘉奖并先后荣立三等功和二等功。所率领的团队多次被评为先进处室、文明单位和先进基层党组织。

2003年，召集有关专家，会同省政府办公厅等有关部门启动《河北省电子政务建设总体规划（2003—2007）》编制工作。组织“112工程”建设方案编制，对编制“112工程”建设方案提出了具体内容要求。2005年，承担并牵头组织实施信息资源规划试点工作任务。国家卫生部将河北省公共卫生系统信息资源规划形成的基础标准作为全国标准。2006年，国务院信息办开始在全国推广河北省信息资源规划的试点做法。2006年初，组织8个省直部门和衡水市及安平县连续奋战，制定周密实施方案，及时上报国家。4月，河北省安平县成为全国第一个国家级县域经济信息化试点县，并划拨经费委托河北省承担《县域经济信息化建设大纲》软课题研究。2007年2月，安平县域经济信息化案例，应邀参加在昆明举办的《欧盟信息社会项目论坛》，并做大会发言。2008年开始，全程牵头参与唐山暨曹妃甸两化融合试验区国家试点争取工作，并最终获得国家工信部批准。先后承担了国务院信息化办公室下达的《县域经济信息化建设大纲》软课题研究和《河北省电子政务与政府管理创新研究》《河北省信息资源开发利用对策研究》等课题，组织和参与撰写的《把握时代特征，加强虚拟社会管理》的调研报告，《河北日报》曾摘要刊登。牵头组建了国家信息化评测中心河北省中心（全国第一家）。根据国务院信息办的工作部署，组织实施了“百件实事网上办”活动并取得明显效果。

马　蕴

马蕴，省工业和信息化厅信息化推进处处长，1984年毕业于北方交通大学计算机专业，获学士学位；2002年获华中科技大学控制工程专业硕士学位。1984—1995年在省经济信息中心从事计算机应用系统开发工作，自1995年8月到省计划委筹备成立河北省第一个省长任组长的省级信息化领导小组起，一直从事全省信息化组织和推动工作，涉及全省信息化与电子政务战略研究、规划及政策制定、年度思路谋划、项目审定与管理、试点示范与推广应用、重点项目建设、组织协调与宣

传推广等多个方面工作。

马蕴创新提出并组织完成了一批公共性和带动性很强的电子政务建设任务，在全国产生重要影响。1997—1999年组织协调省直60个部门及11个市分三期建设的河北互联网，河北省政府上网工作走在了全国前列。1999年2月，在全国省区市信息办主任会议上代表河北省作了经验介绍。2005—2008年探索形成了“河北省基于信息资源规划的信息化建设管理模式”，被国家专家誉为国内首创。《中国信息界》《信息化建设》《中国信息化》等多次进行专题报道。她组织建设了河北省信息交换与共享平台，依托平台开发了企业基础信息共享系统，实现了工商、国税、地税、质监等部门间全省企业基础信息实时交换与共享，得到省长胡春华肯定性批示。2004—2008年重点推进跨部门应用系统建设，对项目单位进行全过程的指导、帮助和协调，网上审批、农业信息服务与发布、综合教育、信访、河北效能网、行政权力公开透明等一批跨部门应用走在了全国前列。组织完成了工程建设领域项目信息公开和诚信体系建设国家级试点。组织完成了4个国家级和8个省级依托电子政务平台加强县级政府政务公开和政务服务试点县的建设任务。具体组织并主笔完成了省“九五”“十五”“十二五”信息化与电子政务规划，主笔起草了《关于河北省电子政务建设的指导意见》《加强信息资源开发利用的指导意见》《河北省内网电子政务建设和管理实施意见》，组织并主笔起草了《河北省推进网上审批与电子监察工作方案》《建设河北网上服务中心工作方案》《加强全省社保资金管理信息系统建设推进信息共享工作方案》。

1997年，马蕴执笔完成《河北省信息化发展战略研究》，获国家计委科技进步二等奖。2002年完成了《河北省电子政务外网平台的设计与实现》，对河北省电子政务统一网络平台进行了系统的设计和研究，并因此获得硕士学位。2005年组织并执笔完成了《河北省加强信息资源开发利用的对策研究》，在首届全国信息化研究成果评选活动中获优秀成果奖。2007年执笔完成了《如何运用电子政务实现政务公开方式的跨越式发展》调研课题，在中国监察学会、信息产业分会学术研讨会上荣获三等奖。在国家和省正式刊物发表信息化相关文章20篇。

刘　辉

刘辉，女，秦皇岛市人民政府副秘书长，市政府办公厅副主任，市政府法制办主任。分管市政府办公厅电子政务工作。

刘辉热爱电子政务事业，自分管此项工作以来，高度重视电子政务协会工作，积极参与电子政务建设，带领电子政务处攻坚克难，为推动秦皇岛市电子政务工作均衡可持续发展作出了积极贡献。着力抓好省、市门户网站内容保障工作，对上传、发布的信息严格审批程序，做到保质保量、真实可靠；积极开展文明网站创建工作；完善日报告平台；保持与省网对接业务良好运转，努力提升机关自动化办公水平，电子公文交换系统、信息报送系统运转正常，应急、值班、视频系统得到有效应用。组织实施计算机软硬件维护工作，确保网络畅通，运转正常。组织保密培训，不断提升网络信息安全工作水平。

2013年，刘辉因出色的工作表现被评为“全省电子政务先进个人”，所在的秦皇岛政府办公厅被评为“河北省电子政务先进单位”。市政府门户网站被省外宣局、文明办授予“河北省文明网站”称号并荣获“中国政府网站优秀奖”（地市级）和“中国政务专用中文域名应用优秀奖”两项殊荣。“中国·秦皇岛”市政府门户网站成功入选“网民最喜欢的河北省十大网站”。“秦皇岛市政府办公厅协同办公平台”荣获“中国城市信息化发展大会优秀方案”。

周景会

周景会，唐山市政府副秘书长，长期致力于电子政务研究、开发和推进工作，是唐山市电子政务工作的开拓者。在他的推动下，唐山市电子政务队伍实现了从无到有、由弱变强，构建了一支高效率、高素质的电子政务队伍。先后组织制定《唐山市电子政务“十二五”规划》《唐山市电子政务建设项目管理办法》《唐山市电子政务顶层设计》《唐山市电子政务标准规范》，有计划、成体系、大规模地组织推进电子政务应用，形成了规范化、集约化、科学化的电子政务科学发展模式，电子政务发展中的“信息孤岛”问题得到有效控制或解决。规划、建设完成政府内网、政务外网，搭建起电子政务应用平台。全市通用的办公系统（OA）基本建成，极大地提高了市直各部门和各县（市）区整体的办公自动化水平和信息资源共享水平。以人口、法人、空间地理和宏观经济为核心的政务数据中心正在加快建设，数据中心建成后，将有效提升政务信息资源的开发利用水平，实现数据的高效交换、集中保存、及时更新、协同共享。先后整合43条热线，组建了市民公共服务热线（包括961890），搭建起政府联系群众、服务群众的重要平台；截至2013年底，共受理群众各类诉求185.8万件，按时办结率100%，群众满意率99.8%，切实发挥了为民排忧解难的作用，在疏导百姓情绪和稳定社会方面发挥了积极作用。强化政府门户网站建设，“中国唐山”在全国政府门户网站绩效评估中，由2009年的258名上升至2013年全国第56名、全省第一名。

由周景会主持研发的唐山市城乡一体化服务管理信息系统，经中国工程院院士倪光南、国家信息化专家咨询委员会委员宁家骏等9名专家组成的专家鉴定委员会鉴定，认为该系统在该领域达到了国内领先水平。工信部将该系统列为“两化融合”试验区实施的重点工程，省工信厅将该系统纳入2010年重点推广项目。系统中采用的“九九制网格编码”技术被国家专利局授予专利号。

林怀仁

沧州市人民政府副秘书长，沧州市政管办（公管办）主任，沧州市电子政务建设工作领导小组办公室主任，获得国家信息中心、国家电子政务外网管理中心颁发的CIO（政府首席信息官）证书，成为沧州市党政机关获此证书的第一人。

林怀仁主要业绩：一是把握电子政务建设和发展的规律，找准切入点，结合沧州实际，提出了“一个体制，两张网络，‘三集’设计，四个关键，五个统一，六大应用”的沧州市电子政务建设工作总体思路，为沧州市电子政务建设工作理清了思路，明确了方向。理顺体制、机制，推动成立沧州市电子政务建设工作领导小组及其办公室，统筹全市电子政务建设工作。组织起草了《关于加强全市电子政务建设的实施意见》《沧州市电子政务“十二五”发展规划纲要》等文件，为打破电子政务建设部门分割、条块分割，促进资源整合和信息共享，确保电子政务工作持续健康发展奠定了基础。二是解放思想，打破常规，积极引入战略合作伙伴进行投资，在市政府的支持下，促成了中国移动公司河北有限公司和沧州市政府合作建设《沧州市电子政务工程第一期项目》，使沧州市电子政务建设迈上了新的台阶。该项目政府网站集群系统、带笔锋手写签批功能的协同办公平台、“四级聚合”的政府信息公开平台在国内处于领先地位；率先编制出地市级电子政务标准规范，为解决资源共享、数据交换和业务协同问题，提供了统一的基本规范和指导。该项目的建设，为市政府多个信息化项目建设提供了宝贵经验。三是精心组织完成了沧州市电子政务中心新机房建设及老机房搬迁工作。沧州市电子政务中心新机房使用面积1018平方米，按照未来市委、市人大、市政府、市政协四大家及市直部门共用的中心机房进行规划设计，分为外网机房、内网机房、内外网一体监控室等5个功能区，内网与外网完全物理隔离。新机房的建成启用为实现部门单位之间数据资源的共享共用，各应用系统的快速搭建，采用部门服务器托管方式，避免重复投资和浪费奠定了基础，进一步加强了中心机房作为全市电子政务网络中心、应用服务中心、数据交换中心作用，实现了真正意义上的沧州市政府电子政务中心。

姚会亭

姚会亭，汉族，九三学社社员。农艺师。现任九三学社衡水市委主委，九三学社河北省委常委；衡水市人民政府政务服务和公共资源交易管理办公室主任。第十一届河北省政协常委，第五届衡水市政协常委。河北农业大学外聘研究生导师、衡水学院客座教授。获衡水市双十佳党外干部称号、荣立政府二等功、市级劳动模范。

姚会亭主要业绩：坚持学习专业知识，经过多年的学习积累，实现了从农业向信息化的跨越，通过了Oracle数据库认证，获得美国联邦政府企业架构（FEA）认证。先后被省农业厅聘为农业信息化技术顾问；被北京大学博雅方略城市发展与信息化研究中心聘请为特约研究员；2006年，成为河北农业大学外聘研究生导师；2011年被聘为衡水学院客座教授。近年来在国内外学术刊物上发表论文6篇，其中一篇被国际核心索引检索中心收录，一篇论文获《未来政府》国际高峰论坛一等奖。在所从事的工作中实现了多项创新。创立的“三个一”电子政务综合服务平台，被国务院发展研究中心以《调查研究报告》形式上报国务院，形成了信息化建设衡水模式。2008年主持参加了国务院信息化办公室下达的信息资源规划试点工作和“全国县域经济信息化”安平试点工作，顺利通过了国家验收，提出的双U分析法和六步控制法，被国家信息化专家咨询委员会专家评定为国内首创。2008年被中国信息协会CIO分会颁发年度贡献奖，并被评为河北省政府信息化系统先进工作者（享受市级劳模）。

主要发表的论文有Study on the way for the information sharing between city and county by the agricultural web YAO Hui-ting、《市县农网实现信息共享的途径探讨》（《计算机与农业》），《Improved Algorithm for Text Classification Based on TSVM》（Proceedings of ICICIC’06（EI Indexed））。

主要参与研究的成果有《河北省农业信息网技术方案》《衡水市

信息化规划（2003—2020）》《衡水市电子政务信息资源规划》《衡水市“十一五”时期信息化发展规划》《安平县十一五时期信息化规划及安平县国家县域经济信息化试点建设方案》《国家级县域经济信息化试点建设大纲研究》《基于信息资源规划的信息化应用建设与管理模式研究》。

边存国

边存国，汉族，1961年6月出生，中共党员，河北省电子信息产品监督检验院院长、党委书记、正高级工程师。1996年4月至2000年6月任河北省电子技术研究所副所长、所长；2000年7月至2013年5月任河北省电子信息技术研究院院长、党委书记；2006年4月以来任河北省电子信息产品监督检验院院长、党委书记。兼任河北省信息产业和信息化协会执行会长、中国电子学会理事、河北省电子学会和河北省计算机学会副理事长，河北省软件行业协会顾问，受聘为河北科技大学、河北经贸大学、河北师范大学和石家庄计算机职业技术学院兼职教授，是河北省政府专家咨询服务团综合二组副组长、河北省制造业信息化专家组副组长；享受国务院政府特殊津贴。

边存国参加工作以来，一直从事相关专业技术研究、应用开发、产品检测和科技管理等工作，主持参加了多项科研课题，其中通过鉴定或验收20余项，撰写学术论文、技术方案和可研报告等30余篇，获省科技进步二等奖2项、三等奖3项、省优秀新产品奖1项、国家级重点新产品1项。近期主要参加的重大信息化项目有：“县域经济信息化发展大纲研究”（原国信办）“河北省两化融合重点企业两化融合水平评估”（省工信厅）、“河北省国民经济与社会信息化发展规划研究”（省工信厅）、“面向河北省支柱产业的制造业信息化综合集成应用示范”（科技部）、河北省地方标准“软件开发项目造价评估规范”、河北省地方标准“信息化（物联网）应用系统检测验收规范”等。

杜国平

杜国平，1961年6月出生，河北省经济信息中心副主任、正高级工程师、工学硕士。杜国平参与了河北经济信息网工程、河北互联网工程、河北发改委纵向网工程、河北网上审批系统工程、河北网上政务服务中心工程等信息化工程项目。主要学术科研成果：著作有《河北省经济信息系统》《世界经济信息系统》《现代管理方法论》《冲出迷雾：中国信息社会测评报告2013》。发表的论文《河北省网上审批系统》《河北省宏观经济信息系统资源规划》《河北省网上行政审批系统工程》。河北省网上审批系统获国家经济信息系统优秀研究成果一等奖，河北省经济信息系统工程获河北省科技进步三等奖，河北省法规信息系统建设获国家经济信息系统三等奖，食品商情信息系统获国家经济信息系统三等奖，河北省招商合作之窗和河北招商项目获国家经济信息系统三等奖。杜国平是河北省信息化专家咨询委员会专家、河北省政府采购评审专家、河北省工程咨询评审专家、河北省电子工程系列高级职称评审专家、河北省法、检系统高级职称评审专家。

卫耀伟

卫耀伟，1978年生，工程师，现就职于河北省财政厅信息中心。多年从事河北省财政电子政务建设工作，主要负责软件信息系统建设，牵头主持研发了五大财政核心业务软件系统，参与协助了11个主要业务软件系统研发，搭建起了省市县乡财政业务应用支撑体系，保障了财政核心业务改革顺利推进。

卫耀伟主持开发完成《总预算会计系统》。应用到了全省所有财政国库部门，有效解决了预算内、预算外、专户、支付中心会计核算的电算化工作。他开创性的设计并实现了多维辅助核算模式，促进了财政精细化管理。主持开发完成《财政财会信息管理平台》。通过在财政设立平台中心，利用TLinQ数据中间件技术，将财政预算执行系统和近两千家预算部门及单位的会计核算软件有机整合在一起，将预算管理的链条有效地延展到了预算单位。主持开发完成《省级财政应用支撑平台》。利用SOA架构，组件式开发，分析了财政COA，实现了Oracle数据库弹性域设计，构建了支撑财政核心预算管理的应用支撑平台，实现了预算编制、预算指标、预算执行、会计核算全过程闭环式管理。开发完成《财政国库电子支付系统》。利用数字签名、电子签章、电子凭证库等先进的技术，在全国率先完成了国库电子支付改革，实现了财政国库、人民银行、代理银行、预算单位间的电子凭证认证与传递。开发完成《财政行政办公管理系统》。配合财政标准化建设及组织管理改革，构建了以绩效管理为导向的财政综合OA系统，支撑起了全厅日常公文流转及一般行政办公需求，利用现代化的通信技术，实现了手机端Android和IOS两个平台的移动办公，解决了财政领导异地文件办理和数据查询。

张大争

张大争，1957年出生，大学学历，测绘专业，高级工程师，中共党员，曾任河北省基础地理信息中心主任、河北省国土资源厅信息中心主任。获国家级测绘科技进步三等奖一项，获河北省科技进步三等奖一项，河北省测绘科技进步奖多项，发表过多篇科技论文，荣立三等功2次。

张大争2001年从事国土资源电子政务建设工作以来，组织编制了河北省国土资源“十一五”、“十二五”信息化规划，明确了国土资源信息化建设的目标任务。主持实施了河北省“金土工程”建设项目，实现了全省国土资源系统网上行政审批，为国土资源行政权力公开透明运行提供了有力的技术支撑，应用效果良好，受到了中央领导的肯定。

他主持实施河北省国土资源“一张图”和综合监管平台建设项目。项目以建立省、市、县三级信息共享的全省“一张图”和涵盖行政管理、行政审批、执法监察三位一体，省、市、县三级联动的综合监管平台为目标。主要任务是完成全省国土资源系统网络体系、数据体系、应用体系和服务体系建设。建设过程中研究探索了一套实用的国土资源业务架构、数据架构、应用架构和技术架构的方法，用该方法完成的架构成果，在实施过程中起到了很好的指导和规范作用。项目的完成将实现全省国土资源数据的大集中管理，全省国土资源管理的统一平台应用，可为全国国土资源电子政务建设提供创新借鉴。

李石头

李石头，出生于1972年，中共党员。1994年到河北省环境信息中心工作至今。现为河北省环境信息中心副主任，正高级工程师。

李石头在工作中树立全局观念、开放观念、创新观念，发扬团结协作的工作作风，不断学习信息技术和环保业务知识，提高技术水平和业务素质。业务工作方面，尽职尽责，认真完成各项工作任务。特别是近三年主要负责环境监控“三大体系”中“国控污染源自动监控建设项目”和“环境信息与统计项目”，以及负责全国第一次污染源普查河北省的数据处理工作，大大提高了业务能力。主持完成省环保厅五项科研课题和两项环保部行业标准。作为技术负责人承担“三大体系”建设项目中“国控重点污染源自动监控系统”项目在河北省的设计和实施管理工作，建成省市两级共12个监控中心。作为数据组组长完成河北省第一次污染源普查数据处理工作。主持完成多个环境信息化建设项目。

李石头工作热情高，业务能力强，工作成绩显著，组织开展的信息化工作为环保业务工作提供了强有力的技术支持，使河北省环境监管、环境执法、环境事故应急能力等得到了较大的提升。

郭建军

郭建军，1966年8月出生，正高级工程师，1988年毕业于中国矿业大学计算机及应用专业，现任河北省建设信息中心主任，先后主持住建部信息化示范工程、河北省住房和城乡建设厅信息化应用项目50余次，获省、厅科技成果奖4项；主持编写专业论文和方案等12篇；在省级以上期刊发表论文5篇；个人获得科技进步奖等各种奖项12项。

郭建军主持住建部科学技术计划项目5项。一是建筑市场监督管理信息系统建设，属住建部2006年科技示范项目，2008年获河北省科学技术进步三等奖。二是河北省房地产管理系统建设，属住建部2007年科技项目。三是省建设厅行政审批系统，属住建部2008年科技项目，获省建设科技进步一等奖。四是数字住房保障系统建设，属住建部2011年科技示范项目，2012年通过住建部验收，专家评定该项目全国领先。五是数字规划建设，属住建部2011年科技示范项目，2012年通过住建部验收，专家评定该项目全国领先。

郭建军主持省政府信息办2006年省直部门信息资源规划试点课题——省建设厅信息资源规划研究，编制信息资源规划方案和五大分析报告，通过省政府信息办组织的验收评审。主持编制了《河北省建设事业信息化“十五”规划》《关于加强电子政务建设的指导意见》《河北省建设事业信息化“十一五”规划》等。主持编写了《河北省住房保障信息系统建设方案》《河北省数字规划建设方案》等多个系统技术方案，共计70多万字。主持编写《河北省住房公积金监督管理信息系统数据标准》《河北省建筑市场监督管理信息系统数据标准和编码规范》等标准规范，累计25万字。参与编写住建部《住房保障信息系统数据标准和技术规范》等行业标准。

获奖情况。被中国电子商务协会建设分会评为“住房城乡建设领域2011年度信息化优秀人物”；被中共河北省委办公厅评为“河北省党委系统2010年度优秀信息工作者”；被河北省人民政府办公厅评为2004年度“中国河北”门户网站信息维护先进个人；2004年—2013年连续10年获河北省住房和城乡建设厅“年度嘉奖奖励”等20余项。

宋富胜

宋富胜，河北省农业厅市场与经济信息处处长，他长期从事农业信息化管理工作，作为主要负责人组织了全省农业信息化发展的布局规划、建设立项等工作。主持完成了河北省政府“十五”期间农业重点工程之一的河北省农业信息网络工程建设，建成了连接12个省直农口部门、11个地级市、138个县，利用农技服务等网络连接所有乡镇，通过“电波入户”、语音电话等多种渠道基本覆盖到村的农业信息网络体系。主持实施了河北省农业多媒体视频系统建设，在全国农业系统率先实现部省市县四级双向多媒体互通。主持建设了国家星火计划《河北省农村信息化科技服务体系示范》项目、农业部“三电合一”财政项目等国家部委项目，组织市县开展了多种农业信息服务模式应用，藁城市首建的“三电一厅”模式受到农业部的肯定，在全国予以推广。引导市县按照农业部“五个一”的标准创建农业信息服务站，覆盖全省近1/2的乡镇，多个农业信息服务站及信息员获“全国先进农村综合信息服务站和优秀信息员”称号。主持起草了河北省农业信息化“十一五”、“十二五”发展规划及农业信息化建设指导意见等系列文件，引导全省农业信息化科学、有序、持续发展，较好地发挥了信息服务三农的作用。

刘素刚

刘素刚1956年8月出生，中共党员，本科毕业，中医及医学信息专业，主任技师。2001—2007年任河北省医学情报研究所、河北省卫生信息中心书记、副所长、副主任，省卫生厅信息办副主任。2007至今任河北省医学情报研究所、河北省卫生信息中心所长、主任，河北省卫生计生委信息办副主任，河北省卫生信息协会副会长、秘书长，河北省科技期刊编辑学会副会长、常务理事。多年来，刘素刚一直从事卫生信息化建设的管理和研究工作，带领河北省卫生信息中心组织实施了多个电子政务重点工程，兢兢业业，求真务实，有很强的事业心和责任感，具有深厚的信息化和电子政务理论基础以及丰富的实践经验和项目管理经验。完成的重点项目有：河北省卫生厅数据中心建设、基于居民健康档案的县级区域卫生信息平台试点建设、河北省村卫生室信息系统管理软件项目、河北省省级卫生数据整合共享和综合信息管理平台等。2005年，负责河北省政府信息办组织的电子政务“112工程”公共卫生信息资源规划项目，同时制定了《河北省公共卫生信息系统建设方案》，提出了全省卫生信息化发展的总体框架。在门户网站建设方面，单位网站在省政府办公厅组织的“百件实事网上办”活动中，获得先进单位称号，并在全国卫生系统网站评比中获得第三名的好成绩。组织编写了《河北省卫生信息化发展规划（2004—2008）》《全省卫生信息化发展指导意见》《河北省卫生信息化建设发展规划（2013—2015）》及《关于加快推进居民健康卡发行应用工作的实施意见》等重要文件，对全省卫生信息化发展和电子政务建设做出了重要贡献。

李瑞民

李瑞民1962年8月出生，中共党员，大学学历，河北省人口和计划生育信息中心主任、书记，高级统计师。

1988年5月，调入省计划生育计算中心（河北省人口和计划生育信息中心前身）工作，1990年任中心办公室主任。

1998年8月，任计算中心副主任。先后主持《基层育龄妇女管理信息软件包（账卡管理部分）ZK1.0》软件升级、《河北省育龄妇女信息管理系统》、办公自动化OA系统研发、“河北人口和计划生育委员会公众信息网”网站建设等工作。

2007年4月，任河北省计划生育药具管理站副站长，主持研发河北省计划生育药具管理服务平台系统，并在2011年11月全国人口宏观管理与决策系统（PADIS）一期成果应用现场会上作了典型发言。

2011年2月，任河北省人口和计划生育信息中心副主任，5月主持中心工作，2011年12月任中心主任、书记。完成《全员数据库升级改造工程（全员人口统筹管理信息系统）》及离线客户端、《出生人口信息监测平台》《河北省人口多维辅助决策系统》等工作。积极推进基层信息化应用建设，加强全员人口个案信息与其他部门信息比对工作，与河北省国家安全厅实现全员人口个案信息共享。

李瑞民带领信息中心全体人员，在河北省人口计生信息化建设中积极拓宽信息服务范围，屡创佳绩，推动了人口计生信息化工作快速发展，对河北省人口计生信息化和电子政务建设作出了重要贡献。

姚泽泓

姚泽泓，汉族，河北邢台人，共产党党员，河北大学计算机软件专业毕业，河北省审计厅计算机信息审计中心系统管理科科长。

姚泽泓钻研电子政务和信息化业务，勤奋工作，发挥骨干作用，连续多次年度考核获优秀等次、优秀党员，获得广大干部群众的一致好评。

姚泽泓起草了《河北省审计厅“金审工程”二期项目可行性研究报告》《河北省2012年至2014年审计信息化建设指导意见》等，参与起草了《河北省审计厅“金审工程”一期设计方案》《河北省审计厅“金审工程”二期项目初步设计方案》《河北省审计业务联网监督管理系统市县审计机关建设指导书》等一系列规划文件，为规划全省审计信息化工作作出了突出贡献。该同志组织建设了署省市县四级互联的全省审计专网系统，指导市县建设局域网系统，建立健全了全省网络系统；组织开发了统一组织审计项目管理系统、审计业务联网监督管理系统、无纸化办公系统等一系列应用系统，为提升机关管理水平和审计质量发挥了突出作用。统一组织审计项目管理系统获“2012年度中国信息化（审计领域）成果三等奖”。他参加的各类审计项目，均充分发挥计算机审计作用，取得了良好成绩。2011年全国统一组织的第一个大型审计项目中，该同志获评“全国地方政府性债务审计数据分析优秀技术人员”。

翟陆祥

翟陆祥，山东莱州人，中共党员，华北电力大学计算机应用专业毕业，天津大学工业工程硕士学位，高级工程师，现任河北国税信息中心副主任，曾获个人三等功和集体三等功奖励。

翟陆祥从事信息化建设工作20余年，具有扎实的理论功底和丰富的实践经验。曾负责全国税务系统金税工程（三期）省级实施方案的预编写，受到了总局领导的高度肯定；著有多篇论文，其中《数据库DBF文件的修复》《硬盘主引导扇区及其应用》《计算机软故障诊断及修复》等多篇论文，在全省税务信息化建设初期，尤其是主机服务器部署方面有着重要参考价值；曾主持开发全省税务稽查管理系统、河北国税门户网站、外部信息采集与数据交换平台、税源管理平台等多项信息化建设核心项目，为推动河北省国税系统信息化建设作出突出贡献。

主要负责的项目：一是组织全省国税广域网建设及改造。负责组织实施专网新增ATM线路、SDH线路扩容等项目的规划论证、方案设计、设备选型、集成实施等多项工作，形成覆盖省、市、县、所四级的高速畅通的税务专网，为各涉税业务系统的推广、应用奠定了坚实基础。二是组织实施开发外部信息采集与数据交换平台。主持整个平台技术方案的制定、设备选型和集成实施，在平台建设技术方案的论证、规划和实施的全过程发挥了重要作用。将双冗余机制、B/S/S三层结构等先进设计思想、分级安全机制及最新设备等应用在平台开发、建设上，确保了平台的安全性和稳定性。三是组织全省国税一、二、三期信息安全防护体系建设，形成了全方位、多层次、点面结合的信息安全防护网。四是规划设计建设河北国税核心机房，形成河北国税系统网络和数据中心，满足了金税三期未来几年内信息化发展建设的需要。

刘焕瑞

刘焕瑞，汉族，省残联办公室信息中心主任。该同志在省残联工作15年，从中心筹建工作开始就一直和其他同志一起，政治上严格要求自己，工作上积极开拓进取，带领中心的全体同志努力工作，充分发挥每位同志的积极性，不断加强凝聚力，使中心全体人员形成了对工作负责、团结协作、积极向上的良好氛围。刘焕瑞在中心发展的几年间，工作有计划，发展有思路，省残联信息化工作从无到有，从弱到强，与省直兄弟部门相比，可以说是起步晚，发展快。

刘焕瑞严格要求自己，对工作对同志正直无私，事事为工作考虑，得到同事的充分肯定。几年来，他认真钻研业务，负责的各项业务工作都紧紧围绕省残联中心任务抓好落实，各项工作均取得了优异成绩。信息化工作2005年被中国残联信息化领导小组和信息产业部信息化推进司授予“信息化建设业务应用示范单位”；信息工作被省委信息中心连续评为优胜单位，该同志2009年被省委办公厅评为优秀信息工作者；统计工作2012被中国残联评为2008~2011年度全国残疾人事业统计工作先进集体；监测工作2009年被中国残联评为全国先进单位，负责撰写的《2009年度河北省残疾人状况及小康进程监测报告》荣获2009~2010年度全省党委办公厅室系统优秀调研成果三等奖；2011年8月被省政府残工委授予“河北省残疾人工作先进个人”称号。

孙 齐

孙齐，河北省监狱管理局安全环保处副处长、信息指挥中心主任，主抓全省监狱信息化工作。自2003年调到省局机关以来，孙齐充分调动每位同志的积极性，不断加强凝聚力，在处室逐步形成了工作负责、团结协作、积极向上的良好氛围。

孙齐主抓监狱信息化工作以来，工作有计划，发展有思路，充分起到了带头人、引领者的作用。在资金投入有限的情况下，孙齐按照局党委“安防先行，分步实施”和“统一规划、统一标准、统一部署、统一实施”的建设原则，认真组织，积极推动，完成了全省监狱安防系统一期、二期、三期工程；扎根基层，立足实际，全力推进全省监狱协同办公系统应用的研发和推广，确保办公应用系统实用、管用、真用。

对待工程项目，孙齐能够依法、按程序办事，严格执行审批手续，严格依规组织工程招投标，做到“公开、公平、公正”，积极接受纪委和审计部门监督，高标准、严要求，打造精品工程。从2010年至今，河北省建成了一套功能完备、覆盖广泛的监狱监控安防体系，实现重点部位全覆盖；建成了一套集协同办公、公文交换、内网门户、电子邮件等多种功能于一体的监狱网络办公系统，初步实现办公流程电子化。短短四年时间，河北省监狱信息化以超快的节奏实现从无到有，从简到优的迅猛发展，孙齐为此作出了重要贡献。

吴军成

吴军成，现任秦皇岛市旅游局副局长，秦皇岛市智慧旅游工作领导小组副组长，分管全市旅游行业信息化工作。

吴军成作为旅游电子政务建设的实践者，一直致力于提升秦皇岛旅游业的信息化水平和旅游行政管理部门的电子政务建设水平，始终坚持运用现代信息化科技手段创新旅游工作。谋划制定《秦皇岛市旅游行业信息化发展规划》；组建市、县（区）、涉旅企业三级信息员队伍；指导制定《秦皇岛市旅游系统信息工作考核评比办法》，信息保障、审查和考核制度得到进一步规范和完善；主持实施官方网站改版工作，改版后的网站由单纯的政务信息发布网站转变为政务信息发布与提供网上服务功能并重，互动交流渠道不断完善的秦皇岛旅游知名门户，网站共上传“吃住行游购娱”信息300余条、照片600余幅，分享游记100余篇，网站政务页面及时宣传展示秦皇岛市旅游发展动态，发布惠民便民政策，解答网友咨询提问，公布办事投诉流程；组织实施智慧旅游建设工作，推进秦皇岛市旅游业实现全面提档升级。

秦皇岛旅游网荣获“2012年秦皇岛市人民政府政务网站绩效评估”第一名，秦皇岛市旅游局荣获“2013年河北省电子政务工作先进单位”荣誉称号。

机构·组织

河北省人民政府网站管理中心

2007年，经省编办冀机编办批准，省政府办公厅技术处增挂河北省人民政府网站管理中心牌子。主要职责是：负责全省政府系统机关电子政务的规划、指导和业务人员的技术培训工作；负责省政府所需数据的采集、处理和综合数据库建设；负责省政府电子政务网络、省政府门户网站的建设管理及安全保密工作；负责机关计算机设备、网络的维护管理工作。网站管理中心主任由技术处处长兼任。

省政府网站管理中心先后制发《河北省政府系统门户网站管理规定》《河北省人民政府办公厅关于加强省政府门户网站建设与管理工作的意见》等一系列有针对性、操作性的文件。结合工作实际，逐步形成分级负责的信息维护机制、监督考核机制、安全保密机制、定期培训机制，保障政府门户网站发布信息权威，在构筑省政府网络舆论宣传阵地方面发挥作用。

建立分级负责的信息维护机制。政府门户网站的所有信息均出自各级政府和部门，按照职能分工、分级负责的栏目信息维护机制更新发布信息。省政府办公厅与省政府各部门在网站建设和管理工作衔接方面比较顺畅，分级负责的信息维护更新机制得到较好贯彻落实。每半年对照《“中国河北”网站更新责任分工表》检查各单位内容更新维护情况，并以省政府办公厅名义通报检查结果，督促各单位做好网站的内容更新工作。

切实加强网站内容更新工作。省政府及办公厅领导历来十分重视网站内容更新工作。制发《河北省人民政府办公厅政府信息主动公开工作规程（试行）》《河北省人民政府办公厅关于进一步规范政府信息公开工作有关问题的通知》《河北省人民政府办公厅关于进一步加强和规范政府网站建设与管理的通知》等一系列文件，细化网上公开信息的范围，落实责任单位和责任人，规范审核发布程序，严格保密审查和责任追究。

保障网站信息和系统的安全。严格保密审查程序，所有上网信息按照“先审查、后公开、谁公开、谁负责”的原则，做到“上网不涉密，涉密不上网”；加强管理，建立工作规范，消除安全隐患；构建病毒防护体系，采用防火墙、入侵检测等手段防止黑客、木马攻击，保障网站系统的安全。

省政府网站管理中心会同各设区市政府、省政府各部门及有关媒体，通过多种方式充分挖掘、展示政府网站信息资源，丰富网站内容，发挥宣传河北、服务公众的作用；指导、协调地市及部门网站的具体业务工作，加强信息公开力度、提高行政效能、提升政府公信力等；通过举办培训班和开展交流研讨等多种方式，对政府网站工作人员进行经常化的管理和业务培训，不断提高办网、管网能力。

2008年5月，省政府网站管理中心与河北省科普中心共同发起成立河北省电子政务研究会，为河北省电子政务事业健康快速发展提供了重要平台。

2011和2013年部署实施全省网站绩效测评工作，研究制定《河北省政府网站绩效测评工作方案》及《河北省政府网站绩效测评指标体系》，以评估促发展、以评估促建设、以评估促规范，对各级各部门政府网站开展全面的、多角度的绩效评估。

2013年启动省政府网站升级改造工程，对政府网站信息公开平台、网站栏目体系、专题专栏、网络电视等进行升级，网站维护机制和内容进行优化调整，研究部署了政府网站手机版、外文版及无障碍网站建设工作。

河北省科学技术协会

河北省科学技术协会（简称河北省科协），英文全称：Hebei Association for Science and Technology（HAST）是河北省科学技术工作者的群众组织，是中共河北省委领导下的人民团体，是党和政府联系科技工作者的桥梁和纽带，是国家推动科学技术事业发展的重要社会力量。

科协宗旨：坚持以马克思列宁主义、毛泽东思想、邓小平理论和“三个代表”重要思想为指导，全面落实科学发展观，团结和动员科技工作者以经济建设为中心，坚持科学技术是第一生产力的思想，实施科教兴国战略、人才强省战略和可持续发展战略，建设创新型国家。促进科学技术的繁荣和发展，促进科学技术的普及和推广，促进科学技术人才的成长和提高，促进科学技术与经济的结合。反映科学技术工作者的意见，维护科学技术工作者的合法权益。为经济社会发展服务，为提高全民科学素质服务，推动社会主义经济建设、政治建设、文化建设和社会建设，构建社会主义和谐社会，为实现中华民族伟大复兴而努力奋斗。

河北省科协成立于 1959 年 1 月，是由 1956 年 6 月成立的河北省科联、河北省科普合并而成。河北省科协第一次代表大会于 1969 年 1 月在天津召开，杨石先任主席；第二次代表大会于 1981 年 5 月召开，潘承孝任主席；第三次代表大会于 1986 年 11 月召开，王健任主席；第四次代表大会于 1991 年 10 月召开，邹仁鋆任主席；第五次代表大会于 1996 年 10 月召开，魏建昆任主席；第六次代表大会于 2001 年 10 月召开，张留成任主席（2003 年 12 月由李有成接任）；第七次代表大会于 2006 年 12 月召开，李有成任主席。

至 2013 年底，省科协有省级学会（协会、研究会）115 个，省级会员 119561 人，11 个设区市科协，169 个县（市、区）科协，市（地）级学会 429 个，会员 114461 人；厂矿企业科协 370 余个，农村专业技术协会（研究会）3750 个，农民会员 362048 万余人。这些团体集中了全省理、工、农、医及交叉学科中优秀的专家、学者和科技工作者。河北省科协已经形成了一个多学科、多层次、具有中国特色的科技群众团体。

颁布的重要的政策性文件和法规有：《河北省社会团体条例》1994 年由省人大常务委员会通过，《河北省科学技术普及条例》1995 年省人大常务委员会通过，《中共河北省委、河北省人民政府关于加强科学技术普及工作的意见》1996 年发布，并于 2004 年发布了《中共河北省委关于进一步加强科协工作的意见》。

主要传媒刊物：《河北科协通讯》《河北省科协网》《河北科技报》。

河北省科协机关设：办公室、计财部、组织人事部、学会部、普及部、国际部、宣传部、机关党委、老干部处等九个部室。直属事业单位有：河北省科学技术馆、省青少年科技中心、河北科技报社、省科技咨询服务中心、省科普中心、省科协技术开发中心、省科学决策咨询中心、省国际交流促进会。

河北省科学院

河北省科学院是省自然科学技术综合性研究开发机构，创建于 1978 年，设有地理、生物、微生物、应用数学、自动化、激光、能源七个研究所和一个省重点实验室——机电一体化中试基地。现有职工 500 名左右，其中高级研究人员 120 余人，博士 5 人，硕士 52 人，享受政府津贴专家 13 人。

全院占地面积 131551 平方米（196. 8 亩）。其中院本部 89716 平方米（134 亩）；地理所 19629 平方米（29. 5 亩）；微生物所 22206 平方米（33. 3 亩）。

图书馆藏书及期刊 20 余万册，公开发行刊物有《河北省科学院学报》和中文核心期刊《地理与地理信息科学》。

职能配置：

贯彻落实党中央、国务院和省委、省政府有关科技工作的方针政策，制定本院发展规划，指导所属单位的改革与发展。

负责全院党群组织、中层领导班子及职工队伍建设。

围绕全省经济和社会发展目标以及经济建设技术需求，进行科学研究和技术攻关，积极承接国家重点科技攻关项目，为全省经济、社会的可持续发展提供科学技术支撑。

实施“科教兴冀”战略，推动河北省科技创新体系建设，努力实现高新技术成果转化，促进产业化、商品化，以新技术、新产品推动河北省产品和产业结构的调整步伐。

为全省培养、吸纳、储备高科技人才和高层次学科带头人。

积极开展国内外学术交流和技术合作，掌握国内外高新技术研究和产品开发信息，为省委、省政府进行科学决策服务。

指导非营利性科研机构的工作，为全省提供相关学科专业领域的社会公共服务。

按省财政国有资产管理机构授权，负责管理使用全院占用的国有资产。

承办省委、省政府及其职能部门交办的其他事项。

直属机构：

河北省地理科学研究所。为省属非营利性科研机构，主要业务是：以自然地理、经济地理学等理论方法为基础，从事全省地貌形成与过程，森林、海洋与湿地，气候动力过程及预报，产业结构调整与生产力布局，GIS、GPS 和 RS 技术，旅游资源设想与评价，地学信息图谱，国土资源评价与利用，城乡发展环境整治，区域发展规划与开发利用等方面的科学研究和技术服务业务，面向社会提供公共服务，为河北省经济社会的可持续发展提供科学技术支撑。

河北省应用数学研究所。为省属非营利性科研机构，主要业务是：以应用数学、生物数学力学、信息安全、算法理论为基础学科，从事相关学科专业领域的应用基础研究工作，为全省提供相关领域的科学研究与技术开发公共服务业务。

河北省生物研究所。为省属非营利性科研机构，主要业务是：以分子生物学、分子遗传学、微生物学、动物细胞工程学、海洋生物学、环境生物技术、生物工程材料、发酵工艺学、植物病理学、生物防治技术等学科为基础，从事生物工程抗体、海洋生物药用组分、环境微生物生理和分子遗传学、污染环境的生物修复及污染物的微生物转化和降解机理、新型生物工程材料、微生物杀虫（杀菌）技术及其机理、中药杀虫（杀菌）等方面的科学研究和技术创新业务，为全省提供相关领域的社会公共服务。

河北省能源研究所。为省属非营利性科研机构，主要业务是：围绕新能源综合利用、新能源利用技术规范、工业领域水资源高效利用等学科领域，从事太阳能光电、光热转换，地热能应用评价，生物质能气化，生物质量干馏焦化，工业节水新工艺及环保型水质稳定技术，新型节能高分子材料等方面的科学研究和技术开发业务，面向社会提供公共服务，为河北省新能源及工业水资源高效利用提供科学技术支撑。

河北省自动化研究所。转制科研机构，主要业务是：自动化及相关领域的技术研究和产品开发。

河北省激光研究所。转制科研机构，主要业务是：激光技术、新材料技术及相关领域的技术研究和产品开发。

河北省机电一体化中试基地。转制科研机构，主要业务是：机电一体化技术及相关领域的技术测试和产品中试及开发。

河北省微生物研究所。转制科研机构，主要业务是：生物及微生物技术研究和产品开发。

省科学院承担国家“863”课题“光学级金刚石膜制备和加工关键技术研究”1项，并于2005年底通过了专家验收。先后承担国家、省部级重点攻关课题50余项，省部级基金资助课题18项，国家、省部级其他课题近100项。省科学院与国外合作研究课题4项，其他合作课题150多项。积极参加政府机构主导的区域创新体系建设，承担政府赋予的各项科技创新任务。2005年省科学院承担了“河北省南水北调相关地域生态环境预测预警系统”和有关省红色旅游的规划方案得到了省领导和专家的认同，另外，以省科学院为主要技术依托单位的“河北生态省建设规划纲要”项目也已经在2005年底顺利通过验收并荣获2006年度河北省科技进步二等奖。

省科学院取得的科研成果经鉴定达到国际先进水平及以上的19项，达到国内领先水平的200余项，其他全部达到国内先进水平。其中获得省、部级科技发明奖的6项，获得省、部级科技进步奖的近30项。

省科学院申请专利40余项，授权专利8项，专利使用7项。

发表科技论著总数700余篇，其中：在省级以上学术刊物发表论文650余篇。

全院共投入科研经费7000多万元，重大科技攻关专项经费600万元，从而在诸多研究领域逐步形成了自己的优势。至2013年底，省科学院已经确立了五大研发领域（生物技术、信息科学与技术、新材料、地理科学与生态环境、新能源与工业水处理）作为我们的主要发展方向，全院建有五个重点实验室，其中有省机电一体化中试基地和省工业节水技术两个省级重点实验室。

河北省社会科学院

河北省社会科学院（河北省邓小平理论、“三个代表”重要思想和科学发展观研究中心，中共河北省委讲师团，河北省社会科学界联合会）是省委省政府直属事业单位，是省级社会科学综合研究机构、理论宣讲机构和社团机构。其前身是始建于1963年的河北省哲学社会科学研究所，1981年改建为河北省社会科学院，2009年2月省委省政府决定将省委讲师团、省社会科学界联合会并入省社会科学院。

省社会科学院坐落于石家庄市裕华西路和红旗大街交汇处。全院现有在职人员355人，其中专业技术人员218人，高职人员115人。院内设经济学、人文学、社会法学等学科片暨多个研究所（中心），经济、哲学、政治文化等教研部门，成果管理、科普工作、学会管理等工作部门。

省社会科学院坚持以科学发展观为统领，为党和人民的事业发挥思想库作用。坚持“为省委省政府决策服务、为全省经济社会发展服务、为基层服务”的办院方针，构建“理论武装、服务决策、繁荣发展”三位一体工作新格局，落实“出成果、出人才、出效益”的总体要求，推进学科体系、学术观点、科研方法创新，努力发挥省委省政府“智库”作用，大力推进全省哲学社会科学事业的繁荣和发展，力争在“十一五”时期，实现“省级一流、国内知名”省级社科院的奋斗目标。

全院致力于邓小平理论、“三个代表”重要思想和科学发展观理论与实践问题研究，河北省经济社会发展重大理论与实际问题研究，有河北特色和区域优势的历史文化研究，努力推进研究成果的转化和应用，为省委省政府科学决策和全省经济社会又好又快发展提供理论支撑和咨询服务。

全院不断深化和拓展党的理论武装工作，积极开展理论教育、理论宣传，组织实施干部在职马克思主义理论和形势政策教育及培训等重大宣讲活动，为各级党委中心组提供学习服务，指导和管理各市委讲师团的业务工作。

全院努力发挥省委、省政府联系全省社会科学工作者的桥梁和纽带作用，指导、组织、管理、协调全省社科联所属团体会员和全省民办社会科学研究机构的工作；组织学术活动与交流，普及社会科学知识，发布管理“河北省社会科学发展研究课题”；依照省政府授权，负责省级社会科学成果奖励和管理工作；评选社会科学优秀青年专家。

省社会科学院注重学科体系和人才队伍建设。区域经济学、中国特色社会主义理论体系研究、农村经济学、河北地方史与传统历史文化研究为重点学科，当代文化（文学）与河北文化发展研究、人口社会学、马克思主义哲学与现代化、服务经济为重点扶持学科。现有12名享受国务院特殊津贴专家，3名省管优秀专家，14名省突出贡献中青年专家，10名省社会科学优秀青年专家，12名省新世纪“三三三人才工程”人选，10名河北省宣传文化系统“四个一批”人才，16名省中青年社科专家五十人工程人选。

省社科院主办《河北学刊》《经济论坛》和《社会科学论坛》等公开发行刊物；主办《决策建议》《决策参考》，与省委宣传部联合主办《党委中心组理论学习通讯》《理论信息》等内部刊物；主办“河北省社会科学院网”“河北省干部理论教育网”和“河北社会科学网”。

河北省社会科学院积极开展国际学术交流与合作，与日本、俄罗斯、美国、加拿大、英国、荷兰、以色列、乌克兰、波兰等国家和香港、台湾地区的科研、教学机构建立了长期稳定的学术交流关系。

河北工程咨询研究院

河北省工程咨询研究院是1987年经省政府批准成立的副厅级事业单位，隶属于河北省发展和改革委员会，是中国工程咨询协会、国际咨询工程师联合会（FIDIC）会员，是河北省最大的综合性工程咨询机构和国家首批认证的综合性甲级工程咨询单位，通过了ISO9001：2008质量体系认证。内部机构有办公室、综合处、项目评审一处、项目评审二处、设计概算审核处、节能评估审查处、投资研究与规划处、环境影响评价处、工程咨询协会秘书处8处1室。除正式在编职工外，河北工程咨询研究院还拥有由省内外各行业、各学科1600余名专家组成的专家库。

河北省科学技术普及中心

河北省科学技术普及中心于2012年经河北省编委重新审核成立，隶属河北省科学技术协会，属于全额拨款事业单位。主要职责是：承担科普资源的制作和传播工作；负责科普声像、影视专题片和科普资料、挂图、图片的图片的摄制和编辑工作；为社会和各级科协组织提供科普资源和科普服务；负责对全省基层科普活动场所的指导和服务等。

近年来，河北省科学技术普及中心参与建设数字科技馆，并连续三年获得优秀二级子站荣誉；拍摄制作了农村实用技术和人物专题片，制作了大量科普视频；为省科协工作提供了技术支持。同时，科普中心还组织了科普大篷车下乡宣传活动，为广大人民群众的科普工作作出贡献。

河北省科学技术普及中心整合自身科普资源优势，在省科协的领导下，为各级科协提供科普服务和科普资料，为社会提供了科普影像、声像，组织协调科普活动，对科普工作作出了极大努力并取得了显著的成绩。

河北省软件评测中心

河北省软件评测中心于2004年由河北省机构编制委员会办公室批准成立。是在河北省工业和信息化厅领导下，省内唯一授权成立的软件产品评测机构。同时省软件评测中心还是工业和信息化部认可的河北省内计算机信息系统集成及信息工程监理单位资质的唯一评审机构。

河北省软件评测中心具有符合ISO/IEC 17025《校准和检测实验室能力的通用要求》的完善的软件测试质量管理体系。中心秉承“科学、公正、严谨、诚信”的原则，为政府提供全面的技术支撑，为社会各界提供产品及项目的评测、认证、咨询、培训等公共服务。并且可以按照ISO/IEC 17020《各类检查机构能力的通用要求》对企业计算机信息系统集成企业资质三、四级和信息系统工程监理单位资质地方临时级别进行评审。

河北省环境信息中心

河北省环境信息中心成立于1993年12月，人员编制14名，全额拨款事业单位，省环保局直属事业单位。主要职责是：负责搜集、存储、加工和传输全省环境质量状况、主要污染物排放情况、自然生态保护、环境管理等重要信息；负责全省重点污染源在线监控工作；负责全省环境信息网络的建设和维护。

具体职责：

贯彻有关信息化的法规、规

划、方针、政策和要求；贯彻执行国家环境信息标准和技术规范；制定全省环境信息标准、技术规范和管理办法，并监督执行。

制订全省环境信息工作计划、规划；组织实施国家环保总局、省信息办及省局下达的全省环境信息化工作任务。

指导全省环境信息网络的建设和运行；负责省级环境信息网络系统、视频会议系统、污染源监控中心的建设、运行和维护；负责全局电子邮件的收发管理。

负责全省环保系统的信息技术应用与应用软件开发、使用与推广工作；为省局及总局下发的各类环境管理应用软件提供技术支持和服务，为省局提供多媒体制作业务；开展环境信息技术研究。

负责河北省电子政务综合信息平台、“河北环境保护”门户网站的规划、实施、维护、管理与服务工作，并收集环保信息、政务信息和省辖城市空气质量周报等信息的对外发布工作；负责全省环保政务信息的网络上报工作。

负责全省环保系统信息中心的规范化建设和工作指导；对全省各级环境信息系统建设提供业务指导及技术培训。

负责全局计算机及网络设备的运行管理、维护、技术服务、病毒防范及安全保密工作。

负责《环境信息网络文摘》《环境信息快报》的编发工作。

信息中心内部机构职责及人员设置：

信息中心内部设综合科、网络科、开发科 3 个科室具体负责中心各项工作。

河北省电子政务研究会

河北省电子政务研究会成立于 2008 年 5 月，是由河北省人民政府网站管理中心、河北省科普中心共同发起，经河北省民政厅民间组织管理局（冀民准许字〔2007〕82 号）批准，由河北省科学技术协会主管、河北省科学院承办的社会团体。

河北省电子政务研究会由河北省科学技术协会主管，办事机构依托河北省科学院，业务上受河北省科学技术协会、河北省网站管理中心及相关职能部门的指导，协会活动接受河北省民政厅监督，日常事务由协会秘书处负责。

河北省电子政务研究会的宗旨是，推动河北省电子政务事业健康发展，团结和组织全省电子政务工作机构、相关部门、企事业单位开展国内外电子政务研讨、交流、高层培训、组团考察等活动，推进资源共享，形成规模效益。

河北省电子政务研究会现有来自全省各级政府办公厅（室）、行政（政务）服务中心、信息中心、科普中心和 IT 企业、科研院所、大专院校、社团组织及从事电子政务工作的专家、学者团体会员 200 多家，个人会员 500 多位。

河北省电子政务研究会名誉理事长（顾问）、荣誉理事长、理事长、副理事长、秘书长名单：

名誉理事长：王昆山、刘志金

顾问：陈致明

荣誉理事长：李　璞、张德强、段润保、刘骁悍

理事长：蒋春澜

副理事长（第一届理事会）：张荣科、王培悦、李书辰、刘树利、董振国、吴志辉、李双溪、刘　波、范宪林、姚荣智、李　强、赵宏哲、罗乃立

秘书长：于俊民（第一届）
杨　毅（第二届）

河北省电子政务研究会设区市分会（第一批）负责人名单：

石家庄分会：赵志敏　王梅林

秦皇岛分会：刘　辉　巴晨锋

保定分会：丰世敬　李　飞　韩　静

衡水分会：王凤鸣　姚会亭（第二任）　苏桂敏　郑　丹

邢台分会：冯智勇　王贵欣

邯郸分会：丁向平　王吉学

河北省信息协会

河北省信息协会成立于 1990 年 12 月，英文缩写 HIIA。会长：刘书增，秘书长：魏新。

协会宗旨：高举邓小平理论伟大旗帜，按照科学发展观要求，遵守我国宪法、法律、法规和国家政策，遵守社会道德风尚，根据河北省经济发展、科技进步和社会发展需要，开发、利用、交流和发布各类信息，为会员提供多种形式的信息服务，为社会的宏观经济决策服务，为企业的生产经营活动服务，推进河北省科学技术与信息化发展进程。

协会业务范围：研究、交流、展览、推广、培训、服务。

组织研究河北省信息业和信息技术的发展战略、方针政策、法规规章，向政府和有关领导机构提出建议。

组织拟订信息法规，推动信息标准化、信息库等信息基础工作的建设。

建立信息网络，疏通信息渠道，与国内外有关信息机构和组织建立各种形式的联系机制，为引进技术、资金、人才等牵线搭桥，协助有关部门开展对外商务、科技、农业、劳务、文化、教育、卫生、体育等信息的交流与合作。

组织各类信息和信息技术机构、会员单位之间的横向联合和协作，促进信息资源开发和利用，促进信息市场的培育与繁荣。

组织开展信息技术和理论探讨、专题调查研究以及信息技术开发、应用交流，宣传、推广信息工作经验和成果，努力提高信息的实用性、准确性、及时性，促进信息资源共享。

向各级党政部门提供决策支持信息，积极承担各级领导机关、经济部门、科研机构和企业事业单位委托的有关信息工作和任务。

组织推动信息知识的普及和信息公益事业的发展，开展相关信息机构及其信息安全保密工作人员的技术、业务培训。

采用现代化信息传输手段和技术，为会员单位、为全社会提供全方位的信息服务，不断提高信息服务的质量和水平。

贯彻科学发展观，致力于社会和谐，规范信息服务业行业自律行为，协助维护会员合法权益。

承办党委、政府和其他领导部门及信息机构所委托的工作。同地方、部门、行业信息机构保持经常的业务联系与合作。

日常工作：

建立健全科学有效的工作制度，加强组织建设。

建立协会对外工作协调机制，加强与政府有关部门、会员单位的联系，为协会创造良好的外部环境。

适时吸收新的会员单位，扩大会员队伍。

积极组织活动，不断提升信息化推进水平。

河北省信息协会拥有70名理事、100多名会员。分布在全省经济管理部门、事业单位、科研院所、大专院校、企业和新闻机构等。

河北省信息协会自成立二十多年来，在河北省社团登记管理部门和业务主管单位的指导下，围绕党和政府的中心工作及河北的经济发展、社会和科技进步，在信息资源与信息技术的学术研讨、应用开发、技术推广、业务培训、咨询服务等方面做了大量工作。

河北省互联网协会

“河北省互联网协会”，英译名为“Hebei Internet Society”（简称HBIS）。

省互联网协会是由河北省从事互联网事业的社会组织、以及关心、推动互联网发展的单位和个人，自愿结成地方性、非营利性的社会组织，是依法注册登记的行业性社会团体法人。于2002年8月正式成立。河北省互联网协会接受业务主管单位河北省通信管理局的业务指导，接受社会团体登记管理机关河北省民政厅的监督管理。走民主、自律和自我发展的道路。

截至2010年12月底，河北省互联网协会已有会员单位近二百家。协会由会员代表大会、理事会、秘书处及工作委员会组成（网络安全工作委员会、信息安全工作委员会、行业自律工作委员会、互联网增值服务工作委员会）。

协会的宗旨是：遵守国家宪法、法律和法规，遵守社会道德风尚；团结全省互联网行业的相关企业、事业单位和学术团体，对内组织制定行约、行规，维护行业整体利益，实现行业自律；协调行业与政府主管部门的交流和沟通，宣传贯彻国家政策、法律法规，提高河北省互联网技术的应用水平和服务质量，保障国家利益和用户利益，普及网络知识，引导用户健康上网；对外代表河北省互联网界参与国际国内交流和有关技术标准的研究；促进河北省互联网界参与国际国内交流和有关技术标准的研究；促进河北省互联网产业的发展，发挥互联网对河北省社会、经济、文化发展和社会主义精神文明建设的积极推动作用。

协会的业务范围：

向会员宣传国家的政策、法律、法规，向政府主管部门反映会员和行业的愿望及合理要求，组织与加强政府主管部门与会员之间的交流与沟通。

根据授权制订并实施互联网行业的规范和自律公约，协调会员间的关系，促进会员间的沟通与协作，充分发挥行业自律作用保障国家信息安全，维护行业整体利益和用户利益，提高行业的服务质量。

开展河北省互联网行业的调查和信息搜集、整理、统计与分析工作，研究全省互联网的发展战略、方针政策，促进互联网的应用开发，探讨行业的发展规划，向政府和有关主管部门提出建议。

组织与开展有益于互联网发展的活动，加强行业的信息交流，传递最新技术动态和市场信息，推进全省互联网的发展与应用。

积极参与国际国内互联网有关组织的活动，加强会员单位与国际国内组织之间观念和思想方面的了解和沟通，加强河北省互联网界对互联网国际国内事务的参与，加强国际国内间合作与交流，为互联网在河北省的健康发展作出积极贡献。

编辑出版协会刊物、信息资料。

承担会员单位及其他社会团体或政府主管部门委托的事项。

河北省互联网协会由会员代表大会、理事会、秘书处及工作委员会组成。

根据当前互联网行业的发展特点和互联网市场中存在的问题，为更好地维护全省互联网市场的良好秩序，促进互联网行业健康、持续、快速的发展，河北省互联网协会设置网络安全工作委员会、信息安全工作委员会、行业自律工作委员会和互联网增值服务工作委员会。委员会设主任委员和副主任委员，由主任委员全权负责委员会的工作。

河北省信息产业与信息化协会

河北省信息产业与信息化协会是在河北省信息产业商会和河北省电子行业协会的基础上，联合河北省通信行业企业协会、河北省软件行业协会、河北省信息协会、河北省民用品维修行业协会、河北省开发区协会等组建的综合性协会，协会工作广泛服务于电子信息产品制造业、软件业、通信业、信息服务业、信息产品流通业的企业、事业、管理单位、科研院所等，是河北省政府重点支持的十大主导产业行业协会之一。现团体会员覆盖全省信息产业企事业和相关管理单位的60%以上，并拥有经济技术专家、高学历企业家个人会员100余人。

河北省信息产业与信息化协会的主要职能：

对信息产业和信息化建设现状、发展趋势和市场需求进行调查研究；参与有关行业发展、行业改革以及与行业利益相关的政府决策论证；为信息产业和信息化发展提出政策和规划建议；根据需要，参加政府举办的有关听证会。

依据协会章程，制定行业规范、标准和行规行约，并监督执行；对违章违约行为和达不到质量规范、服务标准、损害客户合法权益、参与不正当竞争，致使行业集体形象受损的会员，可以采取业内批评、通告批评、开除会员资格等惩戒措施，也可建议有关行政机关依法对非会员单位的违法活动进行处理。

代表会员企业进行反倾销、反垄断等调查，向政府反映停息行业和企业的愿望与要求，维护行业和会员单位的合法权益。

开展经济、技术咨询服务，利用会刊和网站，向会员单位提供技术、市场、项目、人才等方面的信息情报，多渠道为会员单位服务。

组织行业培训、信息交流、会展招商、信息技术和信息化解决方案及产品推介活动，开展信息化评测和咨询，促进信息技术应用，提高行业整体素质及社会信息化水平。

协调会员与会员、会员与行业内非会员、会员与其他行业经营者、消费者及其他社团组织的关系；加强行业协会内部与外部的信息交流、业务交往；开展国内外经济技术交流与合作。

协调会员与会员、会员与行业内非会员、会员与其他行业经营者、消费者及其他社团组织的关系；加强行业协会内部与外部的信息交流、业务交往；开展国内外经济技术交流与合作。

通过法律、法规授权，政府委托，开展行业统计、行业调查、发布行业信息、公信证明、价格协调、行业准入资格、资质审核等各项工作。

加强与国内外社会团体、科研机构、大专院校的交流与合作，引进成熟的信息化项目及相关技术和人力资源，对信息化建设中的热点、难点问题进行调研和交流。

河北省信息产业与信息化协会按照章程的规定协助政府实施大行业管理，充分发挥桥梁和纽带作用，积极开展维权、调研、咨询、培训、展会、交流、评优、推介、招商、信息等中介服务工作，承办政府交办和企业需要的事项和任务。按照市场化、政会分开、自主办会原则，秘书处设置会员部、培训部、展览部、国际交流部等机构，并成立了电子信息材料分会、信息化专业委员会、人才服务委员会、电子产品与市场服务专业委员会等分支机构。

河北省信息产业与信息化协会秉承“面向基层，面对市场，广泛开展国际、国内电子信息产业和信息化建设的交流与合作，致力于增强全省信息产业实力，推动信息化，全方位为会员单位服务，促进河北省信息化建设和信息产业的发展”的宗旨，坚持创新的观念，创新的工作思路，凝聚一批行业优秀企业家和协会工作骨干，充分发挥协会自身优势和核心战斗力作用。开展行业改革、管理、科技创新活动、产业发展重点课题研究、举办展会、论坛、组织国内外经济技术协作与交流、拓展行业服务领域，与中国信息产业商会、中国电子企业协会、中国电子商会、中国国际贸易促进委员会河北省分会、河北省海外华侨华人工商促进会、河北省企业联合会、河北省企业家协会建立广泛的横向联系及工作渠道，完善协会自身建设和运行、管理、监督机制，在行业内外建立了良好的信誉，深受企业和会员单位欢迎。协会曾先后获得中国电子企业协会“工作奖”、河北省民政厅“河北省优秀社会团体”、河北省企业联合会“河北省先进协会”等荣誉。

河北省自动化学会

河北省自动化学会（HEBEI ASSOCIATION OF AUTOMATION，简称HBAA）成立于1978年12月25日。是由河北省自动化科学技术工作者自愿结成，依法登记成立，具有学术性、公益性的法人社会团体，是河北省科学技术协会（以下简称河北省科协）的组成部分，是发展河北省自动化科学事业的重要社会力量。

学会宗旨：弘扬“尊重知识，尊重人才”的风尚，倡导献身、创新、求实、协作的精神，团结广大的自动化科技工作者，为发展省自动化科学技术，为促进出成果、出人才，为加速实现我国四个现代化作出贡献，为会员和自动化科技工作者服务。

学会的业务范围：

开展自动化科技及相关领域的学术交流，交流科技信息，提高学科水平，促进自动化科学技术的发展和应用，推进自动化科技人才的培养；

开展自动化科技及相关领域的国际科技交流，发展同国外自动化科技及相关领域的科技团体和科技工作者的友好交往，举办各种形式的自动化科技领域的国际学术会议、讲座、培训班等活动，促进国际科技合作；

举办各种类型的国际、国内自动化科技及相关领域的展览会或展示会；

组织编辑出版自动化科技及相关领域的科技期刊、书籍和论文集；

开展自动化科技及相关领域的继续教育和技术培训工作，普及科学技术知识，传播先进生产技术和科学管理经验；

接受委托，承担自动化科技及相关领域的科技论证、评估、咨询、科技成果鉴定、专业技术资格（或职称）评审，科技文献评审，标准的制定；

开展自动化科技及相关领域的技术咨询、技术服务和技术转让；

发现并推荐人才，表彰、奖励在科技活动中取得优秀成绩的会员、自动化科技工作者和在学会工作中作出突出成绩的学会工作人员；

兴办为经济建设服务的事业和与本会业务范围相关的营利性科技实体，举办为会员服务的集体福利事业和活动；

组织会员参加有益的活动，维护会员的合法利益，反应会员的建议和呼声。

河北省计算机学会

河北省计算机学会1982年正式成立，省一级学会，独立社团法人，业务上接受河北省民政厅、河北省科协的指导和监督，挂靠单位是河北省科学院应用数学研究所。学会下设计算机应用专业委员会、多媒体专业委员会、NOI高级培训委员会三个分支机构，拥有30多家会员单位，个人会员已达到1278人，会员遍布高校、企事业单位等各行各业的计算机专家。

省计算机学会主要从事计算机及相关领域的传播、推广及应用，组织有关计算机学科的学术研讨和理论实践活动。宗旨是为本领域专业人士的学术和职业发展提供服务；推动学术进步和技术成果的应用；进行学术评价，引领学术方向。

学会自成立以来，严格履行学会章程，团结和组织计算机科学技术工作者，促进河北省计算机科学技术的繁荣和发展，从而使计算机科学得以普及、推广和应用。组织会员和社会力量，对计算机科技理论和实践问题进行交流和研讨；为各行业培养和推荐人才，做好联系广大科技工作者的桥梁和纽带。学会与河北省电子学会、河北省自动化、河北省人工智能学会、河北省CAD研究会、河北省软件行业协会、高新技术产业协会、河北省电子政务研究会有密切的联系或合作。每年不定期举办各种类型的学术交流研讨会，出版学术论文集，为广大会员营造良好的学术氛围。学会成立以来，一直倡导科学道德的优良学风，坚持百家争鸣的学术氛围，团结组织会员及会员单位，在促进计算机科学技术的繁荣与发展，普及与推广，以及人才的成长与提高等方面，作出了自己应有的贡献。

河北省计算机学会实行会员制，凡承认学会章程、填写表格、缴纳会费者，均可成为学会会员。

石家庄市信息中心

石家庄市信息中心是市政府直属正县级全额拨款事业单位，归口办公厅管理。2003年9月，经市政府批准，原隶属市发改委的市信息中心并入市政府办公厅政务信息中心，沿用市信息中心的名字。2008年7月，经市编制办批复，加挂石家庄市人民政府电子政务办公室牌子。2009年3月经省编制办批准，参照公务员管理。现有编制30名，内设5个处室，实有人员28名，其中计算机及相关专业技术职务人员18名。

市信息中心主要职责：建设和维护市级电子政务网络平台，指导县（市）区电子政务网络平台的建设工作；组织建立网络和信息安全保障体系；负责市政府门户网站建设和管理，指导、协调市直部门网站和县（市）区门户网站的建设工作；负责组织机关办公业务网络化应用，组织政务信息资源的开发应用，会同有关部门推进网上行政审批和便民服务。

中心自2003年9月整合以后，围绕职责主要做了以下几方面工作：一是高标准建成电子政务核心骨干网和中心机房，为电子政务其他项目的实施打下了良好基础。机房工程被河北省技术监督局和中国计算机用户协会分别授予优质工程奖牌和优质工程荣誉证书。二是按照“集中建设、分布应用、强核辐射、资源共享”的集群化建设模式，总投资不足450万元，新建了市政府、市人大和工商、财政、税务、劳动、城管、妇联等60多个部门子网站，覆盖了政府大部分部门和重要事业单位，同时建立和完善了网站群技术服务保障机制。集群化网站群建设和管理模式在全国应用较早，规模最大，被《互联网周刊》誉为“堪称国内第一个真正的统一内容管理平台”，先后十多次获得国家级电子政务应用或政府网站建设奖项。三是市政府门户网站作为市委、市政府对外宣传石家庄的重要网络媒体和服务社会市民的重要载体，经过多次改版建设，网站功能不断增强，信息量不断丰富，服务应用不断增加，承载的信息量更大，服务社会的能力更强，充分体现政务公开、网上办事、政民互动和民生服务四大功能定位，以“完整、准确、及时、规范”的标准公开政府信息，成为石家庄市最具权威的政府信息发布平台；以“为民、便民、利民”的原则整合政府各个部门和公共企事业单位的服务资源，成为广大市民网上办事的服务平台；以“倾听民意，服务民生”为目标，成为公众参政议政、监督评议和政民互动的最佳平台。市政府门户网站自2005年起，连续多年在原中国政府网站绩效评估结果中，获得全国地级城市前50名，连续多年省内设区级市排名第一。四是建设了电子政务网络统一平台，包括内网上联省政府，下联各县（市）区政府，横向连接市委、市人大、市政协及市政府各部门及相关单位；政务外网网络覆盖政府东、西两院及院外单位共计51家，内外网终端用户约5000个。电子政务网络平台为部门间数据共享和交换搭建了平台，承载了大量应用，有60多个部门和单位不同程度地共享共用网络资源，除了政府门户网站群系统、政务办公系统，还承载运行了市审计系统、国土系统、计生系统、水利系统、住房公积金系统等部门的部分业务。其中政务办公系统2007年3月该平台被中国信息协会评为“全国优秀电子政务应用平台”。五是政务办公系统于2004年11月正式投入运行。该系统主要运用于市政府与各县（市）区、各部门之间的公文流转，市、县两级政府之间公文流转，流转内容主要包括非涉密的一般文件、通知、请求报告、数据资料库、提案议案、内部刊物、政务信息及领导讲话稿等。目前，市政府办公厅发往政府部门的纸质文件已减少二分之一到三分之二，公文发送时间明显缩短，各县（市）区、各部门已经以批办网上公文为主，纸制公文已经以存档为主；市政府办公厅和各部门利用网络下发会议及各类通知已成工作习惯；各类内部刊物也基本实现了网上信息报送和采编。

中心承担着政府门户网站及网站群、政务办公网和办公系统、政府信息公开平台的运行和维护；市级电子政务网络核心机房及政务内、外网网络的运行维护和安全管理。

秦皇岛市人民政府政务服务中心

秦皇岛市人民政府政务服务中心（以下简称中心）成立于2001年，是市委、市政府为了深化行政审批制度改革，优化政务发展环境，加快服务型政府建设，服务秦皇岛市经济社会发展而设立的集行政审批许可、组织协调管理、监督指导服务功能于一体的“一站式”政务服务机构。到2013年底共有41个市直部门、259项市级行政审批类服务事项进驻，日均接待办事群众1800余人次，办理各类事项1200余件。

中心位于秦皇岛市海港区建设大街与红旗路交叉口，总建筑面积8000余平方米。其中：一楼大厅主要办理新车上牌流水线业务，设有市公安局、市国税局车购税分局、市财政局等部门和中介服务机构窗口；二楼大厅主要办理企业注册登记流水线业务，设有市工商局、市国税局、市地税局、市质监局等部门和中介服务机构窗口；三楼大厅主要办理建设项目联合审批流水线业务，设有市发改委、市环保局、市气象局等部门窗口和市级重大事项代办中心。大厅内均设有导办服务台，残疾人绿色通道，实行全领域导办领办代办服务。

自2003年7月正式运行以来，中心始终坚持以科学发展观为指导，遵循“团结、创新、务实、高效、勤政、廉洁、为民”的服务宗旨，开拓创新，各项工作取得显著成效，多位党和国家领导人来中心参观调研，并给予肯定。中心按照“强服务、抓执行、讲规范、促和谐、保发展”的工作理念，抓管理、提效能、树形象，不断创新审批机制、提升行政效能、拓宽服务领域、创优发展环境，为秦皇岛市沿海强市、美丽港城建设作出了突出贡献。

2010年度，中心被河北省人防办评为河北省参与支持人民防空工作先进单位，被市委、市政府评为文明单位，被市干部作风年活动领导小组评为市五星级优质服务窗口。

2011年度，中心被河北省群众工作领导小组评为河北省群众工作亮点单位，被河北省委组织部、河北省公务员局评为河北省“带头争做”活动联系点，被市委、市政府评为2006—2011年全市法制宣传教育先进集体。

2012年度，中心被中共中央组织部评为全国创先争优先进基层党组织，被中华全国妇女联合会评为全国三八红旗集体、全国妇女创先争优先进集体，被河北省文明办评为河北省文明单位，被河北省住房和城乡建设厅、河北省人力资源和社会保障厅评为2010—2011年度全省保障性安居工程工作先进单位，被市委、市政府评为文明单位标兵。2013年度，中心获得省总工会“工人先锋号”荣誉称号。

唐山市政务服务中心

唐山市政务服务中心位于新华西道122号，建筑面积7250平方米。2002年11月20日正式启用，现有行政审批管理办公室、29个行政部门和8个相关单位进驻，194个服务窗口，工作人员230名，进驻行政审批事项204项，是全市最大的政务服务、政务公开平台。“中心”运行12年来，累计受理各类行政审批事项近160万件，日均受理500余件，按时办结率保持在99%以上。

“中心”配备了现代化的办公设施，组建了唐山市行政审批服务网，全面受理市本级涉及群众生产、生活的所有行政审批事项；并为广大市民提供导引服务、领办代办、咨询、自助查询、政府信息公开查询、免费复印、收费、投诉举报等便民服务。

至2013年底，进驻的部门和单位分别是：市发展和改革委员会、民政局、文化局、卫生局、体育局、人社局、规划局、公安局、交通局、城管局、气象局、物价局、商务局、住建局、国土资源局、环保局、农牧局、林业局、水务局、安监局、人防办、地震局、国家安全局、烟草专卖局、食品和药品监督管理局、工商局、质量技术监督局、国税局、地税局、市土地流转中心、市供电公司、河北省信息公司唐山分公司、中国银行唐山分行、天华会计师事务所、华信会计师事务所、天嘉律师事务所、东方地产评估公司。

“中心”以“公开、便民、廉政、高效”为宗旨，按照“一口对外、一门受理、一次告知、一站办公、一地办结”的工作程序运行，实行审批主体、审批内容、审批依据、审批条件、审批程序、审批时限、收费标准、收费依据“八公开”。

保定市政务服务中心

保定市政务服务中心成立于2006年2月，位于七一中路68号，建筑面积7200平方米，进驻部门43个，服务窗口131个，办理审批、服务事项385项。按照成龙配套、流程管理理念设置了税费服务、综合审批、项目审批、公共资源交易及出入境管理等6个办公区域，日均接待办事群众1500余人次，日均办件超过1000件。

2008年9月，保定市政务服务中心管委会（挂市优化环境办公室的牌子）正式成立，为市政府特设机构（正县级），实行市委、市政府双重领导，设在市纪委，负责全市政务服务中心的管理工作和优化环境工作。

保定市政务服务中心自成立以来，始终坚持以打造公开透明、廉洁高效的政务服务环境为目标，以便民利企、优质服务为宗旨，按照“优化环境建长效机制、服务中心抓上档升级、队伍建设强干部素质”的总体思路，积极创新，大胆实践，在转变政府职能、提升行政效能，优化政务环境等方面作出了积极贡献。先后在全国深化政务公开推进政务服务经验交流会、全国加强廉政风险防控规范权力运行现场会和河北省政务服务中心建设经验交流会、河北省反腐倡廉建设创新经验交流会上介绍典型经验。被河北省授予全省干部作风建设“十佳先进集体”“全省先进基层党组织”“全省创先争优先进基层党组织”等称号；多次被市委、市政府评为“实绩突出单位”“亲商重商活动先进单位”“推动全民创业工作实绩突出单位”和“信访稳定工作先进单位”。中央电视台《焦点访谈》、中国新闻网、新华网、中国纪检监察报、中国质量报、河北日报等中央、省、市新闻媒体多次宣传报道中心先进经验和做法。

沧州市政务服务中心

沧州市政务服务中心是沧州市人民政府设立的面向公民、法人和其他组织办理行政审批服务事项、便民服务事项的综合性政务服务机构。“两个中心”位于沧州市国际会展中心西侧（北京路与吉林大道交叉口），建筑面积2.7万平方米，设有政务服务大厅、公共资源交易开评标区、公共餐厅、停车场等服务设施。

沧州市委、市政府对中心建设高度关注，主要领导和分管领导给予了多方面的关心和指导。中心全体工作人员牢固树立“依法依规依纪依程序干事干成事”的意识，弘扬“尽职尽责尽力尽才智敢为敢担当”的主人翁精神，努力打造优质过硬服务团队，凝聚正能量，积极投身靓丽、繁华、宜居、和谐新沧州建设。沧州市政务服务中心被评为2013年沧州市十大亮点工作之一。

沧州市政务服务中心于2013年6月28日正式运行，是全省面积最大、进驻部门最集中、办事企业和群众最关注、舆论和媒体最聚焦、所有审批和服务最透明的公共服务场所。中心大厅日均接待群众1500余人、每天办件量800件左右，已累计办件20万余件。政务服务大厅建筑面积2.25万平方米，截至2013年底投入使用9个环岛、125个服务窗口，市本级进驻行政审批部门39个，占用环岛6个，涉及事项438项。公安局出入境管理局、金融服务中心，占用环岛1个；运河区与新华区政务服务中心占用环岛1个，分别安排入驻部门12个和11个；中介服务机构占用环岛1个。保留沧州市公安局车管所，沧州市人社局医保社保中心，沧州市住建局产权交易市场，沧州市港航局港务服务中心相应办事大厅作为市政务服务中心的分中心，涉及事项94项，其相应业务仍在原地点办理。

政务中心集中办理许可审批和服务事项。按照应进必进的原则，整合市级政府机关的行政许可、非行政许可审批、行政监管和公共服务事项，在“中心”集中统一受理、统一发件，涉及事项438项。同时，运河区政府涉及11个部门的116项事项、新华区政府涉及11个部门的113项事项一并入驻。

市级许可审批事项及与之关联的公共服务事项集中进入中心，实行“一门受理、一次性告知、前台收件、后台运行、联审会办、限时办结”的管理体制，提供“一站式”服务。

公民、法人和其他组织到“中心”办理各类证照、咨询投资政策和证照申请事宜，首先被问及的工作人员作为责任人，为其提供善始善终的服务制度。

当事人到窗口申请办理或咨询服务事项时，窗口工作人员一次性告知当事人该事项的办理程序及所需申报材料，做到“一口清”。

衡水市人民政府政务服务中心

衡水市人民政府政务服务中心是政府集中行政审批资源，对外提供“一站式”服务的重要窗口，是政府履行公共管理职能的综合平台，是转变政府职能、优化发展环境、构建和谐社会的重要举措。

衡水市人民政府政务服务中心是市政府的派出机构，下设公安交管分中心、公安办证分中心、房产交易分中心和交通运管分中心4个分中心。桃城区政府政务服务中心与市政府政务服务中心合署办事，市、区共设立服务窗口40多个，工作人员150多名。

中心以“公开、公正、透明、高效、热情、为民”为服务宗旨，为广大投资者和人民群众提供优质高效的服务，为全市经济社会发展提供切实有效的保障。

作为市政府综合服务的窗口，服务中心按照行政审批项目“应进必进”的原则，把全市依法保留的行政审批事项和企业、群众密切相关的公共服务事项充分纳入中心，集审批与收费、信息与咨询、管理与协调、投诉与监督、公共资源交易等功能于一体，为企业和群众提供立体的、全方位的服务。

服务中心坚持“三个一”（“一网式”“一线式”“一站式”）相结合的工作理念，依托政府统一的网络平台，以电子政务为支撑，建立了“一门受理、集中审批、公开透明、限时办结”的运行机制，实行“审批事项、办事程序、申报材料、承诺期限、收费标准、政策依据”等内容的“六公开”，在工作中落实“首问（办）责任、一次告知、并联审批、考核评议、追究问责”等各项审批制度，自觉接受社会各界的监督。

邢台市政务服务中心

邢台市人民政府政务服务中心（大厅）管委会是市委、市政府为大力推进行政工作提速，服务提质，深化行政审批制度改革，进一步优化发展环境，而批准设立的正县级机构，是集信息与咨询、许可与收费、管理与协调、投诉与监督于一体的综合性政务服务机构。目前，进厅部门45个，设有80个服务窗口，共办理各类审批服务事项508项，其中行政许可事项154项，非许可审批事项23项，其他事项361项。

大厅实行政务公开制、服务承诺制、限期办结制、首问负责制、一次性告知制、失职追究制等各项制度，实行“一条龙服务、一站式办公、并联式审批、阳光下作业、规范化管理、封闭式运行”。实行“八公开”服务，即公开办理权限、公开事项名称、公开法律依据、公开办理条件、公开申请材料、公开办理程序、公开承诺时限、公开收费标准。

截至2013年底，已进厅业务的部门有：发改委、民政局、人力资源和社会保障局、国税局、地税局、建设局、交通局、国土资源局、环保局、城管局、房管局、规划局、人防办、公安局、国家安全局、农业局、林业局、水务局、气象局、供销社、科技局、教育局、卫生局、体育局、地震局、工商局、物价局、粮食局、商务局、药监局、安监局、财政局、质监局、消防支队、事业单位登记管理局、计生委、文化广电新闻出版局、住房公积金管理中心、国资委、工信局、烟草专卖局、无线电管理局、司法局、煤气热力总公司、供电公司、供水公司。中介服务机构有：银行、商务、印章等。

邯郸市民服务中心

邯郸市民服务中心是邯郸市委、市政府办理公共服务、行政审批、公共资源交易和联合接访等相关工作的服务场所。2001年5月，邯郸市委、市政府成立邯郸市投资项目审批中心；2005年8月，建成包括行政许可大厅、行政网络大厅和政民互动大厅的行政服务中心；2007年底，又对三个大厅进行整合，建成综合性行政服务中心。2008年1月2日，新中心正式入驻运行，成为政府最大、最靓、最和谐的窗口；2011年3月，联合接访中心入驻，整体提升为邯郸市民服务中心。2012年8月2日，市委、市政府又在市民服务中心管委会增挂了邯郸市公共资源交易中心牌子，实行“一套人马、两块牌子”。

服务中心入驻83个单位839名工作人员，设车管所、房产交易中心、国税局车辆购置税办税大厅、住房公积金管理中心、公安局出入境办证大厅等5个分中心。全市19个县（市、区）都建立了政务服务中心；233个乡镇街道建立了便民服务中心，占全部乡镇街道的94%；4170个村建立了便民服务站，占全部村的75%。初步建立了以市级中心为龙头，县级中心为重点，乡镇（街道）便民服务站、村（社区）便民服务室为基础的四级政务服务体系。从运行情况来看，各级服务中心已经成为政府提高行政审批效能、方便群众办事、优化发展环境的重要载体和平台。在转变干部作风，提高行政效率、提升服务水平方面普遍得到社会公众的认可，受到群众普遍欢迎。

中心运行以来，每年平均办理行政审批服务事项300余万件，日均办理12000余件；每年接待上级领导和外地同行考察90余批次；每天到中心办事的群众达 10000 余人次。中心荣获“全省十大公共建筑”、省“人民满意的公务员集体”等称号，被广大人民群众誉为“市民之家”。

市民服务中心对政务服务中心、公共资源交易中心、联合接访中心实行一体化管理，建立了独具邯郸特色的“三位一体+电子监察”运行模式。

为加强中心建设，邯郸市委、市政府出台了《关于进一步加强市行政服务中心建设的若干规定》《关于进一步加强全市行政服务中心建设的意见》《邯郸市行政服务监督管理办法》等一整套规范性文件。在运行实践中，深入总结在事项办理、人员管理等方面的有效做法和成功经验，建立完善了一系列行之有效的规章制度，并编印了《邯郸市行政服务中心理念、行为、视觉识别系统》《邯郸市行政服务指南》。

中心实行首席代表制、统一受理制、实行“一照一章三证”联办制、重点项目代办制、统一收费制、实行限时办结制、市民服务中心是个新事物，为把中心管理好、运行好，市民服务中心运行实践中建立健全了七大保障机制。一是组织保障机制，二是绩效考核机制，三是人文关怀机制，四是市县联动机制，五是全程信息公开和行政监察机制，六是投诉评议机制，七是责任追究机制。

邯郸市民服务中心作为行政审批制度改革、优化经济发展环境和加强政务服务工作的重要平台，在转变政府职能、改进机关作风、提高行政效能、加强依法行政、从源头上防腐等方面都发挥了积极的作用，为邯郸经济社会发展环境创造了良好条件，受到企业和市民的普遍赞誉。

定州市政务服务中心

定州市政务服务中心位于定州市自来佛北街，建筑总面积 3200 平方米。中心下设综合办公室、业务科、收费科、监察科、负责中心日常管理和监督等工作。目前进驻中心办公的行政单位 23 个，中介服务组织 5 个，涉及 222 项服务职能（其中收费项目 35 个，不收费项目 187 个）。内设三个服务平台和一个公共资源交易中心，设置服务窗口 54 个。

便民服务平台：进驻行政单位 4 个（人事劳动和社会保障局、国税局、卫生局、食品药品监督管理局）、中介服务组织 4 个（保定商业银行、商务中心、公证处、保险公司）。设置窗口 16 个，涉及服务职能 42 项。

投资项目审批平台：进驻行政单位 16 个、中介组织 1 个（会计事务所），设置窗口 25 个，涉及服务职能 167 项。行政单位有：发改局、规划局、国土局、环保局、人防办、安监局、科技局、气象局，文广新局、住建局、交通局、公安局（消防）、农业局、水利局、林业局、财政局。

企业注册登记办证平台：涉及 3 个主要单位、13 项服务职能、9 个窗口。牵头单位：工商局。涉及单位：工商局、质量技术监督局和民政局。

公共资源交易大厅（招投标中心）：由中心办公室牵头，住建局、国土局、财政局参加，设置服务窗口 3 个。

IT 企业

中国联合网络通信有限公司河北省分公司

河北联通是河北省具有百年发展历史的通信运营企业，其历史可追溯到 1884 年成立的北洋官电局。公司的前身是 1951 年成立的河北省邮电管理局。改革开放尤其是进入新世纪以来，河北联通先后经历了政企分开、邮政电信分营、移动分离、融合重组等电信体制改革。到 2013 年底公司下辖 11 个市分公司、151 个县级分公司。按照集团公司要求，成立河北省网络分公司，下辖 11 个市分公司和干线维护中心。

河北联通主要经营固定通信业务，移动通信业务，国内、国际通信设施服务业务，卫星国际专线业务、数据通信业务、网络接入业务和各类电信增值业务，与通信信息业务相关的系统集成业务等。

河北联通固定资产原值近 730 亿元，年缴纳税金 7 亿元以上，全口径用工总数 3. 8 万人，各类电话客户、宽带客户总量 3800 万户。2006 年，省委办公厅、省政府办公厅分别与原河北网通（现河北联通）签署了全省统一电子政务网络平台（省到市统一传输通道和省级横向网）运行服务合同。2006 年 9 月全省统一电子政务网络平台（省到市统一传输通道和省级横向网）建设完成并开始试运行，2007 年 1 月 1 日正式运行。

河北联通始终保持技术领先，河北联通建成省内 3G 时代技术最成熟的 WCDMA 网络，覆盖全省 5000 万人口；2012 年开通了“3. 5G”技术的 HSPA+网络，下载速率 21. 6M；2013 年底全省网络提速至 42M。河北联通 3G 用户已达 800 万户。同时，河北联通积极落实“宽带中国”战略。2013 年 1 月 6 日，河北省人民政府与中国联通集团在石家庄签署“智慧河北”建设战略合作协议。与各市携手建设“数字城市”“智慧城市”，加速了政务、行业、企业和家庭信息化进程。4G 时代已经到来，河北联通携独特的“4G＋3G”网络优势、3G 用户规模和品牌形象优势、3G 时代所积累的运营经验优势等，致力于成为 4G 时代的行业领导者。

河北联通为省内 95%以上的政

府单位提供了包括电路组网、互联网电路、办公电话等电信业务，并在此基础上加大对政府信息化系统的建设力度。在数字城市建设方面，承担或参与了邢台、邯郸、保定等7个地市的数字城市建设。到2013年底，全省已建设城市监控点2.2万个，服务城管人员5千余人，建立城市管理联动新机制、提升城市管理的科学水平，提高城市运行效率。在移动执法方面，覆盖公安、药监、质监、环保等多个执法部门，为5万余名执法人员提供安全、可靠、开放、实用的执法应用，提高了执法效率，缩短了执法时间，提升了人民群众的满意度。承建了省人大机关信息化项目，涵盖了省人大机关办公平台、代表履职系统、会议电子化系统、云托管服务、移动信息化应用等5个方面内容，机关办公平台为300余名机关人员实现办公自动化，在省第12届人代会上，代表履职系统为918名与会人大代表提供服务。全省已建设党员远程教育站点5万余个，服务党员人数超过10余万名，打造出党员教育培训新格局，中组部多次赴河北省参观党员远程教育项目，并给予高度认可。在移动税务方面，服务全省税管人员8千余名，纳税企业1万余家。在移动物流方面为全省2万余物流车辆提供移动物流服务，提高了物流及运输企业的运输效率，降低了运输成本。在智能交通方面，全省建设信息查询系统200多个，电子站牌1500多个，为9万多辆车辆提供了定位及监控服务，提升了交通部门的智能调度水平。在移动办公方面，针对企业的移动化、随身化的需求，推出了移动办公、移动销售管理、移动商务智能等综合移动办公类应用，到2013年底，全省已发展移动办公类80万户。在智慧金融方面，为全省8千余名理赔员，1万余名保险员，1万余名证券分析师提供服务，另外还有2万多个POS机利用3G网络投入使用。在智慧能源方面，为全省7万多水、电、天然气用户提供了远程抄表服务，并在矿区建设了3千多个监控点，为企业提供了有效的监控、监管手段，促进了企业的升级转型，减少了安全事故的发生。在智慧教育方面，全省已建设3千余个平安校园，签约“班班通”班级近3.9万，家校通服务学生家长达到50万，发展电子学生证2万余张，促进了教育资源共享，推动了教育公平，实现了平安校园，加强了家校互动。在居民一卡通方面，为全省30万居民提供了一卡通服务，为2万余名农民提供新农保服务，为城市居民和农民提供便利，真正实现“一卡通行，生活无忧”。

中国移动通信集团河北有限公司

中国移动通信集团公司于2000年5月16日挂牌成立。到2013年底，中国移动是全球网络规模大、客户数量多，具有较强国际竞争力、市场价值和品牌价值的通信运营企业。

中国移动通信集团河北有限公司（简称河北移动）是中国移动（香港）有限公司根据《中华人民共和国外资企业法》在内地设立的全资运营子公司。公司注册资金43亿元，到2013年底，资产总额436.24亿元。中国移动通信集团河北有限公司拥有一个全省覆盖范围广、通信质量高、业务品种丰富、服务水平一流的移动通信网络，网络规模和客户规模全省第一。网络实现全省市、县、乡镇三级全部覆盖，主要交通干线实现连续覆盖，城市内重点地区基本实现室内覆盖，主要经营移动话音、数据、IP电话和多媒体业务，提供传真、数据IP电话等多种增值业务，拥有“全球通”“动感地带”“神州行”等著名客户品牌。始终占据着河北省移动通信市场主导运营商地位，是一个财务稳健、充满发展潜力的持续成长性公司。

中国移动通信集团河北有限公司成立以来，全体员工艰苦创业，推进管理体制和运营机制改革，促进企业由规模型向规模效益型发展转变，实施网络建设，不断推出丰富多彩的业务，追求客户满意服务，扩大社会影响力，主动将企业发展融入到地方经济建设中，努力承担社会责任。多年来，中国移动通信集团河北有限公司建成了完善的“三张网”：即建设优质的通信网、建设一流的服务网和建设先进的信息网。中国移动通信集团河北有限公司的优良业绩、优质服务和

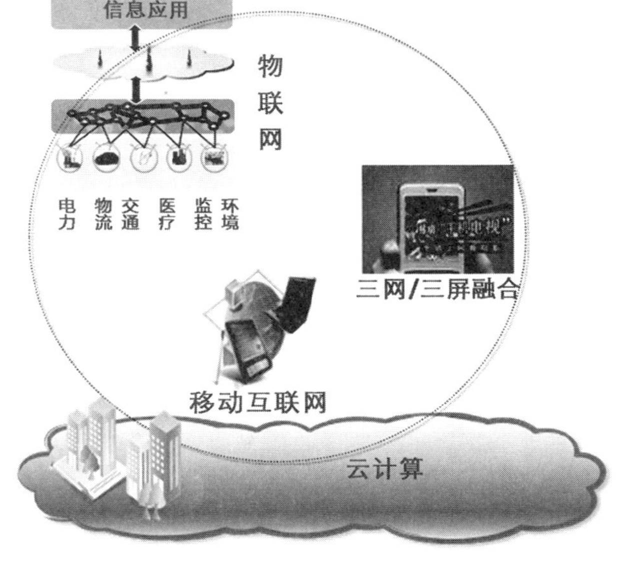

对社会的突出贡献，赢得了社会广泛认可，先后荣获“全国五一劳动奖状”“全国青年文明号”“全国用户满意服务”“中国用户满意鼎”“全国诚信维权单位”等十几个国家级奖项和荣誉称号，以及“河北省消费者满意单位”“行风建设优秀单位”“河北省慈善企业金奖”“河北省捐资助学先进单位”“河北省AAA级劳动关系和谐企业”等几十个省级荣誉奖项。

中国移动通信集团河北有限公司具备2G、3G（TD-SCDMA）、4G（TD-LTE）和WLAN（无线宽带）网络，实施四网协同战略，公司2013年底，推出商业主品牌“和”，取代原来的“全球通”“动感地带”“神州行”品牌。公司固定资产投资额逐年增加，特别是4G网络建设投资额大幅增长。

在信息化领域，中国移动通信集团河北有限公司建立了较为完备的信息化产品体系，包括：基础网络通信、通信增值应用、企业应用、行业解决方案、系统集成服务、应用外包服务六类，具体产品数量达到120余种。2011年，在“央企走进河北战略合作恳谈会”上，省政府与中国移动通信集团签订了共建“无线城市群”战略合作协议。公司为全省政府、教育、医疗、交通物流、环保气象、旅游、金融、产业园区等68个行业提供信息化服务，具备办公管理、信息服务、应急调度、位置服务、即时通信、物联网数据传输、云存储、云计算、视频会议、语音对讲、视频监控等功能，其中物联网监控点超过180万个，调度车辆超过10万辆。

中国电信河北分公司

中国电信河北分公司是2002年国家电信体制改革后新成立的电信运营企业，于2002年12月24日正式揭牌成立，下设11个市级分公司，149个县级分公司，44个区营销中心。

河北电信创新经营机制、完善企业管理、传承创业文化，快速提升城市信息化水平，全面提升服务地方经济能力，为建设“科技河北、信息河北、智慧河北”贡献力量。

2013年，河北电信的各类在网用户超过1000万户，实现业务收入超过60亿元，贡献利税超过3亿元，并以每年近30%的速度增长，有效拉动了全省用户的信息消费，并为服务地方经济、打造“智慧城市”作出了应有的贡献。

截至2013年底，全省3G通信基超过1万个，基本实现了城市、农村3G网络100%覆盖。2013年新建并开通LTE FDD基站1001个，并同址新增TD-LTE基站82个，全省TD-LTE容量将达到4.80Gbps，LTE-FDD容量达到73.32Gbps，为迎接4G业务发展打下坚实基础。全省宽带覆盖用户突破1千万户，其中光纤宽带覆盖700多万户。固网国内长途电话交换机容量达到6.4万路端，城域网接入ChinaNet国内长途网带宽达到1240G，利用率近60%。

“用户至上，用心服务”是河北电信的服务理念，公司一向重视服务能力提升和服务水平提升工作。2013年，3G业务满意度实现同城行业第一，宽带业务满意度连续三年同城行业第一。

作为信息化建设的主力军，河北电信全力支持政府、企业的信息化应用，积极配合政府加强信息通信公共服务平台建设，实现信息资源的综合开发利用，提高政府社会管理和公共服务水平。

民生翼支付：河北电信公司自成立以来一直坚持服务民生、合作多赢的理念，依托遍布全省的销售服务网络和丰富的支付媒介资源，致力于民生应用的开发拓展，到2013年底已推出水电煤缴费、罚款缴纳、手机加油、还信用卡、火车购票、手机购彩等六大民生应用产品。

智慧能源：河北电信秉承艰苦奋斗、开拓创新的信念，在物联网时代下，河北电信公司提供的系统、安全、高效、经济、集互联网、物联网一体化的远程抄表解决方案、智慧矿山方案，为提高企业持续发展信息化能力，促进经济社会的可持续发展提供了可靠的保障。

智慧金融：河北电信公司与金融行业客户签订了全省网络改造全面合作协议，河北电信为其提供优质、高效的运行维护服务，有效维护了金融行业的信息安全，同时在金融IT行业信息发展飞速的时期，公司为金融行业的数据业务提质提速，完成10000多条电路的改造工作，从而提升了金融网点对外的高效服务。

智慧警务：公司与河北省公安厅签订了全业务合作协议，在沧州召开的“移动警务接入应用技术推进会”是双方全面业务合作的启动会，为科技强警、实现双赢奠定了良好的基础。全省11地市警务项目签约率100%，实现了公安、消防、边防、警卫、国安系统的全覆盖，新增移动用户数居全国第一。到2013年底移动警务核查终端已广泛应用于社区警务室、110综合警务亭、高速公路、火车站等公安例行检查卡口的日常核查执法工作，为打造“平安城市”起到积极的作用，树立了中国电信良好的企业形象。

智慧司法：司法E通项目是河北电信精心为河北司法系统量身定制的社区矫正系统软件，其中诸多功能为全国首创，“人机分离抽查功能”获得了国家专利。通过“专项营销，正向激励；财政拨款，资金保障；派驻专人、协同办公；流程保障、常态化营销”等措施，业务实现全省11地市全覆盖，新增移动用户数居全国第一。通过司法E通的业务拓展使河北社区服刑人员纳入手机定位监管的比例全国最高，社区服刑人员再犯罪率全国最低，为河北“基层维稳”工作起到积极的作用。

智慧计生：结合国家流动人口管理信息采集量大、时效性和准确度要求高等特点，开发“智慧计生-流动信息管理云”应用，建立全省系统平台。利用信息化手段，落实推进流动人口服务管理，实现信息的有效采集、接收反馈，促进信息交流的便捷、及时、高效，充分挖掘信息系统的功用强化“一盘棋”机制建设，服务于1.5万基层计生工作人员。

智慧校园：河北电信针对河北省教育改革与创新的实际需求，构建服务于学校、家长及学生的应用平台—智慧校园。在智慧校园的建设过程中，电信开发出诸多集协同办公、教育管理、家校互动、应急保障、亲情电话、教育资源共享于一体的教育行业应用平台，打造出完整的“教育信息化”解决方案。河北电信已与省教育厅完成战略合作伙伴签约，共同推进河北省教育信息化进程。到2013年底签约智慧校园1100余所，覆盖教育人口超过50万人。

河北华烨冀科信息技术有限责任公司

河北华烨冀科信息技术有限责任公司是河北省科学院下属重点企业之一，成立于2003年9月，是转制科技型企业，拥有大批高科技人才，技术力量雄厚。公司在实践中确立了应用平台研发，商用密码产品生产、销售以及信息安全等几大主营业务。

公司有员工100余人，95%以上人员具有本科以上学历，硕士、副研究员占65%。公司拥有业内资深水平的软件研发人员、专业认证的网络工程人员以及高素质的售后服务团队，致力于为用户提供贴身的解决方案和增值服务。

在信息化涉及的社会服务、行政管理和网络运行等方面，公司承担了一系列业务复杂且社会影响深远的建设工程，并在社会保障、医疗卫生、行政管理、食品药品安全以及电子政务等行业进行广泛使用，树立了良好的口碑。

典型案例：

食品药品诚信网。食品药品诚信网是以强制食品药品相关企业遵纪守法为核心，基于云计算模式，通过信息系统、运行机制和有效的技术手段，实现褒奖守信、惩戒失信，构建一体化药械监管诚信共享平台，实现业务联动、管理协同和服务同步。该系统通过公众服务、企业应用和部门监管三个功能模块，覆盖了食品药品批发企业、食品药品生产企业、药监部门等多个部门。通过记录每一个企业、企业人员（法人、质量负责人、负责人、责任业务员等）、食药监部门的诚信污点，并让污点记录一直影响该企业和相关人员日后的经营业绩，使企业、人员客观上不敢、主观上不愿从事违法经营。对于药监部门的执法情况加以公布，使企业和公众对药监部门的执法行为加以监督，体现文明执法、公开执法，最终保障人民群众的身体健康和生命安全。河北省食品药品诚信网作为全国首个医药诚信网，用诚信记录的形式曝光企业的违规行为，加大它们的违法成本，从而达到规范的目的。截止到2014年8月，已经有7929家企业通过诚信网对63744人进行了公示，极大保障了人民群众的食药安全。

药品电子检验报告管理系统。药品电子检验报告管理系统，实现药品生产、经营企业及使用单位，从过去原始的、繁琐的纸质检验报告的手工管理方式，转变为网络化的电子版检验报告书的管理方式。从而达到检验报告书在生产、经营、使用单位之间的流转更加科学、规范、便捷的目标，实现资源共享，企业节约开支，提高工作效率的最终目的。该系统用于药品生产、经营企业、食品药品监管部门在网络环境中进行药品电子检验报告书的发布、查询、核查等日常管理。生产企业不仅可以点对点对客户发送电子检验报告书，也可以对所有入网企业公开发布当日生产所有批次药品电子检验报告书并查询经营企业查验记录。每张电子检验报告书具有唯一的上传码，具有查询权限的经营企业查询时会获得唯一查询码。电子检验报告书通过可追溯查验痕迹的唯一上传码、查验码、电子签章等技术手段，实现了食品药品监管部门有据可查，供货商对检验报告真实性负责，购药单位购进记录实时登记等效果。该系统作为国内首创，颠覆了纸质检验报告的传统模式，得到了领导和专家的一致认可和好评。系统运行两年以来，已有3635家生产企业使用该平台，累计上传1280198张药品电子检验报告，河北省4294家经营企业通过该平台实现了药品检验报告书电子版的查验。

电子保密柜安全控制管理系统。电子保密柜安全控制管理系统由保密柜终端和管理平台两部分组成，基于计算机网络部署，将微处理系统、信号检测与报警、数据库、密码认证等技术应用于保密柜，实现了电子保密柜的网络在线远程控制、分级权限管理、远程授权审批、异常报警、日志审计等功能。通过配备电子保密柜系统，有效防止用户重要物品和文件被盗，从而维护用户利益；保证用户重要物品和文件等的安全，避免给国家和个人造成严重经济损失。同时，通过该系统有效提高了上级管理部门对下级部门电子保密柜的监控管理，实现了对电子保密柜实时状态可监管，开柜行为可核查，开柜事件责任可追究的目的。电子保密柜安全控制管理系统于2013年10月启用，在全省范围的11个地市和180多个县区的机关部门均配备电子保密柜。

河北中信联信息技术有限公司

河北中信联信息技术有限公司成立于2000年。公司坚持“以人为本，以客为尊，以质为先”的核心理念，面向市场，立足应用，坚持走“产学研用”结合的自主创新道路，提升企业核心竞争力，致力

公司员工100余人，其中教授级高级工程师1人，高级工程师2人，国家认证的高级项目经理2人、项目经理6人。软件开发工程师40余人，实施和售后人员30余人。多人多次获得“河北省十佳软件企业管理人才”和“河北省十佳软件开发人才”。

公司产品与平台：

经过多年的技术和业务发展，公司逐步研发了一系列核心产品，包括：“e-switch企业应用集成”“WebOA协同办公系统”“WebKey企业门户构建系统”、电子印章系统，以及基于大数据挖掘分析的“海量信息资源管理平台”。

基于核心产品之上，结合电子政务发展方向和特点，公司研发了电子政务一体化平台，为面向电子政务应用开发提供了配套的基础开发组件。

公司面向电子政务行业，综合分析和提炼不同业务特点，推出了系列面向行业的解决方案，包括：一体化审批监察平台、电子公文交换平台、农业综合服务平台、协同办公平台和信息门户平台等。

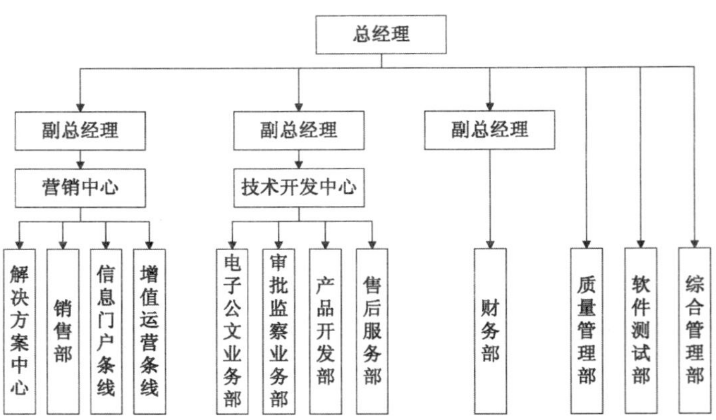

针对具体的行业应用系统，公司承担了众多电子政务应用系统的建设，通过面向行业的解决方案和具体客户的实际情况，快速进行开发和实施。

公司先后承担2期国家863计划课题，产品分别获得国家重点新产品、河北省科技进步一等奖和河北省科技进步三等奖，河北省十佳软件产品，河北省优秀软件产品等奖励。

公司坚持“合作化、联盟化”的发展路线，促进产学研用结合，着力发挥产业链上下游合作伙伴的渠道作用，从多个维度推动产业信息化的发展，积极推进基于物联网、云计算、软件平台国产化等技术在政府、农业、交通、卫生、物流、零售等领域的推广与应用。

物联网和云计算方面：公司先后与中创中间件、湖南麒麟、天津神舟通用、上海兆民云计算科技有限公司等在云计算、物联网技术方面都进行了战略合作。

公司与中科院软件所、北京航空航天大学、国防科技大学、河北工业大学、河北师范大学、河北经贸大学等著名科研院所成立了多个产学研基地，共同在云计算、物联网方面开展科研项目合作、课题联合攻关等多种方式的长期合作，进行理论、技术和应用的相互促进和转化。与河北工业大学计算机科学与软件学院建有联合实验室，基于此联合实验室，正筹建“河北省云计算技术与服务工程研究中心”和“河北省电子政务研究院”；与河北经贸大学信息技术学院共同成立“河北省高校应用技术研发中心；与中国科学院软件研究所达成战略合作，作为中科院软件所在河北的成果转化基地，共同搭建了“弹性云计算平台”示范演示环境；与上海兆民云计算科技有限公司共同成立了“云计算及物联网应用服务中心”。

软件平台国产化方面：2010年，汇同中创商用中间件、神舟通用数据库、湖南麒麟操作系统等国产基础软件领军企业，在石家庄创建了全国首个国产基础软件产业联盟，围绕“核高基”国家重大科技专项，全力打造“自主可控，安全可靠”的国产软件平台，共同提升国产基础软件应用水平，增强自主创新能力，促进软件产业发展。

其他方面：与国防科技大学计算机学院形成了长期稳定的合作关系，在国防科技大学拥有一支长期稳定的教授顾问团队，定期对公司骨干人员进行业务和技术的培训和交流；是河北工业大学、河北师范大学研究生课题成果转化基地和本科学生教学实践基地；是河北经贸大学、河北科技大学、石家庄铁道大学、石家庄学院教学实践基地。是河北省高新技术企业、河北省“双软”认证企业、国家工信部计算机信息系统集成（三级）认证企业、ISO9001质量管理体系认证企业。

典型案例：

为更好地发挥河北电子政务网络的整体优势，充分发掘和利用政府信息资源，提升政府执政能力，河北省政府在《河北省政府系统电子政务2011—2015年发展规划》中明确了电子政务的建设目标，提出建设“河北省电子政务数据资源和决策支持中心”。按照《河北省政府系统电子政务2011—2015年发展规划》的要求以及实现“河北省电子政务数据资源和决策支持中心”的需要，对全省电子公文交换平台进行升级，建立电子公文资源中心，实现省内电子公文的收录、存储和应用，逐步实现对历史文献资源的汇聚、整合、建立决策支持中心为领导决策提供数据支持。河北中信联信息技术有限公司承接了河北省电子公文交换平台的升级项目。

河北省公务内网，按照“内网最小化、内外网物理隔离”的原则及国家有关保密技术标准和要求，充分利用通讯、广电和计算机网络基础设施，构建了省、市、县三级网络平台。

公务内网纵向连接省、市、县三级，横向连接省、市、县同级政府实现互联，主要用于内部文件、通知、数据及各部门内部办公业务等高安全要求信息的交换传输，支持督查督办等业务，建成政府系统共用的全省公务内网。

公务内网覆盖范围逐步扩大。联接省政府各部门及直属机构、各设区市政府的公务内网已经基本建成，其中直接接入省级网络的用户有省政府、省直部门200个左右、11个设区市政府、196个县政府，并实现了公务内网的互联互通。

电子公文交换平台是保证省政府文件和信息传递安全、准确、及时和高效的基础支撑，是传统办公方式向实现机关办公自动化、无纸化推进的重要一步。

依据国家和省有关网上电子公文交换平台的建设要求，平台建设遵循统一规划、分步实施的原则，依托全省公务内网，采用集中模式，建设电子公文交换平台，中心设在省政府信息中心。本期主要实现河北省级公文交换中心及覆盖省直单位及11个设区市的电子公文交换平台，具体功能如下：

覆盖省市两级的电子公文交换平台：实现覆盖省政府、省直部门及11市的公文交换体系；公文业务系统：包括公文的收文管理，办文管理，公文发送，辅助办公，日志管理六大管理模块，实现了部门之间，单位与单位之间红头文件的制作、盖章、分发、接收、阅读、打印、转发和归档等功能；电子印章系统：实现电子印章的制作、电子印章的发放、电子印章的回收、电子印章的销毁等功能；公文资源中心：通过对公文信息采集、加工、处理、存贮管理公文交换过程中的公文信息资源及其他信息资源，提供信息分类存贮、检索等内容管理功能。

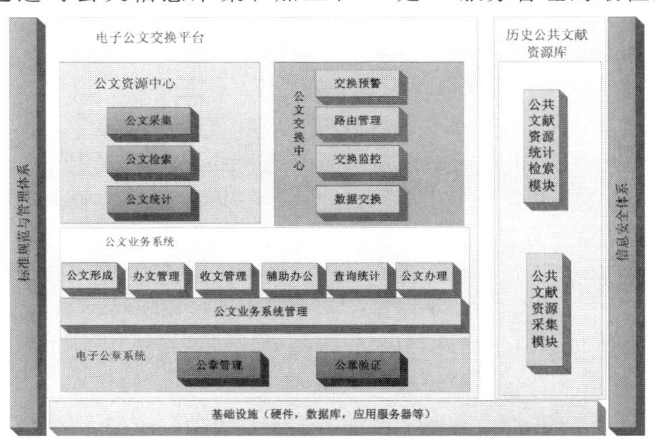

系统构建图

河北天翼科贸发展有限公司

河北天翼科贸发展有限公司于1997年正式成立，隶属河北省国资委国和投资集团。是河北省高新技术企业，从事计算机系统集成解决方案、计算机系统运行维护服务、计算机软硬件产品设计开发的专业化公司。先后取得了高新技术企业认证证书、软件企业认定证书、重信用守合同证书、计算机信息系统集成三级资质、涉及国家秘密的计算机信息系统集成资质、信息安全管理体系认证资质（ISO27000）、安防许可一级资质、ISO20000信息技术服务管理资质证书、ISO9001：2000的质量体系认证等证书，规范了公司的项目管理和服务质量。

公司已拥有多名IT服务领域的专家，并拥有多名AIX认证工程师、网络认证工程师、数据库认证工程师和项目管理认证工程师和多名ITIL国际认证工程师，是河北省唯一一家拥有多名ITIL工程师的企业。公司全面按照ITIL流程规范了IT服务业务，提高了服务的质量和效率，用自己的行动证实了“ITIL是IT服务管理的最佳实践”。河北天翼的优异成绩、优质的 IT 服务，赢得了广大客户的认可。正在努力成为“IT 服务专家、ITIL 领域的倡导者、领先者”。

公司典型案例：

随着信息化水平不断提升，各种业务的功能不断优化组合和升华，系统对 IT 资源的数量需求和可用性需求不断上升，大量的 IT 设备带来了大量的能源消耗。为了降低数据中心的能耗，提高 IT 资源的利用率，提升业务系统的可靠性，产生了基于“云计算”技术的新一代“绿色”数据中心概念。

在这样的背景下，河北天冀科贸发展有限公司根据市场需求，开发了某厅云计算运行管理平台。某厅云计算运行管理平台涉及 IaaS、PaaS、SaaS。

IaaS 层将分散的各类计算资源进行整合，解决了目前运行在 PC 服务器、小型机单机环境下的应用系统的可靠性、资源利用率等问题，解决了单点故障隐患；将现有存储设备进行了整合，支持构建大规模存储系统，满足各类应用对存储空间快速增长的需求。

PaaS 层实现了 J2EE 中间件运行环境池化，通过负载均衡系统和域名系统构建平台服务环境资源池，承载基于 J2EE 标准规范的各种应用系统，支持应用级容灾部署，支持横向性能扩展。实现了弹性 WEB 容器，支持多语言的平台服务环境资源池，承载基于 NET、PHP 等运行环境和资源池规范的应用系统。

SaaS 是基于 PaaS 基础上，为用户提供通用应用申请服务。

某厅云计算运行管理平台实现云计算数据中心从被动式技术运维向主动式服务模式运维转变，实现应用系统从单站点没有冗余向多数据中心容灾服务模式发展。

某厅云计算运行管理平台通过资源管理接口实现对资源池系统的资源管理，云计算运行管理平台通过该接口下发各种资源管理指令，资源池系统中的资源池管理平台接收指令并进行相应的资源管理操作。同时，某厅云计算运行管理平台中需要记录资源池系统的资源状况及资源告警信息。如果资源池系统资源状况发生变化，则资源池系统主动上报资源变动情况至云计算运行管理平台。

某厅云计算运行管理平台与资源监控、ITSM、安全与认证模块或系统相连。

由云计算运行管理平台整合后的云计算数据中心的总体功能架构（具体架构根据具体数据中心而确定）如下图所示：

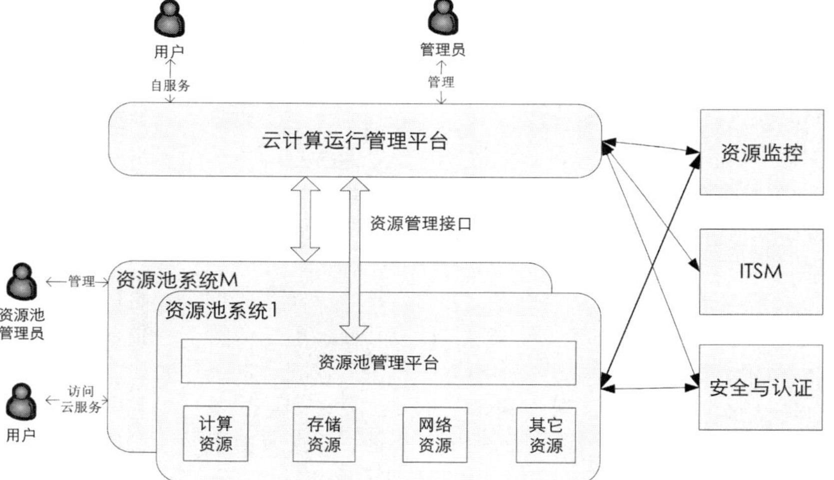

基于云计算运行管理平台和资源池系统，某厅云计算中心平台可以为各类应用系统提供不同的资源服务，包括：X86 物理机服务、虚拟机服务、虚拟机备份服务、小型机服务、分布式文件存储服务/对象存储服务、块存储服务、日志类数据存储服务、IP 服务、带宽服务、虚拟防火墙服务、负载均衡服务、网络配置服务、应用运行支撑服务、开发测试环境服务、资源监控服务。

某厅云计算运行管理平台由自助门户、服务运行、资源管理、系统管理以及接口组件等组成。用户能够通过自服务门户 Portal 进行用户注册、用户注销、服务申请、服务变更、服务取消、资源使用等操作。管理人员能够通过运行管理门户 Portal 进行用户管理、资源配置、资源模板管理以及系统管理等运营操作。

核心价值：支持异构虚拟化的管理平台，降低了信息中心运维人员的管理难度，提高了管理工作的效率。弹性计算策略提高了资源利用率，控制基础设施规模，降低基础设施采购成本。一站式资源自动部署机制，降低了运维人员业务系统上线的时间和成本，提高了业务系统使用效率。云计算运行管理平台稳定、快速，高效实现各种资源业务申请快速流转。智能资源调度策略，实现了数据中心资源的高效利用，能提高业务系统稳定性和系统使用性。云计算运行管理平台实时监控，能提高信息中心运维人员对各种业务系统及资源系统报警的响应时间和问题的处理效率。

河北省电子认证有限公司

河北省电子认证有限公司（以下简称：河北CA）成立于2001年，是河北省唯一一家依法取得国家《电子认证服务许可证》《电子认证服务使用密码许可证》《电子政务电子认证服务机构》等资质的第三方电子认证服务机构。作为国内卓越的信息安全服务商，在引领电子认证行业新航道的历程中，一直以来公司都紧跟国家十二五规划，为广大用户提供了安全、可靠的技术支持与服务保障，并提供了安全软件及安全系统集成、电子认证系统建设、风险评估、应急响应等全方位的综合信息安全服务。

河北CA是第一个完成椭圆曲线公钥密码（简称SM2）算法升级并通过国家密码管理局审查的单位，也是国内发放SM2证书最多的认证机构。在安全产品研发上与河北腾翔软件科技有限公司进行战略合作，并携手共同开发多项拥有自主知识产权的信息安全产品：如“在线业务系统”“安全邮件系统”“电子签章系统”“文件保护系统”“日志系统”“绩效考核系统”。经过10多年的高速发展，公司在电子政务、电子商务、企业信息化、移动互联网等领域积累了众多成功经验，参与了智慧城市、大数据安全解决方案等前沿应用，实现了以云认证为中心的服务体系，是河北省行政办公、公众服务的主要技术支撑单位。

河北CA专注于电子认证行业软件的开发、服务和系统集成，为河北省国税、地税、工商、质监等网上业务系统提供了专业的电子认证应用解决方案，满足网上业务系统安全、数据加密和身份认证的需求。

河北CA积累了大量的行业应用安全解决方案，以下就是税务、医疗卫生、政府信息化安全解决方案的成功案例展示：

税务安全解决方案。税务无纸化申报安全解决方案依托《中华人民共和国电子签名法》，利用电子认证服务和签名技术解决网上申报中存在的安全隐患，纳税人采用电子身份认证方式在互联网上申报涉税资料，从而切实加强了纳税人个人信息和商业秘密的保护，有效规范了纳税人的电子申报行为，消除了纳税人对网上申报的顾虑，促进了诚信申报、诚信纳税，也规范了税务机关的征收管理行为，构建了和谐的征纳关系。税务网上开票应用安全解决方案通过向开票主体发放基于数字证书的硬件介质标识身份，实现对开票主体的可靠身份认证、发票数据的准确生成、可靠存储、安全传输。同时系统设计的发票票面防伪与事后举证的安全措施、方便鉴别，从而有效监控税源，促进信息管税进程。典型案例：河北省国税、地税无纸化申报系统，河北省国税、地税网上纳税综合服务平台。

医疗卫生安全解决方案。医疗卫生行业电子认证安全解决方案以《中华人民共和国电子签名法》为法律基础，以《卫生系统电子认证管理办法》文件为指导，为医疗机构信息系统以及卫生公共平台提供完整的电子认证安全解决方案。解决信息系统中登录身份真实性、数据完整性、数据保密性、数据合法性、时间取证公正性及责任认定等问题，实现医院整体业务的无纸化办公，推动医院“数字化”进程。典型案例：河北省胸科医院、唐山市工人医院、邯郸市中心医院、唐山市人民医院、鹿泉市区域卫生信息平台、保定市第二中心医院、沧州市中西医结合医院、南皮县人民医院。

政府信息化安全解决方案。安全网上审批系统网上审批系统是面向政府的对外公共服务和对内跨部门协作的行政审批事务处理，实现对行政审批业务的有效执行、监督和管理的电子政务应用系统。系统使用数字证书和电子签章技术实现了用户身份的高强度认证，并保障了网上审批的权威性、有效性。典型案例：河北省发展和改革委员会网上审批系统、河北省经济信息中心网上审批系统、衡水市人民政府综合业务办公平台、邯郸市财政局政府采购系统、沧州市网上审批和电子监察系统、张家口市网上审批和电子监察系统。安全网上申报系统通过互联网完成各种业务数据、报表的填报提交。数字证书解决了系统用户身份认证；业务数据、报表在网络中传输时的保密性、完整性及不可否认性；依据电子签名法，可使申报的电子文件与以往申报的纸质文件具有同等的法律效力。在高安全性的保障下，实现对申报业务的统一管理，为企事业单位节省人力、物力成本。典型案例：河北省地方税务局网上办税系统、河北省商务厅酒类监管局酒类流通监管服务网、河北省社会保险网上服务系统。

安全协同办公系统将电子认证技术应用于协同办公系统可实现对系统用户的实名制管理。通过数字证书建立加密通道对办公信息中流转的文件进行安全保护，并将数字签名与电子签章技术相结合，使加盖电子签章的电子公文与加盖公章或手写签名的纸质公文具有相同的视觉效果和法律效力，为用户提供一个安全、可信的网上办公环境。典型案例：河北省纪律检查委员会办公系统、河北省工业和信息化厅综合办公应用系统、河北省纠风办阳光网管理系统。

河北电信设计咨询有限公司

河北电信设计咨询有限公司是

河北省通信信息领域，以规划咨询、工程设计、系统集成、施工总承包为主要业务的信息技术服务型企业，公司总部设在河北省石家庄市，在省内11个地市，省外北京、上海、天津、广东、甘肃、湖南等省、市都设有分院。公司目前共拥有10余项业务资质，是河北省内唯一一家咨询、勘察、设计、集成"四甲"单位，是河北省通信领域资质等级最高、资质种类最全的信息技术服务型企业。

公司致力于在通信信息领域为客户提供各类信息化解决方案和优良的服务支撑，包括：可行性研究和项目评估及咨询、综合滚动规划和专项业务规划、勘察设计方案、通信和计算机信息网络的集成方案。

部分优秀成果近年获奖情况：

获奖项目	颁奖部门	等级
2011年中国联通河北WCDMA主体网络新建工程	河北省工程勘察咨询协会	2013年获省优一等奖
2011年中国联通河北本地传输网工程可行性研究报告	河北省建设厅	2012年获省优一等奖
2011年中国联通河北石家庄宽带光纤技术更新改造工程可行性研究报告	河北省工程咨询协会	2012年获省优二等奖
2011年中国联通河北业务支撑系统基础设施扩容工程可行性研究报告	河北省工程咨询协会	2012年获省优二等奖
2012年中国联通河北石家庄核心机房新风改造项目可行性研究报告	河北省工程咨询协会	2013年获省优二等奖
中国联合网络通信有限公司河北省分公司节能减排规划	河北省工程咨询协会	2012年获省优三等奖
河北铁通2012年互联网优化工程可行性研究报告	河北省工程咨询协会	2013年获省优三等奖
2012年中国联通河北IP城域网设备扩容工程一阶段设计	河北省工程勘察咨询协会	2013年获省优三等奖

中科软科技股份有限公司

中科软科技股份有限公司（简称：中科软）——是中国科学院软件所实施知识创新工程，将技术研究及开发主体转制而成立的大型软件与系统集成股份制企业。公司总部设在北京中关村中科院软件园（海淀区中关村科学院南路新科祥园甲六号）注册资本22250万元。中科软拥有员工5000余人，拥有一支规模庞大、优秀敬业的技术和管理团队。这支队伍不仅具有一流的专业素质和丰富的研发、实施、咨询服务能力，且具有良好的职业道德修养和综合业务能力。

中科软是北京市新技术产业开发试验区新技术企业、"国家火炬计划-北京软件基地"的龙头骨干企业、国家发展与改革委员会、信息产业部、商务部、国家税务总局共同确定的"国家规划布局内的重点软件企业"。

中科软科技股份有限公司深入到河北省电子政务的建设中，从中积累了大量信息化案例和实施经验。全程为河北电子政务保驾护航。

为贯彻落实《中共中央关于制定国民经济和社会发展第十二个五年规划的建议》和《国务院办公厅电子政务2009—2013年发展规划》精神，围绕建设"阳光政府、服务型政府"，以信息共享、互联互通为重点，实现河北省电子政务又好又快发展，根据《河北省政府系统电子政务2011—2015年发展规划》，结合河北电子政务建设实际情况，建设了"河北省电子政务数据资源和决策支持中心"。中科软科技股份有限公司全力参与建设河北省电子政务数据资源和决策支持中心。

建立政务信息资源整合平台，实现省政府与各部门间政务信息共享及业务工作协同。实现我省政府各工作部门、直属单位、各市、县（区）政府政务信息的对接，为数据共享工作做好了准备。实现通过政务信息资源整合平台进行统一数据查询和比对，从而进一步实现对数据的有效利用和分析挖掘。遵循国家有关政务信息资源共享体系的标准规范，结合河北省具体建设需求，建立起河北省政府数据资源管理标准制度规范。

建立决策支持中心，建立面向全省公务人员和领导的决策服务平台，为政府公务人员提供分析问题、建立规划模型、模拟决策过程的有效平台，促进政府决策水平和质量的提升。整合有关地区、地方各级政府和部门、行业、企业多年来已经开发和积累的海量政务信息资源以及互联网的重要信息数据，使领导能够及时掌握国民经济运行与社会发展的实际状况和发展趋势，逐步实现对各类信息数据进行定量分析、定性判断和预判预警，按需为各级政府领导提供第一时间的决策信息支持。

北京中科汇联信息技术有限公司

中科汇联作为河北省政府门户网站集群、信息公开系统、网上办事服务、统一公众互动、智能信息和媒体资源搜索和统一认证服务等系列项目的服务商，河北省政府构建在新形势下的基于顶层设计的一体化电子政务信息化平台。

中科汇联根据对“中国·河北”门户网站建设情况前期调研结果，以及未来政府网站的发展趋势的把握，构建了省级单位与省直属单位、省级单位与省直属地市、地市级政府与市区县两级政府平台，进行分布式系统建设，形成混合式、集约化的信息管理和信息交换体系，有效地规避了实施风险和成本浪费，成为可持续发展的省级一体化电子政务服务平台，为构建河北省电子政务私有云服务平台奠定了坚实的基础。

智慧平台构筑河北省政府电子政务支撑平台。基于中科汇联easySite内容管理系统，实现“中国·河北”省门户和网站集群的统一平台化升级改造，结合智能化、组件化、个性化、流程化、标准化和国际化的专业门户平台体系，为河北省政府电子政务系统提供了强大的灵活性和扩展性，解决了组织管理、资源管理、元数据管理、应用管理、模块组件管理、工作流管理、安全管理、信息交换管理等平台服务问题，提供了WebOS桌面化的管理方式，实现所见即所得的维护管理。

自定义表单，满足不同填报格式的信息公开需求。根据《中华人民共和国政府信息公开条例》规范，基于中科汇联信息公开平台对“中国·河北”门户网站信息公开系统进行升级，解决了不同的信息填报类型的自定义表单的填报管理问题，处理了包括机构职能类、行政执法类、面向公民的服务办事类、面向企业的服务办事类、行政权力类等各类信息，轻松设置政府信息公开指南、政府信息公开目录、政府信息公开年报、依申请公开等功能。按照信息发布工作流程要求，严格政府信息公开发布规范。轻松实现各级政府部门对信息主动公开和依次申请的要求，满足社会公众对信息公开的需要，打造透明化的“中国·河北”政府门户。

场景式办事，聚合资源网上办理。对“中国·河北”政府门户网站在线服务进行全面梳理，对省级政府网站办事事项按照职能部门（各厅局）、服务对象（如个人、企业等）、主题（如婚姻、教育、社保等）等进行分类，在“中国河北”网站统一进行发布、展示。聚合办事指南、表格下载、在线申请、业务咨询、结果查询等各系统资源，实现网上办事的全流程办理。

为了方便企业和社会公众办事，提高办事效率，对户籍办理、工商登记注册、纳税服务、出入境、买卖租住房、婚育收养、驾驶证办理等，提供场景式服务功能。

语音读网，网站访问无障碍。基于中科汇联无障碍网站建设解决方案构建了“中国·河北”无障碍门户网站，采用领先的自然语言合成技术，为听力和视力有障碍的特殊人群，提供缩放字体、缩放页面、页面配色、语音读网、调节朗读声音等功能，做到无障碍浏览网页。

统一平台为移动终端实现统一管理。为了适应移动互联网发展趋势，中科汇联智慧平台支持移动网站统一终端管理技术，可生成HTML5模板的移动Web APP网站，同时为满足主流的iOS和Android操作系统手机访问需求，结合Native App和Web App，为政府网站全面支持移动互联网提供了一体化的统一支撑平台，进一步避免了信息孤岛的再次产生。

河北省政府省级政府网站、信息公开、办事服务和互动交流的一体化顶层设计，开启了中国省级政府网站集群集约化、私有云化的新时代，利用成熟的中科汇联云门户系统、无障碍网站系统、智能搜索系统等，在短短的一个月时间内，就实现了系统的成功部署和300万数据的系统迁移，成为平台带动电子政务信息革命的新一代动力。

华为技术有限公司

华为技术有限公司是一家生产销售通信设备的民营通信科技公司，1987年在中国深圳正式注册成立，总部位于广东省深圳市龙岗区坂田华为基地。

华为企业业务是基于华为平台，又相对独立、完善的业务组织（BG），属于华为三大业务运营中心之一。依托强大的研发和综合技术能力，华为技术有限公司在企业市场与合作伙伴开放合作，致力于为全球政府及公共事业、金融、交通、电力、能源、商业企业及互联网等行业以及大中小企业客户提供全面、高效的ICT解决方案和服务，包括企业基础网络、统一通信与协作、云计算与数据中心、企业信息安全等。公司围绕客户的需求持续创新，与合作伙伴开放合作，在企业网络和云计算等领域构筑了端到端的解决方案优势。华为的产品主要涉及通信网络中的交换网络、传输网络、无线及有线固定接入网络和数据通信网络及无线终端产品，为世界各地通信运营商及专业网络拥有者提供硬件设备、软件、服务和解决方案。

华为技术有限公司在河北省主要案例有：河北省国家税务局核心存储平台、河北省交通运输厅高端存储、河北省公安厅技侦核心存储平台、河北省公安厅云计算中心核心存储平台、河北省房管局业务存储系统、云计算及服务器、发改委桌面云、省政府云计算平台、中国银行河北省分行桌面云、河北省政法委数据中心、河北省工商局户籍管理系统、迁安人民医院智慧医疗云平台、衡水人设生产及备份系统、防灾科技大学高性能计算平台、中石油廊坊管道局双活数据中心核心存储、迁安市人民医院智慧医疗平台，石家庄市政府电子政务网、河北省人社厅保障平台、河北省政法网二三级政务网、新奥集团WLAN园区无线覆盖网、新奥集团数据中心、朔黄铁路校区无线覆盖系统、河北省地税数据中心安防项目、华北油田WIFI园区网、中石油廊坊管道局双活数据中心核心网、石家庄国际机场数据及IP语音、中国银行河北省分行新大楼数据网、河北钢铁新区数据网络、河北省电力核心双平面建设、河北省电力综合数据网、廊坊平安城市、石家庄飞机工业有限责任公司、常山生化园区、中石油廊坊管道局光纤接入小区、河北省电力省干ASON、河北省电力EPTN、河北省农信联社数据中心灾备、河北省政法网全省骨干承载网，河北省广电IMS平台、冀中能源统一通信、河北中行统一通信、唐山钢铁统一通信、东方物探局NGN网络平台、河北省工商局视频会议系统、河北省电力应急指挥视频会议系统、河北省宣传部高清视频会议系统、保定市委视频会议系统、河北省广电视频会议系统、邢台银行视频会议系统、中信银行河北省分行视频会议系统、河北交通管理局视频会议指挥系统、河北省交通厅省市县三级视频会议系统、河北省体育局高清视频会议系统、河北省信访局三级联动视频会议系统、河北省政法网高清视频会议系统、河北省国资委视频会议系统。

华为以丰富人们的沟通和生活为愿景，运用信息与通信领域专业经验，消除数字鸿沟，让人人享有宽带。为应对全球气候变化挑战，华为通过领先的绿色解决方案，帮助客户及其他行业降低能源消耗和二氧化碳排放，创造最佳的社会、经济和环境效益。

中兴通讯股份有限公司

中兴通讯股份有限公司是中国大陆研发生产通讯设备和终端的公司。

中兴通讯股份有限公司参与了河北省秦皇岛市的智慧秦皇岛建设。2011年底，秦皇岛开发区与中兴子公司进行招商引资洽谈。2012年8月，中兴子公司与秦皇岛经济技术开发区签署合作协议双方将共同建设“智慧城市”秦皇岛北方基地。河北省省长张庆伟、中兴通讯董事长侯为贵出席了签约仪式。2012年11月，中兴子公司秦皇岛公司关于项目的总体方案和一期建设方案（包括建设智慧城市云平台、平安城市、智能交通、智慧旅游、智慧医疗）得到通过。2013年1月，中兴子公司秦皇岛公司组织召开了“秦皇岛市智慧城市一期项目技术论证会”，邀请中国科学院童庆禧院士等11名省内外专家学者组成论证委员会，对中兴公司提出的技术方案进行了论证。方案编制中应用了云计算、物联网、大数据、移动互联网等新技术和理念，符合战略性新兴产业发展的方向和智慧城市发展的需要。技术路线科学合理，具备较强的技术可行性。

“秦皇岛智慧城市”总体建设方案将计划从公共服务、社会管理、环境支持、产业发展四个方面来打造智慧城市，打造宜居宜业宜游，共创世界第三代城市典范。

“秦皇岛智慧城市”总体建设方案将分成三期建设：

第一期以社会管理为主题。重点建设智慧城市云平台、平安城市、智能交通，从加强城市智能管理角度实现资源整合、智能管理，并进行智慧医疗、智慧旅游的初步建设。

智慧城市云平台。建立全市的统一数据管理平台和运营中心。实现IT基础资源云化，实现计算资源池、存储资源池、网络资源池的统一管理，按需分配部署、资源动态调度；建设地理信息、宏观经济、企业法人、城市人口公共基础数据库，实现对基础数据的统一访问；建设应用支撑共享平台，实现资源的集约共享和应用的互联互通，满足未来统一支撑的业务系统的建设需求。

平安城市。统一接入现有的全市监控点位，提高全市监控覆盖率。新建市、县、乡镇三级监控平台，整合并充分监控数据，在数据平台之上构建视频业务系统。兼顾数据、平台、应用、网络各个方面，保障秦皇岛的和谐社会。建设内容包括现有三级监控平台的升级，提高现有监控点的覆盖率。

智能交通。结合本市现有交通状况，以及秦皇岛本地的特勤保障需求，建设城市交通指挥中心，涉及多个路口的信号控制及线路改造，新建交通诱导屏，新建路段监控抓拍设备。智能交通的一期项目目标重点是为市民带来便利的出行体验和满足特勤保障服务的需求。

智慧旅游。针对秦皇岛旅游行业信息化的现状，智慧旅游整体方案将涵盖公众服务、企业服务、职业教育和政府内部管理四大服务，关注吃、住、行、游、购、娱、教、管、研九大领域，能够有效增加游客满意度，提升秦皇岛旅游城市的整体服务质量。智慧旅游的一期项目目标重点是满足政府监管的需求，同时希望让游客能够切身体会到智慧的秦皇岛。

智慧医疗。秦皇岛智慧医疗整体方案可以概括为“一个中心、三大平台、九个业务系统”，简称 139 应用体系。主要包括：市级卫生信息中心、信息共享交换平台、公共卫生服务平台、健康增值服务平台、居民健康档案管理系统、社区综合卫生管理系统、双向转诊系统、预约诊疗系统、居民健康服务门户、健康卡一卡通系统、疾病预防与应急处理系统、突发公共卫生事件应急指挥系统、综合管理决策系统。智慧医疗的一期项目目标重点是为服务市民、加强医疗机构的监管。

第二期以公众服务、产业发展为主题。重点建设医疗、教育等民生关注内容，以及旅游、物流等推动产业发展的内容，构建宜居、宜业、宜游的和谐社会。

第三期以环境支持为主题。发展绿色能源、环境监控、节能减排，通过完善环境基础设施的建设，持续推动城市的智慧化发展，实现富庶文明和谐的城市目标。

浪潮集团有限公司

浪潮是中国领先的云计算整体解决方案供应商，已经形成涵盖 IaaS、PaaS、SaaS 三个层面的整体解决方案服务能力，凭借浪潮高端服务器、海量存储、云操作系统、信息安全技术为客户打造领先的云计算基础架构平台，基于浪潮政务、企业、行业信息化软件、终端产品和解决方案，全面支撑智慧政府、企业云、垂直行业云建设。

河北省领导高度重视全省行政权力运行及电子监察系统建设，明确提出实现省、市、县区、乡镇（街道）、社区（村）多级行政部门行政审批业务联网建设和联网电子监察系统建设。浪潮集团河北公司全力助力河北行政权力阳光运行及电子监察系统建设。

浪潮政务审批平台 ECGAP 基于对行政审批信息化的深刻理解和把握，在平台化理念指导下，浪潮着力研发出了政务审批平台（ECGAP），满足政府行政审批的需要，用来解决政府 G2G、G2B、G2C、G2E 等各种应用的综合解决方案。它满足政府行政审批的各种应用模式和管理模式。产品概述、浪潮行政审批电子监察系统、浪潮行政审批电子监察系统围绕行政审批业务，从政务公开、办事过程、收费管理、投诉举报等方面进行事前、事中、事后全过程监控。

2014 年，浪潮已完成包括石家庄、承德、廊坊、邢台等 7 个地市 54 个县区的审批、监察办公软件建设，其中石家庄已完成了市本级行政审批和电子监察系统建设，正在向县区推广，逐步实现上下联动，信息共享，效率提升；承德市双滦区作为依托电子政务平台加强政务公开和政务服务建设项目的国家试点，平泉县作为省试点项目，均由浪潮承建。截至 2013 年底，已实现市、县（区）、乡镇（街道）、村（社区）四级全程网上办公，通过现代化信息手段，实现并确保安全、高效、廉洁的网上业务办理。

杭州迪普科技有限公司

杭州迪普科技有限公司秉持“应用及网络”的领先技术理念，拥有网络、安全等全系列产品线，正逐渐成为业界的重要厂商之一。迪普科技石家庄办事处，全面进入到河北省运营商、政府、电力、能源、金融、交通、教育、医疗、大企业等在内的各行各业，作为河北省网络与信息安全应急支援单位，在河北省的电子政务建设领域，服务河北省电子政务信息化建设。

迪普科技服务河北省政府部门互联网安全接入服务平台。为落实中央办公厅“机关、单位应当建立互联网接入审批和登记制度，严格控制互联网接入口数量和接入终端数量”“省级以下党政机关逐步实现互联网集中接入”的要求，河北省政府组织实施了政府部门互联网安全接入服务平台，将各省直单位的互联网流量进行了汇集。迪普科技的 DPX8000 深度业务交换网关凭借一体化、高性能、虚拟化的突出优势，为互联网安全接入服务平台的平稳运行提供了坚实的技术支持。DPX8000 支持多种类、高性能的业务板卡，其紧耦合、流定义、单板 40G 的处理性能均代表了业界的领先水平，保障各单位的互联网接入安全。

迪普科技助力“金财工程”，构建安全财政。按照金财工程的统一规划和要求，河北省财政系统整网部署迪普的 IPS2000 入侵防御系统，覆盖省财政厅、11 个地市财政局、数十个区县财政局，使财政系统业务专网各级网络具有防止非法入侵的能力，并通过 UMC 安全管理平台，构建了一套覆盖全省的入侵报警系统，确保网络安全。

迪普科技服务河北税务系统。随着税务网络系统规模扩大、各种应用系统不断升级完善，对国家税务信息系统的安全提出了新的要求。国税总局按照纵深防御的系统建设思想，逐步构建成完整的信息安全体系。在税务系统的三期网络与信息安全防护体系建设中，规模部署了迪普科技的 UAG3000 上网行为管理及流控产品，应用于河北省国税、地税的信息化网络中。迪普科技的 UAG3000 产品提供流量分析及控制、上网行为管理、访问控制、病毒防范等功能的综合解决方案，通过 UMC 统一管理中心实现分布部署和集中管理，满足了税务系统业务的网络和信息安全防护要求。

星网锐捷网络有限公司

锐捷网络聚焦客户利益，致力于通过持续技术创新，不断提升客户的网络应用体验，为运营商、金融、政府、教育和企业等各行业构建端到端的网络解决方案，为客户网络创造新价值。锐捷网络拥有38个分支机构，营销及服务网络覆盖亚洲、欧洲、北美洲和南美洲，员工3100余名，其中1600余名研发人员分布在福州、北京、上海、成都和天津五大研发中心。锐捷网络创下连续14年平均复合增长率超过40%的成长佳绩。

锐捷网络河北代表处于2003年成立，产品及解决方案广泛服务于政府、教育、金融、医疗、企业等各个行业。其高端路由交换机先后应用于河北省高级人民法院、河北省统计局、河北省国资大厦、河北公安警务中心反恐保障体系等项目。在金融业其高端路由器、交换机广泛应用于中、农、工、建四大银行及中国人寿、中国人民保险等金融部门。在教育方面凭借其五位一体解决方案成功服务于河北省大部分高教、高职等院校，凭借业界独特并领先的智分无线解决方案成功的服务于高教宿舍网，锐捷网络无线AP在河北教育行业已累计出货9000多台。在医疗方面凭借其内网安全解决方案、医疗无线解决方案已成功服务于河北省人民医院、河北省第三医院、河北省第四医院、河北省儿童医院等三甲医院。

河北省部分应用案例如下：

河北区域政府行业应用案例（部分）：河北统计局网络改造项目；河北省公安厅043网络改造；河北公安警务中心项目反恐保障体系局域网建设；河北省高级人民法院机房设备更新；河北省国资大厦网络建设；河北省工商行政管理办公楼无线；河北省秦皇岛市电子政务内网、外网；河北省政法委IT运维系统建设。

河北区域金融行业应用案例（部分）：中国建设银行股份有限公司河北省分行网络设备购置项目；中国银行河北分行；河北建行网点改造；中国工商银行河北省分行；河北农行二三级网络改造；河北兴业银行网络采购；中国人寿保险公司河北省分公司；中国人民财产保险公司河北分公司；中国人民保险公司河北分公司等。

河北区域教育行业应用案例（部分）：河北科技大学宿舍网；华北电力大学；石家庄铁道大学无线宿舍网；河北医科大学校园网改造；河北农业大学新校区及实验室；河北工业大学CNGI；河北医科大学心脏病监控中心；河北省国资大厦网络建设；河北金融学院；河北工程大学校园网及实验室项目；河北理工新校区项目；石家庄学院等。

河北区域医疗行业应用案例（部分）：河北省人民医院；河北省第四医院；河北省第三医院；河北省儿童医院；石家庄市人民医院；石家庄市第三医院；河北省老年病医新建院病房楼项目；河北省第六人民医院内外网建设；河北省胸科医院全网网络改造；河北圣保禄医院网络；唐山工人医院；河北医科大学第一附属医院等。

华三通信技术有限公司

华三通信河北办事处广泛和深入地参与河北省各行各业的信息化建设当中，尤其是在电子政务建设领域，积累了大量的信息化应用典型案例和建设实施经验。

华三通信助力全省电子政务内网稳定、安全、可靠的运行。河北省省委高度重视按照集中统一的方式建设电子政务网络。明确提出集中力量建设全省电子政务内网平台，实现省委、省政府、省人大、省政协、省直各部门与市、县党政机关的网络互联、信息共享、业务协同和安全管理。2006年，覆盖河北省、市、县三级党政机关的全省电子政务内网平台顺利建成开通，实现了全省党政机关的网络互联、信息共享、业务协同和安全管理。电子政务内网完全是一个独立封闭的网络，承载机要涉密信息。全网华三通信高端路由器、交换机等设备，保障电子政务数据高效、稳定地上传下达。

华三通信建设高效、安全、有序的全省电子政务平台。河北省电子政务外网自2006年启动建设，到2013年底已形成全省统一的电子政务外网平台框架体系，具备了承载国家各部委、省直各部门及省、市、县三级业务应用系统的能力。已经完成省、市、县三级政府的电子政务外网基础架构。横向联接60个省政府部门，纵向联接11个地市政府和172个县（市/区）政府，并实现与7个市级外网和12个国家有关部门外网的对接，其中审计、安监、国土资源、统计、民政、环保、发改、农业等部门实现对口的88个市级部门、360个县级部门和600多个基层部门的联接。全网采用华三通信全系列路由器、交换机等设备，多年来稳定运行。

助力河北省财政厅金财工程广域网。河北省财政厅组织实施了金财一期广域网项目。华三通信承建数据、语音融合网络支撑高性能信息化平台。项目中部署了数十台华三通信的S75、SR66等核心设备，近百台MSR50，近百台S58、S51交换机广泛的应用了IRF2虚拟化技术，保障了项目投资，提升了整个网络的性能和稳定性。

华三通信助力和谐“电子税务”征纳信息化平台。河北省国税局、11个地市级局、近200个县级局、近700个税务分局（所）、全省近万名税务工作人员，金税工程的实施，构建省市县区所四级联网，并实现数据大集中至北京数据中心和南海灾备数据中心。项目中部署了华三通信多台 SR88、SR66、S75 等高端设备，以及数百台的中低端路由器交换机，并应用 IRF2 虚拟化技术和 iMC 智能管理中心分级管理，将全省网络、应用、终端统一平台管理。保证了国家税收工作的稳定运行。

华三通信服务国税数据大集中。河北省国家税务局主管全省国税工作，金税三期广域网建设，构建省级国税数据中心，下联地市报税数据，上联北京国税总局数据中心以及南海灾备数据中心。整个数据中心分三层网络构架，涉及多台华三通信高端交换机 S7510E 及数十台 S5120，部署了 iMC 智能管理中心，实现了端到端的统一管理。

华三通信助力和谐“电子税务”信息化平台。在河北省地方税务局对全省网络进行升级改造中，华三通信数台 SR88 高端路由器，二十余台 SR66 高端路由器和 S7500E 高端交换机和近千台其他中低端设备规模应用于河北省地税局网络中。IRF2 虚拟化技术和安全插卡大量应用于网络中，提升了网络的可靠性、高性能、安全性；iMC 智能管理中心的分级部署实现了全省广域网网络、应用、终端的集中管理。简化了管理流程、提升了地税工作的效能。

华三通信数据中心解决方案协助税务业务工作。河北省地税数据中心采用模块化的设计方法，将数据中心划分为不同的功能区域，用于实现不同的功能或部署不同的应用，核心采用两台新一代 100G 平台 CLOS 架构核心交换机 S125，各功能分区采用多台 S105 和 S75E 交换机作为汇聚，接入采用支持 FCoE 的 S5800 交换机，并全网使用 IRF2 虚拟化技术。iMC 数据中心智能管理组件的部署，对整个数据中心的包括基础设置、安全、配置、拓扑、服务器等方面进行统一管理，保证了数据中心的安全性，可靠性。

华三服务河北省文化厅文化共享工程。河北省文化信息资源共享工程是全国文化信息资源共享工程的一部分。工程项目中采用多台了华三通信的 S75E、SR66，以及数百台 UTM 以及 WX3024 无线设备，完成省、市、县、村有线无线一体化的文化信息资源共享网络。华三通信服务民生，助力全省共享文化信息资源。

达梦数据库有限公司

河北达梦软件技术有限公司以“打造国产数据库精品，构建信息化安全基石”为理念，通过建设“产品、服务、人才、渠道、亮点、品牌、管理”七项工程，提升产品开发能力、市场拓展能力、企业管理能力与资本运作能力，围绕核心竞争力的培育和整体优势的发挥，把达梦数据库建设成世界一流的数据库产品提供者。

河北达梦软件技术有限公司立足华北尤其是河北市场，开展广泛的产品推广和服务工作，逐步具有了稳定的客户群体和科研及服务团队，自身不断发展壮大，正努力打造为具有软件开发、系统集成、应用服务、技术培训、售后服务能力的全能型软件企业。公司立足达梦软件产品体系，在各行业应用领域得到长足发展，尤其是在电子政务建设领域，提供了众多优秀的平台架构和解决方案，得到广大客户的认可。

河北达梦软件技术有限公司承建河北省委政法委综治平台建设，本项目结合全省政法部门现有信息化资源，对现有业务应用系统进行优化，对全省政法综治业务数据进行整合，规划、制定全省政法综治信息资源标准，推进政法综治信息资源综合库建设，打造政法部门之间的信息共享服务平台，为各部门提供统一的数据交换服务，满足公共信息资源共享和业务协同信息流转的需求，解决政法部门间的“信息孤岛”问题，提高政法部门协作水平，为推进“三大建设”和“四项改革”提供重要支撑。

以达梦产品为核心，河北达梦软件技术有限公司通过河北省公安厅云中心项目建设，实现河北公安数据资源整合、信息共享、数据深度应用，建成河北省公安厅数据中心，建立数据的综合索引和各类专题库，为案件侦办提供强有力的信息支撑和保障。充分发挥云技术高度整合信息的作用，实现跨部门、跨警种，甚至跨地区的信息共享，全面服务各项公安业务工作。通过采用达梦 MPP 并行数据库技术提高数据中心的数据处理能力、分析能力和服务能力，利用成熟的达梦 ETL 数据交换系统保证数据抽取、清洗、整理、整合的高效、安全、可靠。同时建立一系列基础支撑和公共服务系统，为全警提供数据服务和综合分析服务。

河北达梦软件技术有限公司助力河北省公安厅安审平台建设，实现对用户操作行为（增、删、改、查询、登录等）和接口服务情况（批量比对、查询等）的完整记录，破解当前“跟踪不下去、查不到源头、取不到证据”难题，防范敏感信息泄露、保护数据安全。

河北达梦软件技术有限公司助力河北省司法厅信息化建设，依托司法行政业务网（政法网），以需求为导向，采用省级大集中的模式，完成信息化系统的网络设备、计算机设备、门禁系统、监控系统、基础软件、应用软件的集成工作，采用达梦新一代大型通用数据库管理系统 DM7 作为支撑，保障司法系统业务的快速响应和处理。

中国知网

中国知网（www. cnki. net）是清华大学中国学术期刊电子杂志

社主办、同方知网（北京）技术有限公司负责运营的全世界最大的中文知识服务网站，是国家知识基础设施工程（CNKI 工程）的运行平台，日访问量 4000 万次，年下载 58 亿篇，用户覆盖全球约 56 个国家和地区，机构用户数 2 万多家，个人用户数 2 亿人。

中国知网不断开发各类适应中国和国际市场需要的数据库及信息服务技术产品。公司的主营业务为：开发公共知识信息资源，建设基于知识网络与知识服务网络的 CNKI 数字图书馆；开发面向党委、政府、人大、政协、科研机构、院校、医院等各行业的知识仓库产品，为各类机构提供个性化知识信息服务；开发信息技术软件产品，为各行业开展信息与知识服务提供支撑和解决方案；建立基于互联网的知识服务平台。

中国知网积极参与河北省电子政务建设，推出的“领导决策情报与知识服务系统”和各类数据库已广泛应用于河北省委研究室、省直工委、省政府研究室、省人大、省财政厅、省出入境检验检疫局、省中小企业服务中心、省委党校、省委讲师团、省妇联、省社科院、省科学院、廊坊市委、张家口市委、石家庄社科院等众多党政机关，为各单位电子政务建设提供了大量高价值信息资源和高水平信息服务。

中国知网助力河北省财政厅信息化建设，财政信息服务平台包括政策信息、文献资源、数据挖掘、深度解读等板块：中国学术期刊全文数据库：是全球最大的连续动态更新的期刊全文数据库，收录国内学术期刊 7800 多种。中国博士学位论文全文数据库：是目前国内最完备、质量最高、更新最快的博士学位论文全文数据库，收录 1984 年至今的博士学位论文，财政信息服务平台为河北省财政厅、11 个地市级局、近 200 个县级局提供良好的信息资源服务。

中国知网全面服务河北省委党校、市委党校信息化平台建设，党校系统工作平台利用中国知网大规模整合的国内各类文献资料和数据，并利用清华大学自主知识产权的国际领先的知识管理和知识服务技术，为其平台建设提供专业的信息资源和服务。中央党校、国家行政学院、全国党建研究会等专家、教授精梳细编、浓缩提炼的以解决方案、优秀经验为主要内容的资料，为省委党校、市委党校提出解决方案和借鉴经验。

中国知网协助河北省社会科学研究院研究工作，中国知网提供的中国经济社会发展统计数据库是目前国内最大的连续更新的以统计年鉴为主体的统计资料数据库，包括了国民经济核算、固定资产投资、人口与人力资源、人民生活与物价、各类企事业单位、财政金融、自然资源、能源与环境、政法与公共管理、农民农业和农村、工业、建筑房产、交通邮电信息产业、国内贸易与对外经济、旅游餐饮、教育科技、文化体育、医药卫生等各个领域和行业的各类统计资料，是集统计数据查询、数据挖掘分析及个人数据管理功能于一体的大型统计数据总库。包括国家级、省级、市级、县级年季月度指标 100 多万个，为其提供了大量高价值信息资源和高水平信息服务。

中国知网支持石家庄市委、唐山市委、张家口市委等地级市内网平台建设，针对党政领导干部日常学习、政策把握、情报搜集、科学决策、知识更新等需求推出的党政机构日常工作和学习的重要知识信息服务平台。平台具有权威汇集政策信息、学习理论重要窗口、提供多元分析工具、及时呈送研究成果等特点，对推动领导决策科学化、助力行政管理专业化、实现公务员学习数字化具有极大的应用价值。

河北普瑞电子有限公司

河北普瑞电子有限公司是一家以计算机网络系统集成、应用软件开发、智能大厦综合布线和安防监控为主的高技术电子公司，于2000年被河北省科委命名为“国家高新技术企业”。公司位于石家庄市自强路35号庄家金融大厦19F，办公面积1500余平方米，注册资金5100万元，员工240余名，2012年销售收入近3亿元。

普瑞公司是由计算机专家及年轻有为的系统设计人员、系统开发人员、软件设计人员、工程实施及售后服务人员组成的强有力的技术团队。

普瑞公司主要业务集中在政府、交通、金融等行业领域，特别是在电子政务领域中，享有很高的知名度和良好的信誉，公司以其雄厚的技术实力、丰富的工程实施经验和完善的客户服务体系，得到广大用户的一致认可。

在系统集成方面，普瑞公司经过对大型局域网络项目、大型广域网络项目、数据存储项目、网络安全项目以及语音数据视频同传的三网合一项目等大量工程实例的成功实施，使公司的技术水平、施工经验得到了极大的锻炼和提高，始终跟踪技术前沿并保持在业界的技术领先。在软件开发方面，普瑞公司集中了一批专业的软件技术人员，主要从事计算机应用软件系统、办公自动化系统、数据库应用系统、电子商务应用系统的开发、研制工作，是河北省一流的专业性软件开发机构。在智控安防项目上，普瑞公司积累大量的技术及工程经验，承揽楼宇、机房、社区、交通及网络远程视频传输等监控、安防工程，工程质量得到用户一致好评。

普瑞公司承揽系统集成、软件开发及监控、安防工程的设计和施工，为客户提供全方位的系统解决方案。客户遍及政府、金融、邮电、电力、铁路、建筑、交通、广播电视等各大领域。普瑞公司已完成了近百套大中型网络系统工程，包括大型局域网络项目、大型广域网络项目、利用IP技术组建的语音数据同传的二网合一项目、利用H.323组建的语音数据视频同传的三网合一项目等。为提高售后服务质量，公司专门成立了客户服务中心，专业提供各种工程项目的售后技术服务和技术支持，并承接用户网络的运行维护服务，彻底解决客户的后顾之忧。

普瑞公司先后获得信息产业部“计算机信息系统集成壹级资质”认定，河北省“高新技术企业”，河北省“软件企业和软件产品认定”（双软认定企业）、河北省“优秀软件企业”、“河北省信用优秀企业”、“2004年河北省信息产业系统先进单位”、“石家庄市信息化暨信息产业工作先进集体”“河北省重信用守合同企业”、ISO9001：2000质量管理体系证书。

普瑞公司典型案例——张家口市平安城市建设项目。

在张家口市平安城市建设项目中，道路交通电子监控系统承载着交管的绝大多数业务，系统建设得

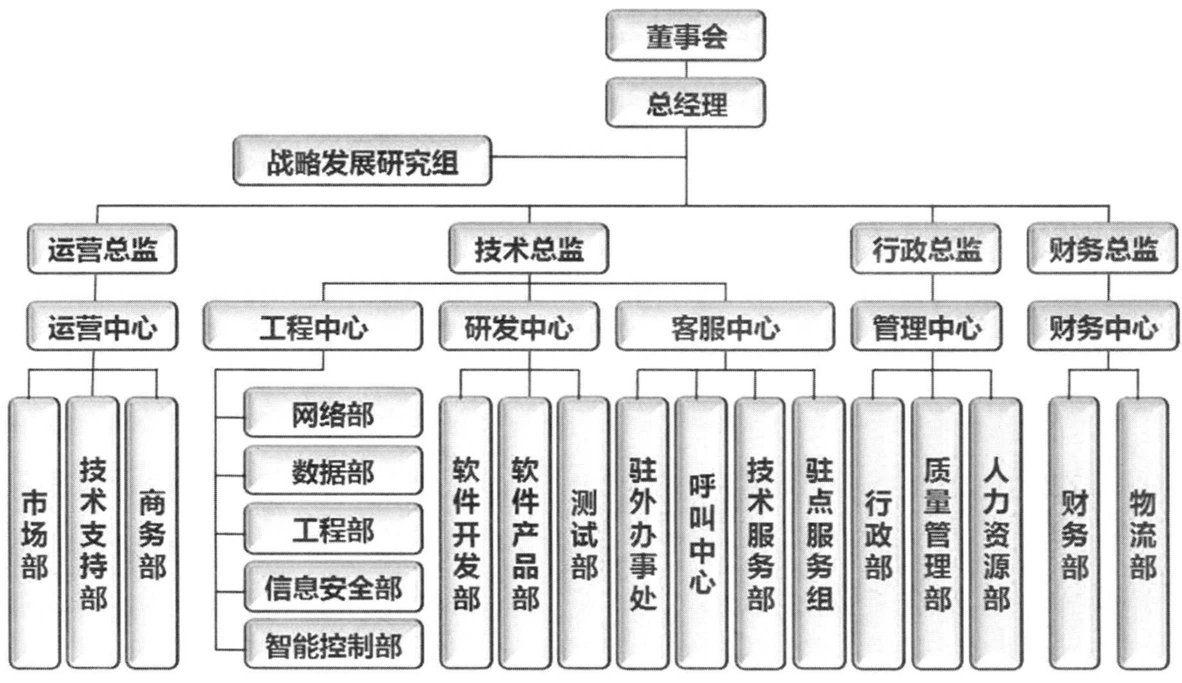

好坏，直接关系到交管部门日常工作效率的高低。在智能交通平台建设的总体解决方案中，将道路交通数据服务系统、电子警察系统、高清卡口系统、超速检测系统等，通过道路交通电子监控系统进行统一的管理和控制，同时在张家口市交管局指挥中心建设大屏幕显示系统、数据存储系统等软硬件支撑系统，各个系统之间有机的结合，共同构建了张家口市的智能交通平台。

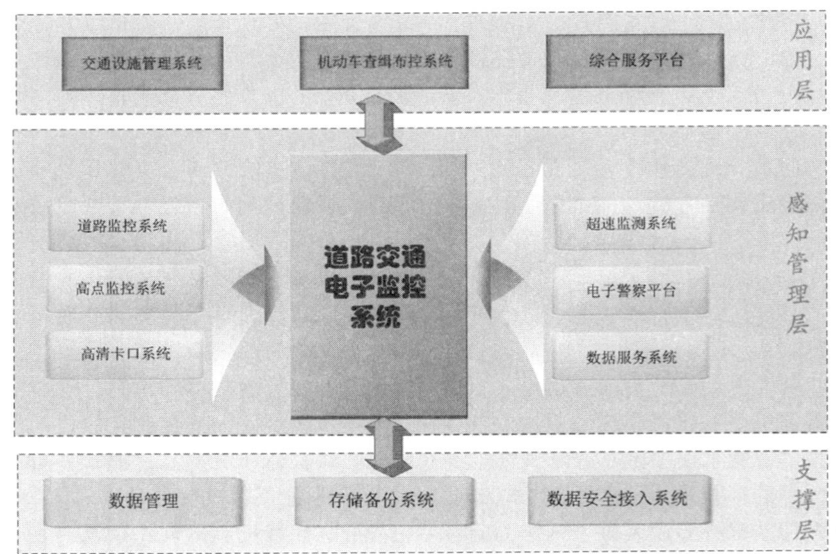

张家口道路交通电子监控系统以“统一规划、统一标准、技术先进、突出应用、稳定可靠、资源共享、信息安全”为原则，平台的设计和建设满足城市管理的全局需求，体现城市管理的数字化、自动化和智能化的领先水平。

依据张家口智能交通平台的建设要求，系统建设遵循统一规划、分步实施的原则，依托公安专有网络，采用集中部署模式，建设道路交通电子监控系统。主要实现全市范围内的电子监控设备的数据采集、汇总、分析、统计等工作。

电子警察系统，利用高清拍照摄像一体机与嵌入式抓拍主机，实现对机动车违法禁行行为进行数据记录。高清卡口系统，利用高清相机，实现对各路口通行车辆进行数字化抓拍、分析、记录。市县两级的车辆布控，实现覆盖市县两级的重点车辆的布控、报警、处置。数据综合服务系统，包括省级和县区监控系统的数据交换，异构系统的业务数据服务交换接口，数据汇总、分析、统计等功能。

河北万方中天科技有限公司

河北万方中天科技有限公司成立于2001年，办公面积1600余平方米，注册资金5010万元人民币，是一家致力于用先进的信息技术打造智慧城市、优化有限资源利用，应对公共安全、城市交通等城市管理问题，提升建筑、能源、水资源管理等城市运营能力的民营企业。

万方中天现有员工285人，大专以上学历占员工总人数的95%以上，是国家工信部信息系统集成一级资质244家企业之一，拥有33项国家版权局登记的软件著作权，12项软件产品。为160多个县级以上城市提供纳税服务，为近100个县级以上交通管理部门提供智能交通技术服务，为全国近5000公里的高速公路提供智能交通系统服务。公司研发并实施的数字化城管系统工程被建设部评为“全国领先，河北第一”优质工程。公司研发的网上办税服务大厅整体解决方案在河北地税成功试点推广，开创了国内“服务型税务”落地的先河。

万方中天在成长过程中通过自身技术积累，顺利完成了大中型集成类项目300多个，内容涵盖数据中心规划建设、整体机房基础架构构建、大型广域网建设、智能楼宇专业承包施工、智能交通工程建设、城市天网工程建设等。

万方中天十分重视科技创新，拥有一支由河北软件技术精英组成的研发团队，具有较强的项目开发实力。同时，公司具备IBM、HP、CISCO、宇视科技、H3C等国际厂商认证的专业技术团队，其中包括：Oracle认证工程师、IBM软硬件认证工程师、Cisco认证工程师、华为认证工程师，Microsoft认证工程师等多种专业人才。

公司经过多年的不懈努力，得到众多权威机构的认可，获得了一系列专业资质和荣誉，包括：中华人民共和国信息产业部颁发的《计算机信息系统集成企业资质证书》壹级；河北省工业和信息化厅颁发的《软件企业认定证书》；《ISO9001：2008质量管理体系认证》；《ISO/IEC 20000-1：2011》IT服务管理体系认证证书；软件研发能力成熟度模型CMMI3认证；《建筑智能化专业承包证书》叁级、《城市及道路照明工程专业承包叁级》资质证书；《高新技术企业证书》。

河北信通网络信息技术有限公司

河北信通网络信息技术有限公司于1997年注册成立，注册资金5310万元，年营业额逾亿元。现有员工150余人，80%以上具备大学本科学历，其中高级工程师9人，中级职称25人，高级项目经理9人，项目经理23人，多人具有微软、思科工程师及综合布线工程师认证。

公司技术力量雄厚、资质齐全、管理规范，通过ISO 9001：2008版国际质量体系认证。公司拥有国家计算机信息系统集成二级资质证书、涉及国家机密的计算机信息系统集成资质证书、建筑智能化工程专业承包三级资质证书、安防工程设计施工一级资质证书、防雷工程专业设计施工资质证书、河北省中小学校园网建设资质证书，获得信通WEBGIS门户系统、信通办公自动化系统、信通电子政务平台、高速公路运营管理系统、iDesk智能电子显示系统控制软件等多个软件著作权登记和软件产品登记证书，连续多年被评为重合同守信用单位。

公司主要从事计算机网络系统集成、建筑智能化工程，安防工程设计、施工，防雷工程设计、施工，有线电视工程设计安装，计算机软件开发销售及技术咨询服务，兼顾产品销售。公司先后与美国IBM、HP、POLYCOM公司及华为、联想、神州数码、趋势、北京冠群金辰等多家国内外知名公司建立了业务合作伙伴关系。自主开发主导产品有：智能电子桌牌、电子政务、政府企业网站制作、地理信息系统软件工程开发等。

项目涵盖计算机网络、软件开发、视频会议、有线电视广播、信息化机房建设工程、防雷工程、OA、门户网站等，涉及党政机关、公检法、军队、审计税务金融、教育、交通能源、企业等领域。

公司建有产品研发中心、技术服务中心和地市分公司。拥有一支技术水平高、反应能力强的科研和售后服务队伍，专人定期跟踪客户的系统运行和产品使用情况，为用户提供及时周到的服务和培训。

河北信通企业精神为“务实、敬业、进取、高效、卓越”，秉承一贯的“诚信、稳健、优质服务”的经营理念，致力于为用户提供增值资源、增值服务。

公司宗旨：科技服务社会，以最佳的、前瞻性的服务和全生命周期的服务实现其使命。

河北方维信息系统工程监理有限公司

河北方维信息系统工程监理有限公司于2003年8月5日成立，具有信息系统工程监理乙级资质，注册资金600万元，现有员工38人，信息系统工程监理技术人员32人（本科及以上学历人员占比87.5%），具有国家注册信息系统工程监理工程师证书的有18名，公司年监理项目投资额近4亿元。

河北方维信息系统工程监理有限公司依靠雄厚的技术手段、技术能力对外开展信息系统工程监理、信息系统工程设计评审、信息系统工程投资决策分析、信息系统质量评测等业务。监理范围涵盖电子政务监理；电子警察、道路监控、平安城市、智慧城市工程监理；电子机房建设监理、会议系统项目监理；网络集成监理；安防工程监理；信息采集监测系统监理，其他电子信息化项目监理。专项信息化咨询监理：信息系统方案设计、硬件设备、软件系统咨询和信息系统工程验收等。

经过10年的监理实践，公司在信息网络系统、信息资源系统、信息应用系统及信息系统安全等方面积累了丰富的监理实践经验，对信息系统工程建设有着深刻的理解和认识。作为信息产业部门授权的信息系统工程监理单位，对信息化建设工程的监理进行了很好的实践，与此同时，公司还开展了如信息工程方案设计、咨询、设备选型测试、信息工程绩效评估、监理工程师培训等方面的工作，取得很好社会效益和社会信誉。

截至2013年底，方维监理公司已承接了多个具有影响力的信息系统工程项目的监理工作，行业涉及政法、水利、林业、卫生、教育、公安、交通、政府等。公司秉承“诚信、守法、公正、独立”的原则，一如既往地坚持全面以客户为导向的服务理念，确保为客户提供一流的监理，一流的质量，为信息化建设进程保驾护航。

水利：河北省水利厅山洪灾害防治非工程措施补充完善项目监理；河北省水利厅国家防汛抗旱指挥系统二期工程建设监理。

环保：河北省环境信息中心全省污染源减排视频会议系统二期工程监理；河北省环境信息中心全省污染物减排视频会议系统一期工程监理；河北省环境信息中心省级环境数据中心建设监理。

卫生：河北省卫生厅省基本药物集中采购使用系统项目监理；河北省卫生厅远程会诊系统建设（一期）监理；河北省卫生厅115个县卫生数据中心建设工程项目监理；河北省卫生厅卫生信息平台数据中心一期项目监理。

公安：河北省公安厅省本级天网覆盖视频监控网建设项目监理；望都县公安局天网覆盖工程高清视频监控系统项目监理；石家庄市公安局2013年度公共视频建设续建项目监理；玉田县公安局玉田县城区监控工程监理；唐山市公安交通警察支队电子警察系统及高清雷达测速安装监理项目。

交通：河北省高速公路管理局指挥调度中心动态交通事件检测系统工程项目监理；河北省高速公路管理局指挥调度中心三维TGIS综合交通管理系统工程监理；河北省高速公路管理局指挥调度中心通信网络优化、互连互通改造工程监理；河北省高速公路管理局指挥调度中心高速公路收费软件改造及联网计算机系统升级项目监理；河北省交通通信管理局交通运输厅远程指挥调度系统二期建设监理。

安监：廊坊市安全生产监督管理局廊坊市安监管理救援指挥项目

监理；沧州市安全生产监督管理局应急救援信息平台建设一期项目监理；河北省安全生产监督管理局指挥中心硬件优化项目监理；高碑店安全生产监督管理局应急救援信息平台建设项目监理。

政府：河北省人民政府办公厅技术处省政府新址信息化综合布线系统项目；河北省人民政府办公厅技术处省政府新址信息化智能会议系统项目；河北省人民政府办公厅技术处省电子政务数据资源中心建设项目；中共河北省委信访局网上信访系统建设项目监理；中国共产党唐山市委员会政法委员会政法三级网（部分）、四级网系统建设。

煤矿：山西寿阳段王煤业集团有限公司弱电工程；山西省晋城晋普山监狱煤矿信息化一期工程；山西省太原西峪煤矿新建信息化一期工程。

司法：河北省司法厅高清视频会议配套系统；河北省高级人民法院法庭系统升级改造；河北省高级人民法院信息化工程；河北省监狱管理局防系统三期工程。

其他：南和县城市管理行政执法局南和县数字化城管、智能交通及天网覆盖；辛集市城市管理局数字化城市管理系统建设 BT 工程监理；河北省地方税务局省地税系统音视频会议系统建设监理；河北省地方税务局数据中心（西山）机房专用设备集成及综合布线项目工程监理。

电子政务小知识

国家信息安全保障体系是指运用信息安全管理和信息安全技术，为国家信息安全提供综合保障的体制、机制和系统。

网络信任体系是指为各级政务部门、企业和公民提供身份认证、授权管理、责任认定等的体制、机制和系统。

信息安全等级是指为了保护不同实体的涉密信息、内部信息和公开信息，以及在存储、传输、处理过程中实现对这些信息的保护、响应和处置而对信息系统定义的不同保护级别。

信息安全管理体系是指政务部门对保密信息进行有效管理的整体框架，其中包括处理信息的基础策略〔安全策略〕，基于这些策略的具体规划、规划的实施和操作以及定期对象和计划的再评估等。

信息安全基础设施是指为用户提供共性信息安全保障的基础设施。这种基础设施包括：数字证书基础设施、灾难恢复基础设施、应急支援基础设施等。

风险评估是指从风险管理角度，运用科学的方法和手段，系统地分析网络与信息系统所面临的威胁及其存在的脆弱性，评估安全事件一旦发生可能造成的危害程度，提出有针对性的抵御威胁的防护对策和整改措施的过程。

112 工程

电子政务“112 工程”网上审批系统项目招标书

政府采购项目名称：河北省电子政务“112 工程”网上审批系统一期工程

采购项目标书编号：HBGP200501247

采购人名称：河北省发展和改革委员会

采购代理机构全称：河北省省直政府采购服务中心

采购数量：网上审批系统是河北省电子政务“112 工程”的 12 个业务系统之一，是整合政府职能部门对外业务办理的系统，建设跨行业、跨部门的多功能网上审批服务系统，按照“一家受理、转告相关、并联审批、限时完成”的工作流程，实现各部门之间按业务流程实施网上并联审批。本次招标分 A、B 两包，A 包为硬件及集成，B 包为软件系统开发。

采购用途：办公

项目实施地点：河北省发展和改革委员会

项目完成时间：签订合同后 3 个月内

简要技术要求/采购项目的性质：详见招标文件

投标人资格要求：

A 包供应商资格要求：

（1）有中国企业法人资格，相关资质证件齐全、有效，符合《中华人民共和国政府采购法》规定的供应商参加政府采购活动应当具备的条件；（2）河北省省直政府采购服务中心政府采购供应商资格确认合格；（3）公司成立 3 年以上，投标人注册资金额在 500 万元以上（含 500 万元）。投标人至少应有 2 个规模超过人民币 300 万元项目（提供合同原件）的供货、安装调试、系统集成的项目；（4）具有信息产业部三级及三级以上计算机系统集成资质。

B 包供应商资格要求：

（1）有中国企业法人资格，相关资质证件齐全、有效，符合《中华人民共和国政府采购法》规定的供应商参加政府采购活动应当具备的条件；（2）河北省省直政府采购服务中心政府采购供应商资格确认合格；（3）公司成立 3 年以上，投标人注册资金额在 500 万元以上（含 500 万元），投标人应有超过 150 万元人民币以上的软件开发项目（提供合同原件）；（4）具有省级及以上软件企业认定证书。

已在我中心通过经资格确认的供应商可直接到我中心购买招标文件。未经资格确认的供应商，请按照我中心网站“政府采购管理”中“河北省省直政府采购供应商资格确认的通知”及“河北省省直政府采购供应商资格确认表”的要求办理相关手续，具体事宜可与中心综合信息部联系。

招标文件发售时间：2005 年 11 月 16 日至 2005 年 12 月 5 日（节假日不办公）

招标文件发售地点：河北省省直政府采购服务中心

招标文件发售方式：到综合信息部购买

招标文件售价：500 元

投标截止时间：2005 年 12 月 7 日上午 9 时整

开标时间：2005 年 12 月 7 日上午 9 时整

开标地点：河北省省直政府采购服务中心第一开标厅

河北省人民政府信息化工作办公室关于贯彻落实河北省电子政务“112工程”建设整合方案编制工作座谈会精神的通知

冀政信〔2004〕11号

各设区市人民政府，省直各有关部门：

省信息办于6月15日、16日召开的河北省电子政务“112工程”建设整合方案编制工作座谈会，是经省信息化领导小组批准、专题研究部署“112工程”建设整合方案编制工作的重要会议。会上，省信息办副主任、省信息产业厅党组成员甘中达同志就“112工程”建设整合方案编制需把握的八个重要问题作了重要发言；与会代表进行了充分认真的讨论；省委办公厅、财政厅、公安厅、教育厅作了典型介绍；最后，省信息办主任、省信息产业厅厅长陈国鹰同志作了题为《统一思想，提高认识，认真组织好电子政务“112工程”建设整合方案编制工作》的总结讲话。

与会代表对此次会议给予较高评价，认为继全省电子政务《规划》和《实施意见》后，又专题研究《建设整合方案》的编制工作，使全省对电子政务建设的认识进一步统一了，目标任务明确了，建设整合的重点更突出了。大家围绕“统一平台建设、信息资源共建共享、基础设施建设规划、标准规范建设、组织协调机制”等重大问题深入讨论并达成一些重要共识。省直各部门对省信息办这方面的工作给予了肯定和支持。为贯彻落实好这次会议精神，现将陈国鹰、甘中达同志的讲话印发给你们，并就具体事项提出如下要求：

1. 各与会代表要将此次会议精神及时向本单位党组和主管领导汇报，结合本单位在应用系统建设中所承担的任务，提出本单位的工作计划和建议，报党组和领导研究。

2. 各部门要根据《河北省电子政务建设总体规划实施意见》（冀办字〔2004〕40号）要求和本次会议精神，省直各部门都要确定主要领导负责信息化工作，明确相应的工作机构。成立由各应用系统牵头单位的主管领导为组长、具体承担单位为成员的项目组（省信息办各业务处按分工参加各项目组），负责建设整合方案的编制制定工作，并尽快将项目组组成上报省信息办。

3. 各项目组要根据《编制大纲》要求，尽快提出本应用系统建设整合方案编制工作计划和安排，上报省信息办。

4. 在建设整合方案编制制定之前，省信息办还将组织开展有关网络整合、业务需求分析、信息资源共建与共享、标准规范等方面的培训工作，希望大家按要求积极参加。

5. 希望各部门进一步加强沟通和交流，省信息办竭诚为各部门和各应用系统作好服务工作。

附件1：《统一思想，提高认识，认真组织好电子政务“112工程”建设整合方案编制工作》

附件2：《深入研讨，精心组织，做好电子政务“112工程”建设整合方案编制工作》

二〇〇四年六月二十二日

附件1

统一思想　提高认识　认真组织好电子政务“112工程”建设整合方案编制工作

陈国鹰

（2004年6月16日）

同志们：

省委、省政府高度重视电子政务建设，近半年来，陆续印发了《河北省电子政务建设总体规划》和《实施意见》，《规划》确定了省电子政务的总体框架和主要任务，《实施意见》对任务进行了分解。5月26日召开了河北省信息化暨信息产业工作会议，对当前和今后一个时期全省信息化建设特别是电子政务建设作了重要部署。这次河北省电子政务“112工程”建设整合方案编制工作座谈会就是贯彻落实《规划》和《实施意见》的一次重要会议。会议开始时，中达同志代表省信息办提出了电子政务“112工程”建设整合方案编制工作的初步思路，我完全同意。大家利用一天的时间，紧密结合省实际，围绕如何加快建设方案的编制工作进行了认真深入的讨论。刚才4个单位的同志作了大会发言，确实讲得都很好，启发很多，收益很大。下面，我对这次会议情况作一个简要总结，就如何搞好建设整合方案工作讲几点意见。

一、关于会议情况的简要总结

这次会议围绕编制“112工程”建设整合方案进行了深入研讨和广泛交流，大家认为，会议目标明确，开得非常及时，有不少收获，概括起来有以下三个方面：

第一，统一了认识。通过研讨，大家在以下几个方面形成了共识：一是认为召开这次会议很有必要。当前省电子政务建设存在的突出问题是各部门网络和应用系统自成体系，重复建设，标准不统一，信息共享程度低。随着《规划》和《实施意见》的贯彻执行，整合资源，互联互通，促进信息共享已成为推进省电子政务建设的一项重要任务。在这种背景下，省信息办组织召开省电子政务“112工程”建设整合方案编制工作座谈会，与“112工程”的牵头单位和项目承担单位一起，交流情况，研讨问题，集思广益，共同谋划编制建设整合方案的工作思路，非常及时和必要。二是必须加强标准建设。标准化是电子政务建设的前提和基础。长期以来，由于缺乏统筹规划，省应用系统和数据库建设没有统一的标准，导致信息共享困难，已开发的信息资源不能充分利用。因此，要实现业务协同、信息共享，必须加快省电子政务标准化体系建设。三是必须加强领导，强化协调。省电子政务建设包括1个网络平台和12个重点应用系统，每个系统又涵盖多个部门，有近百个子系统，根据需要今后还会增加。推进“112工程”建设，既涉及业务流程重组和部门间的业务协同，还涉及部门利益的调整，协调难度大，仅从业务和技术层面开展工作，很难推进。整合资源，互联互通，信息资源共享技术不成问题，而是管理和协调问题。为此，必须加强组织领导，建立协调机制，逐步形成主要领导亲自抓的局面，及时协调解决遇到的问题，保证各项工作的顺利进行。四是培训先行的认识。信息技术的快速发展和体制环境的不断变化，使我们在推进电子政务建设的过程中面临着不少新的挑战。因此，必须通过培训和学习掌握一套科学的理论和方法，主要包括信息资源规划、应用系统开发、网络建设、信息化标准以及公共管理等方面的理论，以适应编制建设方案和组织项目建设的需要。在座的各位是电子政务建设的专家，既懂技术，又懂管理。从国内企业的ERP建设来看，很多企业花费了上千万元投资，引进国外技术，可真正能够成功的却很少，根本原因就是管理理念不同，与企业的实际相脱节。搞电子政务建设也是如此，只靠引进国外技术是行不通的，需要“国产化”，需要适应我国的政府管理流程和内在机制，需要既懂技术，又懂管理的在座的各位专家共同去推进。

第二，明确了下一步工作重点。经过讨论，大家认为，在《规划》和《实施意见》的指导下，按照编制大纲的要求，编制好建设方案是下一步的工作重点。为此，需要深入分析研究现状，准确把握工作目标、工作内容以及范围和具体要求，重点解决好统一电子政务平台整合构建、信息共享和业务协同、数据交换中心和大型数据库建设以及统一标准等重大的关键性问题。

第三，增强了紧迫感。当前信息技术发展迅速，电子政务应用日益普及，上海、北京和广东等一些先进省市的电子政务建设已经走在我们前面。结合省实际，大家深感形势严峻，责任重大，进一步增强了加速推进电子政务建设的紧迫感和使命感，大家都表示要着力抓好当前的建设整合方案编制工作及后续建设工作，为推进全省电子政务建设作出应有的贡献。

二、关于建设方案编制工作的几点意见

1. 进一步统一思想，提高认识。经过这次会议的交流和研讨，我们对电子政务的内涵、作用和发展趋势等一些重要问题的认识有了新的提高。但是应该看到，电子政务建设是一项加速职能转变的体制创新工程，受到传统体制和传统观念的影响，统一思想，提高认识将是一个长期的任务，贯穿于电子政务建设和体制创新的全过程。针对当前省电子政务建设和组织推进过程中的一些突出问题，在建设整合方案的编制过程中，我们应该树立“三种意识”：一是全局意识。《规划》《实施意见》是全省电子政务建设的指导性文件，各有关单位要认真贯彻执行。要正确处理全局与局部、整体与部分的关系，自觉做到服从全省电子政务建设总体规划这个大局，积极支持全省统一电子政务平台建设，积极参与整合资源，采用统一标准，提高全省电子政务建设的科学性、整体性和系统性；二是树立服务意识。在制定建设方案时，各单位要充分考虑对本单位职能范围内的法律法规、政策规划、发展动态、标准规范、统计数据等重要信息资源的收集、整理和发布，既要讲“索取”（需要其他部门信息），更要讲“奉献”（开放共享信息），为党政机关、企业和社会公众提供更多的共享信息；要按照建设“服务型”政府的要求，进一步优化和重组业务流程，加强与相关单位的业务协同，更多地设计开发网上办事和服务项目，进一步提高服务水平和政务效率。三是进一步树立“系统”意识。以信息化带动工业化是我国加快现代化建设的重要战略。当前省信息化建设的重点是推进电子政务建设，这一重任无疑落在了我们信息化工作部门的肩上。从目前全省信息化工作部门的设置情况看，既有省市县纵向工作系统，在省直层面还有由省信息办和省直部门信息化工作机构组成的横向工作系统。要完成全省电子政务建设的工作任务，离不开纵横两个方面的工作系统。因此，我们今天与会的各

单位，要进一步树立信息化工作的“系统”意识，加强交流，密切配合，形成合力，共同做好当前的建设整合方案编制工作以及后续的建设工作。各单位出台的电子政务建设方面的重要文件和重要项目要与省信息办及时沟通。

2. 加强领导，搞好协调。按照《实施意见》的要求，省直各部门都要确定主要领导负责信息化工作，明确相应的工作机构，承担电子政务建设的组织领导和具体协调工作。省信息办负责全省电子政务建设的统筹规划和组织协调。在推进电子政务建设的过程中，要成立以牵头单位主管领导为组长，具体承担单位为成员的项目组，负责建设整合方案的编制工作。项目组内要有懂管理、熟悉本部门业务流程和懂信息技术的人员参加，对于跨部门的网络整合和应用系统建设省信息办有关处按照分工，将分别参加到各项目组中去，由项目组委托有咨询资质的机构进行方案设计。由于省不同部门的电子政务建设进度不一，不同应用系统建设整合方案编制工作的侧重点也不同，正在进行前期工作的项目重点是编制新建系统的建设方案，已有系统的建设方案重点是调整和整合。各单位要做好业务流程分析，“112 工程”的各牵头单位要结合与相关部门的业务衔接，要做好初步的协调工作。对建设方案编制过程中遇到的问题我办将及时组织协调，为各单位提供相关服务。同时，还要搞好培训。要开展以会代训、专题讲座等多种形式的高层次、高水平的培训活动，掌握编制建设方案的先进设计理念、技术和方法，开阔视野，丰富头脑。

3. 突出重点，分步推进，务求实效。“112 工程”中包含的建设项目多，资金需求大，不能齐头并进，应该突出重点，分步实施。根据省政府的部署，今年重点是推进“1 个网络平台和若干个重点应用系统”建设。一是在充分利用现有网络资源的基础上，整合构建全省统一的电子政务内外网络平台，各市、各部门原则上一律不再建设新的纵向网络。二是统一规划 IP 地址和域名，对现有网络逐个进行相应调整，确保互联互通。三是对目前已经建成的部门纵向网络进行分类整合。按照逐步统一国际互联网出口的要求，整合现有网络资源，构筑全省统一的公务内外网络平台。四是内外网建设要重视改进服务，在组织管理、技术服务、安全保障、内部运行机制方面提高服务和保障水平，加强管理体制和制度建设，以满足整合后大系统运行的需要。五是按照社会急需、受益面大、有一定基础的原则，集中财力进行重点应用系统建设，以确保电子政务建设尽快见到效益。同时，具备建设条件的其他应用系统也要启动推进。

4. 统一标准，规范建设。标准化是支撑电子政务重要手段。省电子政务建设标准化应重点抓好三个方面的工作：一是在电子政务建设中，要认真执行国家已颁布的标准，借鉴北京等省市的地方标准。二是按照《国家电子政务标准化指南》的总体要求，规范各个应用系统业务需求分析、业务流程分析、业务信息分析的思路和方法。三是参照国家电子政务技术框架，按照“急需先行，先用为主”的原则，集中力量制定省电子政务建设中急需的信息共享、业务协同方面的应用标准。

5. 加强管理，保证质量。项目管理制度是否健全、科学合理，直接影响到项目实施的效果，必须加强项目管理，严把质量关。电子政务建设中的网络建设、设备采购、系统开发与集成，必须纳入政府采购范围，实行统一招标，以提高效率、保证质量和节约建设资金。要加强项目设计方案的审查与论证，从业务需求、技术可行、安全可靠、造价合理等方面进行审查，方案完成后，将分别组织相关专家进行论证，确保系统的科学合理、安全可靠和功能完整；实行项目监理和审计制度，确保项目建设质量和效率，防止其他的违规行为。要建立项目验收制度，在项目验收前，必须经省信息安全测评认证机构进行信息安全测评，确保系统运行安全。

此外，考虑到建设整合方案编制工作涉及的因素多，根据这次会议研讨的情况，会后我们将以省信息化办公室文件的形式印发会议材料，对建设整合方案编制工作的组织形式、进度要求、协调制度等方面提出具体要求，指导建设整合方案的编写工作。

附件 2：

深入研讨　精心组织　做好“112 工程”建设整合方案编制工作

甘中达

（2004 年 6 月 15 日）

同志们：

今天，我们在这里召开全省电子政务“112 工程”建设整合方案编制工作座谈会。这次会议是经省信息化领导小组批准、由省信息办具体承办召开的。会议的主要任务是贯彻落实《河北省电子政务建设总体规划》（以下简称《规划》）、《河北省电子政务建设总体规划实施意见》（以下简称《实施意见》），以及最近召开的河北省信息化暨信息产业工作会议精神，围绕“112

工程”的建设整合进行讨论，并对《方案》的编制工作作出安排部署。参加今天座谈会的有省委、省政府、省政协办公厅和“112工程”的牵头单位以及承担单位中负责信息化工作的处长或主任，共计70余人。陈国鹰主任今晚要从外地赶来参加明天的会议，并在会议结束时作重要讲话。在座的都是全省电子政务建设的骨干和中坚力量，我非常高兴能和大家认识并一起研究探讨电子政务建设。下面，我先讲几点意见，给大家提供一个讨论的“开篇”，和各位与会代表共同研讨。

一、制定“112工程”建设整合方案是当前推进省电子政务建设的重要任务

电子政务建设是一个庞大的系统工程。推进电子政务建设，犹如组织一场大的战役，不仅需要从战略的高度去把握，还需要制定具体的作战方案。对于河北省的电子政务建设来讲，我们已经有了《规划》和《实施意见》，从宏观的层面确定了省电子政务建设的发展思路、战略目标和主要任务。下一步就需要针对主要任务制定好具体项目的建设方案，搞好项目的实施工作。

（一）制定建设整合方案是对《规划》和《实施意见》的深化和细化。去年12月份以来，河北省先后出台了《规划》和《实施意见》，对全省电子政务建设作了总体部署，对“112工程”的建设进度、责任单位和实施措施做出了具体安排。《规划》中提出的“112工程”涉及一个平台、12个应用系统和近百个子系统，要推进这一庞大的系统工程建设，就需要在《规划》的指导下，抓紧谋划编制“112工程”建设整合方案，提出切实可行的操作方案。这是对《规划》和《实施意见》提出的“112工程”建设任务的深化和深入，也标志着省电子政务建设进入全面实施阶段。

（二）制定建设整合方案是利用现有网络资源、实现信息共建共享的必然要求。近年来，河北省的电子政务建设有了较快发展，网络建设初具规模，党政机关和重点系统的信息化应用水平普遍提高。但各部门自成体系，建设标准不够统一，不少网络尚未实现互联互通，信息共享程度低，重复建设现象严重。要使河北省电子政务建设健康快速协调地发展，必须尽快改变这种状况。制定“112工程”的建设整合方案的一个重要任务，就是从分析现状和需求入手，研究提出加快资源整合、建立在统一标准规范下的网络与信息共享方案，推动网络与信息资源的有效配置。

（三）制定好“112工程”建设整合方案是关乎电子政务建设成败的重要环节。“112工程”建设整合方案既不同于《规划》，又不同于《实施意见》，它是前两者的补充、完善和深化。它与电子政务建设实施最贴近，它的操作性更强。因此，该《方案》制定的质量与深度，将直接关系到全省电子政务建设的质量、速度、效益，甚至整个电子政务的成败。我在这里特别要强调的是，电子政务“电子”是手段，“政务”是根本。“电子”是形式，“政务”是“内核”。也就是通过运用现代计算机、通信网络技术，将行政内部运转和实现公众服务职能实施重组、优化和再造，打破时空和部门分割的制约，为社会公众以及自身提供一体化的高效、优质、廉洁的管理和服务。可以看出，电子政务不是利用“电子”手段对现有“政务”的再现，更不是通过用计算机网络和信息系统去模仿传统的手工政务处理模式和固化强化现有的政府结构，而是政务业务流程的升级和重塑，是促进政府职能转变的一项“创新工程”。这就要求我们制定出一个目标明确、标准统一、结构优化、步骤清晰，具有很强操作性的建设方案作全程指导，以提高项目建设的科学性，避免盲目性，少走弯路，更好地发挥投资效益。

二、制定建设整合方案需要把握的几个问题

（一）关于正确理解全省电子政务建设《规划》和《实施意见》

为什么要讲这个问题？因为信息化是一个新生事物，大家都在探索，没有一个固定的模式和现成可借鉴的特别适合省的经验，同一个问题可能是众说纷纭、莫衷一是。人称现在是信息化建设的“春秋战国”。我们从事信息化工作的同志一定要把思想认识统一到省委、省政府确定的《规划》和《实施意见》上来。这是因为：一是《规划》和《实施意见》是在广泛征求党委、政府、人大、政协、军队等部门，以及各设区市和省内外专家意见建议的基础上形成的，是经省政府常务会议讨论通过的，是全省上下集体智慧的结晶，既是党中央、国务院关于电子政务建设方针政策的具体贯彻落实，又是符合和尊重省省情和现实的，国信办和有关专家对省的《规划》和《实施意见》给予了较高评价。二是《规划》和《实施意见》对电子政务建设的总体思路、目标任务、建设重点、进度安排和推进措施等一系列重大问题提出了明确的要求，它不同于以往的“政府上网工程”和单纯的“办公业务系统”，而是建设“数字河北”的重要基础和依托。因此，《规划》和《实施意见》是当前和今后一段时期内全省电子政务建设的重要指导性文件。我们在座的都是从事信息化建设和管理的同志，承担着电子政务建设的重任，要认真学习和领会《规划》和《实施意见》的精神和要求，以此为依据指导我们做好建设整合方案的编制工作。

（二）关于如何处理好“条”“块”关系

前些年省电子政务建设主要是以“条条”为主，目前已有20多个纵向网络以及与业务紧密结合的应用系统，这些网络和系统对省电子政务建设起到了积极的示范和推动作用。但也相应的出现了一些问题，主要是这些纵向网络和应用系统大都是以行政系统为背景和依托的，容易造成部门网络自成体系，建设和管理缺乏统一标准，内部之间和子系统之间信息共享程度低，已经严重制约重要应用系统和信息资源效能的充分发挥。因此，在河北省的电子政务建设中，既要充分发挥已有的纵向网络和应用系统的作用，又要坚持“统筹规划、整合资源”的既定方针，把网络平台和应用系统整合好、建设好。通常说的就是处理好“条”“块”关系。

首先，要理清两者的区别和关系。“条”是同一类业务在不同层级的垂直系统；“块”是同一层级不同业务的横向系统。两者关系处理好可以起到相互促进的效果，解决不好就容易造成重复建设，自成系统，影响互联互通和资源共享。其次，“条”“块”又相互依存、互为补充、相互促进。两者不是非此即彼、相互排斥、互不相干的另类，“条”需要“块”在横向系统内的综合和拓展；“块”又需要“条”在纵向系统内的充实和延伸。“条”“块”可以而且能够实现结合。再次，《规划》和《实施意见》为在省内实现“条”“块”结合制定了思路原则和目标任务，提供的整合的途径和方法。各相关单位在编制制定建设整合方案时，一方面既要分析和满足国家纵向系统的需求，另一方面要按照“先构建统一网络平台、后搭建信息资源共享机制”的思路，促进网络的互联互通和信息的共建共享，做到的这些就是实现了“条”“块”结合。国家纵向网络省级应用系统相对于省级平台都是一个“局部”，要自觉地服从和服务于全省网络平台构建这个“整体”。

（三）关于整合构建全省电子政务统一平台

河北省的电子政务网络建设已初具规模，现在网络的问题不是建设问题而是整合问题。要在充分利用现有网络资源的基础上，整合构建全省统一的电子政务网络平台。各部门、各市原则上一律不再建设新的纵向网络。初步的整合思路是：

1. 统一规划IP地址和域名，对现有网络逐个进行相应调整，确保互联互通。省IP地址和域名规划要与国家的地址和域名规范相一致，尽可能减少对现有IP地址的变动。

2. 对目前已经建成的部门纵向网络进行分类整合。属于内网性质的与省委系统纵向网互联，属于外网性质的与省政府系统纵向网互联。

3. 充分利用省委办公厅现有网络，整合相关内网资源，构建全省统一的公务内网。公务内网覆盖省级及省直所有党政机关及相关单位，逐步实现业务协同、内部信息共享。涉密文件的传输，要充分利用好省现有的机要网络。

4. 按照逐步统一国际互联网出口的要求，整合现有外网资源，构筑全省统一的公务外网。公务外网承担各部门的公共服务和业务办公，以及各部门间的公务信息交换和业务互动。

5. 待条件成熟后，构建完整意义上的全省统一的网络平台；整合组织管理机构，成立统一的网络管理中心。

（四）关于信息资源共建共享和应用系统建设

信息资源是一种重要的战略资源。目前省信息资源开发利用的主要问题是信息资源少、已有资源不能共享，信息孤岛问题突出，信息资源共建共享问题远远甚于网络重复建设问题。已严重制约着网络资源和应用系统效能的发挥。各部门在编制应用系统建设方案过程中，要着重处理好信息资源开发利用与应用系统建设的关系，一方面要理清部门内部以及部门之间的业务流程，提出系统的功能目标，为实现业务协同打好基础；另一方面还要理出系统所涉及到的各种信息，按照信息共享的原则，组织信息资源规划，为实现信息资源的整合与共享奠定基础。实现信息共享、业务协同需要重点解决以下几个方面的问题：

1. 要分层次规划好重点建设的数据库。各部门要依托现有的数据库资源，继续搞好自身业务数据库的建设。业务性数据库采取分布建设，按需要实现有条件的共享。省信息办会同重点应用系统建设单位统一规划和建设全省大型基础性数据库，包括人口、法人、空间地理信息、宏观经济信息等，为全省信息资源共享提供基础性数据。

2. 建设统一的信息交换平台。通过建立信息目录与交换系统，对分布式的信息资源进行统一检索和定位，有效实现部门间现有及新建信息资源的交换与共享。

3. 要抓好信息数据的标准化建设。数据标准化是信息共享的前提和基础，也是我们在应用系统建设方案编制过程中要重点解决的核心问题。在系统的业务需求分析中，要对现实的业务需求、业务流程、业务信息进行具体的梳理和分析，利用统一的标准和设计工具，建立规范化的业务模型、数据模型和电子文档模型，以此获得规范化的数据，确保实现各系统间信息共享。

4. 制定出台《省政务信息公开与共享管理办法》。通过行政规章以界定信息资源的范畴，制定信息公开共享目录，建立信息公开共享的责任制，规定各部门信息公开共享的权利和义务，为政务信息公开与共享提供制度化保证。

（五）关于做好网络平台和应用系统的顶层设计

顶层设计是建设整合方案编制的重要基础性工作，它主要包括某一网络或应用系统建设所要达到的目标、要实现的功能，以及所采取的解决方案。由于河北省各个部门的电子政务建设进度不同，因此对于不同应用系统的顶层设计应该区别对待。对于新建系统要首先确定该应用系统要达到总体要求及目标，依据总体目标要求对系统内部之间和各部门之间所承担的任务进行分解，分析系统内部或各子系统之间的信息流动方向和业务的关联度，确定实现这个目标路径或手段。对于已有系统其主要任务是整合，重点是对信息资源共享、业务协同、大型基础性数据库等关键问题提出有可操作性的解决方案。顶层设计组要由业务骨干、技术骨干和管理骨干等方面的人员组成。

（六）关于统一规划基础设施构建技术支撑体系

电子政务是一个庞大的系统工程，需要建立一个强有力的技术和管理支撑体系。针对河北省电子政务建设管理任务重、技术人才资源匮乏，中介服务机构发育不够、信息安全存在隐患等问题，应逐步启动建设全省信息资源管理中心、信息安全测评中心、数字证书认证中心（CA）、异地容灾备份中心等重大基础设施和技术支撑机构，构建省信息化技术支撑体系，为河北省各部门信息资源开发和信息安全建设提供业务需求分析和系统的顶层设计等技术支持。

（七）关于加快河北省标准体系建设

标准化是支撑电子政务的重要手段。为了加强电子政务标准化工作，国家电子政务标准总体组编写了《国家电子政务标准化指南》，制定了六项电子政务标准，提出了电子政务建设所遵循的标准理论和设计方法。对于我们省来讲，标准化工作的重点应该是如何在国家电子政务标准的指导下，按照急用先行的原则，集中力量制定满足信息共享、业务协同需要的应用标准，主要包括业务流程标准、代码标准、数据元标准、文件格式标准、系统接口标准、术语和符号标准等。编制标准规划时要注意与国家和京津广泛采用的标准规范相衔接，以适应“大北京”区域经济和环渤海经济的发展。项目设计、开发、建设及设备采购，必须纳入政府采购范围，实行统一招标。实行项目监理和审计制度，加强项目设计方案的审查与论证，确保项目建设质量和效率。

（八）关于加强建设整合方案编制的组织领导

全省电子政务建设工作在省信息化领导小组的统一领导下进行，省信息办负责具体的组织协调工作，对建设方案编制过程中遇到的重大问题要及时进行组织协调，保证编制工作的顺利进行。各应用系统要成立以牵头单位主管领导为组长，具体承担单位为成员的项目组，负责建设整合方案的制定工作。省信息办的各分管处的处长参加各有关项目组，为应用系统建设整合方案的编制工作做好服务协调工作。各应用系统的子系统要先做好本系统业务需求分析，各牵头单位要结合本应用系统的目标要求做好各子系统之间的业务协同和业务衔接，做好初步的协调工作。

关于“112工程”建设整合方案的编制进度。全省统一电子政务平台8月底前完成论证。办公及网上审批、社会保障、人口与人力资源、应急联动、综合教育等五项应用系统要在今年9月底前完成论证。除信用信息服务系统今年完成调研工作外，其余应用系统今年年底前完成论证。

同志们，编制河北省电子政务“112工程”建设整合方案是当前推进河北省电子政务建设的一项重要工作，时间紧，协同问题多，协调难度大，希望大家利用这两天会议时间，广泛交流，深入讨论，统一思想，形成共识，编制好建设整合方案，为下一步实施好电子政务的建设和整合工作奠定良好基础。

不妥之处，请大家指正。

河北省信息化领导小组关于成立河北省电子政务“112工程”项目组的通知

（冀信［2004］1号）

各市人民政府，省直各有关部门：

为加快推进省电子政务建设，根据《河北省电子政务建设总体规划实施意见》（冀办字［2004］40号）的部署，决定成立电子政务“112工程”项目组。现将各项目组的构成及项目组的职责和运作程序等有关事宜通知如下：

一、项目组构成

根据《实施意见》所确定的“112工程”任务分工和要求，成立公务内网平台、公务外网平台、“中国河北”门户网站以及办公业务资源系统、并联审批系统、财税和审计监管系统、社会保障信息系统等17个项目组。各项目组由牵头单位主管领导任组长，承担单位负责同志、省信息办相关处室负责同志为成员，省信息办负责同志参与公务内外网平台项目组，项目组人员构成根据工作需要或人员变动情况可及时进行调整。

二、项目组主要职责

1. 制定本项目组工作计划。

2. 组织本应用系统业务需求分析和系统建模工作。

3. 研究提出本系统网络整合、业务协同和信息资源共享规划的建设方案。

4. 组织协调本系统建设方案的论证、评估、修改完善工作。

5. 协调解决本系统网络整合、业务协同和信息资源共享规划和项目建设过程中的问题。

6. 实行项目建设月报制度，每月将项目进展情况报省信息化领导小组，并通报给项目组各成员。

7. 及时向省信息化领导小组提出全省电子政务建设方案的意见和建议。

三、项目组运作

1. 提高认识，树立全局观念。电子政务建设涉及到业务流程优化重组和部门间的利益调整，是一项推进职能转变的体制创新工程，推进难度很大。各牵头单位和参与单位要进一步统一思想，提高认识，把电子政务建设作为当前省转变职能、优化环境、提高效率、促进发展的一项大事来抓，树立全局观念和服务意识，把编制建设方案和项目实施工作做深做实。

2. 密切配合，建立项目组会议制度。项目组成员来自不同单位，要按照《实施意见》的要求，密切配合，协同工作。各项目组要建立项目组会议制度，由项目组组长负责召集并主持会议，共同研究项目建设中的重要事项，及时沟通交流各单位在项目建设上的意见和建议，协调解决项目推进中的问题。

3. 明确分工，协同推进项目建设。各项目组要切实履行好各自的职责，明确分工，协同作战，按照《河北省电子政务建设总体规划》（冀办发［2003］32号）和《实施意见》的要求，如期完成好各自承担的项目建设任务。牵头单位要加强与本项目中的相关部门的业务衔接，重点是做好协调工作。各项目的承担单位要在完成本单位承担的子系统建设同时，做好配合工作。

4. 综合协调，把好项目论证关。省信息办负责全省电子政务建设的组织协调工作，要为各项目组做好协调服务。各项目的建设方案完成后，由省信息办依据全省统一的规划和布局，组织专家进行论证。

电子政务论文选辑

信息化标准化合力提升我国行政审批效能

河北行政学院信息化教研部教授、副主任马林艺

摘要 行政审批制度改革一直是政治体制改革的前沿，更是电子政务关注和研究的焦点。“深化行政审批制度改革，继续简政放权，推动政府职能向创造良好发展环境、提供优质公共服务、维护社会公平正义转变。”是党的十八大提出的改革方向，运用现代公共管理理念，对我国行政审批信息化建设进行现实考量，以标准化为保障，以信息化为支撑是合力提升行政审批效能的有效途径。本文以行政审批信息化标准化的现实背景和理论研究为依据，阐述信息化与标准化相融合是提升行政审批效能的有效途径，并针对当前我国行政审批信息化标准化建设面临的瓶颈提出了解决策略。

关键词 行政审批 信息化 标准化

一、行政审批信息化标准化现实背景和理论基础

自20世纪70年代末以“改善政府组织的运作，提高行政效率与效能”为目标的新公共管理运动在西方国家开展以来，政府行政审批合理化和规范化一直都是世界各国政府追求的方向和目标之一。在信息化网络化快速发展的背景下，行政审批更是纳入了政府发展电子政务的轨道。具有代表性的有，以公共服务标准化为核心的英国梅杰政府的公民宪章运动；在信息时代，作为电子政务发展较为成熟的美国、日本等国家的“一站式”服务。其理论和实践最为突出的两点：一是借鉴泰勒提出的企业标准化进行政府管理的“效率革命”提升政府服务质量，对审批流程进行再造，使行政审批科学化、法制化；二是将流程再造和网络技术有机结合，科学界定网上审批流程的边界、系统整合网上行政审批内容，使行政审批透明化、整合化。

我国对行政审批制度的研究起步较晚，2001年9月，国务院成立行政审批改革工作领导小组，积极、稳妥地推进行政审批制度改革，改革工作全面启动。截至2012年8月国务院十年来分六批共取消和调整了2497项行政审批项目，占原有总数的69.3%。2013年4月为落实《国务院机构改革和职能转变方案》，国务院常务会议决定，第一批先行取消和下放71项行政审批项目等事项。这表明，在机构调整的基础上，国务院职能转变已进入具体实施阶段。当前我国的行政审批模式主要是在学习借鉴国外“一站式”服务实践经验的基础上，以行政服务中心为依托载体和创新平台进行的。主要代表性成果及观点为：

1. 以放权推进政府职能转变。取消和下放一批行政审批权，将有利于改变政府现行管理制度不适应社会组织规范发展的现状，加快形成政社分开、权责明确、依法自治的现代社会组织体制。（西晋）傅玄《傅子》云：“政在去私。私不去，则公道亡。”

2. 以审批规范与法治化推动行政审批制度改革。中国人民大学教授毛寿龙在对比美中行政审批制度改革时提出“美国的政府管制和行政审批制度的经济背景是市场经济，它是在市场经济中发展起来的，也是在完善

市场经济的过程中进行改革的，且具有严格的法律基础。若政府没严格执行依法行政，没有法律依据，任何行政管制和审批行为都是无效的。中国则往往是人治行政的。”

3. 以标准化实现行政审批和服务业务流程的再造。在标准化过程中，对行政审批和服务流程进行梳理和重新设计，实现流程顺畅精简。山东新泰市首创的“全程标准化”是将标准化手段与政府审批工作融为一体，并贯穿全程的新型标准体系。该体系首次明确了行政服务机构开展标准化工作的思路和方法，填补了我国标准化领域行政服务标准体系建设的空白。专家们一致认为，该项目“具有鲜明的方向性、样板性、可行性、科学性和创新性，达到国内领先水平”。

4. 以信息技术变革支撑行政审批制度改革。随着我国电子政务建设的不断深入，网上行政审批建设逐步摆脱了传统行政审批方式的弊端，能够为公众提供真正意义上的“一站式”服务。网上行政审批建设是伴随着行政体制改革和行政审批制度改革的深入而推行的。国家行政学院顾平安强调“在电子政务环境下，面向公共服务的政务流程再造是一种全新的“服务驱动型”业务流设计，是政府传统管理方式的革命性变革”。

二、信息化与标准化相融合是提升行政审批效能的有效途径

企业的标准化管理由来已久，政务的标准化管理是对企业标准化管理的借鉴更是创新。杭州上城区借鉴企业标准发布格式和执行方式，将政府具体职能事项标准以国家或地方推荐性标准形式对外发布及实施，既便于全区统一施行，又可供其他地区参照执行或参考借鉴，在实现管理模式转变的形式上具有新颖性。行政审批标准化管理，主要是通过标准化管理的刚性效应，约束行政审批自由裁量权，解决制度在执行环节变形走样的弊端。特别是针对审批环节标准不统一、运作不透明等容易导致腐败现象发生的情况，运用标准化的理念，对行政审批的办理和监管过程进行科学分解和合理配置，对流程进行改造和优化。信息化主要是用信息技术固化标准流程，对流程进行网络化、信息化、电子化，围绕申请者申报信息化—审批官审批信息化—监察官监察信息化这一行政审批流程，来完善行政减少人为因素干扰。行政审批信息化的战略目标，依次是行政审批事项全部信息化、全程审批信息化、并联审批信息化。行政审批信息化的战术，依次要经过纸网同步、先网后纸、无纸化审批 3 个阶段，而每个阶段都离不开标准化。信息化与标准化就如同“木桶原理”中的两块板，政府审批效能就是木桶中的水，欲使其值最大化，两块板既不能出现短板又要做到无缝衔接。因此在行政审批中信息化与标准化建设要同行，这也是电子政务标准化的总体目标，即“互联、互通、信息共享、业务协同、信息安全”打牢基础。

三、当前我国行政审批信息化标准化建设面临的瓶颈及解决策略

近年来，我国电子政务建设随着行政体制改革的不断深入而稳步推进，尤其是依托行政服务中心建设的行政审批信息化呈快速发展趋势，涌现了诸如，新泰模式、青岛模式等典型，但是不可否认这一发展极不平衡，许多地方政府的行政审批信息化标准化建设遭遇到瓶颈，究其原因概括为以下六个问题：

第一，权与利的问题。法国启蒙思想家孟德斯鸠说过：“一切拥有权力的人都容易滥用权力，这是一条亘古不变的经验，有权力的人们使用权力一直遇到有界限的地方才休止。”英国思想史学家阿克顿勋爵的另一句名言：“权力导致腐败，绝对权力绝对导致腐败。”我国在行政审批上长期以来的“一支笔”现象也源于权力为上，继而形成利益所在，信息化标准化的规范透明势必削弱权力，破除既得利益，这是“瓶颈”的关键所在。

第二，软与硬的问题。这里提的“软”不单单是软件系统还包括整个法律法规、制度规范、审批的业务流程等，企业信息化发展之所以领先于政务信息化发展，源于企业的一整套标准化管理比较成熟，而行政管理的标准化还在不断探索完善中。“硬”则是迅猛发展的信息网络通讯技术，新型媒体改变了原有的政治生态，对行政体制改革形成倒逼机制，迅猛发展的硬件技术与落后的软件体系形成了行政审批信息化标准化建设的瓶颈。

第三，实与虚的问题。在对许多行政服务中心调研中，我们了解到行政审批的信息化标准化建设许多并未达到预期效果，原因很多，但最重要的就是信息化标准化建设缺乏统一协调，实效性低。大多审批部门间未建立互联互通状态，许多审批部门只是将传统审批电子化，处于“有电子无政务”状态。许多行政服务中心只是“一厅式”办公，而非“一站式”服务。

第四，新与旧的问题。传统的审批信息化与现代网络技术下互联互通有着本质的区别，这涉及旧系统与新系统的边界划分、设备的更新换代，更为艰巨的任务是跨部门业务协同和流程再造，以及标准规范的重新梳理和制定。

第五，奖与惩问题。行政审批的信息化标准化离不开这个岗位上的公务员，从办公室里的政府官员转换为行政服务大厅的服务人员，从神秘的实政权力到公开透明接受监督，还有业务上的不断提升各种能力要求，如果“奖与惩”不能处理好，势必会因消极态度而阻碍“瓶颈”的突破。针对上述问题，行政审批信息化标准化的建设策略如下：

1. 解放思想，转变观念，简政放权。受官僚主义

影响，一些政府官员的权力意识强于服务意识。信息化标准化使得行政审批规范透明，就意味着审批者要给自己制定标准接受公众监督，继而失去既得利益。现代公共管理理念强调政治与行政的适当区分，当政治过度介入行政，既影响行政效率，又影响政治问责，政治的清明度和行政管理的高效性会同时受到影响。因此，要提高行政审批的效能，还需政府部门进一步解放思想，转变观念，简政放权，发挥信息化标准化在行政审批中的有效性。

2. 完善法治，依法行政，违法必究。法制建设历来都是人们关注的焦点、政府建设的重点，更是行政之本。标准化本身既是对行政审批相关法律法规的进一步规范和梳理，又是对一些具体条例和制度，以及业务流程的修正和再造。有法可依，更要有法必依。近年来我国查处的贪污腐败案例表明，许多官员是“有法不依”，其重要原因就是缺乏公开透明，而信息化是对标准化的贯标，既是对行政审批全流程的技术保障，又是公开透明的平台，“行政审批电子监察系统”更是有效监督的窗口。

3. 讲求实效，循序渐进，因地制宜。信息化标准化建设离不开当前迅猛发展的信息网络技术，过分追求新技术忽略其效能，是当前我国电子政务建设中的一大弊端。就当前而言，依托行政服务中心建设的行政审批系统，应针对各级政府实际需求，以功能为核心形成上下贯通，业务协同的有效机制和共享平台。杜绝形式上的审批信息化，以及华而不实的形象工程。

4. 科学界定新旧系统边界，搭建业务协同平台。我国电子政务大规模建设走过了十余年的历程，现代行政管理在不断发生着变化，各项法律法规逐渐完善，规范标准不断走向精细化，新需求新技术持续挑战着传统的行政审批系统，科学合理地界定新旧系统边界，做好系统的再造工程是当务之急。而系统再造工程中的重点和难点是打破部门间的壁垒，制定统一的规范标准。

5. 提升行政审批人员标准化信息化素质和服务意识，完善绩效考核制度。行政审批人员是决定行政审批效能的内在主体，完善配套的绩效考核制度是强化其服务意识提升技能的有效保障。行政审批的信息化标准化为绩效考核提供了可量化的指标，为考核的科学合理、公开公平提供依据。当然作为电子政务的一部分行政审批还需依据电子政务绩效考核标准全面考量。

总之，有效地发挥信息化标准化的合力作用是提升行政审批效能的关键，也是行政审批制度建设不断完善的保障。随着我国电子政务建设的进一步深入，行政体制改革势必与电子政务相辅相成，以标准化为基础保障，以信息化贯标为支撑的行政审批制度建设在电子政务建设中更具示范作用。

参考文献

1. 王克稳．行政审批制度的改革与立法［J］政治与法律，2002（2）：37-44.
2. 江源富，杜义国．标准化和信息化是提升行政服务水平的有效途径．电子政务，2009.
3. 应松年．行政审批制度改革：反思与创新［J］．人民论坛·学术前沿，2012（5）.
4. 王强．探索行政服务“全程标准化”，破解基层电子政务的基础性难题——以山东省新泰市为例［J］．电子政务，2010，（10）.

地级市政府门户网站在线办事能力比较研究①

——以石家庄市、廊坊市、衡水市政府门户网站为例

甄　贞②　陈　爽③

摘要　建设一流政府门户网站，提高在线办事的能力，是各级政府建设服务型政府的客观需要，也是政府自身建设的有效途径。本文选取了河北省其中3个地级市，对于其办事指南、表格下载、在线咨询、在线查询、在线申报（办理）、办件公示等进行比较研究，发现政府门户网站在线办事服务中存在一些问题及制约因素，针对性的提出提高在线办事能力的路径选择，领导重视是关键，用户需求是主导，整合资源是核心，技术手段是保障等。

关键词　政府门户网站；在线办事能力；比较研究

近年来，虽然我国各级政府门户网站建设取得了重要进展，在政府公共管理与服务中的作用开始逐渐显

① 本文为2012年科技厅软科学项目“治理理论视角下河北省虚拟社会管理创新研究”研究成果的一部分，课题编号为12457203D-33。中图分类号：D630.1

② 甄贞，河北行政学院公共管理学教研部讲师。

③ 陈爽，河北经贸大学公共管理学院讲师。

现，但目前多数政府网站更多地仅仅停留于作为政府信息输出窗口的阶段，重信息发布、轻实际应用已成为政府门户网站发展的瓶颈。“国内外政府门户网站服务功能普遍定位于‘信息公开’、‘在线办事’和‘公众参与’”①。其中的“在线办事”功能是三大功能的核心，是推进政府职能改革、提高行政效率的重要手段，也是推动政府门户网站蓬勃发展的不竭动力。因此，应当以“在线办事”的深层应用作为政府门户网站建设的核心主导，以实用、适用、好用、促使用、促发展、促提高，将政府门户网站真正建设成为构建和谐社会的一个重要窗口。

本文所选取的研究对象为河北省，其下辖 11 个地级市经济发展有着一定的差距，根据行政级别、地理位置、经济发展水平等综合因素考虑，选取石家庄市、廊坊市、衡水市政府门户网站进行比较研究，展示河北省地级市政府门户网站建设的总体水平，主要着力于揭示在线办事能力的差距，并提出相应的解决对策，提高河北省地级市政府门户网站总体在线办事的质量和水平。

一、政府门户网站在线办事基本内涵及实现方式

“政府门户网站的在线办事功能，是指政府门户网站整合政府各部门以及社会各种服务资源，为社会公众日常生活及企业经营活动提供服务的功能。政府门户网站在线办事服务的内容应当包括政府事项服务和整合社会其他机构提供的服务，其中政府提供的服务是政府网站在线服务内容的核心，而社会服务则构成政府服务的重要补充”②。因此本文主要着力研究政府提供的在线服务。政府门户网站的在线办事服务应当覆盖一个事项的全过程，这就要求政府门户网站能提供办事指南、表格下载、在线咨询、在线查询、在线申报（办理）、办件公示等不同深度的服务。

二、石家庄市、廊坊市、衡水市政府门户网站在线办事服务比较

根据近几年的《中国电子政务研究报告》《中国政府网站绩效评估报告》以及相关的政府网站文献检索，本文研究的政府门户网站在线办事服务能力主要体现于在线办事的服务实现方式，即对三个选取的地级市政府门户网站中的办事指南、表格下载、在线咨询、在线查询、在线申报（办理）、办件公示等进行比较研究，从中发现政府门户网站在线办事服务中存在的问题和制约发展因素，进而给出具有针对性的对策建议，达到提升地级市政府门户网站在线办事质量和水平的目标，提高政府的工作效率。

（一）办事指南功能评述

石家庄市政府门户网站首页顶部设有“网上办事”栏目，点击进入后在“网上办事指南”下方根据不同的服务对象分为市民服务、企业服务、投资服务、三农服务等四个不同版块，有明确的“办事指南”，其中市民服务提供办事指南 18 类 247 项，占 25.4%；企业服务提供办事指南 14 类 298 项，占 20.6%；投资服务提供办事指南 12 类 243 项，占 25.0%；三农服务提供办事指南 14 类 185 项，占 19.0%，合计为 58 类 973 项。从图 1 中可见，服务的主体是企业和市民个人。不同类型的用户可在第一时间了解和掌握政府门户网站在线办事的内容、流程、依据、收费标准、时限等内容，大大地提高了用户获取有效信息的效率。廊坊市政府门户网站首页顶部的设计比较符合政府网站的三大功能，设有“政务公开”、“在线服务”和“互动交流”三个主要栏目。点击“在线服务”后，可以看到根据不同的服务对象分为企业服务、个人服务、投资者服务和三农服务等四个版块，它还设有“场景服务导航”栏目，包括户籍、就业、住房、教育四个子栏目，可以使用户快速掌握相关政策、办事地点、办事流程及办理时限等，但“教育”子栏目没有相关内容。在本网站“在线服务”首页左下方的“单位和部门分类中”栏目中，有网站提供的 55 个政府各部门的“办事指南”，但没有明显设置于页面中，不易被用户找到。经统计，55 个政府部门链接中除了民宗局和文化局外，均有办事指南，提供办事指南服务合计为 1004 项。衡水市政府门户网站首页顶部设有“办事服务”栏目，可以直接通往“衡水市人民政府网上办事服务平台”。首次登陆时无论是单位用户还是个人用户，都需要进行网络注册，提供真实的姓名、机构名称和手机号码（注册时需用手机获取验证码），相对可以保障在线办事的信息安全。注册登陆后有“个人办事”和“机构办事”的分别。

① 张向宏，张少彤，王明明：“中国政府网站的三大功能定位—政府网站理论基础之一”，《电子政务》，2007 年第 3 期，第 17 页。

② 高也：“浅谈政府网站在线服务功能建设”，《内蒙古科技与经济》，2010 年第 10 期，第 45 页。

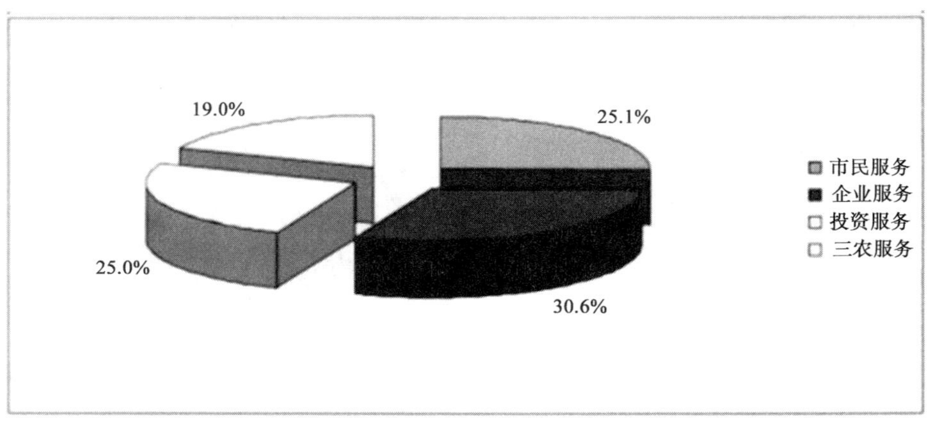

图1 石家庄市政府门户网站办事指南情况

表1 廊坊市、衡水市政府门户网站办事指南情况

城市	部门数量	提供办事指南部门数量	提供率	提供数量
廊坊	55个	53个	96.4%	1004项
衡水	55个	32个	58.2%	276项

（二）表格下载功能评述

石家庄市相比廊坊市、衡水市提供更为强大的表格下载功能，首先它在网站页面上易于找到，其次按照不同部门提供了32类表格下载，除了“人防工程”打不开之外，其他都能够链接到对应部门网站，提供相应的表格下载。廊坊市和衡水市政府门户网站表格下载情况见表2。

表2 廊坊市、衡水市政府门户网站表格下载情况

城市	部门数量	提供表格下载部门数量	提供率	提供数量
廊坊	55个	36个	63.6%	250个
衡水	55个	28个	51.0%	262个

（三）在线咨询功能评述

石家庄市政府门户网站尚没有在线办事的咨询功能，只是在首页上设有政府信箱，接受和回复民众的各种提问。通过廊坊市政府门户网站可链接到廊坊市行政审批服务中心，此中心提供在线咨询服务，在线咨询内容多与民众生活息息相关，如户籍、生育、社保、住房等问题，多数可以在几天、十几天的时间内得到相应答复，但有些答复的质量亟待提高。例如，在线咨询网页中有一个网友在2012年5月11日咨询有关拖欠工资的问题，但回复部门却是廊坊市人口和计划生育委员会，2012年6月11日的回复内容如下：“尊敬的马力通知：你好！因为网络原因，刚看到你的咨询信箱，请谅解！根据《河北省人口与计划生育条例》第三十二条规定：‘实行晚育的，奖励产假四十五天，并给予男方护理假十天’。关于生育险的事宜，请咨询相关部门。”这样的回复不知是上传时发生错误还是回复人员没有看清咨询的问题。衡水市人民政府网上办事服务平台提供业务咨询服务，与廊坊市相似，咨询问题大多与民生相关，但衡水市回复的速度较快，有些当天回复，有些1~3天回复，能够及时准确给民众答疑解惑。

（四）在线查询功能评述

石家庄市共提供13类42项查询功能，涉及工商税务、公安交通、劳动人事、医疗卫生、农业畜牧、国土资源、质监药监、司法仲裁、统计调研、房屋建筑、文件档案、教育文化及其他领域。但其中有9项查询无法打开，1项查询内容与题目不相符合，2个项目正在维护中，有效查询率为71.4%。廊坊市行政审批服务中心只提供便民服务的在线查询，包括列车时刻、酒店、常用电话及邮政编码查询，都可以链接到相关的外部查询网站，但这些都属于社会服务，是政府服务的有益补充。衡水市人民政府网上办事服务平台提供568项智能查询服务，通过查询，可以了解办理事项的法律依据、申请条件、需申报的材料、许可时限、收费及依据、相关部门及办理流程等。

（五）在线申报（办理）功能评述

石家庄市共提供8类51项在线申报（办理）功能，涉及企业服务、交通出行、科教文化、民政统计、公共

事业、公共安全、劳动人事、医疗卫生等领域。廊坊市由行政审批服务中心提供在线申报，衡水市由网上办事服务平台提供在线申报，具体情况见表3。

表3　廊坊市、衡水市在线申报（办理）情况

城市	部门数量	提供在线申报（办理）部门数量	提供率	提供数量
廊坊	55个	29个	52.7%	128项
衡水	55个	27个	49.0%	256项

从表3中可以看出，衡水市提供在线申报（办理）的部门虽不如廊坊市多，但提供的服务数量却是廊坊市的2倍。

（六）办件公示功能评述

石家庄市共提供6类13项办件公示功能，涉及建筑房产、国土规划、商务出版、工商税务、质量消防、水务园林等领域。廊坊市在行政审批服务中心页面上滚动播放在线办理事项的受理部门、受理时限和受理情况，也可以通过办件受理编号迅速找到办件结果。此外，还对受理事项进行办件统计，截止到2012年11月8日晚17：00累计收件14615件，累计办结14576件，办结率达到99.7%。衡水市人民政府网上办事服务平台的办件结果公示与廊坊市相似，不仅体现在页面上，而且提供办件查询，不同的是衡水市没有办件统计。此部分的所有数据均是根据石家庄市、廊坊市、衡水市政府门户网站上的链接统计、整理而来，截止时间为2012年11月8日晚17：00。通过数据统计分析，我们发现政府门户网站在线办事服务方面存在的问题主要集中在以下方面：1. 页面设计不醒目，不易找到相关链接；2. 提供信息量十分庞大，有时难以筛选；3. 网站维护工作有漏洞，存在页面打不开、文不对题、正在维护中的现象；4. 网站内容滞后、更新不及时等等。

三、提高政府门户网站在线办事能力的路径选择

（一）领导重视是关键

要建设一个实用有效的政府门户网站，切实实现在线办事的功能，领导重视是关键。政府领导对政府门户网站在转变政府职能过程中作用的认识程度越高，政府门户网站在建设服务型政府中发挥的作用就越大，在线办事功能就越成熟。只有加强领导重视，将政府门户网站建设当作为民服务的系统工程的一个重要组成部分来抓，加大投入与管理力度，政府门户网站建设才能落到实处，在线办事功能才能得以真正地发挥并取得实效。否则，政府门户网站建设也只能是信息发布、领导新闻动态的平台。政府门户网站的建设大多由当地的政府办公厅（室）负责，由经济信息中心、政务服务中心、电子政务管理办公室或其他技术有限公司设计并技术实现。政府办公厅（室）要加强对政府门户网站建设的领导和协调；经济信息中心、政务服务中心、电子政务管理办公室等要做好政府门户网站的规划、管理和业务指导，抓好政府门户网站的建设、运行和维护工作。各级各部门要将政府门户网站建设纳入重要工作计划，加大支持和推动力度，完善责任机制，确保工作落实。

（二）用户需求是主导

政府门户网站是电子政务面向民众服务的窗口，也是地方政务信息化体现“服务型政府”理念的重要载体。然而长期以来，由于网络平台建设不完善、网站页面不规范、网站内容缺乏维护，给民众使用带来了很大的不便。根据政府门户网站在线办事服务能力的定位、体现和关注来看，普通民众、企业法人是政府网站的重点用户，是政府门户网站在线办事服务能力水平的最终评价者。因此，政府门户网站在线办事服务能力的建设应当充分听取普通民众、企业法人的建议，围绕他们的实际需求开展并完善在线办事服务建设。此外，在不同的发展阶段和时期，政府门户网站在线办事服务能力建设的关注点应该是有所变化的。对于普通民众、企业法人而言，他们的需求会随着社会、经济、政治、文化的发展而不断调整升级，各级政府门户网站不能用停滞或滞后的态度去应对，必须随实际情况不断调整。因此，以用户需求为导向，不断调整、深化、优化政府门户网站在线办事服务实现方式，是提升政府门户网站各项服务能力的原则之一。

（三）整合资源是核心

目前，信息资源建设分散，信息共享难以推进，从根源上掣肘政府门户网站提升在线办事服务的质量。只有促进信息资源开发利用从分散建设、封闭使用向资源整合、信息共享转变，打破部门之间的信息壁垒，才能有效提升政府门户网站在线办事服务的质量。完善“一站式”网上服务，政府通过数据整合，将分属政府不同部门的业务受理点集成到一个统一的政务平台上，向用户提供包括办事指南、表格下载、在线咨询、在线查询、在线申报（办理）、办件公示在内的一整套服务项目。用户不必分别在不同的职能部门获得业务服务，而可以通过政府门户网站实现所有服务。各级政府门户网站要和所属部门网站之间建立有效的协同机制，加强跨部门、跨区域资源整合，实现门户网站与部门网站的互动，使民众真正享受到“一站式”服务。

（四）技术手段是保障

要完善各级政府门户网站运作管理机制，探索制定出一套符合各地实际的政府门户网站运作管理机制，如进一步完善领导责任制、工作联动机制、绩效考评机

制、激励约束机制等，

不断提高政府门户网站运行水平；要加强门户网站安全管理，树立门户网站信息安全第一的思想，强化政府门户网站安全体系建设和安全技术手段的理念，加强应急处置预案和故障快速恢复机制的建设；要探索政府门户网站建设和运行模式，改变传统的网站建设、管理、运行完全由政府部门自己负责的模式，寻求一种更经济、更有效的模式，采取政府服务外包或政府购买公共服务的形式，实现运行维护公司化，网站管理专业化的模式。

参考资料

1. 石家庄市政府门户网站. http：//www. sjz. gov. cn/

2. 廊坊市政府门户网站. http：//www1. lf. gov. cn/WebSite/Index. html

3. 衡水市政府门户网站. http：//www. hengshui. gov. cn/

4. 寿志勤，葛东侠，许君，黄学华，朱缨："政府门户网站'在线办事'绩效评估指标体系构造研究"，《情报杂志》，2012 年第 31 卷第 3 期。

浅谈山海关电子政务的发展

吕志远

摘要 二十一世纪，全社会的网络信息化建设已经进入高速发展的阶段，电子政务的建设是推动政府信息化全面发展的基础。电子政务不仅是一个概念，而且是一种政府服务于民重要的政府管理模式。今后随着电子技术的不断发展，以及政府部门电子政务意识的不断提高，新的电子政务的形式还在不断地创造出来。山海关区紧随政府信息化建设的潮流，自 1999 年建设第一个政府门户网站以来，经过 10 多年的发展取得了良好的成绩，在树立地方形象、倡导信息共享、强化政务公开、推进招商引资等方面发挥了积极的作用。

关键词 电子政务山海关

一、我国电子政务发展历史

自上个世纪八十年代，办公自动化的概念被引入中国，开始了我国电子政务的发展之旅。1993 年 12 月中央政府的"三金工程"正式启动，标志着我国正式步入电子政务的时代。该工程以建设政府信息化的基础设施为重点，为我国电子政务的发展奠定了坚实的基础。1999 年 1 月，由国家经贸委牵手中国电信，并联合 40 多个部委共同倡议发起了"政府上网工程"，主站点 www. gov. cninfo. net 和门户站点 www. gov. cn 正式开通标志着中国政府信息化建设取得了实质性的进步。2000 年 10 月，电子政务被列为"十五计划"重要内容，电子政务建设进入新时期。同年国务院办公厅又制定了全国政府系统政务信息化建设的 5 年规划，对中国政府信息化的指导思想、方针、政策等作出了明确规定。2001 年 11 月"电子政务试点示范工程"正式启动。该工程的目的是在国内各级政府的电子政务工程全面铺开之间，通过统一的规划设计，为电子政务建设提供可推广的安全支撑平台、应用支撑平台，找出适合中国实际情况的电子政务建设模式，避免重复建设和无效建设。2000 年 5 月至 2001 年 4 月，国务院办公厅连续下发三个文件，颁布了"十五"期间的总体规划，即建立以"三网一库"为基本架构的电子政务系统。2002 年国务院 17 号文件之后，我国重新规划了电子政务建设工作的重点，即"两网一站四库十二金"。

二、电子政务的优势

（一）提高行政效率。高效行政是现代市场经济对政府的要求。现代市场经济和国际市场的信息系统和运作过程是由计算机网络组织起来的，电子政务把政府搬到网上，政府通过网络快捷收集和处理信息，及时作出决策，实行透明、阳光行政，就能极大地提高行政效率。

（二）提高政府的信息服务能力。实行电子政务，政府在网上发布政策信息，打破时空和地域限制，还可通过电子信箱收集反馈信息，或在政策文件网页上开设意见反馈窗口，就能极大地提高政府的信息服务能力。

（三）促进政府职能转变。通过提供网络信息服务，可以促进政府从无所不为的万能政府转变为有所必为、有所不为的有限政府；从热衷于"管、审、批"的干预型政府转变为致力于"扶、帮、助"的服务型政府；从主要是为国有经济服务的倾斜政府转变成为整个社会服务的全面政府；从不受约束的自由政府转变成依法行政的法治政府。

（四）提升政府竞争能力。政府之间的竞争，国家的竞争主要表现在各国的中央政府之间，而各个地区之间的竞争则表现在各个地方政府之间。电子政务改造并提升了政府的竞争力，网络时代的政府竞争力必然基于网络基础之上的。

（五）开辟公众对政府的批评渠道。电子政务的网络平台是天生的民主派，网络上有大量的、各种各样和各个方面的对政府的批评和建议，政府官员经常看这些批评建议非常有好处。一个希望不断改进工作、不断进步的官员，一定不会喜欢传统媒体上的一言堂，而会喜欢网络上的群言堂。

三、山海关区电子政务现状

随着电子信息技术的不断发展，传统政务已不适应当前的经济社会的发展，建立起一套信息更加通畅、行政更加高效、成本更加低廉、运转更加协调的电子政务系统成为山海关区政府、企业团体以及公众迫切的需求。山海关区政府门户网站自 2007 年开通以来，在树立地方形象、倡导信息共享、强化政务公开、推进招商引资等方面发挥了积极的作用，已成为宣传山海关形象的窗口、信息共享的通道、服务市民的桥梁、招商引资的纽带、政务公开的平台。作为服务社会的全新载体，山海关区门户网站在推动全区经济发展、加速服务型政府建设方面发挥了巨大的作用。为使网站适应当今经济社会的不断发展，打造区政府对外宣传平台、提升政府为公众服务的效率，近年来区政府对网站进行多次的改版升级，使网站在丰富网站内容、增强软件功能、提升服务质量、确保信息安全等方面有了很大的提升，建成了以信息集成为主的政府站、以便民服务为主的公民站、以招商引资为主的投资站、以旅游服务为主的旅游站四个子站，从而形成有 57 个政府部门子站、32 个一级栏目，117 个二级栏目的网站群。

（一）领导重视是做好政府门户网站工作的关键。山海关一直高度重视政府电子政务建设，把政府门户网站作为服务于民的渠道、对外宣传的窗口，并逐步提高政府的服务质量，以跟上现代社会发展的步伐。在加强组织领导方面，成立了网站信息内容保障工作领导小组，并在各单位选配业务素质高的同志具体负责信息工作，确保门户网站工作顺利进行。在完善运行机制方面，建立健全信息采编、报送、审核、发布制度，确保网站内容质量。在 2013 年，分别下发了《“中国·山海关”政府门户网站栏目内容保障方案》《山海关区人民政府办公室关于做好区政府门户网站内容保障工作的通知》《山海关区人民政府办公室关于做好区门户网站内容保障工作的通知》《山海关区人民政府办公室关于印发〈山海关区政府门户网站信息审核发布制度〉（试行）的通知》等文件，积极做好门户网站内容的保障工作。在开展绩效评估工作方面，对各单位的内容保障工作进行考核，形成网站工作长效机制。

（二）提高技术水平，保障网站有效运行。山海关政府门户网站采用 B/S 三层结构开发，使得网站不受操作系统和客户端的限制，可以在任意一台电脑对网站进行操作，极大提高了网站使用的便利性。同时由于 B/S 结构摆脱了客户端的限制，在很大程度上减轻了用户电脑的负荷，降低了系统升级维护的成本，避免了由于用户电脑出现问题而带来安全隐患。系统采用与平台无关的 Java 语言配合在数据表现和传输方面有着得天独厚优势的 XML 语言，使系统在平台独立、多线程、可扩展性等有着完美的表现。Java 语言由于其跨平台的特性可以实现“一次编写，随处运行”，从而对网站的后期维护及系统升级提供了便利，免去了由于系统平台变动而造成必须进行二次开发的麻烦，无形中降低了系统迁移成本，并且给软件的升级提供了更加便利的条件。

（三）政府门户网站整体水平大幅提升。山海关区按照城市政府门户网站的发展思路，大力推行电子政府服务，以服务于政府职能转变和管理方式创新为宗旨，促进各职能部门依法行政，提高社会管理和国内公共服务水平，逐步成为政府信息公开的窗口、公共服务的平台、公众参与的渠道。山海关政府门户网站加强政府与所属部门及镇街的统一规划、加大信息内容的整合力度；加强政府信息及政务信息的公开力度，使得公众获取信息的渠道更通畅；提升政府门户网站公共服务的水平，为用户提供更加优质的服务；使得山海关的政务信息化水平有了很大提升，通过加强对政府网站建设和管理的力度，切实提高了政府对外服务的质量，促进其他项目建设，整合了政府服务，推进了政府职能的转变。

（四）整合政府信息资源，加强政务信息公开。政府门户网站不仅是宣传政府形象和地方形象的窗口，也是全区政治、经济、文化活动信息共享的网络平台。为保证网站的信息量，有效的整合资源，山海关根据《河北省实施〈中华人民共和国政府信息公开条例〉办法》的要求，积极调动各部门参与到网站的建设中，构建政府与公众之间交流的有效载体。1. 区领导信息整合。设置“区长之窗”栏目，不仅方便公众了解每位区长所分管的具体工作，还使区领导的近期重要活动一目了然，不仅提高了网站整体形象，更使网站的亲民性得到提升，进而增进公众对网站以及政府的亲和度和信任程度。2. 新闻信息整合。新闻信息部分是区领导及各单位近期重要活动的缩影，用户通过这个版块可以对关城的发展情况有个大致了解，分图片新闻和文字新闻两种形式，由关城要闻、镇街动态、部门新闻、视频新闻和时事新闻组成。3. 各单位信息整合。依托政府门户网站这个平台，积极整合政府各部门、镇街办公室的信息资源，为全区 57 个单位开设了子网站并在网站首页集中展示。在每个单位的子网站中既包含了体现各单位工作情况的“工作动态”子栏目、体现单位领导重要活动的“领导活动”子栏目，还包含了“办事流程”、“部门职能”和“人员组成”等子栏目。4. 政府信息公开整合。政府信息的公开是加强党的执政能力建设的具体体现，根据《中华人民共和国政府信息公开条例》的要求，设置政府信息公开平台栏目，主动、全面地对概况信息、政策法规、规划总结、工作动态等政府信息进行公开。

（五）开设特色子站，拓宽网站服务内容。根据电子政务所包含的内容，为深化门户网站建设、拓展服务外延，山海关门户网站不仅开通了以信息集成为主的政府站，还开通了公民站、投资站、旅游站三个子站，从多角度展示了关城的特色服务。1. 公民站。为方便群众办事、减少办事环节、提高办事效率，公民站的建设不仅在百姓所关注的通知、新闻上下工夫，更在公民站设置办事指南、办事流程、表格下载等服务，使百姓全面了解政府办事的相关制度和流程，并可以提前从网站中下载办事所需要的表格，让百姓少跑冤枉路。2. 投资站。项目是拉动经济发展的主要动力，作为招商引资项目的平台，投资站以丰富的形式展示了山海关区重点项目情况、在招商引资方面的优越环境及优惠政策，为企业和政府之间提供了沟通和交流的渠道。3. 旅游站。旅游业是推动山海关区经济发展的重要产业，在政府门户网站中特设旅游站子站，树立了山海关作为沿海旅游城市的良好形象，进一步加深用户对山海关的旅游文化、旅游特色的了解，更加有力地推动旅游经济的繁荣。

（六）强化服务意识，提高网站服务水平。政府网站建设是创建服务型政府的重要举措，各部门要从满足公众日益增长的服务需求出发，不断增强服务意识、提高网站服务水平，为增强政府网站服务功能奠定坚实的基础。积极稳妥地推进互动交流栏目，涉及群众切身利益的重要决策，要在政府网站公开征求意见；重要政策出台后，要及时通过政府网站做好政策解读工作；对公众关注的社会热点问题，要及时在政府网站予以回应。认真梳理各单位服务事项，集中展现与事项办理流程相关的服务内容，并做好栏目共建和内容完善工作。为服务对象提供真实有效的服务路径和办理流程，进一步扩大查询项目范围、提高在线办理能力。提高行政许可项目在线办理能力，将项目所涉及的办理指南、表格下载等相关信息按指定格式在政府网站发布。

四、山海关电子政务存在的问题

山海关区电子政务经过近几年的探索和发展，取得了一定成效，但与省、市对电子政务的要求及公众的需求相比还有较大差距，存在着一些急需解决的问题，主要体现在以下几方面：

（一）电子政务的建设内容不够全面。电子政务不能简单地理解成政府网站的建设，也不能只从技术层面来理解，内容非常广泛，国内外也有不同的内容规范，根据国家政府所规划的项目来看，电子政务还应包括电子办公、电子法规、电子公文、电子采购和招标、电子税务、教育培训服务、就业服务等内容。可见，电子政务的建设是一个长远而艰巨的任务，从目前山海关区电子政务的建设来看，还存在着一定的差距，要形成一套相对完整的电子政务系统还需要政府及相关单位共同努力，深化电子政务建设。

（二）存在着重“电子”轻“政务”的现象。在电子政务建设中，不能回避的突出问题是政府信息化建设与行政管理体制改革的关系问题。具体到电子政务建设上，是“电子”与“政务”的关系问题。所谓“电子”，泛指技术手段的实现。所谓“政务”，泛指政务变革的实现。近年来，山海关区进行的电子政务建设，主要采取的是以技术为主导的建设模式，建设的重心偏重于“电子”。

（三）专业人才匮乏限制了电子政务的发展。目前，电子政务人才相对缺乏，这在很大程度上制约了电子政务的发展和进程。就人才的培养来说，相对滞后于硬件设施的投入，从而造成人才需求档次偏低，主要是应用人才和维护人才紧缺。这对于提高现有电子政务使用率是极大的障碍。

五、针对存在问题的对策

（一）转变观念，强化电子政务功能建设。应加大电子政务建设的力度，最大限度地向公众开放一切可以公开的信息，以提供现代化服务为目标来指导政府行政。继续以“中国·山海关”门户网站为平台，重视政府办事流程的再造和优化，逐步梳理和完善各单位业务模块，以此推进政府业务应用的全面建设。

（二）完善服务事项，加强业务流程建设。下决心转变“电子”型的建设模式，将建设的重心尽快调整到以实际应用为主导的“政务”型的建设上来。各单位要认真梳理服务事项，集中展现与事项办理流程相关的服务内容，要为服务对象提供真实有效的服务路经和办理流程，进一步扩大查询项目范围、提高在线办理能力。各单位要提高行政许可项目在线办理能力，全面提供项目所涉及的办理指南、表格下载等相关信息。实现电子政务是一项长期的建设任务，不能急功近利，建设目标要从实际需求出发，实事求是，使每个建设项目都能够实现应用。

（三）内培外引壮大中高层人才队伍。注重应用人才队伍建设，组织成立一个全面掌握电子政务的行政流程、熟悉电子政务的应用系统，既懂信息技术、又熟知政务的人才。对内，将富有多年政务经验的政务管理人员加强信息技术方面的知识，将对信息技术的全面掌握的人才放到政务工作岗位上锻炼，最终培养成为既懂电子又懂政务的复合型人才。外引，是将高级尖端人才引入政府电子政务建设中，负责全面规划、整体设计、创新服务等。

（四）建立健全电子政务目标考核机制。山海关区电子政务应建立目标考核体系，就围绕本区电子政务发展重心，按照科学化、规范化、制度化建设电子政务目标考核体系，科学制定全年目标计划，建立全员参与的责任机制，以明确任务指标、规范内容形式、规范岗位制度、规范操作流程为目标，建立全方位、多层次的考核体系。区政府办公室将对各单位的内容保障工作进行考核，对各单位信息发布情况进行通报，并列入年终的绩效考核评估，确保全区内容保障工作制度化、经常化、规范化。

政府网站是政府电子政务建设水平和服务水平的主要体现渠道之一，是提高执政能力的重要举措。电子政务系统的建立不是一朝一夕可以完成的，电子政务的上述业务内容和服务也不是一出现时就具备了的。政府网站只有真正做到“以服务公众为中心、以应用为导向”，才能提高实效。山海关区政府应该进一步认识网站建设过程中存在的问题，积极探索新的举措，稳步推进我国政府门户网站的健康发展。

地方服务型网站建设研究

冯　进

摘要　政府网站是各级相关人民政府及其附属部门以提供政务信息、开展网络服务、同广大人民群众进行沟通为目的的网络平台。建设好政府网站是便于全国各级相关人民政府及其附属部门，按照法律规定去实施行政，提升公共服务和社会管理能力、维护人民群众的监督权、参与权和知情权，有利于加强政府行政管理体制改革，促进政府自身建设。因此，服务型政府网站建设问题既是从理论层面研究服务型政府建设问题的一个方面，同时也是贯彻落实科学发展观、构建社会主义和谐社会的客观需要。政府网站，是政府建设电子政务的重要组成部分，是各级政府通过实施信息化方法对社会进行规范化服务管理的电子载体和平台，体现的是各级政府电子政务能力建设的重要标志。政府网站建设是否规范合理成熟对政府电子政务的建设意义都非常重大。本文通过研究探索使服务型政府网站建设成为独具特色的政府门户网站建设。

关键词　服务型　政府　网站建设研究

服务型政府就是为人民服务的政府，用政治学的语言表述是为社会服务，用专业的行政学语言表述就是为公众服务。它把为社会、为公众服务作为政府存在的、运行和发展的基本宗旨，是在社会本位和公民本位理念指导下，在整个社会民主秩序的框架下，通过法定程序，以公正执法为标志，按着公民意志组建起来的以为人民服务为宗旨并承担责任的政府。

服务型政府中，强调充分利用互联网等信息技术，推进公民的网络参与，注重对公民自治能力的培育，提升政府的决策能力，从而更好地回应公民的需求，服务公民。从我国公共服务型政府建设的进程看，基于民主政治深入发展的新形势，成都、南京、天津、重庆、北京、深圳等地方政府率先提出建设服务型政府的目标。之后，全国各地方政府纷纷行动起来，开始了一场自下而上的全国性服务型政府的改革浪潮。

服务型政府网站是面对新形势新任务，建设服务型政府、促进政府行政管理体制改革的新载体。目前，制约服务型政府网站建设的关键性因素是缺乏用户层面的需求分析和顶层设计。因此，加强用户需求的系统分析和研究是建设服务型政府网站必须面对的一项紧迫课题。

一、基于用户需求的服务型政府网站建设的实现路径

实现基于用户需求的服务型政府网站的建设路径有多种，可以通过技术、管理等多种方式实现，解决好实际运行过程中经常出现的服务内容不实用、不宜用、过期不更新等问题。本文提出按照“需求、职能、服务、事项、资源、保障”六位一体的建设路径，从政府职能入手，通过系统梳理调研的方法，建立适用于领先政府网站建设和发展的有效路径。

（一）分析用户需求，明确服务方向

明确网站用户对象。访问政府网站的用户是不确定的，根据政府职能和用户角色，政府网站的用户对象通常分为政府公务员、个人用户、企业用户和其他用户。同时，这几类用户又可进一步细分为老年人、儿童、残疾人、失业人员、流动人口、旅游者、农民、外国人、港澳台人士、华人华侨、机关事业单位人员、军人及家属、驾驶员、学生、夫妻、从业人员等用户。

分析用户访问需求。通常政府网站用户需求是按照服务主题划分，面向公务员，提供政府文件、通知公告、人事任免、工作动态等政府工作内容；面向个人用户，提供教育、就业、社保、医疗、住房、交通、婚育收养、公用事业、证件办理、职业资格、其他等服务主题；面向企业用户，提供企业开办、资质认定、经营纳税、招商引资、行业准营、设立变更、年审年检、对外贸易、质量检验、安全生产、人力资源、工程建设、土地房产、项目申报和其他等服务主题。

（二）梳理部门职能，明确服务内容

根据三定方案、法律法规、规范性文件等，梳理政府各部门、各处室的职能，明确政府网站面向政府公务员、个人、企业和其他用户的服务内容，明确政府各职能部门的服务内容。

根据公共企事业单位的职责，梳理提供公共企事业单位的服务内容，如水电气热暖公共企事业单位，面向个人提供供水、供电、供气、供热和供暖等服务内容。

（三）加强政策研究，明确服务重点

重点加强行政许可联办服务。根据政府行政办事相关规定，围绕政府行政许可、审批职能，将多层级、多部门联合办理的事项进行串联，梳理用户办理流程和事项，建立面向个人或企业的一体化服务。

重点加强民生重点领域服务。按照十八大报告要求，结合政府部门职能，提供教育、社保、就业、医疗、住房、交通等民生重点领域的政策信息、在线办事、信息查询和互动交流等服务内容。

重点加强保护企业合法权益。根据政府职能和企业办事需求，提供企业开办、经营纳税、资质认定、招商引资等重点领域的政策信息、在线办事、信息查询和互动交流等服务内容。

（四）梳理服务事项，建立分类体系

梳理政府各职能部门的行政许可、非行政许可、行政确认、行政征收、行政给付、行政缴费等政府行政办事事项，编制政府行政事项目录；梳理公共企事业单位办理、查询、缴费类服务事项，编制公共企事业公共服务事项目录。

根据政府行政事项目录、企事业单位公共服务事项目录，按照用户对象、服务主题、服务机构等合理分类，建立政府网站服务分类体系。

（五）整合服务资源，拓展服务渠道

政府行政办事服务资源包括办事指南、表格下载、在线申报、状态查询、在线咨询等资源，通过制定各类服务资源的规范模板，实现政府行政办事服务资源的规范整合。

公共企事业单位服务资源包括办理类、查询类、缴费类等资源，通过制定各类服务资源的规范模板，实现公共企事业单位服务资源的规范整合。

充分利用移动互联网、政务微博等新技术，加强政府网站内容的个性化定制和主动推送服务，完善网站服务功能，拓宽用户获取网站服务资源的渠道。

（六）完善规范制度，落实保障责任

统一标准规范。制定服务事项的内容要素标准、服务功能标准、服务流程标准、展现形式标准，实现服务事项和服务资源的规范统一。

建立相关管理制度体系。制定相关管理制度，落实保障责任和分工；优化网站内容“共建”机制和技术运维保障机制，加强网站内容和技术运维管理。

二、政府网站建设的建议

（一）政府网站建设的总体原则

建设发展服务型，阳光型政府网站，有利于政府的创新社会管理方式，增加政府的公共服务，转变政府职能，还能够促进公民参政，以促进政府决策的科学性、民主性。

当然，建设发展服务型，阳光型政府网站，政府应以建设规范化、透明化、民主化和服务性为追求的目标，积极搭建电子政务新平台，建设和发展成一个信息范围广、服务范围广、参与公众多、使用较为便利的真正便民的政府门户网站。

1. 坚持一站式与多元化服务相结合的原则

所谓一站式，即能够较为便利的为公众提供信息；多元化服务，即能够在同一个平台上为不同公众提供多种多样的服务。要建设服务型一站式的综合性政府门户网站，就必须明确需要服务的主体，必须把网上服务和线下服务进行有机的结合，为广大公众提供更多的信息资讯服务，从而真正实现信息资源的共享和整合，以方便广大的人民群众。

2. 坚持树立“公众”就是上帝的服务理念，以追求公众满意，公众的需求为中心的核心理念作为服务的出发点和落脚点，来建设好服务型政府门户网站。因此，在网站栏目设置和安排上，就必须把为公众需求的服务理念放在首位，从而增强网站的整体服务功能，以此来提高广大人民群众对政府及其网站的满意度。

3. 坚持透明度和公众参与相结合的原则按照国家对政务信息公开的相关法律法规规定，我们必须按照相关政策对政府政务信息在政府网站上进行公开，从而保障公民对国家政务信息的知情权，只有保证了政务信息的公开透明，才能充分保证广大公众参政的权利和积极性，才能真正让人民群众行使其监督权。目前倡导的“三公”详细范围在不同级别的政府部门以及不同性质的政府部分，公开的范围也是不同的。公众参与原则，就是要保证公众能够积极参与决策和讨论，这也是确保民主的有效途径。只有进行政务公开，推动广大人民群众积极参与，这样才能达到加强民政的有效互动，让公众真正参与到政府沟通的目的，这样，既有利于官方的民主决策，又有利于加强对政府的监督。

4. 坚持服务与便利相结合的原则。所谓服务原则，是指政府网站建设要本着为民服务的原则，以网站来服务于政府行政职能，以网站来服务于民众生活，不能仅仅是政府的面子工程。所谓便利原则，也称使用便利原则，是指政府网站建设要以便利为基本原则，在用户操作中要以最简单的方式来使用，操作程序不宜繁琐，重要政务信息不宜隐藏在最不起眼的位置。便利原则需要便利最广大人民群众的同时也考虑特殊群体，比如江苏省无锡市的政府网站中有专门针对盲人的可以点读，我们也可以积极借鉴。本着方便公众使用，以政务公开、在线办事和互动交流，对各种便民信息进行版块化设计，统一网站界面，以流程化的方式为公众提供统一的一站式，24小时的优质在线服务。

（二）拓宽网站与公众的互动渠道

首先，加强对网站中公众参与类的的模块建设的力度和广度，在其中增加公众与政府的互动形式，公众在网站上咨询相关事宜，可及时得到反馈，让网站更加贴近老百姓的生活，也更加的人性化。一方面，要充分了解公众需求，政府要利用自身的丰富资源，关注政府工作在百姓中的影响。了解社会公众的需求，这就要求公众参与，遵循“以用户为中心”的原则，根据用户需求和习惯，整合资源中的公众参与，各部门提供统一的访问入口，完善内部排序。从用户的需求出发，着眼于提高公众参与的四种类型的通道：信箱类、采访类、调查类、留言论坛类等渠道。

其次，建立一个更全面的公共交换机制。政府网站就是政府和社会的双向交流的互动平台，政府网站可以通过信息，咨询和在线访谈的形式与市民互动。所以要建立反馈机制，以确保反馈渠道；建立验证机制，识别信息的大量需求，以确定生产保护公众的沟通；建立回收机制，尊重公众，提高公众的参与热情。

最后，制定相关政策和法规，建立完善的相关制度和措施，落实相关的责任和义务，加强政府与公众的互动，监督和防止在政府网站中公众的参与部分成为形象工程，调动各部门的积极性，支持公众参与到政府网站，使政府网站的公众参与部分，成为一个重要的听取民声的方式和手段，从而保护广大市民的参与权，以监督政府工作。

（三）建立完善政府网站的保障体系

第一，建立和完善安全保障体制网络安全非常重要，它不仅仅是一个简单的技术问题，还涉及到国家的经济、政治、文化和社会等方面的安全，所以我们要充分按照国家安全法规的职能作用，首先建立一个政府网站的安全系统，以防止秘密的泄露；其次要培养网络技术人才，以防止病毒和黑客对网站的攻击；最后需要完善相关法律规章制度。

第二，加大政府网站的人才培养力度，特别是对网站的领导干部，信息治理方面的人才以及与 IT 领导力的培训，都是非常的关键和重要。大力加强政府网站建设，以及管理的专业人士的能力建设，是适用于 IT 技术实施的最有效手段。

第三，确保发展所需资金投入。政府应给以适当的财政补助以促进该项工作的开展，以提高政府网站的工作效率，如软件和硬件配置，涉及广泛。

（四）重视绩效评估

推动政府网站建设和发展，绩效评估是行之有效的途径。在绩效评估中，充分重视评估结果，以评促建、以评促用，这样可以促进网站建设水平的提高，也逐步扩大政府网站在社会生活中的影响。建立严格的具有很强的可操作性的相对客观的一个政府网站绩效评估体系，是实现绩效评估的前提。在这个体系中要注重以人为本、服务人民便利人民的理念，还要注重该网站的实用性。这样就可以促进政府网站的建设，也可以提高政府的威信，使社会主义性质的国家形象得以彰显。加强政府网站绩效评估，主要体现在以下几个方面：

首先，明确政府网站的效能，对于政府网站绩效的衡量标准的考核，不应只“重投入轻效能”。对政府网站的绩效考评标准的制订，要以构建和谐社会的科学发展观为指导思想，树立为人民服务，以人为本的理念，以完善公共服务，改善公共行政功能为特征，对网站的服务质量，公众的满意度，是否得到改善和加强社会管理，综合监管，宏观调控等各个方面的政策的把握为标准。对网站设计的要求，要与时俱进，体现时代要求，符合网站测评发展趋势，必须符合世界各国网站建设的评估规律，从而促使政府网站发挥其较高的绩效水平。

其次，让公众积极参与。我们政府网站建设的初衷就是为民服务，政府网站建设的绩效评估对于进一步改善网站建设意义重大。因此，在参与评估的主体中应该让公众积极参与，老百姓满意的才是真正的满意，群众认为网站服务水平高才算是真正的高。在这个意义上说，虽然大多数市民并不真正有专业知识的评价，但市民是最直接的需求，这些简单的需求，它是最容易忽视的事情，也是建设现代政府最有待加强。

最后，要重视政府网站绩效评估结果。政府网站建设是促进电子政务信息化的重要途径，而网站绩效评估结果是重要指标，我们应该高度重视。在政府工作考核中应该把政府网站建设也作为绩效考评的一个参考系，如此则能增强相关部门责任人的责任感，能够更加深入地为民服务。

在目前形势下，门户网站的发展与应用正面临着非常严峻的考验，要实现政府门户网站以人为本、服务至上的目标，加强政府门户网站规范化建设，走出一条具有中国特色的服务型政府改革道路，就必须得到各方面的大力支持，全面进行改革。最基本的共识就是，政府门户网站的建设不能只是走走形式，而是真正做到为人民群众服务，为普通大众服务。检验政府网站建设和发展的标准，是要看网站对公众的真正服务理念和结果，而政府网站的绩效评估则反映出政府门户网站的服务功能和建设标准，从而促进转变政府工作职能，对提高政府的服务能力和水平起到重要促进和监督作用。基于时间和精力因素，研究难免存在纰漏，还望业内外人士提出意见并指正。

推进数字城市建设　提高城市发展水平

高献计

摘要　数字城市建设是服务政府领导决策、城市综合管理和推进电子政务的重要基础，是促进经济发展方式转变，增强经济整体实力的重要力量。数字城市建成的政务版和公众版地理信息公共平台可以实现对经济、社会和人文信息的空间统计分析与决策支持，加强政务服务提供者与使用者之间的沟通和互动，使城市管理和服务精细化、动态化、可视化，实现由粗放管理到精确管理、由多头管理到统一管理、由被动管理到主动管理。

数字城市是各级领导科学决策的重要工具，是加快转变经济发展方式、调整经济结构的重要支撑，是加强社会管理的有效载体，是衡量城市信息化水平和城市管理者的战略眼光、现代化意识和把握科学发展观要求的重要标志。2011 年 5 月，李克强副总理视察中国测绘创新基地时强调指出，“要积极开发利用测绘地理信息，抢占未来发展制高点”。目前，全国已有 150 多个城市开展了数字城市建设，河北省石家庄、邯郸、廊坊数字城市建设工作已经启动。为加快数字城市建设，2011 年 5 月，省政府专门印发了《关于加快推进全省数字城市基础建设工作的通知》，明确要求各级政府务必要高度重视，切实加强领导，加快数字城市建设进度，搞好应用服务，不断提高城市现代化、信息化水平。数字城市建设通过有效整合多源城市基础地理信息数据，为各类与地理位置有关的社会、经济、人文、自然、资源等信息的集成、共享提供了权威、统一的地理信息公共服务平台，实现了城市各种信息的广泛共享和利用，充分体现了科学发展观的基本要求。

一、关于数字地球和数字城市

数字地球的概念最早由美国副总统戈尔于 1998 年 1 月提出，认为数字地球是一个可以嵌入海量地理数据的、多分辨率的、真实地球的三维表示，可以在其上添加与我们所处的星球有关的数据，实现在不同分辨率水平上对地球的三维浏览。数字地球概念提出后，通过不同国家、不同地区科学家的反复推敲、综合后认为，数字地球是一个科学与技术的聚合体，是人类认识地球的一种新的方式，它涉及到对地观测、地球科学、计算技术、网络通讯等多个领域。1998 年 6 月，时任总书记的江泽民同志在接见两院院士时，对“数字地球”进行了深刻阐述，国家测绘局于 1998 年下半年开始组织有关专家对数字中国进行研究；中国科学院地学部于 1998 年 11 月在北京香山召开了“资源环境与数字地球”研讨会，并于 1999 年 1 月向国务院提交了“中国数字地球发展战略的建议”。1999 年 11 月，数字地球国际会议在北京召开，并形成了数字地球北京宣言。时任国务院副总理的李岚清同志在数字地球国际会议上强调，无论是促进社会的可持续发展，还是提高人们的生活质量；无论是推动当前科学与技术的发展，还是开拓未来知识经济的新天地，“数字地球”都具有重要意义，中国政府高度重视数字地球的作用，力争在数字地球建设中实现跨越式发展。

与数字地球相对应，数字中国是国民经济和社会信息化的重要组成部分，是基于地理空间信息的中国国民经济和社会的信息化，是指对中国的一切自然资源与人文社会现象在空间位置上的统一的数字化表示；它利用地理信息系统（GIS）、遥感（RS）、卫星定位系统（GPS）等高新技术手段，把海量信息数字化并加载在地理空间信息框架上，实现在计算机空间中的虚拟表现。具体说来，数字中国是以高速宽带网络通信技术为基础，以国家空间信息基础设施（NSII）为依托，以虚拟现实技术为特征，在统一的规范标准环境下，全面系统地揭示和反映中国的自然、社会和人文现象的信息系统体系。

数字区域，是在不同尺度、不同范围对“数字地球”的诠释。是指充分利用数字化及相关计算机技术和手段，对区域的地理、资源、生态、环境、人口、经济、社会等复杂系统进行全方位的信息化，实现多分辨率、多维地存储、处理与可视化描述，并提供区域管理、服务与决策的信息支撑体系。

数字城市是以空间信息为核心的城市信息系统体系，是城市国民经济和社会信息化的重要组成部分。数字城市建设的任务就是利用现代高科技手段，充分采集、整合和挖掘城市各种空间信息资源，建立面向政府、企业、社区和公众服务的信息平台、信息应用系统以及政策法规保障体系等。其核心技术是遥感（RS）、地理信息系统（GIS）、卫星定位系统（GPS）、虚拟现实以及宽带网络等技术，主体是数据、软件、硬件、模型和服务，本质是计算机信息系统。

二、党中央国务院高度重视数字城市建设

针对全球数字地球战略的实施，2001 年 8 月，温家宝总理指出，“要加快国家基础地理信息系统建设，构建数字中国地理空间基础框架”。2003 年 3 月，胡锦涛总书记在中央人口资源环境工作座谈会上指出“推进数字中国地理空间框架建设，加快信息化测绘体系建设，提高测绘保障服务能力。”为贯彻落实胡锦涛总书记、

温家宝总理关于加快构建数字中国地理空间框架的重要指示精神，国家测绘局从2006年开始启动数字城市建设试点工程。“十一五”期间，国家测绘局组织实施了130多个城市的数字城市建设工作，数字城市建设成果在促进政府科学决策、精细管理、高效服务、节能低碳、提高信息化和社会管理水平、方便人民生活等多方面发挥了重要作用，已经在城市规划、物流管理、应急救援、国土资源监测、公安、消防、药监等30多个领域得到了广泛应用。

2007年9月，国务院印发了《国务院关于加强测绘工作的意见》，要求地方各级政府要充分认识加强测绘工作的重要性和紧迫性，加强组织领导，把数字区域地理空间框架和信息化测绘体系建设作为本地区国民经济和社会发展的重要内容加快推进。2009年1月，李克强副总理对测绘工作作出重要批示：“要加强自主创新，着力构建数字中国，加强信息化测绘体系建设”。2009年7月，李克强副总理在参观全国地理信息成果展览会时指出：“要突出加强基础地理信息系统建设，加快形成数字中国地理空间框架，加快信息化测绘体系建设，切实提高测绘对现代化建设的保障服务能力”。2010年10月，温家宝总理在湖北视察了地理信息企业，并亲自体验了国家地理信息公共服务平台“天地图”网站；2011年3月，温家宝总理在十一届人大四次会议上所作报告中明确指出，要积极发展地理信息新型服务业态；2011年5月，李克强副总理考察中国测绘创新基地时指出，测绘地理信息是全面提高信息化水平的重要基础，是加快转变经济发展方式、调整经济结构的重要支撑，是战略性新兴产业的重要内容。《中华人民共和国国民经济和社会发展第十个五年规划纲要》中提出：推动数字城市建设，提高信息化和精细化管理服务水平。党中央国务院对数字城市建设的高度重视，使数字城市建设从由国务院主管部门负责推动的一项重点工程，逐步上升为一项国家战略。

三、数字城市建设的主要任务

数字城市是数字中国的重要组成部分，是推进城市信息化的重大工程，对于转变经济发展方式、加快经济结构调整，建立资源节约型和环境友好型社会，提高城市管理水平和能力，具有重要意义。数字城市建设的主要任务，就是以满足城市管理和政府决策需求为出发点和落脚点，以城市基础地理信息资源建设为基础，开展包括城市基础地理信息数据体系建设、管理和应用服务系统建设以及典型应用开发等内容的建设工作，形成统一的、权威的、标准的城市地理信息公共服务平台，促进地理信息资源的充分利用，推进城市信息化进程，实现省、市、县信息资源充分共享。

（一）城市基础地理信息数据体系建设

通过测绘行政主管部门组织实施基础测绘，建立以1：500—1：2000城市大比例尺基础地理信息数据和城市三维地理空间数据为主、其他部门专业信息为辅的城市空间数据集，形成以测绘部门为主导、其他相关部门协作配合的基础地理信息共建共享机制，逐步建成包括大地测量控制、地形、地貌、地名、交通、水系、境界、地籍、管网、房产、规划、地理编码等基本要素信息的城市基础地理信息数据库。开发高效的时空数据库引擎，支持多类型、海量的时空数据分析与管理，实现历史数据和现势数据的关联，最终形成城市基础地理信息数据库体系，并通过建立分工明确、相互配合的基础地理信息数据获取和更新机制，不断提高基础地理信息的现势性，最终实现一个城市一张“图”。

（二）城市地理信息公共服务平台建设

以满足城市管理和决策的需要为出发点，结合网络化在线服务的需求，在城市基础地理信息数据库的基础上，分别构建空间数据管理平台、分发服务平台、专题信息集成平台等管理平台，最终建成统一的、权威的、标准的地理信息公共服务平台，向社会各界提供二、三维地图、地理编码和数据应用分析等基本服务，并提供标准服务的二次开发接口，供有关部门叠加专业信息和开发专业信息系统，实现地理信息与城市其他经济、社会、自然、资源和人文信息的互联互通与整合集成应用。建设城市基础地理信息数据交换中心，并依靠国家网络通信基础设施，建立覆盖全省的基础地理信息数据交换体系和信息安全监测系统，逐步推进各城市地理信息公共服务平台、城市基础地理信息数据交换中心与同级政府数据交换中心互联互通，充分实现信息交换与共享，最终实现一个城市一个“平台”。

（三）典型示范应用系统建设

根据城市管理和决策的具体要求，充分利用基础地理信息资源和地理信息公共服务平台，加快建设电子政务、经济与社会信息统计、社会管理、基于位置服务、公共应急保障等地理信息共享平台，联合和支持相关部门建成一批业务化运行的地理信息应用系统。强化数字城市地理空间框架的权威性和唯一性，政府各部门建设的以地理信息为基础的信息系统，要全部采用符合国家标准的基础地理信息数据，全部采用测绘部门提供的地理信息公共服务平台，避免重复投入和重复建设，确保地理信息公共服务平台在政府相关部门得到充分利用。着力开发并维护各类服务于党政领导机关和相关部门的辅助决策系统，开发公益性地理信息服务网站，为市民出行、购物、旅游、商务等各种活动等提供专业、及时、便利的地理信息服务，更好地满足社会多样化、个性化需求。

（四）数字城市推广应用

数字城市建设分为试点城市和推广城市，河北省石家庄、邯郸和廊坊3市已经被国家测绘局批准为试点城市，其他8个设区市均为推广城市。按照省政府《关于加快推进全省数字城市基础建设工作的通知》要求，唐山、秦皇岛、张家口、承德、保定、沧州、邢台、衡水8个设区市，要在2011年底前由市政府向省测绘局提出申请、立项启动；22个县级市要在2013年底前由市政府向所在设区市国土资源局提出申请、立项启动；各县要在2015年底前由县政府向所在设区市国土资源局提出申请、立项启动。设区市项目建设原则上2年内完成，县（市）项目建设原则上1年内完成。通过“十二五”期间的努力，要全面完成数字城市建设的目标任务。

四、数字城市建设的重大意义

城市是人口密度最大、经济发展最活跃、信息资源最丰富、资本最集中、社会管理最复杂的区域，也是对地理信息需求最旺盛、更新要求最快、分辨率要求最高的区域。加快推进数字城市建设对于加快城市信息化建设，提高城市管理水平，方便百姓生活，集约利用空间信息基础设施和信息资源，建设数字河北和智慧城市等多方面都具有积极的促进和支撑作用。

（一）数字城市建设是加快城市信息化的迫切需要

大力推进城市化和信息化，是我国现阶段加快转变经济发展方式、调整经济结构、实现富民强国的重大战略。人类社会的各类信息80%都与地理空间位置相关，城市是各种信息的积聚区和汇集地，加快城市信息化建设，首先要实现数字城市的建设目标，充分集成、整合和共享城市自然、社会、经济、人文、环境等各类信息，促进信息资源的广泛共享和互联互通，避免信息孤岛和重复建设。数字城市建设是推进城市信息化加快发展的迫切需要，是城市信息化实现的技术基础，是一个城市信息化水平的重要标志，是推进国民经济和社会信息化的重要内容和基础保障。

（二）数字城市建设是促进城市管理科学化的客观要求

数字城市为人类认识物质城市开辟了新的途径，在地理信息基础上叠加专业信息，可以实现对经济、社会和人文信息的空间分析、统计和决策支持，使城市管理和服务空间化、精细化、动态化、可视化，将管理和决策置于具有综合集成能力的现实的地理空间信息之上，不仅提高了管理的科学性、时效性和精确性，也使人类对城市的定性描述走向了定量表达。在数字城市地理空间框架的支持下，城市管理工作能够在任何地方、任何时间准确覆盖，实现由部件管理到事件管理、由粗放管理到精确管理、由多头管理到统一管理、由被动管理到主动管理转变，以实现精确、快速、高效的城市管理，有利于整合政府各类资源，节约行政成本，克服过去管理存在死角和不到位的现象，不仅可以推动管理手段的现代化，而且能够确保管理决策的科学化，从而大大提高城市管理效率和水平。

（三）数字城市建设是政府服务民生的重大举措

利用数字城市地理空间框架构建的城市地理信息公共服务平台，可以开发多种应用服务系统，为各级政府和政府各有关部门服务于科学发展、服务社会、服务民生提供了新的载体和平台，加强了政府部门与服务对象之间的沟通和互动，带来了城市信息化生活的新体验。通过数字城市地理信息公共服务平台，人们还可以从不同角度、不同方位地了解城市经济社会发展现状和开发建设情况，及时查找到与城市居民生活密切相关的衣、食、住、行等多方面信息，极大地提高城市居民生活质量。数字城市建设是构建社会主义和谐社会的客观需要和重要途径，是政府服务民生、改善民生的重大举措。

（四）数字城市建设是数字河北的重要前提

《国务院关于加强测绘工作的意见》指出，要按照统一设计、分级负责的原则，全面推进数字中国地理空间框架建设。《河北省人民政府关于加强测绘工作的实施意见》明确提出，要加快基础地理信息资源建设，全面推进数字河北地理空间框架建设。数字河北地理空间框架是一个全省统一的整体，数字城市、数字县（区）是数字河北的有机组成部分，与数字河北地理空间框架在总体结构、数据体系、标准体系、网络体系和运行平台等方面是统一的和不可分的。只有首先建成数字城市，并通过各个城市、各个部门和用户之间实现共建共享和网络化业务协同，实现省、市、县三级之间的互联互通，才能最终建成数字河北，为省级地理信息公共服务平台提供基础支撑与保障，并实现数字城市建设成果在更深层次、更大范围内的推广应用。

（五）数字城市建设是走向智慧城市的重要基础

智慧城市是在不同尺度、不同范围对智慧地球的诠释。智慧地球最早由美国IBM首席执行官彭明盛于2009年1月首次向奥巴马提出，建议奥巴马政府投资新一代智慧型信息基础设施，将感应器嵌入和装备到电网、铁路、建筑、大坝、油气管道等各种物体中，将物与物通过互联网相联，然后通过超级计算机和云计算将其整合，实现社会与物理世界融合。之后，智慧地球在全球引起了积极响应，欧盟、日本、韩国、新加坡、马来西亚等国家都在着手建设智慧城市，通过构建智慧城市，率先转型发展，实现智慧增长的目标。2009年8月，温家宝总理在无锡考察时提出了“感知中国”的理念，指出“在传感网发展中，要早一点谋划未来，早一点攻破核心技术”。目前，山东东营、江苏扬州、浙江宁波等城市已经启动了智慧城市建设工程。

智慧城市，是面向未来构建的一种全新的城市形态，是指充分借助物联网、传感网，在数字城市的基础上，依托泛在网络，实现人与人、人与物、物与物之间按需进行信息获取、传递、存储、认知、决策和使用等服务，构建城市发展的智慧环境，形成基于海量信息和智能过滤处理的新的生活、产业发展、社会管理模式。

建设智慧城市，就是要充分利用现代测绘地理信息技术和物联网、云计算等新一代信息技术，以海量数据处理能力作为基础条件，通过数字城市地理空间框架升级改造，实现信息技术的最优化运用，从而改变政府、企业和人们相互交互的方式，以便提高交互的明确性、效率、灵活性和响应速度。智慧城市必然要求以地理信息作为支撑，数字城市是建设智慧城市的重要基础，是走向智慧城市的必然要求。

“十二五”时期，测绘地理信息发展进入全面建设数字河北、数字城市的关键期，也是全社会对测绘地理信息产品需求的旺盛期。各级政府和政府主管部门要着眼于建设责任政府、服务政府、提高城市管理水平，进一步加快数字城市建设力度，逐步实现对城市的数字化、网络化、智能化管理，推动相关成果在城市政府、有关部门以及人们生产生活中的广泛应用，为城市规划、资源管理、设施管理、社会管理、政府审批以及经济社会活动等提供有力支持，为构建智慧河北、建设智慧城市打下坚实的基础，抢占未来发展制高点。

关于加强信息化建设
提升新闻出版管理水平的调研报告

河北省新闻出版局　张　涛　甄玉峰

21世纪是一个信息的时代，当前，我国信息化建设已经进入了全方位、多层次推进的新阶段。党的十八大报告指出：“要坚持走中国特色新型工业化、信息化、城镇化、农业现代化同步发展道路。”从“两化融合”到“四化同步”，党中央把信息化提升到国家战略的高度，对于发展和转型都具有重大意义，反映了我国现代化建设理论创新和实践创新的最新成果，体现了我们党对现代化建设规律的敏锐把握，为我们推进信息化建设提供了根本遵循。新闻出版信息化建设是国家“十二五”时期信息化建设的重要组成部分，在提高新闻出版行政管理能力和服务水平、推动新闻出版业转型升级、加快数字出版发展步伐等方面发挥着重要的支撑作用，是实现新闻出版大发展大繁荣的必然要求。

按照省新闻出版局《新闻出版工作调研活动方案》的要求，2013年3月4日到4月15日，局办公室有关同志在董毅副局长带领下以“如何加强信息化建设，提升新闻出版管理水平”为主题开展了调研。通过对河北省新闻出版信息化现状和全国20多个新闻出版单位信息化建设情况材料的收集、整理和分析，对推动河北省新闻出版信息化建设发展，提升新闻出版信息化管理水平，有了更加深入的理解和认识。

一、加强信息化建设在提升政府管理水平中发挥着不可替代的作用

——加强信息化建设是提升政府管理效率的重要途径。

一是能够加快信息传递速度。政府部门应用信息技术和网络技术，可以加快信息上传下达速度，便于向公众发布文件、公告、通知等政务信息。通过加密技术建立专用网络，可以实现部门内部重要信息的实时传递，如财务专网、机要专网等。二是能够简化行政运作程序。应用计算机程序可以简化，以至于替代部分中间管理层环节的工作任务。以公众反映意见为例，在传统的方式下，公众反映意见和建议，一般需要经过信访部门的全部环节，再经过层层批示到具体职能部门，最后将办理结果反馈到提意见者。如果通过信息网络，公众可以交互的方式，直接将意见、建议反映到有关职能部门，并与该部门共同落实解决。三是能够降低行政运行成本。当前，社会环境日益复杂多样，政府社会管理范围大、任务重、成本高，在传统管理模式下，容易出现政务边际成本递增现象。应用信息技术，提高了行政人员的素质，简化了行政管理的程序，提升了信息传递的速度和效率，从而促使行政运作的成本减少。虽然政府信息化建设需要较大的投入，但根据利斯理论，建立制度的成本与它节省的成本相比哪个更大，哪个就决定制度的稳定性。所以，从长远来看，信息化建设是降低行政运作成本的有效途径。

——加强信息化建设是提升政府管理水平的有力抓手。

一是能够顺应政务信息公开大趋势。当前，我国要求各级政府部门在互联网上公开政务信息，通过网络树立政府形象，扩大政策影响，推动政务工作。政府在制定政策、作出决策过程中，可以利用互联网将政府信息向社会公众公开，征求公众的意见建议。公众可以通过网络监督政府的运作，了解政府想干什么，在干什么，干得怎么样，了解政府的工作进度和工作业绩，从而对政府的工作作出比较准确的评价，达到改进政府工作的目的。二是能够改善政府服务质量。一方面，政府应用信息技术降低了办事的“门槛”，有效改善了“门难进”“事难办”的问题，公众在网络上就能享受到规范化的服务。如局应用网上审批系统后，办事人员可以在网上提交申请资料，节省了到现场申报的时间和路费开销。另一方面，随着政府信息化不断深入，政府工作人员学习和应用信息化知识，有助于进一步树立服务观

念，从而促进政府服务能力和水平的提高。三是能够创新管理手段。创新管理手段是提升政府机关管理水平的关键环节。通过将信息化技术与标准化的管理理念相融合，构建符合标准化要求的信息化办公系统，将标准化的管理理念固化到机关运转的各个环节当中，既能够为政务标准化建设提供规范化的服务，又能够保障标准化工作流程的顺利运转，有利于激活行政机关运转的活力，提升政务工作质量。

——加强信息化建设是提高决策水平的有力助手。

随着社会的发展，政府在行业管理工作中面临着愈加复杂的局面，政府需要作出的决策数量越来越多，任务越来越重。应用计算机辅助决策支持系统能够有效分析政府部门和企事业单位采集的行业信息统计数据，为决策提供详尽、规范的技术支持。企事业单位通过运用现代化的信息技术可以快速了解到市场变化情况，更早获得市场信息，实现科学运营，例如：产品何时投入市场，合理规划产品的研发周期，如何有效释放库存，提高周转速度，如何科学运营节约时间成本，提高企业利润等。

二、河北省新闻出版信息化建设基本情况及问题分析

（一）河北省新闻出版信息化建设已取得明显进展

一是不断加强组织领导和顶层设计。为有效加强对信息化建设的组织领导，河北省省级及11个设区市新闻出版行政机关都成立了信息化建设领导小组，将信息化建设作为一项长期坚持的中心工作组织推动。在每年召开的全省新闻出版局长会议上，都明确提出全年信息化建设的目标和任务，并层层分解，纳入年终考核。省新闻出版局不断加强对全行业信息化建设的指导力度，积极制定扶持政策，鼓励支持出版、发行、印刷等行业运用数字化技术，进行数字化改造，通过全行业的信息化建设，努力打造新型的出版业态，培育新的经济增长点。《河北省新闻出版业“十二五”发展规划》明确提出：“‘十二五’时期要积极采用数字、网络等高新技术和现代生产方式，改造传统的创作、生产和传播方式，加快从主要依赖传统纸介质出版产品向多种介质出版产品共存的现代出版产业转变。实施数字印刷和印刷数字化工程，促进印刷、复制产业升级换代。发展快速、按需、高效、个性化数码印刷，推动印刷产业从单纯加工服务型向以提高信息增值的现代服务型转变”。在这一思路指导下，省新闻出版局不断完善农家书屋的硬件建设和配送系统建设，提高了农家书屋的数字化应用水平。推动实施了河北日报报业集团数字报业建设、“全媒体新闻信息综合处理平台”“户外党报数字阅报栏工程”等一批重点项目，既有力地促进了全行业的经济增长和产业转型，又筑牢了党的宣传舆论阵地，为人民群众提供了更多更好的文化产品。

二是信息化技术与产业相融合取得重大成就。加强信息技术与新闻出版业的深入融合，是当前新闻出版信息化建设的重点和方向。近年来，河北省积极实施“数字化引领，结构化升级工程”，加强与相关领域的战略合作，鼓励支持指导新闻出版企业大力发展数字出版、网络出版、手机出版等以数字化内容、数字化生产和数字化传输为主要特征的战略性新兴新闻出版业态，信息化与新闻出版产业融合呈现了蓬勃发展的良好态势，并逐渐成为了新闻出版产业发展新的经济增长点。河北冠林数字出版公司与学习出版社、新华通讯社共同研发的“领导干部学习工作数字手册——一本通”荣获第四届中国数字出版博览会优秀作品奖，冠林数字出版公司研发的省内教育领域第一款点读笔，上市以来已销售3000多支。河北教育出版社打造的“小鹿芮卡”动漫教育系列产品，已输入马来西亚、新加坡、泰国、印度尼西亚、中国台湾和香港六个国家和地区，成为河北省新闻出版“走出去”战略的代表产品。燕赵都市报报网一体运作日渐成熟，所创办的燕赵都市网日均IP访问量达49万，注册会员达37万余人，所创办的手机报发展迅猛，2011年月均在线用户超过60万。动漫创作百花齐放，《红色号角》《麋鹿王》《戊鼠闹花灯》《豆丁的快乐日记》等取得良好社会效益和经济效益，石家庄市动漫产业年产值超过10亿元。

三是电子政务建设稳步推进。

——完善了“网上审批”。省级34项新闻出版行政许可事项全部实现了网上审批，已在“河北省网上审批系统”平台上投入使用。通过运行“网上审批”系统，省级行政审批效率大幅提升，审批时限压缩到7个工作日。按照新闻出版总署的统一部署，在全国率先实现了书号网上申领，将原来办理一项作品书号申领的时间由1个月缩短为5分钟，极大地提高了申领效率。自开展书号网上申领以来，通过网络实现书号申领总量已超过1万个。全省各地新闻出版管理部门在推进行政事项网上审批中也做了大量工作，承德市文广新局通过运用新闻出版电子政务综合平台，所有审批事项全部实现网上运行。

——积极推进网站建设。全省省、市两级新闻出版行政管理机关均建设了政务网站，用于发布政务信息，解答群众咨询，受理群众投诉举报等。河北出版传媒集团有限责任公司、河北日报报业集团等单位也都建有本单位的网站，用于开展服务和宣传。2005年起开通了“河北省新闻出版（版权）局政务网”，创办了“创先争优活动”“行风建设”等16个专题栏目和“农家书屋工程建设”等子网站，公布了河北报纸名录和河北期刊名录，发布了局所有行政许可事项的办理须知和表格。访问者遍布全国20余个省、市、区，有力地推动力了新闻出版行业管理水平的提升。通过在局政务网站首页设置“扫黄打非公开举报专栏”，方便了群众监督

举报有关不法活动，推动了网络扫黄打非监督举报工作的开展。通过网上受理投诉举报，省新闻出版局掌握了一批有价值的案件线索，为在开展扫黄打非和打击“四假”斗争中破获案件，维护市场繁荣稳定发挥了重要作用。

——信息化办公系统广泛应用。石家庄市文广新局应用信息魅力网络平台，涵盖了局属 26 个单位及 24 个县（市）区，通过应用该项办公自动化软件，提高了局机关、局属单位、县（市）区之间的沟通和联系效率，节约了办公成本。河北出版传媒集团开发的数字出版资源数据库系统，对集团公司各出版单位图书资源实现了内容整理集成化、出版资源数字化、数据格式标准化、存储使用统一化；开发的出版业务 ERP 管理系统，实现了出版印制管理系统和出版印制业务的在线查询系统和出版业务编印发管理的一体化管理。河北日报报业集团建立了以新媒体事业中心为技术主导的技术服务部门和管理机构，购买各类软件系统，实现了新闻、出版、印刷、财务、发行、广告等业务系统的信息化。

四是网络与信息安全防护能力不断加强。按照省委、省政府的统一部署，河北省各级新闻出版行政主管单位均对网络与信息安全工作高度重视，局结合工作实际，先后制定了《河北省新闻出版局政务网站管理办法》《涉密计算机及网络管理规定》《涉密移动存储介质管理规定》《涉密计算机维修、更换、报废管理规定》《河北省新闻出版局保密制度》等一系列规章办法，建立了涉密计算机及移动存储介质登记备案制度、计算机机房管理制度、计算机感染“木马”和病毒通报制度、网络监控值班制度等若干管理制度，信息化建设逐步纳入规范化、制度化轨道。按照省保密局的有关要求，对涉密计算机增添“三合一”防护设施。强化干部职工“大大关注信息安全，事事想到信息安全”的意识，提高信息安全防护技能，严格落实信息安全“谁主管谁负责、谁运行谁负责、谁使用谁负责”的原则，局机关所有安全保密人员均签订了责任书。

（二）河北省新闻出版信息化建设存在的主要问题

一是对信息化建设重要性认识不足。认识是行动的先导，只有认识到位才能行动到位，落实到位。河北省新闻出版行业各单位信息化发展程度不一，一个重要的原因是对信息化建设重要性的认识不到位，一些单位特别是领导干部加强信息化建设的意识不强。有些单位几年来没有统一研究过信息化建设工作，有些单位在信息化建设初期，对信息技术抱有较高期望但看到投资费用增多，而效益又未见明显提高便丧失信心。

二是信息化基础比较薄弱。大多数地市级新闻出版主管部门只建有本级新闻出版政务网站，只有少数地市建设有办公自动化系统和新闻出版业务应用系统。省级业务平台也有待建设，如印刷发行管理平台、行业统计平台、扫黄打非台账、办公自动化系统等。很多县级以下新闻出版部门不具备信息化办公条件，甚至没有电脑、打印机等基本设备，工作开展困难。

三是信息化资金投入不足。信息化项目技术含量高、资金投入大，建设周期长，实施信息化项目会在短期内带来较大的资金投入。目前，各级新闻出版行政管理部门大多经费紧张，信息化建设资金普遍不足，大部分新闻出版管理部门未将项目建设日常管理经费纳入年度预算，没有建立资金保障长效机制，经费筹措困难成为制约信息化建设的瓶颈。

四是缺少信息化专业人员。信息化建设具有新理念、新技术、新事物更新速度快的特点。随着“两化融合”的发展，新闻出版行业信息化人才不足的情况日趋凸显，各级新闻出版部门普遍面临信息化工作机构缺失，人员队伍薄弱的问题，很多负责信息化建设的人员所学专业不对口，专业知识欠缺，信息化人才的教育和培训成为亟待解决的问题。

三、提升新闻出版信息化水平的对策建议

2013 年，河北省新闻出版信息化建设的主要思路是：深入贯彻落实党的十八大精神，以科学发展观为指导，加强组织领导，加大投入力度，整合信息资源，深化融合应用，夯实发展基础，推动信息化建设实现跨越式发展，促进河北新闻出版业转型升级。

（一）以数字产业园区建设为重点，推动新闻出版信息化产业升级。

“河北·廊坊国家印装数字产业园区”建设是河北省新闻出版产业的重点项目，也是推动新闻出版信息化产业升级的重要抓手。目前，产业园区共接触洽谈项目 30 余个，涵盖出版物印刷、打印机生产、配套耗材生产、文化创意研发及印装产业物流基地等方面。其中，投资 7.5 亿元的河北出版传媒集团数字一体化生产项目、投资 2.5 亿元的中国财富出版社数字化生产及物流基地项目、投资 2 亿元的小森公司印刷机华北区域总部等项目已达成入园投资意向。中国教育出版社创意研发基地、中国经济出版社印刷装订基地两家央字头企业和北京中体彩印务技术有限公司等项目正在洽谈。“河北·廊坊国家印装产业园区”要跟踪国际印刷技术和工艺的最新发展，应用国际先进的信息化、数字化技术，力争在数字印刷、直接制版、高速多色单张纸、卷筒纸胶印、凹印、柔印等关键技术和印刷新标准应用等方面取得突破。要尽快启动数字印刷和印刷数字化等重大工程，重点突破喷墨数字印刷、数字资产、直接制版、数字打样、数字化工作流程等关键技术，通过重大技术创新带动全行业技术升级。

（二）以“四个平台”和办公自动化系统建设为重点，推动新闻出版电子政务建设。

以推进全省印刷发行业信息化管理、“扫黄打非”

台账信息化管理、新闻出版行政审批网络、新闻出版行业统计网络管理“四个平台”建设和办公自动化系统建设为重点，充分发挥信息化在新闻出版业转型升级中的牵引作用，推动信息技术深度应用，不断提高新闻出版信息化的层次和水平。

——印刷发行业信息化管理平台。实现印刷企业和复制单位年检审核网络化，出版物发行单位年检审核网络化、图书、期刊委托书备案网络化，省内连锁经营单位变更登记备案网络化，进出口出版物内容鉴定网络化、非法和违禁出版物鉴定网络化。

——“扫黄打非”台账信息化管理平台。构建“扫黄打非”报送网络，延伸至各设区市“扫黄办”，在此基础上构建管理平台，实现文件传输、信息反馈、数据汇总、线索举报、案件查办督办等功能，建立“扫黄打非”信息化数据库，建立印刷复制企业管理台账、出版物物流仓储企业管理台账、出版物集中销售管理台账、游商地摊主要分布区域管理台账、出版物市场检查管理台账、督办案件管理台账、举报线索管理台账，实现出版物市场的动态监管、实时监管。

——新闻出版行业统计网络管理平台。实现省市两级统计信息的互联互通和省市两级新闻出版行业信息的汇集整理功能。

——新闻出版行政审批网络平台。结合新闻出版工作实际，进一步完善提高局正在使用的审批系统，充分与业务结合，进一步完善业务信息报送传输功能，实现审批窗口与业务处室的数字化衔接，提高行政管理服务功能。

——政务办公自动化系统建设。办公自动化系统是提高机关工作效率，提高各处室协同办公的有效途径。在局机关内部局域网建设运行办公自动化系统，建设一个安全高效的政务办公网络，实现自动化公文流转、自动化辅助办公、会议管理、车辆管理以及各处室之间办公信息的收集、处理、共享等功能。目前，局机关内部局域网已经建设完毕，局机关各办公室都预留了内网接口，大部分计算机都安装了隔离卡和双硬盘，已经具备了运行办公自动化系统的硬件环境。

（三）以加强信息化建设保障能力为重点，推动信息化建设水平稳步提升。

——进一步加强机构、编制和人员保障。经调研，全国大部分省份，如辽宁、江苏等省新闻出版行政主管部门均设有信息中心，特别是广东省局成立了局政务服务中心，编制20人，实现了一支队伍，两张大网，三大版块。研究探索新时期信息化建设的发展规律，制定科学、可行的规章制度，并对制度的落实实行严格的考核机制。引进高素质人才，对在职人员进行有计划、有步骤地培训，建立一支高素质的新闻出版信息化建设队伍。

——加强信息化基础设施建设。当今计算机技术和网络技术飞速发展，新技术、新设备层出不穷，信息化基础设施建设面临着更新周期快的特点。信息化基础设施建设要有跳跃式发展意识。例如：江苏省局机关网络基础设施建设超前，实现了100兆到楼层、10兆到桌面，计算机配备率达到人均2台，内网所有计算机都在省保密局进行了备案，受到实时监控。广东省局投资200万元，建成了政务信息网，作为面向企事业单位和社会公众的服务平台，局政务网站日均访问量达到1万人次。结合局实际，将带宽从目前的20兆提升到40兆；更新局机关办公设备，逐步替换使用时间超过5年的计算机；定期保养、维护机房核心设备如路由器、防火墙、核心交换机、服务器等，保证设备正常运转。

——将信息化建设和维护资金列入本级财政预算。信息化建设投入大、工作任务重，资金保障是推动信息化建设的重要方面，局目前还没有专门的信息化维护资金，机房网络设备、政务网站、办公软硬件维护工作需要专项资金保障，急需制定出台相关政策，将新闻出版信息化建设经费列入各级财政预算，并不断加大投入力度。

（四）以加强信息安全防护手段为重点，全面提升网络与信息安全防护水平。

信息安全是信息化建设工作的重要环节。当前，针对政府部门网站的被攻击行为呈上升趋势。各个省份都在不断加强网站的安全防护水平，例如：浙江省新闻出版局部署有主页防篡改系统。同时，积极建立网络与信息安全事件应急反应机制，提高处理紧急事件的能力。完善制度机制，堵塞安全漏洞，防止发生网络信息失泄密事件，提高维护信息安全的能力。省出版局可在外网服务器端部署政务网站防篡改系统和上网行为管理系统，加强对政务网站和上网行为的管理。

电子政务与物联网技术

刘　辉　巴晨锋

摘要　“物联网”被称为继计算机、互联网之后，世界信息产业的第三次浪潮，物联网的兴起与广泛应用必然对电子政务和政府服务产生深刻的影响。现阶段我国物联网建设已现端倪，将物联网技术应用到电子政务系统中可以提高政府各个核心业务系统的一体化的程度，即电子政务的整体性问题，特别是强调跨部门的核心业务系统的协调。根据现有物联网结构建立一个完整的电子政务物联网三层总体架构，电子政务物联网将推动应急、安全生产领域，水、空气、土地、住房等资源领域，农业和农村领域，智能执法等领域的发展。电子政务在物联网下实现多赢。

关键字　电子政务　物联网　一体化

信息化已经成为当前世界发展的主要方向，在政府、市场、法治、社会、竞争推动下，各国都在大力加强电子政务建设。新加坡制定了“智慧国2015”计划，争做全球第一的电子政府；为了提高欧洲的电子政务水平，欧盟提出了电子政务管理行动计划；日本提出的“i-Japan战略2015”奠定了政府信息化发展的基础。我国紧紧围绕扩内需、保增长、调结构、惠民生的目标，电子政务建设深入推进。通过积极发展电子政务平台，全面提高政府部门的信息化水平，建设涉及经济、民生的重要信息系统，积极稳妥推进电子政务改革。通过物联网建设将已有电信网、广播电视网、互联网三网联合，各领域改革将得到协调全面推进。重点发展信息共享、智能识别能力，推进国家级的大型电子政务网络建设，提高我国政府公共服务和管理能力。在基础建设上确保网络畅通和信息系统安全。“工欲善其事，必先利其器”，科学方法的运用对电子政务建设至关重要。温家宝总理发表的题为“让科技引领中国可持续发展”的讲话（2009年11月3日），强调了“科学选择新兴战略性产业非常重要，选对了就能跨越发展，选错了将会贻误时机”。其中指出：要着力突破物联网关键技术，使信息网络产业成为推动产业升级、迈向信息社会的“发动机”。

1. 浅析物联网技术

物联网的含义，简而言之是通过在物品上嵌入传感器、识别码、智能卡等能够存储物体信息的标识。通过无线网络将其即时信息发送传输到后台信息处理系统，而各大信息系统可互联形成一个庞大的网络。从而可达到对物品进行实施跟踪、监控等智能化管理的目的。它有两层含义，一、物联网在互联网基础之上的延伸和扩展的一种网络。二、其客户端延到了物品与物品之间，进行信息通信。

物联网的结构复杂，主要分为三层。第一层是感知层，用于信息的采集，主要涉及的技术包括二维码、红外传感技术、RFID（射频识别技术）、全球定位技术等，其核心是智能红外传感技术；第二是无线网络层，用于数据实时准确传输，应用的技术包括无线网、移动3G网等；第三是应用层，将感知的数据通过应用系统进行处理，发挥智能作用。

物联网的价值在于实现世界上物与物、人与物、人与自然之间的对话与交互。系统可以自动地、实时地对物体进行识别、定位、追踪、监控并触发相应事件。它打破了之前的传统对网络的认识思维。传统观点认为虽然网络丰富多彩，功能非常强大，但它也是虚拟存在的，与我们的现实世界的物、人以及其他是隔离的。而在“物联网”环境中，极大地扩展了传统网络空间，世界的万事万物通过一定的技术都在它上面进行沟通和交流，将网络的虚拟与现实世界无缝的整合在一起，使得人们的活动都可以在物联网下实现。物联网技术的发展是为改善民生、惠及百姓、构建和谐社会提供服务的。

2. 电子政务物联网应用的必要性

（1）中国正在走向世界，世界各国的都在积极发展电子政务系统，中国电子政务发展也不可能置身世外桃源，提高政府行政效能，提升政务管理水平，利用数字化信息，探索物联网的应用模式，掌握政务前沿信息，加大政府部门在物联网环境下的应用力度，才能适应全球的数字化信息时代。

（2）由于各个政府部门都有一套自己的电子政务系统，各个电子政务系统处于分散开发阶段，使得各系统不能够实现信息共享，这样造成了信息孤岛现象和重复建设的现象。物联网的发展，能够为各个孤立的电子政务系统建立一个统一的公共平台构架，实现系统的整合，开展物联网在政务领域的应用，对于改变政府各部门分散开发、孤立发展的局面十分必要。

（3）发展电子政务物联网是突出以人为本，丰富服务内容的需要。只有在物联网下强化资源整合、信息共享和业务协同，才能有效增强电子政务整体效能，提升公务管理与服务，实现数据的共享、协同、公开，真正做到以人为本、服务社会。

3. 电子政务物联网总体架构设计

根据物联网三层主要架构的特点电子政务物联网的

架构也可以分为三层：信息采集层、运作操控层、领导决策支持层。

3.1　信息采集层

利用射频识别技术（RFID）、视频监控技术、各种传感技术、全球定位技术进行各种数据和事件的实时测量、采集、事件收集、数据抓取和识别。

3.2　运作操控层

对采集到的数据和事件信息进行加工处理后，按照工作流程建模编排、事件信息处理，自动选择应对措施，通知相关负责人、进行工作流程处理、历史信息保留及查询、网络设备监控等。

3.3　领导决策支持层

系统管理者可进行跨区域仿真演习、信息查询与监控、工作流程进度可视化监控、历史数据分析、相关专家协同分析、进行政务管理流程优化；为电子政务的智能化管理和各种突发事件的处理提供数据支持与经验分析。

4. 物联网推动电子政务发展

我国电子政务建设取得了令人瞩目的成就和有益经验，政府网站建设逐步完善，政府门户网站体系初步形成。政府信息系统已经覆盖了税务、海关、农业、银行、公安和社会保障等关系国计民生的重要领域，为政务部门履行经济调节、市场监管、社会管理和公共服务职能提供了重要的技术支撑，政务透明度进一步增强，电子政务治国理政和服务于民的架构已具雏形。为建立起政府部门全面感知、数据共享、智能处理的物联网应用支撑体系提供了必要的基础，物联网应用支撑体系将成功实现一批协同简化政务、和谐服务公众、优先带动产业的典型应用。推动电子政务改革，提升政府智能化管理、服务水平，并率先在应急管理、安全生产、智能交通、城市管理、自然资源监控等领域和一些条件成熟的区域实现突破。

4.1　提高政府各个核心业务系统的一体化的程度

中国的发展日新月异，政府的管理工作也日趋挑战性，越来越迫切的需要政府各部门间及政府与政府之间的信息互通、资源共享、业务协同办公，彻底地改变以往各部门分散应用的发展模式，孤立的管理模式已经不能适应新形势下政府管理的需求。电子政务物联网的建设将使得政府摆脱信息孤立的状况，各类信息资源在物联网技术下能够互联共享，使得这些孤立资源得到综合充分的利用，从而避免重复建设，资源闲置、浪费，节约开支。如此可以改变政府间及各部门间的电子政务系统分散开发、孤立发展的局面。管理者可以通过电子政务物联网上的相关功能收集到大量第一手材料信息，物联网范围越广，获得的信息越全面，从而为政府进行正确的决策提供真实可靠的数据支持，提高了政府管理者的决策准确度。这样既节省了办公时间又可以减少收集材料而需要的大量工作人员，从而使政府各部门更加精干高效。电子政务系统发展的目标就是要通过各种信息技术提高政府部门的行政效率，真正地做到执政为民，对公众提出的问题迅速准确地作出反应。为了实现这个目标，我国政府已经大力发展物联网以及相关技术。物联网技术在电子政务中的应用将打破传统工作的时间和空间的界限，使政府部门之间以及政府与公众之间进行信息沟通和互动更加简单，必然会优化行政管理的组织结构和提高信息传递的速度和效率，为政府节约开支。可以说，电子政务物联网与传统电子政务相比，提高了政府部门办公效率，节省了费用开支，提高了政府对民众问题的反馈速度，从而达到降低政府的管理成本的目标。

4.2　推动应急、安全生产领域应用

利用传感器、射频识别等物联网技术，提升城市运行监测信息获取、风险源和作用对象监控、应急救援物资和应急设备监管等方面的能力，提高相关信息获取的实时化、精细化和系统化，也可以与现有应急指挥平台、安全生产监管平台和领导决策平台进行一体化整合，明显提升城市应急指挥系统的应急指挥能力。通过物联网应用支撑平台和物联网数据中心，整合全市相关部门的监控数据信息和现场实时监控数据，综合分析城市运行态势，并对突发事件作出快速响应，提升水、电、热、煤气、交通等城市运行体征指标的感知水平。

4.3　推进水、空气、土地、住房等资源领域的应用

通过建设对地表水、地下水水质、土地、矿产、森林等的自动监测体系，提升对各类资源的实时连续监测和远程监控的能力。建设对重点污染排放源的实时监控体系，及时掌握主要水源水体的水质状况，预警预报重大水质污染事故，解决跨行政区域的水污染事故，实现高效环境监控管理。

4.4　推进农业和农村领域的典型应用

利用电子标签实现对种子、农机、化肥、农药的溯源管理，对农产品的播种、采收等各个环节进行监管，实现农业的精细化，标准化的生产。通过在农田和温室大棚中部署传感器，感知土壤成分、水分、肥料的变化情况，远程智能控制温室大棚中的湿度、温度等，为农业的规模化和集约化种植提供条件。

4.5　推进智能交警执法的典型应用

随着二代身份证和其他证件的电子化，交通部将要颁布的交通运输行业的营运证也将采用RFID技术，执法手段的改变是大的趋势。

交通执法人员在执法、巡逻过程中，可随时抽查可疑对象或违法违规者，并获取对应的信息反馈，包括身份识别、裁决依据，并可现场打印法律文书，使违法者无处循形，大大加强交通执法人员的便捷性。

城市中的许多交通路口都已装有摄像头，当车辆进

入摄像头可拍摄的范围，摄像头拍出车牌的照片，使用无线方式发送到系统上位机端。系统上位机端接收到图片之后触发系统端的车牌提取软件将车牌照片上的号码提取出来和系统数据库相匹配。数据库会自动识别该车辆是否属于违法违章车辆（未年检车辆、犯罪分子车辆等）。如果属于违法违章车辆，系统自动报警，并通知违法违章车辆途经中最近的执法者进行拦截并处理。

5. 电子政务在物联网下实现多赢

物联网具有泛在性、开放性和透明性等特征，政府通过物联网可以快速了解其他行业的信息，因此在物联网范围内将很难再有“秘密”。只有相互学习，取长补短，才能不断发展。物联网促进电子政务发展的同时，也加速了自身的发展。

电子政务在物联网技术下能在国民经济各个领域产生强大的关联和带动效应，使传统工业、农业和服务业的生产方式与组织形态发生变革，不断创造新的经济增长点、衍生新的产业形态。有助于自主创新能力的提升和整合与优化配置城市资源，构筑更科学的监测、预警、分析、预测和决策体系。促进就医、住房、出行、就业和社会保障等“四难”的解决。人居环境、服务环境、人文环境和就业环境等“四优”的创建。

6. 电子政务在物联网下安全性问题

物联网主要特点之一就是：可跟踪性，电子政务管理员随时都可以知道物品的精确位置，甚至其所在的周围环境。简单例子，某地丢失了井盖，城市管理者就不需要像以往调用大量的人力去寻找，只需要通过登录电子政务物联网系统利用井盖上的传感器传回的数据就可以准确定位到井盖的位置。这样节省人力物力，提高了工作效率。

物联网的另一特点是：可监控性，可以通过物品上的感应器对物品周围的环境进行监控。例如，可以在森林中放置感应器，监测森林中的温度，当森林的温度超标时，电子政务物联网系统会发出警报，管理人员会及时了解和处理险情，防止火灾发生。当司机酒后驾车时，汽车车身如果安装了感应器，感应器将司机醉酒的数据通过物联网传递到电子政务平台，管理员可以通过无线信号通知汽车停止行驶，并可以派出警察来处理。保证了醉酒司机和路上其他人的安全。

还有一个难题是如何实现数据安全与隐私保护，在物联网中，由于物体之间的联系更紧密，甚至物体和人也被连接起来，因此大量的数据及用户隐私如何得到保护，就成为亟待解决的问题。这就需要在电子政务系统中设置可靠安全机制，来规避物联网下的这个风险。

7. 小结

电子政务将致力于促进政府职能转变、提高政府行政效能和管理水平、提高服务社会和公众的能力。在政府改革的深化下，加快以人为本的服务型政府建设对电子政务和物联网建设工作提出了新的要求。而推动电子政务建设，则将从5个方面入手：一是完善推进电子政务物联网发展的机制，全力支持并加快制定各相关标准。健全物联网各个核心业务系统的一体化的程度，提高电子政务的协同发展能力；二是提高政府核心业务信息化水平，启动一批关系国计民生的重大信息系统建设；三是推进电子政务物联网基础建设，实现部门之间、社会与政府机构之间开放和互动；四是推进政务信息资源开发利用，重点抓好核心业务信息资源利用规划；五是增强电子政务可持续发展能力，形成以国家标准为主体、行业标准为补充的比较完善的国家电子政务标准体系。

参考文献

[1] 梅方权．智慧地球与感知中国——物联网的发展分析［J］．农业网络信息，2009（12）：6-7.

[2] ITU Internet Reports 2005：The Internet of Things，2005，11，02.

[3] 项有建．从互联到物联：物联网本质初探［J］．软件工程师，2009（12）：31-32.

[4] 浦敏琦，江锡民，姜圣瑜．“物联网”，向“感知中国”中心起跑［N］．新华日报，2009，（2009-08-20）.

[5] 刘志硕，魏凤，柴跃廷，沈喜生．关于我国物联网发展的思考［J］．综合运输，2010（02）.

[6] 物联网成为城市竞争新焦点［J］．领导决策信息，2009（42）.

[7] 宁家俊．物联天下感知中国——物联网的技术与应用［J］．信息化建设，2009（11）：13-15.

当前我国电子政务建设的三大基本问题：修路、造车、送货

董振国

引　言

近年以来，随着国际经济一体化和信息技术的迅猛发展，席卷全球的信息化浪潮不断高涨，世界各国电子政府建设呈风起云涌之势，我国电子政务建设也出现了蓬勃发展的良好势头。一是国家正式出台了《关于我国电子政务建设的指导意见》（中办发［2002］17号文件），把电子政务建设作为推进中国信息化发展的重点任务，提到了党和国家现代化建设的重要日程；二是电子政务建设日益深入人心，通过政府机关的强力推动和IT企业及各大媒体的广泛宣传，使电子政务在国内经历了由鲜为人知到家喻户晓的过程，实行电子政务已经成为新一轮政府信息化建设的主题；三是基础理论研究气氛活跃，科技、理论及学术界对电子政务建设相关问题的深入研讨，呈现出百家争鸣的良好局面，电子政务框架结构及标准化体系雏形已现；四是地方电子政务建设热情高涨，省、市、县各级地方政府都在紧锣密鼓地构筑自己的电子政务系统，呈现出千帆竞发的良好势头，推动全国电子政务建设开始步入“快速成长期”。

在这种形势下，紧密结合中国国情和各级地方政府实际，认真学习贯彻中办发［2002］17号文件精神，切实解决好当前我国电子政务建设所面临的“修路——造车——送货”等基本问题，对于进一步推进我国电子政务建设快速健康发展，实现电子政务建设的预期目标，具有重要的意义。

本文所指电子政务建设的基本问题，主要是指电子政务建设的“路”“车”“货”及其三者的关系问题：

路——即网络；车——即应用系统；货——即电子信息资源。

修路——即构建电子政务网络平台；造车——即打造电子政务应用系统；送货——即输送电子信息资源。

也就是说，电子政务“网络平台建设”、“应用系统建设”、“信息资源建设”，构成了我国电子政务建设的三大基本问题。本文谨结合当前实际就此谈点粗浅看法。

“修路”是基础

所谓“修路”，就是要修建信息高速公路，构建电子政务网络平台。这是当前我国电子政务建设事业发展所不可缺少的物质基础。回顾我国近几年来政府信息化建设实践所走过的历程，我认为构建电子政务网络平台首先需要弄清并把握以下几个问题：

1. 我国电子政务网络体系的框架基础是“三网一库”

国务院办公厅印发的《全国政府系统政务信息化2001—2005年规划纲要》（国办发［2001］25号）文件指出，我国政务信息化建设的总体目标是根据我国国情，大体用3-5年的时间建设以“三网一库”为基本架构的政府系统政务信息化枢纽框架。“三网一库”即：政府机关内部的办公业务网（内网），与各地区、各部门联接的办公业务资源网（专网），以Internet为依托的政府公众信息网（外网）和政府系统共建共享的政务信息资源数据库。［见附图1］

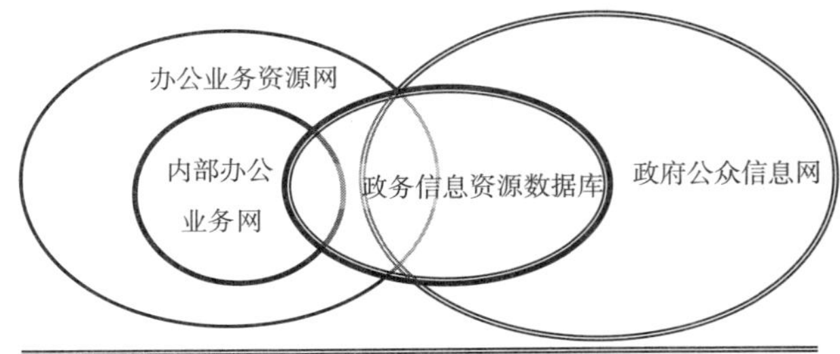

附图1：“三网一库”关系示意图

以“三网一库”为特征的我国电子政务基本体系形成是我国政府信息化建设进程的结果。“三网一库”以业务为主线来进行网络划分具有其合理性，它将具有不同特征的业务和数据区分开来，按照统一的建设指导原则，由相关机构和部门分别负责，共同建设，有效降低了电子政务建设的复杂性和系统性风险，易于协调三网之间及各个建设部门之间的关系。目前，我国省、市级以上政府及所属部门已经建成的电子政务网络平台，都是按照“三网一库”的框架结构进行设计、构建并成功运行的。

实践证明，以“三网一库”为特征来构建电子政务网络体系是我国近几年来根据政府信息化建设实践所做出的可行选择，同时也是符合我国国情特点、符合政务工作实际、符合信息化发展规律的电子政务网络平台建设思路。因此，可以肯定地说，在“三网一库”的框架结构上构建和完善我国电子政务网络体系，是我国电子政务建设的基础所在和必由之路。这在全国政务信息化领域早已成为不争的事实，并具有稳固的现实基础和重要的实际意义。

2. 当前电子政务网络体系正在由“三网一库”向

“政务内外网”结构转变

在“三网一库”的基础上构建电子政务网络体系，必须对其进行必要的改进和优化。通过专家对“三网一库”结构体系从实践与理论两方面的研究与探讨，于今年七月正式在改进优化的基础上提出了以“政务内外网”结构为特征的电子政务网络基本体系。这一体系是在对“三网一库”结构继承和发展基础上的“扬弃”，其内容和实质与“三网一库”的结构体系都是并行不悖、一脉相承的。正由于此，“政务内外网”结构体系目前已经得到了党和国家及IT界专家的广泛认同。

中共中央办公厅和国务院办公厅在联合转发的《关于我国电子政务建设指导意见》（中办发［2002］17号）文件中明确指出：“电子政务网络由政务内网和政务外网构成，两网之间物理隔离，政务外网与互联网之间逻辑隔离。”由国家级政务内网“主要是副省级以上政务部门的办公网”推论，本级政务内网应是主要联接办公厅内部、本级部门、下一级政府，并与本级党委、人大、政协等系统建立联接的办公网；政务内网是典型的层次结构，从中央、省、市到县可分为四级多层，宜实行逐级分层管理。政务外网是政府的业务专网，主要运行政务部门面向社会的专业性服务业务和不需在内网上运行的业务。

从“三网一库”结构转变到“政务内外网”结构，可以基本解决因为业务性质决定的在“三网一库”结构中存在的网络物理隔离与数据交换效率之间的矛盾问题；同时与“三网一库”结构相比更适应我国信息化和政府业务的发展特征和趋势。

3. 电子政务网络平台建设的基本要求与内容

电子政务网络平台建设的基本要求主要有以下三点：第一要求标准统一。要加快建设和整合统一的电子政务内外网络平台，建立完善电子政务标准化支撑体系。第二要求功能完善。要利用统一的网络平台和标准，促进各业务系统的互联互通、资源共享，确保满足电子政务建设的各项应用需求。第三要求安全可靠。要通过建立电子政务网络与信息安全保障体系，逐步完善安全管理体制，建立电子政务信任体系，确保政务网络系统运行的安全性和可靠性。

按照上述要求，电子政务网络平台建设主要应包括以下几个层面的内容：

（1）网络基础设施支撑体系（五层）：底层由计算机和服务器、路由器、交换机、光纤等网络硬件组成，主要依托国家基础电信网络（指电信七大运营商兴建的光纤通信骨干网络）进行建设；其余四层依次为操作系统；数据服务、数据资源、WEB服务；中间件；系统管理、安全管理 、负载均衡、站点管理等。［参见附图2］

（2）电子政务安全支撑体系：该体系由网络系统层到应用层的多项安全要素构成。其信息安全基础设施包括：网络信任域基础设施；国家公钥基础设施PKI，包含信任服务体系（CA认证）和密钥管理中心；授权管理基础设施PMI及可信时间戳服务和安全保密管理系统等。

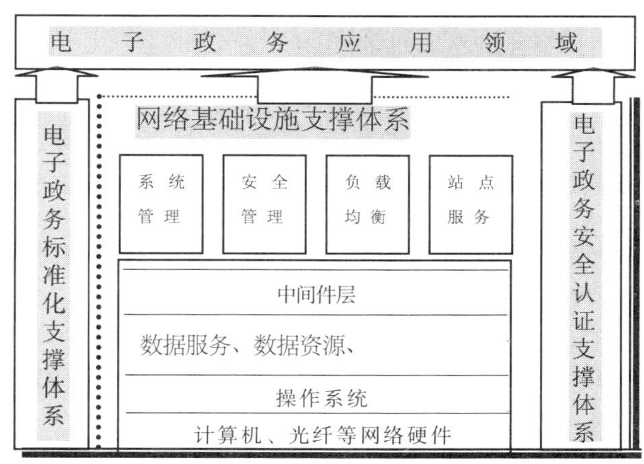

附图2：电子政务基础网络平台示意

（3）电子政务标准化支撑体系：该体系由两个层面的六个部分组成。包括：总体标准（电子政务总体性、框架性、基础性的标准和规范）；应用标准（数据元、代码、电子公文格式及流程控制标准等）；应用支撑标准；信息安全标准；网络基础设施标准；管理标准等。

总之，当前我国电子政务网络基础支撑平台，应基于由“三网一库”演化而来的“政务内外网”结构的网络体系进行构建。在建设过程中要遵循国家统一的技术标准和业务规范，建立域名管理、目录服务、信息安全服务和政务信息交换等系统，切实形成标准统一、结构合理、功能完善、管理规范、安全可靠、灵活实用的电子政务网络基础支撑体系。

“造车”是关键

所谓“造车”，就是指建造电子政务应用系统。业务应用系统建设的好坏及运行的绩效如何，是衡量与检验电子政务建设成败得失的关键。

当前，电子政务应用系统建设的基本任务与要求：一是要坚持需求主导，突出重点，加快重点业务应用系统建设；二是要从实际出发，逐步规范业务流程，增加网上业务应用，加强公共管理和服务；三是要按照统一要求，分工负责，明确主体，分阶段稳步推进；四是要加快整合分散的业务系统，防止重复建设等。

基于以上任务和要求，我认为加强应用系统建设应注意把握好以下几个方面：

1. 结合国情实际构建电子政务应用体系

当前，加快构建适合我国国情的电子政务应用体系显得十分重要。电子政务应用体系是建立在电子政务数据信息及中间件平台基础之上，由各类业务应用基础支撑组件、多个业务管理和政务信息应用系统等共同组成的复杂应用体系。电子政务应用体系离不开网络平台、信息资源、电子政务标准化和安全系统的支撑，其体系构成主要包括以下三层：

（1）基础数据中间件层。电子政务中间件在应用系统中主要起着异构系统整合、通信可靠性保障、及提高应用系统运行效率等作用。

（2）基础应用组件平台层。该平台是基于当前分布式多层架构和组件技术构建的，组件为电子政务应用系统提供了标准化模块；组件平台就是这种成熟的标准化模块的集合。

（3）业务应用系统层。具体业务系统是直接面向政务机构、面向服务对象、面向应用领域的工作系统。不同机关、不同行业、不同领域、不同功能的业务系统构成了电子政务应用体系的主体。[附图3]

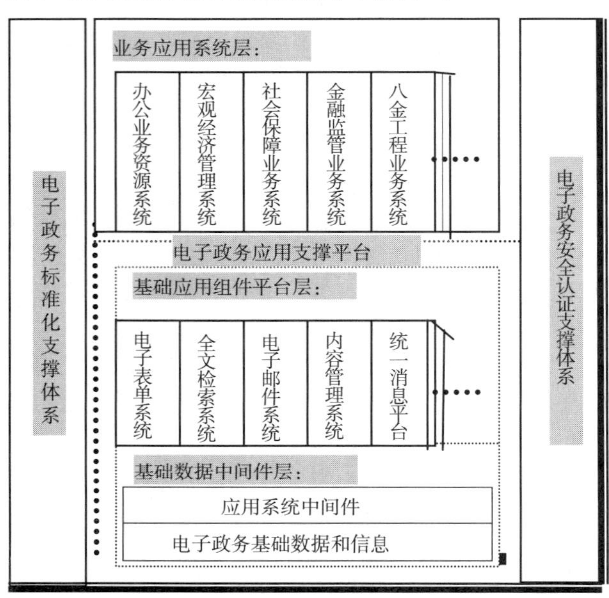

附图3：电子政务应用体系示意图

2. 紧紧围绕需求选定电子政务应用领域

在推进电子政务的过程中，应用领域的选择和确定是一个十分关键的问题。构建电子政务应用系统必须坚持“以需求为导向、以应用促发展”的指导思想，认真进行系统调研和需求分析；要紧密结合政府职能转变和管理体制改革，根据政府业务需求和广大人民群众的普遍要求，有所选择地确定电子政务应用的重点领域。如政府为社会提供的应用服务及信息发布；政府部门之间的应用系统；政府部门内部的各类应用系统；涉及政府部门内部的各类核心数据的应用系统；以政府电子化采购为主的政府电子商务的应用；大力发展电子社区，通过信息手段为基层群众提供各种便民服务等。

3. 构建电子政务应用系统必须突出重点

电子政务应用涉及政务工作的方方面面，实施过程中必须结合实际，突出重点。中办发［2002］17号文件明确指出：“为了提高服务、决策和监管水平，逐步规范政府业务流程，维护社会稳定，要加快十二个重要业务系统建设”。这十二个业务系统包括：办公业务资源系统，宏观经济管理系统，社会保障系统和“九金”（即金关、金税、金财、金融监管、金审、金盾、金质、金农、金水）工程。当前，加快十二个业务系统建设和中央政府门户网站的建设，已成为全国范围内推进电子政务应用工作的重点。

各地方、各部门、各行业的电子政务应用工作，也应紧密结合地方实际、行业特点和业务需求，明确主体，突出重点，分工负责，分阶段推进。目前，从应用需求和功能目标角度区分，事关全局的关键性电子政务应用重点集中在以下方面：（1）核心政务领域增强宏观决策、管理、指挥能力方面的应用，重点是为政府领导宏观决策、应急指挥、政务信息和政务管理等四方面的应用提供科学高效的服务；（2）增强国家管理部门之间协同能力方面的应用，重点是实现协同办公、联合审批、信息共享等；（3）推动各级政府之间信息交换能力方面的应用，重点是在电子网络的基础上形成虚拟的、完整的、统一的政务应用环境；（4）改善和提升政府为公众服务质量方面的应用，重点是政务公开、行政审批、便民服务，政府与民众沟通的“一站式”服务等。

4. 加大应用投入力度，将运行经费列入财政预算

各级电子政务建设，都要舍得在应用上搞投资、花气力、做文章。在指导思想上，要注意克服“三种倾向”：一要克服“重网络轻应用”的倾向，切实把应用工作摆到与网络建设同等重要甚至更加重要的地位；二要克服“重硬轻软”的倾向，切实加大应用软件的开发引进与推广使用；三要克服“重建轻养”的倾向，既要保证必要的项目建设经费，更要确保足够的运行维护费用。在组织实施中，特别要认真贯彻中办发［2002］17号文件关于“保证建设和运行资金”和“中央电子政务系统建成之后的运行经费，由财政部商有关部门在预算中予以安排”的明确要求，切实将“系统运行维护经费列入本级财政预算”的基本精神落实到位。

5. 充分发挥全国电子政务应用试点工程的示范效应

“中国电子政务应用示范工程”作为国家“十五”科技攻关计划重点项目，于2001年11月在京通过专家论证。项目启动以来，由国务院办公厅牵头，组织国务院所属8个部门及北京、上海、浙江、深圳、青岛、四川绵阳、广东南海7个地方政府共16个单位进行试点示范。通过实际的试点建设与示范运行，探索适合我国实际情况的电子政务建设与应用模式。

中国电子政务应用示范工程的建设覆盖了现有政务领域内典型的纵向业务管理和横向行政管理模式，涵盖了政府机关内部政务办公和决策支持及政府对外公众服务等内容，具有较强的代表性、典型性和示范性。这一工程的实施，有助于消除部门间各自为政形成的条条分割、条块分割 、块块分割，确保整个电子政务系统的

互联互通；有助于防止重复建设和无效建设，减少和避免投资浪费；有助于发现问题，摸索经验，引导电子政务建设健康发展；有助于进一步掀起电子政务建设热潮，拉动信息产业加快发展。因此，我们应认真学习研究借鉴试点单位的具体做法和先进经验，充分发挥全国电子政务应用试点工程的示范效应，紧密结合本单位实际加以运用，推动电子政务建设和应用工作不断深入发展。

“送货”是重点

所谓“送货”，就是输送电子信息资源；展开一点讲，就是指利用电子手段开发利用并组织输送有价值的政务信息内容。信息资源的开发利用是国家信息化的核心内容，也是当前整个电子政务建设的重点。

我国信息资源开发利用近几年有较大进展，但从整体上讲仍然是薄弱环节，主要表现为“三低”：即信息开放度低，利用率低，共享程度低，“数字鸿沟”和“信息孤岛”现象还普遍存在。为此，加强电子政务信息资源建设必须把握以下几个方面：

1. 必须高度重视信息资源开发利用

材料（物质）、能源（能量）和信息，迄今为止是自然界和人类社会经济发展所依托的三项最主要的战略资源。信息技术的迅猛发展，使信息资源的重要性日益突出。信息资源，即有使用价值、可生产效益的信息内容。信息资源的价值链是由“数据—→信息—→知识—→智慧—→效益”构成的。信息来源于数据的采集，知识来源于信息的积累，智慧来源于知识的沉淀，效益来源于智慧的发掘和应用。近几十年来，人类开始比较自觉地认识和开发信息资源。信息已成为创造财富的第一要素。人们从来也没有像今天这样重视信息、需要信息；人们创造、传递、使用信息，并把各种信息融合转化为知识，进而制造出可以代替人脑部分功能的、智能化的、“聪明”的工具，使劳动生产率和劳动质量得到空前的提高。正如江泽民同志所说：“要保持我国经济持续快速健康发展，必须把开发利用信息资源摆在重要战略位置。”

2. 下大力量搞好数据库建设

信息资源的开发利用和数据库的建设与发展，是电子政务乃至整个信息化建设的一项基础性工作。当前，加快建设若干基础性、战略性政务信息数据库，是我国电子政务建设面临的一项紧迫而繁重的基本任务。根据中办发［2002］17号文件的部署和要求，为了满足社会对政务信息资源的迫切需求，国家正在组织编制政务信息资源建设专项规划，设计电子政务信息资源目录体系与交换体系；并已正式启动人口基础信息库、法人单位基础信息库、自然资源和空间地理信息库、宏观经济数据库的建设。

在此基础上，我们还应当以需求为导向、以应用为主线，大力推动各地方、各部门、各系统建立自己的分类应用数据库，自上而下地建立并逐步完善我国政务信息数据库体系。在建设标准上，要特别强调数据库建设的开放性。就是说，各种数据库凡可公开的部分都应当无偿或有偿打开，成为国家公共数据库的内在组成部分。为此，要像制定高速公路交通规则一样，尽快研究制定数据得以共享的“信息国道”规则，以使政务信息通行无阻，顺利实现与需求的有效对接。

3. 加快整合现有政务信息资源

推进电子政务建设必须加快现有业务系统和信息资源的整合步伐，包括整合数据采集、信息积累、开发利用与交换共享等多个环节。一要确定信息源，建立信息采集机制，坚持数据采集与业务流程相结合，提高信息采集的质量和效率；二要建立政务信息资源目录分类体系，按照业务系统和政务工作实际开发积累信息资源，提高信息综合利用水平；三要充分发挥政府行政管理和市场机制的作用，培育信息服务业发展，建立信息维护机制和交换体系，从供给和需求两方面促进政务信息资源的有效整合。

4. 着力实现信息资源的共享与升值

推进电子政务和信息化建设，必须以实现信息资源的社会共享为目标，以创造价值、提升政务工作的服务质量为目的。这是当前指导我国电子政务建设的一条根本原则。

我国地区差异很大，加之长期以来行政管理体制方面的条块分割，致使信息资源建设存在着较为严重的“数字鸿沟”和“信息孤岛”现象。为此，首先要打破地方和部门界限，按照统一的标准，坚持政府与民间联合共建的方针。要调动各方积极参与，协同作战，充分发挥整体优势。只有这样，才有可能克服“数字鸿沟”带来的痼疾，实现真正意义上的信息资源共享。

其次，要发掘信息资源的内在价值，提升政务工作的服务质量。要广泛采用数据挖掘等电子技术手段，通过对大量原始数据的组合、加工、处理和抽取，把隐藏在大量数据背后的重要信息及蕴涵着的丰富知识发掘出来，使之融合转化为信息产品或商品，进入政务领域进行流通并发挥效用。

同时，通过开发利用政务信息资源，着力培养和造就一支善于使用信息知识来创造价值、提高政府工作质量与效率的公务员队伍，切实改变技术人员不掌握信息资源、而掌握信息资源的人员又不掌握技术手段的现状，从根本上解决“电子”与“政务”相互脱节的问题。

结　语

综上所述，我国电子政务建设的基本问题就是“路”（网络平台）、“车”（应用系统）、“货”（信息资源）及其三者的关系问题：

——修路（即构建电子政务网络平台）是基础；造车（即打造电子政务应用系统）是关键；送货（即开发和输送电子信息资源）是重点。

——修路的目的是为了跑车；造车的目的是为了送货；送货的目的是为了把货送到最需要的地方去体现价值、发挥效力和创造效益。也就是说，构筑电子政务网络平台的目的是为了承载和运行电子政务应用系统；建造电子政务应用系统的目的是为了开发和输送电子信息资源；而开发电子信息资源的目的就是为了深入挖掘政务信息资源的内在价值，并与电子政务的应用需求实现对接，进而创新政务工作模式和流程，提高政务工作的质量和效率。

——路、车、货三者是一个完整的统一体；货离不开车，车离不开路；三者紧密联系，相互依存，缺一不可。也就是说，在电子政务建设过程中，网络平台建设、应用系统建设、信息资源建设同样是一个完整的统一体；信息资源离不开应用系统，应用系统离不开网络平台；三者共同围绕着电子政务建设的目标，紧密联系在一起，相互渗透，相互衔接，相互依存，密不可分。

※　※　※

目前，我国电子政务建设虽然从整体上取得了较大进展，但应用滞后的问题仍然比较突出。许多地方购置了设备，建起了网络，但信息资源薄弱，应用开发相对滞后；就好比修起了高速公路，而上路跑的车较少，车上装的货更少，致使投资迟迟收不到应有效果，严重影响电子政务建设工作的进一步发展。为此，我们必须贯彻“以需求为导向、以应用促发展”的指导思想，切实在建好网络的基础上加快业务应用系统和政务信息资源的开发步伐。中办发［2002］17号文件明确提出要建立1个统一的电子政务内外网络平台、12个重点业务应用系统、4个国家级基础信息资源数据库，就是要“修路——造车——送货”。我们要认真学习贯彻中办发［2002］17号文件精神，紧密结合地方实际，切实解决好当前电子政务建设所面临的三大基本问题，推动我国电子政务建设事业不断登上新的台阶。

《我国电子政务发展“三阶段论”》

河北省政府办公厅　董振国

摘要　我国电子政务建设事业的发展存在着明显的阶段性特征：从过去以采用现代办公手段、提高行政效率为主要特征的办公自动化阶段；到目前以改变政府工作方式、促进政府职能转变和服务转型为主要特征的政务信息化阶段；以及将来以重塑政府职能、实现政府再造为主要特征的政府电子化阶段——是中国电子政务建设和发展所必须经历的“三个阶段”。

本文紧密结合我国国情和当前我省电子政务建设的实际，就我国电子政务发展“三阶段论”的提出及其含义，提出我国电子政务发展“三阶段论”的理论根据和现实依据，我国电子政务发展“三个阶段”的基本特征及其主要区别及有关电子政务的基本概念和含义进行了深入分析；并结合实际工作从理论指导角度提出了一个以“时间·空间·逻辑·创新”为四大基本因素构成的“四维虚拟模型”。本文认为：提出我国电子政务发展“三阶段论”并结合国情实际研究分析各个阶段的不同特征，特别是深入分析当前政务信息化阶段的基本特征，对于指导我们推进政务信息化和电子政务建设事业具有十分重要的理论意义和实际意义。

关键词　政府；电子化；信息化；阶段论

20世纪90年代以来，随着信息技术（IT）产业的飞速发展，世界各主要发达、发展中国家纷纷启动电子政府工程，并在经历“简单信息发布——电子服务供给——实现政府再造”的基础上，通过不断的政府重组和服务整合，在塑造形态完整的电子政府（Electronic Government）方面取得了明显进展。在我国，目前电子政务建设也已形成风起云涌之势，强力推进政府信息化暨电子政务进程并逐步实现电子政府建设的战略目标，已经成为提高我们国家综合国力的重要策略之一。

本文谨从我国电子政务建设和发展所必须经历的“三个阶段”谈谈个人的一些认识和看法，以供商榷。

一、我国电子政务发展“三阶段论”的提出及相关概念的含义

（一）“三阶段论”的提出及其实际含义

▲论点的提出：在我国，电子政务建设是国民经济和社会信息化建设的重中之重，是一项规模宏大的社会系统工程。特别是电子政务应用系统的开发和建设，就不仅仅是简单的技术应用、系统集成和软件工程问题，而是一项涉及面广泛、不确定因素很多、正处于发展变化之中的复杂系统工程。我国的电子政务建设，还伴随着加入WTO和各项体制改革的深入，政府职能的转变等一系列事关全局的重大根本问题。电子政务/电子政府建设目标的实现也不可能一蹴而就，需要经历一个长期发展的历史过程。完成这个过程必须依据不同时期的特点区分不同的发展阶段。因此，在推进电子政务、建设电子政府过程中，决不能一哄而上盲目建设，而需要清晰地认识电子政务的基本概念，了解中国电子政府建设的特殊属性，把握电子政务运行的基本规律，明确实

施策略和总体规划，有计划、分阶段、有步骤、积极稳妥地进行实施。

基于这种思想，并根据我国国情和当前这项工作进展的实际情况，我认为：我国电子政务发展暨电子政府建设目标的实现必须要经历如下三个阶段，即：

——以采用现代办公手段、提高行政效率为主要特征的办公自动化阶段（准备与铺垫阶段）；

——以改变政府工作方式、促进服务转型为主要特征的政务信息化阶段（启动与展开阶段）；

——以重塑政府职能、实现政府再造为主要特征的政府电子化阶段（未来与发展阶段）。

▲内在的实际含义：目前，就全国范围而言，电子政务建设整体上已由办公自动化阶段逐步完成向政务信息化阶段的过渡。据 2002 年埃森哲咨询公司连续第三年对全球 20 多个国家和地区的电子政务发展状况进行考察的资料表明：中国政府电子政务的总体成熟度为 23%，尚处于正在建设平台的阶段，落后于其他 19 个被调查者。具体讲，我国目前的国家机关各部门及多数经济比较发达、观念比较开放、信息意识强烈的地方政府已率先进入了政务信息化阶段；个别观念封闭、意识不强、财力不足的贫困地区仍处于办公自动化收尾阶段；而全国相当一部分地方尚处于由办公自动化阶段向政务信息化阶段的过渡期内；我们河北电子政务建设的实际情况也只能说是刚刚完成由办公自动化阶段向政务信息化阶段的过渡。对此，我们一定要有一个清醒的认识，千万不可估计过高。也就是说，真正意义上的“电子政府”或“政府电子化阶段”的到来，距离我们还有一段必须要扎扎实实才能走过的路程。这就是提出我国电子政务发展“三阶段论”的基本含义及内容。

（二）对相关概念及其内涵的理解

为了研究问题和展开论述的方便，有必要对论点涉及到的一些基本概念及其含义进行适当的梳理和界定。这些基本概念包括：电子政务/电子政府/办公自动化/政务信息化/政府电子化/等。由于本文第三部分对“办公自动化”“政务信息化”“政府电子化”的概念特征有较为详尽的描述，这里只根据个人的理解，侧重对“电子政务”“电子政府”两大最基本的概念做一些界定。

1. 定义电子政务：

电子政务——是现代条件下先进的电子信息技术与各种政务活动的交集。

依据这一定义，本文所称的 电子政务是指国家机关在政务活动领域，全面应用现代电子信息等先进技术进行办公、管理和为社会提供公共服务的一种全新的管理方式和活动过程。通俗地讲，电子政务实际上就是平常我们所说的政务信息化。

对电子政务基本概念的准确理解，至少应包括如下几个方面：

（1）电子政务是现代信息和通信技术在政府工作中的全面应用。电子信息技术特别是网络技术的高速快捷、全球联通的特点使得政府信息的产生和传播、政府管理的手段和方式发生了深刻的变化。

（2）电子政务是一种全新的政府管理理念。电子政务不是传统政务和电子技术的简单叠加，不是用电子技术去适应落后的传统政务模式，而是借助电子信息技术对传统政务进行革命性的改造，以更好地实现政府的监管和服务职能。

（3）电子政务是一个动态的实践活动过程。电子政务不是一种事物的存在形态和结果，而是一个持续不断地运用技术手段改革政府管理模式和政府管理手段的动态的实践过程。

2. 诠释电子政府：

电子政府是一个“实在”与“虚拟”相结合的新型政府的存在形态。

从这个意义上说，电子政府是将政府管理与服务建立在现代电子信息网络等先进技术基础之上的一种全新的政府治理模式。

笔者认为，电子政府最重要的内涵就是运用现代电子信息及网络通信技术打破传统行政机关的物理组织界限，整合和贯通其行政流程，从而实现基于现代信息网络平台的一个电子化的、虚拟的、无所不至的政府在线服务。

电子政府与传统政府的最大区别，就在于它所具有的虚拟性。也就是说，与传统的实体政府相比，电子政府在物理的实体机构之外，又存在着一个不受时间和空间限制的、对社会和公众不断提供各种在线服务的、虽然看不见摸不着但却能实实在在感受到的“电子化”虚拟政府的存在。

电子政府的这种虚拟性，决定了未来政府机构的存在形态，将预示着政府治理的一场深刻革命。

由此可见，“电子政府”是未来政府存在方式的一种新的形态；是当前办公自动化、政务信息化发展的必然趋势；也是利用电子信息技术重塑和再造政府所要实现的阶段性目标。

3. 电子政务/电子政府的异同：

▲由以上分析不难看出，电子政务/电子政府建设的共同之处在于：

（1）二者具有共同的本质特征。电子政务/电子政府建设的共同本质就是要“创新政府模式”并“创造未来政府的存在价值”。

（2）二者具有相同的目标取向。电子政务/电子政府建设的目标均在于通过不断地增进政府、企业、居民之间的互动，使政府的各项监管工作更加严密、有效，服务更加便捷、高效，进而把各级政府建设成为廉洁、勤政、务实、高效的电子化政府，从而推动国民经济和社会事业的全面发展。

▲二者的不同之处在于：

（1）电子政务相对于电子商务而言；电子政府则相对于传统的实体政府机构而言。

（2）“电子政务”是一种活动；“电子政府”是从事活动的主体。

（3）“电子政务”是一个动态过程；“电子政府”是过程的阶段性目标。

也就是说，电子政务是作为政务活动的动态过程而存在的；而电子政府则是作为现代政务活动的实体形态和价值目标取向而存在的。

由此，我们可以引申出一条十分重要的结论：各级电子政务的建设主体和应用主体只能是各级政府及其组成部门；其牵头单位（即电子政务建设的“龙头”）只能是各级党委政府的办公厅（室）。这一点，在中共中央办公厅印发的《关于我国电子政务建设的指导意见》（中办发［2002］17号）这份我国最具权威的指导电子政务建设的纲领性文件中，已经有了十分明确的表述。只是某些地方、某些部门的某些对于电子政务的基本概念和理论并没有真正弄懂的某些同志、甚至是某些部门的负责同志，不知是出于部门的狭隘利益，还是自身思维的混乱，至今仍一直在那里过分痴迷信奉于某些所谓“专家”曾经说过的一句什么“17号文件过时了……”的话。当然，中办发17号文件的个别结论不可能永不过时；但是，17号文件关于推进我国电子政务建设事业加快发展的基本精神是永远也不会过时的！作为执政党的一级组织和政府的一级办事机关，在制定规划、部署任务、安排工作时，只能以中央文件精神和当地实际为依据，而不能以某些所谓“专家”的学术言论为依据（专家观点只宜作参考）。否则，我们的思想就无法统一，思路就不能理清，任务就无法部署，工作指导上就会出现失误和偏差。——这是我作为全省电子政务工作前沿的一名实际工作者，针对当前全省电子政务工作现状和存在的突出问题，而发自内心的、具有切肤之痛的真实感慨。

二、提出我国电子政务发展“三阶段论”的理论根据和现实依据

（一）马克思主义关于革命和发展阶段论的学说是提出我国电子政府发展“三阶段论”的重要理论根据

马克思主义哲学认为，任何事物乃至整个物质世界都处在永不停息的运动、发展和变化之中。从大尺度的宏观世界到小尺度的微观粒子，从自然界到人类社会，任何事物的运动都要经历一个由低到高、由初级、中级到高级的发展变化过程，即事物的“发生——发展——成熟——消亡”的运动过程。如我党的最高纲领是实现共产主义，但必须经过分阶段、有步骤的长期努力奋斗才能实现。我们既要时刻牢记党的最高理想，不能把阶段性目标当作最终目标，又要真正懂得最高理想是由各个阶段性目标连接组成的，只有通过一个一个历史阶段任务的完成，才能不断为实现最终目标创造条件。这就是革命发展论和阶段论的统一。

譬如，20世纪80年代，我国改革开放的总设计师邓小平同志冷静分析国际局势，高瞻远瞩，审时度势地提出了“和平和发展是当代世界的两大主题”的著名论断。邓小平同志清醒地认识到我国的经济发展现状是生产力相对落后，实现社会主义现代化，不可能一蹴而就，必须经过有步骤、分阶段的长期奋斗。由此，他制定了合乎国情的社会主义建设发展战略和分“三步走”的战略步骤：第一步，从1981年到1990年国民生产总值翻一番，基本解决温饱问题；第二步，从1990年到2000年再翻一番，达到小康水平；第三步，到2050年世纪中叶达到中等发达国家水平。

电子政府建设事业作为人类社会由农业时代、工业时代向信息时代跨越时期的新生事物，也必然要经历其自身由低级、中级到高级的“发生——发展——成熟”的变化过程。

（二）国外发达国家对电子政府发展阶段的区分，为我国电子政务发展“三阶段论”提供了有益的参照

国外电子政府的发展大致经历了四个阶段：（1）起步阶段，即政府信息的静态发布，政府与用户在网上互不联系；（2）单向互动阶段，政府提供某种程度的服务，用户可下载一些政府表格等，并向政府发出询问；（3）双向互动阶段，政府与用户在网上完成互动，例如在网上取得报税表，填写后将表发送至国税局，企业和居民还可与政府在网上沟通；（4）网上事务处理阶段，政府与用户在网上完成一个事务处理的全过程。

此外，国外关于电子政府发展的不同阶段还有多种分法。如：IBM的全球电子政务经理Ramsey认为电子政务应该分为“信息上网——条理化信息使之便于利用——网上办公——建立网上共同体”等四个阶段。Ramsey的“四阶段论”从政府与服务对象关系的亲密程度（CRM）的角度划分电子政务，按照这个思路，电子政府/电子政务最终目标是以信息技术为手段，以政府网站为依托，把政府和它的服务对象整合成一个共同体；主要的任务是构建一个路径促使政府从一个管制型的政府向以服务对象（公民和企业）为中心的服务型政府转变。

再如，从组织经济和组织行为学的角度——政府机构之间的互联互通，从而为服务对象提供更好的整合服务（ERP）来看，又可以将电子政务划分为以下四个阶段：（1）单个系统构建与政府上网；（2）互联互通；（3）流程重组和部门整合；（4）无边界政府。

上述国外这些对电子政府发展阶段的区分方法，主要体现的是西方国家单纯“以服务为中心”的思想。这种阶段划分，虽然不太符合我国现阶段的实际国情，但也都为我们结合实际提出我国电子政务发展“三阶段

论”提供了有益的参照。

（三）“阶段论”在经济发展、自然科学、社会生活等众多领域的广泛应用，为电子政务发展“三阶段论”提供了现实依据

目前，阶段论的观点还被广泛应用于经济发展、自然科学、工程建设、社会生活等众多领域。如20世纪以来，西方学术界对经济发展的研究十分活跃，当美国学者托罗斯的“经济成长阶段论”提出后，人们对一定国家和地区各个不同的历史时期的产业选择及其空间布局开始有了较为清楚而系统的认识。

又如，我国年届80多岁高龄的著名地质学家王鸿祯教授，凭借深厚的地质学功底及对地球历史的长期研究，提出地球的演化具有普遍的节律周期，是漫长的渐变期与短暂的突变期交替出现的过程，从而形成了可供识别的自然阶段，这就是“地球历史演化阶段论”。

还有，我国在西部大开发的战略部署中提出的“西部开发阶段论”，将对西部地区未来50年的开发周期划分为“前5年的初期调研规划阶段（2001－2005年）——中20年的中期铺开突进阶段（2006－2025年）——后25年的后期持续发展阶段（2026－2050年）”，即经历上述三个阶段的三大战役，实现西部开发的美好蓝图等等。

阶段论的观点在上述众多领域的广泛应用，也都为我们提出和研究中国电子政务发展“三阶段论”提供了更多的参照和现实依据。

三、我国电子政务发展“三个阶段”的基本特征及其主要区别

（一）准备与铺垫：——办公自动化阶段的一般特征

办公自动化在世界范围内是产生于70年代的一项综合科学技术。我国的办公自动化工作起步于80年代，比国外发达国家落后近10年。80年代初期，人们对办公自动化的认识还处在初级阶段，主要是办公设备的引用、解决汉字输入输出以及应用软件的汉化，探讨中国发展办公自动化的模式；80年代后期，随着各种应用技术的成熟，办公自动化系统开始发展并初步实现了单项业务的自动化；90年代初期，我国办公自动化工作开始加快发展，计算机信息网络建设随着通信事业的发展逐步展开；90年代中期，远程计算机信息网络迅速发展，行业系统应用成为办公自动化发展的领头羊；90年代后期，我国办公自动化工作开始登上一个新台阶。

办公自动化阶段是我国电子政务建设的准备与铺垫阶段。这一阶段的基本特征主要表现在以下几个方面：

1. 办公自动化以政府机关办公手段的改进为主要特征，其直接目的在于提高政府机关的工作效率和质量。

2. 办公自动化是一个简单的人机信息处理系统。它综合体现人、机器、信息资源三者间的关系：信息是加工对象，办公设备是手段，人是设计者、使用者；这里，设备是客体因素，人是主体决定因素。

3. 办公自动化阶段的基础设施（硬件）以点对点的局域网、小型机、单机以及电话机、传真机、复印机、扫描仪、投影仪、碎纸机等办公自动化设备的添置使用为特征；应用系统（软件）以单机应用、点对点应用为主，且由机关部分技术人员会使用为其基本特征。

4. 办公自动化阶段的管理方式主要以静态管理为主；工作任务要求缺乏统一性；不同行业、不同地区的办公自动化进程普遍存在不平衡现象。

5、办公自动化阶段的主要目标是使政府机关办公业务工作通过采用现代办公设备和手段，提高办公效率和质量，实现办公业务工作运转的科学化、系统化、自动化。

6. 办公自动化是当前政务信息化和未来中国电子政府建设不可或缺的必要基础。

（二）启动与展开：——政务信息化阶段的一般特征

世纪交替之初，以国务院办公厅《关于推进全国政府系统办公自动化建设和应用工作的通知》（国办发〔2000〕36号）、《关于印发全国政府系统政务信息化建设2001-2005年规划纲要的通知》（国办发〔2001〕25号）和《关于我国电子政务建设的指导意见》（中办发［2002］17号）文件的下发为标志，我国办公自动化工作从整体上进入了一个崭新的发展阶段——即政务信息化阶段。所谓政务信息化，就是指政府行政事务管理方式、内容和手段的电子化、网络化和现代化。

政务信息化阶段是我国电子政务建设的启动与展开阶段。这一阶段的基本特征主要表现在以下几个方面：

1. 政务信息化以当前政府机关工作方式的变革为主要特征，其本质是采用世界信息技术前沿的最新成果，并将其广泛应用于政府工作领域的一种创新和变革。其直接目的是通过减少审批环节，简化办事程序，整合工作流程，促进政府机关工作作风、工作方式和工作职能转变。

2. 政务信息化所依托的是一个综合的、复杂的、高效率的、较为完善的决策支持和信息处理系统。它可对文字、数据、图象、语音等各种信息进行快速的一体化加工处理，并可承担新形势下政府决策、管理及公众服务等多方面的职能。

3. 政务信息化阶段的基础设施（硬件）以互通互联的广域网、宽带网以及高性能的网络传输、终端设备和网络安全设备配备为特征；应用系统（软件）以广域网应用为主体，通过采用网络软件和系统平台，实现信息资源共享，促进科学决策、网上办事等项应用。本阶段通过培训，应在全体公务员队伍中普及应用。

4. 政务信息化阶段的管理方式主要以动态跟踪、自动控制为主；工作任务要求逐步实现“几个统一”：如统一规划、统一平台、统一标准、统一技术规范等等；本阶段不同行业、不同地区的政务信息化进程不平衡状态虽仍将存在但有明显缓解。

5. 政务信息化阶段基础设施建设的主要目标：

（1）要用3至5年的时间（2001-2005年），建立以“三网一库”为基本内容的政务网络应用架构。即：政府机关内部的办公业务网（内网），与各地区、各部门联接的办公业务资源网（专网），以intemet为依托的政府公众信息网（外网），政府系统共接共享的电子信息资源库；大力推进网络应用水平不断提高，使全国政务信息化建设和应用水平登上新台阶。

（2）大约需5-8年的时间（2002-2010年），在“三网一库”架构的基础上，构建以“2网1站4库12金”为核心内容的未来中国电子政府大厦的枢纽框架。即：2网（政务内网、政务外网），1站（政府门户网站）；4库（人口基础信息库、法人单位基础信息库、自然资源和空间地理信息库、宏观经济数据库）；12个重要业务系统或称12金（办公业务资源系统，宏观经济管理系统，社会保障系统和金关、金税、金财、金融监管、金审、金盾、金质、金农、金水工程）；使全国电子政务建设和应用整体水平再上一个新的台阶

6. 政务信息化是国民经济和社会信息化的重要基础和核心；是办公自动化工作的进一步延伸、扩展和升华；是新形势下实现政府职能转变的重要途径，也是政府工作改革、创新、发展的必然趋势；政务信息化还是通向未来“中国电子政府”大厦的必由之路。

（三）未来与发展：——政府电子化阶段的一般特征

如前所述，未来电子政府在我国目前是尚处于观念形态的东西，政府电子化阶段的到来距离我们还有一段必须要扎扎实实才能走过的路程。即使在西方发达国家，正式提出电子政府概念也不过是进入世纪之交以来近几年的事：英国首相布莱尔提出并修订全面开通电子政府的时间表是在2000年3月；美国副总统戈尔正式宣布要实施电子政府工程是在2000年6月6日，这些国家的电子政府建设也只能说是仍然处于启动和展开的阶段。因此，这里对于政府电子化阶段特征的描述只能是粗线条的。

政府电子化阶段是我国电子政务建设的未来与发展阶段。设想政府电子化阶段的主要特征表现在以下几个方面：

1. 政府电子化阶段以政府职能的重塑和政府结构的再造为主要特征，其本质是实现政府构成模式的创新及深刻变革，完成由手工政府、传统政府向新型政府的跨越式发展。

2. 政府电子化所依托的是一个大型的、一体化的、智能化的、人机完全融合的科学决策和海量信息快速处理系统。它应可承担包括支持政府决策、管理及各种公众服务内容在内的所有职能；并可根据需要创设和满足未来政府所应承担的一切功能需求。

3. 政府电子化阶段的基础设施建设十分发达，它是真正意义上的信息高速公路及与其配套的现代化的网络设备；应用系统以全网、全员应用为主体，全面实现信息资源的大面积、全方位共享 。

4. 政府电子化阶段的管理方式主要以智能化的全过程自动化控制为主；工作任务要求在不同的行业和地区更加突出多样性和个性化。

5. 政府电子化阶段的直接目标就是要在“三网一库”系统工程架构和“2网1站4库12金”的枢纽框架基础上构建“中国电子政府”的未来大厦。

6. 政府电子化是当前办公自动化、政务信息化工作发展趋势的必然结果；是政府机构变革、创新、演化的历史取向；也是未来政府存在方式的一种全新形态。

（四）“三个阶段”的共同点及其主要区别：

1. 共同点：

从以上分析可以看出，“三个阶段”的相同之处主要有如下三点：

一是其内在属性即本质相同，都是通过工作手段、方式和政府模式的创新，来“创造政府的存在价值”。

二是共同围绕着一条主线，承先启后，各个阶段所要实现目标的方向一致。

三是各个阶段所要遵循的指导思想和建设原则基本相同，即都要遵循“统一规划、加强领导，需求主导、突出重点，整和资源、拉动产业，统一标准、保障安全”的指导思想和原则。

2. 主要区别：

“三个阶段”的主要区别，除了以上分析六个方面不同的个性特征之外，我们还可以将政府功能在网上实现的程度和在线办理比例加以区分，给出一个量化分析的基本参数作为指标，比如：

——将政府功能在网上办理和实现比例低于20%的，归入办公自动化阶段；

——将政府功能网上办理和实现比例介于40-70%的，归入政务信息化阶段；

——将政府功能网上办理和实现比例达到80%以上的，归入政府电子化阶段。

以此来确定当前电子政府发展所处的具体阶段，并借以区别“手工政府——传统政府——电子政府”在量和质两方面的差别。

另外需要特别说明的是，这里所提出的仅仅是一个可供参考的指标，实际运用还需结合具体情况，并参考其他因素综合而定。

四、深刻理解我国电子政务发展“三阶段论”的重要意义

研究我国电子政务发展所必须经历的“三个阶段”，对于指导我们的工作具有十分重要的理论意义和现实意义。为了研究和叙述方便，这里提出了一个以“时间·空间·逻辑·创新”为四大基本因素的“四维虚拟模型”，借以对其理论指导意义的四个方面加以阐述：

（一）时间维：就是从时间观念上讲，一定要把握住与时俱进的时代特征，既要增强加快推进政务信息化进程的紧迫感，又要反对超越阶段、急于求成的倾向

中国电子政府发展的不同阶段首先是个时间和历史的概念。从哲学上的物质运动观来讲，我们所从事的政府信息化事业只有在时间和历史上予以科学定位，即从时间上，把握它所处历史阶段的时代特征，我们才有可能更好的了解它的性质和状况，从而做出正确合理的实践选择。为此，我们必须坚持以下两点并注意克服两种倾向：

一是要与时俱进，克服那种跟不上形势发展、落后于时代要求的因循守旧、不思进取的思想倾向。充分认识推进政府信息化建设，对于加快我国的经济建设、社会进步以及政府改革的重要意义和作用，切实增强紧迫感、责任感和使命感。

二是要循序渐进，反对那种超越阶段、急于求成、盲目冒进的思想倾向，坚持逐步提高、稳步发展的指导方针。要处理好技术先进性与实用性的关系，处理好可扩展性与现有效能的关系，尽可能地采取成熟的先进技术。防止错误地提出超越阶段需求的目标和做法，犯“左”的急性病，结果欲速不达，造成投资浪费，影响正常进程。

因此，我们在推进政府信息化进程中，必须坚持与时俱进的指导思想，既要从现阶段的时代特征出发，现实地、历史地提出问题和看待问题，又要由此深入细致和有条不紊地解决问题。这是指导我们工作的一条重要的方法论。

（二）空间维：就是从空间观念上讲，推进政府信息化进程一定要立足中国国情，既要吸收借鉴国外的先进经验，又要反对从外国模式出发的盲目崇洋倾向

中国电子政府发展的不同阶段也是个空间概念。从哲学的空间观来看，我国政府信息化事业只有在中国这片土地的空间上予以定位，我们才有可能把握住中国电子政务区别于美、英、日、新等国所独具的特色。作为一个省（如河北）来说，也只有在符合河北省情现实的空间上予以定位，才有可能把握住河北电子政务区别于京、津、沪、广等其他省市的独有特色。

为此要求我们：一方面，首先要积极引进、吸收和借鉴国外发达国家从事电子政府建设的先进技术和成功经验，扩大开放，博采众长。另一方面，就是要做到“四个必须”：

（1）必须反对那种只从国外电子政府模式出发，来分析解决国内问题的崇洋媚外倾向。

（2）必须坚持从中国国情出发来分析解决国内电子政务问题。

（3）必须坚持从当地实际情况出发，来分析解决本地电子政务所面临的实际问题。

（4）中国电子政府建设必须走自己的路，突出自己的特色。

这里，“四个必须”的立论根据之一，就是不同的国家一定有不同的国情、不同的政府机构和不同的工作习惯。实际上，我国电子政府建设的空间定位，其意义就是要求我们从国情、省情、市情、县情出发，从自身所处的区域空间特性出发，来考虑、强调和解决当地电子政府建设的特点、特性、特色和特殊问题。既要考虑问题的民族性、区域性和地域性，又要以问题发生的地点为转移，具体区别不同地方政务信息化建设的不同情况，并依此来制定我们的方针政策和目标任务。这也是我们工作中需要遵循的一条方法论原则。

（三）逻辑维：就是从逻辑角度上讲，要用发展的眼光看待政务信息化建设现状，既要立足现实勇于实践，又要创造条件加快发展

中国电子政府发展的不同阶段还是一个动态的逻辑概念。从马克思主义哲学的发展观来讲，就是要用发展的眼光来看待国情条件和时间因素的变化，用动态的观点来解析政务信息化现状及其趋向。

首先，考虑问题要有条件观念。要坚持从现实客观条件（资金状况、人力资源、客观环境等）出发，扎实稳妥地推进政务信息化建设。要克服从主观愿望出发的主观主义倾向，立足现实条件，避免头脑发热，保持清醒的发展思路。

其次，要树立长期观念。充分认识我国电子政府建设的长期性、复杂性和艰巨性，牢固树立长期作战的思想准备，纠正并克服临时思想和短期行为，保证政务信息化事业持续发展。

其三，要增强实践观念。推进政务信息化建设必须坚持实践第一的观点，既要直面落后，又要大胆实践，勇于实践；要在政务信息化建设实践中发现问题，经受锻炼，摸索经验，增长才干；要在实践中克服本本主义的教条式理解，积极创造条件，改变落后面貌，促进政务信息化建设加快发展。

（四）创造维：就是从创新思维上讲，要把政务信息化当作一项高智能的开创性事业，既要求真务实，增强实效观念，又要开拓进取，创造性地开展工作

我们当前所从事的政务信息化和电子政务建设是一项前无古人的开创性事业。它的本质意义就是创新和创

造，即：一方面创新政府模式；另一方面创造未来政府的存在价值。

从这个意义上讲，电子政府发展的不同阶段又是一个价值学概念。从办公自动化阶段的“改进手段，提高效率”，——到政务信息化阶段的“转变方式，提高效能”，——再到政府电子化阶段的“重塑流程，再造政府”。在这个环环相扣的电子政务建设链条上，自始至终都是一个不断追求绩效和效能扩张的动态创新过程。这就要求我们在工作中一定要坚持解放思想、实事求是的思想路线，克服思维定势，转变思维方式，倡导求真务实、开拓进取的创新精神。

思维方式的变化对于推进政务信息化建设意义非常之大。它不仅有助于信息化意识的增强，有助于克服形式主义和僵化保守倾向，而且有助于在信息化大潮中统一思想，抓住机遇，形成合力，乘势而上。

首先，要增强实效观念，由过去那种不注重实际效用的抽象的定性思维，向注重实践效果和实际效用为核心内容的价值思维转变。

其次，要增强创新观念，由传统思维方式向创造性思维方式转变。创造性思维是一种具有开创意义的思维方式，它可以不断增加人类知识总量和水平，持续提高人类认识和改造世界的能力，极大地促进人们破旧立新开创新局。——而这正是我们推进政务信息化建设所要逐步实现的固有目标。所以，我们把政务信息化和电子政府建设的本质定义为“创新政府模式”和“创造未来政府的存在价值”。

▲以上是我们借助虚拟的“四维模型”对中国电子政务发展“三阶段论”的理论指导意义所做的粗浅分析。其现实指导意义，主要表现在以下几个方面（这里限于篇幅不再展开论述）：

1. 认清形势，明确目标，把握正确的建设方向。

2. 结合实际，找准位置，确定科学合理的指导方针。

3. 总结经验，少走弯路，使有限资源发挥最大效力。

4. 脚踏实地，开拓创新，积极稳妥地推进政务信息化建设加快发展。

倘不如此，我国的电子政务建设必然要枉走许多弯路，重复建设、资源浪费的情况就在所难免，甚至造成更大的投资“黑洞”，以至给我国电子政务建设、国民经济和社会信息化进程乃至整个国家的现代化建设造成无可挽回的损失。这决不是危言耸听，而是这项开创性事业初创阶段实实在在所面临的“风险”。希望工作在电子政务战线的同志们，特别是担负一定决策责任的领导同志，能够清醒地意识到这一点。

▲综上所述，我国电子政务建设事业的发展存在着明显的阶段性特征：“办公自动化——政务信息化——政府电子化”是中国电子政务发展所必须经历的“三个阶段”。提出我国电子政务发展“三阶段论”并结合国情实际研究分析各个阶段的不同特征，特别是深入分析政务信息化阶段的基本特征，对于指导我们加快推进政务信息化和电子政府建设事业，具有十分重要的理论意义和现实意义。

参考文献：

1. 中共中央办公厅《关于我国电子政务建设的指导意见》（中办发［2002］17号）

2. 袁振华主编《领导干部电子政务培训教程》中国致公出版社2002年7月

3. 国务院办公厅《关于印发全国政府系统政务信息化建设2001－2005年规划纲要的通知》（国办发〔2001〕25号）

4. 国务院办公厅《关于推进全国政府系统办公自动化建设和应用工作的通知》（国办发〔2000〕36号）

5. ［美］迈克尔波特：《竞争优势》华夏出版社2003年

6. 陈岗：《电子政务在中国》经济师，2003年7月

7. 周宏仁著《信息革命与信息化》人民出版社2001年

8. 汪玉凯：《中国政府信息化与电子政务》中国网2003年2月26日

9. 杨凤春：《发展电子政务要注重基础设施建设》国务院发展研究中心信息网，http：//www.drcnet.com.cn，2003年3月

10. 汪玉凯：《中国电子政务建设的经济效益分析》新视野，2002年5月

11. 王鸿祯等编著《地史学教程》地质出版社1999年

12. ［美］尼葛洛庞帝：《数字化生存》海南出版社1997年

13. ［美］华尔特·惠特曼·罗斯托：1960年著《经济成长的阶段》

14. 胡希宁：《当代西方经济学概论》中共中央党校出版社（第2版）2000年2月印刷

15. ［美］斯蒂格利茨：《政府在市场经济中的角色》（郑秉文译），中国物质出版社，1998年7月

16. 王鸿祯：《中国地壳构造发展的主要阶段》1982年

省政府网站管理中心文件

关于进一步加强政府网站安全保障工作的通知

冀政网管字〔2010〕1号

各设区市人民政府办公厅（室），省直各部门：

根据国办秘书局、国办电子政务办公室有关文件精神，为进一步加强政府网站安全保障工作，确保政府网站安全正常运行，切实提高政府网站安全防范水平，现将有关事项通知如下：

一、要切实加强政府网站安全管理

各地、各部门政府网站要按照“谁主管，谁负责”的原则建立健全政府网站安全责任制，完善政府网站安全应急措施，提升网站突发安全事件的处置和响应能力。不断完善防护措施，加强网站软硬件安全技术手段，提高政府网站防篡改、防攻击、防病毒、防瘫痪水平。要安排好网站节日期间的值班工作，加强对网站系统和内容的日常巡检，确保政府网站安全平稳运行。

二、进一步规范政府网站信息发布

政府网站发布信息要严格执行国家和省有关文件的规定和程序，遵循“先审查后公开，谁公开谁负责”和“涉密信息不上网，上网信息不涉密”的原则。对不符合网站管理要求、未建立信息审核发布机制的，要按照有关规定暂停信息发布，限期整改。要建立信息发布日志，对每条发布信息做到有据可查，责任到人。

三、做好政府网站安全监督检查

根据国办有关文件要求，各级政府办公厅（室）及政府网站管理机构要认真履行政府网站的管理职能。省政府网站管理中心作为全省政府网站主管机构，要加强对政府网站的安全监督检查。请各单位重点自查网站安全防范制度、应急处理措施是否完善，网站防篡改、防攻击、防瘫痪等措施是否有效，网站信息发布（包括自身网站信息发布和发布到省政府门户网站信息等）审查机制是否建立，网站内容是否存在涉密信息、文件资料等，对发现的问题要立即整改并逐级上报。在此基础上，省政府网站管理中心将组织有关部门和专业测试机构进行重点抽查。

河北省人民政府网站管理中心

二〇一〇年二月一日

关于进一步做好政府门户网站与公众互动交流等有关工作的通知

冀政网管字〔2010〕3号

各设区市人民政府办公厅（室）、各县（市、区）人民政府，省政府各部门：

政府门户网站是政府在互联网上发布政务信息、提供在线服务、与公众互动交流的重要平台。近年来，各级、各部门政府网站通过开设公众参与互动交流类栏目，如领导信箱、网上办事、排忧解难、监督投诉等，不断提高网站的服务功能和质量。但仍有极少数部门和单位网站内容更新不及时，公众反映问题处理不到位，网上办事指南和表格下载不完整、准确等。为进一步做好政府门户网站与公众互动交流等有关工作，现通知如下：

一、高度重视互动交流类栏目回复办理工作

各级、各部门要高度重视互动交流类栏目的回复办理，畅通群众网上表达诉求、反映意见的渠道，认真听取群众的利益诉求，随时掌握社情民意，引导群众理性合法表达利益诉求，积极疏导、有效解决人民群众所面临的实际问题。这对树立政府的良好形象，构建透明型、服务型政府，转变政府职能，改进工作作风、提高工作效率具有重要的意义和作用。

二、建立健全回复办理工作机制，确保回复办理及时、有效

各单位要结合各自业务和工作实际，建立健全互动交流类栏目的受理、承办、回复工作机制，相关部门和单位要密切配合，明确责任，及时、准确、认真回复和处理网上留言、咨询、意见；对公众通过政府网站反映的问题，要认真处理，努力解决实际问题。对网民提出的普遍性、政策性问题，可协调相关部门通过网站进行公开回复，起到为公众解疑释惑作用。

三、根据政府机构改革和职能变动情况，及时调整网上办事内容

4月15日前，省直各部门要按照机构改革后确定的职责范围，重新对“中国河北”门户网站网上办事内容进行审核：删除按有关文件要求已经取消审批事项的办事指南、表格下载；发生变化的及时更新，新增的审批事项要及时发布。确保为公众提供完整、准确的信息。

河北省人民政府网站管理中心
二〇一〇年三月

关于进一步加强电子政务管理工作的通知

冀政网管字〔2010〕7号

各设区市人民政府办公厅（室），电子政务工作机构、政府网站管理机构：

近几年来，省政府系统电子政务工作取得了较快发展，但个别地方仍然存在管理体制不顺、队伍建设薄弱、资金保障不足、应用推广滞后等问题，严重制约着电子政务深入发展。最近国务院办公厅印发了《电子政务2009—2013年发展规划》，省政府系统电子政务规划也在制定当中。根据国务院办公厅和省政府关于加强电子政务建设的一系列文件要求，为进一步促进全省电子政务健康快速发展，现将有关事项重申如下：

一、理顺管理体制，强化行政职能。各设区市政府办公厅（室）要从实际出发，参照国务院办公厅和省政府办公厅的机构设置，健全电子政务工作机构，赋予明确职能，切实满足电子政务工作深入发展的需要。

二、建立制度规范，完善工作机制。要逐步建立电子政务规划、审批、建设、运行和资金管理等方面的规章制度。通过积极开展争先创优活动，完善电子政务绩效考核机制，将各项工作任务落到实处。

三、加强队伍建设，提高整体素质。各级电子政务工作机构要根据业务需求和工作实际，建立优秀人才选聘、培养机制，不断提高工作人员的政治素质、管理能力和业务水平，努力建设一支政治坚定、管理规范、作风过硬、业务精湛、技术熟练的专业队伍。

四、加大投入力度，保障建设经费。要协调财政部门积极筹措建设资金，加大经费保障力度；同时按照谁主管谁负责的原则实行统一管理，加强政府采购和预算管理，确保建设经费合理规范使用，进一步提升电子政务经费的使用效益。

五、加强组织领导，落实安全责任。各级政府领导同志要高度重视电子政务工作，强化信息安全保密意识，落实信息安全管理责任制，确保电子政务系统安全运行。

河北省人民政府网站管理中心
二〇一〇年四月二十六日

关于成立电子政务专家委员会的通知

冀政网管字〔2010〕12号

各市、县人民政府，省政府各部门，各会员单位：

根据河北省电子政务研究会第二次理事长会议精神，为更好地推动省电子政务事业健康发展，提高省电子政务总体水平，按照《河北省电子政务研究会关于聘请专家组建专家委员会的函》（冀电政研字〔2010〕16号）规定的程序，经研究会聘请、专家个人申报、理事会研究通过，河北省电子政务研究会第一届专家委员会宣告正式成立。

本届专家委员会由长期从事、主持、参与电子政务工作的专家、学者和主管领导组成。委员会成员在电子政务建设工作领域享有很高声誉和威望，并对电子政务与政务信息化工作有着独到见解和丰富经验，在推进、指导电子政务事业发展中作出了重要贡献。

专家委员会的成立意味着河北省电子政务工作具有了自己的专家队伍，标志着省电子政务研究工作进入了一个新的阶段。专家委员会成员将积极参与省电子政务建设领域的各项理论研究、规划制定、项目论证、业务咨询等工作，并承担2010年下半年全省政府网站绩效测评结果论证工作，为省电子政务工作发展和具体实施出谋划策。

电子政务专家委员会将根据省电子政务工作的实际需要、依照规定程序，对组成人员及时进行适当补充和调整。同时真诚欢迎从事电子政务工作及信息化建设等相关领域的领导、专家、学者积极参与电子政务研究工作，加强省电子政务专家队伍建设，为促进电子政务事业的快速健康发展贡献力量。

附：河北省第一届电子政务专家委员会名单

河北省电子政务研究会
二〇一〇年九月六日

河北省人民政府网站管理中心

河北省第一届电子政务专家委员会名单

周仲义　中国工程院院士
沈昌祥　中国工程院院士
蔡吉人　中国工程院院士
陈拂晓　信息化推进联盟专家顾问委员会副主席、原国务院办公厅秘书局局长
刘彦凯　天津市电子政务协会副会长、原天津市人民政府办公厅副主任
曲成义　国家信息化专家咨询委员会委员
崔书昆　解放军信息安全测评中心研究员
陈晓桦　中国信息安全认证中心副主任
周勇林　国家互联网应急中心运行部副主任
陈伯江　军事科学院战略研究部研究员
杨义先　北京邮电大学信息安全中心主任
戴士剑　数据恢复职业资格认证专家顾问
陈致明　军械工程学院博士生导师、教授
刘明生　邯郸学院副院长、教授
杜国平　河北省经济信息中心副主任、正高工
边存国　河北省电子信息技术研究院院长、正高工
武义青　河北经贸大学经济研究所所长、教授
韩宪生　河北省科学院财务处处长、研究员
赵建毅　信息安全共性技术国家工程研究中心河北分中心主任

关于筹备举办2012年政府网站建设交流培训班的通知

冀政网管字〔2012〕4号

各设区市人民政府，省政府相关部门，省电子政务研究会：

根据《国务院办公厅关于进一步加强网站管理工作的通知》（国办函〔2011〕40号）文件精神，为进一步贯彻落实省领导同志关于“加强专业队伍建设”。办成一流的门户网站”等一系列重要批示精神，促进全省政府网站健康发展，定于下半年举办一期全省政府网站建设交流培训班。现将有关事项筹备工作通知如下：

一、培训班主要内容：（1）分析当前政府网站建设情况及问题；（2）研究探讨政府网站建设目标和思路创新问题；（3）部署全省政府网站第二次测评工作，就测评指标体系征求意见；（4）从各设区市、省直部门中各筛选2~4家单位作典型发言交流；（5）就互动交流、网站安全等聘请专家授课。

二、请各设区市政府、省政府各部门（特别是2011年网站建设先进单位），认真总结政府网站建设管理的成功做法和经验，主要围绕政府信息发布、在线服务、互动交流、信息安全等方面进行总结；请各单位自行选题，每份材料字数控制在3000字以内；经验材料不必面面俱到，要结合本单位实际和网站特色，重点选择一到两个方面的主题深入总结，主要介绍具体做法和成效，力求对其他地区和部门的政府网站建设具有借鉴意义。

三、培训班暂定于2012年7月在石家庄举办。具体由河北省电子政务研究会负责组织，拟采取大会交流与专题研讨相结合的方式举办。请省电子政务研究会抓紧制定培训方案，选定培训地点，做好相关筹备工作。

河北省人民政府网站管理中心
二〇一二年六月五日

关于切实加强政府网站管理保障政府网站正常运行的通知

冀政网管字〔2013〕3号

各设区市人民政府办公室（厅），各县（市、区）人民政府，省政府各部门办公室，中国联通、电信、移动河

北省分公司及各互联网管理机构：

政府网站是各级人民政府及其部门发布政府信息、提供在线服务、与公众互动交流的重要平台和窗口，在提高行政效能、提升政府公信力等方面发挥了重要作用。但也有少数单位和部门对政府网站重要性认识不够，虑事不周、简单草率，造成政府网站无法正常访问。为切实加强和规范政府网站管理，保障政府网站安全正常运行，现将有关事项通知如下：

一、提高认识，高度重视政府网站建设和管理工作

政府门户网站作为各级政府以公众为中心、以服务为导向的网上服务平台、承载着政府信息公开，公共服务和民主参与的重要功能。政府网站无法访问、内容更新不及时、功能不完善，势必对政府形象和公信力产生不良影响。政府网站建设管理工作，涉及面广，技术和管理环节多，新的问题和情况不断出现，无论是具有政府网站建设管理职能的工作部门，还是参与政府网站运维服务的每一位工作人员，都要统一思想，提高认识，密切协作，强化服务，进一步增强做好政府网站管理服务工作的责任感。

二、统一管理，切实保障政府网站正常运行

办好、管好政府网站，需要各级各部门的紧密配合、协调联动。省政府网站管理中心要进一步强化职能，加强管理。各级各部门要认真贯彻落实《国务院办公厅关于进一步加强政府网站管理工作的通知》（国办函〔2011〕40号）、《河北省系统政府门户网站管理规定》要求，切实保障政府网站正常运行。

1. 凡涉及对政府网站的检查、测评、关停等涉及政府网站系统、运行、访问的事项，需报经省政府网站管理中心批准或同意后方可实施。

2. 凡涉及对全省政府网站建设管理的整体性部署、规范、要求，相关部门要事先报省政府网站管理中心，共同研究后由省政府网站管理中心督导落实。

3. 凡涉及政府网站内容变动（如栏目变动、信息增删、页面更改等）且不影响网站正常运行事项，需报省政府网站管理中心备案。

4. 各级参与政府网站管理、维护、支撑服务的互联网主管部门、运营商和其他互联网管理和维护单位，要与各级政府网站建设管理单位，建立对口联系人制度和沟通机制，提高沟通的效率和问题处理的速度。

三、严格规范，将政府网站各项工作落到实处

1. 各级政府网站要按照相关政策要求，积极配合相关单位，认真做好互联网站的备案和信息登记工作。

2. 网站接入运营商（联通、电信、移动）要会同有关部门建立政府网站名单库并实时更新，并于9月30日前报省政府网站管理中心。信息包括网站名称、管理单位、网站域名、IP地址、联系人等备案信息。在进行网站备案、IP端口关停、信息核对修改、网站注销等工作时，必须坚持信息核对机制，防止非法网站利用政府网站的网络资源、域名、IP等从事其他活动，确保对非法网站的处理工作不影响政府网站的正常运行。

3. 各级政府网站要切实建立并落实值班读网制度，及时发现和处理网站存在问题。建立网站应急预案，明确责任和分工，制定应急处置措施，确保网站安全平稳运行。

4. 各级政府网站从业人员和单位，要不断完善管理和作业规范，加强培训，提高相关人员对政府网站的服务意识、安全保密意识，满足网站支撑、保障、管理需求。

河北省人民政府网站管理中心
2013年9月3日

关于推进政府网站信息交流无障碍建设的通知

冀政网管字〔2013〕6号

各设区市人民政府办公厅（室）、各县（市、区）人民政府、省政府各部门办公室，各级政府网站主管机构及运营单位：

根据2012年8月1日国务院颁布的《无障碍环境建设条例》的规定精神和河北省委办公厅《关于印发河北省残疾人基本公共服务体系建设实施方案的通知》（办字［2013］4号）文件以及工信部等上级业务主管部门要求，经研究决定在全省有序推进政府网站信息交流无障碍建设工作。现将有关问题通知如下：

提高认识，引起重视，认真贯彻《无障碍环境建设条例》精神。

信息无障碍网站是指任何人（无论是健全人还是残疾人，无论是年轻人还是老年人）在任何情况下都能平等地、方便地、无障碍地获取信息、利用信息。无障碍网站已成为政府网站建设的重要内容，也是健全省信息无障碍事业发展的重要举措。县级以上人民政府应当将无障碍信息交流建设纳入信息化建设规划，并采取措施推进信息交流无障碍建设。国务院颁布的《无障碍环境

建设条例》第十九条规定县级以上人民政府及其有关部门发布重要政府信息和与残疾人相关的信息，应当创造条件为残疾人提供语音和文字提示等信息交流服务。第二十三条规定残疾人组织的网站应当达到无障碍网站设计标准，设区的市级以上人民政府网站、政府公益活动网站，应当逐步达到无障碍网站设计标准。随着《无障碍环境建设条例》的正式实施，信息交流无障碍建设将是今后一段时期我国电子政务建设任务的重要组成部分。

整体规划，分步实施，有序推进政府网站信息交流无障碍建设工作。

鉴于无障碍网站建设工作涉及范围广、技术含量高、适用人群特殊，为确保本项工作规范、有序推进，将由省政府网站管理中心负责整体规划，统一标准，按计划分三个阶段实施建设，以便达到以省政府网站为中心的功能统一、内容丰富翔实、方便实用的全省无障碍网站群模式。

1. 2013 年底前在各设区市政府网站部署无障碍浏览建设工作，2014 年上半年完成。

2. 2014 年上半年在有条件的省政府部门、省直管县（市）政府网站部署无障碍浏览建设工作，年底前完成。

3. 2014 年底前在有条件的县（市、区）政府网站部署无障碍浏览建设工作，与 2015 年底前基本完成全省县以上政府网站无障碍浏览建设工作。

三、统一规划，统一标准，认真组织检查督导和验收工作

各级各部门要高度重视无障碍网站建设工作，依据时间安排对无障碍网站建设制定计划，并严格按照省政府门户网站“中国河北”无障碍浏览体系落实无障碍网站建设工作。此项工作列入各设区市电子政务及政府网站建设考评标准指标体系。省政府网站管理中心会根据上述阶段性要求对省各级政府网站信息交流无障碍工作按照统一标准进行检查验收。

各设区市政府、省政府各部门要指定专门人员负责无障碍网站建设工作。

河北省人民政府网站管理中心
2013 年 10 月 11 日

软件企业年审合格单位

河北省第一批软件企业年审公示名单

序号	企业名称	法人代表	证书编号	登记日期
1	河北斯博思创新科技有限公司	王德宝	冀 R-2008-0014	
2	河北英创科技有限公司	张淑瑶	冀 R-2010-0001	
3	河北爱志软件有限公司	徐彦松	冀 R-2010-0004	
4	石家庄中邮中译软件技术有限公司	田克美	冀 R-2010-0007	
5	石家庄永佳科技有限公司	李永军	冀 R-2010-0008	
6	河北三佳电子有限公司	沈聪英	冀 R-2010-0017	
7	河北科怡科技开发有限公司	李宝军	冀 R-2010-0020	
8	邯郸市新锐软件科技有限公司	李彦民	冀 R-2010-0023	
9	河北兆辉工控技术有限公司	孙文安	冀 R-2010-0024	
10	石家庄德润环保科技有限公司	苏清柱	冀 R-2010-0028	
11	邯郸市奥瑞电子机械有限公司	杨晓晨	冀 R-2010-0031	
12	石家庄科林电气股份有限公司	张成锁	冀 R-2010-0032	
13	河北启天电子技术有限公司	张　志	冀 R-2010-0033	
14	邯郸开发区图布斯软件技术有限公司	杜海芬	冀 R-2010-0036	
15	河北绿信环保科技有限公司	张　佳	冀 R-2010-0037	
16	河北创巨圆科技发展有限公司	普　琦	冀 R-2010-0039	

续表

序号	企业名称	法人代表	证书编号	登记日期
17	中移全通系统集成有限公司	乔　辉	冀R-2013-0007	
18	河北正光报警设备有限公司	刘子彦	冀R-2013-0015	
19	石家庄达信诺电子系统有限公司	崔胜利	冀R-2013-0016	
20	河北德正融通软件科技有限公司	鲁智忠	冀R-2013-0017	
21	石家庄市皖融科技有限公司	韩　军	冀R-2013-0021	
22	河北康普科技有限公司	刘建波	冀R-2013-0024	
23	河北为信电子科技有限公司	孙　颖	冀R-2013-0026	
24	河北沃邦电力科技有限公司	马洪亮	冀R-2013-0027	
25	河北欣诚信息技术有限公司	师国华	冀R-2013-0031	
26	河北凯翔电子测量仪器有限公司	张阿敏	冀R-2013-0033	
27	河北创源通信技术有限公司	赵　昕	冀R-2013-0034	
28	河北汉佳电子科技有限公司	于淑琴	冀R-2013-0040	
29	河北天翼科贸发展有限公司	韩志伟	冀R-2013-0041	
30	石家庄泛安科技开发有限公司	袁　琳	冀R-2013-0042	
31	河北省自动化技术开发公司	姚福来	冀R-2013-0043	
32	石家庄开发区明达电子技术有限公司	李瑞华	冀R-2013-0044	
33	石家庄国耀电子科技有限公司	张耀南	冀R-2013-0045	
34	河北旭辉电气股份有限公司	张旭辉	冀R-2013-0046	
35	石家庄博士德软件科技开发有限公司	邱书强	冀R-2013-0048	
36	河北新禾科技有限公司	金盛林	冀R-2013-0049	
37	邯郸市清华华康电力电子有限公司	岳中山	冀R-2013-0051	
38	河北万方中天科技有限公司	李　颖	冀R-2013-0052	
39	河北中软宜康软件技术有限公司	孙建辉	冀R-2013-0055	
40	河北联创软件有限公司	陈浩宇	冀R-2013-0056	
41	河北信通网络信息技术有限公司	李伟清	冀R-2013-0057	
42	河北省电子认证有限公司	罗乃立	冀R-2013-0058	
43	河北普瑞电子有限公司	刘武战	冀R-2013-0059	
44	河北瑞普通信技术有限公司	张树甫	冀R-2013-0060	
45	石家庄开发区蓝地数字技术有限公司	常春生	冀R-2013-0061	
46	河北汇能欣源电子技术有限公司	李立安	冀R-2013-0062	
47	石家庄易方得普科技开发有限公司	闫振东	冀R-2013-0063	
48	河北网新时代信息技术有限公司	于　萍	冀R-2013-0064	
49	石家庄市恒源科技开发有限公司	杨　杰	冀R-2013-0065	

续表

序号	企业名称	法人代表	证书编号	登记日期
50	河北凯翔电气科技股份有限公司	张阿敏	冀R-2013-0066	
51	邢台先锋超声电子有限公司	张黎明	冀R-2013-0067	
52	邯郸市康创电气有限公司	李长刚	冀R-2013-0068	
53	河北思捷电子有限公司	郭贵芹	冀R-2013-0069	
54	石家庄铁信联科技有限公司	李秀芳	冀R-2013-0071	
55	河北网星软件有限公司	董爱军	冀R-2013-0072	
56	石家庄博士林科技开发有限公司	聂东辉	冀R-2013-0073	
57	石家庄开发区天远科技有限公司	韩晓明	冀R-2013-0075	
58	石家庄市证联讯通信息技术有限公司	李清贤	冀R-2013-0077	
59	河北世点耐特网络科技有限公司	赵承军	冀R-2013-0078	
60	石家庄瑞澳科技有限公司	解东旭	冀R-2013-0080	
61	石家庄泰宁科技有限公司	许凤兰	冀R-2013-0081	
62	石家庄瑞能科技有限公司	李建志	冀R-2013-0082	
63	石家庄数英电子科技有限公司	邓志成	冀R-2013-0083	
64	河北广联信息技术有限公司	张　义	冀R-2013-0084	
65	石家庄华安通联信息技术有限责任公司	张纯民	冀R-2013-0085	
66	邯郸开发区清易电子科技有限公司	孙丰乐	冀R-2013-0087	
67	邢台美通软件开发有限公司	李建和	冀R-2013-0088	
68	河北晶禾电子技术有限公司	张彦玲	冀R-2013-0089	
69	石家庄融尚科技有限公司	许　雷	冀R-2013-0091	
70	河北善理软件科技有限公司	戎　橄	冀R-2013-0092	
71	石家庄医患通软件技术有限公司	孙建辉	冀R-2013-0093	
72	河北师慧电子科技有限公司	陆秀利	冀R-2013-0094	
73	河北沃特尔科技咨询有限公司	周永贵	冀R-2013-0095	
74	河北信宁网络科技有限公司	程世杰	冀R-2013-0097	
75	河北联方软件有限公司	蒋书青	冀R-2013-0098	
76	河北金地数码科技有限公司	赵彦峰	冀R-2013-0099	
77	河北工大科雅能源科技有限公司	齐承英	冀R-2013-0100	
78	河北海智电力科技有限公司	赵建波	冀R-2013-0102	
79	河北博英通讯技术有限公司	张雪琴	冀R-2013-0103	
80	石家庄禾柏生物技术股份有限公司	郝书顺	冀R-2013-0104	
81	石家庄市科威计算机工程有限公司	吕光宾	冀R-2013-0105	
82	石家庄龙汇科技有限公司	苏有军	冀R-2013-0107	

续表

序号	企业名称	法人代表	证书编号	登记日期
83	石家庄中北信号软件有限公司	赵　志	冀R-2013-0108	
84	邢台市恒天计算机有限公司	王华宾	冀R-2013-0110	
85	石家庄金算盘软件有限公司	段振岗	冀R-2013-0111	
86	邯郸市民腾计算机技术服务有限公司	徐　民	冀R-2013-0112	
87	河北冠图电子科技有限公司	陈建红	冀R-2013-0113	
88	石家庄中晟易通科技有限公司	李　鹏	冀R-2013-0114	
89	河北世拓电气有限公司	赵　林	冀R-2013-0115	
90	河北科瑞达仪器科技股份有限公司	郝拴菊	冀R-2013-0116	
91	石家庄恒运网络科技有限公司	吴又奎	冀R-2013-0117	
92	石家庄恒合联创科技有限公司	何　磊	冀R-2013-0120	
93	石家庄高新区玉衡自动化工程有限公司	段淑芳	冀R-2013-0122	
94	石家庄通合电子科技股份有限公司	马晓峰	冀R-2013-0123	
95	河北中创广电科技有限公司	赵慧转	冀R-2013-0124	
96	石家庄惠远邮电设计咨询有限公司	田克美	冀R-2013-0125	
97	石家庄恒创科技有限公司	张世辉	冀R-2013-0130	
98	河北高达电子科技有限公司	刘立军	冀R-2013-0131	
99	河北现代远程教育网络有限责任公司	田炳军	冀R-2013-0133	
100	河北海天科技有限公司	郭　维	冀R-2013-0134	
101	河北诚道通信技术有限公司	周理文	冀R-2013-0136	
102	石家庄名扬科技有限公司	罗来顺	冀R-2013-0137	
103	河北讯为通讯技术有限公司	曹云侠	冀R-2013-0138	
104	石家庄乐学教育科技有限公司	张赞民	冀R-2013-0219	
105	石家庄友星科技有限公司	楚　辉	冀R-2013-0220	
106	石家庄世联达科技有限公司	刘山虎	冀R-2013-0221	
107	石家庄纽斯达交通科技有限公司	刘国义	冀R-2013-0222	
108	河北新龙科技股份有限公司	杜秀珍	冀R-2013-0224	
109	石家庄兴能软件有限公司	吴　斌	冀R-2013-0225	
110	河北三明科技有限公司	刘明杰	冀R-2013-0247	
111	河北航天信息技术有限公司	龚保国	冀R-2013-0249	
112	石家庄蓝尔科技有限公司	杨兴海	冀R-2013-0251	
113	石家庄晨曦万杰科技有限公司	周旭杰	冀R-2013-0252	
114	石家庄市冠辰网络科技有限公司	宋　彦	冀R-2013-0253	
115	石家庄同舟信息技术有限公司	周　伟	冀R-2013-0254	

续表

序号	企业名称	法人代表	证书编号	登记日期
116	邢台市名航计算机科技有限公司	郝利伟	冀 R-2013-0255	
117	河北金软电子科技有限公司	苗　军	冀 R-2013-0258	
118	河北神玥软件科技有限公司	刘铜强	冀 R-2013-0260	
119	石家庄旭新光电科技有限公司	李　青	冀 R-2013-0261	
120	河北中信联信息技术有限公司	王　津	冀 R-2013-0263	

电子政务术语

电子政务　electronic government（affair），e-government，e-g0V

政务部门为实现政府与公民，企事业之间的信息交互，向社会提供优质、高效、透明的管理和服务，对自身的管理结构和业务流程进行梳理，运用信息技术所构建的技术系统和形成的服务体系。

电子政务顶层设计　electronic government top-level design

从电子政务全局视角出发进行的系架构设计，主要涉及战略目标、总体结构、建设内容、应用模式、建设方法、管理体系、部门业务和关联业务框架、投资预算等。

国家电子政务总体框架　national elECtronic government framework

由服务与应用系统、信息资源、基础设施、法律法规和标准化体系以及管理体制构成的国家电子政务相对稳定的整体架构。

电子政务规划　electronic government planning

在对电子政务发展现状、存在问题分析的基础上，提出的中长期主要发展目标，以及为了完成主要目标而部署的任务、工程和相应的保障体系。

电子政务应用系统　electronic government application system

为满足各级政务部门依据职能开展政务活动的需要，运用信息技术，构筑的支持政务业务工作的信息服务系统.

国家电子政务网　national electronic government network；NEGN

由基于国家电子政务传输骨干网的政务内网和政务外网组成的网络。

电子政务应用系统绩效评估　electronic government application system performance evaluation

依据客观事实和数据，按照专门的规范、程序，遵循相关标准和指标体系，通过定量定性分析，对电子政务应用系统建设、应用和管理的绩效，所作出的客观、公正和准确的评判。

政务信息资源　government affair information resource

由政务部门或者为政务部门采集、加工、使用、管理的信息资源。其中包括：政务部门依法采集的信息资源政务部门在履行职能过程中产生和生成的消息资源，政务部门投资，建设的信息资源、政务部门依法授权管理的信息资源。

信息共享　information sharing

政务部门在依法履行职能过程中向其他政务部门提供或自其他政务部门获取政务信息的过程。

政务信息资源目录与交换体系　government affair information resource directory and exchange systems

按照统一的标准规范建立，由两个部分组成的电子政务基础设施：一是以目录服务为基础实现部门间信息资源共享的目录体系，为各级政府提供信息查询和共享服务；二是以业务协同需求为导向实现部门间信息资源按需交换与共享的交换体系，围绕部门内信息的纵向汇聚和传递、部门间在线实时信息的横向交换等需求，为各级政府的社会管理、公共服务和辅助决策等提供信息交换和共享服务。

政务信息资源交换域　government affair information resource exchange domain

在同一行政区内，实现部门之间政务信息资源交换与共享的逻辑区域。

政务信息采集　government affair information acquisition

各级政务部门在依法履行职能过程中获取政务信息的行为。

政务信息资源分类　government affair information resource classification

为了有序管理和开发利用政务信息资源，把具有某种共同属性或特征的政务信息归并在一起，通过其类别的属性或特征来对政务信息进行的归类。

政务基础信息库　government affair fundamental information library

面向各级政务部门，提供基础性、基准性、标识性政务信息服务的信息库。

政务信息资源标识符　government information resource identifier

用于唯一标识政务信息资源的一组字符。

政务信息公开　government affair information openness

政务部门依托各种媒体，依据相关法律、法规将政务信息及时准确地向社会公布，以方便公民、法人和其他组织获取和利用这些信息的活动。

政务信息公开目录　government affair information open directory

政务部门针对主动（或接受公民申请）公布的本部门所管理的政务公开信息，按照法规要求编制的目录。

电子公文　electronic official document

以数字形式存储于磁带、磁盘、光盘等媒体. 依赖计算机系统阅读、处理并可在通信网络上传输的公文。

业务应用　business application

在电子政务中，通常由一系列过程组成的特定业务，其中每个过程都具有清晰易解的目的。涉及多个组织，实现信息交换，指向某个共同商定的目标，并延续一段时间。

业务流程　business flow

在业务领域中为达到业务目标的一种过程和策略，该过程由一组按策略执行的、互相协调的活动步骤组成。

业务系统　Business system

电子政务系统中侧重于业务实现的子系统。

业务协同　business coordination

不同的部门之间按照一定的业务流程，通过信息共享和交换。及时高效处理一项或多项业务的过程。

联合审批　joint approval

通过信息化手段实现由一个部门受理行政许可申请，并转告有关部门分别提出意见后统一办理，或者组织有关部门联合办理、集中办理的过程。

公文流转　fficial document. circulation

公文在多个业务部门之间的传递。

流程控制　flow control

对业务流程的基本控制的操作，其中包括启动、暂停、恢复、放弃、继续、销毁等。

电子政务传输骨干网　electronic government transmission backbone network

为政务业务网络提供数据链路，具有多业务承载能力、高可靠性、快速自愈能力和设备级的保护能力的专用传输网络。

政务内网（国家电子政务网）　NEGN intranet

满足各级政务部门内部办公、管理、协调、监督以及决策需要的网络。简称政务内网。

政务外网（国家电子政务网）　NEGN extranet

满足各级政务部门面向社会提供服务和管理的业务网络。简称政务外网。

政府门户网站　government portal

政府对公众和企业集中提供信息服务和政务服务的网站。

国家信息安全保障体系　national information security assurance architecture

运用信息安全管理和信息安全技术，为国家信息安全提供综合保障的体制、机制和系统。

网络信任体系　network trust architecture

为各级政务部门、企业和公民提供身份认证、授权管理、责任认定等的体制、机制和系统。

信息安全等级　information security level

为了保护不同实体的涉密信息、内部信息和公开信息，以及在存储、传输、处理过程中实现对这些信息的保护、响应和处置而对信息系统定义的不同保护级别。

信息安全管理体系　information security management system，ISMS

政务部门对保密信息进行有效管理的整体框架，其中包括处理信息的基础策略〔安全策略〕，基于这些策略的具体规划、规划的实施和操作以及定期对象和计划的再评估等。

信息安全基础设施　information security infrastructure，ISI

为用户提供共性信息安全保障的基础设施。这种基础设施包括：数字证书基础设施、灾难恢复基础设施、应急支援基础设施等。

风险评估　risk evaluation

从风险管理角度。运用科学的方法和手段，系统地分析网络与信息系统所面临的威胁及其存在的脆弱性，评估安全事件一旦发生可能造成的危害程度，提出有针对性的抵御威胁的防护对策和整改措施的过程。

电子印章　electronic seal

用于验证电子公文签发者的电子标识。电子印章包括时间等信息以确认电子公文的时效性等安全验证内容。

电子签名　electronic signature

数字签名　digital signature

在数据电文中，以电子形式所含、所附用于识别签名人身份并表明签名人认可其中内容的数据。

灾难备份　backup for disaster recovery

利用技术、管理手段以及相关资源，为确保已有的关键数据和关键业务在灾难发生后可以恢复正常和继续运营，而构建的复制系统和机制。

后　记

《河北电子政务年鉴》的编纂工作由河北省人民政府办公厅技术处（省政府网站管理中心）负责组织，省地方志编纂委员会办公室业务指导，河北省电子政务研究会具体承编。

省政府及办公厅领导非常重视和支持《河北电子政务年鉴》的编纂出版工作。2013 年 12 月，省政府办公厅下发了《关于首卷〈河北电子政务年鉴〉征稿的通知》，正式启动了《河北电子政务年鉴》编纂工作。在省政府各部门和市县区政府以及相关单位和企业的大力支持下，2014 年 6 月完成初稿撰写和整理工作。2014 年 12 月底，经过全体编纂人员的共同努力，组稿、审稿、编辑加工、校稿等工作顺利完成，《河北电子政务年鉴 2014（首卷）》编纂完毕并交付出版。

首卷《河北电子政务年鉴 2014（首卷）》在编辑、出版、印刷过程中，得到了省直各部门、各市（县、区）政府电子政务管理机构、各运营商、各 IT 企业的大力支持和鼎力协助，在此一并表示谢意！

鉴于编者水平有限，加之时间仓促，《河北电子政务年鉴 2014（首卷）》难免存在一些不妥甚至错漏之处，敬请读者批评指正。

编　者

2015 年 1 月